भारत
2018

भारत 2018

वार्षिक संदर्भ-ग्रंथ

न्यू मीडिया विंग
द्वारा संकलित

प्रकाशन विभाग
सूचना और प्रसारण मंत्रालय
भारत सरकार

2018 (शक 1939)
62वां संस्करण

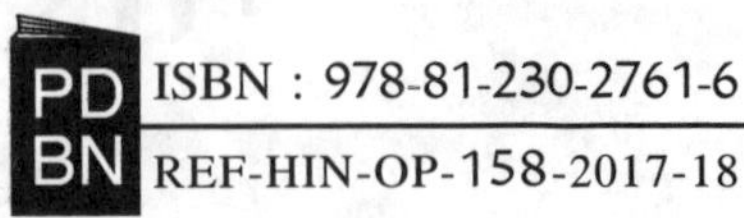

ISBN : 978-81-230-2761-6
REF-HIN-OP-158-2017-18

मूल्य: ₹ 350.00

प्रकाशक

महानिदेशक,
प्रकाशन विभाग,
सूचना और प्रसारण मंत्रालय, भारत सरकार,
सूचना भवन, सी.जी.ओ. कॉम्प्लेक्स,
लोधी रोड, नई दिल्ली-110 003 द्वारा प्रकाशित

वेबसाइट : www.publicationsdivision.nic.in
ई-मेल: dpd@nic.in

प्रकाशन विभाग
संपादन : राकेशरेणु
रेमी कुमारी

संकलन और समन्वय : न्यू मीडिया विंग
बी. नारायणन
स्मिता वत्स शर्मा
सिम्मी कुमार
शिवानन्द पाण्डेय

संपादकीय समन्वय : दीपिका कच्छल
आवरण सज्जा : गजानन पी. धोपे
उत्पादन : वी.के. मीणा

विक्रय केंद्र ● सूचना भवन, सी.जी.ओ. कॉम्प्लेक्स, लोधी रोड, **नई दिल्ली**-110 003 ● हॉल नं. 196, पुराना सचिवालय, **दिल्ली**-110 054 ● 701, 'बी' विंग, केंद्रीय सदन, बेलापुर, **नवी मुंबई**-400 614 ● 8, एस्प्लेनेड ईस्ट, **कोलकाता**-700 069 ● 'ए' विंग, राजाजी भवन, बेसेंट नगर, **चेन्नई**-600 090 ● प्रेस रोड, निकट गवर्नमेंट प्रेस, **तिरुअनंतपुरम**-695 001 ● कमरा न. 204, द्वितीय तल, सीजीओ टॉवर्स, कवादीगुडा, **हैदराबाद**-500 080 ● प्रथम तल, 'एफ' विंग, केंद्रीय सदन, कोरामंगला, **बंगलुरु**-560 034 ● बिहार राज्य सहकारी बैंक बिल्डिंग, अशोक राजपथ, **पटना**-800 004 ● हॉल नं. 1, दूसरी मंजिल, केंद्रीय भवन, सेक्टर-एच, अलीगंज, **लखनऊ**-226024 ● अंबिका कॉम्प्लेक्स, प्रथम तल, पालदी, **अहमदाबाद**-380 007 ● हाउस नं. 4, पेंशनपारा रोड, पी.ओ. शिलपुकरी, **गुवाहाटी**-781 003

टाइप सेट : एएआर रिप्रोग्राफिक्स, एम-50, तीसरी मंजिल, लाजपत नगर-IV, नई दिल्ली-110 024
मुद्रक : रैक्मो प्रेस प्राइवेट लिमिटेड, नई दिल्ली-110 020

अनुक्रम

1.	भारत भूमि और उसके निवासी	1
2.	राष्ट्रीय प्रतीक	9
3.	राजनीतिक संरचना	14
4.	कृषि	46
5.	संस्कृति और पर्यटन	56
6.	मूल आर्थिक आंकड़े	82
7.	वाणिज्य	90
8.	संचार और सूचना प्रौद्योगिकी	100
9.	रक्षा	129
10.	शिक्षा	155
11.	ऊर्जा	179
12.	पर्यावरण	193
13.	वित्त	217
14.	कॉरपोरेट मामलों का मंत्रालय	258
15.	खाद्य और नागरिक आपूर्ति	268
16.	स्वास्थ्य और परिवार कल्याण	282
17.	आवास	303
18.	भारत और विश्व	311
19.	उद्योग	324
20.	विधि और न्याय	369
21.	श्रम, कौशल विकास और रोजगार	400
22.	जनसंचार	411
23.	आयोजना	445
24.	ग्रामीण और शहरी विकास	456

25.	वैज्ञानिक और प्रौद्योगिकी विकास	475
26.	परिवहन	496
27.	जल संसाधन	513
28.	कल्याण	533
29.	युवा मामले और खेल	572
30.	राज्य तथा केंद्रशासित प्रदेश	584
31.	राष्ट्रीय घटनाक्रम	660
32.	सामान्य सूचना	667

1 भारत भूमि और उसके निवासी

'भारत मानव जाति का पालना, मानव भाषा की जन्मस्थली, इतिहास की जननी, पौराणिक कथाओं की दादी और परंपरा की परदादी रहा है। मानव इतिहास में हमारी सर्वाधिक मूल्यवान और सर्वाधिक शिक्षाप्रद सामग्री का खजाना केवल भारत में निहित है।'

– मार्क ट्वेन

भारत बेजोड़ संस्कृति वाला देश है और यह विश्व की प्राचीनतम और महानतम सभ्यताओं में से एक है। यह उत्तर में बर्फ से ढके हिमालय से लेकर दक्षिण में धूप से सराबोर तटवर्ती गांवों और दक्षिण-पश्चिम तट पर आर्द्र उष्णकटिबंधीय जंगलों, पूर्व में ब्रह्मपुत्र घाटी के उपजाऊ क्षेत्र से लेकर पश्चिम में थार रेगिस्तान तक फैला है। भारत का क्षेत्रफल 32,87,263 वर्ग किलोमीटर है।[1] स्वतंत्रता प्राप्ति के बाद पिछले 70 वर्षों के दौरान भारत ने चहुंमुखी सामाजिक-आर्थिक प्रगति की है। आकार की दृष्टि से भारत विश्व में सातवें और जनसंख्या की दृष्टि से दूसरे स्थान पर है। पर्वतमाला और समुद्र इसे शेष एशिया से पृथक करते हैं और एक विशिष्ट भौगोलिक पहचान प्रदान करते हैं। यह उत्तर में विशाल हिमालय से घिरा है और दक्षिण की ओर विस्तार के साथ कर्करेखा पर शंकु आकार धारण किए पूर्व में बंगाल की खाड़ी और पश्चिम में अरब सागर के बीच हिंद महासागर में फैला है।

पूरी तरह उत्तरी गोलार्द्ध में स्थित इसकी मुख्य भूमि की अवस्थिति $8^0 4'$ और $37^0 6'$ अक्षांश उत्तर तथा $68^0 7'$ और $97^0 25'$ देशांतर पूर्व में है। उत्तर से दक्षिण तक इसका अक्षांशीय विस्तार करीब 3,214 किलोमीटर और पूर्व से पश्चिम की तरफ देशांतरीय विस्तार करीब 2,933 किलोमीटर है। इसकी स्थलीय सीमा करीब 15,200 किलोमीटर है। मुख्य भूमि, लक्षद्वीप समूह और अंडमान और निकोबार द्वीप समूह सहित तट रेखा की कुल लंबाई 7,516.6 कि.मी. है।

भौगोलिक पृष्ठभूमि

भारत की सीमा उत्तर-पश्चिम में अफगानिस्तान तथा पाकिस्तान; उत्तर में चीन, भूटान तथा नेपाल; सुदूर पूर्व में म्यामां और पूर्व में बांग्ला देश से लगती है। पाक जलडमरूमध्य और मन्नार की खाड़ी से निर्मित एक तंग समुद्री चैनल श्रीलंका को भारत से पृथक करता है। देश को मुख्य रूप से 6 अंचलों- उत्तरी, दक्षिणी, पूर्वी, पश्चिमी, मध्यवर्ती और पूर्वोत्तर अंचल में वर्गीकृत किया जा सकता है। यहां 29 राज्य और 7 केंद्रशासित प्रदेश हैं।

प्राकृतिक संरचना

मुख्य भूमि चार भागों- विशाल हिमालय क्षेत्र, गंगा और सिंधु के मैदानी भाग, रेगिस्तानी क्षेत्र और दक्षिणी प्रायद्वीप में बंटी है।

[1]अनंतिम-आंकड़े

हिमालय पर्वतमाला में तीन लगभग समानांतर श्रृंखलाएं हैं, जो बड़े पठारों और घाटियों से विभाजित हैं, जिनमें से कश्मीर और कुल्लू जैसी कुछ विस्तृत और अत्यंत उपजाऊ घाटियां प्राकृतिक सौंदर्य से भरपूर हैं। इन पर्वतमालाओं में विश्व की कुछ सबसे ऊंची चोटियां स्थित हैं। समुद्र तल से बहुत अधिक ऊंची होने के कारण इसके कुछ दर्रों से होकर ही यात्रा की जा सकती है, जिनमें दार्जिलिंग के उत्तर–पूर्व में चुंबी घाटी होते हुए मुख्य भारत–तिब्बत व्यापार मार्ग पर स्थित जेलेप–ला, नाथू–ला और कल्पा (किन्नौर) के उत्तर–पूर्व में सतलुज घाटी में शिपकी–ला प्रमुख हैं। पर्वतमाला करीब 2,400 किलोमीटर में फैली है, जो अलग–अलग स्थानों पर 240 से 320 किलोमीटर तक चौड़ी है। पूर्व में भारत और म्यामां तथा भारत और बांग्लादेश के बीच अपेक्षाकृत कम ऊंचाई की पर्वत श्रृंखलाएं हैं। लगभग समूचे पूर्व–पश्चिम में गारो, खासी, जयंतिया और नगा पर्वतमालाएं इस श्रृंखला को उत्तर–दक्षिण में मिजो और रखाईं पर्वतमाला के साथ जोड़ती हैं।

गंगा और सिंधु के मैदानी भाग, करीब 2,400 किलोमीटर लंबे और 240 से 320 किलोमीटर चौड़े हैं, जो तीन विशेष नदी प्रणालियों– सिंधु , गंगा और ब्रह्मपुत्र के थालों से मिल कर बने हैं। ये मैदान, नदियों की बाढ़ के साथ बह कर आई कछारी मिट्टी से बने दुनिया के सबसे बड़े मैदानों में से हैं और धरती पर सर्वाधिक घनी आबादी वाले क्षेत्रों में से एक हैं। दिल्ली में यमुना और बंगाल की खाड़ी के बीच करीब 1,600 किलोमीटर क्षेत्र की ऊंचाई में केवल 200 मीटर का ढाल है।

रेगिस्तानी क्षेत्र को दो भागों में बांटा जा सकता है– 'वृहत रेगिस्तान' और 'लघु रेगिस्तान।' वृहत रेगिस्तान कच्छ के रण से उत्तर की ओर लूनी नदी तक फैला है। समूचा राजस्थान–सिंध सीमावर्ती क्षेत्र इसमें समाहित है। लघु रेगिस्तान का विस्तार जैसलमेर और जोधपुर के बीच लूनी से उत्तर–पश्चिम तक है। बृहत और लघु रेगिस्तानों के बीच बंजर भूमि क्षेत्र है, जिसमें चूना पत्थर की पहाड़ियों से सटी चट्टानी भूमि शामिल है।

प्रायद्वीपीय पठार गंगा और सिंधु के मैदानों से सटा है, जिसमें 460 से 1,220 मीटर तक अलग–अलग ऊंचाई वाले पहाड़ और पर्वतमालाएं शामिल हैं। इनमें अरावली, विंध्य, सतपुड़ा, मैकाल और अजंता पर्वतमालाएं प्रमुख हैं। प्रायद्वीप के एक तरफ पूर्वी घाट स्थित हैं जिनकी ऊंचाई करीब 610 मीटर है और दूसरी तरफ पश्चिमी घाट हैं जिनकी ऊंचाई सामान्यत: 915 से 1,220 मीटर तक है, जो कुछ स्थानों पर 2,440 मीटर तक जाती है। पश्चिमी घाटों और अरब सागर के बीच एक संकीर्ण तटवर्ती पट्टी है, जबकि पूर्वी घाटों और बंगाल की खाड़ी के बीच एक वृहत्तर तटवर्ती क्षेत्र है। पठार का दक्षिणी बिंदु नीलगिरि पर्वतमाला से निर्मित है, जहां पूर्वी और पश्चिमी घाट मिलते हैं। उसके परे कार्डमम हिल्स है जिसे पश्चिमी घाट का विस्तार माना जा सकता है।

भूगर्भीय संरचना

भूगर्भीय क्षेत्र मुख्य रूप से भौतिक विशेषताओं का अनुसरण करता है और इसे 3 क्षेत्रों में वर्गीकृत किया जा सकता है। ये हैं– हिमालय और उससे जुड़ी पर्वतमालाओं का समूह, सिंधु–गंगा का मैदान और प्रायद्वीपीय ढाल।

उत्तर में हिमालय और पूर्व में नगा–लुशाई पर्वत निर्माण करने वाली हलचलों से निर्मित क्षेत्र हैं। इस क्षेत्र का अधिकतर भाग, जो आज विश्व के कुछ सर्वाधिक मनोरम पर्वतीय दृश्य प्रस्तुत करता है, वह करीब 60 करोड़ वर्ष पूर्व समुद्र था। करीब 7 करोड़ वर्ष पहले शुरू हुईं हलचलों से हुए पर्वत निर्माण की श्रृंखलाओं में, तलछट चट्टानों ने अधिक ऊंचाई ग्रहण की। मौसमी परिवर्तनों और भू–क्षरण से चट्टानों के टूटने के कारण

मैदानों का निर्माण हुआ, जो आज हमें दिखाई देता है। सिंधु-गंगा के मैदान विस्तृत कछारी क्षेत्र हैं, जो उत्तर में हिमालय को दक्षिण के प्रायद्वीप से पृथक करते हैं।

प्रायद्वीप अपेक्षाकृत स्थिर क्षेत्र है और इसमें कभी-कभार भूकंप से हलचल पैदा होती है। इस क्षेत्र में 380 करोड़ वर्ष पूर्व धरती के निर्माण के समय के अत्यंत प्राचीन कायांतरित शैल पाए जाते हैं; शेष चट्टानों में गोंडवाना संरचना, दक्षिणी पठार संरचना और कम प्राचीन तलछट भूमि शामिल है।

नदी प्रणालियां

भारत की नदी प्रणालियों को चार समूहों:- (1) हिमालयी नदियों, (2) दक्षिणी नदियों, (3) तटवर्ती नदियों और (4) अंतरदेशीय बरसाती नदियों में वर्गीकृत किया जा सकता है। हिमालयी नदियां बर्फ और हिमनदों के पिघलने से बनती हैं और इसलिए वे वर्षभर निरंतर बहती रहती हैं। मानसून के महीनों में, हिमालयी क्षेत्र में तेज वर्षा होती है, जिससे नदियों में उफान आता है और बार-बार बाढ़ आती है। दूसरी तरफ दक्षिणी नदियां वर्षा पर निर्भर हैं, अत: उनका आकार घटता-बढ़ता रहता है। इनमें से कई नदियां बारहमासी नहीं हैं। तटवर्ती नदियां, विशेषकर पश्चिमी तटवर्ती नदियों की लंबाई अधिक नहीं है और उनके जलग्रहण क्षेत्र सीमित हैं। उनमें से अधिकतर बारहमासी नहीं हैं। अंतरदेशीय बरसाती नदियां पश्चिमी राजस्थान थाले से संबद्ध हैं जो गिनी-चुनी और अलग-थलग हैं। इनमें से ज्यादातर थोड़े दिन ही बहती हैं।

मुख्य हिमालयी नदी प्रणालियां सिंधु और गंगा-ब्रह्मपुत्र-मेघना प्रणाली का हिस्सा हैं। सिंधु नदी, विश्व की बड़ी नदियों में से एक है, जिसका उद्गम स्थल तिब्बत में मानसरोवर के निकट है और यह पहले भारत और इसके बाद पाकिस्तान से बहते हुए अंतत: कराची के निकट अरब सागर में मिल जाती है। भारतीय भू-भाग में बहने वाली इसकी महत्वपूर्ण सहायक नदियों में सतलुज (जो तिब्बत से निकलती है), व्यास, रावी, चिनाब और झेलम शामिल हैं। गंगा-ब्रह्मपुत्र-मेघना अन्य महत्वपूर्ण नदी प्रणाली है जिसके प्रमुख उप-थालों में भागीरथी और अलकनंदा के थाले शामिल हैं। ये दो नदियां देवप्रयाग में आकर गंगा बन जाती हैं। गंगा नदी उत्तराखंड, उत्तर प्रदेश, बिहार, झारखंड और पश्चिम बंगाल राज्यों से होकर गुजरती है। भागीरथी, अतीत के मुख्य नदी मार्ग राजमहल पर्वतमाला के नीचे से निकलती है जबकि पद्मा पूर्व की ओर बढ़ते हुए बांग्लादेश में प्रवेश कर जाती है। गंगा की महत्वपूर्ण सहायक नदियों में यमुना, रामगंगा, घाघरा, गंडक, कोसी, महानंदा और सोन शामिल हैं। चंबल और बेतवा इसकी महत्वपूर्ण उप-सहायक नदियां हैं, जो यमुना के गंगा में मिलने से पहले यमुना में समा जाती है। पद्मा और ब्रह्मपुत्र बांग्लादेश में मिलती हैं और पद्मा या गंगा के रूप में निरंतर बहती हैं। ब्रह्मपुत्र तिब्बत से प्रारंभ होती है, जहां इसे त्सांगपो के रूप में जाना जाता है और भारत में अरुणाचल प्रदेश में प्रवेश करने तक यह दिहांग के नाम से एक लंबा मार्ग तय कर चुकी होती है। पासीघाट के निकट दिबांग और लोहित नदियां ब्रह्मपुत्र में मिलती हैं और यह संयुक्त नदी असम घाटी में बहती है। धुबरी से निचली धारा बांग्लादेश में प्रवेश करती है।

भारत में ब्रह्मपुत्र की प्रमुख सहायक नदियों में सुबनसिरी, ज़िया भरेली, धनसिरी, पुथीमारी, पगलडिया और मानस शामिल हैं। बांग्लादेश में तीस्ता नदी ब्रह्मपुत्र में मिलती है और वह अंतत: गंगा में समाहित हो जाती है। मेघना की मुख्यधारा के रूप में बराक नदी मणिपुर में पर्वतीय क्षेत्र से शुरू होती है। इस नदी की प्रमुख सहायक नदियों में मक्कू, तरांग, तुइवई, जीरी, सोनाई, रुकणी, कटाखल, धालेश्वरी, लांगचिनी, मदुआ और जयंतिया शामिल हैं। बराक बांग्लादेश में भैरव बाजार के निकट गंगा-ब्रह्मपुत्र के मिलने के स्थान तक जारी रहती है।

दक्षिणी क्षेत्र में, सामान्यत: पूर्व दिशा में बहने वाली अधिकतर बड़ी नदी प्रणालियां बंगाल की खाड़ी में गिरती हैं। पूर्व की ओर बहने वाली प्रमुख नदियों में गोदावरी, कृष्णा, कावेरी और महानदी शामिल हैं। नर्मदा और ताप्ती पश्चिम की ओर बहने वाली प्रमुख नदियां हैं।

दक्षिणी प्रायद्वीप में गोदावरी दूसरी सबसे बड़ी नदी घाटी है, जो भारत के दस प्रतिशत क्षेत्र को कवर करती है। इसके बाद कृष्णा नदी घाटी का स्थान है और इस क्षेत्र में महानदी एक अन्य बड़ी नदी घाटी है। दक्षिण क्षेत्र के ऊंचाई वाले इलाकों में अरब सागर की ओर बहने वाली नर्मदा का थाला और दक्षिण में बंगाल की खाड़ी की ओर बहने वाली कावेरी नदी का थाला, दोनों लगभग समान आकार के हैं, परंतु उनका स्वरूप और विशेषताएं भिन्न हैं।

इस क्षेत्र में अनेक तटवर्ती नदियां हैं, जो अपेक्षाकृत छोटी हैं। इन नदियों में गिनी–चुनी ऐसी हैं, जो पूर्वी तट के डेल्टा के निकट सागर में गिरती हैं, जबकि 600 ऐसी नदियां हैं; जो पश्चिमी तट पर पहुंचती हैं।

राजस्थान में कुछ ऐसी नदियां हैं जो समुद्र तक नहीं जाती हैं। वे साल्ट लेक (लवण झील) में गिरती हैं और रेत में लुप्त हो जाती है। इनके अलावा कुछ रेगिस्तानी नदियां हैं, जो कुछ दूरी तक बहती हैं और रेगिस्तान में लुप्त हो जाती हैं। ये हैं– लूनी, माछु, रूपे, सरस्वती, बनास, घग्घर आदि।

समूचे देश को बीस नदी घाटियों/नदी थाला समूहों में वर्गीकृत किया गया है जिनमें से 12 बड़े थाले और 8 संयुक्त नदी थाले हैं। 12 बड़े नदी थालों में:– (1) सिंधु (2) गंगा–ब्रह्मपुत्र–मेघना (3) गोदावरी (4) कृष्णा (5) कावेरी (6) महानदी (7) पेन्नार (8) ब्राह्मणी–वैतरणी (9) साबरमती (10) माही (11) नर्मदा (12) ताप्ती हैं। इनमें से प्रत्येक थाले का बहाव क्षेत्र 20 हजार वर्ग किलोमीटर से अधिक का है।

आयोजन और प्रबंधन के प्रयोजन के लिए आठ संयुक्त नदी थाले हैं, जो शेष सभी मध्यम (2000 से 20,000 वर्ग किलोमीटर बहाव क्षेत्र वाली) और लघु नदी प्रणालियों (2000 वर्ग किलोमीटर से कम बहाव क्षेत्र वाली) को उपयुक्त ढंग से जोड़ते हैं। ये हैं– (1) सुवर्ण रेखा थाला, जो सुवर्ण रेखा और वैतरणी के बीच अन्य छोटी नदियों को जोड़ता है (2) महानदी और पेन्नार के बीच पूर्व की ओर बहने वाली नदियां (3) पेन्नार और कन्याकुमारी के बीच पूर्व की ओर बहने वाली नदियां (4) राजस्थान के रेगिस्तान में अंतरदेशीय बहाव क्षेत्र (5) लूनी सहित कच्छ और सौराष्ट्र की पश्चिम की ओर बहने वाली नदियां (6) ताप्ती से ताद्री तक पश्चिम की ओर बहने वाली नदियां (7) ताद्री से कन्याकुमारी तक पश्चिम की ओर बहने वाली नदियां और (8) म्यामां (बर्मा) और बांग्लादेश की ओर बहने वाली छोटी नदियां।

जलवायु/ऋतुएं

भारत की जलवायु को मोटे तौर पर उष्णकटिबंधीय बरसाती कहा जा सकता है। भारतीय मौसम विभाग (आईएमडी) ने चार आधिकारिक ऋतुएं निर्दिष्ट की हैं:– (1) शीत, दिसंबर से अप्रैल के प्रारंभ तक। वर्ष के सबसे ठंडे महीने दिसंबर और जनवरी होते हैं, जब उत्तर–पश्चिम में औसत तापमान करीब 10–15 डिग्री सेल्सियस (50–59 डिग्री फारेनहाइट) होता है; भारत के दक्षिण–पूर्व में मुख्य भू–भाग पर जैसे–जैसे आप भूमध्य रेखा की ओर जाएंगे, तो औसत तापमान बढ़ता जाएगा, जो लगभग 20–25 डिग्री सेल्सियस (68–77 डिग्री फारेनहाइट) पर पहुंच जाएगा, (2) ग्रीष्म या मानसून–पूर्व ऋतु, जो अप्रैल से जून तक (उत्तर–पश्चिमी भारत में अप्रैल से जुलाई) तक। पश्चिमी और दक्षिणी क्षेत्रों में अप्रैल सबसे गर्म महीना

होता है; उत्तरी क्षेत्र में सबसे गर्म महीना मई का है। अधिकतर दूरदराज के क्षेत्रों में औसत तापमान करीब 32-40 डिग्री सेल्सियस (90-104 डिग्री फारेनहाइट), (3) मानसून या वर्षा ऋतु, जून से सितंबर तक, इस मौसम में आर्द्र दक्षिण-पश्चिमी ग्रीष्म मानसून छाया रहता है, जो मई के अंत या जून के प्रारंभ में शुरू होकर धीरे-धीरे देशभर में फैलता है। मानसून की वर्षा उत्तर भारत में अक्टूबर के शुरू में कम होने लगती है। दक्षिण भारत में अधिक वर्षा होती है और (4) मानसून-परवर्ती ऋतु, अक्टूबर से दिसंबर तक। उत्तर-पश्चिमी भारत में अक्टूबर और नवंबर आमतौर पर वर्षारहित होते हैं।

हिमालयी राज्यों के अधिक समशीतोष्ण होने के कारण, यहां दो अतिरिक्त ऋतुएं होती हैं:- पतझड़ और वसंत। परंपरागत रूप में भारत में 6 ऋतुएं मानी जाती हैं, जिनमें प्रत्येक की अवधि करीब 2 महीने होती है। ये हैं- वसंत, ग्रीष्म, वर्षा, पूर्व पतझड़ (शरद), उत्तर पतझड़ (हेमंत) और शीत (शिशिर)। यह 12 महीनों को 6 ऋतुओं में बांटने के ज्योतिषीय वर्गीकरण पर आधारित है। प्राचीन हिंदू कैलेंडर भी इन ऋतुओं को उनके महीनों के क्रम में रखता है।

भारत की जलवायु दो मौसमी हवाओं से प्रभावित होती है- उत्तर-पूर्वी मानसून और दक्षिण-पश्चिमी मानसून। उत्तर-पूर्वी मानसून को आमतौर पर शीतकालीन मानसून कहा जाता है, जिसमें हवाएं ज़मीन से समुद्र की ओर चलती हैं, जबकि दक्षिण-पश्चिम मानसून ग्रीष्मकालीन मानसून है, जिसमें हवाएं हिंद महासागर, अरब सागर और बंगाल की खाड़ी से होते हुए ज़मीन की ओर बहती हैं। दक्षिण-पश्चिमी मानसून से वर्ष के दौरान देश में सर्वाधिक वर्षा होती है।

वनस्पति

भारत वनस्पति की दृष्टि से अत्यंत समृद्ध है। उपलब्ध आंकड़ों के अनुसार पादप विविधता की दृष्टि से भारत का विश्व में 10वां और एशिया में चौथा स्थान है। कोलकाता स्थित भारतीय वनस्पति विज्ञान सर्वेक्षण (बीएसआई) के अनुसार अभी तक करीब 70 प्रतिशत क्षेत्र में किए गए सर्वेक्षणों में 46,000 पादप प्रजातियां पाई गई हैं। यहां उत्कृष्ट वनस्पतियों की 15,000 किस्में पाई जाती हैं।

उष्ण से लेकर अतिशीत तक विविध जलवायु स्थितियों के साथ, भारत में समृद्ध और विविध वनस्पतियां पाई जाती हैं और इस दृष्टि से भारत की बराबरी गिने-चुने देश कर पाते हैं। भारत को आठ विशिष्ट वानस्पतिक क्षेत्रों में वर्गीकृत किया जा सकता है। ये हैं- पश्चिमी हिमालय, पूर्वी हिमालय, असम, सिंधु का मैदान, गंगा का मैदान, दक्षिणी क्षेत्र, मालाबार और अंडमान क्षेत्र।

पश्चिमी हिमालय क्षेत्र कश्मीर से कुमाऊं तक फैला है। इसके उष्ण अंचल के जंगलों में चीड़, अन्य शंकु वृक्ष और चौड़ी पत्तियों वाले उष्ण वृक्ष बहुतायत में पाए जाते हैं। उच्च शिखरों पर देवदार, नीले चीड़, सनोवर वृक्ष व श्वेत देवदार के जंगल हैं। लगभग 4,750 मीटर या उससे अधिक ऊंचाई पर उष्ण अंचल की ऊपरी सीमा से अल्पाइन अंचल यानी उच्च पर्वतीय क्षेत्र प्रारंभ होता है। इस अंचल के विलक्षण वृक्षों में उच्च स्तरीय श्वेत देवदार, श्वेत भोज वृक्ष, सदाबहार वृक्ष शामिल हैं। पूर्वी हिमालय क्षेत्र सिक्किम से पूर्व की ओर फैला है और दार्जीलिंग, कुर्सियांग और आसपास के क्षेत्रों को अपने में समेटे है। इस उष्ण अंचल में ओक, जायफल, द्विफल बड़े फूलों वाले सदाबहार वृक्ष, भोजवृक्ष और छोटी बेंत के जंगल हैं। असम क्षेत्र में ब्रह्मपुत्र नदी और सुरमा घाटियां शामिल हैं, जहां आमतौर पर मोटे बांस के गुच्छे और लंबी घास वाले सदाबहार वन हैं। सिंधु के मैदानी क्षेत्र में पंजाब, पश्चिमी राजस्थान और उत्तरी गुजरात के मैदान शामिल हैं। यह एक शुष्क एवं उष्ण क्षेत्र है, जिसमें प्राकृतिक वनस्पतियां मिलती हैं। गंगा का मैदानी क्षेत्र कछारी भूमि कहलाता है,

जहां गेहूं, गन्ना और चावल की खेती होती है। इस भू–भाग में केवल छोटे से क्षेत्र में विविध प्रकार के वन पाए जाते हैं। दक्षिणी क्षेत्र में भारतीय प्रायद्वीप की समूची समतल भूमि समाहित है। इस क्षेत्र में झाड़ीदार जंगलों से लेकर मिश्रित पतझड़ी जंगलों की विभिन्न प्रकार की वनस्पतियां पाई जाती हैं। मालाबार क्षेत्र में अत्यधिक आर्द्र पर्वतीय प्रदेश शामिल है, जो प्रायद्वीप के पश्चिमी तट के समानांतर है। जंगली वनस्पतियों की दृष्टि से समृद्ध होने के अलावा इस क्षेत्र में महत्वपूर्ण वाणिज्यिक फसलों जैसे– नारियल, सुपारी, काली मिर्च, कॉफी, चाय, रबड़ और काजू की खेती की जाती है। अंडमान क्षेत्र में प्रचुर सदाबहार, मैनग्रोव, तटवर्ती और बरसाती जंगल हैं। हिमालयी क्षेत्र कश्मीर से अरुणाचल प्रदेश तक फैला है जिसमें सिक्किम, मेघालय और नगालैंड समाहित हैं। दक्षिणी प्रायद्वीप स्थानिक वनस्पति की दृष्टि से समृद्ध है, जहां बड़ी संख्या में ऐसे पेड़–पौधे हैं, जो और कहीं नहीं पाए जाते हैं।

देश की वनस्पति का अध्ययन भारतीय वनस्पति विज्ञान सर्वेक्षण (बीएसआई) और देशभर में स्थित इसके 9 क्षेत्रीय कार्यालयों तथा कुछ विश्वविद्यालयों तथा अनुसंधान संस्थानों द्वारा किया जाता है।

एथनो–बोटेनिकल यानी मानव–वनस्पति अध्ययन में पादपों और उनके उत्पादों की उपयोगिता के बारे में अध्ययन किया जाता है। ऐसे पौधों का वैज्ञानिक अध्ययन बीएसआई द्वारा किया गया है। देश के विभिन्न जनजातीय क्षेत्रों में कई विस्तृत नृजातीय सर्वेक्षण किए जा चुके हैं। विज्ञान की दृष्टि से महत्वपूर्ण पौधों की 800 प्रजातियों को विभिन्न क्षेत्रों से इकट्ठा किया गया है और उनकी पहचान की गई है।

कृषि, उद्योग और शहरी विकास के लिए वनों के ह्रास के कारण कई भारतीय पौधों का अस्तित्व खतरे में है। करीब 1,336 पादप प्रजातियां ऐसी हैं जिनका अस्तित्व खतरे में है। बड़े पौधों की करीब 20 प्रजातियों की पहचान की गई है, जिनका अस्तित्व समाप्त होने की आशंका है, क्योंकि उन्हें पिछले 6–10 दशकों से देखा नहीं गया है। भारतीय वनस्पति विज्ञान सर्वेक्षण ने अस्तित्व समाप्ति का खतरा झेल रहे पौधों की एक सूची 'रेड डेटा बुक' के रूप में प्रकाशित की है।

भारत के जीव संसाधन

भारत अपनी बेजोड़ जैव–भौगोलिक अवस्थिति, विविधतापूर्ण जलवायु स्थितियों और असंख्य पारिस्थितिकी–विविधता और भू–विविधता के कारण जैविक विविधता की दृष्टि से अत्यंत समृद्ध है। भारत की विशाल जैविक विविधता में पारिस्थितिकी प्रणालियां, जनसंख्या, प्रजातियां और उनके आनुवंशिक स्वरूप शामिल हैं। इस विविधता का श्रेय भौतिक और जलवायु स्थितियों में व्यापक भिन्नता को जाता है, जिनके फलस्वरूप पारिस्थितिकी में प्राकृतिक वास संबंधी विविधताएं पैदा होती हैं और यह उष्णकटिबंधी, उप–उष्णकटिबंधी, समशीतोष्ण, अल्पाइन से रेगिस्तान तक फैली हुई है। विश्व जैव भौगोलिक वर्गीकरण के अनुसार भारत दो प्रमुख क्षेत्रों (प्लेयाक्रेटिक और इंडो–मलायन) और तीन बायोम्स अर्थात् पादप जीवन के प्रमुख रूपों (जैसे उष्णकटिबंधी आर्द्र वन, उष्णकटिबंधी शुष्क/पर्णपाती वन और गर्म रेगिस्तान/अर्द्ध–रेगिस्तान) का प्रतिनिधित्व करता है। भारतीय वन्य जीव संस्थान ने एक संशोधित वर्गीकरण प्रस्तावित किया है, जो देश को 10 जैव भौगोलिक क्षेत्रों में वर्गीकृत करता है– हिमालय–पार, हिमालयी, भारतीय रेगिस्तान, अर्द्ध–शुष्क, पश्चिमी घाट , दक्षिणी प्रायद्वीप, गंगा का मैदान, पूर्वोत्तर भारत, द्वीप और तटवर्ती क्षेत्र। जैव विविधता सम्मेलन के अनुसार, भारत प्राकृतिक संसाधनों के संरक्षण और स्थायी विकास की दृष्टि से विश्व में अद्वितीय स्थान रखता है। वास्तव में विश्व के कुल भू–भाग में मात्र करीब दो प्रतिशत की हिस्सेदारी के साथ भारत विश्व के कुल जीव–जंतुओं की 7.5 प्रतिशत प्रजातियों के लिए जाना जाता है,

जिसमें 92,037 प्रजातियां शामिल हैं। इनमें मात्र कीटों की 61,375 प्रजातियां शामिल हैं। अनुमान है कि अकेले भारत में आज जितनी प्रजातियां विद्यमान हैं, उसका करीब दो गुना ऐसी हैं, जिनकी अभी खोज की जानी है।

जनसांख्यिकीय पृष्ठभूमि

जनगणना

भारत की जनगणना, 2001 की 21वीं सदी और तीसरी सहस्राब्दी की प्रथम जनगणना होने के कारण ऐतिहासिक और युगारंभ करने वाली थी। यह एक शताब्दी और सहस्राब्दी परिवर्तन के समय देश में उपलब्ध प्रचुर मानव संसाधनों की स्थिति, उनकी जनसांख्यिकीय पृष्ठभूमि, संस्कृति और आर्थिक संरचना के बारे में मानदंड निर्धारित करने वाले आंकड़े उद्‌घाटित करती है।

भारत में 2011 की जनगणना 1872 के बाद 15वीं जनगणना थी। इसे दो चरणों में कराया गया: (1) मकानों की सूची और आवास गणना (अप्रैल से सितंबर, 2010) और (2) जनसंख्या की गणना (9 से 28 फरवरी, 2011 और संशोधनात्मक दौर 1 से 5 मार्च, 2011)। संदर्भ तिथि तारीख 1 मार्च, 2011 मानी गई। बर्फीले क्षेत्रों में जनसंख्या की गणना 11 से 30 सितंबर, 2010 की अवधि में की गई थी। जनसंख्या के अंतिम आंकड़े 30 अप्रैल, 2013 को जारी किए गए।

जनसंख्या

भारत की जनसंख्या 1 मार्च, 2011 को 121.09 करोड़ (62.33 करोड़ पुरुष और 58.75 करोड़ महिलाएं) थी। विश्व की 13.579 करोड़ वर्ग किलोमीटर क्षेत्रफल भू-भाग में भारत की हिस्सेदारी मात्र 2.4 प्रतिशत है। फिर भी यह विश्व की आबादी के एक बड़े हिस्से को आश्रय प्रदान करता है और उसका पालन-पोषण करता है।

भारत की जनसंख्या, जो 20वीं शताब्दी के प्रारंभ में करीब 23.84 करोड़ थी, 2011 में बढ़ कर 121.07 करोड़ हो गई। 1911-21 के दशक को छोड़ कर, 1901 से प्रत्येक दशक में हुई जनगणनाओं के दौरान भारत की आबादी में तीव्र वृद्धि दर्ज हुई है।

जनसंख्या घनत्व

जनसंख्या संकेंद्रण के महत्वपूर्ण पैमानों में जनसंख्या घनत्व भी एक है। इसे प्रति वर्ग किलोमीटर क्षेत्र में लोगों की संख्या के रूप में परिभाषित किया जाता है। भारत का जनसंख्या घनत्व 2011 में 17.72 प्रतिशत की दशकीय वृद्धि के साथ 382 प्रति वर्ग किलोमीटर था।

1991 और 2011 के बीच सभी राज्यों और केंद्रशासित प्रदेशों में जनसंख्या घनत्व में वृद्धि हुई है। बड़े राज्यों में बिहार सर्वाधिक घनी आबादी वाला राज्य है, जहां जनसंख्या का घनत्व 1,106 व्यक्ति प्रति वर्ग किलोमीटर है। इसके बाद पश्चिम बंगाल (1,028) और केरल (860) का स्थान है।

लिंग अनुपात

लिंगानुपात को प्रति 1,000 पुरुषों की तुलना में महिलाओं की संख्या के रूप में परिभाषित किया जाता है। किसी समाज में एक निर्दिष्ट काल के दौरान पुरुषों और महिलाओं के बीच प्रचलित समानता को मापने के लिए लिंग अनुपात एक महत्वपूर्ण सामाजिक संकेतक है। देश में लिंग अनुपात महिलाओं की संख्या की

दृष्टि से हमेशा प्रतिकूल रहा है। 20वीं सदी के प्रारंभ में यह 972 था और उसके बाद 1941 तक इसमें निरंतर कमी दर्ज हुई। 1901–2011 की अवधि में लिंग अनुपात में 2001 की जनगणना की तुलना में 2011 की जनगणना में 10 अंक की बढ़ोतरी दर्ज हुई, परंतु बच्चों के लिंग अनुपात में गिरावट आई और यह प्रति 1,000 लड़कों की तुलना में लड़कियों की संख्या कम होकर 919 पर आ गई।

साक्षरता

2011 की जनगणना के प्रयोजन के लिए 7 वर्ष और उससे ऊपर की आयु के ऐसे व्यक्ति को साक्षर समझा गया, जो किसी भाषा में पढ़ने और लिखने में सक्षम हो। ऐसा व्यक्ति जो पढ़ सकता है, परंतु लिख नहीं सकता, साक्षर नहीं कहा जा सकता। 1991 से पहले की जनगणनाओं में 5 वर्ष से कम आयु के बच्चों को अनिवार्यत: निरक्षर समझा जाता था।

2011 की जनगणना के परिणामों से पता चलता है कि देश में साक्षरता में वृद्धि हुई है। देश में साक्षरता की दर 73 प्रतिशत है, जिसमें 80.9 प्रतिशत पुरुष और 64.6 प्रतिशत महिलाएं हैं। 94 प्रतिशत साक्षरता के साथ केरल ने प्रथम स्थान बनाए रखा है। इसके करीब ही लक्षद्वीप (91.9 प्रतिशत) का स्थान है। देश में साक्षरता की दृष्टि से बिहार अंतिम स्थान पर है, जहां साक्षरता की दर 61.8 प्रतिशत है। 96.1 प्रतिशत पुरुष साक्षरता और 92.1 प्रतिशत महिला साक्षरता दर के साथ केरल का देश में पहला स्थान है। इसके विपरीत, पुरुषों (71.2 प्रतिशत) और महिलाओं (51.5 प्रतिशत), दोनों की साक्षरता दर के मामले में बिहार अंतिम पायदान पर है।

टिप्पणी: विस्तृत विवरण के लिए कृपया जनगणना रिपोर्ट, 2011 देखें।

2 राष्ट्रीय प्रतीक

राष्ट्रीय ध्वज

भारत का राष्ट्रीय ध्वज तिरंगा है, जिसमें समानांतर तीन रंगों की पट्टियां हैं। सबसे ऊपर गहरी केसरिया पट्टी है, मध्य में सफेद और सबसे नीचे गहरे हरे रंग की पट्टी है। ध्वज की चौड़ाई और लंबाई का अनुपात 2:3 है। सफेद पट्टी के केंद्र में गहरे नीले रंग का एक चक्र है, जिसका प्रारूप सम्राट अशोक के सारनाथ स्थित सिंह स्तंभ पर बने चक्र की तर्ज़ पर बनाया गया है। इसका व्यास सफेद पट्टी की चौड़ाई के समान है और इसमें 24 तिल्लियां हैं। भारत की संविधान सभा ने राष्ट्र ध्वज के प्रारूप को 22 जुलाई, 1947 को अपनाया।

सरकार द्वारा समय-समय पर जारी गैर-सांविधिक अनुदेशों के अतिरिक्त राष्ट्रीय ध्वज के प्रदर्शन पर राजचिह्नों और नामों के (दुरुपयोग की रोकथाम) अधिनियम, 1950 (1950 का 12वां) और राष्ट्रीय गौरव अपमान निवारण अधिनियम, 1971 (1971 का 69वां) की व्यवस्थाएं लागू होती हैं।

भारतीय ध्वज संहिता, 2002 जो 26 जनवरी, 2002 से प्रभावी हुई, में विधि, परंपराओं, प्रविधियों और अनुदेशों सभी को एक साथ रखा गया है। भारत की ध्वज संहिता, 2002 के अनुसार आम नागरिकों, प्राइवेट संगठनों, शैक्षिक संस्थानों आदि द्वारा राष्ट्रीय ध्वज के प्रदर्शन पर कोई पाबंदी नहीं है, परंतु इस बारे में राजचिह्नों और नामों के (दुरुपयोग की रोकथाम) अधिनियम, 1950 और राष्ट्रीय गौरव अपमान निवारण अधिनियम, 1971 के प्रावधानों और इस विषय में अधिनियमित किसी अन्य कानून की व्यवस्थाओं का अनुपालन अनिवार्य है।

राजचिह्न

भारत का राजचिह्न सारनाथ स्थित अशोक के सिंह स्तंभ की अनुकृति है। मूल स्तंभ में शीर्ष पर 4 सिंह हैं, जो एक-दूसरे की ओर पीठ किए हुए हैं। इसके नीचे घंटे के आकार के पद्म के ऊपर एक चित्र वल्लरी में एक हाथी, चौकड़ी भरता हुआ एक घोड़ा, एक सांड़ तथा एक सिंह की उभरी हुई मूर्तियां हैं, जिनके बीच-बीच में चक्र बने हुए हैं। चिकने बलुआ पत्थर के एकल ब्लॉक को काट कर बनाए गए इस स्तंभ पर 'धर्मचक्र' सुशोभित है।

भारत सरकार द्वारा 26 जनवरी, 1950 को अपनाए गए राजचिह्न में केवल 3 सिंह दिखाई पड़ते हैं। पट्टी के मध्य में उभरी हुई नक्काशी में चक्र है, जिसके दाईं ओर एक सांड़ और बाईं ओर एक घोड़ा है। दाएं और बाएं छोरों पर अन्य चक्रों के किनारे हैं। घंटाकार पद्म छोड़ दिया गया है। फलक के नीचे *मुंडकोपनिषद्* का सूत्र '*सत्यमेव जयते*' देवनागरी लिपि में अंकित है जिसका अर्थ है- 'सत्य की ही विजय होती है।'

भारत के राजचिह्न का उपयोग भारत के राजकीय (अनुचित उपयोग निषेध) अधिनियम, 2005 के तहत नियंत्रित होता है।

राष्ट्रगान

रवीन्द्रनाथ ठाकुर द्वारा मूल रूप से बांग्ला में रचित और संगीतबद्ध 'जन-गण-मन' के हिंदी संस्करण को संविधान सभा ने भारत के राष्ट्रगान के रूप में 24 जनवरी, 1950 को अपनाया था। यह सर्वप्रथम 27 दिसंबर, 1911 को भारतीय राष्ट्रीय कांग्रेस के कोलकाता अधिवेशन में गाया गया था। पूरे गीत में 5 पद हैं। प्रथम पद, राष्ट्रगान का पूरा पाठ है, जो इस प्रकार है :

जन-गण-मन अधिनायक जय हे
भारत भाग्य विधाता।

पंजाब-सिंधु-गुजरात-मराठा
द्राविड़-उत्कल-बंग
विंध्य हिमाचल यमुना गंगा
उच्छल जलधि तरंग।
तब शुभ नामे जागे, तब शुभ आशिष मांगे
गाहे तब जय-गाथा।

जन-गण-मंगलदायक जय हे भारत भाग्य विधाता।
जय हे, जय हे, जय हे, जय जय जय जय हे।

राष्ट्रगान के गायन की अवधि लगभग 52 सेकेंड है। कुछ अवसरों पर राष्ट्रगान को संक्षिप्त रूप में गाया जाता है, जिसमें इसकी प्रथम और अंतिम पंक्तियां (गाने का समय लगभग 20 सेकेंड) होती हैं जो इस प्रकार है :

जन-गण-मन अधिनायक जय हे
भारत भाग्य विधाता।

जय हे, जय हे, जय हे, जय जय जय जय हे।।

राष्ट्रगीत

बंकिमचंद्र चटर्जी ने संस्कृत में 'वंदे मातरम्' गीत की रचना की, जिसे 'जन-गण-मन' के समान दर्जा प्राप्त है। यह गीत स्वतंत्रता संग्राम में जन-जन का प्रेरणा स्रोत था। यह गीत पहली बार 1896 में भारतीय राष्ट्रीय कांग्रेस के अधिवेशन में गाया गया था। इसका प्रथम पद इस प्रकार है :

वंदे मातरम्!

सुजलाम् सुफलाम् मलयज शीतलाम्,

शस्यश्यामलाम्, मातरम्!

शुभ्रज्योत्सना पुलकितयामिनीम्,

फुल्लकुसुमित द्रुमदल शोभिनीम्,

सुहासिनीम् सुमधुर भाषिणीम्,

सुखदाम् वरदाम्, मातरम्!

राष्ट्रीय ध्वज

सत्यमेव जयते

राष्ट्रीय चिह्न

राष्ट्रीय पंचांग (कैलेंडर)

ग्रिगेरियन कैलेंडर के साथ-साथ देशभर के लिए शक संवत् पर आधारित एकरूप राष्ट्रीय पंचांग, जिसका पहला महीना चैत्र है और सामान्य वर्ष 365 दिन का होता है। 22 मार्च, 1957 को इन्हें सरकारी उद्देश्यों के लिए अपनाया गया : (1) भारत का राजपत्र, (2) आकाशवाणी के समाचार प्रसारण, (3) भारत सरकार द्वारा जारी किए गए कैलेंडर और (4) भारत सरकार द्वारा नागरिकों को संबोधित-पत्र।

राष्ट्रीय पंचांग और ग्रिगेरियन कैलेंडर की तारीखों में स्थाई सादृश्य है। चैत्र का पहला दिन सामान्यतः 22 मार्च को और अधिवर्ष में 21 मार्च को पड़ता है।

3 राजनीतिक संरचना

राज्यों का संघ भारत एक धर्मनिरपेक्ष लोकतांत्रिक गणराज्य है जिसमें शासन की संसदीय प्रणाली है। यह गणराज्य 26 जनवरी , 1949 को संविधान सभा द्वारा स्वीकृत एवं 26 जनवरी , 1950 से लागू संविधान की व्यवस्थाओं के अनुसार प्रशासित होता है।

संसदीय सरकार के संविधान का ढांचा एकात्मक विशेषताओं के साथ संघात्मक भी है। भारत के राष्ट्रपति केंद्र की कार्यपालिका के संवैधानिक प्रमुख भी होते हैं। संविधान का अनुच्छेद 74 (1) यह निर्दिष्ट करता है कि कार्य संचालन में राष्ट्रपति की सहायता करने और उन्हें परामर्श देने के लिए प्रधान मंत्री के नेतृत्व में एक मंत्रिपरिषद् होगी और राष्ट्रपति उसके परामर्श से ही कार्य करेंगे। इस प्रकार कार्यपालिका की वास्तविक शक्ति प्रधानमंत्री के नेतृत्व में गठित मंत्रिपरिषद् में निहित होती है। मंत्रिपरिषद् सामूहिक रूप से लोकसभा के प्रति भी उत्तरदायी है। इसी प्रकार राज्यों में राज्यपाल की स्थिति कार्यपालिका के प्रधान की होती है परंतु , वास्तविक शक्ति मुख्यमंत्री के नेतृत्व में मंत्रिपरिषद् में निहित होती है। किसी राज्य की मंत्रिपरिषद् सामूहिक रूप से उस राज्य की विधानसभा के प्रति उत्तरदायी होती है।

संविधान में विधायी शक्तियां संसद एवं विधानसभाओं में विभाजित की गई हैं तथा शेष शक्तियां संसद को प्राप्त हैं। संविधान में संशोधन का अधिकार भी संसद को ही प्राप्त है। संविधान में न्यायपालिका, भारत के नियंत्रक तथा महालेखा परीक्षक, लोक सेवा आयोगों और मुख्य निर्वाचन आयोग की स्वतंत्रता बनाए रखने का प्रावधान है।

केंद्र और उसके क्षेत्र

भारत में 29 राज्य और सात केंद्रशासित प्रदेश हैं। ये राज्य हैं– आंध्र प्रदेश, असम, अरुणाचल प्रदेश, बिहार, छत्तीसगढ़, गोवा, गुजरात, हरियाणा, हिमाचल प्रदेश, जम्मू–कश्मीर, झारखंड, कर्नाटक, केरल, मध्य प्रदेश, महाराष्ट्र, मणिपुर, मेघालय, मिजोरम, नगालैंड, ओडिशा, पंजाब, राजस्थान, सिक्किम, तमिलनाडु , तेलंगाना, त्रिपुरा, उत्तराखंड, उत्तर प्रदेश और पश्चिम बंगाल। केंद्रशासित प्रदेश हैं– अंडमान और निकोबार द्वीप समूह, चंडीगढ़, दादरा और नगर हवेली, दमन और दीव, राष्ट्रीय राजधानी क्षेत्र दिल्ली, लक्षद्वीप और पुदुचेरी।

नागरिकता

संविधान में संपूर्ण भारत के लिए में एक समान नागरिकता की व्यवस्था की गई है ऐसा प्रत्येक व्यक्ति भारत का नागरिक माना गया है, जो संविधान लागू होने के दिन (26 जनवरी, 1950 को) भारत स्थायी रूप से रहता हो; और (क) जो भारत में पैदा हुआ हो; अथवा (ख) जिसके माता–पिता में से एक भारत में पैदा हुआ है; अथवा (ग) जो सामान्यतया कम से कम पांच वर्ष से भारतीय क्षेत्र में रह रहा हो। नागरिकता अधिनियम, 1955 में लागू होने के बाद नागरिकता ग्रहण करने, निर्धारित करने तथा समाप्त करने के संबंध में प्रावधान किए गए हैं।

मौलिक अधिकार

संविधान में सभी नागरिकों के लिए व्यक्तिगत और सामूहिक रूप से कुछ बुनियादी स्वतंत्रता की व्यवस्था की गई है। मोटेतौर पर संविधान में छह प्रकार की स्वतंत्रता की मौलिक अधिकारों के रूप में गारंटी दी गई है, जिनकी सुरक्षा के लिए न्यायालय की शरण ली जा सकती है। संविधान के तीसरे भाग, अनुच्छेद-12 से 35 तक, में मौलिक अधिकारों का उल्लेख किया गया है। ये मौलिक अधिकार हैं: (1) समानता का अधिकार, कानून के समक्ष समानता, धर्म, वंश, जाति, लिंग या जन्म-स्थान के आधार पर भेदभाव का निषेध और रोज़गार के लिए समान अवसर; (2) विचारों की स्वतंत्रता और अभिव्यक्ति का अधिकार: सम्मेलन करने, संस्था या केंद्र बनाने, देश में सर्वत्र आने-जाने, भारत के किसी भी भाग में रहने तथा कोई रोज़गार या व्यवसाय करने का अधिकार (इनमें से कुछ अधिकारों को देश की सुरक्षा, विदेशों के साथ मैत्रीपूर्ण संबंधों, लोक व्यवस्था, शिष्टता या नैतिकता में सीमित किया गया है); (3) शोषण से रक्षा का अधिकार: इसके अंतर्गत सभी प्रकार की बेगार, बालश्रम और व्यक्तियों के क्रय-विक्रय का निषेध किया गया है; (4) अंत:करण की प्रेरणा तथा धर्म को निर्बाध रूप से मानने, उसके अनुरूप आचरण करने और उसका प्रचार करने की स्वतंत्रता का अधिकार; (5) नागरिकों के किसी भी वर्ग को अपनी संस्कृति, भाषा और लिपि को संरक्षित करने तथा अल्पसंख्यकों द्वारा अपनी पसंद की शिक्षा ग्रहण करने एवं शिक्षा संस्थानों की स्थापना करने का अधिकार; और (6) मौलिक अधिकारों को लागू करने के लिए संवैधानिक उपायों का अधिकार।

मौलिक कर्तव्य

1976 में संविधान में हुए 42वें संशोधन के अंतर्गत नागरिकों के मौलिक कर्तव्यों का भी उल्लेख किया गया है। ये कर्तव्य संविधान के भाग चार 'ए' के अनुच्छेद - 51 (क) में दिए गए हैं। इसमें अन्य बातों के अलावा यह भी कहा गया है कि नागरिकों का कर्तव्य है कि वे संविधान का पालन करें; स्वतंत्रता प्राप्ति के लिए राष्ट्रीय संघर्ष को प्ररित करने वाले आदर्शों का अनुसरण करें; देश की रक्षा करें और कहे जाने पर राष्ट्रीय सेवा में जुट जाएं। धर्म, भाषा और क्षेत्रीय तथा वर्ग संबंधी भिन्नताओं को भुला कर सद्भाव और भाईचारे की भावना को बढ़ावा दें।

राज्य के नीति-निदेशक सिद्धांत

संविधान में निहित राज्य के नीति-निदेशक सिद्धांत यद्यपि न्यायालयों द्वारा लागू नहीं कराए जा सकते, तथापि वे 'देश के प्रशासन का मूल आधार हैं' और सरकार का यह कर्तव्य है कि वह कानून बनाते समय इन सिद्धांतों का पालन करे। ये सिद्धांत संविधान के भाग चार के अनुच्छेद 36 से 51 में दिए गए हैं। उनमें कहा गया है- सरकार ऐसी प्रभावी सामाजिक व्यवस्था कायम करके लोगों के कल्याण के लिए प्रोत्साहन देने का प्रयास करेगी जिससे राष्ट्रीय जीवन के सभी क्षेत्रों में सामाजिक, आर्थिक तथा राजनीतिक न्याय का पालन हो। सरकार ऐसी नीति-निर्देशित करेगी जो सभी स्त्री-पुरुषों को जीवनयापन के लिए यथेष्ट अवसर दे, सामान कार्य के लिए समान वेतन तथा अपनी आर्थिक क्षमता, विकास की सीमाओं के अनुसार सबको काम तथा शिक्षा दिलाने की प्रभावी व्यवस्था करे और बेरोज़गारी, बुढ़ापे, बीमारी तथा अपंगता या अन्य प्रकार की अक्षमता की स्थिति में सबको वित्तीय सहायता दे। सरकार श्रमिकों के लिए निर्वाह-वेतन, कार्य की मानवोचित दशाओं, रहन-सहन के अच्छे स्तर तथा उद्योगों के प्रबंधन में उनकी पूर्ण भागीदारी के लिए भी प्रयास करेगी।

आर्थिक क्षेत्र में, सरकार को अपनी नीति इस ढंग से लागू करनी चाहिए जिससे कि समाज के भौतिक संसाधनों पर अधिकार और उनका लोगों के बीच इस प्रकार वितरण हो कि वे सभी लोगों के कल्याण के लिए उपयोगी सिद्ध हो अतः यह सुनिश्चित हो कि आर्थिक व्यवस्था को लागू करने के परिणामस्वरूप सर्वसाधारण के हितों के विरुद्ध धन और उत्पादन कुछ ही लोगों के पास केंद्रित नहीं हो।

कुछ अन्य महत्वपूर्ण निर्देशात्मक सिद्धांत हैं: बच्चों को स्वस्थ वातावरण में विकास लिए अवसर तथा सुविधाएं उपलब्ध करवाना; 14 वर्ष तक के लिए निःशुल्क एवं अनिवार्य शिक्षा की व्यवस्था करना; अनुसूचित जाति तथा अनुसूचित जनजाति और समाज के अन्य कमजोर वर्गों के शैक्षिक और आर्थिक हितों को बढ़ावा देना; ग्राम पंचायतों का गठन; कार्यपालिका से न्यायपालिका को अलग रखना, संपूर्ण देश के लिए समान नागरिक संहिता की घोषणा; राष्ट्रीय स्मारकों की सुरक्षा, समान अवसरों के आधार पर न्याय को बढ़ावा देना, निःशुल्क कानूनी सहायता की व्यवस्था; पर्यावरण की सुरक्षा तथा सुधार; वनों एवं वन्य जीवों की सुरक्षा तथा अंतरराष्ट्रीय शांति और सुरक्षा; राष्ट्रों के बीच न्यायोचित तथा समानतापूर्ण संबंधों को प्रोत्साहन; अंतरराष्ट्रीय कानूनों संधियों का सम्मान एवं अंतरराष्ट्रीय विवादों को मध्यस्थता द्वारा निपटाने को बढ़ावा देना।

संघ

कार्यपालिका

केंद्रीय कार्यपालिका के अंतर्गत राष्ट्रपति, उप राष्ट्रपति तथा प्रधानमंत्री के नेतृत्व में एक मंत्रिपरिषद् होती है जो राष्ट्रपति को सहायता और सलाह देती है।

राष्ट्रपति

राष्ट्रपति का निर्वाचन एक निर्वाचक मंडल के सदस्य आनुपातिक प्रतिनिधित्व प्रणाली के आधार पर एकल हस्तांतरणीय मत के द्वारा करते हैं। इस निर्वाचक मंडल में संसद के दोनों सदनों तथा राज्यों की विधान सभाओं के निर्वाचित सदस्य होते हैं। राज्यों के बीच आपस में समानता तथा राज्यों और केंद्र के बीच समानता बनाए रखने के लिए प्रत्येक मत को उचित महत्व दिया जाता है। राष्ट्रपति को अनिवार्य रूप से भारत का नागरिक, कम से कम 35 वर्ष की आयु का तथा लोकसभा का सदस्य बनने का पात्र होना चाहिए। राष्ट्रपति का कार्यकाल पांच वर्ष का होता है तथा पुनः निर्वाचित किया जा सकता है। संविधान के अनुच्छेद-61 में निहित प्रक्रिया द्वारा उन्हें पद से हटाया जा सकता है। वह उप राष्ट्रपति को संबंधित स्व-हस्तलिखित पत्र द्वारा पद-त्याग कर सकते हैं।

कार्यपालिका के समस्त अधिकार राष्ट्रपति में निहित हैं। वह इनका उपयोग संविधान के अनुसार स्वयं या अपने अधीनस्थ सरकारी अधिकारियों द्वारा कराते हैं। रक्षा सेनाओं की सर्वोच्च कमान भी राष्ट्रपति के पास होती है। राष्ट्रपति को संसद का अधिवेशन बुलाने, उसका सत्रावसान करने, संसद को संबोधित करने तथा संदेश भेजने, लोकसभा को भंग करने, दोनों अधिवेशन काल को छोड़कर किसी भी समय अध्यादेश जारी करने, बजट तथा वित्त विधेयक प्रस्तुत करने की सिफारिश करने और विधेयकों को स्वीकृति प्रदान करने, क्षमादान देने, दंड रोकने अथवा उसमें कमी या परिवर्तन करने या कुछ मामलों में दंड को स्थगित करने , छूट देने या दंड को बदलने के अधिकार प्राप्त हैं। किसी राज्य में संवैधानिक व्यवस्था के विफल हो जाने पर राष्ट्रपति उस सरकार के संपूर्ण या कोई भी अधिकार अपने हाथ में ले सकते हैं। यदि राष्ट्रपति को इस बारे में विश्वास हो जाए कि ऐसा कोई गंभीर संकट पैदा हो गया है

जिससे देश अथवा उसके किसी भाग की सुरक्षा को युद्ध अथवा बाह्य आक्रमण या सशस्त्र विद्रोह का खतरा उत्पन्न हो गया है, तो वह देश में आपात स्थिति की घोषणा कर सकते हैं।

उप राष्ट्रपति

उप राष्ट्रपति का चुनाव आनुपातिक प्रतिनिधित्व प्रणाली के अनुसार एकल हस्तांतरणीय मत द्वारा एक निर्वाचक मंडल के सदस्य करते हैं। निर्वाचक मंडल में संसद के दोनों सदनों के सदस्य होते हैं। उप राष्ट्रपति को अनिवार्य रूप से भारत का नागरिक, कम से कम 35 वर्ष की आयु का और राज्य सभा का सदस्य बनने का पात्र होना चाहिए। उनका कार्यकाल पांच वर्ष का होता है और उन्हें इस पद पर पुन:निर्वाचित भी किया जा सकता है। संविधान के अनुच्छेद- 67 (ख) में निहित कार्यविधि द्वारा उन्हें पद से हटाया जा सकता है।

उप राष्ट्रपति राज्यसभा के पदेन सभापति होते हैं। जब राष्ट्रपति बीमारी या किसी अन्य कारण से अपना कार्य करने में असमर्थ हों या जब राष्ट्रपति की मृत्यु अथवा पद-त्याग या पद से हटाए जाने के कारण से राष्ट्रपति का पद रिक्त हो गया हो, तब छह महीने के भीतर नया राष्ट्रपति चुने जाने तक वह राष्ट्रपति के रूप में कार्य कर सकते हैं। ऐसी स्थिति में वह राज्यसभा के सभापति के रूप में कार्य नहीं कर सकते।

मंत्रिपरिषद्

कार्य-संचालन में राष्ट्रपति की सहायता करने तथा उन्हें परामर्श देने के लिए प्रधानमंत्री के नेतृत्व में एक मंत्रिपरिषद् की व्यवस्था है। प्रधानमंत्री की नियुक्ति राष्ट्रपति करते हैं तथा अन्य मंत्रियों की नियुक्ति भी राष्ट्रपति, प्रधानमंत्री के परामर्श से करते हैं।

मंत्रिपरिषद् संयुक्त रूप से लोकसभा के प्रति उत्तरदायी होती है। प्रधानमंत्री का कर्तव्य है कि वह केंद्र के कार्यों के संचालन के संबंध में मंत्रिपरिषद् के निर्णयों, कानून बनाने के प्रस्तावों तथा उनसे संबंधित जानकारियों से राष्ट्रपति को अवगत कराते रहें। मंत्रिपरिषद् में कैबिनेट मंत्री, राज्यमंत्री (स्वतंत्र प्रभार), राज्यमंत्री तथा उपमंत्री होते हैं।

विधायिका

संघ की विधायिका को 'संसद' कहा जाता है। इसमें राष्ट्रपति, दोनों सदन (लोकसभा तथा राजयसभा) शामिल हैं। संसद के दोनों सदनों की बैठक पिछली बैठक के छह महीने भीतर बुलानी होती है। कुछ अवसरों पर दोनों सदनों का संयुक्त अधिवेशन किया जा सकता है।

राज्यसभा

संविधान में व्यवस्था है कि राज्यसभा में साहित्य, विज्ञान, कला और समाज सेवा आदि के क्षेत्रों में विशेष ज्ञान या अनुभव रखने वाले 12 सदस्यों को राष्ट्रपति मनोनीत करेंगे तथा राज्यों और केंद्रशासित प्रदेशों के चुने हुए सदस्यों की संख्या 238 से अधिक नहीं होगी। राज्य सभा के सदस्यों का विवरण **परिशिष्ट** में दिया गया है।

राज्यसभा के सदस्यों का चुनाव अप्रत्यक्ष होता है; राज्यों का प्रतिनिधित्व करने वाले सदस्यों का चुनाव राज्यों की विधानसभाओं के चुने हुए सदस्यों द्वारा एकल हस्तांतरणीय मत के आधार पर आनुपातिक प्रतिनिधित्व प्रणाली के माध्यम से किया जाता है। केंद्रशासित प्रदेशों के प्रतिनिधियों का

चुनाव संसद द्वारा निर्धारित अंतर्गत किया जाता है। राज्यसभा कभी भी भंग नहीं होती और उसके एक तिहाई सदस्य हर दो वर्ष के बाद अवकाश ग्रहण करते हैं।

लोकसभा

लोकसभा के सदस्य वयस्क मताधिकार के आधार पर लोगों द्वारा सीधे चुने जाते हैं। संविधान में लोकसभा के सदस्यों की अधिकतम संख्या अब अधिकतम 552 है (530 सदस्य राज्यों का और 20 सदस्य केंद्रशासित प्रदेशों का प्रतिनिधित्व करते हैं तथा राष्ट्रपति को आंग्ल-भारतीय (एंग्लो इंडियन) समुदाय के दो व्यक्तियों को उस हालत में मनोनीत करने का अधिकार है, जब उन्हें ऐसा लगे कि सदन में इस समुदाय के सदस्यों को पर्याप्त प्रतिनिधित्व नहीं मिला)। लोकसभा के लिए विभिन्न राज्यों की सदस्य संख्या का निर्धारण इस प्रकार किया जाता है कि राज्य के लिए निर्धारित सदस्यों की संख्या और उस राज्य की जनसंख्या का अनुपात जहां तक संभव हो, सभी राज्यों में समान हो। वर्तमान लोकसभा के 543 सदस्य हैं। इनमें से 530 सदस्य राज्यों से और 13 सदस्य केंद्रशासित प्रदेशों से सीधे चुने गए हैं। 84वें संविधान संशोधन विधेयक 2001 के तहत विभिन्न राज्यों में लोकसभा की वर्तमान सीटों की कुल संख्या का निर्धारण 1971 की जनगणना के आधार पर किया गया है तथा 2026 के बाद की जाने वाली जनगणना तक इसमें कोई फेर-बदल नहीं किया जाएगा।

लोकसभा का कार्यकाल, यदि उसे भंग न किया जाए , सदन की पहली बैठक की लेकर पांच वर्ष होता है। किंतु यदि आपातस्थिति लागू हो तो यह अवधि संसद द्वारा कानून बनाकर बढ़ाई जा सकती है। परंतु यह वृद्धि एक समय पर एक वर्ष से अधिक नहीं हो सकती और आपात स्थिति समाप्त होने के बाद किसी भी हालत में छह महीने से अधिक नहीं हो सकती। अब तक 16 लोकसभाएं गठित की जा चुकी हैं। प्रत्येक लोकसभा के कार्यकाल और उसके अध्यक्षों का विवरण तालिका-1 में दिया गया है।

16वीं लोकसभा के सदस्यों के नाम, उनकी पार्टी और चुनाव क्षेत्र का विवरण **परिशिष्ट** में दिया गया है।

संसद की सदस्यता के लिए योग्यताएं

संसद का सदस्य होने के लिए भारत का नागरिक होना आवश्यक है। लोकसभा के लिए कम से कम 25 वर्ष और राज्यसभा के लिए कम-से-कम 30 वर्ष उम्र होनी चाहिए। अतिरिक्त योग्यताएं संसद कानून बनाकर निर्धारित कर सकती है।

संसद के कार्य और अधिकार

अन्य संसदीय लोकतंत्रों की भांति भारत की संसद को भी कानून बनाने, प्रशासन की देख-रेख, बजट पारित करने, लोगों की कठिनाइयों को दूर करने और विकास योजनाओं, राष्ट्रीय नीतियों, अंतरराष्ट्रीय संबंधों जैसे विषयों पर चर्चा करने का अधिकार है। केंद्र और राज्यों में अधिकारों के वितरण की संविधान में जो व्यवस्था की गई है, उसके अनुसार विधायी क्षेत्र में कई तरह से संसद को उच्च स्थान दिया गया है। संसद कुछ परिस्थितियों में ऐसे विषयों के विधायी अधिकार भी प्राप्त कर सकती है, जो अन्यथा राज्यों के लिए सुरक्षित हैं। संसद को राष्ट्रपति पर महाभियोग चलाने, उच्चतम न्यायालय और उच्च न्यायालयों के न्यायाधीशों, मुख्य चुनाव आयुक्त और नियंत्रक तथा महालेखा परीक्षक को संविधान की निर्धारित प्रक्रिया के अनुसार उनके पदों से हटाने का अधिकार प्राप्त है।

तालिका : 1

लोकसभा का कार्यकाल और उसके अध्यक्ष

लोकसभा	गठन के पश्चात् की प्रथम बैठक	भंग होने की तिथि	अध्यक्ष[1] का नाम	से	तक
पहली लोकसभा	13 मई, 1952	04 अप्रैल, 1957[2]	गणेश वासुदेव मावलंकर	15 मई, 1952	27 फरवरी, 1956[3]
			एम. अनंतशयनम आयंगर	8 मार्च, 1956	10 मई, 1957
दूसरी लोकसभा	10 मई, 1957	31 मार्च, 1962[4]	एम. अनंतशयनम आयंगर	11 मई, 1957	16 अप्रैल, 1962
तीसरी लोकसभा	16 अप्रैल, 1962	03 मार्च, 1967[5]	हुकम सिंह	17 अप्रैल, 1962	16 मार्च, 1967
चौथी लोकसभा	16 मार्च, 1967	27 दिसंबर, 1970[6]	नीलम संजीव रेड्डी	17 मार्च, 1967	19 जुलाई, 1969[7]
			गुरदयाल सिंह ढिल्लों	08 अगस्त, 1969	19 मार्च, 1971
पांचवीं लोकसभा	19 मार्च, 1971	18 जनवरी, 1977[8]	गुरदयाल सिंह ढिल्लों	22 मार्च,1971	01 दिसम्बर, 1975[9]
			बलिराम भगत	05 जनवरी, 1976	25 मार्च, 1977
छठी लोकसभा	25 मार्च, 1977	22 अगस्त, 1979[10]	नीलम संजीव रेड्डी	26 मार्च, 1977	13 जुलाई, 1977[11]
			के. एस. हेगड़े	21 जुलाई, 1977	21 जनवरी, 1980
सातवीं लोकसभा	21 जनवरी, 1980	31 दिसंबर, 1984[12]	बलराम जाखड़	22 जनवरी, 1980	15 जनवरी, 1985
आठवीं लोकसभा	15 जनवरी, 1985	27 नवंबर, 1989[13]	बलराम जाखड़	16 जनवरी, 1985	18 दिसंबर, 1989
नौवीं लोकसभा	18 दिसंबर, 1989	13 मार्च, 1991[14]	रबि राय	19 दिसंबर, 1989	09 जुलाई, 1991
दसवीं लोकसभा	09 जुलाई, 1991	10 मई, 1996	शिवराज वी. पाटिल	10 जुलाई, 1991	22 मई, 1996
ग्यारहवीं लोकसभा	22 मई, 1996	04 दिसंबर, 1997[15]	पी. ए. संगमा	23 मई, 1996	23 मार्च, 1998 (पूर्वाह्न)
बारहवीं लोकसभा	23 मार्च, 1998	26 अप्रैल, 1999[16]	जी. एम. सी. बालयोगी	24 मार्च, 1998	20 अक्टूबर, 1999 (पूर्वाह्न)
तेरहवीं लोकसभा	20 अक्टूबर, 1999	06 फरवरी, 2004[18]	जी. एम.सी. बालयोगी	22 अक्टूबर, 1999	03 मार्च, 2002[17]
			मनोहर गजानन जोशी	10 मई, 2002	02 जून, 2004
चौदहवीं लोकसभा	02 जून, 2004	18 मई, 2009	सोमनाथ चटर्जी	04 जून, 2004	01 जून, 2009
पंद्रहवीं लोकसभा	01 जून, 2009	18 मई, 2014	मीरा कुमार	01 जून, 2009	18 मई, 2014
सोलहवीं लोकसभा	04 जून, 2014		सुमित्रा महाजन	06 जून, 2014	अब तक

1. संविधान के अनुच्छेद-94 के अंतर्गत लोकसभा भंग हो जाने पर अध्यक्ष अपना पद नई लोकसभा की प्रथम बैठक होने तक नहीं छोड़ता।
2. अपने सामान्य कार्यकाल से 38 दिन पूर्व ही भंग हो गई।
3. मृत्यु हो गई।
4. अपने कार्यकाल की समाप्ति से 40 दिन पूर्व ही भंग हो गई।
5. अपने कार्यकाल की समाप्ति से 44 दिन पूर्व ही भंग हो गई।
6. अपने कार्यकाल की समाप्ति से एक वर्ष 79 दिन पूर्व ही भंग हो गई।
7. त्यागपत्र दे दिया।
8. लोकसभा का कार्यकाल जोकि 18 मार्च, 1976 को समाप्त होना था (कालावधि विस्तार) अधिनियम, 1976 के अंतर्गत एक वर्ष के लिए 18 मार्च, 1977 तक बढ़ा दिया गया। इसे लोकसभा द्वारा एक वर्ष की और अवधि 18 मार्च, 1978 तक के लिए (कालावधि विस्तार) अधिनियम, 1976 के अंतर्गत बढ़ाया गया। हालांकि 5 वर्ष, 10 माह और 13 दिन तक अस्तित्व में रहने के बाद सदन को भंग कर दिया गया था।
9. त्यागपत्र दे दिया।
10. दो वर्ष चार माह और 28 दिन अस्तित्व में रहने के बाद सदन को भंग किया गया था।
11. त्यागपत्र दे दिया ।
12. अपने कार्यकाल की समाप्ति से बीस दिन पूर्व ही भंग हो गई।
13. अपने कार्यकाल की समाप्ति से 48 दिन पूर्व ही भंग हो गई।
14. एक वर्ष, दो महीने और 25 दिन अस्तित्व में रहने के बाद सदन को भंग किया गया।
15. एक वर्ष, छह महीने और 13 दिन अस्तित्व में रहने के बाद सदन को भंग किया गया।
16. एक वर्ष, छह महीने और चार दिन अस्तित्व में रहने के बाद सदन को भंग किया गया।
17. निधन।
18. अपने कार्यकाल की समाप्ति से 253 दिन पूर्व ही भंग हो गई।

संसदीय समितियां

संसद के कार्यों में विविधता है। चूंकि उसके पास समय सीमित होता है, इसलिए उसके समक्ष प्रस्तुत सभी विधायी अथवा अन्य मामलों पर गहन विचार नहीं हो सकता है। अतएव इसका बहुत-सा कार्य संसदीय समितियों द्वारा किया जाता है। संसद के दोनों सदनों की समितियों की संरचना, कुछ अपवादों को छोड़कर एक जैसी होती है। इन समितियों में नियुक्ति, कार्यकाल, कार्य एवं संचालन की प्रक्रिया कुल मिलाकर एक जैसी ही है और यह संविधान के अनुच्छेद-118 (1) के अंतर्गत दोनों सदनों द्वारा निर्मित नियमों के अनुसार नियंत्रित होती हैं।

सामान्यतः ये समितियां दो प्रकार की होती हैं- स्थायी समितियां और तदर्थ समितियां। स्थायी समितियां प्रति वर्ष या समय-समय पर निर्वाचित या नियुक्त की जाती हैं और इनका कार्य कमोबेश निरंतर चलता रहता है। तदर्थ समितियों की नियुक्ति आवश्यकता पड़ने पर की जाती है था अपना काम पूरा कर लेने और अपनी रिपोर्ट पेश करने के बाद वे समाप्त हो जाती हैं।

स्थायी समितियां: लोकसभा की स्थायी समितियों में तीन वित्तीय समितियों, अर्थात लोक लेखा समिति, प्राक्कलन समिति तथा सार्वजानिक उपक्रम समिति का विशिष्ट स्थान है और ये सरकारी खर्च और निष्पादन पर लगातार नजर रखती हैं। लोक लेखा समिति और सार्वजानिक उपक्रम समिति में राज्यसभा के भी सदस्य होते हैं, लेकिन प्राक्कलन समिति के सभी सदस्य लोकसभा से होते हैं।

प्राक्कलन समिति: प्राक्कलन समिति बताती है कि प्राक्कलनों में निहित नीति के अनुरूप क्या मितव्ययिता बरती जा सकती है तथा संगठन, कार्यकुशलता और प्रशासन में क्या-क्या सुधार किए जा सकते हैं? यह इस बात की भी जांच करती है कि प्राक्कलनों में निहित नीति के अनुरूप ही धन व्यय किया गया है या नहीं। समिति इस बारे में भी सुझाव देती है कि प्राक्कलन को संसद में किस रूप में पेश किया जाए। लोक लेखा समिति भारत सरकार के विनियोग तथा वित्त लेखा और लेखा नियंत्रक तथा महा लेखा परीक्षक की रिपोर्ट की जांच कराती है। यह सुनिश्चित कराती है कि सरकारी धन संसद के निर्णयों के अनुरूप ही खर्च हो। यह अपव्यय, हानि और निरर्थक व्यय के मामलों की ओर ध्यान दिलाती है। सार्वजानिक उपक्रम समिति नियंत्रक तथा महा लेखा परीक्षक की, यदि कोई रिपोर्ट हो, तो उसकी जांच करती है। वह इस बात की जांच भी करती है कि ये सार्वजनिक उपक्रम कुशलतापूर्वक चलाए जा रहे है या नहीं तथा इनका प्रबंधन ठोस व्यापारिक सिद्धांतों और विवेकपूर्ण वाणिज्यिक प्रक्रियाओं के अनुरूप किया जा रहा है या नहीं।

इन तीन वित्तीय समितियों के अलावा, लोकसभा की नियमों संबंधी समिति ने विभागों से संबंधित 17 स्थायी समितियां गठित करने की सिफारिश थी। इसके अनुसार 8 अप्रैल, 1993 को इन 17 समितियों का गठन किया गया। जुलाई 2004 में नियमों में संशोधन किया गया, ताकि ऐसी ही 7 समितियां और गठित की जा सकें। इस प्रकार इन समितियों की संख्या 17 से बढ़ कर 24 हो गई।

इन समितियों के कार्य हैं : (क) भारत सरकार के विभिन्न मंत्रालयों/विभागों की अनुदान मांगों पर विचार करना और उनके बारे में सदन को सूचित करना; (ख) लोकसभा के अध्यक्ष या राज्यसभा के सभापति द्वारा समिति के पास भेजे गए ऐसे विधेयकों की जांच-पड़ताल करना और जैसा भी मामला हो, उसके बारे में रिपोर्ट तैयार करना; (ग) मंत्रालयों/विभागों की वार्षिक रिपोर्टों पर विचार करना और उन पर अपनी रिपोर्ट देना और (घ) सदन में प्रस्तुत नीति संबंधी दस्तावेजों (यदि लोकसभा के अध्यक्ष और

राज्यसभा के सभापति द्वारा समिति के पास भेजे गए हैं) पर विचार करना और जैसा भी हो, उसके बारे में रिपोर्ट तैयार करना।

प्रत्येक सदन में अन्य स्थायी समितियां, उनके कार्य के अनुसार इस प्रकार विभाजित हैं:

(1) जांच समितियां: (क) याचिका समिति विधेयकों और जनहित संबंधी मामलों पर प्रस्तुत याचिकाओं की जांच करती है और केंद्रीय विषयों पर प्राप्त प्रतिवेदनों पर विचार करती है; (ख) विशेषाधिकार समिति सदन या अध्यक्ष/सभापति द्वारा भेजे गए विशेषाधिकार के किसी भी मामले की जांच करती है। *(2) समीक्षा समितियां:* (क) सरकारी आश्वासनों संबंधी समिति मंत्रियों द्वारा सदन में दिए गए आश्वासनों, वादों एवं संकल्पों आदि पर उनके कार्यान्वित होने पर नजर रखती है; (ख) अधीनस्थ विधि निर्माण समिति इस बात की जांच करती है तथा सदन को इसकी रिपोर्ट देती है कि क्या संविधान द्वारा प्रदत्त विनियमों, नियमों, उप-नियमों तथा प्रदत्त शक्तियों का प्राधिकारियों द्वारा उचित उपयोग किया जा रहा है; और (ग) पटल पर रखे गए पत्रों संबंधी समिति वैधानिक अधिसूचनाओं और आदेशों के अलावा, जोकि अधीनस्थ विधान संबंधी समिति के कार्यक्षेत्र में आते हैं, मंत्रियों द्वारा सदन के पटल पर रखे गए सभी कागजातों की जांच करती है और देखती है कि संविधान, अधिनियम, नियम या विनियम के अंतर्गत कागजात प्रस्तुत करते हुए उनकी व्यवस्थाओं का पालन हुआ है या नहीं। *(3) सदन के दैनिक कार्य से संबंधित समितियां:* (क) कार्य मंत्रणा समिति सदन में पेश किए जाने वाले सरकारी एवं अन्य कार्यों के लिए समय-निर्धारण की सिफारिश करती है; (ख)गैर-सरकारी सदस्यों के विधेयकों तथा प्रस्तावों संबंधी लोकसभा की समिति निजी सदस्यों द्वारा प्रस्तुत गैर-सरकारी विधेयकों का वर्गीकरण एवं उनके लिए समय का निर्धारण करती है , निजी सदस्यों द्वारा पेश प्रस्तावों पर बहस के लिए समय का निर्धारण करती है और लोकसभा में निजी सदस्यों द्वारा पेश किए जाने से पूर्व संविधान संशोधन विधेयकों की जांच करती है। राज्यसभा में इस प्रकार की समिति नहीं होती। राज्यसभा की कार्य-मंत्रणा समिति, गैर-सरकारी विधेयकों एवं प्रस्तावों के चरण या चरणों में बहस के लिए समय के निर्धारण की सिफारिश (अनुशंसा) करती है; (ग) नियम समिति सदन में कार्यविधि और कार्यवाही के संचालन से संबंधित मामलों पर विचार करती है और नियमों में संशोधन या संयोजन की सिफारिश करती है, और (घ) सदन में बैठकों में अनुपस्थित सदस्यों संबंधी लोकसभा की समिति सदन के सदस्यों की बैठकों से अनुपस्थिति या छुट्टी के आवेदनों तथा सदस्यों की छुट्टी अथवा पर विचार करती है। राज्यसभा में इस प्रकार की कोई समिति है और सदस्यों की छुट्टी अथवा अनुपस्थिति के आवेदनों पर सदन स्वयं विचार करता है। *(4) अनुसूचित जातियों तथा अनुसूचित जनजातियों के कल्याण की समिति:* इसमें दोनों सदनों के सदस्य होते हैं। यह केंद्र सरकार के कार्यक्षेत्र में वाले अनुसूचित जातियों तथा अनुसूचित जनजातियों के कल्याण संबंधी मामलों पर विचार करती है और इस बात पर नजर रखती है कि उन्हें जो संवैधानिक संरक्षण दिए गए हैं, वे ठीक से कार्यान्वित हो रहे हैं अथवा नहीं। *(5) सदस्यों को सुविधा प्रदान करने संबंधी समितियां:* (क) सामान्य प्रयोजन संबंधी समिति: सदन से संबंधित ऐसे मामलों पर विचार करती है, जो किसी अन्य संसदीय समिति के अधिकार क्षेत्र में नहीं आते तथा अध्यक्ष/ सभापति को इस बारे में सलाह देती है; और (ख) आवास समिति- सदस्यों की आवास तथा अन्य सुविधाओं की व्यवस्था (6) संसद सदस्यों के वेतन और भत्तों संबंधी संयुक्त समिति - यह समिति संसद सदस्यों के वेतन, भत्ते एवं पेंशन अधिनियम, 1954 के अधीन गठित की गई है। संसद सदस्यों के वेतन, भत्ते एवं पेंशन संबंधी नियम बनाने के अतिरिक्त यह उनके चिकित्सा, आवास,

टेलीफोन, डाक, निर्वाचन क्षेत्र एवं सचिवालय संबंधी सुविधाओं के नियम बनाती है। *(7) लाभ के पदों संबंधी संयुक्त समिति:* यह केंद्र, राज्यों तथा केंद्रशासित प्रदेशों द्वारा नियुक्त समितियों एवं अन्य निकायों की संरचना तथा स्वरूप की जांच करती है, और यह सिफारिश करती है कि ऐसे कौन-कौन से पद हों, जो संसद के किसी भी सदन की सदस्यता के लिए किसी व्यक्ति को योग्य अथवा अयोग्य बनाते हैं। *(8) पुस्तकालय समिति*: इसमें दोनों सदनों के सदस्य होते हैं। यह समिति संसद के पुस्तकालय से संबंधित मामलों पर विचार करती है। *(9) महिला अधिकारिता समिति:* 29 अप्रैल, 1997 को महिलाओं के अधिकारों के बारे में दोनों सदनों के सदस्यों की एक समिति का गठन किया गया। इसका उद्देश्य सभी क्षेत्रों में महिलाओं को हैसियत, गरिमा और समानता प्रदान करना है। और *(10) आचार:* संहिता समिति - 4 मार्च, 1997 को राज्यसभा की आचार-संहिता समिति गठित की गई। लोकसभा की आचार-संहिता समिति 16 मई, 2000 को गठित की गई। करती है।

तदर्थ समितियां: इस तरह की समितियों को मोटे तौर पर दो शीर्षकों के अंतर्गत वर्गीकृत किया जा सकता है- (क) संसद के दोनों सदनों द्वारा तत्संबंधी प्रस्ताव लाकर अथवा अध्यक्ष/सभापति द्वारा किसी विशिष्ट विषय पर जांच करने एवं रिपोर्ट देने हेतु समय-समय पर गठित समितियां, (उदाहरण स्वरूप-संसदीय परिसर में खाद्य प्रबंधन पर समिति, संसदीय परिसर में राष्ट्रीय नेताओं और सांसदों के चित्रों/प्रतिमाओं की स्थापना पर समिति, संसदीय परिसर में सुरक्षा पर समिति, सांसद स्थानीय क्षेत्र विकास योजना समिति आदि) और (ख) विशेष विधेयकों पर विचार करने एवं रिपोर्ट देने के लिए नियुक्त प्रवर एवं संयुक्त समितियां। विधेयकों के संदर्भ में ये समितियां अन्य तदर्थ समितियों से भिन्न हैं और इनके द्वारा पालन की जाने वाली प्रक्रिया का उल्लेख अध्यक्ष/सभापति के निर्देश तथा प्रक्रिया संबंधी नियमों में किया जाता है।

संसद में विपक्ष के नेता

राज्यसभा और लोकसभा में विपक्ष के नेताओं को वैधानिक मान्यता दी गई है। 1 नवंबर, 1977 से लागू एक पृथक कानून के अंतर्गत उन्हें वेतन तथा कुछ अन्य सुविधाएं दी जाती हैं।

संसद में सरकारी कामकाज

संसदीय कार्यमंत्री को संसद के दोनों सदनों में सरकारी कामकाज को समन्वित करने, उसकी योजना बनाने और तत्संबंधी व्यवस्था करने का दायित्व दिया गया है। इस दायित्व को निभाने हेतु दो राज्य मंत्री उनकी सहायता करते हैं। मंत्री दोनों सदनों के पीठासीन अधिकारियों, विभिन्न दलों के नेताओं, मुख्य संचेतकों और संचेतकों के साथ निरंतर नजदीकी संबंध बनाए रखते हैं।

सलाहकार समितियां

भारत सरकार (कामकाज का आवंटन) नियम, 1961 के अंतर्गत संसदीय कार्य मंत्रालय को आवंटित कार्यों में से एक, विभिन्न मंत्रालयों के लिए संसदीय सलाहकार समितियों का कार्य है। सलाहकार समिति की न्यूनतम सदस्यता 10 और अधिकतम सदस्यता 30 है। प्रत्येक लोकसभा भंग होने पर सलाहकार समिति भी भंग हो जाती है तथा नई लोकसभा के गठन के साथ सलाहकार समितियां भी पुनर्गठित की जाती हैं।

युवा संसद प्रतियोगिता

युवाओं को लोकतांत्रिक प्रक्रियाओं से अवगत कराने के लिए मंत्रालय विभिन्न श्रेणियों के विद्यालयों और कॉलेजों/विश्वविद्यालयों के स्तर पर युवा संसद प्रतियोगिता का आयोजन करता है। युवा संसद प्रतियोगिता आयोजित कराने की यह योजना सबसे पहले 1966-67 में दिल्ली के विद्यालयों में लागू की गई थी। बाद में 1978 में दिल्ली और आसपास के केंद्रीय विद्यालयों में इस योजना को लागू किया गया। राष्ट्रीय स्तर पर 1988 में केंद्रीय विद्यालयों में एक अलग योजना के रूप में इसे शुरू किया गया। इसी तरह 1997-98 में दो नई योजनाओं के अंतर्गत युवा संसद प्रतियोगिता लागू की गई, एक जवाहर नवोदय विद्यालय के लिए और दूसरी विश्वविद्यालयों/कॉलेजों के लिए।

अखिल भारतीय सचेतक सम्मेलन

समान हित के विषयों पर चर्चा करने तथा संसदीय लोकतंत्र की संस्थाओं को मजबूत बनाने हेतु कानून बनाने वाली संस्थाओं के व्यावहारिक कार्य-संचालन से सदस्य संबंध रखने वाले केंद्र और राज्यों के विभिन्न राजनीतिक दलों के सचेतकों के बीच उपयुक्त संपर्क स्थापित करने के उद्देश्य से संसदीय कार्य मंत्रालय समय-समय पर अखिल भारतीय सचेतक सम्मेलन का आयोजन करता है। वर्ष 1952 से अब तक 17 अखिल भारतीय सचेतक सम्मेलन आयोजित किए गए हैं।

विशेष उल्लेख के अंतर्गत मामले

संसदीय कार्य मंत्रालय लोकसभा में कार्यविधि और कार्यवाही के संचालन संबंधी नियमों के नियम 377 और राज्यसभा में विशेष उल्लेख के अंतर्गत उठाए गए विषयों पर अनुवर्ती कार्यवाही करता है। लोकसभा में प्रश्नकाल के बाद 12 बजे दोपहर में सदस्य सार्वजनिक महत्व के जरूरी विषय उठाते हैं। राज्यसभा में सदस्य सार्वजनिक महत्व के जरूरी विषय प्रात: 11 बजे उठाते हैं। मंत्रीगण कभी-कभी सदस्यों द्वारा इंगित बिंदुओं पर प्रतिक्रिया देते हैं, यद्यपि यह अनिवार्य नहीं है। संबंधित मंत्री की अनुपस्थिति में संसदीय कार्यमंत्री सदन अथवा सदस्य को आश्वासन देते हैं कि संबंधित मंत्री को उनकी भावनाओं से अवगत करा दिया जाएगा।

आश्वासनों का कार्यान्वयन

संसदीय कार्य मंत्रालय संसद के दोनों सदनों में मंत्रियों द्वारा दिए गए आश्वासनों, वायदों, संकल्पों को छांटकर उन्हें संबंधित मंत्रालयों/विभागों को कार्यान्वयन के लिए भेजता है। इसके बाद इनके कार्यान्वयन की आवधिक समीक्षा मंत्रालय द्वारा की जाती है और वायदों की पूर्ति की दिशा में काम करने हेतु संबंधित मंत्रालयों को याद भी दिलाया जाता है। मंत्रालयों से कार्यान्वयन रिपोर्ट प्राप्त होने के बाद तथा समुचित जांच के बाद सरकार द्वारा आश्वासनों के कार्यान्वयन हेतु की गई कार्रवाई को दर्शाने वाले विवरण समय-समय पर सदन के पटल पर रखे जाते हैं। कार्यान्वयन रिपोर्ट प्रस्तुत होने के बाद इसे सदन के पटल पर रखे जाने की सूचना सदस्यों तथा संबंधित मंत्रालय को दे दी जाती है।

सद्भावना शिष्टमंडल

किसी देश के सांसद उस देश की नीति के निर्धारण तथा अन्य देशों के साथ संबंधों को मजबूत बनाने में महत्वपूर्ण भूमिका अदा करते हैं। हमारी नीतियों, कार्यक्रमों और विभिन्न क्षेत्रों की उपलब्धियों को दूसरे देशों के समकक्षों और राय निर्माताओं के समक्ष पेश करके भारत के पक्ष में उनका समर्थन पाने के लिए

विशेषकर, भारत जैसे लोकतांत्रिक और विकासशील देश में कुछ संसद सदस्यों और विशिष्ट व्यक्तियों की सेवाएं लेना उपयोगी एवं आवश्यक है।

संसदीय कार्य मंत्रालय अन्य देशों के लिए सद्भावना शिष्टमंडल प्रायोजित करता है और विदेश मंत्रालय के माध्यम से आदान-प्रदान कार्यक्रम के अंतर्गत सांसदों का वैसा ही शिष्टमंडल देश में बुलाता है।

संसद सदस्यों का कल्याण

संसदीय कार्य मंत्रालय दिल्ली के अस्पतालों में भर्ती होने वाले बीमार सांसदों के कल्याण को देखता है और उन्हें आवश्यक सहायता उपलब्ध करवाता है। किसी संसद की दिल्ली में मृत्यु होने होने की स्थिति में संसदीय कार्य मंत्रालय मृत सदस्य के पार्थिव शरीर को अंतिम संस्कार हेतु परिवार द्वारा चयनित स्थान पर ले जाने में शोकाकुल परिवार को हर जरूरी सहायता प्रदान करता है।

नियंत्रक तथा महालेखा परीक्षक

नियंत्रक तथा महालेखा परीक्षक की नियुक्ति राष्ट्रपति द्वारा की जाती है। उसे पद से हटाने के लिए वही कार्यविधि अपनाई जाती है, जो उच्चतम न्यायलय के न्यायाधीश को हटाने के लिए होती है। अपना पद छोड़ने के बाद वह केंद्र या राज्य सरकार में कोई और नौकरी नहीं कर सकता है।

केंद्र और राज्यों का लेखा-जोखा, नियंत्रक तथा महालेखा परीक्षक की सलाह पर राष्ट्रपति द्वारा निर्धारित प्रारूप में रखा जाएगा। नियंत्रक तथा महालेखा परीक्षक द्वारा केंद्र के लेखा-जोखा की रिपोर्ट राष्ट्रपति के पास भेजी जाएगी, जो इसे संसद के दोनों सदनों के समक्ष प्रस्तुत कराएंगे। नियंत्रक तथा महालेखा परीक्षक द्वारा राज्यों के लेखा-जोखा की रिपोर्टें संबंधित राज्य के राज्यपाल के पास भेजी जाएंगी, जो इसे विधान सभा में प्रस्तुत कराएंगे। नियंत्रक तथा महालेखा परीक्षक के कर्तव्य, शक्तियां तथा सेवा शर्तें नियंत्रक तथा महालेखा परीक्षक (कर्तव्य, शक्तियां तथा सेवा शर्तें) अधिनियम, 1971 में निर्धारित की गई हैं।

प्रशासनिक ढांचा

भारत सरकार के कार्यों का आवंटन करने के लिए भारत के राष्ट्रपति द्वारा संविधान के अनुच्छेद-77 के अंतर्गत भारत सरकार (कार्य आवंटन) नियम, 1961 बनाए गए हैं। इन नियमों के अंतर्गत ही प्रधानमंत्री की सलाह पर राष्ट्रपति द्वारा भारत सरकार के मंत्रालयों/विभागों का गठन किया जाता है। इन मंत्रालयों/ विभागों, सचिवालयों और कार्यालयों में भारत सरकार के कार्यों का संचालन इन नियमों में निर्दिष्ट विषयों के वितरण के अनुसार होता है। प्रधानमंत्री की सलाह पर राष्ट्रपति मंत्रियों के कार्यों का बंटवारा करते हैं। प्रत्येक विभाग आमतौर पर एक सचिव के अधीन होता है, जो नीतिगत मामलों और सामान्य प्रशासन के बारे में मंत्री की मदद करता है।

मंत्रिमंडल सचिवालय

मंत्रिमंडल सचिवालय प्रत्यक्षतः प्रधानमंत्री के अधीन कार्य करता है। इसका प्रशासनिक प्रमुख कैबिनेट सचिव होता है जो सिविल सर्विसेज बोर्ड का पदेन अध्यक्ष भी होता है। कैबिनेट सचिवालय का कार्य होता है: (क) मंत्रिमंडल तथा मंत्रिमंडल समितियों को सचिवालय सहयोग; और (ख) कार्य नियम।

कैबिनेट (मंत्रिमंडल) सचिवालय भारत सरकार(कार्यकरण) नियम, 1961 और भारत सरकार(कार्य आवंटन) नियम, 1961 के प्रशासन के लिए उत्तरदायी होता है, जिसमें वह सरकार के मंत्रालय/विभागों में इन नियमों का पालन करते हुए सुचारू रूप से कार्य संचालन की सुविधा प्रदान करता है। विभिन्न मंत्रालयों के बीच समन्वय करते हुए और मंत्रालयों/विभागों के बीच मतभेदों को दूर करते हुए यह सचिवालय सरकार को निर्णय लेने में मदद करता है और सचिवों की स्थायी/तदर्थ समितियों के जरिए आपस में सहमति बनाए रखता है।

कैबिनेट सचिवालय यह सुनिश्चित करता है कि सभी मंत्रालयों/विभागों की प्रमुख गतिविधियों के बारे में हर महीने एक सारांश बनाकर राष्ट्रपति, उप राष्ट्रपति और सभी मंत्रियों को उससे अवगत कराया जाए। देश में किसी बड़े संकट के समय उसका प्रबंधन करना तथा ऐसी परिस्थितियों में विभिन्न मंत्रालयों की गतिविधियों में समन्वय स्थापित करना भी कैबिनेट सचिवालय का काम है। सभी सचिव समय-समय पर गतिविधियों के बारे में कैबिनेट सचिव को सूचित करते हैं। कार्यकरण नियमों के संचालन के लिए भी यह आवश्यक है कि समय-समय पर विभिन्न गतिविधियों के बारे में विशेषकर यदि कहीं नियमों का पालन नहीं हो रहा हो तो उसके बारे में कैबिनेट सचिव को सूचित किया जाए।

सरकार के मंत्रालय/विभाग

सरकार के कई मंत्रालय/विभाग होते हैं। इनकी संख्या समय-समय पर इस बात पर निर्भर करती है कि काम कितना है तथा किस मामले को कितना महत्व दिया जा रहा है।

मंत्रालयों/विभागों की सूची[1]

1. **कृषि एवं किसान कल्याण मंत्रालय**
   (i) कृषि, सहकारिता एवं किसान कल्याण विभाग (ii) कृषि, अनुसंधान और शिक्षा विभाग (iii) पशुपालन, डेयरी और मत्स्य पालन विभाग
2. **आयुष (आयुर्वेद, योग और प्राकृतिक चिकित्सा, यूनानी, सिद्ध और होम्योपैथी) मंत्रालय**
3. **रसायन और उर्वरक मंत्रालय**
   (i) रसायन एवं पेट्रो-रसायन विभाग (ii)उर्वरक विभाग (iii) औषध विभाग
4. **नागर विमानन मंत्रालय**
5. **कोयला मंत्रालय**
6. **वाणिज्य और उद्योग मंत्रालय**
   (i) वाणिज्य विभाग (ii)औद्योगिक नीति और संवर्धन विभाग
7. **संचार मंत्रालय**
   (i) दूरसंचार विभाग (ii) डाक विभाग

---

1. मंत्रालय/विभागों की सूची समय-समय पर संशोधित कामकाज आवंटन नियम, 1961 में दी गई सूचना पर आधारित है और कैबिनेट सचिवालय की वेबसाइट: विभाग http://cabsec.nic.in पर उपलब्ध है।

8. उपभोक्ता मामले, खाद्य और सार्वजनिक वितरण मंत्रालय

(i) उपभोक्ता मामले विभाग (ii) खाद्य और सार्वजनिक वितरण विभाग

अ. कॉरपोरेट कार्य मंत्रालय

ब. संस्कृति मंत्रालय

9. रक्षा मंत्रालय

(i) रक्षा विभाग (ii) रक्षा उत्पादन विभाग (iii) रक्षा अनुसंधान तथा विकास विभाग (iv) पूर्व सेनानी कल्याण विभाग

अ. उत्तर-पूर्वी क्षेत्र विकास मंत्रालय

ब. पेयजल और स्वच्छता मंत्रालय

10. पृथ्वी विज्ञान मंत्रालय

अ. इलेक्ट्रॉनिकी और सूचना प्रौद्योगिकी मंत्रालय

11. पर्यावरण, वन और जलवायु परिवर्तन मंत्रालय

12. विदेश मंत्रालय

13. वित्त मंत्रालय

(i) आर्थिक कार्य विभाग (ii) व्यय विभाग (iii) राजस्व विभाग (iv) निवेश और लोक परिसंपत्ति प्रबंधन विभाग (1) वित्तीय सेवाएं विभाग

14. खाद्य प्रसंस्करण उद्योग मंत्रालय

15. स्वास्थ्य और परिवार कल्याण मंत्रालय

(i) स्वास्थ्य और परिवार कल्याण विभाग (ii) स्वास्थ्य अनुसंधान विभाग

16. भारी उद्योग और लोक उद्यम मंत्रालय

(i) भारी उद्योग विभाग (ii) लोक उद्यम विभाग

17. गृह मंत्रालय

(i) आतंरिक सुरक्षा विभाग (ii) राज्य विभाग (iii) राजभाषा विभाग (iv) गृह विभाग (v) जम्मू-कश्मीर विभाग (vi) सीमा प्रबंधन विभाग

अ. आवास और शहरी कार्य मंत्रालय

18. मानव संसाधन विकास मंत्रालय

(i) स्कूल शिक्षा और साक्षरता विभाग (ii) उच्चतर शिक्षा विभाग

19. सूचना और प्रसारण मंत्रालय

20. श्रम और रोज़गार मंत्रालय

21. विधि और न्याय मंत्रालय

(i) विधि कार्य विभाग (ii) विधायी विभाग (iii) न्याय विभाग

अ. सूक्ष्म, लघु और मध्यम उद्यम मंत्रालय

आ. खान मंत्रालय

ब. अल्पसंख्यक कार्य मंत्रालय

22. नवीन और नवीकरणीय ऊर्जा मंत्रालय

22ब. पंचायती राज मंत्रालय

23. संसदीय कार्य मंत्रालय

24. कार्मिक, लोक शिकायत तथा पेंशन मंत्रालय

(i) कार्मिक और प्रशिक्षण विभाग (ii) प्रशासनिक सुधार और लोक शिकायत विभाग (iii) पेंशन और पेंशनभोगी कल्याण विभाग

25. पेट्रोलियम और प्राकृतिक गैस मंत्रालय

26. योजना मंत्रालय

27. विद्युत मंत्रालय

28. रेल मंत्रालय

29. सड़क परिवहन और राजमार्ग मंत्रालय

30. ग्रामीण विकास मंत्रालय

(i) ग्रामीण विकास विभाग (ii) भूमि संसाधन विभाग

31. विज्ञान और प्रौद्योगिकी मंत्रालय

(i) विज्ञान और प्रौद्योगिकी विभाग (ii) विज्ञान और औद्योगिक अनुसंधान विभाग (iii) बायोटेक्नोलॉजी विभाग

32. पोत परिवहन मंत्रालय

33. कौशल विकास और उद्यमिता मंत्रालय

34. सामाजिक न्याय और अधिकारिता मंत्रालय

(i) सामाजिक न्याय और अधिकारिता विभाग (ii) दिव्यांगजन सशक्तीकरण विभाग

35. सांख्यिकी और कार्यक्रम कार्यान्वयन मंत्रालय

36. इस्पात मंत्रालय

37. वस्त्र मंत्रालय

38. पर्यटन मंत्रालय

39. जनजातीय कार्य मंत्रालय

40. शहरी विकास मंत्रालय

अ. आवास और शहरी गरीबी उपशमन मंत्रालय

राष्ट्रपति और उप राष्ट्रपति पद के चुनाव समस्त प्रक्रिया का अधीक्षण, निर्देशन और नियंत्रण का अधिकार आयोग में निहित किया है।

निर्वाचन आयोग, आम चुनाव और उपचुनाव दोनों के चुनाव कार्यक्रमों का निर्धारण करता है। यह मतदाता सूचियां तैयार करता है और उनका रखरखाव करता है तथा समय-समय पर उन्हें अद्यतन करता है। उम्मीदवारों के नामांकन का पर्यवेक्षण, राजनीतिक दलों का पंजीकरण, उम्मीदवारों के धन एवं खर्च सहित चुनाव प्रचार की निगरानी करता है। यह चुनाव की प्रक्रिया में मीडिया द्वारा कवरेज में सहायता करता है, मतदाताओं को शिक्षित और जागरूक करने के उपाय करता है, मतदान केंद्रों और बूथों की व्यवस्था करता है और मतगणना तथा नतीजों की घोषणा की निगरानी करता है। यह ईवीएम (इलेक्ट्रॉनिक वोटिंग मशीनों) के जरिए मतदान कराता है और हाल में ही प्रायोगिक आधार पर वीवीपीएटी (वोटर वेरिफाएबल पेपर ऑडिट ट्रेल) की शुरुआत की गई है। निर्वाचन मतदान के समय फोटो पहचान-पत्रों (ईपीआईसी) फोटो पर्चियों के वितरण के माध्यम से अनिवार्य पहचान का भी प्रावधान किया है।

चुनाव, संविधान के प्रावधानों के अनुरूप संसद द्वारा बनाए गए कानूनों की सहायता से कराए जाते हैं। प्रमुख कानून राष्ट्रपति एवं उप राष्ट्रपति चुनाव अधिनियम, 1952; जनप्रतिनिधित्व कानून, 1950 और जनप्रतिनिधित्व अधिनियम, 1951 हैं। सभी राजनीतिक दलों को निर्वाचन आयोग में पंजीकरण करने की आवश्यकता होती है। चुनाव चिह्न (आरक्षण एवं आवंटन) आदेश, 1968 में निर्धारित मानदंड के आधार पर आयोग राजनीतिक दलों को राष्ट्रीय एवं राज्य दलों के रूप में मान्यता प्रदान करता है। यह दलों के बंटवारे/विलय से संबद्ध विवादों का भी फैसला करता है।

राज्य स्तर पर चुनाव आयोग का पर्यवेक्षण, आयोग का समग्र नियंत्रण राज्य के मुख्य चुनाव अधिकारी के हाथ में होता है, जिसकी नियुक्ति आयोग द्वारा राज्य के वरिष्ठ लोक सेवकों के बीच में से चयन के आधार पर की जाती है। भारत में जिला और उपमंडलीय स्तरों पर क्षेत्रीय प्रशासन डिस्ट्रिक्ट मजिस्ट्रेट (उपयुक्त/कलक्टर), सब डिविजनल मजिस्ट्रेट, राजस्व मंडलीय अधिकारी, तहसीलदार आदि द्वारा संचालित किया जाता है। निर्वाचन आयोग, राज्य सरकार के इन अधिकारियों को जिला निर्वाचन अधिकारी, निर्वाचन पंजीकरण अधिकारी, निर्वाचन अधिकारी, सहायक निर्वाचन पंजीकरण अधिकारी, सहायक निर्वाचन अधिकारी आदि की नियुक्ति कर चुनाव कार्य में इनका उपयोग करता है। चुनाव के समय वे निर्वाचन आयोग को कमोबेश पूर्णकालिक आधार पर उपलब्ध होते हैं।

पिछले 64 वर्षों के दौरान, आयोग ने लोकसभा के 16 आम चुनाव और राज्य विधानमंडलों के करीब 365 चुनाव संपन्न कराते हुए, शांतिपूर्ण, व्यवस्थित एवं लोकतांत्रिक ढंग से सत्ता का हस्तांतरण किया है।

निर्वाचन आयोग ने शिक्षण, अनुसंधान, प्रशिक्षण और निर्वाचक लोकतंत्र एवं चुनाव प्रबंधन का अत्याधुनिक संसाधन केंद्र-भारतीय अंतरराष्ट्रीय लोकतंत्र एवं निर्वाचन प्रबंधन संस्थान (आईआईआईडीईएम) शुरू किया है। वर्तमान में यह संस्थान नई दिल्ली से काम कर रहा है। संस्थान निर्वाचन आयोग के क्षेत्र अधिकारियों और विदेशी भागीदारों के लिए पाठ्यक्रम आयोजित करता है। आयोग अन्य देशों के निर्वाचन प्रबंध निकायों के साथ विशेषज्ञता एवं अनुभव की भागीदारी बढ़ा रहा है और द्विपक्षीय अनुरोधों एवं बहु-पक्षीय प्रबंधों के आधार पर निर्वाचन सहायता एवं प्रशिक्षण उपलब्ध करा रहा है। भारत के निर्वाचन आयोग ने यूएनडीपी, अंतरराष्ट्रीय आईडीईए और आईएफईएस के साथ सहमति-पत्रों पर हस्ताक्षर करने के अलावा 16 देशों के साथ सहमति-पत्रों पर हस्ताक्षर किए हैं।

4 कृषि

भारत की अर्थव्यवस्था में कृषि की अहम भूमिका है। 2011 की जनगणना के अनुसार देश की आबादी का लगभग 54.6 प्रतिशत कृषि और इससे जुड़ी गतिविधियों में लगा है और देश के सकल मूल्य संवर्धन (वर्तमान मूल्य 2015-16, 2011-12 शृंखला) में इसकी हिस्सेदारी 17 प्रतिशत है। इस क्षेत्र को प्राथमिकता देते हुए भारत सरकार ने इसके सतत विकास हेतु कई कदम उठाए हैं। मृदा स्वास्थ्य कार्ड योजना द्वारा सतत आधार पर मिट्टी की उर्वरकता में सुधार लाने, प्रधानमंत्री ग्राम सिंचाई योजना (पीएमकेएसवाई) के माध्यम से पानी की बढ़ी हुई क्षमता तथा सिंचाई के लिए उपयोग में सुधार करने, परंपरागत कृषि विकास योजना (पीकेवीवाई) द्वारा जैविक खेती को समर्थन और किसानों की आय में वृद्धि हेतु एकीकृत राष्ट्रीय कृषि बाजार के सृजन को समर्थन जैसे कई कदम उठाए गए हैं। इसके अतिरिक्त, कृषि क्षेत्र में जोखिम कम करने के लिए खरीफ 2016 के साथ ही, प्रधानमंत्री फसल बीमा योजना (पीएमएफबीवाई) की भी शुरुआत की गई है।

उत्पादन

2015-16 में खराब मानसून के कारण खरीफ की फसल और सर्दियों में उच्च तापमान के कारण खराब हुई रबी की फसल के बावजूद देश में खाद्यान्न उत्पादन में कुछ वृद्धि देखी गई थी। 2015-16 के चौथे अग्रिम अनुमान के अनुसार, चावल की फसल के 10.43 करोड़ टन उत्पादन की संभावना है जोकि पिछले वर्ष से 11.7 लाख टन कम होगा। पिछले वर्ष उत्पादन 10.54 करोड़ टन था। इस अरसे के दौरान गेहूं की पैदावार 9.35 करोड़ टन तक पहुंचने का अनुमान है जोकि 2014-15 की पैदावार 8.65 करोड़ टन से 69.7 लाख टन अधिक होगी। हालांकि, इसी वर्ष के दौरान दानेदार अनाज की पैदावार 3.79 करोड़ टन रही जो 2014-15 के दौरान 43.8 लाख टन कम थी।

देश में अनाज की कुल पैदावार 25.22 करोड़ टन होने की संभावना है जो पिछले वर्ष की अपेक्षा आंशिक तौर पर 2 लाख टन अधिक होगी। गत वर्ष पैदावार 25.20 लाख टन थी। दालों की पैदावार का अनुमान 1.64 करोड़ टन है जो 2014-15 की अपेक्षा 6 लाख टन कम रहेगा। पिछले वर्ष 22 लाख टन कम रहने पर, देशभर में तिलहन का उत्पाद 2.53 करोड़ टन तक सीमित रहने का अनुमान है। वहीं गन्ने की पैदावार 35.21 करोड़ टन होगी। कपास का कुल उत्पाद लगभग 3.01 करोड़ बेल्स (प्रति 170 किग्रा) तक रहने का अनुमान है, जो पिछले वर्ष की अपेक्षा 44.8 लाख बेल्स था। पिछले वर्ष कपास उत्पाद 3.48 करोड़ बेल्स था। इस बार पटसन और मैस्टा की पैदावार का अनुमान 1.06 करोड़ बेल्स (प्रति 180 किग्रा) है जो पिछले वर्ष की अपेक्षा 6.6 लाख बेल्स (6.3 प्रतिशत) कम रह सकता है।

किसानों के लिए राष्ट्रीय नीति

भारत सरकार ने किसानों के लिए राष्ट्रीय नीति (एनपीएफ) का अनुमोदन किया है। इस नीति के प्रावधानों में जमीन, जल, पशुधन, मत्स्य क्षेत्रों तथा जैव-संसाधनों संबंधी संपत्ति सुधारों; सीमांत प्रौद्योगिकियों के अनुप्रयोग जैसेः- समर्थन सेवाएं और निवेश; कृषि संबंधी जैव-सुरक्षा पद्धतियों; अच्छी गुणवत्ता के बीज और रोगमुक्त पौधारोपण सामग्री की आपूर्ति; मृदा उर्वरता और स्वास्थ्य में सुधार और एकीकृत कीटनाशक प्रबंध पद्धतियां; महिलाओं के लिए शिशु-गृह, शिशु देखभाल केंद्रों, पोषण, स्वास्थ्य एवं प्रशिक्षण हेतु समर्थन सेवाएं; उचित ब्याज दरों पर सांस्थानिक ऋण के लिए पर्याप्त और आसान पहुंच और कृषक अनुकूल बीमा प्र-पत्र; सूचना और संचार प्रौद्योगिकी (आईसीटी) का उपयोग और कृषि विस्तार को सुदृढ़ करने हेतु कृषक विद्यालयों की स्थापना; देश में एमएसपी का प्रभावी क्रियान्वयन, कृषि बाजार ढांचे का विकास और किसान परिवारों हेतु ग्रामीण क्षेत्रों में खेती से इतर रोज़गार की पहल; ग्रामीण ऊर्जा हेतु एकीकृत दृष्टिकोण आदि शामिल हैं।

मुख्य कार्यक्रम

प्रधानमंत्री कृषि सिंचाई योजना (पीएमकेएसवाई)

इस योजना का अनुमोदन 50,000 करोड़ रुपये की लागत के साथ 5 वर्षों (2015-16 से 2019-20) की अवधि हेतु किया गया है। पीएमकेएसवाई के मुख्य उद्देश्य हैं- जमीनी स्तर पर सिंचाई में निवेशों को समन्वित करना, सिंचाई सुविधा वाले कृषि योग्य क्षेत्र का विस्तार, पानी का अपव्यय कम करने हेतु और खेतों में उपलब्ध पानी का बेहतर उपयोग, सटीक सिंचाई और अन्य पानी बचाने वाली प्रौद्योगिकियों को अपनाने में वृद्धि (प्रति बूंद अधिक फसल), भूमिगत जलाशयों के रिचार्ज में वृद्धि और सतत जल संरक्षण प्रथाओं को लागू करना आदि। इस अभियान का प्रबंधन जल संसाधन, नदी विकास एवं गंगा कायाकल्प मंत्रालय द्वारा किया गया है।

कृषि क्रेडिट

प्रत्येक वर्ष बजट में सरकार कृषि ऋण हेतु वार्षिक लक्ष्य की घोषणा करती है। कृषि ऋण प्रवाह में प्रत्येक वर्ष निरंतर प्रगति हुई है। वर्ष 2013-14 में 700,000 करोड़ रुपये का लक्ष्य निर्धारित था और रुपये 711,621 करोड़ रुपये किसानों को कृषि ऋण के रूप में दिया गया था। वर्ष 2014-15 में 8,00,000 करोड़ रुपये कृषि ऋण लक्ष्य निर्धारित था, जबकि कृषि ऋण प्रवाह 845,328.23 करोड़ रुपये था। वर्ष 2015-16 हेतु 850,000 करोड़ रुपये का लक्ष्य निर्धारित किया गया था और इस क्षेत्र में उपलब्धि 877,224 करोड़ रुपये की रही। वहीं 2016-17 के लिए 900,000 करोड़ रुपये का लक्ष्य निर्धारित है और अप्रैल-सितंबर, 2016 तक इस संबंध में 755,995.17 करोड़ रुपये वितरित हो चुके हैं।

किसान क्रेडिट कार्ड

किसान क्रेडिट कार्ड योजना पूरे देश में संचालित हो रही है और इसका क्रियान्वयन वाणिज्यिक बैंकों, सहकारी बैंकों और क्षेत्रीय ग्रामीण बैंकों (आरआरबी) द्वारा किया जा रहा है। इस योजना से कृषि गतिविधियों हेतु ऋण प्रवाह बढ़ाने में मदद मिली है। केसीसी आवधिक ऋण और घरेलू जरूरतों को शामिल कर इसे व्यापक आधार दिया गया है। केसीसी योजना को सरलीकृत कर इसे एटीएम सक्षम डेबिट कार्ड के रूप में बदला गया है और साथ ही, एक बार के प्रलेखीकरण, सीमा में अंतर्निहित लागत

वृद्धि, सीमा के अंतर्गत किसी भी संख्या में निकासी की सुविधा मिलती है, जिससे शिविर लगाकर भुगतान की जरूरत खत्म हो जाती है तथा बिचौलियों द्वारा किसानों का शोषण कम होता है।

फसल बीमा

प्राकृतिक आपदा, कीटों और बीमारियों, प्रतिकूल मौसम की स्थिति में फसल खराब होने से किसानों को सुरक्षा देने हेतु भारत सरकार ने संशोधित राष्ट्रीय कृषि योजना (एमएनएआईएस), मौसम आधारित फसल बीमा योजना (डब्ल्यूबीसीआईएस) और नारियल वृक्ष बीमा योजना (सीपीआईएस) जैसी योजनाओं के अवयवों को मिलाकर राष्ट्रीय फसल बीमा कार्यक्रम (एनसीआईपी) शुरू किया गया है। इसके अतिरिक्त, राष्ट्रीय कृषि बीमा योजना (एनएआईएस), जिसे एनसीआईपी के क्रियान्वयन के बाद रबी फसल 2013-14 से वापस लिया जाना था, को 2015-16 तक बढ़ा दिया गया है। 'प्रधानमंत्री फसल बीमा योजना' (पीएमएफबीवाई) नामक नई योजना खरीफ 2016 के साथ ही क्रियान्वयन के लिए स्वीकृत की गई। इसके साथ, पायलट एकीकृत पैकेज बीमा योजना (यूपीआईएस) तथा पुनर्गठित मौसम आधारित फसल बीमा योजना (डब्ल्यूबीसीआईएस) को क्रियान्वयन हेतु अनुमोदित किया गया है।

कृषि लागत एवं मूल्य आयोग

एक समन्वित एवं संतुलित मूल्य ढांचा तैयार करने के उद्देश्य से गठित कृषि लागत एवं मूल्य आयोग का कार्य 23 उपजों के न्यूनतम समर्थन मूल्य (एमएसपी) पर परामर्श देना है। इनमें 07 खाद्यान्न (धान, गेहूं, जुवार, बाजरा, मक्का, रागी और जौ), 05 दलहनी उपजें (चना, तुअर, मूंग, उड़द और मसूर), 07 तिलहन (मूंगफली, सूरजमुखी के बीज, सोयाबीन, तोरिया सरसों, कुसुम, निगेरसीड और तिल), कोपरा (सूखा नारियल), कपास, कच्ची पटसन और गन्ना शामिल है। आयोग प्रतिवर्ष 05 अलग-अलग वर्गों खरीफ फसलों रबी फसलों, गन्ना, कच्ची पटसन और कपास के लिए मूल्य नीति रिपोर्ट्स के रूप में अपनी अनुशंसाएं सरकार को देता है।

एमएसपी के निर्धारक

अधिकार क्षेत्र के अंतर्गत आने वाली विभिन्न वस्तुओं में उत्पादन लागत (सीओपी) एमएसपी के निर्धारण के लिए बेहद महत्वपूर्ण कारक है। मूल्य नीति के अतिरिक्त, आयोग मांग और आपूर्ति, घरेलू और अंतरराष्ट्रीय बाजार की कीमतों का ट्रेंड, अंतरफसल मूल्यों में समता, कृषि और गैर-कृषि क्षेत्रों के बीच व्यापार की शर्तें और उस वस्तु के एमएसपी का उपभोक्ताओं पर प्रभाव और भूमि तथा जल जैसे प्राकृतिक संसाधनों के समुचित इस्तेमाल का भी ध्यान रखता है। अत: मूल्य नीति 'लागत जोड़' पर आधारित नहीं है, हालांकि लागत एमएसपी का महत्वपूर्ण निर्धारक होती है।

भारतीय कृषि अनुसंधान परिषद

भारतीय कृषि अनुसंधान परिषद खाद्य सुरक्षा को पुख्ता कर के देश में वृद्धि एवं विकास की दिशा को सुनिश्चित कर रहा है। इस वर्ष अनाज की पैदावार के नए रिकॉर्ड स्थापित होते दिख रहे हैं। खरीफ 2016-17 के अंतर्गत उत्पादन 13.5 करोड़ टन तक पहुंचने का अनुमान है, यह आंकड़ा पिछले वर्ष से 9 प्रतिशत अधिक होगा। वहीं दूसरी ओर, कुपोषण और जलवायु परिवर्तन जैसी चुनौतियों से जूझने के लिए, आयोग जैव-सुदृढ़ीकरण, स्वास्थ्यवर्द्धक खाद्यान्न और कृषि को बदलती जलवायु से सुरक्षित करने जैसे क्षेत्रों पर भी काम कर रहा है। आईसीएआर ने 2016 को संयुक्त राष्ट्र द्वारा घोषित दलहन वर्ष के तौर पर मनाया था। इसके अंतर्गत, दलहन के बीजों की सरल उपलब्धता के लिए 150 दलहन बीज केंद्रों की स्थापना की गई।

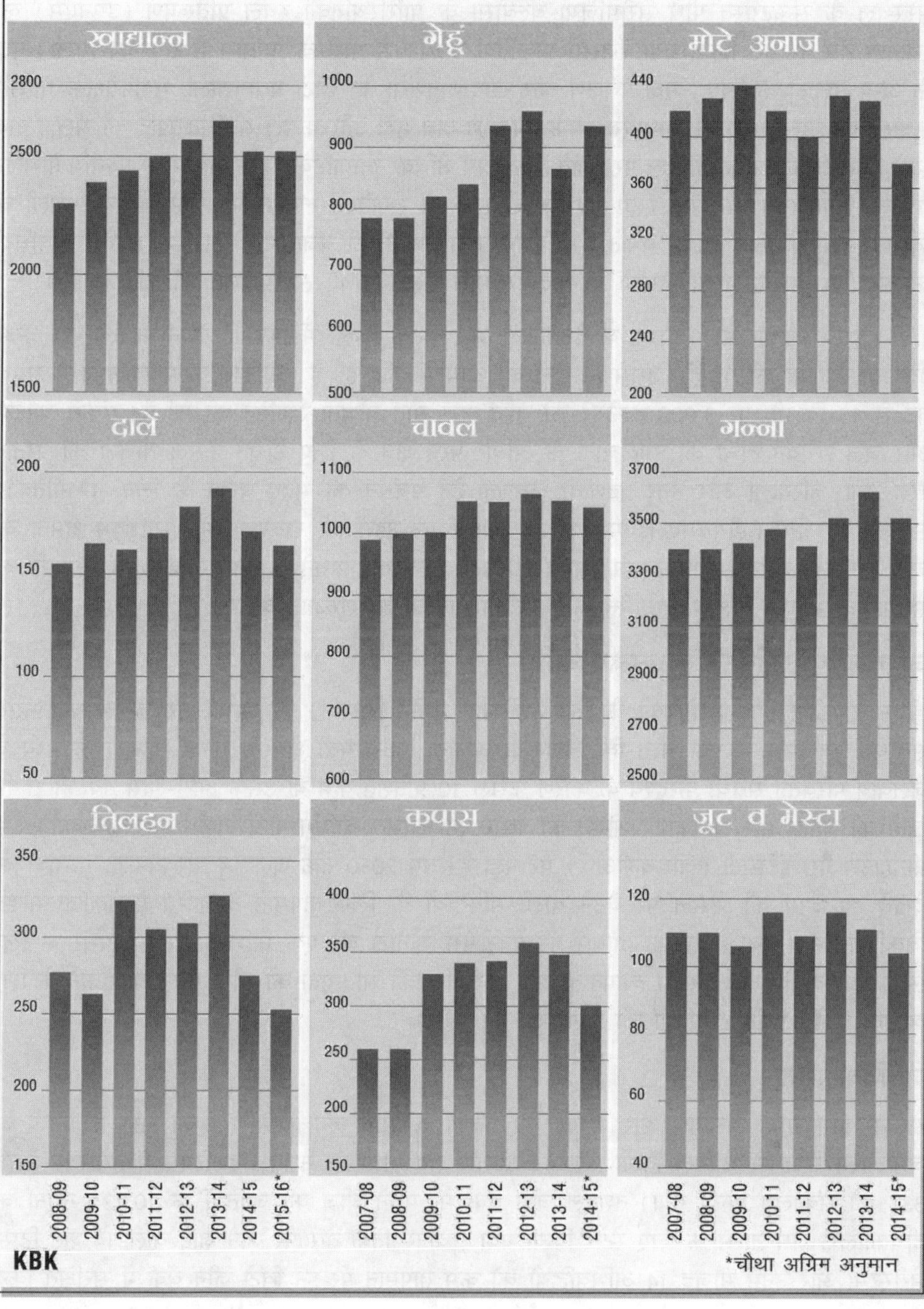
कृषि उत्पादन
(लाख टन में)
खाद्यान्न
2800
2500
2000
1500
2008-09 2009-10 2010-11 2011-12 2012-13 2013-14 2014-15 2015-16*
गेहूं
1000
900
800
700
600
500
मोटे अनाज
440
400
360
320
280
240
200
दालें
200
150
100
50
चावल
1100
1000
900
800
700
600
गन्ना
3700
3500
3300
3100
2900
2700
2500
तिलहन
350
300
250
200
150
2008-09 2009-10 2010-11 2011-12 2012-13 2013-14 2014-15 2015-16*
कपास
400
350
300
250
200
150
2007-08 2008-09 2009-10 2010-11 2011-12 2012-13 2013-14 2014-15*
जूट व मेस्टा
120
100
80
60
40
2007-08 2008-09 2009-10 2010-11 2011-12 2012-13 2013-14 2014-15*
KBK
*चौथा अग्रिम अनुमान

मृदा एवं जल उत्पादकता

दक्षिण क्षेत्र (17), मध्य क्षेत्र (5), पूर्वी क्षेत्र (17), उत्तरी क्षेत्र (6 ब्लॉक), और उत्तर-पूर्वी क्षेत्र (5) को मिलाकर 55 ब्लॉक्स में भू-संरचना, मृदा सर्वेक्षण और मृदा मानचित्र को तैयार किया गया है। थार मरुस्थल के संकटग्रस्त पौधे सेरोपेजिया बल्बोसा के पारिस्थितिकी स्थल प्रतिरूपण (ईएनएम) को स्थानीय तौर पर पूरा किया गया, जिससे प्राकृतिक परिवेश में पौधे के पुनर्वास में सफलता मिली। मृदा के अन्य मानकों के लिए , मृदा परीक्षण और खाद अनुशंसा हेतु छोटी प्रयोगशाला, मृदापरीक्षक में और सुधार किए गए हैं। आईटी आधारित इसके उपकरण अब मृदा और फसल संबंधित खाद की सलाह अब सीधे किसानों को उनके मोबाइल पर भेजते हैं। कृत्रिम जैविक नैनोपार्टिकल्स के आधार पर एल्युमिनोसिलेट में नैनो-कंपोजिट्स विकसित किए गए हैं, जो सतह में रूपांतरण लाकर और उन्हें जलीय प्रणाली के विभिन्न रूपों के लिए आदर्श बनाते हैं। विभिन्न मृदा उपायों की बजाय विभिन्न ड्रिप-इरिगेशन विधियों की मदद से अलग-अलग फसलों में खाद इस्तेमाल दक्षता में 42-67 प्रतिशत की वृद्धि आई है।

इसके आधार पर ओडिशा के ढेनकनाल और कटक जिलों में ड्रिप-इरिगेशन के लिए 14 कुआं इकाइयां स्थापित की गई हैं, जिससे किसानों की आय में वृद्धि हुई है। ओडिशा के महाकलपद में समुद्री तट से 15 कि.मी. पर 3,900 हेक्टेयर की वृहद जल स्रोत योजना स्थापित की गई है। संकरी घाटियों और जल संचयन ढांचों की उपलब्धता के आधार पर , क्षेत्र के लिए उचित फसल योजना का प्रस्ताव रखा गया। हरियाणा और उत्तर प्रदेश में लवणता हेतु प्रबंधन को सुदृढ़ बनाने के लिए भू-भौतिकीय सर्वेक्षण तकनीक (डीयूएसएलईएम-21) के आधार पर नहरों की लवणता और सोडियम क्षमता की जांच की गई। शारदा सहायक नहर रिसाव की उत्पादकता को साधने के लिए लखनऊ में किसानों की सहभागिता से एक तालाब आधारित कृषि योजना मापदंड की शुरुआत की गई है।

जलवायु परिवर्तन और अनुरूप कृषि

डीएसएसएटी (कृषि प्रौद्योगिकी के लिए डिसिजन सपोर्ट सिस्टम) के आधार पर चावल की फसल संबंधित पूर्वानुमान से पता चला कि बिहार के अलावा, अन्य पूर्वी क्षेत्र के राज्यों में सदी के मध्य के जलवायु परिवर्तन संबंधी परिदृश्य के कारण फसल 10 प्रतिशत कम या उसके आस-पास तक ही रहेगी। खेतों की जुताई और अवशिष्ट प्रशोधन का असर नेट ग्लोबल वार्मिंग पोटेंशियल (एनजीडब्ल्यूपी) और ग्रीनहाउस गैस इंटेंसिटी (जीएचजीआई) पर पड़ा है। वर्ष 2050 तक जलवायु परिवर्तन के प्रस्तावों को देखते हुए आम की फसल पर बैठने वाली मक्खियों के लिए तापमान आधारित फेनोलॉजी मॉडल विकसित किया गया है। इसके आधार पर बैक्ट्रोसेरा जोनाटा की एक निश्चित संख्या वर्षभर के लिए स्थिर रह सकेगी। अतः इसकी व्यापकता और जनसांख्यिकी सक्रियता को धीमा करने या रोकने के लिए व्यापक क्षेत्रीय प्रबंधन नीतियों की सिफारिश की गई है।

जेनेटिक स्रोत

सरकार द्वारा सत्रह अन्वेषण और 1,115 नए प्रवेशों के साथ जंगली प्राणियों की 531 प्रजातियों को जर्मप्लास्म संग्रह में शामिल किया गया है। उपजाए गए पौधों के नेशनल हर्बेरियम में हर्बेरियम नमूने, 387 को संकलित किया गया। नेशनल जीन बैंक में, पुराने बीज की जातियों के 10,224 नमूनों को दीर्घकालिक जर्मप्लास्म के लिए स्टोर किया गया ; वानस्पतिक तौर पर जाने जाने वाले 14 शूट टिप्स/ मेरीस्टेमों और उनमें मौजूद 14 अभिवृद्धियों को कम तापमान पर इन विट्रो जीन बैंक में सुरक्षित किया

गया। 39 देशों से कुछ 31,110 अभिवृद्धियों को आयातित किया गया है; इनमें प्रमुख हैं फिलिपींस से प्राप्त उच्च फसल देने वाला चावल (ईसी881897–903) और लवणता (ईसी881904–1905) और सबमर्जेंस टॉलरेंस (ईसी881906 और ईसी887557) और संयुक्त राज्य अमेरिका से प्राप्त गर्म तापमान प्रतिरोधक गेहूं। गेहूं और चावल की 18,601 अभिवृद्धियों के उच्च तापमान और सूखे से प्रतिरोधक क्षमता से जुड़े वृहद अध्ययन संपन्न किए गए जिनके आधार पर जैविक और अजैविक दबावों के आंशिक अवरोधी 472 चावल जीनोटाइप्स/लाइन्स की पहचान की गई।

भारत के पशु जेनेटिक स्रोत (एएनजीआर) के लिए भौगोलिक सूचना तंत्र (जीआईएस) को एक स्वपोषित संस्थान के तौर पर विकसित किया गया, जिसके अनुसार धारक चुनिंदा नस्लों की पहचान और उनके प्राकृतिक आवास को चिह्नित कर सकेंगे। इसके अंतर्गत, मवेशियों और मुर्गियों की नौ नई नस्लों को पंजीकृत किया गया है, जिसके बाद पंजीकृत नस्लों की संख्या 160 हो गई है। मणिपुर की कुनायेन मुर्गियों और आंध्र प्रदेश के गदहों की प्रजातियों के समलक्षणी विशेषताओं का वर्णन पूरा किया गया। इसके अलावा, कजली भेड़, सिक्किम की बकरियों, कुनायेन मुर्गियों और लद्दाखी गाय-भैंसों की जेनेटिक विशेषताओं को सूचीबद्ध करने का काम पूरा किया गया है। अन्य प्रजातियों में नर प्रजनन क्षमता वाले 20 एमआईआरएनए में, याक के वीर्य में कुछ भिन्न प्रकृति के एमआईआरएनए पाए गए हैं, जिससे याक बैलों में प्रजनन क्षमता के संबंध में भावी शोध की दिशा में मदद मिलेगी। अरुणाचल प्रदेश में पाए जाने वाले याक अपनी तरह के अकेले होते हैं, परंतु इसके साथ ही वह विलुप्तप्राय: प्रजाति की श्रेणी में भी आते हैं। इस कारण, उनके संबंध में अवस्थिति संरक्षण के साथ-साथ नस्ल को बढ़ाने पर ध्यान देने की आवश्यकता है। गुजरात के तट पर चब मेकेरल (स्कोम्बर इंडिकस) मछली की नई प्रजाति का भी पता चला है। इसी तरह ब्रह्मपुत्र जल बेसिन में बेरिलियस टोरसी (सिपरिनिडे: रसबोरिने) और गोदावरी नदी घाटी क्षेत्र में रिता बकलू (सिलुरिफोर्म्स: बगरीडे) मछलियों की नई प्रजातियों की जानकारी प्राप्त हुई है।

फसल सुधार

वर्ष 2016 में देश में विभिन्न कृषि-पारिस्थितिकी में कृषि के लिए अनाज की 155 उच्च मात्रा वाली फसल/संकर फसलें, चावल की 68, गेहूं की 18, मक्का की 27, बाजरा की 17, ज्वार की 10, रागी और बाजरा की 4, जौ की 3, जई और कोदरा की 2 किस्मों को मिलाकर विभिन्न फसलों की 310 किस्मों की फसल प्राप्त हुई। तमिलनाडु , आंध्र प्रदेश, तेलंगाना और कर्नाटक के लिए आईईटी 23832 (पॉलिश चावल में 22 पीपीएम जिंक होता है) की पहली जिंक से भरपूर किस्म को दर्ज, अनुशंसित और जारी किया गया। तिलहन की नई किस्म (50) में श्वेत सरसों/सरसों की 16 किस्में, मूंगफली की आठ, अलसी की सात, सोयाबीन और सूरजमुखी की पांच-पांच, तिल की चार, अरंडी की तीन और नाइजर के बीजों की दो किस्मों को विभिन्न कृषि-पारिस्थितिकी क्षेत्रों के लिए जारी किया गया। इसके अलावा, भारत की कनोला सरीखी पहली किस्म, तेल में 2 प्रतिशत से कम इरुसिक अम्ल और अलसी के तेल में 30 पीपीएम से कम ग्लूकोसिनोलेटस के पूसा डबल जीरो सरसों 31 (पीडीजी-1) को भी जारी किया गया। उच्च तैलीय क्षमता वाले कुसुम की तीन किस्मों, आईएसएफ-1, आईएसएफ-2 और आईएसएफ-3 को पहली बार विदेशी तर्ज पर अनुक्रमित विशेषताओं के साथ तैयार किया गया। दालों की 43 किस्में, जिनमें काबुली चनों की 10, मूंग की 11, अरहर की छह, मटर और मसूर की चार-चार, उड़द और चना की तीन-तीन और राजमा की दो किस्मों को भी विभिन्न कृषि-पारिस्थितिकीय क्षेत्रों के लिए जारी किया गया।

पशुधन सुधार

स्वदेशी नस्ल परियोजना के अंतर्गत गिर, साहीवाल और कंकरेज के 26 प्रजनन सक्षम बैलों को संतति हेतु तीसरे गुट में शामिल किया गया। गिर, कंकरेज और साहीवाल के लिए वीर्य अंश क्रमश: 45,511, 44,521 और 11,890 उत्पादित किया गया। फील्ड प्रोजेनी टेस्टिंग कार्यक्रम के अंतर्गत 30 बैलों को संसर्ग के लिए प्रस्तावित किया गया है। मर्रा और नीलिरवि भैंसों के झुंड से क्रमश: औसतन 2,598 किग्रा और 2,564 किग्रा दूध प्राप्त हुआ है, जो इस परियोजना की शुरुआत के बाद अब तक सबसे अधिक रहा है।

पशुपालन, डेयरी विकास और मत्स्य पालन

सभ्यता की शुरुआत से ही, कृषि के साथ-साथ पशुपालन, डेयरी विकास और मत्स्य पालन गतिविधियां मानव जीवन का अभिन्न अंग रही हैं। इन कार्यों ने न केवल भोजन की जरूरत और पशुधन में विकास किया है, बल्कि पारिस्थितिकी संतुलन बनाने का भी काम किया है। अनुकूल जलवायु और भौगोलिक स्थिति के कारण पशुपालन, डेयरी विकास और मत्स्य पालन ने भारत की अर्थव्यवस्था में भी महत्वपूर्ण भूमिका निभाई है। इन गतिविधियों में पारंपरिक, सांस्कृतिक और धार्मिक भावनाओं की भी महती भूमिका रही है। इनके कारण ग्रामीण भूमिहीन, छोटे और हाशिये पर रहने वाले किसानों, महिलाओं के बीच रोज़गार की संभावनाओं में भी विकास हुआ है और साथ ही लाखों लोगों को सस्ता और पौष्टिक भोजन भी उपलब्ध हुआ है।

पशुपालन और कृषि का आपस में गहरा संबंध है, दोनों क्षेत्र एक-दूसरे पर आश्रित हैं और समग्र खाद्य सुरक्षा से भी जुड़े हैं। भारतीय अर्थव्यवस्था के लिए पशुपालन क्षेत्र कृषि जगत का महत्वपूर्ण उपक्षेत्र भी है। यह अधिकांश किसानों के जीविकोपार्जन से जुड़ा है, और कृषि को कई स्तरों पर मदद देता है, घर-परिवारों के स्वास्थ्य और पोषण में महत्वपूर्ण भूमिका निभाता है, आय में वृद्धि, रोज़गार के अवसर और अंततः जरूरत के समय 'मवेशी बैंक' के तौर पर भी काम आता है। यह पूरक और आपात उपक्रम की भी भूमिका निभाता है।

भारत के पास पशुधन और मुर्गीपालन की विशाल संपदा मौजूद है जिसकी ग्रामीणजन की सामाजिक-आर्थिक स्थिति को सुधारने में बड़ी भूमिका रहती है। 19वीं पशुधन गणना के अनुसार, देश में करीब 30 करोड़ गाय, 6.5 करोड़ भेड़ें, 13.5 करोड़ बकरियां और लगभग 1.03 करोड़ शूकर हैं।

पशुधन उत्पाद

पशुधन उत्पाद और कृषि आंतरिक रूप से जुड़े हैं, दोनों एक-दूसरे पर निर्भर हैं और समग्र खाद्य सुरक्षा के लिए दोनों बेहद जरूरी पक्ष हैं। केंद्रीय सांख्यिकी कार्यालय (सीएसओ) के अनुमान के अनुसार, 2015-16 के दौरान पशुधन क्षेत्र की मौजूदा उत्पाद दर 5,91,691 करोड़ रुपये रही जोकि कृषि और संबंधित क्षेत्रों के उत्पाद की 28.5 प्रतिशत है। सतत मूल्य के अनुसार पशुधन उत्पाद की कीमत कृषि और संबंधित क्षेत्रों का लगभग 29 प्रतिशत होती है। भारत दुग्ध उत्पादन में दुनिया में सबसे पहले स्थान पर बना हुआ है। पशुधन की उत्पाद क्षमता को बढ़ाने के लिए कई नए कदम भी उठाए गए हैं, जिनके आधार पर दसवीं योजना (2006-07) के अंत में 10.26 करोड़ टन की बजाय दुग्ध उत्पाद ग्यारहवीं योजना (2011-12) में 12.99 करोड़ टन हो गया था। 2014-15 और 2015-16 के दौरान दुग्ध उत्पाद क्रमश: 14.63 करोड़ टन और और 15.55 करोड़ टन तक पहुंच गया था। इस हिसाब से क्षेत्र का

वार्षिक विकास 6.27 प्रतिशत रहा। 2015-16 के दौरान प्रतिव्यक्ति दुग्ध उपलब्धता करीब 337 ग्राम प्रतिदिन रही।

अंडा उत्पादनः पिछले चार दशकों में देश में पोल्ट्री उत्पादों में अभूतपूर्व वृद्धि हुई है। इसका मूल कारण अत्याधुनिक तकनीकी आविष्कारों के आधार पर इस क्षेत्र का गैर-वैज्ञानिक से कमर्शियल उत्पाद तंत्र की श्रेणी में जा पहुंचना रहा है। दसवीं योजना (2006-07) के दौरान क्षेत्र के उत्पादन का आंकड़ा 50.70 अरब था जबकि ग्यारहवीं योजना (2011-12) के दौरान यह 66.45 अरब रहा। मौजूदा समय में (19वीं पशुधन गणना) पोल्ट्री उत्पाद 72.92 करोड़ है और 2015-16 के दौरान अंडा उत्पादन 82.93 अरब रहा। 2015-16 के दौरान सालाना प्रतिव्यक्ति अंडा उपलब्धता का आंकड़ा 66 रहा। वहीं पोल्ट्री मांस उत्पाद करीब 3.26 मिलियन टन रहा।

ऊन उत्पादनः ग्यारहवीं योजना (2011-12) के अंत में ऊन उत्पादन में आंशिक गिरावट दर्ज की गई थी। इस दौरान उत्पादन का आंकड़ा 4.47 करोड़ किलोग्राम रहा था जोकि दसवीं पांचवर्षीय योजना (2006-07) के अंत में 4.51 करोड़ किग्रा था। बारहवीं योजना (2012-13) की शुरुआत में ऊन उत्पादन 4.60 करोड़ किग्रा रहा और 2014-15 के दौरान यह बढ़कर 4.81 करोड़ किग्रा पहुंच गया था, लेकिन 2015-16 के दौरान यह आंकड़ा 4.36 करोड़ किग्रा तक ही सीमित रहा। 2015-16 के दौरान ऊन उत्पादन में वृद्धि कम देखने को मिली है।

मांस उत्पादनः दसवीं पांचवर्षीय योजना (2006-07) के दौरान मांस उत्पादन क्षेत्र में 23 लाख टन की वृद्धि देखने को मिली जबकि ग्यारहवीं पंचवर्षीय योजना (2011-12) के अंत में इस क्षेत्र का आंकड़ा 55 लाख टन तक पहुंचा था। बारहवीं योजना (2012-13) के दौरान मांस उत्पादन का आंकड़ा 59.5 लाख टन था जोकि 2015-16 के दौरान बढ़कर 7 लाख टन तक जा पहुंचा था।

मत्स्य पालन उत्पादः आंतरिक जल स्रोतों के अलावा 8,118 किमी लंबी तटीय रेखा के चलते देश में मत्स्य पालन के क्षेत्र में अनेक संभावनाएं हैं। 2015-16 वित्त वर्ष के दौरान, भारत ने 30,420.83 करोड़ मत्स्य उत्पाद का निर्यात किया जो उसके सकल घरेलू उत्पाद (जीडीपी) का 0.9 प्रतिशत है और कृषि जीडीपी (2015-16) का 5.17 प्रतिशत था। भारत दुनिया में मत्स्य पालन क्षेत्र का दूसरा सबसे बड़ा और ताजा जल मत्स्य पालन का भी दूसरा सबसे बड़ा उत्पादक है। 1991-92 के 41.57 लाख टन (24.47 लाख टन समुद्री मछली और 17.10 लाख टन आंतरिक मत्स्य पालन) से बढ़कर 2015-16 (तात्कालिक) में यह आंकड़ा 107.90 लाख टन (35.8 लाख टन समुद्री मछली और 72.10 लाख टन आंतरिक मत्स्य पालन) तक पहुंच गया है।

राष्ट्रीय पशुधन मिशन

डेयरी और पोल्ट्री क्षेत्रों में सफलता की तर्ज पर, सभी नस्लों और क्षेत्रों में, पशुधन के क्षेत्र में सतत और दीर्घकालिक विकास के लिए, 2014-15 में बारहवीं योजना के अंतर्गत, 2,800 करोड़ रुपये की अनुमोदित राशि के साथ राष्ट्रीय पशुधन मिशन की शुरुआत की गई थी। इस मिशन की स्थापना पशुधन क्षेत्र में सतत विकास के लक्ष्य हेतु किया गया था, जिसके अंतर्गत पशुओं के लिए उत्तम चारे की उपलब्धता में सुधार, जोखिम कवरेज, प्रभावी विस्तार, ऋण के प्रवाह में सुधार और पशुपालकों आदि को संगठित करना है। इसके चार उप-लक्ष्य हैं- 1. पशुधन पालन का उप-लक्ष्य; 2. पूर्वोत्तर क्षेत्र में शूकर पालन; 3. उत्तम चारे की उपलब्धता; और 4. कौशल विकास, तकनीक हस्तांतरण और प्रसार।

पशुधन स्वास्थ्य

संकरण कार्यक्रमों की मदद से मवेशियों की गुणवत्ता में सुधार के साथ, मवेशियों में विभिन्न रोगों का खतरा बढ़ गया है। इनमें से कुछ रोग विदेशी पशुओं से भी फैलते हैं। रुग्णता और मृत्युदर को कम करने की दिशा में, राज्य/केंद्रशासित प्रदेशों की सरकारें पॉलीक्लीनिकों, पशु अस्पतालों, चिकित्सालयों और प्राथमिक उपचार केंद्रों के अलावा घुमंतु पशु चिकित्सालयों की मदद से बेहतर उपचार उपलब्ध करा रही हैं।

राज्यों में मौजूदा जांच प्रयोगशालाओं के ऊपर परामर्श सेवाएं उपलब्ध कराने के लिए , एक केंद्रीय और पांच स्थानीय रोग जांच प्रयोगशालाओं को स्थापित किया गया है जो अब कार्यरत हैं। रोगनिरोधी टीकाकरण की मदद से मवेशियों और पॉल्ट्री के रोगों को रोकने के लिए आवश्यक टीके देशभर में 27 पशु चिकित्सालय टीकाकरण इकाइयों में बनाए जा रहे हैं। इनमें से 20 निजी क्षेत्र के संस्थान हैं। एक ओर जहां देश में मवेशियों के स्वास्थ्य को बेहतर बनाना सुनिश्चित किया जा रहा है, वहीं बाहरी रोगों की रोकथाम के भी उपाय किए जा रहे हैं। इसके लिए पशुओं के लिए जरूरी दवाओं और फॉर्मूलों की गुणवत्ता को भी स्थायी रखने पर कार्य जारी है। इस संबंध में भारत का केंद्रीय दवा मानक नियंत्रण संगठन पशुओं की दवाओं और जैविक उपकरणों की गुणवत्ता पर नजर रखता है।

पशुपालन सांख्यिकी

देश में पशुओं की गणना पहली बार 1919-1920 हुई थी और उसके बाद से प्रत्येक पांच वर्षों में सभी राज्यों/केंद्रशासित प्रदेशों में यह गणना की जाती है। विभिन्न मवेशियों और पोल्ट्री पक्षियों से जुड़ी वृहद जानकारी एकत्र करने का यह एकमात्र स्रोत है। राज्यों/केंद्रशासित प्रदेशों के पशुपालन विभागों के साथ 2012 में देश में 19वीं पशुपालन गणना का आयोजन किया गया था। 2013 में विभिन्न प्रजातियों के मवेशियों की संख्या प्राप्त करने के लिए उनसे जुड़ा सर्वेक्षण किया गया। सामान्य प्रणाली के आधार पर यह सर्वेक्षण देशभर के 15 प्रतिशत गांवों में किया गया था।

डेयरी विकास

पिछले वर्षों से डेयरी विकास क्षेत्र में अभूतपूर्व वृद्धि हुई है। इस क्षेत्र में दूरदर्शी नीतिगत प्रयासों के कारण आज भारत दुग्ध उत्पादन में दुनिया में पहले स्थान पर है। देश में 2015-16 में वार्षिक तौर पर 15.54 करोड़ टन दुग्ध उत्पादन हुआ था। 2014-15 में यह आंकड़ा 14.63 करोड़ टन था। इस तरह क्षेत्र में 6.27 प्रतिशत की विकास दर दर्ज की गई है। एफएओ की रिपोर्ट के अनुसार, दुनिया में 2014 में दुग्ध उत्पाद 78.9 करोड़ टन था, जबकि 2015 में यह आंकड़ा बढ़कर 80.3 करोड़ टन तक जा पहुंचा था। इस तरह इसमें 1.8 प्रतिशत की वृद्धि दर्ज की गई थी। आंकड़ों से बढ़ती जनसंख्या के लिए दुग्ध और दुग्ध उत्पादों की उपलब्धता में सतत वृद्धि देखी गई है।

लाखों ग्रामीण परिवारों के लिए डेयरी कार्य आय का प्रमुख माध्यमिक स्रोत बन गया है और इसके अंतर्गत महिलाओं और हाशिये पर रहने वाले किसानों को रोज़गार के साधन भी उपलब्ध होते हैं। 2015-16 के दौरान प्रति व्यक्ति दुग्ध उपलब्धता करीब 337 ग्राम प्रतिदिन तक जा पहुंची है। वहीं 2015 की प्रतिदिन विश्व औसत के अंतर्गत यह आंकड़ा 299 ग्राम का था। दुग्ध का अधिकांश उत्पादन छोटे, निर्धन और भूमिहीन किसान करते हैं। वर्ष 2015-16 में सहकारी दुग्ध यूनियनों ने औसतन प्रतिदिन 4.25 करोड़ किग्रा दूध प्राप्त किया जो आंकड़ा उससे पिछले वर्ष की अपेक्षा 3.8 करोड़ किग्रा था। इस तरह इस क्षेत्र में 12 प्रतिशत की विकास दर दर्ज की गई है।

भारतीय मत्स्य पालन

मौजूदा समय में भारत मत्स्य पालन और मछली उत्पाद के क्षेत्र में दुनिया में दूसरे स्थान पर है। मत्स्य पालन के जरिए मछली उत्पाद प्राप्त करने में भी भारत चीन के बाद दूसरे स्थान पर है। 2015-16 (तात्कालिक) में मछली उत्पादन का आंकड़ा 107.90 लाख मीट्रिक टन तक जा पहुंचा है। इसमें 35.8 लाख एमएमटी समुद्री मछली और 72.10 लाख एमएमटी मछली आंतरिक मत्स्य पालन से प्राप्त हुई।

मत्स्य पालन उभरता हुआ क्षेत्र है जिसमें कई स्रोत और संभावनाएं हैं। प्राथमिक तौर पर इससे 1.45 करोड़ लोग जुड़े हैं और आपूर्ति श्रृंखला में कई अन्य लोग भी इस उद्योग से जुड़ते हैं। मत्स्य पालन क्षेत्र के पारंपरिक रूप से व्यावसायिक रूपांतरण के चलते 1950-51 से मछली उत्पाद 7.5 लाख टन से बढ़कर 2015-16 (तात्कालिक) में 107.95 लाख टन तक पहुंच गया है। वहीं दूसरी ओर, इससे जुड़ी निर्यात आय 2015-16 में 30,420.83 करोड़ (4.69 अमरीकी डॉलर्स) रुपये की रही।

समुद्री मछली उद्योग के बाद आंतरिक मत्स्य पालन की शुरुआत के साथ ही भारतीय मत्स्य पालन उद्योग में आमूल परिवर्तन आया है जिसके आज आंतरिक मत्स्य पालन क्षेत्र का देश में समूची मछली उत्पाद में सबसे बड़ा योगदान रहता है।

पिछले ढाई दशकों में आंतरिक मत्स्य पालन क्षेत्र में मछली पकड़ने की बजाय उन्हें पालने और उत्पाद बढ़ाने की दिशा में कार्य किया गया है। 1980 के दशक के मध्य में आंतरिक मत्स्य पालन क्षेत्र का योगदान 34 प्रतिशत था जो हालिया वर्षों में 80 प्रतिशत तक पहुंच गया है। विभिन्न जिलों में लाभार्थियों को वित्तीय सहयोग और तकनीक, अभ्यास, प्रशिक्षण और प्रसार से जुड़े पैकेज देने के लिए मत्स्य कृषि विकास एजेंसियां (एफएफडीए) का गठन किया गया है। अभी तक 0.65 मिलियन हेक्टेयर जल क्षेत्र को मत्स्य उद्योग के अंतर्गत लाया गया है जिसके दायरे में 11 लाख लाभार्थी आए हैं। मौजूदा समय में औसत सालाना प्राप्ति 3.0 टन/एचए है। इसके साथ ही, करीब 8 लाख मत्स्यपालकों को प्रशिक्षण भी दिया जा रहा है।

देश में लंबे समय से सागरीय कृषि अधिकांशतः बायवेल्यू मॉल्यूसक्स यानी सीपीयों, खाने योग्य ऑयस्टर्स और पर्ल ऑयस्टर्स के अलावा कुछ हद तक समुद्री शैवालों पर निर्भर रही है। पिछले दशक में सागरीय कृषि से जुड़ी तकनीक को सहयोग देने बाद से, इस दिशा में प्रत्येक तरह की योजनाएं तैयार की गई हैं ताकि उन्हें देश में समुद्री भोजन की पैदावार की दिशा में कुशलता से इस्तेमाल किया जा सके।

5 संस्कृति और पर्यटन

संस्कृति मंत्रालय को देश की प्राचीन सांस्कृतिक धरोहर के संरक्षण और परिरक्षण तथा मूर्त और अमूर्त दोनों ही तरह की कलाओं एवं संस्कृति के संवर्धन जैसे कार्यों का दायित्व मिला है। मंत्रालय के दो संबद्ध कार्यालय, दो अधीनस्थ कार्यालय और 35 स्वायत्त संगठन हैं जो पूरी तरह सरकार द्वारा वित्तपोषित हैं। देश के विभिन्न अंचलों की लोक और पारंपरिक कलाओं से संबंधित कार्यों के लिए सात क्षेत्रीय सांस्कृतिक केंद्र कार्य कर रहे हैं। इसके अलावा मंत्रालय के चार मिशन भी हैं जिनके नाम हैं: राष्ट्रीय पांडुलिपि मिशन, राष्ट्रीय स्मारक तथा पुरावशेष मिशन, राष्ट्रीय पुस्तकालय मिशन और गांधी धरोहर स्थल मिशन। मोटे तौर पर मंत्रालय हर प्रकार की सांस्कृतिक धरोहरों के संरक्षण और विकास के लिए कार्य कर रहा है जिनमें मूर्त सांस्कृतिक विरासत, अमूर्त सांस्कृतिक विरासत और ज्ञान की विरासत शामिल हैं। इसके अलावा मंत्रालय पर गांधीजी की विरासत के संरक्षण और महत्वपूर्ण ऐतिहासिक घटनाओं का स्मरण करने और महापुरुषों की जन्म शताब्दि के आयोजन का भी दायित्व है। मूर्त धरोहर के अंतर्गत मंत्रालय केंद्र द्वारा संरक्षित राष्ट्रीय महत्व के सभी स्मारकों की देखरेख भारतीय पुरातत्व सर्वेक्षण के माध्यम से करता है। इसी तरह मंत्रालय देश में संग्रहालय आंदोलन को बढ़ावा दे रहा है और अधिकतर संग्रहालय उसके प्रशासनिक नियंत्रण में हैं। मंत्रालय अनुदान सहायता देकर क्षेत्रीय संग्रहालयों को भी बढ़ावा देता है।

मूर्त कलाओं के क्षेत्र में मंत्रालय दृश्य कलाओं, निष्पादन कलाओं और साहित्यिक कलाओं में संलग्न व्यक्तियों, समूहों और सांस्कृतिक संगठनों को वित्तीय सहायता प्रदान करता है। इसी तरह मंत्रालय अपने विभिन्न संगठनों के माध्यम से कला और संस्कृति के क्षेत्र में उत्कृष्ट कार्य करने वालों की पहचान कर साहित्य अकादमी और संगीत-नाटक अकादमी जैसी अपनी संस्थाओं के माध्यम से उन्हें पुरस्कार प्रदान करता है। राष्ट्रीय नाट्य विद्यालय देश की पारंपरिक और सांस्कृतिक विविधता को ध्यान में रखते हुए समसामयिक प्रासंगिकता वाले जीवंत रंगमंच आंदोलन को बढ़ावा देने में लगा है।

जहां तक ज्ञान की धरोहर का सवाल है मंत्रालय देश के सभी प्रमुख पुस्तकालयों का संरक्षक है। यह पुस्तकालयों के विकास के लिए अनुदान सहायता प्रदान करता है और पुस्तकालयों के विकास के बारे में सभी नीतिगत मामलों के लिए भी उत्तरदायी है। संस्कृति मंत्रालय बौद्ध और तिब्बती संस्कृति के संरक्षण और प्रोत्साहन के कार्य में भी लगा है और इसके लिए सारनाथ, वाराणसी और लेह आदि स्थानों में स्थित विभिन्न संस्थाओं की मदद ली जाती है। भारतीय और एशियाई कला और संस्कृति के क्षेत्र में उत्कृष्टता प्राप्त करने के इच्छुक लोगों के लिए मंत्रालय का सुनियोजित क्षमता निर्माण कार्यक्रम है। स्कूल ऑफ आर्कियोलॉजी (भारतीय पुरातत्व विज्ञान संस्थान), स्कूल ऑफ आर्काइव स्टडीज (अभिलेखीय अध्ययन संस्थान), राष्ट्रीय इतिहास और कला संस्थान तथा मौलाना अबुल कलाम आज़ाद एशियाई अध्ययन संस्थान जैसी संस्थाएं क्षमता निर्माण के क्षेत्र में कार्य कर रहे प्रमुख संगठनों में शामिल हैं। राष्ट्रीय नाट्य विद्यालय और कला क्षेत्र फाउंडेशन द्वारा संचालित विभिन्न पाठ्यक्रम मंत्रालय के क्षमता

निर्माण कार्यक्रम के कुछ उदाहरण हैं। मंत्रालय संस्कृति के क्षेत्र में यूनेस्को की विभिन्न संधियों के क्रियान्वयन के लिए भी उत्तरदायी है।

ललित कला अकादमी

ललित कला अकादमी (नेशनल एकेडमी ऑफ आर्ट) की स्थापना 1954 में की गई। यह भारत में दृश्य कलाओं के क्षेत्र में शीर्ष सांस्कृतिक संस्थान है जिसका सारा खर्च संस्कृति मंत्रालय उठाता है। अकादमी एक ऐसी संस्था है जो भारतीय कला के वैश्विक प्रभावों के बारे में दुनिया को पता चलने से बहुत पहले से ही कला के क्षेत्र के राष्ट्र को अपनी सेवाएं प्रदान कर रही है। यह एक स्वायत्त संस्थान है जो पूरी तरह से संस्कृति मंत्रालय द्वारा वित्तपोषित है। अकादमी ने एक ऐसे स्थायी संग्रह का निर्माण, संरक्षण और प्रलेखन किया है जो भारत की आधुनिक और समसामयिक कला की जीवंतता, जटिलता और इसके उभरते स्वरूपों को प्रतिविंबित करता है। अकादमी पूरे साल ऐसी कई प्रदर्शनियों और शैक्षिक कार्यक्रमों का आयोजन करती है जो महत्व की दृष्टि से बेजोड़ होते हैं। अकादमी का अपना पुस्तकालय, कला संग्रह, संग्रहालय और परिरक्षण प्रयोगशाला है और यह देशभर में उत्तम बौद्धिक उत्कृष्टता वाले विद्वानों तथा प्रकाशनों को मदद देती है।

अकादमी के मिशन का मुख्य विषय है आधुनिक और समसामयिक भारतीय कला की समझ को बढ़ाना जिससे स्थानीय, राष्ट्रीय और अंतरराष्ट्रीय स्तर पर लोग इसका आनंद उठा सकें। इसके लिए अकादमी राष्ट्रीय कला प्रदर्शनी और अंतरराष्ट्रीय त्रिनाले- इंडिया (त्रैवार्षिकी भारत) जैसे आयोजन करती है।

अकादमी अपने कार्यक्रमों और नीतिगत साझेदारियों के माध्यम से भारतीय कला और कलाकारों को बढ़ावा देने के लिए कई गतिविधियां संचालित करती है। कला के विकास के प्रति अकादमी की वचनबद्धता नई दिल्ली स्थित इसके मुख्यालय और भुवनेश्वर, चेन्नई, कोलकाता, गढ़ी (नई दिल्ली) स्थित केंद्रों तथा शिमला और पटना स्थित उप-केंद्रों में आयोजित किए जाने वाले राष्ट्रीय और अंतरराष्ट्रीय स्तर के शानदार कार्यक्रमों से प्रदर्शित होती है। कला को बढ़ावा देने की अकादमी की एक अन्य प्रमुख गतिविधि विभिन्न विधाओं जैसे मूर्तिशिल्प, ग्रैफिक कला, सेरेमिक्स कला और चित्रकला के कलाकारों को काम करने के लिए स्टूडियो प्रदान करना है। दिल्ली में अकादमी गढ़ी में कलाकार स्टूडियो का संचालन करती है जिसमें 200 कलाकार नियमित रूप से कार्य करते हैं।

अकादमी ने अनुसंधान और प्रलेखन संबंधी नियमित कार्यक्रम प्रारंभ किए हैं। इनके अंतर्गत विद्वानों को भारतीय समाज और कला के समसामयिक पक्षों के अध्यन की परियोजनाओं के संचालन के लिए वित्तीय सहायता प्रदान की जाती है।

संगीत नाटक अकादमी

संगीत नाटक अकादमी संगीत, नृत्य और नाटक की राष्ट्रीय अकादमी है जिसकी आधुनिक भारत के निर्माण में अग्रणी भूमिका रही है। कलाएं क्षणिक और नश्वर होती हैं इसलिए उनके संरक्षण की आवश्यकता को ध्यान में रखते हुए एक ऐसी लोकतांत्रिक व्यवस्था कायम करने की आवश्यकता महसूस की गई जिसमें आम आदमी को कलाओं को सीखने, अभ्यास करने और इसका प्रचार-प्रसार करने का मौका मिले। 1945 में एशियाटिक सोसाइटी ऑफ बंगाल ने एक प्रस्ताव दिया था जिसमें एक राष्ट्रीय

सांस्कृतिक न्यास बनाकर उसके तहत तीन अकादमियों— नृत्य, नाटक और संगीत की अकादमी, साहित्य् अकादमी और कला एवं स्थापत्य की अकादमी के गठन की बात कही गई थी। इसी के अनुसार स्वतंत्रता के बाद तीन अकादमियां गठित की गईं जिनमें से संगीत-नाटक अकादमी अपनी तरह की पहली राष्ट्रीय अकादमी थी जिसकी स्थापना तत्कालीन शिक्षा मंत्रालय के प्रस्ताव से हुई। 1961 में सरकार ने संगीत-नाटक अकादमी का एक सोसाइटी के रूप में पुनर्गठन किया और सोसाइटी पंजीकरण अधिनियम, 1860 (1957 में यथा संशोधित) के अंतर्गत इसका पंजीकरण कराया। अकादमी ने भारत में संगीत, नृत्य और नाट्य साधना करने वालों की मदद के लिए एकीकृत ढांचे का निर्माण कार्य किया जिसके अंतर्गत शहरी और ग्रामीण समेत देश के सभी भागों की पारंपरिक और आधुनिक कलाएं शामिल हों। अकादमी द्वारा प्रस्तुत और प्रोत्साहित संगीत, नृत्य और नाटकों के कार्यक्रम देशभर में प्रस्तुत किए जाते हैं। निष्पादन कलाओं की महान हस्तियों को अकदमी में अध्येता के रूप में चुना गया है। संगीत नाटक अकादमी द्वारा हर साल जाने-माने कलाकारों और विद्वानों को प्रदान किए जाने वाले पुरस्कार निष्पादन कलाओं के क्षेत्र में सबसे प्रतिष्ठित माने जाते हैं। दूर-दराज इलाकों समेत देशभर में संगीत, नृत्य और नाट्य विधा की शिक्षा देने वाली हजारों संस्थाओं ने अपने कार्य के लिए अकादमी से सहायता प्राप्त की है। इसी तरह विभिन्न, विधाओं के अनुसंधानकर्ताओं, लेखकों और प्रकाशकों को भी संबंधित क्षेत्रों में सहायता दी गई है।

अकादमी के पास श्रव्य और दृश्य टेप, 16 मिमी फिल्मों, फोटोग्राफ और ट्रांसपेरेंसीज का विशाल अभिलेखागार है और यह निष्पादन कलाओं के क्षेत्र में अनुसंधान करने वालों के लिए देश में सूचनाओं और सामग्री का सबसे बड़ा स्रोत है। मंत्रालय का अपना संदर्भ पुस्तकालय है जिसमें अंग्रेजी, हिंदी और कुछ क्षेत्रीय भाषाओं की पुस्तकें हैं। अकादमी की प्रकाशन इकाई प्रासंगिक विषयों में छोटे पैमाने पर साहित्य का प्रकाशन करती है।

अकादमी निष्पादन कलाओं के क्षेत्र में राष्ट्रीय महत्व की संस्थाएं और परियोजनाएं स्थापित करती है और उनकी देखरेख करती है। इंफाल स्थित जवाहर लाल नेहरू मणिपुरी नृत्य अकादमी की स्थापना 1954 में हुई थी। यह मणिपुरी नृत्य और संगीत का प्रशिक्षण देने वाली प्रमुख संस्था है। 1959 में अकादमी ने दिल्ली में राष्ट्रीय नाट्य विद्यालय और एशियाई रंगमंच संस्थान की स्थापना की। 1964 में दिल्ली में ही कथक केंद्र स्थापित किया गया। अकादमी की राष्ट्रीय महत्व की अन्य परियोजनाओं में केरल का कुटियट्टम रंगमंच भी शामिल है जिसकी स्थापना 1991 में की गई। 2001 में यूनेस्को ने कुटियट्टम को मानवता की अमूर्त और मौखिक धरोहर की उत्कृष्टितम कृतियों में से एक बताया था। ओडिशा, पश्चिम बंगाल और झारखंड के छऊ नृत्य की परियोजना 1994 में प्रारंभ हुई। असम के सत्रीय संगीत, नृत्य और रंगमंच तथा इन से संबंधित कलाओं को परियोजना सहायता 2002 में शुरू हुई।

निष्पादन कलाओं में विशेषज्ञता वाली संस्था होने के नाते अकादमी भारत सरकार को निष्पादन कलाओं के क्षेत्र में नीतियों और कार्यक्रम तैयार करने और उन पर अमल के बारे में परामर्श और सहायता प्रदान करती है। यह राष्ट्रीय और अंतराष्ट्रीय स्तर पर सांस्कृतिक संपर्कों को बढ़ावा भी देती है। अकादमी विश्व के विभिन्न देशों के साथ भारत के संपर्कों को सुदृढ़ करने के लिए विदेशों में प्रदर्शनियों और महोत्सवों का आयोजन भी करती है।

राष्ट्रीय नाट्य विद्यालय

संगीत नाटक अकादमी द्वारा 1959 में स्थापित राष्ट्रीय नाट्य विद्यालय दुनिया का अग्रणी रंगमंच संस्थान है और भारत में अपनी तरह का पहला है। 1975 में इसे एक स्वायत्त संस्थान बना दिया गया जिसका वित्त पोषण पूरी तरह संस्कृति विभाग द्वारा किया जाता है। राष्ट्रीय नाट्य विद्यालय का उद्देश्य विद्यार्थियों को रंगमंच के इतिहास, नाटकों के निर्माण, दृश्य आकल्पन, परिधान आकल्पन, प्रकाश, रूप सज्जा जैसे रंगमंच के विभिन्न पक्षों के बारे में विद्यार्थियों को जानकारी देना है। विद्यालय का पाठ्यक्रम तीन साल का है और इसके लिए दो चरण वाली चयन प्रक्रिया के जरिये विद्यार्थियों का चुनाव किया जाता है। राष्ट्रीय नाट्य विद्यालय के डिप्लोमा को भारतीय विश्व विद्यालय संघ से एम.ए. की डिग्री के समतुल्य मान्यता प्राप्त है और इसे हासिल करके कॉलेजों/विश्वविद्यालयों में प्राध्यापक के रूप में नौकरी प्राप्त की जा सकती है और पी.एचडी. डिग्री के लिए पंजीयन कराया जा सकता है। विद्यालय के प्रस्तुति स्कंध में पेशेवर रंगमंच के लिए नाट्य मंडली और और प्रायोगिक रंगमंच के लिए संस्कार रंग टोली (थियेटर इन एजुकेशन)। बाल रंगमंच को प्रोत्साहन देने के लिए संस्कार रंग टोली का गठन 1989 में किया गया था और यह बच्चों के लिए नाटकों के निर्माण, दिल्ली में स्कूलों में ग्रीष्मकालीन रंगमंच कार्यशालाओं के आयोजन और शनिवारीय क्लबों के माध्यम से बाल रंगमंच को बढ़ावा देने के लिए कार्य करता है। 1998 से राष्ट्रीय नाट्य विद्यालय हर साल 'जश्न-ए-बचपन' नाम का राष्ट्रीय बाल रंगमंच समारोह आयोजित कर रहा है। इस तरह का पहला समारोह भारत की स्वतंत्रता की 50वीं जयंती के सिलसिले में 18 मार्च से 14 अप्रैल, 1999 तक आयोजित किया गया। तब से लगातार इस उत्सव का आयोजन किया जा रहा है।

1978 में राष्ट्रीय नाट्य विद्यालय ने शिक्षण और प्रशिक्षण के लिए 'विस्तार कार्यक्रम' नाम का अल्पावधि कार्यक्रम प्रारंभ किया जिसके अंतर्गत विद्यालय स्थानीय रंगमंडलियों/कलाकारों के सहयोग से कार्यशालाओं का आयोजन करता है और ये कार्यक्रम स्थानीय भाषाओं में ही आयोजित किए जाते हैं। कार्यशालाओं को मोटे तौर पर तीन श्रेणियों में रखा जा सकता है: प्रस्तुति मूलक कार्यशालाएं, प्रस्तुति मूलक बच्चों की कार्यशालाएं और रंगमंच के बारे में शिक्षण एवं प्रशिक्षण कार्यक्रम। बंगलुरु में विद्यालय का क्षेत्रीय अनुसंधान केंद्र है जो दक्षिण के चार राज्यों और पुदुचेरी की रंगमंच संबंधी आवश्यकताओं की पूर्ति करता है। राष्ट्रीय नाट्य विद्यालय रंगमंच के बारे में पाठ्यपुस्तकों का भी प्रकाशन करता है और इस विषय में महत्वपूर्ण पुस्तकों का अंग्रेजी से हिंदी में अनुवाद भी उपलब्ध कराता है।

साहित्य अकादमी

साहित्य अकादमी भारत की 24 मान्यता प्राप्त भाषाओं के साहित्य को बढ़ावा देने वाली राष्ट्रीय अकादमी है। यह इन मान्यता प्राप्त भाषाओं में कार्यक्रमों का आयोजन करती है, इन भाषाओं के लेखकों को पुरस्कार और फेलोशिप प्रदान करती है और इनमें पूरे साल पुस्तकों का प्रकाशन करती है। पिछले छह दशकों से भी अधिक अवधि में अकादमी ने 24 भाषाओं में 7,000 से अधिक पुस्तकों का प्रकाशन किया है। अकादमी कथा साहित्य, कविता, ड्रामा और आलोचना की मौलिक पुस्तकों के साथ-साथ उनके अनुवाद भी प्रकाशित करती है और क्लासिकल, मध्यकालीन, प्राक्-आधुनिक और समसामयिक साहित्य इसके दायरे में आता है। साहित्य अकादमी तीन पत्रिकाओं का प्रकाशन भी करती है: इंडियन लिटरेचर (अंग्रेजी द्वैमासिक), समकालीन भारतीय साहित्य (हिंदी द्वैमासिक) और संस्कृत प्रतिभा

(संस्कृत त्रैमासिक)। अकादमी श्रेष्ठ बाल साहित्य को बढ़ावा देने के लिए भी कार्य करती है। अकादमी का मुख्यालय नई दिल्ली में स्थित है और कोलकाता, मुंबई, बंगलुरु और चेन्नई में इसके कार्यालय हैं।

साहित्य अकादमी के पुरस्कार भारत में अत्यंत प्रतिष्ठित साहित्यिक पुरस्कार माने जाते हैं जो अकादमी द्वारा मान्यता प्राप्त 24 भारतीय भाषाओं में प्रकाशित साहित्यिक उत्कृष्टता वाली सबसे श्रेष्ठ पुस्तकों को प्रदान किए जाते हैं। पुरस्कार के रूप में एक लाख रुपये की राशि और प्रशस्ति-पत्र प्रदान किया जाता है। इसके अलावा साहित्य अकादमी से मान्यता प्राप्त भाषाओं के अलावा अन्य भाषाओं को बढ़ावा देने और समृद्ध करने वाले लेखकों/विद्वानों/संपादकों/संग्रहकर्ताओं/निष्पादकों/अनुवादकों तथा देश के क्लासिक व मध्यकालीन साहित्य के क्षेत्र में अनुसंधान के जरिये विलक्षण योगदान करने वालों को भाषा सम्मान के रूप में एक लाख रुपये और प्रशस्ति-पत्र देकर प्रोत्साहित किया जाता है। अकादमी द्वारा मान्यता प्राप्त 24 भाषाओं में उत्कृष्ट अनुवाद के लिए दिए जाने वाले अनुवाद पुरस्कार के तहत 50 हजार रुपये की राशि और प्रशस्ति-पत्र दिया जाता है। अकादमी के दो अन्य पुरस्कार हैं- बाल साहित्य पुरस्कार और युवा पुरस्कार जिनके अंतर्गत विजेताओं को 50 हजार रुपये और प्रशस्ति-पत्र प्रदान किया जाता है। बाल साहित्य पुरस्कार मान्यता प्राप्त 24 भाषाओं में बाल साहित्य में उत्कृष्ट योगदान करने वाले लेखकों को दिया जाता है जबकि युवा भारतीय लेखकों को बढ़ावा देने के लिए अकादमी युवा पुरस्कार प्रदान करती है।

साहित्य अकादमी हर साल क्षेत्रीय, राष्ट्रीय और अंतरराष्ट्रीय स्तर पर कम से कम 50 संगोष्ठियों के आयोजन के साथ-साथ 500 साहित्यिक सभाओं, कार्यशालाओं और व्याख्यानों का भी आयोजन करती है। इसके कुछ लोकप्रिय कार्यक्रम इस प्रकार हैं: लेखक से मिलिए कार्यक्रम में कोई जाना-माना लेखक अपने जीवन और कृतियों के बारे में श्रोताओं को बताता है। संवत्सर व्याख्यान में किसी ऐसे उत्कृष्ट लेखक/सृजनशील चिंतक को आमंत्रित किया जाता है जिसे भारतीय साहित्य की गहरी समझ हो। कवि-अनुवादक कार्यक्रम में श्रोताओं को मूल कविताओं और उनके अनुवाद का एक साथ आनंद लेने का मौका मिलता है। पीपुल एंड बुक्स में विभिन्न अंतर-विषयक क्षेत्रों के जाने-माने व्यक्ति भाषण देते हैं। कथासंधि में लिखे जा रहे किसी उपन्यास या हाल में प्रकाशित लघुकथाओं का पाठ किया जाता है और उन पर चर्चा होती है। कविसंधि में काव्य प्रेमियों को कवियों के मुंह से उनकी रचनाओं को सुनने का अवसर प्राप्त होता है। लोक कार्यक्रम लोकगाथाओं पर आधारित होता है जिसमें व्याख्यान के बाद लोकगाथा की प्रस्तुति की जाती है। नारी चेतना में भारतीय भाषाओं में लिखने वाली युवा लेखिकाओं को मंच प्रदान किया जाता है। युवा सहिति विभिन्न भारतीय भाषाओं में लिखने वाले युवा लेखकों का कार्यक्रम है। पूर्वोत्तर क्षेत्र के लोगों को उनकी साहित्यिक प्रतिभा के प्रदर्शन का मंच प्रदान करने के लिए पूर्वोत्तरी कार्यक्रम का आयोजन किया जाता है। अनुवाद कार्यशालाएं देश के विभिन्न भागों के लोगों को एक मंच पर लाती हैं।

अकादमी भारतीय लेखन को महत्व प्रदान करने के लिए हर साल साहित्योत्सव का आयोजन करती है। दिल्ली स्थित जनजातीय और मौखिक साहित्य केंद्र और इंफाल में पूर्वोत्तर मौखिक साहित्य केंद्र के माध्यम से अकादमी जनजातीय और मौखिक परंपरा के साहित्य को बढ़ावा देती है। युवाओं में साहित्य के प्रति रुचि पैदा करने के लिए अकादमी युवा लेखकों को यात्रा अनुदान देती है और उनकी प्रथम कृति को नवोदय योजना के अंतर्गत प्रकाशित करती है। हाल में अकादमी ने ग्रामीण क्षेत्रों में साहित्य को बढ़ावा देने के लिए ग्रामलोक नाम का ग्रामीण संपर्क कार्यक्रम प्रारंभ किया है। अकादमी

जाने-माने भारतीय लेखकों और भारतीय साहित्य की सेवा में संलग्न विदेशी विद्वानों को फेलोशिप भी प्रदान करती है। अकादमी की दो प्रमुख फेलोशिप में एशियाई देशों में साहित्यिक परियोजनाओं में कार्य कर रहे विद्वानों के लिए आनंद कुमार स्वामी फेलोशिप और भारतीय साहित्य पर अनुसंधान कर रहे सार्क देशों के विद्वानों के लिए प्रेमचंद फेलोशिप शामिल हैं।

अकादमी की कुछ प्रमुख परियोजनाओं में भारतीय लेखकों पर मोनोग्राफ, विश्वकोष, संकलन, भारतीय साहित्यिक अभिलेखागार , भारतीय साहित्य की राष्ट्रीय पुस्तक सूची, भारतीय काव्य, शास्त्र का विश्वकोष और भारतीय साहित्य के इतिहास की परियोजनाएं प्रमुख हैं। विदेशों में साहित्यिक उत्सवों और पुस्तक मेलों में भाग लेने के साथ-साथ अकादमी विभिन्न देशों के साथ सांस्कृतिक विनिमय कार्यक्रम आयोजित करती है और हर साल लेखकों के शिष्टमंडलों का आदान-प्रदान करती है।

नई दिल्ली में साहित्य अकादमी पुस्तकालय गिने-चुने बहुभाषिक पुस्तकालयों में से एक है जो पूरी तरह से साहित्य को समर्पित है। भारत की 24 मान्यताप्राप्त भाषाओं में साहित्य और साहित्यिक परंपराओं की पुस्तकों के समृद्ध संग्रह वाला यह पुस्तकालय अपने आप में अनोखा है। इस पुस्तकालय के अलावा साहित्य अकादमी के मुंबई, कोलकाता और बंगलुरु स्थित क्षेत्रीय कार्यालयों में भी पुस्तकालय हैं। साहित्य अकादमी पुस्तकालय में पंजीकृत सदस्यों की कुल संख्या 13,219 है और पुस्तकों की कुल संख्या 1,72,000 है। रोज़ाना करीब 150 सदस्य पुस्तकालय में आते हैं। सभी 24 मान्यताप्राप्त भाषाओं में साहित्य के बेहतर प्रसार के लिए साहित्य अकादमी हर साल देशभर में करीब 180 पुस्तक मेलों और प्रदर्शनियों में हिस्सा लेती है।

इंदिरा गांधी राष्ट्रीय कला केंद्र

इंदिरा गांधी राष्ट्रीय कला केंद्र (आईजीएनसीए) राष्ट्रीय स्तर का अकादमिक अनुसंधान केंद्र है जिसके दायरे में क्लासिकल से लेकर लोक, लिखित से लेकर मौखिक और प्राचीन से लेकर आधुनिक तक सभी प्रकार की कलाओं का अध्ययन और अनुभव शामिल है। नई दिल्ली के बीचों-बीच स्थित यह कला केंद्र संस्कृति मंत्रालय के अंतर्गत एक स्वायत्त न्यास है। यहां भारत, दक्षिण एशिया, दक्षिण-पूर्वएशिया और पश्चिम एशिया के स्थापत्य, नृतत्वशास्त्र, इतिहास, दर्शनशास्त्र, भाषा और साहित्य, कला व शिल्प समेत विभिन्न विषयों के संसाधनों का समृद्ध संकलन उपलब्ध है। इसके बहुभाषिक पुस्तकालय 'कलानिधि' में करीब 2,00,000 पुस्तकें, 175 पत्रिकाएं और दुर्लभ पुस्तकों का विस्तृत संकलन उपलब्ध हैं। इसका संदर्भ पुस्तकालय सबके लिए खुला रहता है। इंदिरा गांधी राष्ट्रीय कला केंद्र के पास भारतीय कलाओं की करीब 1,00,000 स्लाइड्स हैं जो चित्रकला, मूर्तिशिल्प, वास्तुशास्त्र सचित्र पांडुलिपियां और निष्पादन कलाओं से संबंधित हैं। इसके पास भारत और विदेशों के करीब 100 पुस्तकालयों से प्राप्त संस्कृत, पालि, फारसी और अरबी पांडुलिपियों के माइक्रोफिल्म संस्करण उपलब्ध हैं। इसके अलावा संगीत और नृत्य, जीवन शैली और प्रस्तुतियों आदि से संबंधित दुर्लभ और बहुमूल्य रिकार्डिंग्ज तथा फोटोग्राफ्स का करीब 15,000 घंटे का दृश्य-श्रव्य संग्रह भी है। आईजीएनसीए ने 100 से अधिक डीवीडी बनाए हैं जो बिक्री के लिए उपलब्ध हैं। इसके मीडिया सेंटर में कंप्यूटर क्योस्क की सुविधा उपलब्ध है जिसमें अनुसंधान करने वाले विद्वान अभिलेखागार में उपलब्ध सामग्री देख सकते हैं।

कलाकोश प्रभाग भारतीय कलाओं और सौंदर्यशास्त्र से संबंधित क्लासिकल पांडुलिपियों के बारे में अनुसंधान और उनके क्रिटिकल एडिशन के प्रकाशन के साथ-साथ उनके अनुवाद , टीकाओं तथा

भारतीय कला व वास्तुशिल्प के जाने-माने विद्वानों की विश्लेषण और व्याख्या पर आधारित कृतियों का प्रकाशन भी करता है। अपनी कला तत्वकोश शृंखला के अंतर्गत यह महत्वपूर्ण भारतीय कला अवधारणाओं को कई खंडों में प्रकाशित कर रहा है। इसी तरह पुस्तकों के मूलपाठ को कला मूलशास्त्र और विश्लेषण व व्याख्याओं को कला समालोचना शृंखला के तहत प्रकाशित किया जा रहा है। प्रभाग क्षेत्रीय अध्ययनों के बारे में भी पुस्तकें प्रकाशित कर रहा है। इंदिरा गांधी राष्ट्रीय कला केंद्र की शैक्षिक गतिविधियों में जीवनशैली से संबंधित अध्ययन का केंद्रीय स्थान है। जनपद संपदा नाम का प्रभाग विद्वानों को भारत में कई समुदायों की संस्कृतियों के अध्ययन की सुविधाएं उपलब्ध कराता है। उनकी परंपराओं, कला रूपों, लोक कलाओं, मेलों और उत्सवों का यहां अध्ययन और प्रलेखन किया जाता है। केंद्र की शैल कला इकाई पुरातत्व, शास्त्रीय, मनोविश्लेषणात्मक और नृजातिवैज्ञानिक अनुसंधान के संदर्भ में शैल कला के प्रलेखन पर अपना ध्यान केंद्रित करता है। सांस्कृतिक संयात्रिकी प्रयोगशाला समृद्ध शैक्षिक अंतर्वस्तु संवाद आधारित मल्टीमीडिया परियोजनाओं का काम करती है। अजंता की गुफाओं, वृहदीश्वर मंदिर, और भारत की प्रागैतिहासिक कला पर जो कार्य हुआ है वह अपनी तरह का सबसे महत्वपूर्ण कार्य है। इस प्रभाग ने परंपरा और देवनारायण के रूप के बारे में मल्टी मीडिया प्रेजेंटेशन भी बनाया है।

कला दर्शन प्रभाग अपने यहां हुए अनुसंधान का प्रचार-प्रसार करने के लिए उत्तरदायी है। यह प्रभाग इंदिरा गांधी राष्ट्रीय कला केंद्र के शैक्षिक संसाधनों के बारे में प्रदर्शनियों और कार्यक्रमों का आयोजन करता है तथा एक जैसे लक्ष्य वाले संगठनों के साथ मिलकर कला की विभिन्न विधाओं में उत्कृष्टतम को प्रदर्शित करता हैं। इंदिरा गांधी राष्ट्रीय कला केंद्र के तीन क्षेत्रीय केंद्र हैं: बंगलुरु का क्षेत्रीय केंद्र दक्षिण भारत की कलाओं और सांस्कृतिक धरोहर के अध्ययन के लिए उत्तरदायी है। वाराणसी का क्षेत्रीय केंद्र भारतविद्या और संस्कृत के अध्ययन पर अपना ध्यान केंद्रित करता है। गुवाहाटी स्थित पूर्वोत्तर क्षेत्रीय केंद्र पूर्वोत्तर क्षेत्र के संस्कृति की दृष्टि से संपन्न समुदायो से संबंधित कार्यक्रमों में सहयोग करता है। इंदिरा गांधी राष्ट्रीय कला केंद्र तीन स्नातकोत्तर डिप्लोमा पाठयक्रमों का संचालन भी करता है जिनके नाम हैं: प्रीवेंटिव कंजर्वेशन, कल्चरल इनफॉर्मेटिक्स और बौद्ध अध्ययन। इसके अलावा यह एपीग्रैफी, नाट्यशास्त्र, वास्तुकला और पारंपरिक कलाओं से संबंधित क्षेत्रों में भी नियमित प्रशिक्षण कार्यक्रम और कार्यशालाएं आयोजित करता है।

इंदिरा गांधी राष्ट्रीय कला केंद्र में पूरे साल कई कार्यक्रम आयोजित किए जाते हैं। इनमें शुक्रवारीय फिल्म सर्किल (महीने के हर दूसरे और चौथे शुक्रवार को शाम 6 बजे) और वृहस्पतिवारीय बुक सर्किल (हर चौथे वृहस्पतिवार को शाम 4.30 बजे) केंद्र नियमित रूप से सार्वजनिक व्याख्यान भी आयोजित करता है जिन्हें इंटरनेट पर वेबकास्टिंग के जरिये प्रदर्शित भी किया जाता है। इंदिरा गांधी राष्ट्रीय कला केंद्र के समस्त संसाधनों, गतिविधियों, सुविधाओं और कार्यक्रमों के बारे में विस्तृत जानकारी केंद्र के वेबसाइट www.ignca.gov.in और फेसबुक पेज पर भी उपलब्ध है। इंदिरा गांधी राष्ट्रीय कला केंद्रों की द्वैमासिक कार्यक्रम सूची प्राप्त करने के लिए वेबसाइट पर नि:शुल्क पंजीकरण कराया जा सकता है।

सांस्कृतिक संसाधन और प्रशिक्षण केंद्र

सांस्कृतिक संसाधन और प्रशिक्षण केंद्र (सीसीआरटी) शिक्षा को संस्कृति से जोड़ने की दिशा में काम करने वाले अग्रणी संगठनों में से एक है। इसकी स्थापना 1979 में स्वायत्त संगठन के रूप में भारत

सरकार द्वारा की गई। नई दिल्ली स्थित इसके मुख्यालय के अलावा उदयपुर, हैदराबाद और गुवाहाटी में इसके क्षेत्रीय केंद्र हैं। सांस्कृतिक संसाधन और प्रशिक्षण केंद्र के मुख्य उद्देश्य हैं: विद्यार्थियों में भारत की क्षेत्रीय संस्कृतियों की विविधता के बारे में जागरुकता और समझ पैदा करना और इस जानकारी को शिक्षा के साथ जोड़ना। इसका मुख्य जोर इस बात पर रहता है कि किस तरह शिक्षा को संस्कृति से जोड़ा जाए और किस तरह से विद्यार्थियों को विकास कार्यक्रमों में संस्कृति के महत्व के बारे में जागरूक बनाया जाए। सांस्कृतिक संसाधन और प्रशिक्षण केंद्र देश के विभिन्न भागों के शिक्षकों के लिए कई प्रकार के प्रशिक्षण कार्यक्रम आयोजित करता है। इन प्रशिक्षण पाठ्यक्रमों से प्रतिभागियों में भारतीय कला और संस्कृति में अंतर्निहित सुंदरता, सौंदर्यबोध और दर्शन की समझ और पहचान पैदा करने में मदद मिलती है। इनसे शिक्षण पाठ्यक्रमों में संस्कृति वाले घटक को शामिल करने के तौर-तरीकों का पता लगाने में विशेष रूप से ध्यान दिया जाता है। इनमें विज्ञान और टेक्नोलॉजी, आवास, कृषि, खेल-कूद आदि में संस्कृति की भूमिका पर भी जोर दिया जाता है। इससे पर्यावरण प्रदूषण की समस्या के समाधान और प्राकृतिक व सांस्कृतिक विरासत के संरक्षण एवं परिरक्षण में विद्यार्थियों और शिक्षकों को उनकी भूमिका के बारे में जागरुकता बनाने में भी मदद मिलती है।

सीसीआरटी नाटक, संगीत और वाचिक कला विधाओं आदि के बारे में कार्यशालाएं आयोजित करता है। अध्यापकों को ऐसे कार्यक्रम तैयार करने पर जोर दिया जाता है जिनसे शैक्षिक पाठ्यक्रम को पढ़ाने में कला विधाओं का लाभ उठाया जा सके। सीसीआरटी स्मारकों, संग्रहालयों, कलावीथियों, शिल्प केंद्रों, चिड़ियाघरों और उद्यानों के लिए शैक्षिक भ्रमण कार्यक्रमों का आयोजन करता है। प्राकृतिक और सांस्कृतिक विरासत के संरक्षण के बारे में शिविरों का भी आयोजन किया जाता है। स्थानीय रूप से उपलब्ध कम लागत की वस्तुओं से शिल्पों के प्रशिक्षण के लिए भी शिविर आयोजित किए जाते हैं। कलाकारों और विशेषज्ञों के व्याख्यान और कला-प्रदर्शन भी आयोजित किए जाते हैं। इसके अलावा स्कूलों में भी कलाकारों और हस्तशिल्पियों को अपने हुनर के प्रदर्शन के लिए बुलाया जाता है। इन सभी कार्यक्रमों में विद्यार्थियों की बौद्धिक और सौंदर्यबोध की क्षमताओं के विकास पर जोर दिया जाता है।

पिछले कई वर्षों से सीसीआरटी पटकथाओं, रंगीन स्लाइडों, फोटोग्राफ और ऑडियो व वीडियो रिकार्डिंग तथा फिल्मों का संग्रह कर रहा है। हर साल यह ग्रामीण भारत की कलाओं और शिल्प विधाओं को पुनर्जीवित करने और उन्हें बढ़ावा देने के लिए प्रयास करता है। भारतीय कला और संस्कृति के विभिन्न पहलुओं की समझ और परख को लेकर यह पुस्तकें भी प्रकाशित करता है। सीसीआरटी सांस्कृतिक प्रतिभा खोज छात्रवृत्ति योजना को भी लागू करता है जिसके अंतर्गत मान्यता प्राप्त स्कूलों में पढ़ रहे या किसी पारंपरिक निष्पादन कला के घराने में तालीम हासिल कर रहे 10 से 14 साल के प्रतिभाशाली बच्चों को विभिन्न क्षेत्रों, खासतौर पर दुर्लभ कला विधाओं में अपनी प्रतिभा को निखारने के लिए छात्रवृत्तियां दी जाती हैं। ये छात्रवृत्ति उनके 20 साल का होने या विश्वविद्यालय की डिग्री के पहले साल में पहुंचने तक दी जाती है। विभिन्न सांस्कृतिक क्षेत्रों में युवा कलाकारों को छात्रवृत्ति देने की योजना भी लागू की गई है। इसके अंतर्गत 18 से 25 साल तक के आयुवर्ग वालों को भारतीय शास्त्रीय संगीत, शास्त्रीय नृत्य, उप-शास्त्रीय संगीत, रंगमंच, दृश्य कलाओं, लोक/पारंपरिक और स्वदेशी कलाओं में अधिकतम 400 छात्रवृत्तियां प्रदान की जाती हैं।

संस्कृति परियोजना संस्कृति मंत्रालय की एक पहल है जिसके तहत वाराणसी में शिक्षा संस्थाओं में इंटरप्रेटेशन सेंटरों का विकास/स्थापना की गई है।

क्षेत्रीय सांस्कृतिक केंद्र

क्षेत्रीय सांस्कृतिक केंद्रों का उद्देश्य स्थानीय संस्कृति के बारे में जाकरुकता बढ़ाना और यह प्रदर्शित करना है कि किस तरह ये मिलकर एक क्षेत्रीय सांस्कृतिक पहचान बनती हैं और अंततः भारत की सामासिक संस्कृति की समृद्ध विविधता के रूप में परिलक्षित होते हैं। इन केंद्रों ने समूचे देश में संस्कृति के संवर्द्धन, संरक्षण और प्रचार-प्रसार के क्षेत्र में अग्रणी एजेंसी के रूप में अपने आप को पहले ही स्थापित कर लिया है। ये केंद्र साहित्य और चाक्षुष कलाओं के क्षेत्र में महत्वपूर्ण योगदान करके निष्पादन कलाओं को बढ़ावा देते हैं। पटियाला, कोलकाता, तंजावुर, उदयपुर, इलाहाबाद, दीमापुर और नागपुर में सात क्षेत्रीय केंद्रों की स्थापना 1985-86 में की गई थी। किसी राज्य की अपने सांस्कृतिक संपर्कों के आधार पर एक से अधिक क्षेत्रीय सांस्कृतिक केंद्रों में भागीदारी इन क्षेत्रीय केंद्रों के गठन की विशेषता है। विभिन्न क्षेत्रीय सांस्कृतिक केंद्रों के सिद्धहस्त हस्तशिल्प और दस्तकार शिल्प मेलों में हिस्सा लेते हैं। ये केंद्र जिस बात पर खास जोर देते हैं वह है कला की विभिन्न दुर्लभ लोक और जनजातीय विधाओं का प्रलेखन करना। राष्ट्रीय सांस्कृतिक विनिमय कार्यक्रम के अंतर्गत देश के विभिन्न क्षेत्रों के बीच कलाकारों, संगीतशास्त्रियों, कलाकारों और विद्वानों का आदान-प्रदान किया जाता है। इससे देश के विभिन्न भागों में कई तरह की लोक/जनजातीय कला विधाओं के बारे में जागरुकता बढ़ाने में बड़ी मदद मिली है। रंगमंच में नयी जान फूंकने के एक कार्यक्रम में विद्यार्थियों, अभिनेताओं, कलाकारों, निर्देशकों और लेखकों को एक मंच में आकर कार्य करने का अवसर प्रदान मिलता है। नयी प्रतिभाओं को बढ़ावा देने के लिए गुरु शिष्य परंपरा शुरू की गई है। क्षेत्रीय सांस्कृतिक केंद्र शिल्प ग्रामों के जरिये हस्तशिल्पियों को बढ़ावा देते हैं। क्षेत्रीय सांस्कृतिक केंद्र अपने-अपने इलाकों में विभिन्न निष्पादन/लोक कला विधाओं की पहचान करते हैं और प्रत्येक विधा के एक-दो प्रतिभाशाली कलाकारों का चयन करते हैं।

एक भारत, श्रेष्ठ भारत

एक भारत, श्रेष्ठ भारत की घोषणा 2015 में सरदार वल्लभ भाई पटेल की 140वीं जयंती के अवसर पर की गई। इस पहल के व्यापक लक्ष्य हैं: (1) हमारे राष्ट्र की विविधता में एकता का महिमामंडन और देश के लोगों के बीच परंपरा से विद्यमान भावनात्मक संबंधों के ताने-बाने को बनाए रखना और सुदृढ़ करना; (2) सभी राज्यों और केंद्रशासित प्रदेशों के बीच सालभर तक चलने वाले सुनियोजित गहन और स्तरीकृत संपर्क के जरिये राष्ट्रीय एकता की भावना को बढ़ावा देना; (3) किसी भी राज्य की समृद्ध धरोहर और संस्कृति तथा रीति-रिवाज और परंपराओं को प्रदर्शित करना ताकि लोग भारत की विविधता को समझ और परख सकें और उनके बीच एक जैसी पहचान को बढ़ावा मिले; (4) दीर्घावधि संपर्कों की स्थापना; (5) ऐसे वातावरण का निर्माण करना जिसमें एक-दूसरे के बेहतरीन तौर-तरीकों और अनुभवों से सीखने की प्रवृत्ति को बढ़ावा मिले।

बौद्ध तिब्बती संस्थाओं का उद्देश्य-देश की अमूर्त बौद्ध/तिब्बती/हिमालयी सांस्कृतिक विरासत के प्रचार , प्रसार और संरक्षण में मदद करना है।

हिमालय की सांस्कृतिक विरासत

इस योजना का उद्देश्य हिमालय की सांस्कृतिक धरोहर का संवर्धन और संरक्षण करना है। इसे 2011 में संशोधित किया गया था जिसके अनुसार निम्नलिखित गतिविधियां करने वालों को अनुदान सहायता दी जाती है : (1) सांस्कृतिक विरासत के अध्ययन और अनुसंधान; (2) पुरानी पांडुलिपियों, साहित्य,

कला व शिल्प का परिरक्षण और संगीत, नृत्य जैसे सांस्कृतिक कार्यक्रमों/गतिविधियों का प्रलेखन; (3) कला और संस्कृति के कार्यक्रमों के माध्यम से प्रचार-प्रसार; और (4) हिमालय क्षेत्र के अंतर्गत आने वाले राज्यों, जम्मू-कश्मीर, हिमाचल प्रदेश, उत्तराखंड, सिक्किम और अरुणाचल प्रदेश में परंपरागत और लोक कलाओं में प्रशिक्षण। कॉलेज और विश्वविद्यालय भी सहायता के लिए आवेदन कर सकते हैं। किसी एक संगठन को दी जाने वाली अधिकतम राशि की सीमा 5 लाख रुपये से बढ़ाकर 10 लाख रुपये वार्षिक कर दी गई है। इस योजना के अंतर्गत विशेषज्ञों की सलाहकार समिति को अधिकतम राशि से अधिक अनुदान स्वीकृत करने का अधिकार है लेकिन यह राशि 30 लाख रुपये से ज्यादा नहीं होनी चाहिए। इस तरह की स्वीकृति ऐसे प्रस्तावों को दी जाती है जो उत्कृष्ट गुणवत्ता वाले हों और जिनके बारे में विशेषज्ञों की समिति की यह राय हो कि निर्धारित अधिकतम राशि परियोजना के लिए पर्याप्त नहीं होगी।

बौद्ध/तिब्बती संगठनों का विकास

इस योजना का उद्देश्य बौद्ध/तिब्बती संस्कृति और परंपराओं के प्रसार और वैज्ञानिक विकास तथा इससे संबंधित क्षेत्रों में अनुसंधान में लगे स्वैच्छिक बौद्ध/तिब्बती संगठनों और मठों को वित्तीय सहायता प्रदान करना है। इस योजना को 2011 में संशोधित किया गया और इसमें सूचना टेक्नोलॉजी संबंधी सुधार, परिवहन सुविधा, प्रशिक्षण केंद्रों, स्कूलों की इमारतों और कक्षाओं के निर्माण, परंपरागत सामग्री की दृश्य-श्रव्य रिकार्डिंग/प्रलेखन को भी शामिल कर लिया गया। प्रत्येक संगठन को दी जाने वाली धनराशि की अधिकतम सीमा 5 लाख रुपये से बढ़ाकर 30 लाख रुपये वार्षिक कर दी गई। इस योजना के तहत विशेषज्ञ सलाहकार समिति को अधिकतम सीमा से ज्याादा राशि की सिफारिश करने का अधिकार है लेकिन अधिकतम राशि एक करोड़ रुपये से अधिक नहीं होगी। ।

केंद्रीय बौद्ध अध्ययन संस्थान

लेह-लद्दाख स्थित केंद्रीय बौद्ध अध्ययन संस्थान (सीआईबीएस) जिसे पहले बौद्ध दर्शन विद्यालय के नाम से जाना जाता था, प्रधानमंत्री स्वार्गीय जवाहरलाल नेहरू की पहल पर 1959 में स्थापित किया गया। जनवरी 2016 में इस संस्थान को डीम्ड , यूनीवर्सिटी यानी विश्विविद्यालय के समकक्ष संस्था का दर्जा मिला।

नव नालंदा महाविहार

नव नालंदा महाविहार की स्थापना 1951 में बिहार के नालंदा में राज्य सरकार ने की थी। यह पालि और बौद्ध अध्ययन के क्षेत्र में स्नातकोत्तर स्तर की शिक्षा का केंद्र है। इस समय यह संस्कृति मंत्रालय के अंतर्गत स्वायत्त संस्थान है और 2006 में इसे डीम्ड विश्वविद्यालय का दर्जा दिया गया।

केंद्रीय तिब्बती अध्ययन विश्वविद्यालय

केंद्रीय तिब्बती अध्ययन विश्वविद्यालय, सारनाथ, वाराणसी की स्थापना 1967 में हिमालय में सीमावर्ती इलाकों के तिब्बती और भारतीय विद्यार्थियों की शिक्षा के लिए की गई थी। बाद में 1988 में इसे विश्व विद्यालय के समकक्ष संस्था का दर्जा दे दिया गया।

केंद्रीय हिमालयी सांस्कृतिक अध्ययन संस्थान

केंद्रीय हिमालयी सांस्कृतिक अध्ययन संस्थान (सीआईएचसीएस) को 2010 में सोसाइटी पंजीकरण अधिनियम, 1960 के तहत एक समिति के रूप में पंजीकरण कराया गया था। संस्थान बौद्ध और

हिमालयी अध्ययन के क्षेत्र में स्नातक, स्नातकोत्तर और डॉक्टरेट स्तर के पाठ्यक्रम संचालित करता है। इसे अधीनस्थ स्कूल स्थापित करने और उनके संचालन का भी अधिकार है। अनुदान प्राप्त करने वाली छह संस्थाओं— धर्मशाला स्थित तिब्बती कृतियों और अभिलेखों के पुस्तकालय; नई दिल्ली स्थित तिब्बत हाउस; अरुणाचल प्रदेश में तवांग मठ; सिक्किम में अंतरराष्ट्रीय बौद्ध परिसंघ और बोमडिला में जीआरएल मोनास्टिक स्कूल को सहायता प्रदान की जाती है।

भारतीय पुरातत्व सर्वेक्षण

भारतीय पुरातत्व सर्वेक्षण की स्थापना 1961 में की गई थी। यह संस्कृति मंत्रालय के संबद्ध कार्यालय के रूप में कार्य करता है। इसकी प्रमुख गतिविधियों में शामिल हैं: पुरातत्व अवशेषों का सर्वेक्षण और उत्खनन; केंद्र द्वारा संरक्षित स्मारकों, स्थलों और अवशेषों का रखरखाव और संरक्षण। स्मारकों और पुरातात्विक अवशेषों का रासायनिक अनुरक्षण; स्मारकों का वास्तुशास्त्रीय सर्वेक्षण; पुरालिपि अनुसंधान तथा मुद्रा अध्ययन जैसी विद्याओं का विकास; किसी स्मारक या पुरातात्विक स्थल पर संग्रहालय की स्थापना तथा पुनर्गठन; विदेशों में अभियान; पुरातत्व शास्त्र में प्रशिक्षण; और तकनीकी रिपोर्टें व अनुसंधान ग्रथों का प्रकाशन। भारतीय पुरातत्व सर्वेक्षण के पांच क्षेत्रीय निदेशालय, 29 सर्किल और तीन मिनी सर्किल हैं जिनके माध्यम से यह अपने अधीन स्मारकों का संरक्षण और अनुरक्षण करता है।

प्राचीन स्मारक और पुरातात्विक स्थल एवं अवशेष अधिनियम, 1958 के अंतर्गत भारतीय पुरातत्व सर्वेक्षण ने देशभर में 3,686 स्मारकों/स्थलों को राष्ट्रीय महत्व का घोषित किया है। इनमें से 21 यूनेस्को 3 की विश्व धरोहर सूची में शामिल हैं। पांच स्थल– गुजरात में चंपानेर-पावागढ़ पुरातात्विक पार्क, मुंबई का छत्रपति शिवाजी टर्मिनस रेलवे स्टेशन (जिसे पहले विक्टोरिया टर्मिनस कहा जाता था), वृहदीश्वर मंदिर परिसर, गंगइकोंडा चोलपुरम और ऐरावतेश्वर मंदिर संकुल और वृहदीश्वर मंदिर संकुल के विस्तार के रूप में दारासुरम। तंजावुर को 2004 में यूनेस्को की विश्व धरोहर सूची में शामिल कर लिया गया है। यह शहर अब आमतौर पर जागृत चोल मंदिरों के रूप में जाना जाता है।

मुंबई की विक्टोरिया युग की कलाकृतियों (विक्टोरियन एंड आर्ट डिको इनसेम्बल) के संग्रहालय को यूनेस्को की विश्व धरोहर सूची में शामिल करने के लिए नामांकन संबंधी कागजात विश्व विरासत केंद्र को भेज दिए गए हैं। भारतीय पुरातत्व सर्वेक्षण इस समय 5,000 से अधिक संरचनाओं का रखरखाव कर रहा है। अंतर्जलीय पुरातत्व का मुख्य कार्य देश की समुद्री जलसीमा और और अन्य क्षेत्रों में जलमग्न सांस्कृतिक धरोहरों की खोज, अध्ययन और संरक्षण करना है। यह अरब सागर और बंगाल की खाड़ी दोनों में खोज और उत्खनन का कार्य करता है। भारतीय पुरातत्व सर्वेक्षण की सर्वेक्षण की विज्ञान शाखा का मुख्यालय देहरादून में है और देश के विभिन्न भागों में इसकी क्षेत्रीय प्रयोगशालाएं हैं जो स्मारकों, पुरावस्तुओं, पांडुलिपियों, चित्रकला आदि का रासायनिक संरक्षण करती हैं।

देहरादून में विज्ञान शाखा की प्रयोगशाला ने निम्नलिखित वैज्ञानिक परियोजनाओं का कार्य हाथ में लिया है : (1) परिरक्षक परत के रूप में नयी सामग्री का मूल्यांकन और उससे पत्थर, टैराकोटा, ईंट आदि के ढांचों को मजबूत बनाना; (2) चूने की पुरानी पलस्तर की गई परत के बारे में वैज्ञानिक अध्ययन; (3) पलस्तर वाले सीमेंट में जल्द जमने वाले सीमेंट को अलग-अलग अनुपात में मिलाकर उसके भौतिक गुणों का आकलन।

भारतीय पुरातत्व सर्वेक्षण की उद्यान शाखा देश के विभिन्न भागों में केंद्र द्वारा संरक्षित करीब 287 स्मारकों/स्थलों में उद्यानों का रखरखाव करती है। दिल्ली, आगरा, श्रीरंगपट्टनम और भुवनेश्वर की प्रमुख पौधशालाओं से विभिन्न उद्यानों के लिए पौधे भेजे जाते हैं।

मैसूर स्थित पुरालेख शाखा संस्कृत और द्रविड़ भाषाओं में अनुसंधान करती है जबकि नागपुर शाखा अरबी और फारसी भाषाओं में यही कार्य करती है। विदेशों में स्मारकों के संरक्षण के कार्य के बारे में विदेश मंत्रालय के अनुरोध पर भारतीय पुरातत्व सर्वेक्षण ने कंबोडिया में ता प्रोह्म मंदिर, लाओ गणराज्य में वात फोउ मंदिर, म्यामां में आनंद मंदिर और वियतनाम में माइ सन स्मारकों के संरक्षण का कार्य प्रारंभ किया है।

वेबसाइट : www.asi.nic.in

राष्ट्रीय स्मारक और पुरावशेष मिशन

राष्ट्रीय स्मारक और पुरावशेष मिशन की शुरुआत 2007 में हुई। इसका उद्देश्य 11वीं योजना के दौरान निर्मित धरोहर और स्थलों तथा पुरावशेषों के बारे में विभिन्न स्रोतों एवं संग्रहालयों से राष्ट्रीय डेटाबेस तैयार करना है ताकि योजनाकार और अनुसंधानकर्ता आदि इसका उपयोग सांस्कृतिक संसाधनों के बेहतर प्रबंधन में कर सकें। इसमें शामिल कार्य के परिमाण को ध्यान में रखते हुए और राष्ट्रीय उत्पादकता परिषद की तृतीय पक्ष मूल्यांकन रिपोर्ट की सिफारिशों के अनुसार मिशन को भारतीय पुरातत्व सर्वेक्षण का एक प्रभाग बना दिया गया है।

राष्ट्रीय स्मारक और पुरावशेष मिशन को सौंपी गई जिम्मेदारी के अनुसार दो रजिस्टर यानी पंजियां तैयार की जानी हैं : (1) निर्मित धरोहरों और स्थलों का राष्ट्रीय रजिस्टर; और (2) पुरावशेषों का रजिस्टर। विभिन्न द्वैतीय स्रोतों से 2 लाख निर्मित धरोहरों और स्थलों के डेटा का प्रलेखन किया गया है। राष्ट्रीय स्मारक और पुरावशेष मिशन के पास अब तक विभिन्न स्रोतों से करीब 15 लाख पुरावस्तुओं के डेटा का प्रलेखन किया है।

राष्ट्रीय पांडुलिपि मिशन

राष्ट्रीय पांडुलिपि मिशन की स्थापना 2003 में की गई थी और इंदिरा गांधी राष्ट्रीय कला केंद्र को इसकी देखरेख करने वाली नोडल एजेंसी बनाया गया था। इसका उद्देश्य पांडुलिपियों में विद्यमान देश की ज्ञान की विरासत को सहेज कर रखना था। भारत की मूर्त विरासत के स्थान निर्धारण, प्रलेखन, परिरक्षण और प्रलेखन के लिए देशभर में पांडुलिपि संसाधन केंद्र, पांडुलिपि संरक्षण केंद्र और पांडुलिपि संरक्षण साझेदार केंद्र बनाए गए हैं।

मिशन की प्रमुख गतिविधियों में शामिल हैं : सर्वेक्षण के माध्यम से पांडुलिपियों का प्रलेखन करना, निवारक और उपचारात्मक विधियों से पांडुलिपियों का संरक्षण, संरक्षण के तौर-तरीकों के बारे में प्रशिक्षण पाठ्यक्रमों और कार्यशालाओं का संचालन करना, प्राचीन लिपियों के बारे में शिक्षण के लिए हस्तलिपि विज्ञान और पुरालेखशास्त्र की कार्यशालाएं आयोजित करना, पांडुलिपियों का डिजिटीकरण ताकि उन्हें अभिलेखागार में इस तरह से रखा जा सके जिससे ज्ञान के इस स्रोत तक आसानी से पहुंचा जा सके, प्रकाशनों के जरिये पांडुलिपियों में निहित ज्ञान का प्रसार और पांडुलिपियों के महत्व के बारे में जनता में जागरुकता पैदा करने के लिए विस्तारण कार्यक्रम।

राष्ट्रीय संग्रहालय

राष्ट्रीय संग्रहालय की स्थापना संस्कृति मंत्रालय के अंतर्गत 1960 में की गई थी और यह मंत्रालय के अधीनस्थ कार्यालय की तरह कार्य करता है। यह 2.6 लाख से अधिक कला वस्तुओं का खजाना है जिनमें प्रागैतिहासिक काल की सामग्री से लेकर आधुनिक कला वस्तुएं भी शामिल हैं। संग्रहालय की मुख्य गतिविधियां इस प्रकार हैं: कला वस्तुओं का प्रदर्शन, दीर्घाओं का आधुनिकीकरण/पुनर्संयोजन, शैक्षिक गतिविधियां और विस्तार कार्यक्रम, जनसंपर्क, प्रकाशन, फोटो प्रलेखन, ग्रीष्मकालीन अवकाश कार्यक्रम, स्मारक व्याख्यान, फोटो यूनिट, मॉडलिंग यूनिट, पुस्तकालय, संरक्षण प्रयोगशाला और कार्यशालाएं।

राष्ट्रीय आधुनिक कला संग्रहालय

राष्ट्रीय आधुनिक कला संग्रहालय (एनजीएमए) की स्थापना 1954 में समसामयिक भारतीय कला के विकास और संवर्धन के लिए की गई थी। इसमें करीब 1,748 समकालीन भारतीय कलाकारों की प्रतिनिधि कृतियां रखी हुई हैं। संग्रहालय के अनमोल खजाने में चित्रकलाकृतियां, मूर्तिशिल्प, ग्रैफिक कला कृतियां और फोटोग्राफ शामिल हैं। यह अपने संग्रह की कलाकृतियों के साथ-साथ सांस्कृतिक विनिमय कार्यक्रम के तहत प्राप्त कलाकृतियों की समय-समय पर प्रदर्शनियां आयोजित करता है। राष्ट्रीय आधुनिक कला संग्रहालय का उद्देश्य आधुनिक कलाकृतियों के बारे में लोगों की समझ और संवेदनशीलता को बढ़ाना है।

भारतीय संग्रहालय

कोलकाता का भारतीय संग्रहालय (इंडियन म्यूजियम) दुनिया के आठ सबसे पुराने संग्रहालयों में से एक है। करीब 1.10 लाख कलाकृतियों का यह खजाना प्राच्य इतिहास और भारत की धरोहर की कहानी कहता है। भारतीय संग्रहालय की उत्पत्ति और विकास का इतिहास भारत की विरासत और संस्कृति के विकास के शानदार घटनाक्रम की गाथा कहता है। भारत विद्या के महान विद्वान विलियम जोन्स ने 1784 में एशियाटिक सोसाइटी की स्थापना की और अपना सारा जीवन भारत के विकास में लगा दिया। डेनमार्क के वनस्पतिशास्त्रीय डॉ. नैथेनियल वालिच ने एशियाटिक सोसाइटी को एक पत्र लिखकर सोसाइटी परिसर में एक संग्रहालय स्थापित करने की जोरदार वकालत की। इस तरह डॉ. नैथेनियल वालिच के दिशानिर्देशन में 1814 में एशियाटिक सोसाइटी परिसर में एक संग्रहालय की स्थापना हुई। प्रारंभ में इसे एशियाटिक सोसाइटी म्यूजियम के नाम से जाना जाता था। बाद में इसका नाम इंपीरियल म्यूजियम कर दिया गया। बाद में इसे इंडियन म्यूजियम के नाम से पुकारा जाने लगा हालांकि यह संग्रहालय को देखने आने वालों में जादूघर के रूप में भी मशहूर रहा है। इंडियन म्यूजियम (भारतीय संग्रहालय) की शुरुआत केवल दो दीर्घाओं से हुई मगर बाद में यह बहु उद्देश्यीभय संगठन के रूप में उभरकर सामने आया। इसके छह अनुभागों में विभिन्न प्रकार की वस्तुओं का संकलन किया गया है। इनके नाम हैं: कला, पुरातत्वविज्ञान, मानवशास्त्र, जीव विज्ञान, भू-गर्भ विज्ञान और वनस्पति विज्ञान। इस तरह एशियाटिक सोसाइटी की गोद में पला यह संग्रहालय देश में अपनी तरह की सबसे बड़ी संस्थान के रूप में उभर कर सामने आया है और राष्ट्र की धरोहर और गौरव को प्रदर्शित करता है। 1878 में यह अपने वर्तमान भवन में आया। भारत की कला एवं संस्कृति का प्रतिनिधित्व करने वाले भारतीय संग्रहालय को भारत गणराज्य के संविधान में अग्रणी राष्ट्रीय संस्थान का दर्जा दिया गया है।

भारतीय संग्रहालय न केवल भारतीय धरोहर की कला वस्तुओं के परिरक्षण में महत्वपूर्ण भूमिका निभाता है बल्कि भारतीय कला धरोहर की विवेचना को उत्प्रेरित करने में भी योगदान करता है। विभिन्न संस्कृतियों पर आधारित अपनी विविधतापूर्ण गतिविधियों के माध्यम से यह दर्शकों के सीखने के केंद्र के रूप में काम करता है। इस क्षेत्र में अधिक से अधिक संख्या में पर्यटकों को आकृष्ट करने के लिए इस तरह की गतिविधियों को बढ़ावा देने की आवश्यकता है।

राष्ट्रीय विज्ञान संग्रहालय परिषद

राष्ट्रीय विज्ञान संग्रहालय परिषद संस्कृति मंत्रालय के तहत एक स्वायत्त संगठन है। यह दुनिया में अपनी तरह का अकेला संगठन है जिसके प्रशासनिक नियंत्रण में विज्ञान केंद्रों/संग्रहालयों का सबसे बड़ा नेटवर्क कार्य कर रहा है। यह 'जनता के सशक्तीकरण के लिए विज्ञानसंचार' के लक्ष्य के साथ देशभर में फैले अपने विज्ञान केंद्रों के नेटवर्क के माध्यम से समाज में, खास तौर पर विद्यार्थियों में वैज्ञानिक संस्कृति को बढ़ावा देने में लगा है। देश में राष्ट्रीय, क्षेत्रीय और जिला स्तर पर विज्ञान केंद्र विकसित करने संबंधी विज्ञान नगरी योजना के लिए राष्ट्रीय विज्ञान संग्रहालय परिषद कार्यान्वयन एजेंसी है। परिषद का 25 विज्ञान संग्रहालयों/केंद्रों का नेटवर्क है और इसने 24 विज्ञान केंद्र विभिन्न राज्य सरकारों को बनाकर दिए हैं। परिषद अन्य संगठनों को उत्प्रेरक सहायता भी उपलब्ध कराती है जिसके अंतर्गत प्रदर्शन की अत्याधुनिक टेक्नोलॉजी और तकनीकों का इस्तेमाल करते हुए पारस्परिक संवाद आधारित प्रदर्शनियों का विकास किया जाता है। राष्ट्रीय विज्ञान संचार परिषद दो तरह की गतिविधियों का संचालन करती है: विज्ञान केंद्रों/संग्रहालयों, गैलरी, प्रदर्शनी, वस्तुओं और नवसृजन केंद्रों का विकास; और करके सीखने पर आधारित विज्ञान कार्यक्रमों तथा विद्यालयतर गतिविधियों का आयोजन। इस तरह अपनी दोआयामी गतिविधियों से परिषद स्कूलों को विज्ञान शिक्षा में अनौपचारिक सहायता प्रदान करती है।

भारत में म्यूजियम ऑन ह्वील यानी चलती-फिरती प्रदर्शनी की अवधारणा की शुरुआत 1965 से हुई जब कोलकाता के रामकृष्ण मिशन स्कूल में सचल विज्ञान संग्रहालय के जरिये सचल विज्ञान प्रदर्शनी कार्यक्रम की शुरुआात की गई। आज राष्ट्रीय विज्ञान संग्रहालय परिषद के विभिन्न विज्ञान केंद्रों से सचल विज्ञान प्रदर्शनियों की 23 बसों का काफिला जुड़ा हुआ है। ये प्रदर्शनियां देश के विभिन्न ग्रामीण अंचलों का दौरा करती हैं और विज्ञान व टेक्नोलॉजी के संदेश को ग्रामीण जनता तक पहुंचाती हैं। स्थानीय महत्व के विषयों पर प्रदर्शनियों के अलावा सचल विज्ञान प्रदर्शनी कार्यक्रम में विज्ञान शो, विद्यार्थियों के लिए करके सीखने की कार्यशालाएं, दूरबीन से रात को आकाश का प्रेक्षण और विज्ञान फिल्मों का प्रदर्शन करके इनके महत्व में और वृद्धि की जाती है। यह राष्ट्रीय विज्ञान संग्रहालय परिषद के सफलतम कार्यक्रमों में से एक है और अब तक 6.5 करोड़ से अधिक लोग, जिनमें से ज्यादातर विद्यार्थी हैं इसका फायदा उठा चुके हैं। पिछले साल इस कार्यक्रम को भारत के सबसे बड़े और सबसे लंबी अवधि से चलाए जा रहे अनौपचारिक विज्ञान शिक्षा कार्यक्रम के रूप में लिम्का बुक ऑफ रिकार्ड में शामिल किया गया।

2016 में राष्ट्रीय विज्ञान संग्रहालय परिषद ने एक प्रतिष्ठित डिजिटल प्रदर्शनी की परिकल्पना और विकास किया जिसका नाम था: 'भारत का एकीकरण : सरदार पटेल।' इसी नाम की एक सचल डिजिटल प्रदर्शनी का उद्घाटन जूनागढ़ में किया गया जिसे बाद में मुंबई, हैदराबाद, बंगलुरु, गोवा और भोपाल में दिखाया जा चुका है। परिषद ने 2016 में भारत में पहली बार वर्ल्ड रोबोट ओलंपियाड की 13वीं अंतरराष्ट्रीय चैम्पियनशिप का भी आयोजन किया।

राष्ट्रीय विज्ञान संग्रहालय परिषद भारतीय विद्यार्थियों के अंतरराष्ट्रीय एस्ट्रोनॉमी ओलम्पियाड (जूनियर श्रेणी) में भाग लेने में भी मदद करती है। परिषद इसके लिए हर साल अभिविन्यास एवं चयन कैंप का आयोजन करती है तथा चुने गए विद्यार्थियों के लिए रवानगी से पहले का प्रशिक्षण उपलब्ध कराती है। परिषद विज्ञान केंद्रों/संस्थानों में नवसृजन केंद्र गठित करने की योजना को भी लागू कर रही है ताकि देश के युवाओं में नवसृजन, रचनात्मकता और विज्ञान के प्रति लगाव की संस्कृति को बढ़ावा मिले। परिषद ने अमरीका, रूस, फ्रांस, बल्गारिया, नेपाल, चीन, बांग्लादेश, ट्रिनिडाड एंड टोबैगो, गुयाना, भूटान, इंडोनेशिया, मलेशिया, दक्षिण अफ्रीका, श्रीलंका, मॉरीशस, ऑस्ट्रेलिया और ब्रिटेन समेत 15 देशों के लिए चलती-फिरती प्रदर्शनियों की परिकल्पना करके उनका विकास किया है और वहां भेजा है।

विक्टोरिया मेमोरियल

कोलकाता के विक्टोरिया मेमोरियल हॉल की स्थापना मुख्या रूप से वायसराय लॉर्ड कर्जन के प्रयासों से 1921 में भारत-ब्रिटेन इतिहास को रेखांकित करने वाले कालखंड संग्रहालय के रूप में की थी। 1935 के भारत सरकार अधिनियम के तहत इसे राष्ट्रीय महत्व की संस्था घोषित किया गया। यह 18वीं, 19वीं और 20वीं सदी के भारत-ब्रिटेन इतिहास का अग्रणी कालखंड संग्रहालय है। यह कोलकाता की प्रमुख कला दीर्घा, संग्रहालय, अनुसंधान पुस्तकालय और सांस्कृतिक स्थल भी है। यह भारत में भारत-ब्रिटिश वास्तुशिल्प का बेहतरीन नमूना है जो 'राज के ताज' के नाम से भी मशहूर है। दुनिया के सबसे बड़े यात्रा और पर्यटन संबंधी वेबसाइट ट्रिप एडवाइजर ने 2017 में इसे भारत के नंबर 1 और एशिया के नंबर 9 संग्रहालय के रूप में चिह्नित किया। भारत के शीर्षस्थ पर्यटन स्थल के रूप में इसके तेजी से बढ़ते कद का पता इसे लोनली प्लेनेट का 'टॉप च्वाइस' और 'फोड्र्स च्वाइस' का दर्जा मिलने से भी चलता है। कुल मिलाकर विक्टोरिया मेमोरियल हॉल पर्यटकों की संख्या की दृष्टि से भारत का सर्वश्रेष्ठ और दुनिया के शीर्षस्थ संग्रहालयों में से एक है जहां 2017-18 के दौरान 21 लाख लोग इसकी दीर्घाओं में और 14 लाख अन्य इसके उद्यानों में पहुंचे। 2015 में इसे 'भारत का सबसे स्वच्छ' स्मारक घोषित किया गया जिसके लिए इसे इंडिया टुडे सफाइगिरी पुरस्कार भी प्रदान किया गया।

संग्रहालय के रूप में विक्टोरिया मेमोरियल हॉल की नौ दीर्घाओं में 28,394 शिल्पकृतियां हैं जो 1650 ई. के बाद की तीन सदियों की हैं। संग्रह में ऑयल कलर और वाटर कलर में चित्रकृतियां, रेखाचित्र और ड्रॉइंग्ज, लिथोग्राफ, फोटोग्राफ, दुर्लभ पुस्तकें, पांडुलिपियां, टिकट और डाक लेखन सामग्री, सिक्के और मैडल, हथियार और कवच, मूर्तिशिल्प, पोशाक, व्यक्तिगत स्मृतिचिह्न और अभिलेखागार के महत्व वाले अन्य दस्तावेज शामिल हैं।

कला इतिहास, संरक्षण और संग्रहालय विज्ञान संस्थान

यह संस्कृति मंत्रालय द्वारा पूरी तरह वित्त पोषित स्वायत्त संगठन है जिसकी स्थापना 1989 में की गई और इसे विश्वविद्यालय के समकक्ष संस्थान का दर्जा दिया गया। यह संग्रहालय विज्ञान की शिक्षा प्रदान करने वाला भारत का एकमात्र संग्रहालय विश्वविद्यालय है। फिलहाल यह नई दिल्ली स्थित राष्ट्रीय संग्रहालय की पहली मंजिल में चल रहा है। राष्ट्रीय संग्रहालय का महानिदेशक इस विश्वविद्यालय के पदेन कुलपति भी होते हैं। इसके मुख्य उद्देश्यों में (क) कला, इतिहास, संरक्षण और संग्रहालय विज्ञान के विशेषज्ञता वाले क्षेत्रों में स्नातकोत्तर (एम.ए.) और पी.एच.डी. स्तर की शिक्षा प्रदान; (ख) भारतीय

कला और संस्कृति के प्रचार-प्रसार के लिए कला की परख के बारे में हिंदी और अंग्रेजी में अल्पावधि पाठ्यक्रम संचालित करना; और (ग) संग्रहालय शिक्षा, कला और संस्कृति पर संगोष्ठियां , कार्यशालाएं , सम्मेलन और विशेष व्याख्यान आयोजित करना है।

राष्ट्रीय सांस्कृतिक संपदा संरक्षण अनुसंधानशाला

राष्ट्रीय सांस्कृतिक संपदा संरक्षण अनुसंधानशाला की स्थापना 1976 में संस्कृति विभाग के अधीनस्थ कार्यालय के तौर पर की गई थी। इसे विज्ञान और टेक्नोलॉजी विभाग द्वारा भारत सरकार की वैज्ञानिक संस्था के रूप में मान्यता मिली हुई है। यह संग्रहालयों, अभिलेखागारों, पुरातत्व विभागों और अन्य संबद्ध सांस्कृतिक संस्थाओं को संरक्षण संबंधी मामलों में संरक्षण सेवाएं और तकनीकी सलाह उपलब्ध कराता है। यह संरक्षण के विभिन्नि पहलुओं के बारे में प्रशिक्षण प्रदान करता है, संरक्षण की विधियों और तौर-तरीकों के बारे में अनुसंधान करता है, संरक्षण के बारे में ज्ञान का प्रसार करता है और देश में संरक्षण के कार्य में लगे कर्मियों को सेवाएं उपलब्ध कराता है।

राष्ट्रीय सांस्कृतिक संपदा संरक्षण अनुसंधानशाला का मुख्यालय लखनऊ में है। लखनऊ के जानकीपुरम में इसके प्रशिक्षण संस्थान का पूर्ण परिसर है और मैसूर में क्षेत्रीय संरक्षण प्रयोगशाला के रूप में क्षेत्रीय केंद्र है जो दक्षिण भारत की संरक्षण संबंधी आवश्यकताओं को पूरा करता है।

रामकृष्ण मिशन संस्कृति संस्थान

इस संस्थान की परिकल्पना 1936 में श्री रामकृष्ण (1836-1886) की पहली जन्मशती (1936) के अवसर पर उनके स्थायी स्मारक के रूप में की गई थी। इसकी विधिवत स्थापना स्वामी विवेकानंद द्वारा स्थापित रामकृष्ण मिशन के शाखा केंद्र के रूप में श्री रामकृष्ण द्वारा प्रतिपादित वेदांत के संदेश के प्रसार के लिए 1938 में की गई। श्री रामकृष्ण ने अपने संदेश में मुख्य रूप से (1) सभी धर्मों की समानता; (2) मनुष्य में देवत्व की संभावनाओं; और (3) ईश्वर की उपासना के लिए मनुष्य की सेवा का रास्ता अपनाने वाले मानवता के नये धर्म पर जोर दिया था।

भारतीय मानवविज्ञान सर्वेक्षण

भारतीय मानवविज्ञान सर्वेक्षण दुनिया में अपनी तरह का अनोखा संगठन है। 65 साल पहले अपनी स्थापना के बाद से यह संगठन भारतीय जनसंख्या की जैव-सांस्कृतिक विशेषताओं के अध्ययन का अपना दायित्व पूरा कर रहा है। बीते दशकों में भारतीय मानवविज्ञान सर्वेक्षण मजबूत होता चला गया है और इसने देश के मानव वैज्ञानिक सर्वेक्षण के लिए एक बेजोड़ परिप्रेक्ष्य विकसित कर लिया है। इसकी गतिविधियों में शामिल हैं: मानव वैज्ञानिक सामग्री के संकलन, संरक्षण, रखरखाव और प्रलेखन के साथ-साथ प्राचीन मानव कंकालों के अवशेषों का अध्ययन करना। हाल में भारतीय मानवविज्ञान सर्वेक्षण ने अपने बुनियादी ढांचे का समग्र आधुनिकीकरण किया है और भारत में मानव जाति के आनुवंशिक विकास के अध्ययन के लिए डीएनए टेक्नोलॉजी और मानववैज्ञानिक आनुवंशिकी का उपयोग प्रारंभ किया है। कोलकाता स्थित अपने मुख्यालय और सात क्षेत्रीय केंद्रों (पोर्टब्लेयर, शिलांग, नागपुर, मैसूर, देहरादून, उदयपुर और कोलकाता), एक उप-क्षेत्रीय केंद्र (जगदलपुर), तीन फील्ड स्टेनशनों (सागर, रांची और विशाखापत्तनम) और नई दिल्ली, स्थित कैंप कार्यालय के माध्यम से सूचनाएं एकत्र की हैं। इसने कई पुस्तकें, मोनोग्राफ, अनुसंधान रिपोर्ट और यदा-कदा छापे जाने वाले प्रकाशनों का भी प्रकाशन

किया है। इसके अलावा यह त्रैमासिक न्यूजलेटर और अर्धवार्षिक गृह पत्रिका भी छापता है। भारतीय मानवविज्ञान सर्वेक्षण देश के विश्वविद्यालयों और अन्य शैक्षिक संस्थाओं के सहयोग से विभिन्न सम्मेलनों, संगोष्ठियों, कार्यशालाओं और प्रदर्शनियों का आयोजन भी करता है।

भारतीय राष्ट्रीय अभिलेखागार

भारतीय राष्ट्रीय अभिलेखागार भारत सरकार के प्रचलन से बाहर के रिकार्ड का संरक्षक है और रिकार्ड तैयार करने वालों तथा आम उपभोक्ताओं के लिए ऐसी सामग्री को न्यासी की तरह सहेज कर रखता है। भारतीय राष्ट्रीय अभिलेखागार दक्षिण–पूर्व एशिया में गैर–प्रचलित रिकार्ड का सबसे बड़ा भंडार भी है। अभिलेखागार किसी राष्ट्र की अमूल्य दस्तावेजी धरोहर है और देश के अग्रणी अभिलेखीय संस्था के नाते भारतीय राष्ट्रीय अभिलेखागार राष्ट्रीय और अंतरराष्ट्रीय दोनों ही स्तरों पर अभिलेखागारों के विकास और उन्हें नयी दिशा देने में महत्वपूर्ण भूमिका निभाता है। देश के सार्वजनिक रिकार्ड के लिए केंद्र सरकार के एकमात्र भंडार के नाते इसकी स्थिति बड़ी अनोखी है। भारतीय राष्ट्रीय अभिलेखागार संस्कृति मंत्रालय के संबद्ध कार्यालय के रूप में कार्य करता है राष्ट्र की दस्तावेजी धरोहर के परिरक्षण का दायित्व सौंपा गया है। यह 1993 के पब्लिक रिकार्ड्स एक्ट और 1997 के पब्लिक रिकार्ड्स रूल्स पर अमल के लिए भी यह नोडल एजेंसी के रूप में भी कार्य करता है और सार्वजनिक रिकार्ड्स के प्रबंधन, प्रशासन और परिरक्षण के लिए भी जिम्मेदार है। भोपाल में भारतीय राष्ट्रीय अभिलेखागार का एक क्षेत्रीय कार्यालय है और भुवनेश्वर, जयपुर और पुदुचेरी में इसके तीन रिकार्ड सेंटर भी हैं।

राष्ट्रीय अभिलेखागार की प्रमुख गतिविधियों में सार्वजनिक रिकार्ड को विभिन्न सरकारी एजेंसियों और अनुसंधान करने वाले विद्वानों को उपलब्ध कराना; ऑनलाइन अनुसंधान पोर्टल www.abhilekhpatal.in के जरिये रिकार्ड ऑनलाइन उपलब्ध कराना; रिकार्ड के संरक्षण के बारे में व्यक्तियों और संस्थाओं को तकनीकी सहायता देना; राष्ट्रीय अभिलेखागार अपने स्कूल ऑफ आर्काइव स्टडीज (अभिलेखागार अध्ययन विद्यालय) के जरिये अभिलेख विज्ञान के विभिन्न पहलुओं के बारे में प्रशिक्षण प्रदान करता है। देश की अभिलेख संपदा को बढ़ाने के लिए राष्ट्रीय अभिलेखागार राज्यों/ केंद्रशासित प्रदेशों, अभिलेखागारों, स्वैच्छिक संगठनों और संरक्षण का कार्य करने वाली अन्य संस्थाओं को वित्तीय सहायता उपलब्ध कराता है।

वेबसाइट : www.nationalarchives.nic.in
ऑनलाइन खोज पोर्टल : www.abhilekhpatal.in

पुस्तकालय

राष्ट्रीय पुस्तकालय

राष्ट्रीय पुस्तकालय कोलकाता को पहले इंपीरियल लाइब्रेरी के नाम से जाना जाता था और इसकी स्थापना 1891 में हुई थी। स्वतंत्रता के बाद इसका नाम बदल कर नेशनल लाइब्रेरी यानी राष्ट्रीय पुस्तकालय कर दिया गया। राष्ट्रीय महत्व की संस्था का दर्जा प्राप्त राष्ट्रीय पुस्तकालय निम्नलिखित कार्य करती है: (i) सभी प्रकार की महत्वपूर्ण मुद्रित सामग्री (रोज़मर्रा की गैर–जरूरी सामग्री को छोड़कर) और राष्ट्रीय महत्व की पांडुलिपियों का अधिग्रहण और संरक्षण; (ii) देश के बारे में तमाम मुद्रित सामग्री का संग्रह करना भले ही इस तरह की सामग्री कहीं भी छपी हो; (iii) सामान्य और विशिष्ट (दोनों प्रकार की वर्तमान और पुरानी सामग्री के बारे में ग्रंथ सूचीकरण और प्रलेखन सुविधा;

(iv) परामर्श केंद्र के नाते ग्रंथसूची संबंधी तमाम सूचनाओं के तमाम स्रोतों के बारे में में पूर्ण और सही-सही जानकारी हासिल करना ग्रंथसूची संबंधी अंतरराष्ट्रीय गतिविधियों में भाग लेना; और (v) अंतरराष्ट्रीय पुस्तक विनिमय केंद्र और देश के भीतर ऋण पर पुस्तकें उपलब्ध कराने वाले केंद्र की भूमिका निभाना।

केंद्रीय सचिवालय पुस्तकालय

केंद्रीय सचिवालय ग्रंथागार को प्रारंभ में इंपीरियल सेक्रेटेरिएट लाइब्रेरी कोलकाता के नाम से जाना जाता था और इसकी स्थापना 1891 में हुई। 1969 से यह पुस्तकालय नई दिल्ली के शास्त्री भवन में कार्य कर रहा है और इसमें मुख्यतः सामाजिक विज्ञानों और मानविकी से संबंधित विषयों के 7 लाख से अधिक दस्तावेज उपलब्ध हैं। यह केंद्र सरकार/राज्य सरकारों के दस्तावेज समेत भारत के तमाम आधिकारिक दस्तावेजों का भंडारगृह है। इसके क्षेत्रीय अध्ययन प्रभाग के पास उपलब्ध पुस्तकों का संकलन अनोखा है जिसमें भौगोलिक क्षेत्रों के आधार पर पुस्तकों को रखा गया है। इसके पास अत्यंत दुर्लभ पुस्तकों का एक संग्रह भी है जिसमें बड़ी संख्या में जीवनियां उपलब्ध हैं। केंद्रीय सचिवालय ग्रंथागार केंद्र सरकार के अधिकरियों और पुस्तकालय में देशभर से आने वाले अनुसंधानकर्ताओं को तमाम सुविधाएं उपलब्ध कराता है। हाल में इसने भारत सरकार के राजपत्र, कमेटियों और आयोगों की रिपोर्टों का डिजिटाइजेशन की और इस संग्रह के लिए ऑनलाइन पब्लिक एक्सेस कैटेलॉग प्रणाली (जनता की सुविधा के लिए ऑनलाइन पुस्तकसूची) भी तैयार की है।

केंद्रीय सचिवालय ग्रंथागार की नई दिल्ली में दो शाखाएं हैं जिनमें से एक बहावलपुर हाउस के तुलसीसदन में हिंदी और क्षेत्रीय भाषाओं की पुस्तकों की है जिसमें हिंदी और संविधान में स्वीकृत 13 भारतीय भाषाओं की 1.8 लाख पुस्तकें उपलब्ध हैं। दूसरी शाखा नई दिल्ली में आर.के. पुरम में है जो पाठ्यपुस्तक पुस्तकालय है और केंद्र सरकार के कर्मचारियों के स्नातक स्तर तक के बच्चों की जरूरतों को पूरा करता है।

नेहरू स्मारक संग्रहालय और पुस्तकालय

नेहरू स्मारक संग्रहालय और पुस्तकालय के अंतर्गत जवाहरलाल नेहरू के जीवन और समय के बारे में एक संग्रहालय; अनुसंधान और प्रकाशन प्रभाग; एक पुस्तकालय (जिसे देश में सामाजिक विज्ञान पुस्तकालयों में प्रमुख माना जाता है); मौखिक इतिहास प्रभाग; पांडुलिपि प्रभाग; समसामयिक अध्ययन केंद्र; तारामंडल; और बच्चों और युवाओं के लिए नेहरू अधिगम केंद्र शामिल हैं। इसका अभिलेखागार व्यक्तियों और संस्थानों के निजी दस्तावेजों का सबसे बड़ा संग्रह है जिनमें से अधिकांश स्वाधीनता आंदोलन से संबंधित हैं। भारत के आधुनिक और समसामयिक इतिहास के इस विशाल भंडार का उपयोग दुनियाभर के विद्वान और शिक्षाविद अपने अनुसंधान कार्य में करते हैं। हाल में नेहरू स्मारक संग्रहालय और पुस्तकालय को भारत के प्रधानमंत्रियों के जीवन और योगदान पर आधारित संग्रहालय के निर्माण का संग्रहालय बनाने का कार्य सौंपा गया है। मौखिक इतिहास प्रभाग आधुनिक और समसामयिक नेताओं की ऑडियो रिकार्डिंग्स और ट्रांसक्रिप्ट तैयार करके रखता है। नेहरू स्मारक संग्रहालय और पुस्तकालय ने अब तक 1,364 जाने-माने लोगों के संस्मरणों की रिकार्डिंग की है जिनमें से 931 की ट्रांसक्रिप्ट यानी लिखित लिप्यांतरण कागज पर उपलब्ध हैं।

समसामयिक अध्ययन केंद्र फेलोशिप कार्यक्रम संचालित करता है (32 फेलो) जिसका अकादमिक जगत में बड़ा नाम है। यह नियमित रूप से व्याख्यानों, सम्मेलनों, पुस्तक चर्चाओं, परिचर्चाओं और कार्यशालाओं आदि का भी आयोजन करता है। प्रकाशन विभाग सामाजिक विज्ञानों के क्षेत्र में जाने–माने विद्वानों की रचनाओं और सम्मेलनों व संगोष्ठियों की कार्रवाई पर आधारित सामग्री का प्रकाशन करता है। इसके अलावा यह ऑकेजनल पेपर्स नाम की एक अनुसंधान शृंखला का भी प्रकाशन करता है।

नेहरू स्मारक संग्रहालय और पुस्तकालय का तारामंडल दिल्ली क्षेत्र में अपनी तरह का पहला है। स्कूली बच्चों, कॉलेज के विद्यार्थियों, अध्यापकों और आम जनता समेत हजारों लोग रोजाना इसे देखने आते हैं और खगोलविज्ञान तथा अंतरिक्ष टेक्नोलॉजी के बारे में प्रत्यक्ष जानकारी हासिल करते हैं।

राष्ट्रीय पुस्तकालय मिशन

पुस्तकालय और सूचना विज्ञान क्षेत्र के लगातार विकास पर ध्यान दिए जाने के राष्ट्रीय ज्ञान आयोग की सिफारिशों के अनुपालन में संस्कृति मंत्रालय ने 2012 में राष्ट्रीय पुस्तकालय मिशन का गठन किया। इसे ये जिम्मेदारियां सौंपी गई हैं: भारत की राष्ट्रीय वर्चुअल लाइब्रेरी का निर्माण करना, राष्ट्रीय पुस्तकालय मिशन के आदर्श पुस्तकालयों की स्थापना, पुस्तकालयों का गुणवत्ता और संख्यात्मक दृष्टि से सर्वेक्षण, और क्षमता निर्माण करना।

भारत की राष्ट्रीय वर्चुअल लाइब्रेरी का उद्देश्य भारत से संबंधित सूचनाओं और भारत में उत्पन्न सूचनाओं के बारे में ओपन एक्स से आधार पर डिजिटल संसाधनों का विस्तृत डेटाबेस तैयार करना है।

निष्पादन कला प्रभाग

संस्कृति मंत्रालय का निष्पादन कला प्रभाग निम्नलिखित कार्यक्रमों का संचालन करता है :

निष्पादन कला अनुदान योजना (कलाकार मंडली अनुदान) : यह निष्पादन कलाओं के क्षेत्र में मंत्रालय की प्रमुख और प्रतिष्ठित योजना है। इसके अतर्गत नाट्य मंडलियों, रंग मंडलियों, संगीत मंडलियों, बाल रंगटोलियों और विभिन्न प्रकार की निष्पादन कला विधाओं के लिए वित्तीय सहायता दी जाती है। रिपर्टरी ग्रांट (कलाकार मंडली) के तहत एक वित्तीय वर्ष में पूरे साल के लिए किसी सांस्कृतिक संगठन के एक गुरु/निर्देशक के अधीन अधिकतम 25 शिष्यों/कलाकारों को वित्तीय सहायता दी जाती है। प्रत्येक गुरु/निर्देशक के लिए वित्तीय सहायता की वर्तमान राशि 10,000 रुपये मासिक है।

राष्ट्रीय उपस्थिति वाले सांस्कृतिक संगठनों के लिए योजना : देशभर में कला और संस्कृति को बढ़ावा देने में लगे राष्ट्रीय उपस्थिति वाले सांस्कृतिक संगठनों को प्रोत्साहन देने और उनकी मदद के लिए अनुदान सहायता दी जाती है। यह ऐसे संगठनों को दी जाती है जिनका उचित तरीके से गठित प्रबंधन संगठन हो, जो भारत में पंजीकृत हों, जिनका स्वरूप अखिल भारतीय हो, जो पूरे भारत में कार्य करते हों, जिनके पास कार्य करने के लिए पर्याप्त संख्या में कर्मचारी हों और जिन्होंने सांस्कृतिक गतिविधियों में पिछले पांच साल में से तीन साल एक करोड़ रुपये या इससे अधिक खर्च किया हो। इस योजना के अंतर्गत अनुदान की राशि एक करोड़ रुपये से पांच करोड़ रुपये तक हो सकती है। अनुदान सहायता दो किस्तों में दी जाती है और ये किस्तें स्वीकृत राशि के 75 प्रतिशत और 25 प्रतिशत के बराबर होती हैं। इस योजना का पूरा विवरण संस्कृति मंत्रालय की वेबसाइट : http://www.indiaculture.nic.in/scheme-financialassistance-culture-organisations-national-presence पर उपलब्ध है।

भवन अनुदान सहायता योजना : इस योजना का उद्देश्य स्वैच्छिक सांस्कृतिक संगठनों और सरकार द्वारा सहायता प्राप्त करने वाले सांस्कृतिक संगठनों को सांस्कृतिक गतिविधियों के स्थलों जैसे ऑडीटोरियम, सुव्यवस्थित प्रशिक्षण, कलाकारों को रिहर्सल और अपनी कला के प्रदर्शन के लिए जगह तथा उपकरणों की खरीद में मदद करना है। स्टूडियो थियेटर भी इस योजना का घटक है जिसके अंतर्गत थियेटर और अन्य निष्पादन कलाओं के लिए जगह उपलब्ध कराने में मदद दी जाती है। सहायता राशि महानगरों में कुल लागत के 60 प्रतिशत के बराबर होती है। (महानगरों में इसकी अधिकतम सीमा 50 लाख रुपये है जबकि अन्य स्थानों पर यह 25 लाख रुपये है।) योजना का पूरा विवरण संस्कृति मंत्रालय की वेबसाइट : http://www.indiaculture.nic.in/scheme-grants-including-studio-theatres पर उपलब्ध है।

टैगोर सांस्कृतिक परिसर योजना : टैगोर सांस्कृतिक परिसर योजना पूर्ववर्ती बहुउद्देश्यीय सांस्कृतिक परिसर योजना का संशोधित और सुधरा हुआ रूप है। गुरुदेव रवीन्द्रनाथ ठाकुर की 150वीं जयंती पर इसे नया नाम दिया गया। इसके अंतर्गत अलग आकार के नये सांस्कृतिक परिसर बनाने और टैगोर जन्मशताब्दी के सिलसिले में 1960 और 1970 के दशक में देश के विभिन्न भागों में बनाए गए टैगोर ऑडिटोरियम के आधुनिकीकरण, मरम्मत और उच्चाकरण के लिए भी वित्तीय सहायता दी जाती है। यह योजना राज्य सरकारों, राज्यों द्वारा प्रायोजित संगठनों, विश्वविद्यालयों, स्थानीय निकायों और सरकार द्वारा स्वीकृत अन्य संगठनों तथा मुनाफा कमाने के उद्देश्य से काम न करने वाले प्रतिष्ठित संगठनों के लिए खुली हुई है। इसका पूरा विवरण संस्कृति मंत्रालय की वेबसाइट : http://www.indiaculture.nic.in/scheme-tagore-culturalscomplexes पर उपलब्ध है।

कलाकारों को पेंशन और चिकित्सा सहायता देने की योजना : इस योजना के तहत जरूरतमंद कलाकारों और कला, साहित्य तथा अन्य क्षेत्रों में महत्वपूर्ण योगदान करने वाले पारंपरिक विधाओं के विद्वानों को वित्तीय सहायता दी जाती है। सहायता प्राप्त करने वाले की आमदनी उसके जीवनसाथी की आमदनी समेत 4,000 रुपये मासिक से ज्यादा नहीं होनी चाहिए और उम्र भी 60 साल से कम नहीं होनी चाहिए। (आश्रितों के मामले में यह शर्त लागू नहीं होती।) इस योजना के अंतर्गत आने वाले कलाकारों को केंद्र-राज्य कोटा के तहत साझेदारी आधार पर मासिक भत्ता दिया जाता है। केंद्र और राज्य सरकार/केंद्रशासित प्रदेश प्रशासन दोनों ही इसमें अंशदान करते हैं जिसमें राज्यों/केंद्रशासित प्रदेश प्रशासनों का हिस्सा/प्रति लाभार्थी कम से कम 500 रुपये मासिक होना जरूरी है। ऐसे मामलों में केंद्र सरकार की ओर से दिया जाने वाला अंशदान 3,500 रुपये मासिक से ज्यादा नहीं होना चाहिए। इस योजना के बारे में पूरा विवरण संस्कृति मंत्रालय की वेबसाइट : http://www.indiaculture.nic.in/artists-pensionscheme-and-welfare-fund पर उपलब्धु है।

फेलोशिप और वजीफा योजना

(1) संस्कृति के क्षेत्र में उत्कृष्ट व्यक्तियों को फेलोशिप प्रदान करने की योजना : विभिन्न सांस्कृतिक क्षेत्रों में अनुसंधान के लिए उत्कृष्ट कार्य करने वाले व्यक्तियों को कनिष्ठ (25 से 40 वर्ष) और वरिष्ठ (40 वर्ष से अधिक) फेलोशिप प्रदान की जाती हैं। ये फेलोशिप्स दो साल के लिए होती हैं और इनके अंतर्गत कनिष्ठा अध्येता को 10,000 रुपये और वरिष्ठ अध्येता को 20,000 रुपये मासिक दिए जाते हैं। इनके लिए ऑनलाइन आवेदन आमंत्रित किए जाते हैं और चयन के लिए गठित विशेषज्ञ समिति अध्येताओं का चयन करती है। इस तरह की 400 फैलोशिप्स (200 कनिष्ठ और 200 वरिष्ठ) दी जाती है।

(2) विभिन्न सांस्कृतिक क्षेत्रों में युवा कलाकारों को छात्रवृत्ति देने की योजना : इस योजना के अंतर्गत 18 से 25 साल तक के उत्कृष्ट प्रतिभा संपन्न युवा कलाकारों को भारतीय शास्त्रीय संगीत, भारतीय शास्त्रीय नृत्य, रंगमंच, माइम, दृश्य कलाओं, लोक, पारंपरिक और स्वदेशी कलाओं और उप शास्त्रीय संगीत के क्षेत्र में भारत के भीतर उच्च प्रशिक्षण के लिए वित्तीय सहायता प्रदान की जाती है। चुने गए उम्मीदवारों को दो साल तक 5,000 रुपये मासिक छात्रवृत्ति दी जाती है। इसके लिए आवेदन ऑनलाइन प्राप्त किए जाते हैं और खास तौर पर गठित विशेषज्ञ समिति उम्मीदवारों में से चयन करती है। किसी एक बैच वर्ष में 400 छात्रवृत्तियां दी जाती हैं।

निर्माण अनुदान योजना : इस योजना के अंतर्गत मुनाफे के उद्देश्य से काम न करने वाले सभी संगठन, एनजीओ, सोसाइटियां, ट्रस्ट, विश्वविद्यालय और व्यक्ति आते हैं। यह अनुदान संगोष्ठियों, सम्मेलनों, अनुसंधान कार्यशालाओं, समारोहों, प्रदर्शनियों, विचार गाष्ठियों, नृत्य, संगीत, रंगमंच की प्रस्तुतियों और भारतीय संस्कृति के विभिन्न पहलुओं पर छोटी अनुसंधान परियोजनाओं के लिए दिया जाता है। अनुदान पाने के लिए जरूरी है कि संगठन कार्यरत हो और सोसाइटी पंजीकरण अधिनियम (1960 का xxiवां), ट्रस्ट्स अधिनियम, कंपनी अधिनियम या राज्यों और केंद्रों के किसी भी अन्य अधिनियम के तहत कम से कम तीन साल से पंजीकृत हो। लेकिन योजना के तहत व्यक्तियों को वित्तीय सहायता हासिल करने के लिए इससे छूट है। योजना के अंतर्गत 5 लाख रुपये तक का अनुदान दिया जाता है।

यह योजना संस्कृति मंत्रालय के अंतर्गत विभिन्न सांस्कृतिक संस्थाओं और देश की अन्य चिह्नित सांस्कृतिक संस्थाओं में नयी जान फूंकने और उन्हें पुनर्जीवित करने के लिए शुरू की गई थी ताकि विद्वानों/अकादमिक विशेषज्ञों को पारस्परिक हित की परियोजनाओं पर कार्य करने के लिए इन संगठनों से जुड़ने को प्रेरित किया जा सके। संस्थाओं को ज्ञान की नयी पूंजी से समृद्ध करने के लिए योजना के तहत विद्वानों/अकादमिक विशेषज्ञों से अपेक्षा की जाती है कि वे परियोजना और अनुसंधान कार्य के लिए संस्थाओं के किसी खास संसाधन का चयन करेंगे जो इन संस्थाओं के मुख्य उद्देश्य से संबंधित हैं। यह भी अपेक्षा की जाती है कि इससे उनमें नयी सृजन शक्ति और अकादमिक उत्कृष्टता का संचार होगा।

यह योजना भारतीय नागरिकों और विदेशी नागरिकों दोनों ही के लिए खुली है। विदेशियों का अनुपात साल में दिए जाने वाले फैलोशिप्स की कुल संख्या के एक तिहाई से ज्यादा नहीं होगा। टैगोर फैलो को 80,000 रुपये मासिक अध्येतावृत्ति और आकस्मिक व्यय राशि दी जाती है जबकि टैगोर स्कॉलरों को 50,000 रुपये मासिक मानदेय और आकस्मिक व्यय राशि दी जाती है।

गांधी धरोहर स्थल

2006 में भारत सरकार ने श्री गोपाल कृष्ण गांधी की अध्यक्षता में गांधी धरोहर स्थल पैनल का गठन किया और इसमें जाने-माने गांधीवादियों को सदस्य के रूप में शामिल किया। इस पैनल की सिफारिश पर 2013 में गांधी हेरिटेज साइट्स मिशन का गठन किया गया जिसका कार्यकाल 5 साल नियत किया गया। इसके लिए कुल 42 करोड़ रुपये का बजट भी निर्धारित किया गया। मिशन की अवधि मार्च 2020 तक के लिए बढ़ा दी गई है। मिशन को 39 मुख्य स्थलों के साथ ही मास्टर सूची के कुछ महत्वपूर्ण स्थलों के परिरक्षण का दायित्व सौंपा गया है। (मास्टर सूची में ऐसे 2,000 स्थान शामिल हैं जहां गांधीजी गए थे)। इसके साथ ही मिशन संरक्षण, परिरक्षण और अनुरक्षण संबंधी कार्यों का पर्यवेक्षण

और दिशानिर्देशन करेगा और इसमें मदद देगा। गांधीजी से जुड़ी मूर्त, साहित्यिक और चाक्षुष धरोहरों के डेटाबेस के निर्माण में भी मिशन सहायता देगा।

गांधी स्मृति और दर्शन समिति

गांधी स्मृति और दर्शन समिति की स्थापना 1984 में एक स्वायत्त संगठन के रूप में राजघाट स्थित गांधी दर्शन और गांधी स्मृति के विलय से हुई थी। यह संस्कृति मंत्रालय की वित्तीय सहायता से कार्य करती है। भारत के प्रधानमंत्री इसके अध्यक्ष हैं और विभिन्न गतिविधियों में दिशानिर्देश के लिए इसमें विभिन्न सरकारी विभागों के प्रतिनिधि शामिल किए गए हैं। समिति का मूल लक्ष्य और उद्देश्य विभिन्न सामाजिक-शैक्षिक और सांस्कृतिक कार्यक्रमों के माध्यम से महात्मा गांधी के जीवन, मिशन और विचारों का प्रचार-प्रसार करना है। इसके दो परिसर हैं:

गांधी स्मृति वह स्थान है जहां महात्मा गांधी अपने जीवन के अंतिम 144 दिन रहे और जहां 30 जनवरी, 1948 को उनके महान जीवन का अंत हुआ। वे जिस स्थान पर हत्यारे की गोलियों का शिकार हुए थे वहां बना शहीद स्तंभ भारत के लंबे स्वाधीनता संग्राम की तमाम पीड़ाओं और बलिदान को साकार करता खड़ा है। गांधी स्मृति में उनके फोटोग्राफ, मूर्तिशिल्प , पेंटिंग्ज, भित्ति चित्र, प्रस्तर चित्र और यहां पर प्रवास के वर्षों के उनके स्मृतिचिह्न प्रदर्शित किए गए हैं। गांधीजी की मामूली से मामूली व्यक्तिगत वस्तुओं को भी यहां बड़ी सावधानी से सहेज कर रखा गया है।

गांधी दर्शन वह दूसरा परिसर है जो राजघाट में गांधीजी की समाधि से सटा हुआ है। 36 एकड़ में फैला यह विस्तृत परिसर महात्मा गांधी की जन्मशताब्दी पर बनाया गया था। इस अवसर की स्मृति में अंतरराष्ट्रीय गांधी दर्शन प्रदर्शनी भी लगाई गई थी। इस समय केंद्र में गांधीजी पर विस्तृत प्रदर्शनी, सम्मेलन कक्ष, महत्वपूर्ण राष्ट्रीय और अंतरराष्ट्रीय सम्मेलन के लिए शिविर की सुविधा, एक पुस्तकालय, निवासी विद्वानों के लिए हॉस्टल, बच्चों का कोना, फोटो यूनिट और प्रकाशन प्रभाग है।

पर्यटन

पर्यटन मंत्रालय पर्यटन के विकास और इसे बढ़ावा देने के लिए राष्ट्रीय नीतियां और कार्यक्रम तैयार करने वाली नोडल एजेंसी है। इस प्रकिया में मंत्रालय विभिन्न केंद्रीय मंत्रालयों/एजेंसियों, राज्य सरकारों/केंद्रशासित प्रदेश प्रशासनों और निजी क्षेत्र के प्रतिनिधियों से परामर्श और सहयोग करती है। पर्यटन आर्थिक विकास का प्रमुख इंजन और बहुत से दशों में विदेशी मुद्रा की आमदनी का महत्वपूर्ण स्रोत है और इन देशों में भारत भी शामिल है। इसमें बड़े पैमाने पर और विभिन्न प्रकार के रोज़गार के अवसर पैदा करने की बड़ी क्षमता है और रोज़गार के ये अवसर अत्यधिक विशेषज्ञता वाले से लेकर अकुशल किस्म के भी होते हैं इसलिए ये रोज़गार के अतिरिक्त अवसर उत्पन्न करने में महत्वपूर्ण भूमिका निभा सकते हैं। पर्यटन समता के साथ विकास के लक्ष्य को प्राप्त करने में महत्वपूर्ण भूमिका निभा सकता है। पर्यटन मंत्रालय का मुख्य उद्देश्य भारत में पर्यटन को बढ़ावा देना और इसमें मदद करना है। पर्यटन के बुनियादी ढांचे का विकास, वीजा संबंधी कायदे-कानून में सरलता लाना, पर्यटन सेवा प्रदाताओं द्वारा उपलब्धा करायी जाने वाली सेवाओं में गुणवत्ता, मानकों का आश्वासन आदि पर्यटन मंत्रालय की कुछ जिम्मेदारियां हैं।

विदेशी पर्यटकों का आगमन

वर्ष 2016 में भारत में विदेशी पर्यटकों के आगमन में 10.7 प्रतिशत की बढ़ोतरी हुई। इस वर्ष के दौरान 88.9 लाख (अनंतिम) विदेशी पर्यटक भारत पहुंचे जबकि 2015 के दौरान यह संख्या 80.3 लाख रही थी। 2016 में पर्यटन से विदेशी मुद्रा की आय में 15.1 प्रतिशत की बढ़ोतरी हुई थी और रुपयों में आमदनी 1,55,650 करोड़ रुपये (अनंतिम) रही थी।

ई–वीजा सुविधा

विदेशों से आने वाले पर्यटकों की संख्या बढ़ाने के लिए सुविधाजनक वीजा प्रणाली एक पूर्व–शर्त है। इस लक्ष्य को प्राप्त करने के लिए पर्यटन मंत्रालय गृह मंत्रालय और विदेश मंत्रालय के साथ मिलकर पहल कर रही है। दिसंबर 2016 तक ई–वीजा सुविधा तीन श्रेणियों के तहत उपलब्ध हो चुकी थी इनके नाम हैं: ई–टूरिस्ट वीजा, ई–बिजनेस वीजा और ई–मेडिकल वीजा। ई–वीजा सुविधा का विस्तार 161 देशों के नागरिकों के लिए कर दिया गया है।

चौबीसों घंटे और सातों दिन बहुभाषी टूरिस्ट इनफो लाइन

घरेलू और अंतरराष्ट्रीय पर्यटकों/आगंतुकों को यात्रा और पर्यटन के बारे में सूचना उपलब्ध कराने और भारत में यात्रा करते समय सलाह देकर मदद करने के लिए पर्यटन मंत्रालय हिंदी और अंग्रेजी के अलावा 10 अंतरराष्ट्रीय भाषाओं में सप्ताह में सातों दिन और चौबीसों घंटे बहुभाषी टूरिस्ट इनफो लाइन सेवा उपलब्ध कराती है। भारत में रहते पर्यटकों द्वारा की गई कॉल्स (अंतरराष्ट्रीय और घरेलू) निःशुल्क होती हैं। यह सेवा टेलीफोन नं. 1800 111 363 या संक्षिप्त कोड 1363 पर उपलब्ध रहेगी। जिन अंतरराष्ट्रीय भाषाओं में यह सेवा उपलब्ध है उनमें हिंदी और अंग्रेजी के अलावा अरबी, फ्रांसीसी, जर्मन, इतालवी, जापानी, कोरियन, चीनी, पुर्तगाली, रूसी और स्पेनिश शामिल हैं।

विशिष्ट उत्पाद

भारत पहुंचने वाले लोगों में बांटने के लिए आप्रवास काउंटर पर प्रवास को अधिक सुरक्षित और आरामदेह बनाने की कुछ हिदायतों वाले स्वागत कार्ड शुरू किए गए। पर्यटन की मौसम पर निर्भरता संबंधी पहलू एक चुनौती है। पर्यटन मंत्रालय ने देश के विशिष्ट पर्यटन उत्पादकों की पहचान करने, इनमें विविधता लाने, इनका विकास करने और इन्हें बढ़ावा देने के लिए पहल की है। ऐसा मौसम पर निर्भरता से उबरने और भारत को साल के सभी 365 दिन के गंतव्य के रूप में बढ़ावा देने, विशेष रुचियों वाले पर्यटकों को आकर्षित करने और अनोखे पर्यटक उत्पादों की वजह से अपेक्षाकृत लाभप्रद भारत में पर्यटकों फिर से आने को लुभाने के लिए किया जाता है। पर्यटन मंत्रालय ने जिन विशिष्ट उत्पादों की पहचान की है उनमें शामिल हैं: क्रूज पर्यटन, एडवेंचर (साहसिक), मेडिकल (चिकित्सा), वैलनेस (आरोग्य), गोल्फ, पोलो, बैठक–प्रोत्साहन–सम्मेलन और प्रदर्शनी (एमआईसीई), इको–टूरिज्म, फिल्म पर्यटन और टिकाऊ पर्यटन।

साहसिक पर्यटन के बारे में कार्यबल

साहसिक पर्यटन के विकास और प्रोत्साहन के लिए 2016 में साहसिक पर्यटन पर एक कार्य बल का गठन किया गया ताकि इससे संबंधित मसलों को सुलझाया जा सके। ये मसले हैं पर्यटकों की हिफाजत और सुरक्षा।

आतिथ्य शिक्षा

आतिथ्य शिक्षा के लिए प्रशिक्षित जनशक्ति की आपूर्ति का ढांचा खड़ा करना एक चुनौती है। पर्यटन मंत्रालय का यह प्रयास रहा है कि आवश्यक बुनियादी ढांचे की सहायता से प्रशिक्षण और व्यावसायिक शिक्षा की ऐसी प्रणाली तैयार की जाए जो पर्यटन और आतिथ्य उद्योग की जनशक्ति की आवश्यकताओं को गुणात्मक और मात्रात्मक दृष्टि से पूरा कर सके। इस समय देश में 42 होटल प्रबंधन संस्थान हैं जिनमें से 21 केंद्रीय होटल प्रबंधन संस्थान हैं और 10 भोजन कला संस्थान (फूड क्राफ्ट इंस्टीट्यूट) हैं जो मंत्रालय की मदद से बने हैं। इनका गठन स्वायत्त समिति के रूप में आतिथ्य शिक्षा देने/आतिथ्य कौशलों का प्रशिक्षण देने के लिए किया गया। जहां होटल प्रबंधन संस्थान डिग्री स्तर की आतिथ्य शिक्षा प्रदान करते हैं वहीं फूड क्राफ्ट इंस्टीट्यूट कौशल स्तर की शिक्षा देते हैं। राष्ट्रीय होटल प्रबंधन और केटरिंग टेक्नोलॉजी परिषद होटल प्रबंधन संस्थानों और भोजन कला संस्थानों के शैक्षिक प्रयासों को दिशा देते हैं और विनियमित करते हैं।

भारतीय पर्यटन और यात्रा प्रबंधन संस्थान

भारतीय पर्यटन और यात्रा प्रबंधन संस्थान पर्यटन मंत्रालय के अंतर्गत एक स्वायत्त संगठन है जिसका मुख्यालय ग्वाालियर में है और भुवनेश्वर, नेल्लौर, नोएडा और गोवा में इसके केंद्र हैं। भारतीय पर्यटन और यात्रा प्रबंधन संस्थान यात्रा और पर्यटन शिक्षा तथा प्रशिक्षण के क्षेत्र में अग्रणी संस्था है जो पर्यटन और यात्रा उद्योग के लिए विशेषज्ञता पर आधारित शिक्षा प्रदान करता है।

भारतीय पाक कला संस्थान

भारतीय पाक कला संस्थान की स्थापना पर्यटन मंत्रालय ने आंध्र प्रदेश में तिरुपति में की है। यह भारत में अपनी तरह का पहला संस्थान है। इसका शैक्षिक सत्र 2016 से प्रारंभ हुआ। मंत्रालय ने नोएडा में इसकी उत्तरी शाखा खोलकर संस्थान का विस्तार किया है।

अतुल्य भारत

पर्यटन मंत्रालय; पर्यटन को बढ़ावा देने के लिए अपनी संवर्धन गतिविधियों के अंतर्गत अंतरराष्ट्रीय और घरेलू बाजारों में इंक्रेडिबल इंडिया यानी अतुल्य भारत के नारे के साथ प्रचार अभियान चलाता है। इसका उद्देश्य भारत के विभिन्न पर्यटन स्थलों और उत्पादों को बढ़ावा देना है ताकि देश में अधिक संख्या में विदेशी पर्यटकों का आगमन हो और घरेलू पर्यटकों की संख्या भी बढ़े। विदेशों में भारत पर्यटन कार्यालयों के जरिये महत्वपूर्ण और संभावित बाजारों में कई तरह की प्रोत्साहन गतिविधियां संचालित की जाती हैं। इसी तरह के प्रयास घरेलू भारत पर्यटन कार्यालय देश के भीतर करते हैं। इनका उद्देश्य देश की पर्यटन क्षमता को विदेशी और घरेलू पर्यटकों के समक्ष उजागर करना है।

अंतरराष्ट्रीय विज्ञापन अभियान

पर्यटन को बढ़ावा देने के लिए सरकार ने कई पहल की हैं। 2016-17 में इलेक्ट्रॉनिक और डिजिटल मीडिया में अंतरराष्ट्रीय प्रचार अभियान की विश्वव्यापी शुरुआत की गई। मंत्रालय ने इसका शुभारंभ प्रमुख टेलीविजन चैनलों जैसे सीएनएन, बीबीसी, डिस्कवरी और टीएलसी, यूरो न्यूज, हिस्ट्री, सीएनबीसी, ट्रैवल चैनल, सीबीएस (अमरीका), ताबी (जापान), आरएमसी (फ्रांस) और गूगल के जरिये किया। राष्ट्रीय एकता को बढ़ावा देने और देश की सांस्कृतिक व खान-पान संबंधी विविधता से देशवासियों को

अवगत कराने के लिए पर्यटन मंत्रालय ने भारत पर्व का आयोजन गणतंत्र दिवस और स्वतंत्रता दिवस समारोह के हिस्से के तौर पर किया।

पूर्वोत्तर भारत

पर्यटन मंत्रालय भारत के उत्तर-पूर्वी क्षेत्रों को अपने अनेक मीडिया प्रचार अभियानों के माध्यम से बढ़ावा दे रहा है। 2016 में दूरदर्शन के नेटवर्क पर पूर्वोत्तर के प्रचार के लिए एक-एक महीने का टेलीविजन अभियान दो चरणों में चलाया गया। पर्यटन मंत्रालय ने डिस्कवरी चैनल के सहयोग से पूर्वोत्तर के आठ राज्यों में पर्यटन को बढ़ावा देने के लिए 'गो नॉर्थईस्टा' नाम की डॉक्यूमेंटरी श्रृंखला तैयार की है। पर्यटन के बुनियादी ढांचे के निर्माण के लिए पर्यटन मंत्रालय के दो प्रमुख योजनागत कार्यक्रम हैं। इनमें से 'स्वदेश दर्शन थीम' यानी किसी खास विषय पर आधारित पर्यटन सर्किटों के समन्वित विकास के लिए है जबकि 'प्रसाद' नाम का दूसरा कार्यक्रम ऐतिहासिक स्थानों और धरोहर स्थलों समेत देश में पर्यटन के आधारभूत ढांचे के विकास को ध्यान में रखते हुए तीर्थयात्रा की परम्परा को पुनर्जीवित करने और अध्यात्मिक उन्नति का अभियान है।

स्वदेश दर्शन योजना

स्वदेश दर्शन योजना की परिकल्पना थीम आधारित पर्यटन सर्किटों (भ्रमण पथ) के विकास के लिए की गई है और इसमें पर्यटकों की अधिकतम सुविधा, प्रतिस्पर्धात्मकता और निरंतरता के सिद्धांतों पर अमल करते हुए सभी संबद्ध पक्षों के सरोकारों का ध्यान रखते हुए उनके प्रयासों को समन्वित करने पर जोर दिया गया है ताकि पर्यटकों के सुखद अनुभवों में वृद्धि हो और पर्यटन के क्षेत्र में रोज़गार के अवसर बढ़ें। योजना के अंतर्गत थीम पर आधारित 13 पर्यटन सर्किटों की पहचान उनके विकास के लिए की गई है जिनके नाम हैं: उत्तर-पूर्वी भारत सर्किट, बौद्ध सर्किट, हिमालय सर्किट, समुद्र तटवर्ती सर्किट, कृष्ण सर्किट, मरुस्थलीय सर्किट, जनजातीय सर्किट, इको सर्किट, वन्य जीव सर्किट, ग्रामीण सर्किट, आध्यात्मक सर्किट, रामायण सर्किट और धरोहर सर्किट।

प्रसाद योजना

तीर्थयात्रा की परंपरा को पुनर्जीवित करने और आध्यात्मिक उन्नति की प्रसाद योजना के अंतर्गत धार्मिक महत्व के 25 स्थलों की पहचान उनके विकास के लिए की गई है। ये हैं: अमरावती (आंध्र प्रदेश), अमृतसर (पंजाब), अजमेर (राजस्थान), अयोध्या (उत्तर प्रदेश), बदरीनाथ (उत्तराखंड), द्वारका (गुजरात), देवघर (झारखंड), बेलूर (पश्चिम बंगाल), गया (बिहार), गुरुवयूर (केरल), हजरतबल (जम्मू-कश्मीर), कामाख्या (असम), कांचीपुरम (तमिलनाडु), कटरा (जम्मू-कश्मीर), केदारनाथ (उत्तराखंड), मथुरा (उत्तर प्रदेश), पटना (बिहार), पुरी (ओडिशा), श्रीशैलम (आंध्र प्रदेश), सोमनाथ (गुजरात), तिरुपति (आंध्र प्रदेश), त्रयम्बकेश्वर (महाराष्ट्र), उज्जैन (मध्य प्रदेश), वाराणसी (उत्तर प्रदेश) और वेल्लांकणी (तमिलनाडु)।

पर्यटन न्यूजलेटर

पर्यटन मंत्रालय सितंबर 2016 से त्रैमासिक पर्यटन समाचार-पत्र (न्यूजलेटर) भी प्रकाशित कर रहा है जिसमें पर्यटन मंत्रालय की गतिविधियों और उपलब्धियों का दर्शाया जाता है।

स्वच्छ पर्यावरण मोबाइल एप

पर्यटन मंत्रालय द्वारा 25 आदर्श संपर्क स्मारकों के लिए संचालित स्वच्छ पर्यटन मोबाइल एप को अब विंडोज फोन और आई-फोन पर भी उपलब्ध करा दिया गया है। इससे पहले यह केवल एंड्रोइड फोन पर उपलब्ध था। पर्यटन मंत्रालय में स्वच्छ भारत मिशन की परियोजना निगरानी इकाई इस मोबाइल एप की निगरानी करती है। पर्यटन मंत्रालय ने ई-वीजा पर भारत आने वाले पर्यटकों को यह पहुंचने पर प्री--लोडेड सिम कार्ड उपलब्ध कराने की एक योजना की शुरुआत 2017 में भारत संचार निगम लिमिटेड (बीएसएनएल) के सहयोग से की। इसके अंतर्गत बीएसएनएल ई-वीजा पर आने वाले विदेशी पर्यटकों को प्री-लोडेड सिम कार्ड वितरित करता है। प्रारंभ में यह सुविधा ई-वीजा की सुविधा वाले नई दिल्ली के इंदिरा गांधी अंतरराष्ट्रीय हवाईअड्डे (टी-3 टर्मिनल) पर उपलब्ध है और बाद में बाकी 15 अंतरराष्ट्रीय हवाईअड्डों में भी इसकी शुरुआत कर दी जाएगी। इस पहल का उद्देश्य विदेशी पर्यटकों को टेलीफोन संपर्क की सुविधा उपलब्ध कराना है ताकि वे अपने परिवार और परिजनों से संपर्क बनाए रख सकें। साथ ही इससे वे इसके जरिये मुसीबत के वक्त या स्वास्थ्य संबंधी आपात स्थिति में पर्यटन मंत्रालय की सप्ताह में चौबीसों घंटे और सातों दिन काम करने वाली बहुभाषिक निःशुल्क हेल्पलाइन सेवा से सहायता और दिशानिर्देश प्राप्त कर सकें।

6 मूल आर्थिक आंकड़े

सांख्यिकी विभाग तथा कार्यक्रम कार्यान्वयन विभाग के विलय से वर्ष 1999 को एक स्वतंत्र मंत्रालय के रूप में सांख्यिकी और कार्यक्रम कार्यान्वयन मंत्रालय अस्तित्व में आया। मंत्रालय के दो स्कंध हैं, एक का संबंध सांख्यिकी से और दूसरे का कार्यक्रम कार्यान्वयन से है। सांख्यिकी स्कंध को राष्ट्रीय सांख्यिकी कार्यालय (एनएसओ) के रूप में नया नाम दिया गया है, जिसमें केंद्रीय सांख्यिकी कार्यालय (सीएसओ) और राष्ट्रीय प्रतिदर्श सर्वेक्षण कार्यालय (एनएसएसओ) शामिल हैं। कार्यक्रम कार्यान्वयन स्कंध के डिवीजन हैं: (i) बीस सूत्री कार्यक्रम, (ii) बुनियादी ढांचा और परियोजना निगरानी, तथा (iii) सांसद स्थानीय क्षेत्र विकास योजना। इन तीन खंडों के अलावा भारत सरकार के प्रस्ताव द्वारा गठित राष्ट्रीय सांख्यिकीय आयोग (एनएससी) और एक स्वायत्तशासी संस्थान, भारतीय सांख्यिकी संस्थान (आईएसआई) को संसद के एक अधिनियम द्वारा राष्ट्रीय महत्व का संस्थान घोषित किया गया है।

वेबसाइट: www.mospi.nic.in

राष्ट्रीय सांख्यिकीय आयोग

वर्ष 2005 में भारत सरकार ने एक प्रस्ताव के जरिए राष्ट्रीय सांख्यिकीय आयोग (एनएससी) के गठन का फैसला किया। आरंभ में एनएससी का गठन सांख्यिकीय प्राथमिकताओं और मानकों को तैयार करने, उनकी निगरानी करने और उन्हें लागू करने तथा सांख्यिकीय समन्वय सुनिश्चित करने तथा देश की सभी प्रमुख सांख्यिकीय गतिविधियों के लिए एक केंद्रीय और अधिकार प्राप्त संगठन के रूप में कार्य करने के लिए वर्ष 2006 में किया गया।

भारतीय सांख्यिकी संस्थान

भारत में सैद्धांतिक और व्यावहारिक सांख्यिकी में उन्नति की आवश्यकता को महसूस करते हुए प्रोफेसर पी.सी. महलानोबिस के पथ-प्रदर्शक पहल और प्रयासों से तीसरे दशक के प्रारंभ में भारतीय सांख्यिकी संस्थान अस्तित्व में आया। भारतीय सांख्यिकी संस्थान का पंजीकरण एक गैर-लाभकारी अध्ययन सोसाइटी के रूप में 28 अप्रैल, 1932 को पश्चिम बंगाल सोसाइटीज रजिस्ट्रेशन एक्ट, 1860 के अंतर्गत हुआ था। शुरुआत से ही इस संस्थान ने अपने तरीके से अपनी उत्कृष्टता को प्रदर्शित करना शुरू किया। संस्थान ने जैसे-जैसे अपनी शोध, शिक्षण, प्रशिक्षण और परियोजना गतिविधियों का विस्तार किया, इसे राष्ट्रीय/अंतरराष्ट्रीय मान्यताएं मिलने लगी। सैद्धांतिक और व्यावहारिक सांख्यिकी के क्षेत्र में संस्थान द्वारा दिए गए उत्कृष्ट योगदानों के फलस्वरूप इस संस्थान को 'राष्ट्रीय महत्व का संस्थान' के रूप में मान्यता मिली जिससे इसे डिग्री/डिप्लोमा प्रदान करने का अधिकार प्राप्त हुआ।

केंद्रीय सांख्यिकी कार्यालय

केंद्रीय सांख्यिकी कार्यालय (सीएसओ) मंत्रालय से संबद्ध कार्यालय है, जो देश में सांख्यिकीय गतिविधियों का समन्वय करता है और सांख्यिकीय मानक तैयार करता है। इसकी गतिविधियों में अन्य बातों के साथ-साथ राष्ट्रीय खातों, औद्योगिक उत्पादन सूचकांक, शहरी/ग्रामीण/मिश्रित उपभोक्ता मूल्य सूचकांकों, लिंग संबंधी आंकड़ों सहित मानव विकास आंकड़ों का संकलन, उद्योगों के वार्षिक सर्वेक्षण का संचालन और आर्थिक जनगणना तथा कार्यालय संबंधी सांख्यिकी में प्रशिक्षण प्रदान करना शामिल है। सीएसओ राज्यों और केंद्रशासित प्रदेशों में सांख्यिकी के विकास में सहायता भी करता है और ऊर्जा सांख्यिकी, सामाजिक और पर्यावरण सांख्यिकी का प्रसार तथा राष्ट्रीय औद्योगिक वर्गीकरण भी तैयार करता है।

राष्ट्रीय लेखा

सीएसओ का राष्ट्रीय लेखा डिवीजन (एनएडी) राष्ट्रीय लेखा की तैयारी, जिसमें सकल घरेलू उत्पाद (जीडीपी) का आकलन, राष्ट्रीय आय, सरकारी/निजी अंतिम उपभोग व्यय, सांस्थानिक क्षेत्रों के लेन-देन के विवरण सहित पूंजी निर्माण और बचत शामिल है, के लिए उत्तरदायी है। एनएडी प्रत्येक वर्ष राष्ट्रीय लेखा सांख्यिकी का प्रकाशन करता है जिसमें ये सांख्यिकियां होती हैं। उपभोक्ता मूल्य सूचकांक (सीपीआई) आधारित मुद्रास्फीति अखिल भारतीय वर्ष-दर-वर्ष मुद्रास्फीति की दरें (यानी, चालू माह की तुलना में विगत वर्ष के इसी माह) सामान्य सीपीआई (मिश्रित), प्रतिशत में, नवंबर 2015 से अक्टूबर 2016 की अवधि के दौरान 5 प्रतिशत (4.20 प्रतिशत से 5.77 प्रतिशत के बीच) के आस-पास रही; माह जुलाई 2016 को छोड़कर जब यह 6.07 थी। उपभोक्ता खाद्य मूल्य सूचकांक (सीएफपीआई मिश्रित) पर आधारित अखिल भारतीय वर्ष-दर-वर्ष मुद्रास्फीति दरों (प्रतिशत में) पर दृष्टिपात करने से पता चलता है कि नवंबर 2015 से अक्टूबर 2016 के दौरान खाद्य पदार्थों की औसत मुद्रास्फीति दर 6.09 प्रतिशत थी। सीएफपीआई मुद्रास्फीति ने जुलाई 2016 में 8.35 प्रतिशत के शीर्ष स्तर को छुआ था और उसके बाद से इस दर में निरंतर ह्रास हो रहा है।

मूल्य आंकड़ा संग्रहण

ग्रामीण खुदरा मूल्य संग्रहण (आरपीसी): ग्रामीण खुदरा मूल्यों के संग्रहित आंकड़ों का इस्तेमाल कृषि श्रमिकों हेतु उपभोक्ता मूल्य सूचकांक (सीपीआई) तैयार करने में किया जाता है। वर्तमान में, श्रम मंत्रालय के अंतर्गत श्रम ब्यूरो कृषि श्रमिकों हेतु सीपीआई संकलित और प्रकाशित करता है। कृषि श्रमिकों के वर्तमान उपभोग पैटर्न के संबंध में मूल्य परिवर्तनों को दर्शाने के उद्देश्य से वर्ष 1986 में 260 उत्पादों को नए उत्पाद की सूची में शामिल किया गया। नए उत्पादों की सूची हेतु मूल्य आंकड़ा 26 राज्यों/केंद्र शासित क्षेत्रों के 603 गांवों/बाजारों के नियत सेट से प्रत्येक माह अनुसूची 3.01 (आर) का व्यवहार करते हुए संग्रहित किए जाते हैं। नई श्रेणी हेतु मूल्य आंकड़ा के साथ ही 12 कृषि और 13 गैर-कृषि कारोबारों के दैनिक दिहाड़ी दरों को भी संग्रहित किया जाता है। वर्तमान आरपीसी ढांचा दो दशक से ज्यादा पुराना है और इस अवधि के दौरान शहरीकरण की गति तेज होने के कारण अधिकांश चयनित (मूल/सुरक्षित) दूकानें/आउटलेट अब अस्तित्व में नहीं हैं। अतएव वर्तमान ढांचा पुराना हो गया है और इसमें तत्काल संशोधन जरूरी है। इसीलिए आरपीसी योजना की समीक्षा हेतु एक प्रस्ताव विचाराधीन है।

उपभोक्ता मूल्य सूचकांक सीपीआई (शहरी): मूल्यों का संग्रहण राष्ट्रीय प्रतिदर्श सर्वेक्षण कार्यालय (एनएसएसओ) द्वारा 310 शहरों के 1,114 उद्धरणों के लिए किए जाते हैं। इन उद्धरणों (कोटेशनों) में

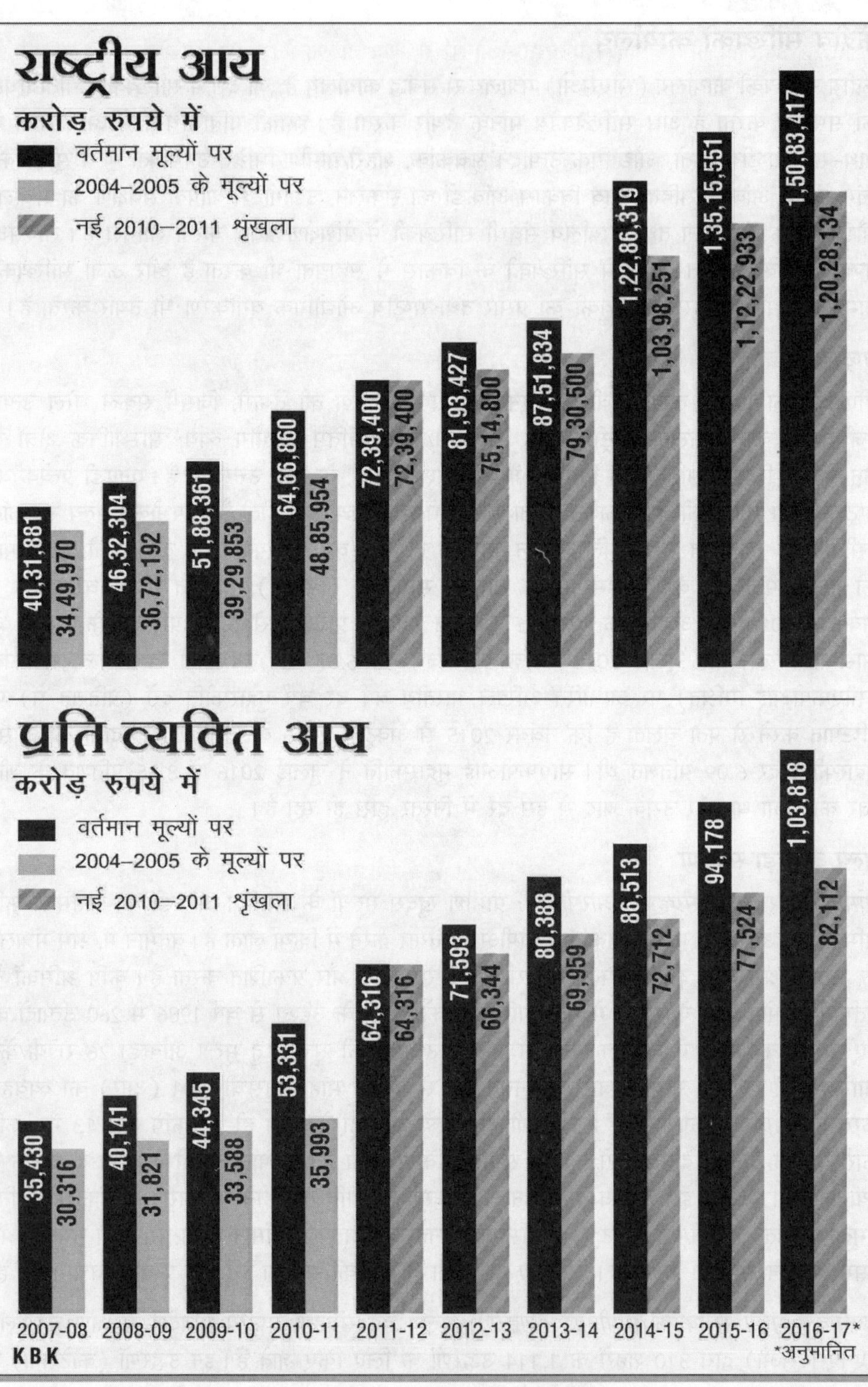

राष्ट्रीय आय
करोड़ रुपये में
वर्तमान मूल्यों पर
2004–2005 के मूल्यों पर
नई 2010–2011 शृंखला
40,31,881
34,49,970
46,32,304
36,72,192
51,88,361
39,29,853
64,66,860
48,85,954
72,39,400
72,39,400
81,93,427
75,14,800
87,51,834
79,30,500
1,22,86,319
1,03,98,251
1,35,15,551
1,12,22,933
1,50,83,417
1,20,28,134
प्रति व्यक्ति आय
करोड़ रुपये में
वर्तमान मूल्यों पर
2004–2005 के मूल्यों पर
नई 2010–2011 शृंखला
35,430
30,316
40,141
31,821
44,345
33,588
53,331
35,993
64,316
64,316
71,593
66,344
80,388
69,959
86,513
72,712
94,178
77,524
1,03,818
82,112
2007-08
2008-09
2009-10
2010-11
2011-12
2012-13
2013-14
2014-15
2015-16
2016-17*
KBK
*अनुमानित

से 1,078 उद्धरणों की जवाबदेही एनएसएसओ पर है, शेष अरुणाचल प्रदेश, मिज़ोरम और लक्षद्वीप के 36 उद्धरणों की व्यवस्था सीएसओ द्वारा किया जाता है। सीपीआई (शहरी) जनसंख्या के तीन व्यापक क्षेत्रों (धनी, मध्यम और गरीब) के आधार पर वस्तुओं के मूल्य संग्रहित करता है। जनसंख्या के खास वर्ग, जिसके लिए उद्धरण चिह्नित है, की प्राथमिकता को ध्यान में रखते हुए प्रत्येक 62 उद्धरण हेतु विभिन्न सामग्रियों के विशेष विवरण निर्धारित किए जाते हैं। सभी उद्धरण के लिए मूल्य आंकड़े का संग्रह उस उद्धरण के लिए निर्धारित सप्ताह के अंदर पूरा कर लिया जाता है।

थोक मूल्य सूचकांक (डब्ल्यूपीआई): वाणिज्य एवं उद्योग मंत्रालय के औद्योगिक नीति और संवर्धन विभाग के अनुरोध पर एनएसएसओ डब्ल्यूपीआई के मौजूदा श्रेणियों और नई श्रेणियों हेतु मूल्य आंकड़ा संग्रहण में आर्थिक सलाहकार के कार्यालय की मदद कर रहा है। वर्तमान में देशभर में फैले 3,813 इकाइयों और 18,192 उद्धरणों (कोटेशनों) के संबंध में आंकड़ों का संप्रेषण किया जा रहा है। डब्ल्यूपीआई की मौजूदा शृंखलाओं के लिए आधार वर्ष 2004-05 है। डब्ल्यूपीआई की नई शृंखलाओं में 6,837 उद्धरण हैं और डब्ल्यूपीआई की मौजूदा शृंखलाओं और नई शृंखलाओं में 1,107 समान उद्धरण हैं जिसका आधार वर्ष 2011-12 है।

मूल्य सांख्यिकी

केंद्रीय सांख्यिकी कार्यालय (सीएसओ) ने जनवरी 2011 से हर महीने ग्रामीण, शहरी और मिश्रित क्षेत्रों हेतु अलग-अलग अखिल भारतीय और राज्यों/केंद्रशासित प्रदेशों के लिए आधार वर्ष (2010=100) के साथ उपभोक्ता मूल्य सूचकांक (सीपीआई) का संग्रह प्रारंभ किया। इसने अंतरराष्ट्रीय व्यवहारों के अनुरूप कई प्रणालीगत सुधारों को सम्मिलित करते हुए सीपीआई के आधार वर्ष 14 को 2010=100 से परिवर्तित कर 2012=100 कर दिया है। संशोधित शृंखलाओं के लिए मदों की सूची और अंदाजा लगाने वाली आकृति राष्ट्रीय प्रतिदर्श सर्वेक्षण (एनएसएस) के 68वें दौर के उपभोक्ता व्यय सर्वेक्षण (सीईएस), 2011=12 के संशोधित मिश्रित संदर्भ अवधि (एमएमआरपी) आंकड़ा का उपयोग कर तैयार किया गया है।

उपभोक्ता मूल्य

सीएसओ समूह और उप-समूह स्तरों पर भी उपभोक्ता मूल्य सूचकांक जारी करता है। यह उल्लेखनीय है कि 'खाद्य एवं पेय पदार्थों' का हिस्सा 45.86 प्रतिशत है, जिसमें सीपीआई (मिश्रित) सूची में सीएफपीआई का 39.05 प्रतिशत हिस्सा शामिल हैं। अतएव, सामान्यत: खाद्य पदार्थ ही सीपीआई पर आधारित समग्र मुद्रास्फीति दर के प्रमुख कारक है। विगत दो वर्षों के दौरान समग्र मुद्रास्फीति दर में ऐसी गतिविधि के कारणों को जानने के लिए उप-समूह स्तर पर मुद्रास्फीति दर के विश्लेषण की जरूरत है। समग्र मुद्रास्फीति दर में उनके योगदान को जानने के लिए उप-समूह/समूहवार मुद्रास्फीति दर तथा उनका हिस्सा (वजन के लिहाज से) को नवंबर 2015 से अक्टूबर 2016 के प्रत्येक महीने के दौरान साथ मिला दिया गया है।

उद्योगों का वार्षिक सर्वेक्षण

उद्योगों का वार्षिक सर्वेक्षण (एएसआई) देश में औद्योगिक सांख्यिकी का प्रमुख स्रोत है। यह विद्युत, गैस और पानी की आपूर्ति तथा शीत भंडारों के निर्माण की प्रक्रिया, मरम्मत सेवाओं, उत्पादन, पारेषण आदि से जुड़ी गतिविधियों को मिलाकर संगठित निर्माण क्षेत्र के विकास, संयोजन और ढांचे में

परिवर्तन तक तटस्थ भाव से और वास्तव में पहुंच और उसके मूल्यांकन के बारे में सांख्यिकीय सूचना प्रदान करता है।

एएसआई का विस्तार देशभर में है। सर्वेक्षण में फैक्टरी अधिनियम 1948 की धारा 2एम (i) और 2एम (ii) के अंतर्गत पंजीकृत सभी फैक्टरियां शामिल हैं। सर्वेक्षण में बीड़ी और सिगार कामगार (रोज़गार की शर्तें) अधिनियम, 1966 के अंतर्गत पंजीकृत बीड़ी और सिगार बनाने वाले प्रतिष्ठानों को शामिल किया गया है। केंद्रीय विद्युत प्राधिकरण (सीईए) में दर्ज बिजली उत्पादन, पारेषण और वितरण में लगे 1997-98 तक के सभी विद्युत उपक्रमों को एएसआई के अंतर्गत शामिल किया गया, चाहे उनका रोज़गार आकार कुछ भी हो। कुछ सेवाओं और गतिविधियों जैसे शीत भंडारण, जलापूर्ति, मोटर वाहनों की मरम्मत और अन्य टिकाऊ उपभोक्ता वस्तुएं जैसे घड़ियां आदि सर्वेक्षण के अंतर्गत शामिल की गई हैं। रक्षा प्रतिष्ठान, तेल भंडारण और वितरण डिपो, रेस्तरां, होटल, कैफे और कंप्यूटर सेवाएं तथा तकनीकी प्रशिक्षण संस्थानों को सर्वेक्षण के दायरे से बाहर रखा गया है। सीईए के साथ पंजीकृत विद्युत उपक्रमों को 1998-99 से एएसआई के अंतर्गत शामिल नहीं किया गया है। हालांकि सीईए के साथ पंजीकृत निष्क्रिय इकाइयां एएसआई के अंतर्गत बनी रहेंगी।

उपरोक्त के अलावा एएसआई के नमूना डिजाइन पर उप-समूह की अनुशंसा के अनुसार एएसआई के कवरेज को कारखाना अधिनियम, 1948 की धारा 2एम (i) और 2एम (ii) और बीड़ी तथा सिगार कामगार (रोज़गार की शर्तें) अधिनियम, 1966 के दायरे से परे विस्तार दिया गया है। इस उद्देश्य हेतु संबंधित राज्यों के लिए बनाए गए उद्यमों के व्यापार रजिस्टर (बीआरई) तथा छठे आर्थिक जनगणना पर आधारित प्रतिष्ठानों की सूची का उपयोग सीएसओ (आईएस विंग) द्वारा किया जाएगा।

औद्योगिक उत्पादन का सूचकांक (आईआईपी)

सीएसओ विभिन्न मंत्रालयों/विभागों अथवा उनके संबद्ध/अधीनस्थ कार्यालयों से प्राप्त सहायक आंकड़ों का इस्तेमाल करते हुए औद्योगिक उत्पादन सूचकांक का संकलन करता है। आईआईपी का वर्तमान आधार वर्ष 2004-05 है। आईएमएफ के विशेष आंकड़ा प्रसार मानकों (एसडीडीएस) के अनुसार छह सप्ताहों के अंतराल पर त्वरित अनुमानों के रूप में हर माह आईआईपी जारी किया जाता है। खनन, निर्माण और विद्युत क्षेत्रों के लिए सूचकांक के विघटन के अलावा, अनुमानों को उपयोग आधारित वर्गीकरण यानी, आधारभूत वस्तुओं, पूंजीगत वस्तुओं, अर्द्धनिर्मित वस्तुओं, टिकाऊ वस्तुओं और गैर-टिकाऊ वस्तुओं के लिए साथ-साथ जारी किया जाता है। इन अनुमानों को 15 स्रोत एजेंसियों से नवीनतम उत्पादन आंकड़े प्राप्त होने पर बाद में संशोधित किया जाता है। आईआईपी के लिए आंकड़ों का प्रमुख स्रोत औद्योगिक नीति और संवर्द्धन विभाग है जो कुल आईआईपी में 45.6 प्रतिशत विशिष्ट भार के साथ 399 मद समूहों में से 268 के लिए आंकड़ों की आपूर्ति करता है।

राष्ट्रीय प्रतिदर्श सर्वेक्षण कार्यालय

सांख्यिकी और कार्यक्रम कार्यान्वयन मंत्रालय में राष्ट्रीय प्रतिदर्श सर्वेक्षण कार्यालय (एनएसएसओ) विविध क्षेत्रों में, अखिल भारतीय आधार पर बड़े पैमाने पर प्रतिदर्श सर्वेक्षण कराने के लिए जिम्मेदार है। आर्थिक गणना को आगे बढ़ाते हुए सांख्यिकी संग्रहण अधिनियम और उद्यमों के सर्वेक्षणों के अंतर्गत विभिन्न सामाजिक आर्थिक विषयों, उद्योगों के वार्षिक सर्वेक्षण (एएसआई) पर देशभर में परिवारों के सर्वेक्षण के जरिये प्रारंभिक आंकड़े नियमित तौर पर एकत्र किए जाते हैं। इन सर्वेक्षणों के अलावा,

एनएसएसओ ग्रामीण और शहरी मूल्यों पर आंकड़े एकत्र करता है; क्षेत्र गणना और राज्य एजेंसियों के फसल अनुमान सर्वेक्षणों के निरीक्षण के जरिये फसल सांख्यिकी के सुधार में महत्वपूर्ण भूमिका निभाता है। यह शहरी इलाकों में सामाजिक-आर्थिक सर्वेक्षणों के लिए प्रतिदर्शों का रेखांकन करने के लिए शहरी क्षेत्रीय इकाइयों के ढांचों की देखरेख करता है। एनएसएसओ आंकड़ों के संग्रहण, परिणामों/उसके सर्वेक्षणों पर आधारित आंकड़ों के प्रक्रमण और प्रकाशन/प्रसार से जुड़े मामलों में राष्ट्रीय सांख्यिकीय आयोग (एनएससी) के संपूर्ण नेतृत्व और देखरेख में उचित स्वायत्ता के साथ कार्य करता है जो अपने सर्वेक्षणों और उनकी कार्यप्रणालियों को अंतिम रूप देने के लिए विभिन्न विषयों के जानकार अधिकारियों और गैर अधिकारी सदस्यों को मिलाकर कार्य समूहों/तकनीकी समितियों की नियुक्ति करता है।

बीस सूत्री कार्यक्रम

बीस सूत्री कार्यक्रम (टीपीपी) की शुरुआत वर्ष 1975 में की गई थी और इसे 1982, 1986 और 2006 में पुनर्गठित किया गया। 2006 में पुनर्गठित कार्यक्रम का मुख्य जोर गरीबी उन्मूलन और देशभर के गरीब तथा सुविधाओं से वंचित लोगों के जीवन स्तर को सुधारना था। इस कार्यक्रम में अनेक सामाजिक-आर्थिक पहलू जैसे— गरीबी, रोज़गार, शिक्षा, आवास, कृषि, पेयजल, वनीकरण और पर्यावरण संरक्षण, ग्रामीण इलाकों में ऊर्जा, समाज के कमजोर लोगों का कल्याण आदि शामिल हैं। इस पुनर्गठित कार्यक्रम को बीस सूत्री कार्यक्रम (टीपीपी)-2006 कहा जाता है और इसका निगरानी तंत्र वर्ष 2007 से क्रियाशील हुआ।

टीपीपी-2006 ने अपने संचालन के दस वर्ष पूरे कर लिए हैं। इसे मूलतः 20 सूत्रों और 66 विषयों को मिलाकर बनाया गया था जिसकी निगरानी संबद्ध प्रधान केंद्रीय मंत्रालयों द्वारा की जाती थी। इन 66 विषयों में से 'संपूर्ण ग्रामीण रोज़गार योजना (एसजीआरवाई)' को एक अन्य विषय 'राष्ट्रीय ग्रामीण रोज़गार गारंटी अधिनियम' में 2008 से सम्मिलित कर लिया गया और इसे 2009 से महात्मा गांधी राष्ट्रीय ग्रामीण रोज़गार गारंटी अधिनियम नाम दे दिया गया। वर्तमान में शेष 65 विषयों में से 19 विषयों की निगरानी तिमाही आधार पर की जाती है।

निगरानी तंत्र

कार्यक्रम के कार्यान्वयन और उसकी निगरानी की प्रमुख जिम्मेदारी कार्यक्रम को अमल में लाने वाली एजेंसियों की होती है, जो इस मामले में राज्य सरकारों/केंद्रशासित प्रदेशों के प्रशासनों और प्रमुख केंद्रीय मंत्रालयों की है। सांख्यिकी और कार्यक्रम कार्यान्वयन मंत्रालय कार्यक्रमों/योजनाओं की निगरानी करता है जिन्हें राज्य सरकारों/केंद्रशासित प्रदेशों और प्रमुख केंद्रीय मंत्रालयों से प्राप्त प्रदर्शन रिपोर्टों के आधार पर टीपीपी-2006 के अंतर्गत शामिल किया गया है। मंत्रालय ने वेब आधारित एक प्रबंधन सूचना प्रणाली विकसित की है ताकि राज्य सरकारों और प्रमुख केंद्रीय मंत्रालयों से सूचना तेजी से एकत्र की जा सके।

बुनियादी ढांचा एवं परियोजना निगरानी

बुनियादी ढांचा एवं परियोजना निगरानी डिवीजन (आईपीएमडी) 16 बुनियादी ढांचा क्षेत्रों में संबंधित मंत्रालय/विभाग तथा अनेक केंद्रीय क्षेत्र सार्वजनिक उद्यमों (सीपीएसईएस) द्वारा हाथ में लिए गए 150 करोड़ तथा उससे अधिक की लागत वाली केंद्रीय क्षेत्र बुनियादी ढांचा परियोजनाओं के कार्यान्वयन की

स्थिति की निगरानी करता है। विभिन्न परियोजनाओं और योजनाओं का सफल कार्यान्वयन विकास हेतु महत्वपूर्ण स्थितियां निर्मित करता है।

नियमित निगरानी के साथ विवेकपूर्ण प्रभावी समन्वय

बेहतर गति और कम लागत वाली उन्नत दक्षता के साथ उनकी सफल समाप्ति सुनिश्चित करने वाला एक महत्वपूर्ण तत्व बन जाता है।

बुनियादी ढांचा निगरानी

देश के महत्वपूर्ण बुनियादी ढांचा क्षेत्रों की निगरानी की संकल्पना उसके कामकाज और यदि कोई चूक है तो निर्णय करने वाले प्राधिकारों के समक्ष उसे समीक्षा हेतु रखने के लिए की गई। यह मंत्रालय देश के ग्यारह प्रमुख बुनियादी ढांचा क्षेत्रों यथा— बिजली, कोयला, इस्पात, सीमेंट, उर्वरकों, पेट्रोलियम एवं प्राकृतिक गैस, सड़कों, रेलवे, बंदरगाहों, नागर विमानन और दूरसंचार के कामकाज की निगरानी करता है। इन क्षेत्रों के कामकाज का विश्लेषण महीने के लिए वर्तमान लक्ष्यों के संदर्भ में और संचयी अवधि के लिए किया जाता है और पिछले वर्ष के समतुल्य महीने और पिछले वर्ष की संचयी अवधि के दौरान उपलब्धियां बताई जाती हैं।

सांसद स्थानीय क्षेत्र विकास योजना

सांसद स्थानीय क्षेत्र विकास योजना (एमपीलेड्स) 1993 में आरंभ किया गया था। इसका उद्देश्य सांसदों को स्थायी सामुदायिक परिसंपत्तियों के सृजन हेतु विकासात्मक प्रकृति के कार्यों और उनके क्षेत्रों/राज्यों में स्थानीय जरूरतों पर आधारित सामुदायिक बुनियादी ढांचा समेत बुनियादी सुविधाओं की व्यवस्था हेतु एक तंत्र प्रदान करना है। आरंभ में, एमपीलैड्स योजना ग्रामीण विकास मंत्रालय के नियंत्रणाधीन था। 1994 में एमपीलैड्स योजना से जुड़े विषय सांख्यिकी और कार्यक्रम कार्यान्वयन मंत्रालय को हस्तांतरित कर दिया गया था। यह योजना कुछ दिशानिर्देशों द्वारा संचालित है जिसे समय-समय पर व्यापक रूप से संशोधित किया गया है। वर्तमान दिशानिर्देश जून 2016 में जारी किए गए थे।

एमपीलैड योजना की मुख्य विशेषताओं में शामिल हैं :

(i) एमपीलैड्स योजना पूरी तरह से भारत सरकार से सहायता प्राप्त एक केंद्रीय योजना है, जिसके अंतर्गत अनुदान के रूप में धनराशि सीधे तौर पर जिलाधिकारियों को जारी की जाती है;

(ii) योजना के अंतर्गत जारी निधि कालातीत अथवा रद्द नहीं होती, यानी किसी विशेष वर्ष में नहीं जारी की गई निधि को योग्यता के अनुसार आगामी वर्ष में स्थानांतरित कर दिया जाता है। वर्तमान में प्रति सांसद/निर्वाचन क्षेत्र 5 करोड़ रुपये वार्षिक प्राप्त करने का हकदार है;

(iii) एमपीलैड्स योजना के अंतर्गत सांसदों की भूमिका कार्यों की सिफारिश करने तक सीमित है। इसके बाद एक नियत समय के अंदर सांसदों द्वारा सिफ़ारिश किए गए कार्यों को मंजूरी देना, निष्पादित कराना और पूरा कराना जिला प्राधिकारी की जिम्मेदारी है;

(iv) लोक सभा के निर्वाचित सदस्य अपने-अपने निर्वाचन क्षेत्रों में कार्यों की सिफ़ारिश कर सकते हैं। राज्य सभा के निर्वाचित सदस्य उस राज्य में कहीं भी कार्यों की सिफ़ारिश कर सकते हैं जहां से वे चुने गए हैं। लोक सभा और राज्यसभा के मनोनीत सदस्य देश के किसी भी हिस्से में कार्यों के कार्यान्वयन की सिफ़ारिश कर सकते हैं;

(v) सरकार के लिए निष्पादित किए जाने वाले कार्यों के लिए कोई सीमा नहीं हैं। हालांकि ट्रस्ट/सोसाइटी के कार्यों हेतु प्रत्येक ट्रस्ट/सोसाइटी को उसके जीवनकाल में 50 लाख रुपये तक की सीमा निर्धारित है। एमपीलैड्स योजना निधि से ट्रस्टों/सोसाइटियों के कार्यों के लिए कोई सांसद एक वित्तीय वर्ष में 100 लाख रुपये तक के निधि की ही अनुशंसा कर सकते हैं;

(vi) एमपीलैड्स योजना कार्यों को प्राकृतिक आपदाओं जैसे बाढ़, तूफान, ओलावृष्टि, हिमस्खलन, बादल फटने, कीटों के हमले, भूस्खलन, बवंडर, भूकंप, सूखा, सुनामी, आग तथा जैविकीय, रासायनिक रेडियोलॉजिकल खतरों आदि से प्रभावित इलाकों में कार्यान्वित किया जा सकता है।

(vii) अनुसूचित जातियों (अ.जा.) और अनुसूचित जनजातियों (अ.ज.जा.) की रिहायशी इलाकों के विकास पर विशेष ध्यान देने के लिए एमपीलैड्स निधि की 15 प्रतिशत धनराशि का इस्तेमाल अ.जा. की आबादी वाले इलाकों में किया जाएगा और 7.5 प्रतिशत धनराशि का इस्तेमाल अ.ज.जा. की आबादी वाले इलाके में किया जाएगा;

(viii) यदि संसद के कोई निर्वाचित सदस्य अपने राज्य/केंद्रशासित राज्य से बाहर अथवा राज्य के अंदर अपने निर्वाचन क्षेत्र से बाहर अथवा दोनों स्थितियों में एमपीलैड्स योजना निधि से अनुदान देना जरूरी समझते हों, तो वे इन दिशानिर्देशों के तहत एक वित्तीय वर्ष में अधिकतम 25 लाख रुपये की राशि के जायज कार्यों के लिए अनुशंसा कर सकते हैं किसी संसद सदस्य के ऐसे भाव प्रदर्शन से लोगों के बीच जमीनी स्तर पर राष्ट्रीय एकता, सौहार्द्र और भाईचारे को बढ़ावा मिलेगा; तथा

(ix) संसद सदस्य अपने एमपीलैड्स योजना निधि से राज्य सरकार से वित्तीय सहायता पाने वाले अनुदान प्राप्त शैक्षणिक संस्थानों, जो विद्यालयों के मामले में राज्य/केंद्रशासित प्रदेश/केंद्रीय माध्यमिक शिक्षा बोर्ड तथा महाविद्यालयों के मामले में राज्य/केंद्रीय विश्वविद्यालय से मान्यताप्राप्त हों तथा छात्रों से वाणिज्यिक शुल्क नहीं लेते हों, के लिए निधि की अनुशंसा कर सकते हैं। ऐसी सहायता प्राप्त शिक्षण संस्थाएं दिशानिर्देशों के तहत स्वीकृत सभी मदों हेतु , बिना किसी सीमम के, एमपीलैड्स योजना निधि प्राप्त करने के पात्र हैं।

7 वाणिज्य

अंतरराष्ट्रीय व्यापार किसी भी देश के आर्थिक रूपांतरण में अनेकानेक ढंग से उत्प्रेरक के रूप में कार्य करता है। वैश्विक अर्थव्यवस्था से अधिक से अधिक जुड़ाव उत्तरोत्तर प्रतिस्पर्धा, प्रमुख क्षेत्रों में विशेषज्ञता, स्तर में कुल मिला कर सुधार होना, उपभोक्ता (खरीदार) के लिए बेहतर गुणवत्ता एवं उपलब्धता, तकनीकी जानकारी का हस्तांतरण, राष्ट्रीय आय में वृद्धि, अंतरराष्ट्रीय मंचों पर कद में वृद्धि, सकल विकास दर में वृद्धि और रोजगार बढ़ने को सुनिश्चित करता है।

भारत को अंतरराष्ट्रीय बाज़ारों में कई क्षेत्रों में हो रही प्रतिस्पर्धा में बढ़त मिली हुई है। इनमें कृषि उत्पाद , बागवानी , अभियंत्रण सेवाएं (इंजीनियरिंग) , वस्त्र , चमड़ा , सेवाएं , औषधियां , समुद्री उत्पाद , रत्न एवं आभूषण, रसायन एवं प्लास्टिक उत्पाद शामिल हैं। निर्यात में वृद्धि भारत की कुल आर्थिक उपलब्धि का प्रमुख संचालक रही है। पिछले तेरह महीनों में हुआ निर्यात का सकारात्मक प्रदर्शन उपलब्ध आंकड़ों से होता है जो सितंबर 2016 के 22.86 अरब अमरीकी डॉलर से 25.67 प्रतिशत बढ़कर सितंबर 2017 में 28.61 अरब अमरीकी डॉलर हो गया है।

भारत सरकार के वाणिज्य विभाग ने वर्ष 2020 तक देश को वैश्विक व्यापार में प्रमुख भागीदार बनाने और यह सुनिश्चित करने की भारत की अंतरराष्ट्रीय व्यापार संगठनों में अग्रणी भूमिका को उसके बढ़ते महत्व के अनुरूप बनाने हेतु प्रयास करने की सोची है। इस लक्ष्य को पूरा करने के लिए यह सभी संबंधित पक्षों के साथ मिल कर प्रयासरत है और भारत के व्यापारिक माल एवं सेवाओं के निर्यात में वृद्धि में सहायता करने के लिए तदनुसार व्यवस्था कर रहा है। विभाग को अंतरराष्ट्रीय व्यापार संवर्धन, बहुपक्षीय एवं द्विपक्षीय व्यापारिक संबंधों, विशेष आर्थिक क्षेत्रों, राज्य व्यापार, निर्यात संवर्धन और व्यापार सुगमता, कतिपय निर्यातोन्मुख उद्योगों, वस्तुओं तथा कार्य नीति का विकास एवं विनियमन जैसे बहु आयामी कार्य सौंपे गए हैं।

वैश्विक एवं घरेलू आर्थिक परिवेश

वैश्विक संकटों ने पूरे संसार को अलग अलग ढंग से प्रभावित किया जिसमें आर्थिक मंदी और विश्व व्यापार में संकुचन भी आता है। हालांकि विश्व व्यापार संगठन (डब्ल्यूटीओ) के हालिया आंकड़े विश्व व्यापार की स्वास्थ्य संभावनाओं की ओर इशारा करते हैं। वर्ष 2017 के लिए विश्व में व्यापारिक माल के लेनदेन में 3.6 प्रतिशत की वृद्धि का अनुमान लगाया गया है। इसी वर्ष के लिए पिछला अनुमान 2.4 प्रतिशत था। (जीडीपी) व्यापार विनिमय दरों (डब्ल्यूटीओ 2017) के 2.8 प्रतिशत वैश्विक सकल विकास दर के साथ व्यापार वृद्धि को 3.2-3.9 प्रतिशत की सीमा में रखा गया है।

पिछले चार वर्षों के दौरान भारत की व्यापार (निर्यात+आयात) वृद्धि दर ऋणात्मक रही हालांकि 2014 में 0.07 का हल्का सुधार दिखा था। यह इस तथ्य के बावजूद है कि भारत की सकल विकास दर

2014 के 7.2 प्रतिशत से बढ़कर 2015 में 7.9 प्रतिशत हो गई थी जो नवंबर 2016 में घट कर 7.1 प्रतिशत रह गई।

भारत वर्ष 2016-17 में 7.1 प्रतिशत की शानदार वृद्धि दर प्राप्त करके विश्व में सबसे तेज आर्थिक विकास वाली प्रमुख अर्थव्यवस्था के रूप में उभरा है। अंतरराष्ट्रीय मुद्रा कोष (आईएमएफ 2017) के अनुमानों के अनुसार वैश्विक आर्थिक गतिविधियों में ऊर्ध्वगामी उछाल मजबूत हो रहा है। वर्ष 2016 में विश्वव्यापी आर्थिक संकट के कारण 3.2 प्रतिशत की सबसे कमजोर आर्थिक दर के अब बढ़कर 2017 में 3.6 प्रतिशत और 2018 में 3.7 प्रतिशत होने का अनुमान है। अनुकूल वैश्विक आर्थिक परिवेश एवं विकसित अर्थव्यवस्थाओं में सुधार और और उत्साहजनक बाहरी कारकों के चलते इस वश और अगले आने वाले वर्ष में विकासोन्मुख अर्थव्यवस्थाओं और उभरते बाजारों में अधिक विकास होने का अनुमान लगाया गया है। चीन एवं अन्य उभरते हुए एशियाई बाजारों में मजबूती बनी हुई है संयुक्त राज्य अमरीका, कनाडा, यूरो एशियाई क्षेत्र और जापान सदृश विकसित अर्थव्यवस्थाओं के विस्तृत आधार के कारण 2017 में विकास में उल्लेखनीय वृद्धि हुई है। इसी पृष्ठभूमि के चलते भारत की वर्तमान विकास गाथा विशेष रूप से सकारात्मक लग रही है।

भारत का व्यापार परिदृश्य

अप्रैल-सितंबर 2017-18 की अवधि में व्यापार का लेखा जोखा

निर्यात

अमरीकी डॉलरों के हिसाब से निर्यात में अप्रैल-सितंबर 2017-18 की अवधि में इससे पहले वर्ष की तुलना में 10.84 प्रतिशत की सकारात्मक वृद्धि दर्ज की गई है। अप्रैल 2017-सितंबर 2018 के दौरान वाणिज्यिक माल का निर्यात 146.29 अरब अमरीकी डॉलर तक पहुंच गया।

आयात

अप्रैल-सितंबर 2017-18 की अवधि में कुल आयात 220.55 अरब अमरीकी डॉलर रहा जबकि इससे पहले वर्ष इसी अवधि में 175.34 अरब अमरीकी डॉलर का आयात हुआ था। अमरीकी डॉलर के हिसाब से आयात वृद्धि 25.79 प्रतिशत रही। अप्रैल-सितंबर 2017-18 की अवधि (अनुमानित) में कुल 46.51 अरब अमरीकी डॉलर मूल्य का तेल आयात हुआ जबकि इससे पहले वर्ष इसी अवधि में हुए 39.53 अरब अमरीकी डॉलर मूल्य के तेल आयात से 17.65 प्रतिशत अधिक रहा। अप्रैल-सितंबर 2017-18 की अवधि (अनुमानित) में 174.05 अरब अमरीकी डॉलर का गैर-तेल आयात इससे पहले वर्ष के दौरान इसी अवधि में हुए 135.81 अरब अमरीकी डॉलर के गैर-तेल आयात से 28.15 प्रतिशत अधिक दर्ज हुआ।

व्यापार संतुलन

अप्रैल-सितंबर 2017-18 की अवधि (अनुमानित) में अनुमानित व्यापार घाटा 74.27 अरब अमरीकी डॉलर रहा जो इससे पहले वर्ष इसी अवधि में हुए व्यापार घाटे से 43.36 अरब अमरीकी डॉलर कम था।

प्रमुख मदों का निर्यात

अमरीकी डॉलर मूल्य में अप्रैल-सितंबर 2017-18 की अवधि (अनुमानित)के लिए प्रमुख मदों के निर्यात के फैले हुए आंकड़े इससे पहले वर्ष इसी अवधि में हुए निर्यात के सापेक्ष उपलब्ध हैं।

2006–07 से 2016–17 की अवधि के लिए व्यापार के आंकड़े

(करोड़ रुपये में)

क्र. सं.	वर्ष	निर्यात	वृद्धि का प्रतिशत	आयात	वृद्धि का प्रतिशत	व्यापार संतुलन
1.	2006–2007	571,779	25.28	840,506	27.27	268,727
2.	2007–2008	655,864	14.71	1,012,312	20.44	–356,448
3.	2008–2009	840,755	28.19	1,374,436	35.77	–533,680
4.	2009–2010	845,534	0.57	1,363,736	–0.78	–518,202
5.	2010–2011	1,136,964	34.47	1,683,467	23.45	–546,503
6.	2011–2012	1,465,959	28.94	2,345,463	39.32	–879,504
7.	2012–2013	1,634,318	11.48	2,669,162	13.8	–1,034,844
8.	2013–2014	1,905,011	16.56	2,715,434	1.73	–840,738
9.	2014–2015	1,896,348	–0.45	–0.45 2,737,087	0.8	–840,738
10.	2015–2016 (अनंतिम)	1,716,378	–9.49	2,490,298	–9.02	–773,920
11.	अप्रैल–अक्टूबर, 2015–2016	998,212		1,501,291		–503,079
12.	अप्रैल–अक्टूबर, 2016–17 (अनंतिम)	1,039,797	4.17	1,396,352	–6.99	–356,554

स्रोत: डीजीसीआईएस, कोलकाता तथा वार्षिक रिपोर्ट (2016–17) : वाणिज्य मंत्रालय, भारत सरकार

अप्रैल-सितंबर 2017-18 की अवधि (अनुमानित) में पांच प्रमुख मदों का निर्यात कुल निर्यात का 32.52 प्रतिशत दर्ज किया गया। इसमें मुख्य हिस्सा पेट्रोलियम उत्पादों, मोती, मूल्यवान तथा अर्ध-मूल्यवान रत्नों, जैविक औषधीय सामग्री, स्वर्ण एवं अन्य मूल्यवान धातुओं से बने आभूषण, लोहा और इस्पात शामिल हैं।

प्रमुख मदों का आयात

अमरीकी डॉलर मूल्य में अप्रैल 2017-सितंबर 2018 की अवधि (अनुमानित)के लिए प्रमुख मदों के आयात के फैले हुए आंकड़े इससे पहले वर्ष इसी अवधि में हुए आयात के सापेक्ष उपलब्ध हैं। अप्रैल-सितंबर 2017-18 की अवधि (अनुमानित) में पांच प्रमुख मदों का आयात कुल आयात का 42.48 प्रतिशत दर्ज किया गया इसमें मुख्य हिस्सा अशोधित (कच्चा) पेट्रोलियम, मोती, मूल्यवान तथा अर्ध मूल्यवान रत्न, स्वर्ण, दूरसंचार उपकरण एवं कोयला, बुझा हुआ पत्थर का कोयला (कोक) एवं ब्रिकेट शामिल हैं।

विशेष आर्थिक क्षेत्र

निर्यात संवर्धन के क्षेत्र में भारत निर्यात प्रसंस्करण क्षेत्रों (ईपीजेड) की प्रभावशीलता को पहचानने वाला एशिया का पहला देश था जिसने सबसे पहले 1965 में कांधला में पहला निर्यात प्रसंस्करण क्षेत्र (ईपीजेड) स्थापित किया था। हालांकि बहुत अधिक नियंत्रणों और कई प्रकार की स्वीकृतियों की आवश्यकता पड़ने, विश्वस्तरीय आधारभूत संरचनाओं की अनुपस्थिति और अस्थिर वित्तीय व्यवस्था जैसी कमियों को दूर करने और अधिक विदेशी निवेश आकर्षित करने के उद्देश्य से अप्रैल 2000 में विशेष आर्थिक क्षेत्र (एसईजेड) नीति की घोषणा की गई थी। इस उद्देश्य विशेष आर्थिक क्षेत्र (एसईजेड) को आर्थिक विकास का एक ऐसा इंजन बनाना था जिसे उच्च स्तरीय आधारभूत ढांचे के रूप में न्यूनतम संभव नियंत्रणों और विनियमनों वाला केंद्र और राज्य दोनों स्तरों पर आकर्षक वित्तीय पैकेज मिलता। वर्ष 2000 से 2006 की अवधि में भारत में विशेष आर्थिक क्षेत्रों का संचालन विदेश व्यापार नीति के प्रावधानों के अंतर्गत किया जाता रहा और तत्कालीन प्रभावी कानूनों के अंतर्गत वित्तीय प्रोत्साहन दिए गए।

विशेष आर्थिक क्षेत्र (एसईजेड) नियमों से सज्जित विशेष आर्थिक क्षेत्र (एसईजेड) अधिनियम, 2005 को वर्ष 2006 से लागू किया गया जिसमें केंद्र और राज्य सरकारों से संबंधित विषयों में नियमों के सरलीकरण और एकल खिड़की स्वीकृति दिए जाने का प्रावधान किया गया था। विशेष आर्थिक क्षेत्र (एसईजेड) अधिनियम का मुख्य उद्देश्य अतिरिक्त आर्थिक क्रियाकलापों का सृजन; माल एवं सेवाओं के निर्यात को बढ़ावा देना; स्वदेशी और विदेशी निवेशकों द्वारा किए जाने वाले निवेशकों को बढ़ावा देना; रोजगार के अवसरों का सृजन करता तथा आधारभूत संरचनाओं का विकास करना है।

प्रमुख उपलब्धियां

विदेश व्यापार नीति

विदेश व्यापार नीति (एफटीपी), 2015-2020 में वाणिज्यिक माल और सेवाओं के क्षेत्र में एक स्थिर और दीर्घकालीन नीति का वातावरण उपलब्ध करवाना और वैश्विक प्रतिस्पर्धा का लाभ उठाने के लिए भारतीय अर्थव्यवस्था के विभिन्न क्षेत्रों की सहायता कर भारत से होने वाले निर्यात में विविधता को बढ़ावा देने के तत्संबंधी सहायक नियम बनाकर उसे निर्यात एवं आयात को प्रोत्साहन देने और इस प्रक्रिया को 'मेक इन इंडिया', 'डिजिटल इंडिया', 'कौशल भारत', 'स्किल इंडिया' तथा 'व्यापार करने

की सुगमता' (ईज ऑड डूइंग बिजनेस) जैसे प्रयासों/पहलों के साथ निर्यात और आयात हेतु नियमों को जोड़ने का प्रावधान है। विदेश व्यापार नीति की विभिन्न योजनाओं का उद्देश्य सीमा शुल्क समस्याओं का निराकरण और प्रौद्योगिक उन्नयन को बढ़ावा देना है ताकि निर्यातकों को बराबरी का अवसर देने वाला कार्यक्षेत्र उपलब्ध करवाते हुए आधारभूत ढांचे की अक्षमता में सुधार और लागत को कम रखते हुए भारत से निर्यात को बढ़ाया जा सके। वर्तमान जीएसटी प्रावधानों को लागू करने के लिए एफटीपी में आवश्यक परिवर्तन कर दिए गए हैं।

भारत योजनाओं से निर्यात

वाणिज्यिक माल और सेवाओं के निर्यात के लिए पूर्ववर्ती एफटीपी 2009–14 की 6 प्रोत्साहन योजनाओं (प्रमुख उत्पाद योजना [एफपीएच], प्रमुख बाजार योजना [एफएमएस], बाजार से जुड़े प्रमुख उत्पाद प्रतिभूति–पत्र [एमएलएफपीएस], विशेष कृषि एवं उद्योग योजना [वीकेजीयूवाई], कृषि आधारभूत संरचना प्रोत्साहन प्रतिभूति–पत्र, वृद्धि संबंधी निर्यात प्रोत्साहन योजना) एफटीपी 2015–20 की दो अलग–अलग योजनाओं में समाहित कर लिया गया है। ये हैं : भारत योजना से वाणिज्यिक माल का निर्यात (एमईआईएस) और भारत योजना से सेवाओं का निर्यात (एसईआईएस)।

भारत योजना से वाणिज्यिक माल का निर्यात (एमईआईएस)

एमईआईएस भारत में निर्मित/उत्पादित अधिसूचित वस्तुओं के निर्यात संवर्धन हेतु बनाई गई महती योजना है। 1 अप्रैल, 2015 को लागू होते समय एमईआईएस के अंतर्गत 8 अंकों में 4,914 टैरिफ लाइनें आती थीं। विश्वव्यापी आर्थिक मंदी तथा इसके कारण निर्यातकों के सामने आ रही समस्याओं को ध्यान में रखते हुए इसमें अतिरिक्त लाइनें जोड़ी गई। वर्तमान में इसमें विश्वव्यापी प्रसार वाली 7,914 लाइनें हैं। इसके लिए पूर्व निश्चित 18,000 करोड़ रुपये के प्रावधान वाला राजस्व अब बढ़ाकर 23,500 करोड़ रुपये कर दिया गया है। एमईआईएस प्रोत्साहन निर्यात की एफओबी लागत के 02, 03 और 05 प्रतिशत की दर पर उपलब्ध हैं। पहले निर्यातकों को जिन टैरिफ लाइनों के लिए विश्वव्यापी प्रसार की योजना नहीं थी, निर्यात के लिए चयनित देश में उनका माल उतारे जाने पर अवतरण हेतु अवतरण प्रमाण–पत्र सबूत के तौर पर देना होता था। इस पर आने वाली लागत अपरिहार्य नहीं थी अत: निर्यातकों ने इसको हटाए जाने का अनुरोध किया था।

एमईआईएस के अंतर्गत आने वाले प्रमुख उत्पाद हैं : कृषि उत्पाद,फल, फूल, सब्जियां, चाय, कॉफी, मसाले, मूल्यवर्धित एवं डिब्बाबंद पदार्थ, हस्तशिल्प, हथकरघा, जूट (पटसन) उत्पाद , वस्त्र एवं परिधान, औषधियां व शल्य चिकित्सा उपकरण, वानस्पतिक उत्पाद , परियोजना सामग्री, वाहनों के पुर्जे, दूरसंचार, कंप्यूटर, इलेक्ट्रिक व इलेक्ट्रॉनिक्स उत्पाद, रेलवे, परिवहन उपकरण, औद्योगिक मशीनरी, आईसी इंजन, मशीनों के कलपुर्जे, हाथ के औजार, सभी प्रकार के पंप, मोटर वाहन, दोपहिया वाहन, साइकिलें, पोत, वायुयान, रसायन, प्लास्टिक्स, रबड़, चीनी मिट्टी और कांच के पात्र, चमड़े से बने परिधान, घोड़े का साज–सामान (जीन–काठी), जूते–चप्पलें, इस्पात से बना फर्नीचर , पूर्वनिर्मित भवन, लाइटर्स वुड , कागड़ , स्टेशनरी, लोहा, इस्पात, हलकी धातुएं इत्यादि।

भारत योजना से सेवाओं का निर्यात (एसईआईएस)

उपयुक्त सेवाओं के निर्यात संवर्धन की योजना एसईआईएस को पूर्ववर्ती भारत योजना से पोषित (एसएफआईएस) के स्थान पर विदेश व्यापार नीति 2015–20 में शुरू किया गया था। इसे कुल अर्जित

विदेशी मुद्रा के 03 से 05 प्रतिशत की दर से दिया जाता है। केवल विधि 01 और विधि 02 की सेवाएं ही अनुमान्य है। यह योजना पूर्व में लागू 'भारतीय सेवा प्रदाता' के स्थान पर अब 'भारत में कार्यरत सेवा प्रदाता' श्रेणी पर लागू की गई है।

ई-वाणिज्य (कॉमर्स) का उपयोग करने वाले कोरियर अथवा विदेशी डाकघरों के माध्यम से वस्तुओं का निर्यात: एमईआईएस के अंतर्गत ई-वाणिज्य (कॉमर्स) का उपयोग करने वाले कोरियर अथवा विदेशी डाकघरों के माध्यम से वस्तुओं का निर्यात करने को प्रोत्साहन देने के लिए एफटीपी ने एक नई योजना शुरू की है। चूंकि ई-वाणिज्य (कॉमर्स) निर्यात का विनियामक ढांचा अभी तैयार ही किया जा रहा है अतः इस योजना को सीमित रूप से लागू किया गया।

अग्रिम अधिकार-पत्र (एए): इस योजना के अंतर्गत न्यूनतम 15 प्रतिशत मूल्यवर्धन के साथ निवेश हेतु आने वाले सामान पर सीमा शुल्क मुक्त आयात (जिसे निर्यात मदों के साथ वस्तुत: समाहित किया गया है) की अनुमति दी गई है। एफटीपी की प्रक्रिया नियमावली के प्रावधानों के अनुसार एसआईओएन अथवा स्व घोषणा के आधार पर अंतिम उत्पादों से जुड़े निवेशों के लिए अग्रिम अधिकार-पत्र (एए) जारी किया जाता है। सामान्यत: जारी किए जाने के दिनांक से आयात हेतु 12 महीने तथा निर्यात शर्तों को पूरा करने के लिए 18 महीने के लिए अग्रिम अधिकार-पत्र वैध माने जाते हैं। इसे किसी निर्माता-निर्यातक अथवा सहयोगी निर्माता से संबद्ध निर्यातक को दिया जाता है।

सीमा शुल्क मुक्त अधिकार पत्र योजना (डीएफआईए) : न्यूनतम 20 प्रतिशत की मूल्यवर्द्धिता के साथ निवेश के आयात के लिए डीएफआईए का प्रावधान किया गया है। केवल बुनियादी सीमा शुल्क के भुगतान पर डीएफआईए की छूट मिलेगी तथा अधिकार पात्र केवल उन उत्पादों के लिए निर्यात उपरांत आधार पर जारी किया जा सकेगा जिनके लिए एसआईओएन अधिसूचना जारी की गई है। रत्न एवं आभूषण क्षेत्र के लिए अलग से योजना है।

ईपीसीजी योजना : इस योजना के अंतर्गत भारत की निर्यात प्रतियोगिता क्षमता बढ़ाने के लिए प्रौद्योगिकी के उन्नयन एवं बेहतर सेवाओं हेतु पूंजीगत माल के आयात पर सीमा शुल्क की दर शून्य प्रतिशत रहेगी। ईपीसीजी के अंतर्गत किया गया आयात छह वर्ष की अवधि में किए निर्यात अनुबंधों पर देय सीमा शुल्क के छह गुना के बराबर होना चाहिए। योजना के अंतर्गत 25 प्रतिशत कम निर्यात अनुबंधों के साथ पूंजीगत माल की घरेलू आपूर्ति की भी अनुमति होगी।

ईओयू/ईएचटीपी/एसटीपी तथा बीटीपी योजना : इस योजना के अंतर्गत ऐसी इकाइयां स्थापित की जा सकेंगी जो सीमा शुल्क का भुगतान किए बिना आयात/घरेलू आपूर्ति हेतु अपने यहां उत्पादित समस्त माल और सेवाओं का निर्यात करेंगी। इस योजना के विस्तृत विवरण और उससे होने वाले लाभों के लिए एफटीपी की आवश्यकता पड़ेगी।

व्यवसाय करने की सुगमता तथा ई-शासन विधि

प्रमाण-पत्रों की संख्या कम करना : प्रत्येक निर्यात और आयात के लिए अनिवार्य प्रमाण-पत्रों की संख्या घटाकर अब 03 कर दी गई है। पहले निर्यात के लिए 07 एवं आयात हेतु 10 प्रमाण-पत्रों की आवश्यकता होती थी।

योजनाओं की संख्या कम करना : नई विदेश व्यापार नीति (2015–20) 2015 में लागू की गई थी जिसका उद्देश्य वाणिज्यिक माल और सेवा निर्यात को बढ़ावा देना तथा व्यवसाय करने की सुगमता को सुधारना था। विदेश व्यापार महानिदेशालय (डीजीएफटी) ने वाणिज्यिक माल के निर्यात को एक ही योजना में लाने के लिए पहले से जारी पांच विभिन्न प्रोत्साहन योजनाओं को एकाकार कर दिया था। परिवर्तित योजनाएं इस प्रकार हैं : (प्रमुख उत्पाद योजना [एफपीएच], प्रमुख बाजार योजना [एफएमएस], बाजार से जुड़े प्रमुख उत्पाद प्रतिभूति–पत्र [एमएलएफपीएस], विशेष कृषि एवं उद्योग योजना [वीकेजीयूवाई], कृषि आधारभूत संरचना प्रोत्साहन प्रतिभूति–पत्र।

2017 से डीजीएफटी द्वारा आईईसी के रूप में कंपनियों का पीएन जारी किया जा रहा है। आवेदन करने तथा आईईसी जारी करने की प्रक्रिया ऑनलाइन एवं सुरक्षित है। आईसी को डीआईपीपी के ई–बिज पोर्टल के साथ एकीकृत कर दिया गया है। आईसी और ईपीजीसी आवेदनों को मंत्रिमंडल सचिवालय द्वारा गठित पीएमजी द्वारा लागू ई–निवेश पोर्टल में समाहित कर दिया गया है।

इलेक्ट्रॉनिक बैंक प्राप्ति प्रमाण–पत्र (ईबीआरसी) प्रणाली के उपायों का विस्तार किया गया है। डीजीएफटी इलेक्ट्रॉनिक बैंक प्राप्ति प्रमाण–पत्र (ईबीआरसी) प्रणाली से प्राप्त आंकड़ों को 17 अन्य एजेंसियों के साथ साझा करता है। ई बीआरसी प्रणाली बैंकिंग चैनलों के माध्यम से निर्यातकों को मिली विदेशी मुद्रा के बारे में सूचना एकत्रित करती है।

डीजीएफटी में ऑनलाइन करने के लिए उपलब्ध 'आयात–निर्यात' फॉर्म को विभिन्न प्रावधानों में स्पष्टता लाते हुए इलेक्ट्रॉनिक गवर्नेंस को बढ़ाते हुए और सरल बना दिया गया है।

वेब पोर्टल

डीजीएफटी ने नए कलेवर में अपनी वेबसाइट शुरू की है जो प्रयोग में सुगम और आसानी से खुलने वाली है। इस वेबसाइट का फलक बहुत विस्तृत है जिसमें व्यावसायी आईईसी और डीजीएफटी की विभिन्न योजनाओं के लिए ऑनलाइन आवेदन दर्ज कर सकते हैं। निर्यातक भी बहुत ही कम समय में अपने इलेक्ट्रॉनिक बैंक प्राप्ति प्रमाण–पत्र की स्थिति की जानकारी प्राप्त कर सकते हैं। वेबसाइट में विदेश व्यापार नीति से संबंधित अधिसंख्य प्रलेख एवं प्रपत्रों सहित बहुतसी उपयोगी सूचनाएं समाहित हैं, साथ ही एक अनुकूल ऑनलाइन शिकायत समाधान प्रणाली भी दी गई है।

वाणिज्य विभाग द्वारा शुरू किया गया और एफआईईओ द्वारा संचालित भारतीय व्यापार पोर्टल में निर्यात आयात संबंधी उपयोगी सूचनाएं संकलित हैं। इसमें भारतीय व्यापार मिशनों द्वारा अपलोड की गई व्यापार सूचनाएं, भारत के व्यापार साझेदारों के शुल्क एवं व्यापार आंकड़े, निर्यात बाजार की रिपोर्टें और व्यापार समझौतों संबंधी जानकारी दी गई है।

कॉमर्स.गोव.इन वेबसाइट पर ईएक्सआईएम डैशबोर्ड शुरू किया गया है। यह उपयोग करने वालों को उत्पाद, देश एवं पत्तन (बंदरगाह) स्तर पर भारत के निर्यात और आयात का पूरा भौगोलिक विवरण दे देता है।

शिकायतों के हल हेतु सुविधाएं

विदेश व्यापार से संबंधित सभी मामलों के हल हेतु एकल संपर्क स्थल के रूप में डीजीएफटी की वेबसाइट (डब्ल्यूडब्ल्यूडब्ल्यू.जीओवी.आईएन) पर कॉन्टेक्ट एट (@) डीजीएफटी प्रणाली को सक्रिय

किया गया है। सभी निर्यातक/आयातक सीधे डीजीएफटी (मुख्यालय अथवा क्षेत्रीय-कार्यालयों) अथवा केंद्र और राज्य सरकारों की अन्य एजेंसियों से संबंधित विदेश व्यापार से जुड़े मामलों के समाधान के लिए इस सुविधा का उपयोग करते हैं। प्रत्येक अनुरोध के लिए एक संदर्भ संख्या जारी की जाती है ताकि समाधान हेतु की गई कार्यवाही की अवस्था का पता चल सके। इन प्रबंधों की प्रभावी निगरानी भी की जाती है। डीजीएफटी का एक ट्विटर हैंडल (डीजीएफटीइंडिया) भी है जिसके 27,500 फॉलोवर भी हैं। ट्वीट्स के उत्तर सीआईएम अकाउंट में भेजे जाते हैं और डीजीएफटी हैंडल को ट्विटर सेवा के माध्यम से संचालित किया जाता है। नीतियों, प्रक्रिया तथा क्रियान्वयन संबंधी शिकायतों को प्रशासनिक सुधार विभाग के लोक शिकायत पोर्टल पर दर्ज किया जाता है और जनसामान्य की शिकायतों का त्वरित एवं शीघ्र समाधान किया जाता है।

पहुंच एवं निर्यात बंधु योजना : पिछले दो वर्षों में 50,000 से अधिक नए और संभावित निर्यातकों ने डीजीएफटी के क्षेत्रीय कार्यालयों के माध्यम से निर्यात बंधु पहुंच कार्यक्रमों में भाग लिया। डीजीएफटी ने निर्यात बंधु के एक अंग के रूप में 34 क्लस्टरों में पहुंच गतिविधियां संचालित की। इसके अतिरिक्त पहली बार बने कारोबारियों के लिए आईआईएफटी के साथ एक ऑनलाइन प्रशिक्षण कार्यक्रम भी शुरू किया गया है।

निर्यात संवर्धन में राज्यों की सहभागिता : व्यापार विकास एवं संवर्धन परिषद् का गठन 2015 में किया गया। परिषद् अंतरराष्ट्रीय व्यापार के लिए सहायक वातावरण की व्यवस्था करने एवं भारत के निर्यात को बढ़ावा देने में राज्यों को सक्रिय सहयोगी बनाने हेतु एक तंत्र विकसित करने के लिए राज्यों और केंद्र शासित प्रदेशों से निरंतर संपर्क और वार्ता को सुनिश्चित करती है।

निर्यात को बढ़ावा देने के राज्य सरकारों से निर्यात योजना बनाने, निर्यात नियुक्ति, माल के आवागमन को बाधित करने वाली संरचनात्मक कमियों को दूर करने, वैट/महसूल/राज्य स्तरीय करों विभिन्न स्वीकृतियों की वापसी को सुगम बनाने, विभिन्न स्वीकृतियों से जुड़े मामलों के समाधान करने और नए निर्यातकों की क्षमता तैयार करने के लिए अनुरोध किया गया है। अभी तक 17 राज्यों ने अपनी निर्यात योजना बनाई है।

शासकीय ई-बाजार (जीईएम)

डीजीएसडी ने सरकार/लोक उपक्रमों द्वारा विभिन्न प्रकार के सामान और सेवाओं की खरीद/बिक्री के लिए एक समर्पित प्रौद्योगिकी आधारित ई-बाजार की स्थापना की है जहां विभिन्न मंत्रालयों और सरकारी एजेंसियों द्वारा विभिन्न सेवाओं और सामान की खरीदारी को सुगम किया जा सकेगा। 2016 में इसका पोर्टल शुरू किया गया था। मापनीय और पूरी तरह से ऑनलाइन, पारदर्शी और व्यवस्था संचालित जीईएम माल और सेवाओं की आपूर्ति (खरीद) सरलता, कुशलता एवं तेजी से हो जाती है। इसके अंतर्गत आपूर्ति की पूरी प्रक्रिया आ जाती है जिसमें विक्रेता का पंजीकरण, क्रेता (खरीदार) द्वारा माल का चयन, आपूर्ति आदेश तैयार करना और माल/सेवाओं की निर्दिष्ट क्रेता द्वारा पावती के साथ ही विक्रेता को ऑनलाइन भुगतान किया जाना शामिल है।

डब्ल्यूटीओ और भारत

भारत विश्व व्यापार संगठन (डब्ल्यूटीओ) के संस्थापक सदस्यों में से एक है और इसकी विविध पक्षता के लिए पूरी तरह प्रतिबद्ध है। वर्तमान में डब्ल्यूटीओ में दोहा विकास कार्यक्रम पर विचार-विमर्श जारी

हैं। वर्ष 2001 में स्वीकार किए गए इस कार्यक्रम का उद्देश्य विकाशील देशों की चिंताओं को दूर करना है। यह कार्यक्रम इन देशों को विश्व व्यापार प्रणाली से जोड़ना सुनिश्चित करने के लिए बनाया गया है।

सेवाएं

सेवाओं का महत्व

सेवाएं विश्व व्यापार के बढ़ते हुए आयाम हैं। जीडीपी, एफडीआई, निर्यात एवं रोज़गार सृजन में इनके योगदान के मद्देनजर सेवाएं विकसित और विकासशील देशों में आर्थिक विकास का प्रमुख चालक बन चुकी हैं।

अन्य मुद्दे

वीजा सुधार

आर्थिक विकास को गति देने,पर्यटन, चिकित्सा हेतु यात्रा, भारत को प्रत्यक्ष विदेशी एवं पोर्टफोलियो निवेश का आकर्षण केंद्र बनाने के लिए व्यवसाय हेतु यात्रा के उद्देश्य से भारत में वीजा व्यवस्था को उदार बनाने, उसके सरलीकरण एवं उसे औचित्यपूर्ण बनाने के लिए कई कदम उठाए गए हैं। कुछ महत्पूर्ण कदम इस प्रकार हैं :

ई-वीजा, पर्यटक,व्यापारिक,चिकित्सा एवं रोजगार वीजा योजना का उदारीकरण। वीजा की नई श्रेणियां जैसे इंटर्न वीजा और फिल्म वीजा शुरू की गई हैं।

इससे पर्यटन, चिकित्सा हेतु यात्रा तथा मीडिया और मनोरंजन उद्योग को नए पंख लग जाएंगे।

भारत योजना से सेवाओं का निर्यात (एसईआईएस)

सरकार ने 2015 से विदेश व्यापार नीति (एफटीपी), 2015-20 के अंतर्गत भारत योजना से सेवाओं का निर्यात (एसईआईएस) शुरू किया था। यह एफटीपी, 2009-15 के अंतर्गत पूर्ववर्ती 'भारत योजना से सेवा' के स्थान पर लाई थी। एसईआईएस के अंतर्गत अधिसूचित सेवाओं के सेवा प्रदाताओं को उनकी सकल विदेशी मुद्रा आय के 03 से 05 प्रतिशत की दर से शुल्क ऋण प्रतिभूति का प्रोत्साहन दिया जाता है। ये एसईआईएस प्रतिभूतियां हस्तांतरित की जा सकती हैं और मूल सीमा शुल्क के भुगतान सहित इन्हें विभिन्न केंद्रीय करों/शुल्कों के भुगतान हेतु प्रयोग किया जा सकता है। यह योजना हमारे निर्यात को वैश्विक रूप से प्रतिस्पर्धी बनाने के लिए चलाई गई है।

मुक्त व्यापार समझौते (एफटीए)

भारत ने सिंगापुर, दक्षिण कोरिया, जापान और मलेशिया की सरकारों के साथ सेवाओं के व्यापार सहित कई व्यापक द्विपक्षीय व्यापार समझौते किए हैं। दक्षिण पूर्वी एशियाई देशों के संगठन (एएसईएएन) के साथ 2014 में सेवाओं और निवेश हेतु मुक्त व्यापार समझौता किया गया था। वर्तमान एफटीए से मिली उपलब्धियां इस प्रकार हैं : स्थायी डब्ल्यूटीओ के साथ सभी एफटीए सहयोगियों से प्राप्त अनुबंध; भारत द्वारा किए गए सभी अनुबंध वर्तमान नीतियों/स्वायत्त व्यवस्थाओं के अंतर्गत हैं तथा सीमा पार आपूर्ति (व्यवस्था 1); कंप्यूटर तथा संबंधित सेवाएं और व्यापार सेवाएं प्राप्त हुई हैं।

व्यापार संबंधी आधारभूत संरचना

निर्यात क्षेत्र के लिए व्यापार आधारभूत संरचना का प्रारंभ (टीआईइएस)

निर्यात आधारभूत संरचना और सम्वर्गी सेवाओं के विकास हेतु राज्यों को सहायता (एएसआईडीई) वाणिज्य विभाग ने अभी तक (एएसआईडीई) के माध्यम से आधारभूत संरचना की कमी को पूरा करने के लिए राज्यों की सहायता की है। अत: (टीआईइएस) नाम के निर्यात आधारभूत संरचना को सुदृढ़ करने के लिए 2017 में एक नई योजना बनाई और शुरू की गई है।

(टीआईइएस) 2017-18 से लागू होगा और निर्यात आधारभूत संरचना के प्रावधानों को पूरा करने पर जोर देगा। साथ ही यह निर्यात से सीधे संबद्ध निम्नलिखित परियोजनाओं की सहायता करेगा: व्यापार सुगमता केंद्र; सार्वजनिक सुविधा केंद्र; तथा परिक्षण एवं प्रमाणन प्रयोगशालाएं इत्यादि।

इस योजना के अंतर्गत केंद्र/राज्य सरकारों की एजेंसियां और उनके अधिक अंशधारिता वाले संयुक्त उपक्रम परियोजना की कुल इक्विटी के 50 प्रतिशत वित्तीय सहायता के पात्र होंगे। पीपीपी परियोजनाएं भी इसके लिए पात्र होंगी।

8 संचार और सूचना प्रौद्योगिकी

संचार और सूचना प्रौद्योगिकी का संचालन इलेक्ट्रॉनिकी एवं सूचना प्रौद्योगिकी मंत्रालय एवं संचार मंत्रालय करता है। इलेक्ट्रॉनिक एवं सूचना प्रौद्योगिकी मंत्रालय ई-गवर्नेंस एवं इलेक्ट्रॉनिकी के सतत विकास को बढ़ावा देने के साथ ही, सूचना प्रौद्योगिकी एवं सूचना प्रौद्योगिकी उद्योगों का विस्तार और देश में इंटरनेट गवर्नेंस को प्रोत्साहन देता है। वहीं संचार मंत्रालय का काम डाक एवं दूरसंचार विभाग की देखरेख करना है। इन विभागों की विशेषताएं, गतिविधियां और इनके द्वारा शुरू किए गए कार्यक्रम इस प्रकार हैं :

डाक

भारत में वर्ष 1776 में सबसे अधिक पसंदीदा आधुनिक डाक प्रणाली का प्रारंभ लॉर्ड क्लाइव ने किया था और इसे 1774 में लॉर्ड हेस्टिंग्स ने आगे बढ़ाया। डाक नेटवर्क का विस्तार 1786 से 1793 के दौरान हुआ। वर्ष 1837 के एक अधिनियम के माध्यम से पहली बार डाकघरों को नियमन व्यवस्था के अंतर्गत लाया गया ताकि तत्कालीन तीन प्रेसिडेंसियों के सभी डाकघरों को अखिल भारतीय सेवा के दायरे में लाया जा सके। इसके बाद, 1854 के डाकघर अधिनियम में संशोधन के साथ संपूर्ण डाक व्यवस्था का स्वरूप बदल गया और 1 अक्टूबर, 1854 से भारत के डाकघर वर्तमान प्रशासनिक तरीके से चलाए जाने लगे। देश में पहला डाक टिकट उसी समय जारी किया गया था जो पूरे देश में मान्य था। डाक टिकटों की दरें कम और समान रखी गईं। डाक दर दूरी के हिसाब से न होकर भेजे जाने वाले पत्र अथवा पैकेट के वज़न से तय की गई। आमजन को पहली बार एक ऐसी सुविधा का उपयोग करने का अवसर प्राप्त हुआ। इसके तहत उन्हें अपने दरवाजे पर निःशुल्क पत्र मिलने लगे। पहले इस तरह की सुविधा केवल राष्ट्राध्यक्षों और सरकारी अधिकारियों को ही मिलती थी। तब से डाक व्यवस्था ने देश में प्रत्येक व्यक्ति के जीवन को प्रभावित किया है। यद्यपि ब्रिटिश शासन ने साम्राज्यवादी हित-साधना के लिए डाकघर की स्थापना की, लेकिन डाकघर रेल और टेलीग्राफ के साथ सामाजिक विकास का महत्वपूर्ण इंजन बन गया।

वर्तमान में पोस्ट ऑफिस एक्ट, 1898 द्वारा भारतीय डाक सेवाओं का नियंत्रण किया जाता है। उन्नीसवीं सदी के मध्य में डाकघर डाक बंगलों और डाकसरायों की देखभाल करके यात्रा को भी सुगम और सहज बनाते थे। मेल ऑर्डर सेवा 1877 में मूल्य देय प्रणाली शुरू होने के साथ प्रारंभ हुई जबकि 1880 से मनी ऑर्डर सेवा के माध्यम से दरवाजे पर धनराशि प्राप्त करना संभव हुआ। 1882 में डाकघर बचत बैंक प्रारंभ होने के साथ बैंकिंग सुविधा सभी लोगों तक पहुंची और 1884 तक सभी सरकारीकर्मियों को डाक जीवन बीमा के अंतर्गत लाया गया। डाक संचार सुविधा प्रदान करने के अतिरिक्त डाकघर नेटवर्क 19वीं सदी के उत्तरार्द्ध से धन का हस्तांतरण, बैंकिंग और बीमा सेवा भी दे रहा है।

संगठन का संक्षिप्त विवरण

डाक विभाग संचार एवं सूचना प्रौद्योगिकी मंत्रालय के अंतर्गत आता है। विभाग का शीर्ष प्रबंधन निकाय डाक सेवा बोर्ड है। बोर्ड में एक अध्यक्ष एवं छह सदस्य हैं। बोर्ड के छह सदस्यों के कार्यक्षेत्र क्रमशः कार्मिक, परिचालन, प्रौद्योगिकी, डाक जीवन बीमा, मानव संसाधन विकास योजना हैं। डाक सेवा बोर्ड के अध्यक्ष डाक विभाग के सचिव ही हैं।

डाक नेटवर्क

स्वतंत्रता प्राप्ति के समय देशभर में 23,344 डाकघर थे जिसमें से 18,184 ग्रामीण क्षेत्र में तथा 4,160 शहरी क्षेत्रों में थे। आज 1,54,965 डाकघरों के साथ भारत का डाक नेटवर्क विश्व में सबसे बड़ा डाक नेटवर्क है जिसमें 1,39,057 (89.74 प्रतिशत) डाकघर ग्रामीण क्षेत्रों में हैं और 15,989 (10.26 प्रतिशत) शहरी इलाकों में हैं। इस प्रकार स्वतंत्रता के बाद इस नेटवर्क में 7 गुना वृद्धि हुई है। डाकघरों का यह विस्तार मुख्यतः ग्रामीण क्षेत्रों में हुआ है।

देश में विशेषकर ग्रामीण क्षेत्रों में डाक नेटवर्क का विस्तार मुख्य रूप से अंशकालिक ग्रामीण डाक सेवक डाकघर खोलने के कारण हुआ है। इस योजना के तहत विशिष्ट शर्तें पूरी करने वाले ग्रामीण डाक सेवक कार्यरत होते हैं जिन्हें उनकी सेवाओं के लिए भत्ता दिया जाता है। ग्रामीण डाक सेवक डाकघर अधिकतम पांच घंटे के लिए खुलता है।

यह डाकघर डाक वितरण, रिटेल, बचत बैंक, जीवन बीमा और सेवा प्रदाता कार्यों के अलावा मनरेगा जैसे विशिष्ट सामाजिक सेवा कार्यों के अंतर्गत वेतन एवं पेंशन भुगतान का कार्य भी करते हैं। औसतन देशभर में एक डाकघर 21.56 वर्ग कि.मी. और 7,753 लोगों को सेवा देता है। डाक विभाग द्वारा निर्धारित दूरी, जनसंख्या और आय संबंधी नियमों को पूरा करने पर स्थापित होते हैं। ग्रामीण क्षेत्र में डाकघर खोलने के लिए सब्सिडी दी है। सामान्य ग्रामीण क्षेत्रों में यह सब्सिडी कुल लागत के 66.67 प्रतिशत और पर्वतीय, जनजातीय, रेगिस्तानी और दुर्गम क्षेत्रों में 85 प्रतिशत दी जाती है।

डाक नेटवर्क के अंतर्गत डाकघरों की तीन श्रेणियां आती हैं, ये हैं, मुख्य डाकघर, उप डाकघर और डाकघरों की अतिरिक्त डिपार्टमेंटल शाखा। डाकघरों की यह सभी शाखाएं समान डाक सेवाएं उपलब्ध कराती हैं, जबकि डिलिवरी कार्य विशिष्ट डाकघरों तक ही सीमित हैं। डाकघरों के अलावा, फ्रेंचाइजी आउटलेट्स और पंचायत संचार सेवा केंद्रों के जरिए भी बुनियादी डाक सेवाएं उपलब्ध कराई जाती हैं। फ्रेंचाइजी आउटलेट्स उन शहरी व ग्रामीण इलाकों में खोले गए हैं जहां स्थायी डाकघर खोलना संभव नहीं होता। यह केंद्र ग्राम पंचायत मुख्यालयों में खोले गए हैं। यह योजना ग्राम पंचायतों द्वारा नियुक्त एजेंट के जरिए अमल में लाई गई है। 31 मार्च, 2017 तक देश में 2,345 फ्रेंचाइजी आउटलेट्स और 2,049 पंचायत संचार सेवा केंद्र कार्यरत थे।

वित्तीय सेवाएं

डाक विभाग भारत सरकार के वित्त मंत्रालय की ओर से लघु बचत योजना चलाता है जो इन योजनाओं से संबंधित ढांचागत और नियामकों में फेरबदल करता है और डाक विभाग को पारिश्रमिक भुगतान करता है। 31 मार्च, 2017 के आंकड़ों के अनुसार डाकघर बचत बैंक (पीओएसबी) में 35.62 करोड़ से अधिक खाताधारक थे। बचत बैंक सुविधा 1.54 लाख डाकघरों के नेटवर्क के माध्यम से प्रदान की जाती

है। डाकघर बचत बैंक बचत खाते, आवर्ती (रिकरिंग), डिपॉजिट (आरडी), सावधि जमा खाते (टीडी), मासिक आय योजना (एमआईएस), पब्लिक प्रॉविडेंट फंड (पीपीएफ), राष्ट्रीय बचत प्रमाण–पत्र (एनएससी), किसान विकास–पत्र (केवीपी), वरिष्ठ नागरिक बचत योजना (एससीएसएस) और सुकन्या समृद्धि खाता जैसी योजनाएं चलाते हैं। 31 मार्च, 2017 तक डाकघरों में राष्ट्रीय बचत योजना और बचत सर्टिफिकेट के अंतर्गत 7,29,394 करोड़ रुपये की धनराशि बकाया थी।

कोर बैंकिंग

कोर बैंकिंग समाधान (सीबीएस) भारतीय डाक के सूचना प्रौद्योगिकी आधुनिकीकरण का हिस्सा है। इसका उद्देश्य डाकघरों में आवश्यक सूचना प्रौद्योगिकी अवसंरचना के साथ विभिन्न सूचना प्रौद्योगिकी समाधानों को लाना है। परियोजना का उद्देश्य चालू योजनावधि के दौरान लघु बचत योजनाओं के लिए सभी विभागीय डाकघरों में कोर बैंकिंग समाधान को लागू करना है। परियोजना से 'कहीं भी, कभी भी' बैंकिंग, एटीएम तथा इंटरनेट बैंकिंग सुविधा मिल सकेगी। 30 जून, 2017 तक 23,314 डाकघरों को सीबीएस परिवर्तित किए गए हैं। देशभर में 982 स्थानों पर एटीएम भी स्थापित किए गए हैं।

म्यूचुअल फंड्स

डाकघर देश में पूंजी बाजार की पहुंच को बढ़ाने तथा सामान्य जन को बाजार आधारित निवेश विकल्प उपलब्ध कराने में महत्वपूर्ण भूमिका निभा रहा है। वर्तमान में 2,000 डाकघरों के माध्यम से यूनिट ट्रस्ट ऑफ इंडिया के विभिन्न म्यूचुअल फंड उत्पादों की रिटेलिंग की जा रही है।

अंतरराष्ट्रीय धन हस्तांतरण सेवा

अंतरराष्ट्रीय धन हस्तांतरण सेवा विदेशों से व्यक्तिगत तौर पर भारत में धन भेजने का त्वरित और सहज तरीका है। वेस्टर्न यूनियन जैसी अत्याधुनिक धन स्थानांतरण जैसी वित्तीय सेवाओं के सहयोग से डाकघरों के माध्यम से 195 देशों से भारत में किसी व्यक्ति को भेजे जाने वाला धन शीघ्र और सहज तरीके से मिल जाता है। वर्तमान में यह सुविधा देश के 9,943 स्थानों पर उपलब्ध है।

राष्ट्रीय पेंशन योजना

2009 में सरकार ने नागरिकों के लिए राष्ट्रीय पेंशन योजना की शुरुआत की थी जिसे पहले नवीन पेंशन योजना कहा जाता था। डाक विभाग राष्ट्रीय पेंशन योजना के लिए करीबी इकाई है। 18 से 55 वर्ष आयु वर्ग का कोई भी भारतीय नागरिक पेंशन योजना का लाभ ले सकता है और 60 वर्ष की आयु तक योजना में अपना अंशदान कर सकता है। पेंशन अंशदान का निवेश पेंशन फंड नियामक (पीएफआरडीए) द्वारा भुगतानकर्ता की प्राथमिकता के मुताबिक उसकी पसंद की योजना में किया जाता है। ये सुविधा देश के सभी मुख्य डाकघरों में मौजूद है।

सामाजिक सुरक्षा योजना

जन सुरक्षा योजनाएं यथा– प्रधानमंत्री सुरक्षा बीमा योजना (पीएमएसबीवाई) एवं प्रधानमंत्री जीवन ज्योति बीमा योजना (पीएमजेजेबीवाई) सभी सीबीएस डाकघरों में 2015 से लॉन्च की गई थीं। ये योजनाएं डाकघर के सभी बचत खाताधारकों को उपलब्ध है। डाक विभाग ने पीएमएसबीवाई और पीएमजेजेबीवाई के लिए नेशनल इंश्योरेंस कंपनी (एनआईसी) और जीवन बीमा निगम (एलआईसी)

के साथ समझौते पर हस्ताक्षर किए थे। 2015 से सीबीएस मुख्य डाकघरों में अटल पेंशन योजना (एपीवाई) लॉन्च की गई।

कोर बैंकिंग सॉल्यूशन

कोर बैंकिंग समाधान (सीबीएस) परियोजना के अंतर्गत एटीएम बैंकिंग, इंटरनेट बैंकिंग एवं मोबाइल बैंकिंग को लाया जा रहा है। इसके अलावा, नेशनल इलेक्ट्रॉनिक फंड ट्रांसफर (एनईएफटी) एवं रियल टाइम ग्रॉस सेटलमेंट (आरटीजीएस) की सुविधाओं को भी इसके अंतर्गत लाए जाने की योजना है।

भारतीय डाक भुगतान बैंक

भारतीय रिजर्व बैंक ने अधिक केंद्रित बैंकिंग के लिए अपनी विशेष बैंकिंग नीति की शुरुआत की जिसके जरिए वित्तीय समावेशन और डिजिटल बैंकिंग को बढ़ावा मिलेगा। भुगतान बैंकों को स्थापित करने के अनुमोदन को 2015 में मंजूरी मिली थी, जिसके आधार पर 2016 में भारतीय डाक भुगतान बैंक (आईपीपीबी) को सार्वजनिक कंपनी के तौर पर निगमित किया गया।

ग्रामीण व्यवसाय

डाक विभाग का मुख्य नेटवर्क ग्रामीण क्षेत्रों में है। कुछ वर्षों से वित्तीय समावेशन ग्रामीण बैंकिंग (आरबी) डिवीजन की गतिविधियों के प्रमुख बिंदु के रूप में उभरा है। ग्रामीण बैंकों के मुख्य कार्यों में से एक है ग्रामीण क्षेत्रों में रहने वाले लोगों को डाकघर बचत खाता और सामाजिक सुरक्षा योजनाओं के भुगतान के वितरण के माध्यम से औपचारिक वित्तीय सेवाओं के दायरे में लाना।

डाक जीवन बीमा और ग्रामीण डाक जीवन बीमा

डाक जीवन बीमा योजना (पीएलआई) का प्रारंभ 1884 में एक कल्याणकारी योजना के रूप में डाक विभाग के कर्मचारियों के लिए हुआ था और बाद में 1888 में इसके अंतर्गत टेलिग्राफ विभाग के कर्मचारियों को भी लाया गया था। इसके अंतर्गत, केंद्रीय और राज्य सरकारों के कर्मचारी, केंद्रीय और राज्य सरकारों के प्रतिष्ठान, विश्वविद्यालय, सरकारी सहायता से चलने वाले शैक्षिक संस्थान, राष्ट्रीयकृत बैंक एवं स्थानीय निकाय आदि आते हैं। पीएलआई की बीमा सुविधा के अंतर्गत रक्षा सेवाओं तथा अर्द्ध-सुरक्षाबलों को भी लाया गया है। केंद्र/राज्य सरकारों के सरकारी/सार्वजनिक क्षेत्र/बैंकों में न्यूनतम 10 प्रतिशत हिस्सा रखने वाले अनुसूचित कमर्शियल बैंकों, क्रेडिट को-ऑपरेटिव सोसाइटियों, संयुक्त उद्यमों के कर्मचारियों को भी जीवन बीमा के दायरे में लाया गया है। विश्वविद्यालय अनुदान आयोग/केंद्रीय माध्यमिक शिक्षा बोर्ड/अखिल भारतीय तकनीकी शिक्षा परिषद/भारतीय मेडिकल काउंसिल के अंतर्गत आने वाले विश्वविद्यालयों/शैक्षिक संस्थान भी इसके अंतर्गत आते हैं। यह देश का सबसे पुराना बीमाकर्ता है।

4,000 रुपये की उच्च बीमा सीमा से शुरू कर, इस योजना के अंतर्गत सभी योजनाओं के लिए 50 लाख रुपये का अधिकतम बीमा किया जाता है। एकल बीमा पॉलिसियों के अतिरिक्त, पीएलआई , डाक विभाग के अतिरिक्त विभागीय कर्मचारियों (ग्रामीण डाक सेवकों) के लिए सामूहिक बीमा योजना भी चलाती है।

ग्रामीण डाक बीमा योजना (आरपीएलआई) की शुरुआत 2015 में की गई थी। इस योजना का मुख्य ध्येय ग्रामीणजन और विशेषकर गांवों के कमजोर वर्ग व महिलाकर्मियों को बीमा उपलब्ध कराना है और साथ ही ग्रामीण आमजन के बीच बीमा के प्रति जागरुकता फैलाना भी है।

बीमा क्षेत्र के उदार बनने के साथ ही डाक जीवन बीमा और ग्रामीण डाक बीमा योजना को बाजार स्पर्धा का सामना करना पड़ रहा है। पीएलआई और आरपीएलआई बीमा योजनाएं अन्य बीमा कंपनियों की तुलना में कम लागत पर बीमा कवच उपलब्ध कराती हैं। इसीलिए पात्र ग्राहकों में पीएलआई और आरपीएलआई बहुत लोकप्रिय हैं और अच्छा प्रदर्शन कर रही हैं।

डाक जीवन बीमा के छह बीमा प्लान हैं :

1. संपूर्ण जीवन सुरक्षा (सुरक्षा)
2. परिवर्तनीय संपूर्ण जीवन सुरक्षा (सुविधा)
3. एंडोमेंट सुरक्षा (संतोष)
4. अनुमानित एंडोमेंट सुरक्षा (सुमंगल)
5. संयुक्त बीमा सुरक्षा (युगल सुरक्षा)
6. बाल पॉलिसी (बाल जीवन बीमा)

ग्रामीण जीवन बीमा के छह छह प्लान हैं :

1. संपूर्ण जीवन सुरक्षा (ग्राम)
2. परिवर्तनीय संपूर्ण जीवन सुरक्षा (ग्राम सुविधा)
3. एंडोमेंट सुरक्षा (ग्राम संतोष)
4. अनुमानित एंडोमेंट सुरक्षा (ग्राम सुमंगल)
5. 10 वर्षीय ग्रामीण डाक जीवन बीमा (ग्राम प्रिय)
6. बाल पालिसी (बाल जीवन बीमा)

नई एवं मूल्यवर्धित सुविधाएं

स्पीड पोस्ट

स्पीड पोस्ट की शुरुआत अगस्त 1986 में की गई। इस सेवा के अंतर्गत 35 किलो तक के वजन वाले पत्रों या पार्सलों को देशभर में कहीं भी तेजी से और निश्चित समयावधि में भेजा जा सकता है। घरेलू एक्सप्रेस उद्योग में इसका स्थान अग्रणी है। इस सेवा से महीने में तीन करोड़ से अधिक पत्र और पार्सल भेजे जाते हैं। स्पीड पोस्ट बुकिंग सुविधा देश के लगभग सभी विभागीय डाकघरों में उपलब्ध है और पूरे देश में सामग्री पहुंचाई जाती है। स्पीड पोस्ट से भेजी गई सामग्री के बारे में ऑनलाइन 13 डिजिट के स्पीड पोस्ट आर्टिकल नंबर के जरिए इंडिया पोस्ट की वेबसाइट (www.indianpost.gov.in) या एसएमएस भेजकर पता किया जा सकता है। सामग्री गंतव्य पर पहुंचने के बाद डाक विभाग एसएमएस के द्वारा इसकी सूचना भी भेजता है, ताकि बुकिंग करते समय दिए गए फोन नंबर को रिकॉर्ड में अपडेट कर लिया जाए। स्पीड पोस्ट भेजे गए सामान पर 1 लाख रुपये तक का बीमा भी उपलब्ध कराता है।

डाकघर नेटवर्क का पासपोर्ट सेवा केंद्र के रूप में लाभ उठाना

डाक विभाग की शुरुआत से ही इसे पासपोर्ट सेवाओं के साथ जोड़ा गया है क्योंकि स्पीड पोस्ट के द्वारा पासपोर्ट की डिलिवरी की जाती है। पासपोर्ट सेवाओं का व्यापक स्तर पर विस्तार करने के लिए डाक विभाग और विदेश मंत्रालय नागरिकों की सहूलियत के लिए डाकघर नेटवर्क का इस्तेमाल पासपोर्ट सेवा केंद्रों के तौर पर करने के लिए परस्पर सहमत हुए हैं।

एक्सप्रेस पार्सल और बिजनेस पार्सल

भारत में बढ़ते हुए ई-कॉमर्स बाजार ने पार्सल खंड को गति दी है जहां बी2सी पार्सल में वृद्धि हो रही है। इसी तरह, सी2सी श्रेणी में भी आवश्यकता पूरी करने की गुंजाइश है। एक्सप्रेस पार्सल और बिजनेस पार्सल सेवाएं सरकार द्वारा 2013 से शुरू की गई।

एक्सप्रेस पार्सल खुदरा व थोक ग्राहकों के लिए विशिष्ट पार्सल सेवा है। इसके जरिए पार्सलों की समयबद्ध तथा सुरक्षित होम डिलिवरी की जाती है। पारगमन में समय न लगे, इसलिए जरूरत के अनुसार तुरंत इन पार्सलों को हवाईजहाज के माध्यम से भेजा जाता है। एक्सप्रेस पार्सल में न्यूनतम 0.5 किलोग्राम वजन पर शुल्क लिया जाता है, जबकि खुदरा ग्राहकों से अधिकतम 20 किलोग्राम पर और संविदा ग्राहकों से 35 किलोग्राम पर शुल्क लिया जाता है।

बिजनेस पार्सल का लक्ष्य कॉरपोरेट ग्राहकों को मितव्ययी वितरण सेवा उपलब्ध कराना है। इस श्रेणी में न्यूनतम शुल्क 2 किलोग्राम पर लिया जाता है जबकि अधिकतम शुल्क वजन 35 कि.ग्रा. पर है। इसकी सेवा देश में भी दी जाती है।

कैश ऑन डिलिवरी

ऑनलाइन शॉपिंग के प्रति बढ़ते रुझान से भुगतान सेवाओं, ऑर्डर प्रोसेसिंग और उनकी पूर्ति करने वाली सेवाओं आदि को व्यापक अवसर मिले हैं। इन व्यावसायिक अवसरों को पूरा करने तथा सामग्री डिलिवरी के समय धनराशि लेने और भेजने वाले को उसे सौंपने के लिए तेज, सुरक्षित और किफायती समाधान के लिए 2013 को कैश ऑन डिलिवरी सेवा की शुरुआत की गई। कैश ऑन डिलिवरी सेवा एक्सप्रेस पार्सल, बिजनेस पार्सल, और स्पीड पोस्ट के संविदा ग्राहकों के लिए है।

लॉजिस्टिक्स डाक

लॉजिस्टिक्स (प्रचालन) डाक की शुरुआत में कॉरपोरेट ग्राहकों को वितरण से जुड़ी सेवाएं दी जाती हैं और देशभर में विशाल नेटवर्क के जरिए इस सेवा ने त्वरित संचालन सेवाएं मुहैया करा कर विशिष्ट दर्जा हासिल किया है। लॉजिस्टिक्स पोस्ट के अंतर्गत डाक विभाग वितरण व्यवस्था के तौर पर, पूर्ण ट्रक लोड (एफटीएल) सेवाएं, ट्रक लोड से कम (एलटीएल) सेवाएं, ऑर्डर प्रोसेसिंग, वेयर हाउसिंग एवं पूर्ति सेवा तथा रिवर्स लॉजिस्टिक्स जैसी सेवाएं उपलब्ध कराता है। लॉजिस्टिक्स पोस्ट द्वारा भेजे गए माल के वजन की ऊपरी सीमा नहीं होती जबकि न्यूनतम वजन सीमा 50 कि.ग्रा. है। वायु सेवा द्वारा भेजे जाने वाले सामान में न्यूनतम 25 कि.ग्रा. वजन पर शुल्क लिया जाता है।

लॉजिस्टिक्स पोस्ट एयर सेवा की शुरुआत 2013 में हुई थी। शुरुआत में इसके अंतर्गत निम्न 15 शहरों को जोड़ा गया था: अगरतला, दिल्ली, मुंबई, कोलकाता, नागपुर, बंगलुरु, हैदराबाद, चेन्नई, पुणे, अहमदाबाद, इंफाल, गुवाहाटी, पटना, लखनऊ, तिरुवनंतपुरम।

रिटेल डाक

ग्राहकों को उनके घरों के द्वार पर विभिन्न आरामदायक और मितव्ययी सेवाएं पहुंचाने के लिए डाकघरों को वन-स्टॉप शॉप के तौर पर तैयार किया जा रहा है। रिटेल डाक में 1,55,000 डाकघरों के विशाल नेटवर्क का लाभ उठाया जाता है और इसके अंतर्गत बिजली बिलों का संग्रहण, टेलिफोन बिल, कर,

फीस, राखी के लिफाफे, पता प्रमाणीकरण सेवा, विभिन्न शैक्षणिक संस्थानों और भर्ती एजेंसियों के आवेदन–फार्मों की बिक्री आदि सेवाएं दी जाती हैं।

रेल टिकटों की सरल उपलब्धता के लिए रेल मंत्रालय के सहयोग से डाकघरों में सभी श्रेणी की रेल टिकटों की बिक्री की जा रही है।

ई–डाक

ई–डाक सेवा खुदरा और कॉरपोरेट ग्राहकों को इलेक्ट्रॉनिक्स संदेशों को भेजने की सुविधा देने वाली अपंजीकृत हाइब्रिड डाक सेवा है जिसमें टेक्स्ट मैसेज, स्कैन किए गए चित्र तथा अन्य तस्वीरें शामिल हो सकें, हार्ड कॉपी के रुप में डाकिया/डिलिवरी कर्मचारी के माध्यम से नियत स्थान पर पहुंचाई जाती है। वर्तमान में 13,000 से अधिक डाकघरों में यह सेवा सुविधा उपलब्ध है और सामग्री पहुंचाने के लिए देश के 1.54 लाख से अधिक डाकघरों का नेटवर्क है। ई–डाक की कॉरपोरेट सेवा के अंतर्गत सरकारी विभाग, सार्वजनिक क्षेत्र इकाइयां, एसएमई कंपनियां आदि अपनी व्यावसायिक जरूरतों के अनुसार अपने परिसर से संदेश इंटरनेट के जरिए लिखित, डिजाइन या मैसेज रूप में भेज सकते हैं। प्री–पेड ग्राहकों के लिए ऑनलाइन री–चार्ज सुविधा क्रेडिट/डेबिट कार्ड के द्वारा प्राप्त की जा सकती है।

ई–डाकघर

ई–डाकघर डाक विभाग का ई–कॉमर्स पोर्टल है जो इंटरनेट के जरिए सामान्य व्यक्ति को चुनिंदा डाक सुविधा प्रदान करता है। इस पोर्टल का उद्देश्य जनता को उनके घरों/दफ्तरों से उनके अपने कंप्यूटर एवं इंटरनेट के जरिए डाक सेवाओं की सुविधा प्रदान करना है। ग्राहक इस पोर्टल के द्वारा क्रेडिट/डेबिट कार्ड के द्वारा भुगतान कर डाक टिकटें खरीद सकते हैं और ऑनलाइन पीएलआई/आरपीएलआई के प्रीमियम का भुगतान भी कर सकते हैं। वेबसाइट पर पहली बार ग्राहकों को अपनी जानकारी रजिस्टर करना अनिवार्य होता है।

ई–आईपीओ

देश से बाहर रहने वाले नागरिकों द्वारा ऑनलाइन आरटीआई फीस जमा कराने के लिए 2013 में इलेक्ट्रॉनिक इंडियन पोस्टल ऑर्डर (ई–आईपीओ) की शुरुआत की गई थी। वह यह फीस ई–पोस्ट ऑफिस पोर्टल (www.epostoffice.gov.in) के जरिए करा सकते हैं। 2014 से इस योजना को देश में रह रहे नागरिकों के लिए भी खोल दिया गया।

सार्वभौमिक स्वर्ण बांड योजना

वित्त मंत्रालय द्वारा शुरू की गई और आरबीआई द्वारा चलाई जा रही सार्वभौमिक स्वर्ण बांड योजना (एसजीबी) को भी विभाग सक्रियता से संचालित कर रहा है। योजना का लक्ष्य सबसे निचले स्तर पर निवेशकों तक पहुंचना और जनता के बीच 'पेपर गोल्ड' को लोकप्रिय बनाना है।

आधार नवीनीकरण और नामांकन सुविधाएं

डाक विभाग को देशभर में आधार नवीनीकरण और नामांकन केंद्र खोलने के लिए आज्ञा–पत्र दिया गया है। चरणबद्ध तरीके से देशभर में 810 मुख्य डाकघरों और 22,493 उप–डाकघरों में आधार नवीनीकरण

और नामांकन केंद्र खोले जाने का प्रस्ताव है। अगस्त 2017 तक देशभर में 882 आधार नवीनीकरण और नामांकन केंद्र कार्यरत रहे हैं।

डाक संचालन में नई शुरुआतें

विभाग के मैसूर स्थित सेंटर फॉर एक्सीलेंस इन पोस्टल टेक्नोलॉजी (सीईपीटी) ने 2017 में, देशभर में 'पोस्टमैन मोबाइल एप' नामक एंड्रॉयड आधारित मोबाइल एप्लिकेशन की शुरुआत की थी। इसके अंतर्गत, 102 शहरों में 15,000 मोबाइल उपलब्ध कराए गए। मोबाइल एप का इस्तेमाल डिलिवरी स्टाफ द्वारा स्पीड पोस्ट, एक्सप्रेस पार्सल, बिजनेस पार्सल एवं सीओडी पार्सलों सहित रजिस्टर्ड पोस्ट और डिलिवरी की वास्तविक समय सूचना प्राप्त करने के लिए किया जाता है। एप में डाक प्राप्तकर्ता एवं भुगतानकर्ता के हस्ताक्षर लेने की भी सुविधा है। वास्तविक समय डिलिवरी सूचना इस संबंध में गलत सूचना का निवारण करती है और इसके द्वारा समग्र ग्राहक अनुभव व डिलिवरी परफॉरमेंस में सुधार आता है।

सड़क परिवहन नेटवर्क का विकास

पार्सलों के सुरक्षित एवं त्वरित संचारण और विशेषकर ई-कॉमर्स द्वारा प्रेषित सामान को सुरक्षित पहुंचाने के लिए विभाग ने समर्पित सड़क परिवहन नेटवर्क की स्थापना की गई है। इस पहल के अंतर्गत, अभी तक देश के 67 शहरों के 17 सर्कलों के 43 रूट्स संचालित किए जा रहे हैं।

नोडल एवं यांत्रिक डिलिवरी

भेजे गए सामान में मापन संबंधी बदलावों के कारण पार्सल भेजने के पारंपरिक तरीकों में आ रहे परिवर्तनों से ई-कॉमर्स के बढ़ते कार्य को देखते हुए, डाक विभाग ने पार्सल डिलिवरी को आम डिलिवरी से अलग किया है। इसके अलावा, महानगरों, राज्य की राजधानियों एवं महत्वपूर्ण शहरों के दफ्तरों एवं केंद्रों में पार्सलों के लिए नोडल यांत्रिक डिलिवरी की शुरुआत की है। जून 2017 से, 46 शहरों में 915 डिलिवरी पिन कोड्स कवर करने वाले 231 नोडल डिलिवरी केंद्रों में सेवा की शुरुआत की गई।

फिलाटेली

फिलाटेली डाक टिकटों का संग्रह करने, डाक टिकटों का इतिहास और अन्य संबद्ध वस्तुओं के अध्ययन की रुचि है। यह टिकट संग्रह के अतिरिक्त महत्वपूर्ण अवसरों को मनाने, महत्वपूर्ण व्यक्तियों का स्मरण करने तथा राष्ट्रीय विरासत, संस्कृति और घटनाओं को प्रोत्साहित करने का तरीका है। यह डाक प्रशासन की ब्रांड छवि और देश की संप्रभुता की अभिव्यक्ति में एक दूत के तौर पर महत्वपूर्ण भूमिका निभाता है।

स्वतंत्रता के उपरांत, डाक टिकटों के माध्यम से विज्ञान एवं तकनीकी में देश की उपलब्धियों को दर्शाया जाता था। साथ ही, पंचवर्षीय योजना के माध्यम से सामाजिक-आर्थिक विकास और इस्पात संयंत्र और बांध आदि के बारे में भी बताया जाता था। बाद में, देश की समृद्ध सांस्कृतिक एवं प्राकृतिक विरासत को दर्शाया गया और कई खूबसूरत डाक टिकटों में कला, स्थापत्य, कौशल, सामुद्रिक धरोहर, विज्ञान, तकनीकी, रक्षा एवं सिनेमा जैसे विषय भी दिखे। स्मारक डाक टिकटों के माध्यम से राष्ट्रीय व अंतरराष्ट्रीय स्तर के महान नेताओं को भी सम्मान दिया गया, जिनमें सबसे प्रमुख नाम महात्मा गांधी का है। राष्ट्रपिता को स्मारक एवं स्थायी डाक टिकटों के माध्यम से सम्मान दिया गया। चित्रकला, साहित्य,

विज्ञान, संगीत, सामाजिक उत्थान आदि क्षेत्रों में योगदान देने वाली विभूतियों को भी इस माध्यम से सम्मान दिया गया।

'डाक चिह्न' और 'सांस्कृतिक राजदूत' के उनके दोहरे चरित्र को ध्यान में रखते हुए, डाक टिकटों की स्थायी व स्मारक, दो श्रेणियां हैं। स्थायी डाक टिकटें प्रतिदिन की डाक भेजने के लिए इस्तेमाल की जाती हैं। इनके डिजाइन अपेक्षाकृत सरल, निर्माण में कम खर्चीले और लंबे समय तक इनकी बड़ी मात्रा में प्रिंटिंग की जाती है। वहीं दूसरी ओर, स्मारक डाक टिकटों को बेहतर कलात्मक दृष्टि से डिजाइन और प्रिंट किया जाता है। इनका निर्माण सीमित मात्रा में होता है और इनको लेकर डाक टिकट के शौकीनों एवं संग्रहकर्ताओं के बीच गहरी रुचि दिखती है।

डाक विभाग की फिलाटेलिक गतिविधियां हैं:

1. फिलाटेलिक ब्यूरो और काउंटरों ई-डाकघरों, ई-वाणिज्यिक कंपनियों के माध्यम से विशेष/स्मारक डाक टिकटों की डिजाइनिंग, प्रिंटिंग, वितरण और बिक्री।

2. नियत डाक टिकटों और डाक स्टेशनरी तथा लिफाफे, अंतर्देशीय पत्र, पोस्टकार्ड, एरोग्राम, रजिस्टर्ड कवर की डिजाइनिंग, प्रिंटिंग और वितरण।

3. राष्ट्रीय स्तर पर फिलेटेली को प्रोत्साहन और फिलेटेलिक प्रदर्शनियों का आयोजन, अंतरराष्ट्रीय और विश्व प्रदर्शनियों में भागीदारी के साथ राज्य/क्षेत्रीय और जिला स्तर पर प्रदर्शनियों का आयोजन।

4. राष्ट्रीय फिलेटेलिक संग्रहालय, डाक भवन का रखरखाव।

डाक टिकटों का लोकार्पण

अप्रैल 2016 से मार्च 2017 के दौरान 46 विषयों पर 153 स्मारक डाक टिकट जारी किए गएं। इनमें विभिन्न हस्तियों, आयोजनों/अवसरों को सम्मान दिया गया। इनमें प्रमुख हैं- सूर्य नमस्कार, तदोरा अंधाटी राष्ट्रीय प्राणी उद्यान, रियो ओलंपिक खेल, ऑर्किड, भारत में पर्यटन, स्वच्छ भारत, सी-130 का प्रवेश, शृंखला 1: संकटग्रस्त पक्षी, वाराणसी शहर, भारतीय एकता के सूत्रधार को राष्ट्रीय एकता दिवस सलाम, हरियाणा की स्वर्ण जयंती, पिकनिक, गढ़वाल राइफल्स की तीसरी बटालियन तथा विदेशी परिंदे। 2016 में आयोजन के सम्मान में रियो ओलंपिक खेलों की शुरुआत के अवसर पर 'रियो ओलंपिक खेल' विषय पर एक स्मारक डाक टिकट जारी किया गया।

2017-18 वित्त वर्ष की पहली तिमाही (अप्रैल-जून) के दौरान 14 विषयों पर स्मारक डाक टिकट जारी किए गए। इनमें से प्रमुख हैं- रामानुजाचार्य, चंपारण सत्याग्रह जयंती, बनारस हिंदू विश्वविद्यालय आदि।

राष्ट्रीय डाक सप्ताह समारोह

देशभर में 9 अक्टूबर, 2016 से 15 अक्टूबर, 2016 के दौरान राष्ट्रीय डाक सप्ताह समारोह का आयोजन किया गया। इस दौरान फिलेटेली को प्रोत्साहन देने के लिए पोस्टल वर्कशॉप, पत्र-लेखन एवं डाक टिकट डिजाइन प्रतिस्पर्धाओं का आयोजन किया गया। राष्ट्रीय डाक सप्ताह के दौरान दिल्ली के राष्ट्रीय फिलेटेलिक संग्रहालय में विभिन्न स्कूलों के बच्चे भी आए थे।

विश्व पुस्तक मेला/समारोह में शिरकत

जनवरी 2017 के दौरान नई दिल्ली के प्रगति मैदान में विश्व पुस्तक मेला का आयोजन किया गया। इस दौरान एक स्टॉल बुक किया गया जिसमें अनेक फिलाटेलिक डाक टिकटें और संबंधित वस्तुएं प्रदर्शित थीं और उनकी बिक्री डाक टिकट शौकीनों और अन्य प्रतिभागियों को की गई।

माई स्टाम्प्स

माई स्टाम्प्स भारतीय डाक टिकटों का निजी रूप है। ग्राहक की तस्वीरें और संगठन स्मारकों अथवा कलाकृतियों की छोटी छवियां, धरोहरनुमा इमारतों, प्रसिद्ध पर्यटन स्थलों, ऐतिहासिक शहरों, वन्य जीवन, अन्य पशुओं एवं पक्षियों आदि की छोटी तस्वीरों के माध्यम से उन्हें निजी कार्य हेतु उपयुक्त बनाया जाता है।

माई स्टाम्प्स का अनुकूलन

निजी माई स्टाम्प के साथ ही, विशिष्ट रूप से निर्मित (कॉरपोरेट) माई स्टाम्प्स का भी जारी किए गए हैं। इसे कॉरपोरेट ग्राहकों के लिए शुरू किया गया है। कॉरपोरेट, संगठन और संस्थान माई स्टाम्प थीम की शीट्स पर अपने 'लोगो' प्रिंट करवा सकेंगे। संगठन/संस्थान की छवियां भी प्रिंट कराने का विकल्प उपस्थित होगा।

अंतरराष्ट्रीय संबंध

भारत 1876 से यूनिवर्सल पोस्टल यूनियन (यूपीयू) का सदस्य है। संगठन का लक्ष्य विभिन्न देशों के बीच डाक संबंधों को बढ़ाना, सुगम बनाना और सुधारना है। 2016 में तुर्की के इस्तांबूल में 26वीं यूपीयू कांग्रेस का आयोजन किया गया था। इस अवसर पर यूनिवर्सल पोस्टल यूनियन के 192 सदस्य देशों के पूर्णाधिकारी 2017-2020 की कार्य दिशा तय करने के लिए वहां जमा हुए थे।

मौजूदा समय में भारतीय डाक अंतरराष्ट्रीय डाक सेवाएं उपलब्ध करा रही है:

1. अंतरराष्ट्रीय ईएमएस सेवा: स्थानीय स्तर पर स्पीड पोस्ट कही जाने वाली एक्सप्रेस मेल सर्विस (ईएमएस) भारतीय डाक की अग्रणी सेवा है। दुनिया के 100 गंतव्यों तक भारतीय डाक की अंतरराष्ट्रीय ईएमएस सेवा की सुविधा मौजूद है; (2) एयरमेल सेवा: पत्र श्रेणी में, भारतीय डाक पत्रों, एयरोग्राम, पोस्ट कार्ड, छोटे पैकेटों एवं प्रिंटेड पेपर के लिए सेवाएं उपलब्ध कराती है। पत्रों, छोटे पैकेटों तथा बीमाकृत वस्तुओं के लिए पंजीकृत कराया जा सकता है। पंजीकरण के साथ दुनिया के सभी बड़े स्थानों के लिए एयर पार्सल सेवा भी उपलब्ध है। फिलहाल, पत्र एवं एयर पार्सल सेवा 205 गंतव्यों तक पहुंचती हैं जिनको सीधे या पारगमन व्यवस्था के जरिए पहुंचाया जाता है; (3) सर्फेस एयर लिफ्टेड सेवा (एसएएल): एसएएल भारतीय डाक की अग्रणी डाक सेवा है। यह सामुद्रिक डाक से तेज और एयरमेल से सस्ती है- त्वरित और मितव्ययी डाक सेवाओं की श्रेणी में यह वायु और भूमि यातायात सेवा का आदर्श संगम है।

प्रशिक्षण

भारत सरकार के 2012 की राष्ट्रीय प्रशिक्षण नीति के अनुपालन में डाक विभाग ने 2012 में डाक प्रशिक्षण नीति की शुरुआत की थी। डाक प्रशिक्षण नीति का मुख्य लक्ष्य 'सबके लिए प्रशिक्षण' है।

प्रशिक्षण कार्यक्रम भर्ती स्तर (प्राथमिक प्रशिक्षण) पर दिया जाता है और स्टाफ के सभी स्तर/श्रेणियों के लिए समय–समय पर तीन मिड–करियर प्रशिक्षण कार्यक्रम भी लागू किए जाते हैं।

विभाग के पास अपनी सुस्थापित प्रशिक्षण व्यवस्था है। विभाग की प्रशिक्षण आवश्यकताओं को निम्नलिखित प्रशिक्षण संस्थान पूरा करते हैं:

रफी अहमद किदवई राष्ट्रीय डाक अकादमी (आरएकेएनपीए), गाजियाबाद शीर्ष प्रशिक्षण संस्थान है। इसे कार्मिक और प्रशिक्षण विभाग से केंद्रीय प्रशिक्षण संस्थान के रूप में मान्यता मिली हुई है। इसमें भारतीय डाक सेवा और भारतीय डाक वरष्ठि प्रबंधन संवर्गों हेतु प्रबंधन अधिकारियों को प्राथमिक और सेवारत प्रशिक्षण दिया जाता है। अकादमी विदेशी डाक प्रशासन और केंद्र सरकार तथा सार्वजनिक क्षेत्र के प्रतिष्ठानों के विभिन्न विभागों के प्रबंधकों को भी समान हित के क्षेत्रों में प्रशिक्षण देता है। अकादमी भारतीय डाक के अधिकारियों के लिए डीओपीटी द्वारा अधिसूचित मिड–करियर प्रशिक्षण कार्यक्रमों के अंतर्गत 'एग्जीक्यूटिव डेवलपमेंट प्रोग्राम' (ईडीपी), 'मैनेजमेंट डेवलपमेंट प्रोग्राम' (एमडीपी) और 'एडवांस्ड डेवलपमेंट प्रोग्राम' (एडीपी) का भी प्रशिक्षण देती है।

डाक प्रशिक्षण केंद्र (पीटीसी) दरभंगा, गुवाहाटी, मदुरै, मैसूर, सहारनपुर और वड़ोदरा में हैं, जहां संचालन स्टाफ और निरीक्षण कैडर को प्रशिक्षित किया जाता है। इनके अलावा, अन्य विशिष्ट ट्रेनिंग कार्यक्रम भी हैं। यह छह प्रशिक्षण केंद्र, विभाग के कार्यकारी स्टाफ की प्रशिक्षण जरूरतों के लिए कंप्यूटर लैब्स, कक्षाओं एवं होस्टल सुविधाओं से संपन्न हैं।

व्यावसायिक एवं डाक प्रतिस्पर्धाओं के क्षेत्र में बैंकॉक का एशियन पेसिफिक पोस्टल यूनियन (एपीपीयू) के अंतर्गत आने वाला एशियन पेसिफिक पोस्टल कॉलेज (एपीपीसी) व्यवसाय एवं डाक के योग्यता क्षेत्र में पेशेवर प्रशिक्षण उपलब्ध कराता है। एपीपीयू के 32 सदस्य देश हैं। भारत भी एपीपीयू का सदस्य है। एपीपीयू को यूनिवर्सल पोस्टल यूनियन (यूपीयू) का सहयोग प्राप्त है जो संयुक्त राष्ट्र की विशेष इकाई है। एपीपीयू का लक्ष्य सदस्य देशों के बीच डाक संबंधों का विस्तार, सहयोग और उसे बढ़ावा और साथ ही, डाक सेवाओं के क्षेत्र में सहयोग को प्रोत्साहन देना है। भारतीय डाक के अधिकारी एपीपीसी द्वारा संचालित कार्यक्रमों में लगातार शामिल होते हैं। अन्य डाक प्रशासनों एवं प्रतिष्ठित संस्थानों के सहयोग से श्रेणी 'ए' के अधिकारियों के लिए मिड–करियर प्रशिक्षण कार्यक्रमों का विदेशी प्रारूप भी आयोजित किया जाता है।

जन शिकायतें

अपनी सेवाओं के संबंध में विभाग के पास जन शिकायतें सुनने की सुचारू प्रणाली है। सेवाओं की गुणवत्ता और जन शिकायतों पर तुरंत कार्रवाई सुनिश्चित करने के लिए निगरानी प्रक्रिया भी मौजूद है।

जन शिकायतों पर तुरंत कार्रवाई और उनके सुचारू संचालन के लक्ष्य के आधार पर विभाग ने ग्राहक सेवा केंद्रों को वेब आधारित शिकायतों के संचालन की दृष्टि से अपग्रेड किया है। कंप्यूटराइज्ड ग्राहक सेवा केंद्र (सीसीसीसी) सॉफ्टवेयर 2010 से कार्य कर रहे हैं। इसके अलावा, स्वचालित पावती उत्पादन; अनसुलझी शिकायतों पर बेहतर कार्रवाई और शीघ्र निपटान के लिए अगले प्रशासनिक स्तर पर भेजना; शिकायतों का छोटी, बड़ी और गंभीर श्रेणियों में आवंटन; जांच पूरी होने पर शिकायतकर्ता को स्वचालित उत्तर; शिकायतकर्ता को फीडबैक उपलब्ध कराना आदि जैसी सुविधाओं को भी जोड़ा गया है।

मौजूदा समय में देशभर में डाकघरों, छंटाई केंद्रों, स्पीड पोस्ट केंद्रों और मंडलीय/क्षेत्रीय/सर्कल मुख्यालयों में जन शिकायतों के निपटान के लिए 18,440 सीसीसीसी स्थापित किए जा चुके हैं जो इस संबंध में ऑनलाइन सूचना का आदान-प्रदान करते हैं। इस नेटवर्क में देश के सभी मुख्य डाकघरों को समाहित किया गया है। इसका लक्ष्य ग्राहकों की शिकायतों के अलावा, उनके लिए जरूरी सूचना और मदद को त्वरित और सुचारू बनाना है।

केंद्रीय लोक शिकायत सुधार एवं निगरानी तंत्र

डाक विभाग डाक सेवाओं के उपभोक्ताओं द्वारा केंद्रीय लोक शिकायत सुधार एवं निगरानी तंत्र (सीपीजीआरएएमएस) के पोर्टल पर जारी की गई जन शिकायतों पर भी काम करता है। इनमें वह शिकायतें भी शामिल हैं जो प्रशासनिक सुधार और लोक शिकायत विभाग (डीएआरपीजी), लोक शिकायत विभाग (डीओपीजी), राष्ट्रपति सचिवालय एवं प्रधानमंत्री कार्यालय को पहुंचती हैं। यह शिकायतें www.pgportal.gov.in से प्राप्त की जाती हैं।

सोशल मीडिया सेल

सोशल मीडिया सेल एक स्वायत्त इकाई है और ट्विटर तथा फेसबुक पर डाक विभाग के अकाउंट्स संभालता है। सोशल मीडिया से जुड़ी शिकायतें समयबद्ध होती हैं और 24 घंटे के भीतर इनका जवाब दिया जाता है। सोशल मीडिया सेल प्रतिदिन सभी सर्कलों को भेजी गई शिकायतों पर नजर रखता है।

भारतीय डाक सहायता केंद्र '1924'

डाक विभाग ने सितंबर 2016 में 'भारतीय डाक सहायता केंद्र' की शुरुआत की थी, जिससे टोल फ्री नंबर 1924 से संपर्क किया जा सकता है। यह नंबर आमजन की मदद के लिए है, जिनमें प्रमुख हैं: लोक शिकायतों का निवारण; विभिन्न नई शुरुआतों, गतिविधियों, योजनाओं, कार्यक्रमों एवं जारी परियोजनाओं संबंधित सूचना प्रसार; विभाग की भूमिका संबंधी फीडबैक।

सूचना प्रौद्योगिकी

इलेक्ट्रॉनिक्स और सूचना प्रौद्योगिकी मंत्रालय, सूचना प्रौद्योगिकी, इलेक्ट्रॉनिक्स, इंटरनेट (आईएसपी लाइसेंसिंग को छोड़कर) तथा साइबर सुरक्षा संबंधी नीतिगत विषयों को देखता है। इसका उद्देश्य नागरिकों को सशक्त बनाने के लिए ई-गवर्नेंस, इलेक्ट्रॉनिक्स, आईटी एवं आईटीईएस उद्योगों के समावेशी और टिकाऊ विकास को बढ़ावा देना, इंटरनेट गवर्नेंस में भारत की भूमिका को बढ़ाना, बहुआयामी दृष्टिकोण अपनाना जिसमें मानव संसाधनों का विकास, अनुसंधान एवं विकास और नवाचार को बढ़ावा देना, डिजिटल सेवाओं द्वारा दक्षता बढ़ाना और सुरक्षित साइबर स्पेस सुनिश्चित करना है।

डिजिटल इंडिया कार्यक्रम की शुरुआत के साथ ही इलेक्ट्रॉनिक्स और सूचना प्रौद्योगिकी मंत्रालय की भूमिका बढ़ गई है। कार्यक्रम का लक्ष्य भारत को डिजिटल रूप से सशक्त समाज और ज्ञान अर्थव्यवस्था में परिवर्तित करना है। कार्यक्रम की तीन परिकल्पनाएं हैं- प्रत्येक नागरिक के लिए उपयोगिता के रूप में डिजिटल अवसंरचना मांग आधार पर गवर्नेंस और सेवाएं तथा देश में डिजिटल खाई को पाट कर नागरिकों को डिजिटल रूप से सशक्त बनाना। यह परिवर्तनकारी कार्यक्रम अवसंरचना, विनिर्माण, कौशल तथा डिलिवरी प्लेटफॉर्म की समग्र क्षमता को बनाने के लिए तैयार किया गया है जो कालक्रम में आत्मनिर्भर ज्ञान अर्थव्यवस्था बनाने में नेतृत्व करेगा।

प्रत्येक नागरिक की उपयोगिता के रूप में डिजिटल अवसंरचना में नागरिक सेवा प्रदान करने के लिए हाई स्पीड इंटरनेट की उपलब्धता, प्रत्येक नागरिक के लिए डिजिटल पहचान, मोबाइल फोन और बैंक खातों से डिजिटल और वित्तीय क्षेत्र में नागरिकों की भागीदारी, पब्लिक क्लाउड के बीच निजी स्थान बनाना और देश में सुरक्षित और सुदृढ़ साइबर स्पेस गठित करना।

मांग आधार पर गवर्नेंस और सेवाओं में सभी विभागों या क्षेत्राधिकारों को एकीकृत सेवा प्रदान करना, ऑनलाइन तथा मोबाइल प्लेटफॉर्मों पर वास्तविक समय में सेवाओं की उपलब्धता, कारोबारी सहजता के लिए डिजिटल रूप में परिवर्तित सेवाएं , निर्णय संबंधी सहयोग प्रणाली और विकास के लिए जीआईएस का लाभ उठाना शामिल है।

नागरिकों को डिजिटल रूप से सशक्त बनाने में वैश्विक डिजिटल साक्षरता उपलब्ध कराना, डिजिटल स्रोतों तक आसान पहुंच बनाना, सभी सरकारी दस्तावेज/प्रमाण–पत्र क्लाउड पर उपलब्ध कराना और डिजिटल स्रोतों/सेवाओं को भारतीय भाषाओं में क्लाउड के माध्यम से सभी के अधिकार सुनिश्चित करना है।

डिजिटल इंडिया कार्यक्रम के अंतर्गत विकास के नौ स्तंभों यथा— ब्रॉडबैंड हाइवे, मोबाइल कनेक्टिविटी से सभी को जोड़ना, पब्लिक इंटरनेट एक्सेस कार्यक्रम, ई–गवर्नेंस, तकनीक के माध्यम से प्रशासनिक सुधार, ई–क्रांति सेवाओं की इलेक्ट्रॉनिक डिलिवरी, सब के लिए सूचना की उपलब्धता, इलेक्ट्रॉनिक्स विनिर्माण, सूचना प्रौद्योगिकी का नौकरियों और अज्छी पैदावार के लिए कृषि कार्यक्रमों में इस्तेमाल को प्रोत्साहित किया जा रहा है। इलेक्ट्रॉनिक्स और सूचना प्रौद्योगिकी मंत्रालय द्वारा डिजिटल इंडिया कार्यक्रम का समन्वयन केंद्रीय मंत्रालयों और राज्यों के विभागों के साथ किया जाता है।

इलेक्ट्रॉनिक्स और सूचना प्रौद्योगिकी मंत्रालय दो प्रमुख अधिनियमों के दायरे में कार्य करता है: सूचना प्रौद्योगिकी अधिनियम 2000 में इलेक्ट्रॉनिक्स डाटा के आदान–प्रदान द्वारा इलेक्ट्रॉनिक सूचना के अन्य साधनों जिन्हें सामान्यत: 'इलेक्ट्रॉनिक वाणिज्य' कहा जाता है और जिसमें पत्र–व्यवहार और सूचना के भंडारण के कागज आधारित विकल्पों का उपयोग शामिल है, किए गए कार्यों को विधिक मान्यता देने तथा सरकारी अभिकरणों को इलेक्ट्रॉनिक्स रूप में फाइल करने का प्रावधान है। इसमें प्रमाणीकरण और सुरक्षा के साथ इलेक्ट्रॉनिक रिकार्ड के प्रयोग और डिजिटल हस्ताक्षर का प्रावधान है। इसके अंतर्गत साइबर अपीलीय न्यायाधिकरण के गठन को भी निदेशित किया गया है। इस अधिनियम में सूचना प्रौद्योगिकी अधिनियम, 2008 के माध्यम से संशोधन किया गया। इस संशोधन में 'डिजिटल दस्तखत' के स्थान पर 'इलेक्ट्रॉनिक दस्तखत' शब्द रखा गया है। इस संशोधन के माध्यम से नए खंड जोड़ने के साथ–साथ विभिन्न खंडों में बड़े परिवर्तन किए गए।

लक्षित लाभार्थियों तक विभिन्न लाभों और सब्सिडी को पहुंचाने के उद्देश्य से आधार प्लेटफॉर्म का लाभ उठाने के सभी प्रयास किए गए हैं।

आधार (वित्तीय और अन्य सब्सिडियों, लाभों और सेवाओं की लक्षित आपूर्ति) कानून, 2016 में सब्सिडियों, लाभों और सेवाओं की डिलिवरी में सुशासन, दक्षता, पारदर्शिता का प्रावधान है। इस पर आने वाला खर्च भारत की संचित निधि से किया जाता है। यह लाभ भारत में रहने वाले लोगों को आधार संख्या प्रदान कर दिया जाता है। इस विधेयक में आधार नामांकन संख्या, यूआईडीएआई की मौलिक स्थापना आदि सभी क्षेत्रों को समाहित किया जाता है। यूआईडीएआई अब वैधानिक इकाई है।

डिजिटल इंडिया कार्यक्रम तथा इलेक्ट्रॉनिक्स और सूचना प्रौद्योगिकी मंत्रालय के कार्यक्रमों, योजनाओं को आठ प्रमुख क्षेत्रों में रखा जा सकता है। पहला डिजिटल पहचान और आधार आधारित सेवाएं एवं भुगतान, दूसरा ई-गवर्नेंस के जरिए गवर्नेंस की गुणवत्ता में सुधार , तीसरा, डिजिटल भुगतान को बढ़ावा। ई-कॉमर्स के माध्यम से शासन गुणवत्ता में परिवर्तन करने से संबंधित है। इलेक्ट्रॉनिक्स निर्माण को बढ़ावा, सूचना प्रौद्योगिकी सेवाओं को प्रोत्साहन तथा सूचना प्रौद्योगिकी अवसरंचना तैयार करना कार्यक्रम संबंधी पहलों के अगले सेट हैं। पुराने कार्यक्रमों को अनुसंधान और विकास पहल, कार्यक्रमों के डिजिटल समावेशन सहित मानव संसाधन विकास और साइबर सुरक्षा से पूरक बनाया गया है।

डिजिटल पहचान

आधार 12 अंकों का बायोमीट्रिक और जनसांख्यिकी आधारित पहचान स्थापित करता है जो अपने आप में अनोखी, ऑनलाइन और प्रामाणिक होती है। 2016 के आधार विधान के अंतर्गत, यूआईडीएआई आधार नामांकन और प्रामाणीकरण के लिए जिम्मेदार होता है, जिसके अंतर्गत आधार संबंधित कार्यों के सभी चरण, योजना विकास, व्यक्तियों को आधार वितरण की प्रक्रिया एवं प्रणाली तथा प्रमाणीकरण की देखरेख और लोगों की निजी सूचना एवं प्रमाणीकरण रिकॉर्डों को सुनिश्चित करना शामिल है। अभी तक 116 करोड़ आधार कार्ड बनाए जा चुके हैं। आधार वस्तुओं और सेवाओं की उपलब्धता तथा डिजिटल लेन-देन और भुगतान में भी सहायक भूमिका निभाता है। इससे जुड़ी कुछ बड़ी शुरुआतें हैं:

आधार सक्षम भुगतान: 1. आधार पेमेंट ब्रिज (एपीबी): ऐसे किसी भी व्यक्ति के आधार नंबर के जरिए उसके बैंक खाते में भुगतान भेजा जा सकता है, बशर्ते कि उसका खाता आधार नंबर से जुड़ा हो। एपीबी के जरिए भारत सरकार लाभार्थियों के खातों में लाभ एवं सब्सिडी सीधे भेज सकती है। जुलाई 2017 तक, एपीबी के जरिए 227.74 करोड़ सफल लेन-देन किए गए , जिसके मार्फत 71,921 करोड़ रुपये की छूट प्राप्त हुई थी; (2) आधार सक्षम भुगतान प्रणाली (एईपीएस): एईपीएस ऐसा मंच है जिसके जरिए व्यक्ति माइक्रो-एटीएम से अपने खाते में बुनियादी लेन-देन कर सकता है, जिनमें पैसा निकालना, कैश जमा कराना, पैसे का स्थानांतरण आदि शामिल हैं। बैंक का चुनाव स्थानिक निवासी करता है क्योंकि यह स्थानिक आधारित लेन-देन होता है; (3) आधार भुगतानः यह एईपीएस का व्यापारिक रूप है। यह एप्लिकेशन सस्ते एंड्रॉयड फोन पर, सरल बायोमीट्रिक उपकरण से नियंत्रित किया जा सकता है। इसके द्वारा व्यापारी ग्राहकों से कैशरहित भुगतान प्राप्त कर सकता है। इसकी शुरुआत 2017 में की गई थी; (4) पे टू आधार: भीम एप से जुड़ी यह सुविधा यूपीआई प्लेटफॉर्म पर उपलब्ध है। इसके जरिए, प्राप्तकर्ता के आधार नंबर को वित्तीय पते के रूप में पर्सन-टू-पर्सन (पी2पी) भुगतान किया जा सकता है। भुगतान करने वाले और प्राप्तकर्ता के आधार नंबर जुड़े होने चाहिए। यह योजना भी 2017 में शुरू हुई है।

आधार सक्षम सेवाएं

(1) पीडीएस के तहत अनाज का लक्षित वितरण: 18.05 करोड़ राशन कार्डधारकों को आधार प्रमाणीकरण के बाद राशन प्राप्त होता है। इससे इस बात की सुनिश्चितता रहती है कि कोई अन्य उनका राशन न प्राप्त करे और चोरी, हेराफेरी आदि जैसे मामलों में कमी आती है। आधार व्यवस्था से 2.33 करोड़ जाली राशन कार्डों और डीबीटी प्रक्रिया पर रोक लगी है जिससे मार्च 2017 तक 14,000 करोड़ रुपयों की बचत हुई है; (2) पहल और उज्ज्वला योजनाएं: पहल योजना के अंतर्गत 15.12 करोड़

एलपीजी लाभार्थियों को एलपीजी सब्सिडी उनके बैंक खातों में प्राप्त होती हैं। उज्ज्वला योजना के अंतर्गत, गरीबी रेखा से नीचे की महिलाओं को 2.5 करोड़ कनेक्शन जारी किए गए हैं; (3) ई-केवाईसी से बैंक खाते खोलने की सुलभता: आधार ने इसे बैंक खाता खोलने के लिए एकल दस्तावेज के तौर पर सक्षम बनाया है; (4) आयकर जमा कराने के लिए ई-सत्यापन: आधार द्वारा ओटीपी प्रमाणीकरण के जरिए आयकर जमा कराने और आयकर अधिकारियों को भौतिक तौर पर आईटीआर-5 भेजने के लिए आयकर देने वालों को सहूलियत दी गई है।

ई-गवर्नेंस

शीर्ष कार्यक्रम के रूप में डिजिटल इंडिया की शुरुआत के साथ ई-क्रांति, ई-गवर्नेंस प्रणालियों में ओपन सोर्स सॉफ्टवेयर अपनाने की नीति, ईमेल नीति, आईटी संसाधनों के उपयोग की नीति, सरकारी एप्लीकेशनों के सोर्स कोर्ड को खोल कर सहकारी एप्लीकेशन विकास की नीति, क्लाउड रेडी एप्लीकेशनों के लिए एप्लीकेशन विकास और रि-इंजीनियरिंग दिशानिर्देश तथा ई-गवर्नेंस सक्षमता रूपरेखा जैसी अनेक नीतिगत पहल की गई हैं। इस दिशा में ई-जिले, समान सेवा केंद्र तथा राज्यव्यापी एरिया नेटवर्क (एसडब्ल्यूएएन) जैसी प्रमुख योजनाएं भी काम कर रही हैं।

ओपन सोर्स सॉफ्टवेयर अपनाने की नीति: यह नीति सरकारी संगठनों में ओपन सोर्स सॉफ्टवेयर (ओएसएस) को औपचारिक रूप से अपनाने तथा उपयोग को प्रोत्साहन देती है। तदनुसार सभी सरकारी संगठनों का, ई-गवर्नेंस एप्लीकेशंस तथा प्रणाली को लागू करते समय इस नीति का परिपालन सुनिश्चित करते हुए रणनीतिक नियंत्रण, मापनीयता, सुरक्षा, संपूर्ण जीवन लागत तथा समर्थन आवश्यकताओं के संदर्भ में ओएसएस तथा क्लोज्ड सोर्स सॉफ्टवेयर (सीएसएस) की तुलना करके निर्णय लेना पड़ेगा।

सरकारी एप्लीकेशनों के सोर्स कोर्ड को खोल कर सहयोगी एप्लीकेशन विकास: इस नीति का उद्देश्य उच्च गुणवत्ता संपन्न ई-एप्लीकेशनों को तेजी से क्रियान्वित करने के लिए एक ओपन सोर्स कोड अपनाकर ई-गवर्नेंस एप्लीकेशन के विकास की गति को बढ़ाना और उसका शीघ्र क्रियान्वयन करना है। ई-गवर्नेंस एप्लीकेशन की गति को बढ़ाना तथा ओपन सोर्स कोड अपनाना, उच्च गुणवत्ता संपन्न ई-एप्लीकेशनों को तेजी से क्रियान्वित करना है। नवाचारी ई-एप्लीकेशनों को प्रोत्साहन देना भी लक्ष्य है।

सूचना प्रौद्योगिकी संसाधनों के उपयोग: यह नीति उपयोगकर्ता के दृष्टिकोण से सूचना प्रौद्योगिकी संसाधनों के उपयोग को नियंत्रित करती है। इसका उद्देश्य सरकारी सूचना प्रौद्योगिकी संसाधनों तक उचित पहुंच और उपयोग को सुनिश्चित करना और उसका दुरुपयोग रोकना है।

सरकार की ईमेल नीति: यह नीति सरकार की ईमेल सेवाओं के उपयोग के संबंध में दिशानिर्देश निर्धारित करती है। यह नीति भारत सरकार की ईमेल सेवा का उपयोग करने वाले भारत सरकार के सभी कर्मचारियों/राज्यों/केंद्र शासित प्रदेशों के उन कर्मचारियों पर लागू होती है जो भारत सरकार की ईमेल सेवा का उपयोग करते हैं।

ओपन एप्लीकेशन प्रोग्रामिंग इंटरफेसेज (एपीआई): यह ओपन एपीआई के संबंध में सरकार की नीति है जिसका उद्देश्य सभी ई-गवर्नेंस एप्लीकेशनों तथा प्रणालियों के लिए सॉफ्टवेयर के अंतरसंचालन को प्रोत्साहित करना तथा नागरिकों सहित सभी हितधारकों की भागीदारी को बढ़ावा देने के लिए डाटा सेवाओं तक एक्सेस प्रदान करना है।

ई-गवर्नेंस सक्षमता रूपरेखा (ई-जीसीएफ): इसके टूल किट में सरकारी कर्मचारियों के लिए एंड यूजर नॉलेज एरिया का सेट होता है। इस रूपरेखा का उद्देश्य क्षमता सृजन योजना को सुदृढ़ बनाना है ताकि ई-गवर्नेंस के अंतर्गत विभिन्न कार्य भूमिकाओं के लिए आवश्यक सक्षमता आधारित प्रणाली के माध्यम से सक्षमता को चिह्नित और परिभाषित किया जा सके।

सेवाओं की गुणवत्ता में परिवर्तन करने तथा एकीकृत सेवाएं प्रदान करने के लिए 'ई-क्रांति' पहल का उद्देश्य क्लाउड और मोबाइल प्लेटफॉर्म जैसी उभरती प्रौद्योगिकी का उपयोग करना और सेवाओं को एकीकृत करने पर ध्यान केंद्रित करना है। इस कार्यक्रम का सिद्धांत 'परिवर्तन' करना है, कार्य में परिणत करना नहीं। इसका उद्देश्य एकीकृत सेवाएं प्रदान करना है, व्यक्तिगत सेवाएं देना नहीं। एक अन्य महत्वपूर्ण पहल 'जीवन प्रमाण' है जिसका उद्देश्य पेंशनधारियों को आधार आधारित डिजिटल जीवन प्रमाण-पत्र प्रदान करना है। एक 'डिजिटल लॉकर प्रणाली' की परिकल्पना एक प्लेटफॉर्म के रूप में की गई है जिससे नागरिक सेवा प्रदाताओं से अपना दस्तावेज साझा कर सकेंगे और सेवा प्रदाता इलेक्ट्रॉनिक रूप से नागरिकों के दस्तावेजों को एक्सेस कर सकेंगे। 'ई-साइन' की रूपरेखा जारी कर दी गई है। इससे नागरिक आधार कार्ड का उपयोग करते हुए दस्तावेज पर डिजिटल हस्ताक्षर कर सकेंगे।

राष्ट्रीय छात्रवृत्ति पोर्टल किसी भी छात्रवृत्ति योजना के अंतर्गत विद्यार्थियों को छात्रवृत्ति राशि प्रदान करने हेतु विकसित किया गया केंद्रीकृत मंच है। इस प्रणाली में विद्यार्थियों का पंजीकरण, प्रार्थना-पत्र, मंजूरी एवं अदायगी कार्य समाहित हैं। 8 मंत्रालयों/विभागों की 52 योजनाएं पंजीकृत की गई हैं।

विभिन्न विभागों की सरकारी सेवाओं को एकीकृत करने के लिए मोबाइल सेवा कार्यक्रम लॉन्च किया गया है। स्वास्थ्य, शिक्षा, कृषि, ऊर्जा, सामाजिक कल्याण तथा ई-गवर्नेंस पर सूचना प्रदान करने के लिए 15 से अधिक भाषाओं में 'विकासपीडिया' पोर्टल लॉन्च किया गया है। इसमें और भाषाओं को जोड़ा जाएगा।

mygov.in एक अभिनव प्लेटफॉर्म है। इसका उद्देश्य सरकार के निर्णयों में जन भागीदारी सुनिश्चित करना है ताकि राष्ट्र निर्माण हेतु सुशासन का लक्ष्य प्राप्त किया जा सके। यह नागरिकों और विश्वभर के शुभेच्छुओं के लिए महत्वपूर्ण विषयों पर भारत के प्रधानमंत्री के साथ अपने विचार साझा करने का अवसर प्रदान करता है।

भारत सरकार और राज्य सरकारों द्वारा दी जाने वाली ई-सेवाओं के संबंध में लगातार फीडबैक के लिए इलेक्ट्रॉनिक्स एवं सूचना प्रौद्योगिकी मंत्रालय (एमईआईटीवाई) ने 'रेपिड असेसमेंट सिस्टम' (आरएएस) की शुरुआत की है। इस प्रणाली में फीडबैक प्राप्ति के लिए विभिन्न चैनल हैं और विश्लेषणकर्ता इस पर नजर रखते हैं।

ई-संपर्क डाटाबेस जन प्रतिनिधियों तथा सरकारी कर्मचारियों को संदेश और ईमेल भेजने के लिए विकसित किया गया है। इस डाटाबेस में 1.90 लाख ई-मेल पते और 82 करोड़ मोबाइल नंबर हैं। 563 अभियानों के लिए भेजी गई ईमेल्स की संख्या 301 करोड़ से अधिक है।

ई-ताल वेब पोर्टल, मिशन मोड परियोजनाओं सहित राष्ट्रीय एवं राज्य स्तर की ई-गवर्नेंस योजनाओं के संबंध में ई-लेन-देन आंकड़ों के प्रसार का काम करता है। यह वास्तविक समय के आधार पर, समय-समय पर, वेब आधारित एप्लीकेशनों द्वारा लेन-देन के आंकड़ों को प्राप्त करता है। ई-ताल

विभिन्न ई–गवर्नेंस परियोजनाओं से जुड़े आंकड़ों को सारणीबद्ध एवं ग्राफिकल स्वरूप में प्रस्तुत करता है, जिससे उनके लेन–देन से जुड़े विवरणों का शीघ्र पता चल सके।

आधार सक्षम बायोमीट्रिक अटेंडेंस प्रणाली (एईबीएस): सरकार में दक्षता लाने के लिए इलेक्ट्रॉनिक्स और सूचना प्रौद्योगिकी मंत्रालय द्वारा आधार सक्षम बायोमीट्रिक अटेंडेंस प्रणाली लागू की गई है।

ई–पेमेंट संरचना: सभी भुगतान और प्राप्तियां इलेक्ट्रॉनिक मोड में होंगी। ऑनलाइन भुगतान के लिए सामूहिक मंच payonline.gov.in पोर्टल लॉन्च किया गया है।

ई–अस्पताल: बाह्यरोगी पंजीकरण (ओआरएफ) सरकारी अस्पतालों में ऑनलाइन ओपीडी अपॉइंटमेंट सुविधा के लिए है। इसमें रोगी देखभाल, प्रयोगशाला सेवाएं तथा चिकित्सा रिकॉर्ड प्रबंधन को कवर किया गया है।

ई–जिले: यह ई–क्रांति के अंतर्गत एक मिशन मोड परियोजना (एमएमपी) होती है। इस परियोजना का नोडल मंत्रालय इलेक्ट्रॉनिक्स और सूचना प्रौद्योगिकी मंत्रालय है और इसे राज्य सरकारों तथा उनकी निर्दिष्ट एजेंसियों द्वारा लागू किया जाएगा। मिशन मोड परियोजना का उद्देश्य जिला और ऐसे उप–जिला स्तर पर, जो किसी अन्य मिशन मोड परियोजना का हिस्सा नहीं हैं, चिह्नित नागरिक केंद्रित सेवाओं की इलेक्ट्रॉनिक डिलिवरी करना है। यह परियोजना 634 जिलों में लॉन्च की गई है और लगभग 1,012 ई–सेवाएं भी लॉन्च की गई हैं।

समान सेवा केंद्र: इस योजना का उद्देश्य भारत के 6 लाख गांवों में आईसीटी सक्षम फ्रंट एंड सेवा आउटलेट प्रदान करना है। ऐसे इंटरनेट सक्षम केंद्रों से नागरिकों, निजी कौशल विकास, शिक्षा, डिजिटल साक्षरता, स्वास्थ्य और वित्तीय सेवाओं तक एक्सेस की अनुमति होती है। बैंकिंग, बीमा तथा प्रधानमंत्री जन–धन योजना के अंतर्गत पेंशन सेवाओं ने समान सेवा केंद्रों (सीएससी) को जीवंत बना दिया है। डिजिटल साक्षरता प्रसार के लिए डिजिटल साक्षरता अभियान (डीआईएसएचए) से सीएससी के माध्यम से नागरिकों को सक्रिय भागीदारी सक्षम बनाया गया है। आधार नामांकन/अपडेट को सीएससी के जरिए सक्षम बनाया गया है। अगस्त, 2017 तक देश में 3,00,774 सीएससी पंजीकृत किए गए हैं, जिनमें 1,96,922 ग्राम पंचायतों में हैं।

राज्यव्यापी एरिया नेटवर्क (एसडब्ल्यूएएन): एसडब्ल्यूएएन को ई–गवर्नेंस कार्यक्रम को समर्थन देने के लिए मुख्य अवसंरचना तत्व के रूप में चिह्नित किया गया है। यह 34 राज्यों/केंद्रशासित प्रदेशों के विभागों में कार्यरत है और इसकी औसत बैंडविड्थ उपयोग 60 प्रतिशत है। एसडब्ल्यूएएन को 28 राज्यों/केंद्रशासित प्रदेशों में राष्ट्रीय ज्ञान संजाल (एनकेएन) के साथ जोड़ा गया है।

जीआई क्लाउड: क्लाउड संगणना के उपयोग और लाभ देने के लिए सरकार ने महत्वाकांक्षी और महत्वपूर्ण कार्यक्रम 'जी क्लाउड' प्रारंभ किया है जिसे 'मेघराज' नाम दिया गया है। इस कार्यक्रम का फोकस रणनीति विकसित करने तथा सरकार में क्लाउड के प्रसार सुनिश्चित करने के लिए सरकारी व्यवस्था सहित विभिन्न घटकों को लागू करने पर है। क्लाउड नीति तैयार करना एक प्राथमिक कदम है जो सरकार द्वारा क्लाउड को बड़े पैमाने पर अपनाने में सहायक होगा।

राष्ट्रीय जियो–इंफॉरमेटिक्स सेंटर (एनसीओजी): यह केंद्र सरकारी मंत्रालयों/विभागों को जीआईएस आधारित सेवाएं प्रदान करता है। एनसीओजी वर्तमान में विभिन्न संगठनों के लिए जीआईएस आधारित

निर्णय समर्थ प्रणाली तैयार करने का काम कर रहा है। ग्राम स्तर, प्रमुख सड़कों, नदियों, रेल तक प्रशासनिक सीमाओं के लिए पूरे देश में 1:10,000 के स्केल पर बेस मैप लेयर्स पूरे कर लिए गए हैं। अभी तक, विभिन्न डोमेन्स तक 21 एप्लीकेशन कार्य कर रहे हैं।

डिजिटल भुगतान सहित डिजिटल लेन-देन को प्रोत्साहन

डिजिटल भुगतान तंत्र डिजिटल इंडिया प्रोग्राम का नैसर्गिक विस्तार है और इसमें वित्तीय लेन-देन को औपचारिक बनाकर अर्थव्यवस्था को बदलने की पूरी क्षमता है। डिजिटल भुगतान के जरिए कम कीमत पर सेवाएं, व्यापक मापक क्षमता का वहन और छोटे तथा लघु उद्योगों को औपचारिक वित्तीय सेवाओं तथा ई-वाणिज्य के लाभ मुहैया कराए जा सकते हैं। सरकार ने यूनिफाइड पेमेंट इंटरफेस (यूपीआई), असंरचनात्मक पूरक सेवा डेटा (यूएसएसडी), आधार भुगतान, तत्काल भुगतान सेवा (आईएमपीएस) एवं डेबिट कार्ड्स के जरिए 2,500 करोड़ डिजिटल भुगतान लेन-देन के मिशन को स्थापित करने की घोषणा की है।

2016 में नागरिकों के लिए इलेक्ट्रॉनिक भुगतान के विभिन्न स्वरूपों के प्रति जागरुकता फैलाने के लिए 'डिजिशाला' नामक एक नये शैक्षिक चैनल की शुरुआत की गई थी। डीडी फ्री डिश के साथ, डिजिशाला अब डिश टीवी पर भी उपलब्ध है। डीडी फ्री डिश पर डिजिशाला शैक्षिक एवं गैर-व्यावसायिक टीवी चैनल के तौर पर उपलब्ध है।

2016 में ही www.cashlessindia.gov.in नामक नई वेबसाइट की शुरुआत की गई थी। बतौर ज्ञान संग्राहक, इसका लक्ष्य विभिन्न तरह की डिजिटल भुगतान विधियों, योजनाओं के प्रति नागरिकों के बीच जागरुकता फैलाना है।

दिसंबर 2016 से अप्रैल 2017 तक, देशभर के 100 शहरों में डिजिधन मेलों का आयोजन किया गया। इसमें मेगा ड्रॉ 1 करोड़ रुपये का था।

2016 में, शुरुआत के कुछ ही समय दौरान भीम एप के डाउनलोड का आंकड़ा 2 करोड़ से अधिक पहुंच गया था और इसके जरिए 3,000 करोड़ रुपये का लेन-देन भी संपन्न हुआ। व्यापारियों की ओर से भीम एप को बढ़ावा देने के लिए, 'भीम आधार' नामक नई योजना की शुरुआत की गई।

डिजिटल भुगतान एवं लेन-देन के परितंत्र निर्माण को बढ़ावा देने के लिए 'डिजिधन मिशन' नामक मिशन तैयार किया गया।

सावैभौमिक इलेक्ट्रॉनिक सुगमता की राष्ट्रीय (2013) को दिव्यांग व्यक्तियों की बाधाओं को दूर करने के साथ-साथ उन्हें दैनिक जीवन में इलेक्ट्रॉनिक्स एवं आईसीटी में स्वतंत्र रूप भाग लेने के लिए शुरू किया गया था। यह नीति दिव्यांगता के आधार पर भेदभाव खत्म करना आवश्यक मानती है और इलेक्ट्रॉनिक्स तथा आईसीटी की समान सुगमता में सहायक है। नीति दिव्यांग लोगों की विविधताओं को मान्यता देते हुए उनकी विशेष आवश्यकताओं को पूरा करती है।

इलेक्ट्रॉनिक विकास कोष: इलेक्ट्रॉनिक्स विकास कोष (ईडीएफ) को 'फंड ऑफ फंड्स' के तौर पर स्थापित किया गया है ताकि वह पेशेवर तरीके से संचालित 'कन्या कोष' को सहयोग दे सकें। कन्या कोष इलेक्ट्रॉनिक्स, नैनो-इलेक्ट्रॉनिक्स एवं सूचना प्रौद्योगिकी (आईटी) क्षेत्र में नई तकनीकों पर काम

करने वाली कंपनियों को आपात पूंजी उपलब्ध कराएगा। यह फंड इन तकनीकी क्षेत्रों को शोध एवं विकास और नवाचार के क्षेत्र में सहयोग उपलब्ध कराएगा। ईडीएफ के जरिए निवेश के लिए 22 कन्या कोषों का चयन किया गया है।

आईटी प्रोत्साहन

छोटे शहरों और ग्रामीण क्षेत्रों सहित पूरे देश में बीपीओ/आईटीईएस गतिविधियों को प्रोत्साहन देने के लिए इंडिया बीपीओ प्रोत्साहन योजना (आईबीपीएस) की शुरुआत की गई है। इस शुरुआत से सूचना प्रौद्योगिकी एवं सूचना प्रौद्योगिकी आधारित सेवाओं (आईटी/आईटीईएस) के क्षेत्र में संतुलित विकास और रोजगार के अवसरों को बढ़ावा मिलेगा। इस योजना के लिए मार्च 2019 तक 493 करोड़ रुपये आवंटित करने का लक्ष्य रखा गया है।

उत्तर–पूर्व बीपीओ प्रोत्साहन योजना (एनईबीपीएस) को डिजिटल इंडिया प्रोग्राम के अंतर्गत शुरू किया गया है। इसके जरिए पूर्वोत्तर क्षेत्र (एनईआर) में बीपीओ/आईटीईएस कार्य में 5,000 सीटों की वृद्धि के लिए आईटी/आईटीईएस उद्योग में रोजगार के अवसरों और विकास को बढ़ावा मिलेगा।

अनुसंधान विकास प्रोत्साहन और नवाचार

राष्ट्रीय सुपरकंप्यूटिंग मिशन (एनएसएम): यह योजना 4,500 करोड़ रुपये के आवंटन के साथ शुरू की गई है ताकि भारत विश्व स्तरीय कंप्यूटिंग शक्तियों की श्रेणी में पहुंच सके। इसके अंतर्गत, अकादमिक/अनुसंधान विकास संस्थानों में अत्याधुनिक एचपीसी सुविधाएं एवं अवसंरचना विकसित किए जाने की योजना है। वहीं बड़े वैज्ञानिक एवं अभियांत्रिकी क्षेत्रों में राष्ट्रीय महत्व की एचपीसी एप्लीकेशनों का विकास, अगली पीढ़ी के कंप्यूटिंग तंत्र को तैयार करने के लिए एचपीसी में अनुसंधान विकास को बढ़ावा और देश में मानव संसाधन विकास को सुचारू करने तथा एचपीसी गतिविधियों को सुचारू करने का कार्य भी किया जाएगा।

भारतीय भाषाओं में आईसीटी का इस्तेमाल

भारतीय भाषाओं में विषयवस्तु की कमी बड़ी चुनौती है और विषय वस्तु निर्माण में सहायक उपकरणों की भी कमी देखी गई है। इस कमी को पूरा करने के लिए राष्ट्रीय रोलआउट योजना के अंतर्गत ओपन सोर्स सॉफ्टवेयर टूल्स का स्थानीयकरण और उन्हें शुल्करहित कंप्यूटर लैंग्वेज सीडी के जरिए उपलब्ध कराया गया है। इन्हें डाक के जरिए भेजा जाता है और http: //www.ildc.in पोर्टल से डाउनलोड भी किया जा सकता है। सीडी में सभी आधिकारिक 22 भारतीय भाषाओं के लिए लिब्र ऑफिस, ओपन टाइप फॉन्ट्स, यूनिकोड टाइपिंग टूल, सकलभारती फॉन्ट, फायरफॉक्स वेब ब्राउजर, ई–मेलिंग क्लाइंट, ग्राफिक्स टूल आदि होते हैं।

ई–वेस्ट जागरुकता कार्यक्रम: मंत्रालय ने ईएमडीपी के अंतर्गत जनता के बीच असंगठित क्षेत्र द्वारा ई–वेस्ट निपटान से जुड़े पर्यावरणीय खतरों के बारे में जागरुकता फैलाने के लिए यह कार्यक्रम शुरू किया गया है। इसके जरिए जनता को ई–वेस्ट निपटान के वैकल्पिक तरीकों की जानकारी भी दी जाती है। असंगठित क्षेत्र द्वारा ई–कचरा निपटान संबंध में अपनाए जाने वाले तरीकों से जुड़े खतरों से जुड़ी जानकारी ई–वेस्ट वस्तु सूची, छोटे मापकों और फिल्मों के जरिए दी जाती है। इस दौरान पर्यावरणीय दृष्टि से कचरा निपटान से जुड़ी बेहतर उपलब्ध प्रणाली की जानकारी भी दी जाती है। आमजन को

'स्वच्छ डिजिटल भारत' योजना का हिस्सा बन कर ई-वेस्ट को अधिकृत कचरा निपटानकर्ताओं को सौंपने के लिए भी प्रेरित किया जाता है। इसके लिए, राज्य सरकार की सहभागिता से बंगलुरु में एक प्रदर्शन संयंत्र भी स्थापित किया गया था, जहां संगठित तथा असंगठित क्षेत्र पर्यावरणीय तौर पर सुरक्षित विधि का इस्तेमाल पीसीबी प्रसंस्करण के लिए करते हैं। यह देश में पहला ई-वेस्ट रिसाइक्लिंग संयंत्र है, जहां प्रिंटेड सर्किट बोर्ड का पुर्नचक्रम किया जाता है।

नेशनल सेंटर ऑफ एक्सीलेंस इन नैनो टेक्नोलॉजी

मंत्रालय के नैनो टेक्नोलॉजी इनीशिएटिव्ज डिविजन ने देश में नैनो इलेक्ट्रॉनिक्स (सीईएन) के क्षेत्र में अनुसंधान विकास में उत्कृष्टता हासिल करने के लिए पांच प्रमुख केंद्र स्थापित किए हैं। आईआईटी बॉम्बे, आईआईटी गुवाहाटी, आईआईटी दिल्ली, आईआईटी चेन्नई एवं आईआईएससी बंगलुरु में देश की सामाजिक जरूरतों की पूर्ति के लिए और नैनो स्तर पर विश्वस्तरीय निर्माण इकाइयों की स्थापना के लिए यह केंद्र स्थापित किए गए हैं।

डिजिटल साक्षरता

जनता को डिजिटल साक्षरता प्रदान करने के लिए दो योजनाएं जारी हैं। आईटी जन साक्षरता के लिए राष्ट्रीय डिजिटल साक्षरता मिशन को 2014 में मंजूरी दी गई। इस योजना का उद्देश्य 10 लाख व्यक्तियों को प्रशिक्षित करना है। योजना को 2014 में रांची, झारखंड से प्रारंभ किया गया था।

सार्वभौमिक डिजिटल साक्षरता प्रदान कर के नागरिकों को डिजिटल तौर पर सशक्त बनाना डिजिटल इंडिया कार्यक्रम के विजन का अभिन्न घटक है। इस तथ्य को ध्यान में रखते हुए डिजिटल साक्षरता अभियान (डीआईएसएचए) को देशभर के चुनिंदा परिवारों में 42.5 लाख व्यक्तियों को डिजिटल रूप से साक्षर बनाने के लिए स्वीकृति दी गई।

प्रधानमंत्री ग्रामीण डिजिटल साक्षरता अभियान: सरकार ने ग्रामीण भारत के 6 करोड़ घरों (एक व्यक्ति प्रति घर) को डिजिटल रूप से साक्षर बनाने के लिए 'प्रधानमंत्री ग्रामीण डिजिटल साक्षरता अभियान' (पीएमजीडीआईएसएचए) योजना को मंजूरी दी है।

साइबर सुरक्षा

देश के ग्रामीण और शहरी क्षेत्रों में लाखों लोग साइबर स्पेस में उपलब्ध सेवाओं और सूचनाओं पर निर्भर करते हैं। इलेक्ट्रॉनिक सूचना की गुणवत्ता और संख्या वृद्धि के साथ ही जहां बिजनेस मॉडलों में भी सुधार हुआ है, वहीं आपराधिक एवं विरोधी पक्षों ने भी अपनी गतिविधियों को छुपकर अंजाम देने के लिए साइबर स्पेस को एक लाभकारी तरीके के तौर पर अपनाया है। अतः राष्ट्रीय कार्यसूची में साइबर स्पेस की सुरक्षा का महत्वपूर्ण स्थान है।

इसके महत्व को समझते हुए 2013 में राष्ट्रीय साइबर सुरक्षा नीति लाई गई। इसका उद्देश्य साइबर स्पेस में सूचना तथा सूचना अवसंरचना को संरक्षित करके, साइबर खतरों को रोकने के लिए क्षमता सृजन और संस्थागत अवसंरचनाओं, जनता, प्रक्रियाओं, प्रौद्योगिकी तथा सहयोग के माध्यम से अन्य साइबर घटनाओं से हुई क्षति को कम करके नागरिकों, व्यवसाय तथा सरकार के लिए सुरक्षित और लचीला साइबर स्पेस बनाना है।

प्रमाणन प्राधिकार नियंत्रक

डिजिटल हस्ताक्षर प्रमाण-पत्र प्रमाणन प्राधिकार नियंत्रक (सीसीए) द्वारा लाइसेंस प्राप्त किए हुए प्रमाणन प्राधिकारों (सीए) द्वारा जारी किए जाते हैं। सीसीए का कार्यालय लाइसेंसशुदा प्रमाणन प्राधिकारों की सूची बनाता है ताकि प्रमाणन प्राधिकार कानूनी ढांचे और दिशानिर्देशों के तहत दी जाने वाली ई-साईन सेवा की पेशकश कर सकें। अभी तक सीसीए कार्यालय ने ई-साईन सेवा देने के लिए आठ में से तीन लाइसेंसशुदा सीए को पैनल में शामिल किया है।

साइबर अपीली अधिकरण

आईटी अधिनियम, 2000 की धारा 48(1) के अंतर्गत प्रावधानों के अनुसार 2006 में साइबर नियामक अपीली अधिकरण (सीआरएटी) की स्थापना की गई। आईटी अधिनियम के अनुसार प्रमाणन प्राधिकार नियंत्रक या कानून के तहत किसी न्यायिक अधिकारी के आदेश से यदि कोई व्यक्ति आहत/पीड़ित है तो वह साइबर अपीली अधिकरण के समक्ष अपील कर सकता है।

इंडियन कंप्यूटर इमरजेंसी रिस्पॉन्स टीम

सीईआरटी-इन यह इलेक्ट्रॉनिक्स और सूचना प्रौद्योगिकी, संचार तथा सूचना प्रौद्योगिकी मंत्रालय द्वारा संचालित संगठन है। सीईआरटी-इन सूचना प्रौद्योगिकी (संशोधन) अधिनियम, 2008 की धारा 70 बी के अंतर्गत बनाई गई है ताकि साइबर सुरक्षा के क्षेत्र में यह राष्ट्रीय एजेंसी के रूप में निम्नलिखित कार्य कर सके:

1. साइबर सुरक्षा घटनाओं पर सूचना संग्रहण, विश्लेषण और प्रसार;
2. साइबर सुरक्षा घटनाओं का पूर्वानुमान लगाना और अलर्ट करना;
3. साइबर सुरक्षा घटनाओं से निपटने में आपातकालीन कदम उठाना;
4. सूचना, सुरक्षा व्यवहारों, प्रक्रियाओं, रोकथाम, प्रतिक्रिया और साइबर घटनाओं की रिपोर्टिंग के संबंध में दिशानिर्देश, परामर्श और श्वेत-पत्र जारी करना।

सेंटर फॉर डेवलपमेंट ऑफ एडवांस्ड कंप्यूटिंग

सी-डैक सूचना प्रौद्योगिकी तथा इलेक्ट्रॉनिक्स (आईटीएंडई) में देश के प्रतिष्ठित अनुसंधान और विकास संगठन के रूप में उभरा है। यह संगठन क्षेत्र में हुए वैश्विक विकास के संदर्भ में राष्ट्रीय प्रौद्योगिकी क्षमताओं को मजबूत बनाने और चुनिंदा फाउंडेशन क्षेत्रों में बाजार आवश्यकताओं में परिवर्तन हेतु प्रतिक्रियात्मक कार्य कर रहा है। उच्च अनुसंधान और विकास संस्थान के रूप में सी-डैक सूचना प्रौद्योगिकी क्रांतियों में अग्रणी रहा है, उभरती/सक्षम प्रौद्योगिकी में क्षमता सृजन कर रहा है, नवाचार कार्य में लगा है और देश की अर्थव्यवस्था के विभिन्न क्षेत्रों के लिए अपनी विशेषज्ञता, क्षमता, आईटी उत्पादों और समाधानों के विकास और तैनाती में निरंतर रूप से क्षमता सृजन कर रहा है।

सोसायटी फॉर एप्लायड माइक्रोवेव इलेक्ट्रॉनिक्स इंजीनियरिंग एंड रिसर्च

एसएएमईईआर की स्थापना 1984 में मुंबई में स्वायत्त प्रयोगशाला के रूप में माइक्रोवेव इंजीनियरिंग तथा इलेक्ट्रोमैग्नेटिक प्रौद्योगिकी में अनुसंधान और विकास कार्य करने के लिए की गई थी। यह मुंबई के टाटा इंस्टीट्यूट ऑफ फंडामेंटल रिसर्च (टीआईएफआर) में 1977 में स्थापित विशेष माइक्रोवेव उत्पाद

इकाई (एसएमपीयू) से निकली शाखा है। केंद्र आरएफ/माइक्रोवेव तथा संबद्ध विषयों के हाई एंड प्रौद्योगिकी क्षेत्रों में कार्य करते हैं। यह हार्डवेयर की डिजाइनिंग, विकास और डिलिवरी का कार्य करता है ताकि उच्च शक्ति आरएफ एम्प्लीफायर्स, संचार प्रणालियों, वायुमंडलीय राडार इंस्ट्रूमेंटेशन, लीनियर एक्सेलरेटर्स, आरएफ/माइक्रोवेव/मिलिमीटरवेव उप-प्रणाली तथा प्रणाली और फोटोनिक्स आदि सहित विशेषज्ञता के महत्वपूर्ण क्षेत्रों की यूजर एजेंसियों की कठोर मानकों की पूर्ति की जा सके।

इलेक्ट्रॉनिक्स प्रौद्योगिकी के लिए सेंटर फॉर मेटीरियल्स

इलेक्ट्रॉनिक्स प्रौद्योगिकी के लिए सेंटर फॉर मेटीरियल्स (सी-मेट) की स्थापना मुख्य रूप से इलेक्ट्रॉनिक्स के लिए पदार्थों के क्षेत्र में व्यावहारिक प्रौद्योगिकी के विकास के लिए इलेक्ट्रॉनिक्स विभाग (अब इलेक्ट्रॉनिक्स और सूचना प्रौद्योगिकी मंत्रालय) के अंतर्गत 1990 में की गई थी। सी-मेट अपनी पुणे, हैदराबाद और त्रिसूर स्थित प्रयोगशालाओं के माध्यम से कार्य रहा है। इन प्रयोगशालाओं के पास इलेक्ट्रॉनिक मेटीरियल्स से जुड़े विशेषाधिकार हैं, जिसके अंतर्गत यह भारतीय उद्योगों के लिए प्रयोगशाला स्तर से संयंत्र प्रदर्शन तक तैयार नई तकनीकों को लेकर आ सकते हैं।

ईआरएनईटी

ईआरएनईटी मंत्रालय की स्वायत्त वैज्ञानिक संस्था है। इसने देश में नेटवर्किंग के लिए महत्वपूर्ण योगदान दिया है। ईआरएनईटी कनेक्टिविटी प्रदान करने के अतिरिक्त आईटी परामर्श, परियोजना प्रबंधन तथा प्रशिक्षण के जरिए अकादमिक और अनुसंधान संस्थानों की आवश्यकताओं को पूरा कर रही है।

नेशनल ई-गवर्नेंस डिविजन

देश में ई-गवर्नेंस की बढ़ती मांग को पूरा करने के लिए निजी और सरकारी क्षेत्रों के विशेषज्ञों को मिलाकर ई-गवर्नेंस डिविजन की स्थापना की गई। यह डिविजन प्रोग्राम प्रबंधन तथा डिजिटल इंडिया कार्यक्रम को पूरा करने में प्रमुख भूमिका निभा रहा है।

राष्ट्रीय सूचना विज्ञान केंद्र (एनआईसी)

वर्ष 1976 में स्थापित एनआईसी निचले स्तर तक ई-गवर्नमेंट/ई-गवर्नेंस एप्लीकेशन बनाने वाले वृहद संगठन और सतत विकास के लिए डिजिटल अवसर प्रोत्साहक के रूप में उभरा है। एनआईसी ने अपने 'एनआईसीएनईटी' नेटवर्क के माध्यम से सभी मंत्रालयों/केंद्र सरकार के विभागों, 36 राज्य सरकारों/केंद्र शासित प्रदेशों और लगभग 650 से अधिक भारत के जिला प्रशासन के साथ संस्थापक संपर्क स्थापित कर दिया है। केंद्र में सरकारी मंत्रालयों/विभागों, राज्य , जिला तथा ब्लॉक तक ई-गवर्नमेंट/ई-गवर्नमेंट एप्लीकेशनों के संचालन में ये सहायक रहा है, सरकारी सेवाओं को सुधारने में सहायता दे रहा है, व्यापक पारदर्शिता ला रहा है और विकेंद्रित प्रबंधन और नियोजन को प्रोत्साहन दे रहा है।

मानकीकरण, परीक्षण तथा गुणवत्ता प्रमाणन

मानकीकरण, परीक्षण तथा गुणवत्ता प्रमाणन (एसटीक्यूसी) निदेशालय इलेक्ट्रॉनिक्स और सूचना प्रौद्योगिकी मंत्रालय से संबद्ध कार्यालय है जो देशभर में प्रयोगशालाओं एवं केंद्रों के आधार पर इलेक्ट्रॉनिक्स एवं सूचना प्रौद्योगिकी (आईटी) क्षेत्र में गुणवत्ता प्रमाणन सेवाएं प्रदान करता है। इनके अंतर्गत, सरकारी व निजी संस्थाओं को परीक्षण, कैलिबरेशन, प्रशिक्षण तथा प्रमाणन सेवाएं प्रदान की जाती हैं।

नेशनल इंटरनेट एक्सचेंज ऑफ इंडिया

एनआईएक्सआई कंपनी अधिनियम 1956 की धारा 25 (अब कंपनी अधिनियम 2013 की धारा 8 के अंतर्गत) के तहत स्थापित गैरलाभकारी संगठन है जो इंटरनेट सेवा प्रदाताओं को आपस में जोड़ता है और देश के अंदर घरेलू ट्रैफिक का मार्ग तय करता है। इलेक्ट्रॉनिक्स और सूचना प्रौद्योगिकी मंत्रालय के वित्त पोषण से एनआईएक्सआई निम्नलिखित गतिविधियां चला रहा है– 1. इंटरनेट एक्सचेंज, 2. आईएन रजिस्ट्री तथा अंतरराष्ट्रीय डोमेन नेम (आईडीएन) और 3. नेशनल इंटरनेट रजिस्ट्री (एनआईआर)।

राष्ट्रीय इलेक्ट्रॉनिक्स और सूचना प्रौद्योगिकी संस्थान

एनआईईएलआईटी इलेक्ट्रॉनिक्स तथा सूचना प्रौद्योगिकी मंत्रालय की वैज्ञानिक सोसायटी है। यह आईटी, इलेक्ट्रॉनिक्स, संचार प्रौद्योगिकी, हार्डवेयर, साइबर कानून, साइबर सुरक्षा, ईपीआर, जीआईएस, क्लाउड कंप्यूटिंग, ईएसडीएम, ई–कचरा, आईओटी, ई–गवर्नेंस तथा संबंधित इकाइयों के क्षेत्र में क्षमता सृजन और कौशल विकास का कार्य सक्रिय रूप से कर रहा है। एनआईईएलआईटी औपचारिक और गैर–औपचारिक दोनों क्षेत्रों में पाठ्यक्रम संचालन करता है और यह अनेक राज्यों में कर्मचारियों और जनता के लिए आईटी साक्षरता कार्यक्रम प्रारंभ करने के लिए अधिमान्य एजेंसी है।

सॉफ्टवेयर टेक्नोलॉजी पार्क्स ऑफ इंडिया

सॉफ्टवेयर टेक्नोलॉजी पार्क्स ऑफ इंडिया (एसटीपीआई) की स्थापना 1991 में इलेक्ट्रॉनिक्स और सूचना प्रौद्योगिकी मंत्रालय के अंतर्गत स्वायत्तशासी संस्था के रूप में की गई। इसका मुख्य उद्देश्य देश से सॉफ्टवेयर निर्यात को प्रोत्साहित करना है। यह सॉफ्टवेयर निर्यातकों के लिए एकल खिड़की सुविधा केंद्र का काम करता है। एसटीपीआई सॉफ्टवेयर टेक्नोलॉजी पार्क (एसटीपीआई) तथा इलेक्ट्रॉनिक्स हार्डवेयर टेक्नोलॉजी पार्क (ईएचटीपी) योजना को लागू करने के लिए उत्तरदायी है।

मीडिया लैब एशिया

इलेक्ट्रॉनिक्स और सूचना प्रौद्योगिकी मंत्रालय द्वारा प्रोत्साहित मीडिया लैब एशिया गैर–लाभकारी कंपनी है। इस कंपनी का उद्देश्य जनसाधारण तक ईसीटी का लाभ पहुंचाना है। इसकी गतिविधियों में एप्लीकेशन क्षेत्र यथा— स्वास्थ्य सेवा, शिक्षा, जीविका तथा दिव्यांगों के सशक्तीकरण के लिए आईसीटी को शामिल करना है।

राष्ट्रीय सूचना विज्ञान सेवा केंद्र नि.

राष्ट्रीय सूचना विज्ञान सेवा केंद्र नि. (एनआईसीएसआई) धारा 8 कंपनी (पूर्ववर्ती धारा 25 कंपनी) है। इसकी नींव 1995 में राष्ट्रीय सूचना विज्ञान केंद्र (एनआईसी) ने रखी थी, जिसका लक्ष्य केंद्र तथा राज्य सरकारों के विभागों एवं संगठनों को संपूर्ण आईसीटी समाधान उपलब्ध कराना है। इसकी सेवाओं में अत्याधुनिक हार्डवेयर, सॉफ्टवेयर, सलाह, तकनीकी सहयोग, डिजाइन एवं विकास, संचालन एवं प्रबंधन, गुणवत्ता जांच और अंतिम चरण के आईसीटी समाधान एवं सेवाएं उपलब्ध हैं।

दूरसंचार

ज्ञान की तेजी से बढ़ती दुनिया में दूरसंचार सामाजिक–आर्थिक विकास के लिए आवश्यक अवसंरचना बन गया है। देश के सभी हिस्सों में दूरसंचार सेवाओं की पहुंच नए परिवर्तनकारी और प्रौद्योगिकी संपन्न

समाज के विकास का अभिन्न हिस्सा है। सरकार द्वारा उठाए गए उपायों के परिणामस्वरूप भारतीय दूरसंचार क्षेत्र तेजी से आगे बढ़ा है और चीन के बाद विश्व का दूसरा सबसे बड़ा नेटवर्क बन गया है।

दूरसंचार विभाग

दूरसंचार विभाग तेज समावेशी सामाजिक-आर्थिक विकास के लिए सुरक्षित, विश्वसनीय, किफायती तथा उच्च गुणवत्ता संपन्न कनवर्ज्ड दूरसंचार सेवाएं, कहीं भी, कभी भी देने के लिए संकल्पबद्ध है। विभाग पूरे देश में सुरक्षित किफायती दर पर, विश्वसनीय तथा सुरक्षित वॉयस तथा डाटा सेवाएं प्रदान कर जनहित के लक्ष्यों को प्राप्त करने की दिशा में काम कर रहा है।

टेली घनत्व

अप्रैल 2016 से मार्च 2017 के अंत तक टेलीफोन कनेक्शनों की संख्या 105.93 करोड़ से 119.49 करोड़ तक हो गई और इस तरह इन आंकड़ों में 13.56 करोड़ की वृद्धि देखी गई है। मोबाइल टेलीफोन के क्षेत्र में अप्रैल 2016 से मार्च 2017 तक 13.64 करोड़ की भारी वृद्धि दर्ज की गई है। यह आंकड़ा अप्रैल 2016 में 103.41 करोड़ और मार्च 2017 में 117.05 करोड़ था। ग्रामीण टेलीफोन कनेक्शनों में भी इसी अरसे के दौरान 5.4 करोड़ की वृद्धि देखी गई है। पिछली बार से यह आंकड़ा 44.77 करोड़ से बढ़कर 50.18 करोड़ तक पहुंच गया है। अप्रैल 2016 में संपूर्ण टेली घनत्व 83.40 प्रतिशत से मार्च 2017 में 93.01 प्रतिशत पहुंच गया है। ग्रामीण टेली घनत्व भी मार्च 2017 में 51.26 प्रतिशत से बढ़कर 56.98 प्रतिशत तक पहुंच गया है। वहीं शहरी टेली घनत्व 154.18 प्रतिशत से 171.52 प्रतिशत तक जा पहुंचा है। ब्रॉडबैंड कनेक्शनों के आंकड़ों में 12.67 करोड़ की बढ़ोतरी हुई है। यह 2016 में 14.97 करोड़ से मार्च 2017 तक 27.65 करोड़ तक पहुंच गए हैं। अप्रैल 2016 से मार्च 2017 तक नए इंटरनेट कनेक्शनों में 7.95 करोड़ की वृद्धि हुई है। 2016 में इंटरनेट कनेक्शनों की संख्या 34.26 करोड़ थी और मार्च 2017 में इनकी संख्या 42.21 करोड़ तक जा पहुंची है।

स्पेक्ट्रम शेयरिंग

स्पेक्ट्रम दक्षता में वृद्धि के लिए ऑपरेटरों के बीच 2016 में पहली बार स्पेक्ट्रम शेयरिंग की शुरुआत की गई थी। आज तक 22 सेवा क्षेत्रों में से 21 में स्पेक्ट्रम दो सेवा प्रदाताओं के बीच आवंटित है।

भारतनेट

ग्रामीण क्षेत्रों में बेहतर डिजिटल पैठ के लिए सरकार ने भारतनेट की शुरुआत की है। इसका लक्ष्य 2.5 लाख ग्राम पंचायतों को ब्रॉडबैंड ऑप्टिकल फाइबर नेटवर्क के जरिए जोड़ना है।

राइट ऑफ वे रूल्स

भारतीय टेलीग्राफ का राइट ऑफ वे रूल्स, 2016 को भूमिगत अवसंरचना (ऑप्टिकल फाइबर) और भूमि के ऊपर अवसंरचना विकास (मोबाइल टावर्स) के लिए अधिसूचित किया गया था। 1885 के भारतीय टेलीग्राफ कानून की उपधारा (1) के अंतर्गत सभी लाइसेंसधारी टेलीकॉम सेवा प्रदाता इस नियम के अधीन आते हैं। इन नियमों के अंतर्गत राइट ऑफ वे को मंजूरी को सरल बनाया गया है ताकि पारदर्शी तथा समयबद्ध तरीके से टेलीकॉम अवसंरचना के निर्माण को पूरा किया जा सके।

आधार सक्षम ई-केवाईसी

'ग्रीन टेलीकॉम' के लक्ष्य को पूरा करने के लिए सरकार ने 'आधार सक्षम ई-केवाईसी सेवाओं' की बुनियाद रखी है। सितंबर 2016 से जारी किए गए मोबाइल कनेक्शनों को इसके अंतर्गत लाया गया है। योजना के अंतर्गत, उपभोक्ता खरीद के समय अपने बायोमीट्रिक्स की मदद से नया कनेक्शन प्राप्त करता है और नया सिम-कार्ड 30 मिनट के अंदर ही चालू हो जाता है। अन्य विधि से किए जाने पर इस प्रक्रिया में करीब चौबीस घंटे का समय लगता है और कागजी कार्रवाई भी पूरी करनी होती है। प्रक्रिया को सरल करने के अलावा, यह विधि सुरक्षित भी है और इसके पर्यावरणीय दृष्टि से भी कारगर है क्योंकि इसके जरिए प्रतिवर्ष 50,000 से अधिक पेड़ों को कटने से बचाया जा सकता है।

टेलीकॉम सेवा प्रदाताओं के लिए वायरलेस ऑपरेटिंग लाइसेंस उन्मूलन

व्यापारिक प्रक्रिया को सरल बनाने के लिए, टेलीकॉम विभाग ने 2016 से टेलीकॉम सेवा प्रदाताओं के लिए वायरलेस ऑपरेटिंग लाइसेंस की जरूरत को समाप्त कर दिया गया है। इससे दुर्लभ अवसंरचना के उपयोग में आने वाली देरी पर रोक लगेगी क्योंकि बेस स्टेशनों की स्थापना के तुरंत बाद रेडियो प्रसारण शुरू हो सकेगा। प्रसारण के संबंध में टेलीकॉम विभाग से मंजूरी प्राप्ति का इंतजार भी नहीं करना पड़ेगा।

वर्चुअल नेटवर्क ऑपरेटर्स

सरकार ने 2016 में यूएल(वीएनओ) के लिए दिशानिर्देश शुरू किए हैं। वीएनओ सिस्टम के जरिए, सक्रिय तथा निष्क्रिय अवसंरचना की मदद से टेलीकॉम सेवा प्रदाता अपने नेटवर्क और स्पेक्ट्रम को बेहतर तरीके से इस्तेमाल में ला सकते हैं।

सक्रिय अवसंरचना शेयरिंग

सरकार द्वारा सेवा प्रदाताओं के बीच आपसी अनुबंध के आधार पर सक्रिय अवसंरचना सहभाजन के लिए एक अधिसूचना जारी की गई थी। सक्रिय सहभाजन एंटीना, फीडर केबल, नोड बी, रेडियो एक्सेस नेटवर्क (आरएएन) और संचार प्रणाली तक सीमित होगा।

सभी नए मोबाइल फोन में पैनिक बटन

सरकार द्वारा जारी आदेश के अनुसार भारत में बेचे जाने वाले सभी मोबाइल फोनों में 'पैनिक बटन' उपलब्ध रहेगा जिसका इस्तेमाल किसी आपात स्थिति में संकेत भेजने के लिए किया जाएगा। विभाग ने वर्ष 2016 में मोबाइल फोन हैंडसेट्स रूल्स, 2016 के अंतर्गत सभी फोनों में पैनिक बटन और ग्लोबल पोजिशनिंग सिस्टम सुविधा दिए जाने से जुड़ी अधिसूचना जारी की थी ताकि महिलाओं की सुरक्षा बेहतर हो और साथ ही, सुरक्षा एजेंसियों की ओर से त्वरित कार्रवाई भी सुनिश्चित की जा सके।

मन की बात

विभाग ने वॉयस और एसएमएस पर मन की बात के लिए, शॉर्ट कोड '1922' जारी किया है ताकि लोग अपनी सलाह और शिकायतों को इस शॉर्ट कोड के जरिए सीधे प्रधानमंत्री कार्यालय में भेज सकें।

मिड-डे मील

विभाग ने टोल फ्री शॉर्ट कोड '15,544' जारी किया है। यह सेवा, मिड-डे मील के लिए वॉयस और एसएमएस गेटवे हेल्पलाइन है।

कैश मुक्त भारत

शॉर्ट कोड '14,444' कैश मुक्त भारत के लिए जारी किया गया है। इस हेल्पलाइन का लक्ष्य सरकार द्वारा कैशरहित अर्थव्यवस्था को बढ़ावा देना है।

ब्रॉडबैंड सेवाओं के लिए केबल टीवी नेटवर्क

एक अनुमान के अनुसार देशभर में 10 करोड़ केबल टीवी उपभोक्ता हैं, जिनमें से केवल 10.6 लाख के पास केबल नेटवर्क के जरिए ब्रॉडबैंड सेवा पहुंचती है।

कॉल ड्रॉप्स में कमी

वायरलेस नेटवर्क में विभिन्न कारणों से कॉल ड्रॉप्स होती हैं, जिनमें कमजोर रेडियो कवरेज, रेडियो हस्तक्षेप, मौजूदा स्पेक्ट्रम की लोडिंग, ट्रैफिक के स्वरूप में बदलाव, बिजली जाने के कारण साइट का बंद होना आदि प्रमुख हैं। हालांकि इस दिशा में सरकार एवं टीआरएआई टीएसपी के साथ, इस समस्या को सुलझाने और इसे उचित सीमा तक लाने से जुड़े कई संभव कदम उठा रही हैं। कॉल ड्रॉप्स के मामलों में काफी कमी भी आई है। कॉल ड्रॉप्स के लिए इंटरेक्टिव वॉयस रिस्पांस सिस्टम (वीआरएस) आधारित हेल्पलाइन के शॉर्ट कोड '1955' को निर्धारित किया गया है। इससे उन क्षेत्रों की पहचान करने और उन्हें दूर करने में मदद मिलेगी जहां कॉल ड्रॉप्स की समस्या की आशंका है।

वाई फाई हॉट स्पॉट्स

'स्मार्ट विलेज' बनाने की दिशा में ग्रामीण क्षेत्रों में वाई-फाई अवसंरचना एवं अन्य उपयुक्त सहयोगी एप्लिकेशनों के विकास के आधार पर डीईआईटीवाई ने सामुदायिक सेवा केंद्र (सीएससी) 'वाई-फाई चौपाल' मॉडल का गठन किया है। इसी के अनुसार, विभाग ने ग्रामीण इलाकों में बीएसएनएल टेलीफोन एक्सचेंजों के ब्लॉक-स्तर के अवसंरचनात्मक ढांचे के आधार पर 25,000 पब्लिक वाई-फाई हॉट स्पॉट्स स्थापित करने के प्रस्ताव को मंजूरी दी है।

अनुसंधान और विकास (आरएंडडी)

स्वायत्त निकाय सी-डॉट दूरसंचार विभाग का अंग है। यह संगठन लागत प्रभावी, स्वदेश में विकसित अत्याधुनिक दूरसंचार समाधान प्रदान करने के लिए संकल्पबद्ध है। सी-डॉट उपग्रह संचार, आईएन, एटीएम, डीडब्ल्यूडीएम, एनएमएस, वायरलेस ब्रॉडबैंड, जीपीओएन, एनजीएन तथा मोबाइल सेल्युलर प्रणालियों जैसे क्षेत्रों में दूरसंचार प्रौद्योगिकी का राष्ट्रीय अनुसंधान और विकास केंद्र बन गया है। सी-डॉट को दूरसंचार के लिए केंद्रीय निगरानी प्रणाली और सामरिक एप्लीकेशनों के लिए सुरक्षित नेटवर्क जैसे राष्ट्रीय महत्व की परियोजनाओं का दायित्व भी दिया गया है।

दूरसंचार विभाग के प्रशासनिक नियंत्रण में निम्नलिखित सार्वजनिक प्रतिष्ठान हैं:

1. भारत संचार निगम लिमिटेड (बीएसएनएल), 2. महानगर टेलिफोन निगम लिमिटेड (एमटीएनएल), 3. आईटीआई लिमिटेड, 4. टेलीकम्युनिकेशन्स कंसल्टेंट्स इंडिया लिमिटेड (टीसीआईएल), 5. भारत ब्रॉडबैंड नेटवर्क लिमिटेड (बीबीएनएल), 6. हेमिस्फेयर प्रॉपर्टीज इंडिया लिमिटेड (एचपीआईएल)।

भारत संचार निगम लिमिटेड

भारत सरकार की पूर्ण स्वामित्व वाली कंपनी भारत संचार निगम लिमिटेड (बीएसएनएल) की स्थापना अक्टूबर 2000 में की गई। यह कंपनी दिल्ली और मुंबई को छोड़कर पूरे देश में दूरसंचार सेवा प्रदान करती है। यह लैंडलाइन टेलिफोन सेवा, डब्ल्यूएलएल तथा जीएसएम मोबाइल, ब्रॉडबैंड, इंटरनेट, लीज्ड सर्किट तथा लंबी दूरी की दूरसंचार सेवाएं प्रदान करती है। इसका फोकस क्षेत्र ग्रामीण टेलिफोनी है। बीएसएनएल पूर्वोत्तर क्षेत्र तथा जनजातीय क्षेत्रों तथा वामपंथी उग्रवाद प्रभावित क्षेत्रों पर विशेष बल देती है।

महानगर टेलिफोन निगम लिमिटेड

1986 में स्थापित महानगर टेलीफोन निगम लिमिटेड (एमटीएनएल) नवरत्न सार्वजनिक प्रतिष्ठान है और यह देश के प्रमुख महानगरों, दिल्ली व मुंबई में सेवा प्रदान करती है। इन दो महानगरों में एमटीएनएल निर्धारित लाइन की दूरसंचार सेवा प्रदाता कंपनी है। एमटीएनएल दिल्ली के साथ नोएडा, गुड़गांव, फरीदाबाद तथा गाजियाबाद और मुंबई के साथ-साथ मुंबई महापालिका, नवी मुंबई निगम और ठाणे पालिका निगम के अंतर्गत आने वाले क्षेत्रों में जीएसएम मोबाइल सेवा प्रदान करती है। एमटीएनएल अपने ब्रॉडबैंड नेटवर्क पर वायस, हाई स्पीड इंटरनेट तथा आईपीटीवी की ट्रिपल पे सेवा प्रदान करती है।

आईटीआई लिमिटेड

आईटीआई लिमिटेड की स्थापना 1948 में तब के दूरसंचार सेवा प्रदाता दूरसंचार विभाग को उपकरणों की आपूर्ति करने के लिए की गई थी। आईटीआई ने अपना संचालन 1948 में बंगलुरु में शुरू किया। बाद में इसका विस्तार हुआ और जम्मू-कश्मीर में श्रीनगर, उत्तर प्रदेश के नैनी, रायबरेली और मनकापुर तथा केरल में पलक्कड में इसकी उत्पादन इकाइयां स्थापित हुईं। सभी उत्पादन इकाइयां आईएसओ 9001-2000 मानक प्राप्त हैं। विभिन्न स्थानों पर इन इकाइयों की स्थापना का उद्देश्य न केवल निर्माण क्षमता को सुदृढ़ बनाना है बल्कि सामाजिक अवसंरचना का विकास करना भी है।

टेलीकम्यूनिकेशंस कंसल्टेंट्स इंडिया लिमिटेड

टेलीकम्यूनिकेशंस कंसल्टेंट्स इंडिया लिमिटेड (टीसीआईएल) की स्थापना 1978 में की गई थी। इसका प्रमुख उद्देश्य दूरसंचार और सूचना प्रौद्योगिकी के सभी क्षेत्रों में विश्वस्तरीय प्रौद्योगिकी प्रदान करना है ताकि उचित विपणन नीति तैयार कर, निरंतर आधुनिक टेक्नोलॉजी प्राप्त करके और अपनी अग्रणी भूमिका को बनाए रखते हुए विदेश तथा घरेलू बाजारों में परिचालन की श्रेष्ठता बनाई रखी जा सके। इसने साइबर पार्कों, इंटेलिजेंट बिल्डिंग, साइबर और स्मार्ट सिटी तथा ब्रॉडबैंड मल्टीमीडिया कनवरजेंट सेवा पर फोकस कर के, आईटी और आईटी सक्षम सेवाओं/नए क्षेत्रों में प्रवेश कर के अपनी विविधता कायम की है। टीसीआईएल बाहरी देशों में भी दूरसंचार और आईटी अवसंरचना विकसित कर रही है।

भारत ब्रॉडबैंड नेटवर्क लिमिटेड

भारत ब्रॉडबैंड नेटवर्क लिमिटेड (बीबीएनएल) नामक एक स्पेशल पर्पज वेहिकल (एसपीवी) को भारतीय कंपनी कानून 1956 के अंतर्गत 2012 को शामिल किया गया ताकि लगभग 2.50 लाख ग्राम पंचायतों (जीपीएस) में भारतनेट योजना लागू की जा सके।

डिजिटल इंडिया

डिजिटल इंडिया के विजन का उद्देश्य देश को डिजिटल रूप से सशक्त समाज और ज्ञान अर्थव्यवस्था में बदलना है। यह कार्यक्रम चरणबद्ध तरीके से 2018 तक लागू किया जाएगा। कार्यक्रम की परिकल्पना इलेक्ट्रॉनिक्स और सूचना प्रौद्योगिकी विभाग (डीईआईटीवाई) ने की है। इसके माध्यम से सरकारी सेवाओं को इलेक्ट्रॉनिक रूप में बदल कर जनता के प्रति दायित्व को और पुख्ता बनाया जाएगा। इसमें विशिष्ट पहचान और ई-प्रमाण शामिल किए जाएंगे जो मौलिक तथा एकीकृत सरकारी एप्लीकेशंस व डाटा आधारित होते हैं। ई-गवर्नेंस के लिए वर्तमान वित्तीय व्यवस्था केंद्रीय और राज्य सरकारों के संबंधित मंत्रालयों/विभागों के बजट से की जाती है। डिजिटल इंडिया के लिए स्वतंत्र परियोजनाओं के लिए वित्तीय व्यवस्था नोडल मंत्रालयों/विभागों से की जाएगी।

डिजिटल इंडिया के कार्यक्षेत्र

इस कार्यक्रम का समग्र कार्यक्षेत्र है: (क) भारत को ज्ञान आधारित भविष्य के लिए तैयार करना। (ख) बदलाव के लिए तैयारी यानी आईटी (इंडियन टेलेंट) + आईटी (सूचना प्रौद्योगिकी) = आईटी (इंडिया टुमारो)। (ग) परिवर्तन के लिए तकनीक को आधारभूत बनाना और (घ) इसकी तैयारी एक समग्र कार्यक्रम के रूप में करना ताकि इसके अंतर्गत अनेक विभाग आ सकें।

इस कार्यक्रम में अनेक विचारों और पक्षों को संयुक्त परिकल्पना के अंतर्गत रखा गया है ताकि प्रत्येक विचार एक वृहद लक्ष्य के अंश रूप में दिखे। इसके प्रत्येक भाग का अपना आधार है और साथ ही वह एक बड़ी तस्वीर का अंश भी है। इन सभी पक्षों को एक साथ जोड़ने से ही रूपांतरण मिशन पूरा किया जा सकता है।

डिजिटल इंडिया विकास के निम्नलिखित नौ स्तंभों को सहयोग देने में महत्वपूर्ण भूमिका अदा करेगा: (1) ब्रॉडबैंड हाईवे, (2) सबको मोबाइल कनेक्टिविटी से जोड़ना, (3) पब्लिक इंटरनेट एक्सेस कार्यक्रम, (4) ई-गवर्नेंस: तकनीक के माध्यम से प्रशासनिक सुधार, (5) ई-क्रांति सेवाओं की इलेक्ट्रॉनिक डिलिवरी, (6) सभी के लिए सूचना उपलब्धता, (7) इलेक्ट्रॉनिक्स निर्माण, (8) रोजगार के लिए सूचना प्रौद्योगिकी का उपयोग, और (9) समय पर फसल कटाई कार्यक्रम का संचालन।

डिजिटल इंडिया कार्यक्रम के अंतर्गत निम्नलिखित कदम उठाए गए हैं:

एलआईएमबीएस (लीगल इन्फॉरमेशन एंड मैनेजमेंट बेस्ड सिस्टम) एलआईएमबीएस अदालती मामलों की व्यापक, नियामक और सक्रिय निगरानी के लिए सहज पहुंच वाला वेब आधारित टूल है। यह वेब आधारित मंच है जो विभिन्न आवश्यकताओं वाले सभी यूजरों को समान एक्सेस पोर्टल प्रदान करता है यानी यह शुरुआती कार्य करने वाले से लेकर शीर्ष प्रबंधन अधिकारी तक पहुंच प्रदान करता है। एलआईएमबीएस अदालती मामलों के ब्योरों की जानकारी के लिए यह अनुकूल डाटा एंट्री स्क्रीन उपलब्ध कराती है। अदालती मामलों की प्रगति को प्रविष्ट किया जा सकता है। विभिन्न एमआईएस रिपोर्ट मामलों की निगरानी में सहायक होंगी। ई-दस्तावेज तिजोरी उपयोगकर्ता को महत्वपूर्ण फैसलों की जानकारी की अनुमति देती है। महत्वपूर्ण मामलों पर उपयोगकर्ता को संवेदी बनाने के लिए एसएमएस अलर्ट भेजे जाते हैं।

नेशनल डाटा शेयरिंग एंड एक्सेसिबिलिटी कार्यक्रम

इस नीति का उद्देश्य, विभिन्न संबंधित नीतियों के अंतर्गत, एक नेटवर्क से पठनीय और मशीन सक्षम पठनीय रूप में सरकार का साझा करने लायक डाटा एक्सेस करना है। इस संबंध में, पब्लिक डाटा एवं सूचना तक वृहद पहुंच के लिए भारत सरकार की विभिन्न धाराएं एवं नियम अनुमति प्रदान करते हैं।

ई–ऑफिस

ई–ऑफिस के मुख्य उद्देश्य हैं: (1) सरकारी स्तरों में सक्षमता, निरंतरता और प्रभाव बढ़ाना, (2) परिवर्तन समय में कमी लाना तथा नागरिक चार्टर मांगों की पूर्ति करना, (3) प्रशासन गुणवत्ता को बढ़ाने के लिए कारगर संसाधन प्रबंधन उपलब्ध कराना, (4) प्रोसेसिंग विलंब में कमी लाना, (5) पारदर्शिता और दायित्व स्थापित करना, (6) सिस्टम से सरकारी कार्यालयों में फाइलों की आवाजाही स्वचालित होना आदि।

9 रक्षा

मौजूदा अंतरराष्ट्रीय सुरक्षा माहौल को तेज बदलाव, निरंतर परिवर्तनशीलता और अत्यधिक अस्थिरता के माहौल के रूप में देखा जा सकता है जो बड़ी शक्तियों की नीतियों और दृष्टिकोण को लेकर अनिश्चितता के कारण और भी अस्थिर हो गया है। भारत ने उभरते हुए खतरों का निराकरण करने और क्षेत्रीय तथा अंतरराष्ट्रीय शांति व स्थिरता बढ़ाने के उद्देश्य से कई अन्य देशों के साथ मजबूत रक्षा भागीदारी करने के अपने प्रयासों को जारी रखा।

निरंतर राष्ट्र-पारीय आतंकवाद सुरक्षा की दृष्टि से महत्वपूर्ण चुनौती बना रहता है जो राज्य और स्वतंत्र संगठनों के बीच आपसी तालमेल से और भी बढ़ जाता है और उग्रवादी विचारधाराओं व हिंसा को बढ़ावा देने के लिए अक्सर छह युद्ध के रूप में सामने आता है। पश्चिम एशिया, अफगानिस्तान और अफ्रीका का एक बड़ा भू-भाग बड़ी अस्थिरता और हिंसा से जूझ रहा है जो एशिया और यूरोप के एक बड़े क्षेत्र की स्थिरता के लिए खतरा बनकर उभर रहा है। समुद्री क्षेत्रों सहित क्षेत्रीय विवादों के फिर से उभरने के कारण राष्ट्रों के बीच तीखे मतभेद पैदा हुए हैं जो सैन्य गतिविधियों और अंतरराष्ट्रीय व्यवहार के साथ-साथ अंतरराष्ट्रीय कानूनों के लिए भी चुनौतियों के रूप में सामने आ सकते हैं। प्रमुख पश्चिमी देशों सहित विश्व में राष्ट्रवाद का उदय और कई देशों में लोकतांत्रिक ढांचे तथा प्रक्रियाओं के लिए बढ़ती चुनौतियां विभिन्न समाजों के भीतर और उनके बीच सुलह के प्रयासों को सीमित कर सकते हैं। बढ़ती आकांक्षाओं की क्रांति के साथ कमजोर आर्थिक और विविध प्रकार के पर्यावरणीय व सामाजिक संकट राज्य के ढांचों पर अतिरिक्त बोझ डालते हैं। अक्सर राज्य इनसे निपटने में असमर्थ होते हैं। भारत के निकटतम पड़ोसी देश सहित राज्य की असफलता के ऐसे उदाहरण मौजूदा परिदृश्य का अभिन्न अंग बन गए हैं और अक्सर सुरक्षा के लिए गंभीर खतरा बन जाते हैं।

अधिकतर पड़ोसी राज्यों में सुरक्षा और राजनीतिक पहलू के निरंतर अस्थिर बने रहने के कारण भारत के निकटतम दक्षिण एशियाई पड़ोसी राष्ट्रों की स्थिति कठिन बनी रहती है। सीमा पार आतंकवाद के विरुद्ध संगठित नजरिया अपनाए जाने की जरूरत को मिल रही पहचान के कारण दक्षेस शिखर सम्मेलन का रद्द हो जाना और आतंकवाद मुक्त वातावरण में बैठक आयोजित करने की मांग करना इस दिशा में एक महत्वपूर्ण घटनाक्रम था। ब्रिक्स-बिम्सटेक (बीआरआईसीएस-बीआईएमएसटीईसी) आउटरीच समिट और बीबीआईएन (बांग्लादेश, भूटान, भारत, नेपाल) जैसे क्षेत्रीय प्रयासों के जरिए बे ऑफ बंगाल इनिशिएटिव फॉर मल्टी-सेक्टोरल टेक्निकल एंड इकोनॉमिक को-ऑपरेशन (बीआईएमएसटीईसी) को प्रोत्साहन मुहैया कराने के प्रयास आपसी सहयोग बढ़ाने और आर्थिक वृद्धि को बढ़ावा देने की वैकल्पिक संरचना उपलब्ध करा सकते हैं। भारत की निरंतर आर्थिक वृद्धि दर बनाए रखने की दक्षिण एशिया के कुछ राज्यों की योग्यता और उनके सामाजिक विकास सूचकों में सुधार अन्य सकारात्मक आयाम हैं जो क्षेत्र में लंबे समय तक स्थिरता के बने रहने के शुभ संकेत देते हैं।

अफगानिस्तान में सुरक्षा का उत्तरदायित्व अफगान राष्ट्रीय सुरक्षा बलों ने ले लिया और वे सीमित अंतरराष्ट्रीय युद्धक समर्थन के साथ विद्रोहियों से लड़ने की भयावह चुनौती का सामना कर रहे हैं। तालिबान ने वर्ष 2001 में वहां से खदेड़े जाने के बाद अपने उदय के बाद से अब तक सबसे अधिक भू-भाग को अपने कब्जे में ले लिया है और अपने अलग सैन्य एवं राजनीतिक उद्देश्यों को पूरा करने में लगा है। पाकिस्तान छह युद्धों के रूप में विद्रोही समूहों का उपयोग करके अपना प्रभाव बढ़ाने की कोशिश में लगा है। भारत अफगान सुरक्षा बलों को ऐसे प्रशिक्षण देने और क्षमता निर्माण में उनकी मदद करने में अहम भूमिका निभाता रहा है। भारत ने अफगानिस्तान में विकास के लिए अब तक 2 बिलियन अमरीकी डॉलर मुहैया कराए हैं और आगे क्षमता एवं सामर्थ्य निर्माण के लिए एक बिलियन अमरीकी डॉलर और देने का वादा किया है।

जहां बांग्लादेश में राजनीतिक स्थिति स्थिर बनी हुई है, वहीं अतिवादी आदर्शों के समर्थक बांग्लादेशी समाज के भीतर अपनी विचारधारा के प्रचार-प्रसार का निरंतर प्रयास करते रहते हैं। ऐसे संगठनों की गतिविधियों ने पिछले वर्ष सुरक्षा के लिए गंभीर चुनौतियां पैदा की हैं। नेपाल में सितंबर, 2015 में संविधान प्रख्यापित होने के पश्चार वहां मधेशी आंदोलन के रूप में लंबे समय तक उथल-पुथल चलती रही। वहां की आंतरिक स्थिति में उसके बाद सुधार हुआ है परंतु अभी भी तनाव बरकरार है। म्यामां लोकतंत्र की ओर बढ़ा है। वहां नई सरकार ने जातीय संघर्ष को समाप्त करने तथा शांति स्थापित करने की दिशा में प्रयास किए हैं। जबकि श्रीलंका में सुरक्षा की स्थिति स्थिर बनी हुई है तथापि नए कराधान व अन्य पहलों के जरिए राजस्व सृजित करने हेतु सरकार के प्रयासों के बावजूद आर्थिक परिदृश्य चुनौतीभरा है।

पाकिस्तान में राजनीतिक स्थिति उसके समावेशी और संतुलित आर्थिक विकास के बड़े घाटे के कारण कमजोर बनी हुई है। पाकिस्तान ने अपने सैन्य बलों, विशेषकर परमाणु और मिसाइल क्षमताओं को निरंतर बढ़ाना जारी रखा है। देश क्षेत्रीय-जातिगत संघर्षों से विदीर्ण हो गया है और संघर्ष का क्षेत्र पाकिस्तान-अफगान सीमा के आदिवासी क्षेत्रों से लेकर भीतरी पृष्ठ प्रदेश तक फैला है। यद्यपि सेना ने देश की सुरक्षा की स्थिति को सुधारने के प्रयास किए हैं तथापि इन्होंने पड़ोसियों को निशाना बनाने वाले पाकिस्तानी जिहादियों और आतंकी संगठनों के विरुद्ध कार्रवाई करने से परहेज किया है। आतंकी समूह जेईएम के सरगना मसूद अजहर को अंतरराष्ट्रीय आतंकवादी की सूची में शामिल करने के भारत सहित अंतरराष्ट्रीय समुदाय के जारी प्रयासों के बावजूद ऐसे समूहों को सहायता दिया जाना जारी है। ऐसे संगठनों को जम्मू और कश्मीर एवं अन्य क्षेत्रों में नियंत्रणरेखा और सीमारेखा पर भारी गोलीबारी के बीच सुरक्षा देते हुए सालोंभर भारत में घुसपैठ करने के लिए उकसाया जाता है। पाकिस्तान स्थित भू-भाग से भारत के सैन्य बेसों पर हमला हुआ जिसका भारतीय सशस्त्र बलों ने मुंहतोड़ जवाब दिया।

हिंद महासागर में भारत की केंद्रीय उपमहाद्वीपीय स्थिति और भू-राजनीतिक परिस्थितियों ने इसे समुद्र में भरोसेमंद बना दिया है। भारत का तेल आयात 80 प्रतिशत तक बढ़ गया है जिसमें लगभग पूरी सामग्री की ढुलाई समुद्री मार्ग से ही होती है। भारत के कुल विदेशी व्यापार का लगभग 95 प्रतिशत पानी के जहाजों द्वारा होता है। विश्व के समुद्री कार्गो का एक तिहाई और लगभग आधे कंटेनर हिंद महासागर से होकर गुजरते हैं। इसलिए वाणिज्य और व्यापार की सुरक्षा भारत के लिए अत्यंत महत्वपूर्ण है। हरमूज और मलक्का जलडमरूमध्यों की अवस्थिति और बहुराष्ट्रीय समुद्री बलों की उपस्थिति ने हिंद महासागर क्षेत्र (आईओआर) में परिदृश्य को गतिशील बना दिया है।

पिछले एक वर्ष में हिंद महासागरीय क्षेत्र में हुई गतिविधियों ने भारत की सुरक्षा चुनौतियों को और बढ़ा दिया है। इसका निराकरण करने के लिए भारत ने इस क्षेत्र में शांति और स्थिरता बनाए रखने के लिए सक्रिय कदम उठाए हैं। भारत ने समुद्री सुरक्षा के लिए कई व्यवस्थाओं में जैसे कि रिकैप (एशिया में समुद्री पोतों में होने वाली समुद्री डकैती और लूटपाट से लड़ने के लिए क्षेत्रीय सहयोग करार) और एसओएमएस (मलक्का और सिंगापुर राज्य) में सक्रिय रूप में भाग लिया है। भारत ने अपने पूर्व और पश्चिम दोनों ओर समुद्री डकैती से लड़ने में सक्रिय भूमिका अदा की है। वर्ष 2008 से अब तक भारतीय नौसेना ने अदन की खाड़ी में 50 से अधिक चौर्यरोधी बचाव अभियान चलाए जिससे इस क्षेत्र में वृहत्तर समुद्री सुरक्षा में सहायता मिली है। वर्ष 2004 के सुनामी राहत कार्य के अनुभव के आधार पर भारत ने यमन में बड़ी संख्या में सुरक्षित मानव निकासी को लेकर मालदीव को पेयजल की आपूर्ति करने और फिजी तथा श्रीलंका को हवाई मार्ग से राहत आपूर्ति मुहैया कराने जैसे कई मानवीय सहायता एवं आपदा राहत (एचएडीआर) अभियान चलाए हैं। एआरएफ और एडीएमएम प्लस के तत्वावधान में कार्यशालाओं, सम्मेलनों और टेबल-टॉप अभ्यासों सहित अपनी क्षमता में वृद्धि करने के लिए हमने कई क्षेत्रीय गतिविधियों में भी सक्रिय रूप से हिस्सा लिया है।

चीन ने पीपल्स लिबरेशन आर्मी को पुनर्संगठित करने के लिए महत्वपूर्ण पहलें की हैं जिनका उद्देश्य पार्टी का मजबूत नियंत्रण और चल अभियानों, बहुआयामी रक्षा और सुरक्षा, अपतटीय समुद्री जल में सुरक्षा तथा खुले समुद्र में संरक्षण के साथ-साथ अपना हवाई क्षेत्र बनाने तथा पारंपरिक और नाभिकीय मिसाइलों के निर्माण में सामर्थ्य प्राप्त करने के लिए एकजुटता से कार्य कर सकें। पाक अधिकृत कश्मीर से होकर गुजरने वाला चीन-पाकिस्तान गलियारा (सीपीईसी) भारत की संप्रभुता के लिए एक चुनौती है। दक्षिण चीन सागर एक महत्वपूर्ण समुद्री जलमार्ग है और लगभग 5 ट्रिलियन अमरीकी डॉलर का व्यापार इस क्षेत्र में इस समुद्री लेन के जरिए होता है। उपलब्ध सूचना के आधार पर, भारत के व्यापार का 55 प्रतिशत से अधिक दक्षिण चीन सागर और मलका जलडमरूमध्य से गुजरता है। इस क्षेत्र में शांति और स्थिरता बनाए रखना भारत के लिए अति महत्वपूर्ण है। भारत दक्षिण चीन सागर के तटवर्ती देशों के साथ तेल और गैस के क्षेत्रों में सहयोग सहित अन्य कई प्रकार की गतिविधियां करता है। दक्षिण चीन सागर में हाल की गतिविधियों के क्षेत्र की शांति और स्थिरता पर पड़ने वाले प्रभाव को ध्यान में रखते हुए भारत की स्थिति इस मुद्दे पर बिल्कुल दृढ़ है और इसे कई अवसरों पर बहुपक्षीय मंचों पर और द्विपक्षीय रूप से बार-बार दोहराया गया है। भारत यूएनसीएलओएस में यथापरिभाषित अंतरराष्ट्रीय विधि के सिद्धांतों के आधार पर इस क्षेत्र में नौवहन और उड़ान भरने की स्वतंत्रता और निर्बाध व्यापार एवं वाणिज्य का समर्थन करता है। भारत का यह विश्वास है कि राष्ट्र बिना किसी बल प्रयोग और धमकियों के शांतिपूर्ण प्रयासों के जरिए विवादों का समाधान कर सकता है और उन्हें शांति और स्थिरता को प्रभावित करने वाले विवादों को जटिल बनाने अथवा बढ़ावा देने वाली गतिविधियों में आत्मसंयम बरतना चाहिए। यूएनसीएलओएस का एक पक्षकार राष्ट्र होने के नाते सभी पक्षकारों को यूएनसीएलओएस, जो समुद्र और महासागरों में अंतरराष्ट्रीय कानून व्यवस्था स्थापित करता है, के प्रति पूर्ण सम्मान रखने की अपील करता है।

कोरियाई उपमहाद्वीप में स्थिति गंभीर चिंता का विषय बनी हुई है। डीपीआरके से आह्वान किया गया है कि इस क्षेत्र में और आगे की शांति और स्थिरता पर विपरीत प्रभाव डालने वाले कार्यों से बचें। भारत नाभिकीय और मिसाइल प्रौद्योगिकियों के ऐसे प्रसार से हमेशा चिंतित रहता है जिससे क्षेत्रीय सुरक्षा परिवेश पर विपरीत प्रभाव पड़ता है।

मध्य एशिया में भारत का हित उसकी भू-सामरिक अवस्थिति, पर्याप्त ऊर्जा और प्राकृतिक संसाधनों की उपलब्धता और प्राचीन ऐतिहासिक और सांस्कृतिक संबंधों पर आधारित है। यह क्षेत्र अतिवादी आतंकी समूहों का हमेशा से निशाना रहा है जो इस क्षेत्र में धर्मनिरपेक्ष ताकतों को कमजोर करना चाहते हैं। भारत, ईरान और रूस मिलकर जिस अंतरराष्ट्रीय उत्तर-दक्षिण व्यापार गलियारे का निर्माण करने में लगे हैं उससे इस क्षेत्र में कई प्रकार के आर्थिक और व्यापारिक संपर्क बनेंगे। भारत भी तापी (टीएपीआई) पाइपलाइन के साथ-साथ संपर्क को बनाए रखने हेतु डिजिटल लिंकों जैसी अन्य पहलों में भागीदार रहा है।

पश्चिम एशिया की सुरक्षा स्थिति सतत रूप से तेल की घटती कीमतों के कारण अवनत आर्थिक परिदृश्य के संदर्भ में अपना प्रभाव जमाने के लिए अंतरराज्यीय प्रतिस्पर्धाओं के साथ-साथ बढ़ती हुई सांप्रदायिक वैमनस्यताओं के कारण अस्थिर बनी रहती है। इराक, सीरिया, यमन और लीबिया जैसे देशों की आंतरिक स्थिति अस्थिर और हिंसक बनी रही यद्यपि, स्थिति अब धीरे-धीरे विद्रोही और आतंकी समूहों के विरोध में बननी शुरू हो गई है तथापि सत्ता में आई शक्तियां अभी भी खतरे से बाहर नहीं हैं। इस क्षेत्र में भारत का महत्वपूर्ण हित निहित है जो हमारी ऊर्जा जरूरतों के 66 प्रतिशत को पूरा करने के साथ-साथ 80 लाख भारतीयों का निवास स्थान भी है। आर्थिक नजरिए के अतिरिक्त यह क्षेत्र आईएसआईएस जैसे रूढ़ीवादी आतंकी संगठनों के पनपने के कारण भी महत्वपूर्ण बने हुए हैं जो भारत सहित पूरी दुनिया में अपना दबदबा कायम करना चाहते हैं।

रक्षा मंत्रालय

रक्षा मंत्रालय का मुख्य कार्य रक्षा और सुरक्षा संबंधी सभी मामलों में नीति-निदेश बनाना और उन्हें कार्यान्वित करने के लिए सेना मुख्यालयों, अंतर-सेवा संगठनों, उत्पादन स्थापनाओं और अनुसंधान तथा विकास संगठनों को भेजना है। मंत्रालय को यह भी सुनिश्चित करना होता है कि सरकार के नीति-निर्देशों को प्रभावी रूप से कार्यान्वित किया जाए और अनुमोदित कार्यक्रमों का निष्पादन आवंटित संसाधनों के अंतर्गत किया जाए। इस विभागों के प्रमुख कार्य इस प्रकार हैं: रक्षा विभाग, एकीकृत रक्षा स्टाफ, तीनों सेनाओं और विभिन्न अंतर सेवा संगठनों से संबंधित कार्य करना। यह विभाग रक्षा बजट, स्थापना मामलों, रक्षा नीति, संसदीय मामलों, अन्य देशों के साथ रक्षा सहयोग और रक्षा संबंधी सभी कार्यकलापों के लिए भी उत्तरदायी है; रक्षा उत्पादन विभाग रक्षा उत्पादन कार्यों, आयात किए जाने वाले सामान, उपस्करों और कलपुर्जों के देसीकरण, आयुध निर्माणी बोर्ड और रक्षा क्षेत्र के सार्वजनिक उपक्रमों की विभागीय उत्पादन इकाइयों के बारे में योजना तैयार करने तथा उन पर नियंत्रण रखने से संबंधित कार्य करता है; रक्षा अनुसंधान तथा विकास विभाग सैन्य उपस्करों और संभारतंत्र से संबंधित वैज्ञानिक पहलुओं पर सरकार को सलाह देता है और तीनों सेनाओं द्वारा अपेक्षित साजो-सामान के अनुसंधान, डिजाइन और विकास कार्यों के लिए योजनाएं तैयार करता है; और भूतपूर्व सैनिक कल्याण विभाग भूतपूर्व सैनिकों के पुनर्वास, कल्याण तथा पेंशन संबंधी सभी मामलों को देखता है।

सेना

वैश्विक और क्षेत्रीय भू-राजनीतिक एवं भू-सामरिक मुद्दे भारत के सुरक्षा परिवेश को प्रभावित करते हैं और उसे शक्ल देते हैं। भारतीय सेना देश की सुरक्षा व्यवस्था में प्रमुख भूमिका निभाती है। भारत की सुरक्षा के लिए बाहरी खतरा मुख्य रूप से दो पड़ोसी देशों के साथ क्षेत्र और सीमा को लेकर विवाद के

कारण पैदा होता है। भारतीय सेना देश की क्षेत्रीय अखंडता को सुरक्षित रखने के लिए राष्ट्रीय सीमाओं के कठोर इलाकों और मौसम का सामना करते हुए हर समय प्रतिबद्ध रहती है। छद्म युद्ध और उपद्रव के रूप में झड़पें होती रहती हैं। भारतीय सेना अन्य सुरक्षा एजेंसियों के साथ मिलकर आंतरिक सुरक्षा की चुनौतियों से सुरक्षा एजेंसियों के साथ मिलकर हमेशा आगे रहती है। इसके अलावा भारतीय सेना सीएपीएफ और प्रदेश पुलिस बलों को प्रशिक्षण देने में भी अपने कौशल का उपयोग कर रही है और नक्सल उग्रवाद से लड़ने में उन्हें सक्षम बना रही है।

अखिल भारतीय स्तर पर, खासकर दूरदराज और सीमा से लगे इलाकों में सेना की तैनाती के लिए जरूरी परिवहन, साजो-सामान और चिकित्सा सुविधाओं से स्थानीय लोगों को मानवीय आधार पर सहायता मिलती है और प्राकृतिक विपदा के समय सेना राहत पहुंचाने का काम करती है। भारतीय सेना रेत के टीलों, मिट्टी और जल के संरक्षण में भी अपना योगदान देती है। इतना ही नहीं, भारतीय सेना की प्रशिक्षण टीमें विश्व के 10 देशों में उनकी सेनाओं को प्रशिक्षण देने और सेनाएं तैयार करने में महत्वपूर्ण भूमिका निभाती आ रही हैं।

थलसेना का आधुनिकीकरण पांच उप-व्यवस्थाओं यानी घातक शक्ति, बचे रहने की योग्यता, गतिशीलता, स्थिति के प्रति जागरुकता और टिके रहने की क्षमता के आधार पर किया जा रहा है। लंबी दूरी तक आग्नेय मारक क्षमता बढ़ाने के लिए सेना की आर्टिलेरी (तोपखाने) में कई तरह की तोपों को शामिल किया जा रहा है। आर्टिलेरी की क्षमता को बढ़ाकर लक्ष्यभेदी बनाया जा रहा है और उसे विकसित करने के लिए प्रमुख तकनीकों का उपयोग किया जा रहा है। आर्मी एविएशन (सेना उड्डयन) टोह लेने, निगरानी करने, तोपों की गोलाबारी की दिशा बताने, सैनिक बलों को सहयोग देने और हताहतों को युद्धक्षेत्र से निकालने के मामले में चतुर्थ आयामी युद्ध सहयोग मुहैया कराता है। भारतीय सेना नई तकनीकियों और नए आविष्कारों के जरिए अपने उपकरणों और मानव संसाधन को अत्याधुनिक बनाकर अपनी क्षमता बढ़ाने के लिए प्रतिबद्ध है। भारतीय सेना इस समय संयुक्त राष्ट्र के 15 अभियानों में से 7 अभियानों में सबसे बड़ी सेना भेजने वालों में से एक है। इसने दक्षिण सूडान के जूबा में एक अतिरिक्त अस्पताल तैनात करके और एक इन्फैंट्री बटालियन को रैपिड डिप्लायमेंट बटालियन में बदलकर अपनी मौजूदगी बढ़ाई है। भारत ने सीनियर मिशन अधिकारियों, महिला सैन्य अधिकारियों और चुनिंदा अफ्रीकी सहयोगियों के लिए बड़े पीसकीपिंग कोर्स आयोजित किए हैं और वह एक प्रमुख प्रशिक्षक बनकर उभरा है।

नौसेना

नौसेना का उद्देश्य वैध प्रयोजन के लिए राष्ट्र की सीमा में आने वाले समुद्र के इस्तेमाल को सुरक्षित बनाना है, साथ ही दूसरों द्वारा उसके समुद्र के शत्रुतापूर्ण इस्तेमाल के विरुद्ध रक्षा करना है। नौसेना का कार्यक्षेत्र बहुत विस्तृत है जिसमें एक तरफ शत्रु से घनघोर युद्ध करना तो दूसरी तरफ मानवीय सहायता करना और प्राकृतिक विपदा के समय राहत पहुंचाने का कार्य करना शामिल है। उसके इस विस्तृत कार्यक्षेत्र को विशेष जरूरतों के अनुसार अलग-अलग भूमिकाओं में बांटा जा सकता है। अपनी विभिन्न भूमिकाओं का निर्वाह करते हुए भारतीय नौसेना देश की समुद्री संप्रभुता और समुद्री गतिविधियों के व्यापक इस्तेमाल के प्रमुख गारंटर और रक्षक के तौर पर कार्य करती है। भारतीय नौसेना की मुख्य भूमिकाएं हैं- सैन्य, कूटनीतिक, सिपाहियों के दस्ते और सौम्यतापूर्ण व्यवहार।

भारतीय नौसेना का मुख्य सैन्य उद्देश्य देश के विरुद्ध किसी भी सैन्य दुस्साहस, जिसमें भारत के मामलों और राष्ट्रीय हितों के विरुद्ध विध्वंसकारी रणनीतियां शामिल हैं, को रोकना है और हमला होने की स्थिति में दुश्मन को धूल चटाना है। नौसेना द्वारा प्रतिरोध के उपायों और तरीकों में दुश्मन को रोकना और उसे दंडित करना दोनों ही उपायों से परंपरागत प्रतिरोध शामिल है। इसके लिए वह सुदृढ़ सैनिक क्षमता रखती है और संभावित दुश्मन को यह एहसास दिलाती है कि भारत के राष्ट्रीय हितों के विरुद्ध उसने किसी तरह का दुस्साहस किया तो उसे इसकी भारी कीमत चुकानी पड़ सकती है। भारत में एक लंबा समुद्र तट और ढेरों द्वीप हैं, एक विशाल समुद्री इलाका, समुद्र तटीय क्षेत्र में ऊर्जा की अवसंरचनाएं और अन्य महत्वपूर्ण संपत्तियां हैं, इसके अलावा बड़ी जनसंख्या है, जिसका एक बड़ा हिस्सा समुद्र तटीय इलाकों में रहता है। चूंकि समुद्र में कोई भौतिक अवरोध नहीं होते हैं, इसलिए इन क्षेत्रों और संपत्तियों की सुरक्षा समुद्र के रास्ते होने वाले खतरों के प्रति बहुत संवेदनशील या नाजुक होती है। इसलिए भारतीय नौसेना की सैन्य भूमिका में अपनी सुरक्षा को मजबूत बनाना उसका मुख्य उद्देश्य होता है। भारतीय नौसेना को समुद्री सुरक्षा की पूरी जिम्मेदारी निभाने वाली एजेंसी की भूमिका दी गई है जिसमें तटीय सुरक्षा और तट से दूर समुद्री क्षेत्र की सुरक्षा शामिल है। हालांकि पारंपरिक समुद्री सुरक्षा के खतरे का सामना करना भारतीय नौसेना का मुख्य उद्देश्य बना रहेगा, लेकिन हाल के वर्षों में गैर–पारंपरिक खतरों की वृद्धि को देखते हुए समुद्री सुरक्षा में नए सिरे से विकास को अनिवार्य बना दिया है। पारंपरिक चुनौतियों की रेखाएं धुंधली होने के साथ गैर–पारंपरिक खतरों में, घटनाओं और उसके स्तर के मामले में तेजी से वृद्धि हुई है। इन गैर–पारंपरिक खतरों को पारंपरिक प्रतिष्ठानों से सहयोग, समर्थन और प्रायोजन मिलता है। भारत एक समुद्री राष्ट्र है और इसकी अर्थव्यवस्था व्यापार के लिए महत्वपूर्ण रूप से समुद्र पर निर्भर है। मात्रा के रूप से 90 प्रतिशत और मूल्य की दृष्टि से 77 प्रतिशत व्यापार समुद्र के रास्ते होता है। आर्थिक वृद्धि के लिए समुद्री व्यापार पर भारत की निर्भरता समुद्री व्यापारियों और समुद्री व्यापार की सुरक्षा को अनिवार्य बना देती है।

पिछले कुछ वर्षों में उत्तरी आइओआर और मलक्का के जलडमरूमध्य से लेकर अदन की खाड़ी के आस–पास के इलाकों में भारत के सामरिक और सुरक्षा हित बहुत बढ़ गए हैं। एक जिम्मेदार राष्ट्र और सभ्य समुद्री पड़ोसी के तौर पर आईओआर में अंतरराष्ट्रीय कानूनों का प्रवर्तन, मानवीय सहायता और प्राकृतिक विपदा के समय राहत कार्य करना हमारी अंतरराष्ट्रीय प्रतिबद्धता में सबसे आगे बना रहेगा। अंत में क्षेत्रीय सुरक्षा और स्थायित्व से संबंधित समस्याओं से निपटने में भारतीय नौसेना के सेवाओं की जरूरत लगातार बढ़ती जा रही है। अपनी क्षमता, सामरिक स्थिति और आईओआर में मौजूदगी के कारण भारतीय नौसेना क्षेत्र में शांति और स्थायित्व के लिए मुख्य आधार बनी हुई है। आईओआर में समुद्री सुरक्षा की जटिल स्थिति को देखते हुए भारतीय नौसेना को हर समय मुस्तैद और तत्पर रहना होता है। बड़ी संख्या में परिचालन तैनातियों के अलावा भारतीय नौसेना मित्र देशों की नौसेनाओं के साथ बहुत से युद्धाभ्यास करती है। इसके अलावा भारतीय नौसेना साझा हितों के क्षेत्र में पड़ोसी देशों के सहयोग से गश्त भी लगाती रहती है। इन युद्धाभ्यासों और गश्त लगाने से द्विपक्षीय संबंधों को मजबूत करने, पेशेवर संबंध बनाने और अंतर–उपयोगी मुद्दों को कारगर में मदद मिली है।

अपनी आरसी 'सिपाहियों द्वारा की जाने वाली गश्ती' भूमिका के अंग के तौर पर भारतीय नौसेना अवैध शिकार व तस्करी को रोकने, तटीय क्षेत्र की निगरानी करने और समुद्री डकैती को रोकने का काम करती है।

कई अवसरों पर भारतीय नौसेना नागरिक सेवाओं में भी सहायता कर चुकी है, चाहे वह गुजरात, ओडिशा या आंध्र प्रदेश में चक्रवात जैसी प्राकृतिक आपदा हो, बिहार, उत्तराखंड, जम्मू-कश्मीर, चेन्नई, गुजरात और ओडिशा में बाढ़ हो, दुर्घटनाओं के दौरान गोताखोरी हो, गहरे समुद्र में तलाश और बचाव का काम हो या भूकंप-पीड़ित क्षेत्र में राहत पहुंचाने का काम हो। भारतीय नौसेना महाद (महाराष्ट्र) के निकट सावित्री नदी पर पुल गिरने की दुर्घटना के दौरान सहायता पहुंचा चुकी है और अंडमान एवं निकोबार द्वीपों में हैवलॉक एवं नील द्वीपों पर फंसे पर्यटकों को बाहर निकालने में भी मदद कर चुकी है। भारतीय नौसेना आइओआर में नियमित रूप से एचएडीआर संचालन में अपना योगदान देती रही है। भारतीय नौसेना ने 2004 में सुनामी के बाद श्रीलंका, मालदीव और इंडोनेशिया में अपने देशवासियों के साथ ही अन्य प्रभावित लोगों को भी सहायता पहुंचाने में महत्वपूर्ण भूमिका निभाई थी। लेबनान (ऑपरेशन सुकून, 2007), लीबिया में मार्च 2011 और यमन (ऑपरेशन राहत 2015) में फंसे भारतीयों और विदेशियों को सफलतापूर्वक बाहर निकालना, पेयजल के संकट के दौरान माले (ऑपरेशन नीर, 2014) पेयजल पहुंचाना, चक्रवात नरगिस, महाचक्रवात हुदहुद (ऑपरेशन लहर, 2014), चक्रवात रोआनू (श्रीलंका, 2016), श्रीलंका (मई-जून 2017) में बाढ़ और चक्रवात मोरा (बांग्लादेश और म्यामां, जून 2017) के समय राहत पहुंचाना आदि भारतीय नौसेना के कुछ सफल एचएडीआर मिशनों के उदाहरण हैं। भारतीय नौसेना आइएसआरआर (इंडियन सर्च ऐंड रेसक्यू रीजन) के अलावा आइओआर के तटवर्ती राज्यों में कई सफल एसएआर ऑपरेशन चला चुकी है। भारतीय समुद्र में बहुत से एसएआर मिशनों के अलावा भारतीय नौसेना बांग्लादेश के 34 नागरिकों को भी सफलतापूर्वक बचा चुकी है जो चक्रवात मोरा के कारण समुद्र में बह गए थे, मालदीव ईईज़ेड के समुद्र में मारिया-3 के चालक दल के छह सदस्यों को बचा चुकी है और पापुआ न्यू गिनी में एसएआर ऑपरेशन कर चुकी है।

वायुसेना

आइएएफ ने हमेशा से ही स्वदेशी रक्षा उत्पादन योग्यता और क्षमता के विकास को बढ़ावा दिया है। स्वदेशी रूप से निर्मित प्लेटफार्म तैयार करने और आत्मनिर्भरता को बढ़ावा देने की इसकी कोशिश के चलते आइएएफ की विभिन्न प्रणालियों महत्वपूर्ण प्रगति हुई है। डिफेंस प्रोक्योरमेंट प्रोसीज़र 2016 में, मेक एंड बाइ (इंडियन इंडीजेनसली डिज़ाइंड एंड डेवलप्ड मैन्युफैक्चर (आइडीडीएम) श्रेणियों को सबसे अधिक प्राथमिकता दी गई है। एलसीए एमके-1ए, लाइट कम्बैट हेलिकॉप्टर (एलसीएच), एडब्ल्यूएसीएस (भारत) और हाइ फ्रीक्वेंसी रेडियो सेट जैसे कुछ उदाहरण हैं जो आइडीडीएम रूट के जरिए तैयार किए जा रहे हैं। 'फर्स्ट रेस्पांडर्स' के तौर पर आइएएफ ने प्राकृतिक आपदा, दुर्घटना या देश या विदेश में आपात्कालीन मौकों पर खुद को साबित किया है। घरेलू मोर्चे पर अगस्त 2016 में राजस्थान, उत्तर प्रदेश एवं बिहार और जुलाई 2017 में गुजरात व राजस्थान में बाढ़ के समय आइएएफ ने पूरी तत्परता के साथ राहत पहुंचाने का काम किया। आइएएफ ने जरूरत पड़ने पर तेजी से नागरिक स्थानीय प्रशासनों की भी सहायता की है जैसे कि सितंबर 2016 में श्रीनगर में विरोध प्रदर्शनों के दौरान, दिसंबर 2016 में तमिलनाडु की मुख्यमंत्री के निधन के बाद, दिसंबर 2016-जनवरी 2017 में इंफाल में कानून-व्यवस्था की समस्या के दौरान, अप्रैल 2017 में श्रीनगर के उपचुनाव के दौरान, और जुलाई 2017 में जम्मू-कश्मीर में अमरनाथ यात्रियों पर आतंकी हमले के दौरान सहायता की थी।

कौशल प्रमाणीकरण कोर्सों को सीएलके एकाउंट्स, सीएलके पीए, एलजीएस एसिस्टैंस, इक्विपमेंट एसिस्टैंस, आरडीओ टेक, आरटीओ, आरडीओ फिट और कैट असिस्टैंस ट्रेड जैसे गैर-तकनीकी वाले

ट्रेडों तक बढ़ा दिया गया है। रिकगनीशन ऑफ प्रायर लर्निंग (आरपीएल) के अंग के तौर पर विभिन्न ट्रेडों से रिटायर होने वाले कुल 219 वायु योद्धाओं को प्रशिक्षण योजना के तहत सफलतापूर्वक कौशल विकास के कोर्स कराए गए हैं और 160 वायु योद्धाओं को इस तरह के कोर्स कराए जाने हैं।

आइएएफ ने जम्मू-कश्मीर, गंगटोक, तिरुअनंतपुरम, और राजस्थान (माउंट आबू और कोटा) के जंगलों में आग बुझाने के लिए भी अपने विमानों का प्रभावी तरीके से प्रयोग किया है। टीम 7 एएफएच ने नवंबर 2016 में कानपुर के पास पोखराया में ट्रेन दुर्घटना स्थल पर घायलों को चिकित्सा सेवा देने में सहायता की थी। टीम ने क्षतिग्रस्त डिब्बों में फंसे 15 यात्रियों को बाहर निकालने और 15 घायलों को प्राथमिक चिकित्सा/ लिंब इम्मोबाइलिजेशन/ एयरवे मैनेजमेंट/ सीपीआर दिए गए थे।

तीन फ्लाइट कैडेटों— अवनि चतुर्वेदी, भावना कांत और मोहना सिंह ने तेलंगाना के दुंडीगल में आइएएफ एकेडमी से पास होकर निकलने के बाद फाइटर स्ट्रीम में कमीशन पाने वाली पहली भारतीय महिला पायलट बनकर इतिहास रच दिया। उन्हें पिलाटस पीसी-7 एमके II और किरन विमान में प्रशिक्षण दिया गया था। इस समय वे हॉक एमके-132 एडवांस जेट विमान पर ट्रेनिंग ले रही हैं। जून 2017 में तीन अन्य महिला कैडेटों को फाइटर स्ट्रीम में चुना गया है। इस समय वे हाकिमपेट के एयर फोर्स स्टेशन पर स्टेज-II (फाइटर) की ट्रेनिंग ले रही हैं और सफलतापूर्वक ट्रेनिंग पूरी हो जाने के बाद दिसंबर 2017 में उन्हें वायुसेना में शामिल कर लिया जाएगा।

कमीशन प्राप्त रैंक

तीनों सेनाओं में कमीशन-प्राप्त रैंक इस प्रकार हैं- प्रत्येक रैंक को दूसरी सेना में उसके समान रैंक के सामने दिखाया गया है।

थलसेना	नौसेना	वायुसेना
जनरल	एडमिरल	एयरचीफ मार्शल
लेफ्टिनेंट जनरल	वाइस एडमिरल	एयर मार्शल
मेजर जनरल	रियर एडमिरल	एयर वाइस मार्शल
ब्रिगेडियर	कमोडोर	एयर कमोडोर
कर्नल	कैप्टन	ग्रुप कैप्टन
लेफ्टिनेंट कर्नल	कमांडर	विंग कमांडर
मेजर	लेफ्टिनेंट कमांडर	स्क्वाड्रन लीडर
कैप्टन	लेफ्टिनेंट	फ्लाइट लेफ्टिनेंट
लेफ्टिनेंट	सब-लेफ्टिनेंट	फ्लाइंग ऑफिसर

भारतीय तटरक्षक

भारतीय तटरक्षक की स्थापना निम्नलिखित कर्तव्यों के उद्देश्य के साथ 1977 में की गई थी: कृत्रिम द्वीपों की सुरक्षा एवं बचाव, समुद्र में टर्मिनल और अधिष्ठापन; मछुआरों की सुरक्षा जिसमें समुद्र में संकट के समय उनकी सहायता करना शामिल है; समुद्री पर्यावरण की रक्षा करना और समुद्री प्रदूषण को नियंत्रित करना और रोकना; तस्करी रोकने के अभियानों में कस्टम और अन्य विभागों की सहायता करना; समुद्र

में जीवन व संपत्ति की सुरक्षा और वैज्ञानिक डेटा का संग्रह करना; समुद्री क्षेत्र में विभिन्न कानूनों के प्रावधानों को लागू करना।

भर्ती

सशस्त्र सेनाएं सेवा, बलिदान, देशभक्ति और हमारे देश की मिली-जुली संस्कृति का प्रतीक हैं। सशस्त्र सेनाओं में भर्ती स्वैच्छिक है और भारत का प्रत्येक नागरिक चाहे वह किसी भी जाति, वर्ग, धर्म और संप्रदाय का हो, सशस्त्र सेनाओं में भर्ती के योग्य है बशर्ते कि वह निर्धारित शारीरिक, चिकित्सा और शैक्षिक मानदंडों पर खरा उतरता हो।

सशस्त्र बलों में कमीशनप्राप्त अफसरों की भर्ती मुख्यतः संघ लोक सेवा आयोग के माध्यम से की जाती है जो इसके लिए निम्नलिखित दो अखिल भारतीय प्रतियोगिता परीक्षाएं आयोजित करता है:

(क) राष्ट्रीय रक्षा अकादमी (एनडीए) और नौसेना अकादमी (एनए): संघ लोक सेवा आयोग राष्ट्रीय रक्षा अकादमी और नौसेना अकादमी में प्रवेश के लिए वर्ष में दो बार प्रवेश परीक्षा का आयोजन करता है। उम्मीदवार 10+2 परीक्षा पास करने पर या 12वीं कक्षा में पढ़ते हुए प्रतियोगिता में बैठने के पात्र हैं। संघ लोक सेवा आयोग की लिखित परीक्षा उत्तीर्ण करने के पश्चात सफल उम्मीदवारों को सैन्य चयन बोर्ड (एसएसबी) द्वारा आयोजित पांच दिवसीय साक्षात्कार के लिए बुलाया जाता है। चिकित्सीय रूप से स्वस्थ पाए जाने एवं एनडीए की मेरिट सूची में आने वाले सफल उम्मीदवार आवेदन के समय दिए गए विकल्प के अनुसार राष्ट्रीय रक्षा अकादमी अथवा नौसेना अकादमी में प्रवेश पाते हैं। प्रशिक्षण पाठ्यक्रम सफलतापूर्वक पूरा करने पर उन्हें कमीशन-पूर्व प्रशिक्षण के लिए संबंधित सेना अकादमियों में भेजा जाता है।

(ख) संयुक्त रक्षा सेवा परीक्षा (सीडीएसई): संयुक्त रक्षा सेवा परीक्षा का आयोजन संघ लोक सेवा आयोग द्वारा वर्ष में दो बार किया जाता है। विश्वविद्यालयों के स्नातक अथवा स्नातक के अंतिम वर्ष में पढ़ने वाले छात्र इस परीक्षा में बैठने के पात्र हैं। लिखित परीक्षा में उत्तीर्ण होने वाले उम्मीदवारों को एसएसबी साक्षात्कार एवं चिकित्सा जांच के लिए उपस्थित होना होता है। मेरिट सूची में आने वाले उम्मीदवारों को स्थायी कमीशन के लिए भारतीय सैन्य अकादमी/वायुसेना अकादमी/नौसेना अकादमी में 18 महीने का बुनियादी सैन्य प्रशिक्षण एवं अल्पकालिक सेवा कमीशन अफसर (एसएससीओ) बनने के लिए अफसर प्रशिक्षण अकादमी (ओटीए) में 11 महीने का सैन्य प्रशिक्षण लेना होता है। एसएससीओ 10 वर्ष की अवधि तक सेवा कर सकता है जिसे 14 वर्ष तक बढ़ाया जा सकता है। हालांकि वे 10 वर्ष की सेवा पूरी होने पर स्थायी कमीशन के लिए अथवा पांच वर्ष की सेवा पूरी होने पर सेवा छोड़ने का विकल्प ले सकते हैं, जिस पर एकीकृत मुख्यालय, रक्षा मंत्रालय (सेना) द्वारा अलग-अलग मामले के आधार पर विचार किया जाता है।

सेना में भर्ती

संघ लोक सेवा आयोग के जरिए प्रवेश के अलावा नीचे बताए तरीकों से भी सेना में कमीशन प्राप्त अफसरों की भर्ती की जाती है:

(क) विश्वविद्यालय प्रवेश योजना: अधिसूचित इंजीनियरिंग शाखाओं के अंतिम वर्ष से पूर्व के विद्यार्थी विश्वविद्यालय प्रवेश योजना के तहत सेना के तकनीकी सेनांगों में कमीशनप्राप्त अफसर के रूप में स्थायी

कमीशन के लिए आवेदन कर सकते हैं। पात्र अभ्यर्तियों को सेना मुख्यालय द्वारा तैनात स्क्रीनिंग टीमों द्वारा कैंपस साक्षात्कार के जरिए चुना जाया है। इन अभ्यर्थियों को एसएसबी और मेडिकल बोर्ड के सामने उपस्थित होना होता है। सफल अभ्यर्थियों को भारतीय सैन्य अकादमी (आईएमए), देहरादून में एक वर्षीय कमीशन-पूर्व प्रशिक्षण लेना होता है। इस प्रवेश के माध्यम से कमीशन मिलने पर एक कैडेट एक वर्ष की पूर्व-दिनांकित वरिष्ठता के भी हक़दार होते हैं।

(ख) तकनीकी स्नातक पाठ्यक्रम (टीजीसी) : सेना शिक्षा कोर के लिए इंजीनियरिंग की अधिसूचित शाखा के इंजीनियरिंग ग्रेजुएट, न्यूनतम द्वितीय श्रेणी अंक योग वाले पोस्ट ग्रेजुएट एवं सैन्य फार्म के लिए कृषि/डेयरी में एमएससी डिग्री धारक उम्मीदवार इस प्रवेश के माध्यम से स्थायी कमीशन के लिए आवेदन कर सकते हैं। एसएसबी और चिकित्सा बोर्ड के पश्चात अंतिम रूप से चुने गए उम्मीदवारों को कमीशन प्रदान किए जाने से पूर्व भारतीय सैन्य अकादमी, देहरादून में एक वर्ष का कमीशन-पूर्व प्रशिक्षण लेना अपेक्षित है। इस प्रवेश के माध्यम से कमीशन मिलने पर कैडेट एक वर्ष की पूर्व-दिनांकित वरिष्ठता के हकदार होते हैं।

(ग) अल्प सेवा कमीशन (तकनीकी) प्रवेश: अल्प सेवा कमीशन (तकनीकी) प्रवेश योजना, पात्र तकनीकी स्नातकों/स्नातकोत्तरों को तकनीकी सेनांगों में भर्ती कराती है। एसएसबी और चिकित्सा बोर्ड के बाद अंतिम रूप से चुने गए अभ्यर्थियों को ओटीए, चेन्नई में 49 सप्ताह का कमीशन-पूर्व प्रशिक्षण दिया जाता है। प्रशिक्षण पूरा होने पर उन्हें अल्प सेवा कमीशन प्राप्त अफसर के रूप में प्रवेश दिया जाता है। इस प्रवेश के माध्यम से आए अभ्यर्थी भी कमीशन प्राप्त होने पर एक वर्ष पूर्व-दिनांकित वरिष्ठता के हकदार हैं।

(घ) 10+2 तकनीकी प्रवेश योजना (टीईएस): जिन उम्मीदवारों ने भौतिकी, रसायन विज्ञान और गणित में कुल मिलाकर न्यूनतम 70 प्रतिशत अंकों के साथ सीबीएसई/आईसीएसई/राज्य बोर्ड की 10+2 (टीईएस) के तहत कमीशन पाने के लिए आवेदन कर सकते हैं। एसएसबी में सफल रहने तथा चिकित्सा बोर्ड द्वारा स्वस्थ घोषित किए जाने पर वे प्रशिक्षण अकादमी, गया में एक वर्ष का बुनियादी सैन्य प्रशिक्षण लेते हैं और तत्पश्चात स्थायी कमीशन प्राप्त करने से पूर्व संबंधित शाखाओं में तीन वर्ष का इंजीनियरिंग डिग्री पाठ्यक्रम पूरा करते हैं। कमीशन प्रदान किए जाने के बाद उन्हें उस सेनांग/सेवा का एक वर्ष का प्रशिक्षण दिया जाता है जिसमें उन्हें कमीशन दिया गया है।

(ङ) अल्पकालिक सेवा कमीशन (महिला): पात्र महिला उम्मीदवारों को सेना में अल्प सेवा कमीशन अफसर ए रूप में भर्ती किया जाता है। वैद्युत एवं यांत्रिक इंजीनियर कोर, इंजीनियर्स कोर, सिग्नल कोर, सेना शिक्षा कोर, सैन्य आसूचना कोर, जज एडवोकेट जनरल शाखा, सेना आपूर्ति कोर, सेना आयुध कोर और सेना वायु रक्षा में कमीशन प्रदान किया जाता है। महिलाओं को तीन स्ट्रीमों अर्थात् गैर-तकनीकी स्नातक, तकनीकी और स्नातकोत्तर/विशेषज्ञ में दस वर्ष की अवधि के लिए अल्प सेवा कमीशन की पेशकश की जाती है, जिसे पूर्णतः स्वैच्छिक आधार पर और चार वर्षों के लिए बढ़ाया जा सकता है। हाल ही में भारत सरकार ने महिला अफसरों को 10 वर्ष की सेवा पूरी करने पर सेना शिक्षा कोर एवं जज एडवोकेट जनरल शाखा में स्थायी कमीशन का विकल्प प्रदान किया है। अफसर प्रशिक्षण अकादमी, चेन्नई में दिए जाने वाले प्रशिक्षण की अवधि 49 सप्ताह है। अल्पकालिक सेवा कमीशन महिला (तकनीकी) प्रविष्टि के लिए अधिसूचित शाखाओं में बीई/बीटेक के उत्तीर्ण अथवा अंतिम वर्ष/

सेमेस्टर के छात्र आवेदन करने के पात्र हैं। इसके पश्चात सीधे एसएसबी साक्षात्कार एवं चिकित्सा जांच होती है। हालांकि गैर-तकनीकी स्नातक शाखाओं के लिए आवेदकों को संघ लोक सेवा आयोग के माध्यम से आवेदन करना अपेक्षित है और लिखित परीक्षा के बाद एसएसबी साक्षात्कार के लिए आना होता है जैसा कि अल्पकालिक सेवा कमीशन प्राप्त पुरुष अफसरों के मामले में किया जा रहा है। गैर-तकनीकी शाखा की 20 प्रतिशत आवंटित सीटें एनसीसी 'सी' प्रमाण-पत्र धारित उन महिला उम्मीदवारों के लिए आरक्षित हैं जिन्होंने स्नातक परीक्षा में न्यूनतम 'बी' ग्रेड एवं 50 प्रतिशत अंक योग प्राप्त किया हो। आवेदन एनसीसी निदेशालय, एकीकृत मुख्यालय रक्षा मंत्रालय (सेना) के माध्यम से भेजे जाएंगे जैसा कि पुरुष अफसरों के मामलों में किया जा रहा है। जज एडवोकेट जनरल शाखा के लिए न्यूनतम 55 प्रतिशत अंक प्राप्त करने वाले विधि स्नातकों से आवेदन आमंत्रित किए जाते हैं जिन्हें सीधे एसएसबी साक्षात्कार के लिए भेजा जाता है। सेवा कार्मिकों की जो विधवाएं पात्रता संबंधी निर्धारित मानदंडों को पूरा करती हैं, वे आयु में 4 वर्ष की छूट के लिए पात्र हैं और उनके लिए प्रत्येक पाठ्यक्रम में 5 प्रतिशत (तकनीकी और गैर-तकनीकी, प्रत्येक शाखा में 2.5 प्रतिशत) सीटों का आरक्षण प्रदान किया गया है। अल्पकालिक सेवा कमीशन महिला (तकनीकी), एनसीसी प्रविष्टि एवं जज एडवोकेट जनरल शाखाओं के लिए लिखित परीक्षाओं से छूट है और इनके लिए सीधे अतिरिक्त भर्ती महानिदेशालय, रक्षा मंत्रालय के एकीकृत मुख्यालय (सेना) को आवेदन करना होगा। अधिसूचना एसएससीडब्ल्यू (तकनीकी) के साथ वर्ष में दो बार प्रकाशित की जाती है।

(च) एनसीसी (विशेष प्रवेश योजना): न्यूनतम 'बी' ग्रेड का एनसीसी 'सी' प्रमाण पत्र और स्नातक परीक्षा में 50 प्रतिशत अंक पाने वाले विश्वविद्यालय स्नातक इस योजना के माध्यम से अल्प सेवा कमीशन के लिए आवेदन कर सकते हैं। तृतीय वर्ष में पढ़ने वाले छात्र भी इस प्रवेश के लिए आवेदन कर सकते हैं बशर्ते उन्होंने पहले दो वर्षों में न्यूनतम 50 प्रतिशत समग्र अंक प्राप्त किए हों। ऐसे उम्मीदवारों को साक्षात्कार में चयन होने की स्थिति में 50 प्रतिशत समग्र अंक प्राप्त करने होंगे अन्यथा उनकी उम्मीदवारी रद्द की जाएगी। ओटीए में प्रवेश लेने के समय उम्मीदवारों के पास स्नातक डिग्री होनी चाहिए अथवा तृतीय वर्ष में पढ़ रहे छात्रों को ओटीए में प्रशिक्षण आरंभ होने की तारीख से 12 सप्ताह के भीतर डिग्री प्रस्तुत करनी होगी। इन कैडेटों को एसएसबी द्वारा आयोजित साक्षात्कार के पश्चात मेडिकल बोर्ड द्वारा जांच के लिए बुलाया जाता है। योग्यता संबंधी अपेक्षाएं पूरी करने वाले अभ्यर्थियों को राज्य स्तर पर एनसीसी ग्रुप मुख्यालयों के माध्यम से आवेदन करना होता है। संबंधित ग्रुप मुख्यालयों द्वारा स्क्रीनिंग के बाद एनसीसी महानिदेशालय योग्य कैडेटों के आवेदन-पत्र रक्षा मंत्रालय (सेना) के एकीकृत मुख्यालय स्थित भर्ती निदेशालय को भेजता है।

(छ) जज एडवोकेट जनरल प्रवेश: एलएलबी में न्यूनतम 55 प्रतिशत कुल अंकों सहित विधि स्नातक और 21 से 27 वर्ष तक की आयु वाले व्यक्ति जज एडवोकेट जनरल शाखा के लिए आवेदन कर सकते हैं। पात्र उम्मीदवारों को सीधे ही सेवा चयन बोर्ड द्वारा साक्षात्कार के लिए बुलाया जाता है और तत्पश्चात उनकी चिकित्सा जांच की जाती है। यह एक अल्पकालिक सेवा कमीशन प्रवेश है जिसमें योग्य उम्मीदवार बाद में स्थायी कमीशन का चुनाव कर सकते हैं।

जूनियर कमीशंड अफसरों तथा अन्य रैंकों (जेसीओ एवं ओआर) की भर्ती: सेना में 48 रेजीमेंटल केंद्रों के अतिरिक्त ग्यारह आंचलिक भर्ती कार्यालय, दो गोरखा भर्ती डिपो, एक स्वतंत्र भर्ती कार्यालय और 59 सेना भर्ती कार्यालय हैं जो अपने-अपने क्षेत्राधिकार के क्षेत्रों में रैलियों के माध्यम से भर्तियां करते हैं।

सोल्जर जनरल ड्यूटी, सोल्जर ट्रेड्समैन, सोल्जर टेक्निकल, सोल्जर क्लर्क/स्टोर कीपर ट्रेड एवं सोल्जर नर्सिंग सहायक श्रेणियों के लिए जेसीओ/ओआर की भर्ती ऑनलाइन एप्लिकेशन सिस्टम द्वारा की जाती है। हालांकि, रिलिजियस टीचर जेसीओ (आरटी जेसीओ), हवलदार एजुकेशन, हवलदार ऑटो कार्टोग्राफर तथा जेसीओ केटरिंग जैसी श्रेणियों के लिए आवेदन प्रणाली ही प्रयोग में लाई जा रही है। जेसीओ/ओआर के लिए मौजूदा भर्ती में इच्छुक उम्मीदवारों की रैली साइट पर 1.6 किमी. की दौड़ के बाद छंटनी शामिल है और उसके बाद दस्तावेज की जांच, शारीरिक स्वस्थता जांच, शारीरिक नाप व चिकित्सा जांच की जाती है। इसके बाद सभी जांचों के बाद पात्र पाए जाने वाले उम्मीदवारों को संबंधित प्रशिक्षण केंद्रों पर प्रशिक्षण के लिए भेजा जाता है। यह सुनिश्चित करने का प्रयास रहता है कि एक भर्ती वर्ष में एक बार भर्ती रैलियों द्वारा देश के प्रत्येक जिले तक पहुंचा जा सके।

भारतीय नौसेना में भर्ती

भर्ती का तरीका: भारतीय नौसेना की भर्ती प्रणाली सुव्यवस्थित, पारदर्शी द्रुत और उम्मीदवारों के अनुकूल प्रक्रिया है। भारतीय नौसेना में भर्ती दो तरीकों से की जाती है, अर्थात् संघ लोक सेवा आयोग भर्ती और संघ लोक सेवा आयोग के अलावा भर्ती।

(क) संघ लोक सेवा आयोग भर्ती: संघ लोक सेवा आयोग राष्ट्रीय रक्षा अकादमी (एनडीए) और भारतीय नौसेना अकादमी (आईएनए) में स्थायी कमीशन (पीसी) अफसरों के रूप में भर्ती के लिए वर्ष में दो बार परीक्षा का आयोजन करता है। 10+2 (पीसीएम) परीक्षा उत्तीर्ण कर चुके अथवा 12वीं कक्षा में पढ़ रहे उम्मीदवार इस परीक्षा में बैठने के पात्र होते हैं। लिखित परीक्षा के बाद संघ लोक सेवा आयोग उम्मीदवारों की छंटाई करता है। इसके उपरांत उम्मीदवारों को बेंगलुरु, भोपाल, कोयंबटूर और विशाखापट्टनम में स्थित सेवा चयन बोर्डों के पास भेजा जाता है। अर्हताप्राप्त उम्मीदवारों के परिणाम संघ लोक सेवा आयोग को अंतिम मेरिट-सूची के आधार पर एनडीए/आईएनए में नियुक्ति के लिए सूचित किया जाता है। एनडीए/आईएनए में प्रशिक्षण पूरा होने पर नौसेना कैडेटों को नौसेना समुद्री प्रशिक्षण के लिए कोच्चि में प्रशिक्षण पोतों पर भेजा जाता है। स्नातक विशेष भर्ती योजना के लिए संघ लोक सेवा आयोग वर्ष में दो बार संयुक्त रक्षा सेवा परीक्षा (सीडीएसई) का आयोजन करता है। बी.टेक डिग्री स्नातक अथवा बी.टेक अंतिम वर्ष के उम्मीदवार भी इस परीक्षा में बैठने के पात्र होते हैं। सफल उम्मीदवारों को नौसेना अनुकूलन पाठ्यक्रम (एनओसी) के लिए एझिमला, केरल स्थित भारतीय नौसेना अकादमी में शामिल किया जाता है।

(ख) संघ लोक सेवा आयोग के अलावा भर्ती: गैर-यूपीएससी प्रवेश के माध्यम से की जाने वाली भर्तियां स्थायी कमीशन (पीसी) और अल्पकालिक सेवा कमीशन (एसएससी) दोनों के लिए होती हैं। इस प्रकार की भर्तियों के लिए रक्षा मंत्रालय के एकीकृत मुख्यालय (नौसेना) में आवेदन आमंत्रित किए जाते हैं तथा उनकी छंटाई की जाती है। तत्पश्चात छांटे गए उम्मीदवारों को सेवा चयन बोर्ड के साक्षात्कार के लिए भेजा जाता है। उसके बाद रिक्तियों की उपलब्धता के अनुसार अहर्ताप्राप्त उम्मीदवारों की एक मेरिट सूची बनाई जाती है। कार्यपालक, नौसेना वास्तुकार सहित इंजीनियरिंग, इलेक्ट्रिकल इंजीनियरिंग और नौसेना की शिक्षा शाखाओं/संवर्गों के लिए सेवा चयन बोर्डों के माध्यम से गैर-यूपीएससी की भर्ती की जाती है।

(ग) 10+2 (कैडेट प्रवेश योजना): यह योजना भारतीय नौसेना की कार्यपालक, इंजीनियरिंग और इलेक्ट्रिकल शाखाओं में स्थायी कमीशन के लिए है। इस योजना के तहत 10+2 (पीसीएम) सफल उम्मीदवार सेना चयन बोर्ड के माध्यम से चुने जाने के पश्चात बी.टेक पाठ्यक्रम के लिए भारतीय नौसेना अकादमी में भेजे जाते हैं। इस पाठ्यक्रम को सफलतापूर्वक पूरा करने पर उन्हें भारतीय नौसेना में कार्यपालक, इलेक्ट्रिकल और इंजीनियरिंग शाखाओं में स्थायी कमीशन प्रदान किया जाता है।

(घ) विश्वविद्यालय प्रवेश योजना (यूईएस): यूईएस को अल्पकालिक सेवा कमीशन के रूप में पुनःआरंभ किया गया है। सातवें और आठवें सेमेस्टर के इंजीनियरिंग छात्र नौसेना की एग्जीक्यूटिव एवं तकनीकी शाखाओं में प्रवेश पाने के पात्र हैं। एकीकृत मुख्यालय, रक्षा मंत्रालय (नौसेना) और कमान मुख्यालयों से नौसेना चयन दल उम्मीदवारों को छांटने के लिए पूरे देश में एआईसीटीई द्वारा अनुमोदित इंजीनियरिंग कॉलेजों का दौरा करते हैं। उम्मीदवारों को सैन्य चयन बोर्ड में साक्षात्कार के लिए बुलाया जाता है। इसके पश्चात सफल उम्मीदवारों की चिकित्सा जांच की जाती है। अंतिम चयन, सैन्य चयन बोर्ड साक्षात्कार में अखिल भारतीय मेरिट के आधार पर प्राप्त अंकों तथा उपलब्ध रिक्तियों के आधार पर होता है।

महिला अधिकारी: नौसेना की एग्जीक्यूटिव शाखा (पर्यवेक्षक, एटीसी, विधि एवं प्रचालन तंत्र), शिक्षा शाखा एवं इंजीनियरिंग शाखा के नौसेना वास्तुकला संवर्ग में अल्पकालिक सेवा कमीशन (एसएससी) अधिकारी के रूप में महिलाओं का प्रवेश हो रहा है।

एसएससी अधिकारियों को स्थायी कमीशन: 2008 से रक्षा मंत्रालय ने एग्जीक्यूटिव शाखा (विधि संवर्ग), शिक्षा शाखा एवं इंजीनियरिंग शाखा (नौसेना वास्तुकला) के अल्पकालिक सेवा कमीशन अधिकारियों, पुरुषों तथा महिलाओं दोनों को स्थायी कमीशन प्रदान करना आरंभ किया है।

एनसीसी के माध्यम से भर्ती: न्यूनतम 'बी' ग्रेडिंग सहित स्नातक डिग्री परीक्षा में 50 प्रतिशत अंक वाले एनसीसी 'सी' प्रमाण-पत्र धारक विश्वविद्यालय स्नातकों को नौसेना में नियमित कमीशन प्राप्त अफसरों के रूप में भर्ती किया जाता है। इन स्नातकों को संघ लोक सेवा आयोग द्वारा आयोजित संयुक्त रक्षा सेवा परीक्षा में बैठने से छूट दी गई है और उनका चयन केवल एसएसबी साक्षात्कार के माध्यम से ही किया जाता है। वे सीडीएसई कैडेटों के साथ ही नौसेना अभिमुखीकरण पाठ्यक्रम (एनओसी) के लिए नौसेना अकादमी में प्रवेश लेते हैं।

विशेष नौसेना वास्तुशिल्प प्रवेश योजना: सरकार ने हाल ही में 'विशेष नौसेना वास्तुकार प्रवेश योजना' (एसएनईएएस) के तहत भारतीय नौसेना में अल्प सेवा कमीशन अफसरों के रूप में नौसेना वास्तुकार अफसरों को भर्ती किए जाने के लिए अनुमोदन प्रदान किया है। नौसेना का एक सक्षम दल आईआईटी खड़गपुर, आईआईटी चेन्नई, विज्ञान और प्रौद्योगिकी विश्वविद्यालय कोच्चि (सीयूएसएटी) और आंध्र विश्वविद्यालय, जिनमें बी.टेक (नौसेना वास्तुशिल्प) पाठ्यक्रम का संचालन किया जाता है, के कैंपस साक्षात्कारों के माध्यम से उम्मीदवारों का चयन करने हेतु दौरा करता है। चुने हुए उम्मीदवारों की निकटतम मिलिटरी अस्पताल में मेडिकल जांच की जाती है और उपयुक्त पाए जाने पर प्रशिक्षण के लिए उनका चयन किया जाता है।

नौसैनिकों की भर्ती: नौसेना में भर्ती उपलब्ध रिक्तियों की संख्या के अनुसार 'भर्ती योग्य पात्र पुरुष आबादी की राज्यवार मेरिट पर अखिल भारतीय आधार पर' की जाती है। राज्य विशेष से भर्ती हुए

कार्मिकों की संख्या उन पात्र उम्मीदवारों की संख्या पर निर्भर होती है जो लिखित परीक्षा, शारीरिक फिटनेस टेस्ट और डॉक्टरी जांच तथा मेरिट में उनकी अपनी–अपनी स्थिति के अनुरूप होती है। जाति/पंथ अथवा धर्म के आधार पर रिक्तियों का कोई कोटा नहीं होता है। पात्र वालंटियरों से आवेदन पत्र मंगवाने हेतु सभी प्रमुख सभी प्रमुख राष्ट्रीय और प्रादेशिक समाचार पत्रों और रोज़गार समाचार में विज्ञापन प्रकाशित किए जाते हैं। बहुत से स्कूलों/कॉलेजों और जिला सैनिक बोर्डों में भी प्रचार सामग्री भेजी जाती है। स्थानीय प्रशासन ग्रामीण/पिछड़े क्षेत्रों में स्थानीय मीडिया के माध्यम से प्रचार अभियान चलाता है।

भर्ती के प्रकार: शैक्षिक योग्यताओं के साथ नाविकों की भर्ती के लिए विभिन्न प्रविष्टियां इस प्रकार हैं:–

(क) आर्टिफिसर स्प्रेंटिस (एए) – 10+2 (पीसीएम)

(ख) सीनियर सेकंडरी रंगरूट (एसएसआर) – 10+2 (विज्ञान)

(ग) मैट्रिक भर्ती रंगरूट (एमआर) – रसोइया, स्टीवार्ड एवं संगीतकार की भर्ती के लिए मैट्रिकुलेशन

(घ) गैर–मैट्रिक भर्ती रंगरूट (एनएमआर), नाविकों (सफाईवाला) की भर्ती के लिए कक्षा VI।

(ङ) सीधी भर्ती (उत्कृष्ट खिलाड़ी)

भारतीय वायुसेना में भर्ती

अफसरों का चयन

अफसरों की भर्ती: अफसरों की भर्ती राष्ट्रीय सुरक्षा अकादमी (एनडीए) और सम्मिलित रक्षा सेवा परीक्षा (सीडीएसई) के माध्यम से संघ लोक सेवा आयोग द्वारा की जाती है। गैर–यूपीएससी द्वारा अफसरों की भर्ती इस प्रकार की जाती है: एसएससी (पुरुष एवं महिला) उड़ान, एनसीसी भर्ती (पुरुषों के लिए), एएससी स्थायी (पुरुषों के लिए), जीडीओसी (गैर तकनीकी) (पुरुषों के लिए), एयरमैन भर्ती स्थायी (वायु योद्धाओं के लिए), एसएसएस (तकनीकी) (पुरुषों एवं महिलाओं के लिए) तथा एसएससी गैर तकनीकी (पुरुषों एवं महिलाओं के लिए)।

सेवा चयन द्वारा भर्ती: सेवा चयन बोर्ड और वायुसेना बोर्ड फ्लाइंग (पायलट), एयरोनॉटिकल इंजीनियरिंग (इलेक्ट्रॉनिक्स), एयरोनॉटिकल इंजीनियरिंग (मेकेनिकल), शिक्षा, प्रशासन, लॉजिस्टिक्स, लेखा तथा मौसम विभागों में अफसरों का वायुसेना में चयन करता है।

विश्वविद्यालय प्रवेश योजना: विश्वविद्यालय प्रवेश योजना के अंतर्गत अंतिम और पूर्व अंतिम वर्ष इंजीनियरिंग संकाय के छात्र वायुसेना के तकनीकी विभागों में स्थायी कमीशन ऑफिसर भर्ती के योग्य होते हैं।

महिला अफसरों की भर्ती: भारतीय वायुसेना में योग्य महिलाओं की भर्ती अल्पसेवा कमीशन ऑफिसरों के रूप में फ्लाइंग, एयरोनॉटिकल इंजीनियरिंग (इलेक्ट्रॉनिक्स), एयरोनॉटिकल इंजीनियरिंग (मेकेनिकल), शिक्षा, प्रशासन, मौसम, लेखा, लॉजिस्टिक्स विभागों में की जाती है।

एनसीसी के माध्यम से भर्ती: वायुसेना में सेवा चयन बोर्ड (एसएसबी) द्वारा स्थायी कमीशन ऑफिसरों की भर्ती स्नातक में 50 प्रतिशत अंक और न्यूनतम 'बी' ग्रेडिंग वाला एनसीसी का 'सी' प्रमाण–पत्र

रखने वाले विश्वविद्यालय स्नातकों में से की जाती है। फ्लाइंग ब्रांच कैडेट के पास 10+2 में मुख्य विषय के रूप में गणित और भौतिकी विषय होने चाहिए।

ऑफिसर रैंक से नीचे के कार्मिकों की भर्ती: ऑफिसर रैंक से नीचे के कार्मिकों की भर्ती केंद्रित चयन प्रणाली के माध्यम से अखिल भारतीय स्तर पर केंद्रीय एयरमैन चयन बोर्ड (सीएएसबी) देश के विभिन्न स्थानों पर स्थित 14 एयरमैन चयन केंद्रों (एएससी) के सहयोग से अभ्यर्थियों का चयन करता है।

प्रशिक्षण

रक्षा क्षेत्र में अनेक प्रशिक्षण संस्थान एक-दूसरे के सहयोग से कार्य कर रहे हैं। जहां एक ओर कुछ संस्थान सभी तीनों सेवाओं यानी सेना, नौसेना और वायु सेना के कार्मिकों को प्रशिक्षण देते हैं, वहीं दूसरी ओर कुछ संस्थान एकल सेवा की प्रशिक्षण आवश्यकताओं को पूरा करते हैं।

तीनों सेवाओं का प्रशिक्षण

राष्ट्रीय रक्षा कॉलेज रक्षा मंत्रालय की एक प्रमुख प्रशिक्षण संस्था है, जो राष्ट्रीय सुरक्षा एवं युद्ध-नीति शिक्षा का एक उत्कृष्ट केंद्र है। इस कॉलेज में प्रशिक्षण के लिए भारतीय और विदेशी सशस्त्र बलों के ब्रिगेडियर/समकक्ष पदधारित तथा प्रशासनिक सेवा के निदेशक और उससे उच्च अफसर नामित किए जाते हैं। नामित अधिकारियों के ग्यारह माह के प्रशिक्षण कार्यक्रम के दौरान मुख्य केंद्र बिंदु राष्ट्रीय सुरक्षा होता है जिसमें सभी घरेलू क्षेत्रीय और अंतरराष्ट्रीय मुद्दों के सभी आयाम शामिल होते हैं जिससे भावी नीति निर्धारकों को राष्ट्रीय रणनीति की योजना बनाने के लिए आवश्यक बहुविध आर्थिक, राजनीतिक, सैन्य वैज्ञानिक और संगठनात्मक पहलुओं की व्यापक समझ प्राप्त करने के लिए आवश्यक पृष्ठभूमि मिल सके।

रक्षा प्रबंधन कॉलेज (सीडीएम) देश का एकमात्र त्रि-सेना प्रशिक्षण संस्थान है जो तीनों सेनाओं के वरिष्ठ अधिकारियों, अर्ध-सैनिक बलों, रक्षा मंत्रालय के अधिकारियों और अंतरराष्ट्रीय प्रतिभागियों को संकल्पनात्मक, निदेशात्मक और कार्यात्मक स्तरों पर रक्षा प्रबंधन की शिक्षा प्रदान करता है। यह कॉलेज रक्षा प्रबंधन प्रशिक्षण पर कई असैन्य और विदेशी प्रतिनिधिमंडलों की मेज़बानी भी करता है। भारतीय सशस्त्र बलों में 'उच्चतर रक्षा प्रबंधन' शिक्षा की आवश्यकताओं को पूरा करने के लिए, जिसे 'सैन्य मामलों में क्रांति' ने अनिवार्य बना दिया, सीडीएम ने अपनी प्रशिक्षण अवसंरचना को सुधारा और यह सालाना तकरीबन 500 ऑफिसरों को प्रशिक्षित करता है। सीडीएम ने भारतीय सशस्त्र बलों में सभी स्तरों पर प्रबंधन शिक्षा के लिए जरूरत के अनुसार कैप्सूल पाठ्यक्रम/प्रबंधन विकास कार्यक्रम (एमडीपी) भी विकसित किए हैं। कई मित्र देश भी इन एमडीपी में शामिल होते हैं।

रक्षा सेवा स्टाफ कॉलेज (डीएसएससी) एक सशस्त्र बल प्रशिक्षण संस्थान (एएफटीआई) है, जो तीनों सेवाओं के चुनिंदा अधिकारियों के लिए और साथ ही केंद्रीय लोक सेवाओं के अधिकारियों के लिए भी स्टाफ पाठ्यक्र्म चलाता है। इसके अतिरिक्त, मित्र देशों के रक्षा ऑफिसर भी इस कॉलेज द्वारा चलाए जा रहे स्टाफ पाठ्यक्रम में शामिल होते हैं। डीएसएससी से पास होने वाले ऑफिसरों को चेन्नई विश्वविद्यालय से रक्षा एवं सामरिक अध्ययन में मास्टर ऑफ साइंस की डिग्री प्रदान की जाती है।

राष्ट्रीय रक्षा अकादमी (एनडीए) तीनों सेवाओं की एक प्रमुख संस्था है जहां सभी तीन सेवाओं के कैडेटों को उनसे संबंधित कमीशन पूर्व प्रशिक्षण अकादमियों में प्रवेश से पूर्व प्रशिक्षण दिया जाता है।

एनडीए में भर्ती का आयोजन यूपीएससी परीक्षा के माध्यम से किया जाता है जो वर्ष में दो बार – अप्रैल और सितंबर – में आयोजित की जाती है। अभ्यर्थियों का 12वीं कक्षा पास होना तथा अकादमी में शामिल होते समय साढ़े सोलह वर्ष से साढ़े उन्नीस वर्ष के बीच की आयु का होना अपेक्षित है। एनडीए में तीन वर्षों के पाठ्यक्रम को छह सेमेस्टरों में विभाजित किया गया है और कैडेटों को बीए/बीएससी की डिग्री प्रदान की जाती है। इस प्रशिक्षण के पूरा होने पर कैडेट सशस्त्र सेना बलों में कमीशन प्राप्त अफसर बनने से पहले आगे का सेवा विशेष प्रशिक्षण लेने के लिए अपनी-अपनी सेवा अकादमियों में जाते हैं।

वर्ष 1932 में स्थापित भारतीय सैन्य अकादमी, (आईएमए) देहरादून का उद्देश्य सेना में अफसरों के रूप में शामिल होने वाले व्यक्तियों के बौद्धिक, नैतिक एवं शारीरिक गुणों का पूर्णतः विकास करना है। भारतीय सैन्य अकादमी में प्रविष्टि के विभिन्न माध्यम इस प्रकार हैं:- एनडीए से स्नातक होने पर; सेना कैडेट कॉलेज से, जो आईएमए का ही एक विंग है, स्नातक होने पर; सीधी भर्ती स्नातक कैडेट, जो संघ लोक सेवा आयोग द्वारा आयोजित परीक्षा उत्तीर्ण करके सैन्य चयन बोर्ड द्वारा चुने जाते हैं; तकनीकी पाठ्यक्रम (टीजीसी) के लिए; इंजीनियरिंग कॉलेजों के अंतिम/अंतिम से पूर्व वर्ष के छात्रों के लिए विश्वविद्यालय प्रविष्टि योजना (यूईएस) के अंतर्गत। आईएमए मित्र देशों के जेंटलमैन कैडेटों को भी प्रशिक्षण प्रदान करता है।

वर्ष 1963 में स्थापित अफसर प्रशिक्षण स्कूल (ओटीएस) के 25 वर्ष पूरे होने पर 1988 से इसे अफसर प्रशिक्षण अकादमी (ओटीए) का नाम दिया गया। वर्ष 1965 से पहले इसका मुख्य कार्य इमरजेंसी कमीशन प्रदान करने के लिए जैंटलमैन कैडेटों को प्रशिक्षित करना था। 1965 के बाद अकादमी ने अल्प सेवा कमीशन के लिए कैडेटों को प्रशिक्षित करना आरंभ किया। 1992 से सेना में महिला अफसरों के प्रवेश के पश्चात ओटीए से हर वर्ष लगभग 100 महिला अफसर सेना सर्विस कोर, सेना शिक्षा कोर, जज एडवोकेट जनरल विभाग, इंजीनियर्स कोर, सिग्नल तथा इलेक्ट्रिकल एवं मेकेनिकल कोर में कमीशन प्राप्त करती हैं।

अफसर प्रशिक्षण अकादमी 2011 में शुरू हुई थी। फिलहाल इसकी प्रशिक्षण क्षमता 400 जैंटलमैन कैडेटों की है। उत्तरोत्तर यह क्षमता बढ़ाकर 750 जैंटलमैन कैडेट की जाएगी। ओटीए , गया निम्नलिखित के लिए प्रशिक्षण प्रदान करता है: 10+2 तकनीकी प्रवेश योजना; विशेष कमीशन प्राप्त अफसर। ओटीए, गया मित्र देशों के जैंटलमैन कैडेटों को भी प्रशिक्षण प्रदान करता है।

राष्ट्रीय कैडेट कोर

राष्ट्रीय कैडेट कोर (एनसीसी) की स्थापना 1948 में हुई थी। इसने अपनी स्थापना के 69 वर्ष पूरे कर लिए हैं। एनसीसी युवाओं में प्रतिबद्धता, समर्पण, अनुशासन, नैतिक मूल्यों को मजबूत करके, देश की चुनौतियों का सामना करने के लिए हर तरह से विकास का प्रयत्न करता है, जिससे वे सफल नागरिक बन सकें। एनसीसी का उद्देश्य है 'एकता और अनुशासन'। एनसीसी कैडेटों की कुल स्वीकृत संख्या 15 लाख है। इसमें वर्ष 2010 में दो लाख कैडेटों की स्वीकृत संख्या शामिल है। इसके अधीन प्रतिवर्ष 40,000 कैडेटों को पांच चरणों में शामिल किया जा रहा है। एनसीसी 16,288 संस्थानों के साथ देश के 716 में 703 जिलों में मौजूद है।

सैनिक स्कूल

सैनिक स्कूलों को केंद्रीय और राज्य सरकारों के संयुक्त उद्यम के रूप में स्थापित किया गया था। ये सैनिक स्कूल सोसायटी के अधीन कार्य करते हैं। वर्तमान में देश के विभिन्न हिस्सों में 26 सैनिक स्कूल अवस्थित हैं। सैनिक स्कूलों के उद्देश्यों में आम आदमी तक ऊंची पब्लिक स्कूल शिक्षा की पहुंच बनाना, बच्चे के व्यक्तित्व का समग्र विकास करना एवं सशस्त्र सेनाओं के अधिकारी संवर्ग में क्षेत्रीय असंतुलन को दूर करना शामिल है। सैनिक स्कूलों के कारण राष्ट्रीय सुरक्षा अकादमी में पहुंचने वाले कैडेटों की संख्या में निरंतर वृद्धि हो रही है जिसे ध्यान में रखते हुए सैनिक स्कूल लड़कों को राष्ट्रीय रक्षा अकादमी की मार्फत सशस्त्र सेनाओं में शामिल होने के लिए शैक्षिक, शारीरिक और मानसिक रूप से तैयार करते हैं।

राष्ट्रीय मिलिट्री स्कूल

देश में पांच मिलिट्री स्कूल कर्नाटक के बंगलुरु व बेलगाम, हिमाचल प्रदेश के चैल और राजस्थान के अजमेर व धौलपुर में हैं। ये स्कूल सीबीएसई से मान्यता प्राप्त तथा पूर्ण रूप से आवासीय स्कूल हैं जो रक्षा मंत्रालय के तत्वावधान में कार्य करते हैं। कॉमन एंट्रेन्स टेस्ट के परिणामों के आधार पर लड़कों की छठी और नवीं कक्षा में भर्ती होती है। सेना, नौसेना और वायुसेना के जेसीओ/ओआर (पूर्व सैनिकों सहित) के आश्रितों के लिए 70 प्रतिशत सीटें आरक्षित होती हैं और शेष 30 प्रतिशत सीटें सेना, नौसेना और वायुसेना के अफसरों (सेवानिवृत्त अफसरों सहित) तथा नागरिकों के आश्रितों के लिए आरक्षित रहती हैं। कुल 50 सीटें युद्ध में मारे गए सैनिकों के आश्रितों के लिए आरक्षित होती हैं। सभी श्रेणियों में 15 प्रतिशत और 7.5 प्रतिशत सीटें क्रमश: अनुसूचित जाति और अनुसूचित जनजाति के लिए आरक्षित होती हैं।

राष्ट्रीय इंडियन मिलिट्री कॉलेज

भारतीय सशस्त्र बल में अधिकारी बनने के इच्छुक तथा भारत में जन्मे या रहने वाले लड़कों को आवश्यक प्राथमिक प्रशिक्षण उपलब्ध कराने के उद्देश्य से राष्ट्रीय इंडियन मिलिट्री कॉलेज (आरआईएमसी) की वर्ष 1922 में स्थापना की गई थी। यह संस्थान आज राष्ट्रीय रक्षा अकादमी के सहयोग संस्थान के रूप में काम कर रहा है। आरआईएमसी के लिए चयन अखिल भारतीय प्रवेश परीक्षा के माध्यम से होता है जिसमें एक लिखित परीक्षा और मौखिक साक्षात्कार शामिल हैं। यह कॉलेज लड़कों को आठवीं कक्षा में भर्ती करता है। अखिल भारतीय प्रवेश परीक्षा के आधार पर बिना किसी आरक्षण के वर्ष में दो बार (जनवरी और जुलाई में) प्रत्येक टर्म में 25 कैडेटों को भर्ती किया जाता है।

कॉलेज ऑफ मिलिट्री इंजीनियरिंग

पुणे स्थित कॉलेज ऑफ मिलिट्री इंजीनियरिंग एक प्रमुख तकनीकी संस्थान है। यहां इंजीनियरिंग कोर, अन्य सशस्त्र सेवाओं, नौसेना, वायुसेना, अर्द्धसैनिक बल, पुलिस तथा सिविलियन को प्रशिक्षण दिया जाता है। इसके अलावा, मित्र राष्ट्रों के कर्मियों को भी यहां प्रशिक्षण दिया जाता है। सीएमई जवाहरलाल नेहरू विश्वविद्यालय (जेएनयू) से बी.टेक और एम.टेक डिग्री प्रदान करने के लिए मान्यताप्राप्त है। अखिल भारतीय तकनीकी शिक्षा परिषद् भी सीएमई द्वारा चलाए जा रहे स्नातक और स्नातकोत्तर पाठ्यक्रमों को मान्यता प्रदान करता है।

रक्षा उत्पादन

देश की रक्षा के लिए सशस्त्र बलों के लिए आवश्यक हथियारों, उपकरणों, प्लेटफॉर्मों और उपस्करों के उत्पादन के लिए औद्योगिक आधार को विकसित करने और बढ़ावा देने के उद्देश्य से 1962 में रक्षा उत्पादन विभाग की स्थापना की गई थी। गत वर्षों में इस विभाग ने आयुध निर्माणियों और रक्षा क्षेत्र के सार्वजनिक उपक्रमों के माध्यम से विभिन्न रक्षा उपकरणों के लिए व्यापक उत्पादन सुविधाएं स्थापित की हैं। विनिर्मित उत्पादों में हथियार एवं गोला-बारूद, टैंक, बख्तरबंद वाहन, भारी वाहन, लड़ाकू विमान एवं हेलिकॉप्टर, युद्ध पोत, पनडुब्बियां, प्रक्षेपास्त्र, इलेक्ट्रॉनिक उपकरण, अर्थ मूविंग इक्विपमेंट, विशेष मिश्र धातुएं और विशेष प्रयोजन वाले इस्पात शामिल हैं।

आयुध कारखाने

आयुध कारखाना बोर्ड (ओएफबी) सेनाओं को अत्याधुनिक युद्ध उपकरण और गोला-बारूद मुहैया कराने के लिए कई अनुसंधान एवं विकास परियोजनाओं पर काम कर रहा है। इनमें 155 मिमि. × 45 कैलिबर के 'धनुष' गन आर्मामेंट के लिए बाई-मॉड्यूलर चार्ज सिस्टम, बीएमपी-II का उन्नयन आदि शामिल हैं। ओएफबी डीआरडीओ के साथ मिलकर विभिन्न अनुसंधान एवं विकास परियोजनाओं पर काम कर रहा है ताकि सुरक्षा बलों के लिए आवश्यक महत्वपूर्ण हथियारों और गोला-बारूदों, जैसे- 7.62 × 51 मिमि. असॉल्ट गइफल, प्रोटेक्टिव कार्बाइन, अंडर बैरल ग्रेनेड लॉन्चर एम्युनिशन आदि, में आत्मनिर्भरता को बढ़ाया जा सके। उपरोक्त के अलावा, ओएफडी के 13 आयुध विकास केंद्र सेनाओं की भविष्य की आवश्यकताओं के विकास में लगे हुए हैं जैसे कि 'फ्यूचरिस्टिक इन्फैंट्री कॉम्बैट वाहन', 'एयर डिफेंस गन फॉर आर्मी', माउंटेड गन सिस्टम'। इसके लिए ओएफबी तकनीकों और उत्पादन के स्वदेशी विकास के लिए आईआईटी और अन्य प्रतिष्ठित संस्थानों के साथ जुड़ गया है।

रक्षा उपक्रम

हिंदुस्तान एयरोनॉटिक्स लिमिटेड: वर्ष 1940 में स्थापित हिंदुस्तान एयरोनॉटिक्स लिमिटेड (एचएएल) एशिया की प्रमुख अग्रणी एयरोनॉटिकल कंपनी है। एचएएल एक नवरत्न कंपनी है, जिसके पूरे में देश में नौ भौगोलिक क्षेत्रों में 20 उत्पादन डिवीजन और 11 अनुसंधान एवं विकास केंद्र हैं। एचएएल की विशेषज्ञता में विमानों, हेलिकॉप्टरों, एयरो-इंजिनों, सहायक सामग्रियों, वैमानिकी और प्रणालियों के डिजाइन और विकास, उत्पादन, मरम्मत, ओवरहॉल तथा उन्नयन शामिल हैं। एचएएल द्वारा उपलब्ध कराए गए सभी बेड़ों के लिए और ओईएम ने जिन बेड़ों के सहायता देना बंद कर दिया है, जैसे कि एचएच-748, चीता/चेतक आदि, उन बेड़ों के लिए भी एचएएल भारतीय रक्षा सेवाओं को अनुरक्षण सहायता प्रदान कर रहा है। यह कंपनी गैर-एचएएल उत्पादित विमानों और इंजनों के लिए भी सहायता प्रदान करती है जैसे कि मिराज 200, एएन-32, सी किंग हेलिकॉप्टर मॉड्यूल, जीनोम इंजन, टीएम-333 2बी2 इंजन आदि। एचएएल भारतीय सेना और तटरक्षक बल के 100 प्रतिशत बेड़ों को अनुरक्षण सहायता देता है और भारतीय वायुसेना और भारतीय नौसेना के संबंध में यह सहायता क्रमशः 75 प्रतिशत और 61 प्रतिशत है। एचएएल ने भारतीय रक्षा सेवाओं की विमानन आवश्यकताओं, जैसे- प्रशिक्षक, लड़ाकू, परिवहन विमान और हल्के हेलिकॉप्टरों, के लिए खुद को एक व्यापक समाधान प्रदाता के रूप में स्थापित किया है।

भारत इलेक्ट्रॉनिक्स लिमिटेड: रक्षा सार्वजनिक क्षेत्र के नवरत्न भारत इलेक्ट्रॉनिक्स लिमिटेड की स्थापना 1954 में हुई थी। देशभर में बीईएल की नौ विनिर्माण इकाइयां हैं। कंपनी की मुख्य क्षमता रक्षा संचार,

रडार और मिसाइल सिस्टम, सोनार एवं फायर कंट्रोल सिस्टम, इलेक्ट्रॉनिक वॉरफेयर एवं वैमानिकी सिस्टम, नेटवर्क केंद्रिक सिस्टम, इलेक्ट्रो-ऑप्टिक्स, टैंक इलेक्ट्रॉनिक्स, होम लैंड सिक्योरिटी आदि के क्षेत्रों में है। कंपनी का तकरीबन 88 प्रतिशत टर्नओवर इन्हीं व्यावसायिक क्षेत्रों से आता है। गैर-रक्षा क्षेत्र में बीईएल इलेक्ट्रॉनिक वोटिंग मशीन (ईवीएम), टैबलेट पीसी (बीईएल द्वारा डिजाइन किए हुए), डॉपलर वेदर रडार, विभिन्न प्रकार के संघटक जैसे एकीकृत सर्किट, हाइब्रिड माइक्रो सर्किट, सेमीकंडक्टर डिवाइस, सोलर सैल आदि का निर्माण करता है। इनके अलावा, बीईएल की मौजूदगी एक्सेस कंट्रोल सिस्टम और चुनिंदा गैर-रक्षा अनुप्रयोगों में भी है।

बीईएमएल लिमिटेड: 1964 में स्थापित बीईएमएल लिमिटेड रक्षा मंत्रालय के अधीन एक मिनी रत्न (श्रेणी-1) सार्वजनिक क्षेत्र का उपक्रम है। यह कोयला, खनन, इस्पात, सीमेंट, विद्युत, सिंचाई, निर्माण, सड़क निर्माण, रक्षा, रेलवे, मेट्रो परिवहन प्रणाली और एयरोस्पेस जैसे अर्थव्यवस्था के महत्वपूर्ण क्षेत्रों के लिए उत्पादों की व्यापक श्रृंखला के डिजाइन, विकास, निर्माण और बिक्री के बाद सेवा में लगा हुआ है। बीईएमएल तीन व्यावसायिक श्रेणियों में कार्य करता है- खनन व निर्माण, रक्षा व एयरोस्पेस, रेल व मेट्रो तथा निर्यात गतिविधियों के लिए अंतरराष्ट्रीय व्यापार प्रभाग।

भारत डायनेमिक्स लिमिटेड: मिनीरत्न श्रेणी-1 की कंपनी भारत डायनेमिक्स लिमिटेड (बीडीएल) का गठन रक्षा मंत्रालय के अंतर्गत 1970 में किया गया था। ऐंटी-टैंक गाइडेड मिसाइलों (एटीजीएम) के निर्माण में अग्रणी बीडीएल और नवीनतम पीढ़ी के एटीजीएम का निर्माण करने वाली समेकित कंपनी का रूप ले चुकी है और सतह से हवा में मार करने वाली मिसाइल सिस्टम, सामरिक हथियार, लांचर, पानी के अंदर मार करने वाले हथियार, दुश्मन को झांसा देने वाले और परीक्षण उपकरणों का निर्माण करती है। सेना की मांग के अनुसार पुरानी मिसाइलों का आधुनिकीकरण करने और उनकी जीवन अवधि बढ़ाने का भी काम किया जाता है ताकि उनकी क्वालिटी और महत्व को बढ़ाया जा सके।

हिंदुस्तान शिपयार्ड लिमिटेड: हिंदुस्तान शिपयार्ड लिमि. (एचएसएल) की स्थापना मूल रूप से सेठ वालचंद हीराचंद द्वारा 1941 में स्वदेशी जलयानों के निर्माण उद्योग को बढ़ावा देने के लिए की गई थी। इस शिपयार्ड को 2010 में रक्षा मंत्रालय में स्थानांतरित कर दिया गया। इस शिपयार्ड का बुनियादी ढांचा बहुत अच्छा है और पूर्वी समुद्री तट पर यह एक अग्रणी शिपयार्ड बनने की क्षमता रखता है। एचएसएल में कई प्रकार जलपोतों का निर्माण किया जाता है जिनमें गश्ती लगाने वाली नौकाएं और पनडुब्बियों की मरम्मत आदि शामिल हैं। अपनी स्थापना के बाद से यहां 179 जहाजों का निर्माण हो चुका है। एचएसएल देश के पूर्वी तट पर स्थित है और यह जलपोतों का निर्माण और पनडुब्बियों की मरम्मत करने वाली देश की प्रतिष्ठित कंपनी है।

मिश्र धातु निगम लिमिटेड: मिश्र धातु निगम लिमि. (एमआइडीएचएएनआइ) की स्थापना 1970 के दशक की शुरुआत में की गई थी जिसका उद्देश्य शुरू में भारत के रक्षा उद्योग के सामरिक क्षेत्र में जरूरी महत्वपूर्ण सामग्री का निर्माण करना था। मिधानी (एमआइडीएचएएनआइ) ढलाई के लिए धातु के पिंड (कास्ट इनगोट), फोर्जिंग, हॉट रोल्ड रॉड और कोल्ड रोल्ड रॉड, तार, धातु की चादरें एवं पट्टियां, अर्ध निर्मित आकार, इन्वेस्टमेंट कास्टिंग और औद्योगिक पेंच आदि रूपों में सुपर मिश्र धातु, टाइटेनियम मिश्र धातु, स्पेशल स्टील, चुंबकीय मिश्र धातुओं का निर्माण करता है। अपनी सीएसआर गतिविधि के अंग के तौर पर यह जरूरतमंद मरीजों के लिए बायो चिकित्सा इम्प्लांट भी बनाता है।

डायरेक्टरेट जनरल ऑफ क्वालिटी एश्युरेंस: डायरेक्टरेट जनरल ऑफ क्वालिटी एश्युरेंस (डीजीक्यूए) सेना, नौसेना (युद्ध सामग्री को छोड़कर) और वायुसेना के लिए आयुध कारखानों, सार्वजनिक क्षेत्र की कंपनियों एवं निजी क्षेत्र से मंगाई गई सामान्य वस्तुओं, रक्षा स्टोरों और उपकरणों, चाहे वे स्वदेशी हों या आयातित, की गुणवत्ता का आश्वासन दिलाता है। यह देश की रक्षा तैयारी में महत्वपूर्ण भूमिका निभाता है। डीजीक्यूए हथियारों को सेना में शामिल किए जाने से पहले उनका विस्तृत रूप से तकनीकी मूल्यांकन करता है। जीडीक्यूए की भूमिका में एक बड़ा बदलाव आ गया है और अब वह क्वालिटी ऑडिट की जगह क्वालिटी प्रबंधन और निर्माण की प्रक्रिया का ऑडिट करता है क्योंकि नियंत्रित सिस्टम से स्वयं ही उत्पाद की क्वालिटी अच्छी होगी।

डायरेक्टरेट जनरल ऑफ एयरोनॉटिकल क्वालिटी एश्युरेंस: डायरेक्टरेट जनरल ऑफ एयरोनॉटिकल क्वालिटी एश्युरेंस (डीजीएक्यूए) वायुसेना, थलसेना, नौसेना और भारतीय कोस्ट गार्ड के सैन्य उड्डयन स्टोरों के क्वालिटी एश्युरेंस (क्यूए) की नियामक अथॉरिटी है। यह रक्षा पीएसयू, आयुध कारखानों, डीआरडीओ प्रयोगशालाओं, तेल रिफाइनरियों, निजी कंपनियों आदि में डिजाइन, विकास, उत्पादन, मरम्मत, उन्नतिकरण और सुधार के दौरान सेना के विमानों, हेलीकॉप्टरों, संबंधित उपकरणों, हवाई हथियारों, मानवरहित विमानों (यूएवी), मिसाइलों आदि को क्वालिटी एश्युरेंस मुहैया कराता है। डीजीएक्यूए सैन्य उड्डयन स्टोरों की विदेशी खरीद के दौरान तकनीकी मूल्यांकन, फील्ड परीक्षण और प्री-डिस्पैच इंस्पेक्शन (पीडीआइ) में भी महत्वपूर्ण भूमिका निभाता है।

डायरेक्टरेट ऑफ स्टैंडर्डाइजेशन

मानकीकरण निदेशालय (डीओएस) की स्थापना 1962 में की गई थी जिसका उद्देश्य तीनों सेनाओं की रक्षा सूची के प्रसार को नियंत्रित करना और उपकरणों/कलपुर्जों में सर्वोत्कृष्ट स्तर तक एकरूपता लाकर इसे सीमित करना था। यह काम दिनोंदिन मानकीकरण, वस्तुओं के कोडिकरण और एंट्री कंट्रोल के जरिए पूरा किया जा रहा है।

योजना एवं समन्वय निदेशालय

रक्षा उत्पादन विभाग से संबद्ध योजना एवं समन्वय निदेशालय की स्थापना 1964 में की गई थी। इस निदेशालय का काम मेक इन इंडिया, एफडीआई नीति/औद्योगिक लाइसेंस प्रणाली में उदारीकरण, निजी क्षेत्र को समान अवसर देकर और स्वदेशी सामग्री की खरीद को प्राथमिकता देकर रक्षा क्षेत्र में स्वदेशीकरण को बढ़ावा देना है। निदेशालय रक्षा विभाग के वेबसाइट पर, मेक इन इंडिया, पोर्टल का कामकाज देखने और उसे अपडेट करने का भी काम करता है। यह निदेशालय रक्षा के क्षेत्र में अंतरराष्ट्रीय सहयोग बढ़ाने और दूसरे देशों को रक्षा उपकरणों के निर्यात को बढ़ावा देने का प्रयास करता है। इसके अलावा यह सेना मुख्यालय के पूंजी (उपकरण आदि) अधिग्रहण प्रस्तावों पर सलाह देता है और रक्षा खरीद प्रक्रिया (डीडीपी) को सुचारु बनाने में महत्वपूर्ण भूमिका निभाता है। यह निदेशालय शिपयार्डों के जारी आधुनिकीकरण में भी बड़ी भूमिका निभाता है।

भारत में अंतरराष्ट्रीय प्रदर्शनियां

भारतीय रक्षा उद्योग को अपनी क्षमताओं के प्रदर्शन का एक मंच उपलब्ध कराने के लिए रक्षा प्रदर्शनी संगठन (डीईओ) एयरो इंडिया और डिफेक्सपो इंडिया नाम से द्विवार्षिक अंतरराष्ट्रीय प्रदर्शनियां

आयोजित करता है। एयरो इंडिया जहां विमान और उड्डयन उद्योग से संबंधित होता है, वहीं डिफेक्सपो इंडिया में थल एवं नौसेना के रक्षा उपकरणों की प्रदर्शनी की जाती है।

विदेशों में अंतरराष्ट्रीय प्रदर्शनियां

भारतीय रक्षा उद्योग के उत्पादों के निर्यात को बढ़ावा देने के उद्देश्य से डीईओ बड़े अंतरराष्ट्रीय रक्षा प्रदर्शनियों में, इंडिया पैवेलियन, का आयोजन करता है ताकि भारत में निर्मित रक्षा उत्पादों के लिए बाजार विकसित किया जा सके।

नेशनल इंस्टीट्यूट फॉर रिसर्च ऐंड डेवलपमेंट इन डिफेंस शिपबिल्डिंग

नेशनल इंस्टीट्यूट फॉर रिसर्च ऐंड डेवलपमेंट इन डिफेंस शिपबिल्डिंग (एनआइआरडीईएसएच) की स्थापना केरल के कोझीकोड में की गई है जिसका उद्देश्य रक्षा विभाग के लिए जलपोतों के निर्माण में आत्मनिर्भरता हासिल करना है। इस संस्थान को भारत के भावी जलपोत निर्माण कार्यक्रम के लिए उत्कृष्टता के केंद्र के रूप में देखा गया है। एनआइआरडीईएसएच के मुख्य कार्यों में अनुसंधान और विकास, जलपोतों का डिजाइन, प्रौद्योगिकी का विकास और प्रशिक्षण शामिल है।

अनुसंधान और विकास

रक्षा अनुसंधान और विकास संगठन (डीआरडीओ) रक्षा मंत्रालय की अनुसंधान एवं विकास शाखा है। इसका गठन 1958 में किया गया था। वैज्ञानिक समस्याओं पर रक्षा सेवा को सलाह और सहायता तथा रक्षा क्षेत्र में अनुसंधान हेतु 1948 में गठित रक्षा विज्ञान संगठन और तीनों सेनाओं के तकनीकी विकास स्थापना का विलय कर ही डीआरडीओ की स्थापना की गई। प्रशासनिक क्षमता में सुधार के लिए वर्ष 1980 में एक अलग रक्षा अनुसंधान और विकास विभाग का गठन किया गया। वर्ष 1958 में दस प्रयोगशालाओं के साथ काम शुरू करने वाले डीआरडीओ के पास आज 46 प्रयोगशालाएं हैं। ये प्रयोगशालाएं पूर्व में तेजपुर से पश्चिम में मुंबई तक और उत्तर में लेह से दक्षिण में कोच्चि तक फैली हैं। डीआरडीओ हथियारों, प्लेटफार्मों और निगरानी सेंसरों के वैज्ञानिक पक्ष का आकलन करता है और सलाह देता है। यह रक्षा सेनाओं के लिए उन्नत सेंसर, हथियार प्रणाली प्लेटफॉर्म तथा सहयोगी उपकरण के उत्पादन से जुड़ी प्रौद्योगिकी और अनुसंधान का विकास करता है।

हाल में इसके कार्यों में राष्ट्रीय साइबर सुरक्षा जोड़ दिया गया है, जिसमें जांच करने की क्षमता, सुरक्षा समाधान नेटवर्किंग पद्धतियां और साइबर सुरक्षा शामिल हैं। इस प्रक्रिया में डीआरडीओ ने राष्ट्रीय अवसंरचना, औद्योगिक सुरक्षा की बड़ी क्षमता और समर्पित एवं उन्नत मानव संसाधन का विकास सुनिश्चित किया है।

डीआरडीओ का प्रमुख रक्षा मंत्री का वैज्ञानिक सलाहकार होता है जो रक्षा अनुसंधान विकास विभाग का सचिव और अनुसंधान एवं विकास का महानिदेशक भी होता है। रक्षा और अनुसंधान विकास संगठन की 46 प्रयोगशालाओं द्वारा किए जा रहे अनुसंधान एवं विकास कार्यों के आधार पर इन्हें सात प्रौद्योगिक क्लस्टरों में बांटा गया है। ये क्लस्टर हैं– 'आर्मामेंट और कम्बैट इंजीनियरिंग पद्धतियां (एसीई)', 'एयरोनॉटिकल पद्धतियां मिसाइल्स एंड स्ट्रेटेजिक सिस्टम (एमएसएस)', 'नौसेना पद्धतियां और सामग्री (एनएसएंडएम)', 'इलेक्ट्रॉनिक्स और संचार पद्धतियां (ईसीएस)', 'माइक्रोइलेक्ट्रॉनिक डिवाइसेज और कंप्यूटेशनल पद्धतियां (एमईडी एंड सीओएस)' और 'जीवन विज्ञान (एलएस)'।

मानव संसाधन

उद्देश्यपूर्ण संस्था होने के नाते डीआरडीओ मानवशक्ति नियोजन की गतिशील प्रणाली का पालन करता है। प्रयोगशालाओं के कार्यभार और नई परियोजना शुरू करने के कारण तात्कालिक जरूरतों को ध्यान में रखते हुए प्रत्येक दूसरे वर्ष प्राधिकरण की समीक्षा की जाती है। गतिशील मानवशक्ति प्रबंधन पद्धति के द्वारा यह संगठन मानवशक्ति का बेहतर इस्तेमाल करता है। संगठन को ऊर्जावान बनाए रखने के लिए तथा सेवानिवृत्ति आदि से रिक्त स्थानों को भरने के लिए प्रयोगशालाओं की जरूरत के अनुसार हर वर्ष वैज्ञानिकों की भर्ती की जाती है। अपनी सभी भर्तियों और मूल्यांकन के लिए डीआरडीओ ऑनलाइन आवेदन पत्र प्राप्त करता है। डीआरडीओ में कर्मियों की कुल संख्या 25,966 है। इनमें से 7,574 रक्षा अनुसंधान तथा विकास सेवा (डीआरडीएस) में, 9,643 रक्षा अनुसंधान तकनीकी संवर्ग (डीआरटीसी) में तथा 8,775 प्रशासन एवं अन्य सहयोगी संवर्ग में है।

डीआरडीओ प्रशिक्षण संस्थानों के द्वारा अपने सभी संवर्गो के कार्मिकों का प्रशिक्षण सुनिश्चित करता है। ये प्रशिक्षण संस्थान हैं- डीआईएटी, पुणे (तकनीकी पाठ्यक्रमों के लिए), आईटीएम, मसूरी तकनीकी-प्रबंधकीय कार्यक्रमों के लिए) और रक्षा प्रयोगशाला, जोधपुर (तकनीकी, प्रशासनिक तथा संबद्ध संवर्ग के लिए)। प्रायोजित कार्यक्रम के तहत प्रत्येक वर्ष चुने हुए वैज्ञानिकों को भारतीय प्रौद्योगिकी संस्थान (आईआईटी), भारतीय विज्ञान संस्थान (आईआईएससी) और अन्य प्रतिष्ठित भारतीय विश्वविद्यालयों में एमई/एमटेक/पी.एचडी करने के लिए भेजा जाता है। डॉ. राजा रमन्ना कॉप्लेक्स, बंगलुरु में डीआरडीओ के वैज्ञानिकों हेतु लक्षित प्रशिक्षण केंद्र की स्थापना की गई है। सतत शिक्षा कार्यक्रम (सीईपी) भी डीआरडीओ के वार्षिक प्रशिक्षण का अंग है।

भूतपूर्व सैनिकों का पुनर्वास

भूतपूर्व सैनिक कल्याण विभाग देश में भूतपूर्व सैनिकों के कल्याण और पुनर्वास के लिए अनेक नीतियां और कार्यक्रम चलाता है। विभाग में पुनर्वास और पेंशन दो डिविजन हैं और इसके तीन संबद्ध कार्यालय हैं- केंद्रीय सैनिक बोर्ड (केएसबी), महानिदेशालय (पुनर्वास) सीओ और केंद्रीय संगठन भूतपूर्व सैनिक अनुदानित स्वास्थ्य योजना (डीजीआरईसीएचएस) है।

केंद्रीय सैनिक बोर्ड, सचिवालय

केंद्रीय सैनिक बोर्ड (केएसबी) सचिवालय भारत सरकार का एक शीर्ष निकाय है जो शहीदों की विधवाओं/युद्ध में विकलांग हुए सैनिकों, ईएसएम और उनके आश्रितों के कल्याण के लिए सरकार की नीतियों को कार्यान्वित करने के लिए जिम्मेदार है। इसके कार्य में 32 राज्य सैनिक बोर्ड और 392 जिला सैनिक बोर्ड सहायता करते हैं। सशस्त्र सेना झंडा दिवस निधि (एएफएफडीएफ) शहीदों की जरूरतमंद विधवाओं/विकलागों, ईएसम और उनके आश्रितों को वित्तिय सहायता प्रदान करने का प्रमुख स्रोत है।

पुनर्वास महानिदेशालय

पुनर्वास महानिदेशालय एक त्रि-सेना संगठन है जो पुनर्वास के विभिन्न पहलुओं पर ध्यान देता है और अफसरों, जेसीओ/ओआर तथा अन्य सेवाओं में उनके समकक्षों के साथ-साथ विधवाओं और आश्रितों को रोजगार, स्वरोजगार व प्रशिक्षण के बहुविध अवसर प्रदान करता है। प्रतिवर्ष लगभग 60,000 सशस्त्र सैन्यकर्मी सेवानिवृत हो जाते हैं अथवा सक्रिय सेवा से हट जाते हैं, उनमें से अधिकांश की आयु 35 से

45 वर्ष के बीच होती है और उन्हें अपने परिवार की देखभाल के लिए दूसरा रोज़गार चाहिए होता है। इन कर्मियों के रूप में देश के पास मूल्यवान, अनुशासित, सुप्रशिक्षित, प्रतिबद्ध एवं प्रतिभावान कार्मिक ताकत होती है।

ईसीएचएस के संबंध में एक हेल्पलाइन शुरू की गई है। किसी भी प्रकार की सहायता के लिए सदस्य 1800-114-115 नंबर डायल कर सकते हैं। यह हेल्पलाइन सोमवार से शुक्रवार सुबह 9 बजे से शाम 5 बजे तक चलती है।

प्रशिक्षण कार्यक्रम

पुनर्वास महानिदेशालय (डीजीआर) को सेवा निवृत्त होने जा रहे/सेवा निवृत्त हो चुके सैनिकों को दूसरी आजीविका के लिए तैयार करने का उत्तरदायित्व दिया गया है। भूतपूर्व सैनिक (ईएसएम) की समाज में उसके अनुरूप रोजगार उपलब्धता की दृष्टि से इन पाठ्यक्रमों का चयन किया गया है:

अधिकारी प्रशिक्षण: ईएसएम (अधिकारी) के प्रशिक्षण हेतु चलाए जाने वाले पाठ्य क्रमों में आईआईएम और अन्य प्रतिष्ठित बिजनेस स्कूलों में 24 सप्ताह का प्रबंधन पाठ्यक्रम, अन्य प्रतिष्ठित प्रबंधन संस्थानों में परियोजना वित्तपोषण, शैक्षणिक संस्थाएं, आपूर्ति श्रृंखला, रिटेल, मानव संसाधन, सुविधा, आयात एवं निर्यात, इवेंट सिक्स सिग्मा, जेट ट्रांजीशन एंड सीफरिंग इत्यादि। जैसे- मॉड्यूलर प्रबंधन कार्यक्रम। इसके अतिरिक्त सुरक्षा एजेंसी को स्व-रोजगार के रूप में अपनी आजीविका बनाने के इच्छुक अधिकारीयों के लिए 06 सप्ताह का कॉरपोरेट सिक्युरिटी एंड सेफ्टी पाठ्यक्रम भी पहले से ही उपलब्ध है। इन पाठ्यक्रमों की फीस का 60 प्रतिशत भुगतान डीजीआर द्वारा दिया जाता है। अधिकारियों की विधवाएं भी इन पाठ्यक्रमों के योग्य मानी गई हैं।

जेसीओ/ ओआर एवं समकक्ष प्रशिक्षण: जेसीओ/ ओआर एवं समकक्ष के लिए विभिन्न विधाओं में एक वर्ष तक की अवधि के प्रशिक्षण पाठ्यक्रम चलाए जाते हैं। ये इस प्रकार हैं : सुरक्षा, अग्नि एवं औद्योगिक सुरक्षा, 'ओ' स्तर की कंप्यूटर एवं आईटी, हॉस्पिटैलिटी, पर्यटन, कृषि उत्पाद आधारित, व्यापार प्रबंधन, मॉड्यूलर प्रबंधन, व्यावसायिक एवं प्रौद्योगिक, चिकित्सा एवं स्वास्थ्य देखरेख, पुस्तकालय एवं सूचना विज्ञान इत्यादि। यह पाठ्यक्रम प्रतिष्ठित मान्यताप्राप्त संस्थाओं में चलाए जाते हैं। इनमें लगने वाली शत-प्रतिशत फीस का भुगतान डीजीआर द्वारा किया जाता है। विधवाएं / जेसीओ / ओआर के एक आश्रित को भी डीजीआर द्वारा प्रायोजित पाठ्यक्रमों में शामिल ओने की अनुमति दी जाती है। भूतपूर्व सैनिक अब डीजीआर प्रायोजित उस नियमित पाठ्क्रम में भी भाग ले सकते हैं जो सेवानिवृत्त होने जा रहे कर्मचारी द्वारा पूरी तरह से आवेदित न हो। डीजीआर के नियमित पाठ्यक्रम में शामिल होने की अनुमति देने का एक उद्देश्य यह भी है कि जिन भूतपूर्व सैनिकों ने पहले यदि ऐसे किसी पाठ्यक्रम में भाग नहीं लिया हो, वे अब अपना कौशल सुधारने के लिए इन पाठ्यक्रमों में भाग ले सकते हैं। सभी रेजिमेंटल सेंटर्स पर प्रतिमाह ऐसे दो नियमित पाठ्यक्रम पेंशन प्रक्रिया में आने वाले सैनिकों के लिए चलाए जाने की योजना है।

ईएसएम प्रशिक्षण: इस योजना के अंतर्गत राज्य सैनिक बोर्डों को अपने-अपने राज्यों में भूतपूर्व सैनिकों के लिए व्यावसायिक पाठ्यक्रम चलाने के लिए कोष आवंटित किया जाता है। यह योजना मुख्यत: उन भूतपूर्व सैनिकों के लिए है जो सेवा निवृत्ति से पूर्व पुनर्वास के लिए ऐसी किसी सुविधा का लाभ नहीं उठा सके थे।

सरकारी नौकरियों में आरक्षण: केंद्र सरकार ने सीधी भर्ती से भरे जाने वाले पदों में भूतपूर्व सैनिकों के लिए निम्न प्रकार से आरक्षण की व्यवस्था की है : (अ) समूह 'ग' रिक्तियों में 10 प्रतिशत और समूह 'घ' पदों में 20 प्रतिशत। इसके अतिरिक्त हर श्रेणी में 4. 5 प्रतिशत आरक्षण दिव्यांग हो चुके जवानों और विधवाओं/आश्रितों के लिए आरक्षित होंगे। (आ) लोक उपक्रमों और राष्ट्रीयकृत बैंकों में समूह 'ग' पदों में 14. 5 प्रतिशत और समूह 'घ' पदों में 24. 5 प्रतिशत। (इ) अर्ध सैनिक बलों में सहायक सेनानी (कमांडेंट) पद के लिए 10 प्रतिशत और (ई) रक्षा सुरक्षा कोर में शत-प्रतिशत।

आरक्षण का क्रियान्वयन: भूतपूर्व सैनिकों के लिए आरक्षण नीति के क्रियान्वयन पर निगरानी रखने के लिए पुनर्वास महानिदेशालय को प्रमुख एजेंसी के रूप में नामित किया है। विभिन्न संगठनों से प्राप्त आंकड़ों के आधार पर 30 जून, 2015 तक की अवधि के लिए अर्द्ध-वार्षिक रिपोर्ट तैयार कर ली गई है।

कॉरपोरेट/ निजी क्षेत्र में रोजगार: भूतपूर्व सैनिकों के लिए कॉरपोरेट/निजी क्षेत्र में रोजगार की अच्छी-खासी संभावनाएं हैं। इस बारे में जागरूकता लाने और इन क्षेत्रों से अपने यहां भूतपूर्व सैनिकों को रोजगार देने के लिए अनुरोध करने हेतु डीजीआर ने अगस्त 2014 में एक नेशनल कॉरपोरेट कॉन्क्लेव का आयोजन किया था जिसमें कॉरपोरेट प्रमुखों के समक्ष भूतपूर्व सैनिकों की कार्यक्षमता का विवरण प्रस्तुत किया गया और रक्षा मंत्री ने उनसे अपने क्षेत्र भूतपूर्व सैनिकों के लिए भी खोलने का अनुरोध किया था। इस लक्ष्य की प्राप्ति हेतु डीजीआर ने भर्ती उद्योग महासंघ (सीआईआई) के साथ एक समझौता ज्ञापन पर हस्ताक्षर भी किए हैं।

स्व-रोजगार के लिए योजनाएं: कोयला ढुलान योजनाएं एवं टिपर संयोजन जुलाई 2014 में नया समझौता ज्ञापन और दिशानिर्देशों के साथ इस योजना को फिर से तैयार किया गया है। कंपनी के स्वामित्व वाले कंपनी द्वारा संचालित खुदरा (रिटेल) दुकानें : पेट्रोलियम एवं प्राकृतिक गैस मंत्रालय द्वारा जारी नीति निर्देशों के अनुरूप डीजीआर ने पूरे भारत में कंपनी के स्वामित्व वाले कंपनी द्वारा संचालित खुदरा (रिटेल) आउटलेट्स योजना (सीओसीओ) के अंतर्गत आईओसीएल, बीपीसीएल और एचपीसीएल के रिटेल आउटलेट्स के प्रबंधन के लिए अधिकारियों को प्रायोजित करना प्रारंभ किया है।

गोपालजी डेयरी एंड फ्रेश फार्मुस: इस योजना का उद्देश्य राष्ट्रीय राजधानी क्षेत्र में जेसीओ/ओआर को स्व-रोजगार उपलब्ध करवाना है।

राष्ट्रीय राजधानी क्षेत्र में भूतपूर्व सैनिकों द्वारा सीएनजी स्टेशनों का प्रबंधन: नोएडा, फरीदाबाद और गुरुग्राम को शामिल करने के लिए इस योजना का कार्यक्षेत्र पूरे राष्ट्रीय राजधानी क्षेत्र में विस्तारित कर दिया गया है।

सेना के अधिशेष 'वी' 'बी' श्रेणी वाहनों का आवंटन: भूतपूर्व सैनिक और सेवा अवधि के दौरान ही जिन सैनिकों का निधन हो गया, उनकी विधवाओं को सेना के अधिशेष 'वी' 'बी' श्रेणी वाहनों का आवंटन करने के योग्य माना गया है। वर्ष के दौरान 75 भूतपूर्व सैनिकों का डीजीआर में पंजीकरण किया गया है।

तेल उत्पाद एजेंसी योजना: पेट्रोलियम और प्राकृतिक गैस मंत्रालय/तेल कंपनियों द्वारा जारी नीति निर्देशों के अनुसार डीजीआर को 8 प्रतिशत रक्षा कोटा के अंतर्गत तेल उत्पाद एजेंसियों के लिए पात्रता प्रमाण-पत्र जारी करने का अधिकार दिया गया है।

भूतपूर्व सैनिक अंशदायी स्वास्थ्य योजना: भूतपूर्व सैनिक अंशदायी स्वास्थ्य योजना की शुरुआत पहली अप्रैल 2003 को हुई थी। अक्टूबर 2010 में इस विस्तार किया गया। ईसीएचएस योजना का लक्ष्य भूतपूर्व सैनिकों और उनके आश्रितों को अच्छी स्तरीय स्वास्थ्य सेवाएं उपलब्ध करना है जो उन्हें देशभर में ईसीएचएस पॉलीक्लिनिकों, सेना चिकित्सा सुविधाओं तथा नागरिक क्षेत्र के सूचीबद्ध (इम्पैनल्ड)/ शासकीय चिकित्सालयों के माध्यम से दी जाएंगी। यह योजना केंद्र सरकार स्वास्थ्य सेवा योजना (सीजीएचएस) की तरह ही है और इसका वित्तपोषण भारत सरकार द्वारा किया जाता है। इसके अंतर्गत वरिष्ठ सैन्यकर्मियों व उनके आश्रितों को इम्पैनल्ड चिकित्सालयों में कैशलेस उपचार की सुविधा सुनिश्चित करना है।

ईसीएचएस पॉलीक्लिनिकों को 'बहिरंग रोगी स्वास्थ्य सेवा' के रूप में इस प्रकार गठित किया गया है जिसमें परामर्श, आवश्यक परीक्षण और औषधि उपलब्धता का प्रावधान है। विशिष्ट परामर्श, परीक्षण और अंतरंग रोगी सेवा (चिकित्सा हेतु अस्पताल में भर्ती किया जाना) को सेना चिकित्सालयों, सभी सरकारी अस्पतालों के साथ ही ईसीएचएस के अंतर्गत इंपैनल्ड नागरिक चिकित्सा सुविधाओं में उपलब्ध अतिरिक्त क्षमताके अनुसार उपलब्ध कराया जाता है।

केंद्रीय संगठन: शीर्षस्थ स्तर पर केंद्रीय संगठन अर्थात ईसीएचएस नई दिल्ली में स्थित है जो रक्षा मंत्रालय के एकीकृत मुख्यालय में सेनाध्यक्षों की समिति (चीफ ऑफ स्टाफ कमेटी) के अधीन एडजुटेंट जनरल के माध्यम से कार्यरत है। केंद्रीय संगठन के अध्यक्ष सेवारत मेजर जनरल होते हैं। ईसीएचएस की कार्यकारी शक्तियां भूतपूर्व सैनिक कल्याण विभाग में निहित होती हैं।

क्षेत्रीय केंद्र: देशभर में कुल 28 क्षेत्रीय केंद्र हैं। ये केंद्र उनके अधीन किए गए ईसीएचएस पॉलीक्लिनिकों के कामकाज और गतिविधियों पर निगरानी रखते हैं और ईसीएचएस के साथ नागरिक अस्पतालों के इम्पैनल्मेंट के लिए आवश्यक कार्यवाही करते हैं।

पॉलीक्लीनिक्स: सरकार द्वारा स्वीकृत कुल 432 ईसीएचएस पॉलीक्लिनिकों में से 06 नेपाल में स्थित हैं। भारत में स्थित 426 पॉलीक्लीनिक्स में से 419 में कामकाज शुरू हो चुका है।

ईसीएचएस सदस्यता: 1 मई, 2015 तक कुल 15,21,563 भूतपूर्व सैनिकों ने 32,02,610 आश्रितों सहित स्वयं को इस योजना के अंतर्गत पंजीकृत कराया था। इस योजना में कुल लाभार्थियों की संख्या 47,24,173 है।

पॉलीक्लीनिक्स और इम्पैनल्ड चिकित्सा सुविधाएं: पिछले एक वर्ष के दौरान ईसीएचएस में 177 अतिरिक्त चिकित्सा सुविधाओं को शामिल किया गया है। अब ईसीएचएस लाभार्थियों को कैशलेस उपचार उपलब्ध करवाने के लिए योजना में 1145 नगरक अस्पतालों को इंपैनल किया गया है। तथापि, आपात स्थिति में सदस्यों को गैर-इम्पैनल्ड अस्पतालों में भुगतान करके चिकित्सा उपचार करवाने की अनुमति दी गई है। उनके चिकित्सा बिलों का भुगतान स्वीकृत सीजीएचएस दरों के आधार पर किया जाएगा।

ईसीएचएस टोल फ्री हेल्पलाइन: सभी ईसीएचएस सदस्यों को 1800-114-115 नंबर पर टोल फ्री हेल्पलाइन उपलब्ध करवाई गई है जहां से वे अपनी सदस्यता, उपचार और रोजगार के बारे में जानकारी प्राप्त कर सकेंगे। यह सुविधा सभी कार्यदिवसों पर सोमवार से शुक्रवार प्रातः 9 बजे से सायं 5 बजे तक उपलब्ध होगी।

ईसीएचएस वेबसाइट : ईसीएचएस से संबंधित सभी सूचनाएं, जिसमें इम्पैनल्ड सुविधाओं की सूची, सदस्यता के लिए आवेदन–पत्र और नवीनतम नीतियां इत्यादि www.echs.gov.in वेबसाइट पर उपलब्ध हैं।

रक्षा पेंशन

तकरीबन 30 लाख रक्षा पेंशनभोगियों/परिवार के पेंशनभोगियों को पूरे भारतवर्ष में फैले 20 सरकारी बैंकों, 4 निजी बैंकों– एचडीएफसी बैंक, आईसीआईसीआई बैंक, एक्सिस बैंक और आईडीबीआई बैंक, 640 कोषागारों, 64 रक्षा पेंशन वितरण कार्यालयों (डीपीडीओ), 2 डाकघरों, 5 वेतन एवं लेखा कार्यालयों (पीएओ) के माध्यम से वितरित की जाती है। नेपाल में रह रहे सशस्त्र बलों के पेंशभोगियों के लिए पेंशन का वितरण 3 पेंशन भुगतान कार्यालयों (पीपीओ) के माध्यम से किया जाता है।

10 शिक्षा

शिक्षा, मानव संसाधन विकास का सार है, जो देश के सामाजिक-आर्थिक ताने-बाने को संतुलित करने में महत्वपूर्ण और उपचारात्मक भूमिका निभाती है। भारत के नागरिक इसके सबसे मूल्यवान संसाधन हैं, ऐसे में एक अरब से अधिक जनसंख्या वाले मजबूत देश को अपने नागरिकों को बेहतर गुणवत्ता वाला जीवन देने के लिए मौलिक शिक्षा के रूप में विकास और देखभाल की आवश्यकता है। इसके लिए उनके समग्र विकास की आवश्यकता है, जोकि शिक्षा की मजबूत नींव के निर्माण से किया जा सकता है। अच्छी गुणवत्ता की शिक्षा नई खोजों, नए ज्ञान, नवाचार एवं उद्यमिता का आधार है जो व्यक्ति के साथ-साथ देश के विकास एवं समृद्धि की शुरुआत करती है। इसके लिए शिक्षा के पाठ्यक्रमों और अध्यापन कार्य को समाज एवं अर्थव्यवस्था के हिसाब से प्रासंगिक बनाने की आवश्यकता है। इसके अलावा समस्या के समाधान की गुणवत्ता एवं कलात्मक सोच, अभ्यास के जरिए सीखने और युवावस्था से ही आत्मविश्वास के साथ अपनी बात रखने की कला को बढ़ावा देने की आवश्यकता है।

मंत्रालय ने समाज के कमजोर वर्गों के छात्रों के शैक्षणिक विकास पर जोर देने के लिए कई नए कदम उठाए हैं जैसे: (1) अल्पसंख्यकों के लिए राष्ट्रीय निगरानी समिति का गठन, (2) अनुसूचित जाति, अनुसूचित जनजाति और दिव्यांगों के लिए राष्ट्रीय निगरानी समिति का गठन, (3) छात्रों के लिए राष्ट्रीय साधन सह-योग्यता छात्रवृत्ति योजना (एनएमएमएसएस) जैसी पहल, (4) माध्यमिक शिक्षा के लिए लड़कियों को प्रोत्साहन देने के वास्ते राष्ट्रीय योजना और (5) रैगिंग के विरुद्ध एक वेब पोर्टल विकसित करना। वर्तमान में मानव संसाधन विकास मंत्रालय दो विभागों- स्कूल शिक्षा विभाग तथा साक्षरता और उच्चतर शिक्षा विभाग के जरिए कार्य करता है।

मानव संसाधन विकास मंत्रालय ने अपनी चुनौतियों से निपटने के लिए एक नया दृष्टिकोण अपनाया है। यही दृष्टिकोण प्रमुख क्षेत्रों को निर्धारित करेगा और यह सुनिश्चित करेगा कि उचित मूल्य प्रणाली, संवेदनशीलता एवं जिम्मेदारी के साथ अपने लक्ष्य प्राप्त किए जाएं। विभिन्न नीतियों एवं मंत्रालय के कार्यक्रमों ने देश के सभी क्षेत्रों के बच्चों एवं लोगों के लिए गुणवत्तापूर्ण, किफायती एवं अर्थपूर्ण शिक्षा को सफलतापूर्वक सुगम बनाया है।

नि:शुल्क एवं अनिवार्य शिक्षा का बाल अधिकार और सर्वशिक्षा अभियान

आरटीई अधिनियम, 2009/एसएसए (सर्व शिक्षा अभियान) भारत के संविधान की धारा 21ए के फलस्वरूप नि:शुल्क एवं अनिवार्य शिक्षा बाल अधिकार (आरटीई) अधिनियम, देश में वर्ष 2010 में लागू हुआ। आरटीई अधिनियम 6 से 14 वर्ष की आयु के सभी बच्चों को किसी औपचारिक स्कूल में समानता के आधार पर प्राथमिक शिक्षा का अधिकार प्रदान करता है। इन स्कूलों को कुछ अनिवार्य

सिद्धांतों और मानकों का पालन करना होता है। सभी राज्यों और केंद्रशासित प्रदेशों ने अपने-अपने आरटीई नियमों की अधिसूचना जारी कर चुके हैं। केंद्र प्रायोजित सर्व शिक्षा अभियान (एसएसए); आरटीई अधिनियम को लागू करने में राज्यों और केंद्रशासित प्रदेशों के प्रयासों में सहयोग और समर्थन देता है। इसमें नये विद्यालयों की स्थापना, स्कूलों और अतिरिक्त कक्षाओं का निर्माण, शिक्षकों की व्यवस्था और शिक्षकों को सेवा-कालीन प्रशिक्षण तथा शैक्षिक संसाधन सहायता, नि:शुल्क पाठ्यपुस्तकें, यूनीफॉर्म, सीखने (अध्ययन) के स्तर में सुधार हेतु सहयोग, अनुसंधान, मूल्यांकन और निगरानी जैसे हस्तक्षेप (सहयोग) शामिल होते हैं।

कार्यक्रम हस्तक्षेप

I. सर्व सुलभता

प्राथमिक शिक्षा की सर्व सुलभता के लिए , सर्व शिक्षा अभियान कार्यक्रम 2001 से लागू किया गया है। इसने शिक्षा को निष्पक्ष और सर्वसुलभ बनाने में काफी प्रगति की है।

(i) नये स्कूल: सर्व शिक्षा अभियान के अंतर्गत पिछले वर्षों में सर्व सुलभता के लक्ष्य की प्राप्ति की दिशा में प्रगति निरंतर बनी हुई है। पिछले वर्षों में 2,04,740 प्राथमिक विद्यालयों को मंजूरी दी गई है, इसके साथ ही 3 किलोमीटर के दायरे में 1,59,415 उच्च प्राथमिक स्कूलों को मंजूरी दी जा चुकी है।

(ii) स्कूल न जाने वाले बच्चों को मुख्यधारा में लाने हेतु विशेष प्रशिक्षण: आरटीई अधिनियम में स्कूल नहीं जाने वाले बच्चों को उनकी आयु के अनुसार उपयुक्त कक्षाओं में प्रवेश देने के लिए विशेष प्रावधान किया गया है। जो बच्चे स्कूल नहीं जा सके हैं, उनमें से अधिकतर बच्चे वंचित (सुविधाहीन) समुदायों से आते हैं। इनमें अनुसूचित जाति, अनुसूचित जनजाति, मुस्लिम, प्रवासी, दिव्यांग, शहरी वंचित, कामकाजी, अन्य कठिन परिस्थितियों से आए बच्चे- यथा दुर्गम स्थानों में रहने वाले बच्चे, विस्थापित परिवारों के बच्चे और गृहयुद्ध प्रभावित क्षेत्रों के बच्चे, इत्यादि सम्मिलित हैं। विशेष प्रशिक्षण आवासीय अथवा गैर-आवासीय पाठ्यक्रम के तौर पर दिया जा सकता है। विद्यालय परिसरों में ही यह व्यवस्था की जाती है, परंतु यदि विद्यालय में इस तरह की वैकल्पिक सुविधाएं उपलब्ध नहीं है जो सुरक्षित और सुगम हों, प्रशिक्षण की व्यवस्था की जा सकती है।

(iii) आवासीय सुविधाएं: पर्वतीय अथवा बिखरे हुए तथा घने जंगलों वाले दुर्गम क्षेत्रों में स्कूली छात्रों के लिए आवासीय सुविधा प्रदान की जाती है। घनी आबादी वाले उन क्षेत्रों में जहां स्कूल खोलने के लिए जमीन आसानी से नहीं मिलती, वहां भी आवासीय सुविधा दी जाती है। एसएसए ने 90,855 छात्रों की क्षमता वाले 826 आवासीय संस्थाएं प्रदान की हैं।

(iv) परिवहन अथवा अनुरक्षण सुविधाएं: ये सुविधाएं उन बच्चों को प्रदान की जाती हैं जो दूर-दराज के क्षेत्रों में बिखरी हुई बस्तियों में रहते हैं, या उन शहरी क्षेत्रों में जहां जमीन का मिलना एक समस्या है, या उन बच्चों को दी जाती है जो अत्यंत वंचित वर्ग के हैं अथवा विशेष आवश्यकता वाले (दिव्यांग) हैं। इन बच्चों को परिवहन अथवा साथ लाने ले जाने के लिए अनुरक्षक की सेवाएं दी जाती हैं।

(v) यूनीफॉर्म (वर्दी/पोशाक): आरटीई (शिक्षा का अधिकार) अधिनियम सरकारी स्कूलों में सभी बच्चों को नि:शुल्क शिक्षा का अधिकार देता है। सर्व शिक्षा अभियान के तहत सभी बालिकाओं और अनुसूचित जाति, अनुसूचित जनजाति, गरीबी रेखा से नीचे के बच्चों को स्कूली वर्दी के दो-दो सेट दिए

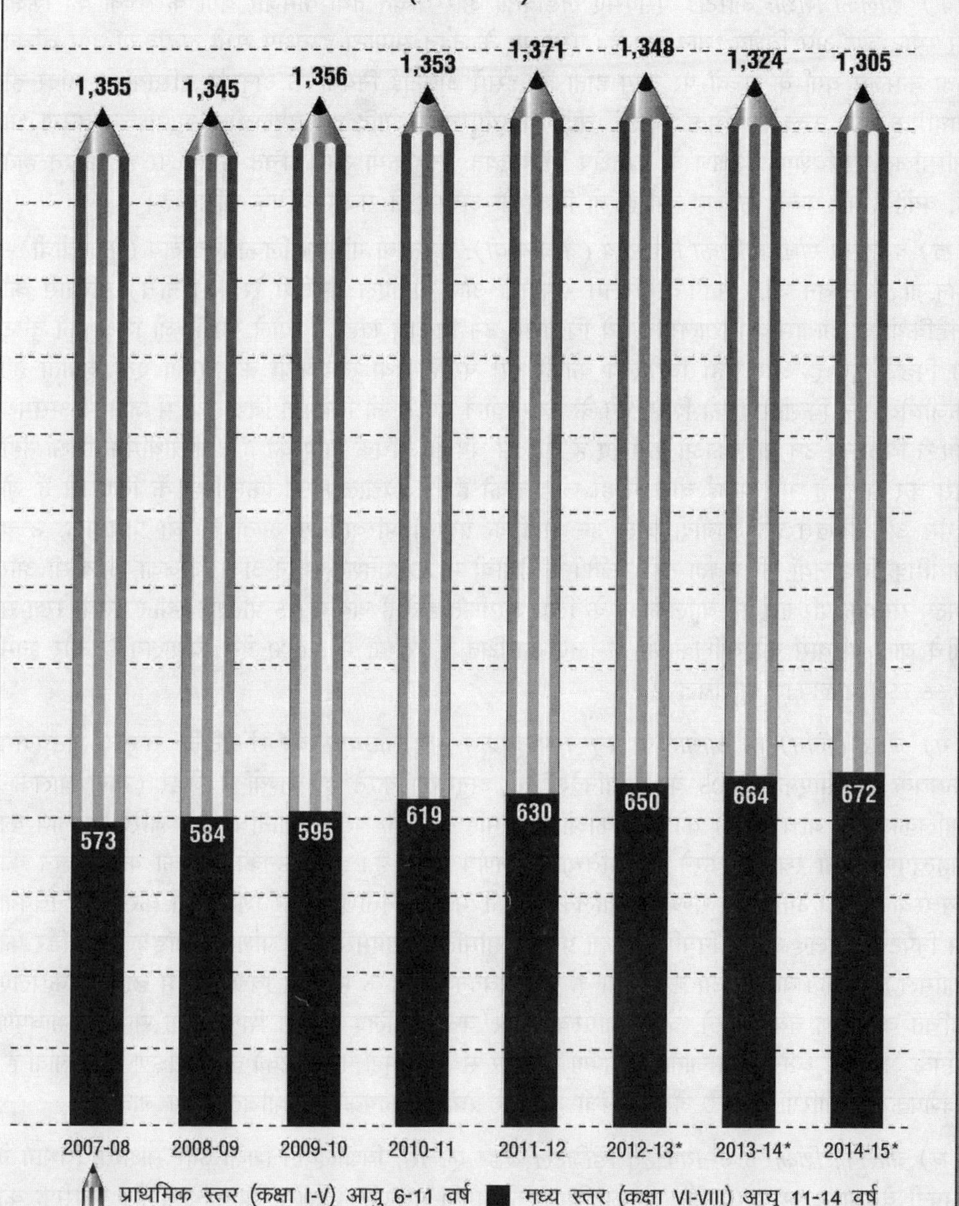

भारत में प्रारम्भिक शिक्षा
दाखिलों में बढोत्तरी
(लाख में)
1,355
1,345
1,356
1,353
1,371
1,348
1,324
1,305
573
584
595
619
630
650
664
672
2007-08
2008-09
2009-10
2010-11
2011-12
2012-13*
2013-14*
2014-15*
प्राथमिक स्तर (कक्षा I-V) आयु 6-11 वर्ष
मध्य स्तर (कक्षा VI-VIII) आयु 11-14 वर्ष
KBK
*अनंतिम

जाते हैं। वर्दी देने का यह प्रावधान उस स्थिति में लागू होता है जहां:- (i) राज्य सरकारों ने अपने-अपने आरटीई कानूनों में यह प्रावधान किया है कि स्कूली वर्दी बच्चों का अधिकार है, (ii) राज्य सरकारें अपने बजट से पहले से ही वर्दी नहीं दे रही होती हैं।

II. प्राथमिक शिक्षा में लड़कों-लड़कियों की संख्या में अंतर को दूर करना

(क) बालिका शिक्षा: आरटीई-एसएसए लड़कियों और वंचित तथा कमजोर वर्गों के बच्चों की शिक्षा पर स्पष्ट जोर और विशेष ध्यान देता है। एसएसए के तहत सामान्य हस्तक्षेप सभी लड़कियों और वंचित तथा कमजोर वर्गों के बच्चों पर लागू होता है। इसमें आरटीई नियमों के अनुसार बस्तियों के अंदर ही प्राथमिक और उच्च-प्राथमिक स्कूलों, वर्दी, पाठ्यपुस्तकों आदि की उपलब्धता सुनिश्चित करना भी सम्मिलित है। विशेष प्रशिक्षण के हस्तक्षेप भी मुख्यत: लड़कियों और वंचित समूहों पर ही केंद्रित होते हैं, क्योंकि यह बच्चों का वह वर्ग है जो शिक्षा के अवसर से सबसे अधिक वंचित है।

(ख) कस्तूरबा गांधी बालिका विद्यालय (केजीबीवी): कस्तूरबा गांधी बालिका विद्यालय (केजीबीवी)-अनु.जा., अनु.जन जा., अ.पि.व/मुस्लिम समुदायों और बीपीएल (गरीबी रेखा से नीचे) परिवारों की लड़कियों के आवासीय विद्यालय हैं। ये विद्यालय उन विकास खंडों में खोले गए हैं जो शिक्षा की दृष्टि से पिछड़े हुए हैं और जहां विद्यालय काफी दूरी पर हैं तथा लड़कियों की सुरक्षा एक चुनौती है। केजीबीवी उन किशोरियों को शिक्षा देने के लिए खोले गए हैं जो नियमित विद्यालयों में जाने में असमर्थ हैं। ये विद्यालय उन बालिकाओं के लिए हैं जो दस वर्ष से अधिक आयु की हैं तथा प्राथमिक शिक्षा नहीं पूरी कर सकी हैं और पढ़ाई बीच में ही छोड़ चुकी हैं। ये विद्यालय उन किशोरियों के लिए भी हैं जो दुर्गम और बिखरी हुई आबादी वाले उन क्षेत्रों के प्रवासी परिवारों से आती हैं, जो प्राथमिक, उच्च प्राथमिक विद्यालयों की पात्रता नहीं रखते। केजीबीवी में 75 प्रतिशत स्थान अजा, अजजा, ओबीसी और अल्प संख्यक परिवारों की बालिकाओं के लिए आरक्षित होते हैं जबकि 25 प्रतिशत स्थान गरीबी रेखा से नीचे वाले परिवारों की बालिकाओं के लिए आरक्षित हैं। राज्यों में 3,600 ऐसे विद्यालय हैं और इनमें 3,66,756 बालिकाएं सूचीबद्ध हैं।

(ग) जेंडर (लिंग) के आधार पर स्कूल पाठ्यक्रम और पाठ्यपुस्तकों से हटाना: राष्ट्रीय पाठयक्रम फ्रेमवर्क (एनसीएफ) 2005 के दिशानिर्देशों का अनुसरण करते हुए राज्यों ने जेंडर (यानी बालक-बालिकाओं के बीच अंतर) को बालिकाओं और महिलाओं के बढ़ते प्रतिनिधित्व के जरिए बदलाव का महत्वपूर्ण नमूना स्थापित करने का सुविचारित निर्णय लिया है। इसमें उनकी भूमिका को बदलने की व्यवस्था भी है। अधिकतर राज्यों ने बालिकाओं की भर्ती, अनुत्तीर्णता और शिक्षा पूरी करने जैसे विषयों से निपटने के लिए अपनी नियमित शाला प्रबंधन समिति (एसएमसी) के प्रशिक्षण मॉड्यूल में जेंडर को शामिल किया है। बालिकाओं की शिक्षा के प्रति संवेदनशीलता के मद्देनजर विद्यालयों में छात्राओं के लिए उचित वातावरण तैयार करने, जेंडर जागरुकता पर चर्चा के लिए महिला शिक्षकों के साथ सद्भावपूर्ण संपर्क आदि पर ध्यान दिया जाता है। राज्यों में जेंडर संबंधित मुद्दों पर शिक्षकों को प्रशिक्षण दिया जाता है, विशेषकर किशोरियों से जुड़े जेंडर संबंधी मुद्दों पर प्रबोधन कार्यक्रम आयोजित किया जाता है।

(घ) बालिका शिक्षा के उन्नयन हेतु डिजिटल जेंडर एटलस: विद्यालयीन शिक्षा और साक्षरता विभाग ने अपनी वेबसाइट पर भारत में बालिका शिक्षा की प्रगति पर एक एटलस तैयार किया है। यूनीसेफ की सहायता से निर्मित यह साधन क्षेत्रों की पहचान में मदद करेगा जहां पर अनु.जा., अनु.जन जा. और

मुस्लिम समुदायों जैसे वंचित वर्गों की बालिकाओं की शिक्षा की स्थिति कमजोर है। शैक्षिक हस्तक्षेप की योजना बनाने और उसे लागू करने की दृष्टि से जेंडर एटलस का उद्देश्य विकलांगता पर ध्यान केंद्रित करते हुए समान शिक्षा को सुनिश्चित और चिह्नित करने में मदद करना है।

(च) बालिकाओं के लिए अलग शौचालय: सर्वशिक्षा अभियान के तहत् राज्य, स्कूल/गांव/ब्लॉक और जिला स्तर पर आवश्यकता के आधार पर स्कूलों की बुनियादी सुविधाओं के बारे में योजना बनाते हैं। इन सुविधाओं में शौचालय और पेयजल भी शामिल है। सर्वशिक्षा अभियान के अंतर्गत स्वीकृत सभी नए स्कूलों में बालिकाओं और बालकों के लिए शौचालय की सुविधा है।

III. समावेशी शिक्षा

(क) अनु. जाति/अनु. जनजाति और मुसलमान: प्राथमिक स्कूलों में अनु. जाति के बच्चों का पंजीकरण 2015-16 में बढ़कर 19.8 प्रतिशत हो गया जो 2010-11 में 19.06 प्रतिशत था। यह (2011 की जनगणना के अनुसार) देश की इनकी कुल आबादी 16.60 प्रतिशत से अधिक है। प्राथमिक स्तर पर अनु. जनजाति के बच्चों के पंजीकरण में 2010-11 के मुकाबले 2015-16 में मामूली गिरावट आई और यह 10.70 प्रतिशत से घटकर 10.35 प्रतिशत पर आ गया। यह (2011 की जनगणना के अनुसार), देश की कुल आबादी में इनकी 8.60 प्रतिशत संख्या से अधिक है। मुसलमानों का पंजीकरण 2010-11 के 12.50 प्रतिशत से बढ़कर 2015-16 में 13.8 प्रतिशत हो गया। यह इनकी 14.2 प्रतिशत आबादी (2011 की जनगणना के अनुसार) से थोड़ा कम है।

(ख) दिव्यांग बच्चे: आरटीई-एसएसए यह सुनिश्चित करने का प्रयास करता है कि हर दिव्यांग बच्चे को चाहे वह किसी भी प्रकार से और कितना भी अशक्त क्यों न हो उसे उपयोगी और गुणवत्तापूर्ण शिक्षा मिले। ऐसे बच्चों के लिए एसएसए हस्तक्षेप के मुख्य घटकों में शामिल हैं- शिनाख्त, क्रियाशीलता तथा औपचारिक आकलन; पर्याप्त शैक्षिक नियोजन, वैयक्तिक शिक्षा योजना की तैयारी; सहायक तथा उपकरणों का प्रावधान; शिक्षक प्रशिक्षण; संसाधन समर्थन; पुरातत्वीय बाधाओं को हटाना; निगरानी तथा मूल्यांकन और विकलांग बालिकाओं पर विशेष ध्यान देना।

(ग) बच्चों के लिए पाठ्यपुस्तकें: सभी बच्चों को आठवीं कक्षा तक निःशुल्क पाठ्यपुस्तकें उपलब्ध कराई जाती हैं। 2016-17 में 8.38 करोड़ बच्चों को पाठ्यपुस्तकें उपलब्ध कराने का प्रावधान किया गया। गतिविधि आधारित कक्षा प्रक्रियाओं की सुविधा और सीखने की प्रक्रियाओं के संपूरण के लिए कई राज्यों द्वारा वर्कबुक और वर्कशीट उपलब्ध कराई जा रही हैं।

IV. सर्वशिक्षा अभियान के तहत् उप-कार्यक्रम

(क) पढ़े भारत, बढ़े भारत: सर्व शिक्षा अभियान के इस उपकार्यक्रम का उद्देश्य पहली और दूसरी कक्षा में समझ के साथ पढ़ाई, लिखाई और गणित पर जोर देते हुए बुनियादी शिक्षा पर ध्यान केंद्रित करना है। राज्य और केंद्रशासित प्रदेश विशिष्ट हस्तक्षेप लागू कर रहे हैं। तमिलनाडु में एबीएल, कनार्टक में नल्ली काली और गुजरात में प्रज्ञा के तहत् पहली और दूसरी कक्षा के विद्यार्थियों को पढ़ाने वाले शिक्षकों के लिए विशिष्ट शिक्षक प्रशिक्षण का मॉड्यूल विकसित करने के कदम उठाए गए हैं। पंजाब, मेघालय और दिल्ली ने पहली तथा दूसरी कक्षा में गणित की पढ़ाई को और बेहतर करने का कार्यक्रम शुरू किया है। सिक्किम में समुदाय के सदस्यों की मदद से प्राथमिक कक्षाओं के बच्चों के लिए पाठ्य केंद्र बनाए गए हैं।

(ख) सर्वशिक्षा अभियान के अंतर्गत राष्ट्रीय आविष्कार अभियान का उद्देश्य 6 से 18 वर्ष की आयु के बच्चों को विज्ञान, गणित तथा प्रौद्योगिकी की ओर आकर्षित व प्रेरित करना है। ऐसा, कक्षा के अंदर और बाहर अवलोकन प्रयोग, चित्रकला तथा मॉडल निर्माण जैसी गतिविधियों के माध्यम से किया जाता है। आईआईटी, आईआईएसईआर और एनआईटी जैसी उच्च शिक्षा संस्थानों ने परामर्श के लिए स्कूलों को गोद लिया है। कुछ राज्यों में विद्यार्थियों के ज्ञानवर्द्धन के लिए उन्हें कारखानों और अनुसंधान केंद्रों में ले जाया जाता है।

(ग) सर्वशिक्षा अभियान के तहत् एक अन्य उप-कार्यक्रम विद्यांजलि है। इसका उद्देश्य सर्वशिक्षा अभियान के तत्वाधान में देशभर के सरकारी प्राथमिक विद्यालयों में समुदाय और निजी क्षेत्र की भागीदारी बढ़ाना है। इसके अलावा स्वयंसेवियों की सेवाओं के जरिए सरकारी विद्यालयों में सह-शैक्षिक गतिविधियों को प्रभावी तरीके से लागू करना है।

(घ) सर्वशिक्षा अभियान के क्रियान्वयन की निगरानी की पहल शगुन पोर्टल: मानव संसाधन विकास मंत्रालय ने 'शगुन' नाम का एक वेब पोर्टल विकसित किया है। 'शगुन' शाला और गुणवत्ता शब्दों से निकला है।

V. शिक्षक प्रशिक्षण

(क) शिक्षकों की उपलब्धता: प्राथमिक विद्यालयों में शिक्षकों की कमी को पूरा करने के लिए सर्वशिक्षा अभियान के तहत् 2016-17 तक 19.49 लाख अतिरिक्त पदों की मंजूरी दी गई है। शिक्षा का अधिकार के तहत् यह अनिवार्य है कि शिक्षक पद पर केवल उन्हीं की नियुक्ति की जा सकती है जिन्होंने शिक्षक पात्रता परीक्षा-टीईटी पास की हो। सीबीएसई ऐसी 11 परीक्षाएं आयोजित कर चुका है। एसएसए के तहत् 2.34 लाख अंशकालिक प्रशिक्षकों की नियुक्ति को मंजूरी दी गई है।

(ख) सेवाकाल में शिक्षक प्रशिक्षण: शिक्षकों के कौशल उन्नयन के लिए उनके सेवाकाल में एसएसए सभी शिक्षकों को वर्ष में 20 दिन का प्रशिक्षण देता है। एनसीटीई मान्यताप्राप्त प्रशिक्षण के लिए नियुक्त किए जा चुके प्रत्येक अप्रशिक्षित शिक्षक को दो वर्ष तक सालाना 6,000 रुपये की सहयता दी जाती है। इसके अलावा नई भर्ती वाले प्रशिक्षित शिक्षकों को एक महीने का प्रवेश प्रशिक्षण दिया जाता है। सभी प्रशिक्षण कार्यक्रमों में स्कूलों में अध्ययन प्रक्रिया और कक्षाओं में विद्या प्राप्ति के तरीकों में सुधार के लिए विषयवस्तु तथा तौर-तरीकों सहित, अध्यापन संबंधी सभी मुद्दों पर जोर दिया जाता है। इनमें से कुछ प्रमुख इस प्रकार हैं- एनसीएफ 2005 के दिशानिदेशक सिद्धांत, सीसीई, बच्चे कैसे सीखते हैं, विषय-विशिष्ट सामग्री अथवा अध्ययन संबंधी मुश्किलें, गतिविधि उन्मुख विधियां, टीएलएम का इस्तेमाल अथवा अध्ययन किट। राज्य, चार क्षेत्रीय कार्यशालाओं के माध्यम से प्रशिक्षण कार्यक्रम में सुधार के प्रति प्रयासरत हैं।

(ग) मुख्याध्यापकों का प्रशिक्षण: शिक्षकों के प्रबंधकीय कौशल के लिए स्कूलों के मुख्याध्यापकों को शिक्षण प्रबंधन, वित्तीय प्रबंधन और मानव संसाधन प्रबंधन में 10 दिनों का प्रशिक्षण दिया जाता है।

(घ) शिक्षकों के लिए सुदूर शिक्षा कार्यक्रम: कार्मिकों और संस्थानों के क्षमता निर्माण के लिए राष्ट्रीय, राज्य, जिला और उप-जिला स्तर पर इग्नू तथा विभिन्न राज्यों में अन्य शिक्षक शिक्षा संस्थानों की सहायता की सुविधा उपलब्ध कराई जाती है। सुदूर शिक्षा कार्यक्रम के तहत् अप्रशिक्षित शिक्षकों को

प्रशिक्षण के लिए सुदूर शिक्षा सामग्री की डिजाइनिंग, विकास, उत्पादन तथा आपूर्ति में सहायता प्रदान की जाती है। इस तरह राज्यों में पेशेवर रूप से अप्रशिक्षित शिक्षकों के प्रशिक्षण की सुविधा उपलब्ध कराई जाती है।

VI. शिक्षण सहायता प्रणाली

(क) शैक्षिक सहायता ढांचा: शिक्षकों को विकेंद्रीकृत शैक्षिक सहायता देने, उनके प्रशिक्षण तथा निरीक्षण के लिए प्रत्येक ब्लॉक और क्लस्टर में संसाधन केंद्र बनाए गए हैं। देशभर में 6,759 ब्लॉक संसाधन केंद्र और 76,064 क्लस्टर संसाधन केंद्र बनाए गए हैं।

(ख) स्कूल और शिक्षक अनुदान: एसएसए, प्रासंगिक शिक्षण सहायता के लिए सभी शिक्षकों को 500 रुपये का अनुदान देता है। डाइट और बीआरसी, विषय संबंधी कम कीमत की शिक्षण सहायक सामग्री विकसित करने के लिए कार्यशालाएं और प्रशिक्षण कार्यक्रम आयोजित करते हैं। स्कूलों में उपयोग की जाने वाली वस्तुओं पर खर्च के लिए प्रतिवर्ष प्रत्येक प्राथमिक विद्यालय को 5,000 और अन्य को 7,000 रुपये दिए जाते हैं। इसके अलावा हरेक स्कूल को 7,500 रुपये रखरखाव के लिए दिए जाते हैं। प्रत्येक नए प्राथमिक विद्यालय को 'टीचिंग, लर्निंग इक्विपमेंट' अनुदान के रूप में एकमुश्त 20,000 रुपये और इससे उच्च स्तर के विद्यालयों को 50,000 रुपये दिए जाते हैं।

(ग) कंप्यूटर की सहायता से पढ़ाई: एसएएस के तहत् स्कूलों में कंप्यूटर की मदद से पढ़ाई के लिए प्रत्येक जिले को 50 लाख रुपये का अनुदान दिया जाता है। यह स्कूलों को कंप्यूटर उपकरणों अथवा प्रयोगशालाओं, पाठ्यक्रम आधारित ई-लर्निंग सामग्री के स्थानीय भाषा में विकास और कंप्यूटर में शिक्षकों के प्रशिक्षण के लिए होता है। यह कार्यक्रम शुरू होने के बाद लगभग 1,06,753 स्कूल इससे लाभान्वित हुए हैं।

(घ) प्रवीणता वृद्धि कार्यक्रम: इस कार्यक्रम के तहत् प्रत्येक जिले के लिए एसएसए के कुल व्यय का दो प्रतिशत उपलब्ध कराया जाता है। इस कार्यक्रम का उद्देश्य अध्ययन प्रक्रियाओं की गुणवत्ता में सुधार कर अच्छे नतीजे हासिल करना है।

(ङ) विद्यार्थियों के अध्ययन के नतीजों में सुधार: एसएसए के विभिन्न गुणवत्ता हस्तक्षेपों का असर बच्चों के सीखने के स्तर में वृद्धि को दर्शाता है। एनसीईआरटी ने कक्षा 3, 5 और 8 में पढ़ने वाले सभी बच्चों के निष्पादन स्तर को मापने का एक कार्यक्रम शुरू किया है। एसएसए का प्रमुख घटक विद्यार्थियों के अध्ययन के नतीजों में सुधार करना है।

VII. बुनियादी ढांचा

आरटीई-एसएसए, नागरिक कार्यों के क्रियान्वयन में राज्यों के प्रति काफी लचीला है। केंद्र न तो डिजाइन और न ही इकाई की लागत का निर्धारण करता है। राज्यों को स्थानीय स्थितियों के आधार पर भवन का डिजाइन तैयार करने और राज्य सरकारों द्वारा अधिसूचित दरों की सूची के आधार पर लागत अनुमान लगाने की छूट है। हालांकि स्कूलों के आधारभूत ढांचे के प्रावधान केवल राज्य की गतिविधि नहीं है। स्कूल के आधारभूत ढांचे की गुणवत्ता और डिजाइन की, स्कूली बच्चों के पंजीकरण, हाज़िरी तथा उनके पढ़ाई जारी रखने में महत्वपूर्ण भूमिका है। एसएसए के तहत किए जाने वाले नागरिक कार्य आरटीए के प्रावधान के अनुसार हर मौसम के अनुकूल भवन उपलब्ध कराते हैं। आरटीई- एसएसए के तहत्

स्थानीय समुदाय में स्वामित्व की भावना पैदा करने के लिए सभी नागरिक कार्य संबंधी गतिविधियों में उन्हें भागीदारी के लिए प्रोत्साहित किया जाता है।

आरटीई– एसएसए, पुराने भवनों की मरम्मत में भी मदद करता है। भवनरहित, जीर्ण–शीर्ण और नवीकृत स्कूली भवनों को जोखिम रहित बनाने का भी प्रावधान किया गया है।

स्कूल प्रबंधन समितियां और सामुदायिक भागीदारी: एसएसए ने सरकारी स्कूलों के प्रभावी संचालन के लिए समुदाय के स्वामित्व के महत्व को हमेशा स्वीकार किया है। नियमों के अनुसार स्कूलों के लिए प्रबंधन समितियां बनाना अनिवार्य कर दिया गया है। इनके सदस्य संबंधित स्कूलों के बच्चों के माता–पिता/अभिभावक होते हैं।

IX. निगरानी संस्थान

राज्यों और केंद्रशासित प्रदेशों में एसएसए के कार्यान्वयन की सावधिक निगरानी का काम विश्वविद्यालय, शिक्षा विभाग, तथा सामाजिक–विज्ञान और राष्ट्रीय महत्व के संस्थानों को सौंपा गया है। बड़े राज्यों में निगरानी का काम एक से अधिक संस्थानों को सौंपा गया है। इन निगरानी संस्थानों को क्षेत्र का दौरा कर हर छह महीने में जमीनी स्तर पर एसएसए की प्रगति के बारे में रिपोर्ट देने का काम दिया गया है। हर दो साल बाद यह चक्र दोहराया जाता है। एसएएस कार्यक्रम के तहत् आवश्यकता के अनुरूप निगरानी संस्थानों की रेफरेंस शर्तों में बदलाव किया जाता है।

X. आरटीई कानून की धारा 12 (1) (ग) के तहत् प्रवेश

इसके तहत् गैर–सहायता प्राप्त सभी निजी और विशेष श्रेणी के स्कूलों में आर्थिक रूप से पिछड़े वर्गों के लिए कम से कम 25 प्रतिशत सीटें आरक्षित करना अनिवार्य किया गया है। एसएसए के तहत् भारत सरकार निजी और गैर–सहायता प्राप्त स्कूलों मे 25 प्रतिशत प्रवेश पर किया गया व्यय राज्यों को वापस देगी। यह राज्य सरकार द्वारा अधिसूचित प्रति बच्चा लागत नियमों पर आधारित होगा और एसएसए वार्षिक कार्ययोजना और बजट राशि का अधिकतम 20 प्रतिशत तक होगा।

राष्ट्रीय माध्यमिक शिक्षा अभियान

राष्ट्रीय माध्यमिक शिक्षा अभियान (आरएमएसए) योजना 2009 में शुरू की गई थी। इसका, उद्देश्य और अधिक बच्चों को माध्यमिक शिक्षा उपलब्ध कराना तथा उसकी गुणवत्ता सुधारना है। इसमें बस्तियों में उचित दूरी पर माध्यमिक विद्यालय की स्थापना का प्रावधान किया गया है। इसका एक उद्देश्य यह भी है कि 2002 तक सकल भर्ती अनुपात (जीईआर) शत–प्रतिशत हो जाए और सभी स्कूली बच्चे पढ़ाई जारी रखें। इसके अलावा सभी स्कूलों द्वारा निर्धारित मानकों का अनुपालन सुनिश्चित कराना, छात्राओं के साथ भेदभाव खत्म करना, सामाजिक–आर्थिक और दिव्यांगता संबंधी बाधाएं समाप्त कर माध्यमिक स्तर पर दी जा रही शिक्षा की गुणवत्ता में सुधार लाना है। शिक्षा की गुणवत्ता में सुधार के लिए आरएमएसए के तहत् की गई कुछ पहल इस प्रकार हैं:

(i) शाला सिद्धि: 2015 में स्कूल मानक तथा मूल्यांकन तंत्र और इसका वैब पोर्टल शुरू किया गया। स्कूलों में सुधार के लिए उनके मूल्यांकन के वास्ते यह एक व्यापक माध्यम है। राष्ट्रीय शिक्षा नियोजन और प्रशासन विश्वविद्यालय द्वारा विकसित इस कार्यक्रम का उद्देश्य स्कूलों को अपने कार्य निष्पादन के अधिक दक्ष और संकेंद्रित तरीके से मूल्यांकन में सक्षम बनाना है। इससे उन्हें सुधार के लिए पेशेवर परख

में सहायता मिलती है। इस कार्यक्रम का उद्देश्य प्रमुख निष्पादन क्षेत्रों और उनके मानकों पर ध्यान केंद्रित करते हुए प्रत्येक स्कूल के लिए सहमति वाले मानक स्थापित करना है।

(ii) शाला दर्पण: सभी 1,099 केंद्रीय विद्यालयों के लिए शाला दर्पण परियोजना 2015 में शुरू की गई थी। इसका उद्देश्य विद्यार्थियों, अभिभावकों तथा समुदायों के लिए स्कूल प्रबंधन प्रणाली पर आधारित सुविधाएं उपलब्ध कराना है। स्कूल सूचना सेवाओं के तहत् ये सुविधाएं उपलब्ध कराई जाएंगी- स्कूल प्रोफाइल प्रबंधन, विद्यार्थी प्रोफाइल प्रबंधन, नियोक्ता की जानकारी, विद्यार्थियों की उपस्थिति, अवकाश प्रबंध, रिपोर्ट कार्ड, पाठ्यक्रम पता लगाने का तरीका, विद्यार्थियों/प्रशासन के लिए विद्यार्थियों तथा शिक्षकों की उपस्थिति के बारे में एसएमएस अलर्ट।

(iii) जीआईएस मैपिंग: किसी भी बस्ती की उचित दूरी के भीतर उच्चतर और अन्य स्कूलों की बिना किसी भेदभाव के उपलब्धता सुनिश्चित करने के लिए यूडीआईएसई में उपलब्ध स्कूल की जानकारी के साथ उसके जियोग्राफिक को-ओर्डिनेट्स को जीआईएस वैब समर्थित प्लेटफॉर्म http://schoolgis.nic.in पर अपलोड किया गया है। जम्मू-कश्मीर को छोड़कर सभी राज्यों ने एनआईसी के साथ स्कूलों की शेयर्ड जियोग्राफिक को-ओर्डिनेट्स और जीआईएस मैपिंग की है। इस मैपिंग को यूडीआईएसई डाटा बेस से लिंक किया गया है ताकि यह सुनिश्चित किया जा सके कि प्रत्येक स्कूल की मैपिंग की गई है और यह यूडीआईएसई जानकारी पर आधारित विस्तृत स्कूल रिपोर्ट के अनुरूप है।

(iv) कक्षा दस के लिए राष्ट्रीय निष्पादन सर्वेक्षण: मानव संसाधन विकास मंत्रालय ने पहली बार कक्षा दस के लिए राष्ट्रीय निष्पादन सर्वेक्षण किया। इसमें पांच विषयों- अंग्रेजी, गणित, सामाजिक विज्ञान, विज्ञान और आधुनिक भारतीय भाषा में विद्यार्थियों के निष्पादन का परीक्षण किया जाता है। यह परीक्षण 33 राज्यों और केंद्रशासित प्रदेशों में किया गया है। इसमें नमूना डिजाइन की वैज्ञानिक तथा मजबूत प्रक्रिया, परीक्षण विकास और अनुवाद में तकनीकी प्रक्रियाओं का कड़ाई से पालन किया जाता है।

बच्चों की उपलब्धि विभिन्न पृष्ठभूमि कारकों पर निर्भर है। सर्वेक्षण में इस बारे में विस्तृत जानकारी एकत्र की जाती है। नीति-निर्माता, पाठ्यक्रम तैयार करने वाले और अन्य संबद्ध पक्षों को, निष्पादन स्कोर तथा पृष्ठभूमि के गहराई से विशलेषण से अंतर्दृष्टि प्राप्त होती है।

(v) कला उत्सव: मानव संसाधन विकास मंत्रालय की कला उत्सव पहल का उद्देश्य शिक्षा में कला (संगीत, थियेटर, नृत्य, दृश्य कला तथा शिल्प) को बढ़ावा देना है। उच्चतर शिक्षा के स्तर पर स्कूली विद्यार्थियों की कलात्मक प्रतिभा को पोषण और प्रदर्शन से ऐसा किया जाता है। यह, कलाओं को समग्र रूप में महत्व देने का एक मंच भी है।

(vi) विज्ञान तथा गणित पर संकेंद्रण: 2015 में राष्ट्रीय आविष्कार अभियान शुरू किया गया। इसके तहत् विज्ञान और गणित के 1.04 लाख शिक्षकों को प्रशिक्षण दिया गया, इन विषयों के किट दिए गए विद्यार्थियों के लिए विज्ञान केंद्रों तथा संग्रहालयों के भ्रमण कार्यक्रम आयोजित किए गए तथा विज्ञान का विशेष शिक्षण दिया गया, वैदिक गणित का शिक्षण दिया गया और जिला स्तर पर विज्ञान प्रदर्शनी लगाई गई।

(vii) शिक्षा में नवाचार के लिए आईसीटी का इस्तेमाल करते हुए शिक्षकों के लिए राष्ट्रीय पुरस्कार: आईसीटी के तहत् माध्यमिक और उच्चतर माध्यमिक सरकारी तथा सरकारी सहायता प्राप्त स्कूलों में

शिक्षण में आईसीटी के इस्तेमाल और कंप्यूटर से पढ़ाई को बढ़ावा देने के लिए आईसीटी के अभिनव इस्तेमाल के लिए शिक्षकों और उनके प्रशिक्षकों को प्रेरित करने के वास्ते राष्ट्रीय पुरस्कार शुरू करने का प्रावधान है।

(viii) विद्यार्थियों और शिक्षकों संबंधी आंकड़े: वर्ष 2016 में आधार के तहत् 5 से 18 वर्ष की आयु के 25,04,73,095 (लगभग 71.6 प्रतिशत) बच्चे सूचीबद्ध थे, जबकि 2015 में इनकी संख्या 20,94,34,376 (लगभग 59.8 प्रतिशत) थी।

माध्यमिक और उच्चतर माध्यमिक शिक्षा का व्यावसायीकरण

माध्यमिक और उच्चतर माध्यमिक शिक्षा के व्यावसायीकरण की इस केंद्र प्रायोजित योजना को 2014 में संशोधित किया गया था ताकि इसे राष्ट्रीय कौशल पात्रता संरचना (एनएसक्यूएफ) के अनुरूप बनाया जा सके। जिसका एनवीईक्यूएफ का इसमें विलय भी कर दिया गया है। यह योजना राष्ट्रीय माध्यमिक शिक्षा अभियान के तहत् लागू की जा रही है। इसका उद्देश्य मांग के अनुसार प्रतिस्पर्धा आधारित व्यावसायिक पाठ्यक्रमों के जरिए युवाओं के रोज़गार में वृद्धि करना; मल्टी एंट्री, मल्टी एग्जिट अध्ययन अवसरों के प्रावधानों के जरिए प्रतिस्पर्धा तथा पात्रता में वर्टिकल मोबिलिटी/इंटरचेंज योग्यता बनाए रखना; शिक्षित तथा रोज़गार पाने के योग्य लोगों के बीच अंतर को पाटना। माध्यमिक स्तर पर पढ़ाई छोड़ने वालों की संख्या कम करना और माध्यमिक शिक्षा स्तर पर दबाव कम करना है। माध्यमिक स्तर पर व्यावसायिक शिक्षा लागू करने की संशोधित योजना के तहत् व्यावसायिक और सामान्य शिक्षा के एकीकरण से विद्यार्थियों को हर प्रकार से प्रेरित करने का प्रयास किया जाता है।

योजना का दायरा

यह योजना 2016–17 तक 32 राज्यों/केंद्रशासित प्रदेशों के 7,448 स्कूलों में 17 क्षेत्रों में लागू की गई है। ये क्षेत्र हैं– कृषि, वस्त्र, ऑटोमोबाइल, सौन्दर्य तथा फिटनेस, बैंकिंग, वित्तीय सेवाएं, बीमा, निर्माण, इलेक्ट्रॉनिक्स, स्वास्थ्य सेवाएं, सूचना प्रौद्योगिकी, प्रचालन तंत्र, मीडिया तथा मनोरंजन, बहु कौशल, शारीरिक शिक्षा तथा खेल, खुदरा, सुरक्षा, दूरसंचार और पर्यटन तथा आतिथ्य। देशभर में 5,582 सरकारी स्कूलों के लगभग 4 लाख 86 हजार बच्चे व्यावसायिक शिक्षा ग्रहण कर रहे हैं। इस योजना के तहत् व्यावसायिक पाठ्यक्रमों से विद्यार्थियों को रोज़गार पाने और कामकाज करने योग्य बनने में मदद मिलती है। स्कूलों से एनएसक्यूएफ स्तर चार का पाठ्यक्रम पूरा करने के बाद लगभग एक हजार विद्यार्थियों को रोज़गार मिल चुका है।

छात्राओं के हॉस्टल का निर्माण और संचालन

माध्यमिक और उच्चतर माध्यमिक स्कूलों की छात्राओं के लिए हॉस्टल के निर्माण और संचालन की केंद्र प्रायोजित यह योजना 2008–09 में शुरू की गई थी। इसे 2009–10 से लागू किया गया है। इससे पहले गैर–सरकारी संगठन द्वारा संचालित योजना लागू थी। यह राष्ट्रीय माध्यमिक शिक्षा अभियान के तहत् काम करती है। छात्राओं के लिए हॉस्टल की योजना का उद्देश्य यह है कि माध्यमिक और उच्चतर माध्यमिक कक्षा की छात्राएं बीच में पढ़ाई न छोड़ें और उन्हें स्कूल की दूरी, अभिभावकों की कमजोर आर्थिक स्थिति तथा अन्य सामाजिक कारणों के बावजूद पढ़ाई आगे जारी रखने का अवसर मिल सके। यह योजना अनु. जाति, अनु. जनजाति, और गरीबी रेखा से नीचे के परिवारों की 14–18 वर्ष की आयु की नवीं से बारहवीं कक्षा की छात्राओं के लिए है।

माध्यमिक स्तर पर दिव्यांगों के लिए समावेशी शिक्षा की योजना

यह योजना विकलांग बच्चों के लिए पहले की एकीकृत शिक्षा योजना के स्थान पर 2009-10 में शुरू की गई थी। माध्यमिक स्तर पर दिव्यांगों के लिए समावेशी शिक्षा को राष्ट्रीय माध्यमिक शिक्षा अभियान के तहत् लागू किया गया है। इसके अंतर्गत कक्षा IX से XII तक के विकलांग बच्चों को समावेशी शिक्षा में मदद दी जाती है। इसका उद्देश्य सभी विकलांग बच्चों को आठ वर्ष की प्राथमिक शिक्षा पूरी करने के बाद माध्यमिक स्कूल (IX से XII) की और चार वर्ष की पढ़ाई, समग्र और अनुकूल माहौल में जारी रखने में सहायता करना है। यह योजना उन सभी बच्चों के लिए है जो प्राथमिक शिक्षा पूरी करने के बाद माध्यमिक स्तर पर सरकारी, स्थानीय निकाय और सरकारी सहायता प्राप्त स्कूल में पढ़ रहे हैं और जो दिव्यांगता अधिनियम, 1995 तथा राष्ट्रीय न्यास अधिनियम, 1999 की परिभाषा के तहत् एक या अधिक प्रकार से दिव्यांग हैं। इनमें शामिल हैं- (i) दृष्टिहीनता, (ii) कम दृष्टि, (iii) कुष्ठ रोग से ठीक हुआ व्यक्ति, (iv) बधिर, (v) लोको-मोटर अशक्तता, (vi) मानसिक अस्वस्थता, (vii) मानसिक रूप से अविकसित व्यक्ति, आत्मविमोह, (viii) प्रमस्तिष्कीय पक्षाघात। यह योजना उनके लिए भी है जो बोलने, समझने में अक्षम हैं।

इस योजना में शामिल हैं- दो प्रमुख घटकों में सहायता: *(क) विद्यार्थी अभिमुखी घटक:* (i) शैक्षिक/चिकित्सकीय आवश्यकताओं का आंकलन, (ii) विद्यार्थी विशेष सुविधाओं का प्रावधान, जैसे सहायक उपकरण, आरोग्य सेवाएं, पुस्तक सहायता सेवा इत्यादि, (iii) अध्ययन सामग्री का विकास, (iv) स्क्रीन रीडिंग सॉफ्टवेयर की खरीद। दिव्यांग छात्राओं पर विशेष ध्यान देते हुए माध्यमिक स्कूल तक उनकी पहुंच में मदद के प्रयासों के तहत् उन्हें प्रतिमाह 200 रुपये वजीफा दिया जाता है, केंद्रीय सहायता के रूप में सालाना 3,000 रुपये और राज्यों द्वारा 600 रुपये की छात्रवृत्ति दी जाती है।

(ख) अन्य घटक: (i) विशेष शिक्षकों की नियुक्ति, (ii) विशेष शिक्षण में प्रशिक्षित सामान्य शिक्षकों को प्रतिमाल 400 रुपये विशेष वेतन, (iii) साधन संपन्न कक्ष का निर्माण तथा उपकरण, (iv) विशेष आवश्यकताओं वाले बच्चों के क्षमता निर्माण के लिए सामान्य शिक्षकों का प्रशिक्षण।

केंद्रीय स्तर पर एक परियोजना स्वीकृति बोर्ड, राज्य सरकारों द्वारा प्राप्त प्रस्तावों और निगरानी तथा आंकलन को मंजूरी देता है। समावेशी शिक्षा के क्षेत्र के कई विशेषज्ञ इसके सदस्य भी हैं।

अनुमोदन बोर्ड राज्यों/केंद्रशासित प्रदेशों से प्राप्त प्रस्तावों को स्वीकृति देता है। इसी के अनुसार 3,245 विशेष शिक्षकों की नियुक्ति/सेवाएं जारी रखने के लिए राज्यों/केंद्रशासित प्रदेशों को सहायता देने की अनुमति दी गई थी। वर्ष 2016-17 में इस योजना के तहत् विशेष आवश्यकता वाले कुल 2,20,481 बच्चे लाभांवित हुए।

शिक्षक शिक्षा की केंद्र प्रायोजित योजना

(क) शिक्षक शिक्षा को अधिक प्रभावी बनाना

केंद्र प्रायोजित शिक्षक शिक्षा योजना, राष्ट्रीय शिक्षा नीति, 1987 में शुरू की गई थी। इसे 12वीं पंचवर्षीय योजना में संशोधित किया गया। इसका उद्देश्य 2011 तक सभी जिलों में डाइट स्थापित करना; इनकी संख्या 571 से बढ़ाकर 646 करना; शिक्षक शिक्षण के कॉलेजों की संख्या बढ़ाकर 106 से 122 करना और मौजूदा सरकारी माध्यमिक शिक्षक शिक्षा संस्थानों का उन्नयन कर इन्हें सीटीई में तब्दील करना;

आईएएसई की संख्या 32 से बढ़ाकर 39 करना; विश्वविद्यालयों के शिक्षा विभागों का उन्नयन कर इन्हें आईएएसई में बदलना और चयनित 196 अनु. जाति/अनु. जनजाति/अल्पसंख्यक जिलों में शिक्षक शिक्षा के ब्लॉक संस्थान स्थापित करना।

(ख) शिक्षक शिक्षा की गुणवत्ता

अलग कैडर बनाना: वार्षिक कार्ययोजना और बजट (2016-17) के अनुसार 17 राज्यों/केंद्रशासित प्रदेशों ने शिक्षक शिक्षा योजना के तहत् इन शिक्षकों को अलग कैडर बनाया है। राज्यों/केंद्रशासित प्रदेशों से इस कैडर को मजबूत करने को भी कहा गया है।

शिक्षक शिक्षा नियमन, 2014 नियम तथा मानक राष्ट्रीय परिषद की स्थापना, देशभर में शिक्षक शिक्षा व्यवस्था के नियोजित तथा समन्वित विकास, नियमों तथा मानकों को उचित एवं विनियमित बनाए रखने और अन्य संबद्ध मामलों के लिए की गई थी।

शिक्षक शिक्षकों के लिए एससीईआरटी और कैडर पुनर्संरचना का पुनर्गठन/पुनर्संरचना: सीएसएस-शिक्षक शिक्षा के तहत् 9 राज्यों ने 2016 में अपने एससीईआरटी का पुनर्गठन/पुनर्संरचना की है।

सीएसएसटीई योजना के तहत् नई गतिविधियां/पहल

इंडिया टीचर एजुकेशन पोर्टल (प्रशिक्षक): मानव संसाधन विकास मंत्रालय के स्कूली शिक्षा तथा साहित्य विभाग ने 2016 में यह पोर्टल शुरू किया। इससे शिक्षक विकास संस्थानों की निगरानी और भावी विद्यार्थियों तथा शिक्षकों को अपनी पसंद का संस्थान चुनने के लिए विस्तृत जानकारी मिल सकेगी।

मदरसों में गुणवत्तापूर्ण शिक्षा की योजना

मानव संसाधन विकास मंत्रालय, शिक्षा में अल्पसंख्यकों को समान अवसर उपलब्ध कराने पर जोर देता है। इसके लिए सरकार अल्पसंख्यकों के बच्चों को मदरसों में गुणवत्तापूर्ण शिक्षा देने की योजना लागू कर रही है। इसके उद्देश्य हैं- वित्तीय सहायता उपलब्ध करा कर मदरसों तथा मक़तब में विज्ञान, गणित सामाजिक विज्ञान, हिंदी तथा अंग्रेजी की पढ़ाई को प्रोत्साहन देना; मदरसों और मक़तबों में कक्षा I से XII में पढ़ने वाले बच्चों को शैक्षिक रूप से प्रवीण बनाना; मदरसे/मक़तब/दार-उल-उलूम, नेशनल इंस्टीट्यूट ऑफ ओपन स्कूलिंग की मान्यता प्राप्त करने का विकल्प चुन सकते हैं जिसके लिए उन्हें उपयुक्त सहायता दी जाएगी; मदरसों/मक़तबों/दार-उल-उलूम में 14 वर्ष से अधिक आयु के बच्चों को व्यावसायिक प्रशिक्षण देने का अवसर देना और एसपीक्यूईएम के बारे में जागरुकता तथा निगरानी के लिए मदरसा बोर्ड को मजबूत करना।

इस योजना के तहत् विज्ञान, गणित, सामाजिक विज्ञान, भाषाओं, कंप्यूटर एप्लीकेशन तथा विज्ञान की पढ़ाई के लिए शिक्षकों की नियुक्ति के वास्ते मदद दी जाती है। पूर्ण कालिक ग्रेजुएट शिक्षक को एक वर्ष के लिए 600 रुपये मासिक और पोस्ट ग्रेजुएट/बीएड को 12,000 रुपये वेतन दिया जाता है। माध्यमिक/उच्चतर माध्यमिक मदरसों में विज्ञान/कंप्यूटर प्रयोगशालाओं/कार्यशालाओं के लिए एकमुश्त 100,000 रुपये की सहायता दी जाती है। पुस्तकालयों/पुस्तक बैंकों/शिक्षण अध्ययन सामग्री के लिए एकमुश्त 50,000 रुपये तक और बाद में वार्षिक 5,000 रुपये का अनुदान दिया जाता है। विज्ञान/गणित किट और अन्य सहायक उपकरणों की खरीद के लिए अधिकतम 15,000 रुपये की अनुदान राशि दी जाती है। कम से कम तीन वर्ष से अस्तित्व में आए तथा केंद्रीय या राज्य सरकार के अधिनियमों अथवा

मदरसा बोर्ड अथवा वक्फ बोर्डों अथवा एनआईओएस के तहत् पंजीकृत मदरसे इस कार्यक्रम के अंतर्गत सहायता पाने के लिए आवेदन कर सकते हैं। एससीईआरटी/डीआईईटी/बीआरसी योजनाओं के तहत् नियुक्त मदरसा शिक्षकों के लिए समूहों में प्रशिक्षण की व्यवस्था की जाएगी। जिन मदरसों के शिक्षकों के पारिश्रमिक का खर्च राज्य सरकार वहन करती है वे इस योजना में वेतन घटक के तहत् राशि पाने के पात्र नहीं होंगे। शिक्षक प्रशिक्षण, पाठ्यपुस्तकों, कंप्यूटर, विज्ञान/गणित किट आदि के लिए किसी अन्य राज्य/केंद्रीय योजना से वित्तीय सहायता पाने वाले मदरसे इस योजना के तहत् वित्तीय सहायता प्राप्त नहीं कर सकेंगे।

अल्पसंख्यक संस्थान के लिए आधारभूत सुविधाओं का विकास

यह योजना अल्पसंख्यक संस्थानों में आधारभूत सुविधाओं का विकास कर अल्पसंख्यकों की शिक्षा में मदद करती है। यह योजना समूचे देश में लागू है। इसके तहत् सहायता प्राप्त निजी/गैर-सहायता प्राप्त प्राथमिक/माध्यमिक/उच्चतर माध्यमिक स्कूलों के ढांचागत विकास के लिए 75 प्रतिशत तक वित्तीय सहायता दी जाएगी। प्रति स्कूल यह राशि अधिकतम 50 लाख रुपये होगी। केंद्रीय या राज्य सरकार द्वारा मान्यता प्राप्त संगठन इसके लिए आवेदन कर सकते हैं बशर्ते वे कम से कम पिछले 3 वर्ष से काम कर रहे हों और अल्पसंख्यक समुदाय के बच्चों ने बड़ी संख्या में इनमें दाखिल लिया हो। यह योजना राज्य सरकार के माध्यम से लागू की जाती है। वित्तीय सहायता के सभी आवेदनों पर राज्य सरकार विचार करती है। इसके लिए निर्धारित प्रपत्र भरकर आवेदन किया जाता है।

राष्ट्रीय साधन सह योग्यता छात्रवृत्ति योजना

यह योजना 2008 में शुरू की गई थी। इसका उद्देश्य आर्थिक रूप से कमजोर बच्चों को आठवीं कक्षा के बाद बारहवीं कक्षा तक पढ़ाई जारी रखने के लिए छात्रवृत्ति प्रदान करना है। चुने गए विद्यार्थियों को नौवी से लेकर बारहवीं तक प्रतिवर्ष 6,000 रुपये (500 रु. प्रतिमाह) की एक लाख छात्रवृत्तियां दी जाती हैं। यह छात्रवृत्ति सरकारी, सरकारी सहायता प्राप्त और स्थानीय निकायों के स्कूलों के विद्यार्थियों को दी जाती हैं। विभिन्न राज्यों/केंद्रशासित प्रदेशों की शासन प्रणाली के लिए अलग-अलग कोटा तय है। जिन विद्यार्थियों के अभिभावकों की आय 1,50,000 रुपये से कम है वे छात्रवृत्ति के पात्र हैं। राज्य सरकार के प्रतिमानों के अनुसार आरक्षण भी दिया जाता है। छात्रवृत्तियों के लिए विद्यार्थियों का चयन राज्य सरकारों द्वारा आयोजित की जाने वाली परीक्षा से किया जाता है। छात्रवृत्तियों का वितरण भारतीय स्टेट बैंक द्वारा विद्यार्थियों के बैंक खातों में तिमाही आधार पर इलेक्ट्रॉनिक अंतरण के जरिए किया जाता है।

राष्ट्रीय बालिका प्रोत्साहन योजना

बालिकाओं को माध्यमिक शिक्षा के लिए प्रोत्साहित करने की यह केंद्र प्रायोजित योजना 2008 में शुरू की गई थी। इसका उद्देश्य ऐसा माहौल बनाना है जिसमें माध्यमिक स्कूलों में विशेषकर अनु.जा./अनु.जनजाति की बालिकाओं के प्रवेश को बढ़ावा दिया जा सके और स्कूल छोड़ने वाली बालिकाओं की संख्या में कमी की जा सके। इस योजना के अंतर्गत नवीं कक्षा की अविवाहित पात्र लड़कियों के नाम पर 3,000 रुपये साविधिक खाते में जमा किए जाते हैं। यह राशि वे दसवीं कक्षा पास करने और 18 वर्ष की होने पर ब्याज के साथ निकलवा सकती हैं। यह योजना (1) अनु.जा./अनु. जनजाति से संबंध रखने वाली आठवीं पास कने वाली और (2) कस्तूरबा गांधी बालिका विद्यालय (क्या वे अनु. जा./अनु. जनजाति से संबद्ध हैं इस पर विचार किए बिना) से आठवीं पास करने वाली और राज्य सरकार, सरकारी

सहायता तथा स्थानीय निकाय स्कूलों में दसवीं में प्रवेश लेने वाली लड़कियों के लिए है। कैनरा बैंक इस योजना की क्रियान्वयन एजेंसी है।

प्रत्यक्ष लाभ अंतरण (डीबीटी) प्रणाली का क्रियान्वयन

सरकार ने प्रत्यक्ष लाभ अंतरण (डीबीटी) योजना/प्रणाली 2013 से शुरू की है, जिसके तहत आठ मंत्रालयों/विभागों की 25 योजनाएं 16 राज्यों/केंद्रशासित प्रदेश के 43 जिलों में डीबीटी के क्रियान्वयन के लिए प्रयोग के तौर पर चुनी गई थी। इसमें आधार भुगतान सेतु (एपीवी) के माध्यम से लाभार्थी के खाते में सीधे ही धनराशि भेज दी जाती है। पहले चरण में चुने गए 43 जिलों के अतिरिक्त दूसरे चरण में 78 और जिलों का चयन किया गया। जनवरी 2015 से डीबीटी योजना पूरे देश में लागू हो गई है। स्कूली शिक्षक और साक्षरता विभाग की दो योजनाएं- राष्ट्रीय साधन–सह योग्यता छात्रवृत्ति योजना (एनएमएमएसएस) और राष्ट्रीय बालिका माध्यमिक शिक्षा प्रोत्साहन योजना (एनएसआईजीएसई) को डीबीटी में शामिल किया गया है। राज्य सरकारों द्वारा राष्ट्रीय साधन–सह योग्यता छात्रवृत्ति योजना एनएमएमएसएस और एनएसअईजीएसई के लाभार्थियों का प्रस्ताव/सूची ऑनलाइन भेजने के लिए एक राष्ट्रीय ई–छात्रवृत्ति पोर्टल (एनईएसपी) शुरू किया गया है।

वयस्क शिक्षा

स्वतंत्रता के समय भारत की 86 प्रतिशत जनसंख्या निरक्षर थी इसलिए वयस्क, शिक्षा का जोर इसके सबसे नीचे के स्तर पर अर्थात् 'बुनियादी साक्षरता' पर ही था। इस उद्देश्य की पूर्ति के लिए, प्रथम योजना अवधि से ही अनेक कार्यक्रम शुरू किए गए। इनमें से जो सबसे प्रमुख एवं प्रतिष्ठित है, वह है राष्ट्रीय साक्षरता मिशन। यह 15 वर्ष से अधिक आयु के लोगों के लिए 1988 में शुरू किया गया था। व्यस्क शिक्षा का उद्देश्य साक्षरता और प्रौढ़ शिक्षा के स्तर और गुणवत्ता में सुधार कर पूर्ण साक्षर समाज का निर्माण करना है। राष्ट्रीय साक्षरता मिशन को 2009 में संशोधित कर इसे साक्षर भारत का नाम दिया गया। नये मिशन में आजीवन शिक्षा का नया आयाम जोड़ा गया है। देश की साक्षरता दर में पर्याप्त प्रगति हुई है परंतु अब भी विभिन्न राज्यों, जिलों, सामाजिक समूहों और अल्प संख्यकों में साक्षरता का स्तर असमान है।

राष्ट्रीय साक्षरता मिशन प्राधिकरण, प्रौढ़ शिक्षा और कौशल विकास की सभी गतिविधियों के लिए राष्ट्रीय स्तर पर संचालक और कार्यान्वयन संगठन है। 12वीं पंचवर्षीय योजना के दौरान साक्षरता दर को बढ़ाकर 80 प्रतिशत तक करने और लड़कों–लड़कियों की संख्या का अंतर 10 प्रतिशत से कम करने का प्रयास किया जाता रहा है।

साक्षर भारत कार्यक्रम के पात्र 410 जिलों में से 404 जिलों की 1.64 लाख ग्राम पंचायतों में इसे लागू करने की मंजूरी दी जा चुकी है। ये जिले 26 राज्यों और एक केंद्रशासित प्रदेश के हैं। इन जिलों में यह कार्यक्रम 2016–17 से लागू किया जा रहा है। 57.8 लाख साक्षरता केंद्रों में शिक्षण अध्ययन प्रक्रिया शुरू की गई है। प्रधान प्रशिक्षकों द्वारा लगभग 45.73 लाख स्वयंसेवी शिक्षकों और 2.54 लाख प्रधान प्रशिक्षकों को संसाधन व्यक्तियों द्वारा प्रशिक्षण दिया गया है। इसके अलावा लगभग 13.5 हजार संसाधन व्यक्तियों को भी प्रशिक्षित किया गया है। तेरह भाषाओं और 26 स्थानीय बोलियों में बेसिक साक्षरता प्राइमर प्रकाशित कर बांटे गए हैं। अक्टूबर 2016 तक बेसिक साक्षरता के तहत लगभग 6.98 करोड़ लोगों ने इसमें पंजीकरण कराया है। इनमें से 5.14 करोड़ (3.65 करोड़ महिलाओं और

1.49 करोड़ पुरुषों) ने आंकलन परीक्षा में सफलता हासिल की है। ये परिक्षाएं एनआईओएस ने अगस्त 2010 और मार्च 2016 के बीच आयोजित की थी।

शिक्षकों को राष्ट्रीय पुरस्कार

यह पुरस्कार 1958 में शुरू किया गया था। प्राथमिक, माध्यमिक और उच्चतर माध्यमिक स्कूलों में कार्यरत प्रशंसनीय योगदान करने वाले शिक्षकों को सार्वजनिक मान्यता प्रदान करने के लिए हर वर्ष 5 सिंतबर को भारत के राष्ट्रपति द्वारा सम्मानित किया जाता है। इस अवसर पर दिए जाने वाले कुल 378 पुरस्कारों में से 23 संस्कृत, फारसी और अरबी भाषा के शिक्षकों के लिए आरक्षित हैं। प्रत्येक राज्य/केंद्रशासित प्रदेश/संगठन के लिए शिक्षकों की संख्या के आधार पर कोटा निर्धारित है। इनमें विदेशों में स्थित स्वतंत्र संबद्ध स्कूलों, भारतीय स्कूल प्रमाण-पत्र परीक्षा परिषद, सैनिक स्कूलों, केंद्रीय विद्यालय संगठन, नवोदय विद्यालय समिति, केंद्रीय तिब्बती स्कूल प्रशासन और परमाणु ऊर्जा शिक्षा समिति द्वारा संचालित स्कूल शामिल हैं। वर्ष 2011 से एक विशेष पुरस्कार भी शुरू किया गया है। यह स्कूलों में समावेशी शिक्षा को बढ़ावा देने वाले और सामान्य स्कूलों के दिव्यांग बच्चों को पढ़ाने वाले शिक्षकों को दिया जाता है। यह विशेष पुरस्कार 43 शिक्षकों को इन श्रेणियों के लिए दिया जाता है- मुख्यधारा के स्कूलों में कार्यरत दिव्यांग शिक्षक और समावेशी शिक्षा के लिए उल्लेखनीय काम करने वाले विशेष या प्रशिक्षित सामान्य शिक्षक। पुरस्कार स्वरूप 50,000 रुपये नकद, एक रजत पदक और प्रशस्ति-पत्र दिया जाता है।

केंद्रीय विद्यालय संगठन

केंद्रीय विद्यालय संगठन योजना को भारत सरकार ने दूसरे केंद्रीय वेतन आयोग की सिफारिश पर 1962 में मंजूरी दी थी। इसका उद्देश्य यह व्यवस्था करना था कि केंद्र सरकार के कर्मचारियों के तबादले की स्थिति में उनके बच्चों की शिक्षा में कोई रुकावट न आए। केंद्रीय विद्यालय संगठन की शुरुआत शिक्षा मंत्रालय की एक इकाई के रूप में की गई थी (अब यह मानव संसाधन विकास मंत्रालय की इकाई है)। शुरुआत में शिक्षण वर्ष 1963-64 के दौरान रक्षा कर्मियों की अधिकता वाले स्थानों पर संचालित 20 रेजीमेंटल स्कूलों का अधिग्रहण केंद्रीय विद्यालय के रूप में किया गया।

केंद्रीय विद्यालय संगठन को 1965 में समिति पंजीकरण अधिनियम (1860 का 21) के तहत एक समिति के रूप में पंजीकृत किया गया। संगठन का प्राथमिक उद्देश्य समूचे भारत और विदेश स्थित केंद्रीय विद्यालयों का स्थापन निधियन, रखरखाव, नियंत्रण और प्रबंधन करना है। भारत सरकार पूरी तरह संगठन का वित्त पोषण करती है।

हाल में केंद्रीय विद्यालयों की संख्या तेजी से बढ़ते हुए 2016 में 1,136 हो गई। इनमें विदेश स्थित तीन (काठमांडू, मास्को, तेहरान) और इतने ही गैर-संचालित केंद्रीय विद्यालय शामिल हैं। 66 केंद्रीय विद्यालय दो पारी में चल रहे हैं।

जवाहर नवोदय विद्यालय

राष्ट्रीय शिक्षा नीति 1986 का उद्देश्य आवासीय नवोदय स्कूलों की स्थापना करना है ताकि समानता और सामाजिक न्याय के साथ उत्कृष्ट शिक्षा दी जा सके। इसी उद्देश्य की पूर्ति के लिए नवोदय विद्यालय समिति को समिति पंजीकरण अधिनियम 1860 के तहत पंजीकृत किया गया। नवोदय

विद्यालय की स्थापना विशेषकर ग्रामीण क्षेत्र के प्रतिभावान बच्चों में, उनकी सामाजिक–आर्थिक स्थिति का भेदभाव किए बगैर मूल्यों, वातावरण के प्रति जागरुकता, साहसिक गतिविधियों तथा शारीरिक शिक्षा सहित गुणवत्तापूर्ण आधुनिक शिक्षा देने के लिए की गई थी। जवाहर नवोदय विद्यालय की स्थापना संबंधित राज्य/क्रेंदशासित प्रदेश की सरकार के प्रस्ताव पर की जाती है जिसके लिए वह लगभग 30 एकड़ ज़मीन निःशुल्क उपलब्ध कराती है। राज्य सरकार को बिना किराये के इस तरह का अस्थाई भवन और अन्य बुनियादी सुविधाएं उपलब्ध करानी होती हैं ताकि समिति द्वारा स्कूल के भवन निर्माण तक तीन–चार वर्ष तक 240 विद्यार्थी और स्टाफ उसमें रह सकें।

राष्ट्रीय शिक्षा अनुसंधान और प्रशिक्षण परिषद

राष्ट्रीय शिक्षा अनुसंधान और प्रशिक्षण परिषद–एनसीईआरटी स्कूली शिक्षा की गुणवत्ता में सुधार के लिए शैक्षिक और तकनीकी सहायता उपलब्ध कराती है। इसकी स्थापना 1 सितंबर, 1961 में एक शीर्ष राष्ट्रीय निकाय के रुप में की गई थी। परिषद नीतियां, कानून और सरकारों के मार्गदर्शन के लिए सलाहकार की भूमिका निभाती है। इसने राष्ट्रीय शिक्षा नीति (1968–1986) और राष्ट्रीय पाठ्यक्रम निरूपण में महत्वपूर्ण भूमिका निभाई है। परिषद द्वारा किए गए अनुसंधान से नई योजना, नीतियां तथा कार्यक्रम बनाने में मदद मिलती है। परिषद शिक्षकों, शिक्षक प्रशिक्षकों और परामर्शदाताओं के लिए आवश्यकता आधारित तथा नवाचार वाले पाठ्यक्रम तैयार करती है। इसके द्वारा विकसित पाठ्यक्रम और अन्य अध्ययन सामग्री से स्कूलों की गुणवत्ता सुधारने में सहायता मिली है। एनसीईआरटी ने स्कूली शिक्षा के क्षेत्र में अपने पिछले 50 वर्ष के कामकाज से राष्ट्रीय और अंतरराष्ट्रीय स्तर पर अपनी पहचान बनाई है। यह भारत का एक अनूठा संस्थान है जो अनुसंधान करता है, कुशल शैक्षिक व्यवसायी तैयार करता है और पाठ्यक्रम तथा पाठ्य सामग्री तैयार करता है। परिषद की प्रमुख इकाइयां हैं– (क) राष्ट्रीय शिक्षा संस्थान, नई दिल्ली; (ख) केंद्रीय शिक्षा प्रौद्योगिकी संस्थान, नई दिल्ली; (ग) पंडित सुंदरलाल शर्मा केंद्रीय व्यावसायिक शिक्षा संस्थान, भोपाल; (घ) अजमेर, भोपाल, भुवनेश्वर, मैसूर तथा उमिअम (मेघालय) में क्षेत्रीय संस्थान।

राष्ट्रीय बाल भवन

राष्ट्रीय बाल भवन की स्थापना, मानव संसाधन विकास मंत्रालय के वित्त पोषण से एक स्वायत्त संस्थान के रूप में 1956 में की गई थी। बाल भवन एक आंदोलन के रूप में देश के कोने–कोने में फैला है। देश भर में 134 बाल भवन और बाल केंद्र हैं। इनके अलावा दिल्ली के मांडी गांव में 48 बाल भवन केंद्र और एक बाल भवन है। राष्ट्रीय बाल भवन का उद्देश्य, बच्चो की रचनात्मक क्षमता को बढ़ाना है। इसके लिए उन्हें विभिन्न गतिविधियों तथा अवसरों के लिए एक मंच प्रदान किया जाता है ताकि वे परस्पर संवाद तथा अनुभव और अपनी आयु, रुझान तथा योग्यता के अनुरूप अपनी रचनात्मकता का प्रदर्शन कर सकें। ये बच्चों को स्वच्छंद माहौल में बिना किसी दबाव के नवाचार के प्रचुर अवसर उपलब्ध कराते हैं। राष्ट्रीय बाल भवन और इनसे संबद्ध संस्थानों में विशेषकर समाज के वंचित वर्गों के बच्चों के लिए नियमित रूप से विभिन्न रचनात्मक गतिविधियां आयोजित की जाती हैं।

केंद्रीय माध्यमिक शिक्षा बोर्ड

केंद्रीय माध्यमिक शिक्षा बोर्ड – सीबीएसई, केंद्र सरकार के अधीन सार्वजनिक और प्राइवेट स्कूलों का बोर्ड है। बोर्ड ने अपने सभी संबद्ध स्कूलों से कहा है कि वे केवल एनसीईआरटी का पाठ्यक्रम ही लागू करें।

राष्ट्रीय मुक्त विद्यालय संस्थान

राष्ट्रीय मुक्त विद्यालय संस्थान- एनआईओएस, किसी संस्थान से जुड़े बिना डिग्री पूर्व स्तर की शिक्षा पाने के इच्छुक बाहरी व्यक्तियों के लिए है। इसकी शुरुआत 1979 में सीबीएसई ने अपनी ही तरह की परियोजना के तौर पर की थी। 1986 में राष्ट्रीय शिक्षा नीति ने मुक्त विद्यालय प्रणाली को मजबूत करने का सुझाव दिया ताकि देश भर में माध्यमिक शिक्षा के स्तर पर अपने पाठ्यक्रम और परीक्षा के बाद प्रमाण-पत्र देने की स्वतंत्र व्यवस्था के साथ चरणबद्ध रूप से मुक्त शिक्षा की सुविधा दी जा सके। इसके लिए मानव संसाधन विकास मंत्रालय ने 1989 में राष्ट्रीय खुला विद्यालय की स्थापना की। जुलाई 2002 में मानव संसाधन विकास मंत्रालय ने संगठन का नाम राष्ट्रीय मुक्त विद्यालय से बदलकर राष्ट्रीय मुक्त विद्यालय संस्थान कर दिया। इसका उद्देश्य लोगों की आवश्यकताओं के आकलन तथा राष्ट्रीय नीति के दस्तावेजों के अनुरूप औपचारिक प्रणाली के विकल्प के रूप में प्राथमिकता वाले ग्राहक समूह को मुक्त शिक्षा व्यवस्था के जरिए डिग्री पूर्व स्तर तक स्कूली शिक्षा जारी रखना है। इसके अलावा अनिवार्य शिक्षा, समाज में अधिक समानता तथा न्याय और शिक्षा के विकास के जरिए अपना योगदान देना है।

राष्ट्रीय मुक्त विद्यालय संस्थान मुक्त तथा सुदूर शिक्षा के जरिए निम्न पाठ्यक्रम/कार्यक्रम उपलब्ध कराकर शिक्षा पाने के इच्छुक लोगों को अवसर प्रदान करता है। 14 वर्ष से अधिक आयु के किशोर तथा प्रौढ़ समूह के लिए मुक्त मौलिक शिक्षा कार्यक्रम, क, ख तथा ग स्तर पर शिक्षित करने का है जोकि तीसरी, पांचवीं और आठवीं की औपचारिक स्कूल प्रणाली के बराबर है। इसमें माध्यमिक शिक्षा पाठ्यक्रम, उच्चतर माध्यमिक शिक्षा कार्यक्रम, व्यावसायिक शिक्षा कार्यक्रम/पाठ्यक्रम, जीवन समृद्धि कार्यक्रम शामिल हैं। माध्यमिक तथा उच्चतर माध्यमिक स्तर पर राष्ट्रीय मुक्त विद्यालय, संस्थान मनपसंद विषयों/पाठ्यक्रमों, सीखने की गति तथा सीबीएसई से मान्यता का अंतरण, स्कूल शिक्षा का कोई बोर्ड और राज्य मुक्त स्कूल के संदर्भ में हर प्रकार की छूट देता है। इसमें शिक्षा प्राप्त करने वालों को पांच वर्ष की अवधि में सार्वजनिक परीक्षा में नौ बार बैंठने का मौका दिया जाता है। शिक्षा के तरीकों में शामिल हैं- मुद्रित स्व-निर्देशक सामग्री, दृश्य व श्रव्य कार्यक्रम, व्यक्तिगत संपर्क कार्यक्रमों में भागीदारी तथा शिक्षक द्वारा चिह्नित कार्य। छमाही पत्रिका- 'ओपन लर्निंग' के जरिए विद्यार्थियों को प्रतिभा सम्पन्न बनाया जाता है। अध्ययन सामग्री हिंदी, अंग्रेजी और उर्दू में उपलब्ध कराई जाती है। उच्चतर और उच्चतर माध्यमिक स्तर पर मांग पर परीक्षा प्रणाली लागू है। माध्यमिक परीक्षा के लिए 28 विषय आठ माध्यमों में (हिंदी, अंग्रजी, उर्दू, मराठी, तेलुगू, गुजराती, मलयालम तथा उड़िया) और उच्चतर माध्यमिक परीक्षा के लिए भी 28 विषय हिंदी, अंग्रेजी, उर्दू, बांग्ला और ओडिया भाषा में उपलब्ध हैं। इसके अलावा एनआईओएस ने माध्यमिक शिक्षा स्तर पर शैक्षिक विषयों से मेल खाते व्यावसायिक विषयों और उच्चतर माध्यमिक स्तर पर शैक्षिक विषयों के साथ मेल खाते 20 व्यावसायिक विषयों का भी प्रावधान किया है।

मध्याह्न भोजन योजना

इस योजना के अंतर्गत सरकारी और सरकारी सहायता प्राप्त स्कूलों, विशेष प्रशिक्षण केंद्रों और सर्वशिक्षा अभियान के तहत आने वाले मदरसों के पहली से आठवीं कक्षा के सभी विद्यार्थियों को दोपहर का भोजन दिया जाता है। देशभर की 11.40 लाख संस्थाओं के 9.78 करोड़ बच्चों को दोपहर का भोजन देने की यह विश्व की सबसे बड़ी विद्यालयीन भोजन योजना है। बच्चों को पढ़ाई के लिए स्कूल में लाने और उनकी उपस्थिति बनाए रखने के अलावा मध्याह्न भोजन योजना से सामाजिक और स्त्री-पुरुष समानता को

भी प्रोत्साहन मिला है। इससे कक्षा में भूख से निवारण, स्कूल में उपस्थिति और सामाजिक समानता को बढ़ावा तथा बालक-बालिकाओं के बीच समानता को प्रोत्साहित करने में मदद मिली है।

मध्याह्न भोजन के मानक

(I) मध्याह्न भोजन का कैलोरी मूल्य: पके हुए भोजन में 100 ग्राम गेहूं/चावल, 20 ग्राम दाल, 50 ग्राम सब्जी और 5 ग्राम तेल/चिकनाई शामिल होती है, जिससे प्राथमिक स्तर पर 450 कैलोरी और 12 ग्राम प्रोटीन की प्राप्ति होती है। उच्च प्राथमिक स्तर के बच्चों को जो भोजन दिया जाता है, उसमें 150 ग्राम गेहूं/चावल, 30 ग्राम दाल, 75 ग्राम सब्ज़ी और 7.5 ग्राम तेल/चिकनाई होती है, जिससे 700 कैलोरी ऊर्जा और 20 ग्राम प्रोटीन की प्राप्ति होती है।

(II) एमडीएम योजना के अंतर्गत खाना पकाने की लागत: खाना पकाने की लागत में दालों, सब्ज़ियों, खाद्य तेल, मसालें और ईंधन का खर्च शामिल होता है। जुलाई 2016 से खाना पकाने की लागत प्राथमिक कक्षा के छात्रों के लिए 4.13 रुपये प्रति छात्र प्रतिदिन और उच्च प्राथमिक शालाओं के बच्चों के लिए 6.16 रुपये प्रति छात्र प्रतिदिन पड़ती है। गैर-पूर्वोत्तर राज्यों और विधानसभाओं वाले केंद्रशासित प्रदेशों के लिए खाना पकाने का व्यय 60:40 के अनुपात में साझा किया जाता है, जबकि केंद्रशासित प्रदेशों में शत-प्रतिशत व्यय केंद्र द्वारा वहन किया जाता है। पूर्वोत्तर के राज्यों और हिमाचल प्रदेश, जम्मू-कश्मीर तथा उत्तराखंड के तीन हिमालयी राज्यों में 90:10 के अनुपात में केंद्र और संबंधित राज्य खर्च उठाते हैं।

तिथि भोजन

मध्याह्न भोजन कार्यक्रम के तहत अधिक से अधिक लोगों की भागीदारी सुनिश्चित करने के लिए गुजरात राज्य में 'तिथि भोजन' के नाम से एक नई अवधारणा का सूत्रपात हुआ है। समाज की भागीदारी को बढ़ावा देने के लिए स्थानीय लोगों को बच्चे का जन्म, परीक्षा में सफलता, गृहप्रवेश जैसे महत्वपूर्ण पारिवारिक समारोहों को स्थानीय स्कूलों में दिए जाने वाले मध्याह्न भोजन में योगदान देकर मनाने के लिए प्रोत्साहित किया जाता है। समुदाय और परिवार स्वेच्छा से इसमें योगदान करते हैं। नियमित मध्याह्न भोजन के साथ मिठाई और नमकीन, पूर्ण भोजन, अंकुरित अनाज आदि जैसे पोषक आहार के रूप में योगदान करने के अलावा रसोई के बर्तन, डिनर सेट और पानी पीने के गिलास आदि का भी योगदान किया जाता है। सभी राज्यों/केंद्रशासित प्रदेशों से 'तिथि भोजन' की प्रथा को इसी नाम से अथवा राज्य सरकारों की इच्छा के अनुकूल नाम से अपनाने के लिए विचार करने का अनुरोध किया गया है। विभिन्न राज्यों ने अलग-अलग नाम से इस अवधारणा को अपनाना शुरू कर दिया है। असम में 'संप्रीति भोजन', हिमाचल प्रदेश में 'धाम', महाराष्ट्र में 'स्नेह भोजन', कर्नाटक में 'शालेगागी नावू नीवू', पुद्दुचेरी में 'अन दानम', पंजाब में 'प्रीतिभोज' और राजस्थान में 'उत्सव भोज' नाम से तिथि भोजन की परंपरा शुरू हो चुकी है।

एमडीएमएस की निगरानी हेतु स्वचालित निगरानी प्रणाली

स्कूल शिक्षा एवं साक्षरता विभाग ने (एमडीएमएस) की तात्कालिक (वास्तविक) निगरानी के लिए आंकड़े प्राप्त करने की एक स्वचालित प्रणाली निभाई है। ये आंकड़े सीधे स्कूलों से लिए जाते हैं और इसके लिए स्कूल के प्रधानाध्यापक और शिक्षकों को कोई खर्च नहीं करना होता है। स्वचालित प्रणाली के अंतर्गत राज्य/केंद्रशासित प्रदेश स्कूलों से प्रतिदिन के आधार पर आंकड़ों की प्राप्ति के लिए एक उपयुक्त प्रणाली अर्थात इंटरऐक्टिव वॉयस रिस्पॉन्स सिस्टम आईवीआरएस/एसएमएस/मोबाइल ऐप/वेब अप्लीकेशन स्थापित कर रहे हैं। उन्होंने स्वचालित प्रणाली भी शुरू की है। इसका उपयोग निगरानी तथा अनुवर्ती कार्रवाई के

लिए किया जा रहा है। राज्य/केंद्रशासित प्रदेश पूर्व निर्धारित प्रारूप में ये आंकड़े तत्काल केएनआईसीके केंद्रीय सर्वर को भेज रहे हैं। केंद्रीय स्तर पर आंकड़ों के विश्लेषण और प्रदर्शन के लिए एक केंद्रीय पोर्टल एनआईसी की देख-रेख में काम कर रहा है। संग्रहीत आंकड़ों के आधार पर तैयार रिपोर्ट राष्ट्रीय/राज्य/जिला/विकास खंड स्तर पर तत्काल निगरानी के लिए उपलब्ध करायी जाती हैं।

बच्चों का शत-प्रतिशत आधार नामांकन

विभाग ने सभी विद्यालयों में शत-प्रतिशत बच्चों के नामांकन के लिए अधिसूचना जारी की है। सेवाओं या लाभों या अनुदान (सब्सिडी) प्रदान करने के लिए आधार पहचान पत्र का उपयोग सरकारी प्रदाय प्रक्रियाओं को सरल बना देता है तथा पारदर्शिता और कार्यकुशलता लाता है। आधार के तहत भी बच्चों का नामांकन हो सकेगा, फर्जी नाम नहीं लिखा जाएगा और मध्याह्न भोजन योजना का लाभ पात्र बच्चों को आसानी से मिल सकेगा।

मध्याह्न भोजन नियम

मध्याह्न भोजन नियम 2015 को राष्ट्रीय खाद्य सुरक्षा अधिनियम, 2013 के अंतर्गत अधिसूचित कर दिया गया है और वह सितंबर 2015 से प्रभावी हो गया है। राज्यों/केंद्रशासित प्रदेशों के सभी पात्र स्कूलों को एमडीएम नियम 2015 के बारे में समझाने और उन्हें लागू करने के लिए परामर्श दिया गया है। उन्हें इन नियमों के अमल के लिए आवश्यक कदम उठाने की भी सलाह दी गई है। सभी बच्चों को अच्छा भोजन कराने के उद्देश्य से नए मानकों का अनुपालन सुनिश्चित करने के लिए सभी स्कूलों को क्रियान्वयन के प्रभावी दिशानिर्देश तय करने को भी कहा गया है। मध्याह्न भोजन नियम, 2015 की मुख्य विशेषताओं में अधोलिखित बातें सम्मिलित हैं- (i) खाने के नमूने की जांच को अनिवार्य बनाकर, गुणवत्ता को सुदृढ़ बनाना; (ii) स्कूलों में एमडीएम निधि की अनुपलब्धता के मामले में अस्थायी रूप से अन्य निधियों के उपयोग की अनुमति देकर नियमितता को सुदृढ़ बनाना और स्कूलों में भोजन उपलब्ध कराने में लगातार विफलता के लिए जवाबदेही तय करना; (iii) बीपीएल दरों, चावल के लिए 5.65 रुपये और गेहूं के लिए 4.15 रुपये के स्थान पर एनएफएसए दरों यानी 3 रुपये प्रति किलो की दर से चावल और 2 रुपये प्रति किलो की दर से गेहूं की आपूर्ति और (iv) यदि खाद्यान्न की अनुपलब्धता, खाना पकाने की लागत, ईंधन अथवा रसोइया सह-सहायक की अनुपलब्धता अथवा अन्य किसी कारण से किसी दिन स्कूल में मध्याह्न भोजन नहीं दिया जाता है तो संबंधित राज्य सरकार को खाद्य सुरक्षा भत्ता देना होगा।

खाद्य नमूनों की जांच

मध्याह्न भोजन योजना के तहत स्कूलों में परोसे जाने वाले भोजन की जांच के लिए राज्य सरकार ने काम पर रखी जाने वाली अधिमान्य प्रयोगशालाओं के लिए दिशानिर्देश जारी किए हैं।

सोशल ऑडिट

इस प्रक्रिया में लोग मिलजुल कर किसी कार्यक्रम या योजना की आयोजना तथा कार्यान्वयन की निगरानी और मूल्यांकन करते हैं। सोशल ऑडिट जवाबदेही तथा पारदर्शिता समिति ने 2012-13 के दौरान अविभाजित आंध्र प्रदेश के चित्तूर तथा खम्मम जिलों में किया था। इसके नतीजों से उत्साहित होकर मध्याह्न भोजन योजना का सोशल ऑडिट कराने के लिए 2014 में विभाग ने विस्तृत निर्देश जारी किए। अब तक तेरह राज्य यह सोशल ऑडिट पूरा कर चुके हैं। ये राज्य हैं- बिहार, महाराष्ट्र ओडिशा, कनार्टक, पंजाब, उत्तर प्रदेश, तेलंगाना, नगालैंड, आंध्र प्रदेश, पश्चिम बंगाल, राजस्थान, मिज़ोरम और तमिलनाडु।

उच्च एवं तकनीकी शिक्षा

स्वतंत्रता के बाद से देश में उच्च शिक्षा के क्षेत्र में जबर्दस्त वृद्धि है। स्वतंत्रता के समय देश में कुल 20 विश्वविद्याय और 500 कॉलेज थे। कॉलेजों की संख्या में 77 गुनी (अर्थात 38,498) और विश्वविद्यालयों की संख्या में 38 गुनी (अर्थात 760) वृद्धि हुई है। इसी प्रकार, दाखिलों की संख्या में भी भारी वृद्धि हुई है। उच्च शिक्षा प्रणाली के सांख्यिकीय अवलोकन से स्पष्ट है कि स्वतंत्रता के बाद से संस्थाओं (विश्वविद्यायों, महाविद्यालयों, तकनीकी संस्थाओं) के साथ उनमें पढ़ने वालों की संख्या में भी जबर्दस्त वृद्धि हुई है।

राष्ट्रीय संस्थागत रैंकिंग संरचना

इसकी शुरुआत अभिभावकों, विद्यार्थियों, शिक्षकों, शिक्षण संस्थाओं और अन्य हितसाधकों की निष्पक्ष पैमानों और पारदर्शी प्रक्रिया के आधार पर संस्थाओं की रैंकिंग तय किए जाने की आवश्यकता को देखते हुए की गई थी। शिक्षा विशेषज्ञों और संस्था प्रमुखों के एक समूह द्वारा तैयार पोर्टल और संरचना वर्तमान में इंजीनियरिंग तथा प्रबंधन संस्थाओं के बारे में उपलब्ध है।

राष्ट्रीय अनुसंधान नवाचार और प्रौद्योगिकी

देश की अनुसंधान और प्रौद्योगिकी की आवश्यकताओं का पता लगाने के लिए दस गोल पोस्ट की पहचान की गई है और प्रत्येक के लिए समयबद्ध कार्ययोजना बनाने के वास्ते अनुसंधान समूह बनाए जा रहे हैं। इस प्रक्रिया को आगे बढ़ाने के लिए आईआईटी और आईएससी जैसे अग्रणी संस्थानों का चयन किया गया है।

बैचलर ऑफ वोकेशनल स्टडीज़

यूजीसी ने राष्ट्रीय कौशल पात्रता फ्रेमवर्क (एनएसक्यूएफ) के तहत डिप्लोमा/एडवांस्ड डिप्लोमा के बहु–निकास के विविध पाठ्यक्रमों वाली बी. वोक डिग्री कार्यक्रम की शुरुआत की है। इसके उद्देश्य हैं– (i) युवाओं को रोज़गार पाने की क्षमता में वृद्धि करना; (ii) बहु–प्रवेश और बहु–निकास के अध्ययन अवसरों और उर्ध्व गतिशीलता के प्रावधानों के जरिए उनकी प्रतियोगी क्षमता बनाए रखना; (iii) शिक्षित और रोज़गार योग्य लोगों के बीच के अंतर को दूर करना और (iv) माध्यमिक स्तर पर स्कूल। पढ़ाई छोड़ने की दर को कम करना। 25 राज्यों के 2,035 स्कूल इस योजना पर अमल कर रहे हैं।

युवाओं की व्यावसायिक उन्नति हेतु कौशल आकलन मैट्रिक्स

एक फ्रेमवर्क तैयार किया गया है जो व्यावसायिक शिक्षा प्रणाली और वर्तमान शिक्षा प्रणालियों के बीच उर्ध्व (ऊपर की ओर) तथा पार्श्विक गतिशीलता को सुगम बनाता है। शैक्षिक ज्ञान और व्यावहारिक–व्यावसायिक कौशल की प्रगति के प्रयासों का निर्बाध एकीकरण ही इस फ्रेमवर्क की शक्ति है।

शिक्षा क्षेत्र कौशल परिषद: शिक्षा क्षेत्र कौशल परिषद का गठन 2014 में शैक्षणिक संकायों और शिक्षक योग्यता से इतर रोज़गार की भूमिका पर विचार करने के लिए किया गया था। एसएससी के कार्यों में सम्मिलित हैं, श्रम बाज़ार सूचना प्रणाली (एलएमआईएस) का गठन ताकि कौशल विकास की जरूरतों की पहचान कर प्रशिक्षण की योजना बनाई और प्रदान की जा सके तथा कौशल के प्रकारों का कैटलॉग तैयार किया जा सके, कौशल विकास योजना तैयार करना और कौशल इंवेंट्री बना कर रखना, कौशल दक्षता मानकों और योग्यताओं का विकास करना।

युक्ति योग्य कलाकृति की तकनीक

युक्ति का उद्देश्य कौशल विकास तथा अभिकल्पन और प्रौद्योगिकियों का उन्न्यन करना है ताकि पारंपरिक शिल्प और कला से जुड़े लोगों की आजीविका और आर्थिक संभावनाएं विस्तार पा सकें। इसका उद्देश्य अभिकल्पन, प्रौद्योगिकी और कौशल के उन्नयन की शुरुआत के लिए शिक्षा शास्त्रीय पद्धतियों को अपनाना है।

सक्षम-दिव्यांग बच्चों हेतु सक्षम छात्रवृत्ति

एआईसीटीई की इस योजना का उद्देश्य दिव्यांग बच्चों को तकनीकी शिक्षा के अध्ययन के लिए प्रोत्साहन और सहायता प्रदान करना है। एआईसीटीई द्वारा अनुमोदित संस्थाओं में तकनीकी शिक्षा प्राप्त करने के लिए जरूरतमंद और मेधावी छात्रों को शिक्षण शुल्क और अन्य आवश्यक खर्चों के लिए प्रतिवर्ष 5 करोड़ रुपये की छात्रवृत्ति का प्रावधान किया गया है। उन्हें यह सहायता इसलिए दी जाती है ताकि वे अध्ययन की समस्याओं, पर्यावरणीय चुनौतियों और चिकित्सा पर व्यय के बावजूद कॉलेज के अपने लक्ष्य को हासिल कर सकें।

पूर्वोत्तर क्षेत्र के छात्रों हेतु ईशान उदय

यूजीसी ने 2014-15 के शिक्षा सत्र से पूर्वोत्तर क्षेत्र के छात्रों के लिए 'ईशान उदय' नाम की एक विशेष छात्रवृत्ति योजना प्रारंभ की है। योजना में क्षेत्र के उन 10,000 छात्रों को छात्रवृत्ति दी जाएगी जिनके अभिभावकों की आय 4.5 लाख रुपये वार्षिक से कम है। इन छात्रों को देश के कॉलेजों/विश्वविद्यालयों में स्नातक स्तर तक के अध्ययन के लिए प्रतिमाह 3,500 से 5,000 रुपये की छात्रवृत्ति दी जाएगी।

ईशान विकास-पूर्वोत्तर के छात्रों हेतु शैक्षणिक अवसर

यह कार्यक्रम पूर्वोत्तर राज्यों के कॉलेज और स्कूलों के चुनिंदा छात्रों को उनके लंबे अवकाश के दौरान आईआईटी एवं आईटी और आईएसईआर संस्थानों के निकट संपर्क में लाने की योजना के तहत शुरू किया गया है ताकि उन्हें शिक्षा के बेहतर अवसरों का ज्ञान हो सके।

महिला नेता

महिलाओं को शीर्ष तकनीक शिक्षण संस्थानों और राष्ट्रीय प्रौद्योगिकी संस्थान (एनआईटी) के संचालक मंडल का अध्यक्ष नियुक्त किया गया है। इतिहास में पहली बार दो महिला वैज्ञानिकों को आईआईटी परिषद का सदस्य नियुक्त किया गया है।

प्रगति

प्रगति (छात्राओं हेतु छात्रवृत्ति) एआईसीटीई की एक योजना है, जिसका उद्देश्य तकनीकी शिक्षा में बालिकाओं की भागीदारी में वृद्धि करना है। विकास प्रक्रिया में महिलाओं की पूर्ण भागीदारी के लिए आवश्यक ज्ञान, कौशल और आत्मविश्वास के साथ महिलाओं को सशक्त बनाने के लिए शिक्षा सबसे महत्वपूर्ण साधन है। यह 'तकनीकी शिक्षा के माध्यम से महिला सशक्तिकरण' द्वारा प्रत्येक युवती को अपनी शिक्षा को और आगे ले जाने का अवसर प्रदान करने का एक प्रयास है। इस योजना की प्रमुख विशेषतायें: प्रतिवर्ष छात्रवृत्ति की संख्या: 4000, प्रति परिवार एक बालिका, जहां परिवार की आय सालाना 6 लाख रुपये से कम हो। अभ्यर्थियों का चयन पात्रता परीक्षा के जरिए योग्यता के आधार पर

किया जाएगा। इसमें छात्रवृत्ति की राशि शिक्षण शुल्क 30,000/- रुपये या वास्तविक, जो भी कम हो और आकस्मिक व्यय हेतु 2,000/- रुपये, दस महीनों के लिए प्रतिवर्ष है। अनु. जा. 15 प्रतिशत, अनु. जन जा. 7.5 प्रतिशत और ओबीसी के उम्मीदवार आवेदक के लिए 27 प्रतिशत आरक्षण है। प्रत्येक योजना में छात्रवृत्तियां प्रत्येक डिग्री/डिप्लोमा स्तर पर उपलब्ध हैं और किसी वर्ग में पात्र अभ्यर्थी के उपलब्ध न होने पर स्थानांतरणीय हैं।

स्वामी विवेकानंद एकल बालिका छात्रवृत्ति

शिक्षा के अनेक स्तरों पर बालिकाओं द्वारा बीच में पढ़ाई छोड़ने का अनुपात बालकों की तुलना में कहीं अधिक है। महिला शिक्षा के बारे में स्वामी विवेकानंद के विचारों को ध्यान में रखते हुए और बालिका शिक्षा के संवर्धन के लिए यूजीसी ने सामाजिक विज्ञान के क्षेत्र में शोध के लिए स्वामी विवेकानंद एकल बालिका छात्रवृत्ति शुरू की है। इसका उद्देश्य विशेष रूप से उन लड़कियों की उच्च शिक्षा के खर्च की सीधे-सीधे प्रतिपूर्ति करना है जो अपने परिवार की एकमात्र संतान हैं।

शाला दर्पण

शाला दर्पण मंत्रालय आईसीटी का एक ऐसा कार्यक्रम है जो सरकारी और सरकारी सहायता प्राप्त स्कूलों के छात्रों के अभिभावकों को मोबाइल फोन की सुविधा प्रदान करने के लिए शुरू किया गया है। शाला दर्पण के उपयोग से वे अपने बच्चों की प्रगति की अद्यतन जानकारी देख सकते हैं। वे अपने बच्चे की उपस्थिति, सौंपे गए कार्य और उपलब्धि पर नज़र रख सकते हैं।

अपना कॉलेज जानो

अपना कॉलेज जानो (नो योर कॉलेज) एक ऐसा पोर्टल है जो कॉलेजों के बारे में आवश्यक जानकारी देकर छात्रों को कॉलेज के चयन संबंधी निर्णय लेने में मदद करता है। सहयोग, मोबाइल शिक्षा, व्यावसायिक शिक्षा, सामुदायिक कॉलेज आईसीटी का उपयोग, आदर्श पाठ्यचर्या और अनुसंधान जैसे विवरण इस पोर्टल पर उपलब्ध हैं। इसके अतिरिक्त, दिव्यांगों हेतु सुविधाएं, स्थापन (प्लेसमेंट) सुविधाएं और उद्यमिता के विवरण भी उपलब्ध हैं। छात्र निराकरण के लिए अपनी शिकायतें भी पोर्टल पर डाल सकते हैं। यह एप्लीकेशन (ऐप) देश के अंदर अथवा बाहर से छात्रों को अपनी शिकायत दर्ज कराने का अवसर देता है।

कैंपस कनेक्ट

राष्ट्रीय सूचना एवं संचार प्रौद्योगिकीय शिक्षा मिशन (एनएमईआईसीटी) योजना का उद्देश्य अध्यापन और अध्ययन की प्रक्रियाओं के लिए आईसीटी की संभावनाओं का लाभ उठाना है। इस मिशन के प्रमुख अंग हैं: (क) सामग्री सृजन (ख) संस्थाओं और छात्रों को इसके लिए आवश्यक यंत्र प्रदान करने के साथ संपर्क सुविधा प्रदान करना। एनएमईआईसीटी मिशन के तहत 419 विश्वविद्यालयों/विश्वविद्यालय स्तर की संस्थाओं और 25,000 से अधिक कॉलेजों और पॉलिटेक्निक संस्थाओं को कनेक्टिविटी उपलब्ध कराने की योजना है।

राष्ट्रीय ई-पुस्तकालय

राष्ट्रीय डिजिटल पुस्तकालय की परिकल्पना ज्ञान की ऐसी राष्ट्रीय परिसंपत्ति के रूप में की गई है जो सर्वव्यापी डिजिटल ज्ञान स्रोत उपलब्ध कराएगी। यह देशभर में सभी प्रकार के अध्येता समूहों की

शिक्षा, शोध और नवाचार की आवश्यकताओं की पूर्ति में मदद करेगी। विभिन्न पृष्ठभूमि, अपेक्षाओं और भाषाओं के विभिन्न अध्येताओं के मतानुसार गुणात्मक ई-सामग्री तैयार करना और उसे दक्षतापूर्वक सुलभ कराना भी इसका लक्ष्य है।

स्वयं-स्टडी वेब्स ऑफ एक्टिव-लर्निंग फॉर यंग एस्पायरिंग माइंड (महत्वाकांक्षी युवाओं हेतु सक्रिय पठन के लिए अध्ययन वेब्स)

स्वंय व्यापक शैक्षिक संरचना वाला एक राष्ट्रीय विशाल मुक्त ऑनलाइन पाठयक्रम (एमओओसी) है। यह एकीकृत मंच इंजीनियरिंग, मानविकी एवं सामाजिक शास्त्र आदि जैसे पाठ्यक्रम पेश करेगा ताकि अध्येता व्यापक रूप से इसका लाभ उठा सकें।

शैक्षणिक नेटवर्क हेतु वैश्विक पहल

शैक्षणिक नेटवर्क हेतु वैश्विक पहल ज्ञान (जीआईएएन) का उद्देश्य अंतरराष्ट्रीय स्तर पर वैज्ञानिक और उद्यमी प्रतिभाओं की खोज कर उन्हें उच्च अध्ययन के भारतीय संस्थानों से जुड़ने के लिए प्रोत्साहित करना है। इससे देश के वर्तमान शैक्षणिक संसाधनों का उपयोग हो सकेगा, गुणात्मक सुधार की गति को तेज किया जा सकेगा और भारत की वैज्ञानिक एवं प्रौद्योगिकीय क्षमता को विश्वस्तरीय उत्कृष्टता प्रदान की जा सकेगी। कार्यक्रम को विभिन्न देशों के सहयोग से शुरू करने का प्रस्ताव है।

अनुसंधान पार्क

अनुसंधान पार्क का उद्देश्य उद्योग और शिक्षा जगत के सहयोग से ज्ञान और नवाचार की पर्यावरण प्रणाली कायम करना है ताकि वैश्विक स्तर से भी बेहतर अत्याधुनिक प्रौद्योगिकी और नवाचार का विकास हो सके।

संख्यात्मक नवाचार में बढ़ती प्रवृत्ति और प्रशिक्षण

महान गणितज्ञ श्रीनिवास रामानुजन की जन्मशती के अवसर पर सीबीएसई से संबद्ध स्कूलों में संख्यात्मक नवाचार में बढ़ती प्रवृत्ति और प्रशिक्षण (जीएएनआईटी) 'सप्ताह' मनाया गया। इसका उद्देश्य गणित में छात्रों की रुचि को सक्रियता से बढ़ावा देना था। प्रख्यात वैज्ञानिकों द्वारा गणित पर व्याख्यान, निबंध लेखन प्रतियोगिताएं, क्विज़ प्रतियोगिताएं, शिक्षकों और छात्रों द्वारा नवाचार पर अनुभवों का आदान-प्रदान, विज्ञान प्रसार द्वारा निर्मित फिल्मों का प्रदर्शन, ओरिगेमी एवं पोस्टर प्रतियोगिताओं के आयोजन के बाद सप्ताह का औपचारिक समापन समारोहपूर्वक हुआ।

कॉपीराइट

कॉपीराइट प्राप्त करना स्वचालित प्रक्रिया है और इसके लिए किसी औपचारिकता की जरूरत नहीं है। किसी भी कृति का सृजन होते ही कॉपीराइट अस्तित्व में आ जाता है और इसे प्राप्त करने के लिए किसी भी औपचारिकता की आवश्यकता नहीं होती है। हालांकि कानून की धारा 48 के तहत कॉपीराइट के पंजीकरण का प्रमाण-पत्र और उसमें की गई प्रविष्टियां कॉपीराइट के स्वामित्व संबंधी विवादों के संदर्भ में अदालत में प्रथम दृष्ट्या साक्ष्य मानी जाती हैं। कॉपीराइट कार्यालय की स्थापना 1958 में की गई थी। यह उच्च शिक्षा विभाग के प्रशासनिक नियंत्रण में कार्य करता है। इसकी अध्यक्षता कॉपीराइट पंजीयक करता है, जिसके पास कॉपीराइट संबंधी मामलों से निपटने की अर्द्धन्यायिक शक्तियां होती हैं।

कॉपीराइट कार्यालय का मुख्य काम कॉपीराइट का पंजीकरण करना है। कॉपीराइट कार्यालय द्वारा तैयार किया गया कॉपीराइट रजिस्टर आम लोगों को कॉपीराइट के काम के बारे में जानकारी देता है। अब कॉपीराइट कार्यालय को अलग कर दिया गया है और यह एक पृथक संस्था के तौर पर काम कर रहा है। कॉपीराइट कार्यालय में पंजीकरण के अलावा रजिस्टर की जांच और उसमें से उद्धरण लेने जैसी सुविधाएं भी मुहैया कराई जाती हैं।

कॉपीराइट कानून 1957 के अनुच्छेद-13 के अनुसार कॉपीराइट निम्नलिखित वर्गों या कार्यों में निहित होता है, (क) मौलिक साहित्यिक, सॉफ्टवेयर, सांगीतिक और कलात्मक कार्य, (ख) सिनेमैटोग्राफिक फिल्म और (ग) साउंड रिकॉर्डिंग। कॉपीराइट कार्यालय 2013 के कॉपीराइट नियमों के नियम 70 के अनुसार कॉपीराइट रजिस्टर में शामिल कॉपीराइट के ब्योरों में बदलाव का भी पंजीकरण करता है। कानून के अनुच्छेद-47 के तहत कोई भी व्यक्ति निर्धारित शुल्क अदा करके कॉपीराइट के रजिस्टर से उद्धरण की पंजीकृत प्रतियां ले सकता है या कॉपीराइट के रजिस्टर की जांच कर सकता है। इसके लिए कॉपीराइट कार्यालय, कार्य की सूची भी तैयार करता है, जिसके बारे में रजिस्टर में जानकारी होती है। हालांकि रजिस्टर में शामिल ब्योरे में पंजीयक छोटे-मोटे सुधार और बदलाव कर सकता है, पंजीयक या किसी असंतुष्ट व्यक्ति के निवेदन पर रजिस्टर में शामिल किसी भी लेख को हटाने का अधिकार केवल कॉपीराइट बोर्ड के पास ही होता है।

कॉपीराइट पंजीकरण हेतु प्रक्रिया: अधिनियम कॉपीराइट 1957 की धारा 45 के तहत कॉपीराइट रजिस्टर में कार्य के ब्योरे को शामिल कराने के लिए लेखक या प्रकाशक या कॉपीराइट मालिक या किसी भी काम के कॉपीराइट का इच्छुक व्यक्ति निर्धारित शुल्क के साथ निर्धारित प्रारूप में निवेदन कर सकता है। कॉपीराइट कार्यालय सभी प्रकार के कार्यों के लिए पंजीकरण सुविधा मुहैया कराता है। पंजीकरण के आवेदन डाक से कॉपीराइट कार्यालय भेजे जा सकते हैं या ऑनलाइन आवेदन भी किया जा सकता है।

कॉपीराइट कार्यालय का आधुनिकीकरण: ई-फाइलिंग सुविधा की शुरुआत 2014 में की गई और नई तरह से डिजाइन किए गए प्रमाण-पत्र के साथ कॉपीराइट का नया लोगो भी प्रयोग किया जा रहा है। कॉपीराइट रिकॉर्डों का डिजिटीकरण भी जल्दी शुरू किया जा रहा है। लगभग 6 लाख कॉपीराइट रजिस्टरों को स्कैन किया जा चुका है।

अर्द्धन्यायिक निकाय कॉपीराइट बोर्ड का गठन सितंबर 1958 में किया गया और यह अंशकालिक आधार पर कार्य कर रहा था। कॉपीराइट बोर्ड का अधिकार क्षेत्र पूरा भारत है। बोर्ड को कॉपीराइट पंजीकरण और कॉपीराइट निर्धारण संबंधी विवादों को निपटाने, पंजीकरण में सुधार, सरकार द्वारा रोके गए कार्य के संबंध में अनिवार्य लाइसेंस की मंजूरी, अप्रकाशित भारतीय कार्य, दिव्यांगों के लाभ के लिए अनुवादों का प्रकाशन तथा उत्पादन और विशेष मकसद के कार्यों के मामले में निर्णय लेने का काम सौपा गया है। कॉपीराइट बोर्ड, कवर संस्करण और साहित्यिक एवं संगीतमय कार्यों के प्रसारण और साउंड रिकॉर्डिंग के वैधानिक लाइसेंसों के लिए अधिशुल्क की दरें भी तय करता है। बोर्ड कॉपीराइट कानून 1957 के तहत इसके सामने लाए गए अन्य मामलों में भी सुनवाई करता है। कॉपीराइट (संशोधन) कानून 2012 के तहत कॉपीराइट बोर्ड के तीन स्थायी सदस्य होते हैं, जिनमें एक अध्यक्ष और दो अन्य सदस्य हैं।

11 ऊर्जा

ऊर्जा आर्थिक विकास और जीवन-स्तर बेहतर बनाने का एक आवश्यक साधन है। समाज में ऊर्जा की बढ़ती जरूरतों को उचित लागत पर पूरा करने के लिए ऊर्जा के पारंपरिक साधनों के विकास की जिम्मेदारी सरकार की है। ऊर्जा के गैर-परंपरागत, वैकल्पिक, नए और नवीकरणीय स्रोतों, जैसे-सौर , पवन और जैव ऊर्जा आदि के विकास और संवर्धन पर लगातार ध्यान दिए जाने का सिलसिला बढ़ता जा रहा है। देश में ऊर्जा सुलभता की दिशा में महत्वपूर्ण योगदान के लिए परमाणु ऊर्जा के विकास को लगातार बढ़ावा दिया जा रहा है।

विद्युत

विद्युत मंत्रालय देश में विद्युत ऊर्जा के विकास के लिए प्राथमिक तौर पर उत्तरदायी है। मंत्रालय परिप्रेक्ष्य नियोजन, नीति निर्धारण, निवेश संबंधी निर्णयों के लिए परियोजना व्यवस्था, विद्युत परियोजनाओं के कार्यान्वयन की निगरानी, प्रशिक्षण एवं कर्मचारियों का विकास और प्रशासन तथा तापीय एवं पनबिजली उत्पादन के संबंध में कानून का अधिनियमन, पारेषण एवं वितरण से संबद्ध है। सभी तकनीकी मामलों में केंद्रीय विद्युत प्राधिकरण (सीईए) विद्युत मंत्रालय की सहायता करता है।

केंद्रीय क्षेत्र में उत्पादन और पारेषण परियोजनाओं के निर्माण और संचालन का काम केंद्रीय क्षेत्र के बिजली निगमों यथा- एनटीपीसी लिमिटेड, नेशनल हाइड्रोइलेक्ट्रिक पॉवर कारपोरेशन (एनएचपीसी), नार्थ-ईस्टर्न इलेक्ट्रिक पॉवर कारपोरेशन (एनईईपीसीओ) तथा पॉवर ग्रिड कारपोरेशन ऑफ इंडिया लिमिटेड पीजीसीआईएल) को सौंपा गया है। पॉवर ग्रिड केंद्रीय क्षेत्र में सभी वर्तमान और भावी पारेषण परियोजनाओं तथा राष्ट्रीय बिजली ग्रिड के निर्माण के लिए भी जिम्मेदार है। संयुक्त क्षेत्र के दो बिजली निगमों-सतलुज जलविद्युत निगम (एसजेवीएन) (जो पूर्व में एनजेपीसी के नाम से जाना जाता था) और टिहरी पनबिजली विकास निगम टिहरी हाइड्रो डेवलपमेंट कारपोरेशन (टीएचडीसी) क्रमश: हिमाचल प्रदेश में नाथपा-झाकड़ी बिजली परियोजना तथा उत्तराखंड में टिहरी हाइड्रो पॉवर कॉम्प्लेक्स के लिए जिम्मेदार हैं। तीन वैधानिक निकाय यथा- दामोदर घाटी निगम (दामोदर वैली कारपोरेशन-डीवीसी), भाखड़ा-ब्यास प्रबंधन बोर्ड (बीबीएमबी) तथा ऊर्जा दक्षता ब्यूरो (बीईई) भी विद्युत मंत्रालय के प्रशासनिक नियंत्रण में हैं। ग्रामीण विद्युतीकरण के कार्यक्रमों के लिए ग्रामीण विद्युतीकरण निगम (रूरल इलेक्ट्रिफिकेशन कारपोरेशन-आरईसी) वित्तीय सहायता देता है। विद्युत वित्त निगम (पीएफसी) और ग्रामीण विद्युतीकरण निगम (आरईसी) विद्युत क्षेत्र की परियोजनाओं को मियादी वित्तीय सहायता देते हैं। दो स्वायत्त निकाय (संस्थाएं) यथा- केंद्रीय विद्युत अनुसंधान संस्थान (सीपीआरआई) और राष्ट्रीय विद्युत प्रशिक्षण संस्थान (एनटीपीआई) भी विद्युत मंत्रालय के प्रशासकीय नियंत्रण के अधीन हैं। प्रमुख रूप से निजी क्षेत्र की विशाल विद्युत परियोजनाओं की सहायता के लिए बिजली व्यापार निगम का गठन किया गया है, जो बिजली खरीद समझौतों (पीपीए) को अंतिम रूप देने वाला एकमात्र संगठन है।

क्षमता अभिवृद्धि

केंद्रीय क्षेत्र में 26,182 मेगावॉट और राज्य क्षेत्र में 15,530 मेगावॉट और निजी क्षेत्र में 46,825 मेगावॉट सहित कुल 88,537 मेगावॉट (नवीकरणीय स्रोतों से 30,000 मेगावॉट क्षमता अभिवृद्धि के अतिरिक्त) क्षमता अभिवृद्धि का लक्ष्य निर्धारित किया गया है। बारहवीं योजना की 99,209.47 मेगावॉट संचयी क्षमता अभिवृद्धि प्राप्त की गई। पंचवर्षीय योजनाओं के इतिहास में ऐसा पहली बार हुआ है, जब क्षमता अभिवृद्धि लक्ष्य को अपेक्षा से बेहतर प्राप्त किया गया।

विद्युत उत्पादन

वर्ष 2015-16 के दौरान परंपरागत स्रोतों से 25 मेगावॉट और उससे अधिक 1178 बिलियन यूनिट (बीयू) विद्युत उत्पादन का लक्ष्य नियत था, जिसमें 999 बीयू तापीय, 134 बीयू हाइड्रो, 40 बीयू परमाणु और भूटान से आयात द्वारा 5 बीयू का लक्ष्य निर्धारित किया गया था। वर्ष 2016-17 के दौरान देश में विद्युत उत्पादन 1160.141 बीयू रहा जिसमें 994.230 बीयू तापीय, 122.378 बीयू हाइड्रो, परमाणु से 37.916 बीयू और भूटान से आयात 5.617 बीयू रहा। वर्ष 2016-17 के दौरान कोयले और लिग्नाइट आधारित तापीय स्टेशनों का राष्ट्रीय स्तर पर प्लांट लोड फैक्टर (पीएलएफ) 59.88 रहा।

अल्ट्रा मेगा पॉवर परियोजनाएं

भारत सरकार ने नवंबर 2005 में विद्युत मंत्रालय के माध्यम से अल्ट्रा मेगा विद्युत परियोजनाएं (यूएमपीपी) यथा 4000 मेगावॉट सुपर थर्मल पॉवर परियोजनाएं (पिट हैड और आयातित कोयला आधारित दोनों) प्रारंभ करने की पहल की थी। इस पहल का उद्देश्य भारत में विशाल क्षमता वाली विद्युत परियोजनाओं का विकास करना था। इन परियोजनाओं के विकास को सुगम बनाने के लिए पॉवर फाइनेंस कारपोरेशन लि.(पीएफसी) को नोडल एजेंसी नियुक्त किया गया।

एकीकृत विद्युत विकास योजना

शहरी क्षेत्रों में विद्युत वितरण क्षेत्र को सुदृढ़ बनाने पर बल देने के लिए विद्युत मंत्रालय, भारत सरकार ने 2014 में एकीकृत विद्युत विकास योजना (आईपीडीएस) निम्नलिखित संघटकों के साथ प्रारंभ की थी: (1) शहरी क्षेत्रों में उप-पारेषण और वितरण नेटवर्क की सुदृढ़ता, (2) शहरी क्षेत्रों में वितरण ट्रांसफॉर्मर्स/फीडर्स/उपभोक्ताओं की मीटरिंग, (3) 12वीं और 13वीं योजना के लिए आर-एपीडीआरपी से आईपीडीएस के लिए स्वीकृत परिव्यय को अग्रसारित करने के माध्यम से आर-एपीडीआरपी के अंतर्गत वितरण क्षेत्र की आईटी समर्थता और वितरण नेटवर्क की सुदृढ़ता।

मेगा विद्युत नीति

मेगा विद्युत नीति 1995 में आरंभ की गई थी। इस नीति का लक्ष्य विशेष तौर पर निजी क्षेत्र में पिट हैड पर विशाल आकार के विद्युत संयंत्रों की स्थापना के माध्यम से उत्पादन की लागत में कमी लाना तथा विद्युत की किल्लत का सामना कर रहे दूरदराज के क्षेत्रों तक विद्युत का पारेषण करना था। इसके बाद 1998 में इस नीति में संशोधन किया गया और सार्वजनिक एवं निजी दोनों क्षेत्रों में मेगा विद्युत परियोजनाओं के रूप में दिशानिर्देशों के तहत कुछ विशिष्ट अधिसूचित परियोजनाओं की पहचान की गई। इसके बाद इस नीति में वर्ष 1999, 2006, 2009, 2011, 2014 और 2017 में संशोधन किए गए।

एफडीआई के लिए स्वतः अनुमोदन

विद्युत क्षेत्र में निवेश की मात्रा में कोई अंतिम सीमा निर्धारित किए बिना उत्पादन (परमाणु ऊर्जा के अतिरिक्त), पारेषण तथा वितरण और विपणन में शत-प्रतिशत विदेशी इक्विटी के लिए स्वतः अनुमोदन (आरबीआई रूट) की अनुमति है। भारत सरकार ने जून 2016 में अधिसूचित 'समेकित एफडीआई नीति' में निर्धारित विशिष्ट शर्तों के पूर्ण होने की स्थिति में 'स्वचालित रूट' के अंतर्गत केंद्रीय विद्युत विनियामक आयोग (विद्युत बाजार) विनियम, 2010 के अंतर्गत पंजीकृत विद्युत विनिमयों के लिए 49 प्रतिशत तक एफडीआई की भी अनुमति प्रदान की है।

दीनदयाल उपाध्याय ग्राम ज्योति योजना

भारत सरकार ने निम्नलिखित उद्देश्यों के साथ 'दीनदयाल उपाध्याय ग्राम ज्योति योजना' (डीडीयूजीजेवाई) नामक एक नई योजना का शुभारंभ किया: (क) ग्रामीण क्षेत्रों में कृषि एवं गैर-कृषि उपभोक्ताओं तक आपूर्ति की विवेकपूर्ण रोस्टरिंग के लिए कृषि एवं गैर-कृषि फीडरों को पृथक करना, (ख) ग्रामीण क्षेत्रों में उप-पारेषण एवं वितरण अवसंरचना का सुदृढ़ीकरण और संवर्द्धन, (ग) ग्रामीण क्षेत्रों में (फीडर्स, वितरण ट्रांसफॉर्मर्स और उपभोक्ताओं की) मीटरिंग। पूर्व ग्रामीण विद्युतीकरण योजना को डीडीयूजीजेवाई में पृथक ग्रामीण विद्युतीकरण संघटक के रूप में सम्मिलित कर लिया गया है और पूर्व योजना के स्वीकृत परिव्यय को डीडीयूजीजेवाई में ले जाया गया है।

राष्ट्रीय ग्रिड का विकास

देश में राष्ट्रीय विद्युत ग्रिड का विकास चरणबद्ध रूप से किया जा रहा है। पांचों क्षेत्रीय ग्रिड यथा- उत्तरी क्षेत्र, पश्चिमी क्षेत्र, पूर्वी क्षेत्र, पूर्वोत्तर क्षेत्र और दक्षिणी क्षेत्र समकालिक मोड में अंतरसंबद्ध हैं और अंतर-क्षेत्रीय संपर्कों की कुल हस्तांतरण क्षमता जून 2017 में लगभग 75,050 मेगावॉट थी।

राष्ट्रीय विद्युत कोष योजना

मार्च 2012 में वितरण क्षेत्र में अवसंरचनात्मक सुधार लाने के लिए राज्य विद्युत सेवाओं, सार्वजनिक और निजी क्षेत्र दोनों की वितरण कंपनियों (डिस्कॉम) को बैंकों/वित्तीय संस्थाओं की ओर से दिए गए ऋणों पर ब्याज सब्सिडी प्रदान करने के लिए राष्ट्रीय विद्युत कोष (एनईएफ) (ब्याज सब्सिडी योजना) की स्थापना की गई थी। एनईएफ योजना के अंतर्गत वितरण क्षेत्र की सार्वजनिक और निजी कंपनियों द्वारा लिए गए ऋणों पर ब्याज सब्सिडी प्रदान की जाएगी, क्योंकि गैर-राजीव गांधी ग्रामीण विद्युतीकरण योजना (आरजीजीवीवाई) और गैर-पुनर्गठित त्वरित विद्युत विकास एवं सुधार कार्यक्रम (आर-एपीडीआरपी) परियोजनाएं अब क्रमशः दीनदयाल उपाध्याय ग्राम ज्योति योजना (डीडीयूजीजेवाई) और एकीकृत विद्युत विकास योजना (आईपीडीएस) में सम्मिलित की जा चुकी हैं। पात्रता की पूर्व शर्तों को राज्यों द्वारा किए गए सुधार के उपायों से जोड़ा गया है और ब्याज सब्सिडी की राशि मुख्यतः निष्पादन से संबंधित मानदंडों के साथ जोड़ी गई है। पात्रता की पूर्व शर्तों में राज्य विद्युत विनियामक आयोग (एसईआरसी) का संचालन, सेवाओं के कायापलट के लिए व्यापार योजना का निरूपण, राज्य विद्युत बोर्डों (एसईबी) का पुनर्गठन, राज्य सरकारों द्वारा विद्युत वितरण कंपनियों को सब्सिडी जारी किया जाना, लेखा परीक्षित वार्षिक लेखों का प्रस्तुतीकरण और टैरिफ याचिका को समय पर दाखिल किया जाना शामिल है।

उदय-उज्ज्वल डिस्कॉम आश्वासन योजना

उदय योजना 2015 में प्रारंभ की गई थी। इसका उद्देश्य देशभर की बिजली वितरण कंपनियों की परिचालन संबंधी और वित्तीय अकशुलताओं का स्थायी समाधान तलाशना था। हालांकि ब्याज दरों में कमी, बिजली की लागत कमी, राजस्व में वृद्धि और दक्षतापूर्ण परिचालन के रूप में लक्षित कदम उठाए गए हैं।

भागीदारी के लिए उदय एक स्वैच्छिक योजना है और अब तक 26 राज्य और एक केंद्रशासित प्रदेश इससे जुड़ चुके हैं। इस योजना की निगरानी एक अंतर-मंत्रालयी समिति और राज्य स्तरीय समिति द्वारा की जा रही है। राज्यों/डिस्कॉम्स द्वारा सुगमता से आंकड़े दर्ज कराने के लिए एक पोर्टल (www.uday.gov.in) बनाया गया है। यह पोर्टल पारदर्शिता के उपाय के रूप में विभिन्न राज्यों/बिजली वितरण कंपनियों के बुनियादी विश्लेषण और कार्य निष्पादन में प्रगति की जानकारी देता है।

ऊर्जा दक्षता

भारत सरकार ने कार्बन-डाईऑक्साइड उत्सर्जन में न्यूनतम वृद्धि सुनिश्चित करते हुए ऊर्जा की मांग को पूरा करने के लिए द्विआयामी दृष्टिकोण अपनाया है। एक ओर , उत्पादन के संदर्भ में स्वच्छ प्रौद्योगिकियों के इस्तेमाल की दिशा में प्रयास किए जा रहे हैं, वहीं दूसरी ओर, मांग के संदर्भ में ऊर्जा संरक्षण अधिनियम, 2001 के अंतर्गत विभिन्न उपायों के जरिए ऊर्जा के दक्ष उपयोग के प्रयास किए जा रहे हैं।

ऊर्जा संरक्षण अधिनियम 2001 के अंतर्गत स्थापित ऊर्जा दक्षता ब्यूरो (बीईई) ने विभिन्न कार्यक्रमों जैसे ऊर्जा की खपत करने वाले उपकरण और उपस्करों के मानक तथा लेबलिंग का आदेश, वाणिज्यिक भवनों के लिए एक ऊर्जा संरक्षण भवन संहिता का निर्धारण, कृषि संबंधी पंपसेटों, अन्य के अलावा नगर निगमों के लिए मांग पक्ष प्रबंधन कार्यक्रम, ऊर्जा सघन उद्योगों के लिए ऊर्जा खपत के मानक, छोटे और मझोले उद्यमों में ऊर्जा दक्षता को प्रोत्साहन, ऊर्जा दक्षता और आउटरीच गतिविधियों को प्रोत्साहन देने के लिए वित्तीय माध्यम का प्रारंभ किया है। राज्य स्तर पर ऊर्जा दक्षता को प्रोत्साहन देने के लिए 35 राज्यों/केंद्रशासित प्रदेशों में राज्य द्वारा निर्दिष्ट एजेंसियों की स्थापना की गई है।

पेट्रोलियम एवं प्राकृतिक गैस

पेट्रोलियम एवं प्राकृतिक गैस मंत्रालय, तेल और प्राकृतिक गैस के अन्वेषण (तरल प्राकृतिक गैस के आयात सहित) और उत्पादन, शोधन, वितरण, विपणन, आयात-निर्यात तथा पेट्रोलियम उत्पादों के संरक्षण से संबद्ध है।

ऊर्जा आर्थिक प्रगति का मुख्य चालक है। सक्षम, विश्वसनीय और किफायती ऊर्जा भारत की समग्र अर्थव्यवस्था के सतत् विकास और समेकित प्रगति के लिए आवश्यक है। तीव्र आर्थिक विकास के कारण, भारत, विश्व का सबसे तेजी से बढ़ने वाला ऊर्जा बाजार बन चुका है। भारत 2015 के दौरान रूस को पीछे छोड़ते हुए चीन और अमरीका के बाद विश्व में तीसरा बड़ा ऊर्जा उपभोक्ता बन गया। भारत की ऊर्जा खपत में तेल और गैस का भाग लगभग 35 प्रतिशत रहा। वास्तव में, भारत ने 2015 के दौरान अमरीका और चीन के बाद तीसरा सबसे बड़ा तेल उपभोक्ता बनने के लिए जापान को पीछे छोड़ दिया।

इस समय चल रही तथा नयी विद्युत परियोजनाएं

क्र. सं.	परियोजना का नाम (ईंधन/राज्य) चल रही परियोजनाएं	क्षमता (मेगावाट) (31.12.2016 की स्थिति)
1.	बोंगाईगांव (कोयला) / असम	500
2.	बाढ़-I (कोयला) / बिहार	1980
3.	लारा-I (कोयला) / छत्तीसगढ़	1600
4.	उत्तरी कर्णपूरा (कोयला) / झारखंड	1980
5.	कुडगल-I (कोयला) / कर्नाटक	1600
6.	गदरवारा-I (कोयला) / मध्य प्रदेश	1600
7.	खरगोन (कोयला) / मध्य प्रदेश	1320
8.	मऊदा-II (कोयला) / महाराष्ट्र	660
9.	सोलापुर (कोयला) / महाराष्ट्र	1320
10.	दर्लीपल्ली (कोयला) / उड़ीसा	1600
11.	तेलंगाना-I (कोयला) / तेलंगाना	1600
12.	टांडा-II (कोयला) / उत्तर प्रदेश	1320
13.	उनचहर-IV (कोयला) / उत्तर प्रदेश	500
14.	लता तपोवन (जलीय) / उत्तराखण्ड #	171
15.	तपोवन विष्णुगढ़ (जलीय) / उत्तराखण्ड	520
16.	सिंगरौली छोटा जलीय (जलीय) / उत्तर प्रदेश	8
17.	रम्म (जलीय) / पं. बंगाल	120
18.	मंदसौर (सौर पीवी) / मध्य प्रदेश	250
19.	भदला (सौर पीवी) / राजस्थान	260
20.	रोजमल (वायु पीवी) / गुजरात	50
21.	नवी नगर-I जेवी बिहार (कोयला) के साथ/बिहार	1980
22.	बिहार	750
23.	यूपीआरवीएन के साथ मेजा-जेवी (कोयला) / उत्तर प्रदेश	1320
24.	राऊरकेला- जेवी सेल के साथ (कोयला) / उड़ीसा	250
25.	दुर्गापुर-III जेवी सेल के साथ (कोयला) / पं. बंगाल	40
	(क) उप-योग	23299
	(ख) परियोजनाएं जिनके लिए मुख्य प्लांट निविदा मिल गई है / आमंत्रित हैं:-	
1.	पुडलिमाडका (कोयला) / आंध्र प्रदेश	4000
2.	बारठी-I (कोयला) / मध्य प्रदेश	2640
3.	अनंतपुर सौर (सौर-पीवी) / आंध्र प्रदेश	750
4.	एनएसपीसीएलएसएएलईएम-सेल के साथ जीवी (सौर पीवी) / तमिलनाडू	50
	(ख) उप-योग	7440
	कुल योग (क+ख)	**30739**

माननीय उच्चतम न्यायालय के आदेश (दिनांक-07 मई, 2014) के अंतर्गत 8 मई, 2014 से कार्य बंद है।

स्रोत: वार्षिक रिपोर्ट (2016-17), ऊर्जा मंत्रालय, भारत सरकार

ऊर्जा सुरक्षा

भारत की ऊर्जा सुरक्षा प्रमुख रूप से इसकी आर्थिक प्रगति को सहयोग देने और ऊर्जा के सुरक्षित, स्वच्छ और वहनीय रूपों में परिवारों की जीवनोपयोगी ऊर्जा जरूरतों को पूरा करने में सहयोग करने के लिए प्रतिस्पर्धी मूल्यों पर वाणिज्यिक ऊर्जा की निरंतर उपलब्धता को सुनिश्चित करने के बारे में है। अर्थव्यवस्था की व्यापक और निरंतर बढ़ती जरूरतों को ध्यान में रखते हुए, उत्पादन बढ़ाने और सभी घरेलू पेट्रोलियम संसाधनों का दोहन करने के लिए अनेक कदम उठाए गए हैं। अपस्ट्रीम क्षेत्र में अग्रणी नीतिगत सुधार के रूप में, सरकार ने 2016 में एक नई हाइड्रोकार्बन अन्वेषण और लाइसेंसिंग नीति (एचईएलपी) की शुरुआत की, जो आगामी सभी बोली दरों पर लागू होगी।

इस नीति का लक्ष्य सरल और आसान राजस्व साझा करने का मॉडल, विपणन और मूल्य निर्धारण की स्वतंत्रता, मुक्त क्षेत्रफल नीति, अनुबंध अवधि के दौरान अन्वेषण की अनुमति, ओपन एकरेज नीति प्रदान करना है और यह सभी प्रकार के हाइड्रोकार्बन्स के अन्वेषण और उत्पादन के लिए एकल लाइसेंस से शासित है। यह नीति न्यूनतम शासन, अधिकतम अभिशासन और व्यवसाय करने की आसानी के सिद्धांतों से निर्देशित है।

नई घरेलू गैस मूल्य निर्धारण नीति के तहत, वैश्विक बाजार से संबद्ध एक पारदर्शी नया गैस मूल्य निर्धारण फार्मूला 2014 से प्रभावी बनाया गया। वैकल्पिक ईंधनों की उतराई लागत पर आधारित सीलिंग मूल्य के प्रावधान सहित भूवैज्ञानिक तौर पर कठिन, अधिक जोखिम/अधिक लागत क्षेत्रों से उत्पादित गैस के लिए विपणन और मूल्य निर्धारण की स्वतंत्रता का प्रावधान किया गया।

देश में स्वच्छ कुकिंग गैस के सार्वभौमिक प्रसारण को सुनिश्चित करने के प्रयास में, सरकार ने प्रधानमंत्री उज्ज्वला योजना (पीएमयूवाई) आरंभ की है। पीएमयूवाई के अंतर्गत, 2018-19 तक 1600 रुपये प्रति कनेक्शन के सहयोग सहित बीपीएल परिवारों को 5 करोड़ एलपीजी कनेक्शन प्रदान किए जाएंगे। पीएमयूवाई का लक्ष्य निर्धन महिलाओं को सशक्त बनाना है, जो खाना पकाते समय कोयला, लकड़ी और अन्य अस्वच्छ ईंधन जलाने से अस्वास्थ्यकर उत्सर्जन में जीने के लिए बाध्य हैं। योजना के अंतर्गत प्रदान किए गए एलपीजी कनेक्शनों को प्रत्यक्ष रूप से स्वास्थ्य लाभ पहुंचाने में सक्षम होने के अतिरिक्त, सशक्तीकरण के एक महान उपकरण के तौर पर देखा जा रहा हैं। दिसंबर 2016 तक देशभर में 1.55 करोड़ से अधिक एलपीजी कनेक्शन जारी किए गए।

सरकार ने 2015 से देशभर में सभी उपभोक्ताओं को एलपीजी सब्सिडी के सीधे अंतरण के लिए 'पहल' योजना आरंभ की। यह गिनीज बुक ऑफ वर्ल्ड रिकार्ड्स की मान्यता के अनुसार विश्व में सबसे बड़ी प्रत्यक्ष नकदी अंतरण योजना है। इस योजना के अंतर्गत, उपभोक्ताओं को एलपीजी बाजार दर पर बेची जा रही है जबकि सब्सिडी हकदारी के अनुसार उनके बैंक खातों में सीधे जमा की जा रही है। इस योजना का उद्देश्य यह सुनिश्चित करना है कि एलपीजी पर सब्सिडी इच्छुक लाभार्थियों तक पहुंचे। सरकार ने 'गिव-इट-अप' अभियान भी आरंभ किया है। इसके तहत सुसंपन्न एलपीजी उपभोक्ताओं से स्वेच्छा से एलपीजी सब्सिडी छोड़ देने को कहा गया है। प्रत्येक 'गिव इट अप' उपभोक्ता पर, एक बीपीएल परिवार को एक प्रतिभूति जमा राशि-मुक्त कनेक्शन (गिव बैक स्कीम) प्रदान किया गया है।

पेट्रोलियम उत्पादों का उत्पादन और खपत

वर्ष 2016-17 में पेट्रोलियम उत्पादों का उत्पादन लक्ष्य 238.075 एमएमटी रखा गया है जबकि इसकी तुलना में 2015.16 में 231.924 एमएमटी का उत्पादन हुआ था। अप्रैल-नवंबर 2016 के दौरान 160.634 एमएमटी पेट्रोलियम उत्पादों का उत्पादन हुआ, जोकि गत वर्ष इसी अवधि के दौरान हुए 150.296 एमएमटी उत्पादन से 6.88 प्रतिशत अधिक था।

विदेशी प्रत्यक्ष निवेश अंतर्वाह

इस क्षेत्र में विदेशी प्रत्यक्ष निवेश (एफडीआई) को आकर्षित करने के लिए एफडीआई नीति को और अधिक उदार बनाया गया है। केंद्रीय सार्वजनिक क्षेत्र के उद्यमों द्वारा पेट्रोलियम रिफाइनिंग के लिए एफडीआई की अनुमति विदेशी निवश संवर्धन बोर्ड के माध्यम से मंजूरी लेने की बजाय स्वचालित रूट के अंतर्गत 49 प्रतिशत तक विदेशी इक्विटी की अनुमति है। यह देखा जा सकता है कि पिछले वर्षों के दौरान पेट्रोलियम तथा प्राकृतिक गैस के क्षेत्र में एफडीआई के अंतर्वाह में उल्लेखनीय अंतर रहा है, जो कम से कम इस क्षेत्र में निवेश की अधिकता के कारण हो सकता है। वर्ष 2011-12 में 9955.17 करोड़ रुपये का अधिकतम एफडीआई अंतर्वाह प्राप्त हुआ जोकि अर्थव्यवस्था में कुल एफडीआई अंतर्वाह का 6.03 प्रतिशत था।

तेल एवं प्राकृतिक गैस निगम लिमिटेड

कच्चे तेल, प्राकृतिक गैस और मूल्यवर्धित उत्पादों के उत्पादन में संलग्न तेल एवं प्राकृतिक गैस निगम लिमिटेड (ओएनजीसी) को 1993 में सांविधिक आयोग को पब्लिक लिमिटेड कंपनी के रूप में बदलने के भारत सरकार के फैसले के अनुसार संसद के एक अधिनियम (तेल एवं प्राकृतिक गैस आयोग (उपक्रम हस्तांतरण एवं निरस्त अधिनियम, 1993) के माध्यम से कंपनी अधिनियम 1956 के तहत निगमित किया गया।

ओएनजीसी विदेश लिमिटेड

ओएनजीसी विदेश लिमिटेड (ओवीएल) विदेशों में तेल और गैस के अन्वेषण और उत्पादन में संलग्न है। अंतरराष्ट्रीय अन्वेषण और उत्पादन के कारोबार के संचालन के लिए 1965 में हाइड्रोकार्बन्स इंडिया प्राईवेट लिमिटेड के रूप में ओवीएल की स्थापना की गई थी। 1989 से इस कंपनी का नाम बदल कर ओएनजीसी विदेश लिमिटेड (ओवीएल) कर दिया गया था। कंपनी ने प्रत्यक्ष रूप से या पूर्ण स्वामित्व वाली अपनी अनुषंगी कंपनियों/संयुक्त उद्यम कंपनियों के माध्यम से 15 देशों की 30 परियोजनाओं में हिस्सा लिया, जिनमें से 9 परियोजनाओं का संचालन ओवीएल ने किया, 7 परियोजनाओं का संचालन संयुक्त रूप से किया गया तथा 14 परियोजनाएं भागीदारी हित के माध्यम से संचालित की गईं। वर्तमान में, ओवीएल आठ देशों में 10 परियोजनाओं के माध्यम से तेल और गैस का उत्पादन कर रही है, इनमें रूस (सखालिन-1 तथा इंपीरियल एनर्जी), सीरिया (अल-फुरत पेट्रोलियम कंपनी), वियतनाम (ब्लॉक 06.1), कोलंबिया (एमईसीएल), सूडान (ग्रेटर नाइल पेट्रोलियम ऑपरेटिंग कंपनी), दक्षिण सूडान (ग्रेटर पायनियर ऑपरेटिंग कंपनी और सुड पेट्रोलियम ऑपरेटिंग कंपनी), वेनेजुएला (सान क्रिस्टोबल) और ब्राजील (बीसी-10) शामिल हैं। इसके अलावा, 5 परियोजनाओं में हाइड्रोकार्बन्स की खोज की गई है और वे विकास की विविध अवस्थाओं में हैं और 15 अन्वेषण की विविध अवस्थाओं में हैं।

ऑयल इंडिया लिमिटेड

भारत सरकार का उद्यम, ऑयल इंडिया लिमिटेड (ओआईएल) कच्चे तेल और प्राकृतिक गैस के अन्वेषण, उत्पादन और परिवहन के व्यवसाय में संलग्न है। ऑयल इंडिया प्राइवेट लिमिटेड की स्थापना 1959 को असम के नहारकटिया और मोरान के नए खोजे गए तेल क्षेत्रों के विस्तार और विकास के लिए की गई थी। 1961 में ओआईएल, भारत सरकार और बर्मा ऑयल कंपनी लिमिटेड यूके की संयुक्त उद्यम बन गई। 1981 में ओआईएल भारत सरकार के पूर्ण स्वामित्व वाला उपक्रम बन गई।

देश में इसके संचालन क्षेत्र असम, अरूणाचल प्रदेश, मिजोरम, बिहार, आंध्र प्रदेश, पुदुचेरी, अंडमान और राजस्थान में फैले हैं। ओआईएल की उपस्थिति नौ देशों यथा– वेनेजुएला, लीबिया, गैबॉन, ईरान, नाइजीरिया, यमन, सूडान, तिमोर लेस्ट और मिस्र में है, जहां यह विभिन्न गतिविधियों में संलग्न है।

इसके अलावा नुमालीगढ़, गुवाहाटी और बोंगाइगांव तेल शोधन इकाइयों की जरूरतें पूरी करने के लिए ओआईएल देश के पूर्वोत्तर हिस्से में कच्चे तेल के परिवहन के लिए ट्रंक क्रूड ऑयल पाइपलाइन का प्रचालन करती है। इस पाइपलाइन का स्वामित्व भी उसी के पास है। दिग्बोई तेलशोधन इकाई की जरूरतें पूरी करने के लिए एक ब्रांच लाइन का स्वामित्व और उसके प्रचालन का दायित्व भी ओआईएल के पास है।

वेबसाइट: www.oil-india.com

गैस अथॉरिटी ऑफ इंडिया लिमिटेड

अतीत में गैस अथॉरिटी ऑफ इंडिया लिमिटेड के नाम से विख्यात रही गेल इंडिया लिमिटेड का 1984 में निगमन हुआ। इसके साथ ही देश में प्राकृतिक गैस के एक नये युग की शुरुआत हुई। प्राकृतिक गैस ट्रांसमिशन कंपनी के रूप में शुरुआत कर के आज यह एक एकीकृत ऊर्जा कंपनी है, जिसने प्राकृतिक गैस की उपयोगी शृंखलाओं के साथ अंतरराष्ट्रीय स्तर पर अपनी छाप छोड़ी है। गैस ट्रांसमिशन कंपनी के रूप में शुरू करके विगत वर्षों में इसने 8700 कि.मी. से भी लंबी पाइपलाइन के विशाल नेटवर्क का निर्माण किया। देश की प्रमुख एकीकृत गैस कंपनी के रूप में अपनी स्थिति मजबूत बनाते हुए गेल एलएनजी आयात का बुनियादी ढांचा तैयार किया है और वह शहर में गैस वितरण, पेट्रोकेमिकल्स के कारोबार, गैस उपयोगी शृंखलाओं में अत्यधिक अंतर वाले डाउनस्ट्रीम क्षेत्रों में विविधता हासिल कर और नवीकरणीय कारोबार वाला पोर्टफोलियो तैयार करने जैसे क्षेत्रों पर ध्यान दे रही है।

वेबसाइट: www.gailonline.com

पेट्रोलियम उत्पादों की कीमत

पेट्रोलियम उत्पादों की प्रशासित मूल्य प्रणाली (एडमिनिस्टर्ड प्राइसिंग मेकेनिज्म) या लागत जमा मूल्य प्रणाली (कॉस्ट प्लस प्राइसिंग) 1976 में लागू की गई थी। यह प्रणाली भारत में तेल क्षेत्र नियंत्रण से मुक्त किए जाने के परिणामस्वरूप 2002 से खत्म कर दी गई। सरकार ने अधिसूचित किया कि पीडीएस मिट्टी के तेल और घरेलू एलपीजी को छोड़कर पेट्रोलियम के सभी उत्पादों की कीमत बाजार द्वारा निर्धारित होगी। रंगराजन समिति की अनुशंसाओं के आधार पर जून 2006 में सरकार ने पेट्रोल और डीजल की मूल्य प्रणाली को आयात समरूपता से बदलकर कारोबार समरूप बना दिया (कारोबार समरूपता 80:20 के अनुपात में आयात समरूपता और निर्यात समरूपता कीमतों का नापा हुआ औसत

है) जबकि पीडीएस मिट्टी के तेल और घरेलू एलपीजी की मूल्य प्रणाली आयात समरूपता आधार पर बनी रहेगी।

इंडियन ऑयल कारपोरेशन लिमिटेड

इंडियन ऑयल कारपोरेशन लिमिटेड (इंडियन ऑयल) भारत की अग्रणी राष्ट्रीय तेल कंपनी है और इसके व्यापारिक हित समस्त हाईड्रोकार्बन मूल्य शृंखला में व्याप्त हैं- जिसमें तेलशोधन, पाइपलाइन परिवहन और पेट्रोलियम उत्पादों के विपणन से लेकर कच्चे तेल और गैस का अन्वेषण तथा उत्पादन, प्राकृतिक गैस और पेट्रोकेमिकल्स नवीकरणीय ऊर्जा और अब परमाणु ऊर्जा का विपणन शामिल है। भारत में 22 में से 10 रिफाइनरियों का स्वामित्व और प्रचालन इंडियन ऑयल समूह की कंपनियों द्वारा किया जाता है, जिनकी संयुक्त तेल शोधन क्षमता 213.2 मिलियन मीट्रिक टन प्रतिवर्ष है। पूरे भारत में इंडियन ऑयल के कच्चे तेल और उत्पाद पाइपलाइनों का नेटवर्क 10,909 किलोमीटर क्षेत्र में फैला है, जिसकी वाहक क्षमता 75.55 एमएमटीपीए कच्चा तेल और पेट्रोलियम उत्पाद तथा 96 एमएमएससीएमडी गैस है। यह नेटवर्क देश में सबसे बड़ा है, जो उपभोक्ताओं की महत्वपूर्ण ऊर्जा आवश्यकताओं को कार्यकुशलता, मितव्ययिता और पर्यावरण अनुकूल तरीके से पूरा करता है।

इंडियन ऑयल 38,000 से अधिक टच प्वाइंट्स वाले बेजोड़ नेटवर्क के माध्यम से कीमती पेट्रोलियम उत्पाद देशभर में पहुंचाती है, जिसका लगभग 52 प्रतिशत भाग उद्योगों की अवसंरचना में इस्तेमाल होता है। यह 20,000 से अधिक रिटेल आउटलेट्स वाले सबसे विशाल नेटवर्क का संचालन करती है। कारपोरेशन की इंडेन कुकिंग गैस 5934 इंडेन वितरकों के माध्यम से साढ़े छह करोड़ घरों तक पहुंचायी जाती है। 139 टर्मिनल और डिपो, 96 विमान ईंधन स्टेशन और 89 इंडेन बॉटलिंग प्लांट्स से आपूर्ति जरिए ये प्रयास संपन्न किए जाते हैं। उपभोक्ता समूह को सुविधाएं उपलब्ध कराने के लिए लगभग 6218 थोक उपभोक्ता पंप्स भी काम करते हैं, ताकि उन्हें उत्पाद और सामान अपनी दहलीज पर ही मिल सके।

विगत वर्षों के दौरान, इंडियन ऑयल ने, चेन्नई पेट्रोलियम कारपोरेशन लिमिटेड (सीपीसीएल) और बोंगाइगांव रिफाइनरी एंड पेट्रोकेमिकल्स लिमिटेड (बीआरपीएल) जैसी स्वतंत्र तेलशोधन इकाइयों को अपने दायरे में लाकर, असम ऑयल कंपनी (एओसी) और आईबीपी कंपनी लिमिटेड का विलय करते हुए तेलशोधन और विपणन गतिविधियों में समन्वय करके अपने प्रचालन में विस्तार किया है। श्रीलंका, मॉरिशस और संयुक्त अरब अमीरात (यूएई), में अपनी अनुषंगी कंपनियां स्थापित करने के साथ ही साथ इंडियन ऑयल एशिया और अफ्रीका के ऊर्जा बाजारों में नए कारोबारी अवसरों की तलाश भी कर रही है।

वेबसाइट: www.iocl.com

हिंदुस्तान पेट्रोलियम कारपोरेशन लिमिटेड

हिंदुस्तान पेट्रोलियम कारपोरेशन लिमिटेड (एचपीसीएल), सार्वजनिक क्षेत्र का एक विशाल उपक्रम है, जिसे 'नवरत्न'' का दर्जा प्राप्त है। इसकी दो मुख्य रिफाइनरियां हैं, एक रिफाइनरी, मुंबई (पश्चिमी तट) पर स्थित है जिसकी क्षमता 6.5 एमएमटीपीए है तथा दूसरी विशाखापट्टनम(पूर्वी तट) पर स्थित है और इसकी क्षमता 8.3 एमएमटीपीए है। ये रिफाइनरियां ईंधन, ल्यूब्रीकेंट्स, और विशिष्ट उत्पाद सहित व्यापक विविधता वाले पेट्रोलियम उत्पादों का निर्माण करती हैं। एचपीसीएल की मंगलूर रिफाइनरी एंड

पेट्रोकेमिकल्स लिमिटेड में 16.95 प्रतिशत की हिस्सेदारी है यह मंगलूर स्थित अत्याधुनिक रिफायनरी है, जिसकी सालाना क्षमता 9.69 एमएमटीपीए है। एचपीसीएल ने पंजाब के बठिंडा में मित्तल एनर्जी इंवेस्टमेन्ट्स प्रा. लि. के साथ एक संयुक्त उद्यम द्वारा 9 मिलियन टन क्षमता की अत्याधुनिक ग्रीनफील्ड रिफाइनरी का भी निर्माण कराया है। इस परियोजना को 2012 में चालू कर दिया गया।

एचपीसीएल के विशाल विपणन नेटवर्क में मुख्य शहरों में 13 आंचलिक कार्यालय एवं 101 क्षेत्रीय कार्यालय हैं, जिनकी सहायक टर्मिनल्ज, पाइपलाइन नेटवर्क्स, विमानन सेवा सुविधाओं, एलपीजी बॉटलिंग संयंत्रों, ल्यूब फिलिंग प्लांट्स, आंतरिक रिले डिपो आदि जैसी आपूर्ति एवं वितरण की बुनियादी सुविधाएं हैं। एचपीसीएल के पास अपने मूलभूत कारोबार की सहायता के लिए अत्याधुनिक सूचना प्रौद्योगिकी है। इसका डाटा सेंटर हैदराबाद की हाईटेक सिटी में है।
वेबसाइट: www.hindustanpetroleum.com

भारत पेट्रोलियम कारपोरेशन लिमिटेड

भारत पेट्रोलियम कारपोरेशन लिमिटेड (बीपीसीएल) डाउनस्ट्रीम सेक्टर की एक एकीकृत तेल कंपनी है, जो कच्चे तेल के शोधन तथा पेट्रोलियम उत्पादों के विपणन में संलग्न है। कंपनी ने पेट्रोकैमिकल फीडस्टॉक के उत्पादन और विपणन में भी विविधता उत्पन्न की है। बीपीसीएल की रिफाइनरियां मुंबई और कोच्चि में हैं, जिनकी मिश्रित शोधन क्षमता 21.5 एमएमटीपीए है। दोनों रिफाइनरियां एकीकृत प्रबंधन प्रणाली (आईएमएस) के तहत प्रमाणित हैं, जिसका लक्ष्य आईएसओ 9001, आईएसओ 14001 और ओएचएसएएस 18001 के अंतर्गत व्यक्तिगत प्रबंधन प्रणालियों को मिलाते हुए गुणवत्ता, वातावरण, स्वास्थ्य और सुरक्षा के लिए प्रतिबद्धता दर्शाते हुए प्रॉसेसिज, इंटरफेसिज, संरचना एवं प्रलेखन प्रणालियों में एकीकृत रवैया अपनाना है।

बीपीसीएल का प्रमुख भंडारण प्रतिष्ठानों और डिपो, एलपीजी बॉटलिंग प्लांट्स, 1938 किलोमीटर (संयुक्त उद्यम कंपनी पेट्रोनेट सीसीके लिमिटेड द्वारा स्थापित 292 किलोमीटर पाइपलाइन सहित) क्रॉस-कंट्री पाइपलाइन और 2 ल्यूब्रीकेंट ब्लैंडिंग प्लांट्स वाला सशक्त वितरण नेटवर्क है।

कोयला

कोयला मंत्रालय (एमओसी) कोयला तथा लिग्नाइट के भंडारों के अन्वेषण और विकास के संबंध में नीतियों का निर्धारण करने, उच्च मूल्य की महत्वपूर्ण परियोजनाओं को स्वीकृत करने और सभी संबद्ध मामलों का निर्णय करने के लिए समग्र रूप से उत्तरदायी है। इन महत्वपूर्ण कार्यों का निर्वहन सार्वजनिक क्षेत्र के इसके उपक्रमों अर्थात कोल इंडिया लि. (सीआईएल), नेयवेली लिग्नाइट कारपोरेशन लि. (एनएलसी) तथा सिंगरेनी कोलियरीज कंपनी लि. (एससीसीएल), जो तेलंगाना राज्य सरकार तथा भारत सरकार का एक संयुक्त उद्यम है तथा जिसमें इक्विटी पूंजी का अनुपात 51:49 है, के माध्यम से किया जाता है।

भारत में कोयला भंडार

भारतीय भूगर्भ सर्वेक्षण के अनुमान के अनुसार भारत में कोयले का भंडार, 308.802 बिलियन टन है। यह कोयला भंडार मुख्य रूप से झारखंड, ओडिशा, छत्तीसगढ़, पश्चिम बंगाल, मध्य प्रदेश, तेलंगाना और महाराष्ट्र में है।

भारत में लिग्नाइट भंडार

भारतीय भू-वैज्ञानिक सर्वेक्षण द्वारा देश में लिग्नाइट भंडारों का अनुमान लगभग 44.59 बिलियन टन लगाया गया है। प्रमुख भंडार तमिलनाडु में और उसके बाद राजस्थान, गुजरात, केरल, पश्चिम बंगाल, जम्मू-कश्मीर तथा संघ राज्य क्षेत्र पुदुचेरी में पाए जाते हैं।

कोयला उत्पादन

2016-17 के दौरान भारत में कोयले के समग्र उत्पादन का अनुमान 724.71 मि.टन लगाया गया था। अप्रैल-दिसंबर 2016 की अवधि के 453.10 मि.टन (एमटी) वास्तविक उत्पादन की तुलना में 2015-16 की अवधि में 445.42 मि.टन रहा जो 1.7 प्रतिशत की वृद्धि को दर्शाता है।

कोल इंडिया लिमिटेड

कोल इंडिया लिमिटेड (सीआईएल) कोयला मंत्रालय, भारत सरकार, के अंतर्गत 'महारत्न' कंपनी है, जिसका मुख्यालय कोलकाता, पश्चिम बंगाल में है। सीआईएल दुनिया में अकेली सबसे बड़ी कोयला उत्पादक कंपनी है और 3,46,638 कर्मचारियों के साथ विशालतम कारपोरेट नियोक्ताओं में से एक है। सीआईएल भारत के 8 राज्यों में फैले 82 खनन क्षेत्रों के जरिए संचालन करती है। कोल इंडिया लिमिटेड की 429 खदानें हैं, जिनमें से 237 भूमिगत, 166 खुली खदानें और 26 मिश्रित खदानें हैं। कोलकाता में अपने मुख्यालय के साथ कोल इंडिया लिमिटेड (सीआईएल), कोयला मंत्रालय के प्रशासनिक नियंत्रण वाली कोयला उद्योग की शीर्ष संस्था है। सीआईएल 7 पूर्ण स्वामित्व वाली कोयला उत्पादक अनुषंगियों और एक खान आयोजना एवं परामर्शी कंपनी के साथ नियंत्रक कंपनी है। यह कोयला रिजर्व की पहचान, अपनी खानों से कोयला निकालने के लिए विस्तृत अन्वेषण के बाद उनकी योजना एवं कार्यान्वयन और संचालन सहित व्यापक कार्य करती है। इसकी उत्पादक कंपनियों में: ईस्टर्न कोलफील्ड्स लिमिटेड (ईसीएल), सैंक्टोरिया, पश्चिम बंगाल, भारत कोकिंग कोल लिमिटेड (बीसीसीएल), धनबाद, झारखंड, सेंट्रल कोलफील्ड्स लिमिटेड (सीसीएल), रांची, झारखंड, साउथ ईस्टर्न कोलफील्ड्स लिमिटेड (एसईसीएल), बिलासपुर, छत्तीसगढ़, वेस्टर्न कोलफील्ड्स लिमिटेड (डब्ल्यूसीएल), नागपुर, महाराष्ट्र, नॉर्दर्न कोलफील्ड्स लिमिटेड (एनसीएल), सिंगरौली, मध्य प्रदेश, महानदी कोलफील्ड्स् लिमिटेड (एमसीएल), संबलपुर, ओडिशा, हैं। परामर्शदाता कंपनी सेंट्रल माइन प्लानिंग एंड डिजाइन इंस्टीट्यूट लिमिटेड (सीएमपीडीआईएल), रांची झारखंड शामिल हैं।
वेबसाइट: www.coalindia.in

नेवेली लिग्नाइट कारपोरेशन लिमिटेड

नेवेली लिग्नाइट कारपोरेशन लिमिटेड (एनएलसी) का कंपनी के रूप में पंजीयन 1956 में हुआ था। माइन-I में खनन कार्य औपचारिक रूप से 1957 को शुरू हुआ। नेवेली लिग्नाइट कारपोरेशन को 2011 से 'नवरत्न' का दर्जा प्राप्त है। इसका पंजीकृत कार्यालय चेन्नई में और कारपोरेट कार्यालय तमिलनाडु के नेवेली में है। यह ऊर्जा क्षेत्र के सार्वजनिक क्षेत्र के उपक्रमों में अग्रणी है। एनएलसी नेवेली में सालाना 28.5 मिलियन टन की कुल क्षमता वाली लिग्नाइट की तीन खुली खादानों और बडसिंगार, राजस्थान में सालाना 2.1 मिलियन टन की कुल क्षमता वाली एक खुली खदान का संचालन करती है। वह नेवेली में 2,490 मेगावॉट की कुल स्थापित क्षमता के साथ तीन ताप बिजली घरों और बडसिंगार, राजस्थान में 250 मेगावॉट की कुल स्थापित क्षमता के साथ एक ताप बिजली घर का संचालन करती है। एनएलसी

की सभी खानों को गुणवत्ता प्रबंधन प्रणाली, पर्यावरण प्रबंधन प्रणाली और व्यावसायिक स्वास्थ्य तथा सुरक्षा प्रणाली के लिए आईएसओ प्रमाण-पत्र प्राप्त है। एनएलसी के सभी बिजली घर भी गुणवत्ता प्रबंधन प्रणाली, पर्यावरण प्रबंधन प्रणाली के लिए आईएसओ प्रमाणित हैं। एनएलसी की प्रगति निरंतर जारी है और भारत के सामाजिक आर्थिक विकास में इसका महत्वपूर्ण योगदान है।

वेबसाइट: www.nlcindia.com

नवीन एवं नवीकरणीय ऊर्जा

नवीन और नवीकरणीय ऊर्जा मंत्रालय, नवीन और नवीकरणीय ऊर्जा से संबंधित सभी मामलों के लिए संघीय स्तर पर नोडल मंत्रालय है। यह मंत्रालय रोशनी, खाना पकाने और मोटिव विद्युत के लिए ग्रामीण क्षेत्रों के लिए नवीकरणीय विद्युत, नवीकरणीय ऊर्जा का दोहन करने, शहरी, औद्योगिक और वाणिज्यिक अनुप्रयोगों में नवीकरणीय ऊर्जा का उपयोग करने और वैकल्पिक ईंधनों और अनुप्रयोगों के विकास समेत व्यापक विषयों वाले कार्यक्रम के कार्यान्वयन को सुकर बनाता रहा है।

भारतीय नवीकरणीय ऊर्जा परिदृश्य

पिछले कुछ वर्षों देश में नवीकरणीय ऊर्जा क्षेत्र, ग्रिड से जुड़ी विद्युत उत्पादन क्षमता के क्षेत्र में महत्वपूर्ण प्रतियोगी के रूप में उभरा है। यह राष्ट्र की ऊर्जा संबंधी जरूरतों को पूरा करने के समाधान के अभिन्न अंग और ऊर्जा तक पहुंच दिलाने के अनिवार्य प्रतिभागी के रूप में उभरते हुए सरकार के सतत वृद्धि के एजेंडे का समर्थन करता है। यह महसूस किया जा चुका है कि ऊर्जा सुरक्षा प्राप्त करने और ऊर्जा आयोजना प्रक्रिया का अभिन्न अंग बनने के लिए नवीकरणीय ऊर्जा को आने वाले वर्षों में काफी गहन भूमिका निभानी होगी। पिछले कुछ वर्षों के दौरान भारत में नवीकरणीय ऊर्जा क्षेत्र के परिदृश्य में सौर ऊर्जा का योगदान बढ़ाने की त्वरित और महत्वाकांक्षी योजनाओं सहित नीतिगत प्रारूप कई बदलाव आए हैं। ऐसी अवधारणा है कि नवीकरणीय ऊर्जा अब महत्वपूर्ण भूमिका निभा सकती है, साथ ही अब प्रौद्योगिकियों में भी ऐसा कर दिखाने का विश्वास और क्षमता है। राष्ट्रीय सौर मिशन के दायरे को व्यापक बनाया जाना दोनों का प्रतीक है और यह वस्तुतः भविष्य के लिए दृष्टि और महत्वाकांक्षा को संपुटित करता है।

विकास के मुख्य वाहक

वर्तमान में भारत की लगभग 69.5 प्रतिशत विद्युत उत्पादन क्षमता कोयले पर आधारित है। इसके अलावा आयातित तेल पर भारत की बढ़ती निर्भरता की बदौलत उसकी कुल ऊर्जा जरूरतों का लगभग 33 प्रतिशत आयात से पूरी हो रही हैं।

भारत को अपने समस्त नागरिकों के लिए ऊर्जा के विश्वसनीय और आधुनिक स्वरूपों की उपलब्धता सुनिश्चित करने की चुनौती का सामना करना पड़ रहा है। लगभग 85 प्रतिशत ग्रामीण परिवार खाना पकाने की अपनी जरूरतें पूरी करने के लिए ठोस ईंधन पर निर्भर करते हैं और केवल 55 प्रतिशत ग्रामीण परिवारों की ही बिजली तक पहुंच हैं। हालांकि इतनी कम पहुंच के बावजूद, ज्यादातर ग्रामीण परिवारों को बिजली आपूर्ति की गुणवत्ता और निरंतरता से संबंधित समस्याओं का सामना करना पड़ता है। बिजली की कमी के कारण मिट्टी के तेल का बड़े पैमाने पर इस्तेमाल होता है। इसमें कमी किए जाने की जरूरत है, क्योंकि इसके कारण सब्सिडी और आयात पर निर्भरता बढ़ती है, जिसके परिणामस्वरूप विदेशी मुद्रा भंडार पर दबाव पड़ता है।

भारत ने 2030 तक अपने जीडीपी की उत्सर्जन गहनता में 2005 के स्तर से 33-35 प्रतिशत तक कमी लाने की स्वेच्छा से प्रतिबद्धता व्यक्त की है। हाल ही पेरिस में संपन्न जलवायु परिवर्तन पर संयुक्त राष्ट्र समझौते का प्रारूप(यूएनएफसीसीसी) के 21 वें सम्मेलन में भारत ने प्रौद्योगिकी के हस्तांतरण और हरित जलवायु कोष (जीसीएफ) सहित कम लागत वाले अंतरराष्ट्रीय ऋण की मदद से वर्ष 2030 तक अपनी लगभग 40 प्रतिशत संचयी इलेक्ट्रिक विद्युत संस्थापित क्षमता गैर-जीवाश्म ईंधन आधारित ऊर्जा संसाधनों से प्राप्त करने की प्रतिबद्धता व्यक्त की है।

नवीकरणीय ऊर्जा संभावनाएं

भारत में नवीकरणीय ऊर्जा की संभावनाएं व्यावसायिक तौर पर दोहन किए जा सकने वाले स्रोतों अर्थात वायु-102 गीगावॉट (खंबे की 80 मीटर की ऊंचाई से), लघु हाइड्रो-20 गीगावॉट, जैव ऊर्जा-25 गीगावॉट और सौर ऊर्जा-750 गीगावॉट, 3 प्रतिशत बंजर भूमि उपलब्ध मानते हुए अनुमानित तौर पर लगभग 900 गीगावॉट है। मंत्रालय ने 2014 में राष्ट्रीय स्वच्छ ऊर्जा कोष (एनसीईएफ) के अंतर्गत देशभर में 500 नए स्टेशनों में 100 मीटर स्तर पर वास्तविक संभावनाओं का आकलन करने के लक्ष्य से कवर नहीं किए गए/नए क्षेत्रों में पवन संसाधन आकलन के कार्यान्वयन के लिए नई पहल की। राष्ट्रीय पवन ऊर्जा संस्थान ने अत्याधुनिक मॉडलिंग तकनीकों का उपयोग किया है और 100 मीटर की ऊंचाई पर पवन ऊर्जा की संभावनाओं के आकलन को संशोधित करते हुए इसे 302 मेगावॉट पाया गया है।

नवीकरणीय ऊर्जा में सार्वभौमिक ऊर्जा पहुंच में प्रवेश करने की अपार संभावनाएं मौजूद हैं। बिजली से वंचित या बिजली की कमी का सामना करने वाले गांवों और कस्बों को बिजली उपलब्ध कराने की दिशा में नवीकरणीय ऊर्जा विकेंद्रीयकृत या स्वचालित मोड के रूप में, एक समुचित, बढ़ने वाला और व्यवहार्य समाधान है। 1.2 मिलियन से ज्यादा परिवार अपनी प्रकाश संबंधी जरूरतों को पूरा करने के लिए सौर ऊर्जा का उपयोग कर रहे हैं और लगभग इतने ही परिवार खाना पकाने संबंधी जरूरतें बायोगैस संयंत्रों के माध्यम से पूरी कर रहे हैं। सोलर फोटोवोल्टिक (पीवी) पॉवर सिस्टम्स का उपयोग अनेक प्रकार के अनुप्रयोगों जैसे ग्रामीण विद्युतीकरण, रेलवे सिग्नलिंग, माइक्रोवेव रिपीटर्स, मोबाइल टॉवर्स, टीवी ट्रांसमिशन और रिस्पेशन में किया जा रहा है और वे सीमा चौकियों को भी बिजली उपलब्ध करा रहे हैं।

देश में नवीकरणीय ऊर्जा के आंकड़ों को नियमित तौर पर अद्यतन किया जाता है। राष्ट्रीय पवन ऊर्जा संस्थान (एनआईडब्ल्यूई) ने भारत की पवन एटलस का निर्माण किया है। इस संस्थान को पहले पवन ऊर्जा प्रौद्योगिकी केंद्र के नाम से जाना जाता था। एनआईडब्ल्यूई सौर विकिरण की उपलब्धता का आकलन और उसकी मात्रा का निर्धारण करने तथा देश में सौर एटलस का निर्माण करने के लिए सौर विकिरण संसाधन आकलन केंद्रों से भी आंकड़े एकत्र करता है। राष्ट्रीय सौर ऊर्जा संस्थान ने सौर पीवी मॉडल्यूस द्वारा कवर की जाने वाली बंजर भूमि के 3 प्रतिशत भाग के साथ राज्य वार सौर क्षमता का आकलन किया है। राष्ट्रीय विज्ञान संस्थान, बंगलुरु ने भारत की बायोमास एटलस तैयार की है और वैकल्पिक पन ऊर्जा केंद्र, भारतीय प्रौद्योगिकी संस्थान, रुड़की ने देश की लघु पन क्षमताओं का आकलन किया है।

राष्ट्रीय सौर मिशन

कुल 330 मेगावॉट क्षमता वाली 26 एसपीवी परियोजनाएं चालू की गई हैं। इस प्रकार बंडलिंग स्कीम के अंतर्गत 523 मेगावॉट सौर पीवी परियोजनाएं एवं 202.5 मेगावॉट सौर तापीय विद्युत परियोजनाएं चालू की गई हैं। 100 एसपीवी विद्युत संयंत्रों के अंतर्गत 98 मेगावॉट क्षमता वाली परियोजनाओं की स्थापना के लिए 12 राज्यों से 78 परियोजनाओं का चयन किया गया है। इसके लिए 90.80 मेगावॉट की कुल क्षमता वाली 71 परियोजनाओं को ग्रिड से जोड़ा गया है। विलम्ब होने/एनवीवीएन को राज्य की कंपनियों द्वारा की गई खरीद के भुगतान में चूक होने की स्थिति में डेवलपर्स को समय पर भुगतान सुनिश्चित कराने के लिए 486 करोड़ रुपये की परिक्रामी निधि (रिवॉल्विंग फंड) वाली एक भुगतान सुरक्षा व्यवस्था लागू की गई है।

ग्रामीण अनुप्रयोगों के लिए नवीकरणीय ऊर्जा

स्वीकृत मॉडल्स वाले 35,000 से अधिक बायोगैस संयत्र मंत्रालय की वित्तीय सहायता से देशभर में स्थापित किए गए हैं। इसके साथ ही देश के समस्त राज्यों और केंद्रशासित प्रदेशों में संचयी स्थापना 49.40 लाख बायोगैस संयत्र हो गई है।

राष्ट्रीय बायोगैस चूल्हे संबंधी पहल के अंतर्गत, घरेलू और आंगनवाड़ी, स्कूलों, जनजातीय छात्रावासों में मध्याह्न भोजन योजना के तहत बड़े स्तर पर खाना पकाने के लिए बेहतर बायोमास चूल्हे लगाने के लिए कई प्रायोगिक परियोजनाएं शुरू की गईं। उन्नत चूल्हा अभियान के अंतर्गत शुरू की गई परियोजनाएं अब सीडीएम व्यवस्था के अंतर्गत कार्बन क्रेडिट्स के लिए उपयुक्त है। साथ ही नवीन एवं नवीकरणीय ऊर्जा मंत्रालय के जालंधर, पंजाब स्थित स्वायत्त संस्थान सरदार स्वर्ण सिंह राष्ट्रीय नवीकरणीय ऊर्जा संस्थान (एसएसएस–एनआईआरई) को समन्वयन और प्रबंधन संस्था (सीएमई) नामित किया गया है।

सौर शहर कार्यक्रम

सौर शहर कार्यक्रम के विकास के अंतर्गत मंत्रालय शहर में ऊर्जा दक्षता और नवीकरणीय ऊर्जा की आपूर्ति बढ़ाने के लिए नगर निगमों और शहरी स्थानीय निकायों को मास्टर प्लान तैयार करने में सहायता प्रदान करता है।

12 पर्यावरण

पर्यावरण, वन एवं जलवायु परिवर्तन मंत्रालय केंद्र सरकार की नोडल एजेंसी है, जो झीलों तथा नदियों समेत देश के प्राकृतिक संसाधनों, इसकी जैव विविधता, वनों तथा वन्यजीवन के संरक्षण से संबंधित पर्यावरण एवं वन नीतियों तथा कार्यक्रमों का क्रियान्वयन देखती है ताकि प्राणियों का कल्याण एवं प्रदूषण की रोकथाम तथा निवारण सुनिश्चित किया जा सके। मंत्रालय सतत विकास के सिद्धांतों पर चलते हुए इन नीतियों तथा कार्यक्रमों का क्रियान्वयन करता है। मंत्रालय संयुक्त राष्ट्र पर्यावरण कार्यक्रम (यूएनईपी), दक्षिण एशिया सहकारी पर्यावरण कार्यक्रम (एसएसीईपी), अंतरराष्ट्रीय एकीकृत पर्वत विकास केंद्र (आईसीआईएमओडी) और संयुक्त राष्ट्र पर्यावरण एवं विकास सम्मेलन (यूएनसीईडी) की भी नोडल एजेंसी है। पर्यावरण से जुड़े मामलों में मंत्रालय सतत विकास आयोग (सीएसडी), ग्लोबल एंवायरमेंट फैसिलिटी (जीईएफ) और एशिया तथा प्रशांत आर्थिक एवं सामाजिक परिषद (एस्कैप) व दक्षिण एशियाई क्षेत्रीय सहयोग संघ (दक्षेस) जैसी बहुपक्षीय संस्थाओं के साथ भी समन्वय करता है।

भारतीय वनस्पति सर्वेक्षण

भारतीय वनस्पति सर्वेक्षण (वीएसआई) देश के जंगली पादप संसाधनों के वर्गीकरण तथा फूलों के अध्ययन हेतु भारत सरकार के पर्यावरण, वन एवं जलवायु परिवर्तन मंत्रालय के अधीन शीर्ष अनुसंधान संगठन है। देश के पादप संसाधनों की तलाश करने तथा आर्थिक महत्व वाली पादप प्रजातियों को पहचानने के बुनियादी उद्देश्य के साथ इसकी स्थापना 1890 में की गई थी। कोलकाता में 'रॉयल बॉटेनिकल गार्डन' के तत्कालीन अधीक्षक सर जॉर्ज किंग को बीएसआई का पहला पदेन मानद निदेशक नियुक्त किया गया था। आजादी के बाद 1954 में भारत सरकार ने देश के वैज्ञानिक विकास के हिस्से के रूप में विभाग का पुनर्गठन किया। बाद में पंचवर्षीय योजनाओं के दौरान बीएसआई के कामकाज का आधार बढ़ा दिया गया और उसमें कई अन्य गतिविधियां भी शामिल कर दी गईं, जैसे- स्थानीय, दुर्लभ तथा जोखिम में पड़ी पादप प्रजातियों की सूची बनाना, संरक्षण की रणनीतियां तैयार करना, वन्यजीव अभयारण्य, राष्ट्रीय उद्यान एवं जीवमंडल संरक्षण स्थल जैसे दुर्बल पारितंत्रों एवं संरक्षित क्षेत्रों का अध्ययन करना, वनस्पति उद्यानों तथा ऑर्किड उद्यानों में स्थानीय तथा जोखिम में पड़ी पादप प्रजातियों, जंगली सजावटी पौधों को बढ़ाना तथा संवारना, पौधों से संबंधित पारंपरिक ज्ञान को लिखकर रखना तथा हर्बेरियम के नमूनों/जीवित संग्रहों/वनस्पति के चित्रों/रेखाचित्रों, पौधों के वितरण एवं नामकरण, पौधों के उपयोग आदि का राष्ट्रीय डेटाबेस तैयार करना।

भारतीय प्राणी सर्वेक्षण

मंत्रालय के अधीन अग्रणी शोध संस्था भारतीय प्राणी सर्वेक्षण (जेडएसआई) को देश की सेवा करते हुए 100 वर्ष पूरे हो गए हैं। 1916 में अपनी स्थापना के बाद से ही इसने सर्वेक्षण, खोज एवं अनुसंधान का

काम किया है, जिससे देश की असाधारण रूप से समृद्ध प्राणी विविधता के बारे में हमारी जानकारी बढ़ी है। एक के बाद एक पंचवर्षीय योजनाओं के दौरान जेडएसआई का कामकाज भी लगातार बढ़ता गया और उसमें पर्यावरण पर प्राणियों के प्रभाव का आकलन; संरक्षण क्षेत्रों का सर्वेक्षण; लुप्तप्राय प्रजातियों की स्थिति का सर्वेक्षण; प्राणी संसाधनों के बारे में जानकारी का कंप्यूटरीकरण एवं डिजिटलीकरण; जैव विविधता पर पर्यावरण सूचना प्रणाली (एनविस); पहचान एवं परामर्श सेवाएं; नमूनों की नेशनल डेजिनेटेड रिपॉजिटरी; वन्यजीव (संरक्षण) अधिनियम, 1972 को लागू करने में सहायता करना; संरक्षण के बारे में जागरुकता फैलाने के लिए समुद्री जलीय जीवशाला एवं संग्रहालय की स्थापना आदि शामिल कर दिए गए। साथ ही यह राष्ट्रीय प्राणी संग्रहों के संरक्षक के रूप में भी काम करता है। इसका मुख्यालय कोलकाता में है और देश के विभिन्न हिस्सों में 16 क्षेत्रीय केंद्र हैं।

भारतीय वन सर्वेक्षण

भारतीय वन सर्वेक्षण (एफएसआई)मंत्रालय के अधीन राष्ट्रीय स्तर का संगठन है, जो नियमित अंतराल पर देश के वन संसाधनों का आकलन करता रहता है। भारतीय वन सर्वेक्षण की स्थापना 1981 में 'प्री-इन्वेस्टमेंट सर्वे ऑफ फॉरेस्ट रिसोर्सेज' (पीआईएसएफआर) के स्थान पर की गई। पीआईएसएफआर को भारत सरकार द्वारा 1965 में आरंभ किया गया था और यह एफएओ एवं यूनएडीपी द्वारा प्रायोजित था। पीआईएसएफआर का मुख्य उद्देश्य यह सुनिश्चित करना था कि देश के चुनिंदा क्षेत्रों में लकड़ी पर आधारित उद्योगों की स्थापना के लिए कच्चा माल मिलता रहे। 1976 में अपनी रिपोर्ट में राष्ट्रीय कृषि आयोग (एनसीए) ने सिफारिश की थी कि नियमित अंतराल पर देशभर में वन संसाधनों के समग्र सर्वेक्षण के जरिए विश्वसनीय जानकारी इकट्ठा करने हेतु राष्ट्रीय वन सर्वेक्षण संगठन की स्थापना की जाए। उसके बाद जून 1981 में पीआईएसएफआर का पुनर्गठन कर एफएसआई की स्थापना की गई। इसकी गतिविधियों की बारीकी से समीक्षा करने के बाद एफएसआई का अधिकार क्षेत्र बढ़ा दिया गया ताकि वह देश की तेजी से बदलती जरूरतों और आकांक्षाओं पर खरा उतर सके।

नवीन राष्ट्रीय वन सूची डिजाइन

राष्ट्रीय वन सूची के लिए फरवरी 2016 से एफएसआई ने नमूने की एक नई डिजाइन लागू की है। नई डिजाइन में ग्रिड पर आधारित है, पहले ही तरह जिलों पर आधारित नहीं। नई डिजाइन का प्रमुख लाभ यह है कि वन सूची की समीक्षा का समय 20 वर्ष से घटकर 5 वर्ष रह गया है ताकि बेहतर सटीकता के साथ राज्य स्तर पर अनुमान लगाए जा सकें। नई डिजाइन में एनटीएफपी, तेजी से फैलने वाली प्रजातियां, नमूने वाले प्लॉट के निकट जल की उपलब्धता जैसे कई नए पैमाने शामिल किए गए हैं।

वनाच्छादन का खाका बनाना

भारतीय वन सर्वेक्षण प्रत्येक दो वर्ष में उपग्रह से मिली जानकारी का विश्लेषण कर दो वर्ष में एक बार देश के वनाच्छादन का पता लगाता है और 'भारतीय वन स्थिति रिपोर्ट' के रूप में उसकी जानकारी पेश करता है। 1987 से 2015 तक 14 बार ऐसे आकलन किए जा चुके हैं। वनाच्छादन के साथ ही वनों के बाहर के वृक्षों (टीओएफ) की सूची से आंकड़े लेकर देशभर में वृक्षों के आवरण का भी आकलन किया जा रहा है। 2013 के आकलन की तुलना में देश के वनाच्छान में 3,775 वर्ग किलोमीटर और वृक्षों के आवरण में 1,306 वर्ग किमी की वृद्धि हुई है।

वनों की सूची

वनों तथा वनों के बाहर वृक्षों की सूची एफएसआई की दूसरी प्रमुख गतिविधि है। एफएसआई 2002 से ही राष्ट्रीय वन सूची (एनएफआई) के लिए नमूने की नई डिजाइन का प्रयोग कर रहा है। देश को प्राकृतिक भूगोल संबंधी 14 क्षेत्रों में बांटा गया है और इन क्षेत्रों से 60 जिलों को उनके आकार के अनुपात में छांटा गया ताकि दो-दो वर्ष में विस्तृत सूची तैयार की जा सके। सूची के लिए प्रत्येक चक्र के दौरान देशभर में फैले वन क्षेत्रों में 7,000 नमूना प्लॉट तैयार किए गए हैं। इस सूची का परिणाम राष्ट्रीय स्तर पर प्रजाति एवं व्यास के वर्ग के अनुसार बढ़ते वृक्षों का अनुमान प्रदान करता है। वनों की सूची के साथ ही वनों से बाहर के वृक्षों की सूची भी तैयार की जाती है ताकि प्रत्येक दो वर्ष में टीओएफ के बढ़ते भंडार का राष्ट्रीय अनुमान प्राप्त हो सके। टीओएफ क्षेत्रों में लगभग 10,000 नमूना प्लॉट तैयार किए गए हैं। हाल ही में टीओएफ संसाधनों की महत्ता बढ़ गई है क्योंकि लकड़ी पर आधारित उद्योगों और समाज की जरूरतें पूरी करने में उनकी भूमिका बढ़ गई है। टीओएफ सूची से पता चलता है कि टीओएफ क्षेत्रों में कितना भंडार बढ़ रहा है, टीओएफ से लकड़ी का कितना उत्पादन हो रहा है और वृक्षों का आवरण कितना है।

भारतीय वन स्थिति रिपोर्ट-2015 का प्रकाशन दिसंबर 2015 में किया गया था। इस रिपोर्ट में 'वृक्ष आवरण', 'बढ़ते भंडार' और 'विभिन्न प्रकार के वन समूहों में भारतीय वनों की महत्वपूर्ण विशेषताओं' पर अध्याय दिए गए हैं, जो वनों की सूची पर आधारित हैं। ये अध्याय वृक्ष आवरण, प्रजाति तथा व्यास के अनुसार बढ़ते भंडार, कार्बन भंडार के अनुमान तथा भारतीय वनों की विभिन्न विशेषताओं के संबंध में जानकारी प्रदान करते हैं। ये विशेषताएं मिट्टी की गहराई के वर्गों, ह्यूमस, मृदा जैविक कार्बन, मृदा अपरदन, वन्य वनस्पतियों, मृदा संघटन, वन्य श्रेणियों में महत्वपूर्ण वृक्ष प्रजातियों, दावानल, फसलों को हानि तथा बायोटिक प्रभाव आदि पर आधारित होती हैं।

इंटरनेशनल ट्रॉपिकल टिंबर ऑर्गनाइजेशन

संयुक्त राष्ट्र व्यापार एवं विकास सम्मेलन (अंकटाड) के तत्वावधान में इंटरनेशनल ट्रॉपिकल टिंबर एग्रीमेंट (आईआईटीए) किया गया ताकि ट्रॉपिकल लकड़ी का उत्पादन एवं खपत करने वाले देशों के बीच सहयोग एवं विचार-विमर्श का प्रभावी खाका तैयार किया जा सके; ट्रॉपिकल लकड़ी के अंतरराष्ट्रीय व्यापार में विस्तार तथा विविधता को एवं ट्रॉपिकल लकड़ी के बाजार की ढांचागत स्थितियों में सुधार को बढ़ावा दिया जा सके; वन प्रबंधन एवं लकड़ी के उपयोग को बेहतर करने के लिए अनुसंधान एवं विकास को बढ़ावा दिया जा सके और उसमें मदद की जा सके।

1983 के आईटीटीए के तहत इंटरनेशनल ट्रॉपिकल टिंबर ऑर्गनाइजेशन (आईटीटीओ) की स्थापना की गई, जिसका मुख्यालय योकोहामा, जापान में है। इसके तहत ट्रॉपिकल टिंबर के उत्पादक और उपभोक्ता देशों के बीच चर्चा, सूचनाओं के आदान-प्रदान तथा ट्रॉपिकल टिंबर के अंतरराष्ट्रीय व्यापार एवं उपयोग से संबंधित मुद्दों एवं इसके संसाधनों के टिकाऊ प्रबंधन पर नीति निर्माण हेतु खाका उपलब्ध कराया गया है। आईटीटीओ संबंधित परियोजनाओं के लिए सहायता भी प्रदान करता है।

फिलहाल आईटीटीओ के 73 सदस्य हैं, जिन्हें दो श्रेणियों में बांटा गया है: उत्पादक देश (35 सदस्य) और उपभोक्ता देश (38 सदस्य)। भारत आईटीटीओ का संस्थापक सदस्य (उत्पादक देश की श्रेणी में) है और इस संगठन का लक्ष्य उष्णकटिबंधीय (ट्रॉपिकल) जंगलों का संरक्षण करना और वानिकी के क्षेत्र में आर्थिक विकास के लिए देशों की सहायता करना है।

अंतरराष्ट्रीय बांस एवं बेंत नेटवर्क

अंतरराष्ट्रीय बांस एवं बेंत नेटवर्क (इनबार) अंतरसरकारी संगठन है, जिसकी स्थापना 1997 में की गई थी। इनबार बांस एवं बेंत के सामाजिक, आर्थिक तथा पर्यावरण संबंधी लाभों में वृद्धि के लिए समर्पित है। इनबार पर्यावरण एवं जैव विविधता के संरक्षण के लिए, गरीबी दूर करने के लिए और गरीबों के हित में अधिक निष्पक्ष व्यापार कराने के लिए बांस तथा बेंत के इस्तेमाल के नए तरीके तलाशने तथा दिखाने में अनूठी भूमिका निभाता है। इनबार 50 से भी अधिक देशों में सरकारी क्षेत्र, निजी क्षेत्र तथा अलाभकारी क्षेत्र से साझेदारों का वैश्विक नेटवर्क तैयार करता है ताकि बांस एवं बेंत के जरिए सतत विकास का वैश्विक एजेंडा परिभाषित एवं क्रियान्वित किया जा सके। इनबार के सदस्य के रूप में भारत को हर वर्ष इनबार के लिए वार्षिक योगदान करना होता है।

जैव विविधता संरक्षण

जैव विविधता संधि (सीबीडी) 1992 में रियो डि जेनेरो में संपन्न हुए पृथ्वी सम्मेलन के दौरान स्वीकार किए गए प्रमुख समझौतों में से एक है। सीबीडी के उद्देश्य हैं: जैव विविधता का संरक्षण, इसके घटकों का टिकाऊ इस्तेमाल तथा आनुवंशिक संसाधनों के इस्तेमाल से होने वाले लाभों की उचित एवं निष्पक्ष साझेदारी। 1994 में भारत द्वारा सीबीडी को अंगीकार किए जाने के बाद से संधि के तहत लिए गए संकल्पों को पूरा करने एवं संधि से मिल रहे अवसरों का लाभ उठाने के लिए कई कदम उठाए गए हैं। इन प्रयासों का उद्देश्य सीबीडी के त्रिस्तरीय उद्देश्यों के अनुरूप विधायी, प्रशासनिक तथा नीतिगत प्रणालियां लागू करना है। इस संधि के प्रावधानों को प्रभावी बनाने के लिए भारत ने 2002 में जैव विविधता अधिनियम लागू किया। भारत ने 2008 में राष्ट्रीय जैव विविधता कार्ययोजना भी तैयार की तथा 2014 में इस कार्ययोजना में जैव विविधता से संबंधित 20 राष्ट्रीय लक्ष्य जोड़े।

सीबीडी के अंतर्गत 2010 में अंगीकार की गई नगोया उपलब्धता एवं लाभ साझेदारी प्रोटोकॉल का उद्देश्य आनुवंशिक संसाधनों से होने वाले लाभों की उचित एवं निष्पक्ष साझेदारी करना है।

जैव विविधता नीति एवं कानून केंद्र

भारत सरकार ने नॉर्वे की सरकार के साथ मिलकर राष्ट्रीय जैव विविधता प्राधिकरण (एनबीए) के भीतर ही एक जैव विविधता नीति एवं कानून केंद्र (सेबपोल) की स्थापना की है, जिसका उद्देश्य जैव विविधता नीतियों तथा कानूनों में पेशेवर विशेषज्ञता विकसित करना एवं क्षमता निर्माण करना है। केंद्र का लक्ष्य भारत के जैव विविधता कानून के क्रियान्वयन को मजबूत करने में योगदान करना है। वर्ष के दौरान सेबपोल के अंतर्गत कई गतिविधियां की गईं।

नियामकीय कानून/कार्यक्रम के नियम

जैव विविधता कानून, 2002 तथा जैव विविधता नियमों में से जैव विविधता कानून 2003 में लागू किया गया। कानून पूरे भारत में लागू है। कानून का उद्देश्य जैविक संसाधनों तथा उनसे जुड़े ज्ञान के प्रयोग के कारण होने वाले फायदों का संरक्षण करना, लगातार उपयोग करना तथा उचित एवं निष्पक्ष साझेदारी करना है। कानून को त्रिस्तरीय संस्थागत ढांचों (राष्ट्रीय स्तर पर एनबीए, राज्य स्तर पर राज्य जैव विविधता बोर्ड और स्थानीय स्तर पर जैव विविधता प्रबंधन समिति) के जरिए लागू किया जा रहा है।

मैनग्रोव और मूंगे की चट्टानों का संरक्षण तथा प्रबंधन

सरकार ने देशभर में 38 मैनग्रोव और 4 मूंगे की चट्टानों वाले स्थानों को चिह्नित किया है, जहां मैनग्रोव और मूंगे की चट्टानों का सघन संरक्षण तथा प्रबंधन किया जाना है। 2016-17 में मंत्रालय उन तटवर्ती राज्यों/केंद्रशासित प्रदेशों के वन विभागों को 60:40 के अनुपात में केंद्रीय सहायता प्रदान कर रहा है, जो मैनग्रोव तथा मूंगे की चट्टानों के संरक्षण तथा प्रबंधन का अनुरोध करते हैं। इसके अतिरिक्त मंत्रालय मैनग्रोव एवं मूंगे की चट्टानों की जैव विविधता एवं उसके प्रबंधन के लक्षित अनुसंधान पर जोर देते हुए अनुसंधान एवं विकास की गतिविधियों में भी सहयोग करता है।

जीवमंडल (बायोस्फियर) रिजर्व

'बायोस्फियर रिजर्व' का विचार यूनेस्को ने 1973-74 में अपने मैन एंड बायोस्फियर (एमएबी) कार्यक्रम के अंतर्गत आरंभ किया था। 1970 में यूनेस्को द्वारा आरंभ किया गया एमएबी व्यापक पारिस्थितिक कार्यक्रम है, जिसका उद्देश्य जीवमंडल के संसाधनों के तार्किक प्रयोग एवं संरक्षण के लिए और मनुष्य तथा पर्यावरण के बीच संबंध सुधारने के लिए प्राकृतिक एवं सामाजिक विज्ञानों के भीतर ही आधार तैयार करना था। उद्देश्य यह भी था कि इससे आज की गतिविधियों के भविष्य की दुनिया पर होने वाले प्रभावों का अनुमान लगाया जा सकेगा और इस तरह जीवमंडल के प्राकृतिक संसाधनों के प्रभावी प्रबंधन की मनुष्य की क्षमता में इजाफा होगा।

भारतीय राष्ट्रीय मनुष्य एवं जीवमंडल (एमएबी) समिति यूनेस्को के दिशानिर्देशों और मानदंडों पर चलते हुए बायोस्फियर रिजर्व के लिए संभावित स्थान पहचानती है और उनकी सिफारिश करती है। 18 बायोस्फियर रिजर्व निर्धारित किए गए हैं। इनमें से 10 बायोस्फियर रिजर्व को यूनेस्को के विश्व बायोस्फियर रिजर्व नेटवर्क में शामिल किया गया है।

क्रियान्वयन करने वाले संगठनः संबंधित राज्यों/केंद्रशासित प्रदेशों की सरकार, पर्यावरण एवं वन विभाग/लाइन विभाग इसे क्रियान्वित करने वाले संगठन हैं। बायोस्फियर रिजर्व के लिए चिह्नित शीर्ष संस्थान मंजूर की गई अनुसंधान परियोजनाओं पर शोध की गतिविधियां करते हैं तथा आवधिक समीक्षाओं एवं प्रगति रिपोर्टों का मूल्यांकन विशेषज्ञों द्वारा किया जाता है। पूरी रिपोर्ट का मूल्यांकन निर्धारित समिति द्वारा किया जाता है।

जैव सुरक्षा से संबंधित जैव विविधता संरक्षण योजना

जैव विविधता संरक्षण की योजना 8वीं पंचवर्षीय योजना के दौरान 1991-92 में आरंभ की गई थी ताकि जैव विविधता के संरक्षण से संबंधित मुद्दों पर काम करने वाली विभिन्न एजेंसियों के बीच तालमेल सुनिश्चित हो सके और उसके लिए पर्याप्त नीतिगत उपायों की समीक्षा, निगरानी एवं विकास हो सके। मुख्य उद्देश्य है जैव सुरक्षा पर कार्टाजीना प्रोटोकॉल, जैव सुरक्षा (द्वितीय चरण) पर यूएनईपी-जीईएफ समर्थित क्षमता निर्माण परियोजना का क्रियान्वयन करना और जैव सुरक्षा प्रबंधन प्रणाली को मजबूत करना।

वर्गीकरण विज्ञान में क्षमता निर्माण पर अखिल भारतीय समन्वित परियोजना (एकोप्टैक्स)

एकोप्टैक्स परियोजना 1999 में आरंभ की गई थी। इसके मुख्य उद्देश्य हैं सूक्ष्म जीवों समेत ऐसे वर्गिकी वर्गों का सर्वेक्षण, संग्रहण एवं संग्रहों का रखरखाव, जिनके बारे में कोई सूचना उपलब्ध नहीं है और इसी

प्रकार के अज्ञात क्षेत्रों का सर्वेक्षण; तैयार संग्रहों का वर्गिकी विश्लेषण; समूहों, विशेषकर आर्थिक रूप से महत्वपूर्ण समूहों का जैव तंत्रीय अनुसंधान, जिसके लिए आधुनिक उपकरणों की आवश्यकता होती है।

वनस्पति उद्यान को सहयोग

वनस्पति उद्यानों का सहयोग करने की योजना 1992 में आरंभ हुई थी, जिसका उद्देश्य दुर्लभ, विलुप्तप्राय तथा स्थानीय पौधों का मूल स्थान से दूर संरक्षण करने की सुविधाएं बढ़ाना था। योजना के उद्देश्यों में देसी विशेषकर आरईटी प्रजातियों का संरक्षण करना एवं उनका प्रजनन कराना; बीज कोष की स्थापना करना; उपरोक्त पौधों के संबंध में शिक्षा तथा जन जागरुकता बढ़ाना; और परियोजनाओं के जरिए राज्य वन विभागों के साथ मिलकर उन पौधों को प्राकृतिक आवास में दोबारा लाना और फिर जमाना शामिल है।

वन संरक्षण

वन संरक्षण प्रभाग का कार्य वन (संरक्षण) अधिनियम, 1980 के प्रभावी क्रियान्वयन के जरिए वन भूमि को गैर–वन प्रयोग के लिए देने का नियमन करना है। वन भूमि को गैर–वन उद्देश्यों के लिए देने हेतु पहले से केंद्र सरकार की मंजूरी हासिल करने के प्रस्तावों की वन (संरक्षण) नियम, 2003 के अंतर्गत परिभाषित प्रक्रिया के अनुसार विभिन्न स्तरों पर जांच की जाती है। इनमें वन सलाहकार समिति या राज्य सलाहकार समिति भी शामिल होती हैं। मंत्रालय निवारण के समुचित उपाय तय करते हुए वन भूमि को गैर–वन प्रयोग के लिए देने पर निर्णय लेता है। वन (संरक्षण) अधिनियम, 1980 उस अन्य प्रयोगों के लिए प्रस्तावित वन भूमि के जंतु एवं पादप महत्व पर, व्यावहारिक विकल्पों पर और उससे संभावित लाभ पाने वाले लाभार्थियों की संख्या तथा प्रकृति पर विचार करता है।

वन प्रतिष्ठान

वन प्रतिष्ठान प्रभाग मंत्रालय के अधीन स्वायत्तशासी संगठन भारतीय वानिकी अनुसंधान एवं शिक्षा परिषद तथा उसके संस्थानों/केंद्रों; भारतीय वन सर्वेक्षण और उसके क्षेत्रीय केंद्रों; राष्ट्रीय प्राणी उद्यानों (एनजेडपी); वन्यजीव अपराध नियंत्रण ब्यूरो तथा उसके क्षेत्रीय कार्यालयों; इंदिरा गांधी राष्ट्रीय वन अकादमी; वन शिक्षा निदेशालय, केंद्रीय अकादमियों (3) तथा रेंजर कॉलेजों से संबंधित प्रतिष्ठान संबंधी मामले संभालता है।

वन प्रभाग को सुदृढ़ करना

भारत सरकार ने पर्यावरण , वन एवं जलवायु परिवर्तन मंत्रालय के पांच क्षेत्रीय कार्यालय बंगलुरु, भोपाल, भुवनेश्वर, लखनऊ और शिलॉग में स्थापित किए हैं तथा इसका मुख्यालय नई दिल्ली में है। इन सभी का काम वन भूमि के परिवर्तन पर विशेष जोर देते हुए वानिकी विकास परियोजनाओं तथा योजनाओं की निगरानी एवं मूल्यांकन करना एवं वन संरक्षण अधिनियम, 1980 के अंतर्गत वन भूमि को गैर–वन उपयोग के लिए परिवर्तित करने के प्रस्ताव तैयार करने के बारे में राज्य/केंद्रशासित प्रदेशों की सरकारों को सलाह देना है।

पर्यावरण प्रबंधन एवं प्रदूषण नियंत्रण

इसके कार्य हैं: पर्यावरण संबंधी मंजूरी देते समय परियोजनाओं/गतिविधियों के लिए निर्धारित की गई शर्तों एवं सुरक्षा साधनों के क्रियान्वयन की जानकारी लेना; परियोजना के प्रस्तावकों से पर्यावरण मंजूरी की शर्तों के बारे में छह–छह महीने की प्रगति रिपोर्ट लेकर उनकी जांच तथा विश्लेषण करना एवं

आवश्यक कदम उठाना; उद्योगों, स्थानीय निकायों, सरकारों (राज्य/केंद्र) द्वारा उठाए गए प्रदूषण नियंत्रण के उपायों की जानकारी लेना; परियोजनाओं के पर्यावरण संबंधी प्रभावों के आकलन, प्रदूषण नियंत्रण के उपायों, तरीकों एवं स्थिति, कानूनी तथा प्रवर्तन संबंधी उपायों, दलदली भूमि, मैनग्रोव एवं बायोस्फियर रिजर्व जैसे विशेष संरक्षण वाले क्षेत्रों के पर्यावरणीय संरक्षण से संबंधित सूचना एकत्र करना तथा प्रस्तुत करना; संबंधित राज्य सरकार, केंद्र सरकार की एजेंसियों, परियोजना अधिकारियों, केंद्रीय प्रदूषण नियंत्रण बोर्ड के क्षेत्रीय कार्यालयों, राज्य प्रदूषण नियंत्रण बोर्ड तथा पर्यावरण से संबंधित कार्यक्रमों के क्रियान्वयन में शामिल गैर सरकारी संगठनों के साथ संपर्क में रहना तथा सहयोग प्रदान करना; अपनी वेबसाइट पर अनुपालन एवं स्थान के भ्रमण की छमाही रिपोर्ट अपलोड करना।

वन नीति

पर्यावरण, वन एवं जलवायु परिवर्तन मंत्रालय का वन नीति प्रभाग राष्ट्रीय वन नीति, 1988, भारतीय वन अधिनियम, 1927 तथा उसमें हुए संशोधनों को देखता है, जिनमें अन्य मंत्रालयों तथा राज्य सरकारों के वनों से संबंधित नीतिगत उपाय एवं विधायी मामले शामिल हैं। इसके अतिरिक्त वन नीति प्रभाग यूएनएफसीसीसी, यूएनसीसीडी और यूएनसीबीडी जैसी विभिन्न संधियों के अंतर्गत वनों से संबंधित मसलों को देखता है।

वन प्रबंधन

वन प्रबंधन योजना के सघनीकरण (आईएफएमएस) के पीछे असली उद्देश्य राज्य/केंद्रशासित प्रदेशों की सरकारों के वन संरक्षण तंत्र को मजबूत बनाना एवं क्षेत्र विशेष के लिए वन प्रबंधन उपायों के लिए सहयोग प्रदान करना है। आईएफएमएस की योजना के अंतर्गत मंत्रालय की जिम्मेदारी है राज्यों/केंद्रशासित प्रदेशों से प्रस्ताव प्राप्त करना तथा आवंटन के अनुसार धन देना। धन का प्रभावी आवंटन एवं उपयोग सुनिश्चित करने के लिए मंत्रालय प्रस्तावों की जांच करता है, प्रगति रिपोर्ट सुनिश्चित करता है तथा उपयोग प्रमाणपत्रों की भी जांच करता है। अधिक पारदर्शिता सुनिश्चित करने के लिए यह प्रभाग यह भी सुनिश्चित करता है कि प्रगति रिपोर्ट के साथ फोटोग्राफ ओर जीपीएस डेटा जैसी भू-संदर्भित जानकारी एवं दूरसंवेदी चित्र भी जमा किए जाएं और उन्हें संबंधित राज्यों/केंद्रशासित प्रदेशों की वेबसाइट पर अपलोड भी किया जाए। किंतु मंजूर की गई गतिविधि को क्षेत्र में संचालित करने तथा आवंटित धनराशि का समुचित उपयोग करने के लिए राज्यों/केंद्रशासित प्रदेशों के वन विभाग ही सीधे जिम्मेदार हैं। राज्य/केंद्रशासित प्रदेश योजना के अंतर्गत गतिविधियों की नियमित तौर पर निगरानी भी करते हैं।

वन्यजीव संरक्षण

वन्यजीव आवास का एकीकृत विकास

देश के संरक्षित क्षेत्र के नेटवर्क में 733 संरक्षित क्षेत्र (103 राष्ट्रीय उद्यान, 537 वन्यजीव अभयारण्य, 67 संरक्षण क्षेत्र और 26 सामुदायिक संरक्षित क्षेत्र) हैं। संरक्षित क्षेत्रों को सहायता प्रदान करने के साथ ही योजना में निम्नलिखित घटक भी हैं- संरक्षित क्षेत्रों के भीतर वन्यजीवन का संरक्षण तथा अत्यंत जोखिम में पड़ी विलुप्तप्राय प्रजातियों तथा आवासों के पुनर्वास के लिए कार्यक्रम।

वन्यजीव अपराध नियंत्रण ब्यूरो

वन्यजीव अपराध नियंत्रण ब्यूरो (डब्ल्यूसीसीबी) सांविधिक बहुपक्षीय निकाय है, जिसकी स्थापना देश में संगठित वन्यजीव अपराधों का मुकाबला करने के लिए मंत्रालय के अधीन की गई है। ब्यूरो का मुख्यालय नई दिल्ली में है और दिल्ली, कोलकाता, मुंबई, चेन्नई तथा जबलपुर में इसके पांच क्षेत्रीय कार्यालय; गुवाहाटी, अमृतसर तथा कोच्चि में तीन उप-क्षेत्रीय कार्यालय; और रामनाथपुरम, गोरखपुर, मोतिहारी, नाथूला एवं मोरे में पांच सीमावर्ती इकाइयां हैं। इसका काम है संगठित वन्यजीव अपराध की गतिविधियों से संबंधित जानकारी इकट्ठी करना और अपराधियों को पकड़ने के लिए तुरंत कार्रवाई हेतु यह जानकारी राज्य एवं अन्य प्रवर्तन एजेंसियों को देना; वन्यजीव अपराध का केंद्रीकृत डेटाबैंक स्थापित करना; अधिनियम के प्रावधानों को क्रियान्वित करने के सिलसिले में विभिन्न एजेंसियों के बीच तालमेल बिठाना; वन्यजीव अपराध नियंत्रण हेतु समन्वित एवं एकसमान कार्रवाई के लिए संबंधित विदेशी अधिकारियों तथा अंतरराष्ट्रीय संगठनों की मदद करना; वन्यजीव अपराधों की वैज्ञानिक तथा पेशेवर जांच के लिए वन्यजीव अपराध प्रवर्तन एजेंसियों का क्षमता निर्माण करना और वन्यजीव अपराधों के मामले में सफल अभियोजन के लिए राज्य सरकारों की मदद करना; राष्ट्रीय एवं अंतरराष्ट्रीय प्रभावों वाले वन्यजीव अपराध संबंधी मसलों, नीतियों एवं कानूनों के संबंध में भारत सरकार को सलाह देना। वन्यजीव अपराध नियंत्रण ब्यूरो की स्थापना 2007 में की गई थी।

केंद्रीय प्राणी उद्यान प्राधिकरण

नई दिल्ली में मुख्यालय वाले केंद्रीय प्राणी उद्यान प्राधिकरण की स्थापना वन्यजीव (संरक्षण) अधिनियम, 1972 के प्रावधानों के अंतर्गत की गई थी और इसका कार्य संरक्षण में प्राणि उद्यानों या चिड़ियाघरों की भूमिका बढ़ाने के लिए देश में चिड़ियाघरों का कामकाज देखना है। केंद्रीय प्राणी उद्यान प्राधिकरण का मुख्य उद्देश्य भारतीय चिड़ियाघरों में जानवरों की देखभाल तथा स्वास्थ्य के लिए न्यूनतम मानकों तथा नियमों को लागू करना, मौजूदा चिड़ियाघरों की निगरानी तथा मूल्यांकन करना और देश में चिड़ियाघरों के सुधार के तरीके और उपाय सुझाना है ताकि उन्हें विलुप्तप्राय जंगली प्राणियों का उनके आवास से दूर संरक्षण करने वाला प्रभावशाली स्थान बनाया जा सके।

मानव-वन्यजीव संघर्ष प्रबंधन

मानव-वन्यजीव संघर्ष का प्रबंधन वन्यजीव प्रबंधन का आवश्यक अंग है, जो राज्य सरकारों के साथ होता है। मंत्रालय इस समस्या को प्रभावी तरीके से सुलझाने के लिए प्रोजेक्ट टाइगर, वन्यजीव आवास का एकीकृत विकास, प्रोजेक्ट एलिफेंट जैसी केंद्र द्वारा प्रायोजित योजनाओं में केंद्रीय सहायता उपलब्ध कराता है। अभयारण्यों और राष्ट्रीय उद्यानों की सीमाओं से परे मानव-वन्यजीव संघर्ष प्रबंधन की आवश्यकता को देखते हुए मंत्रालय ने इस उद्देश्य के लिए राज्यों को धन प्रदान करना आरंभ कर दिया, जिसके तहत मानव-वन्यजीव संघर्ष प्रबंधन वाला प्रत्येक क्षेत्र आता है। मानव-वन्यजीव संघर्ष प्रबंधन के लिए अलग से योजना पर विचार किया जाता है तथा नियमों के मुताबिक उपलब्ध धन जारी किया जाता है।

प्रोजेक्ट एलिफेंट

प्रोजेक्ट एलिफेंट को 1991-92 में केंद्र द्वारा प्रायोजित योजना के रूप में आरंभ किया गया। इसका उद्देश्य था हाथियों, उनके आवास स्थल तथा गलियारों का संरक्षण करना; मानव और हाथी के टकराव की समस्या पर काम करना; पालतू हाथियों के कल्याण का ध्यान रखना।

प्रोजेक्ट टाइगर/राष्ट्रीय बाघ संरक्षण प्राधिकरण

केंद्र द्वारा प्रायोजित योजना 'प्रोजेक्ट टाइगर' को 1973 में आरंभ किया गया। उसका उद्देश्य 'वैज्ञानिक, आर्थिक, सौंदर्य संबंधी, सांस्कृतिक और पारिस्थितिक महत्व के कारण भारत में बाघों की व्यावहारिक आबादी सुनिश्चित करना और जैविक महत्ता वाले क्षेत्रों को लोगों के लाभ, शिक्षा एवं आनंद के लिए राष्ट्रीय धरोहर के रूप में सदैव संरक्षित रखना है।' उत्तराखंड के क्षेत्रीय प्रभागों में कंजर्वेशन एश्योर्ड टाइगर स्टैंडर्ड्स (कैट्स) प्रोटोकॉल का सफलतापूर्वक क्रियान्वयन किया गया और लैंसडाउन प्रभाग का सफल पंजीकरण किया गया। टाइगर सफारी आरंभ करने के लिए दिशानिर्देश जारी किए गए और इस प्राधिकरण ने टाइगर रेंज वाले सभी राज्यों में इसे भिजवाया। असम में ओरंग बाघ अभयारण्य और अरुणाचल प्रदेश में कामलांग बाघ अभयारण्य को देश में 49वें तथा 50वें बाघ अभयारण्यों के रूप में अधिसूचित किया गया और इसके साथ ही देश के 2.2 प्रतिशत क्षेत्र में प्रोजेक्ट टाइगर फैल गया।

पशु कल्याण

भारतीय पशु कल्याण बोर्ड

सामान्य पशु कल्याण में भारतीय पशु कल्याण बोर्ड (एडब्ल्यूबीआई), चेन्नई, तमिलनाडु के जरिए जानवरों विशेषकर पालतू जानवरों तथा बंद कर रखे गए जंगली जानवरों का कल्याण आता है। एडब्ल्यूबीआई सांविधिक निकाय है, जिसका मुख्यालय चेन्नई में है। इसका मुख्य कार्य सरकार को पशु कल्याण के मुद्दों पर सलाह देना, पशु कल्याण में जागरुकता उत्पन्न करना तथा पशुओं के कल्याण के लिए एडब्ल्यूबीआई की नियमित योजनाओं एवं केंद्रीय योजनाओं को लागू करना है।

राष्ट्रीय पशु कल्याण संस्थान

राष्ट्रीय पशु कल्याण संस्थान (एनआईएडब्ल्यू) की स्थापना पर्यावरण, वन एवं जलवायु परिवर्तन मंत्रालय के अधीन कार्यालय के तौर पर हुई। एनआईएडब्ल्यू का उद्देश्य पशु प्रबंधन, उनके व्यवहार तथा आचरण जैसे विविध आधारों पर पशु कल्याण में प्रशिक्षण तथा शिक्षा प्रदान करना है। इसके पीछे पशु क्रूरता निरोधक अधिनियम , 1960 में दी गई सांविधिक आवश्यकताएं पूरी करने के लिए अनुकूल वातावरण तैयार करने का लक्ष्य है। एनआईएडब्ल्यू के कामकाज में शिक्षा, अनुसंधान तथा सार्वजनिक संपर्क के जरिए पशु कल्याण को बेहतर बनाने की जरूरत शामिल है।

मुफ्त सचल पशु क्लिनिक

बोर्ड गरीबों के बीमार तथा घायल पशुओं को चेन्नई स्थित मुख्यालय से संचालित अपने सचल पशु क्लिनिक कार्यक्रम के जरिए मौके पर मुफ्त पशु चिकित्सा मुहैया कराता है। बोर्ड के पशु सर्जन शहर के पहले से तय उन क्षेत्रों में जाते हैं, जहां जानवर अधिक होते हैं और पूर्वाह्न में तय कार्यक्रम के अनुसार जानवरों का मुफ्त इलाज करते हैं।

पर्यावरण पर प्रभाव का आकलन

पर्यावरण प्रभाव का आकलन (ईआईए) पर्यावरण संबंधी चिंताओं को योजना के आरंभिक चरण से ही विकास की प्रक्रिया में जोड़ने का तरीका है। भारत में सबसे पहले इसका प्रयोग 1978 में नदी घाटी परियोजनाओं में किया गया था और बाद में इसे सार्वजनिक क्षेत्र की बड़ी परियोजनाओं में भी आजमाया गया, जिनके लिए सार्वजनिक निवेश बोर्ड की मंजूरी की आवश्यकता होती है। इन तरीकों को पहली

बार ईआईए अधिसूचना , 1994 में संहिताबद्ध किया गया। इसमें 37 प्रकार की परियोजनाओं/प्रक्रियाओं के लिए पर्यावरण मंजूरी आवश्यक कर दी गई और इनकी सूची अधिसूचना में दी गई थी। निवेश का मानदंड ही विभिन्न क्षेत्रों में पर्यावरण संबंधी मंजूरी की आवश्यकता वाली परियोजनाओं की बुनियाद था।

प्रदूषण की रोकथाम के लिए सहायता

प्रदूषण की रोकथाम के लिए सहायता की योजना 1992 में सातवीं पंचवर्षीय योजना के दौरान बनाई गई, जिसका उद्देश्य सीपीसीबी तथा एसपीसीबी/पीसीसी को प्रदूषण की रोकथाम के लिए सांविधिक प्रावधान करने की ताकत देना था। योजना केंद्र द्वारा प्रायोजित प्रदूषण की रोकथाम के लिए केंद्र द्वारा प्रायोजित वृहद् योजना का अंग है। प्रदूषण की रोकथाम के लिए सहायता की योजना के अंग हैं सामान अनुदान सहायता; पूंजीगत संपत्ति निर्माण के लिए अनुदान; पर्यावरण स्वास्थ्य प्रकोष्ठ तथा व्यापार एवं पर्यावरण, जिसमें पूर्वोत्तर क्षेत्र की अनुदान सहायता एवं पूंजीगत संपदा निर्माण के लिए पूर्वोत्तर क्षेत्र का अनुदान भी शामिल है। इस योजना के अंतर्गत राज्य प्रदूषण नियंत्रण बोर्डों/केंद्रशासित प्रदेश प्रदूषण नियंत्रण समितियों, केंद्र/राज्य अनुसंधान संस्थान एवं अन्य सरकारी एजेंसियां/संगठन को अनुदान प्रदान किए जाते हैं, जिसके पीछे उनकी तकनीकी क्षमताओं को मजबूत करने का उद्देश्य होता है।

सामान्य तरल कचरा शोधन संयंत्र की योजना

देश के सभी राज्यों में लघु उद्योगों को नए सामान्य तरल कचरा शोधन संयंत्र स्थापित करने एवं पुराने संयंत्रों का उन्नयन करने हेतु सरकार ने केंद्र द्वारा प्रायोजित एक योजना आरंभ की है। संशोधित योजना की प्रमुख विशेषताओं में केंद्रीय सब्सिडी को परियोजना लागत को 25 प्रतिशत से बढ़ाकर 50 प्रतिशत करना; शोधन के तीनों स्तरों प्राथमिक, द्वितीयक और तृतीयक के लिए सहायता देना एवं सीईटीपी का प्रबंधन उचित विधान के अंतर्गत पंजीकृत की गई विशेष उद्देश्य वाली कंपनी को सौंपा जाना शामिल हैं।

पर्यावरण प्रयोगशालाओं की मान्यता

पर्यावरण संरक्षण अधिनियम, 1986 की धारा 12 के प्रावधानों के अंतर्गत केंद्र सरकार पर्यावरण प्रयोगशालाओं को वे कार्य करने की मान्यता प्रदान करती है, जो पर्यावरण प्रयोगशाला के जिम्मे होते हैं। इस अधिनियम के अंतर्गत इस वर्ष के दौरान 27 निजी प्रयोगशालाओं एवं तीन सरकारी प्रयोगशालाओं को मान्यता प्रदान करने की सिफारिश की गई है।

केंद्रीय प्रदूषण नियंत्रण बोर्ड पर्यावरण की गुणवत्ता की जानकारी तैयार कर, वैज्ञानिक जानकारी प्रदान कर, राष्ट्रीय नीतियां तथा कार्यक्रम बनाकर, प्रशिक्षण देकर तथा जागरुकता को बढ़ावा देकर देश में प्रदूषण को रोकने तथा उस पर नियंत्रण करने में महत्वपूर्ण भूमिका निभा रहा है। प्रदूषण नियंत्रण के कार्यक्रमों के क्रियान्वयन का जिम्मा राज्य प्रदूषण नियंत्रण बोर्ड/प्रदूषण नियंत्रण समितियों एवं राज्य सरकारों पर है।

राष्ट्रीय जल गुणवत्ता निगरानी कार्यक्रम: राज्य प्रदूषण नियंत्रण बोर्डों के साथ मिलकर केंद्रीय प्रदूषण नियंत्रण बोर्ड ने जल गुणवत्ता निगरानी नेटवर्क स्थापित किया है। फिलहाल 29 राज्यों तथा 6 केंद्रशासित प्रदेशों में 2500 स्टेशन इस नेटवर्क में हैं। 1687 स्थानों की हर महीने, 807 स्थानों की छह महीने में और 6 स्थानों की साल में एक बार निगरानी की जाती है।

अंतरराज्यीय नदी सीमा निगरानी: 42 नदियों में 85 स्थानों पर राज्यों के बीच की सीमा पर नदियों में जल गुणवत्ता की निगरानी की जाती है।

गंगा एवं यमुना पर वास्तविक समय में जल गुणवत्ता की निगरानी: जल की गुणवत्ता की वास्तविक समय में निगरानी करने के लिए गंगा नदी पर 8 और यमुना नदी पर 2 स्टेशन स्थापित किए गए हैं। गंगा और यमुना के पानी की गुणवत्ता मापने के लिए दिल्ली में वजीराबाद तथा ओखला में स्टेशन बनाए गए हैं।

गंगा पुनर्वास पर सीपीसीबी की गतिविधियां: राष्ट्रीय गंगा नदी बेसिन प्राधिकरण की गतिविधियों में अत्यंत प्रदूषणकारी उद्योगों के अनुपालन का सत्यापन करना; कचरा शोधन संयंत्रों के प्रदर्शन का मूल्यांकन करना; प्रदूषित क्षेत्रों में जल की गुणवत्ता की सघन निगरानी करना; गंगा नदी के करीबी जिलों में भूजल की निगरानी करना और वास्तविक समय में जल की गुणवत्ता की निगरानी करने वाले स्टेशनों की स्थापना करना शामिल हैं।

राष्ट्रीय वायु गुणवत्ता सूचकांक: राष्ट्रीय जल गुणवत्ता सूचकांक (एक्यूआई) की स्थापना 2015 में 10 शहरों में की गई। इस समय 10 राज्यों के 24 शहरों में हवा की गुणवत्ता की लगातार जांच करने वाले 43 स्टेशनों का एक्यूआई जारी किया जाता है और रोज शाम चार बजे एक्यूआई बुलेटिन प्रकाशित किया जाता है।

आस-पास के शोर की निगरानी के लिए राष्ट्रीय नेटवर्क: राज्य प्रदूषण नियंत्रण बोर्डों के साथ मिलकर सीपीसीबी ने 7 महानगरों- मुंबई, दिल्ली, कोलकाता, चेन्नई, बंगलुरु, लखनऊ तथा हैदराबाद में आस-पास के शोर की निगरानी करने वाला राष्ट्रीय नेटवर्क स्थापित किया है। साथ ही 70 (प्रत्येक शहर में 10) शोर निगरानी प्रणाली भी स्थापित की गई हैं।

उत्सर्जन एवं जलीय कचरे की वास्तविक समय में निगरानी की प्रणाली: सीपीसीबी ने उद्योगों तथा अत्यधिक प्रदूषण करने वाले उद्योगों की सभी 17 श्रेणियों के लिए उत्सर्जन एवं जलीय कचरे की वास्तविक समय में निगरानी की प्रणाली स्थापित करना अनिवार्य कर दिया है।

समग्र पर्यावरण प्रदूषण सूचकांक (सीईपीआई) की संशोधित अवधारणा: 2010 में तैयार किए गए समग्र पर्यावरण प्रदूषण सूचकांक को राज्य प्रदूषण नियंत्रण बोर्डों अथवा प्रदूषण नियंत्रण समितियों एवं अन्य हितधारकों से सलाह-मशविरे के बाद व्यापक आंतरिक चर्चा के आधार पर संशोधित किया गया। संशोधित सीईपीआई ने व्यक्तिनिष्ठ मसले खत्म कर दिए और क्षेत्र आधारित निगरानी पर जोर दिया, जिसमें वायु, जल तथा भू-सहत के नीचे का जल शामिल है।

औद्योगिक क्षेत्रों का वर्गीकरण: सीपीसीबी ने उद्योगों को लाल, नारंगी, हरी और सफेद श्रेणियों में बांटने का मानदंड तय कर दिया है। वर्गीकरण प्रदूषण फैलाने की संभावना पर आधारित है और इससे राज्य प्रदूषण नियंत्रण बोर्डों द्वारा इसे स्वीकार करने हेतु एकरूपता आएगी। उद्योगों का वर्गीकरण मानदंडों, सहमति की प्रक्रिया तथा निरीक्षण की अवधि तय करने से जुड़ा हो सकता है।

गंगा में प्रदूषण का नियंत्रण: सीपीसीबी ने गंगा नदी के जल की गुणवत्ता बहाल करने के लिए खंडों में कार्ययोजना तैयार की है, जिसमें समूची गंगा नदी को चार खंडों में बांटा गया है और प्रत्येक खंड के लिए क्रियान्वयन के बिंदु तैयार किए गए हैं। कचरा छोड़ने के कारण हो रहा प्रदूषण और औद्योगिक

प्रदूषण पर नियंत्रण मुख्य चिंता है। सीपीसीबी ने गंगा के किनारे पड़ने वाले सभी 118 शहरों को तरल तथा ठोस कचरे के प्रबंधन हेतु क्रियान्वयन के लिए कार्ययोजनाएं तैयार करने के निर्देश दिए हैं। अत्यधिक प्रदूषण फैलाने वाले उद्योगों की सूची तैयार हो चुकी है और एमएसएमई समेत सभी उद्योगों के लिए मौजूदा मानकों के अनुपालन का सत्यापन किया जा रहा है। साथ ही 5 क्षेत्रों (चीनी, कपड़ा, डिस्टिलरी, लुगदी एवं कागज तथा टेनरी) के लिए जेडएलडी तथा जल संरक्षण की कार्ययोजनाएं क्रियान्वित की जा रही हैं।

हानिकारक पदार्थों का प्रबंधन

हानिकारक पदार्थ प्रबंधन प्रभाग हानिकारक पदार्थों एवं रासायनिक आपात स्थितियों समेत ठोस कचरे के प्रबंधन के लिए मंत्रालय के भीतर ही नोडल बिंदु है। प्रभाग का मुख्य उद्देश्य ठोस कचरे के सुरक्षित प्रबंधन, हानिकारक रसायनों समेत हानिकारक पदार्थों एवं कचरे के प्रबंधन को बढ़ावा देना है ताकि स्वास्थ्य एवं पर्यावरण को होने वाले नुकसान से बचा जा सके।

इसके अतिरिक्त, प्रभाग सार्वजनिक उत्तरदायित्व बीमा अधिनियम, 1991 एवं उसके तहत तय किए गए नियमों को लागू करने काम भी करता है। प्रभाग की गतिवधियां तीन प्रमुख क्षेत्रों– हानिकारक कचरा प्रबंधन, ठोस कचरा प्रबंधन एवं रासायनिक सुरक्षा के अंतर्गत की जाती हैं।

रासायनिक सुरक्षाः रासायनिक सुरक्षा सुनिश्चित करने के लिए मंत्रालय ने पर्यावरण (संरक्षण) अधिनियम, 1986 के तहत नियमों के दो समूह अधिसूचित किए हैं– (क) हानिकारक रसायनों के उत्पादन, भंडारण तथा आयात के नियम, 1989 (एमएसआईएचसी); और (ख) रासायनिक दुर्घटना (आपातकाल, नियोजन, तैयारी एवं प्रतिक्रिया) नियम, 1996 (ईपीपीआर)। एमएसआईएचसी नियमों के मुख्य उद्देश्य हैं: (अ) औद्योगिक गतिविधियों के कारण होने वाली बड़ी दुर्घटनाएं रोकना; और (आ) ऐसी दुर्घटनाओं के प्रभाव सीमित करना। ये नियम गुणवत्ता आधारित दृष्टिकोण के जरिए इन उद्देश्यों को पूरा करने का प्रयास करते हैं। एमएसआईएचसी नियमों के तहत उद्योग वाले व्यक्ति को निकटवर्ती जनता के बीच यह सूचना देनी पड़ती है कि उद्योग के कारण उस स्थान पर बड़ी दुर्घटना हो सकती है। एमएसआईएचसी नियम, 1989 के क्रियान्वयन की प्रक्रिया के दौरान यह महसूस किया गया कि विभिन्न प्राधिकरणों की गतिविधियों का उचित समन्वय सुनिश्चित करने के लिए एवं स्थान से दूर आपातकाल योजना तैयार करने, संभालने एवं क्रियान्वित करने के लिए जिम्मेदार जिलाधिकारी की मदद करने हेतु देश में रासायनिक संकट प्रबंधन प्रणाली स्थापित की जानी चाहिए। इसलिए रासायनिक दुर्घटना (आपातकाल नियोजन, तैयारी एवं प्रतिक्रिया) नियम, 1996 नाम का नियमों का एक सेट अधिसूचित किया गया, जिसका लक्ष्य रासायनिक दुर्घटनाओं के प्रभावी नियोजन, तैयारी तथा प्रतिक्रियाओं के लिए विभिन्न स्तरों जैसे राष्ट्रीय, राज्य, जिला एवं स्थानीय स्तरों पर प्रशासनिक ढांचा प्रदान करना और यह सुनिश्चित करना था कि दुर्घटना से प्रभावित हो सकने वाली जनता को जानकारी उपलब्ध हो सके। रासायनिक दुर्घटना (ईपीपीआर) अधिनियम, 1996 में देश में राष्ट्रीय, राज्य, जिला तथा स्थानीय स्तरों पर आपदा प्रबंधन प्रणाली तैयार करने की कल्पना की गई थी।

हानिकारक कचरा प्रबंधनः हानिकारक कचरे को संभालते समय स्वास्थ्य एवं पर्यावरण की सुरक्षा की दृष्टि से ऐसे कचरे का पर्यावरण के अनुकूल प्रबंधन सुनिश्चित करने के लिए हानिकारक कचरा (प्रबंधन, रखरखाव तथा सीमा पार परिवहन) नियम, 2008 को पर्यावरण (संरक्षण) अधिनियम, 1986 के

अंतर्गत अधिसूचित किया गया। नियमों ने हानिकारक कचरा उत्पन्न करने तथा उसका इस्तेमाल करने वाली इकाइयों को अनुमति देने के लिए प्रावधान तैयार कर इस प्रक्रिया की कार्यप्रणाली तय की है। हानिकारक कचरे का निस्तारण करने के लिए नियमों में शोधन, भंडारण तथा निस्तारण संयंत्र स्थापित करने का प्रावधान भी है। नियमों में हानिकारक कचरे के आयात/निर्यात के संबंध में महत्वपूर्ण प्रावधान भी हैं, जो हानिकारक कचरे के सीमा के आरपार परिवहन तथा निपटारे पर नियंत्रण की बेसल संधि के तहत हमारी बाध्यताओं के अनुरूप हैं। भारत भी इस संधि में शामिल है।

हानिकारक तथा अन्य कचरा (प्रबंधन एवं सीमा पार परिवहन) नियम, 2016 की कई विशेषताएं हैं, जिनमें प्रमुख हैं- अन्य कचरे को शामिल कर नियमों का अधिकार क्षेत्र बढ़ाना; हानिकारक एवं अन्य कचरा संभाल रहे सभी हितधारकों के लिए अनुमति एवं पंजीकरण के स्थान पर केवल इस नियम के तहत अनुमति की व्यवस्था करना; कचरा प्रबंधन के लिए प्राथमिकता क्रम निर्धारित करना, जिसमें सबसे पहले रोकथाम, फिर कम से कम करना, दोबारा इस्तेमाल करना, पुनर्चक्रण करना, फिर प्राप्त करना (रिकवरी), साथ प्रसंस्करण करना और सुरक्षित तरीके से निपटाना शामिल हैं; प्रक्रिया को सरल बनाकर और आयात/निर्यात के नियमन वाले कचरे की सूची संशोधित कर इन नियमों के तहत कचरे के आयात/निर्यात के तरीकों को सुगम बनाना; धातु कबाड़, कागजी कचरे तथा दोबारा इस्तेमाल होने लायक बिजली तथा इलेक्ट्रॉनिक उपकरणों के कचरे आदि के लिए अलग अनुसूची तैयार करना, जिसे मंत्रालय की अनुमति की आवश्यकता नहीं।

आयात के लिए प्रतिबंधित कचरे की सूची को संशोधित कर उसमें खाने योग्य बेकार वसाओं तथा जानवर या वनस्पति से बनने वाले तेल, घरेलू कचरे, गहन चिकित्सा में इस्तेमाल होने वाले उपकरणों, ठोस प्लास्टिक कचरे और तरल रासायनिक कचरे को शामिल किया गया है।

ई-कचरा प्रबंधन: ई-कचरे से संबंधित नियम सूचना प्रौद्योगिकी तथा दूरसंचार उपकरणों एवं उपभोक्ता इलेक्ट्रिक एवं इलेक्ट्रॉनिक उपकरणों से निकलने वाले ई-कचरे पर लागू होते हैं जैसे- टेलीविजन सेट (एलसीडी तथा एलईडी), रेफ्रिजरेटर, वाशिंग मशीन तथा एयर कंडीशनर। संबंधित राज्य एजेंसियों को इन नियमों के तहत ई-कचरा प्रबंधन से जुड़ी गतिविधियों जैसे- संग्रह करना, अलग-अलग करना, तोड़ना और पुनर्चक्रण करना के नियंत्रण, निगरानी तथा नियमन का अधिकार मिल जाता है। कचरा उत्पादकों को संग्रह की व्यवस्था तैयार करनी होती है तथा उनके अपने उत्पादों के बेकार होने पर उत्पन्न होने वाले ई-कचरे के पर्यावरण की दृष्टि से अनुकूल प्रबंधन का खर्च वहन करना पड़ता है। साथ ही बिजली के उत्पादों और इलेक्ट्रॉनिक उत्पादों के विनिर्माण में इस्तेमाल होने वाली छह हानिकारक सामग्री के लिए विश्व स्तर पर स्वीकार्य सीमा तय की गई है। उत्पादकों से अपेक्षा की जाती है कि वे हानिकारक सामग्री का इस्तेमाल तय सीमा के भीतर ही करें। ई-कचरे के पर्यावरण की दृष्टि से अनुकूल निपटारे में ये नियम प्रमुख भूमिका निभाते हैं।

ठोस कचरा प्रबंधन

ठोस कचरा प्रबंधन नियम, 2016: मंत्रालय ने नगरपालिका क्षेत्रों में ठोस कचरा प्रबंधन के नियम 16 वर्ष बाद संशोधित किए। नए नियम नगरपालिका क्षेत्रों से परे लागू होते हैं और शहरी समुदाय, जनगणना नगर, अधिसूचित औद्योगिक टाउनशिप, भारतीय रेलवे के अधीन आने वाले क्षेत्र, हवाईअड्डे, हवाई ठिकाने, बंदरगाह, रक्षा प्रतिष्ठान, विशेष आर्थिक क्षेत्र, राज्य तथा केंद्र सरकार के संगठन, तीर्थस्थल,

धार्मिक एवं ऐतिहासिक महत्व के स्थान भी उनके दायरे में आते हैं। स्रोत स्थल पर ही कचरे को अलग-अलग करना अनिवार्य कर दिया गया है। कचरा तैयार करने वालों पर ही उसे तीन श्रेणियों - गीला (स्वाभाविक तरीके से समाप्त होने वाला), सूखा (प्लास्टिक, कागज, धातु, लकड़ी आदि) और घरेलू हानिकारक कचरा (डायपर, नैपकिन, सफाई करने वाले पदार्थों के खाली डिब्बे, मच्छर भगाने वाले पदार्थ आदि) में बांटकर अलग-अलग करने का जिम्मा दे दिया गया है। नियमों में कचरा इकट्ठा करने वालों को शामिल करने के तरीके भी हैं। नियमों में स्थानीय निकायों को अधिकार दिया गया है कि वे 'यूजर शुल्क' लगाने के लिए उपनियम बना सकते हैं, जो शुल्क कचरा बनाने वाले उसे इकट्ठा करने वाले को देंगे और कचरा फैलाने एवं उसे अलग नहीं करने पर 'तुरंत जुर्माना' भी लगाया जा सकता है। स्वच्छ भारत के अंतर्गत जिस साझेदारी की परिकल्पना की गई है, उसे लागू कर दिया गया है, जैसे थोक एवं संस्थागत कचरा उत्पादक, बाजार संगठन, कार्यक्रम आयोजक तथा होटल एवं रेस्तरां को स्थानीय निकायों के साथ मिलकर कचरा अलग-अलग करने और उसका प्रबंधन करने के लिए सीधे जिम्मेदार बना दिया गया है। सभी निवासी कल्याण संघों, बाजार संघों, 5,000 वर्ग मीटर से अधिक क्षेत्रफल वाले गेटयुक्त समुदायों और संस्थाओं, नई टाउनशिप और ग्रुप हाउसिंग सोसायटियों को कचरे के प्रबंधन तथा स्वयं समाप्त होने वाले कचरे के प्रसंस्करण की व्यवस्था स्वयं ही करने का जिम्मा सौंप दिया गया है।

प्लास्टिक कचरा प्रबंधन नियम, 2016: सर्वविदित है कि प्लास्टिक के विविध प्रयोग होते हैं और उसके भौतिक तथा रासायनिक गुणों ने व्यावसायिक रूप से उसे सफल बना दिया है। लेकिन उनका अंधाधुंध निपटारा पर्यावरण के लिए बड़ा खतरा बन गया है। प्लास्टिक की थैलियां खास तौर पर बिखरे हुए कचरे में सबसे अधिक योगदान करती हैं और हर वर्ष प्लास्टिक की लाखों थैलियां जमीन, जल निकायों, जल प्रवाहों के जरिए पर्यावरण में मिल जाती हैं। इन्हें पूरी तरह समाप्त होने में औसतन 1,000 वर्ष लगते हैं। इसीलिए वैज्ञानिक प्लास्टिक कचरा प्रबंधन की समस्या से निपटने के लिए 2011 में नए नियम- प्लास्टिक कचरा (प्रबंधन एवं व्यवहार) नियम, 2011-अधिसूचित किए गए, जिनमें प्लास्टिक कचरे का प्रबंधन शामिल है। किंतु ये नियम इतने प्रभावी तरीके से लागू नहीं हो सके क्योंकि इन नियमों का दायरा नगर पालिका क्षेत्रों तक ही सीमित रहा, जबकि आज प्लास्टिक ग्रामीण क्षेत्रों तक पहुंच चुका है।

इन समस्याओं से निपटने तथा कचरा प्रबंधन के लिए स्वावलंबी व्यवस्था तैयार करने के लिए मंत्रालय ने प्लास्टिक कचरा प्रबंधन नियम अधिसूचित किए। नियमों के तहत प्लास्टिक की थैलियों की न्यूनतम मोटाई 40 माइक्रॉन से बढ़ाकर 50 माइक्रॉन की गई है; वस्तुओं को पैक करने तथा लपेटने के लिए प्लास्टिक शीट की न्यूनतम मोटाई 50 माइक्रॉन तय करने का काम पहली बार किया गया है ताकि प्लास्टिक कचरा इकट्ठा करना तथा उसका पुनर्चक्रण करना आसान हो; प्लास्टिक की थैलियों के मूल्य निर्धारण की प्रक्रिया दुरुस्त कर प्लास्टिक कचरा प्रबंधन शुल्क शुरू किया गया है, जिसे वे खुदरा दुकानदार अथवा सड़क पर दुकान लगाने वाले पूर्व पंजीकरण शुल्क के रूप में भरेंगे, जो प्लास्टिक की थैलियां देना चाहते हैं; प्लास्टिक के कचरे के लाभकारी इस्तेमाल जैसे बिजली बनाना, सड़क निर्माण में इस्तेमाल करने को बढ़ावा देने के तरीके लाए गए हैं और स्थानीय प्रशासन द्वारा यूजर शुल्क तथा स्पॉट जुर्माना आरंभ किया गया है।

निर्माण एवं तोड़-फोड़ से तैयार कचरे का प्रबंधन, 2016: मंत्रालय ने देश में निर्माण तथा तोड़-फोड़ से होने वाले कचरे के प्रबंधन के लिए पहली बार निर्माण तथा तोड़-फोड़ प्रबंधन नियम, 2016 तैयार किए हैं। इन नियमों से पहले इसका नियमन नगरीय ठोस कचरा प्रबंधन नियम, 2000 के तहत होता था

और इसे शहरी स्थानीय निकायों के जिम्मे छोड़ दिया गया था। नए नियम नगरीय ढांचे के निर्माण, रि-मॉडलिंग, मरम्मत और तोड़-फोड़ से निकलने वाले कचरे का नियमन करते हैं और ऐसे कचरे का लाभकारी तरीके से दोबारा इस्तेमाल करने या पुनर्चक्रण करने की व्यवस्था करते हैं। नए नियम ऐसे प्रत्येक व्यक्ति पर लागू होते हैं, जो निर्माण तथा तोड़फोड़ से निर्माण सामग्री का कचरा उत्पन्न होने के लिए , किसी भी निजी अथवा संगठन अथवा प्रशासन के नगरीय ढांचे के निर्माण, रि-मॉडलिंग, मरम्मत अथवा विध्वंस से मलबा या रोड़ा तैयार होने के लिए जिम्मेदार है। नियमों के अंतर्गत कचरा बनाने वाले प्रत्येक व्यक्ति को रोड़ा, मिट्टी और अन्य कचरे को इकट्ठा करने, अलग-अलग करने तथा निर्माण एवं विध्वंस से तैयार हुए कचरे को अलग-अलग इकट्ठा करने, स्थानीय निकाय द्वारा तैयार किए गए संग्रह स्थल पर जमा करने अथवा अधिकृत प्रसंस्करण संयंत्रों को सौंपने का जिम्मा सौंपा गया है। उसे यह सुनिश्चित करने के लिए भी कहा गया है कि कूड़ा न तो बिखरे और न ही जमा हो, जिससे यातायात या नालियां बाधित नहीं हों। सेवा प्रदाताओं को समग्र कचरा प्रबंधन योजना तैयार करनी होगी, जिसमें उनके अधिकार क्षेत्र में निर्माण तथा तोड़फोड़ के कारण उत्पन्न हुए कचरे को अलग-अलग करना, भंडारण करना, संग्रह करना, पुनः इस्तेमाल करना, पुनर्चक्रण करना, ढुलाई करना और निपटाना शामिल होगा। निर्माण तथा तोड़-फोड़ का कचरा हटाने का जिम्मा भी उन्हीं का होगा।

फ्लाई ऐश का उपयोगः बिजली की तेजी से बढ़ती मांग और बिजली की दो-तिहाई जरूरत पूरी करने के लिए कोयले पर निर्भर रहने के कारण भारी मात्रा में फ्लाई ऐश तैयार हो रही है। फ्लाई ऐश का प्रबंधन चिंता का विषय हो गया है क्योंकि उसके निपटारे के लिए बड़े भूभाग की जरूरत पड़ती है। फ्लाई ऐश के निपटारे की पर्यावरण संबंधी समस्या को दूर करने के लिए मंत्रालय ने 1999 में फ्लाई ऐश के उपयोग पर अधिसूचना जारी की, जिसमें कोयले/लिग्नाइट से चलने वाले ताप बिजली संयंत्रों के लिए फ्लाई ऐश के लक्ष्य इस विचार के साथ तय किए गए कि चरणबद्ध तरीके से उसका 100 प्रतिशत उपयोग किया जाने लगेगा। 2003, 2009 और 2016 में अधिसूचना में संशोधन किया गया। फ्लाई ऐश का उपयोग 1996-97 में 6.64 मिलियन टन से बढ़कर 2015-16 में 107.77 मिलियन टन तक पहुंच गया है। पहले फ्लाई ऐश को 'हानिकारक औद्योगिक कचरा' माना जाता था, लेकिन अब उसे उपयोगी और बिक्री लायक सामग्री कहा जाता है। इस अधिसूचना का उद्देश्य पर्यावरण की रक्षा करना, मिट्टी की ऊपरी परत को संरक्षित रखना, ताप बिजली संयंत्रों से फ्लाई ऐश को उड़कर जमीन पर फैलने से रोकना और उस राख का इस्तेमाल निर्माण सामग्री तैयार करने और निर्माण गतिविधियों में करना।

अंतरराष्ट्रीय संधियां

हानिकारक कचरे के सीमा पार आवागमन तथा निस्तारण पर नियंत्रण हेतु बेसल संधिः हानिकारक कचरे के सीमा पार आवागमन तथा निस्तारण पर नियंत्रण हेतु बेसल संधि को बेसल, स्विट्जरलैंड में 1989 में स्वीकार किया गया। बेसल संधि का मुख्य उद्देश्य मानव स्वास्थ्य तथा पर्यावरण को हानिकारक कचरे के प्रतिकूल प्रभावों से बचाना है। अपने उद्भव और संरचना एवं गुणों के आधार पर 'हानिकारक कचरे' के रूप में परिभाषित किया गया विभिन्न प्रकार का कचरा और 'अन्य कचरे' के रूप में परिभाषित दो प्रकार का कचरा (घरेलू कचरा और भट्ठी की राख) इसके दायरे में आता है।

अंतरराष्ट्रीय व्यापार में निश्चित हानिकारक रसायनों तथा कीटनाशकों के लिए पूर्व सूचित सहमति प्रक्रिया के लिए रॉटरडम संधिः अंतरराष्ट्रीय व्यापार में निश्चित हानिकारक रसायनों तथा कीटनाशकों

के लिए पूर्व सूचित सहमति प्रक्रिया के लिए रॉटरडम संधि 2004 में लागू हुई। भारत ने एक वर्ष बाद यह संधि स्वीकार कर ली। भारत में रसायन एवं उर्वरक मंत्रालय, कृषि एवं सहकारिता मंत्रालय इसके लिए निर्धारित संस्थाएं हैं। आधिकारिक संपर्क बिंदु पर्यावरण, वन एवं जलवायु परिवर्तन मंत्रालय में बनाए गए हैं। इस संधि की अनुसूची 3 में 47 रसायन दिए गए हैं, जिनमें 33 ऐसे कीटनाशक तथा 14 ऐसे औद्योगिक रसायन हैं, जिन्हें स्वास्थ्य अथवा पर्यावरण कारणों से दो या अधिक सदस्य देशों ने प्रतिबंधित कर दिया है या बहुत सीमित कर दिया है तथा जिन्हें सदस्यों के सम्मेलन ने पूर्व सूचित सहमति प्रक्रिया के अधीन घोषित कर दिया है।

जिद्दी जैविक प्रदूषक तत्वों पर स्टॉकहोम संधि: जिद्दी जैविक प्रदूषक तत्वों (पीओपी) पर स्टॉकहोम संधि मानव स्वास्थ्य और पर्यावरण को पीओपी के दुष्प्रभावों से बचाने के लिए वैश्विक संधि है। संधि में आरंभ में 12 रसायन थे, जिनके उत्पादन तथा वितरण पर प्रतिबंध था। अब इसमें 23 रसायन हैं। संधि 2004 में लागू हुई। भारत ने 2006 में इसे लागू किया। संधि के अनुच्छेद 7 के अनुसार संधि के सदस्यों राष्ट्रीय क्रियान्वयन योजना तैयार कर यह दिखाना होगा कि संधि के प्रति अपने संकल्पों को वे कैसे पूरा करेंगे और यह योजना वैश्विक पर्यावरण प्रतिष्ठान के धन से तैयार की गई है। पर्यावरण, वन एवं जलवायु परिवर्तन मंत्रालय जीईसी तथा स्टॉकहोम संधियों के लिए केंद्र बिंदु का कार्य करता है। कृषि एवं सहकारिता मंत्रालय एवं रसायन तथा पेट्रोरसायन मंत्रालय इसके लिए निर्धारित राष्ट्रीय संस्थाएं हैं।

पारे पर मीनामाता संधि: फरवरी 2009 में यूएनईपी की प्रशासनिक परिषद ने पारे पर कानूनी रूप से बाध्यकारी वैश्विक योजना तैयार करने के मामले में निर्णय 25/5 लिया। जापान के मीनामाता तथा कुमामोतो में 2013 में आयोजित दूतों के सम्मेलन में 'पारे पर मीनामाता संधि' को औपचारिक रूप से स्वीकार किया गया, जो मानव स्वास्थ्य तथा पर्यावरण को पारे के दुष्प्रभावों से बचाने वाली वैश्विक संधि है।

अंतरराष्ट्रीय रसायन प्रबंधन पर रणनीतिक दृष्टिकोण: 2006 में भारत समेत 190 से अधिक देशों ने अंतरराष्ट्रीय रसायन प्रबंधन पर रणनीतिक दृष्टिकोण (एसएआईसीएम) स्वीकार किया, जो रसायनों के सही प्रबंधन को बढ़ावा देने वाला अंतरराष्ट्रीय नीतिगत ढांचा है। एसएआईसीएम के अंतर्गत आरंभिक गतिविधियों में राष्ट्रीय रसायन प्रोफाइल का निर्माण अथवा उसे अद्यतन करना, संस्थाओं को मजबूत करना तथा रसायनों के सही प्रबंधन को राष्ट्रीय रणनीतियों की मुख्यधारा में लाना शामिल था। भारत ने इस दिशा में कदम बढ़ाते हुए राष्ट्रीय रसायन प्रबंधन प्रोफाइल तैयार करना आरंभ किया, जिससे रसायनों के प्रबंधन हेतु भारत के बुनियादी ढांचे और क्षमता का पता लग सके।

राष्ट्रीय नदी संरक्षण योजना

1985 में गंगा कार्ययोजना आरंभ होने के साथ ही नदी संरक्षण कार्यक्रम शुरू हुआ। गंगा कार्ययोजना को 1995 में बढ़ाया गया और अन्य नदियों को भी राष्ट्रीय नदी संरक्षण योजना (एनआरसीपी) के अंतर्गत ले लिया गया। एनआरसीपी का उद्देश्य देश में जल के बड़े स्रोत के रूप में काम कर रही नदियों के जल की गुणवत्ता सुधारना है। इसके लिए नदियों के प्रदूषित भाग के रूप में चिह्नित हिस्सों के किनारे बसे विभिन्न शहरों में प्रदूषण कम करने का काम किया जाता है, जिसका खर्च केंद्र तथा राज्य सरकारें मिलकर उठाती हैं। फिलहाल एनआरसीपी (गंगा तथा उसकी सहायक नदियों को छोड़कर) के अंतर्गत 14 राज्यों के 75 शहरों में 31 नदियों के प्रदूषित हिस्से आते हैं और इसके अंतर्गत अभी तक 2,445 मिलियन लीटर पानी के शोधन की क्षमता तैयार कर दी गई है।

झील संरक्षण

एनएलसीपी/एनपीसीए के अंतर्गत अभी तक 14 राज्यों में 63 झीलों के संरक्षण के लिए कुल 46 परियोजनाएं मंजूर की गई हैं, जिनमें मैले जल को निकालने की प्रणाली तथा कचरा शोधन संयंत्र उपलब्ध कराने, कचरे को रोकने और उसकी दिशा मोड़ने, गाद समाप्त करने, जलग्रहण क्षेत्र के उपचार, तूफानी जल के प्रबंधन आदि पर काम होता है। जिन परियोजनाओं पर अभी काम चल रहा है, उनमें जम्मू-कश्मीर में डल झील, मध्य प्रदेश में शिवपुरी तथा सिंध सागर झील, नगालैंड (पूर्वोत्तर क्षेत्र) में मोकोचंग स्थित जुड़वां झीलें, राजस्थान में अन्नसागर, पुष्कर तथा पिचोला झीलें और उत्तर प्रदेश में रामगढ़ ताल तथा लक्ष्मीताल प्रमुख हैं।

जलमय भूमि का संरक्षण: जलमय या दलदली भूमि बड़ी आबादी के लिए जीवन रेखा सरीखी होती है और ताजे जल का बड़ा स्रोत भी होती है। उनमें बहुत अधिक जैवविविधता तो होती ही है, मानव जाति को वे पारितंत्र संबंधी कई सेवाएं भी देती हैं। किंतु मानव की गतिविधियों के कारण जलमय भूमि कम होती जा रही है। जलमय भूमि पर पड़ने वाले बड़े दबावों में जलविज्ञान की प्रणालियों का बंटना, बर्बाद हुए जलग्रहण क्षेत्र से गाद का आना, प्रदूषण, अतिक्रमणकारी प्रजातियों का फैलना तथा संसाधनों का आवश्यकता से अधिक इस्तेमाल होना शामिल हैं।

बर्बादी पर नियंत्रण करने और जलमय भूमि को बचाने के लिए 1987 में राष्ट्रीय जलमय भूमि संरक्षण कार्यक्रम आरंभ किया गया और चिह्नित जलमय भूमि के संरक्षण और प्रबंधन के लिए कार्ययोजना लागू करने हेतु राज्य सरकारों को वित्तीय सहयोग प्रदान किया जा रहा है।

रामसर संधि: संभावित जलमय भूमि के संरक्षण के हेतु प्रतिबद्धता दिखाते हुए भारत ने 1982 में रामसर संधि पर हस्ताक्षर कर दिए। इस संधि के अनुसार भारत अंतरराष्ट्रीय सहयोग करेगा और जलमय भूमि के संरक्षण तथा बुद्धिमत्ता भरे प्रयोग के लिए राष्ट्रीय कार्य योजना बनाएगा। फिलहाल भारत में 26 रामसर क्षेत्र हैं।

जलमय भूमि (संरक्षण तथा प्रबंधन) नियम, 2010: संधि के उद्देश्यों को लागू करने के लिए दिसंबर, 2010 में जीएसआर-951(ई) के जरिए जलमय भूमि (संरक्षण एवं प्रबंधन) नियम बनाकर नियामकीय प्रणाली लागू की गई। जलमय भूमि नियम, 2010 के अंतर्गत केंद्रीय जलमय भूमि नियामक प्राधिकरण की स्थापना की गई है। 14 राज्यों में फैले 25 जलमय क्षेत्रों को पहले ही इन नियमों के अंतर्गत अधिसूचित किया जा चुका है।

विश्व जलमय भूमि दिवस: दुनियाभर में जलमय भूमि के संरक्षण तथा बुद्धिमत्तापूर्ण उपयोग के लिए जागरुकता फैलाने हेतु हर वर्ष 2 फरवरी को विश्व जलमय भूमि दिवस (वर्ल्ड वेटलैंड्स डे) मनाया जाता है। 'जलमय भूमि और आपदा के खतरे में कमी' विषय के साथ विश्व जलमय भूमि दिवस - 2017 को मध्य प्रदेश सरकार के साथ मिलकर भोज जलमय भूमि, भोपाल में मनाया गया। भोज जलमय भूमि रामसर संधि के तहत भारत में निर्धारित 26 रामसर स्थलों में शामिल है।

राष्ट्रीय वनरोपण तथा पर्यावरण विकास बोर्ड (एनएईबी)

देश में वनरोपण, पौध रोपण, पर्यावरण की बहाली और पर्यावरण के विकास की गतिविधियों को बढ़ावा देने के लिए 1992 में राष्ट्रीय वनरोपण तथा पर्यावरण विकास बोर्ड (एनएईबी) की स्थापना की गई।

एनएईबी समाप्त हो रहे वन क्षेत्रों तथा वनक्षेत्रों से लगी भूमि, राष्ट्रीय उद्यानों, अभयारण्यों एवं अन्य संरक्षित क्षेत्रों तथा पर्यावरण की दृष्टि से कमजोर क्षेत्रों जैसे पश्चिमी हिमालय, अरावली और पश्चिमी घाट आदि के पुनर्विकास पर विशेष ध्यान देता है।

एनएईबी के उद्देश्यों में समाप्त हुए वन क्षेत्रों तथा निकटवर्ती भूमि का व्यवस्थित नियोजन एवं क्रियान्वयन द्वारा पर्यावरणीय पुनर्वास करने की प्रणाली विकसित करना; पर्यावरणीय सुरक्षा के लिए तथा ग्रामीण समुदायों की जलावन, चारे संबंधी एवं अन्य जरूरतें पूरी करने के लिए वन आवरण को प्राकृतिक पुनर्निर्माण अथवा समुचित हस्तक्षेप के जरिए बहाल करना; समाप्त हुए जंगल तथा करीबी भूमि से जलावन, चारे, लकड़ी तथा अन्य वनोपज की उपलब्धता बढ़ाना ताकि इन उत्पादों की मांग पूरी हो सके; समाप्त हो रहे वन क्षेत्रों तथा निकटवर्ती भूमि के पुनर्निर्माण एवं विकास के लिए नई तथा उचित प्रौद्योगिकियां प्रचारित करने के लिए अनुसंधान प्रायोजित करना तथा जानकारी फैलाना; वनरोपण और पर्यावरण विकास को बढ़ावा देने के लिए स्वैच्छिक संगठनों, गैर-सरकारी संगठनों, पंचायती राज संस्थाओं और अन्य के साथ मिलकर सामान्य जागरुकता उत्पन्न करना तथा जनांदोलन को मजबूत करना एवं समाप्त हुए वन क्षेत्र तथा समीप की भूमि के सहभागितापूर्ण एवं सतत टिकाऊ प्रबंधन को बढ़ावा देना शामिल हैं।

राष्ट्रीय वनरोपण कार्यक्रम योजना

राष्ट्रीय वनरोपण कार्यक्रम (एनएपी) योजना भारत सरकार में एनएईबी की प्रमुख वनरोपण योजना है। 2000-02 में आरंभ की गई यह योजना अपने क्रियान्वयन के पिछले नौ वर्षों में पूरे भारत में फैल गई है और देश के 28 राज्य वन विभाग की जमीन पर वन विकास एजेंसियों और गांवों के स्तर पर संयुक्त वन प्रबंधन समितियों की दोहरी संस्थागत व्यवस्था के जरिए इसे क्रियान्वित कर रहे हैं। 2010-11 से एफडीए के लिए धन की आवक सुगम बनाने के लिए राज्य स्तर पर राज्य वन विकास एजेंसी बनाई गई हैं। यह कार्यक्रम अब राज्य स्तर पर राज्य वन विकास एजेंसी, जिला/वन विभाग स्तर पर वन विकास एजेंसी और ग्राम स्तर पर संयुक्त वन प्रबंधन समितियों के त्रिस्तरीय ढांचे से संचालित होता है। आरंभिक गतिविधियों के अंतर्गत 'केयर एंड शेयर' के विचार के साथ सामुदायिक संपत्तियां तैयार की गई हैं। योजना का उद्देश्य है- सक्रिय जन सहभागिता के द्वारा प्राकृतिक संसाधनों का संरक्षण एवं सुरक्षा; भूमि का विनाश, वनोन्मूलन तथा जैव विविधता की बरबादी रोकना; पर्यावरण बहाल करना तथा पर्यावरण संरक्षण एवं पर्यावरण विकास; ग्राम स्तर पर जन संगठन तैयार करना, जो गांवों के भीतर और आस-पास प्राकृतिक संसाधनों का प्रबंधन करेंगे तथा ग्रामीण जनता की रोजगार हासिल करने की क्षमता बढ़ाने के लिए क्षमता विकास एवं कौशल संवर्द्धन।

पर्यावरण विकास बल योजना

पर्यावरण विकास बल (ईडीएफ) योजना को 1980 के दशक में अत्यधिक नष्ट हो जाने के कारण अथवा सुदूर स्थित होने के कारण अथवा कानून व्यवस्था की कठिन स्थिति के कारण मुश्किल मान लिए गए क्षेत्रों के पर्यावरणीय पुनर्वास के लिए रक्षा मंत्रालय द्वारा संचालित योजना के रूप में आरंभ किया गया था। यह मुश्किल क्षेत्रों में पर्यावरण के पुनर्वास तथा पूर्व सैन्यकर्मियों को सार्थक रोजगार देने के दोहरे उद्देश्य पर आधारित है।

इस योजना के अंतर्गत रक्षा मंत्रालय द्वारा गठित पर्यावरण कार्यबल (ईटीएफ) की बटालियनों की स्थापना तथा संचालन पर होने वाला खर्च पर्यावरण, वन एवं जलवायु परिवर्तन मंत्रालय उठाता है और पौधों, बाड़ लगाने जैसी सामग्री एवं पेशेवर तथा प्रबंधकीय निर्देशन राज्य वन विभागों से प्राप्त होते हैं।

राष्ट्रीय हरित भारत अभियान

राष्ट्रीय हरित भारत अभियान (जीआईएम) जलवायु परिवर्तन पर राष्ट्रीय कार्ययोजना के अंतर्गत चलने वाले आठ अभियानों में से एक है, जिसका लक्ष्य भारत के नष्ट होते वन आवरण को बचाना तथा बढ़ाना है ताकि जलवायु परिवर्तन के दुष्प्रभावों का मुकाबला किया जा सके। इसमें हरियाली बढ़ाने का सर्वांगीण दृष्टिकोण अपनाया गया है और कार्बन को अलग करने (सीक्वेस्ट्रेशन) तथा उत्सर्जन में कमी जैसे लाभ के साथ पारितंत्र की विभिन्न सेवाओं पर ध्यान केंद्रित किया गया है।

अभियान में उप-अभियानों तथा हस्तक्षेपों के जरिए जलवायु परिवर्तन के अनुकूल बनने तथा उसे कम करने की चुनौतियों से निपटा जाता है। इसके तहत वन आवरण की गुणवत्ता बढ़ाई जाती है तथा पारितंत्र की सेवाएं बेहतर की जाती हैं; पारितंत्र बहाल किया जाता है और वन आवरण में वृद्धि की जाती है; कृषि-वानिकी तथा सामाजिक वानिकी पर ध्यान दिया जाता है और वैकल्पिक ईंधन ऊर्जा को बढ़ावा दिया जाता है।

पश्चिमी घाट पर पर्यावरण की दृष्टि से संवेदनशील क्षेत्रों की घोषणाः पश्चिमी घाट जैव विविधता के प्रमुख वैश्विक केंद्र हैं और जैविक विविधता की खान हैं, जहां फूल वाले पौधों, मछलियों, उभयचरों, सरीसृपों, पक्षियों, स्तनधारियों और अकशेरुकी प्राणियों की कई विलुप्तप्राय प्रजातियां पाई जाती हैं। गोदावरी, कृष्णा, कावेरी और प्रायद्वीपीय भारत की कई अन्य नदियों का उद्‌गम स्थल भी यहीं है, जिन पर इस क्षेत्र की अधिकांश अर्थव्यवस्था निर्भर करती है। इसीलिए पश्चिमी घाट के सतत एवं समावेशी विकास को जारी रखते हुए उसकी अनूठी जैव विविधता को संरक्षित करने तथा बचाने की जरूरत है। पर्यावरण की दृष्टि से संवेदनशील क्षेत्र की अवधारणा किसी क्षेत्र की जैव विविधता को संरक्षित करने तथा उसका टिकाऊ विकास होने देने का तरीका है।

राष्ट्रीय प्राकृतिक संसाधन प्रबंधन तंत्र (एनएनआरएमएस): मंत्रालय की 'राष्ट्रीय प्राकृतिक संसाधन प्रबंधन तंत्र (एनएनआरएमएस)' योजना पूर्ववर्ती योजना आयोग की योजना समिति-राष्ट्रीय प्राकृतिक संसाधन प्रबंधन तंत्र योजना (पीसी-एनएनआरएमएस) का ही अंग है और 1985 से चल रही है। देश के प्राकृतिक संसाधनों की सूची तैयार करने, मूल्यांकन करने तथा निगरानी करने के लिए दूरसंवेदी प्रौद्योगिकी का उपयोग करना ही पीसी-एनएनआरएमएस का मुख्य उद्देश्य है।

वानिकी अनुसंधान

भारतीय वानिकी अनुसंधान एवं शिक्षा परिषद (आईसीएफआरई), देहरादूनः राष्ट्रीय वानिकी अनुसंधान तंत्र में अग्रणी संस्था भारतीय वानिकी अनुसंधान एवं शिक्षा परिषद (आईसीएफआरई), देहरादून वानिकी अनुसंधान, शिक्षा और विस्तार के समग्र विकास पर काम कर रही है और सभी पक्षों को इसमें शामिल कर रही है। परिषद समाधान आधारित वानिकी अनुसंधान करती है, जो इस क्षेत्र में आने वाली नई समस्याओं के अनुरूप होता है। इसमें जलवायु परिवर्तन, जैविक विविधता का संरक्षण, मरुस्थलीकरण तथा संसाधनों के सतत प्रबंधन एवं विकास जैसे वैश्विक मसले भी शामिल हैं।

वन अनुसंधान में जुटे प्रमुख संस्थान हैं- वन अनुसंधान संस्थान, देहरादून; वन आनुवांशिकी एवं वृक्ष प्रजनन संस्थान, कोयंबटूर; काष्ठ विज्ञान एवं प्रौद्योगिकी संस्थान, बंगलुरु; शीतोष्ण वन अनुसंधान संस्थान, जबलपुर; वर्षा वन अनुसंधान संस्थान, जोरहाट; शुष्क वन अनुसंधान संस्थान, जोधपुर; हिमालयी वन अनुसंधान संस्थान, शिमला; वन उत्पादकता संस्थान, रांची और वन जैव विविधता संस्थान, हैदराबाद।

इंदिरा गांधी राष्ट्रीय वन अकादमी (आईजीएनएफए), देहरादून: 1938 में स्थापित भारतीय वन महाविद्यालय को उन्नत बनाकर तथा नाम बदलकर 1985 में इस अकादमी की स्थापना की गई थी। अकादमी भारतीय वन सेवा के परिवीक्षाधीन अधिकारियों को पेशेवर प्रशिक्षण प्रदान करती है और भारतीय वन सेवा (आईएफएस) के अधिकारियों को सेवाकाल के बीच में प्रशिक्षण प्रदान करने के लिए इसे 'स्टॉफ कॉलेज' का दर्जा दिया गया है। अकादमी का कार्य आईएफएस के प्रोबेशन पर आए अधिकारियों को प्रशिक्षण के जरिए पेशेवर वन अधिकारी वाला ज्ञान एवं कौशल प्रदान करना तथा उन्हें देश के वन एवं वन्यजीव संसाधनों को लगातार संभालने योग्य दक्षता प्रदान करना है। साथ ही, यह उन्हें पर्यावरण संरक्षण, आर्थिक विकास तथा सामाजिक परिवर्तन के उत्प्रेरक के रूप में काम करने योग्य भी बनाता है। इसके क्षमता निर्माण कार्यक्रमों में सेवा में आए नए अधिकारियों को प्रशिक्षण देना, सेवारत आईएफएस अधिकारियों के बैचों को प्रशिक्षण (मिड करियर प्रशिक्षण कार्यक्रम) देना, राज्य वन सेवा से प्रोन्नति पाकर आईएफएस में शामिल हुए अधिकारियों को कौशल उन्नयन का प्रशिक्षण प्रदान करना शामिल हैं। अकादमी अखिल भारतीय सेवाओं के सदस्यों, भारतीय राजस्व सेवाओं के प्रोबेशनरों, उच्च न्यायिक सेवा के सदस्यों जैसे कई अन्य हितधारकों को भी ओरियंटेशन पाठ्यक्रम प्रदान करता है।

भारतीय वन्यजीव संस्थान, देहरादून: भारतीय वन्यजीव संस्थान (डब्ल्यूडब्ल्यूआई) की स्थापना 1986 में मंत्रालय के स्वायत्तशासी संस्थान के रूप में की गई थी। यह संस्थान वन्यजीव और संरक्षित क्षेत्र प्रबंधन के क्षेत्र में दक्षिण तथा दक्षिण-पूर्व एशिया का प्रतिष्ठित प्रशिक्षण एवं अनुसंधान संस्थान बनकर उभरा है। इसके प्राथमिक कार्य हैं: (अ) वन्यजीव तथा जैव विविधता संरक्षण के विभिन्न मुद्दों पर वैज्ञानिक तथा व्यावहारिक अनुसंधान करना; (आ) वन्यजीव विज्ञान को शैक्षिक गतिविधियों के जरिए विकसित करना; (इ) वन्यजीव प्रबंधन एवं संरक्षण नियोजन के क्षेत्र में क्षमता निर्माण; (ई) पर्यावरण, वन एवं जलवायु परिवर्तन मंत्रालय तथा अंतरराष्ट्रीय संगठनों को तकनीकी जानकारी मुहैया कराना। संस्थान अनुसंधान के जरिए वन्यजीव विज्ञान के क्षेत्र में गुणवत्तायुक्त जानकारी तथा ज्ञान संबंधी उत्पाद तैयार कर रहा है और विभिन्न लक्षित समूहों के लिए क्षमता निर्माण कार्यक्रमों में उनका उपयोग कर रहा है। साथ ही वह केंद्र तथा राज्य सरकारों को परामर्श सेवा भी प्रदान कर रहा है।

जैव विविधता संरक्षण तथा ग्रामीण आजीविका सुधार परियोजना: भारतीय वन्यजीव संस्थान परियोजना क्रियान्वित करने वालों की क्षमता बढ़ाने के लिए और जैव विविधता संरक्षण दृष्टिकोण पर ज्ञान प्रबंधन केंद्र के रूप में इस परियोजना के क्रियान्वयन में साझेदार है।

राष्ट्रीय हरित कोर कार्यक्रम

राष्ट्रीय हरित कोर (एनजीसी) का गठन 2001-02 में किया गया। एनजीसी को मिली शानदार प्रतिक्रिया ने 15 वर्ष में देशभर में 1 लाख ईको क्लबों का नेटवर्क तैयार कर दिया है, जिससे यह सबसे बड़े संरक्षण नेटवर्कों में शुमार हो गया है। एनजीसी कार्यक्रम के अंतर्गत 86,765 ईको क्लबों को सहायता प्रदान की गई।

राष्ट्रीय पर्यावरण जागरुकता अभियान: राष्ट्रीय स्तर पर पर्यावरण के प्रति जागरुकता उत्पन्न करने के उद्देश्य के साथ 1986 के मध्य में राष्ट्रीय पर्यावरण जागरुकता अभियान (एनईएसी) आरंभ किया गया। इस अभियान में देशभर के एनजीओ, स्कूलों, कॉलेजों, विश्वविद्यालयों, अनुसंधान संस्थानों, महिला तथा युवा संगठनों, सैन्य इकाइयों, सरकारी विभागों आदि जागरुकता बढ़ाने और कार्योन्मुख गतिविधियों के लिए छोटा-सा वित्तीय सहयोग प्रदान किया जाता है। 2016-17 के लिए विषय 'स्वच्छ भारत अभियान, गंगा पुनर्वास एवं नदी स्वच्छता' है।

राष्ट्रीय प्रकृति शिविर कार्यक्रम: राष्ट्रीय प्रकृति शिविर कार्यक्रम पर्यावरण शिक्षा के क्षेत्र में मंत्रालय की एक पहल है, जिसका लक्ष्य बच्चों को पर्यावरण के प्रति अधिक जागरूक बनाना, उसके बारे में समझाना तथा उसके प्रति लगाव उत्पन्न करना है। इस पहल के जरिए यह उम्मीद की जाती है कि मिडल स्कूल (कक्षा 6 से 8) जाने वाले प्रत्येक बच्चे को उन वर्षों के दौरान कम से कम 2-3 दिन के लिए शिविर में रहने का अनुभव प्राप्त होगा।

ग्लोब

ग्लोब लर्निंग एंड ऑब्जर्वेशन टु बेनिफिट द इंवायरन्मेंट (ग्लोब) अंतरराष्ट्रीय पर्यावरण विज्ञान तथा शिक्षा कार्यक्रम है, जो छात्रों, शिक्षकों और वैज्ञानिकों को वैश्विक पर्यावरण के अध्ययन के लिए एक साथ लाता है। पर्यावरण, वन एवं जलवायु परिवर्तन मंत्रालय तथा अमरीका सरकार ने भारत में ग्लोब कार्यक्रम लागू करने के लिए 2000 में एक समझौते पर हस्ताक्षर किया था। इंडियन इंवायरन्मेंटल सोसाइटी, दिल्ली भारत में ग्लोब की क्रियान्वयन एजेंसी है।

उत्कृष्टता केंद्र

उत्कृष्टता केंद्र की योजना छठी पंचवर्षीय योजना में आरंभ की गई। योजना का उद्देश्य विश्वविद्यालयों, एनजीओ समेत प्रतिष्ठित संस्थानों, पेशेवर संगठनों और अन्य वैज्ञानिक तथा प्रौद्योगिकी संस्थानों को चुनिंदा सहयोग प्रदान करना है ताकि वे मंत्रालय की आवश्यकताएं पूरी करने के लिए उस विशिष्ट विषय क्षेत्र में राष्ट्रीय स्तर पर उन्नत केंद्र बन सकें। फिलहाल मंत्रालय के अधीन सात उत्कृष्टता केंद्र काम कर रहे हैं। ये हैं- पर्यावरण शिक्षा संस्थान, अहमदाबाद; सीपीआर पर्यावरण शिक्षा केंद्र, चेन्नई; पारिस्थितिक विज्ञान केंद्र, भारतीय विज्ञान संस्थान, बंगलुरु; सालिम अली पक्षीविज्ञान एवं प्राकृतिक विज्ञान केंद्र, कोयंबटूर; सेंटर फॉर इन्वायरन्मेंट मैनेजमेंट ऑफ डिग्रेडेड ईकोसिस्टम्स, दिल्ली; मद्रास स्कूल ऑफ इकोनॉमिक्स, चेन्नई और फाउंडेशन फॉर रिवाइटलाइजेशन ऑफ लोकल हेल्थ ट्रेडिशंस, बंगलुरु।

राष्ट्रीय हरित अधिकरण

राष्ट्रीय हरित अधिकरण की स्थापना पर्यावरण संरक्षण तथा वनों एवं अन्य प्राकृतिक संसाधनों के संरक्षण से संबंधित मामलों के प्रभावी तथा शीघ्र निपटारे के उद्देश्य से 18 अक्टूबर, 2010 को एनजीटी अधिनियम, 2010 के अंतर्गत की गई थी। इसमें पर्यावरण से संबंधित किसी भी कानूनी अधिकार को लागू करना और व्यक्तियों तथा संपत्ति को हुए नुकसान से राहत एवं मुआवजा दिलाना और उससे संबंधित अथवा उससे मिलते-जुलते मामलों को देखना भी शामिल है।

यह विशेष निकाय है, जिसके पास विभिन्न विषयों वाले मामलों से जुड़े पर्यावरणीय विवादों को निपटाने के लिए आवश्यक विशेषज्ञता है। अधिकरण दीवानी प्रक्रिया संहिता, 1908 के तहत

निर्धारित की गई प्रक्रिया से नहीं बंधा है, लेकिन उसे प्राकृतिक न्याय के सिद्धांतों पर चलना होता है। अधिकरण को आवेदनों तथा अपीलों का निपटारा दाखिल होने के 6 महीने के भीतर करने का प्रयास करना होता है।

एनजीटी के पांच पीठ हैं; मुख्य पीठ दिल्ली में है और पुणे, कोलकाता, भोपाल तथा चेन्नई में क्षेत्रीय पीठ भी हैं। अधिकरण के शिमला, शिलॉन्ग और जोधपुर में सर्किट पीठ भी हैं।

जलवायु परिवर्तन

पृथ्वी की जलवायु हमेशा बदलती रही है। उनमें से कुछ परिवर्तन प्राकृतिक कारणों से हुए हैं किंतु अन्य परिवर्तन मानवीय गतिविधियों के कारण हुए हैं, जैसे वनोन्मूलन, उद्योग एवं परिवहन आदि से होने वाले उत्सर्जन, जिसके कारण वातावरण में गैसें और एरोसॉल जमा हो गई हैं। इन गैसों को ग्रीनहाउस गैस कहा जाता है क्योंकि वे गर्मी को रोक लेती हैं और जमीन के पास हवा का तापमान बढ़ा देती हैं, जैसे ग्रह की सतह पर ग्रीनहाउस करते हैं। देश में जलवायु परिवर्तन के मूल्यांकन के लिए वैज्ञानिक और विश्लेषक क्षमता तैयार करने और बढ़ाने के लिए जलवायु परिवर्तन कार्य कार्यक्रम (सीसीएपी) के तहत विभिन्न अध्ययन किए गए हैं। विभिन्न महत्वपूर्ण द्विपक्षीय तथा बहुपक्षीय बैठकें तथा वार्ताएं की गईं, जिनमें कॉन्फ्रेंस ऑफ पार्टीज (सीओपी-22) शामिल हैं।

जलवायु परिवर्तन पर राष्ट्रीय एवं राज्य कार्ययोजना

जलवायु परिवर्तन से निपटने के लिए भारत की घरेलू रणनीति उसके कई सामाजिक एवं आर्थिक विकास कार्यक्रमों में निहित है। जलवायु परिवर्तन पर राष्ट्रीय कार्य योजना (एनएपीसीसी) को विशिष्ट क्षेत्रों में नोडल मंत्रालयों के जरिए क्रियान्वित किया जा रहा है। सौर ऊर्जा, अधिक ऊर्जा दक्षता, टिकाऊ कृषि, टिकाऊ आवास, जल, हिमालयी पारितंत्र, हरित भारत और जलवायु परिवर्तन पर रणनीतिक ज्ञान के क्षेत्र में आठ राष्ट्रीय अभियान एनएपीसीसी के केंद्र में हैं।

राष्ट्रीय जलवायु परिवर्तन अनुकूलन कोष

राष्ट्रीय जलवायु परिवर्तन अनुकूलन कोष केंद्र की एक योजना है, जिसे 12वीं पंचवर्षीय योजना में क्रियान्वित किया जा रहा है और राष्ट्रीय कृषि एवं ग्रामीण विकास बैंक (नाबार्ड) इसमें राष्ट्रीय क्रियान्वयन निकाय है। कोष का वास्तविक उद्देश्य अनुकूलन की ठोस गतिविधियों में सहायता करना है, जो समुदायों, क्षेत्रों तथा राज्यों के सामने आ रहे जलवायु परिवर्तन के दुष्प्रभावों को कम करने वाली राज्य तथा केंद्र सरकार की योजनाओं के जरिए जारी गतिविधियों में नहीं आती हैं।

जलवायु परिवर्तन कार्य कार्यक्रम

मंत्रालय जनवरी 2014 से ही 'जलवायु परिवर्तन कार्य कार्यक्रम' नाम की योजना का क्रियान्वयन कर रहा है, जिसका उद्देश्य वैज्ञानिक तथा नीतिगत कार्यक्रमों के लिए उचित संस्थागत ढांचा स्थापित करते हुए और सतत विकास के संदर्भ में जलवायु परिवर्तन से संबंधित कार्यों का क्रियान्वयन करते हुए देश में जलवायु परिवर्तन के मूल्यांकन हेतु वैज्ञानिक एवं विश्लेषक क्षमता निर्मित करना एवं मजबूत करना है। एनसीएपी विभिन्न संस्थाओं वाला तथा विभिन्न एजेंसियों वाला अध्ययन है। इस पहल में पर्यावरण, वन एवं जलवायु परिवर्तन मंत्रालय आदर्श तकनीकों का प्रयोग करते हुए ब्लैक कार्बन के प्रभावों की निगरानी एवं मूल्यांकन के जरिए जलवायु परिवर्तन में ब्लैक कार्बन की भूमिका की समझ बढ़ाने के लिए पृथ्वी

विज्ञान मंत्रालय, भारतीय अंतरिक्ष अनुसंधान संगठन, विज्ञान एवं प्रौद्योगिकी मंत्रालय और अन्य संबंधित एजेंसियों के साथ काम करता है।

पेरिस संधि

भारत ने 2016 में यूएनएफसीसी की पेरिस संधि को अंगीकार कर लिया। पेरिस संधि तथा उसके घटकों के क्रियान्वयन के लिए कार्ययोजना तैयार की जा रही है।

जलवायु परिवर्तन पर अंतरराष्ट्रीय वार्ताएं

वित्त वर्ष 2016-17 के दौरान जलवायु परिवर्तन पर कई महत्वपूर्ण द्विपक्षीय एवं बहुपक्षीय बैठकें एवं अंतरराष्ट्रीय वार्ताएं आयोजित की गईं।

ओजोन प्रकोष्ठ

ओजोन परत का संरक्षण

ओजोन ऑक्सीजन के तीन परमाणुओं से बना अणु होती है, जो सूर्य से तीव्र ऊर्जा वाले पराबैंगनी विकिरण द्वारा पृथ्वी के वातावरण के ऊपरी स्तरों में ऑक्सीजन से प्राकृतिक रूप से बनती है। पराबैंगनी विकिरण ऑक्सीजन के अणुओं को विखंडित कर देता है और परमाणुओं को मुक्त कर देता है, जिनमें से कुछ ऑक्सीजन के अन्य अणुओं से मिलकर ओजोन बना लेते हैं। इस प्रकार बनी लगभग 90 प्रतिशत ओजोन पृथ्वी की सतह से 10 से 50 किलोमीटर ऊपर रहती है, जिसे वायुमंडल का क्षेत्र (स्ट्रेटोस्फियर) कहते हैं। वातावरण के इस हिस्से में पाई जाने वाली ओजोन को ओजोन की परत कहा जाता है।

ओजोन की पर्त सूर्य से निकलने वाले हानिकारक यूवी-बी विकिरण को समूचा सोख लेती है। यह पौधों और पशुओं को यूवी-बी विकिरण से बचाती है। यूवी-बी विकिरण से त्वचा कैंसर, मोतियाबिंद हो सकता है, शरीर की प्रतिरोधक क्षमता कम हो सकती है और फसलों की उपज घट सकती है। इसी के कारण 1985 में ओजोन परत के संरक्षण हेतु वियना संधि की गई और 1987 में ओजोन परत को नष्ट करने वाले पदार्थों पर मॉण्ट्रियल प्रोटोकॉल किया गया है। मॉण्ट्रियल प्रोटोकॉल का काम ओजोन को नष्ट करने वाले पदार्थों का उत्पादन एवं खपत समाप्त करना है। भारत ओजोन परत के संरक्षण के लिए हुई वियना संधि और ओजोन परत नष्ट करने वाले पदार्थों पर मॉण्ट्रियल प्रोटोकॉल तथा उनमें होने वाले सभी संशोधन/परिवर्तन में शामिल है। पर्यावरण, वन एवं जलवायु परिवर्तन मंत्रालय ने संधि के प्रभावी एवं सामयिक क्रियान्वयन के लिए और ओजोन को नष्ट करने वाले पदार्थों को समाप्त करने के लिए आवश्यक सेवाएं प्रदान करने हेतु राष्ट्रीय ओजोन इकाई के रूप में ओजोन प्रकोष्ठ की स्थापना की है।

ओजोन परत के संरक्षण हेतु वियन संधि तथा ओजोन परत को हानि पहुंचाने वाले पदार्थों पर मॉण्ट्रियल प्रोटोकॉल

ओजोन परत के संरक्षण हेतु वियना संधि तथा ओजोन परत को हानि पहुंचाने वाले पदार्थों पर मॉण्ट्रियल प्रोटोकॉल वायुमंडलीय ओजोन के संरक्षण के लिए विशिष्ट अंतरराष्ट्रीय संधियां हैं। मॉण्ट्रियल प्रोटोकॉल इतिहास में सबसे सफल अंतरराष्ट्रीय पर्यावरण संधि माना गया है। इसे सभी ने स्वीकार किया है और दुनिया में संयुक्त राष्ट्र के सभी 197 सदस्य देश वियना संधि तथा उसके मॉण्ट्रियल प्रोटोकॉल में शामिल हैं। मॉण्ट्रियल प्रोटोकॉल के क्रियान्वयन के 29 वर्षों के दौरान इस संधि के तहत असाधारण अंतरराष्ट्रीय

सहयोग ने सीएफसी, सीटीसी और हैलोन जैसे ओजोन को नुकसान पहुंचाने वाले कई प्रमुख पदार्थों का उत्पादन एवं उपभोग 2010 से ही बंद कर दिया है।

मरुस्थलीकरण से निपटने के लिए संयुक्त राष्ट्र संधि

भूमि के क्षरण तथा मरुस्थलीकरण को रोकने एवं भूमि वापस प्राप्त करने की चिंता कई राष्ट्रीय नीतियों में परिलक्षित होती है, जैसे राष्ट्रीय जल नीति, 2012; राष्ट्रीय वन नीति, 1988; राष्ट्रीय कृषि नीति, 2000; वन (संरक्षण) अधिनियम, 1980; पर्यावरण (संरक्षण) अधिनियम, 1986; राष्ट्रीय पर्यावरण नीति, 2006; राष्ट्रीय कृषि नीति, 2007; राष्ट्रीय वर्षा जल सिंचित क्षेत्र प्राधिकरण (एनआरएए) – 2007। इनमें इन समस्याओं से निपटने में सहायक प्रावधान हैं। सतत वन प्रबंधन, सतत कृषि, सतत भूमि प्रबंधन के लक्ष्यों तथा देश सतत विकास के जिस लक्ष्य को प्राप्त करने का प्रयास कर रहा है, उनमें भी यह स्पष्ट होता है। भारत ने 1994 में मरुस्थलीकरण से निपटने की संयुक्त राष्ट्र की संधि (यूएनसीसीडी) पर हस्ताक्षर कर दिए। पर्यावरण, वन एवं जलवायु परिवर्तन मंत्रालय यूएनसीसीडी के लिए भारत सरकार का नोडल मंत्रालय है और संधि से संबंधित सभी मसलों के समन्वय के लिए मरुस्थलीकरण प्रकोष्ठ मंत्रालय के भीतर नोडल बिंदु है।

अंतरराष्ट्रीय सहयोग एवं सतत विकास

मंत्रालय का अंतरराष्ट्रीय सहयोग एवं सतत विकास (आईसीएंडएसडी) विभाग अंतरराष्ट्रीय पर्यावरण सहयोग एवं सतत विकास से संबंधित मामलों का समन्वय करता है, जिसमें सतत विकास के लक्ष्य भी शामिल हैं।

संयुक्त राष्ट्र पर्यावरण कार्यक्रम (यूएनईपी): भारत यूएनईपी का सदस्य है और हर वर्ष यूएनईपी पर्यावरण कोष में 1 लाख डॉलर का वार्षिक वित्तीय योगदान करता है। यूएनईपी के अंतरराष्ट्रीय संसाधन समूह के 33 सदस्यों में से तीन इस समय भारत से हैं। मंत्रालय आईआरपी संचालन समिति का सदस्य है। आईआरपी यूएनईपी की संसाधन कुशलता/सतत उपभोग एवं उत्पादन उप–कार्यक्रम में मदद करता है और वह सरकारी नीति निर्माताओं, उद्योग एवं समाज के लिए व्यावहारिक समाधान तैयार करने के इरादे से दुनिया की सबसे गंभीर संसाधन समस्याओं का आकलन कर रहा है।

ग्लोबल इंवायरन्मेंट फैसिलिटी (जीईएफ) इंडिया: भारत ग्लोबल इंवायरन्मेंट फैसिलिटी (जीईएफ) का संस्थापक सदस्य है। 1991 में स्थापित जीईएफ 183 देशों की बहुपक्षीय वित्तीय सहायता प्रणाली है, जो वैश्विक पर्यावरणीय लाभों, जिन्हें राष्ट्रीय प्राथमिकताओं के रूप में चिह्नित भी किया गया है, के लिए वित्तीय सहायता प्रदान करता है। जीईएफ के कार्य जैव विविधता संधि, संयुक्त राष्ट्र जलवायु परिवर्तन प्रारूप संधि, संयुक्त राष्ट्र मरुस्थलीकरण रोधी संधि, स्टॉकहोम पीओपी संधि और मीनामाता पारा संधि जैसी बहुपक्षीय पर्यावरण संधियों के सदस्यों के सम्मेलन से मिलने वाले निर्देशन के अनुसार तय किए गए हैं। जीईएफ के अनुदान पांच केंद्रीय क्षेत्रों- जैव विविधता, जलवायु परिवर्तन, भूमि क्षरण, अंतरराष्ट्रीय जल तथा रसायन एवं कचरा के अंतर्गत प्रदान किए जाते हैं।

13 वित्त

वित्त मंत्रालय पर सरकार के वित्त का प्रशासन संभालने का दायित्व है। इसका संबंध पूरे देश को प्रभावित करने वाले सभी आर्थिक एवं वित्तीय विषयों से है। जिनमें विकास एवं अन्य उद्देश्यों के लिए संसाधन जुटाना भी शामिल है। यह राज्यों को संसाधन के अंतरण समेत सरकार के व्यय का नियमन करता है। इस मंत्रालय में पांच विभाग हैं, जिनके नाम हैं: (i) आर्थिक कार्य, (ii) व्यय, (iii) राजस्व, (iv) निवेश और लोक परिसंपत्ति प्रबंधन, तथा (v) वित्तीय सेवाएं।

आर्थिक मामलों का विभाग

विभाग अन्य बातों के साथ वर्तमान आर्थिक रुझानों पर नज़र रखता है और मूल्य, ऋण, राजकोषीय तथा मौद्रिक नीति एवं निवेश संबंधी नियमन समेत उन सभी मामलों पर सरकार को सलाह देता है, जिनका आर्थिक प्रबंधन के आंतरिक एवं विदेशी पहलुओं पर प्रभाव हो सकता है। एफएओ, आईएलओ, यूनिडो जैसे विशेषज्ञता प्राप्त अंतरराष्ट्रीय संगठनों से प्राप्त सहयोग और विज्ञान एवं प्रौद्योगिकी, संस्कृति तथा शिक्षा के क्षेत्र में हुए अंतरराष्ट्रीय द्विपक्षीय विशिष्ट समझौतों के अंतर्गत प्राप्त सहयोग के अतिरिक्त भारत को मिलने वाले सभी प्रकार के विदेशी, वित्तीय एवं तकनीकी सहयोग की निगरानी भी इसी विभाग द्वारा की जाती है। आर्थिक मामलों के विभाग में निम्नलिखित प्रभाग हैं: (i) एकीकृत वित्त प्रभाग, (ii) राजकोषीय जिम्मेदारी एवं बजट प्रबंधन (एफआरबीएम) सहित बजट प्रभाग, (iii) वित्तीय बाजार, (iv) द्विपक्षीय सहयोग और प्रशासन, (v) बहुपक्षीय संस्थाएं, (vi) बहुपक्षीय संबंध, (vii) सहायता, लेखा एवं लेखापरीक्षा के नियंत्रक, (viii) आर्थिक प्रभाग, (ix) निवेश एवं मुद्रा तथा (x) अवसंरचना एवं ऊर्जा।

केंद्रीय बजट तैयार करने और उसे संसद के सामने प्रस्तुत करने तथा राष्ट्रपति शासन वाली राज्य सरकारों एवं केंद्र शासित क्षेत्रों के प्रशासन के लिए बजट तैयार करने का दायित्व भी आर्थिक मामलों के विभाग का है। भारत सरकार के पूर्ण स्वामित्व वाले निगम सिक्योरिटी प्रिंटिंग एंड मिंटिंग कॉरपोरेशन ऑफ इंडिया लिमिटेड (एसपीएमसीआईएल) का प्रशासनिक नियंत्रण मुद्रा निदेशालय के पास होता है। एसपीएमसीआईएल भारत सरकार की टकसालों, करेंसी प्रेस, सिक्योरिटी प्रेस और सिक्योरिटी पेपर मिल का प्रबंधन करती है। बैंक नोट एवं सिक्कों के डिजाइन अथवा सुरक्षा तत्वों से संबंधित नीतियां एवं कार्यक्रम तैयार करने तथा क्रियान्वित करने एवं स्मारक सिक्के जारी करने के अतिरिक्त निदेशालय को इस क्षेत्र में अनुसंधान एवं विकास गतिविधियां संचालित करने तथा बैंक नोट एवं अन्य सुरक्षा उत्पादों के उत्पादन हेतु समस्त आवश्यक सामग्री का स्वदेशीकरण करने का अधिकार है।

वार्षिक बजट

भारत का केंद्रीय बजट, (रेल बजट समेत) प्रत्येक वर्ष फरवरी के प्रथम कार्य दिवस पर भारत के वित्त मंत्री द्वारा संसद में प्रस्तुत किया जाता है।

वार्षिक वित्तीय विवरण

संविधान के अनुच्छेद-112 के अंतर्गत प्रत्येक वित्त वर्ष के लिए भारत सरकार की अनुमानित आय अथवा प्राप्तियों एवं व्यय का विवरण संसद के सामने प्रस्तुत करना होता है। 'वार्षिक वित्तीय विवरण' कहलाने वाला यह विवरण ही बजट का मुख्य दस्तावेज होता है। वार्षिक वित्तीय विवरण सरकार की आय एवं भुगतान को तीन भागों में दिखाता है, जिनमें सरकार के खाते विभाजित किए जाते हैं: (क) समेकित कोष, (ख) आकस्मिक कोष और (ग) लोक खाता।

सरकार द्वारा प्राप्त किया गया सभी प्रकार का राजस्व, उसके द्वारा लिए गए ऋण, उसके द्वारा दिए गए ऋणों की वसूली से हुई प्राप्तियां समेकित कोष कहलाती हैं। सरकार का सभी प्रकार का व्यय समेकित कोष से ही होता है और संसद से अनुमति प्राप्त किए बगैर कोष से राशि का आहरण नहीं किया जा सकता।

ऐसे अवसर आ सकते हैं, जब सरकार को संसद की अनुमति के बगैर ही आपात एवं अप्रत्याशित व्यय करने पड़ते हैं। ऐसे व्यय के लिए अग्रिम अथवा पेशगी के रूप में राष्ट्रपति के अधीन आकस्मिक कोष होता है। ऐसे व्यय के लिए तथा इसके समतुल्य राशि का आहरण समेकित कोष से करने के लिए बाद में संसद से अनुमोदन प्राप्त किया जाता है और आकस्मिक कोष से खर्च हुई राशि की भरपाई कर दी जाती है। संसद द्वारा अधिकृत कोष में अभी 500 करोड़ रुपये की राशि है।

सरकार की समेकित कोष से संबंधित सामान्य प्राप्तियों एवं व्यय के अतिरिक्त कुछ अन्य निश्चित लेन-देन सरकार के खातों में आते हैं, जिनके संदर्भ में सरकार बैंकर के समान काम करती है। उदाहरण के लिए भविष्य निधि कोष, लघु बचत संग्रह एवं अन्य जमा आदि से संबंधित लेन-देन। इस प्रकार प्राप्त धन को लोक खाते में रखा जाता है और संबंधित भुगतान भी वहीं से किए जाते हैं, इसलिए लोक खाते से इस प्रकार के भुगतानों के लिए संसदीय अनुमोदन की आवश्यकता नहीं होती। कुछ मामलों में विशिष्ट उद्देश्यों जैसे सड़क विकास, मध्याह्न भोजन समेत प्राथमिक शिक्षा आदि पर व्यय के लिए सरकार के राजस्व का एक अंश अलग कोषों में रखा जाता है। इन राशियों को संसद की अनुमति के बाद समेकित कोष से आहरित किया जाता है और विशिष्ट उद्देश्यों पर व्यय हेतु लोक खाते में रखा जाता है। विशिष्ट उद्देश्यों पर प्रस्तावित वास्तविक व्यय के लिए भी संसद के अनुमोदन की आवश्यकता होती है।

संविधान के अंतर्गत बजट में राजस्व खाते पर होने वाले व्यय को अन्य प्रकार के व्यय से अलग करना होता है, इसलिए सरकार का बजट (I) राजस्व बजट एवं (II) पूंजी बजट से मिलकर बनता है।

अनुदान मांगें

समेकित कोष से होने वाले व्यय के अनुमान, जिन्हें वार्षिक वित्तीय विवरण में शामिल किया जाता है और संसद में जिन पर मतदान होता है, संविधान के अनुच्छेद-113 के अनुसार अनुदान मांगों के रूप में प्रस्तुत किए जाते हैं। सामान्यतः प्रत्येक मंत्रालय अथवा विभाग के लिए एक अनुदान मांग रखी जाती है। किंतु बड़े मंत्रालयों एवं विभागों के लिए एक से अधिक मांगें रखी जाती हैं। प्रत्येक मांग में सामान्यतः किसी सेवा के लिए सभी प्रावधान होते हैं अर्थात् राजस्व व्यय, पूंजीगत व्यय, राज्यों तथा केंद्र शासित सरकारों के लिए अनुदान एवं सेवा से संबंधित ऋण तथा अग्रिम के लिए प्रावधान होते हैं। बिना विधायिका वाले केंद्र शासित प्रदेश के संदर्भ में प्रत्येक केंद्र शासित क्षेत्र के लिए अलग से मांग रखी

जाती है। जहां सेवा के लिए प्रावधान पूरी तरह से समेकित कोष पर 'भारित' व्यय के रूप में होता है, जैसे ब्याज का भुगतान, वहां उस व्यय के लिए मांग के अतिरिक्त अलग से विनियोग प्रस्तुत किया जाता है और उसके लिए संसद में मतदान की आवश्यकता नहीं होती, लेकिन जहां भी किसी सेवा पर व्यय में 'स्वीकृत' और 'भारित' व्यय शामिल होते हैं, वहां भारित व्यय को भी सेवा के लिए प्रस्तुत की गई मांग में सम्मिलित कर लिया जाता है। किंतु 'स्वीकृत' और 'भारित' के प्रावधान के मांग में अलग-अलग दिखाए जाते हैं। अनुदानों के लिए मांगें वार्षिक वित्तीय विवरण के साथ ही लोकसभा में प्रस्तुत की जाती हैं।

वित्त विधेयक

वार्षिक वित्तीय विवरण संसद के सामने प्रस्तुत करते समय संविधान के अनुच्छेद-110 (1)(ए) की आवश्यकता पूरी करने के लिए वित्त विधेयक भी प्रस्तुत किया जाता है, जिसमें बजट में प्रस्तावित कर लागू करने, समाप्त करने, माफ करने, परिवर्तित करने तथा उनका नियमन करने का विवरण होता है। वित्त विधेयक संविधान के अनुच्छेद-110 में परिभाषित धन विधेयक होता है। इसके साथ उसमें शामिल किए गए प्रावधानों के विवरण वाला एक ज्ञापन संलग्न होता है।

विनियोग विधेयक

अनुदान मांगों पर लोकसभा में मतदान होने के बाद अनुमोदित राशि का आहरण समेकित कोष से करने तथा समेकित कोष पर 'भारित' व्यय को पूरा करने के लिए आवश्यक राशि का आहरण करने हेतु विनियोग विधेयक के माध्यम से संसद की अनुमति प्राप्त की जाती है। संविधान के अनुच्छेद-114 (3) के अंतर्गत संसद द्वारा कानून लागू किए बगैर समेकित कोष से किसी भी प्रकार की राशि नहीं निकाली जा सकती।

लेखानुदान

बजट प्रस्तुत होने के साथ आरंभ होने वाली और अनुदान मांगों पर चर्चा एवं मतदान के साथ समाप्त होने वाली पूरी प्रक्रिया में बहुत समय लग जाता है, इसलिए लोकसभा को मांगों पर मतदान की प्रक्रिया पूरी होने तक वित्त वर्ष के एक भाग के लिए अनुमानित व्यय के संदर्भ में किसी भी अग्रिम अनुदान को मंजूरी देने का अधिकार संविधान द्वारा प्रदान किया गया है। 'लेखानुदान' का उद्देश्य 'वित्तीय आपूर्ति' पर मतदान लंबित रहने तक सरकार के क्रियाकलापों को जारी रखना है। संसद से लेखानुदान एक विनियोजन (लेखा अनुदान) विधेयक के माध्यम से प्राप्त किया जाता है।

राजस्व के स्रोत

संविधान (18वां संशोधन) अधिनियम, 2000, जिसे पिछली तिथि 1 अप्रैल, 1996 से लागू किया गया है, के अनुसार अनुच्छेद-268 और 269 में उल्लिखित शुल्कों एवं करों, अनुच्छेद-271 में उल्लिखित करों एवं शुल्कों पर संबंधित अधिभार एवं संसद द्वारा बनाए गए किसी भी कानून के अंतर्गत विशिष्ट उद्देश्य से लागू किए गए उपकर के अतिरिक्त केंद्रीय सूची में दिए गए सभी प्रकार के करों को भारत सरकार द्वारा ही लागू किया जाएगा एवं संग्रहीत किया जाएगा और उसे केंद्र एवं राज्यों के मध्य उसी विधि से वितरित किया जाएगा, जिस विधि का निर्धारण वित्त आयोग की संस्तुतियों के आधार पर राष्ट्रपति करते हैं। 2015-20 की अवधि के लिए केंद्र और राज्यों के मध्य वितरण की विधि चौदहवें

वित्त आयोग की संस्तुतियों पर विचार के पश्चात् जारी राष्ट्रपति के आदेश में निर्धारित कर दी गई है। केंद्रीय कर राजस्व के मुख्य स्रोत सीमा शुल्क, केंद्रीय उत्पाद शुल्क, सेवा कर, निगम एवं आय कर होते हैं। गैर-कर राजस्व में मुख्य रूप से ब्याज से होने वाली प्राप्तियां, लाभांश/लाभ, जुर्माने तथा प्रशासनिक कार्यों के निष्पादन, नियामकीय शुल्कों एवं लाइसेंस शुल्क तथा सार्वजनिक रूप से प्रदान की गई वस्तुओं एवं सेवाओं पर उपयोग शुल्क से होने वाली अन्य प्राप्तियां सम्मिलित होती हैं।

संसाधनों का अंतरण

2016-17 के संशोधित अनुमानों में केंद्र सरकार से राज्यों को कर एवं शुल्कों में उनके अंश के रूप में प्राप्त होने वाली कर प्राप्तियों का अंतरण 6,08,000 करोड़ रुपये था। 2017-18 के बजटीय अनुमानों में यह राशि बढ़ाकर 6,74,565 करोड़ रुपये कर दी गई है। इसके अतिरिक्त राज्यों एवं केंद्रशासित प्रदेशों को कुल अनुदान एवं ऋण 2016-17 के संशोधित अनुमान 3,82,311 करोड़ रुपये से बढ़कर 2017-18 के बजटीय अनुमान में 4,10,510 करोड़ रुपये हो गया है।

सार्वजनिक ऋण एवं अन्य देयताएं

भारत के सार्वजनिक ऋण को केंद्र सरकार की देयताओं की तीन श्रेणियों आंतरिक ऋण, विदेशी ऋण और अन्य देयताओं में विभाजित किया गया है।

भारत सरकार के आंतरिक ऋण में प्रमुख अंश निश्चित अवधि एवं निश्चित दर वाले सरकारी पत्रों (दिनांकित प्रतिभूतियां एवं सरकारी हुंडियां) का होता है, जिनका निर्गम नीलामियों के माध्यम से किया जाता है। इनमें बाजार ऋण (दिनांकित प्रतिभूतियां), सरकारी हुंडियां (91, 182 और 364 दिन) और 14 दिन की अवधि वाली सरकारी हुंडियां (केवल राज्य सरकारों के लिए निर्गम), नकदी प्रबंधन बिल, भारतीय रिजर्व बैंक (आरबीआई) के लिए निर्गमित विशेष प्रतिभूतियां, क्षतिपूर्ति एवं अन्य ऋण-पत्र (बॉण्ड), अंतरराष्ट्रीय वित्तीय संस्थानों को जारी की जाने वाली गैर-विनिमय एवं गैर-ब्याज वाली रुपये की प्रतिभूतियां तथा बाजार स्थायित्व योजना के अंतर्गत जारी प्रतिभूतियां होती हैं। इसका उद्देश्य भौतिक सोने पर निर्भरता कम करना और आयात कम करना है।

विदेशी ऋण विदेशी सरकारों एवं बहुपक्षीय संस्थानों से प्राप्त ऋण का सूचक होता है। केंद्र सरकार अंतरराष्ट्रीय पूंजी बाजारों से सीधे ऋण नहीं लेती है। विदेशी मुद्रा में उधारी लेने की इसकी प्रक्रिया बहुपक्षीय एजेंसियों एवं द्विपक्षीय स्रोतों के माध्यम से पूरी की जाती है और आधिकारिक विकास सहयोग (ओडीए) का हिस्सा होती है।

'अन्य' देयताएं सार्वजनिक ऋण के अंतर्गत नहीं आतीं। उनमें सरकार की ब्याज प्रदान करने वाली अन्य बाध्यताएं होती हैं, जैसे- डाकघर बचत जमा, लघु बचत योजनाओं के अंतर्गत जमा, डाकघर नकद प्रमाण-पत्र के माध्यम से लिए गए ऋण, भविष्य निधि एवं कुछ अन्य निश्चित जमा।

भारतीय रिजर्व बैंक अधिनियम 1934 (धारा 20 एवं 21) के प्रावधानों के अंतर्गत रिजर्व बैंक केंद्र एवं राज्य सरकारों के लोक ऋण का प्रबंधन करता है और उनके लिए बैंकर का काम करता है। रिजर्व बैंक राज्य सरकारों के लिए भी, संबंधित राज्य के सरकार की सहमति द्वारा, समान कार्यों का दायित्व लेता है (धारा 21 ए के अंतर्गत)।

बजट 2017-18 में सुधार

2017-18 के बजट में तीन मुख्य सुधार शामिल हैं। पहला, बजट के प्रस्तुतीकरण की तिथि पहली फरवरी की गई ताकि संसद लेखानुदान से बच सकें और वर्तमान वित्तीय वर्ष की समाप्ति से पूर्व 2017-18 हेतु एक ही विनियोग विधेयक पारित करना पड़े। इसने मंत्रालयों एवं विभागों को अगले वित्तीय वर्ष के प्रारंभ से ही, नई योजनाओं सहित सभी योजनाओं और परियोजनाओं के संचालन हेतु सक्षम बनाया। वे मानसून प्रारंभ होने से पूर्व के काम करने के समय का पूरा उपयोग कर पाएंगे। दूसरा, रेलवे बजट का सामान्य (आम) बजट में विलय एक ऐतिहासिक कदम था। 1924 से जारी औपनिवेशिक परिपाटी समाप्त की गई। इस निर्णय से रेलवे को सरकार की राजकोषीय नीति में अहम स्थान मिला तथा रेलवे, राजमार्गों तथा अंतर्देशीय जलमार्गों के बीच बहुआयामी (मल्टी मॉडल) परिवहन की योजना बनाने की सुविधा प्राप्त हुई। हालांकि रेलवे की कार्यात्मक स्वायत्तता जारी रहेगी। तीसरा, व्यय के योजना एवं गैर-योजना वर्गीकरण को समाप्त कर दिया गया। इससे क्षेत्रों तथा मंत्रालयों हेतु आवंटनों का समग्र दृष्टिकोण प्राप्त होगा और संसाधनों के सर्वोत्तम आवंटन की सुविधा मिलेगी।

सामाजिक क्षेत्र के कार्यक्रम

सात मुख्य कार्यक्रमों यथा- सर्वशिक्षा अभियान, मिड-डे मील योजना, राष्ट्रीय स्वास्थ्य मिशन, समेकित बाल विकास सेवाएं, स्वच्छ भारत अभियान, महात्मा गांधी राष्ट्रीय ग्रामीण रोज़गार गारंटी योजना और 100 स्मार्ट शहर को उच्च प्राथमिकता जारी है।

प्रत्यक्ष लाभ अंतरण

प्रत्यक्ष लाभ अंतरण (डीबीटी) भारत सरकार द्वारा 2013 में प्रारंभ किया गया एक मुख्य सुधार पहल है। यह विभिन्न सरकारी नकद अंतरण के लाभ हेतु व्यापक दृष्टि और निर्देश देता है। आधार परियोजना का लाभ लेने हेतु डीबीटी की कल्पना अभीष्ट लाभार्थियों की सही पहचान और दक्षता बढ़ाने, योजनाओं के अंतर्गत लाभों/सेवाओं को प्रदान करने में पारदर्शिता और जवाबदेही के उद्देश्य से की गई थी।

डीबीटी के आदेश को व्यापक बनाया गया तथा इसका विस्तार कर व्यक्तिगत लाभार्थियों को नकद लाभ अंतरण के अवयव वाले सभी केंद्रीय क्षेत्र की योजनाओं और केंद्र प्रायोजिक योजनाओं को इसके अंतर्गत लाया गया।

डीबीटी के क्षेत्र का पुनः विस्तार कर इसे लाभार्थियों के नकद अंतरण तक ही सीमित नहीं रखा गया, बल्कि आशा, आंगनबाड़ी कार्यकर्ताओं आदि जैसी सरकारी योजनाओं के विभिन्न अवयवों को दिए जाने वाले अंतरणों/मानदेयों और लाभार्थियों को वस्तु हस्तांतरण को भी इसमें शामिल किया गया। डीबीटी पहल (एलपीजी सब्सिडी हेतु संशोधित डीबीटीएल) जैसी योजनाओं, पुदुचेरी, चंडीगढ़, दमन और दीव एवं दादरा नगर हवेली में सार्वजनिक वितरण और महात्मा गांधी राष्ट्रीय ग्रामीण रोज़गार गारंटी योजना (एमजीएनआरईजीएस) जैसी योजनाओं ने पूरे देश में उत्साहजनक परिणाम का प्रदर्शन किया है।

पूरे देश में बड़े पैमाने पर डीबीटी के क्रियान्वयन हेतु नए तंत्र की स्थापना सरकारी प्रक्रियाओं की पुनर्रचना तथा अधिकार का समुचित वितरण, उत्तरदायित्व और सार्वजनिक लाभों/सेवाओं की डिलीवरी हेतु वित्तीय संसाधन की जरूरत है।

अनुसूचित जातियों तथा अनुसूचित जनजातियों के विकास हेतु योजनाएं

वित्तीय वर्ष 2005-06 से अनुसूचित जातियों (एससी) और अनुसूचित जनजातियों (एसटी) के कल्याण हेतु योजनाओं संबंधी अलग विवरण बजट दस्तावेज में शामिल किया गया था। वित्तीय वर्ष 2011-12 से यह विवरण केवल अनुसूचित जातियों और अनुसूचित जनजातियों के लिए कल्याण योजनाओं से संबंधित 'अनुसूचित जाति उपयोजना' और 'जनजातीय उपयोजना' के अंतर्गत योजना (प्लान) स्कीमों पर केंद्रित है। इसमें वर्षवार वर्तमान वर्ष का बजट अनुमान होता है। वित्तीय वर्ष 2011-12 से पूर्ववर्ती योजना आयोग योजना आवंटनों के एक भाग के रूप में एससीएसपी और टीएसपी हेतु अलग-अलग आवंटन कर रहा है।

आर्थिक वृद्धि

सुस्त वैश्विक आर्थिक स्थिति के बावजूद, भारत ने 2016-17 में 7.1 प्रतिशत की रिकार्ड वृद्धि दर्ज की जो विश्व की प्रमुख अर्थव्यवस्थाओं में सबसे अधिक है। आर्थिक वृद्धि तुलनात्मक रूप से 2015-16 में 8.0 प्रतिशत और 2014-15 में 7.5 प्रतिशत के साथ अधिक रही। अर्थव्यवस्था में सकल जोड़े गए मूल्य (जीवीए) की वृद्धि 2015-16 में 7.9 प्रतिशत की तुलना में 2016-17 में 6.6 प्रतिशत थी। क्षेत्रवार स्तर पर जीवीए की वृद्धि दर नियत आधार मूल्य (2011-12) पर कृषि एवं सहायक क्षेत्रों, उद्योग तथा सेवा क्षेत्रों में वर्ष 2016-17 के लिए क्रमशः 4.9 प्रतिशत, 5.6 प्रतिशत और 7.7 प्रतिशत थी। वर्ष 2015-16 के दौरान यह वृद्धि दर क्रमशः 0.7 प्रतिशत, 8.8 प्रतिशत और 9.7 प्रतिशत थी। तिमाही अनुमान दर्शाता है कि नियम (2011-12) मूल्यों पर जीडीपी की वृद्धि 2017-18 की पहली तिमाही (अप्रैल-जून) में, पिछले वर्ष की इसी तिमाही में 7.9 प्रतिशत की तुलना में, 5.7 प्रतिशत थी।

मांग के स्तर पर भारत का विकास मुख्यतः उपभोग आधारित रहा है। जीडीपी में अंतिम उपभाग का हिस्सा 2015-16 के 68.3 प्रतिशत की तुलना में 2016-17 में 70.4 प्रतिशत था। बचत दर (जीडीपी में सकल बचत) वर्ष 2013-14 और 2014-15 में क्रमशः 32.1 प्रतिशत और 32.9 प्रतिशत की तुलना में वर्ष 2015-16 में 32.2 प्रतिशत था। निवेश दर (जीडीपी में सकल पूंजी निर्माण) वर्ष 2013-14 और 2014-15 के क्रमशः 33.7 प्रतिशत और 34.2 प्रतिशत की तुलना में 2015-16 में 33.2 प्रतिशत था।

आर्थिक विकास और व्यापक आर्थिक स्थिरता पर सरकार के व्यवस्थित ध्यान देने और अच्छे मानसून के कारण विकास के प्रति आशान्वित दृष्टिकोण बना है। वस्तु एवं सेवा कर (जीएसटी) लागू होने से उद्योग, व्यापार और संबंधित आर्थिक गतिविधियों की बाधाओं को दूर कर विकास की गति में सुधार का महत्वपूर्ण अवसर मिला है।

मूल्य और मुद्रास्फीति

उपभोक्ता मूल्य सूचकांक (संयुक्त) पर आधारित मुद्रास्फीति दर वर्ष 2012-14 के दौरान उच्च स्तर पर 9-10 प्रतिशत रही जो 2014-15 में उल्लेखनीय रूप से 5.9 प्रतिशत और 2015-16 में 4.9 प्रतिशत हो गई। वर्ष 2016-17 में इसका औसत 4.5 प्रतिशत हो गई। वर्ष 2016-17 में 2.4 प्रतिशत रहा। उपभोक्ता खाद्य मूल्य सूचकांक (सीएफपीआई) पर आधारित खाद्य मुद्रास्फीति 2014-15 में 6.4 प्रतिशत से सुधरकर 2015-16 में 4.9 प्रतिशत हो गया। इसका औसत 2016-17 में 4.2 प्रतिशत और जुलाई 2017 में -0.3 प्रतिशत रहा।

वर्तमान वित्तीय वर्ष 2017-18 (अप्रैल-जुलाई) के दौरान दालों, सब्जियों और मसालों में निम्न मुद्रास्फीति के कारण औसत खाद्य मुद्रास्फीति दर ऋणात्मक रहा है। अन्य उपभोक्ता मूल्य सूचकांकों (सीपीआई) यथा, औद्योगिक कामगारों, कृषि श्रमिकों तथा ग्रामीण श्रमिकों हेतु उपभोक्ता मूल्य सूचकांक के मामले में मुद्रास्फीति वर्तमान वित्तीय वर्ष 2017-18 (अप्रैल-जुलाई) में औसतन 1.5 प्रतिशत के आस-पास रही।

थोक मूल्य सूचकांक (डब्ल्यूपीआई) के रूप में मुद्रास्फीति वर्ष 2011-14 के दौरान उच्च स्तर पर 7 प्रतिशत के आस-पास रहा जो सुधरकर 2014-15 में 1.2 प्रतिशत तथा 2015-16 मे (-) 3.7 प्रतिशत हो गया। 2016-17 में इसका औसत 1.7 प्रतिशत और जुलाई 2017 में 1.9 प्रतिशत रहा। डब्ल्यूपीआई खाद्य मुद्रास्फीति (खाद्य पदार्थ + खाद्य उत्पाद) जिसका औसत 2013-14 के दौरान 9.6 प्रतिशत था जो सुधरकर 2014-15 में 4.3 प्रतिशत और 2015-16 में 1.2 प्रतिशत हो गया। वर्ष 2016-17 में इसका औसत 5.8 प्रतिशत और जुलाई 2017 में 2.1 प्रतिशत रहा।

मुद्रास्फीति नियंत्रण के उपाय

सरकार ने मुद्रास्फीति के नियंत्रण हेतु कई उपाय किए हैं- उठाए गए कदमों में अन्य बातों के साथ शामिल हैं- (i) अनिवार्य वस्तुओं, खासकर दालों के मूल्यों में अस्थिरता को नियंत्रित करने हेतु 2017-18 के बजट में मूल्य स्थिरता कोष में बढ़ा हुआ आवंटन; (ii) बाजार में समुचित दखल हेतु 20 लाख टन दालों का बफर स्टॉक रखने का अनुमोदन; (iii) अनिवार्य वस्तु अधिनियम के अंतर्गत दालों, प्याज, खाद्य तेलों और खाद्य तेल के बीजों हेतु स्टॉक सीमा लागू करने के लिए राज्यों/केंद्रशासित प्रदेशों को अधिकृत करना और (iv) उत्पादन को प्रोत्साहित कर खाद्य पदार्थों की उपलब्धता बढ़ाने हेतु, ताकि मूल्यों में सुधार हो उच्चतर समर्थन मूल्य की घोषणा।

जलवायु परिवर्तन वित्त

भारत ने वर्ष 2016 में पेरिस समझौते की पुष्टि की। भारत का विस्तृत एनडीसी लक्ष्य है 2030 तक जीडीपी की उत्सर्जन तीव्रता को 2005 के स्तर से 33 से 35 प्रतिशत तक कम करना, गैर-जीवाश्म इंधनों पर आधारित विद्युत उत्पादन क्षमता का हिस्सा 2030 तक स्थापित विद्युत क्षमता के 40 प्रतिशत तक करना और अतिरिक्त वन और पेड़ लगाकर 2030 तक 2.5-3 जीटीसीओ$_2$ई के अतिरिक्त (संचयी) कार्बन सिंक का सृजन।

वैश्विक जलवायु लक्ष्यों को पाने के लिए विकसित देशों द्वारा मुख्य रूप से सार्वजनिक स्रोतों का प्रावधान अत्यंत महत्वपूर्ण है। विकासशील देशों के अनुकूलन एवं शमन जरूरतों को पूरा करने हेतु वित्त का प्रावधान यूएनएफसीसीसी में सन्निहित है और पेरिस समझौते में भी इसका उल्लेख किया गया है। जलवायु कार्रवाइयों से बहुत महत्वपूर्ण संसाधन की उलझने पैदा होंगी, खासकर भारत जैसे देश में। भारत की जलवायु कार्रवाइयों का वित्तपोषण अब तक घरेलू संसाधनों से ही किया गया है। राष्ट्रीय जलवायु योजनाओं के क्रियान्वयन हेतु, वर्ष 2015 से 2030 के बीच, प्राथमिक घरेलू जरूरत 2.5 ट्रिलियन अमरीकी डॉलर से अधिक की है। इन योजनाओं को पूरा करने के लिए अधिक संसाधनो की जरूरत होगी। भारत जैसे विकासशील देशों में संसाधनों की कमी है और जलवायु परिवर्तन पर अच्छी-खासी राशि खर्च की जा रही है। जलवायु परिवर्तन के अनुकूलन एवं क्षमन कार्यों को लागू करने

के लिए, संसाधन की जरूरत और संसाधन के अंतर को देखते हुए, घरेलू और विकसित देशों से नए और अतिरिक्त कोष की आवश्यकता होगी।

जलवायु परिवर्तन की चुनौती से निपटने के विकासशील देशों के प्रयासों के समर्थन हेतु ग्रीन जलवायु कोष (जीसीएफ), जो एक बहुपक्षीय कोष है, बनाया गया है। जीसीएफ ने प्रारंभिक रूप से संसाधन जुटाना वर्ष 2014 में शुरू किया और 10.3 बिलियन अमरीकी डॉलर के संसाधन जुटाए। अब तक जीसीएफ बोर्ड द्वारा 43 परियोजनाओं को अनुमोदित किया गया है। भारत की भी एक परियोजना बोर्ड द्वारा नाबार्ड के साथ अनुमोदित है। यह परियोजना- 'ओडिशा के कमजोर आदिवासी क्षेत्र में खाद्य सुरक्षा सुनिश्चित करने और लचीलापन बढ़ाने हेतु भू-जल पुनर्भरण और सौर सूक्ष्म सिंचाई' जीसीएफ बोर्ड की 16वीं बैठक में अनुमोदित किया गया। यह परियोजना 34.357 मिलियन अमरीकी डॉलर के जीसीएफ अनुदान सहित 166.29 मिलियन अमरीकी डॉलर परिव्यय हेतु अनुमोदित है, जिसमें अन्य वित्तीय संसाधनों की व्यवस्था ओडिशा सरकार और विश्व बैंक द्वारा की जाएगी।

विदेशी मुद्रा भंडार

भारत का विदेशी मुद्रा भंडार विदेशी मुद्रा संपत्तियों (एफसीए), स्वर्ण, एसडीआर और अंतरराष्ट्रीय मुद्रा कोष (आईएमएफ) में आरक्षित अंश (आरटीपी) से मिलकर बना है। विदेशी मुद्रा भंडार में वृद्धि चालू खाते की वित्तीय आवश्यकताओं एवं लाभ/हानि के मूल्यांकन की तुलना में अधिक पूंजी प्रवाह आ जाने के कारण होती है। पिछले कुछ समय में अन्य चीजों के साथ कच्चे तेल का मूल्य कम होने से व्यापार घाटा कम हुआ है। वित्त वर्ष 2016-17 में विदेशी मुद्रा भंडार 359.0 अरब अमरीकी डॉलर से 372.0 अरब अमरीकी डॉलर के बीच रहा। जून 2017 के अंत में विदेशी मुद्रा भंडार 386.5 अरब अमरीकी डॉलर रहा, जिसमें 16.5 अरब अमरीकी डॉलर की वृद्धि दर्ज हुई। देश का विदेशी मुद्रा भंडार किसी भी बाहरी आघात को झेलने की स्थिति में है।

रुपये की विनिमय दर

वित्त वर्ष 2016-17 में रुपये की वार्षिक औसत विनिमय दर (आरबीआई का संदर्भ दर) 65-68 रुपये प्रति अमरीकी डॉलर (मार्च 2017 में 65.87 रुपये प्रति डॉलर और जनवरी 2017 में 68.08 रुपये प्रति डॉलर) के बीच रही। 2016-17 में रुपये की औसत वार्षिक विनिमय दर 67.07 रुपये प्रति अमरीकी डॉलर थी जिसमें 2015-16 के दर 65.46 रुपये प्रति अमरीकी डॉलर की तुलना में 2.4 प्रतिशत का मूल्य ह्रास हुआ। 2017-18 (अप्रैल से अगस्त) के दौरान रुपये की औसत मासिक विनिमय दर 64.36 रुपये प्रति अमरीकी डॉलर रही। जिसमें 2016-17 के वार्षिक औसत 66.96 रुपये प्रति अमरीकी डॉलर की तुलना में 4.0 प्रतिशत की मूल्य वृद्धि हुई।

विदेशी ऋण

मार्च 2017 के अंत में विदेशी ऋण भंडार 471.9 अरब अमरीकी डॉलर थी। जिसमें मार्च 2016 के अंत के स्तर से 2.7 प्रतिशत की कमी आई। मार्च 2017 के अंत में दीर्घावधि ऋण कुल विदेशी ऋण का 8.14 प्रतिशत (मार्च 2016 के अंत में 82.8 प्रतिशत) रहा। मार्च 2016 के अंत में 83.4 अरब अमरीकी डॉलर की तुलना में मार्च 2017 के अंत में अल्पावधि विदेशी ऋण 88.0 अरब अमरीकी डॉलर था। मार्च 2017 के अंत तक वाणिज्यिक उधारियों का हिस्सा 36.7 प्रतिशत के साथ सबसे अधिक रहा, इसके बाद एनआरआई जमा (24.8 प्रतिशत) और अल्पावधि व्यापार ऋण (18.3 प्रतिशत) रहा। सॉवरिन

ऋण 95.8 अरब अमरीकी डॉलर रहा जो मार्च 2016 के अंत में 19.3 प्रतिशत की तुलना में कुल विदेशी ऋण का 20.3 प्रतिशत था। मार्च 2017 के अंत तक भारत के विदेशी ऋणों में 52.1 प्रतिशत के साथ अमरीकी डॉलर सबसे पहला स्थान रहा, इसके बाद भारतीय रुपया (33.6 प्रतिशत), एसडीआर (5.8 प्रतिशत), जापानी येन (4.6 प्रतिशत) और यूरो (2.9 प्रतिशत) रहा। भारत के विदेशी ऋण भंडार को भारत के विदेशी विनिमय रिजर्व द्वारा मार्च 2016 के अंत में 74.4 प्रतिशत की तुलना में मार्च 2017 के अंत में 78.4 प्रतिशत हिस्सा को सुरक्षित प्रदत्त है।

कृषि एवं खाद्य प्रबंधन

केंद्रीय सांख्यिकी कार्यालय द्वारा 31 मई, 2017 को जारी वार्षिक राष्ट्रीय आय, 2016-17 के अनंतिम अनुमानों और 2016-17 की चौथी तिमाही (क्यू4) हेतु सकल घरेलू उत्पाद के त्रैमासिक आकलनों के अनुसार नियत (2011-12) आधार मूल्यों पर वर्ष 2016-17 तथा 2015-16 हेतु कृषि एवं सहायक क्षेत्र के लिए जीवीए की वृद्धि दर क्रमश: 4.9 प्रतिशत और 0.7 प्रतिशत होने का अनुमान था।

1 जून से 24 अगस्त, 2017 की अवधि के दौरान सकल दक्षिणी-पश्चिमी मानसून से देश में सामान्य से 6 प्रतिशत कम वर्षा हुई। इस अवधि के दौरान सामान्य 663.5 मि.मी. वर्षा की तुलना में वास्तविक वर्षा 626.1 मि.मी. हुई। 36 मौसम विज्ञान संबंधी उप-प्रभागों में से 5 उप-प्रभागों में अधिक वर्षा हुई, 22 उप-प्रभागों में सामान्य वर्षा हुई और 9 उप-प्रभागों में कम वर्षा हुई।

भारतीय खाद्य निगम के भंडार में खाद्यान्न (गेहूं एवं चावल) भंडार 1 अगस्त, 2016 के 49.8 मिलियन टन की तुलना में 1 अगस्त, 2017 को 53.8 मिलियन टन था।

उद्योग एवं अवसंरचना

भारतीय अर्थव्यवस्था की वृद्धि में औद्योगिक क्षेत्र का महत्वपूर्ण योगदान है, सकल जोड़े गए मूल्य (जीवीए) में 2016-17 में जिसकी हिस्सोदारी 31.1 प्रतिशत रही। वार्षिक राष्ट्रीय आय, 2016-17 के ताजा अस्थायी अनुमानों के अनुसार औद्योगिक क्षेत्र, जिसमें खनन, उत्पादन, बिजली तथा निर्माण शामिल हैं कि वृद्धि 2015-16 के 8.8 प्रतिशत की तुलना में 2016-17 में 5.6 प्रतिशत थी। उत्पादन क्षेत्र में वृद्धि 2015-16 में 10.8 प्रतिशत की तुलना में 2016-17 में 7.9 प्रतिशत रही। सरकार ने औद्योगिक क्षेत्र में उच्चतर वृद्धि के लिए कई कदम उठाए जिनमें नीति में संशोधन प्रक्रियागत सरलता और जीएसटी सुधार, मेक इन इंडिया पहल, स्टार्ट अप इंडिया और व्यापार करने में सहजता जैसे कई उन्नति संबंधी उपाय शामिल हैं।

(i) औद्योगिक उत्पादन का सूचकांक (आईआईपी): औद्योगिक उत्पादन का सूचकांक (आईआईपी) आधार वर्ष 2011-12 के साथ जोकि प्रमुख औद्योगिक क्षेत्रों के निष्पादन का त्वरित अनुमान होता है, वर्ष 2015-16 में 3.3 प्रतिशत वृद्धि की तुलना में वर्ष 2016-17 में 4.6 प्रतिशत बढ़ा। खनन क्षेत्र में 2015-16 में 4.3 प्रतिशत की तुलना में 2016-17 में 5.3 प्रतिशत की वृद्धि दर्ज हुई। निर्माण क्षेत्र में 2015-16 में 28 प्रतिशत की तुलना में 2016-17 में 4.4 प्रतिशत वृद्धि दर्ज की गई। बिजली क्षेत्र में 2015-16 के दौरान 5.7 प्रतिशत की तुलना 2016-17 में 5.8 प्रतिशत वृद्धि दर्ज की गई।

बुनियादी वस्तुओं के क्षेत्र में 2015-16 में 5.0 प्रतिशत वृद्धि की तुलना में 2016-17 में 4.9 प्रतिशत वृद्धि दर्ज की गई। कैप्टिल गुड्स के क्षेत्र में 2015-16 के दौरान 3.0 प्रतिशत वृद्धि की

तुलना में 2016-17 में वृद्धि 3.2 प्रतिशत थी। मध्यवर्त्ती क्षेत्र में 2015-16 में 1.5 प्रतिशत की तुलना में 2016-17 में वृद्धि 3.3 प्रतिशत थी। अवसंरचना/निर्माण वस्तु क्षेत्र में वृद्धि 2015-16 में 2.8 प्रतिशत की तुलना में 2016-17 में 3.9 प्रतिशत थी। उपभोक्ता टिकाऊ क्षेत्र में 2015-16 में 3.4 प्रतिशत वृद्धि थी जबकि 2016-17 में 2.9 प्रतिशत वृद्धि दर्ज की गई। उपभोक्ता गैर-टिकाऊ वस्तुओं का उत्पादन 2015-16 के दौरान 2.6 प्रतिशत की तुलना में 2016-17 के दौरान 7.9 प्रतिशत था।

(ii) आठ प्रमुख अवसंरचना समर्थक उद्योग: अवसंरचना को समर्थन देने वाले आठ प्रमुख उद्योगों- कोयला, कच्चा तेल, प्राकृतिक गैस, रिफाइनरी उत्पाद, उर्वरक, इस्पात, सीमेंट और बिजली, जिनकी औद्योगिक उत्पादन सूचकांक (आईआईपी) में 40.27 प्रतिशत हिस्सेदारी है। इसमें वर्ष 2015-16 में 3.0 प्रतिशत की तुलना में 2016-17 में 4.8 प्रतिशत की वृद्धि दर्ज हुई है। वर्ष 2016-17 के दौरान कोयला क्षेत्र में 3.2 प्रतिशत वृद्धि, रिफाइनरी उत्पाद में 4.9 प्रतिशत, उर्वरक में 0.2 प्रतिशत, इस्पात में 10.7 प्रतिशत और बिजली में 5.8 प्रतिशत वृद्धि हुई। कच्चा तेल, प्राकृतिक गैस और सीमेंट क्षेत्रों में 2016-17 में वृद्धि नकारात्मक रही।

सेवा क्षेत्र निष्पादन

(i) जीवीए एवं जीसीएफ सेवाएं: भारत के आर्थिक विकास में सेवा क्षेत्र एक मुख्य कारक है जिसका 2016-17 में सकल मूल्य संयोजन (जीवीए) वृद्धि में 62 प्रतिशत योगदान है। हालांकि इस क्षेत्र की वृद्धि पिछले वर्ष के 9.7 प्रतिशत की तुलना में 2016-17 में 7.7 प्रतिशत हो गया है, तथापि यह अन्य दो क्षेत्रों से ऊपर बना हुआ है और 15 मुख्य अर्थव्यवस्था के बीच शीर्ष पर है। सेवाओं की वृद्धि में हल्कापन मुख्यतः दो सेवा श्रेणियों की वृद्धि में ह्रास के कारण है- उद्योग, होटल, परिवहन, संचार एवं प्रसारण से जुड़ी सेवाएं (7.8 प्रतिशत); और वित्त, रियल इस्टेट एवं व्यावसायिक सेवाएं (5.7 प्रतिशत)। कुल सकल पूंजी निर्माण (जीसीएफ) में वर्तमान मूल्यों पर सेवा क्षेत्र का हिस्सा विगत चार वर्षो से निरंतर बढ़ा है जो 2011-12 के 53.3 प्रतिशत से बढ़कर 2015-16 में 60.3 प्रतिशत हो गया है।

(ii) सेवा उद्योग: वर्ष 2016-17 में परिवहन, व्यापार सेवाएं और वित्तीय सेवाओं में तेजी आने और यात्रा में अच्छी वृद्धि होने से सेवाओं के निर्यात में 5.7 प्रतिशत की सकारात्मक वृद्धि दर्ज हुई। यद्यपि, सॉफ्टवेयर सेवा निर्यात, जिसकी कुल सेवाओं में 45.2 प्रतिशत के आसपास भागीदारी रही है, में 0.7 प्रतिशत की थोड़ी गिरावट आई। दो प्रमुख सेवाओं, यात्रा सेवाएं तथा विविध सेवाएं श्रेणी जिसमें मुख्यतः वित्तीय सेवाएं और सॉफ्टवेयर है, में उच्चतर भुगतान हुआ और भारत की आयात-निर्यात सेवाओं में गिरावट और आयात सेवाओं में वृद्धि के कारण 2015-16 में कुल सेवाओं की प्राप्तियों में 9.0 प्रतिशत की गिरावट दर्ज की गई। वर्ष 2016-17 में निर्यात सेवाओं में 5.7 प्रतिशत की वृद्धि के बावजूद, आयात सेवाओं में अपेक्षाकृत उच्च वृद्धि के कारण कुल सेवाओं की प्राप्तियों में 3.2 प्रतिशत की गिरावट आई। भारत के माल व्यापार घाटे का लगभग 60 प्रतिशत का वित्त पोषण शुद्ध सेवाओं के अधिशेष से किया गया।

सामाजिक अवसंरचना, रोज़गार एवं मानव विकास

शिक्षा एवं स्वास्थ्य जैसे मानव पूंजी में निवेश आर्थिक विकास के मुख्य घटक हैं। पोषण, स्वास्थ्य, शिक्षा और रोज़गार हेतु उचित कौशल प्रदान करने में निवेश द्वारा मानव पूंजी को बढ़ाकर भारत की निर्धनता

काफी हद तक दूर की जा सकती हैं। यद्यपि भारत की सामाजिक नीतियां जनता के कल्याण और मानव विकास पर केंद्रित हुई हैं, तथापि समाज के अधिकारविहीन, महिलाएं और अन्य कमजोर वर्गों की क्षमताओं में वृद्धि में बाधक सामाजिक एवं आर्थिक बाधाओं को दूर करने की चुनौतियां बरकरार हैं। भारत ज्ञान अर्थव्यवस्था के सहारे उच्चतर वृद्धि हेतु अग्रसर है, मानव पूंजी में निवेश द्वारा लाभ प्राप्त किया जाना है।

सामाजिक अवसंरचना पर व्यय

किसी अर्थव्यवस्था के विकास में शिक्षा और स्वास्थ्य जैसे सामाजिक अवसंरचना में सार्वजनिक निवेश महत्वपूर्ण है। जीडीपी के अनुपात में केंद्र और राज्यों द्वारा सामाजिक सेवाओं पर व्यय, जो 2011–12 से 2014–15 के दौरान 6 प्रतिशत के आसपास रुका हुआ था, उसमें 2015–16 (आरई) और 2016–17 (बीई) के दौरान 1 फीसदी की वृद्धि दर्ज हुई। जीडीपी के प्रतिशत के रूप में शिक्षा पर व्यय, जो 2009–10 से 2013–14 की अवधि के दौरान 3.1 प्रतिशत के आसपास ठहरा हुआ था, 2014–15 में घटकर 2.8 प्रतिशत हो गया।

शिक्षा में प्रगति

शिक्षा रिपोर्ट की वार्षिक स्थिति, 2016 (एसएईआर, 2016) के अनुसार वर्ष 2014 से 2016 के बीच अखिल भारतीय स्तर पर सभी उम्र समूह में नामांकन में थोड़ी वृद्धि हुई। 6 से 14 वर्ष के आयु समूह में नामांकन 2014 के 96.7 प्रतिशत से 2016 में बढ़कर 96.9 प्रतिशत हो गया। 15 से 16 वर्ष के आयु समूह में लड़कों एवं लड़कियों दोनों के लिए नामांकन वर्ष 2014 के 83.4 प्रतिशत से बढ़कर 2016 में 84.7 प्रतिशत हो गया। सरकारी ग्रामीण विद्यालयों की प्रारंभिक कक्षाओं में पढ़ने और गणितीय योग्यता में भी थोड़ा सुधार हुआ है। वर्ष 2010 के बाद यह पहली बार हुआ है कि ग्रामीण क्षेत्रों की प्राथमिक श्रेणियों में गणित सीखने के मामले में सुधार हुआ है, जिसका श्रेय सरकारी विद्यालयों में बेहतर निष्पादन को जाता है। हालांकि इन वर्षों के दौरान शिक्षा में उल्लेखनीय प्रगति हुई है, फिर भी शिक्षा तक पहुंच में अब भी असमानताएं हैं जिनका निराकरण जरूरी है।

रोज़गार परिदृश्य

कुछ समय से रोज़गार और बेरोज़गार अनुमानों को मापने के मुद्दों को लेकर वाद-विवाद चल रहा है। रोज़गार संबंधी वर्तमान आंकड़े की कमियों को दूर करने हेतु रोज़गार आंकड़े में सुधार के लिए टास्क फोर्स की रिपोर्ट में वर्तमान आंकड़ा पद्धतियों और रोज़गार सृजन के स्रोतों का अनुमान लगाया गया, हाल के वर्षों में सृजित रोज़गारों के त्वरित आकलन हेतु किसी वर्तमान आंकड़ा स्रोतों के उपयोग के संभावनाओं की जांच की गई और भविष्य में आंकड़ो के संग्रह हेतु प्रक्रियाओं की अनुशंसा की ताकि रोज़गार अनुमानों को ठोस स्थिति में रखा जा सकें।

श्रम बाजार पद्धति को गतिमान और दक्ष बनाने के लिए सरकार ने विधायी और प्रौद्योगिकी दोनों स्तर पर कई सुधार/पहल किया है। सरकार ने 'विभिन्न नियमों/कानूनों के अंतर्गत रजिस्टरों के रखरखाव के अनुपालन में आसनी, 2017' अधिसूचित किया है जिसके अनुसार 9 केंद्रीय कानूनों और नियमों के अंतर्गत निर्धारित 56 फार्मों/रजिस्टरों को पांच सामान्य रजिस्टरों/फार्मों में कर दिया गया है। इसके अलावा नए फार्म को पंजीकृत कराने के लिए ई-बिज पोर्टल पर एक समान पंजीकरण फार्म दिया गया है। इन रजिस्टरों/फार्मों को डिजिटाइज्ड रूप में भी अनुरक्षित किया जा सकता है।

कौशल विकास

एक उभरती हुई अर्थव्यवस्था की विविध मांगों को पूरा करने और जनसांख्यिकीय लाभांश का लाभ लेने के लिए कुशल श्रम बल अनिवार्य है। भारत कौशल रिपोर्ट 2016 के अनुसार वर्तमान जनसांख्यिकीय लाभ के केवल वर्ष 2040 तक जारी रहने का पूर्वानुमान है। अर्थव्यवस्था की कौशल संबंधी जरूरतों को पूरा करने के लिए सरकार प्रधानमंत्री कौशल विकास योजना (पीएमकेवीवाई) के माध्यम से लघु आवधिक कौशल विकास योजना (पीएमकेवीवाई) के द्वारा लघुआवधिक कौशल प्रशिक्षण तथा मुख्यत: औद्योगिक प्रशिक्षण संस्थानों (आईटीआई) के माध्यम से दीर्घावधि प्रशिक्षण की व्यवस्था करती है। प्रधानमंत्री कौशल केंद्र योजना के अंतर्गत सभी संसदीय निर्वाचन क्षेत्र को कवर करते हुए प्रत्येक जिले में मॉडल प्रशिक्षण केंद्रों की स्थापना की जा रही है। वर्तमान में कौशल प्रशिक्षण कार्यक्रमों की गुणवत्ता बढ़ाने और व्यावसायिक प्रशिक्षण को महत्वाकांक्षी बनाने पर जोर है। राष्ट्रीय कौशल योग्यता (एनएसक्यूएफ) जो दक्षता आधारित ढांचा है, सीखने के परिणामों पर केंद्रित है और किसी व्यक्ति की शिक्षा और प्रशिक्षण के माध्यम से प्रगति करने और अपने पूर्व की शिक्षा और अनुभवों की मान्यता पाने का विकल्प देता है।

स्वास्थ्य एवं सफाई

सरकार ने स्वास्थ्य हेतु सतत विकास लक्ष्य (एसडीजी-3)- 'सभी उम्र के लोगों के लिए वर्ष 2030 तक स्वस्थ जीवन सुनिश्चित करना और सभी की भलाई में वृद्धि' प्राप्त करने का संकल्प लिया है। स्वास्थ्य का सीधा जुड़ाव सफाई और स्वच्छ वातावरण से है। स्वच्छ भारत मिशन-ग्रामीण (एसबीएम-जी) के प्रारंभ होने के बाद स्वच्छता की प्रगति में उछाल आया है। सफाई और खुले में शौच से मुक्त (ओडीएफ) भारत पर ध्यान केंद्रित करने से खुले में शौच करनेवालों की संख्या में उल्लेखनीय कमी आई है, जो एक आकलन के मुताबिक 35 करोड़ से कम है। ग्रामीण सफाई का क्षेत्र अक्टूबर 2014 के 42 प्रतिशत से बढ़कर अप्रैल 2017 में 63 प्रतिशत हो गया है, जो केवल ढाई वर्षों में 21 प्रतिशत अंकों की बढ़त है। इनके अतिरिक्त 1.87 लाख गांव, 129 जिले और 3 राज्य को खुले में शौच से मुक्त घोषित किया गया है, साथ ही पूरे भारत में 3.8 करोड़ शौचालयों का निर्माण हो चुका है।

विधायी सुधार आयोग

वर्तमान जरूरतों से सामंजस्य के लिए वित्तीय क्षेत्र के कानूनों के पुनर्लेखन हेतु मार्च 2011 में वित्तीय क्षेत्र विधायी सुधार आयोग (एफएसएलएसी) की स्थापना हुई। आयोग ने 2013 में अपनी रिपोर्ट सरकार को दी।

आयोग ने अन्य बातों के साथ बेहतर शासन और उत्तरदायित्व हेतु, जहां भी जरूरी हो, वर्तमान नियामक एजेंसियों के पुनर्गठन और नई एजेंसियों के सृजन द्वारा वित्तीय क्षेत्र हेतु गैर-क्षेत्रीय, सिद्धांत आधारित विधायी संरचना की अनुशंसा की। आयोग की अनुशंसाओं को मोटे तौर पर दो भागों- विधायी पहलुओं और गैर-विधायी पहलुओं में विभक्त किया जा सकता है। अनुशंसाओं का विधायी पक्ष एक गैर-क्षेत्रीय, सिद्धांत आधारित पहुंच द्वारा वित्तीय क्षेत्र नियामक संरचना के विधायी ढांचा में सुधार और वर्तमान नियामक एजेंसियों के पुनर्गठन एवं जहां भी आवश्यक हो, नई एजेंसियों के सृजन से संबंधित है। इस प्रभाव से आयोग ने मसौदा कानून-भारतीय वित्त कोड में कई वर्तमान कानूनों को बदलने हेतु सात एजेंसी नियामक संरचना; भारतीय रिजर्व बैंक, एकीकृत अपीली प्राधिकरण, संकल्प निगम, वित्तीय

स्थायित्व और विकास परिषद; की अनुशंसा की है। एफएसएलआरसी अनुशंसाओं के गैर-विधायी पक्षों में मोटे तौर पर बढ़े हुए उपभोक्ता संरक्षण, वित्तीय क्षेत्र नियामकों की कार्यप्रणाली में ज्यादा पारदर्शिता लाने हेतु शासन बढ़ाने के सिद्धांतों की प्रकृति के हैं।

यह रिपोर्ट दो भागों में है: पहले भाग का शीर्षक है 'विश्लेषण और अनुशंसाएं' और दूसरे भाग का शीर्षक है 'मसौदा कानून' जिसमें मसौदा भारतीय वित्त कोड (आईएफसी) शामिल है। रिपोर्ट को 29 मार्च, 2013 को सार्वजनिक डोमेन में डाला गया और वित्त मंत्री की अध्यक्षता वाले वित्तीय स्थायित्व और विकास परिषद (एफएसडीसी) की विभिन्न बैठकों में इसकी चर्चा और जांच की गई है।

दिवाला और दिवालियापन कोड

व्यापार करने में आसानी को बढ़ाने हेतु वैश्विक मानदंडों के अनुरूप भारत में आवश्यक न्यायिक क्षमता वाले उद्यमों अनुकूल कानूनी दिवालियापन ढांचा प्रदान करने के लिए दिवालियापन कानून सुधार समिति का गठन 22 अगस्त, 2014 को किया गया था। तदनुसार, दिवाला और दिवालियापन कोड (आईबीसी) 2016 से प्रभाव में आया।

इस कोड का लक्ष्य है- उद्यमशीलता को बढ़ावा देना, ऋण की उपलब्धता और समयबद्ध रूप में निगम के लोगों, साझेदार फर्मों और व्यक्तियों और ऐसे व्यक्तियों की परिसंपत्ति मूल्य को बढ़ाने और उसे संबंधित मामलों के लिए पुनर्गठन और दिवालियापन प्रस्ताव से संबंधित कानूनों के एकीकरण और संशोधन द्वारा सभी भागीदारों के हितों में संतुलन कायम करना। यह कोड निम्नलिखित उद्देश्य सुनिश्चित करने हेतु एक ढांचे का प्रस्ताव करता है- किसी व्यापार में तनाव का जल्दी पता लगाना; कर्जदाता; वित्तीय ऋणदाता या परिचालन लेनदार द्वारा दिवालियापन प्रस्ताव की प्रक्रिया प्रारंभ करना; अलाभकारी व्यवसायों का परिसमापन और विफल व्यवसायों के मूल्य में नुकसान से परहेज करना। कॉरपोरेट मामलों का मंत्रालय इस कोड के कार्यान्वयन हेतु आवश्यक कदम उठा रहा है।

वित्तीय स्थिरता एवं विकास परिषद

वित्तीय स्थिरता बनाए रखने, अंतर्नियामक समन्वय बढ़ाने और वित्तीय क्षेत्र को बढ़ाने हेतु तंत्र की मजबूती और संस्थानीकरण के उद्देश्य से शीर्ष स्तर पर फोरम के रूप में वित्तीय स्थिरता एवं विकास परिषद (एफएसडीसी) की स्थापना 2010 में की गई थी। यह परिषद, अन्य बातों के साथ, बड़ी वित्तीय कंपनियों के संगठन के कामकाज सहित अर्थव्यवस्था के वृहत् विवेकशील पर्यवेक्षण को मॉनीटर करता है तथा वित्तीय साक्षरता एवं वित्तीय क्षेत्र के विकास के मुद्दों का समाधान करता है। आर्थिक मामलों के विभाग में अवस्थित एसएसडीसी सचिवालय परिषद को सचिवालीय सहयोग देता है।

वित्तीय स्थिरता बोर्ड

कमजोरियों के समाधान और वित्तीय स्थिरता के हित में मजबूत नियामक, पर्यवेक्षकीय और अन्य नीतियों के क्रियान्वयन और विकास हेतु राष्ट्रीय प्राधिकरणों, मानक स्थापित करने वाले निकायों और अंतरराष्ट्रीय वित्तीय संस्थानों को साथ लाकर वर्ष 2009 में जी-20 के तत्वाधान में वित्तीय स्थिरता बोर्ड (एफएसबी) की स्थापना की गई थी। भारत एफएसबी का एक सक्रिय सदस्य है और पूर्ण अधिवेशन में इसके तीन सदस्य हैं।

अवसंरचना वित्त पोषण

निवेश की आवश्यकताओं और भौतिक अवसंरचना में निवेश हेतु जन संसाधनों की सीमित उपलब्धता को देखते हुए विभिन्न स्रोतों के माध्यम से अवसंरचना में निवेश बढ़ाने हेतु माध्यमों की तलाश आवश्यक है। इसी को ध्यान में रखते हुए सरकार ने देश में अवसंरचना में दीर्घावधि निवेश जुटाने के लिए निम्नलिखित कदम उठाए हैं:

(i) बैंक वित्तपोषण: बैंक अवसंरचना वित्त पोषण के मुख्य श्रोत रहे हैं। आरबीआई 5/25 योजना; टेक आउट वित्तपोषण सहित अवसंरचना के लिए अग्रिमों के दिशानिर्देशों में संशोधन कर रहा है।

(ii) संस्थागत वित्त: अवसंरचना परियोजनाओं के वित्तपोषण हेतु अवसंरचना क्षेत्र को दीर्घावधि ऋण प्रदान करने में उत्प्रेरक की भूमिका के निर्वहन के विशिष्ट आदेश के साथ सरकार ने 'भारत अवसंरचना वित्त कंपनी लिमिटेड (आईआईएफसीएल)' की स्थापना की है। आईआईएफसीएल दीर्घावधि ऋण, बैंकों एवं वित्तीय संस्थानों को उनके द्वारा दिए गए ऋणों के पुनर्वित्त के माध्यम से व्यवहार्य अवसंरचना परियोजनाओं को निधि प्रदान करता है, जिसकी अवधि 10 वर्षों से अधिक की अथवा सरकार द्वारा अनुमोदित किसी रूप में होती है।

(iii) अवसंरचना ऋण कोष (आईडीएफ): भारत सरकार ने परिचालन संपत्ति के लिए परियोजना ऋणों का बैंकों से निश्चित आय बाजार में स्थानांतरण में सहायता हेतु अवसंरचना परियोजनाओं में दीर्घावधि ऋण के प्रवाह को बढ़ाने और तीव्र करने के उद्देश्य से अवसंरचना ऋण कोष (आईडीएफ) की अवधारणा को जन्म दिया।

(iv) रियल एस्टेट निवेश न्यास (रीट्स)/अवसंरचना निवेश न्यास (इनविट्स): ये न्यास-आधारित ढांचे हैं जो प्रभावी कर छूट और बेहतर प्रशासनिक ढांचे के माध्यम से प्रतिफल बढ़ाते हैं। इनविट्स तथा रीट्स हेतु दिशानिर्देश/नियामक सेबी द्वारा 2014 में अधिसूचित किए गए थे।

सार्वजनिक-निजी भागीदारियां

निरंतर आधार पर व्यापक और समावेशी विकास हेतु अच्छी निरंतर आधार पर उपलब्धता पहली आवश्यकता है। उत्पादकता बढ़ाने और निर्यात प्रतिस्पर्धा हेतु भी अवसंरचना महत्वपूर्ण है। निवेश जरूरतों की व्यापकता और भौतिक अवसंरचना में निवेश हेतु सार्वजनिक संसाधनों की सीमित उपलब्धता को देखते हुए सार्वजनिक निवेश और सार्वजनिक-निजी भागीदारी (पीपीपी) के मेल द्वारा अवसंरना में निवेश बढ़ाने के लिए रास्ते की तलाश आवश्यक है। पीपीपी अवसंरचना परियोजनाओं के वित्तपोषण की कमी को पूरा करता है तथा सृजित परिसंपत्ति के रखरखाव और संचालन हेतु प्रभावी लागत वाली नई प्रौद्योगिकी लाकर प्रस्ताव के लिए लंबी अवधि का मूल्य प्राप्त करता है। भारत ने उच्च प्राथमिकता वाली सार्वजनिक सुविधाओं और अवसंरचना की डिलीवरी हेतु योजनाबद्ध तरीके से पीपीपी कार्यक्रम लागू किया है तथा पिछले दशक में संभवत: विश्व के सबसे बड़े पीपीपी कार्यक्रमों में से एक विकसित किया है।

वित्त मंत्रालय के अंतर्गत आर्थिक मामलों के विभाग (डीईए) के पीपीपी प्रकोष्ठ द्वारा सभी पीपीपी को केंद्रीकृत समन्वय प्रदान किया जाता है। पीपीपी प्रकोष्ठ नीतियों, दिशानिर्देशों, योजनाओं और क्षमता निर्माण पहलों सहित पीपीपी से जुड़े सभी मामलों के लिए उत्तरदायी है। डीईए की पीपीपी

अवसंरचना में आर्थिक सहयोग हेतु योजना-व्यवहार्य अनुदान कोष (वीजीएफ) द्वारा वित्तीय सहायता के लिए परियोजनाओं हेतु पीपीपी प्रकोष्ठ निजी भागीदारी सहायता के लिए परियोजनाओं हेतु पीपीपी प्रकोष्ठ निजी भागीदारी मूल्यांकन समिति और उच्चाधिकार प्राप्त संस्था (ईआई)/उच्चाधिकार प्राप्त समिति (ईसी) के सचिवालय के रूप में भी काम करता है।

सूचना प्रसार

भारत में पीपीपी प्रयासों से जुड़ी सूचनाएं प्रदान करने हेतु डीईए का पीपीपी प्रकोष्ठ एक वेबसाइटः www.pppiuindia.gov.in का रखरखाव करता है। यह वेबसाइट भारत में पीपीपी पहलों पर सूचना भंडार के रूप में काम करता है जिसमें संबंधित नीतिगत दस्तावेज, ऐसी परियोजनाओं को मुख्यधारा में लाने हेतु जारी सरकारी दिशानिर्देश हैं। इसमें पीपीपी अवसंरचना परियोजनाओं के त्वरित मूल्यांकन और पीपीपी परियोजनाओं को वित्तीय समर्थन हेतु योजनाओं के सांस्थानिक तंत्र संबंधी सूचनाएं शामिल हैं। इस वेबसाइट में पीपीपी द्वारा विकसित विभिन्न ज्ञान उत्पादों सहित ऐसी परियोजनाओं को क्रियान्वित करने वाले लोक अधिकारियों और निजी डेवलेपरों से सर्वोत्तम पीपीपी साझा कर उनकी योग्यता में वृद्धि करना शामिल है।

भारत के सभी क्षेत्रों में क्रियान्वित किए जा रहे पीपीपी समेत अवसंरचना परियोजनाओं का एक डाटा बेस www.infrastructureindia.gov.in है। यह सरकार और निजी क्षेत्र द्वारा कार्यान्वित की जा रही अवसंरचना परियोजनाओं की स्थिति पर महत्वपूर्ण सूचना प्रदान करता है।

जी-20

जी-20 की स्थापना 1999 में वित्त मंत्रियों एवं केंद्रीय बैंक के गवर्नरों के मंच के रूप में यह मानकर की गई कि वैश्विक आर्थिक महत्व विकसित अर्थव्यवस्थाओं से उभरते बाजारों वाली अर्थव्यवस्था की ओर व्यापक रूप से स्थानांतरित हो रही है। विश्व के आर्थिक समन्वयक के रूप में जी-8 की लगातार घटती भूमिका तथा आर्थिक प्रशासन पर वैश्विक बातचीत में उभरते बाजारों वाली अर्थव्यवस्था के बढ़ते वर्चस्व के कारण 1999 में जी-8 के स्थान पर जी-20 आ गया।

जी-20 को वास्तव में प्रमुखता 2008 में मिली, जब 2007-10 के वैश्विक आर्थिक संकट का प्रभावी रूप से उत्तर देते हुए इसे वित्त मंत्रियों और केंद्रीय बैंक के गवर्नरों के मंच की बजाए राष्ट्राध्यक्षों के मंच का रूप दे दिया गया।

ब्रिक्स

ब्रिक्स राष्ट्र दक्षिण-दक्षिण सहयोग के पांच मुख्य स्तंभ हैं और जी-20 जैसे वैश्विक फोरम में उभरते हुए बाजार तथा विकासशील देशों के प्रतिनिधि स्वर हैं। ब्रिक्स देशों द्वारा 2015 में स्थापित नवीन विकास बैंक ने मार्च 2017 में मध्य प्रदेश में मुख्य जिला सड़क परियोजना के वित्तपोषण हेतु ऋण अनुबंध हस्ताक्षरित कर भारत में अपनी पहली छाप छोड़ी। स्मार्ट शहरों, नवीकरणीय ऊर्जा, शहरी परिवहन, स्वच्छ कोयला प्रौद्योगिकी, ठोस कचरा प्रबंधन और शहरी जलापूर्ति जैसे क्षेत्रों में परियोजनाओं के सुदृढ़ पाइपलाईन के विकास हेतु भारत बैंक के प्रबंधन के साथ घनिष्ट रूप से मिलकर काम कर रहा है। 10 करोड़ अमरीकी डॉलर की पूंजी के साथ ब्रिक्स आकस्मिक रिजर्व व्यवस्था (सीआरए) के रूप में कल्पित विनिमय का ढांचा, किसी सदस्य राष्ट्र को अल्पावधि के लिए नकदी समर्थन की जरूरत होने

की स्थिति में परिचालित होता है। व्यापक आर्थिक स्थिति के आदान-प्रदान की पद्धति विकसित कर ब्रिक्स केंद्रीय बैंक सीआरए के अंतर्गत अपनी शोध क्षमताओं को मजबूत करने हेतु काम कर रहे हैं।

भारत में संयुक्त राष्ट्र विकास कार्यक्रम

संयुक्त राष्ट्र की व्यवस्था में विकास सहयोग का सबसे बड़ा माध्यम संयुक्त राष्ट्र विकास कार्यक्रम (यूएनडीपी) है। यूएनडीपी का उद्देश्य कार्यक्रम में शामिल देशों में दरिद्रता उन्मूलन, लैंगिक समानता, महिला सशक्तीकरण एवं पर्यावरण संरक्षण समेत सतत मानव विकास हेतु क्षमता विकास के माध्यम से सहयोग करना है। यूएनडीपी द्वारा उपलब्ध कराई जाने वाली सभी प्रकार की सहायता अनुदान के रूप में होती है।

यूएनडीपी को विभिन्न दाता देशों से प्राप्त होने वाले स्वैच्छिक योगदान से धन मिलता है। यूएनडीपी में भारत का वार्षिक योगदान 45 करोड़ डॉलर तक रहा है, जो विकासशील देशों के बीच बहुत बड़ा योगदान है। वार्षिक योगदान के अतिरिक्त भारत सरकार स्थानीय कार्यालय के व्यय का भी आंशिक भुगतान करता है। यूएनडीपी संसाधनों का देशवार आवंटन सहयोग ढांचे (सीसीएफ) के अंतर्गत पांच वर्ष में एक बार किया जाता है, जो प्रायः भारत की पंचवर्षीय योजना के साथ ही चलता है।

दक्षिण एशियाई क्षेत्रीय सहयोग संगठन

दक्षिण एशियाई क्षेत्रीय सहयोग संगठन (सार्क) एक क्षेत्रीय संगठन है जिसकी स्थापना 1985 में ढाका में हुई थी। इसका उद्देश्य दक्षिण एशिया में आर्थिक, सामाजिक, सांस्कृतिक, तकनीकी और वैज्ञानिक सहयोग बढ़ाना है। इसके सदस्य देशों में अफगानिस्तान, बांग्लादेश, भूटान भारत, नेपाल, मालदीव, पाकिस्तान और श्रीलंका शामिल हैं। इसका सचिवालय काठमांडू में है। इसने इस क्षेत्र के नागरिकों पर प्रभाव डालने वाले मुद्दों के समाधान हेतु कई क्षेत्रीय समझौते किए हैं तथा संस्थान बनाए हैं, यह विचारों के आदान-प्रदान, क्षेत्रीय कार्यक्रमों और परियोजनाओं के विकास के लिए आम सहमति के आधार का एक मंच है। लघु अवधि के विदेशी मुद्रा की जरूरतों को पूरा करने या दीर्घ अवधि के लिए व्यवस्था होने तक अथवा लघु अवधि में ही मुद्दे का समाधान हो जाने तक भुगतान शेष के संकटों के समाधान की राह प्रदान करने के इरादे से सार्क देशों के बीच मुद्रा की अदला-बदली की व्यवस्था की गई थी। इस सुविधा के अंतर्गत सार्क के प्रत्येक सदस्य देश (अफगानिस्तान, बांग्लादेश, भूटान, मालदीव, नेपाल, पाकिस्तान और श्रीलंका) के लिए आरबीआई उनके दो महीने की आयात जरूरतों पर निर्भर तथा अमरीकी डॉलर, यूरो या भारतीय रुपये में कुल 2 बिलियन अमरीकी डॉलर से अधिक नहीं हो; विभिन्न आकार के मुद्रा की अदला-बदली प्रदान करता है। अभी तक भूटान, श्रीलंका और मालदीव द्वारा इस सुविधा का लाभ लिया गया है।

सार्क विकास कोष

सार्क विकास कोष (एसडीएफ) की स्थापना 2008 में सार्क देशों द्वारा क्षेत्र में लोंगों के जीवनयापन में सुधार और आर्थिक वृद्धि तेज करने, सामाजिक प्रगति और गरीबी उन्मूलन हेतु की गई थी। एसडीएफ में परियोजना की फंडिंग तीन मुख्य क्षेत्रों (सामाजिक, आर्थिक और अवसंरचना) के अंतर्गत की जानी है। अप्रैल 2010 में इसके शुरू होने से अब तक महिला सशक्तीकरण, कृषि, बाल एवं मातृत्व स्वास्थ्य, शिक्षा और आईसीटी जैसे क्षेत्रों में सामाजिक मुद्दे के अंतर्गत तेरह परियोजनाएं शुरू की गई हैं। एसडीएफ

को लगभग 47.492 करोड़ अमरीकी डॉलर का कोष प्राप्त हुआ था, जिसमें 29.5 करोड़ (लगभग) अमरीकी डॉलर सदस्य देशों से प्राप्त पूंजी योगदान और भारत द्वारा सामाजिक मुद्दे हेतु 10 करोड़ अमरीकी डॉलर का स्वैच्छिक योगदान शामिल है। परियोजना क्रियान्वयन के लिए एसडीएफ के तीन मुद्दों में से आर्थिक और अवसंरचना मुद्दे परिचालित किए जा रहे हैं।

द्विपक्षीय सहयोग

आर्थिक मामलों के विभाग का द्विपक्षीय सहयोग डिवीजन जी-8 देशों, संयुक्त राज्य अमरीका, इंग्लैंड, जापान, जर्मनी, इटली, कनाडा और रूसी फेडरेशन तथा यूरोपीय संघ से द्विपक्षीय विकास सहायता से संबंधित डील करता है। यह डिवीजन विकासशील देशों के लाइन ऑफ क्रेडिट के विस्तार से संबंधित कार्य को भी डील करता है। यह विभिन्न अंतरराष्ट्रीय एजेंसियों/देशों द्वारा चार हफ्तों तक के लघु आवधिक विदेशी प्रशिक्षण पाठ्यक्रमों के प्रशासन के लिए केंद्र बिंदु है।

द्विपक्षीय सरकारी विकास सहायता नीति

भारत अवसंरचना, सामाजिक क्षेत्र के विकास और केंद्र एवं राज्य दोनों जगहों पर भारतीय नागरिकों के ज्ञान/कौशल की वृद्धि के लिए अपने द्विपक्षीय पार्टनरों से ऋण, अनुदान और तकनीकी सहायता के रूप में विदेशी सहायता स्वीकार करता रहा है। 2005 में जारी दिशानिर्देशों की शर्तों के अनुसार द्विपक्षीय विकास सहायता सभी जी-8 देशों, यूएसए, यूके, जापान, जर्मनी, फ्रांस, इटली, कनाडा और रूसी फेडरेशन तथा यूरोपियन कमीशन, से स्वीकार किए जा सकते हैं। जी-8 से बाहर के यूरोपियन यूनियन के देश भी भारत को द्विपक्षीय विकास सहायता दे सकते हैं बशर्तें वे न्यूनतम 2.5 करोड़ डॉलर वार्षिक विकास सहायता के लिए प्रतिबद्ध हों।

भारत-जापान द्विपक्षीय संबंध

भारत ने वित्तीय वर्ष 2016-17 के दौरान 371.345 बिलियन येन के ऋण हेतु जापान सरकार से सरकारी विकास सहायता (ओडीए) हेतु वायदा प्राप्त किया है। इसके साथ ही 31 मार्च, 2017 तक जापान सरकार से वायदा आधार पर सकल ओडीए ऋण 5009.091 बिलियन येन तक पहुंच गया है। भारत और जापान सरकार के बीच वित्त वर्ष 2016-17 के दौरान निम्नलिखित परियोजनाओं हेतु नोटों की अदला-बदली हुई है।

भारत-यूके द्विपक्षीय विकास सहयोग कार्यक्रम

यूनाइटेड किंगडम (यूके) 1958 से भारत को विकास सहायता प्रदान करता रहा है। यूके से विकास सहायता मुख्य रूप से स्वास्थ्य, शिक्षा, प्रशासनिक सुधारों, झुग्गी विकास आदि के क्षेत्र में सतत विकास लक्ष्यों को (एसडीजी) प्राप्त करने के लिए मिलती है। पारस्परिक सहमति वाली सरकारी परियोजनाओं एवं कार्यक्रमों के लिए यूके से सहायता अंतरराष्ट्रीय विकास विभाग (डीएफआईडी) के माध्यम से वित्तीय एवं तकनीकी सहायोग के रूप में प्राप्त होती है। वर्तमान में तीन राज्यों ओडिशा, मध्य प्रदेश और बिहार पर डीएफआईडी का फोकस है। यूके सरकार ने घोषणा की है कि सभी नए विकास सहयोग कार्यक्रम ऊर्जा, शहरी एवं आर्थिक नीतियों आदि के क्षेत्र में केवल तकनीकी सहायता (टीए) कार्यक्रमों के लिए होगा अथवा गरीबों की मदद पर केंद्रित निजी क्षेत्र परियोजनाओं में निवेश हेतु होगा। दोनों पक्ष इस व्यवस्था पर सहमत हैं।

भारत-यूरोपीय संघ (ईयू) विकास सहयोग

यूरोपीय संघ (ईयू) अनुदान के रूप में विकास सहायता उपलब्ध कराता रहा है। इसके प्राथमिकता क्षेत्र में वातावरण सार्वजनिक स्वास्थ्य और शिक्षा शामिल है। ईयू विकास सहयोग कार्यक्रमों को कंट्री स्ट्रेटजी पेपर (सीएसपी) के माध्यम से लागू करता है। सीएसपी ईयू के उद्देश्यों, साझीदार देश की नीति संबंधी एजेंडा और देश/क्षेत्र की स्थिति के विश्लेषण पर आधारित है।

यूरोपीय निवेश बैंक

यूरोपीय निवेश बैंक (ईआईबी) यूरोपीय संघ की वित्त पोषण संस्था है, जिसका गठन पूंजीगत निवेश प्रदान करने के लिए रोम संधि (1957) के अंतर्गत 1958 में किया गया था। ईआईबी के सदस्य, यूरोपीय संघ के सदस्य देश होते हैं, जो सभी बैंक की पूंजी के ग्राहक होते हैं। यूरोपीय संघ के बाहर ईआईबी का वित्त पोषण परिचालन सैद्धांतिक रूप से बैंक के निजी संसाधनों से किया जाता है और अधिकार मिलने पर संघ अथवा सदस्य देशों के बजटीय संसाधनों से भी किया जाता है। इन व्यवस्थाओं के अंतर्गत ईआईबी के कोष का उपयोग ईयू के साथ सहयोग हेतु समझौता पर दस्तखत करने वाले देशों में वित्तीय निवेश हेतु किया जाता है।

भारत-जर्मनी द्विपक्षीय विकास सहयोग

जर्मनी 1958 से ही अपने आर्थिक सहयोग एवं विकास मंत्रालय (बीएमजेड) के माध्यम से भारत को वित्तीय एवं तकनीकी सहयोग प्रदान कर रहा है। वर्ष 2008 में जर्मनी के पर्यावरण, प्रकृति संरक्षण एवं परमाणु सुरक्षा मंत्रालय (बीएमयू) ने भी जर्मन सरकार के 'अंतरराष्ट्रीय जलवायु संरक्षण कार्यक्रम' के अंतर्गत भारत को सहयोग आरंभ कर दिया, जो आधिकारिक विकास सहयोग के वर्तमान स्रोतों में कटौती किए बगैर जर्मनी सरकार की अतिरिक्त सहायता है। जर्मनी और भारत के बीच द्विपक्षीय सहयोग के प्राथमिकता वाले क्षेत्र में शामिल हैं: ऊर्जा सतत शहरी विकास तथा पर्यावरण और प्राकृतिक स्रोतों का प्रबंधन।

भारत-फ्रांस विकास सहयोग

फ्रांस सरकार 1968 से ही भारत को विकास संबंधी सहायता प्रदान कर रहा है। किंतु फ्रांसीसी सहायता की सबसे बड़ी कमी यह है कि यह फ्रांस से वस्तुओं एवं सेवाओं की आपूर्ति से संबद्ध रही। भारत में फ्रांसीसी विकास एजेंसी द्वारा वित्तपोषण के लिए प्राथमिकता वाले क्षेत्र हैं: (i) ऊर्जा सक्षमता और नवीकरणीय ऊर्जा; (ii) शहरी अवसंरचना (सार्वजनिक परिवहन, जल आदि); और (iii) जैव विविधता का संरक्षण।

नार्वे

वर्ष 2005 से आज तक करीब 24 एनजीओ परियोजनाओं को स्वीकृति दी गई है। भारत और नार्वे के वित्त मंत्रालयों के उच्च अधिकारियों के बीच समय-समय पर द्विपक्षीय बैठकें होती हैं।

स्विट्जरलैंड

स्विट्जरलैंड वर्ष 1964 से ही अनुदानों और तकनीकी सहायता के रूप में भारत को आर्थिक और तकनीकी सहयता प्रदान करता रहा है। स्विट्जरलैंड ने ऊर्जा क्षेत्र की परियोजना हेतु 40 प्रतिशत अनुदान और 60 प्रतिशत ऋण वाला मिश्रित ऋण प्रदान किया था।

अमरीकी अंतरराष्ट्रीय विकास एजेंसी

भारत को अमरीका की द्विपक्षीय विकास सहायता 1951 में आरंभ हुई। भारत को अमरीकी सहायता मुख्य रूप से अमरीकी अंतरराष्ट्रीय विकास एजेंसी (यूएसएआईडी) के माध्यम से प्राप्त होती है। वर्तमान में यूएसएआईडी स्वास्थ्य प्रणाली, खाद्य सुरक्षा को मजबूत करने, कम उत्सर्जन एवं ऊर्जा सुरक्षित अर्थव्यवस्था की ओर तेजी से बढ़ने, जंगलों के द्वारा कार्बन अवशोषण के माध्यम से ग्रीन हाउस गैसों के कम उत्सर्जन के लिए भारत सरकार के साथ साझेदारी कर रही है। वर्तमान में, यूएसएआईडी द्वारा भारत सरकार के साथ साझेदारी में निम्नलिखित सात परियोजनाओं को कार्यान्वित किया जा रहा है; (i) कृषि और खाद्य सुरक्षा कार्यक्रम हेतु साझेदारी समझौता; (ii) स्थायी जंगल और जलवायु अनुकूलन कार्यक्रम हेतु साझेदारी समझौता; (iii) जल, स्वच्छता और सफाई (वॉश) हेतु साझेदारी समझौता; (iv) नवीकरणीय ऊर्जा प्रौद्योगिकी व्यावसायीकरण और नवाचार हेतु साझेदारी समझौता; (v) स्वास्थ्य परियोजना हेतु साझेदारी समझौता; (vi) आपदा प्रबंधन समर्थन परियोजना; और (vii) ऊर्जा सक्षमता प्रौद्योगिकी व्यावसायीकरण और नवाचार परियोजना हेतु साझेदारी समझौता।

अमरीकी व्यापार एवं विकास एजेंसी

यूएस व्यापार एवं विकास एजेंसी (यूएसटीडीए) उभरती हुई अर्थव्यवस्थाओं में प्राथमिकता वाली विकास परियोजनाओं के नियोजन एवं क्रियान्वयन में अमरीकी कारोबारों की प्रतिभागिता बढ़ाकर उन देशों की आर्थिक वृद्धि को प्रोत्साहन देती है। एजेंसी का उद्देश्य व्यापार के लिए अवसंरचना निर्माण में मदद करना, अमरीकी तकनीकी विशेषज्ञता को विदेश की विकास संबंधी आवश्यकताओं के अनुरूप ढालना और अमरीकी तथा उभरते बाजार वाली अर्थव्यवस्था के बीच दीर्घकालीन व्यापारिक साझेदारी में सहायता करना है। 1992 से अमरीकी व्यापार एवं विकास एजेंसी ने भारत में सार्वजनिक एवं निजी क्षेत्र के प्रायोजकों के साथ 100 से अधिक प्राथमिकता वाली विकास योजनाओं को समर्थन दिया है।

कनाडा

अंतरराष्ट्रीय विकास अनुसंधान केंद्र (आईडीआरसी) विभिन्न सरकारी और गैर-सरकारी संगठनों की कृषि, स्वास्थ्य और परिवार कल्याण आदि के क्षेत्र में परियोजनाओं के लिए अनुदान सहायता प्रदान करता है। वर्ष 2016-17 हेतु 34.1 लाख कनाडाई डॉलर की अनुदान सहायता वाले 10 प्रस्ताव अनुमोदन हेतु डीईए को प्राप्त हुआ था।

विकासशील देशों के लिए ऋण सहायता

ऋण सहायता (एलओसी) भारत की कूटनीतिक रणनीति का एक महत्वपूर्ण भाग है तथा साख बनाने और लंबे समय के लिए साझेदारी निर्माण के कार्य में बहुत उपयोगी रहा है। यह योजना एक उभरते हुए आर्थिक शक्ति, निवेशकर्ता देश और विकासशील देशों हेतु साझेदार के रूप में विदेशों में भारत की रणनीतिक राजनीतिक और आर्थिक हितों के विकास का भी प्रयास करता है। इस योजना से माल और भारतीय सेवाओं का निर्यात करता है। इस योजना से माल और सेवाओं का भारतीय निर्यात अब तक अप्रयुक्त बाजारों में बढ़ने की उम्मीद है और परियोजना प्लानिंग, सामाजिक-आर्थिक विकास के ऊर्जा, सिंचाई, कृषि, परिवहन आदि विभिन्न क्षेत्रों में डिजाइन एवं क्रियान्वयन में भारत की विशेषज्ञता को सफलतापूर्वक प्रदर्शित किया जा सकेगा। 2005-06 से लागू भारतीय विकास और आर्थिक सहयोग योजना (आईडियाज) के अंतर्गत भारत सरकार अफ्रीका और अन्य विकासशील देशों को ऋण सहायता

दे रहा है। वर्तमान योजना के अंतर्गत राजनयिक विचारों और विभिन्न विकासशील देशों से प्राप्त अनुरोध को ध्यान में रखते हुए विदेश मंत्रालय विशिष्ट योजनाओं का चयन करता है।

अंतरराष्ट्रीय मुद्रा कोष

भारत अंतरराष्ट्रीय मुद्रा कोष (आईएमएफ) का संस्थापक सदस्य है। इसकी स्थापना सहयोगी और स्थायी मौद्रिक ढांचा के विकास हेतु की गई थी। वर्तमान में 188 देश आईएमएफ के सदस्य हैं। स्थापना के बाद से ही इसके उद्देश्यों में कोई बदलाव नहीं हुआ है, परंतु इसके परिचालन में, जिसमें निगरानी, वित्तीय और तकनीकी सहायता शामिल है, विकसित हो रहे विश्व अर्थव्यवस्था में इसके सदस्य देशों की बदलती जरूरतों के हिसाब से विकास हुआ है। आईएमएफ के शासक मंडल में एक गवर्नर और प्रत्येक सदस्य देशों से एक वैकल्पिक गवर्नर होते हैं। भारत के लिए वित्तमंत्री आईएमएफ के शासक मंडल हेतु पदेन गवर्नर हैं। आईएमएफ में भारत के क्षेत्र में तीन अन्य देश बांग्लादेश, भूटान और श्रीलंका है। भारतीय रिजर्व बैंक के गवर्नर भारत के वैकल्पिक गवर्नर हैं।

दक्षिण एशिया क्षेत्रीय प्रशिक्षण और तकनीकी सहायता केंद्र: दक्षिण एशिया क्षेत्रीय प्रशिक्षण और तकनीकी सहायता केंद्र (एसएआरटीटीएसी) की भारत में अंतरराष्ट्रीय मुद्रा कोष द्वारा स्थापना हेतु मार्च 2016 में भारत और अंतरराष्ट्रीय मुद्रा कोष के बीच एक समझौता ज्ञापन पर हस्ताक्षर किया गया था। एसएआरटीटीएसी छह सदस्य देशों– बांग्लादेश, भूटान, भारत, मालदीव, नेपाल एवं श्रीलंका को सेवाएं देगा।

विश्व बैंक

भारत गरीबी में कमी लाने, अवसंरचना, ग्रामीण विकास, आदि क्षेत्र में विभिन्न विकास परियोजनाओं हेतु अंतरराष्ट्रीय पुनर्निमाण और विकास बैंक (आईबीआरडी) और अंतरराष्ट्रीय विकास संघ (आईडीए) के माध्यम से विश्व बैंक से कर्ज लेता है। भारत सरकार के लिए आईडीए कोष सबसे रियायती विदेशी ऋण है तथा इसका उपयोग मुख्यत: सहस्राब्दि विकास लक्ष्यों को प्राप्त करने में योगदान देने वाले सामाजिक क्षेत्र की परियोजनाओं में किया जाता है। हालांकि, भारत आईडीए से डिग्री प्राप्त है।

अंतरराष्ट्रीय वित्त निगम

अंतरराष्ट्रीय वित्त निगम (आईएफसी) विश्व बैंक समूह का एक सदस्य है जो केवल विकासशील देशों के निजी क्षेत्र में निवेश पर ध्यान देता है। 1956 में स्थापित आईएफसी में 184 सदस्य हैं। भारत आईएफसी का संस्थापक सदस्य है, जो देश में निजी क्षेत्र के वित्त पोषण और सलाह को परिचालित करता है। भारत आईएफसी के सबसे बड़े पोर्टफोलियो जोखिम का विश्व स्तर पर प्रतिनिधित्व करता है। 1958 से अब तक आईएफसी ने 15 बिलियन अमरीकी डॉलर से अधिक भारत में लगाया है। भारत में आईएफसी का निवेश अवसंरचना, निर्माण, वित्तीय बाजारों, कृषि व्यवसाय, एसएमई और नवीकरणीय ऊर्जा जैसे महत्वपूर्ण क्षेत्रों में फैला है। विश्व बैंक समूह के देश साझेदारी रणनीति (सीपीएस) के अनुरूप भारत में आईएफसी का ध्यान भारत के निम्न आय वाले राज्यों पर केंद्रित है।

नवीन विकास बैंक

नवीन विकास बैंक (एनडीबी) की स्थापना उभरती अर्थव्यवस्थाओं में अवसंरचना और सतत विकास पहलों को समर्थन देने के उद्देश्य से की गई है। एनडीबी के संस्थापक सदस्य हैं– ब्राजील, रूस, भारत,

चीन और दक्षिण अफ्रीका (ब्रिक्स), जिन्होंने प्रारंभिक योगदान द्वारा एक बिलियन अमरीकी डॉलर की पूंजी जुटाई है। नवीन विकास बैंक (एनडीबी) ने 2015 में अपनी स्थापना के बाद से दो वर्ष पूरा कर लिए हैं।

एशियाई अवसंरचना निवेश बैंक

एशियाई अवसंरचना निवेश बैंक (एआईआईबी) एक बहुपक्षीय विकास बैंक (एमडीबी) है जिसकी स्थापना अवसंरचना परियोजनाओं के वित्त पोषण द्वारा एशिया में सतत आर्थिक विकास को बढ़ावा, उत्पादक संपत्तियों का सृजन और अवसंरचना में सुधार के लिए वर्ष 2016 में स्थापित किया गया। भारत संस्थापक सदस्यों में से एक है और दूसरा सबसे बड़ा अंशधारक है।

एआईआईबी की बीजिंग में स्थापना हेतु वर्ष 2016 में भारत और बीस अन्य देशों ने अंतरसरकारी समझौता ज्ञापन (एमओयू) पर हस्ताक्षर किया।

कृषि विकास के लिए अंतरराष्ट्रीय कोष

कृषि विकास के लिए अंतरराष्ट्रीय कोष (आईएफएडी) की स्थापना 1977 में संयुक्त राष्ट्र के 13वें विशेषज्ञता प्राप्त एजेंसी के रूप में की गई थी। यह विकासशील देशों के ग्रामीण क्षेत्रों से गरीबी और भूख उन्मूलन के प्रति समर्पित है। 176 देश आईएफएडी के सदस्य हैं और इन्हें तीन श्रेणियों में बांटा गया है– सूची (क) विकसित देश, सूची (ख) तेल उत्पादक देश और सूची (ग) विकासशील देश। भारत सूची (ग) में हैं। भारत कृषि विकास हेतु अंतरराष्ट्रीय कोष (आईएफएडी) का एक संस्थापक सदस्य है और इसने अब तक आईएफएडी के संसाधनों में 14.7 करोड़ अमरीकी डॉलर का योगदान दिया है। भारत आईएफएडी के 10वें पुन: पूर्ति चक्र (2016–18 के दौरान) 3.7 करोड़ अमरीकी डॉलर की राशि का योगदान देने के लिए कृतसंकल्प है।

वैश्विक पर्यावरण सुविधा

वैश्विक पर्यावरण सुविधा (जीईएफ) साझा वैश्विक पर्यावरण लाभों को प्राप्त करने के उपायों के बढ़ते खर्च को पूरा करने के लिए नए और अतिरिक्त अनुदान और रियायती कोष प्रदान करने के उद्देश्य से अंतरराष्ट्रीय सहयोग हेतु एक तंत्र के रूप में कार्य करता है। जीईएफ पात्र देशों को पांच मुख्य क्षेत्रों में अनुदान देता है: जैव विविधता, जलवायु परिवर्तन, भूमि अवक्रमण, अंतरराष्ट्रीय जल, रसायन एवं कचरा। यह जैविक विविधता पर सम्मेलन (सीबीडी), जलवायु परिवर्तन पर संयुक्त राष्ट्र ढांचा सम्मेलन (यूएनएफसीसीसी), स्थायी जैविक प्रदूषकों पर स्टॉक होल्म सम्मेलन (पीओपीएस), बंजर से मुकाबले के लिए संयुक्त राष्ट्र सम्मेलन (यूएनसीसीडी), मरकरी के विषय में मिनामाटा सम्मेलन के लिए वित्तपोषक तंत्र के रूप में भी काम करता है तथा ओज़ोन परत (एमपी) नष्ट करने वाले पदार्थों पर मॉनट्रियल प्रोटोकॉल के क्रियान्वयन में भी मदद करता है।

एशियाई विकास बैंक

भारत एशियाई विकास बैंक (एडीबी) का एक संस्थापक सदस्य है। एडीबी की स्थापना 1966 में हुई थी। एडीबी के 67 सदस्य हैं (48 क्षेत्रीय और 19 गैर-क्षेत्रीय सदस्यों सहित) और इसका मुख्यालय मनीला, फिलीपींस में है। दिसंबर 2016 तक एडीबी में भारत का 6,72,030 शेयरों के साथ 6.331 प्रतिशत शेयर होल्डिंग तथा मताधिकार 5.363 प्रतिशत है।

बैंक एशिया प्रशांत क्षेत्र में अपने विकासशील सदस्य देशों (डीएमसी) की आर्थिक और सामाजिक प्रगति को बढ़ाने के कार्य में लगा है। इस कार्य हेतु ऋण और इक्विटी निवेश, विकास परियोजनाओं और कार्यक्रमों को लागू करने की तैयारी हेतु तकनीकी सहायता प्रदान करना और अन्य सलाहकार सेवाएं, गारंटी, अनुदान और नीति चर्चाएं इसके मुख्य यंत्र हैं। भारत सरकार द्वारा अपनाई गई पूर्ण बाह्य ऋण प्रबंधन नीति के अंतर्गत जिसमें रियायती शर्तों पर कम व्ययशील स्रोतों से और दीर्घ परिपक्वता अवधि वाले कोष प्राप्त करने पर केंद्रित है, एडीबी से ऋण प्राप्त करता है। भारत ने 1986 में एडीबी से ऋण लेना शुरू किया।

मुद्रा एवं सिक्के

सिक्योरिटी प्रिंटिंग एंड मिंटिंग कॉरपोरेशन ऑफ इंडिया लिमिटेड (एसपीएमसीआईएल) आर्थिक मामलों के विभाग के अंतर्गत एकमात्र सार्वजनिक उपक्रम है। यह नौ इकाइयों– चार टकसाल, चार प्रेस (दो मुद्रा नोट प्रेस एवं दो प्रतिभूति प्रेस) एवं एक कागज मिल के निगमीकरण से बनी है, जो पहले वित्त मंत्रालय के अधीन थीं। कंपनी आरबीआई को मुद्रा/बैंक नोट एवं सिक्के, विभिन्न राज्य सरकारों को स्टांप-पत्र, डाक विभाग को डाक स्टेशनरी एवं टिकट, विदेश मंत्रालय को पासपोर्ट, वीजा स्टिकर एवं यात्रा संबंधी अन्य दस्तावेज की आपूर्ति करती है। अन्य उत्पादों में स्मारक सिक्के, एमआईसीआर एवं नॉन-एमआईसीआर चेक आदि शामिल हैं।

बैंक नोट कागज के उत्पादन में स्वावलंबन बढ़ाने के लिए सिक्योरिटी प्रिंटिंग एंड मिंटिंग कॉरपोरेशन ऑफ इंडिया (एसपीएमसीआईएल) और भारतीय रिजर्व बैंक नोट मुद्रण प्राईवेट लिमिटेड (बीआरबीएनएमपीएल) के 50:50 वाले संयुक्त उपक्रम बैंक नोट पेपर मिल इंडिया प्राइवेट लिमिटेड (बीएनपीएमआईपीएल) की भी स्थापना दो स्टेट-ऑफ-दि-आर्ट प्रौद्योगिकी वाले 6000 मीट्रिक टन प्रतिवर्ष क्षमता वाले पेपर लाइनों को लागू करने हेतु की गई है, जिसकी कुल वार्षिक क्षमता लगभग 12,000 मीट्रिक टन है। इन दोनों स्रोतों से वाणिज्यिक उत्पादन प्रारंभ हो गया है।

नए मूल्य वर्ग के नोटों को जारी करना

सरकार द्वारा आकार, विषय, रंग और डिज़ाइन के अनुमोदन के बाद 2000 रुपये मूल्यवर्ग के नए नोट जारी किए गए। निर्दिष्ट बैंक नोटों को वैध मुद्रा की मान्यता खत्म किए जाने के बाद इससे तेज पुनर्मुद्रीकरण में सहायता मिली।

एसबीएन की वैद्यता की समाप्ति

काले धन, एफआईसीएन और अन्य विभिन्न विध्वंसकारी गतिविधियों की समस्या पर अंकुश लगाने के लिए 8 नवंबर , 2016 के बाद 500 रुपये और 1000 रुपये मूल्यवर्ग के बैंक नोटों यानी निर्दिष्ट बैंक नोटों (एसबीएन) की वैधता समाप्त कर दी गई थी। एसबीएन को रद्द करने को सांविधिक समर्थन हेतु यथाशीघ्र एक अध्यादेश लाया गया था ताकि अवांछित तत्वों द्वारा समानांतर अर्थव्यवस्था चलाने की राह बनाने से रोका जा सके और आरबीआई की देयता का शमन किया जा सके।

दिसंबर 2016 में उच्च मूल्यवर्ग के नोटों को बदलने में बड़े पैमाने पर परिश्रम करना पड़ा जिसमें 1.3 लाख बैंक शाखाएं, 1.5 लाख डाकघर की शाखाएं, 1 लाख बैंकिंग कॉरस्पॉन्डेंट, 2.2 लाख एटीएम शामिल हुए और अर्थव्यवस्था के प्रभावकारी पुनः मुद्रीकरण के लिए करेंसी प्रेसों में रात-दिन काम करना पड़ा था।

कैबिनेट सचिव की अध्यक्षता वाले समन्वय समूह ने क्रियान्वयन की कार्रवाई को मॉनिटर करने के लिए लगातार मॉनिटरिंग बैठकें कीं। संयुक्त सचिवों की समिति मुख्य सचिवों/वित्त सचिवों/गृह सचिवों/राज्यों के डीजीपी/भारत सरकार के विभिन्न मंत्रालयों/विभागों के सचिवों के साथ समन्वय के लिए बनाई गई थी। नासिक और देवास करेंसी प्रेसों में रात-दिन काम करते हुए उत्पादकता को पूरी तरह बढ़ाने के लए लगभग 100 सेवानिवृत कार्मिकों को नियोजित किया गया था।

वर्ष 2016-17 के दौरान स्मारक सिक्के भी जारी किए गए थे- मैसूर विश्वविद्यालय का शताब्दी समारोह ₹ 100 और ₹ 10 के सिक्के; पंडित दीनदयाल उपाध्याय की जन्म शताब्दी ₹ 100 और ₹ 10 के सिक्के।

राष्ट्रीय निवेश और अवसंरचना कोष

भारत सरकार ने अपने आर्थिक कार्यक्रम के मूल तत्वों में से एक अवसंरचना में निवेश किया है। 1992 से 2010 के दौरान अवसंरचना में भारत का औसत निवेश जीडीपी का 4.7 प्रतिशत था; इसके अतिरिक्त पिछले कुछ वर्षों के दौरान अवसंरचना क्षेत्रों में इक्विटी के प्रवाह में कमी आई है जिससे आगे निवेश बाधित हुआ है। राष्ट्रीय निवेश और अवसंरचना कोष का निर्माण वाणिज्यिक रूप से व्यवहार्य परियोजनाओं, ग्रीनफील्ड दोनों में तथा रुकी हुई परियोजनाओं समेत अवसंरचना विकास के लिए घरेलू और अंतरराष्ट्रीय दोनों स्रोतों से इक्विटी निवेश पाने के उद्देश्य से की गई थी।

अंतरराष्ट्रीय निवेश समझौते एवं ढांचा

भारत सरकार ने विस्तृत आर्थिक सुधार कार्यक्रम, जो वर्ष 1991 में प्रारंभ हुआ था, के एक भाग के रूप में अन्य देशों के साथ द्विपक्षीय निवेश समझौते (बीआईटी)/द्विपक्षीय निवेश प्रोन्नति एवं सुरक्षा समझौते (बीआईपीए) करने की शुरुआत की थी। बीआईटी अनिवार्यतः एक अंतरराष्ट्रीय समझौता है जो मध्यस्थता के माध्यम से विवाद के निपटारा हेतु एक स्वतंत्र फोरम प्रदान करते हुए व्यवहार का एक न्यूनतम मानक और सभी मामले में भेदभाव नहीं होना सुनिश्चित करते हुए निवेशकों के सुविधा स्तर को बढ़ाता है और उनमें विश्वास की वृद्धि करता है। बदले में बीआईटी से भारत को एक आकर्षक विदेशी प्रत्यक्ष निवेश (एफडीआई) गंतव्य के रूप में प्रस्तुत करना और विदेशों को जाने वाले भारतीय एफडीआई की रक्षा करना अपेक्षित है।

वर्ष 1993 के बाद से हुए सामाजिक-आर्थिक परिवर्तनों को देखते हुए बीआईटी से जुड़े मुद्दों के सारे पहलू और सीईसीए/सीईपीए मुक्त व्यवसाय समझौतों (एफटीए) के सावधानीपूर्वक परीक्षण की जरूरत थी। वर्ष 2015 के नए भारतीय बीआईटी मॉडल का लक्ष्य प्रासंगिक अंतरराष्ट्रीय उदाहरणों और व्यवहारों के आलोक में भारत में विदेशी निवेशकों और विदेशों में भारतीय निवेशकों को समुचित सुरक्षा प्रदान करना है।

व्यय विभाग

व्यय विभाग केंद्र सरकार की सार्वजनिक वित्तीय प्रबंधन प्रणाली और राज्य वित्त से संबंधित मामलों की देख-रेख करने वाला नोडल विभाग है। यह वित्त आयोग और केंद्रीय वेतन आयोग की अनुशंसाओं के क्रियान्वयन, ऑडिट टिप्पणियों/अवलोकनों की मॉनीटरिंग, केंद्र सरकार के खातों की तैयारी के लिए उत्तरदायी है। यह सार्वजनिक सेवाओं की लागत और कीमतों को नियंत्रित करने में केंद्रीय मंत्रालयों/

विभागों, सार्वजनिक व्यय के आउटपुट और परिणामों का अनुकूलन करने के लिए प्रणालियों और प्रक्रियाओं की समीक्षा करने में भी सहायता करता है। विभाग की मुख्य गतिविधियों में शामिल है- वित्तीय नियमों/विनियमों/आदेशों के मद्देनजर केंद्रीय मंत्रालय/विभागों में व्यय प्रबंधन की देखरेख, प्रमुख योजनाओं/परियोजनाओं की पूर्व मंजूरी का मूल्यांकन तथा राज्यों को हस्तांतरित थोक केंद्रीय बजटीय संसाधनों की हैंडलिंग, कार्मिक एवं स्थापना डिवीजन केंद्रीय सरकार के कर्मचारियों के वेतन और भत्ते का नियमन, पेंशन मामलों पर नीति और पदों के सृजन एवं उन्नयन तथा कैडर की समीक्षा जैसे कार्मिक मामलों से संबद्ध मामलों सहित सामान्य वित्तीय नियमों (जीएफआर), वित्तीय शक्तियों के प्रत्यायोजन नियमों (डीएफपीआर) आदि जैसे विभिन्न वित्तीय नियमों और विनियमों के प्रशासन हेतु उत्तरदायी है।

महालेखा नियंत्रक

वित्त मंत्रालय के व्यय विभाग के अंतर्गत महालेखा नियंत्रक (सीजीए) भारत सरकार का प्रधान लेखा सलाहकार है और तकनीकी रूप से सुदृढ़ लेखा जिम्मेवार है। सीजीए का कार्यालय केंद्र सरकार के लिए व्यय, राजस्व, देनदारियों और विभिन्न राजकोषीय सूचकों का मासिक और वार्षिक विश्लेषण तैयार करता है। संविधान की धारा 150 के अंतर्गत भारत के नियंत्रक एवं महालेखा परीक्षक की सलाह पर वार्षिक विनियोग लेखा (सिविल) और केंद्रीय वित्त लेखा संसद में प्रस्तुत किए जाते हैं। इन दस्तावेजों के साथ 'लेखा एक नजर में' शीर्षक वाला एम.आई.एस रिपोर्ट तैयार कर संसद में वितरित किया जाता है। यह सामान्य सिद्धांतों, केंद्र तथा राज्य सरकारों के लिए प्रपत्र और लेखा की प्रक्रिया से संबद्ध नीतियां बनाता है। यह केंद्रीय सिविल मंत्रालयों/विभागों में भुगतान, प्राप्तियां और लेखा की प्रक्रिया निर्धारित करता है। सरकार की राजकोषीय नीतियों के प्रभावी क्रियान्वयन हेतु एक मजबूत वित्तीय रिपोर्टिंग पद्धति के माध्यम से केंद्रीय सरकार के मासिक और वार्षिक लेखा तैयार, समेकित और जमा करता है। संबंधित मंत्रालयों/विभागों में अपने आंतरिक लेखापरीक्षा इकाइयों के माध्यम से विभागीय लेखा कार्यालयों में लेखा के निर्दिष्ट तकनीकी मानकों को बनाए रखने और सिविल मंत्रालयों के विभिन्न कार्यक्रमों, योजनाओं और गतिविधियों के वित्तीय निष्पादन और प्रभावोत्पादकता की मानिटरिंग हेतु उत्तरदायी है।

केंद्रीय पेंशन लेखा कार्यालय

केंद्रीय पेंशन लेखा कार्यालय (सीपीएओ) की स्थापना वर्ष 1990 में केंद्रीय (सिविल) पेंशनधारियों और स्वतंत्रता सेनानियों आदि के लेखा एवं भुगतान के लिए किया गया था। सीपीएओ व्यय विभाग, वित्त मंत्रालय के महालेखा नियंत्रक के कार्यालय के अधीन एक सहायक कार्यालय है। यह अधिकृत बैंकों के जरिए केंद्र सरकार (सिविल) के पेंशनभोगियों को पेंशन के भुगतान की योजना के संचालन के लिए उत्तरदायी है। इसके मुख्य कार्य हैं- पेंशन वितरण बैंकों के सीपीपीसी (केंद्रीय पेंशन प्रक्रिया केंद्रों) को नए पेंशन और पेंशन पुनरीक्षण मामलों में भुगतान के लिए प्राधिकृत करने हेतु स्पेशल सील ऑथोरिटीज (एसएसए) निर्गत करना; पेंशन अनुदान और संबंधित लेखा हेतु बजट की तैयारी; केंद्रीय सिविल पेंशनरों के पीपीओ और पुनरीक्षण प्राधिकारों में दर्ज सभी विवरणों वाले डाटा बैंक का अनुरक्षण; केंद्रीय सिविल पेंशनरों की शिकायतों को संभालना।

राष्ट्रीय वित्तीय प्रबंधन संस्थान

राष्ट्रीय वित्तीय प्रबंधन संस्थान एनआईएफएम की स्थापना वर्ष 1993 में एक पंजीकृत सोसायटी के तौर पर की गई। केंद्र के कैबिनेट में विचार किया गया कि एनआईएफएम, संघ लोक सेवा आयोग द्वारा

वार्षिक सिविल सेवा परीक्षा के जरिए भर्ती किए गए और सरकार में लेखा एवं वित्त से संबंधित विभिन्न सेवाओं के लिए उत्तरदायी वरिष्ठ एवं उच्च प्रबंधकीय पदों पर तैनात किए गए अधिकारियों के लिए एक प्रशिक्षण संस्थान होगा। संस्थान का लक्ष्य न सिर्फ भारत में बल्कि एशिया में वित्तीय प्रबंधन एवं संबंधित विधाओं के क्षेत्र में उत्कृष्ट केंद्र के तौर पर विकसित होना है। संस्थान संकाय की योग्यता तथा क्षमता के मामले में अखिल भारतीय तकनीकी शिक्षा परिषद (एआईसीटीई) द्वारा निर्धारित मानकों का पालन करता है।

वर्तमान में यह संस्थान एआईसीटीई द्वारा अनुमोदित पांच दीर्घावधि कार्यक्रम संचालित करता है; लेखा सेवा के परिवीक्षाधीन नए चयनित व्यक्तियों हेतु एक वर्ष का पेशेवर प्रशिक्षण कार्यक्रम, सार्वजनिक वित्तीय प्रबंधन में डिप्लोमा; सरकारी वित्त प्रबंधन में एक वर्षीय डिप्लोमा पाठ्यक्रम; केंद्रीय सरकार, राज्य सरकारों, सार्वजनिक क्षेत्र के उपक्रमों तथा सरकार के अधीन अन्य संगठनों के अधिकारियों हेतु प्रबंधन में दो-वर्षीय स्नातकोत्तर डिप्लोमा (वित्तीय प्रबंधन) सक्षम शोधकर्ताओं, शिक्षकों और सलाहकारों के निर्माण हेतु प्रबंधन में एक वर्षीय स्नातकोत्तर डिप्लोमा (वित्तीय बाजार)।

सामान्य वित्तीय नियमों का पुनरीक्षण

सामान्य वित्तीय नियम सार्वजनिक वित्त से जुड़े मामलों से संबंधित नियम एवं आदेश हैं। सामान्य वित्तीय नियम पहली बार 1947 में, वित्तीय मामलों से संबंधित सभी विद्यमान आदेशों और अनुदेशों को एक साथ लाकर, जारी किए गए थे। इनमें क्रमशः संशोधन कर इन्हें जीएफआर 1963 और जीएफआर 2005 के रूप में जारी किया गया। सेवाओं की समयानुसार डिलीवरी की सुविधा में जरूरी लचीलापन प्रदान करते हुए राजकोषीय प्रबंधन की उन्नत, दक्ष और प्रभावकारी फ्रेमवर्क में सक्षमता हेतु सामान्य वित्तीय नियम-2017 जारी किया गया था। विगत कुछ वर्षों में सरकार ने अपने व्यवसाय संचालन के तरीकों में कई अभिनव बदलाव किए हैं। गैर-योजना और योजना व्यय में अंतर को हटाना, रेलवे बजट को सामान्य दस्तावेज के माध्यम से परिणामों पर ध्यान केंद्रित करना जैसे सरकारी बजट में सुधार इन सभी का जीएफआर में परिलक्षित होना जरूरी है। सार्वजनिक वित्त प्रबंधन पद्धति (पीएफएमएस) पर ज्यादा ध्यान, अधिकारों का कुशल वितरण सुनिश्चित करने के लिए प्रत्यक्ष लाभ अंतरण (डीबीटी) योजना पर भरोसा, केंद्रीय सार्वजनिक प्रापण पोर्टल, सरकारी ई-मार्केटिंग (जीईएम) पोर्टल, गैर-कर राजस्व पोर्टल जैसे नए ई-साइटों के लागू होने से भी वर्तमान जीएफआरएस के पुनरीक्षण की जरूरत हुई ताकि बदलते व्यावसायिक वातावरण के साथ सामंजस्य रखा जा सके। इसका उद्देश्य था जीएफआर को जवाबदेही के सिद्धांतों और वित्तीय अनुशासन तथा यथेष्ट प्रशासनिक तत्परता की प्रक्रियाओं का पालन करते हुए दक्षता बनाए रखना। स्वशासी निकायों को चलाने के तरीकों के अतिरिक्त गैर-कर राजस्वों, उपयोग प्रभारों, ई-प्राप्ति पोर्टल पर नए नियम जोड़े गए थे।

डिजिटलीकरण पहलें

सार्वजनिक वित्त प्रबंधन पद्धति (पीएफएमएस) सीजीए द्वारा डिजाइन किया गया, विकसित, स्वामित्व वाला तथा क्रियान्वित एक वेब आधारित ऑनलाइन सॉफ्टवेयर एप्लीकेशन है। पीएफएमएस का प्राथमिक उद्देश्य भुगतान, प्राप्ति और लेखांकन के व्यापक नेटवर्क के स्थापना द्वारा एक समर्थ सार्वजनिक वित्तीय प्रबंधन पद्धति की सुविधा प्रदान करना है। इसका उद्देश्य है- (i) समय पर कोषों का अंतरण और (ii) कोषों के जारी होने से संबंधित लाभार्थियों के बैंक खाते में इसके जमा होने तक पूरी ट्रैकिंग। भारत सरकार के मंत्रालयों/विभागों को इलेक्ट्रॉनिक भुगतान एवं प्राप्ति हेतु सक्षम बनाकर पीएफएमएस

डिजिटल भारत पहल में प्रत्यक्ष और महत्वपूर्ण, योगदान करता है। विभिन्न राज्य सरकारों के वित्तीय आईटी पद्धतियों के साथ एकीकरण पीएफएमएस का एक मुख्य उद्देश्य है जिससे योजना कार्यान्वयन हेतु अंतरित कोषों की पूरी ट्रैकिंग और कल्याण कार्यक्रमों के लिए उपलब्ध वित्त के समग्र अवलोकन की सुविधा मिलेगी।

गैर-कर प्राप्ति पोर्टल (एनटीआरपी) प्रारंभ करना: प्रत्यक्ष एवं अप्रत्यक्ष कर प्राप्तियों के अलावा सरकारी राजस्व की तेज वसूली सुनिश्चित करने के लिए एक ऑनलाइन पद्धति का विकास किया गया है जिसके द्वारा आम जनता सहित विभिन्न सरकारी एजेंसियों/पीएसयू आदि से मंत्रालयों/विभागों को प्राप्तियां लेने में सुविधा होगी।

वेब उत्तरदायी पेंशनरों की सेवा (डब्ल्यूआरपीएस) केंद्रीय पेंशन लेखा कार्यालय (सीपीएओ) ने केंद्रीय सिविल पेंशनरों के लिए वेब उत्तरदायी पेंशनरों की सेवा प्रारंभ कर उनकी अधिकारिता की दिशा में एक महत्वपूर्ण कदम उठाया है। इस आईटी पहल से पेंशन एवं भुगतान संबंधी सूचना, ऑनलाइन पेंशन प्रक्रिया की ट्रैकिंग और ऑनलाइन शिकायतों का निपटारा तथा पेंशनरों की ट्रैकिंग सहित विभिन्न सेवा प्रदान करता है।

स्वायत निकायों हेतु पहल: व्यय विभाग में स्वायत निकायों हेतु एक केंद्रीयकृत डाटाबेस की स्थापना की गई थी।

राजस्व विभाग

राजस्व विभाग प्रत्यक्ष एवं अप्रत्यक्ष केंद्रीय करों से संबंधित सभी राजस्व मामलों के संबंध में दो वैद्यानिक निकायों, केंद्रीय प्रत्यक्ष कर बोर्ड (सीबीडीटी) और केंद्रीय उत्पाद एवं सीमा शुल्क बोर्ड (सीबीईसी) के माध्यम से नियंत्रण रखता है। यह विभाग केंद्रीय बिक्री कर, स्टांप ड्यूटी और अन्य संबंधित राजकोषीय विधियों से संबंधित अधिनियम के प्रावधानों के अनुसार नियामक उपायों को लागू करने तथा प्रशासन संबंधी कार्य भी करता है। यह विभाग अफ़ीम का उत्पादन और इसके उत्पादों के पिष्पादन पर भी नियंत्रण रखता है।

वस्तु एवं सेवा कर

विधायी विकास

राष्ट्रीय स्तर पर वस्तु एवं सेवा कर (जीएसटी) का प्रस्ताव सर्वप्रथम 2006-07 में पेश किया गया था। वस्तु एवं सेवा कर परिषद का गठन 2016 में किया गया था। वर्तमान में जीएसटी परिषद जीएसटी संबंधित महत्वपूर्ण मुद्दों पर विचार-विमर्श कर रहा है। केंद्रीय जीएसटी बिल 2017; एकीकृत जीएसटी बिल 2017; जीएसटी (राज्यों को क्षतिपूर्ति) बिल 2017; पारित कर देश में जीएसटी जुलाई 2017 में लागू किया गया था। इसकी मुख्य विशेषताएं हैं- केंद्रीय उत्पाद शुल्क, अतिरिक्त उत्पाद शुल्क, औषधीय और शौचालय निर्माणों (उत्पाद शुल्क) अधिनियम 1955 के अंतर्गत लगाए गए उत्पाद शुल्क, सेवा कर, अतिरिक्त उत्पाद शुल्क जिसे सामान्यत: प्रतिकारी शुल्क जाना जाता है, विशेष अतिरिक्त उत्पाद शुल्क और केंद्रीय अधिप्रभारों एवं चुंगियों में वस्तु एवं सेवा की आपूर्ति से संबद्ध है को सम्मिलित करना; वस्तुएं एवं सेवाओं के अंतर्राजीय के लेन-देन पर एकीकृत वस्तु एवं सेवा कर लगाना; वस्तु एवं सेवा कर के अंतर्गत मानव खपत हेतु अल्कोहॉलिक शराब के अतिरिक्त सभी वस्तुओं एवं सेवाओं को

शामिल करना। पेट्रोलियम एवं पैट्रोलियम उत्पादों के मामले में यह प्रावधान है कि इन वस्तुओं को जीएसटी के दायरे में जीएसटी की अनुशंसा पर अधिसूचित तिथि तक नहीं रखा जाएगा। संसद एवं राज्य विधान सभाओं को वस्तु एवं सेवा कर को संचालित करने वाले नियमों को बनाने हेतु समवर्ती शक्ति प्रदान करना; वस्तु एवं सेवा कर के लागू होने से राज्यों को हुए राजस्व के नुकसान की भरपाई जिसकी अवधि पांच वर्षों तक बढ़ाई जा सकती है।

भारतीय स्टाम्प अधिनियम

भारतीय स्टाम्प अधिनियम, 1899 लेन-देन के रिकॉर्ड किए गए दस्तावेजों से संबंधित स्टाम्प के रूप में नियमों के अनुरूप एक राजकोषीय कानून है। संक्षेप में, स्टाम्प शुल्क से संबंधित निम्नलिखित प्रावधान संविधान में है: अनुच्छेद 246 के अंतर्गत संविधान की सातवीं अनुसूची में संघ सूची की प्रविष्टि 91 में निर्धारित दस्तावेजों पर (यथा), विनिमय के बिलों, चेकों, प्रतिज्ञा-पत्रों, लदान-पत्रों, साख-पत्रों, बीमा की पॉलिसियों, ऋण-पत्रों, प्रॉक्सी और प्राप्तियों) संघ द्वारा अनुच्छेद 268 के अंतर्गत स्टांप शुल्क लिए जाते हैं। सभी राज्य जिनमें ये वसूले जाते हैं, प्राप्तियों को जमा कर अपने पास रखता है (केंद्रशासित क्षेत्रों को छोड़कर जहां ये प्राप्तियां भारत के समेकित कोष का अंश होती हैं) वर्तमान में चेकों को छोड़कर इन सभी दस्तावेजों पर शुल्क लिए जाते हैं:

(i) उपरोक्त में वर्णित दस्तावेजों के अलावा अन्य पर स्टाम्प शुल्क राज्यों द्वारा संविधान की सातवीं अनुसूची की राज्य सूची में वर्णित प्रवृष्टि 63 के आधार पर लगाया और संग्रहित किया जाता है।

(ii) संविधान की सातवीं अनुसूची की समवर्ती सूची की प्रवृष्टि 44 के अंतर्गत शुल्क की दरों से संबंधित के अलावा अन्य प्रावधान संघ और राज्यों दोनों की विधायी शक्ति के अंतर्गत आते हैं।

(iii) ऋण-पत्रों और प्रतिज्ञा-पत्रों के मामले में स्टाम्प शुल्क की दरों को सितंबर 2008 में केंद्र सरकार द्वारा युक्तिसंगत बनाया गया है।

केंद्रीय प्रत्यक्ष कर बोर्ड

प्रत्यक्ष कर

केंद्रीय राजस्व बोर्ड अधिनियम, 1963 द्वारा बनाया गया केंद्रीय प्रत्यक्ष कर बोर्ड (सीबीडीटी) भारत में प्रत्यक्ष कर कानूनों के क्रियान्वयन के उत्तरदायित्व वाला शीर्ष निकाय है। यह आयकर विभाग (आईटीडी) का कैडर नियंत्रक प्राधिकारी होता है।

आधुनिक सूचना प्रौद्योगिकी के सहारे सीबीडीटी ने आयकर विभाग के विस्तृत कंप्यूटरीकरण कार्यक्रम का क्रियान्वयन किया है। इस कार्यक्रम का लक्ष्य है करदाता अनुकूल क्षेत्र की स्थापना, कर-आधार में वृद्धि करना, पर्यवेक्षण में सुधार और सरकार के लिए अधिक राजस्व पैदा करना। करदाताओं द्वारा स्वैच्छिक अनुपालन और बिना हस्तक्षेप वाला और गैर-विरोधात्मक कर प्रशासन के सृजन को बढ़ाने का प्रयास है।

राजस्व संग्रह

प्रत्यक्ष करों से राजस्व संग्रह निरंतर बढ़ रहा है। उन्नत कर प्रशासन और बेहतर कर अनुपालन के परिणाम स्वरूप एक निर्धारित अवधि में प्रत्यक्ष कर संग्रह में सकारात्मक झुकाव दिख रहा है। वित्तीय वर्ष 2016-17 के दौरान 8,49,818 करोड़ रुपये (अनंतिम) की राशि का संग्रह हुआ था जिसकी वृद्धि दर

पिछले वर्ष के संग्रह रुपये 7,41,945 करोड़ से लगभग 14.54 प्रतिशत थी। वित्तीय वर्ष 2017-18 के दौरान सितंबर 2017 तक प्रत्यक्ष करों का कुल संग्रह 3,86,274 करोड़ रुपये था, जबकि पिछले वर्ष इसी अवधि में संग्रह 3,33,68 करोड़ रुपये था।

विगत पांच वर्षों के दौरान करदाताओं की संख्या में महत्वपूर्ण वृद्धि हुई है और निर्धारण वर्ष 2012-13 के 4.72 करोड़ से बढ़कर निर्धारण वर्ष 2016-17 में 6.43 करोड़ (अनंतिम) हो गया है।

ई-गवर्नेंस पहलें

पैन

(क) स्थायी खाता संख्या (पैन): स्थायी खाता संख्या (पैन) आयकर विभाग द्वारा करदाताओं और इसके लिए आयकर अधिनियम, 1961 के अंतर्गत आवेदन करने वाले व्यक्तियों को आवंटित किया जाने वाला 10 अंकों की अल्फा-न्यूमेरिक संख्या है। स्थायी खाता संख्या (पैन) विभाग को किसी व्यक्ति के सभी लेन-देन को लिंक करने में सक्षम बनाता है। पैन के माध्यम से जोड़े गए लेन-देन में कर भुगतान, टीडीएस/टीसीएस क्रेडिट, आय/संपत्ति के रिटर्न, विशिष्ट लेन-देन, पत्राचार आदि। इस तरह पैन आयकर विभाग के लिए किसी व्यक्ति हेतु पहचानकर्ता का काम करता है।

(ख) सामान्य व्यावसायिक पहचान संख्या (सीबीआईएन अथवा बीआईएन): पैन के पहचानकर्ता की भूमिका अब आयकर विभाग से बाहर भी फैल गई है क्योंकि अब इसकी जरूरत बैंक खाता खोलने, डी मैट खाता खोलने, सेवा कर हेतु पंजीकरण प्राप्त करने, बिक्री कर/वैट, उत्पाद शुल्क पंजीकरण आदि के लिए भी है। कई सरकारी विभागों और सेवाओं के लिए पंजीकरण हेतु सामान्य व्यावसायिक पहचान संख्या (सीबीआईएन) अथवा केवल व्यावसायिक पहचान संख्या (बीआईएन) बनने का लाभ भी पैन को है।

(ग) एक व्यक्ति एक पैन: आयकर विभाग किसी एक व्यक्ति को एक ही पैन रखने की अनुमति देता है। डुप्लीकेट पैन निर्गत होने से रोकने के लिए 'फोनेटिक मैचिंग एल्गोरिथ्म' वाले सॉफ्टवेयर के उपयोग द्वारा डाटा के प्रतिलिपिकरण की जांच की जाती है। आधार नामांकन के माध्यम से संग्रहित बायोमीट्रिक डाटा का फायदा उठाने के क्रम में आधार कार्ड को पहचान के वैध प्रमाण (पीओआई), जन्म तिथि के प्रमाण (पीडीओबी) और पते का प्रमाण (पीओए) आयकर नियम 1962 के अंतर्गत पैन के आवंटन हेतु दस्तावेज के रूप में शामिल करने का निर्णय किया गया था। प्रतिलिपिकरण नहीं होने देने की प्रक्रिया को और मजबूती प्रदान करने के लए पैन डाटाबेस का व्यक्तियों के कंपनी पहचान संख्या (सीआईएन) से जोड़ा जा रहा है।

(घ) पैन सेवा प्रदाता: पैन से जुड़ी सेवाएं जैसे पैन आवेदन-पत्र प्राप्त करना, जमा किए गए दस्तावेजों की जांच, पैन आवेदन-पत्र का डिजीटलीकरण, डाटा की एनसीसी (राष्ट्रीय कंप्यूटर केंद्र) पर अपलोडिंग, पैन कार्डों की छपाई और पैन कार्डों को भेजना को पैन सेवा प्रदाता मेसर्स यूटीआईआईटीएसएल और मेसर्स एनएसडीएलई गौण को आउटसोर्स किया गया है। अपने 20,000 से अधिक फ्रंट कार्यालयों (पैन केंद्रों) के नेटवर्क के माध्यम से आवेदकों के द्वारा जमा किए पैन आवेदन को प्राप्त और प्रॉसेस किया जाता है। हालांकि, पैन आयकर विभाग के राष्ट्रीय कंप्यूटर केंद्र (एनसीसी) के सुदृढ़ सॉफ्टवेयर के माध्यम से विभाग के डाटाबेस में केंद्रीय रूप से उत्पन्न (जेनरेट) किया जाता है और उसके बाद सेवा प्रदाता द्वारा छपाई कर भेजा जाता है।

(ङ) पैन सत्यापन सुविधा: पैन सत्यापन सुविधा सीबीडीटी के ई–फाइलिंग सर्वर के माध्यम से इंटरनेट द्वारा सरकारी विभागों को प्रदान किया जाता है। इस यूजर के द्वारा एक–एक कर पैन सत्यापन अथवा एक हजार पैन का थोक सत्यापन फाइल प्रोसेसिंग द्वारा किया जा सकता है।

नाम, पिता का नाम और जन्म तिथि (डीओबी)/शामिल किए जाने की तिथि (डीओआई) मालूम होने पर आयकर के सरकारी बेवसाइट: www.incometaxindia.gov.in पर 'अपना पैन जानें' सुविधा के माध्यम से भी पैन का सत्यापन किया जा सकता है। आयकर पैन सेवा प्रदाताओं (यूटीआईटीएसएल और एनएसडीएलईजीओवी) द्वारा (i) वित्तीय संस्थानों (आरबीआई/बैंकों), (ii) सरकारी एजेंसियों, (iii) वार्षिक सूचना रिटर्न भरने वाले व्यक्ति, (iv) वार्षिक सूचना रिटर्न फाइल करने वाली कोई अन्य संस्था, (v) क्रेडिट कार्ड कंपनियों/संस्थानों, आदि जैसी एजेंसियों को पैन सत्यापन हेतु सेवा भी प्रदान की जाती है।

(च) शिकायत निवारण मशीनरी: पैन से संबंधित शिकायत निवारण मशीनरी पूर्णत: स्पष्ट है। पैन से संबंधित कोई शिकायत जब भी प्राप्त होती है उसे दिशानिर्देश और वर्तमान अनुदेशों के साथ क्षेत्रीय कार्यालयों को भेजने सहित उचित कार्रवाई की जाती है। केंद्रीकृत सार्वजनिक शिकायत निवारण और मॉनिटरिंग पद्धति (सीपीजीआरएएमएस) के माध्यम से भी शिकायतें प्राप्त की जाती है। पैन से जुड़ीं सभी शिकायतें सीपीजीआरएसएस के वेबसाइट से डाउनलोड की जाती हैं और उनकी जांच के बाद निदेशालय द्वारा उचित कार्रवाई की जाती है तथा ऐसे मामलों में की गई निवारक कार्रवाई के बारे में सूचना वेबसाइट पर अपलोड की जाती है। पैनधारकों और नए पैन आवेदकों के लिए ई–फाईलिंग पोर्टल पर ई–निवारण सुविधा के माध्यम से शिकायतें दर्ज कराने का नया तरीका उपलब्ध कराया गया है। यहां शिकायतकर्ता विशिष्ट शिकायत और इस मामले के निवारण के लिए उत्तरदायी अधिकारी का चयन कर सकता है। यह पूरी प्रक्रिया ऑनलाइन है और विभाग के पदाधिकारियों के अलावा पैन सेवा प्रदाताओं मेसर्स यूटीआईआईटीएसएल और मेसर्स एनएसडीएलई (जीओवी) के ई–निवारण तंत्र के साथ सार्वजनिक शिकायतों को दूर करने के लिए समेकित कर दिया गया है।

नई पहलें

(क) औद्योगिक नीति और संवर्धन विभाग (डीआईपीपी) का ई–बिज पोर्टल के साथ एकीकरण

वाणिज्य एवं उद्योग मंत्रालय का ई–बिज कार्यक्रम एक मिशन मोड परियोजना है जो निवेशकों को लाइसेंसिंग, पर्यावरण एवं भूमि मंजूरी, स्टार्ट–अप व्यवसायों के लिए विभिन्न मंत्रालयों एवं विभागों से अनुमोदन जैसी एकल खिड़की मंजूरी की सुविधा प्रदान करता है। औद्योगिक नीति और संवर्धन विभाग (डीआईपीपी) का ई–बिज पोर्टल के साथ पैन एवं टैन सेवा का एल1 एल3 एकीकरण पूरा कर लिया गया है। एल1 एकीकरण में पैन तथा टैन हेतु आवेदन ई–बिज पोर्टल के माध्यम से प्राप्त किए जाते हैं और पैन सेवा प्रदाताओं को अग्रेषित किए जाते हैं।

(ख) एमसीए पोर्टल के साथ एकीकरण

एमसीए पोर्टल पर सामान्य एप्लीकेशन प्रपत्र 'स्पाईस' (आईएनसी32) के प्रयोग द्वारा नई कंपनियों के पंजीकरण की प्रक्रिया के साथ पैन एवं टैन प्रक्रियाओं को एकीकृत कर दिया गया है। पैन एवं टैन का आवंटन एमसीए पोर्टल से प्रपत्र 49ए और 49बी में आवेदन डाटा प्राप्त होने के समय से चार घंटे के टर्न अराउंड समय (टीएटी) में किया जा रहा है। इस प्रक्रिया द्वारा नई कंपनियों के समावेशन का प्रमाण–पत्र पर सीआईएन के साथ पैन भी छापा जा रहा है।

(ग) डीएससी और ई–सिग्नेचर का उपयोग करते हुए कागज विहीन आवेदन

डिजिटल हस्ताक्षर प्रमाण–पत्र और आधार आधारित ई–सिग्नेचर का उपयोग करते हुए पैन के आवेदन हेतु ऑनलाइन पेपर लेस प्रक्रिया दोनों सेवा प्रदाताओं मेसर्स एनएसडीएल और मेसर्स यूटीआईआईटीएसएल के वेबसाइटों पर प्रारंभ किया गया है। इस प्रक्रिया के अनुसार डिजिटल हस्ताक्षर प्रमाण–पत्र या ई–सिग्नेचर वाला कोई व्यक्ति पैन के लिए ऑनलाइन फॉर्म 49ए द्वारा आवेदन कर सकता है और पहचान के प्रमाण, जन्म तिथि का प्रमाण, पते का प्रमाण की स्कैन की गई प्रतियों के साथ फोटो और हस्ताक्षर सहित डिजिटली हस्ताक्षरित आवेदन अपलोड कर सकता है। उसे भौतिक रूप से डाक द्वारा दस्तावेज भेजने की जरूरत नहीं है।

(घ) आधार आधारित ई–केवाईसी का उपयोग करते हुए पेपरलेस आवेदन

आधार डाटा और आवेदक के फोटो का उपयोग करते हुए पैन के आवंटन हेतु दूसरी पेपरलेस प्रक्रिया आरंभ की गई है। इस प्रक्रिया को ई–केवाईसी प्रक्रिया कहा जाता है जिसमें एक प्रमाणीकरण प्रक्रिया के माध्यम से आवेदक द्वारा सीधे आधार डाटाबेस से आवेदक का जनसांख्यिकीय विवरण और फोटो लिया जाता है। आधार आधारित ई–सिग्नेचर का उपयोग करते हुए आवेदन–पत्र पर हस्ताक्षर करता है। यह प्रक्रिया पूरी तरह पेपरलेस है और कुछ भी संलग्न करने की जरूरत नहीं है जिससे पैन का आवंटन जल्दी होता है।

(ङ) ई–पैन कार्ड

सभी नए आवेदकों और कार्ड पुनर्मुद्रण अनुरोध को अब ई–आधार की तर्ज पर ई–मेल द्वारा डिजिटली हस्ताक्षरित ई–पैन कार्ड प्राप्त करने का विकल्प प्रदान किया जा रहा है। इस पहल से डाक द्वारा पैन कार्ड के प्रेषण के समय में कमी आई है।

(च) सामान्य सेवा केंद्र

देश के दूर–दराज क्षेत्रों में पैन आवेदन प्राप्त करने के लिए पैन सेवा प्रदाताओं मेसर्स यूटीआईआईटीएसएल और मेसर्स एनएसडीएलईजीओवी के साथ सामान्य सेवा केंद्रों (ग्राम स्तरीय उद्यम) को नामांकित किया गया है। इस पहल के परिणामस्वरूप ग्रामीण स्तर पर पैन सेवाओं की पहुंच बढ़ी है।

आयकर रिटर्न की इलेक्ट्रॉनिक फाइलिंग

आयकर रिटर्नों की ई–फाइलिंग सर्वप्रथम 2006–07 में निगमों हेतु शुरू की गई थी। ई–फाइल्ड रिटर्नों की संख्या वित्त वर्ष 2006–07 के लगभग 4 लाख से बढ़कर वित्त वर्ष 2016–17 में 5.28 करोड़ हो गई है। यह सुविधा करदाताओं के लिए नि:शुल्क है। विभाग में फाइल किए गए कुल रिटर्नों का लगभग 98 प्रतिशत ई–रिटर्न है। ई–फाइलिंग वेबसाइट जिसके 6.2 करोड़ से अधिक पंजीकृत उपयोगकर्ता हैं लेखा परीक्षा रिपोर्टों, करदाताओं द्वारा आवेदनों और सूचनाप्रद विवरणों सहित विभिन्न प्रकार के प्रपत्रों की ऑनलाइन फाइलिंग हेतु सुविधा प्रदान करता है। 50 से अधिक प्रपत्र ऑनलाइन उपलब्ध हैं।

व्यावसायिक प्रक्रियाओं की आईटी सक्षमता

कर प्रशासन के अंतर्गत व्यावसायिक प्रक्रियाओं की रि–इंजीनियरिंग में प्रौद्योगिकी की एक महत्वपूर्ण भूमिका है जो कर्मचारियों को सुसंगत और सक्षम रूप से परिणामों की डिलीवरी में समर्थ बनाता है। आयकर विभाग के सभी आंतरिक प्रक्रियाओं के कंप्यूटरीकरण हेतु नए एप्लीकेशन के विकास के साथ ही आयकर व्यावसायिक एप्लीकेशन (आईटीबीए) की परिकल्पना की गई थी। आईटीबीए का मुख्य

उद्देश्य सभी आंतरिक व्यावसायिक प्रक्रियाओं को ई-समर्थ बनाना है ताकि निर्णय लेने और रिपोर्टिंग, पत्राचार और आंतरिक अनुमोदनों में परिश्रम को कम करने हेतु सूचना और कार्य को एक ही स्थान पर लाकर अधिकारी और कर्मचारी अपनी दक्षता बढ़ाने में समर्थ हो पाएं।

शिकायत निवारण पद्धति ई-निवारण का एकीकरण

ई-निवारण का उद्देश्य विभाग द्वारा प्राप्त सभी ऑनलाइन और भौतिक शिकायतों के एकीकरण द्वारा जब तक ये तार्किक परिणति तक नहीं पहुंचती शीघ्र निपटारा सुनिश्चित करने हेतु कर दाताओं के शिकायत निवारण का त्वरित निपटारा है।

आयकर विभाग का राष्ट्रीय वेबसाइट : http.:incometaxindia.gov.in

आयकर विभाग द्वारा आयकर दाताओं की सेवाओं में वृद्धि हेतु वर्ष 2014 में नए राष्ट्रीय (www.incometax india.gov.in) की शुरुआत एक मुख्य पहल के रूप में की गई थी। इसमें वर्ष 2015 में विभिन्न उपयोगकर्ताओं, व्यापार संघों और अन्य हिस्सेदारों से प्राप्त फीडबैक को ध्यान में रखते हुए कई सेवाओं को शामिल कर सुधार किया गया था। नए ले-आउट वाला वेबसाइट उपयोगकर्ताओं और करदाताओं के लिए वर्ष 2015 में शुरू कराया गया था। कई नए फीचर, सेवाएं और कार्यात्मकताओं को इसके साथ जोड़ा गया ताकि इसे यूजर फ्रेंडली सूचनाप्रद और उपयोगी बनाया जा सके।

प्रमुख नागरिक उपयोगी पहलें

आयकर सेवा केंद्र

दूसरी एआरसी के 12 रिपोर्ट का लक्ष्य आधुनिक प्रौद्योगिकी के प्रयोग से नागरिक केंद्रित शासन है। आयकर सेवा केंद्र (एएसके) आयकर विभाग के सिटिजन चार्टड के कार्यान्वयन हेतु सिंगल विंडो पद्धति और सार्वजनिक सेवा प्रदान करने में उत्कृष्टता प्राप्त करने हेतु एक तंत्र है। एएसके में प्राप्त सभी पत्रों और रिटर्नों का नियमित निष्पादन अनिवार्य है जिसकी मॉनिटरिंग और समीक्षा उच्चतम स्तर पर की जा सकती है। इससे आयकर विभाग में ई-गवर्नेंस की मजबूत संरचना की स्थापना और निरंतरता सुनिश्चित होती है।

आयकर सेतु

स्मार्ट फोन का उपयोग दिनानुदिन बढ़ रहा है। आयकर दाता की सेवाओं और मोबाइल द्वारा पहुंच के अनुभव को बढ़ाने के उद्देश्य से एक मोबाइल एप (एन्ड्रोयड/आईओएस प्लेटफॉर्म पर उपलब्ध) और आयकर दाता सेवाओं (टीपीएस) के अनुभाग का राष्ट्रीय वेबसाइट पर एक उत्तरदायी संस्करण 'आयकर सेतु' 2017 में आरंभ किया गया है। आयकर सेतु से आयकरों के ऑनलाइन भुगतान, करों की गणना, ई-निवारण मोड्यूल के जरिए शिकायतों का निवारण, कर ज्ञान, टीडीएस/ट्रेसेज और अन्य विशिष्टताओं की सुविधा होगी।

टीडीएस एसएमएस चेतावनी योजना

सीबीडीटी ने करदाताओं को समय पर और सही डाटा प्रदान कर बेहतर करदाता सेवा प्रदान करने के क्रम में इस योजना में वेतनभोगी कर्मियों को त्रैमासिक आधार पर एसएमएस चेतावनी देने की योजना शुरू की गई है।

प्रचार अभियान

विगत कई वर्षों से विभाग ने अपनी संवाद रणनीति में बदलाव द्वारा शुद्ध प्रवर्तन एजेंसी की बजाए करदाता सुविधा प्रदाता, सेवा प्रदाता और राष्ट्र निर्माण में उनके योगदान की स्वीकृति संबंधी संवाद को प्रभावी रूप से लागू किया है। वित्त वर्ष 2016–17 में बहुत सारे प्रचार अभियान चलाए गए जिनमें अग्रिम कर के भुगतान की निर्धारित तिथि, रिटर्नों को फाइल करना, टीडीएस विवरणों की फाइलिंग और टीडीएस प्रमाण–पत्रों को जारी करना, वार्षिक सूचना रिटर्न की फाइलिंग, टीआरपी की सेवाओं, सतर्कता जागरुकता सत्ता, आय घोषणा योजना, प्रधानमंत्री गरीब कल्याण योजना, विमुद्रीकरण और पुराने बकायादारों के नामों का प्रकाशन जैसे जागरुकता अभियान ।

सोशल मीडिया

विभाग ने दिसंबर 2015 से सोशल मीडिया के माध्यम से अनुमोदित सोशल मीडिया नीति के अनुसार सोशल मीडिया चैनलों के माध्यम से प्रचार अभियान शुरू किया है। सोशल मीडिया संबंधी गतिविधियां आधिकारिक ट्विटर खाता @incometaxindia के माध्यम से भी लगातार जारी है। विभाग के ट्विटर खाते के 1,00,000 से ज्यादा फॉलोअर हैं।

केंद्रीय उत्पाद एवं सीमा शुल्क बोर्ड

केंद्रीय उत्पाद एवं सीमा शुल्क बोर्ड (सीबीईसी) का कार्य सीमा शुल्क एवं केंद्रीय उत्पाद शुल्क, सेवा कर लगाने और उनका संग्रह करने, तस्करी रोकने और शुल्कों के अपवंचन से संबंधित नीति बनाने और सीमा शुल्क, केंद्रीय उत्पाद शुल्क और सेवा कर से संबंधित सभी प्रशासनिक मामलों से संबंधित है। सीबीईसी के मुख्य उद्देश्य हैं: अप्रत्यक्ष कर राजस्वों का संग्रह, करदाता सेवाओं में सुधार, निष्पक्ष व्यापार हेतु अनुपालन में सुधार तथा सीमा नियंत्रणों को लागू करना और दक्षता तथा पारदर्शिता को उन्नत करना और ऐसे उद्देश्यों हेतु मानव संसाधनों का विकास। सीबीईसी में एक अध्यक्ष और 6 सदस्य होते हैं।

विवाद निपटारा एवं अपील

सीमा शुल्क, केंद्रीय उत्पाद शुल्क एवं सेवा कर के अधिकारियों के पास सीमा शुल्क अधिनियम, 1962, केंद्रीय उत्पाद शुल्क अधिनियम, 1944 और सेवा कर नियमों (वित्त अधिनियम, 1944) के अंतर्गत मामलों पर निर्णय देने का अधिकार है। आयुक्त (अपील) वाली अपीलीय तंत्र सीमा शुल्क एवं केंद्रीय उत्पाद के आयुक्त से नीचे रैंक वाले अधिकारियों द्वारा पारित आदेशों के खिलाफ अपील की सुनवाई करते हैं। सीमा शुल्क, केंद्रीय उत्पाद शुल्क एवं सेवाकर अपील न्यायाधिकरण, सीईएसटीएटी (पूर्ववर्ती सीमा शुल्क, उत्पाद एवं स्वर्ण (नियंत्रण) अपील न्यायाधिकरण) सीमा शुल्क अधिनियम, 1962 केंद्रीय उत्पाद शुल्क अधिनियम, 1944 के अंतर्गत सीमा शुल्क एवं उत्पाद शुल्क आयुक्तों हेतु एक स्वतंत्र मंच है और आयुक्त (अपील) द्वारा पारित आदेशों के विरुद्ध दूसरा अपील है।

सीमा शुल्क

भारतीय सीमा शुल्क ईडीआई पद्धति (आईसीईएस) एक ईडीआई आधारित कार्य प्रवाही एप्लीकेशन है जो (i) आयात एवं निर्यात घोषणाओं/मालसूचियों की फाइलिंग और प्रोसेसिंग, (ii) चुने गए मालों का प्रणाली मूल्यांकन, (iii) माल निकासी के प्रभारी और अन्य संबद्ध एजेंसियों के साथ संदेश का आदान–प्रदान, इलेक्ट्रॉनिक रूप में करने में सक्षम बनाता है। 214 स्थानों पर कार्यान्वित आईसीईएल के दायरे में

सामग्रीवार देश के अंतरराष्ट्रीय व्यापार का 98 प्रतिशत से अधिक और मूल्यवार 90 प्रतिशत आता है। वार्षिक 200 करोड़ से अधिक हिट वाला ई–कॉमर्स वेबपोर्टल भारतीय सीमा शुल्क ईडीआई गेटवे (आईसीईजीएटीई), आईसीईएस और सीमाशुल्क समुदाय के साझीदारों के बीच बातचीत का एकमात्र स्थल है। यह पंजीकरण, ई–फाइलिंग, ई–पेमेंट, दस्तावेज की स्थिति और हेल्पडेस्क तथा सीमा शुल्क और विभिन्न नियामक और लाइसेंसिंग पदाधिकारियों के बीच डाटा (लेन–देन और अनुवर्ती व्यापार की सुविधा प्रदान करना लेन–देन की लागत और कार्गो में लगने वाले समय में सहवर्ती कमी के साथ) जैसी सेवाएं प्रदान करता है तथा जोखिम प्रबंधन पद्धति के माध्यम से गैर–अनुरूप अथवा जोखिमभरे लेन–देनों को लक्षित करता है। 2016 में छह मुख्य भागीदार सरकारी एजेंसियों (पीजीए) के साथ सीमा शुल्क ईडीआई स्थलों पर व्यापार को सुविधा प्रदान करने हेतु एकल खिड़की इंटरफेस (स्विफ्ट) को आयातित मालों की निकासी हेतु एकमात्र स्थल, इंटरफेस के रूप में प्रारंभ किया गया। स्विफ्ट आवेदकों को सामान्य इलेक्ट्रॉनिक 'एकीकृत घोषणा' हेतु सक्षम बनाता है जिसमें सीमा शुल्क, एफएसएसएआई, पादक संगरोधन, पशु संगरोधन, ड्रग नियंत्रक वन्य जीवन नियंत्रण ब्योरों और वस्त्र समिति की जरूरतों के अनुसार सूचनाएं संग्रहित होती हैं और इससे इन एजेंसियों के नौ अलग–अलग प्रपत्रों को हटा दिया गया है।

सीबीईसी–जीएसटी आवेदन

जीएसटी की व्यवसाय प्रक्रियाओं यथा, पंजीकरण, रिटर्न, भुगतान और वापसी जीएसटीएन द्वारा प्रबंधित समान पोर्टल www.gst.gov.in से प्रदान किया जाता है। अनुकूलन बैंक एंड प्रक्रियाएं प्रदान करने हेतु चरणबद्ध रूप में सीबीईसी–जीएसटी एप्लीकेशन का डिजाइन विकास कर उसे लगाया जा रहा है। इसके अतिरिक्त व्यापार और विभागीय उपयोगकर्ताओं दोनों के लिए आवश्यकतानुसार सीईसी–जीएसटी एप्लीकेशन पर यूजर इंटरफेस के साथ पूरक व्यवसाय प्रक्रियाओं जैसे– आकलन, लेखा परीक्षा, न्यायिक निर्णय आदि को भी डाला जा रहा है। इसके लिए सीबीईसी–जीएसटी सर्वर प्राप्ति, भंडारण, एपीआई डाटा की प्रोसेसिंग विभागीय उपयोगकर्ता के लिए डाटा का प्रस्तुतीकरण, रिपोर्ट निकालना, एमआईएस और विश्लेषण यंत्रों जैसे उच्चस्तरीय गतिविधियों से लैस हैं।

उद्यम डाटा वेयरहाउस

सीबीईसी उद्यम डाटा वेयरहाउस को सर्वप्रथम क्रियान्वित करने वाले सरकारी विभागों में से एक है। यह सीमा शुल्क, केंद्रीय उत्पाद शुल्क और सेवा कर से संबंधित वास्तविक समय के करीब एक साफ और अनुरूप केंद्रीय भंडार है। ऑनलाइन विश्लेषक प्रोसेसिंग और डाटा माइनिंग हेतु इसके पास अपने वर्ग में सर्वोत्तम व्यवसाय आसूचना यंत्र है और वर्तमान में सीबीईसी, अन्य मंत्रालयों और बाहरी एजेंसियों द्वारा वांछित डाटा और रिपोर्ट का प्राथमिक स्रोत हैं।

प्रवर्तन निदेशालय

प्रवर्तन निदेशालय की स्थापना विदेशी मुद्रा विनियमन अधिनियम (फेरा), 1947 के प्रावधानों को लागू करने के उद्देश्य से वर्ष 1956 में नई दिल्ली में की गई थी। फेरा, 1947 को बाद में विदेशी मुद्रा विनियमन अधिनियम, 1973 से बदल दिया गया था। फेरा एक आपराधिक अधिनियम था जिसमें निर्णय देने वाले अधिकारियों द्वारा उल्लंघनों पर निर्णय देने के अलावा अदालत में अभियोजना पक्ष के दाखिल होने का प्रावधान था। फेरा को वर्ष 2000 में विदेशी मुद्रा प्रबंधन अधिनियम, 1999 (फेमा) से

बदल दिया गया। बाद में निदेशालय को प्रिवेंशन ऑफ मनीलॉन्डरिंग एक्ट, 2002 (पीएमएलए), जो 2005 में प्रभाव में आया, के उत्तरदायित्वों के कार्यान्वयन का काम भी सौंपा गया था। वर्तमान में प्रवर्तन निदेशालय दो कानूनों यथा– विदेशी मुद्रा प्रबंधन अधिनियम, 1999 (फेमा) और काले धन को वैध करने की रोकथाम अधिनियम, 2002 (पीएमएलए) को लागू करने के अलावा फेरा के अंतर्गत प्रारंभ किए गए बचे हुए कार्य भी देख रहा है। निदेशालय विशिष्ट आसूचना/सूचना के आधार पर विदेशी मुद्रा के लेन–देन से संबंधित उल्लंघनों हेतु जांच प्रारंभ करता है और फेमा के अंतर्गत उचित कार्रवाई करता है। अधिनियम के अंतर्गत निर्णायक प्राधिकरणों की समस्त शिकायतें दर्ज की जाती हैं। सक्षम निर्णायक प्राधिकरणों द्वारा आरोप सही होने का निर्णय होने पर उल्लंघनों की राशि अधिकतम तीन गुणा तक की राशि का दंड प्राधिकरण द्वारा आरोपित किया जा सकता है। निर्णायक प्राधिकारी ऐसे उल्लंघनों में शामिल राशि को जब्त करने का आदेश भी दे सकता है।

पीएमएलए के अंतर्गत अधिनियम का अनुसूची में दर्ज अपराधों में से किसी एक के अंतर्गत कानून प्रवर्तन एजेंसी द्वारा मामला दर्ज किए जाने के बाद ही निदेशालय जांच शुरू कर सकता है। निदेशालय मामले की जांच यह सुनिश्चित करने के लिए करता है कि क्या अपराध की आमदनी कानून प्रवर्तन एजेंसी द्वारा दर्ज विधेय अपराधों से प्राप्त हुई है और ऐसी आमदनी के अवैध धन को वैध बनाया गया है। प्रथम दृष्टया मामला बनने की स्थिति में निदेशालय उस दागी संपत्ति को जब्त या अटैच कर सकता है। अधिनियम में सीमा पार से संबंध रखने वाले लेन–देन से उत्पन्न दागी संपत्ति का पता लगाने और उसे गतिहीन कर देने हेतु जांच प्रारंभ करने का भी प्रावधान है। ऐसे अन्वेषण विदेशी प्रशासकों के साथ निवेदन–पत्र के माध्यम से किए जाते हैं। पीएमएलए के अंतर्गत अवैध धन को वैध बनाने का अपराध दंडनीय है जिसकी सजा जुर्माने के साथ कम से कम तीन वर्षों की कैद जिसकी अवधि सात वर्षों तक हो सकती है। एनडीपीएस अधिनियम के उल्लंघन संबंधी अपराधों की स्थिति में 10 वर्षों तक की कैद हो सकती है। पीएमएलए के अंतर्गत सजा होने की स्थिति में अटैच की गई संपत्ति जब्त कर ली जा सकती है।

वित्तीय आसूचना इकाई–भारत

वित्तीय आसूचना इकाई–भारत (एफआईयू–आईएनडी) संदिग्ध वित्तीय लेन–देन से संबंधित सूचना प्राप्त करने, प्रोसेसिंग, विश्लेषण करने और प्रसार हेतु केंद्रीय राष्ट्रीय एजेंसी है। एफआईयू–आईएनडी की स्थापना भारत सरकार द्वारा वर्ष 2004 में अवैध धन को वैध बनाने, संबंधित अपराधों और आतंकवादियों के वित्तपोषण का सामना करने हेतु एक प्रभावी राष्ट्रीय, क्षेत्रीय एवं भूमंडलीय नेटवर्क हेतु की गई थी। यह एक स्वतंत्र निकाय है जो वित्त मंत्री के नेतृत्व वाले आर्थिक आसूचना परिषद (आईईसी) को रिपोर्ट करती है। प्रशासनिक उद्देश्यों हेतु एफआईयू–आईएनडी वित्त मंत्रालय के राजस्व विभाग के अधीन है। एफआईयू–आईएनडी की स्थापना एक प्रशासनिक एफआईयू के रूप में की गई है यानी– विश्लेषणों को पाने वाले और समुचित कानूनी प्रवर्तन या अन्वेषण एजेंसी को एसटीआर का प्रसार करने वाले एक स्वतंत्र सरकारी निकाय के रूप में एफआईयू–आईएनडी मामलों का अन्वेषण नहीं करता है। एफआईयू–आईएनडी के मुख्य कार्यों में घरेलू सहयोग, अंतरराष्ट्रीय सहयोग, आउटरीच, अनुरोध करने एवं फीडबैक देने सहित फाइलिंग, विश्लेषण और सूचना के प्रसार हेतु पूरा समाधान देते हुए सूचना और प्रौद्योगिकी आधारित प्लेटफॉर्म (एफआईएन नेट) का अनुपालन और प्रशासन शामिल है।

नशीले पदार्थों का नियंत्रण

नशीले पदार्थों का नियंत्रण डिवीजन नशीली दवाओं और मादक पदार्थों के अधिनियम 1985 को लागू करता है। यह अधिनियम चिकित्सकीय और वैज्ञानिक उद्देश्यों के अलावा नशीली दवाओं और मादक पदार्थों के निर्माण, उत्पादन, धारण, बिक्री, खरीद, परिवहन, भंडारण, उपयोग, खपत, अंतरराज्यीय आयात, अंतरराज्यीय निर्यात, भारत में आयात, भारत से निर्यात या यानांतरण का निषेध करता है। सीमा शुल्क, केंद्रीय उत्पाद शुल्क एवं सेवा कर अपील।

सीमा शुल्क, केंद्रीय उत्पाद शुल्क एवं सेवा कर अपील

सीमा शुल्क, केंद्रीय उत्पाद शुल्क एवं सेवा कर अपील न्यायाधिकरण (पूर्ववर्ती सीमा शुल्क, उत्पाद शुल्क एवं स्वर्ण (नियंत्रण) अपील न्यायाधिकरण) की स्थापना क्रमशः सीमा शुल्क अधिनियम, 1944 और वित्त अधिनियम, 1944 के अंतर्गत सीमा शुल्क, केंद्रीय उत्पाद शुल्क एवं सेवा कर आयुक्त/आयुक्त (अपील) द्वारा दिए गए आदेशों एवं निर्णयों के विरुद्ध सुनवाई हेतु अर्ध-न्यायिक निकाय के रूप में की गई थी। प्रतिपालन मामलों में अधिकरण के पास अपीलीय क्षेत्राधिकार भी है और ऐसे मामलों की सुनवाई अध्यक्ष, सीईएसटीएटी की अध्यक्षता में एक विशेष पीठ द्वारा की जाती है। अधिकरण का मुख्यालय और प्रधान पीठ दिल्ली में स्थित है। क्षेत्रीय शाखाएं मुंबई, कोलकाता, चेन्नई, बंगलुरु, अहमदाबाद, चंडीगढ़, इलाहाबाद और हैदराबाद में है, जिनके अलग-अलग क्षेत्राधिकार हैं। जहां दिल्ली और मुंबई दोनों की चार-चार पीठें हैं, चेन्नई, में 2 पीठ और अन्य स्थानों पर एक-एक पीठ हैं। इस न्याधिकरण की सभी पीठ में एक न्यायिक सदस्य और एक तकनीकी सदस्य होते हैं।

वित्तीय सेवा विभाग

वित्तीय सेवा विभाग (डीएफएस) मुख्य रूप से सार्वजनिक क्षेत्र के बैंकों (पीएसबी) और वित्तीय संस्थानों से संबंद्ध नीतिगत मुद्दों हेतु उत्तरदायी है, जिसमें पीएसबी और वित्तीय संस्थानों की कार्यप्रणाली, अध्यक्ष, प्रबंध निदेशक और मुख्य कार्यकारी अधिकारियों (एमडी एवं सीईओ), कार्यकारी निदेशकों (ईडी), अध्यक्ष-सह-प्रबंध निदेशकों (सीएमडी) की नियुक्ति, विधायी मामले, अंतरराष्ट्रीय बैंकिंग संबंध शामिल हैं। भारतीय रिजर्व बैंक के गवर्नर/डिप्टी गवर्नर की नियुक्ति, राष्ट्रीय कृषि और ग्रामीण विकास बैंक (नाबार्ड), कृषि वित्त निगम, सहकारी बैंकों, क्षेत्रीय ग्रामीण बैंकों (आरआरबी) और ग्रामीण कृषि साख से जुड़े मामलों हेतु भी विभाग उत्तरदायी है। यह विभाग सरकार के वित्तीय समावेशन कार्यक्रम, सामाजिक सुरक्षा योजनाओं और ऋण के प्रवाह की सुविधा पर केंद्रित अन्य लक्षित योजनाएं, बीमा क्षेत्र और सार्वजनिक क्षेत्र बीमा कंपनियों से जुड़े मामले, विभिन्न बीमा अधिनियमों के प्रशासन को भी प्रशासित करता है। भारतीय बीमा नियामक एवं विकास प्राधिकरण (आईआरडीएआई) से जुड़े मामले, नई पेंशन योजना (एनपीएस) सहित पेंशन सुधारों से जुड़े मामले, पेंशन कोष नियामक एवं विकास प्राधिकरण (पीईआरडीए) आदि से संबंधित विधायी एवं अन्य मुद्दे भी विभाग देखता है।

क्षेत्रीय ग्रामीण बैंक

क्षेत्रीय ग्रामीण बैंकों (आरआरबी) की स्थापना, क्षेत्रीय ग्रामीण बैंक अधिनियम, 1976 के अंतर्गत, सहकारी ऋण योजना के वैकल्पिक सृजन हेतु और ग्रामीण एवं कृषि क्षेत्र के लिए पर्याप्त सांस्थानिक ऋण सुनिश्चित करने हेतु की गई थी। आरआरबी भारत सरकार, संबंधित राज्य सरकार तथा प्रायोजक

बैंकों के संयुक्त स्वामित्व में है, इसकी जारी पूंजी क्रमशः 50 प्रतिशत, 15 प्रतिशत और 35 प्रतिशत के अनुपात में है।

किसान क्रेडिट कार्ड

कच्चे माल की खरीद समेत कृषि संबंधी सभी आवश्यकताओं को लचीले, सुविधाजनक एवं किफायती तरीके से पूरा करने के लिए किसानों को बैंकिंग प्रणाली से पर्याप्त एवं समय पर ऋण सुविधा उपलब्ध कराने के उद्देश्य से ऋण आपूर्ति की अनूठी प्रणाली किसान क्रेडिट कार्ड (केसीसी) योजना 1998-99 में आरंभ की गई थी। योजना सभी सहकारी बैंकों, क्षेत्रीय ग्रामीण बैंकों और सार्वजनिक वाणिज्यिक बैंकों द्वारा पूरे देश में चलाई जा रही है। केसीसी कृषि ऋण प्रदान करने की सबसे प्रभावी योजना है। सहकारी बैंकों एवं आरआरबी के संबंध में योजना की निगरानी नाबार्ड करता है और वाणिज्यिक बैंकों के संबंध में आरबीआई निगरानी करता है। आरबीआई एवं नाबार्ड के द्वारा केसीसी की एक नई योजना आरंभ की गई है, जिसमें केसीसी को एटीएम कार्ड के समान एटीएम/पॉइंट ऑफ सेल टर्मिनल पर प्रयोग किया जा सकता है।

ग्रामीण अवसंरचना विकास कोष

1995-96 के केंद्रीय बजट में भारत सरकार ने नाबार्ड द्वारा संचालित होने वाला कोष ग्रामीण अवसंरचना विकास कोष (आरआईडीएफ) स्थापित किया, जिसे कृषि/प्राथमिकता वाले क्षेत्रों/दुर्बल क्षेत्रों के ऋण में से देश के अंदर संचालित अनुसूचित वाणिज्यिक बैंकों के पास बची राशि जमा कराकर नाबार्ड में ही स्थापित किया गया। उसके बाद से यह कोष काम कर रहा है और इसके लिए आवंटन प्रतिवर्ष केंद्रीय बजट में कर दिया जाता है। वर्षों से काम करते हुए आरआईडीएफ का दायरा विस्तृत होता गया और अभी यह विभिन्न क्षेत्रों में 34 गतिविधियों हेतु वित्त पोषण करता है।

भारतीय जीवन बीमा निगम

भारतीय जीवन बीमा निगम (एलआईसी) की स्थापना संसद के भारतीय जीवन बीमा निगम अधिनियम, 1956 द्वारा की गई थी। एलआईसी बीमा अधिनियम, 1938, एलआईसी अधिनियम, 1956, एलआईसी नियमन, 1959 और बीमा नियामकीय एवं विकास प्राधिकरण अधिनियम, 1999 के अनुसार कार्य करता है। 31 मार्च, 2016 को देश में एलआईसी के 8 क्षेत्रीय कार्यालय, 113 मंडल कार्यालय, 2048 शाखा कार्यालय, 73 ग्राहक क्षेत्र, 1401 सुदूर कार्यालय तथा 1240 लघु कार्यालय हैं। वर्तमान में एलआईसी विदेश के 14 देशों में शाखा कार्यालयों/संयुक्त उपक्रम कंपनियों तथा पूर्ण स्वामित्व वाली सहयोगी कंपनियों के माध्यम से कार्य करती है।

आम आदमी बीमा योजना

समाज के दुर्बल वर्गों के लाभ हेतु भारत सरकार ने उच्च सब्सिडी वाली बीमा योजना 'आम आदमी बीमा योजना' (एएबीवाई) आरंभ की है, जिसका संचालन एलआईसी करती है। सामाजिक सुरक्षा की इस योजना के अंतर्गत गरीबी की रेखा से नीचे एवं गरीबी की रेखा से आंशिक ऊपर के नागरिकों को 48 चिह्नित व्यवसायों के भीतर कवर किया जाता है। प्राकृतिक मृत्यु होने पर योजना 30,000 रुपये की बीमा राशि देती है। दुर्घटना के कारण मृत्यु अथवा पूर्ण विकलांगता (दो आंखें/दो पांव या हाथ गंवाना) होने पर नामित व्यक्ति अथवा लाभार्थी को 75,000 रुपये एवं आंशिक पूर्ण विकलांगता (1 आंख/1 हाथ

या पांव गंवाना) होने पर 37,500 रुपये दिए जाएंगे। ये सभी लाभ 200 रुपये प्रति सदस्य प्रतिवर्ष के मामूली प्रीमियम पर मिल रहे हैं, जिसमें से 100 रुपये केंद्र सरकार, एलआईसी द्वारा संभाले जा रहे सामाजिक सुरक्षा कोष से वहन करेगी और 100 रुपये की शेष प्रीमियम राशि का सदस्य एवं/अथवा नोडल एजेंसी और/अथवा केंद्र/राज्य सरकार के उस विभाग द्वारा वहन किया जाएगा, जिसे नोडल एजेंसी बनाया गया है। इसके अतिक्ति बीमित व्यक्ति के परिवार में नवीं कक्षा से 12वीं कक्षा तक (आईटीआई पाठ्यक्रम समेत) पढ़ रहे दो बच्चों को 1,200 रुपये प्रति बच्चा प्रतिवर्ष की दर से छात्रवृत्ति का अतिरिक्त लाभ भी प्रदान किया जाएगा।

सामाजिक सुरक्षा योजनाएं

अटल पेंशन योजना

अटल पेंशन योजना (एपीवाई) की शुरुआत मई 2015 में असंगठित क्षेत्र के श्रमिकों, जो किसी सांविधिक सामाजिक सुरक्षा योजना के अंतर्गत नहीं आते हैं, के जोखिम के निवारण हेतु की गई थी। एपीवाई असंगठित क्षेत्र के सभी नागरिकों, जो पेंशन निधि विनियामक एवं विकास प्राधिकरण (पीएफआरडीए) द्वारा संचालित राष्ट्रीय पेंशन योजना (एनपीएस) में शामिल होते हैं, पर केंद्रित है। कोई भी भारतीय नागरिक जिसकी आयु 18 से 40 वर्ष के बीच हो अपने बचत बैंक खाता/डाकघर बचत खाता के माध्यम से इससे जुड़ सकता है। 18 वर्ष की उम्र में जुड़ने वालों को न्यूनतम मासिक अंशदान 42 रुपये अथवा 84 रुपये अथवा 126 रुपये अथवा 168 रुपये अथवा 210 रुपये देने वाले भागीदारों को भारत सरकार द्वारा गारंटीशुदा न्यूनतम पेंशन क्रमशः 1,000 रुपये अथवा 2,000 रुपये अथवा 3,000 रुपये अथवा 4,000 रुपये अथवा 5,000 रुपये है। ग्राहक के निधन के बाद उसके पति/पत्नी को उसकी मृत्यु तक पेंशन की यह राशि मिलती रहेगी। ग्राहक एवं उसके पति/पत्नी दोनों की मृत्यु हो जाने की स्थिति में ग्राहक द्वारा नामित व्यक्ति पेंशन कोष में ग्राहक की आयु 60 वर्ष होने तक जमाधन को पाने के लिए अधिकृत होगा।

प्रधानमंत्री जीवन ज्योति बीमा योजना

सरकार ने गरीबों और वंचितों को लक्षित कर एक सार्वभौमिक सामाजिक सुरक्षा पद्धति विकसित करने हेतु तीन महत्वाकांक्षी सामाजिक सुरक्षा योजनाओं की घोषणा की। ये हैं- प्रधानमंत्री जीवन ज्योति बीमा योजना (पीएमजेजेबीवाई), प्रधानमंत्री सुरक्षा बीमा योजना (पीएमएसबीवाई) और अटल पेंशन योजना (एपीवाई)।

प्रधानमंत्री जीवन ज्योति बीमा योजना (पीएमजेजेबीवाई) एक वर्ष की जीवन बीमा योजना है। जिसका हर वर्ष नवीकरण किया जाएगा। इसमें किसी भी कारण हुई मौत के लिए दो लाख रुपये का जीवन बीमा कवर है और यह 18 से 50 वर्ष के आयु वर्ग (लाइफ कवर 55 वर्ष तक) के लोगों के लिए जिनका बैंक में बचत खाता है और जो उसमें शामिल होने और ऑटो-डेबिट हेतु सहमति देते हैं, उपलब्ध है। इसमें आईटी मोड में क्रियान्वयन के साथ बैंक खाता से जुड़ा नामांकन और उपभोक्ता के बैंक खाता से ऑटो-डेबिट के जरिए प्रीमियम भुगतान शामिल है। इस योजना के क्रियान्वयन से वहन करने की क्षमता के साथ गरीबों तथा वंचितों को लक्षित करना संभव होता है और इससे देश में जीवन बीमा की कम पहुंच की स्थिति में भी सुधार होगा।

प्रधानमंत्री सुरक्षा बीमा योजना

प्रधानमंत्री सुरक्षा बीमा योजना (पीएमएसबीवाई) एक वर्षीय व्यक्तिगत दुर्घटना बीमा योजना है जिसका नवीकरण साल-दर-साल किया जाता है। दुर्घटना होने पर मृत्यु/विकलांगता की स्थिति में बीमा सुरक्षा प्रदान करने वाली यह योजना 18 से 70 वर्ष तक की उम्र के लोगों के लिए हैं और इसका फायदा उन लोगों को दिया जाता है जिनके पास किसी बैंक में खाता है और वे इस योजना में शामिल होने तथा ऑटो डेबिट यानी खाते से स्वतः प्रीमियम काटने के विकल्प को अपनाते हैं। इस योजना के अंतर्गत दुर्घटनावश मृत्यु होने पर 2 लाख रुपये और स्थायी विकलांगता की स्थिति में 1 लाख रुपये दिए जाएंगे। इस योजना में सूचना टेक्नोलॉजी से समन्वित बैंक खाते के आधार पर आसानी से शामिल हुआ जा सकता है और खातेदार के बैंक खाते से स्वतः से ही बीमा प्रीमियम काटने की सुविधा है। गरीबों के लिए इस योजना में शामिल होना बहुत आसान है क्योंकि यह उपेक्षित वर्गों को ध्यान में रखते हुए बनाई गई है। इससे देश में दुर्घटना बीमा सुविधाओं के विस्तार में भी मदद मिलेगी।

प्रधानमंत्री जनधन योजना

प्रधानमंत्री जनधन योजना (पीएमजेडीवाई) बेहतर वित्तीय समावेशन के लिए बैंकिंग सेवाओं का बढ़ा हुआ उपयोग सुनिश्चित करने हेतु एक राष्ट्रीय मिशन के रूप में इस उद्देश्य के साथ शुरू की गई थी कि हर परिवार में कम से कम एक बैंक खाता हो। पीएमजेडीवाई के उद्देश्यों में निम्नलिखित शामिल हैं- (i) संपूर्ण देश में एक बैंक की शाखा अथवा नियत स्थल पर बिजनेस कॉरेस्पॉन्डेंट (बीसी) जो कम दूरी पर हों के द्वारा बैंकिंग सुविधाओं तक सार्वभौमिक पहुंच, (ii) प्रत्येक परिवार में कम से कम एक बैंक खाता हो जो रुपये डेबिट कार्ड के साथ हो तथा जिसमें एक लाख रुपये तक का दुर्घटना बीमा कवर हो। (iii) 6 महीने तक खाते के संतोषजनक संचालन के बाद रुपये 5,000 तक ओवरड्राफ्ट की सुविधा। अगस्त 2014 से जनवरी 2015 के बीच पहली बार खाता खोलने वालों के लिए 30,000 रुपये का जीवन बीमा कवर।

पेंशन सुधार

राष्ट्रीय पेंशन व्यवस्था

सेवानिवृत्ति पर पर्याप्त आय उपलब्ध कराने की दृष्टि से भारत सरकार ने राष्ट्रीय पेंशन योजना (एनपीएस) आरंभ की। 1 जनवरी, 2004 से सरकार में नई नियुक्ति पाने वाले सभी कर्मचारियों (सैन्य बलों के अतिरिक्त) के लिए यह अनिवार्य है और 1 मई, 2009 से स्वैच्छिक आधार पर इसे सभी नागरिकों के लिए भी आरंभ कर दिया गया है। एनपीएस के डिजाइन की विशेषताएं हैं कि यह स्वयं चलने वाली, वहनीय अर्थात् पोर्टेबल एवं बढ़ाए जाने योग्य है। व्यक्तिगत पसंद पर आधारित इस योजना को किफायती एवं प्रभावी पेंशन प्रणाली के रूप में तैयार किया गया है, जो ठोस नियमों के अंतर्गत कार्य करती है। 'विशुद्ध परिभाषित योगदान' योजना के रूप में इस पर प्रतिफल पूरी तरह बाजार द्वारा तय होंगे। एनपीएस लोगों को निवेश के विभिन्न विकल्प उपलब्ध कराती है एवं एक विकल्प से दूसरे विकल्प अथवा एक कोष प्रबंधक से दूसरे प्रबंधक तक जाने की स्वतंत्रता भी कुछ नियामकीय प्रतिबंधों के साथ देती है।

एनपीएस का ढांचा पारदर्शी एवं वेब सक्षम है। यह ग्राहक को अपने निवेश एवं रिटर्न पर नजर रखने देता है। बाधा रहित पोर्टेबिलिटी की सुविधा ग्राहकों को बचत की पूरी अवधि के दौरान एक ही पेंशन खाता स्थायी सेवानिवृत्ति खाता संख्या (पीआरएएन) बनाए रखने में सक्षम बनाती है। पेंशन क्षेत्र के

लिए नियामक के रूप में स्थापित पेंशन कोष नियामक एवं विकास प्राधिकरण (पीएफआरडीए) पूर्ण एनपीएस ढांचे के संबंध में अभी तक आरंभ किए गए कार्यक्रमों को सुदृढ़ बनाने में तथा एनपीएस वितरण नेटवर्क की पहुंच बढ़ाने में लगा है। सभी नागरिकों को एनपीएस उपलब्ध कराने की प्रक्रिया में एनपीएस मध्यस्थों की नियुक्ति भी करनी पड़ती है, जिनमें पॉइंट्स ऑफ प्रेजेंस (पीओपी) के रूप में संस्थागत निकाय हैं, जो पेंशन खाता खोलने एवं संग्रह करने के केंद्र के रूप में काम करेंगे, एक केंद्रीकृत रिकॉर्ड कीपिंग एजेंसी (सीआरए) है और निवेशकों की पेंशन संपदा का प्रबंधन करने हेतु पेंशन कोष प्रबंधक है।

अन्य वित्तीय संस्थाओं के अतिरिक्त डाक विभाग को भी पीओपी नियुक्त किया गया है, जिससे पीओपी-एसपी नेटवर्क का पांच गुना से अधिक विस्तार हो गया है।

स्वावलंबन योजना

असंगठित क्षेत्र में कामगारों को अपनी वृद्धावस्था हेतु स्वेच्छा से बचत करने के लिए प्रोत्साहित करने के उद्देश्य से 2010 में स्वावलंबन योजना नाम का कार्यक्रम आरंभ किया गया। यह सह-योगदान वाली पेंशन योजना है, जिसमें केंद्र सरकार 1,000 रुपये से 12,000 रुपये की वार्षिक बचत वाले प्रत्येक एनपीएस खाते में प्रतिवर्ष 1,000 रुपये का योगदान करेगी। सरकार का वार्षिक योगदान पात्रता वाले लाभार्थियों के लिए 2016-17 तक बढ़ा दिया गया है। योजना 76 समूहों के सहयोग से काम करती है। जिनमें कुछ राज्य सरकार, सार्वजनिक क्षेत्र के बैंक, क्षेत्रीय ग्रामीण बैंक, एमएफआई, एनबीएफसी एवं निजी क्षेत्र के निकाय शामिल है।

ग्रामीण आवासीय कोष

2008-09 में ग्रामीण आवासीय कोष का गठन किया गया जिससे प्राथमिक ऋण संस्थाओं को ग्रामीण क्षेत्रों में लक्षित समूहों के बीच प्रतिस्पर्धी दरों में आवास ऋण की सुविधा प्रदान करने हेतु धन प्राप्त हो सके।

प्रधानमंत्री मुद्रा योजना

लघु इकाई विकास और पुनर्वित्त एजेंसी (मुद्रा) भारत सरकार द्वारा गठित पुनर्वित्त संस्था है जिसका उद्देश्य लघु इकाइयों के विकास हेतु भारत के उद्यमशीलता, खासकर गैर-कॉरपोरेट जो छोटे व्यवसाय क्षेत्र से आते हैं, को प्रोत्साहित करने हेतु वित्त प्रदान करना है। प्रधानमंत्री मुद्रा योजना के दिशानिर्देशों के तहत मुद्रा ने अपने तीन उत्पाद शुरू किए हैं जिनके नाम हैं, शिशु , किशोर और तरुण। ये तीनों लघु उत्पाद, लघु इकाइयों या उद्यमियों के विकास के चरणों और वित्त पोषण की आवश्यकता को स्पष्ट करते हैं।

मुद्रा बैंक राज्य स्तरीय संस्थाओं के माध्यम से पुनर्वित्त प्रदान करता है। मुद्रा बैंक एनबीएफसी, एमएफआई, ग्रामीण बैंकों, जिला बैंकों, राष्ट्रीयकृत बैंकों, निजी बैंकों, प्राथमिक ऋण संस्थानों और अन्य बिचौलियों के माध्यम से ऋण वितरित करता है।

उत्पादन, प्रसंस्करण, व्यापार या सेवा क्षेत्र जैसी आय अर्जित करनेवाली गतिविधियों में संलग्न कोई भी भारतीय नागरिक, जिसकी ऋण जरूरत 10 लाख रुपये से भी कम है, प्रधानमंत्री मुद्रा योजना (पीएमएमवाई) के तहत ऋण का लाभ उठाने के लिए बैंकों, एमएफआई वित्तीय संस्थानों या एनबीएफसी

से संपर्क कर सकता है। पीएमएमवाई के तहत कृषि क्षेत्र की सहायक गतिविधियों को भी इस योजना में शामिल करने का निर्णय लिया गया है।

कौशल विकास के लिए ऋण गारंटी कोष

कौशल ऋण योजना के अनुसार कौशल विकास पाठ्यक्रम करनेवाले पात्र ऋण लेनेवालों को ₹ 1.5 लाख (टर्म लोन) या अवस्थापक द्वारा निर्धारित कोई अन्य रकम तक बिना सहवर्ती प्रतिभूति अथवा थर्ड पार्टी गारंटी के ऋण देनेवाले संस्थानों द्वारा स्वीकृति और भुगतान की गारंटी है। कोई भी भारतीय नागरिक जो राष्ट्रीय कौशल योग्यता ढांचा (एनएसक्यूएफ) के अनुसार न्यूनतम योग्यता प्राप्त हो कौशल ऋण प्राप्त कर सकता है।

निवेश और सार्वजनिक संपत्ति प्रबंधन विभाग

विनिवेश विभाग 1999 में एक अलग विभाग के रूप में स्थापित किया गया था और वर्ष 2001 में इसे विनिवेश मंत्रालय बना दिया गया था। वर्ष 2004 से विनिवेश विभाग वित्त मंत्रालय के अंतर्गत विभागों में से एक है। वर्ष 2016 में विनिवेश विभाग का नाम बदलकर निवेश और सार्वजनिक संपत्ति प्रबंधन विभाग कर दिया गया है।

इस विभाग के कार्यों में शामिल है: केंद्रीय सार्वजनिक क्षेत्र के उपक्रमों के शेयर विनिवेश सहित शेयर में केंद्रीय सरकार के निवेश प्रबंधन से जुड़े सभी मामले। योजनाबद्ध विनिवेश समेत विनिवेश हेतु प्रशासनिक मंत्रालयों, नीति आयोग आदि की अनुशंसाओं पर निर्णय। विनिवेश तथा सार्वजनिक संपत्ति प्रबंधन हेतु स्वतंत्र बाहरी मॉनिटर से संबंधित सभी मामले। राष्ट्रीय निवेश कोष में डाले गए विनिवेश के लाभों के उपयोग के संबंध में वित्तीय नीति।

विनिवेश के जरिए जनता की समृद्धि में भागीदारी द्वारा जनता में केंद्रीय सार्वजनिक क्षेत्र उद्योगों के प्रति स्वामित्व का विकास, आर्थिक विकास को गति देने और उच्चतर व्यय हेतु सरकार के संसाधनों में विस्तार के लिए सीपीएसई में सार्वजनिक निवेश के कुशल प्रबंधन में सक्षमता, सीपीएसई को स्टॉक एक्सचेंजों पर सूचीबद्ध कराने की प्रक्रिया से संस्कृति के विस्तार में सहयोग प्राप्त होता है और सरकार के लिए बजटीय संसाधनों में वृद्धि होती है।

वर्तमान विनिवेश नीति की मुख्य विशेषताएं

विनिवेश पर नीति में महत्वपूर्ण विकास हुआ है। इस नीति की मुख्य विशेषताओं में निम्नलिखित शामिल है- (क) सार्वजनिक क्षेत्र के उपक्रम राष्ट्र की संपत्ति हैं और यह सुनिश्चित करने के लिए कि यह संपत्ति जनता के हाथों में है सीपीएसई में जनता के स्वामित्व का विकास (ख) सीपीएसई की कम संख्या में शेयर बिक्री द्वारा विनिवेश करते समय सरकार अपने पास शेयर का अधिक हिस्सा रखेगी यानी- शेयरहोल्डिंग का कम से कम 51 प्रतिशत और सार्वजनिक क्षेत्र के उपक्रम का प्रबंधकीय नियंत्रण भी रखेगी। (ग) चिह्नित सीपीएसई में प्रबंधकीय नियंत्रण के स्थानांतरण के साथ सरकार की शेयरधारिता का 50 प्रतिशत या अधिक हिस्से की बिक्री द्वारा युक्तिपूर्ण विनिवेश।

राष्ट्रीय निवेश कोष

सरकार ने राष्ट्रीय निवेश कोष (एनआईएफ) का गठन 2005 में किया जिसका उद्देश्य केंद्रीय सार्वजनिक क्षेत्र उपक्रमों के विनिवेश से प्राप्तियों को दिशा देना था। एनआईएफ का कोष स्थायी था और सरकार को

सतत लाभ प्रदान करने के लिए कोष में कमी किए बिना एनआईएफ को व्यावसायिक प्रबंध करना था। सार्वजनिक क्षेत्र के कुछ चुने हुए म्युचुअल फंडों यथा- यूटीआई ऐसेट मैनेजमेंट कंपनी लिमिटेड (एसबीआई कोष प्रबंधन प्राइवेट लिमिटेड) और एलआईसी म्युचुअल फंड ऐसेट मैनेजमेंट कंपनी लिमिटेड को एनआईएफ कोष के प्रबंधन का कार्य सौंपा गया। इस योजना के अनुसार एनआईएफ की वार्षिक आय का 75 प्रतिशत का इस्तेमाल शिक्षा, स्वास्थ्य और रोज़गार को बढ़ाने वाले चुने हुए सामाजिक क्षेत्र की योजनाओं के वित्त पोषण हेतु किया जाना था। एनआईएफ के बचे हुए 25 प्रतिशत आय का उपयोग पुनर्निवेश करने वाले और लाभदायक पीएयू की पूंजी निवेश की जरूरतों को पूरा करने के लिए किया जाना था। वर्ष 2008-09 के भूमंडलीय मंदी और 2009-10 के भीषण सूखे के कारण उत्पन्न कठिन आर्थिक परिस्थिति को ध्यान में रखते हुए सरकार ने विनिवेश प्राप्तियों के उपयोग हेतु नीति में परिवर्तन किया। इसमें विनिवेश प्राप्तियों का उपयोग व्यय विभाग/योजना आयोग द्वारा नियत चुने हुए सामाजिक क्षेत्र की योजनाओं हेतु सीधे करने हेतु एक बार के लिए छूट दी गई।

एनआईएफ को विनिवेश नीति के अनुरूप रखने के लिए सरकार ने निर्णय लिया कि वित्तीय वर्ष 2013-14 से विनिवेश प्राप्तियों को वर्तमान एनआईएफ में, जोकि सरकारी लेखा के अंतर्गत एक सार्वजनिक लेखा है, जमा किया जाएगा और यह कोष अनुमोदित उद्देश्यों में निवेश किए जाने तक वहीं रहेगा। साथ ही यह भी निर्णय लिया गया कि एनआईएफ का उपयोग निम्नांकित उद्देश्यों हेतु किया जाएगा: यह सुनिश्चित करने के लिए कि सीपीएसई में 51 प्रतिशत की हिस्सेदारी कम नहीं हो सीपीएसई द्वारा अधिकार आधार पर जारी किए जा रहे शेयरों को खरीदना। सेबी (पूंजी और प्रकटीकरण आवश्यकता का मुद्दा) विनियम, 2009 के अनुसार प्रोमोटरों को सीपीएसई के शेयरों का प्राथमिकता आवंटन ताकि सीपीएसई द्वारा अपने पूंजी व्यय कार्यक्रम को पूरा करने हेतु नए शेयर जारी करने संबंधी सभी मामलों में सरकार की शेयरधारिता 51 प्रतिशत से नीचे न हो।

सरकार ने निम्नलिखित उद्देश्यों हेतु एनआईएफ द्वारा वित्तपोषण को भी अनुमोदित किया- आरआरबीएस/आईआईएफसीएल/नाबार्ड/एक्जिम बैंक में सरकार द्वारा निवेश, विभिन्न मेट्रो परियोजनाओं में इक्विटी निवेश, भारतीय नाभिकीय विद्युत निगम लिमिटेड और यूरेनियम कॉरपोरेशन ऑफ इंडिया लिमिटेड में निवेश, भारतीय रेल में पूंजी व्यय के लिए निवेश का प्रावधान रखा है।

नोटों का विमुद्रीकरण

8 नवंबर , 2016 को सरकार ने 500 और 1,000 रुपये के सभी नोटों का विमुद्रीकरण कर दिया और महात्मा गांधी श्रृंखला इन नोटों की कानूनी वैधता 9 नवंबर, 2016 से समाप्त हो गई। हालांकि, इन नीति के द्वारा महात्मा गांधी श्रृंखला के 5, 10, 20, 50 और 100 रुपये के नोट की वैधता अप्रभावित रही और इनकी कानूनी वैधता बरकरार रही।

सरकार ने कहा कि विमुद्रीकरण का कदम वर्तमान नोटों की नकल रोकने का प्रयास तो है ही, जिनका प्रयोग कथित रूप से आतंकवाद की आर्थिक मदद में हो रहा है, साथ ही यह देश में काले धन पर भी प्रहार है।

14 कॉरपोरेट मामलों का मंत्रालय

कॉरपोरेट मामलों का मंत्रालय केंद्र सरकार के निम्नलिखित अधिनियमों के प्रशासन के लिए उत्तरदायी है। ये अधिनियम हैं: (1) कंपनी अधिनियम, 2013, (2) कंपनी अधिनियम, 1956, (3) सीमित देयता साझेदारी फर्म अधिनियम, 2008, (4) प्रतिस्पर्धा (संशोधन) अधिनियम, 2009 द्वारा संशोधित प्रतिस्पर्धा अधिनियम, 2002, (5) दिवाला और नष्टनिधि संहिता, 2016, (6) चार्टर्ड एकाउंटेंट अधिनियम, 1949, (7) लागत और कार्य लेखा अधिनियम, 1959, (8) कंपनी सचिव अधिनियम, 1980, (9) सोसायटी पंजीकरण अधिनियम, 1860 तथा भारतीय साझेदारी अधिनियम , 1932 (केंद्रशासित क्षेत्रों में) और (11) कंपनी (राष्ट्रीय निधियों में दान) अधिनियम, 1951।

मंत्रालय का संगठनात्मक ढांचा तीन-स्तरीय है। इसका मुख्यालय नई दिल्ली में और सात क्षेत्रीय महानिदेशक कार्यालय अहमदाबाद, चेन्नई, हैदराबाद, कोलकाता, मुंबई, नई दिल्ली तथा शिलांग में हैं। इसके अतिरिक्त 15 कंपनी पंजीयक कार्यालय और 14 आधिकारिक परिसमापक हैं।

केंद्रीय पंजीकरण केंद्र

कंपनी निगमीकरण की प्रक्रिया में परिवर्तन के लिए ई-प्रपत्र परियोजना लागू की गई जिसका स्पष्ट उद्देश्य यह था कि नाम आरक्षण तथा कंपनी के निगमीकरण की प्रोसेसिंग भुगतान पुष्टि की तिथि+1 दिन में श्रेष्ठ अंतरराष्ट्रीय व्यवहारों के अनुरूप की जा सकती है। कॉरपोरेट मामलों के मंत्रालय ने आवेदकों के नाम आरक्षण प्रोसेस करने के लिए 2016 में केंद्रीय पंजीकरण केंद्र का पहला चरण शुरू किया और 2016 में ही कंपनी आवेदकों के निगमीकरण पर अमल करने का दूसरा चरण आरंभ किया। सरकार का प्रोसेस री-इंजीनियरिंग अभ्यास (जीपीआर) सभी हितधारकों को अधिक से अधिक कारोबार करने की सहजता प्रदान करने के मंत्रालय के उद्देश्य के अनुकूल है। इसका परिणाम निगमीकरण संबंधी आवेदनों की तेजी से प्रोसेसिंग के रूप में आया है और नियम लागू करने तथा विवेकाधिकार को कम करने में एकरूपता आई है।

कंपनी निगमीकरण आवेदनों की प्रोसेसिंग में लगने वाला समय जून 2014 के 5 से 15 कार्यदिवस के बीच से घटकर मार्च 2017 में औसत 0.6 कार्यदिवस रह गया। इसी तरह, नाम उपलब्धता आवेदनों का प्रोसेसिंग समय जून 2014 के 5 से 6 कार्यदिवस के बीच से घटकर मार्च 2017 में औसत 0.4 कार्यदिवस रह गया। इसके अतिरिक्त, एक कार्यदिवस में 90 प्रतिशत से अधिक आवेदन स्वीकृत किए जा रहे हैं। इसके परिणामस्वरूप गति में तेजी आई है, पारदर्शिता बढ़ी है, एकरूपता आई है और विवेकाधिकार में कमी आई है।

व्यवसाय करने की सुगमता

मंत्रालय ने ई-एमओ (इलेक्ट्रॉनिक मेमोरेंडम ऑफ एसोसिएशन) तथा ई-एओए (इलेक्ट्रॉनिक आर्टिकल ऑफ एसोसिएशन) के साथ कंपनियों के निगमीकरण के लिए सरल निर्देशन-पत्र (एसपीआईसीई) तय

किया है जिससे आवेदक द्वारा इलेक्ट्रॉनिक मेमोरेंडम ऑफ एसोसिएशन तथा इलेक्ट्रॉनिक आर्टिकल ऑफ एसोसिएशन पर व्यक्तिगत रूप से हस्ताक्षर करने की आवश्यकता समाप्त हो जाती है और उद्यमियों को बिना किसी बाधा के भारत में कारोबार शुरू करने में सहायता मिलती है। निगमीकरण के लिए फीस 2,000 रुपये से घटाकर 500 रुपये कर दी गई है। कंपनी निगमीकरण फार्म के स्थान पर एकीकृत आईएनसी–29 फार्म लाया गया है। इस फार्म की प्रोसेसिंग 1–2 कार्यदिवसों में की जा रही है। पैन जारी करने और इलेक्ट्रॉनिक रूप में कंपनियों के निगमीकरण के लिए एसपीआईसीई का उपयोग करते हुए निगमित कंपनी को पहला टैन जारी करने के लिए एमसीए 21 प्रणाली का केंद्रीय प्रत्यक्ष कर बोर्ड (सीबीडीटी) के साथ इलेक्ट्रॉनिक एकीकरण किया गया है। अब हितधारक पैन और टैन के लिए निगमीकरण आवेदन प्रस्तुत करने के समय आवेदन करते हैं। आय कर विभाग द्वारा दिया गया पैन फरवरी 2017 से कंपनी निगमीकरण के प्रमाण–पत्र पर चिपका दिया जाता है। इससे अनेक तरह की प्रोसेसिंग की संख्या और देश में व्यवसाय शुरू करने में लगने वाले समय में कमी आई है।

एसपीआईसीई बहुउपयोगी है और इससे शारीरिक रूप से हस्ताक्षरित दस्तावेजों को ई–फार्म में संलग्न करने की आवश्यकता समाप्त हो जाती है और डिजिटल टेक्नोलॉजी का लाभ मिलता है। हितधारक एकीकृत ई–फॉर्म स्पाइस का इस्तेमाल करते हुए नई निगमीकृत कंपनी के लिए एक साथ पांच सेवाओं–कंपनी नाम, कंपनी निगमीकरण, निदेशकों का डीआईएन, परमानेंट एकाउंट नंबर (पैन) और टैक्स डिडक्शन एंड कलेक्शन एकाउंट नंबर (टैन) के लिए आवेदन कर सकते हैं। स्पाइस ई–फार्म का उपयोग करने वाली सभी निगमीकृत कंपनियां निगमीकरण प्रमाण–पत्र पर अंकित पैन प्राप्त कर रही हैं और अलग से ई–मेल से टैन प्राप्त कर रही हैं। डिजिटल हस्ताक्षर शुरू होने से मशीन फार्मों को पढ़ लेती है, बैक ऑफिस प्रोसेसिंग में तेजी आती है और अभिदाता की सार्थक पहचान हो जाती है। इससे अनेक प्रकार की प्रोसेसिंग में लगने वाले समय और भारत में व्यवसाय प्रारंभ करने के समय में कमी आई है।

कंपनी नियम 2014 (बोर्ड की बैठक और इसकी शक्तियां) के नियम 15 में मार्च 2017 से संशोधन किया गया है ताकि निवल मूल्य/निवल कारोबार की सीमा 10 प्रतिशत से कम हो। पहले 10 प्रतिशत से अधिक की सीमा के लिए केवल बोर्ड के स्थान पर सदस्यों की स्वीकृति लेनी पड़ती थी। इससे वोटिंग और संबंधित पक्ष व्यवस्था के बारे में अंशधारक के अधिकारों में वृद्धि हुई है।

कंपनी अधिनियम, 2013 के अंतर्गत एक समान मुहर को वैकल्पिक बनाया गया है। कंपनी अधिनियम, 2013 के अंतर्गत व्यवसाय प्रारंभ करने संबंधी प्रमाण–पत्र प्राप्त करने और सभी कंपनियों के लिए न्यूनतम प्रदत्त पूंजी की आवश्यकता समाप्त कर दी गई है।

कंपनी अधिनियम, 2013 के अंतर्गत कंपनियों के न्यायिक क्षेत्राधिकार वाले रजिस्ट्रार का अधिकार सीआरसी रजिस्ट्रार द्वारा निगमित कंपनियों पर बना हुआ है। यह अधिकार अधिनियम के सभी अन्य प्रावधानों और उनके अधीन बने प्रसांगिक नियमों पर भी लागू है। आधिकारिक परिसमापक मंत्रालय के प्रशासनिक नियंत्रण में काम करते हैं और संबंधित उच्च न्यायालयों से संबद्ध होते हैं। वे मुख्य रूप से कंपनियों के परिसमापन और विघटन से संबंधित न्यायालय के आदेशों को लागू करने के लिए उत्तरदायी होते हैं।

कंपनी अधिनियम, 2013

कंपनी अधिनियम, 2013 कॉरपोरेट क्षेत्र को और अधिक अवसर प्रदान करता है और पारदर्शिता बनाए रखने तथा प्रकटीकरण के लिए स्व-नियमन का अवसर प्रदान करता है। कंपनी अधिनियम, 2013 में 407 अनुच्छेद हैं। इनमें से बीमार कंपनियों के पुनरुत्थान और पुनर्वास से संबंधित 39 अनुच्छेद (अनुच्छेद 253 से 269) अध्याय 19 में हैं। अध्याय 20 में वर्णित कंपनी समाप्त करने संबंधी अनुच्छेद 289, 304, 323 तथा 325 को दिवाला तथा नष्टनिधि संहिता, 2016 द्वारा निरस्त कर दिया गया है। शेष 431 सेक्शनों में से 428 अनुच्छेद अधिसूचित किए गए हैं। बाकी तीन अनुच्छेद यानी अनुच्छेद 132 राष्ट्रीय वित्तीय रिपोर्टिंग प्राधिकरण (एनएफआरए), अनुच्छेद 257 परिसमापक पंजीकरण तथा अनुच्छेद 465 निरस्तीकरण और संक्रमण से संबंधित हैं। तीनों अनुच्छेद जांच के विभिन्न चरणों में हैं और शीघ्र ही इन्हें भी अधिसूचित कर दिया जाएगा।

कंपनी अधिनियम, 2013 का उद्देश्य भारत की कंपनियों को विश्व में प्रचलित श्रेष्ठ व्यवहारों के अनुरूप चलाना है। कॉरपोरेट क्षेत्र को अपने मामले नियम के अनुरूप निपटाने की छूट दी गई है बशर्ते उनके क्रियाकलापों का पहले से प्रकटीकरण किया जाए और दायित्व निर्धारण किया जाए। सरकार कार्य अनुमोदन प्रक्रिया में न्यूनतम हस्तक्षेप करेगी। यह अधिनियम नए उद्यमियों को और अधिक अवसर प्रदान करता है और कॉरपोरेट क्षेत्र के अपने मामलों के संचालन में सूचना प्रौद्योगिकी के व्यापक इस्तेमाल की सुविधा देता है।

कंपनी अधिनियम, 2013 की प्रमुख विशेषताएं

- सरकारी स्वीकृति आधारित व्यवस्था के स्थान पर प्रकटीकरण/पारदर्शिता सहित स्व-नियमन का प्रावधान।
- कंपनियों के रिकार्डों/बैठकों का ऑटोमेशन-(1) कंपनियों द्वारा इलेक्ट्रॉनिक रूप में दस्तावेजों को रखने, (2) बोर्ड बैठक आदि के लिए वीडियो कॉन्फ्रेंसिंग प्रणाली की वैधानिक मान्यता।
- संक्षिप्त विलय और सीमापार विलय सहित त्वरित विलय और अधिग्रहण।
- फौरी परिसमापन : 1 करोड़ और उससे कम की परिसंपत्तियों वाली कंपनियों के लिए आधिकारिक परिसमापकों को निर्णय लेने की शक्तियां प्रदान की गई हैं।
- 1 जून, 2016 की अधिसूचना संख्या एस. 1932 (ई) के माध्यम से अनुच्छेद 408 के अंतर्गत राष्ट्रीय कंपनी कानून न्यायाधिकरण (एनसीएलटी) का गठन।
- निष्क्रिय कंपनियों की अवधारणा प्रारंभ (लगातार दो वर्षों तक व्यवसाय नहीं करने वाली कंपनियों को निष्क्रिय घोषित किया जा सकता है।
- एक व्यक्ति कंपनी (ओपीसी) की शुरुआत।
- अनुच्छेद 149(4) के अंतर्गत वैधानिक आवश्यकता के रूप में स्वतंत्र निदेशकों की अवधारणा की शुरुआत।

- बोर्ड की अनेक समितियों (लेखा परीक्षण समिति, नामांकन और पारिश्रमिक समिति, अंशधारी संबंध समिति तथा कॉरपोरेट सामाजिक दायित्व समिति) के गठन का प्रावधान।
- कंपनियों के निर्धारित वर्ग के लिए महिला निदेशक।
- कंपनियों के निर्धारित वर्ग के लिए अनिवार्य प्रकटीकरण सहित कॉरपोरेट दायित्व समिति के गठन और सीएसआर नीति बनाने के लिए अनिवार्य प्रावधान।
- दोषी अधिकारी 'शब्दावली' को और प्रासंगिक बनाने के लिए समीक्षा।
- कंपनी के प्रमुख कार्यों का दायित्व तय करने के लिए मुख्य प्रबंधकीय कार्मिक और प्रवर्तक शब्दावली को परिभाषित किया गया है।
- अंशधारियों, कर्मचारियों, समुदाय और पर्यावरण के प्रति निदेशकों के कर्तव्यों को परिभाषित किया गया।
- निदेशकों की संख्या सीमा निर्धारित: 20 कंपनियों में 10 सार्वजनिक कंपनियां हो सकती हैं।
- केंद्र सरकार को सार्वजनिक हित में स्वत: जांच की शक्ति होगी।
- गंभीर धोखाधड़ी अन्वेषण (एसएफआईओ) कार्यालय को वैधानिक मान्यता।
- 18 मई , 2016 की अधिसूचना संख्या एस.ओ. 1976 (ई) के माध्यम से अनुच्छेद 435 के अंतर्गत विशेष अदालतों का गठन किया गया है।
- जांच के दौरान मजिस्ट्रेट के आदेश के बिना दस्तावेजों की तलाशी और जब्ती।
- जांच के दौरान कंपनी के अवैध लाभों या परिसंपत्तियों के उपयोग से वंचित करना।
- लेखा और लेखा परीक्षण मानकों की मान्यता।
- लेखा परीक्षकों के लिए अयोग्यता के कठोर मानक।
- लेखा परीक्षक विनिर्दिष्ट गैर-लेखा परीक्षण सेवाएं नहीं देगा।
- लेखा परीक्षकों की कार्यावधि तथा क्रमावर्तन निर्धारित।
- बड़ी कंपनियों के लिए आंतरिक लेखा परीक्षण।
- अनुपालन नहीं करने पर लेखा परीक्षक के लिए पर्याप्त दीवानी और आपराधिक दायित्व।
- धोखाधड़ी का पता लगने पर न्यायाधिकरण को लेखा परीक्षक बदलने संबंधी निर्देश देने का अधिकार।
- कंपनियों के निर्धारित वर्ग के लिए लागत रिकॉर्ड और लेखा परीक्षण।

- कंपनियों के निर्धारित वर्ग के लिए सचिवालयीन लेखा परीक्षण।
- राष्ट्रीय वित्तीय रिपोर्टिंग प्राधिकरण (एनएफआरए) का गठन किया जाएगा।
- छोटे अंशधारकों का संरक्षण।
- यदि उद्देश्य अथवा सुलह के दौरान किसी तरह की असहमति हो तो अलग होने या बाहर निकलने का अधिकार।
- सुलह व्यवस्थाओं के दौरान मूल्यांकन अनिवार्य।
- छोटे अंशधारकों पर विलय के प्रभाव का खुलासा अनिवार्य।
- सूचीबद्ध कंपनियों में छोटे अंशधारियों के प्रतिनिधित्व के लिए एक निदेशक।
- जनता से जमा राशि स्वीकार करने के कठोर नियम।
- निवेशक शिक्षा और संरक्षण कोष (आईईपीएफ) की भूमिका को मजबूत बनाना।
- आईईपीएफ से लाभांश दावों पर कोई समय सीमा नहीं।
- क्लास एक्शन सूट्स को मान्यता।
- छोटे अंशधारियों की सुरक्षा के लिए न्यायाधिकरण को अधिक शक्तियां।

कंपनी संशोधन अधिनियम

कंपनी अधिनियम, 2013 में कंपनी (संशोधन) अधिनियम 2015 के माध्यम से संशोधन किया गया ताकि व्यवसाय में सहायता प्रदान की जा सके और हितधारकों की कुछ तात्कालिक चिंताओं को दूर किया जा सके। प्रासंगिक नियमों के साथ ये संशोधन अधिसूचित कर दिए गए हैं और संशोधित अधिनियम के विभिन्न प्रावधानों के अंतर्गत (1) निजी कंपनियों, (2) सरकारी कंपनियों, (3) अनुच्छेद 8 की कंपनियों और (4) निधियों को छूट प्रदान की गई है।

दिवाला और नष्टनिधि संहिता, 2016

दिवाला और नष्टनिधि संहिता, 2016 मई 2016 से काम करने लगी है। भारत सरकार (व्यवसाय आवंटन) नियम, 1961 में संशोधन करके संहिता लागू करने की जिम्मेदारी कॉरपोरेट मामलों के मंत्रालय को दी गई है। यह संहिता पुनर्गठन तथा कॉरपोरेट व्यक्तियों, साझेदारी में चलने वाली कंपनियों तथा व्यक्तियों का दिवाला समाधान समयबद्ध रूप से करने संबंधी कानूनों को सुदृढ़ बनाने और संशोधित करने के उद्देश्य से बनाई गई है।

भारतीय दिवाला और नष्टनिधि बोर्ड

भारतीय दिवाला और नष्टनिधि बोर्ड की स्थापना आईबीसी 2016 के अंतर्गत 2016 में की गई। बोर्ड को संहिता के अंतर्गत प्राप्त शक्तियों और कार्यों के पालन के अतिरिक्त दिवाला पेशेवरों, दिवाला पेशेवर एजेंसियों तथा सूचना उपयोगिताओं के नियमन का अधिकार प्राप्त है।

विशेष न्यायालय

कंपनी अधिनियम, 2013 के अनुच्छेद 435 के अंतर्गत कॉरपोरेट मामलों के मंत्रालय ने 20 वर्तमान सत्र न्यायालयों/अतिरिक्त सत्र न्यायालयों को विशेष न्यायालय घोषित करके विशेष अदालतों का गठन किया है। ये न्यायालय जम्मू-कश्मीर, महाराष्ट्र, गोवा, गुजरात, मध्य प्रदेश, पश्चिम बंगाल, छत्तीसगढ़, राजस्थान, पंजाब, हरियाणा, मेघालय, मणिपुर, तेलंगाना, आंध्र प्रदेश, तमिलनाडु (कोयंबटूर), केंद्रशासित प्रदेश पुडुचेरी, चंडीगढ़, अंडमान और निकोबार द्वीपसमूह, दादरा और नगर हवेली, दमन और दीव तथा राष्ट्रीय राजधानी क्षेत्र दिल्ली में हैं।

राष्ट्रीय कंपनी कानून एवं अपीली न्यायाधिकरण

राष्ट्रीय कंपनी कानून न्यायाधिकरण (एनसीएलएटी) तथा राष्ट्रीय कंपनी कानून अपीली न्यायाधिकरण (एनसीएलएटी) का गठन 2016 में किया गया। इन संस्थानों का गठन कॉरपोरेट विवादों के तेज समाधान तथा अनेक एजेंसियों की संख्या में कमी लाने के लिए किया गया है ताकि देश में व्यवसाय करने की सुगमता हो। राष्ट्रीय कंपनी कानून न्यायाधिकरण (एनसीएलएटी) के गठन के साथ कंपनी कानून बोर्ड को भंग कर दिया गया और बोर्ड में लंबित मामलों को एनसीएलएटी में हस्तातंरित कर दिया गया।

दिवाला और नष्टनिधि संहिता, 2016 तथा एसआईसीए निरस्तीकरण अधिनियम, 2003 को 2016 में लागू किया गया। इसके साथ ही औद्योगिक और वित्तीय पुनर्गठन बोर्ड (बीआईएफआर) तथा औद्योगिक और वित्तीय पुनर्गठन के लिए अपीली प्राधिकरण भंग हो गया है। एनसीएलएटी की पीठों को दिवाला और नष्टनिधि संहिता के भाग दो के अंतर्गत क्षेत्राधिकार , शक्तियां और न्यायक्षेत्र प्राधिकार प्रदान किया गया है। केंद्र सरकार ने पंचाट, समझौता, प्रबंधन तथा एनसीएलएटी की पीठों के पुनर्गठन से संबंधित कार्यवाहियों के हस्तांतरण के प्रावधान को अधिसूचित किया है। कंपनी समेटने के बारे में उच्च न्यायालयों के समक्ष लंबित आवेदनों पर उच्च न्यायालय सुनवाई करते रहेंगे और नए आवेदन एनसीएलएटी के समक्ष दायर करने होंगे। एनसीएलएटी की पीठों की स्थापना चरणबद्ध तरीके से की जा रही है और इसमें भौतिक अवसंरचना, सदस्यों तथा अन्य समर्थनकारी स्टॉफ की उपलब्धता को ध्यान में रखा जा रहा है। एनसीएलएटी का मुख्यालय दिल्ली में है और इसकी पीठें नई दिल्ली , अहमदाबाद , बंगलुरु , चंडीगढ़ , चेन्नई , गुवाहाटी , हैदराबाद , कोलकाता और मुंबई में हैं।

कंपनी अधिनियम के प्रावधानों के अंतर्गत प्रतिस्पर्धा अपीली न्यायाधिकरण को 2017 में भंग करके एनसीएलएटी में विलय कर दिया गया। भारतीय प्रतिस्पर्धा आयोग के आदेशों के विरुद्ध अपील एनसीएलएटी में सुनी जाएगी। प्रतिस्पर्धा आयोग के लंबित मामलों को एनसीएलएटी में हस्तातंरित कर दिया गया है।

कंपनी अधिनियम, 2013, कंपनी अधिनियम, 1956 तथा पूर्ववर्ती कंपनी कानूनों के अंतर्गत मार्च 2017 तक देश में पंजीकृत कंपनियों की संख्या 16,41,333 है। इनमें से 3,01,778 कंपनियां बंद हो गईं, 802 कंपनियां कंपनी अधिनियम, 2013 के अनुच्छेद 455 के अनुसार निष्क्रिय पड़ी है; 1,38,206 कंपनियों ने पिछले दो वर्षों से वैधानिक वार्षिक विवरणिका को नहीं भरा है; 5,698 कंपनियां परिसमापन के अंतर्गत हैं; 25,264 कंपनियों के नाम कंपनी अधिनियम; 2013 के अनुच्छेद 248 के अंतर्गत हटाए

जाने की प्रक्रिया में हैं और 282 कंपनियां फिर से सक्रिय बनाए जाने की प्रक्रिया में हैं। इन सभी तथ्यों को ध्यान में रखते हुए मार्च 2017 तक 11,69,303 सक्रिय कंपनियां हैं।

कॉरपोरेट सामाजिक दायित्व

भारत में कंपनियों के लिए कॉरपोरेट सामाजिक दायित्व (सीएसआर) निभाना कंपनी अधिनियम, 2013 के अनुच्छेद 135 तथा कंपनी अधिनियम 2013 की 7वीं अनुसूची के माध्यम से अनिवार्य बनाया गया और कंपनियों के लिए (कॉरपोरेट सामाजिक दायित्व नीति) नियम अप्रैल 2014 में लागू हुए। मंत्रालय ने समय-समय पर कंपनियों के लिए (कॉरपोरेट सामाजिक दायित्व नीति) नियम अप्रैल 2014 में संशोधन किया है और सर्कुलर के रूप में स्पष्टीकरण और प्राय: पूछे जाने वाले प्रश्नों के उत्तर जारी किए हैं ताकि सीएसआर को प्रभावी तरीके से लागू किया जा सके और इसका परिपालन सुनिश्चित किया जा सके। क्षेत्रीय निदेशक कार्यालय द्वारा क्षेत्रीय पेशेवर संस्थानों और उद्योग चैंबर के सहयोग से कार्यशालाओं का आयोजन किया जाता है ताकि कंपनियां कारगर तरीके से सीएसआर का परिपालन कर सकें। सीएसआर पर बनी उच्च स्तरीय समिति की सिफारिश के आधार पर कॉरपोरेट मामलों के मंत्रालय ने वार्षिक सीएसआर पुरस्कारों का गठन किया है।

सीमित दायित्व साझेदारियां

भारत में 95 प्रतिशत सूक्ष्म, लघु और मझोली (एमएसएमई) औद्योगिक इकाइयां हैं। सूक्ष्म, लघु और मझोले उद्यम मंत्रालय की ओर से किए गए सर्वेक्षण के अनुसार 90 प्रतिशत से अधिक इकाइयां स्वामित्व वाली कंपनियों के रूप में पंजीकृत हैं, 2 से 3 प्रतिशत साझेदारी वाली कंपनियां हैं तथा 2 प्रतिशत से कम कंपनियों के रूप में पंजीकृत हैं। एमएसएमई कंपनियों में व्यापक रूप से कॉरपोरेट स्वरूप दिखाई नहीं देता। एमएसएमई मंत्रालय द्वारा संकलित डाटा से पता लगता है कि कंपनी अधिनियम 1956 के अंतर्गत उच्च परिपालन लागत के कारण एमएसएमई कॉरपोरेट स्वरूप नहीं ले सकीं। स्वामित्व और साझेदारी वाली कंपनियों का कामकाज अपारदर्शी होने के कारण बैंकों द्वारा ऋण पात्रता का मूल्यांकन कठिन होता है। इसलिए एसएमई कंपनियां बैंकों से ऋण प्राप्त करने के मामले में कॉरपोरेट की तुलना में अलाभकारी स्थिति में हैं। एक ऐसे नए कॉरपोरेट स्वरूप की आवश्यकता महसूस की जा रही थी जो एक तरफ पारंपरिक साझेदारी की असीमित व्यक्तिगत दायित्व का विकल्प प्रस्तुत करे और दूसरी ओर सीमित दायित्व वाली कंपनी को विधि-सम्मत प्रशासनिक संरचना प्रदान करे। इस संदर्भ में 2008 में सीमित दायित्व साझेदारी (एलएलपी) अधिनियम बनाया। यह 2009 में लागू किया गया।

एलएलपी एक कारोबारी इकाई है जो साझेदारी वाली कंपनियों में साझेदारों के संयुक्त तथा अन्य देनदारियों से व्यक्तिगत साझेदार को संरक्षण प्रदान करती है। सामान्य कारोबार के सिलसिले में साझेदारों की देनदारी साझेदारों की व्यक्तिगत परिसंपत्तियों से अलग होती है। यह करार करने और संपत्ति बनाए रखने में स्वतंत्र रूप से सक्षम होती है। एलएलपी अपने सीमित दायित्व के कारण अनुपालन मानक को सहजता से पूरा कर सकेगी। एलएलपी के कॉरपोरेट ढांचा तथा प्रकटीकरण की वैधानिक अनिवार्यता के कारण उन्हें बाजार से ऋण लेने के अधिक अवसर प्राप्त होते हैं। मार्च 2017 में 88,543 एलएलपी इकाइयां थीं जिनमें से 86,287 सक्रिय एलएलपी हैं।

एमसीए 21 ई-गवर्नेंस परियोजना

कॉरपोरेट मामलों के मंत्रालय ने कंपनी तथा सीमित दायित्व साझेदारी (एलएलपी) पंजीकरण, निगमीकरण, पंजीकरण तथा परिपालन संबंधी सेवाओं को शामिल करते हुए प्रारंभ से अंत तक 'एमसीए 21' नामक ई-गवर्नेंस परियोजना का संचालन किया। वर्ष 2006 में सार्वजनिक-निजी भागीदारी के अंतर्गत बीओओटी (बिल्ड, ओन, ऑपरेट और ट्रांसफर) के मॉडल के आधार पर यह परियोजना प्रारंभ की गई ताकि सरकारी सेवाओं की डिजाइन और डिलिवरी में सेवोन्मुखी दृष्टिकोण अपनाया जा सके। यह परियोजना मिशन मोड में चलाई गई ताकि सार्वजनिक सेवाओं और कंपनियों तथा एलएलपी अधिनियम के प्रशासन में सेवोन्मुखी दृष्टिकोण अपनाया जाए। इसमें (1) तेजी से कंपनियों और एलएलपी के निगमीकरण और (2) कारोबारी सुगमता प्रदान करने पर विशेष बल दिया गया। यह परियोजना मंत्रालय के मुख्यालय, सभी क्षेत्रीय निदेशालयों और कंपनी रजिस्ट्रार कार्यालयों में लागू की गई ताकि सार्वजनिक सेवाओं और कंपनियों तथा एलएलपी अधिनियम के प्रशासन में सेवोन्मुखी दृष्टिकोण अपनाया जा सके। सभी सेवाएं ऑनलाइन प्रदान की जाती हैं और दाखिल किए गए सभी दस्तावेज सार्वजनिक रूप से उपलब्ध होते हैं।

ई-सेवाओं की मदद से एमसीए 21 प्रणाली हितधारकों को सुविधाजनक, उपयोग सहज और सुरक्षित पहुंच प्रदान करती है तथा सुधरी हुई गति और निश्चितता के साथ सभी एमसीए सेवाएं प्रदान करती है। इस परियोजना से मंत्रालय के कामकाज में पारदर्शिता, गति और सक्षमता आई है। मार्च 2016 में एमसीए 21 के एसएपी आधारित प्लेटफार्म संस्करण 2 के सफलतापूर्वक लॉन्च किए जाने के बाद परियोजना आगे सुधार के उद्देश्य से नए चरण में प्रवेश कर गई है।

लागत लेखा

कंपनी अधिनियम, 2013 के अनुच्छेद 148 के तहत वस्तुओं के उत्पादन और सेवा देने के काम में लगी कंपनियों के लिए सामग्रियों, श्रम तथा लागत वाली अन्य सामग्रियों के उपयोग को लेखा बही में शामिल करना अनिवार्य है। इसमें यह भी निर्धारित किया गया है कि इस वर्ग की कंपनियों को उपर्युक्त लागत रिकार्ड का अंकेक्षण कराना होगा। बशर्ते वे अपने कुल व्यवसाय की न्यूनतम सीमा से परे न हो। केंद्र सरकार ने कंपनी (लागत रिकार्ड तथा अंकेक्षण) नियम, 2014 को अधिसूचित किया है और उन कंपनियों के वर्ग, न्यूनतम सीमा का निर्धारण किया है जिनके लिए लागत लेखाजोखा रखना और लेखा परीक्षण कराना अनिवार्य है। उपरोक्त नियमों में से 6 नियमित क्षेत्र 33 गैर-नियमित क्षेत्र में शामिल हैं, जो लागत रिकार्ड रखने तथा उनका लेखा परीक्षण करने के मामले में कंपनी अधिनियम, 2013 के अनुच्छेद 148 के अंतर्गत आते हैं बशर्ते वे निर्दिष्ट न्यूनतम सीमा में हों। लागत रिकार्ड से कंपनियों को अपने उपयोग के लिए लागत प्रबंधन, लागत डाटाबेस संकलन में सहायता मिलती है। इन रिकार्डों का इस्तेमाल, मूल्य निर्धारण प्राधिकार, नियामक संस्थाओं, विश्व व्यापार संगठन की क्रियान्वयन और निगरानी एजेंसियों, भारतीय प्रतिस्पर्धा आयोग, गंभीर धोखाधड़ी अन्वेषण कार्यालय (एसएफआईओ), राजस्व प्राधिकारों तथा अन्य संस्थानों द्वारा किया जाता है। मंत्रालय लागत लेखा परीक्षण रिपोर्टों का विश्लेषण करता है और निर्दिष्ट कंपनियों द्वारा नियमों/कानूनों के अनुपालन पर नजर रखता है।

निवेशक शिक्षा और संरक्षण कोष

कंपनी अधिनियम में निवेशक जागरुकता को प्रोत्साहित करने तथा निवेशकों के हितों की रक्षा करने के लिए निवेशक शिक्षा और संरक्षण कोष (आईईपीएफ) की स्थापना का प्रावधान है। लाभांश राशि,

परिपक्व जमा, परिपक्व डिबेंचरों तथा आवेदन राशि जिनका भुगतान नहीं हुआ है। जिनके बारे में देय तिथि से 7 वर्षों तक कोई दावा नहीं किया गया है, उन्हें आईईपीएफ में अंतरित कर दिया जाता है। कंपनी अधिनियम, 2013 का अनुच्छेद 125 आईईपीएफ में अंतरित भुगतान नहीं की गई राशि की वापसी की अनुमति देता है। ऐसी राशि की वापसी अधिनियम के अनुच्छेद 125 के अंतर्गत निवेशक शिक्षा और संरक्षण कोष प्राधिकार द्वारा की जाती है।

आईईपीएफ सितंबर 2016 से काम कर रहा है और आईईपीएफ को आईईपीएफ में अंतरित राशि का उपयोग करते हुए निवेशक जागरुकता गतिविधियां चलाने की जिम्मेदारी दी गई है। निवेशक जागरुकता कार्यक्रम (आईएपी) तीन पेशेवर संस्थानों- (1) भारतीय चार्टर्ड एकाउंटेंट्स संस्थान, (2) भारतीय कंपनी सचिव संस्थान तथा (3) भारतीय लागत लेखा संस्थान-के सहयोग से आयोजित किए जाते हैं। इसके अतिरिक्त, प्रसार भारती के माध्यम से निवेशक जागरुकता बढ़ाने के लिए 90 दिनों के लिए दूरदर्शन पर क्रालर संदेश और आकाशवाणी पर जिंगल्स प्रसारित किए जाते हैं।

भारतीय कॉरपोरेट विधि सेवा

कॉरपोरेट मामलों का मंत्रालय भारतीय कॉरपोरेट विधि सेवा (आईसीएलएस) का कैडर नियंत्रण प्राधिकार है। पूर्ववर्ती कंपनी विधि सेवा का नामकरण 2008 में भारतीय कॉरपोरेट विधि सेवा किया गया।

गंभीर धोखाधड़ी अन्वेषण कार्यालय

गंभीर धोखाधड़ी अन्वेषण कार्यालय (एसएफआईओ) की स्थापना जुलाई 2003 में की गई। कंपनी अधिनियम 2013 में एसएफआईओ को वैधानिक दर्जा दिया गया है और इसके कार्य और शक्तियों का विस्तार किया गया है। इसकी स्थापना कंपनी अधिनियम, 2013 के अनुच्छेद 211 के अंतर्गत किया गया है। एसएफआईओ का मुख्य कार्य गंभीर और जटिल स्वरूप की कॉरपोरेट धोखाधड़ी की जांच करना है। एसएफआईओ ऐसे जटिल मामलों की जांच का कार्य अपने हाथ में लेता है जिनका प्रभाव अन्य विभागों और शाखाओं पर पड़ सकता है। एसएफआईओ धन के विनियोग के आकार अथवा प्रभावित व्यक्तियों की संख्या के साथ-साथ कानून, प्रक्रिया तथा व्यवस्था में सुधार और अन्वेषणों की आवश्यकता का संकेत देने वाले मामलों की जांच करता है। जांच का काम बहु-विभागीय दल द्वारा किया जाता है जिसमें लेखा क्षेत्र, फारेंसिक लेखा परीक्षण, कराधान, सीमा शुल्क, सूचना प्रौद्योगिकी, पूंजी बाजार, वित्तीय लेनदेन (बैंकिंग सहित) तथा केंद्रीय अन्वेषण ब्यूरो (सीबीआई), गुप्तचर ब्यूरो (आईबी) और प्रवर्तन निदेशालय जैसी एजेंसियों के विशेषज्ञ शामिल होते हैं।

भारतीय कॉरपोरेट मामलों के संस्थान

मंत्रालय ने भारतीय कॉरपोरेट मामलों के संस्थान (आईआईसीए) का गठन सोसायटी पंजीकरण अधिनियम, 1860 के अंतर्गत एक पंजीकृत सोसायटी के रूप में किया। इसका उद्देश्य ऐसे संस्थान के रूप में काम करना है जो एक ही जगह समन्वित, साझेदारियों और समस्याओं के समाधान के माध्यम से कॉरपोरेट विकास और सुधारों के लिए नीति निर्धारण और क्षमता सृजन की सेवा प्रदान कर सके। संस्थान अपने विभिन्न स्कूलों/केंद्रों के नेटवर्क के जरिए भारतीय कंपनी विधि सेवा (आईसीएलएस) तथा मंत्रालय, कॉरपोरेट, सार्वजनिक प्रतिष्ठानों तथा बैंकों के अधिकारियों के प्रशिक्षण आवश्यकताओं की पूर्ति करता है। कॉरपोरेट सामाजिक दायित्व के लिए राष्ट्रीय फाउंडेशन भी आईआईसीए तंत्र से जुड़ा है।

संस्थान कॉरपोरेट गवर्नेंस, कॉरपोरेट सामाजिक दायित्व, निवेशक शिक्षा और संरक्षण, व्यवसाय दायित्व, वित्त, प्रतिस्पर्धा कानून आदि विविध क्षेत्रों में सेवा डिलिवरी व्यवस्था में सुधार करने में मदद देता है।

भारतीय प्रतिस्पर्धा आयोग

प्रतिस्पर्धा अधिनियम, 2000 के अंतर्गत 2003 में भारतीय प्रतिस्पर्धा आयोग (सीसीआई) की स्थापना की गई। इसका उद्देश्य स्पर्धा, संवर्धन तथा सतत स्पर्धा पर प्रतिकूल प्रभाव डालने वाले व्यवहारों को समाप्त करना, उपभोक्ताओं के हितों की रक्षा करना और भारत में कारोबार की स्वतंत्रता को सुनिश्चित करना है। प्रतिस्पर्धा अधिनियम, 2000 में दो बार सरकारी (संशोधन) अधिनियम, 2007 तथा सरकारी (संशोधन) अधिनियम, 2009 द्वारा संशोधन किया गया। स्पर्धा विरोधी समझौतों तथा प्रभावकारी स्थिति के दुरुपयोग से संबंधित प्रावधान मई 2009 से लागू किए गए और संयोजन से संबंधित प्रावधानों को 2011 में लागू किया गया।

सीसीआई ने मार्च 2017 तक प्रतिस्पर्धा विरोधी समझौतों और बीमा, यात्रा, परिवहन, सीमेंट, ऑटोमोबिल विनिर्माण, रियल एस्टेट, फार्मास्युटिकल्स, वित्त, सार्वजनिक खरीद और मनोरंजन जैसे क्षेत्रों में प्रभाव के दुरुपयोग से संबंधित 868 मामले प्राप्त किए। आयोग ने 654 मामलों (लगभग 75.34) में अंतिम आदेश पारित किया। उल्लंघन के कुछ गंभीर मामलों में सीसीआई द्वारा दंड भी लगाए गए हैं।

संयोजन के नियमन के संदर्भ में आयोग को मार्च, 2017 तक संयोजन के लिए 498 नोटिस (स्वतः संज्ञान के 9 मामलों सहित) मिली हैं। इनमें से 482 मामलों का निष्पादन निर्धारित समय में कर लिया गया।

15 खाद्य और नागरिक आपूर्ति

खाद्य और सार्वजनिक वितरण विभाग का प्रमुख उद्देश्य निम्नलिखित उपायों से देश की खाद्य सुरक्षा सुनिश्चित करना है: न्यूनतम समर्थन मूल्य (एमएसपी) पर खाद्यान्नों की पर्याप्त खरीद,भंडारण तथा खाद्यान्न वितरण कर के अनाज का बफर स्टॉक बनाए रखने सहित नीतिगत उपायों के जरिए खाद्यान्न, चीनी तथा खाद्य तेल की उपलब्धता सुनिश्चित करके लक्षित सार्वजनिक प्रणाली के अंतर्गत विशेष रूप से समाज के कमजोर वर्गों के लिए उचित मूल्य पर खाद्यान्न उपलब्ध करा कर।

अनाज की खरीद

भारतीय खाद्य निगम (एफसीआई) किसानों को समर्थन मूल्य उपलब्ध कराने के लिए राज्य सरकारों की एजेंसियों की सहायता से विभिन्न राज्यों में गेहूं, धान तथा मोटे अनाजों की खरीद करता है। प्रत्येक रबी/खरीफ मौसम के पहले केंद्र सरकार कृषि लागत और मूल्य आयोग (सीएसीपी) की सिफारिशों के अनुसार न्यूनतम समर्थन मूल्य की घोषणा करती है, जिसमें विभिन्न कृषि निवेशों की लागत और किसानों को उनकी उपज के लिए उचित लाभ प्राप्ति को ध्यान में रखा जाता है। खाद्यान्न खरीद के लिए खोले जाने वाले खरीद केंद्रों की संख्या तथा पैकेजिंग सामग्रियों और भंडारण स्थान जैसे प्रबंधों का ख्याल रखा जाता है। खरीद मौसम प्रारंभ होने से पहले संबंधित राज्य की वसूली क्षमता और विस्तार को ध्यान में रखते हुए एफसीआई और राज्य सरकारों की एजेंसियों द्वारा आपसी सलाह से पर्याप्त संख्या में खरीद केंद्र स्थापित किए जाते हैं। खरीद मौसम के दौरान अतिरिक्त खरीद केंद्रों की आवश्यकता की समय-समय पर समीक्षा की जाती है और आवश्यक खरीद केंद्र खोले जाते हैं। राज्यों को विकेंद्रीकृत खरीद प्रणाली अपनाने के लिए प्रोत्साहित किया जाता है ताकि अधिकतम सरकारी खरीद की जा सके, ढुलाई लागत में कमी आए और न्यूनतम समर्थन मूल्य संबंधी कार्यों की पहुंच का विस्तार किया जा सके। इस प्रणाली के अंतर्गत राज्य सरकारें स्वयं अनाजों की खरीद और वितरण का कार्य करती हैं। राज्य की आवश्यकता से अधिक मात्रा में खरीदे गए अनाजों को अन्य स्थानों पर वितरण के लिए केंद्रीय पूल में रखा जाता है।

हाल के वर्षों में अनाज पैदावार में वृद्धि और पूर्वी भारत में हरित क्रांति पर बल दिए जाने से अनेक राज्यों में खरीद कार्यों का विस्तार हुआ है, जिससे खाद्यान्नों का संचित केंद्रीय पूल स्टॉक 319 लाख टन के बफर मानक की तुलना में रिकार्ड 805.16 लाख टन पहुंच गया है। इसलिए अब खरीद, वितरण और खाद्यान्न निपटान की संतुलित नीति अपनाई जा रही है ताकि किसानों को उचित समर्थन मूल्य मिले, टीपीडीएस आवश्यकताओं को पूरी करने के लिए अधिकतम खरीद की जा सके, बफर स्टॉक बनाए रखा जा सके और भविष्य में बाजार को असंतुलित किए बिना अनाजों का निपटान किया जा सके।

इससे पहले पैदावार कम होने की स्थिति में केंद्र सरकार ने सार्वजनिक वितरण प्रणाली की आवश्यकताओं को पूरी करने के लिए 1972 में आवश्यक सामग्री अधिनियम, 1955 के अंतर्गत राज्य सरकारों को चावल खरीद के लिए चावल मिल मालिकों और डीलरों पर लेवी लगाने के लिए अधिकृत किया था। अब 2015 से लेवी प्रणाली को पूरी तरह समाप्त कर दिया गया है।

केंद्रीय पूल में अनाज स्टॉक

केंद्रीय पूल में अनाज (गेहूं और चावल) का भंडार जुलाई 2017 में 533.19 टन (210.44 लाख टन चावल तथा 322.75 लाख टन गेहूं) था। जुलाई 2017 में भंडार 2016 के 495.95 लाख से 7.51 प्रतिशत अधिक था।

वर्ष 2016-17 में लक्षित सार्वजनिक वितरण प्रणाली तथा अन्य कल्याणकारी योजनाओं के अंतर्गत केंद्रीय पूल से विभिन्न राज्यों और केंद्र शासित प्रदेशों द्वारा अनाज (चावल और गेहूं) का उठाव 2015-16 के 636.55 लाख टन की तुलना में 618.94 लाख टन था। अप्रैल 2016 से मार्च 2017 के दौरान सार्वजनिक वितरण प्रणाली के अंतर्गत अनाजों (गेहूं और चावल) का कुल उठाव 521.66 लाख टन रहा। इसमें 292.95 लाख टन (लगभग 96 प्रतिशत) चावल और 228.71 लाख टन गेहूं था। वर्ष 2015-16 के दौरान यह उठाव 495.94 लाख टन (94.8 प्रतिशत) था। अन्य कल्याणकारी योजनाओं के अंतर्गत अनाजों का उठाव वर्ष 2015-16 के 41.35 लाख टन की तुलना में 42.86 लाख टन रहा।

राष्ट्रीय खाद्य सुरक्षा

भारत सरकार ने जनता की खाद्य सुरक्षा के संकल्प को मजबूत बनाने के लिए राष्ट्रीय खाद्य सुरक्षा अधिनियम(एनएफएसए), 2013 बनाया, जो 2013 से लागू हुआ। इस अधिनियम का उद्देश्य मानव जीवनचक्र की दृष्टि से लोगों को सम्मान के साथ जीवन व्यतीत करने के लिए उचित दरों पर गुणवत्ता संपन्न आहार सुनिश्चित करके खाद्य और पौष्टिकता सुरक्षा प्रदान करना है। यह कानून खाद्य सुरक्षा की अवधारणा में बदलाव का संकेत देता है और अब खाद्य सुरक्षा कल्याण आधारित न रह कर अधिकार आधारित हो गई है।

इस अधिनियम में लक्षित सार्वजनिक वितरण प्रणाली के अंतर्गत उचित दर पर अनाज प्राप्त करने के लिए 75 प्रतिशत ग्रामीण आबादी तथा 50 प्रतिशत शहरी आबादी को कवर करने का प्रावधान है। इस तरह आबादी का दो-तिहाई हिस्सा कवर हो जाता है। उच्च रियायती दर पर अनाजों की प्राप्ति दो श्रेणियों— अंत्योदय अन्न योजना(एएवाई) के अंतर्गत आने वाले परिवार की श्रेणी और प्राथमिकता वाले परिवार की श्रेणी में होती है। एएवाई निर्धनतम व्यक्ति को खाद्य सुरक्षा प्रदान करने और 2.5 करोड़ परिवारों को कवर करने के लिए वर्ष 2000 में शुरू की गई। अधिनियम के अंतर्गत ऐसे परिवार को 1/2/3 रुपये प्रति किलोग्राम की दर से प्रति परिवार 35 किलोग्राम मोटे अनाज/गेहूं/चावल प्राप्त करने का अधिकार है। प्राथमिकता वाले परिवारों को उपरोक्त रियायती दरों पर प्रतिव्यक्ति प्रतिमाह 5 किलो ग्राम अनाज पाने का अधिकार है।

इस अधिनियम में जिला और राज्य स्तरों पर शिकायत निवारण व्यवस्था बनाने का प्रावधान है। पारदर्शिता और उत्तरदायित्व सुनिश्चित करने के लिए भी अलग प्रावधान किए गए हैं।

एनएफएसए अब सभी राज्यों/केंद्र शासित प्रदेशों में 80.55 करोड़ लाभार्थियों को कवर करता है जबकि वांछित लक्ष्य 81.34 करोड़ व्यक्तियों को कवर करना था। चंडीगढ़, पुदुचेरी तथा दादरा और नगर हवेली के शहरी क्षेत्रों में यह कानून नकद अंतरण रूप में लागू किया जा रहा है, जिसके तहत खाद्य सब्सिडी लाभार्थी के बैंक खाते में अंतरित कर दी जाती है जिससे लाभार्थी अपनी पसंद के अनाज खुले बाजार से खरीद सकते हैं।

प्रारंभ से अंत तक कंप्यूटरीकरण

खाद्य और सार्वजनिक वितरण विभाग लक्षित सार्वजनिक वितरण प्रणाली संचालन में प्रारंभ से अंत तक कंप्यूटरीकरण करने की योजना राज्यों के साथ लागत साझेदारी के आधार पर लागू कर रहा है। इसमें भारत सरकार की हिस्सेदारी 489.37 करोड़ रुपये की और राज्यों की हिस्सेदारी 394.70 करोड़ रुपये की है। राष्ट्रीय खाद्य सुरक्षा अधिनियम लागू होने के बाद यह कार्यक्रम और अधिक महत्वपूर्ण हो गया है, जिसके अंतर्गत लक्षित सार्वजनिक प्रणाली के माध्यम से वितरित किए जाने वाले अनाज की कीमत और कम होती है। इस योजना की अवधि एक वर्ष के लिए 2018 तक बढ़ा दी गई है। इसकी प्रमुख गतिविधियों में लाभार्थियों की सही पहचान करना, जाली राशन कार्डों को हटाना, खाद्य सब्सिडी को बेहतर तरीके से लक्षित करना, उचित मूल्य दुकानों तक खाद्यान्न आवंटन में पारदर्शिता लाने के लिए सिस्टम आधारित आवंटन की व्यवस्था करना, पारदर्शिता लागू करना, पारदर्शी पोर्टलों के माध्यम से सार्वजनिक उत्तदायित्व तय करना और ऑनलाइन शिकायत पंजीकरण और टोल फ्री नंबर लागू करना शामिल है। सभी राज्यों से राशन कार्ड डाटाबेस में आधार संख्या जुड़वाने का अनुरोध किया गया है। राशन दुकानों के ऑटोमेशन के लिए भी कार्य प्रारंभ किए गए हैं। इनमें राशन दुकानों पर लाभार्थियों के प्रमाणीकरण के लिए प्वाइंट ऑफ सेल (पीओएस) उपकरण लगाना, राशन दुकानों पर लाभार्थियों को की गई बिक्री का रिकार्ड रखना और केंद्रीय सर्वर में कारोबारी डाटा अपलोड करना शामिल है।

लक्षित सार्वजनिक वितरण प्रणाली

आपूर्ति बनाए रखने तथा आवश्यक जिन्सों की उपलब्धता और वितरण सुनिश्चित करने के लिए विभाग ने राष्ट्रीय खाद्य सुरक्षा अधिनियम , 2013 (एनएफएसए) के अनुरूप लक्षित सार्वजनिक वितरण प्रणाली (नियंत्रण) आदेश, 2015 को अधिसूचित किया।

लक्षित सार्वजनिक वितरण प्रणाली (नियंत्रण) आदेश, 2015 की धारा 9 (1) राज्य सरकारों को आवश्यक जिन्सों की बिक्री और वितरण के नियमन के लिए शक्ति प्रदान करती है। लेकिन राज्य सरकार द्वारा जारी ऐसा आदेश लक्षित सार्वजनिक वितरण प्रणाली (नियंत्रण) आदेश, 2015 के विपरीत नहीं होना चाहिए।

विभाग ने विभिन्न पहलों और श्रेष्ठ व्यवहारों तथा नवीनतम विकास और उपलब्धियों को साझा करने के लिए तिमाही न्यूजलेटर 'खाद्य सुरक्षा' लॉन्च किया है।

अन्य कल्याणकारी योजनाएं

मध्याह्न भोजन योजना

मध्याह्न भोजन योजना मानव संसाधन विकास मंत्रालय चलाता है। यह योजना सरकारी/सरकारी सहायता प्रदत्त/स्थानीय निकायों द्वारा चलाए जा रहे स्कूलों के प्राथमिक तथा उच्च प्राथमिक कक्षाओं के

विद्यार्थियों को कवर करती है। प्रत्येक स्कूल दिवस को नि:शुल्क प्राथमिक स्तर पर 100 ग्राम की दर से तथा उच्च प्राथमिक स्तर पर 150 ग्राम की दर से अनाज की आपूर्ति की जाती है, जिसके अंतर्गत पका भोजन/प्रसंस्कृत गर्म खाना परोसा जाता है या प्रति विद्यार्थी प्रतिमहीने 3 किलोग्राम अनाज वितरण किया जाता है। वर्ष 2016-17 के दौरान इस योजना के अंतर्गत 22.96 लाख टन चावल और 4.21 लाख टन गेहूं सहित 27.17 लाख टन अनाज आवंटित किया गया।

गेहूं आधारित पौष्टिकता कार्यक्रम

यह योजना महिला और बाल विकास मंत्रालय क्रियान्वित करता है। योजना 0-6 आयु वर्ग के बच्चों, गर्भवती महिलाओं तथा स्तनपान कराने वाली माताओं को पौष्टिक और ऊर्जायुक्त आहार देने के लिए समेकित बाल विकास सेवा (आईसीडीएस) योजना के अंतर्गत चलाई जाती है। वर्ष 2016-17 के दौरान 19.89 लाख टन अनाज इस योजना के अंतर्गत आवंटित किया गया, जिसमें 9.62 लाख टन चावल और 10.27 लाख टन गेहूं है। इसके अतिरिक्त, इसी अवधि में योजना के अंतर्गत 20,994 टन मक्का और 19,489 टन रागी आवंटित की गई।

किशोरियों के लिए योजना

यह योजना केंद्रीय स्तर पर महिला और बाल विकास मंत्रालय चलाता है। लेकिन योजना के लिए अनाज महिला और बाल विकास मंत्रालय को बीपीएल दरों पर खाद्य और सार्वजनिक वितरण विभाग द्वारा आवंटित किया जाता है। सबला योजना 2010 में दो योजनाओं— पौष्टिकता कार्यक्रम और किशोरियां (एनपीएजी) तथा किशोरी शक्ति योजना को मिलाकर लॉन्च की गई। इस योजना का उद्देश्य 11-18 आयु वर्ग की किशोरियों की पौष्टिकता और स्वास्थ्य स्थिति सुधारकर और उनके लिए विभिन्न कौशलों को उन्नत बनाकर उन्हें सशक्त बनाना है। इस योजना का उद्देश्य लड़कियों को परिवार कल्याण तथा स्वास्थ्य और स्वच्छता की जानकारी प्रदान करना और वर्तमान सार्वजनिक सेवाओं के बारे में उन्हें निर्देशित करना भी है। पौष्टिकता के लिए योजना के अंतर्गत वर्ष में 300 दिन प्रत्येक लाभार्थी को प्रतिदिन 100 ग्राम आहार देने की आवश्यकता है। वर्ष 2016-17 के दौरान 1.25 लाख टन चावल और 1.45 लाख टन गेहूं सहित 2.70 लाख टन अनाज आवंटित किया गया। इसके अतिरिक्त वर्ष 2016-17 के दौरान इस योजना के अंतर्गत 1,750 टन मक्का और 1,100 टन रागी तमिलनाडु को आवंटित की गई।

कल्याणकारी संस्थाओं को अनाज की आपूर्ति

टीपीडीएस या किसी अन्य कल्याणकारी योजनाओं के अंतर्गत कवर नहीं किए गए कल्याण संस्थाओं यथा— भिक्षुगृह, नारीनिकेतन की आवश्यकताओं को पूरा करने के लिए राज्यों/केंद्र शासित प्रदेशों को बीपीएल दरों पर अतिरिक्त अनाज (चावल और गेहूं) का आवंटन किया गया है, जो बीपीएल आवंटन के 5 प्रतिशत से अधिक नहीं है। वर्ष 2016-17 के दौरान विभिन्न राज्यों/केंद्र शासित प्रदेशों को इस योजना के तहत 2,61,071 टन अनाज (गेहूं-चावल) आवंटित किया गया।

अजा/जजा/ओबीसी छात्रावासों को अनाज आपूर्ति

यह योजना 1994 में लागू की गई। अजा/जजा/ओबीसी से संबंधित दो-तिहाई विद्यार्थियों वाले छात्रावासों में रहने वाले प्रतिमाह, प्रति निवासी 15 किलोग्राम अनाज प्राप्त करने के पात्र हैं। इस योजना

के अंतर्गत खाद्य और सार्वजनिक वितरण विभाग अनाज आवंटन राज्य/केंद्रशासित प्रदेश की सरकार द्वारा किए गए अनुरोध के आधार पर करता है। वर्ष 2016–17 के दौरान इस योजना के अंतर्गत विभिन्न राज्यों को 2,40,212 टन अनाज (चावल–गेहूं) आवंटित किया गया।

अन्नपूर्णा योजना

यह योजना ग्रामीण विकास मंत्रालय लागू करता है। इसके अंतर्गत राष्ट्रीय वृद्धावस्था पेंशन योजना (एनओएपीएस) के अंतर्गत पेंशन नहीं पाने वाले 65 वर्ष और उससे अधिक आयु के वरिष्ठ नागरिकों को प्रतिमाह प्रतिव्यक्ति निःशुल्क 10 किलोग्राम अनाज दिया जाता है। योजना के अंतर्गत खाद्य और सार्वजनिक वितरण विभाग द्वारा बीपीएल मूल्यों पर अनाज दिया जाता है। वर्ष 2016–17 के दौरान ग्रामीण विकास मंत्रालय को योजना के अंतर्गत राज्यों/केंद्रशासित प्रदेशों में आवंटन के लिए 7,554 टन चावल आवंटित किया गया।

मुक्त बाजार बिक्री योजना (घरेलू)

बफर स्टॉक बनाए रखने के अतिरिक्त तथा लक्षित सार्वजनिक वितरण प्रणाली और अन्य कल्याणकारी योजनाओं की आवश्यकताओं को पूरा करने के लिए एफसीआई मुक्त बाजार बिक्री योजना (घरेलू) के अंतर्गत ई–टेंडर के माध्यम से समय–समय पर खुले बाजार में पूर्वनिर्धारित मूल्यों पर केंद्रीय पूल के गेहूं और चावल के अत्यधिक स्टॉक की बिक्री करता है ताकि शुष्क मौसम में विशेषकर कमी वाले क्षेत्रों में आपूर्ति बढ़ाई जा सके।

अनाज का भंडारण

एफसीआई और राज्य एजेंसियों की राज्यवार क्षमता

एफसीआई का सभी राज्यों में अपने गोदामों का ग्रिड है जहां केंद्रीय पूल के अनाज का सुरक्षित स्टॉक रखा जाता है। इसके अतिरिक्त, एफसीआई केंद्रीय भंडारण निगम (सीडब्ल्यूसी) तथा राज्य भंडारण निगमों जैसी राज्य एजेंसियों तथा निजी पक्षों से किराये पर क्षमता प्राप्त करता है। निगम के पास पर्याप्त भंडारण क्षमता उपलब्ध है और 783.17 लाख एमटी क्षमता उपलब्धता की तुलना में 555.40 लाख एमटी का केंद्रीय अनाज स्टॉक है।

भंडारण क्षमता में वृद्धि

विभाग अनाज उत्पादन और खरीद में हो रही लगातार वृद्धि के प्रबंधन के लिए देश में कवर्ड क्षमता संवर्धन के लिए निजी उद्यमी गारंटी (पीईजी) योजना लागू कर रहा है। वर्ष 2008 में लॉन्च किए गए पीईजी कार्यक्रम के अंतर्गत गोदाम सार्वजनिक–निजी भागीदारी प्रणाली में बनाए जाते हैं और चुनिंदा साझेदार भूमि तथा निर्माण लागत वहन करते हैं। एफसीआई अपनी ओर से निजी निवेशकों को 10 वर्ष तक भंडारण क्षमताओं का इस्तेमाल करने तथा सीडब्ल्यूसी और एसडब्ल्यूसी को 9 वर्ष तक उपयोग की गारंटी देता है। एफसीआई भंडारण अंतर को कम करने के लिए राज्य स्तरीय समितियों की सिफारिशों के आधार पर गोदाम निर्माण के लिए स्थलों को चिन्हित करता है। उपयोगकर्ता क्षेत्रों में पीडीएस और ओडब्ल्यूएस की चार महीने की आवश्यकता के आधार पर भंडारण अंतराल का आकलन किया जाता है जबकि खरीदार राज्यों के भंडारण अंतर का आकलन पिछले तीन वर्षों के उच्चतम स्टॉक स्तरों के आधार पर और अनाज खरीद क्षमता को ध्यान में रख कर किया जाता है। योजना के अंतर्गत मई 2017 तक

150.15 लाख एमटी की कुल स्वीकृत क्षमता में से 20 राज्यों में 137.45 एमटी क्षमता निर्माण का काम पूरा किया गया है।

भंडारण क्षमताओं के आधुनिकीकरण के हिस्से के रूप में स्टील साइलो रूप में सार्वजनिक-निजी भागीदारी में भंडारण सुविधाएं बनाई जा रही हैं। प्रत्येक साइलो की क्षमता 25,000 से 50,000 एमटी होगी। इससे वर्तमान आपूर्ति शृंखला का मशीनीकरण हो जाएगा और संचालन क्षमता में सुधार होगा।

वेयरहाउसिंग विकास और विनियामक प्राधिकरण

भारत सरकार ने वेयरहाउसिंग क्षेत्र के विकास, कृषि विपणन में सुधार और कृषि क्षेत्र के लिए अधिक ऋण की व्यवस्था के लिए वेयरहाउसिंग (विकास और विनियम) अधिनियम, 2007 बनाया। यह 2010 से लागू है। सरकार ने अधिनियम के प्रावधानों को लागू करने के लिए 2010 में वेयरहाउसिंग विकास और विनियामक प्राधिकरण (डब्ल्यूडीआरए) का गठन किया। वेयरहाउस में किसानों द्वारा जमा कराए गए कृषि उत्पादों के लिए जारी निगोशिएबल वेयरहाउस रसीद प्रणाली से किसानों को ऋण लेने में मदद मिलेगी। इससे व्यस्त फसल मौसम में किसानों द्वारा कृषि उत्पादों को आनन-फानन में बेचने की समस्या पर काबू पाने में भी सहायता मिलेगी। एनडब्ल्यूआर जारी करने के लिए वेयरहाउस को डब्ल्यूडीआरए से पंजीकृत होना पड़ेगा। पंजीकरण अनुमति देने से पूर्व पैनल में शामिल एजेंसियों द्वारा वेयरहाउस का निरीक्षण किया जाता है ताकि कृषि तथा अन्य जिन्सों को वैज्ञानिक और सुरक्षित तरीके से रखने की बुनियादी आवश्यकताएं सुनिश्चित की जा सकें।

प्राधिकरण ने एडब्ल्यूडीआरए ने एनडब्ल्यूआर जारी करने के लिए अनाज, दलहन, तिलहन, वनस्पति तेल, गिरी तथा रबर, तंबाकू, चाय, कॉफी तथा मखाना आदि सहित 123 कृषि जिन्स अधिसूचित किए हैं। इसके अतिरिक्त, एनडब्ल्यूआर जारी करने के लिए आलू, डिहाइड्रेटेड प्याज, लहसुन, अदरक, हल्दी, सेब और किशमिश जैसी 26 बागवानी वस्तुएं भी अधिसूचित की गई हैं।

अनाज की गुणवत्ता नियंत्रण

फसल कटाई के बाद अनाज प्रबंधन

सरकार विधिवत रूप से केंद्रीय पूल के लिए खरीदे गए अनाज की गुणवत्ता पर नियंत्रण रखती है। नई दिल्ली स्थित मंत्रालय का गुणवत्ता नियंत्रण प्रकोष्ठ और बंगलुरु, भोपाल, भुवनेश्वर, कोलकाता, हैदराबाद, लखनऊ, पुणे, गुवाहाटी, चेन्नई तथा पटना स्थित क्षेत्रीय कार्यालय खरीदे गए और भंडार में रखे गए अनाजों की गुणवत्ता की निगरानी करते हैं तथा एफसीआई तथा राज्य सरकारों और उनकी एजेंसियों द्वारा 1,200 वितरण के लिए जारी करते हैं। वर्ष 2016-17 के दौरान गुणवत्ता नियंत्रण प्रकोष्ठ के अधिकारियों द्वारा अनाज भंडारण डिपो का निरीक्षण किया गया। राज्य सरकारों और उनकी एजेंसियों के 1,330 कर्मियों के प्रशिक्षण के लिए 38 प्रशिक्षण कार्यक्रम संचालित किए गए।

भारतीय अनाज भंडारण प्रबंधन और अनुसंधान संस्थान

भारतीय अनाज भंडार प्रबंधन और अनुसंधान संस्थान (आईजीएमआरआई), हापुड़ तथा लुधियाना (पंजाब) और हैदराबाद (आंध्र प्रदेश) स्थित उसके फील्ड स्टेशन अनाज के वैज्ञानिक प्रबंधन से जुड़े प्रशिक्षण, अनुसंधान और विकास कार्य संचालित करते हैं। यह संस्थान भंडारण एजेंसियों और कीट नियंत्रण संचालकों के लिए अनाज के भंडारण, निरीक्षण तथा कीट नियंत्रण से संबंधित पाठ्यक्रम भी

संचालित करता है। वर्ष 2016-17 के दौरान आईजीएमआरआई द्वारा 20 दीर्घावधि/अल्पावधि पाठ्यक्रम प्रारंभ किए गए।

केंद्रीय अनाज विश्लेषण प्रयोगशाला

नई दिल्ली स्थित केंद्रीय अनाज विश्लेषण प्रयोगशाला (सीजीएएल) गुणवत्ता नियंत्रण अधिकारियों द्वारा लिए गए नमूनों का विश्लेषण करके सरकारी खरीद, भंडारण और वितरण के समय अनाज गुणवत्ता की निगरानी में विभाग की मदद करती है। वर्ष 2016-17 के दौरान विभिन्न अनाजों के कुल 1,655 नमूनों, प्रोटीन जांच के लिए 536 नमूनों तथा गेहूं में यूरिक एसिड की जांच के लिए 388 नमूनों का विश्लेषण किया गया।

गेहूं और चावल निर्यात नीति

अनाज की आयात और निर्यात नीति

वर्ष 2011 से सरकार ने निजी तौर पर रखे गए स्टॉक में से निजी स्तर पर गैर-बासमती चावल के निःशुल्क निर्यात की अनुमति दी है। मेसर्स एनसीसीएफ तथा नेफेड सहित राज्य व्यापार उद्यमों को भी निजी तौर पर रखे गए स्टॉक से गैर-बासमती चावल के निर्यात की अनुमति दी गई है। इसी वर्ष से गेहूं निर्यात की अनुमति भी दी गई। सीमा शुल्क ईडीआई बंदरगाहों के माध्यम से भी गैर-बासमती चावल और गेहूं के निर्यात की अनुमति दी गई है। भारत-बांग्लादेश तथा भारत-नेपाल सीमा पर गैर-ईडीआई लैंड कस्टम स्टेशनों (एलसीएस) के माध्यम से भी निर्यात की अनुमति दी गई है लेकिन इसके लिए डीजीएफटी में गुणवत्ता पंजीकरण अनिवार्य है। बीज गुणवत्ता वाले चावल तथा अन्य चावल (बीज गुणवत्ता से भिन्न भूसायुक्त चावल(धान या मोटा चावल) के निर्यात की अनुमति लाइसेंस के अंतर्गत दी गई है।

गेहूं और चावल निर्यात

वर्ष 2016-17 के दौरान 68 लाख एमटी गैर-बासमती चावल और 2.66 लाख एमटी गेहूं का निर्यात नियंत्रण मुक्त श्रेणी के अंतर्गत किया गया।

सरकारी तौर पर निर्यात की स्थिति

वर्ष 2016-17 में एफसीआई के केंद्रीय पूल स्टॉक से वाणिज्यिक आधार पर गैर-बासमती चावल और गेहूं का निर्यात नहीं किया गया। सरकार विदेश मंत्रालय की सिफारिशों के आधार पर राजनयिक आधार/मानवीय सहायता रूप में भी विभिन्न मित्र देशों को गेहूं और चावल का निर्यात करती है। केंद्रीय पूल भंडार से मिस्र को 19,980 एमटी चावल निर्यात किया गया और राजनयिक आधार पर मानवीय रूप में श्रीलंका को 100 एमटी चावल दिया गया।

चावल और गेहूं का आयात

वर्ष 2016-17 में केंद्रीय पूल भंडारों के लिए गेहूं और चावल का आयात नहीं किया गया, लेकिन निजी व्यापारियों/मिल मालिकों द्वारा 2016-17 में 57,49,434 मी.टन गेहूं और 1,144 मी.टन गैर-बासमती चावल का आयात किया गया। वर्ष 2016 से गेहूं पर बेसिक सीमा शुल्क 25 प्रतिशत से घटाकर 10 प्रतिशत कर दिया गया है। वर्ष 2017 से गेहूं पर 10 प्रतिशत सीमा शुल्क लगाया गया है। गैर-बासमती चावल पर बेसिक सीमा शुल्क 70 प्रतिशत की दर से है।

चीनी

चीनी उत्पादन

भारत विश्व में चीनी का सबसे बड़ा उपभोक्ता और दूसरा सबसे बड़ा उत्पादक देश है। 2017 के चालू चीनी मौसम में 203.00 लाख मी.टन चीनी के उत्पादन का अनुमान है और इस अनुमान की तुलना में जून 2017 तक 200.74 लाख मी.टन (अस्थाई) चीनी प्राप्त कर ली गई है।

गन्ना मूल्य निर्धारण नीति

वर्ष 2009 में चीनी नियंत्रण आदेश , 1966 में हुए संशोधन के साथ गन्ने के सांविधिक न्यूनतम मूल्य निर्धारित करने के स्थान पर वर्ष 2009-10 तथा परवर्ती चीनी मौसमों के लिए गन्ने के उचित और पारिश्रमिक मूल्य (एफआरपी) की अवधारणा अपनाई गई। केंद्र सरकार द्वारा घोषित गन्ने का कृषि मूल्य कृषि लागत और मूल्य आयोग (सीएसीपी) की सिफारिशों के आधार पर निर्धारित किया जाता है। आयोग मूल्य की सिफारिश राज्य सरकारों तथा चीनी उद्योग संगठनों से परामर्श के बाद करता है। गन्ना (नियंत्रण) आदेश, 1966 के संशोधित प्रावधान के अनुसार निम्नलिखित घटकों के संदर्भ में गन्ने का एफआरपी निर्धारित किया जाता है। ये घटक हैं- गन्ना उत्पादन की लागत, उत्पादकों को वैकल्पिक फसलों से लाभ तथा कृषि जिन्सों के मूल्य की सामान्य प्रवृत्ति, उपभोक्ताओं को उचित मूल्य पर चीनी की उपलब्धता, वह मूल्य जिस पर चीनी उत्पादकों द्वारा गन्ने से तैयार चीनी बेची जाती है, गन्ने से चीनी प्राप्त करना, उप-उत्पादकों यानी शीरा, खोई तथा प्रेसमड की बिक्री से अर्जित आय अथवा इन उत्पादों का अधिरोपित मूल्य और जोखिम और लाभ के कारण गन्ना उत्पादकों के लिए उचित मार्जिन है।

एफआरपी प्रणाली में किसानों को पेराई मौसम खत्म होने या चीनी मिलों तथा सरकार द्वारा लाभों की घोषणा की प्रतीक्षा करने की जरूरत नहीं होती। नई प्रणाली में मुनाफा और जोखिम को ध्यान में रखकर लाभ सुनिश्चित किया जाता है, चाहे चीनी मिल लाभ में हों या न हों और यह किसी एक मिल के निष्पादन पर निर्भर नहीं है। अधिक मात्रा वाले गन्ना उत्पादकों को चीनी का उचित मूल्य सुनिश्चित करने तथा चीनी मिलों के बीच के अंतर को देखते हुए एफआरपी को गन्ने से मिलने वाली चीनी की मात्रा से जोड़ा गया है और गन्ने से अपेक्षाकृत अधिक चीनी प्राप्त होने पर किसानों को अतिरिक्त लाभ दिया जाता है। इसी के अनुसार चीनी मौसम 2017-18 के लिए 255 रुपये प्रति क्विंटल की दर से गन्ने का एफआरपी तय किया गया है। यह दर 9.5 प्रतिशत की बेसिक रिकवरी दर से जुड़ी है जिसमें तय स्तर से ऊपर प्रति 0.1 प्रतिशत रिकवरी पर 2.68 रुपये प्रति क्विंटल का प्रीमियम मिलेगा।

चीनी क्षेत्र को नियंत्रण मुक्त बनाना

चीनी उद्योग के लिए वर्ष 2013-14 ऐतिहासिक रहा। चीनी क्षेत्र को नियंत्रण मुक्त बनाने के लिए सरकार ने डॉ. सी. रंगराजन के अध्यक्षता में बनी समिति की सिफारिशों पर विचार किया और सितंबर 2012 के बाद उत्पादित चीनी के लिए मिलों पर लेवी लगाने की व्यवस्था को समाप्त करने और खुले बाजार में चीनी की बिक्री पर नियंत्रण व्यवस्था को समाप्त करने का निर्णय लिया। चीनी क्षेत्र को नियंत्रण मुक्त करने का कदम चीनी मिलों की वित्तीय हालत सुधारने, नकद प्रवाह बढ़ाने, इंवेंटरी लागत कम करने तथा गन्ना किसानों के लिए गन्ने के मूल्य का समय पर भुगतान करने के लिए उठाया गया। गन्ना क्षेत्र आरक्षण, न्यूनतम दूरी मानक तथा गन्ना मूल्य फार्मूला अपनाने के बारे में समिति की सिफारिशों

को लागू करने का कार्य राज्य सरकारों को सौंप दिया गया क्योंकि राज्य सरकारें अपने विवेक से इस पर निर्णय लेने में सक्षम हैं।

एथेनॉल मिश्रित पेट्रोल कार्यक्रम

एथेनोल एक कृषि आधारित उत्पाद है जो मूल रूप से चीनी उद्योग के शीरा जैसे उप-उत्पादों से तैयार किया जाता है। जिस वर्ष गन्ने की उपज जरूरत से ज्यादा होती है और चीनी के भाव गिर जाते हैं उस वर्ष चीनी उद्योग किसानों को गन्ने की कीमत उपलब्ध नहीं करा पाता। इथेनॉल मिश्रित पेट्रोल कार्यक्रम (ईबीपी) प्रदूषण स्तर कम करने के अतिरिक्त विदेशी मुद्रा बचाता है और चीनी उद्योग में मूल्य संवर्धन करता है ताकि किसानों के बकाया गन्ना मूल्यों का भुगतान किया जा सके।

केंद्र सरकार ने ईबीपी के अंतर्गत मिश्रण लक्ष्य 5 से बढ़ा कर 10 प्रतिशत कर दिया है। ईबीपी के अंतर्गत संपूर्ण इथेनॉल आपूर्ति शृंखला को व्यवस्थित बनाने के लिए इथेनॉल खरीद प्रक्रिया को सरल बनाया गया है और इथेनॉल का लाभकारी एक्स-डिपो मूल्य निर्धारित किया गया है। नए मिश्रण लक्ष्यों को हासिल करने में सहायता के लिए एक ग्रिड तैयार किया गया है जो डिस्टीलरी को ओएमसी डिपो से नेटवर्क करता है और आपूर्ति की जाने वाली मात्रा का ब्यौरा देता है।

चीनी उपक्रमों को वित्तीय सहायता देना

सरकार ने वर्ष 2014 में चीनी उपक्रमों को वित्तीय सहायता देने के लिए एक योजना एससीएफएसयू-2014 अधिसूचित की। इस योजना में चीनी मिलों को प्रतिभागी अनुसूचित बैंकों, क्षेत्रीय ग्रामीण बैंकों तथा सहकारी बैंकों के माध्यम से ऋण देने की व्यवस्था की गई है ताकि गन्ना मूल्य की बकाया राशि का निपटान किया जा सके और चालू चीनी मौसम के गन्ना मूल्य का निपटान किया जा सके। योजना के अंतर्गत 6487.77 करोड़ रुपये जारी किए गए हैं। इस ऋण का ब्याज वहन चीनी विकास कोष से सरकार द्वारा वहन किया जाता है।

चीनी मिलों को आसान ऋण

चीनी मौसम 2014-15 के बकाया गन्ना मूल्यों के निपटान में सहायता के लिए 2015 में चीनी मिलों को आसान ऋण प्रदान करने की योजना अधिसूचित की गई। इसके अंतर्गत 4,213 करोड़ रुपये जारी किए गए हैं। एक वर्ष की अधिस्थगन अवधि के दौरान ऋण अनुदान वहन सरकार द्वारा किया जाता है।

चीनी विकास कोष

चीनी उपकर अधिनियम 1982 के अंतर्गत देश में किसी भी चीनी फैक्ट्री द्वारा उत्पादित और बेची जाने वाली समस्त चीनी पर उत्पाद शुल्क के रूप में वसूले जाने वाले उपकर को करारोपण कानून अधिनियम , 2017 के माध्यम से समाप्त कर दिया गया है। एकत्रित उपकर से बजटीय प्रक्रिया के माध्यम से एसडीएफ के लिए कोष उपलब्ध कराया जाता था। भारत सरकार द्वारा चीनी विकास कोष अधिनियम, 1982 का उपयोग चीनी फैक्ट्री या उसकी किसी यूनिट के पुनर्वास और आधुनिकीकरण में सहायता देने, गन्ना, खोई आधारित बिजली सह-उत्पादन परियोजनाओं, निर्जल अल्कोहल उत्पादन या अल्कोहल से इथेनॉल उत्पादन, वर्तमान इथेनॉल संयंत्र को शून्य तरल निष्पादन संयंत्र में बदलने, चीनी उद्योग के विकास वाली किसी भी अनुसंधान परियोजना को अनुदान देने, किसी चीनी मिल को चीनी मूल्य स्थिर बनाए रखने के उद्देश्य से सुरक्षित भंडार बनाने और उसके रखरखाव पर होने वाले खर्च को

वहन करने, चीनी मिल को निर्यात खेप पर आंतरिक ढुलाई और भाड़ा प्रभार पर किए गए खर्च को चुकाने, केंद्र सरकार द्वारा समय-समय पर अनुमोदित किसी कार्यक्रम के संदर्भ में चीनी फैक्ट्रियों को वित्तीय सहायता के उद्देश्य से दिए गए ऋण पर ब्याज चुकाने, कच्चे उत्पाद के विपणन और उन्नयन सेवाओं पर होने वाले व्यय को चुकाने, चीनी मिलों को आसान ऋण देने के लिए ब्याज वहन, गन्ना लागत को समायोजित करने के लिए चीनी मिलों को उत्पादन सब्सिडी तथा अधिनियम के प्रयोजनार्थ किए गए किसी अन्य व्यय को चुकाने में किया जाता है।

उत्पादन सब्सिडी

सरकार ने चीनी मिलों को गन्ना लागत समायोजित करने तथा 2014-15 चीनी मौसम के लिए किसानों की गन्ने की बकाया राशि का समय पर भुगतान में सहायता के लिए 4.50 रुपये प्रति क्विंटल की दर से उत्पादन सब्सिडी का विस्तार किया है। इस बात से संतुष्ट होने के बाद कि चीनी के दाम प्रचालनगत व्यवहार्यता के लिए अपेक्षित स्तरों से ऊपर हैं, सरकार ने वर्ष 2016 से उत्पादन सब्सिडी योजना वापस ले ली है।

खाद्य तेल

देश में खाद्य तेलों के कारगर प्रबंधन के कदमों में उपभोक्ताओं को उचित दरों पर खाद्य तेलों की पर्याप्त उपलब्धता सुनिश्चित करना शामिल है। वर्ष 2016-17 के तीसरे अग्रिम पूर्वानुमान के अनुसार पिछले वर्ष के 252.50 लाख टन की तुलना में 2016-17 में 325.22 लाख टन तिलहन उत्पाद का अनुमान है। वर्ष 2016-17 में तिलहन से 74.09 लाख टन तेल उत्पादन का अनुमान है।

वनस्पति तेल उद्योग

देश में 100 वनस्पति तेल इकाइयां और 505 साल्वेंट एक्सट्रैक्शन संयंत्र हैं जिनकी वार्षिक क्षमता लगभग 6,800 लाख कच्चे माल को संसाधित करने की है। साल्वेंट एक्सट्रैक्टर्स एसोसिएशन ऑफ इंडिया के अनुमान के अनुसार विभिन्न कारणों से विशेष रूप से कच्चा माल मौसम के अनुसार उपलब्ध होने से खाद्य तेल उद्योग की कुल क्षमता का लगभग 35 प्रतिशत उपयोग हो रहा है।

खाद्य तेलों के निर्यात पर प्रतिबंध

मार्च 2008 से खाद्य तेलों के निर्यात पर प्रतिबंध लगा दिया गया है, लेकिन इलेक्ट्रॉनिक डेटा इंटरचेंज (ईडीआई), बंदरगाहों और अधिसूचित लैंड कस्टम स्टेशनों (एलसीएस) के माध्यम से तेल, कैस्टर आयल, जैविक खाद्य तेल और लघु वन उत्पादों से तैयार होने वाले कुछ तेलों जैसे कुछ उत्पादों को प्रतिबंध से बाहर रखा गया है। इसके अतिरिक्त, खाद्य तेल के निर्यात की अनुमति 5 किलोग्राम के उपभोक्ता पैकेटों में दी गई है, जिनका न्यूनतम निर्यात मूल्य 900 ब्रांडेड/अमरीकी डॉलर प्रति टन हो। यह 2015 में 1,100 अमरीकी डॉलर प्रति टन था। 2015 से चावल की भूसी के तेल का बल्क में निर्यात करने की अनुमति है।

खाद्य तेलों पर आयात शुल्क

खाद्य तेलों की घरेलू आपूर्ति की तुलना में मांग अधिक बने रहने से दो दशकों से अधिक समय से खाद्य तेलों का आयात करना पड़ रहा है। उपभोक्ताओं को उचित मूल्य पर खाद्य तेलों की अबाधित सप्लाई

बनाए रखने और साथ-साथ किसानों, उद्योग तथा उपभोक्ताओं के हितों को ध्यान में रखने के उद्देश्य से कच्चा तथा रिफाइंड पाम आयल पर आयात शुल्क 7.5 प्रतिशत और 15 प्रतिशत घटा दिया गया है जबकि अन्य कच्चा और रिफाइंड खाद्य तेलों पर आयात शुल्क 12.5 प्रतिशत और 20 प्रतिशत रखा गया है।

अंतरराष्ट्रीय सहयोग

भारत खाद्य क्षेत्र में कार्यरत अनेक एजेंसियों से जुड़ा हुआ है। इनमें विश्व खाद्य कार्यक्रम (डब्ल्यूएफपी), सार्क फूड बैंक, खाद्य और कृषि संगठन (एफएओ), अंतरराष्ट्रीय अनाज परिषद (आईजीसी) और अंतरराष्ट्रीय चीनी संगठन आदि शामिल हैं।

सार्क फूड बैंक

वर्ष 2007 में नई दिल्ली में आयोजित 14वें सार्क शिखर सम्मेलन में लिए गए निर्णयों के अनुसार सार्क देशों के प्रमुखों ने सार्क फूड बैंक स्थापित करने संबंधी समझौते पर हस्ताक्षर किए। फूड बैंक क्षेत्र के लोगों को खाद्य सुरक्षा प्रदान करने के राष्ट्रीय प्रयासों में पूरक भूमिका निभाएगा। इस समझौते के अनुसार सार्क फूड बैंक में अनाज का भंडार रखा जाएगा। रखरखाव का काम सभी सदस्य देश करेंगे जिसमें देश के मूल्यांकित हिस्से के अनुसार केवल गेहूं या चावल अथवा दोनों का समीकरण होगा।

खाद्य और कृषि संगठन तथा विश्व खाद्य सुरक्षा समिति

वर्ष 1945 में स्थापित खाद्य और कृषि संगठन (एफएओ) संयुक्त राष्ट्र प्रणाली की सबसे बड़ी विशेषज्ञता संपन्न एजेंसियों में से एक है। इसका लक्ष्य कृषि उत्पादकता बढ़ा कर और ग्रामीण आबादी की जीवन स्थितियों में सुधार लाकर पोषण और जीवन स्तर को सुधारना है। विश्व खाद्य सुरक्षा समिति (सीएफएस) खाद्य उत्पादन, खाद्य तक भौतिक और आर्थिक पहुंच सहित विश्व खाद्य सुरक्षा से जुड़ी नीतियों की समीक्षा और अनुपालन के लिए एक मंच के रूप में काम करती है। भारत एफएओ और सीएफएस दोनों का सदस्य है। खाद्य सुरक्षा समिति (सीएफएस) डब्ल्यूएफएस कार्ययोजना की प्रगति की निगरानी करती है।

अंतरराष्ट्रीय अनाज परिषद (आईजीसी)

भारत अंतरराष्ट्रीय अनाज परिषद का सदस्य है। परिषद को 1995 तक अंतरराष्ट्रीय गेहूं परिषद के नाम से जाना जाता था। यह गेहूं और मोटे अनाज के मामले में सहयोग के लिए निर्यात-आयात करने वाले देशों का अंतर-सरकारी मंच है। यह ग्रेन्स ट्रेड कन्वेंशन, 1995 को प्रशासित करता है। इसका सचिवालय 1994 से लंदन में है जो खाद्य सहायता सम्मेलन के अंतर्गत स्थापित खाद्य सहायता समिति को भी सेवाएं प्रदान करता है। अंतरराष्ट्रीय अनाज समझौते में अनाज व्यापार समझौता (आईजीए) और अनाज सहायता समझौता (जीटीसी) शामिल है। भारत 1995 से अंतरराष्ट्रीय अनाज समझौते और 1995 से लागू अनाज व्यापार समझौते का हस्ताक्षरकर्ता है। आईजीसी के दो प्रकार के सदस्यों में आयातक सदस्य देश और निर्यातक सदस्य देश शामिल होते हैं। भारत को जुलाई 2003 में निर्यात सदस्य की श्रेणी में शामिल किया गया और भारत ने समय-समय पर आयोजित परिषद की बैठकों/सत्रों में प्रतिनिधित्व किया है।

खाद्य प्रसंस्करण उद्योग

भारत सरकार (कार्य आवंटन) नियम 1961 के तहत मंत्रालय को आवंटित विषय इस प्रकार है:- (1) निम्नलिखित से संबंधित उद्योग: (क) कतिपय कृषि उत्पादों (दूध पाउडर, शिशु दुग्ध आहार, मिश्रित दुग्ध आहार, संघनित दूध, घी एवं अन्य डेयरी उत्पाद), कुक्कुट एवं अंडे, मीट एवं मीट उत्पादों का प्रसंस्करण एवं प्रशीतन, (ख) मत्स्य प्रसंस्करण (केनिंग एवं फ्रीजिंग सहित), (ग) मत्स्य प्रसंस्करण उद्योग के लिए विकास परिषद की स्थापना तथा सेवा प्रदान करना, (घ) मत्स्य प्रसंस्करण उद्योग को तकनीकी सहायता एवं सलाह, (ङ) फल एवं सब्जी प्रसंस्करण उद्योग (प्रशीतन एवं निर्जलीकरण सहित) एवं (च) खाद्यान्न मिलिंग उद्योग; (2) ब्रेड, तिलहन, आहार (खाद्य), नाश्ते के भोजन, बिस्कुट, कनफेक्शनरी (कोकोआ प्रसंस्करण तथा चॉकलेट बनाने सहित), माल्ट सत्व, प्रोटीन आइसोलेट, उच्च प्रोटीन आहार, दूध छुड़ाने वाले आहार तथा अन्य निष्क्रमित खाद्य पदार्थों (खाने के लिए तैयार अन्य खाद्यों सहित) से संबंधित उद्योगों की योजना, विकास एवं नियंत्रण तथा सहायता; (3) बीयर गैर-अल्कोहलयुक्त बीयर सहित; (4) गैर-शीरा आधारित अल्कोहलयुक्त पेय; (5) खाद्य प्रसंस्करण उद्योग के लिए विशेष पैकेजिंग; (6) वातित पानी तथा सॉफ्ट ड्रिंक।

खाद्य प्रसंस्करण उद्योग का योगदान

कुछ वर्षों से भारत में कृषि उत्पादन में निरंतर उच्चतर वृद्धि दर्ज की गई है। भारत दूध, घी, अदरक, केला, अमरूद, पपीता और आम के उत्पादन में विश्व में पहले नंबर पर है। इसके अतिरिक्त, भारत चावल, गेहूं , सब्जियों और बागवानी उत्पादों के उत्पादन में विश्व में दूसरे स्थान पर है। कच्चे माल की प्रचुर आपूर्ति, खाद्य उत्पादों के लिए मांग में वृद्धि और सरकार द्वारा दिए जा रहे प्रोत्साहनों का खाद्य प्रसंस्करण क्षेत्र पर सकारात्मक प्रभाव पड़ा है। 2011-12 के मूल्यों पर कृषि क्षेत्र में लगभग 0.76 प्रतिशत और विनिर्माण क्षेत्र में 10.56 प्रतिशत की वृद्धि की तुलना में 2015-16 के दौरान खाद्य प्रसंस्करण उद्योग क्षेत्र में 6.87 प्रतिशत की वृद्धि हुई। वर्ष 2015-16 के दौरान इस क्षेत्र ने 2011-12 के मूल्यों पर क्रमश: विनिर्माण और कृषि में 8.71 और 10.04 प्रतिशत जीवीए का योगदान दिया।

खाद्य प्रसंस्करण क्षेत्र में रोज़गार

खाद्य प्रसंस्करण उद्योग एक प्रमुख रोज़गार सघन क्षेत्र है जिसका 2014-15 में सभी पंजीकृत कारखाना क्षेत्र में सृजित रोज़गार में 12.77 प्रतिशत हिस्सा है। वर्ष 2014-15 के लिए उद्योगों के नवीनतम वार्षिक सर्वेक्षण (एएसआई) के अनुसार पंजीकृत खाद्य प्रसंस्करण क्षेत्र में कार्यरत व्यक्तियों की कुल संख्या 17.73 लाख थी। एनएसएसओ के 67वें दौर, 2010-11 के अनुसार गैर-पंजीकृत खाद्य प्रसंस्करण क्षेत्र में 47.9 लाख कामगारों को रोज़गार प्राप्त हुआ।

खाद्य प्रसंस्करण उद्योगों में स्थायी पूंजी

स्थायी पूंजी में निवेश के संदर्भ में, 2014-15 को समाप्त होने वाले 6 वर्षों के दौरान पंजीकृत खाद्य प्रसंस्करण क्षेत्र 15.60 प्रतिशत की वार्षिक औसत दर से वृद्धि करता रहा है। नवीनतम एएसआई 2014-15 के आंकड़ों के अनुसार, खाद्य प्रसंस्करण उद्योग में स्थायी पूंजी 1.92 लाख करोड़ रुपये थी।

प्रसंस्कृत खाद्य उत्पादों का निर्यात

वर्ष 2016-17 के दौरान प्रसंस्कृत खाद्य का निर्यात मूल्य 31.04 बिलियन अमरीकी डॉलर रहा जोकि भारत के कुल निर्यात (276 बिलियन अमरीकी डॉलर) का 11.23 प्रतिशत है। (स्रोत: डीजीसी तथा आईएस)

खाद्य प्रसंस्करण क्षेत्र में विदेशी प्रत्यक्ष निवेश (एफडीआई)

खाद्य प्रसंस्करण उद्योग में स्वत: अनुमोदन के अंतर्गत 100 प्रतिशत एफडीआई की अनुमति है। भारत में विनिर्मित और/अथवा उत्पादित खाद्य उत्पादों के संबंध में ई-कॉमर्स सहित व्यापार के लिए अनुमोदन मार्ग के अंतर्गत 100 प्रतिशत एफडीआई की अनुमति है।

खाद्य प्रसंस्करण और मेक इन इंडिया कार्यक्रम

मेक इन इंडिया पहल के अंतर्गत खाद्य प्रसंस्करण क्षेत्र को प्राथमिकता क्षेत्र माना गया है। इस क्षेत्र में निवेश आकर्षित करने के लिए खाद्य प्रसंस्करण उद्योग मंत्रालय खाद्य प्रसंस्करण उद्योगों को बढ़ावा देने के लिए मूल संरचना में निवेश कर रहा है। सुदृढ़ कृषि संसाधन आधार वाले क्षेत्रों में सामान्य सुविधाओं यथा सड़क, बिजली, जलापूर्ति, सीवेज सुविधा और सार्वजनिक प्रसंस्करण सुविधाओं जैसे पल्पिंग (लुगदीकरण), पैकेजिंग, शीतागार, शुष्क भंडारण और संभार से सुसज्जित मेगा फूड पार्कों को बढ़ावा दिया जा रहा है। ये फूड पार्क उद्यमियों को दीर्घावधि लीज के आधार पर पूर्णत: विकसित प्लॉट और फैक्ट्री शेड उपलब्ध कराते हैं जहां पर वे प्लग एंड प्ले मॉडल में खाद्य प्रसंस्करण इकाइयों की स्थापना कर सकते हैं।

मंत्रालय द्वारा इस क्षेत्र में निवेश आकर्षित करने के लिए एक समर्पित निवेशक पोर्टल के माध्यम से संभावित निवेशकों तक सूचना का प्रसार किया जा रहा है। संयुक्त उपक्रम सहभागियों को खोजने, सहायता करने और परामर्श सेवाएं देने, विनियामक अनुमोदनों में तेजी लाने और निवेशकों को कार्य के बाद सहायक सेवाएं प्रदान करने के संदर्भ में निवेशकों की सहायता करने के लिए मंत्रालय इंवेस्ट इंडिया के साथ भी साझेदारी कर रहा है। मंत्रालय खुदरा बाजार में एफडीआई सहित एफडीआई को आकर्षित करने ओर मेक इन इंडिया पहल को बढ़ावा देने के लिए रोड शो भी कर रहा है।

केंद्र प्रायोजित योजना : राष्ट्रीय खाद्य प्रसंस्करण मिशन

मंत्रालय ने 2012 में 12वीं योजना के दौरान केंद्र प्रायोजित योजना : राष्ट्रीय खाद्य प्रसंस्करण मिशन लांच किया। यह योजना राज्यों/केंद्र शासित प्रदेशों के माध्यम से लागू की गई। लेकिन 14वें वित्त आयोग की सिफारिशों के आलोक में 2015 में इस योजना से केंद्रीय समर्थन वापस ले लिया गया और अब मिशन की सभी 9 योजनाएं खत्म कर दी गई हैं।

भारत सरकार ने हाल में नई केंद्रीय क्षेत्र की योजना: किसान संपदा योजना-(कृषि समुद्री प्रसंस्करण और कृषि प्रसंस्करण क्लस्टरों के विकास की योजना) 2017 में लांच किया और 2016-20 के लिए 6,000 करोड़ रुपये की राशि आवंटित की गई। यह योजना 14वें वित्त आयोग चक्र के साथ-साथ समाप्त होगी। यह एक विस्तृत पैकेज है जो खेत से खुदरा दुकानों तक कारगर सप्लाई शृंखला प्रबंधन के साथ आधुनिक अवसंरचना निर्माण में सहायक होगा। यह न केवल खाद्य प्रसंस्करण उद्योग को बड़े पैमाने पर प्रोत्साहित करेगा बल्कि किसानों को बेहतर मूल्य प्रदान करने में सहायक होगा। यह किसानों की आय दोगुनी करने, विशेषकर ग्रामीण क्षेत्रों में रोज़गार अवसर प्रदान करने, कृषि उत्पादों

की बर्बादी में कमी लाने, प्रसंस्करण स्तर बढ़ाने और प्रसंस्कृत खाद्य के निर्यात प्रोत्साहन के लिए बड़ा कदम है।

राष्ट्रीय खाद्य प्रौद्योगिकी, उद्यमिता और प्रबंधन संस्थान (निफ्टेम)

मंत्रालय ने 2012 में हरियाणा के कुंडली में निफ्टेम की स्थापना की। इसे मानव संसाधन विकास मंत्रालय (उच्च शिक्षा विभाग) द्वारा डी नोवो (नवीन) श्रेणी के अंतर्गत मानद विश्वविद्यालय के रूप में घोषित किया गया है और संस्थान बीटेक, एमटेक तथा पीएचडी पाठ्यक्रम संचालित कर रहा है तथा खाद्य प्रौद्योगिकी के क्षेत्र में अनुसंधान और विकास कार्य का संचालन कर रहा है। योजना के अंतर्गत निफ्टेम को अकादमिक तथा विदेशी विद्यार्थियों के लिए छात्रावास, खेल सुविधाओं, हानिकारक रसायन भंडारण, शोधन संयंत्र, ठोस कचरा प्रबंधन प्रणाली और आवासीय सुविधाओं जैसी अवसंरचना सृजन के लिए धन उपलब्ध कराया जाएगा। अनुसंधान गतिविधियों के विस्तार, गांव गोद लेने (वीएपी) संबंधी कार्यक्रम के विस्तार तथा खाद्य प्रसंस्करण क्षेत्र में कौशल विकास के लिए भी धन उपलब्ध कराया जाएगा। योजना अवधि के दौरान 100 करोड़ रुपये का आवंटन किया गया है।

भारतीय खाद्य प्रसंस्करण प्रौद्योगिकी संस्थान

मंत्रालय ने आईआईएफपीटी, तंजावुर, तमिलनाडु को 2008 में राष्ट्रीय स्तर के संस्थान के रूप में उन्नत किया। यह संस्थान बीटेक, एमटेक तथा पीएचडी पाठ्यक्रमों का संचालन करता है तथा खाद्य प्रसंस्करण के क्षेत्र में अनुसंधान और विकास कार्य करता है। योजना के अंतर्गत आईआईएफपीटी को अवसंरचना सुविधाएं विकसित करने के लिए धन उपलब्ध कराया जाएगा। इसमें परिसर विस्तार के लिए अतिरिक्त जमीन (22.7 एकड़) खरीदना और मशीन फैब्रिकेशन और टेस्टिंग केंद्र, खेल परिसर, सभागार, प्रशिक्षण सह इनक्यूबेशन केंद्र खोलना तथा आवासीय सुविधाओं का निर्माण करना शामिल है। संस्थान को गतिविधियों के विस्तार में सहायता देने तथा देश में खाद्य प्रसंस्करण क्षेत्र के हो रहे विस्तार में मदद देने के लिए योजना अवधि में 75 करोड़ रुपये का आवंटन किया गया है।

16 स्वास्थ्य और परिवार कल्याण

स्वास्थ्य और परिवार कल्याण मंत्रालय पर राष्ट्रीय स्तर पर स्वास्थ्य और परिवार कल्याण के विभिन्न कार्यक्रमों को लागू करने और प्रमुख संक्रामक तथा गैर-संक्रामक रोगों की रोकथाम, नियंत्रण और देशभर में अनुसंधान को बढ़ावा देने की जिम्मेदारी है। इस पर स्वास्थ्य तथा संबंधित विषयों पर नीतियां बनाने, स्वास्थ्य कार्यक्रम लागू करने में राज्यों के मार्गदर्शन, केंद्र प्रायोजित स्वास्थ्य योजनाओं तथा कार्यक्रमों के प्रबंधन, चिकित्सा, नियमन (औषधियां और उपकरण) और स्वास्थ्य संबंधी बुनियादी सुविधाएं उपलब्ध कराने का दायित्व भी है। इन पर किया जाने वाला खर्च स्वास्थ्य और परिवार कल्याण मंत्रालय सीधे तौर पर केंद्रीय योजनाओं या स्वायत्त/सांविधिक निकायों को अनुदान सहायता के जरिए देता है। मंत्रालय के दो विभाग हैं- स्वास्थ्य और परिवार कल्याण विभाग तथा स्वास्थ्य अनुसंधान विभाग।

एड्स नियंत्रण विभाग का स्वास्थ्य और परिवार कल्याण विभाग में विलय कर दिया गया है। अब इसे राष्ट्रीय एड्स नियंत्रण संगठन के नाम से जाना जाता है। आयुष विभाग को दिसंबर 2014 में आयुर्वेद, योग, प्राकृतिक चिकित्सा, यूनानी, सिद्ध और होम्योपैथी (आयुष) मंत्रालय में बदल दिया गया। इसका उद्देश्य इन चिकित्सा पद्धतियों में शिक्षा और अनुसंधान को बढ़ावा देना था। स्वास्थ्य सेवा महानिदेशालय इसका संबद्ध कार्यालय है जो जनस्वास्थ्य और चिकित्सा संबंधी सभी मामलों में तकनीकी परामर्श देता है और स्वास्थ्य सेवाओं के कार्यक्रम लागू करने में शामिल होता है।

राष्ट्रीय स्वास्थ्य नीति

वर्ष 2017 में नई स्वास्थ्य नीति 15 वर्ष के बाद जारी की गई है। यह बदलती सामाजिक-आर्थिक परिस्थितियों और प्रौद्योगिकी तथा महामारी संबंधी परिदृश्य से उत्पन्न चुनौतियों से निपटने के बारे में है। इसमें स्वास्थ्य केंद्रों के जरिए व्यापक प्राथमिक स्वास्थ्य सुविधाओं का बड़ा पैकेज सुनिश्चित करने की संकल्पना की गई है। नई नीति का उद्देश्य रोगों की रोकथाम तथा स्वास्थ्य देखभाल को बढ़ावा देने और सबके लिए सर्वोत्तम चिकित्सा सुविधाओं की ऐसी व्यवस्था करना है जिसमें किसी को भी पैसे की तंगी की वजह से इलाज नहीं मिलने की परेशानी का सामना न करना पड़े। इसके लिए स्वास्थ्य सेवाओं में विस्तार तथा उनकी गुणवत्ता में सुधार करना होगा और उन्हें सस्ता करना होगा। राष्ट्रीय स्वास्थ्य नीति 2017 में संसाधनों का बड़ा हिस्सा (दो-तिहाई या इससे अधिक) प्राथमिक चिकित्सा सेवाओं के लिए आवंटित करने की हिमायत की गई है और यह सुनिश्चित करने को कहा गया है कि प्रति 1,000 की आबादी के लिए कम से कम दो बिस्तर उपलब्ध कराए जाएं। यह व्यवस्था इस प्रकार की जाए कि आपात स्थिति में ये उपलब्ध हो सकें।

नीति की अन्य विशेषताएं इस प्रकार हैं:

(1) सुनिश्चितता आधारित दृष्टिकोण: यह निवारक और प्रोत्साहक स्वास्थ्य सेवाओं पर ध्यान केंद्रित करने के साथ तेजी से बढ़ने वाले सुनिश्चितता आधारित दृष्टिकोण की हिमायत करती है।

(2) अल्प पोषकता अपूर्णता: अल्प पोषकता तथा कुपोषण को कम करने और सभी क्षेत्रों में पोषकता की कमी की विविधता के समाधान के लिए व्यवस्थित तरीके अपनाना। *(3) मेक इन इंडिया पहल:* भारतीयों को परंपरागत स्वदेशी उत्पाद उपलब्ध कराने के लिए स्थानीय विनिर्माताओं को प्रोत्साहित करने पर जोर देना। *(4) डिजिटल हेल्थ का इस्तेमाल:* स्वास्थ्य सेवाओं को अधिक प्रभावी बनाने और उनमें सुधार के लिए डिजिटल उपकरणों के इस्तेमाल को बढ़ावा देना ताकि दक्षता, पारदर्शिता और नागरिक अनुभव में सुधार हो सके।

सरकार इस नीति को पूरा समर्थन दे रही है। उसने स्वास्थ्य और परिवार कल्याण मंत्रालय के लिए 47,352.51 करोड़ रुपये का प्रावधान किया है। यह पिछले वर्ष की तुलना में 27.7 प्रतिशत अधिक है।

राष्ट्रीय स्वास्थ्य मिशन

राष्ट्रीय स्वास्थ्य नीति के अलावा स्वास्थ्य और परिवार कल्याण मंत्रालय भी प्रजनन संबंधी स्वास्थ्य और एड्स, टीबी, मलेरिया, कुष्ट रोग जैसे संक्रामक रोगों पर काबू पाने के वैश्विक लक्ष्यों को हासिल करने की दिशा में प्रयासरत है। स्वास्थ्य क्षेत्र में सबसे अधिक जोर स्वास्थ्य देखभाल के लिए वित्त पोषण बढ़ाकर सकल घरेलू उत्पाद का कम से कम दो प्रतिशत करने पर दिया गया है। 2005 में इस दिशा में कदम बढ़ाते हुए राष्ट्रीय ग्रामीण स्वास्थ्य की शुरुआत राष्ट्रीय स्वास्थ्य मिशन ने 2013 में राष्ट्रीय शहरी स्वास्थ्य मिशन की शुरुआत कर इस दिशा में एक कदम बढ़ाया। इसके बाद राष्ट्रीय स्वास्थ्य मिशन और राष्ट्रीय शहरी स्वास्थ्य मिशन, महत्वपूर्ण राष्ट्रीय स्वास्थ्य मिशन के तहत दो उपमिशन बन गए। राष्ट्रीय स्वास्थ्य मिशन के अंतर्गत सबको आवश्यकतानुसार एकसमान, सस्ती और सर्वोत्तम स्वास्थ्य सेवाएं उपलब्ध कराई जाती हैं। इस कार्यक्रम के मुख्य घटकों में शहरी और ग्रामीण क्षेत्रों में स्वास्थ्य सेवाओं को मजबूत बनाना और प्रजनन-मातृक-नवजात शिशु तथा किशोरों के स्वास्थ्य और संक्रामक तथा असंक्रामक रोगों पर काबू पाना शामिल है।

मिशन इंद्रधनुष

मिशन इंद्रधनुष की शुरुआत 2014 में की गई थी। इसका उद्देश्य उन बच्चों का टीकाकरण करना है जिन्हें नियमित टीकाकरण के दौरान सभी या कुछ बीमारियों से बचाव के टीके नहीं लगे हैं। इस कार्यक्रम का उद्देश्य 2020 तक कम से कम 90 प्रतिशत बच्चों का पूर्ण टीकाकरण करना है।

मातृ और शिशु टिटेनस उन्मूलन

मातृ और शिशु टिटेनस उन्मूलन की परिभाषा के अनुसार प्रतिवर्ष प्रत्येक जिले में जन्म के समय हर एक हज़ार पर एक से भी कम शिशु टिटेनस का मामला होने की स्थिति है। भारत को मई 2015 में मातृ और शिशु टिटेनस उन्मूलन करने वाले देश के रूप में मान्यता दी गई, जबकि यह सफलता 2015 तक हासिल करने का लक्ष्य रखा गया था। यह लक्ष्य स्वास्थ्य व्यवस्था को मजबूत कर हासिल किया गया जिसके लिए जननी सुरक्षा योजना, जननी शिशु सुरक्षा कार्यक्रम चलाए गए और नियमित टीकाकरण कार्यक्रम प्रभावी तरीके से चलाए गए।

नए टीके

पोलियो से बचाव का टीका: विश्व में पोलियो उन्मूलन की रणनीति के साथ सामंजस्य बिठाते हुए नवंबर 2015 से हमें यह कार्यक्रम छह राज्यों में शुरू किया गया। जून 2016 तक इसका विस्तार

समूचे देश में कर दिया गया। अगस्त 2017 तक बच्चों को लगभग 2.79 करोड़ खुराक दी जा चुकी थी।

रोटा वायरस टीका: इसकी शुरुआत मार्च 2016 में रोटा वायरस के कारण होने वाले अतिसार पर काबू पाने के लिए की गई थी। प्रारंभ में आंध्र प्रदेश, हरियाणा, हिमाचल प्रदेश और ओडिशा में शुरू किया गया तथा बाद में पांच और राज्यों- असम, मध्य प्रदेश, राजस्थान, त्रिपुरा तथा तमिलनाडु में इसका विस्तार किया गया। अगस्त 2017 तक बच्चों को लगभग 88.73 लाख खुराक दी जा चुकी थीं।

खसरा रुबेला टीके के रूप में रुबेला टीका : खसरा रुबेला टीका अभियान 9 महीने से 15 वर्ष के बच्चों के टीकाकरण के लिए फरवरी 2017 में शुरू किया गया था। इसकी शुरुआत पांच राज्यों- कर्नाटक, तमिलनाडु, गोवा, लक्षद्वीप और पुद्दुचेरी में शुरू की गई थी जहां यह अभियान पूरा होने के बाद खसरा रुबेला टीके को 9 से 12 महीने की आयु और 16 से 24 महीने की आयु में लगाए जाने वाले 1 तथा 2 खसरा वाले टीके के स्थान पर नियमित टीकाकरण में शामिल किया गया। इन राज्यों में खसरा अभियान के तहत 3.3 करोड़ बच्चों का टीकाकरण किया गया।

वयस्क जापानी एन्सैफेलाइटिस टीका : जापानी एन्सेफेलाइटिस टीकाकरण 2006 में बच्चों में शुरू किया गया। 2015 में इस रोग से पीड़ित वयस्कों की अधिक संख्या वाले जिलों में इस कार्यक्रम का विस्तार किया गया। इसके लिए 35 जिलों का चयन किया गया है। ये जिले असम, उत्तर प्रदेश और पश्चिम बंगाल के हैं। 31 जिलों में वयस्क टीकाकरण का अभियान पूरा हो चुका है। इस दौरान 3.29 करोड़ वयस्क बच्चों का टीकाकरण किया गया।

न्यूमैटिक कान्जगेट टीका : यह टीका बाल मृत्यु के एक बड़े कारण, निमोनिया से होने वाली मौतों को कम करने के लिए है। इसका पहला चरण मई 2017 में 3 राज्यों- हिमाचल प्रदेश (12 जिलों), उत्तर प्रदेश (6 जिलों) और बिहार (17 जिलों) में शुरू किया गया था। अगस्त 2017 तक लगभग 1.74 लाख बच्चों का टीकाकरण किया जा चुका है।

भारत नवजात शिशुओं के लिए कार्य

भारत में नवजात शिशुओं के लिए कार्ययोजना की शुरुआत 2014 में की गई थी। इसका उद्देश्य 2030 तक नवजात शिशुओं और जन्म के समय मृत्युदर को दस से कम करना है। इस योजना के तहत जिला स्तर पर 661 विशेष नवजात देखभाल इकाइयां, प्रथम रेफरल इकाइयों के स्तर पर नवजात इकाइयां और प्रसव केंद्रों में 18,323 नवजात देखभाल इकाइयां हैं।

मां के असीम वात्सल्य का कार्यक्रम

मां के असीम वात्सल्य के व्यापक कार्यक्रम की शुरुआत 2016 में की गई थी। यह स्तनपान को बढ़ावा देने का प्रयास है। इस कार्यक्रम का उद्देश्य स्तनपान की दर बढ़ाने के लिए स्वास्थ्य प्रणालियों के जरिए इसे बढ़ावा देना, संरक्षण करना तथा इस पर अमल में मदद करना है। इस कार्यक्रम के प्रमुख घटक हैं- स्तनपान के प्रति जागरुकता पैदा करना, इसे बढ़ावा देना, सामुदायिक स्तर पर व्यक्तियों के बीच सलाह-मशविरा, प्रसव स्तर पर दक्षता सहायता, निगरानी और पुरस्कार/मान्यता।

सघन अतिसार नियंत्रण पखवाड़ा

यह बच्चों में अतिसार से मृत्यु पर काबू पाने का कार्यक्रम है। इसका एक विशेष उद्देश्य ऐसी स्थिति बनाना है जिसके कारण किसी भी बच्चे की मौत न हो। सभी राज्यों और केंद्रशासित प्रदेशों में अतिसार से होने वाली मृत्यु पर नियंत्रण के लिए 2014 से जुलाई में अभियान के रूप में यह कार्यक्रम चलाया जाता है। इसके तहत पांच वर्ष तक की आयु के 14.7 करोड़ से अधिक बच्चों को आशा कार्यकर्ताओं द्वारा ओआरएस उपलब्ध कराया गया है। इसके प्रमुख कार्यों में प्रतिपादन तथा जागरुकता गतिविधियां, अतिसार प्रबंधन सेवा प्रावधान, ओआरएस- जिंक प्रदर्शन स्थल स्थापन, आशा कार्यकर्ताओं द्वारा घर-घर जाकर ओआरएस का वितरण, बच्चों में पोषकता की कमी का पता लगाना तथा उसका निवारण, शिशुओं और बड़े बच्चों की आहार संबंधी गतिविधियों को आशा कार्यकर्ताओं द्वारा घर-घर जाकर बढ़ावा देना और शिशु तथा बड़े बच्चों के आहार-आईवाईसीएफ स्थलों की स्थापना।

राष्ट्रीय कृमि मुक्ति दिवस

मिट्टी से पेट में जाने वाले कीड़ों से होने वाले संक्रमण की समस्या से निपटने के लिए मंत्रालय एक दिन का यह कार्यक्रम लागू कर रहा है। इसके तहत स्कूलों और आंगनवाड़ियों के 1 से 9 वर्ष के बच्चों को इसकी एक खुराक दी जाती है।

राष्ट्रीय बाल स्वास्थ्य कार्यक्रम

यह कार्यक्रम 2013 में शुरू किया गया था। इसके तहत बच्चों के स्वास्थ्य की जांच की जाती है और इन चार रोगों के बारे में पता लगाकर उनका निदान किया जाता है: जन्म के समय की अपूर्णता, रोग, कमी, अपंगता तथा विकास में देरी। इसमें 30 स्वास्थ्य खामियों का नि:शुल्क निदान भी किया जाता है। इसमें तृतीय श्रेणी के स्वास्थ्य केंद्रों पर सर्जरी भी शामिल है। इसके तहत देशभर में चरणबद्ध रूप से 18 वर्ष तक के बच्चों को शामिल किए जाने की संभावना है।

राष्ट्रीय किशोर स्वास्थ्य कार्यक्रम

राष्ट्रीय किशोर स्वास्थ्य कार्यक्रम की शुरुआत, किशोरों की विभिन्न आवश्यकताओं की पूर्ति के लिए जानकारी, सामग्री और सेवाएं मुहैया कराने के लिए की गई थी। इनमें शामिल हैं:

साप्ताहिक आयरन फोलिक अनुपूरण : आईएफए अनुपूरण के साप्ताहिक अंतर्ग्रहण के जरिए किशोर लड़कों तथा लड़कियों में एनीमिया की स्थिति के बारे में प्रामाणिकता आधारित अनुक्रिया कार्यक्रम है।

मासिक धर्म संबंधी योजना : इस योजना का उद्देश्य यह सुनिश्चित करना है कि किशोरियों को मासिक धर्म और सेनिटरी नैपकिन के इस्तेमाल के बारे में पूरी जानकारी हो। उन्हें उत्तम किस्म के सेनिटरी नैपकिन उपलब्ध कराए जाएं। साथ ही इनके निपटान के लिए पर्यावरण की दृष्टि से सुरक्षित तरीकों की जानकारी दी जाए।

मित्र-समूह शिक्षक कार्यक्रम : इस कार्यक्रम का उद्देश्य, यह सुनिश्चित करना है कि किशोरियों की पोषण, सेक्स तथा प्रजनन, एनसीडी की स्थितियों, उनके दुरुपयोग, चोट, हिंसा (जीबी सहित) और मानसिक स्वास्थ्य के बारे में नियमित रूप से मित्र-समूह शिक्षक कार्यक्रम का लाभ मिल सके। इन शिक्षकों की दक्षता बढ़ाने के लिए मंत्रालय ने 2017 में 'साथिया रिसोर्स किट' की शुरुआत की। मोबाइल आधारित एप यूजर्स की बढ़ती संख्या को देखते हुए 'साथिया रिसोर्ट किट' में 'साथिया सलाह एप' को

स्टैलाइज़ेशन तथा आईयूसीडी तरीकों के उपयोगकर्ता (लाख में)

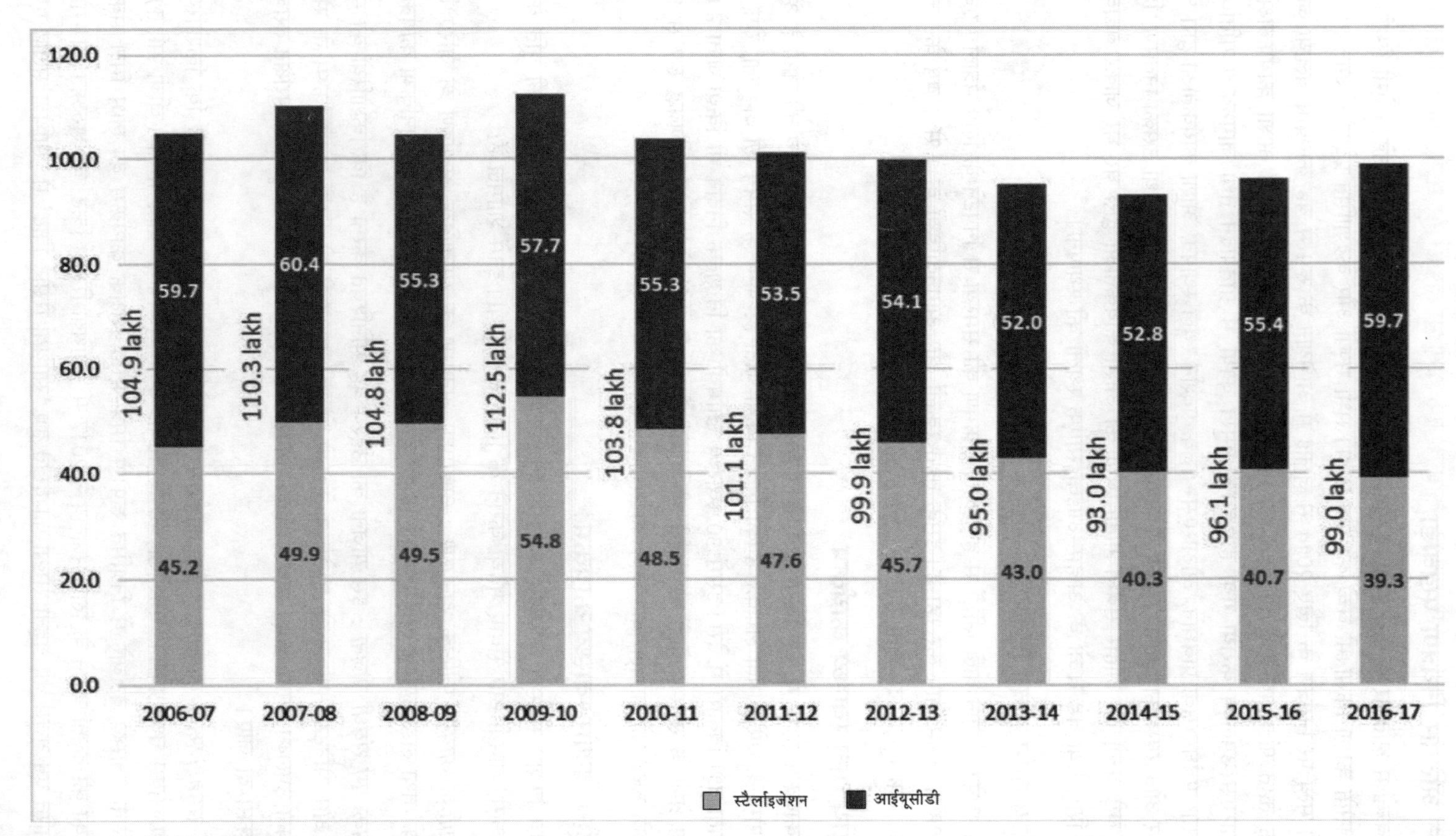

स्रोत: हेल्थ मैनेजमेंट इंफोर्मेशन सर्विस, स्वास्थ्य तथा परिवार कल्याण मंत्रालय, भारत सरकार

भी शामिल किया गया। इस एप को जानकारी के एक अन्य महत्वपूर्ण और सस्ते स्रोत निःशुल्क साथिया हेल्पलाइन से जोड़ा गया है।

जननी शिशु सुरक्षा कार्यक्रम

जननी शिशु सुरक्षा कार्यक्रम योजना के तहत जन स्वास्थ्य संस्थानों में प्रसव कराने वाली सभी महिलाओं को ऑपरेशन सहित सभी सेवाएं बिल्कुल मुफ्त उपलब्ध कराई जाती है।

जननी सुरक्षा योजना

जननी सुरक्षा योजना, राष्ट्रीय स्वास्थ्य मिशन के तहत सुरक्षित मातृत्व की योजना है। इसका उद्देश्य गरीब महिलाओं के लिए स्वास्थ्य केंद्रों में प्रसव को बढ़ावा देना और मातृ तथा शिशु मृत्युदर में कमी लाना है।

परिवार नियोजन

मिशन परिवार नियोजन विकास, सात राज्यों के सबसे अधिक प्रजनन वाले 146 जिलों में गर्भनिरोधक और परिवार कल्याण सेवाओं में वृद्धि के लिए शुरू की गई थी। ये राज्य हैं– उत्तर प्रदेश, बिहार, राजस्थान, मध्य प्रदेश, छत्तीसगढ़, झारखंड और असम।

निःशुल्क दवाएं

निःशुल्क दवाओं की पहल का उद्देश्य, सुविधानुसार आवश्यक औषधियों की सूची, बृहद खरीद प्रणाली, सूचना प्रौद्योगिकी वाली सुविधाएं, आपूर्ति चेन प्रबंधन, समुचित भंडारण, आवश्यक औषधि नियामक, गुणवत्ता सुनिश्चित करने की व्यवस्थाएं, मानक प्रशोधन दिशानिर्देश, नुस्खा परीक्षण और शिकायत निवारण प्रणाली की व्यवस्था करना है ताकि निःशुल्क दी जाने वाली आवश्यक औषधियों की गुणवत्ता सुनिश्चित की जा सके।

निःशुल्क नैदानिक सेवाएं

निःशुल्क नैदानिक सेवाओं का उद्देश्य निदान पर अत्यधिक खर्च को कम करना और चिकित्सा की गुणवत्ता में सुधार करना है। राज्यों के जनस्वास्थ्य केंद्रों में आवश्यक नैदानिक सेवाएं निःशुल्क उपलब्ध कराई जाती हैं। इनके बारे में दिशानिर्देश जुलाई 2015 में जारी किए गए। राष्ट्रीय दिशानिर्देशों को पांच राज्य– आंध्र प्रदेश, कर्नाटक, महाराष्ट्र, जम्मू–कश्मीर और त्रिपुरा पहले ही लागू कर चुके हैं।

राष्ट्रीय एम्बुलेंस सेवा

राष्ट्रीय ग्रामीण स्वास्थ्य मिशन की एक उपलब्धि, डायल 108/102 एम्बुलेंस सेवा के तहत चलने वाली रोगी परिवहन एम्बुलेंस है। डायल 108 आपात कार्रवाई व्यवस्था है। इसे मुख्य रूप से गंभीर हालत वाले रोगियों और सदमा तथा दुर्घटना पीड़ितों को सेवा उपलब्ध कराने के लिए शुरू किया गया है। डायल 102 के तहत गर्भवती महिलाओं और बच्चों के लिए रोगी परिवहन सेवा उपलब्ध कराई जाती है, हालांकि अन्य लोग भी इस सेवा का लाभ उठा सकते हैं।

राष्ट्रीय मोबाइल चिकित्सा इकाई

राष्ट्रीय मोबाइल चिकित्सा इकाई का उद्देश्य, ग्रामीण और विशेषकर स्वास्थ्य सुविधाओं के अभाव वाले इलाकों में लोगों को उनके घर तक पहुंचाई जाती हैं। देश के 335 जिलों में 1,122 राष्ट्रीय मोबाइल

चिकित्सा इकाइयां कार्यरत हैं। इनके तहत छोटे–छोटे रोगों, संक्रामक तथा असंक्रामक रोगों, प्रजनन, बाल स्वास्थ्य और परिवार नियोजन सेवाएं उपलब्ध कराई जाती हैं। कुछ मामलों में ये लक्षित क्षेत्रों में निःशुल्क नैदानिक सेवाएं मुहैया कराती हैं।

राष्ट्रीय शहरी स्वास्थ्य मिशन

राष्ट्रीय शहरी स्वास्थ्य मिशन, शहरी क्षेत्रों में स्वास्थ्य प्रणाली और सेवाओं के अंतरण को मजबूत करने की पहल है। इसके तहत 1,057 शहरों/कस्बों में स्वास्थ्य सेवाएं उपलब्ध कराई जाती हैं। इसके अलावा, 4,544 मौजूदा केंद्रों को जनस्वास्थ्य केंद्र के रूप में मजबूत किया जा रहा है।

प्रधानमंत्री सुरक्षा मातृत्व अभियान

इस कार्यक्रम के तहत हर महीने की 9 तारीख को हर गर्भवती महिला को प्रसव से पूर्व निःशुल्क, सुनिश्चित तौर पर, व्यापक और गुणवत्तापूर्ण सेवाएं उपलब्ध कराई जाती हैं। इसमें दूसरी/तीसरी बार गर्भधारण करने वाली महिलाओं को, सरकार द्वारा प्राधिकृत स्वास्थ्य केंद्रों में प्रसवपूर्ण देखभाल सेवाओं के न्यूनतम पैकेज की गारंटी दी गई है। कार्यक्रम के अंतर्गत इन कार्यों में निजी क्षेत्र को शामिल करने के लिए व्यवस्थित रवैया अपनाया जाता है। इनमें निजी डॉक्टरों को इस अभियान के लिए स्वच्छता से काम करने के लिए प्रेरित करना, जागरुकता पैदा करने के लिए नीतियां बनाना और निजी क्षेत्र को सरकारी स्वास्थ्य केंद्रों में इस अभियान में शामिल होने की अपील करना शामिल है।

प्रधानमंत्री राष्ट्रीय डायलिसिस कार्यक्रम

इस कार्यक्रम के तहत सभी राज्यों को गरीबी के लिए निःशुल्क डायलिसिस सेवाएं उपलब्ध कराने में सहायता दी जा रही है। जिला अस्पतालों में पीपीपी तरीके से डायलिसिस सेवाओं के लिए दिशानिर्देशों में राज्यों/केंद्रशासित प्रदेशों की सहभागिता रही है। यह कार्यक्रम 384 जिलों में राज्यों के सहयोग से लागू किया गया है। इसके तहत हर स्वास्थ्य केंद्र में 6 डायलिसिस मशीनें होंगी और बाद में यह संख्या बढ़ाकर 10 कर दी जाएगी। अब तक 1,069 डायलिसिस इकाइयां और 2,319 डायलिसिस मशीनें काम कर रही हैं जिनसे 1.43 लाख मरीजों ने सेवाएं ली हैं।

कायाकल्प

कायाकल्प पुरस्कारों की शुरुआत जनस्वास्थ्य केंद्रों में स्वच्छता, आरोग्य और संक्रमण नियंत्रण को बढ़ावा देने के उद्देश्यों से की गई है। इस पुरस्कार के तहत स्वच्छता के मानकों को पूरा करने आरोग्य, संक्रमण नियंत्रण जैसे अनुकरणीय कार्य करने वाले जनस्वास्थ्य केंद्रों को पुरस्कार और प्रशंसा प्रमाण–पत्र दिए जाते हैं।

अंग प्रत्यारोपण

राष्ट्रीय अंग प्रत्यारोपण कार्यक्रम, मानव अंग और ऊतक अधिनियम, 1994 के अनुसार प्रत्यारोपण कार्यों, प्रशिक्षण देने और मृतकों के अंगदान देने को बढ़ावा देने के बारे में है। इसके तहत शीर्ष स्तर का एक संगठन- राष्ट्रीय अंग और ऊतक प्रत्यारोपण संगठन, नई दिल्ली में सफदरजंग अस्पताल में स्थापित किया गया है। मृतक के अंगों और ऊतकों के दान को बढ़ावा देने और इन्हें प्राप्त करने तथा वितरण की ऑनलाइन व्यवस्था के लिए राष्ट्रीय रजिस्ट्री भी बनाई गई है। इसके अलावा, दिन–रात काम करने वाला

एक कॉल सेंटर भी बनाया गया है। जिसका नंबर है- 1800114770 इस कार्यक्रम के संचालन के बारे में दिशानिर्देश भी जारी किए गए हैं। गुर्दा, यकृत, हृदय, फेफड़ा और कॉर्निया प्रत्यारोपण के लिए नीति और मानदंडों की मंजूरी दे दी गई है। विभिन्न महत्वपूर्ण अंगों के लिए एसओपी को भी स्वीकृति दी जा चुकी है और इन्हें वेबसाइट पर डाल दिया गया है। मई 2017 तक अंगदान के लिए एक लाख से अधिक संकल्प प्राप्त हो चुके थे।

स्वच्छ स्वस्थ सर्वत्र

इस कार्यक्रम की शुरुआत 2016 में की गई थी। यह स्वास्थ्य और परिवार कल्याण मंत्रालय तथा पेयजल और स्वच्छता मंत्रालय की संयुक्त पहल है।

राष्ट्रीय स्वास्थ्य नीति

पंद्रह वर्षों के अंतराल के बाद 2017 में राष्ट्रीय स्वास्थ्य नीति बनाई गई थी। इसका उद्देश्य बदलते सामाजिक-आर्थिक और महामारी संबंधी परिदृश्य से सामने आई चुनौतियों से निपटना है। इसकी विशेषताएं हैं- व्यापक और समावेशी परामर्श प्रक्रिया, प्राथमिक स्वास्थ्य देखभाल को व्यापक तथा अनिवार्य बनाना; रोगी केंद्रित दृष्टिकोण-रोगियों की आवाज; दूसरे और तीसरे स्तर पर गंभीर खामियों को दूर करने के लिए निजी क्षेत्र के साथ मिलकर काम करना और महत्वपूर्ण खरीदारी; अंतरक्षेत्रीय संमिलन; पहुंच, वहनयोग्यता और गुणवत्ता बढ़ाना; मेक इन इंडिया पहल- चिकित्सा उपकरण।

मानसिक स्वास्थ्य देखभाल

मानसिक स्वास्थ्य देखभाल अधिनियम, 2017 में मानसिक स्वास्थ्य के लिए अधिकार आधारित प्रावधान किए गए हैं। यह मानसिक रूप से अस्वस्थ लोगों के अधिकारों की रक्षा के लिए स्वास्थ्य सेवाओं को एकसमान रूप से उपलब्ध कराता है। यह सुनिश्चित करता है कि मानसिक रूप से अस्वस्थ व्यक्तियों की अधिकतम देखभाल हो सके और वे सम्मान तथा गरिमा के साथ जीवन व्यतीत कर सकें। यह मानसिक स्वास्थ्य देखभाल सेवाओं की गुणवत्ता और पर्याप्तता में सुधार के लिए संस्थागत व्यवस्था को मज़बूत करता है। यह कानून मानसिक स्वास्थ्य देखभाल सेवाएं उपलब्ध कराने में सरकार तथा निजी क्षेत्र दोनों की जवाबदेही बढ़ाता है। यह केंद्र और राज्यों के मानसिक स्वास्थ्य प्राधिकरणों में मानसिक स्वास्थ्य की समस्या वाले और उन्हें सेवाएं देने वालों को प्रतिनिधित्व प्रदान करता है।

एचआईवी और एड्स

एचआईवी और एड्स (रोकथाम तथा नियंत्रण) अधिनियम 2017 का उद्देश्य, संयुक्त राष्ट्र द्वारा निर्धारित सतत विकास के लक्ष्यों के अनुरूप इस संक्रामक रोग को खत्म करना है। इसके तहत एड्स से पीड़ित व्यक्तियों के साथ रोजगार, शिक्षा संस्थानों, संपत्ति किराए पर देने, सार्वजनिक या निजी कार्यालय में या स्वास्थ्य देखभाल और बीमा सेवाओं में किसी प्रकार का भेदभाव नहीं किया जा सकता। इस कानून का उद्देश्य एचआईवी की जांच, उपचार और क्लिनिकल अनुसंधान के लिए जानकारी देकर सहमति और गोपनीयता बनाए रखते हुए स्वास्थ्य देखभाल सेवाओं की उपलब्धता बढ़ाना भी है। राज्य की देखभाल के अंतर्गत आने वाले प्रत्येक व्यक्ति को एचआईवी रोकथाम, प्रशिक्षण, उपचार और सलाह प्राप्त करने का अधिकार है।

प्रधानमंत्री स्वास्थ्य सुरक्षा योजना

प्रधानमंत्री स्वास्थ्य सुरक्षा योजना, देश के स्वास्थ्य सेवाओं के अभाव वाले क्षेत्रों में चिकित्सा शिक्षा, अनुसंधान और क्लिनिकल केयर में तिगुनी स्वास्थ्य देखभाल क्षमता के विकास के बारे में है। इसका उद्देश्य सस्ती/विश्वसनीय स्वास्थ्य सेवाओं की उपलब्धता में क्षेत्रीय असंतुलन दूर करने और देश में गुणवत्तापूर्ण चिकित्सा शिक्षा की सुविधाएं बढ़ाना है। इस योजना के दो घटक हैं- देश के स्वास्थ्य सेवाओं के अभाव वाले क्षेत्रों में एम्स जैसे नए संस्थानों की स्थापना और मौजूदा सरकारी मेडिकल कॉलेजों का उन्नयन। योजना के तहत 2014-15 से इससे सबंधित सभी परियोजनाओं निर्माण कार्य तेज किया गया और हर वर्ष पूंजीगत व्यय में औसतन 42 प्रतिशत से अधिक वृद्धि की गई।

चिकित्सा शिक्षा

भारतीय चिकित्सा परिषद (संशोधन) अधिनियम 2016 के जरिए एक बहुत बड़ा कदम यह उठाया गया है कि पूरे देश में अंडर ग्रेजुएट और पोस्ट ग्रेजुएट चिकित्सा पाठ्यक्रमों के तहत प्रवेश के लिए एक समान प्रवेश परीक्षा – राष्ट्रीय पात्रता एवं प्रवेश परीक्षा शिक्षण वर्ष 2016-17 से शुरू की गई है। इससे इन पाठ्यक्रमों में विशेषकर प्राइवेट मेडिकल कॉलेजों में प्रवेश के अनुचित तरीकों पर रोक लग सकेगी और चिकित्सा शिक्षा में अधिक पारदर्शिता आएगी तथा इसमें उच्च मानदंड सुनिश्चित हो सकेंगे।

दंत चिकित्सा शिक्षा

भारतीय दंत चिकित्सा परिषद के प्रारूप के तहत 2014 से 2016 के दौरान 12 नए कॉलेज खोले गए। पिछले तीन वर्षों में बीडीएस की 1,670 और एमडीएस की 943 सीटें बढ़ाई गई हैं।

अखिल भारतीय आयुर्विज्ञान संस्थान (एम्स) में समन्वित औषधि और अनुसंधान केंद्र

यह केंद्र, औषधि और अनुसंधान के समावेशन के लिए नई दिल्ली के एम्स का एक नया प्रयास है। इसका उद्देश्य आधुनिक चिकित्सा का और परंपरागत भारत की प्राचीन पद्धतियों के साथ सम्मिलन कर एक आधुनिक केंद्र का विकास करना है। यह उपचार की हमारी परंपरागत पद्धतियों की क्षमता को प्रमाणित करने के लिए गहन अनुसंधान का केंद्र है।

राष्ट्रीय स्वास्थ्य पोर्टल: स्वास्थ्य देखभाल के लिए नागरिक पोर्टल के रूप में कार्यरत यह पोर्टल नागरिकों और संबद्ध पक्षों को विभिन्न भाषाओं (वर्तमान में छह भाषाओं) में स्वास्थ्य संबंधी जानकारी उपलब्ध कराता है। वॉयस पोर्टल नि:शुल्क नं. 1800-180-1104 के जरिए जानकारी देता है। एक मोबाइल एप भी शुरू किया गया है यह स्वास्थ्य और रोगों के बारे में एक ही स्थान पर जानकारी पाने का माध्यम है। इस जानकारी में नियमों, मानकों, नीतियों, कार्यक्रमों, आयोगों और डायरेक्टरी सेवाओं – अस्पताल, रक्त बैंक, एम्बुलेंस के बारे में संदेश शामिल है।

अस्पताल सूचना प्रणाली: यह दक्षता बढ़ाने और सीएचसी स्तर तक जनस्वास्थ्य केंद्रों में सेवाएं मुहैया कराने में अस्पताल की प्रक्रिया के स्वचालन के लिए है।

ऑनलाइन पंजीकरण प्रणाली: यह विभिन्न अस्पतालों को पंजीकरण, फीस भुगतान, नियुक्तियों, नैदानिक रिपोर्टों, रक्त उपलब्धता के बारे में पूछताछ आदि के लिए ऑनलाइन व्यवस्था है। अभी यह लगभग 124 अस्पतालों में उपलब्ध है। इनमें नई दिल्ली के एम्स जैसे केंद्रीय अस्पताल और अन्य एम्स

(जोधपुर, बिहार, ऋषिकेश, रायपुर, भोपाल); आरएमएल अस्पताल; एसआईसी; सफदरजंग अस्पताल, निम्हांस; अगरतला गवर्नमेंट मेडिकल कॉलेज; जिपमेर इत्यादि शामिल हैं।

मेरा अस्पताल एप्लीकेशन: यह सूचना प्रौद्योगिकी आधारित फीडबैक व्यवस्था है जिसके तहत शॉर्ट मैसेज सर्विस (एसएमएस) आउटबांउड डायलिंग (ओबीडी), वेब पोर्टल और मोबाइल एप्लीकेशन जैसे स्रोतों का इस्तेमाल कर रोगियों के संतुष्टि स्तर की जानकारी एकत्र की जाती है। इसके लिए इस एप्लीकेशन के जरिए उक्त उपकरणों का इस्तेमाल करते हुए रोगियों से (बाहरी रोगियों से ओपीडी बंद होने के बाद और भर्ती रोगियों से छुट्टी देते समय) स्वचालित रूप से संपर्क किया जाता है।

मां और बच्चे पर नजर रखने की प्रणाली: प्रजनन संबंधी बाल स्वास्थ्य एप्लीकेशन एक व्यक्ति पर आधारित निगरानी व्यवस्था है जिसके तहत सभी राज्यों और केंद्र प्रशासित राज्यों में, समय पर प्रसव तथा इसके बाद देखभाल सेवाएं देना और बच्चे के टीकाकरण की सुविधा दी जाती हैं। इसका उद्देश्य आईएमआर, एमएमआर और अस्वस्थता में सुधार करना है।

मोबाइल अकादमी: यह निःशुल्क श्रव्य प्रशिक्षण पाठ्यक्रम है। इसका उद्देश्य आशा कार्यकर्ताओं का ज्ञानवर्द्धन करना तथा उसे ताजा करना और उनके व्यवहार कौशल में सुधार करना है। इसे 2016 में शुरू किया गया था। वर्तमान में यह बिहार, छत्तीसगढ़, दिल्ली, हरियाणा, हिमाचल प्रदेश, झारखंड, मध्य प्रदेश, ओडिशा, राजस्थान, उत्तर प्रदेश और उत्तराखंड में चलाया जा रहा है।

निकक्षय कार्यक्रम: क्षय रोगियों के इलाज के लिए इन पर निगरानी के वास्ते सभी राज्यों में यह कार्यक्रम लागू किया जा रहा है। ऐसे रोगियों के इलाज और सलाह के लिए निःशुल्क फोन नं. 1800-11-6666 के साथ मिस्ड कॉल सेंटर भी बनाए गए हैं।

तंबाकू मुक्ति कार्यक्रम: तंबाकू सेवन से मुक्ति दिलाने में सहायता और सलाह देने का यह मोबाइल आधारित पहल है। इसके तहत मोबाइल नं. 011-22901701 पर मिस्ड कॉल देकर सहायता और सलाह ली जा सकती है।

ई-सीजीएचएस कार्ड: इसके तहत किसी भी स्थान पर सीजीएचएस कार्ड का प्रिंट लिया जा सकता है।

सुगम: केंद्रीय औषधि मानक नियंत्रण संगठन इसके जरिए ऑनलाइन आवेदन, उनकी स्थिति की जानकारी, प्रक्रिया और विशेषकर औषधियों, क्लिनिकल ट्रायल, नीति संबंधी समिति, चिकित्सा उपकरणों और सौंदर्य प्रसाधनों के लिए ऑनलाइन मंजूरी देता है। सीडीएससीओ की प्रक्रियाओं से संबद्ध सभी पक्षों (औषधि उद्योग, नियामकों, नागरिकों) को एक ही स्थान पर एकत्र करता है।

कैंसर, मधुमेह, कार्डियोवस्कुलर रोग और स्ट्रोक रोकथाम तथा नियंत्रण कार्यक्रम

इस कार्यक्रम का उद्देश्य व्यवहार और जीवन-शैली में बदलाव से असंक्रामक रोगों की रोकथाम और नियंत्रण करना है।

संशोधित राष्ट्रीय तपेदिक नियंत्रण कार्यक्रम

यह कार्यक्रम तपेदिक के रोगियों और इसके कारण होने वाली मौतों को कम करना और इसके देश में एक बड़ी जनस्वास्थ्य समस्या बनने से रोकने के लिए इसके संक्रमण पर काबू पाना है। सरकार इस कार्यक्रम के तहत राज्यों/केंद्रशासित प्रदेशों को मानव संसाधनों, औषधियों, निदान और उपभोग्य सामग्री के लिए सहायता देती है।

राष्ट्रीय एड्स नियंत्रण कार्यक्रम

राष्ट्रीय एड्स नियंत्रण कार्यक्रम शत-प्रतिशत केंद्रीय क्षेत्र की योजना है। एचआईवी संक्रमणग्रस्त दस लाख से अधिक लोग पूर्वव्यापी वायरल रोधी-एआरटी उपचार ले रहे हैं। इनके अलावा एक लाख से अधिक लोगों को परीक्षण और उपचार नीति के अनुरूप पूर्वव्यापी वायरलरोधी (एआरवी) उपचार के दायरे में लाया गया है। यह नीति एआरटी उपचार ले रहे सभी रोगियों के लिए है, चाहे वे सीडी काउंट या क्लिनिकल चरण में हों।

राष्ट्रीय तंबाकू नियंत्रण कार्यक्रम

राष्ट्रीय तंबाकू नियंत्रण कार्यक्रम 2007-08 में नौ राज्यों के 18 जिलों में शुरू किया गया था। 2008-09 में इसे और 12 राज्यों के 24 जिलों में भी शुरू कर दिया गया। वर्तमान में यह 29 राज्यों के 53 जिलों में लागू है।

राष्ट्रीय मानसिक स्वास्थ्य कार्यक्रम

इस कार्यक्रम का उद्देश्य देश में मानसिक स्वास्थ्य देखभाल सेवाओं की उपलब्धता में सुधार करना है। इसके लिए सभी 36 राज्यों और केंद्रशासित प्रदेशों में जिला स्तरीय कार्यों में सहायता दी जा रही है। इस कार्यक्रम के तहत जिला अस्पतालों में नियमित रूप से मनोविकारी ओपीडी तथा आईपीडी सेवाएं उपलब्ध कराई जाती हैं। मादक दवाओं की निःशुल्क आपूर्ति की जाती है; औषधालय संबंधी मदद उपलब्ध कराई जाती हैं और तालुका अस्पतालों/सामुदायिक स्वास्थ्य केंद्रों में सामुदायिक, शिविर और पहुंच क्लिनिक में मानसिक स्वास्थ्य के बारे में जागरुकता पैदा करने संबंधी गतिविधियां चलाई जाती हैं।

राष्ट्रीय वृद्ध स्वास्थ्य देखभाल कार्यक्रम

इस कार्यक्रम का मुख्य उद्देश्य देश के बुजुर्गों को अलग से, विशेषज्ञता और व्यापक स्वास्थ्य देखभाल सेवाएं उपलब्ध कराना है।

जलने के घावों की रोकथाम और ऐसी घटनाओं के प्रबंधन का राष्ट्रीय कार्यक्रम

इस कार्यक्रम का उद्देश्य जलने की घटनाओं और इनकी वजह से होने वाले घावों, अपंगता तथा मृत्युदर में कमी लाना है। इसके लिए लोगों, विशेषकर महिलाओं, बच्चों और उद्योगों तथा खतरनाक व्यवसायों में लगे कर्मियों में इसके प्रति जागरुकता पैदा करना तथा उनका पुनर्वास कराना है।

नेशनल ओरल हेल्थ प्रोग्राम

इस कार्यक्रम की शुरुआत 2014-15 में की गई थी। इसका मुख्य उद्देश्य देश की जनस्वास्थ्य सुविधाओं में ओरल हेल्थ देखभाल सेवाओं को मजबूत कर ऐसे रोगियों की संख्या कम करना है। इस कार्यक्रम के तहत राज्य सरकारों की दंत सर्जन की अनुबंध पर नियुक्ति, डेंटल हाइजिनिस्ट, दंत सहायक, उपकरणों की खरीद, डेंटल क्लिनिक के नवीकरण, इलाज के लिए आवश्यक सामग्री, दंत रोगों के प्रति जागरुकता, क्षमता विकास और प्रशिक्षण से संबद्ध सहायता उपलब्ध कराई जाती है।

राष्ट्रीय कुष्ठरोग उन्मूलन कार्यक्रम

इस कार्यक्रम का उद्देश्य सामान्य स्वास्थ्य देखभाल के जरिए सर्वोत्तम सेवाएं उपलब्ध कराकर कुष्ठ रोगों में कमी लाना है, ताकि सभी राज्यों और जिलों में एक जनस्वास्थ्य की समस्या बनी इस बीमारी के

उन्मूलन का लक्ष्य पूरा किया जा सके। इसके लिए राष्ट्रीय स्तर पर नए मामलों की संख्या कम कर प्रति वर्ष एक लाख की जन संख्या पर एक प्रतिशत तक लाई जानी है। इस कार्यक्रम के कार्यकलापों में शामिल हैं- रोग का पता लगाना तथा उसका इलाज, अपंगता रोकथाम, स्वास्थ्य बहाली, व्यवहार परिवर्तन संचार सहित आईईसी, मानव संसाधन तथा क्षमता निर्माण और कार्यक्रम प्रबंधन।

राष्ट्रीय स्वास्थ्य बीमा योजना

यह योजना, अस्पताल में भर्ती की आवश्यकता वाले अधिकतर रोगों के लिए सरकारी और सूची में शामिल निजी अस्पतालों में नकदीरहित इलाज उपलब्ध कराने के लिए शुरू की गई है। इससे लाभार्थियों को बेहतर स्वास्थ्य सेवाएं मिल सकेंगी। इसके तहत गरीबीरेखा से नीचे के तबके और असंगठित क्षेत्र के 11 वर्गों को परिभाषित किया गया है। ये इस प्रकार हैं- मनरेगा लाभार्थी, भवन-निर्माणकर्मी, रेलवे के कुली, घरेलू नौकर, फेरी वाले, बीड़ी कर्मचारी, टैक्सी ड्राइवर, रिक्शा चालक, कूड़ा बीनने वाले और खनन तथा सफाईकर्मी।

समावेशी रोग निगरानी कार्यक्रम

राष्ट्रीय स्वास्थ्य मिशन के तहत केंद्र प्रायोजित यह योजना सभी राज्यों तथा केंद्रशासित राज्यों में चलाई जा रही है। इसके मुख्य उद्देश्य और रणनीति में शामिल हैं- महामारी का रूप लेने की आशंका वाली बीमारियों के लिए विकेंद्रीकृत प्रयोगशाला आधारित आईटी की मदद से संचालित निगरानी प्रणाली को मजबूत और कार्यरत बनाए रखना, ताकि रोग की प्रकृति पर नज़र रखी जा सके और प्रशिक्षित तथा त्वरित कार्रवाई दलों के माध्यम से रोग के फैलने की शुरुआत में ही इसका पता लगाकर इलाज किया जा सके। वर्तमान में 90 प्रतिशत से अधिक जिले ई-मेल और पोर्टल के जरिए साप्ताहिक डाटा भेजते रहें। एसएसयू/डीएसयू इसके आधार पर रोग की प्रवृत्ति का आंकलन करते हैं। अगर कभी रोग के बढ़ने की प्रवृत्ति पाई जाती है तो बीमारी का पता लगाने और इसके फैसले से रोकने के लिए आरआरटी द्वारा जांच की जाती है।

खाद्य नियम

खाद्य पदार्थों के संबंध में 19 मानक और नियम हैं। इनमें शामिल हैं- खाद्य सुरक्षा तथा मानक (स्वास्थ्य अनुपूरकों, पोषकों के लिए खाद्य; विशेष आहार के लिए खाद्य, विशेष चिकित्सा के उद्देश्य के लिए खाद्य, व्यावहारिक खाद्य और नए खाद्य) नियम, 2015; वर्क के मानकों में संशोधन; फलों को पकाने के लिए एथिलीन गैस का इस्तेमाल; खाद्य योगजों का कोडेक्स के साथ मिलान, कच्ची दालों के लिए मानक, मीट तथा उससे तैयार उत्पादों और दूध तथा उससे बने उत्पादों के लिए जीवाणु तत्व संबंधी मानक, ट्रेडमार्क युक्त खाद्य के लिए मानक; खाद्य सुरक्षा तथा मानक, खाद्य मजबूती, खाद्य अधिनियम 2016; खाद्य सुरक्षा तथा मानक (आयात अधिनियम 2017) और खाद्य सुरक्षा तथा मानक (खाद्य प्रत्याहार प्रक्रिया) अधिनियम, 2017।

औषधि अधिनियम

चिकित्सा उपकरण नियम, 2017 को अधिसूचित कर दिया गया है। इसके तहत चिकित्सा उपकरणों का जोखिम आधारित वर्गीकरण, लाइसेंसिंग और नियमन किया जाता है। राष्ट्रीय नियमन प्राधिकरण को पांच में से चार और चार में से तीन कार्यों के सर्वाधिक परिपक्वता स्तर के साथ क्रियाशील घोषित किया

गया। 344 इरेशनल फिक्स्ड डोज़ कंबीनेशन पर रोक लगा दी गई है। आवश्यक दवाओं की नई राष्ट्रीय सूची को अंतिम रूप दे दिया गया है। अब इस सूची में 376 दवाएं हैं। कोरोनरी स्टेंट को एनएलईएम 2015 में शामिल किया गया है और रोगियों को राहत देने के लिए इनकी अधिकतम कीमत तय कर दी गई है।

राष्ट्रीय आरोग्य निधि

राष्ट्रीय आरोग्य निधि की स्थापना 1997 में की गई थी। इसका उद्देश्य खतरनाक बीमारियों से जूझ रहे गरीबीरेखा से नीचे के लोगों को सरकारी अस्पतालों में चिकित्सा सेवाएं उपलब्ध कराने के लिए वित्तीय सहायता प्रदान करना है। यह सहायता एकमुश्त अनुदान के रूप में उस अस्पताल के अधीक्षक को पहुंचाई जाती है जिसमें रोगी का इलाज चल रहा होता है। इस योजना के तहत केंद्र सरकार, राज्यों/केंद्रशासित प्रदेशों को रोगी सहायता कोष के लिए भी सहायता अनुदान देती है। इस कोष में राज्य/केंद्रशासित प्रदेशों का योगदान 50 प्रतिशत होता है।

स्वास्थ्य मंत्रालय का कैंसर रोगी कोष

स्वास्थ्य मंत्रालय के कैंसर रोगी कोष को राष्ट्रीय आरोग्य निधि के अंतर्गत 2009 में शुरू किया गया था। इस कोष के इस्तेमाल के लिए 27 क्षेत्रीय कैंसर केंद्रों में राष्ट्रीय आरोग्य निधि के तहत एक कोष बनाया गया है। इन उपायों से राष्ट्रीय आरोग्य निधि के तहत स्वास्थ्य मंत्रालय के कैंसर रोगी कोष के उद्देश्य को पूरा करने में मदद मिलेगी और जरूरतमंद कैंसर रोगियों के लिए वित्तीय सहायता बिना देरी के सुनिश्चित हो सकेगी।

स्वास्थ्य मंत्रालय विवेकाधीन अनुदान

स्वास्थ्य मंत्रालय विवेकाधीन अनुदान योजना के तहत बड़ी बीमारियों के इलाज और सर्जरी के लिए अस्पताल का कुछ खर्च चुकाने के वास्ते गरीबों और जरूरतमंद मरीजों के लिए सवा लाख रुपये की सहायता उपलब्ध कराई जाती है जो लोग गरीबीरेखा से नीचे की श्रेणी में नहीं होने के कारण राष्ट्रीय आरोग्य निधि का लाभ नहीं उठा सकते और उनकी सालाना आमदनी सवा लाख रुपये से अधिक नहीं है। वे इस योजना के तहत वित्तीय सहायता प्राप्त कर सकते हैं।

वैश्विक उपस्थिति

भारत, वैश्विक आयोजनों जैसे- विश्व स्वास्थ्य सम्मेलन 2017 और संयुक्त राष्ट्र स्वास्थ्य सम्मेलन में नियमित रूप से भाग लेता है। वह प्रमुख वक्ता के रूप में भागीदारी करता है। भारत ने ब्रिक्स 2017 की मेजबानी की। स्वास्थ्य और परिवार कल्याण मंत्रालय ने स्वास्थ्य मंत्रियों की बैठकों के आयोजन में समन्वय किया। भारत ने क्षेत्र रोग, चिकित्सा उपकरणों और एमएआर जैसे स्वास्थ्य संबंधी मुद्दों पर सदस्य देशों को मदद जारी रखने की हिमायत की। भारत अंतर सरकारी संगठन- 'जनसंख्या और विकास में भागीदारी' का संस्थापक सदस्य है। यह संगठन, प्रजनन स्वास्थ्य, जनसंख्या और विकास के क्षेत्र में दक्षिण-दक्षिण सहयोग को बढ़ावा देने के लिए 1994 में जनसंख्या और विकास पर अंतरराष्ट्रीय सम्मेलन के दौरान बनाया गया था। स्वास्थ्य और परिवार कल्याण ने तंबाकू नियंत्रण पर विश्व स्वास्थ्य संगठन संरचना सभा के पक्षों के सम्मेलन के सातवें सत्र का आयोजन किया।

स्वास्थ्य अनुसंधान विभाग

भारतीय चिकित्सा अनुसंधान परिषद

भारतीय चिकित्सा अनुसंधान परिषद- आईसीएमआर की स्थापना 1911 में भारतीय अनुसंधान कोष संघ कोष के रूप में की गई थी। यह विश्व की सबसे पुरानी अनुसंधान इकाइयों में से एक है। परिषद ने अपने सौ वर्ष से अधिक लंबे कार्यकाल में भारत और विश्व में बायोमेडिकल अनुसंधान के नियोजन, सूत्रीकरण, समन्वयन, कार्यान्वयन और संवर्द्धन में अग्रणी भूमिका निभाई है। यह अनुसंधान, व्यावसायिक विकास, सहयोग और ज्ञान के प्रसार के लिए अपनी प्रतिबद्धता के बल पर देश की शीर्ष और अग्रणी चिकित्सा अनुसंधान संस्था बनी हुई है। अपने 32 अनुसंधान संस्थानों और अनुसंधान संस्थानों, मेडिकल कॉलेजों तथा गैर-सरकारी संगठनों के बाहरी निधीयों से परिषद ने मलेरिया, जापानी एन्सेफलिटिस, तपेदिक, एड्स, काला-ज़ार, फिलारियासिस, कुष्ठ रोग और पोलियो जैसे रोगों के बारे में जानकारी हासिल करने में महत्वपूर्ण वैज्ञानिक योगदान दिया है। इसने पोषण, प्रजनन, मातृ तथा शिशु स्वास्थ्य, व्यावसायिक तथा पर्यावरणीय स्वास्थ्य और स्वास्थ्य प्रणालियों संबंधी अनुसंधान के प्रति अपनी प्रतिबद्धता दिखाई है। परिषद के अनुसंधान के नतीजों से महत्वपूर्ण और सतत विकास को बल मिला है।

भारतीय चिकित्सा अनुसंधान परिषद ने व्यावसायिक विकास प्रशिक्षण और क्षमता निर्माण से चिकित्सा अनुसंधान के भविष्य के प्रति अपनी प्रतिबद्धता दर्शाई है। इसमें, चिकित्सा तथा औषधि अनुसंधान में व्यवसाय तैयारी करने वालों के लिए प्रशिक्षण कार्यक्रम, कार्यशालाएं, लघु अवधि अनुसंधान स्टूडेंटशिप शामिल हैं। इसमें अनुसंधान के क्षेत्र में आने वालों के लिए उनके करियर के शुरू में उनके कौशल तथा ज्ञान को बढ़ाने के लिए अनुसंधान फैलोशिप और लघु अवधि विज़िटिंग फैलोशिप शामिल है। परिषद विशेष विषयों पर अनुसंधान जारी रखने के लिए सेवानिवृत्त चिकित्सा वैज्ञानिकों और अध्यापकों की वैज्ञानिकों के पद पर नियुक्त करती है। परिषद के अनुसंधानों का लाभ पूरी दुनिया को मिला है और यह हर महाद्वीप में अनुसंधान सहयोग बढ़ा रही है। इसमें 553 अंतरराष्ट्रीय परियोजनाओं की समीक्षा और मंजूरी शामिल हैं। इनमें से 68 को परिषद ने पिछले कुछ वर्षों में धन उपलब्ध कराया है। परिषद ने समझौता ज्ञापनों के जरिए विश्वभर के विश्वविद्यालयों की भागीदारी से कैंसर, मधुमेह, संचारी रोगों और टीकों के विकास जैसे स्वास्थ्य से जुड़े विषयों पर अनुसंधान की दिशा में प्रभावशाली प्रयास किए हैं। इस सहयोग से वैज्ञानिक जानकारी, प्रशिक्षण, संयुक्त परियोजनाओं, बैठकों का सह-लेखन, कार्यशालाएं, संगोष्ठियां और स्म्पोज़िया प्रेजेंटेशन शामिल हैं।

प्रमुख कार्यक्रम

भारतीय तपेदिक अनुसंधान संकाय: भारतीय चिकित्सा अनुसंधान परिषद ने मुख्य भूमिका निभाते हुए एक नया प्रमुख कार्यक्रम शुरू किया ताकि भारतीय तपेदिक अनुसंधान और विकास संकाय की स्थापना की जा सके। इसका उद्देश्य तपेदिक की समस्या को लक्ष्य बनाकर निपटने के लिए वैज्ञानिक अनुसंधान को बढ़ावा देने में (अंतरराष्ट्रीय सहयोगकर्ताओं के साथ) सभी बड़े राष्ट्रीय अनुसंधानकर्ताओं को एक मंच पर लाना है।

तपेदिक नैदानिक पहल: टीबी/एमडीआर-टीबी के लिए देश में निर्मित, सस्ती, त्वरित अणु संबंधी नैदानिक किट-ट्रुएनट रिफ का विकास आईसीएमआर, डीबीटी और उद्योग के सहयोग से किया गया है। वर्तमान में इस पर एक सौ जिलों में अध्ययन जारी है। जनजातीय लोगों को दी जा रही सेवाओं

में खामियों को दूर करने के लिए प्रमुख परियोजना, एक्टिव केस फाइंडिंग पांच राज्यों में शुरू की गई है।

ई–हेल्थ/एम हेल्थ और अंतरिक्ष प्रौद्योगिकी उपकरणों का प्रयोग

समय बदलने के साथ–साथ आईसीएमआर, ई–हेल्थ/एम हेल्थ के इस्तेमाल और अंतरिक्ष प्रौद्योगिकी उपकरणों के इस्तेमाल को बढ़ावा देने के अपने प्रयासों पर जोर दे रहा है। आईसीएमआर ने मोबाइल प्लेटफार्म का इस्तेमाल करते हुए मलेरिया के लिए एक मोबाइल आधारित रोग निगरानी प्रणाली विकसित की है। इस प्रौद्योगिकी का विकास आरएमआरसी, डिब्रूगढ़ ने सीडीएसी, पुणे के सहयोग से किया है जिसे असम के तेंगाघाट पीएचसी में लगाया गया है। आईसीएमआर ने स्वास्थ्य अनुसंधान में विभिन्न ई–लर्निंग कार्यक्रम भी बनाए हैं और तपेदिक दवाओं, डीडीआरटीबी, खाद्य और पोषण डाटाबेस भी तैयार किया है। मानव स्वास्थ्य पर जलवायु परिवर्तन के कुप्रभावों को दूर करने और अंतरिक्ष प्रौद्योगिकी उपरकणों के इस्तेमाल को बढ़ावा देने के लिए आईसीएमआर ने ऊपरी असम के लिए जेई की पूर्व चेतावनी प्रणाली विकसित की है। मलेरिया और मच्छरजनित स्थितियों पर अध्ययन शुरू किया है और फिलारियासिस के बारे में पूर्वानुमान के तरीके का विकास किया है।

रोग जिम्मेदारी अनुमान

राज्य स्तरीय रोग जिम्मेदारी अनुमान की शुरुआत अमरीका में वाशिंगटन के एक विश्वविद्यालय में स्वास्थ्य और परिवार कल्याण मंत्रालय के सहयोग से शुरू किया गया। इसका उद्देश्य भारत में स्वास्थ्य कार्यक्रमों और नियोजन में सुधार के लिए राज्य स्तरीय रोगों की जिम्मेदारी और जोखिम का अनुमान लगाना है।

ज़ीका वायरस के प्रकोप से निपटने की तैयारी

आईसीएमआर–एनआईवी ने ज़ीका परीक्षण के लिए देश में 25 स्थानों पर निगरानी की व्यवस्था की है। 25 प्रयोगशालाओं और 11 आईडीएसपी प्रयोगशालाओं के लिए पुनरावर्ती प्रशिक्षण और क्षमता निर्माण किया गया है। आईसीएमआर के निगरानी नेटवर्क से ज़ीका वायरस के चार मामलों का पता चला है (तीन गुजरात में एक तमिलनाडू में पाया जाता है)। ज़ीका वायरस के लिए एन्टोमोलोजिकल निगरानी व्यवस्था भी स्थापित की गई है।

राष्ट्रीय रोटा वायरस निगरानी नेटवर्क (2012–16)

व्यापक टीकाकरण कार्यक्रम के तहत रोटा वायरस टीके के असर और रोटा वायरस डायरिया की प्रवृत्ति का पता लगाने के लिए चार प्रमुख रेफरल प्रयोगशालाओं, सात आईसीएमआर की क्षेत्रीय प्रयोगशालाओं और 23 अस्पताल स्थलों पर अध्ययन किया गया।

आयुष

आयुष मंत्रालय का गठन 2014 में किया गया था। इसका उद्देश्य यह सुनिश्चित करना है कि स्वास्थ्य देखभाल की आयुष प्रणालियों का अधिकतम विस्तार और प्रचार हो सके। इससे पहले इसे भारतीय चिकित्सा प्रणाली और होम्योपैथी विभाग के नाम से जाना जाता था जिसे 1995 में बनाया गया था। 2003 में इसका नाम बदलकर आयुर्वेद, योग तथा प्राकृतिक चिकित्सा, यूनानी, सिद्ध और होम्योपैथी (आयुष) विभाग कर दिया गया। इसका उद्देश्य इन चिकित्सा पद्धतियों में शिक्षा और अनुसंधान विकास

पर ध्यान केंद्रित करना था। स्वास्थ्य देखभाल की आयुष प्रणाली में बाद में तिब्बती पद्धति सोवा-रिग्पा को भी शामिल कर दिया गया।

स्वास्थ्य देखभाल की आयुष पद्धतियां

आयुर्वेद

आयुर्वेद का शाब्दिक अर्थ है- जीव विज्ञान। आयुर्वेद वेदों से निकला है जो जीवन, रोग और स्वास्थ्य के मूल सिद्धातों पर आधारित है। 2500 ईसा पूर्व के आस-पास विकसित *चरक संहिता* और *सुश्रुता संहिता,* आयुर्वेद के मुख्य नुस्खे वर्तमान में पूरी तरह उपलब्ध हैं। आयुर्वेद के अनुसार जीवन के उद्देश्यों- धर्म, अर्थ, काम और मोक्ष की प्राप्ति की पहली जरूरत स्वास्थ्य है। आयुर्वेद व्यक्ति के शारीरिक, मानसिक, आध्यात्मिक और सामाजिक विकास का माध्यम है।

योग

योग अध्यात्म से जुड़ा है। यह स्वस्थ जीवन की कला और विज्ञान है जो शरीर और मन के बीच समरसता पैदा करता है। योग शब्द के दो अर्थ हैं - पहला युजिर अर्थात जोड़ और दूसरा युजा जिसका अर्थ है समाधि यानी मन की सर्वोत्तम और संपूर्ण ज्ञान की अवस्था। संस्कृत के जाने-माने व्याकरण के ज्ञाता पाणिनी के अनुसार योग के ये दो सबसे महत्वपूर्ण अर्थ हैं। लोग स्वस्थ जीवनशैली के लिए योग को अपना रहे हैं और यह हमारी आध्यात्मिक धरोहर का हिस्सा बन गया है। वर्तमान समय में दुनियाभर में योग के प्रति रुझान बढ़ा है, क्योंकि यह जीवनशैली से जुड़ी समस्याओं का समाधान करता है, रोगों का निवारण कर स्वस्थ बनाता है और मानसिक शांति प्रदान करता है। विभिन्न अध्ययनों से साबित हुआ है कि जीवनशैली संबंधी और मानसिक परेशानियों से छुटकारा दिलाने में योग बहुत कारगर है। इसकी विशेषता यह है कि इसे स्वास्थ्य देखभाल की अन्य पद्धतियों के साथ भी अपनाया जा सकता है।

प्राकृतिक चिकित्सा

प्राकृतिक चिकित्सा स्वास्थ्य और उपचार का विज्ञान है। इसमें औषधियां नहीं दी जातीं और यह पूरी तरह संस्थापित तत्व ज्ञान पर आधारित है। स्वास्थ्य, रोग और इलाज के सिद्धांतों के बारे में इसकी अपनी अवधारणा है। प्राकृतिक चिकित्सा पद्धति शारीरिक, मानसिक, नैतिक और आध्यात्मिक नियोजन के बारे में प्रकृति के रचनात्मक सिद्धांतों के साथ सुव्यवस्थित जीवन की हिमायती है। इसमें स्वास्थ्यवर्द्धन, बलवर्द्धन, रोग निवारण और आरोग्य बनाने की क्षमता है।

यूनानी

यूनानी चिकित्सा पद्धति का प्रारंभ ग्रीस में हुआ। बाद में कई देशों में प्रचलित होने के बाद यह भारत पहुंची है। यह पद्धति पूर्ण स्वास्थ्य के संवर्धन और रोगों के निवारण से संबंधित संस्थापित ज्ञान और प्रयोग पर आधारित है। इसमें मिस्र, अरब, ईरान, चीन, सीरिया और भारत जैसी प्राचीन सभ्यताओं के परंपरागत ज्ञान का समावेशन है। इसमें प्राकृतिक पदार्थों, ज्यादातर जड़ी-बूटियों, जानवरों, समुद्री उत्पादों और कच्ची धातुओं से बनी दवाओं के प्रयोग पर जोर दिया जाता है। इस पद्धति को शेख बू-अली सिना (अविसेना) (980-1037 ईसा पश्चात) ने चिकित्सा के सर्वश्रेष्ठ ग्रंथ *अल-क्यूनून* में, रज़ी ने (850-923) *अल-हवी* में और कई अन्य यूनानी चिकित्सकों ने अन्य पुस्तकों में लिखा।

सिद्ध

यह भारत की प्राचीन चिकित्सा पद्धतियों में से एक है। इसका द्रविड़ संस्कृति से गहरा संबंध है। सिद्ध शब्द का अर्थ है उपलब्धियां। कहा जाता है कि इसमें प्रवीणता हासिल करने वाले 18 सिद्धों ने इसके व्यवस्थित विकास में योगदान किया और अपने अनुभव तमिल भाषा में दर्ज किए।

होम्योपैथी

हिप्पोक्रेट्स के समय (लगभग 400 ई.पू.) से चिकित्सक मानते रहे हैं कि कुछ तत्व स्वस्थ व्यक्तियों में उसी तरह रोग के लक्षण पैदा करते हैं जिस तरह रोगियों में। जर्मनी के डॉ. क्रिस्टियन फ्रायडरिच सेमुएल हाह्नेमैन ने इस तथ्य की वैज्ञानिक जांच की और होम्योपैथी के मूल सिद्धांतों को संहिताबद्ध किया। भारत में यह पद्धति 1810 ई.पू. के आस-पास यूरोपीय मिशनरियों के जरिए आई। 1984 में संविधान सभा और बाद में तत्कालीन संसद द्वारा पारित प्रस्ताव से इसे सरकारी मान्यता दी गई।

सोवा-रिग्पा

यह दुनिया की सबसे पुरानी स्वास्थ्य पद्धतियों में से एक है। इसका इतिहास ढाई हजार वर्ष से भी पुराना है। यह हिमालयी क्षेत्रों विशेषकर लेह-लद्दाख (जम्मू-कश्मीर), हिमाचल प्रदेश, अरुणाचल प्रदेश, सिक्किम, दार्जिलिंग आदि में प्रचलित है। यह पद्धति दमा, ब्रोंकाइटिस, गठिया जैसे गंभीर रोगों के इलाज में असरदार है। सोवा-रिग्पा के मूल सिद्धांत इस प्रकार हैं (1) शरीर और दिमाग, इलाज के केंद्र बिंदु हैं; (2) एंटीडॉट जैसे इलाज; (3) एंटीडॉट के जरिए इलाज का तरीका; (4) रोग का निदान करने वाली औषधियां तथा (5) औषध विज्ञान। सेवा-रिग्पा में मानव शरीर की रचना में ब्रह्माण्ड संबंधी पांच भौतिक तत्वों, विकार की प्रकृति और उपचारात्मक उपायों के महत्व पर जोर दिया जाता है।

आयुष स्वास्थ्य देखभाल संरचना

वर्तमान में आयुष प्रणाली के तहत 3,632 अस्पताल; लगभग 58,020 बिस्तर; 26,325 डिस्पेंसरियां; 7,44,563 डॉक्टर, 9,282 औषधि उत्पादन इकाइयां और 550 शिक्षा संस्थान हैं। इन शिक्षा संस्थानों में अंडर ग्रेजुएट के लिए 32,256 और पोस्ट ग्रेजुएट के लिए 4,339 सीटें हैं। इनके अलावा, 512 जिला अस्पताल; 2,739 सामुदायिक स्वास्थ्य केंद्र और 9,112 प्राथमिक स्वास्थ्य केंद्र इसके अंतर्गत आते हैं। राष्ट्रीय आयुष मिशन को 2014 में अधिसूचित किया गया था। यह प्राथमिक स्वास्थ्य केंद्रों, सामुदायिक स्वास्थ्य केंद्रों तथा जिलों, अस्पतालों में स्वास्थ्य सेवाएं बेहतर बनाने; मौजूदा सरकारी आयुष अस्पतालों, सरकारी/पंचायत/सरकारी सहायता प्राप्त आयुष डिस्पेंसरियों के उन्नयन और अधिकतम 50 बिस्तरों वाले एकीकृत आयुष अस्पतालों की स्थापना पर ध्यान देता है। इसके अलावा, यह आयुष शिक्षा संस्थानों, को मजबूत करता है; आयुर्वेद, सिद्ध, यूनानी तथा होम्योपैथी दवाओं पर गुणवत्ता नियंत्रण लागू करने की व्यवस्था करता है और 12वीं पंचवर्षीय योजना के दौरान राज्यों/केंद्रशासित प्रदेशों में इन चिकित्सा पद्धतियों के लिए कच्चे माल की निरंतर आपूर्ति सुनिश्चित करता है।

आयुष औषधि गुणवत्ता नियंत्रण

आयुष मंत्रालय की अपनी औषधि नियंत्रण इकाई है जो आयुर्वेद, सिद्ध, यूनानी और होम्योपैथी दवाओं से संबंधित मुद्दों की देखरेख और समन्वय का काम करती है। मंत्रालय ने औषधि तथा सौंदर्य प्रसाधन नियम, 1945 में संशोधन किया है ताकि वैज्ञानिक आंकड़ा आधारित शेल्फ लाइफ अध्ययन को बढ़ावा

दिया जा सके और पारंपरिक संविन्यासों के नाम के आगे या पीछे कुछ जोड़ने पर रोक लगाई जा सके। राष्ट्रीय आयुष मिशन की केंद्र प्रायोजित पहल के तहत राज्यों को दवाओं के उत्पादन तथा परीक्षण और नियामक प्रावधानों के अनुपालन के लिए नियामक क्षमता, बुनियादी ढांचा और कार्यप्रणाली को मजबूत करने के वास्ते सहायता अनुदान दिया जाता है। राज्यों के वैज्ञानिकों और नियामक कर्मियों के क्षमता निर्माण के लिए फार्माकोपोएइअल लेबोरेटरी ऑफ इंडियन मेडिसिन एंड होम्योपैथी फार्माकोपोएअल लेबोरेटरी नियमित रूप से कार्यक्रम आयोजित करती है।

आयुष में चिकित्सा शिक्षा

सेंट्रल काउंसिल ऑफ इंडियन मेडिसिन, वैधानिक इकाई है। इसका गठन इंडियन मेडिसिन सेंट्रल काउंसिल एक्ट 1970 के तहत किया गया है। यह अपने विभिन्न विनियमों के जरिए आयुर्वेद, सिद्ध और यूनानी में चिकित्सा शिक्षा के मानक तय करती है। होम्योपैथी चिकित्सा शिक्षा का नियमन सेंट्रल काउंसिल ऑफ होम्योपैथी अपने विभिन्न विनियमों के जरिए, होम्योपैथी सेंट्रल काउंसिल एक्ट, 1973 के तहत करती है। योग और प्राकृतिक चिकित्सा के लिए इस प्रकार का कोई संचालन निकाय नहीं है। आयुर्वेद, सिद्ध, यूनानी और होम्योपैथी कॉलेज विभिन्न पाठ्यक्रम चला रहे हैं। ये हैं- बैचलर ऑफ आयुर्वेदिक मेडिसिन एंड सर्जरी, बैचलर ऑफ यूनानी मेडिसन एंड सर्जरी, बैचलर ऑफ सिद्ध मेडिसिन एंड सर्जरी, बैचलर ऑफ होम्योपैथी मेडिसिन एंड सर्जरी, विभिन्न विशेषज्ञता (एमडी/एमएस-आयुर्वेद) पाठ्यक्रमों में पोस्ट ग्रेजुएट, आयुर्वेद डिग्री विभिन्न विशेषज्ञता (एमडी/एमएस-सिद्ध) पाठ्यक्रमों में पोस्ट ग्रेजुएट सिद्ध डिग्री और विभिन्न विशेषज्ञता पाठ्यक्रमों (एमडी-होम्योपैथी) में पोस्ट ग्रेजुएट होम्योपैथी डिग्री।

अंडर ग्रेजुएट शिक्षा

देश में कुल 549 आयुष कॉलेज (297 आयुर्वेद, 9 सिद्ध, 46 यूनानी और 197 होम्योपैथी) शिक्षा प्रदान कर रहे हैं। इनमें से 543 आयुष कॉलेज (295 आयुर्वेद, 8 सिद्ध, 45 यूनानी और 195 होम्योपैथी) पोस्ट ग्रेजुएट की शिक्षा दे रहे हैं। 01.01.2016 तक इनकी प्रवेश क्षमता 33,611 विद्यार्थियों की थी। कुल 543 कॉलेजों में 102 सरकारी क्षेत्र के हैं (57 आयुर्वेद, 3 सिद्ध, 10 यूनानी और 32 होम्योपैथी) इनमें 5,236 विद्यार्थी पढ़ाई कर सकते हैं (2,967 आयुर्वेद, 166 सिद्ध, 431 यूनानी और 1,678 होम्योपैथी) नए राज्य तेलंगाना सहित 26 राज्यों/केंद्र शासित प्रदेशों में 295 आयुर्वेद कॉलेज 17,202 विद्यार्थियों को, 195 होम्योपैथी कॉलेज 13,658 विद्यार्थियों को, 45 यूनानी कॉलेज 2,331 विद्यार्थियों को, 8 सिद्ध कॉलेज, 420 विद्यार्थियों को अंडर ग्रेजुएट चिकित्सा शिक्षा दे रहे हैं।

पोस्ट ग्रेजुएट पाठ्यक्रम

जनवरी 2016 तक 549 कॉलेजों में से 181 पोस्ट ग्रेजुएट पाठ्यक्रम (123 आयुर्वेद, 3 सिद्ध, 12 यूनानी और 43 होम्योपैथी) चला रहे थे जिनकी क्षमता 4,878 विद्यार्थियों (3,646 आयुर्वेद, 140 सिद्ध, 174 यूनानी तथा 918 होम्योपैथी) को शिक्षा देने की थी।

चिकित्सा शिक्षा देने वाले कुल कॉलेजों में से छह कॉलेज (2 आयुर्वेद, 2 होम्योपैथी, 1 यूनानी, 1 सिद्ध) केवल पोस्ट ग्रेजुएट पाठ्यक्रमों के लिए हैं। इनमें 225 विद्यार्थियों (60 आयुर्वेद, 72 होम्योपैथी, 47 यूनानी और 46 सिद्ध) को प्रवेश दिया जाता है।

आयुष शिक्षा देने वाले आयुष संस्थान

राष्ट्रीय आयुर्वेद संस्थान, जयपुर: यह आयुर्वेद में अंडर ग्रेजुएट, पोस्ट ग्रेजुएट और फैलोशिप पाठ्यक्रमों के लिए हैं। इसमें अंडर ग्रेजुएट पाठ्यक्रम में 192 और पोस्ट ग्रेजुएट में 14 विद्यार्थियों को प्रवेश दिया जाता है। यह आयुर्वेद नर्सिंग और फार्मेसी में डिप्लोमा पाठ्यक्रम भी चला रहा है। इसमें 300 बिस्तरों वाले दो अस्पताल हैं। अनुसूचित जातियों/जन जातियों को नि:शुल्क स्वास्थ्य सुविधाएं उपलब्ध कराने के लिए संस्थान राजस्थान में अनुसूचित जाति/जन जाति बहुल इलाकों में नियमित रूप से स्वास्थ्य शिविर लगाता है।

आयुर्वेद में पोस्ट ग्रेजुएट शिक्षण तथा अनुसंधान संस्थान, जामनगर: यह संस्थान 10 पोस्ट ग्रेजुएट पाठ्यक्रम चलाता है। इसमें पीएचडी के 50 छात्र भी हैं। गुजरात आयुर्वेद विश्वविद्यालय कानून एवं संविधि द्वारा संचालित इस संगठन को भारत सरकार से धन प्राप्त होता है। यह गुजरात के ग्रामीण इलाकों में स्वास्थ्य शिविरों और राष्ट्रीय कार्यक्रमों के लिए आयुर्वेद से संबंधित विभिन्न कार्यकलापों का आयोजन करता है। इसमें अच्छे प्रबंधन वाले अस्पताल हैं जिनमें ओपीडी और आईपीडी सुविधाएं हैं।

राष्ट्रीय होम्योपैथी संस्थान, कोलकाता: यह होम्योपैथी में अंडर ग्रेजुएट और पोस्ट ग्रेजुएट पाठ्यक्रमों का संचालन करता है। अंडर ग्रेजुएट के लिए 93 और छह पोस्ट ग्रेजुएट पाठ्यक्रमों में 36 सीटें हैं। इसका सौ बिस्तरों वाला एक अस्पताल भी है जिसमें बिस्तरों की संख्या बढ़ाकर 250 की जा रही है। सीपीडब्ल्यूडी ने इसके नए भवन का निर्माण किया है जिसमें अतिरिक्त नैदानिक सुविधाएं हैं। अकादमिक ब्लॉक की तीन मंजिला इमारत को सात मंजिला किया गया है।

राष्ट्रीय यूनानी चिकित्सा संस्थान, बंगलुरु: यह यूनानी चिकित्सा में आठ पोस्ट ग्रेजुएट पाठ्यक्रम चलाता है। इसमें 47 सीटें हैं। इसका एक 180 बिस्तरों वाला अस्पताल भी है। संस्थान, सीएमई कार्यक्रम, कार्यशालाएं, गोष्ठियां और अतिथि व्याख्यानों का आयोजन करता है। इसके अस्पताल में त्वचा, जीआईटी, यकृत, तंत्रिका तथा मानसिक विकारों के लिए सामान्य और स्पेशिलिटी ओपीडी सेवाएं हैं।

राष्ट्रीय सिद्ध संस्थान, चेन्नई: इसमें सिद्ध चिकित्सा के छह पोस्ट ग्रेजुएट पाठ्यक्रम हैं जिनमें 46 सीटें हैं। स्वास्थ्य देखभाल की सुविधा वाला यह संस्थान सिद्ध पद्धति के प्रचार और संवर्द्धन के लिए अनुसंधान भी करता है। अस्पताल में 160 बिस्तर हैं। संस्थान हर शनिवार को दो स्वास्थ्य शिविर आयोजित करता है। एक शिविर ग्रामीण इलाके में और दूसरा अर्द्ध–शहरी क्षेत्र में लगाया जाता है। इसका उद्देश्य नि:शुल्क चिकित्सा सुविधाएं उपलब्ध करा कर सिद्ध चिकित्सा को बढ़ावा देना और विद्यार्थियों में समाज के लिए कुछ करने की भावना पैदा करना है।

नए स्वायत्त संस्थान

(i) अखिल भारतीय आयुर्वेद संस्थान, नई दिल्ली: यह आयुर्वेद का शीर्ष संस्थान है, जिसमें 200 बिस्तरों वाला रेफरल अस्पताल है। इसमें आयुर्वेद में पोस्ट ग्रेजुएट और पीएचडी कोर्स हैं। 18 पोस्ट ग्रेजुएट पाठ्यक्रमों में 84 सीटें हैं। इसमें ओपीडी भी है।

(ii) पूर्वोत्तर आयुर्वेद एवं होम्योपैथी संस्थान, शिलांग: इसमें आयुर्वेद और होम्योपैथी कॉलेजों के अलावा अस्पताल भी हैं। आयुर्वेद अस्पताल में 100 और होम्योपैथी अस्पताल में 50 बिस्तर हैं।

आयुष में अनुसंधान

सरकार ने पांच स्वायत्त अनुसंधान संस्थानों की स्थापना की है। ये हैं- केंद्रीय आयुर्वेद विज्ञान अनुसंधान परिषद, केंद्रीय योग एवं प्राकृतिक चिकित्सा अनुसंधान परिषद, यूनानी चिकित्सा अनुसंधान परिषद, केंद्रीय सिद्ध अनुसंधान परिषद और केंद्रीय होम्योपैथी अनुसंधान परिषद। इन्हें संबंधित चिकित्सा पद्धति में अनुसंधान के लिए अधिकृत किया गया है। केंद्रीय आयुर्वेद विज्ञान अनुसंधान परिषद ने मधुमेह के इलाज के लिए 05 आयुर्वेदिक औषधि के पौधे से आयुष 82 नाम की दवा विकसित की है। इस दवा के परीक्षण में ब्लड शूगर में काफी कमी पाई गई है और मधुमेह में अन्य सुधार भी देखे गए हैं। परीक्षण के दौरान इसका कोई विषैला प्रभाव नहीं पाया गया। परिषद ने इसके वाणिज्यीकरण के लिए काम शुरू कर दिया है। इसके अधीनस्थ 81 संस्थान अनुसंधान कार्य के सलाना स्वास्थ्य देखभाल सुविधाएं भी उपलब्ध कराते हैं। केंद्रीय होम्योपैथी अनुसंधान परिषद ने अपने कार्यक्रम - 'स्वस्थ बच्चों के लिए होम्योपैथी' के तहत दांत निकलने के दौरान और रोगों के इलाज में सहायता देने के लिए 40,000 बच्चों का नाम दर्ज किया है।

राष्ट्रीय औषधीय पादप बोर्ड

राष्ट्रीय औषधीय पादप बोर्ड, देश में औषधीय पौधों से संबोधत सभी विषयों के संदर्भ में समन्वय करने वाला सर्वोच्च राष्ट्रीय निकाय है। इसकी स्थापना 2000 में की गई थी। बोर्ड, संबंधित मंत्रालयों, विभागों तथा एजेंसियों की परामर्शवादी इकाई है। यह औषधीय पौधों की खेती, संरक्षण तथा इनके चहुंमुखी विकास संबंधी कार्यक्रमों के लिए वित्तीय सहायता की योजना बनाने तथा उपलब्ध कराने और औषधीय पौधों से संबोधत गतिविधियों के लिए कार्य नीति बनाने में परामर्श देता है।

आयुष सेवाएं

राष्ट्रीय आयुष मिशन, स्वास्थ्य सेवाओं के क्षेत्र में एक क्रांतिकारी कदम है। इसके तहत अन्य बातों के अलावा बेहतर आयुष सेवाएं सुनिश्चित की जाती हैं। इसके लिए आयुष अस्पतालों, डिस्पेंसरियों की संख्या बढ़ाई जाती है और आयुष दवाओं तथा प्रशिक्षित कर्मियों की उपलब्धता सुनिश्चित की जाती है। इसका उद्देश्य आयुष शिक्षा की गुणवत्ता में सुधार करना है। इसके लिए शिक्षा संस्थानों की संख्या बढ़ाना तथा गुणवत्तापूर्ण कच्चे माल की लगातार उपलब्धता सुनिश्चित करना और आयुर्वेद, सिद्ध, यूनानी तथा होम्योपैथी की गुणवत्तापूर्ण दवाओं की उपलब्धता में सुधार के लिए राज्यों में प्रयोगशालाएं स्थापित करना है। इन प्रयोगशालाओं पर औषधि तंत्र लागू करने की जिम्मेदारी है।

(i) भारतीय औषधियों के लिए भेषज प्रयोगशाला

गाज़ियाबाद स्थित यह प्रयोगशाला आयुष मंत्रालय के अधीनस्थ कार्यालय है। इसकी स्थापना 1970 में की गई थी। इसका उद्देश्य आयुर्वेद, सिद्ध और यूनानी मेडिसिन के लिए राष्ट्रीय स्तर पर भेषज मानक निर्धारक और औषध जांच प्रयोगशाला के रूप में की गई थी। ये औषधि और सौंदर्य प्रसाधन कानून, 1940 के तहत इन चारों चिकित्सा पद्धतियों की दवाओं के परीक्षण के लिए एक अपीलीय प्रयोगशाला के रूप में काम करती हैं। भेषज प्रयोगशाला का उद्देश्य इन चिकित्सा पद्धतियों में शामिल करने के लिए आमंत्रित औषधियों और यौगिक सूत्रीकरण के भेषज मानकीकरण के विकास तथा प्रमाणीकरण और औषधि नियंत्रण प्राधिकरणों तथा न्यायालयों से प्राप्त वैध औषधि नमूनों का विश्लेषण करना है।

(ii) होम्योपैथिक भेषज प्रयोगशाला

होम्योपैथिक भेषज प्रयोगशाला, की स्थापना (गाज़ियाबाद) एक राष्ट्रीय प्रयोगशाला के रूप में की गई थी। इसका उद्देश्य होम्योपैथिक दवाओं की पहचान, शुद्धता तथा गुणवत्ता के लिए परीक्षण करना तथा मानकों का निर्धारण करना है। यह प्रयोगशाला होम्योपैथिक दवाओं की परीक्षण की केंद्रीय प्रयोगशाला रूप में भी कार्य करती है। प्रयोगशाला द्वारा बनाए जाने वाले मानकों को भारतीय होम्योपैथिक भेषज में प्रकाशित किया जाता है। विज्ञान और प्रौद्योगिकी संस्थान के रूप में मान्यता दी है।

(iii) भारतीय औषधियां और होम्योपैथी भेषज आयोग

आयुष मंत्रालय की प्राथमिकता आयुर्वेद, सिद्ध, यूनानी तथा होम्योपैथिक दवाओं के लिए गुणवत्ता मानकों का विकास और इनका सांवधिक नवीनीकरण करना है। इन दवाओं की लोकप्रियता और मांग तेज़ी से बढ़ रही है। आयोग, सोसायटी पंजीकरण अधिनियम 1860 के तहत पंजीकृत एक स्वायत्त संगठन है। इसे मुख्य रूप से भारत में आयुर्वेद, सिद्ध, यूनानी और होम्योपैथी भेषज का समुचित समय के अंतराल में प्रकाशन तथा परिशोधन; आयुर्वेद, सिद्ध तथा यूनानी सूत्रीकरण तथा होम्योपैथिक औषधीय नियम संग्रहों का प्रकाशन तथा परिशोधन; आयुर्वेद, सिद्ध, यूनानी और होम्योपैथिक दवाओं/नुस्खों और इन चिकित्सा पद्धतियों के उत्पादों पर औषध अनुसंधान के प्रति जागरुकता पैदा करने और उसे बढ़ावा देने; अंतरराष्ट्रीय स्तर पर स्वीकृत मानकों के विकास तथा अनुरूपण के लिए विश्व की विशेषज्ञ समितियों के साथ संवाद तथा जानकारी के आदान–प्रदान; अधिमूल्य पर संबद्ध पक्षों को रेफरेंस मानकों की आपूर्ति और रेफरेंस के उद्देश्य के लिए औषधियों के उत्पादन में इस्तेमाल किए जाने वाले प्रामाणिक रेफरेंस कच्चे माल के राष्ट्रीय संग्रह बनाने; औषधियों के मानकीकरण में इस्तेमाल किए जाने वाले पौधे या अन्य सामग्री के रसायन रेफरेंस निर्माता मिश्रण का संग्रह बनाने तथा इसे बरकरार रखने और इन्हें अधिमूल्य पर रेफरेंस मानकों के रूप में संबधित पक्षों को आपूर्ति की जिम्मेदारी सौंपी गई है।

17 आवास

भूतपूर्व शहरी विकास मंत्रालय तथा आवास और शहरी गरीबी उपशमन मंत्रालय को 6 जुलाई, 2017 को मिलाकर आवास एवं शहरी मामलों के मंत्रालय की नींव रखी गई थी। नए मंत्रालय का कार्य समग्र शहरी विकास के लिए विभिन्न योजनाओं की तैयारी और उन्हें अमल में लाने के साथ-साथ शहरी अवसंरचना और कुशल प्रशासन जैसे कार्यों को देखना है।

शहरीकरण आज के समय का महत्वपूर्ण सच है। 2011 की जनगणना के अनुसार, भारत में विभिन्न जनसांख्यिकीय आधार पर 377.16 मिलियन की कुल आबादी के साथ भिन्न जनसंख्या अनुपात वाले 7,933 शहर और कस्बे हैं। जनसंख्या का यह आंकड़ा दुनिया में दूसरे स्थान पर है। शहरी प्रणाली में 2001-11 के दशक के दौरान असाधारण तौर पर वृद्धि दर्ज की गई थी और उम्मीद की जा रही है कि यह तेजी आगे भी जारी रहेगी। देश में अनुमानतः 180 मिलियन ग्रामीण लोग 70 सबसे बड़े शहरी केंद्रों के निकट ही रह रहे हैं। मकिन्से ग्लोबल इंस्टीट्यूट के 2010 के अध्ययन के अनुसार यह आंकड़े 2030 तक 210 मिलियन के निकट पहुंच सकते हैं। हालिया दशकों में, भारत में शहरीकरण के तरीके में महत्वपूर्ण परिवर्तन आया जिसके प्रमुख लक्षण हैं : महानगरों की संख्या और उनमें जनसंख्या में निरंतर वृद्धि और जनगणना के दायरे में आने वाले कस्बों की संख्या और जनसंख्या में अभूतपूर्व वृद्धि जिनका शहरी आबादी में योगदान 2001 के 7.6 प्रतिशत की अपेक्षा 14.5 प्रतिशत तक पहुंच चुका है।

शहरीकरण ने भारतीय अर्थव्यवस्था के ढांचे में भी महत्वपूर्ण परिवर्तन किया है जिसके अनुसार देश के सकल घरेलू उत्पाद का 60 प्रतिशत शहरों से ही प्राप्त हो रहा है। इसी तरह, शहरीकरण के कारण कई बड़ी चुनौतियां भी सामने आ खड़ी हुई हैं, जिनमें से अधिकांश आवास, अवसंरचना और सेवा क्षेत्र से जुड़ी हैं। आधुनिक शहरी जटिलताओं से जूझने के कारण प्रशासन और राजस्व तंत्र जैसे पक्षों में भी धीमापन आ जाता है। इन चुनौतियों को देखते हुए शहरीकरण की संभावनाओं और वहां मौजूद अवसरों का एक साथ लाभ उठाने के लिए कई नई शुरुआत की गई हैं। स्मार्ट सिटीज मिशन, सभी के लिए आवास, स्वच्छ भारत मिशन, अमृत हृदय ऐसी ही कुछ नई शुरुआत हैं।

प्रधानमंत्री आवास योजना- सभी के लिए (शहरी) आवास

वर्ष 2022 तक सभी को आवास उपलब्ध करवाने के उद्देश्य से भारत सरकार ने 2015 में पीएमएवाई सभी के लिए (शहरी आवास) मिशन प्रारंभ किया। यह अभियान मलिन बस्तियों में रहने वाले शहरी गरीबों तथा ऐसे ही अन्य लोगों के लिए है। इसमें विभिन्न तबकों के शहरी गरीबों के लिए सरकार की पहलें शामिल हैं:

(i) मलिन बस्ती पुनर्वास- भूमि को संसाधन रूप में उपयोग करते हुए निजी विकास कर्ताओं की सहभागिता से मलिन बस्तियों को पुनः विकसित करना, ऐसी सभी परियोजनाओं में सभी पात्र

मलिन बस्ती निवासियों को औसतन 01 लाख रुपये प्रति आवास की अनुदान सहायता देना; (ii) ऋण युक्त अनुदान के माध्यम से कमजोर वर्गों के लिए मूल्य वहन योग्य आवासों को बढ़ावा देना: ईडब्ल्यूएस/एलआईजी वर्ग द्वारा देय 6.5 प्रतिशत की वर्तमान ब्याज दर का इस प्रकार से समायोजन करना कि वह 04 प्रतिशत से कम रहे। यदि ब्याज दरों में बदलाव होता है तो भी 6.5 प्रतिशत की आर्थिक सहायता जारी रहेगी और इस सहायता के बाद भी यदि ब्याज दर में अंतर आता है उस स्थिति में एनपीवी आधार पर दोनों ईडब्ल्यूएस एवं एलआईजी वर्ग लगभग 2.3 लाख रुपये प्रति आवास की दर से अनुदान सहायता; (iii) लोक एवं निजी क्षेत्र की भागीदारी से मूल्य वहन योग्य आवास निर्माण; जिन परियोजनाओं में 35 प्रतिशत आवास ईडब्ल्यूएस वर्ग हेतु बनाना अनिवार्य हो वहां 1.5 लाख रुपये की केंद्रीय सहायता; तथा (iv) लाभार्थी द्वारा स्वयं का आवास निर्माण या उसके प्रोत्साहन हेतु अनुदान सहायता; यदि राज्य/नगर मलिन बस्तियों अथवा ऐसे ही अन्य क्षेत्रों के लिए कोई परियोजना बनाते हैं तो वहां ईडब्ल्यूएस वर्ग हेतु 1.5 लाख रुपये का प्रावधान।

मूलभूत नगरीय सुविधाओं जैसे— पानी, शौचालय स्वच्छता, सीवरेज, सड़कें, बिजली, टेलीफोन लाइनें युक्त एवं सामुदायिक केंद्र, पार्क और खेल के मैदान सरीखी सामाजिक आधारभूत संरचना युक्त 30 वर्ग मीटर कुर्सी क्षेत्र वाले आवास उपलब्ध करवाए जाएंगे। राज्य स्तर पर आवासों के आकार एवं अन्य सुविधाओं के निर्धारण के लिए मंत्रालय से विचार-विमर्श के बाद लचीला रुख अपनाया जा सकेगा। मिशन के अंतर्गत 3 लाख रुपये वार्षिक आय वाले आर्थिक रूप से कमजोर वर्गों को शहरी निर्धन तथा 3-6 लाख रुपये वार्षिक आय वाले वर्गों को निम्न आय वर्ग के रूप में परिभाषित किया गया है। आवश्यकता पड़ने पर मंत्रालय इस सीमा में संशोधन कर सकता है।

जनगणना 2011 में शामिल सभी वैधानिक नगरों और अधिसूचित कस्बों को इस मिशन में शामिल करने के योग्य माना जाएगा। केंद्रशासित प्रदेश/राज्य सभी वैधानिक नगरों और अधिसूचित कस्बों की नगरपालिकाओं के आस-पास के स्थानों को योजना क्षेत्र में शामिल कर सकते हैं।

मिशन के अंतर्गत आवासों की सही संख्या मांग सर्वेक्षण पर निर्भर करेगी जिसके लिए सभी राज्य/नगर विस्तृत सर्वेक्षण करेंगे और वास्तविक मांग की जानकारी हेतु जन धन योजना/अन्य बैंक का खाता संख्या और आधार संख्या/मतदाता पहचान-पत्र/कोई और पहचान-पत्र, इच्छुक अथवा लाभार्थी के मूल जिले के राजस्व कार्यालय से जारी किया गया आवास के स्वामित्व का प्रमाण-पत्र इस उद्देश्य के लिए मान्य होगा। लाभार्थियों का सत्यापन राज्य/यूएलबी करेंगे। प्राप्त आंकड़ों और सर्वेक्षण परिणामों के आधार पर नगर/राज्य 'सबके लिए आवास' की कार्ययोजना बनाएंगे।

कमजोर वर्गों के लिए देश में आवास निर्माण विशेषकर मूल्य वहन योग्य आवासों के निर्माण की गति बढ़ाने हेतु उपयुक्त परिस्थितियां मौजूद होना सुनिश्चित करने के लिए कुछ अनिवार्य शर्तों का प्रावधान भी किया गया है। इसके लिए आपूर्ति संबंधी नियमों एवं प्रशासनिक प्रतिबंधों में ढील दी जाएगी। यदि निर्माण हेतु उपलब्ध भूमि पहले से आवासीय क्षेत्र के ही मास्टर प्लान में निर्धारित की गई है तब केंद्रशासित प्रदेश/राज्य उसके लिए अलग से गैर-कृषि (एनए) अनुमति की आवश्यकता से बचने हेतु नियमों में उचित बदलाव करेंगे: राज्य/केंद्रशासित प्रदेश मूल्य वाहन योग्य भूमि का निर्धारण करने के लिए मास्टर प्लान बनाने/उसमें संशोधन करते समय भूमि एकत्रीकरण (लैंड पूलिंग) व्यवस्था जैसे अभिनव उपाय करेंगे: ईवीएस/एलआईडी आवासों का निर्माण करने अथवा भूखंड के किसी भाग से इतर

आवास निर्माण हेतु नियमों में छूट देने की अनुमति के लिए राज्य/केंद्रशासित प्रदेश ईवीएस/एलआईडी आवासों के पहले से मंजूर नक्शों एवं भवन निर्माण योजनाओं को स्वीकृत अनुमति समझने की नीति अपनाएंगे: राज्य/केंद्रशासित प्रदेश मंत्रालय द्वारा बनाए जा रहे आदर्श किरायेदारी अधिनियम की तर्ज पर वर्तमान किराया कानूनों में सशोधन करने के लिए नियम बनाएंगे: मलिन बस्ती विकास एवं कम लागत में आवास निर्माण के लिए अतिरिक्त एफएआर/एफएसआई/टीडीआर और शिथिल घनत्व मानक उपलब्ध करवाएंगे।

तकनीकी उप-मिशन

तीव्र गति से अच्छी गुणवत्ता के आवास निर्माण हेतु आधुनिक, उन्नत, पर्यावरण अनुकूल (हरित) तकनीक एवं निर्माण सामग्री का प्रयोग करने के लिए पीएमएवाई-एचएफ (नगरीय) मिशन के अंतर्गत एक तकनीकी उप-मिशन किया गया था। यह विभिन्न भू-वाले क्षेत्रों के अनुकूल नक्शे और भवन निर्माण योजनाएं बनाने और उन्हें लागू करने में सहायक होने के साथ ही राज्यों/ नगरों को आपदा निवारण उपायों एवं पर्यावरण सह-प्रौद्योगिकियां क्रियान्वित करने में सहायक होगा।

दीनदयाल अंत्योदय योजना - राष्ट्रीय शहरी आजीविका मिशन

राष्ट्रीय नगरीय आजीविका मिशन (एनयूएलएम) एवं राष्ट्रीय ग्रामीण आजीविका मिशन (एनआरएलएम) को मिला कर दीनदयाल अंत्योदय योजना (डीएवाई) नाम दिया गया है। साथ ही एनयूएलएम का कार्य विस्तार सभी वैधानिक नगरों में करके नया नाम डीएआई-एनयूएलएम दिया गया है। इसका प्राथमिक लक्ष्य अनुसूचित जाति, अनुसूचित जनजाति वाले अल्पसंख्यकों, महिला प्रमुख परिवारों, दिव्यांगजनों, निराश्रितों, प्रवासी श्रमिकों विशेष रूप से फेरी वाले, कबाड़ बीनने वाले, घरेलू कामगार, भिखारी, निर्माण कार्यों में लगे श्रमिकों को जागरूक करना है। डीएवाई-एनयूएलएम के अंतर्गत बेघर लोगों को चरणबद्ध क्रम में आवश्यक सेवाओं से युक्त आश्रय उपलब्ध करवाए जाते हैं। साथ ही मिशन के अंतर्गत गलियों में फेरी लगाने वालों को उनके व्यवसाय हेतु उचित जगह, संस्थागत ऋण, सामाजिक सुरक्षा और बाजार में भविष्य में मिल सकने वाले अवसरों एवं चुनौतियों के अनुरूप प्रशिक्षण देकर उनके रोज़गार का भी ध्यान रखा जाता है।

डीएवाई-एनयूएलएम के निम्न लिखित घटक हैं:-

सामाजिक गतिशीलता एवं संस्था विकास (एसएम एंड आईडी): एनयूएलएम में नगरीय निर्धन परिवारों को मितव्ययी एवं ऋण आधारित स्वयं सहायता समूहों (एसएचजी) और उनके संघों/संगठनों का सदस्य बनवा कर गतिशील करना है। एनयूएलएम के अंतर्गत स्वयं सहायता समूहों (एसएचजी) और उनके संघों/संगठनों, केंद्रीय/राज्य एवं नगर/कस्बे स्तर पर राजकीय संस्थाओं, बैंकों, स्वयं सेवी समूहों, समुदाय आधारित संगठनों तथा अन्य संबंधित पक्षों के निरंतर क्षमता निर्माण के लिए एक बहु-आयामी नीति बनाई गई है। निर्धनों हेतु कार्यक्रम चलाने को मजबूती देने के लिए एनयूएलएम राष्ट्रीय एवं राज्य स्तरीय मिशन प्रबंधन इकाइयों का भी गठन करेगा।

डीएवाई: एनयूएलएम के अंतर्गत 6.24 लाख व्यक्तियों को कौशल प्रशिक्षण दिया गया; 1.98 लाख लाभार्थियों को रोज़गार/स्व-रोज़गार मुहैया कराया गया तथा निजी/समूह लघु उद्यम खोलने के लिए सहायता प्रदान की गयी। एक लाख से अधिक स्वयं सहायता समूह बना कर उन्हें स्वयं सहायता समूह

बैंक संपर्क योजना के अंतर्गत ऋण उपलब्ध कराए गए; 58,437 स्वयं सहायता समूहों को परिभ्रमणीय कोष (रिवोल्विंग फंड) उपलब्ध करवाया गया है: शहरी बेघरों के लिए 815 आश्रय स्वीकृत किए गए जिसमें से 345 प्रयोग में आ चुके हैं; गलियों में फेरी लगाने वाले 7.76 लाख व्यक्तियों की 726 सर्वेक्षण किए जा चुके नगरों में पहचान की गई है, 1.75 हजार फेरी वालों को पहचान-पत्र जारी किए हैं तथा 70 नगरों में फेरी विक्रय योजना (स्ट्रीट वेंडिंग प्लान) शुरू किया गया है।

फेरी विक्रेता (आजीविका संरक्षण एवं फेरी विक्रय नियमन) अधिनियम, 2014

फेरी लगाना सदियों पुराना व्यवसाय है जिससे लाखों लोगों की रोजी-रोटी चलती है। फेरी विक्रेताओं के अधिकारों की रक्षा और फेरी लगाने की गतिविधियों को नियमित करने के लिए भारत सरकार ने फेरी विक्रेता (आजीविका संरक्षण एवं फेरी विक्रय नियमन) अधिनियम, 2014 लागू किया है जिसका उद्देश्य एक ऐसा सकारात्मक वातावरण तैयार करना है जिसमें फेरी विक्रेता सही और पारदर्शी ढंग से बिना किसी उत्पीड़न अथवा बेदखली के अपना कारोबार कर सकें। अधिनियम में अनिवार्य किए गए प्रकल्पों के अंतर्गत भारत सरकार तत्संबधी नियम बनाने के कार्य में राज्य सरकारों/केंद्रशासित प्रदेश प्रशासनों की सहायता कर रही है। मंत्रालय ने अंडमान एवं निकोबार, चंडीगढ़, दादरा एवं नगर हवेली, दीप और दमन तथा लक्षद्वीप प्रशासनों के लिए मंत्रालय ने नियम अधिसूचित कर दिए हैं। गृह मंत्रालय ने विधानसभा रहित केंद्रशासित प्रदेशों में उप-नियम बनाने और उनके क्रियान्वयन के लिए अधिकृत कर दिया है। असम, छत्तीसगढ़, राष्ट्रीय राजधानी क्षेत्र दिल्ली, ओडिशा, पंजाब, तमिलनाडु, तेलंगाना और त्रिपुरा ने इस योजना को अधिसूचित कर दिया है।

भू-संपदा (विनियमन एवं विकास) अधिनियम, 2016

भू-संपदा (विनियमन एवं विकास) अधिनियम, 2016 को भू-संपदा विनियमन प्राधिकरण का गठन करने के उद्देश्य से लाया गया है ताकि भू-संपदा क्षेत्र के लिए नियम बनाने, उसे बढ़ावा देने एवं उपभोक्ताओं-खरीदारों के हितों की रक्षा हो सके।

आवास एवं नगरीय गरीबी उपशमन मंत्रालय ने विनियामक प्राधिकरणों और अपीलीय न्यायाधिकरणों के गठन हेतु नियम बनाने के लिए इस अधिनियम के कुछ प्रावधानों को मई 2016 से लागू करने के लिए अधिसूचना जारी की थी। मंत्रालय भू-संपदा अधिनियम 2016 के अंतर्गत विधायिका रहित केंद्रशासित प्रदेशों के लिए सक्षम प्राधिकारी है। अत: मंत्रालय ने प्रतिदर्श नियम बनाकर उन्हें जन सामान्य के विचार जानने के उद्देश्य से अपनी वेबसाइट पर डाल दिया है।

विकास कार्यक्रम एवं दीर्घकालिक विकास के लक्ष्य

संयुक्त राष्ट्र महासभा ने अपने 68वें अधिवेशन में प्रस्तावित विकास कार्यक्रम-2015 के बाद (सहस्राब्दी विकास लक्ष्य, एमडीजी) के लिए 17 विकास कार्यक्रम एवं दीर्घकालिक विकास के लक्ष्यों के अंतर्गत 17 लक्ष्य और 169 कार्यों के संकल्प पारित किए थे। उस समय संयुक्त राष्ट्र संघ ने कहा कि विभिन्न देशों की सरकारों के बीच होने वाले विचार-विमर्श एवं वार्ताओं में ये लक्ष्य और कार्य अन्य निवेशों (इनपुट्स) के अतिरिक्त सहस्राब्दी विकास लक्ष्य, एमडीजी का समावेशन इस प्रस्तावित विकास कार्यक्रम-2015 के बाद , में करने के लिए मुख्य आधार बनेंगे।

आवास निर्माण एवं नगरीय विकास पर एशिया प्रशांत मंत्रीस्तरीय सम्मेलन

आवास निर्माण एवं नगरीय विकास पर एशिया प्रशांत मंत्री स्तरीय सम्मेलन का आयोजन दिसंबर 2006 (एपीएमसीएचयूडी) नई दिल्ली में आवास निर्माण एवं नगरीय विकास पर एशिया प्रशांत क्षेत्र के मंत्रियों की पहली बैठक के बाद हुआ था। एपीएमसीएचयूडी के उद्देश्य एशिया प्रशांत क्षेत्र के प्रतिभागी देशों द्वारा सर्व सम्मति से पारित 'दिल्ली घोषणा पत्र' में निहित हैं। इस सम्मेलन की अध्यक्षता भारत ने की थी।

(एपीएमसीएचयूडी) नई दिल्ली में आवास निर्माण एवं नगरीय विकास पर एशिया प्रशांत क्षेत्र के मंत्रियों की पहली बैठक के बाद हुआ था। एपीएमसीएचयूडी के उद्देश्य एशिया प्रशांत क्षेत्र के प्रतिभागी देशों द्वारा सर्वसम्मति से पारित 'दिल्ली घोषणा पत्र' में निहित हैं। इस सम्मेलन की अध्यक्षता भारत ने की थी। आवास निर्माण एवं नगरीय विकास पर एशिया प्रशांत क्षेत्र मंत्रिस्तरीय सम्मेलन में क्षेत्र के देशों में दीर्घकालीन आवास निर्माण और नगरीय विकास को बढ़ावा देने का प्रावधान है क्योंकि इन देशों में इस बारे में आने वाली चुनौतियों और समस्याओं में एकरूपता है। अत: यह अंतर-राजकीय प्रणाली इस बारे में आपसी अनुभवों एवं महत्वपूर्ण सूचनाओं के आदान प्रदान और सहयोग को सुगम बनाने के लिए है। साथ ही इससे क्षेत्रीय एवं अंतरराष्ट्रीय मंचों पर अपनी साझी चुनौतियों और समस्याओं पर एक स्वर में अपनी बात कहने और उनके समाधान की दिशा में आवश्यक उपाय तलाशने में भी मदद मिलेगी।

(एपीएमसीएचयूडी) संयुक्त राष्ट्र-पर्यावास के तत्वावधान में ऐसी तीसरी संस्था है जो लैटिन अमरीकी देशों के आवास निर्माण और नगरीय विकास मंत्रियों के 1992 में आयोजित सम्मेलन (एमआईएनयूआरवीआई) एवं वर्ष 2005 में आवास निर्माण और नगरीय विकास पर अफ्रीकी देशों मंत्रियों के सम्मेलन (एएमसीएचयूडी) के बाद गठित की गई है।

राष्ट्रीय शहरी आवास एवं पर्यावास नीति

नगरीय विकास के क्षेत्र एवं भू-संपदा के क्षेत्र में हुए हाल के बदलावों, राष्ट्रीय शहरी आवास एवं पर्यावास नीति (एनयूएचएचपी), 2007 के क्रियान्वयन में मिले अनुभवों, सरकार द्वारा चलाई गई योजनाओं/कार्यक्रमों, दीर्घकालिक विकास लक्ष्यों (एसडीजी) और नए शहरी विकास कार्यक्रम की पृष्ठभूमि में अब समय आ गया है कि वर्तमान में चल रहे एनयूएचएचपी, 2007 में संशोधन/बदलाव किए जाएं। एक दीर्घकालीन एवं क्रियान्वयन योग्य आवास एवं पर्यावास नीति बनाने के लिए शहरी आवास एवं गरीबी उपशमन मंत्रालय ने एनयूएचएचपी, 2017 तैयार करने हेतु संबंधित पक्षों से विचार-विमर्श की प्रक्रिया प्रारंभ कर दी है।

नगरीय क्षेत्रों हेतु राज्य आवास नीति का प्रारूप

देश में आवास निर्माण क्षेत्र के सामने आ रही सभी समस्याओं/चुनौतियों के समाधान के लिए मंत्रालय ने राष्ट्रीय शहरी आवास एवं पर्यावास नीति (एनयूएचएचपी), 2007 लागू की थी जिसमें यह प्रावधान किया गया था कि सभी राज्य/केंद्रशासित प्रदेश अपने लिए एक राज्य शहरी आवास एवं पर्यावास नीति और राज्य शहरी आवास एवं पर्यावास कार्ययोजना बनाएंगे। आवास निर्माण क्षेत्र की वर्तमान समस्याओं के समाधान के लिए आवास नीतियां तैयार करने के कार्य में राज्यों की सहायता के लिए शहरी आवास एवं गरीबी उपशमन मंत्रालय ने शहरी क्षेत्रों हेतु राज्य आवास नीति बनाने के उदेश्य से इस कार्य का एक प्रारूप जारी किया है।

किराये पर आवास हेतु नीति का ड्राफ्ट

12वीं योजना अवधि के दौरान भारत में 1.878 करोड़ घरों की कमी का अनुमान लगाया गया था और आने वाले भविष्य में इस संख्या में हो रही लगातार वृद्धि चिंता का विषय है। अतीत की बात की जाए तो अभी तक आवास नीति/इस हेतु बनने वाले कार्यक्रमों में लोगों को घरों का मालिकाना हक़ देने पर जोर दिया जाता रहा है, भले ही मालिकाना हक़ के आधार पर सभी को आवास उपलब्ध कराना एक चुनौती सिद्ध हुआ है। परिवार के बढ़ते आकार और बढ़ी हुई आवश्यकताओं ने भीड़ बढ़ा दी और मलिन बस्तियां बसने लगीं। ऐसा इसलिए भी हुआ क्योंकि किराए पर घर मिलना मुश्किल होता था एवं इसके समाधान के लिए देश में किराए पर घर मिलने के बारे में कोई नीतिगत प्रारूप नहीं बना था। इस समस्या के समाधान की दृष्टि से मंत्रालय ने ड्राफ्ट राष्ट्रीय शहरी किराया आवास नीति, 2015 तैयार की है। इस ड्राफ्ट नीति का लक्ष्य 'भारत में एक गतिशील, दीर्घकालिक एवं समावेशी किराया आवास बाजार' तैयार करना है।

आदर्श किरायेदारी अधिनियम

शहरी आवास एवं गरीबी उपशमन मंत्रालय ने सभी राज्यों और संबंधित पक्षों से आदर्श किरायेदारी अधिनियम, 2015 का प्रारूप (ड्राफ्ट) साझा किया है। इस ड्राफ्ट की प्रमुख बातें इस प्रकार हैं: सभी आवासीय एवं व्यावसायिक संपत्तियों के लिए किरायेदारी के विनियमन हेतु नियमों का खाका; किराया अनुबंध-पत्र के माध्यम से भू-स्वामियों और किरायेदारों के अधिकारों एवं उत्तरदायित्वों में संतुलन बनाना; किरायेदारी की अवधि, पुश्तैनी अधिकार, भुगतान योग्य किराया, भू-स्वामी और किराएदार के बीच करार परिभाषित करना; किराया प्राधिकारियों के समक्ष किराया अनुबंधों के पंजीकरण से किराया न्यायाधिकरणों द्वारा विवादों के निपटारे के लिए न्याय प्रक्रिया में तेजी आती है; किराया न्यायालयों के माध्यम से भू-स्वामी को उसकी संपत्ति पर पुनः कब्जा दिलाना; संपत्ति के रिक्त न होने की स्थिति में क्षति पूर्ति; तथा, इन उपबंधों का सरकारी/कर्मचारी आवासों/न्यासी एवं धार्मिक भवनों पर लागू न होना।

अंतरिक्ष प्रौद्योगिकी आधारित साधनों/उपकरणों का प्रयोग

शहरी आवास एवं गरीबी उपशमन मंत्रालय ने लागू की गई परियोजनाओं के प्रभावपूर्ण क्रियान्वयन और उनके कार्य की प्रगति की निगरानी के लिए राष्ट्रीय सुदूर संवेदन केंद्र (एनआरएससी), हैदराबाद के माध्यम से एक भू-अंकितन उपकरण (जिओ टैगिंग एप्लीकेशन) विकसित किया है। इस एप्लीकेशन से पीएमएवाई-एचएफए (शहरी) मिशन के अंतर्गत आने वाले लाभार्थियों द्वारा बनाए जा रहे आवासों की वास्तविक प्रगति का भू-अंकित छायाचित्रों (जीओ टैग्ड फोटोग्राफ्स के माध्यम से सही-सही पता लगाया जा सकेगा।

प्रधानमंत्री आवास योजना-सबके लिए आवास (शहरी) के लिए जिओ-टैगिंग पोर्टल की विशिष्टता में: लाभार्थी सहित उसके वर्तमान आवास की फोटो लेने के लिए हैंड हेल्ड डिवाइस में मोबाइल एप्लिकेशन तथा नियमित अंतराल पर फोटो खींच कर निगरानी करने की क्षमता शामिल है। इन फोटोग्राफ्स को भुवन जिओ-पोर्टल पर अपलोड किया जाएगा; इसको पीएमएवाई-एचएफए (शहरी) मिशन से जोड़ने के लिए ऑनलाइन सूचना प्रबंधन प्रणाली विकसित की जा रही है; इससे लाभार्थियों की सही पहचान में आसानी होगी, निर्माण कार्यों की निगरानी के आलावा लाभार्थियों को सही समय पर

धनराशि जारी की जा सकेगी; साथ ही इन आंकड़ों का उपयोग करके केंद्र/राज्य सरकारों/शहरी स्थानीय निकायों के लिए एमआईएस रिपोर्ट्स बनाई जा सकेंगी।

सूचना प्रबंधन प्रणाली

दीनदयाल अंत्योदय योजना: राष्ट्रीय शहरी आजीविका मिशन की प्रगति की निगरानी के लिए एक ऑनलाइन वेब आधारित सूचना प्रबंधन प्रणाली (एमआईएस) अभिकल्पित (डिजाइन) एवं विकसित किया गया है। एमआईएस के क्रियान्वयन के लिए राज्यों को प्रशिक्षित किया जा रहा है। इस एमआईएस में लाभार्थियों का विवरण, बायोमीट्रिक उपस्थिति, प्रशिक्षण और स्थान नियोजन के विवरण शामिल किए जाएंगे तथा सफल अभ्यर्थियों को ऑनलाइन प्रमाण-पत्र प्रदान किए जाएंगे। यह एमआईएस योजना से संबंधित मिशन प्रबंधन एकक को वास्तविक समय आधार पर नगर, शहरी स्थानीय निकाय, राज्य की ऑनलाइन निगरानी करने में सहायता मिलेगी।

प्रधानमंत्री आवास योजना: सब के लिए आवास (शहरी) मिशन के क्रियान्वयन और निगरानी (अनुश्रवण) के लिए एक केंद्रीकृत वेब समर्थित सूचना प्रबंधन प्रणाली विकसित की गई है जो मंत्रालय, राज्य सरकार, राज्य स्तरीय केंद्रीय एजेंसियों (एसएलएनए), शहरी स्थानीय निकायों (यूएलबी), केंद्रीय प्रमुख एजेंसियों (सीएनए), लाभार्थियों और अन्य संबंधित पक्षों के बीच ऐसे सेतु का काम करेगी जिससे लाभार्थियों का प्रभावी विवरण व्यवस्थित करने, परियोजना प्रबंधन को सुगम बनाने एवं विभिन्न निगरानी (अनुश्रवण) रिपोर्ट्स बनाने का कार्य किया जा सकेगा। पूर्व में चल रही आरएवाई और जेएनएनयूआरएम जैसी परियोजनाओं को समन्वित शहरी निर्धनता प्रबंधन प्रणाली इंटीग्रेटेड पॉवर्टी मैनेजमेंट सिस्टम में समाहित कर लिया गया है।

प्रगति के सहभागी

आवास निर्माण एवं शहरी विकास निगम (एचयूडीसीओ-हुडको) एक ऐसा प्रौद्योगिक-वित्तीय प्रबंधन संसथान है जो निर्माण और शहरी आधारभूत संरचनाओं के वित्तपोषण एवं संवर्द्धन का कार्य करता है। इसकी स्थापना अप्रैल 1970 में एक पूर्णत: सरकारी स्वामित्व वाली कंपनी के रूप में की गई थी जिसका उद्देश्य दीर्घावधि के लिए वित्तपोषण करवाने के साथ आवास निर्माण एवं शहरी आधारभूत ढांचे के विकास कार्यक्रम चलाना था। इसे मिनी रत्न का दर्जा मिला हुआ है। हुडको प्रधानमंत्री आवास योजना (शहरी) के ऋण आधारित सब्सिडी योजना (सीएलएसएस) के अंतर्गत दी जाने वाली सहायता राशि को सही व्यक्ति तक वितरित करने के लिए बनाई गई प्रमुख संस्थाओं में से एक है।

हिंदुस्तान प्रीफैब लिमिटेड: हिंदुस्तान प्रीफैब लिमिटेड शहरी आवास एवं गरीबी उपशमन मंत्रालय के प्रशासनिक नियंत्रण एक केंद्रीय लोक उद्यम है। यह तकनीकी, परंपरागत तरीके और पूर्वनिर्मित भवन के माध्यम से सिविल निर्माण परियोजनाओं को पूरा करवाने के लिए परियोजना प्रबंधन सेवाएं देता है। एचपीएल पूर्वनिर्मित और पहले से तैयार प्रकल्प की प्रौद्योगिकियों को अधिक कार्यकुशलता के माध्यम से अपनाने पर जोर देता है ताकि '2022 तक सब को आवास' के लक्ष्य को प्राप्त करने का काम तेजी से किया जा सके। एचपीएल ने विभिन्न लोक उद्यमों के स्कूलों में 'स्वच्छ भारत अभियान' के अंतर्गत शौचालय बनवाने के कार्य में महती भूमिका निभाई थी।

भवन निर्माण सामग्री एवं प्रौद्योगिकी संवर्द्धन परिषद: भवन निर्माण सामग्री एवं प्रौद्योगिकी संवर्द्धन परिषद बीएमटीपीसी 1990 में अपनी स्थापना के समय से ही नए प्रकार की वैकल्पिक भवन निर्माण सामग्रियों तथा निर्माण प्रौद्योगिकियों के संवर्द्धन में लगी हुई है। प्रौद्योगिकी संवर्द्धन परिषद् के रूप में यह तकनीकी उप मिशन को सुदृढ़ करके प्रधानमंत्री आवास योजना (शहरी) के क्रियान्वयन में मंत्रालय की सहायता कर रही है। बीएमटीपीसी तकनीकी उप मिशन के प्रमुख कार्यालय (सचिवालय) के रूप में कार्य करती है और इसे विभिन्न राज्यों की परियोजनाओं की जांच करने वाली एजेंसी के रूप में गठित किया गया है।

राष्ट्रीय भवन संगठन (एनबीओ): एनबीओ शहरी आवास एवं गरीबी उपशमन मंत्रालय का एक संबद्ध कार्यालय है जो देशभर में भवन निर्माण तथा अन्य निर्माण गतिविधियों से संबंधित सांख्यिकीय आंकड़ों के एकत्रीकरण, सारणीयन–तालिका बनाने और उन्हें वितरित करने का कार्य करता है। यह राज्य सरकारों/नगरपालिका प्रशासन/अनुसंधान एवं विकास संगठनों/सांख्यिकीय संगठनों के साथ समन्वयन और सहयोग करता है तथा शहरी निर्धनता, मलिन बस्तियों, आवास निर्माण इत्यादि से संबंधित शहरी नीति–निर्धारकों, योजनाकारों एवं अनुसंधानकर्ताओं की आंकड़ों से जुड़ी आवश्यकताओं और एमआईएस जरूरतों को पूरा करता है।

केंद्रीय सरकारी कर्मचारी कल्याण आवास संगठन (सीजीईडब्ल्यूएचओ): सीजीईडब्ल्यूएचओ दिल्ली में 1990 में समितियां पंजीकरण अधिनियम 1860 के अंतर्गत पंजीकृत की गई है। एक 'कल्याणकारी' संस्था के रूप में यह 'न लाभ न हानि' आधार पर केंद्रीय सरकारी कर्मचारियों के लिए आवासीय इकाइयां बनाने के लिए शहरी आवास एवं गरीबी उपशमन मंत्रालय के तत्वावधान में कार्य करता है। इसके द्वारा हाल में ही शुरू की गई परियोजनाओं में मोहाली (फेज 2), भुवनेश्वर (फेज 2), ग्रेटर नोएडा और एसएएस नगर शामिल हैं।

नेशनल कोऑपरेटिव हाउसिंग फेडरेशन ऑफ इंडिया (एनसीएचएफ): एनसीएचएफ सहकारी आवास क्षेत्र का एक देशव्यापी संगठन है। इसका प्राथमिक उद्देश्य सहकारी आवास संस्थाओं की गतिविधियों एवं कार्यों का संवर्द्धन, निर्देशन और समन्वयन करना है। यह ऐसे राज्यों में जहां किसी भी प्रकार की प्रमुख सहकारी आवास संघ नहीं हैं, में इस तरह की गतिविधियों को बढ़ावा देना तथा तुलनात्मक रूप में नि:शक्त प्रमुख सहकारी आवास संघों (एसीएचएफ) का सशक्तीकरण करना है। साथ ही यह संघ सहकारी आवास निर्माण कार्यों में लगे हुए लोगों के लाभ हेतु शिक्षा, प्रशिक्षण, अनुसंधान सम्मेलन/विचार गोष्ठियों के आयोजन का कार्य भी करता है।

18 भारत और विश्व

विश्व के साथ भारत के संपर्कों का मूल उद्देश्य दुनिया में शांतिपूर्ण और स्थिरता वाला माहौल कायम करना है ताकि देश के आर्थिक विकास और प्रगति के लिए अनुकूल माहौल बने। वैश्विक मामलों में देश की निखरती छवि और दुनिया में कठिन आर्थिक वातावरण के बावजूद भारत का तेजी से बढ़ती अर्थव्यवस्था के रूप में उभरना एक ऐसा मौका है जिसका फायदा भारत के नीतिगत और आर्थिक विकल्पों में विविधता लाने में उठाया जा सकता है। इस संदर्भ में भारत ने प्रत्येक द्विपक्षीय या बहुपक्षीय साझेदार से अपने संबंधों का विस्तार करने और उन्हें सुदृढ़ करने का प्रयत्न किया है ताकि उस खास क्षेत्र के साथ संबंधों से भारतीय हितों को अधिकतम फायदा दिलाया जा सके। इस अवधि के दौरान भारत के अंतरराष्ट्रीय संबंधों के समूचे परिदृश्य को आपस में जोड़ने वाला जो सूत्र है उसे यहां प्रस्तुत किया गया है।

2016-17 के दौरान भारत ने देश की सुरक्षा बढ़ाने, साझेदारी सुदृढ़ करने और वैश्विक मंचों में भागीदारी समेत देश के आर्थिक रूपांतरण की प्रक्रिया को त्वरित व आसान बनाने के लिए सक्रियता से कार्य करने की अपनी कूटनीति जारी रखी। निकटवर्ती और दूर के पड़ोसियों के साथ-साथ दूर के मित्र देशों के साथ भी हमारे संबंध और सुदृढ़ हुए। भारत के राजनयिक चित्रपटल का विकास कर नये देशों और क्षेत्रों को इसमें शामिल किया गया और विश्व में अनेक देशों के साथ उच्चस्तरीय आदान-प्रदान हुआ जैसा हाल के वर्षों में कम ही देखा गया था। इस तरह के क्षेत्रों में अफ्रीका, लातीनी अमरीका और कैरीबियाई क्षेत्र शामिल है। भारत ने कई वैश्विक सम्मेलनों में भाग लिया जिनमें यूएनजीए, जी-20 शिखर सम्मेलन, ब्रिक्स शिखर सम्मेलन, आसियान-भारत शिखर सम्मेलन, परमाणु सुरक्षा शिखर सम्मेलन, एससीओ शिखर सम्मेलन और पूर्वी एशिया शिखर सम्मेलन शामिल हैं। हमारी बढ़ती सहभागिता को अक्टूबर 2016 में गोवा में 8वें ब्रिक्स शिखर सम्मेलन के आयोजन, बिम्स्टेक के साथ संपर्क के प्रयास और 2016 में अमृतसर में आयोजित छठे हार्ट ऑफ एशिया सम्मेलन की मेजबानी निभाने के संदर्भ में देखा जा सकता है।

सरकार ने पड़ोसी को प्राथमिकता देने की नहबर फर्स्ट की अपनी नीति के तहत दक्षिण एशिया के अपने निकटस्थ पड़ोसी देशों के साथ संबंधों को सर्वोच्च प्राथमिकता दी। हमारे राष्ट्रपति ने नेपाल की यात्रा की जबकि प्रधानमंत्री अफगानिस्तान, श्रीलंका और म्यामां गए। इसी तरह मालदीव, श्रीलंका, नेपाल, अफगानिस्तान और म्यामां के राष्ट्रपति; नेपाल, श्रीलंका, भूटान और बांग्लादेश के प्रधानमंत्री तथा म्यामां की राजकीय सलाहकार भारत के दौरे पर पधारें। इन उच्चस्तरीय आदान-प्रदानों से पड़ोसियों के साथ रिश्ते मजबूत करने की रफ़्तार बनाए रखने में मदद मिली। दक्षिण एशिया उपग्रह के ऐतिहासिक प्रक्षेपण से भारत ने टेक्नोलॉजी के क्षेत्र में अपनी क्षमताओं का लाभ क्षेत्रीय सहयोगियों के साथ साझा करने की अपनी प्रतिबद्धता साबित कर दी। प्राकृतिक आपदाओं और संकट की घड़ी में पहले मददगार

के रूप में भारत ने प्राकृतिक आपदाओं से जूझ रहे देशों को सक्रिय होकर मानवीय सहायता और आपदा राहत प्रदान की। भारत ने सुरक्षा संबंध कायम करने, संपर्क बढ़ाने और मजबूती से आर्थिक एकीकरण पर आधारित एक्ट ईस्ट की नीति को अधिक ऊर्जा और व्यावहारिकता प्रदान करने के प्रयास जारी रखे। खाड़ी देशों, पश्चिमी देशों और मध्य एशियाई देशों के साथ संपर्कों को न केवल ऊर्जा संबंधों को सुदृढ़ करने की दृष्टि से मजबूत किया गया, बल्कि व्यापक आर्थिक सहयोग हासिल करने और सुरक्षा उद्देश्यों को प्राप्त करने में भी उनका फायदा उठाया गया।

सरकार ने भारत में अंदरूनी बदलाव को अपने वैदेशिक संबंधों का केंद्रीय विषय बनाने पर जोर देना जारी रखा। अपने राजनयिक संपर्कों को सुदृढ़ करके विदेशों से निवेश, टेक्नोलॉजी और बेहतरीन तौर-तरीके हासिल करना हमारी महत्वपूर्ण प्राथमिकता बना रहा। वर्ष के दौरान अंतरराष्ट्रीय भागीदारियों में तेजी लाने के प्रयास किए गए ताकि मेक इन इंडिया, स्मार्ट सिटी, स्किल इंडिया, डिजिटल इंडिया और नमामि गंगे जैसी भारत की विकास संबंधी महत्वपूर्ण पहलों को बढ़ावा देकर उनके कार्यान्वयन को सुगम बनाया जा सके। भारत ने एक ओर जहां विकसित देशों के साथ मजबूत आर्थिक सहयोग के प्रयास जारी रखे, वहीं उसने अपनी बढ़ती हुई क्षमताओं का उपयोग करके दुनियाभर में विकास में साझेदार रहे देशों को सहायता देना भी जारी रखा। पड़ोस के विकासशील देशों, दक्षिण-पूर्व एशिया, मध्य एशिया, अफ्रीका और लातिनी अमरीकी देशों को उपलब्ध कराए गए रियायती ऋणों, अनुदान सहायता और तकनीकी व आर्थिक सहयोग से भारत की ओर से किए जा रहे प्रयासों का पता चलता है।

लगातार तीसरी बार अंतरराष्ट्रीय योग दिवस का आयोजन किया गया जिसमें और भी अधिक संख्या में सहभागिता तथा और भी व्यापक भागीदारी देखी गई। भारत की समृद्ध विरासत की झांकी विश्व के समक्ष प्रस्तुत करने के लिए भातीय सांस्कृतिक संबंध परिषद ने फ्रांस और ऑस्ट्रेलिया में भारतीय संस्कृति समारोहों समेत कई कार्यक्रम आयोजित किए। 7-9 जनवरी, 2017 को प्रवासी भारतीय दिवस के आयोजन के साथ ही मंत्रालय ने विदेशों में रहने वाले भारतवंशियों से संपर्क के लिए अभिनव प्रयास जारी रखे। भारतवंशियों की उपलब्धियों को याद करने के लिए दिल्ली में एक प्रवासी भारतीय केंद्र स्थापित किया गया है। उच्चस्तरीय विदेश यात्राओं के दौरान भारतवंशियों से संपर्क स्थापित करने की परंपरा जारी रखी गई।

पड़ोस

अफगानिस्तान: जून 2016 में प्रधानमंत्री की हेरात यात्रा और अफगान राष्ट्रपति मोहम्मद अशरफ गनी के दिसंबर और दिसंबर 2016 में नई दिल्ली और अमृतसर तथा अक्टूबर 2017 में फिर से नई दिल्ली दौरे से भारत और अफगानिस्तान के उच्चस्तरीय नेताओं का एक-दूसरे देश की यात्रा का सिलसिला जारी रहा। एक और महत्वपूर्ण बात यह रही कि प्रधानमंत्री ने सितंबर 2016 में अफगानिस्तान को क्षमताओं और सामर्थ्य के निर्माण के लिए एक अरब डॉलर की अतिरिक्त सहायता देने की घोषणा की। दोनों देशों के बीच संपर्क की मुख्य विशेषता यह रही कि दिसंबर 2016 में अमृतसर में हार्ट ऑफ एशिया इस्तानबुल प्रोसेस के छठे मंत्रि स्तरीय सम्मेलन का संयुक्त रूप से आयोजन किया गया। इसके अलावा भारत ने ब्रसेल्स में अक्टूबर 2016 में आयोजित सम्मेलन सहित अफगानिस्तान पर बहुपक्षीय मंचों की बैठकों में हिस्सा लिया। कौशल विकास, सुरक्षा, स्वास्थ्य, जल प्रबंधन, शिक्षा और संपर्क जैसे क्षेत्रों में सहयोग बढ़ाने की दिशा में काफी प्रगति हुई।

बांग्लादेशः भारत और बांग्लादेश के बीच संबंधों में मजबूती का सिलसिला 2016-17 में भी उच्चस्तरीय आदान-प्रदान के साथ जारी रहा। बांग्लादेश की प्रधानमंत्री शेख हसीना ने अप्रैल में भारत की यात्रा की जिसमें प्रतिरक्षा, अंतरिक्ष, परमाणु ऊर्जा, आईसीटी, साइबर सुरक्षा, विकास यहयोग, न्यायिक सहयोग, परिवहन, जनसंचार जैसे क्षेत्रों में 22 समझौतों/समझौता ज्ञापनों पर हस्ताक्षर किए गए। ऊर्जा, विद्युत, शिक्षा और स्वास्थ्य जैसे क्षेत्रों में कई वाणिज्यिक समझौतों पर भी दस्तखत किए गए। बांग्लादेश में प्राथमिकता वाले क्षेत्रों में निवेश के लिए 4.5 अरब डॉलर की रियायती ऋण सीमा भी तय की गई। कोलकाता से खुलने और ढाका से जोड़ने के लिए एक बस सेवा शुरू की गई। कोलकाता से खुलने के लिए रेल सेवा प्रारंभ हुई और भारत में राधिकापुर से बांग्लादेश में बिरोल के बीच भी रेल संपर्क स्थापित किया गया। दोनों देशों के प्रधानमंत्रियों की बातचीत के दौरान द्विपक्षीय संबंधों के तमाम पहलुओं की विस्तृत समीक्षा की गई जिनमें प्रधानमंत्री की जून 2015 में बांग्लादेश की यात्रा के दौरान किए गए निर्णयों पर अमल की समीक्षा भी शामिल है।

भूटानः भारत और भूटान के बीच दोस्ती के गहरे रिश्ते हैं जो गहरे आपसी विश्वास और आपसी समझ पर आधारित हैं। 2016-17 में जल-विद्युत, परिवहन, संचार, आधारभूत ढांचे, स्वास्थ्य, शिक्षा, संस्कृति, सूचना टेक्नोलॉजी, उद्योग, कृषि, प्रतिरक्षा और सुरक्षा संबंधी मामलों समेत सहयोग के सभी क्षेत्रों में लगातार प्रगति हुई। उच्चस्तरीय यात्राओं और सहयोग के विभिन्न क्षेत्रों में आधिकारिक आदान-प्रदान के जरिए विभिन्न द्विपक्षीय क्षेत्रों में सुधार का सिलसिला जारी रखा गया। विकास और जल-विद्युत परियोजनाओं का कार्य 2016-17 में निरंतर जारी रहा। भूटान की ग्यारहवीं पंचवर्षीय योजना (2013-18) के लिए 4,500 करोड़ रुपये के सहायता पैकेज के तहत भारत सरकार ने परियोजना से संबद्ध सहायता के रूप में 2,800 करोड़ रुपये, परियोजना अनुदान के रूप में 850 करोड़ रुपये और छोटी विकास परियोजनाओं के लिए भी 850 करोड़ रुपये देने की वचनबद्धता व्यक्त की है। इसके अलावा भारत सरकार ने 500 करोड़ रुपये का शिक्षा प्रोत्साहन पैकेज देने का भी वचन दिया है। इतना ही नहीं, भारत सरकार भूटान की शाही सरकार को अन्य सब्सिडी/रिफंड भी उपलब्ध कराती है जैसे एलपीजी/एसकेओ की आपूर्ति के लिए सब्सिडी और चूखा जलविद्युत परियोजना से बिजली आयात के लिए उत्पाद शुल्क की वापसी। यह समग्र प्रतिबद्ध सहायता के अतिरिक्त है।

चीनः 2016-17 के दौरान भारत-चीन द्विपक्षीय संबंधों को दूरदर्शिता के आधार पर गति प्रदान करने के लिए आदान-प्रदान और संपर्क का सिलसिला जारी रहा। जी-20 और ब्रिक्स शिखर सम्मेलनों के दौरान दोनों देशों को शीर्ष नेताओं के स्तर पर विचार-विमर्श का मौका मिला। इसके अलावा भारत और चीन के बीच राजनीतिक, आर्थिक सुरक्षा संबंधी और सांस्कृतिक क्षेत्रों में कामकाजी स्तर पर भी आदान-प्रदान जारी रहा। भारत के प्रधानमंत्री ने कई बहुपक्षीय आयोजनों के दौरान (जुलाई 2017 में हैम्बर्ग में जी-20 शिखर सम्मेलन, जून 2017 में अस्टाना में एससीओ शिखर सम्मेलन और सितंबर 2017 में शियामेन में ब्रिक्स शिखर सम्मेलन) चीनी राष्ट्रपति से मुलाक़ात की।

मालदीवः भारत की नेह्बर्स फर्स्ट यानी सबसे पहले पड़ोसी और इंडिया फर्स्ट की नीति की झलक भारत-मालदीव संबंधों में दिखाई देती है। कार्यभार संभालने के बाद अप्रैल 2016 में मालदीव के राष्ट्रपति की भारत की तीसरी यात्रा के दौरान दोनों देश विस्तृत प्रतिरक्षा कार्रवाई योजना और पांच अन्य समझौतों पर सहमत हुए। विदेश राज्य मंत्री ने प्रधानमंत्री के विशेष दूत के रूप में फरवरी 21-22 को मालदीव का दौरा किया।

मॉरीशसः भारत और मॉरीशस के बीच घनिष्ठ परंपरागत राजनीतिक, आर्थिक, सांस्कृतिक और प्रवासी संबंधों के अनुरूप सघन संपर्क का सिलसिला जारी रहा। मंत्रिस्तर की कई यात्राओं से पारंपरिक संपर्क और सुदृढ़ हुए। दोहरे कराधान को रोकने संबंधी संधि में संशोधन के करार पर दस्तखत किए गए। भारत ने मॉरीशस की बुनियादी ढांचे से संबंधित प्राथमिकता वाली परियोजनाओं के लिए 353 करोड़ डॉलर के अनुदान का वचन दिया। इसके अलावा विस्तृत आर्थिक सहयोग और साझेदारी समझौते (सीईसीपीए) के समापन पर चर्चा शुरू हुई। मॉरीशस के प्रधानमंत्री ने मई 2017 में भारत का दौरा किया। दोनों देशों के बीच कई महत्वपूर्ण समझौते हुए जिनमें मॉरीशस में सिविल सेवा कॉलेज की स्थापना के लिए समझौता ज्ञापन, मॉरीशस की समुद्री सुरक्षा के बारे में समझौता, समुद्री विज्ञान और टेक्नोलॉजी में अनुसंधान और शिक्षा के लिए समझौता ज्ञापन और एसबीएम मॉरीशस इंफ्रास्ट्रक्चर डिवेलपमेंट कंपनी लिमिटेड और एक्जिम बैंक ऑफ इंडिया के बीच डॉलर क्रेडिट लाइन समझौता शामिल है।

म्यामांः भारत और मॉरीशस के बीच दोस्ताना रिश्तों की जड़ें साझा ऐतिहासिक, सांस्कृतिक और जातीय संबंधों में निहित हैं। शीर्ष नेताओं के एक-दूसरे देश के दौरों समेत विभिन्न स्तरों पर यात्राओं से दोनों देशों के द्विपक्षीय संबंध और सुदृढ़ हुए हैं। भारतीय प्रधानमंत्री ने सितंबर 2017 में म्यामां का दौरा किया जिस दौरान स्वास्थ्य, संस्कृति, क्षमता निर्माण, समुद्री सुरक्षा और प्रमुख संस्थाओं के बीच सहयोग के क्षेत्र में कई समझौतों पर दस्तखत किए गए। भारत प्रशिक्षण प्रदान करने, विशेषज्ञता की व्यवस्था करने, लैटर ऑफ क्रेडिट (एलओसी) उपलब्ध कराने और/या अनुदान सहायता देने समेत विभिन्न तरीकों से म्यामां की विकास संबंधी आवश्यकताओं को पूरा करने को वचनबद्ध है।

नेपालः नेपाल-भारत मित्रता और सहयोग की विशेषता दोनों देशों के बीच खुली सीमाओं, लोगों के बीच सदियों पुराने आपसी संबंधों और बहुपक्षीय सामाजिक-आर्थिक लेन-देन में दिखाई देती है। दोनों देशों का साझा इतिहास, एकसमान जातीय संस्कार, व्यापार व आर्थिक साझेदारी और लोगों के बीच आपसी संबंधों से इन संबंधों को और बल मिलता है। विकास में साझेदारी भारत नेपाल द्विपक्षीय सहयोग के मुख्य स्तंभों में से एक है। कई आर्थिक और संपर्क परियोजनाएं कार्यान्वयन के विभिन्न चरणों में हैं। अगस्त 2017 में बिमस्टेक की विदेशमंत्री स्तर की बैठक के सिलसिले में भारतीय विदेश मंत्री ने नेपाल की यात्रा की।

पाकिस्तानः वर्ष के दौरान सरकार ने सहयोगपूर्ण आपसी संबंधों के फायदों से पाकिस्तान को अवगत कराने के प्रयास जारी रखे। लेकिन पाकिस्तान ने अपनी जमीन या अपने नाजायज कब्जे वाले इलाके से आतंकवाद का सिलसिला जारी रखकर संबंधों को नुकसान पहुंचाना जारी रखा। पाकिस्तानी सुरक्षा बलों ने बड़े पैमाने पर युद्धविराम का उल्लंघन करने के साथ-साथ नियंत्रण रेखा/अंतरराष्ट्रीय सीमा के पार से आतंकवादियों को भारत में घुसपैठ कराने का सिलसिला जारी रखा। इसी तरह पठानकोट के वायुसेना केंद्र पर आतंकी हमले की जांच और मुंबई आतंकी हमले की सुनवाई में भी पाकिस्तान ने रोड़ा अटका दिया। सीमा पार पाकिस्तान से फैलाए जाने वाले आतंकवाद का असर और भी बड़े इलाके में हुआ जिससे नवंबर 2016 में इस्लामाबाद में होने वाले सार्क शिखर सम्मेलन के लिए अनुकूल माहौल नहीं बन पाया। भारत की कूटनीति जम्मू-कश्मीर में आतंक को मदद देने की पाकिस्तान की साजिश का भंडाफोड़ करने और आतंकवाद को महिमामंडित करने की उसकी चाल से निपटने में कामयाब रही।

श्रीलंका: नियमित और उच्चस्तरीय आदान-प्रदान, परियोजनाओं में तेज रफ्तार से प्रगति और हिंद महासागर में शांति और सुरक्षा बनाए रखने के लक्ष्य को प्राप्त करने में तालमेल इस साल भारत-श्रीलंका संबंधों की विशेषता रहे। उच्चतम राजनीतिक स्तर से मिले निर्देशों के अनुसार इस वर्ष कई मंत्रिस्तरीय यात्राएं हुईं। भारतीय विदेश मंत्री ने 2017 में श्रीलंका का दौरा किया और इसी साल श्रीलंका के विदेशमंत्री भी भारत के दौरे पर आए। श्रीलंका के प्रधानमंत्री भी 2017 में भारत यात्रा पर आए और उन्होंने भारत के प्रधानमंत्री के साथ द्विपक्षीय तथा आपसी हित के अनेक मुद्दों पर विचारों का आदान-प्रदान किया। प्रधानमंत्री श्री मोदी ने भी 11-12 मई , 2017 को श्रीलंका की यात्रा की जहां उन्हें 14वें अंतरराष्ट्रीय वेसाक दिवस समारोह में मुख्य अतिथि के रूप में आमंत्रित किया गया था।

हिंद महासागर के तटवर्ती देशों का संगठन: भारत ने इंडियन ओशन रिम एसोसिएशन (आईओआरए) के सदस्य देशों के साथ अपने संपर्क तेज कर दिए हैं। इंडोनेशिया में मार्च 2017 में आयोजित हिंद महासागर के तटवर्ती देशों के संगठन (आईओआरए) के पहले शिखर सम्मेलन में भारत ने जल, नवीकरणीय ऊर्जा, महिला सशक्तीकरण और समुद्री सुरक्षा जैसे विभिन्न क्षेत्रों में कई पहलों की घोषणा की।

दक्षिण-पूर्व एशिया और एशिया प्रशांत

ऑस्ट्रेलिया: भारत-ऑस्ट्रेलिया द्विपक्षीय संबंधों के कई क्षेत्रों में मजबूती आई जिनमें व्यापार और निवेश, शिक्षा और कौशल, ऊर्जा और संसाधन, विज्ञान और टेक्नोलॉजी और जल संसाधन प्रबंधन आदि शामिल हैं। अप्रैल 2017 में अपनी भारत यात्रा के दौरान ऑस्ट्रेलिया के प्रधानमंत्री ने भारतीय नेताओं के साथ द्विपक्षीय बातचीत की। इस दौरान अंतरराष्ट्रीय आतंकवाद और सीमा पार से होने वाले संगठित अपराधों से निपटने, स्वास्थ्य, खेल-कूद, पर्यावरण और वन्य जीव, नागर-विमानन तथा अंतरिक्ष टेक्नोलॉजी जैसे क्षेत्रों में द्विपक्षीय सहयोग के समझौतों पर दस्तखत किए गए। ऑस्ट्रेलिया के सात शहरों में अगस्त से नवंबर तक 'कॉन्फ्लूएंस' नाम के बहुचर्चित भारत-उत्सव का आयोजन किया गया जिसमें भारतीय संस्कृति, कला, संगीत, नृत्य, बॉलीवुड और खान-पान की झलक प्रस्तुत करने वाले करीब 70 कार्यक्रम आयोजित किए गए। ऑस्ट्रेलिया ने भारत से तस्करी के जरिए नेशनल गैलरी ऑस्ट्रेलिया में अवैध रूप से पहुंची 3 प्राचीन कलाकृतियों को भारत को लौटाया।

इंडोनेशिया: इंडोनेशिया के राष्ट्रपति की दिसंबर 2016 में भारत की राजकीय यात्रा दोनों देशों के बीच द्विपक्षीय संबंधों के विकास की दृष्टि से एक महत्वपूर्ण घटना थी। इससे आपसी संबंधों को जरूरी रफ्तार मिली। प्रतिरक्षा सहयोग की चालू गतिविधियों को दोनों देशों के नौ-सेनाध्यक्षों की यात्राओं से और बढ़ावा मिला। इसी तरह नेशनल डिफेंस कॉलेज और इंडोनेशिया के लेमहान्नस की एक-दूसरे के यहां अध्ययन यात्राओं से भी आपसी संबंधों को बढ़ावा मिला। 2015-16 में भारत और इंडोनेशिया के बीच द्विपक्षीय व्यापार 15.9 अरब डॉलर रहा। इंडोनेशिया आसियान क्षेत्र में भारत के सबसे बड़े व्यापारिक साझेदार के रूप में उभर कर सामने आ रहा है।

मलेशिया: मलेशिया के साथ व्यापार, अर्थव्यवस्था, शिक्षा, संस्कृति, प्रतिरक्षा सहयोग, कट्टरपन से मुक्ति और आंतकवाद से मुकाबले समेत अनेक क्षेत्रों में द्विपक्षीय संबंधों में विस्तार और गहराई दोनों के लिहाज से बढ़ोतरी हुई। नवंबर 2015 में भारतीय प्रधानमंत्री की मलेशिया यात्रा से दोनों देशों के संबंधों को उस समय जोरदार बढ़ावा मिला जब इन्हें संवर्द्धित रणनीतिक साझेदारी का दर्जा मिला। मलेशिया

की तरफ से वहां के उप-प्रधानमंत्री, गृह मंत्री, अंतरराष्ट्रीय व्यापार और उद्योग मंत्री की भारत यात्रा पर आए तथा भारत का संसदीय शिष्टमंडल मलेशिया की सद्भावना यात्रा पर गया, जबकि विदेश मंत्रालय में सचिव (पूर्व) ने भी वहां का दौरा किया। दोनों देशों के नौसेना अधिकारियों की छठी वार्ता मलेशिया में आयोजित की गई और दोनों देशों की नौसेनाओं ने भारतीय नौसेना पोत आईएनएस सह्याद्रि , शक्ति और किर्च की यात्राओं के दौरान पहला टेबल टॉप युद्ध अभ्यास भी किया।

न्यूजीलैंड: पिछले साल न्यूजीलैंड के साथ अभूतपूर्व स्तर पर द्विपक्षीय संपर्क कायम किए गए जिससे दोनों देशों के बीच सहयोग बढ़ने के साथ ही सहयोग के नये क्षेत्रों का भी पता लगाया गया। दोनों देशों ने दोहरे कराधान से बचने की संधि में संशोधन को भी मंजूरी दी। इसके अलावा दोनों देशों के बीच मंत्रिस्तरीय वार्ता का सिलसिला शुरू करने, विदेश मंत्रालय स्तर पर वार्षिक परामर्श तथा साइबर मुद्दों पर सहयोग व विचार-विमर्श प्रारंभ करने का भी फैसला किया गया। लोकसभा अध्यक्ष के नेतृत्व में एक संसदीय शिष्टमंडल सितंबर 2016 में न्यूजीलैंड की यात्रा पर निकला।

सिंगापुर: 2015 में प्रधानमंत्री की सिंगापुर यात्रा से दोनों देशों के द्विपक्षीय संबंध सामरिक साझेदारी के नये स्तर पर पहुंचे। अक्टूबर 2016 में सिंगापुर के प्रधानमंत्री की यात्रा के दौरान तीन समझौता ज्ञापनों पर दस्तखत किए गए जो बौद्धिक संपदा, कौशल विकास और असम में कौशल केंद्र की स्थापना से संबंधित थे।

वियतनाम: भारतीय प्राधानमंत्री की सितंबर 2016 में वियतनाम यात्रा से द्विपक्षीय संबंधों में लगातार प्रगति हुई है। यात्रा के दौरान वियतनाम और भारत मौजूदा सामरिक साझेदारी को विस्तृत सामरिक साझेदारी का दर्जा देने को राजी हुए और बारह समझौता ज्ञापनों/दस्तावेजों पर हस्ताक्षर किए गए। जुलाई 2017 में वियतनाम के उप-प्रधानमंत्री और विदेश मंत्री ने भारत का दौरा किया। दोनों देशों ने आपसी हित के बहुत से द्विपक्षीय मुद्दों पर चर्चा की। उन्होंने क्षेत्रीय और बहुपक्षीय स्तरों पर पारस्परिक हित के मुद्दों पर भी चर्चा की जिनमें संयुक्त राष्ट्र और अंतरराष्ट्रीय संगठनों में सहयोग का मुद्दा भी शामिल था। दोनों पक्षों ने एशिया में शांति, स्थिरता, विकास और खुशहाली की उम्मीद जाहिर की और इसके लिए मिलकर कार्य करने का संकल्प दोहराया।

पूर्वी एशिया

विशेष सामरिक और वैश्विक साझेदारी के ढांचे के तहत संबंधों में बदलाव की प्रक्रिया को जारी रखते हुए भारत-जापान संबंधों ने 2016 में नयी ऊंचाइयों को छुआ। दोनों पक्षों ने यह स्वीकार किया कि भारत-जापान संबंध 21वीं सदी के संबंधों में सबसे महत्वपूर्ण संबंधों में से एक है जिनसे क्षेत्र में शांति, स्थिरता और खुशहाली लाने में मदद मिलेगी।

कोरिया गणराज्य: आपसी हितों की समानता और उनके एक बिंदु पर मिलने के कारण हाल के वर्षों में भारत और कोरिया गणराज्य के संबंधों में प्रगति हुई है और ये अधिक प्रगाढ़ तथा बहुआयामी हो गए हैं। 2015 में भारत के प्रधानमंत्री की कोरिया गणराज्य की यात्रा के दौरान दोनों देशों के संबंधों को विशेष सामरिक भागीदारी का दर्जा दे दिया गया जिससे संबंधों को और बढ़ावा मिला जिसके बाद आने-जाने का सिलसिला आगे बढ़ा और प्रधानमंत्री की यात्रा के दौरान लिए गए निर्णयों पर अमल शुरू हुआ।

यूरेशिया: वर्ष के दौरान रूस के साथ द्विपक्षीय, क्षेत्रीय और अंतरराष्ट्रीय मुद्दों पर विचार-विमर्श तेज होने से संबंधों में शानदार प्रगति हुई और उच्चस्तरीय यात्राओं में तेजी आई। इससे यह स्पष्ट हो जाता है कि दो पुराने मित्र अपने संबंधों में विविधता लाकर इन्हें गुणवत्ता की दृष्टि से नयी ऊंचाइयों तक पहुंचाना चाहते हैं। वर्ष के दौरान भारत की ओर से क्षेत्र के अन्य देशों के साथ द्विपक्षीय संबंधों को और गहरा तथा उन्नत बनाने का भारत का संकल्प भी दिखाई दिया।

तीसरा अंतरराष्ट्रीय योग दिवस यूरेशिया के तमाम देशों में बड़े उत्साह से मनाया गया। भारत-मध्य एशिया वार्ता का चौथा दौर नई दिल्ली में दिसंबर 2016 में ट्रैक 1.5 फार्मेट में आयोजित किया गया जिसमें भारत और मध्य एशिया के पांचों देशों के अधिकारी व विशेषज्ञ शामिल हुए। कारोबारी बैठकों, ट्रैक 2 वार्ता, विशेषज्ञों और विद्यार्थियों के आदान-प्रदान, उच्च शिक्षा, सांस्कृतिक और दोनों देशों के लोगों के आपसी आदान-प्रदान और चिकित्सा के लिए इन देशों के लोगों के भारत आने जैसे विभिन्न मुद्दों पर चर्चा हुई जिससे उपयोगी और उद्देश्यपूर्ण संबंधों का रास्ता साफ हुआ।

खाड़ी, पश्चिम एशिया और उत्तरी अफ्रीका

भारत के दूर के पड़ोसी खाड़ी क्षेत्र के देशों से हमारे सभ्यतागत संबंध और व्यापक संपर्क रहे हैं। जीसीसी देशों के साथ हमारे मित्रतापूर्ण द्विपक्षीय संबंधों की जड़ें हमारे साझा इतिहास में है और बढ़ते बहुपक्षीय सहयोग तथा दोनों देशों के लोगों के बीच संपर्क से ये अधिक सुदृढ़ हुए हैं। जीसीसी क्षेत्र हमारे लिए सर्वोच्च प्राथमिकता का क्षेत्र है। ये देश हमारे सबसे बड़े व्यापारिक साझेदार हैं जिनके साथ 2015-16 में 97 अरब डॉलर का द्विपक्षीय व्यापार हुआ। हमारी कच्चे तेल और गैस की आवश्यकता की पूर्ति का प्रमुख स्रोत ये ही देश हैं और 80 लाख से अधिक प्रवासी भारतीय इन देशों में रहते हैं और यह संख्या लगातार बढ़ रही है। ये प्रवासी हर साल करीब 35 अरब डॉलर भारत को भेजते हैं। वर्ष के दौरान क्षेत्र के देशों के साथ सघन राजनीतिक संपर्क के प्रयास किए गए। अबूधाबी के शहजादे पहले फरवरी 2016 में भारत आए और उसके बाद भारत के 68वें गणतंत्र दिवस समारोह में मुख्य अतिथि के रूप में उन्होंने यहां का दौरा किया जिससे दोनों देशों के बीच सामरिक साझेदारी और मजबूत हुई। अप्रैल 2016 में प्रधानमंत्री ने सऊदी अरब का दौरा किया जो बड़ा सफल रहा। इसके बाद प्रधानमंत्री जून 2016 में कतर की यात्रा पर गए। कतर के प्रधानमंत्री भी दिसंबर 2016 में भारत के सरकारी दौरे पर आए।

ईरान: मई 2016 में प्रधानमंत्री की तेहरान यात्रा डेढ़ दशक से भी अधिक समय में भारत-ईरान द्विपक्षीय संबंधों की सबसे महत्वपूर्ण घटना थी। इस दौरान दोनों पक्षों ने ऊर्जा, बुनियादी ढांचे और बैंकिंग के साथ-साथ अन्य कामकाजी क्षेत्रों में सहयोग पर विशेष रूप से ध्यान देते हुए संपर्क बढ़ाने का फैसला किया। यात्रा के दौरान भारत, ईरान और अफगानिस्तान ने ईरान के चाबहार बंदरगाह के जरिए परिवहन और पारगमन गलियारा बनाने के लिए तृपक्षीय समझौते पर दस्तखत भी किए। मई 2016 में चाबहार बंदरगाह के विकास के लिए एक अनुबंध पर भी हस्ताक्षर किए गए।

एक लंबे अंतराल के बाद पश्चिम एशिया और उत्तर अफ्रीका (डब्ल्यूएएनए) क्षेत्र के देशों के साथ उच्चस्तरीय संबंधों के नवीकरण से इन देशों के साथ संबंधों में और वृद्धि हुई। इन देशों के साथ सहयोग के क्षेत्रों में ऊर्जा सुरक्षा, खाद्य सुरक्षा, प्रतिरक्षा, सुरक्षा, अंतरिक्ष, संस्कृति, क्षमता निर्माण और सूचना टेक्नोलॉजी शामिल हैं।

फिलिस्तीन: फिलिस्तीन के साथ संयुक्त आयोग की पहली और ऐतिहासिक बैठक के जरिए संबंधों को उच्चतर स्तर पर ले जाने से कई क्षेत्रों में सहयोग का दायरा बढ़ा। रामल्ला में 1.2 करोड़ डॉलर लागत के फिलिस्तीन-भारत टेक्नोपार्क की आधारशिला रखी गई जिसका उद्देश्य फिलिस्तीन के युवाओं को भारत से जोड़ना और सूचना टेक्नोलॉजी का विकास करना था।

इज़राइल: जुलाई 2017 में प्रधानमंत्री नरेन्द्र मोदी ने इज़राइल की ऐतिहासिक यात्रा की जो किसी भी भारतीय प्रधानमंत्री की पहली इज़राइल यात्रा थी। इस दौरान दोनों देशों के संबंधों को कृषि और जल जैसे क्षेत्रों में सहयोग को ध्यान में रखते हुए सामरिक स्तर पर उच्चीकृत किया गया। अनुसंधान और विकास संबंधी नवसृजन, कृषि, जल और अंतरिक्ष जैसे क्षेत्रों में सात समझौतों/समझौता ज्ञापनों पर दस्तखत किए गए और एक संयुक्त वक्तव्य भी जारी किया गया। भारत के राष्ट्रपति ने अक्टूबर 2015 में इजराइल की राजकीय यात्रा की जबकि इजराइल के राष्ट्रपति नवंबर 2016 में भारत यात्रा पर आए। उच्चस्तरीय विनिमय और मंत्रियों द्वारा एक-दूसरे देश की यात्राओं से व्यापार, कृषि, विज्ञान और टेक्नोलॉजी, संस्कृति और सुरक्षा जैसे विभिन्न कामकाजी क्षेत्रों में सहयोग का विस्तार हुआ।

अल्जीरिया: अक्टूबर 2016 में भारत के उप राष्ट्रपति की अल्जीरिया यात्रा से अल्जीरिया खाद्य सुरक्षा की दृष्टि से जॉर्डन, ट्यूनीशिया और मोरक्को समेत हमारे महत्वपूर्ण साझेदार के रूप में उभर कर सामने आया है जिसके साथ उर्वरक उत्पादन के क्षेत्र में संयुक्त उद्यम लगाने के लिए सहयोग किया जा रहा है। भारत ने सीरिया के बारे में हमेशा ही संयुक्त राष्ट्र समर्थित और सीरिया के नेतृत्व वाले समावेशी राजनीतिक समाधान की बात की है। भारत ने खाद्य पदार्थ और दवाएं सीरिया को भेजीं और जॉर्डन में शरणार्थियों के पुनर्वास के लिए 20 लाख डॉलर का अंशदान किया। जूबा से भारतीय और विदेशी नागरिकों को सफलतापूर्वक निकाला जाना (ऑपरेशन संकटमोचन) जिबूती के साथ हमारे मजबूत संबंधों को भली-भांति परिलक्षित करता है। अदन की खाड़ी में समुद्री लुटेरों के खिलाफ भारत के अभियानों में जिबूती ने हमेशा महत्वपूर्ण भूमिका निभाई है। भारत जिबूती, सूडान, दक्षिणी सूडान, इरीट्रिया और सोमालिया में क्षमता निर्माण के कई क्षेत्रों में सक्रियता से भागीदारी निभा रहा है।

पूर्वी और दक्षिणी अफ्रीका

भारत-अफ्रीका साझेदारी की दृष्टि से साल विशेष और ऐतिहासिक कहा जाएगा क्योंकि इस दौरान नेतृत्व के शीर्ष स्तर पर अभूतपूर्व आदान-प्रदान हुआ। भारत-अफ्रीका राजनीतिक संपर्कों में तेजी आने से व्यापार और निवेश संबंधी कारोबारी संपर्कों को मजबूत करना मुख्य विषय बन गया। इस साझेदारी ने समुद्र से संबंधित आर्थिक विषयों, आतंकवाद से निपटने और समुद्री सुरक्षा जैसे उभरते हुए मसलों पर भी गौर किया। भारतवंशी प्रवासियों से पुराने संबंध भारत-अफ्रीका संबंधों को एक महत्वपूर्ण पहलू है। भारत-अफ्रीका फोरम शिखर सम्मेलन के तहत किए गए वायदों को पूरा करने में प्रगति हुई और अब तक ऐसे तीन शिखर सम्मेलन आयोजित किए जा चुके हैं।

आपदाओं के समय मददगार देश के रूप में अपनी भूमिका को रेखांकित करते हुए भारत ने 2016 में मोजांबिक को सूखा राहत के लिए एक करोड़ डॉलर की सहायता दी। इसी तरह जिम्बावे और मलावी को 10-10 लाख डॉलर और तंजानिया को भूकंप राहत के लिए 2,50,000 डॉलर की मदद दी गई। इसके अलावा नैरोबी विश्वविद्यालय को 10 लाख डॉलर, नामीबिया के स्वास्थ्य क्षेत्र को 20,000 डॉलर और मेडागास्कर की सीनेट को उपकरणों की खरीद के लिए 37,500 डॉलर की सहायता दी गई।

जिम्बाब्वे को बुलावायो ताप बिजलीघर की मरम्मत/उच्चीकरण के लिए 8.7 करोड़ डॉलर के ऋण-पत्र दिए गए। आईएएफएस पहल के तहत कई प्रशिक्षण कार्यक्रमों को मंजूरी दी गई जिनमें अपोलो अस्पताल द्वारा सार्वजनिक-निजी भागीदारी के तहत अल्पावधि चिकित्सा प्रशिक्षण कार्यक्रम भी शामिल है।

पश्चिमी अफ्रीका

वर्ष के दौरान पश्चिम अफ्रीका क्षेत्र के देशों के साथ भारत के मित्रतापूर्ण संबंधों और बहुआयामी सहयोग में प्रगति और विकास का सिलसिला जारी रहा। जून 2016 में भारतीय राष्ट्रपति की घाना और आइवरी कोस्ट की यात्रा से यह बात स्पष्ट हो जाती है कि भारत इस क्षेत्र के साथ अपने संबंधों को कितना महत्व देता है। सितंबर 2016 में उप राष्ट्रपति के नाइजीरिया और माली के दौरे से इस क्षेत्र पर खास तौर पर गौर करने में मदद मिली। इसके अलावा भारत ने आइवरी कोस्ट और कांगो लोकतांत्रिक गणराज्य के विदेशमंत्रियों की मेजबानी की। वर्ष के दौरान दो बार कांगो के पेट्रोलियम मंत्री भारत यात्रा पर आए। आइवरी कोस्ट के साथ पहले अंतर-सरकारी संयुक्त आयोग की बैठक अक्टूबर 2016 में नई दिल्ली में हुई।

घाना और आइवरी कोस्ट के साथ कई महत्वपूर्ण समझौतों पर हस्ताक्षर किए गए जिनमें वहां के राजनयिक और सरकारी पासपोर्टधारकों को वीसा से छूट देने का समझौता भी शामिल है। अबूजा में नये भारतीय दूतावास परिसर का उद्घाटन भारत के उप राष्ट्रपति ने सितंबर में किया। जनवरी में अक्रा में सुरक्षा, विकास और प्रगति को बढ़ावा देने के लिए भारत-पश्चिम अफ्रीका साझेदारी विषय पर एक महत्वपूर्ण अंतरराष्ट्रीय सम्मेलन का आयोजन किया गया। बाद में इसी तरह का एक सम्मेलन नई दिल्ली में फरवरी 2017 को आयोजित किया गया। पश्चिम एशिया के सामाजिक-आर्थिक विकास में भारत की भागीदारी के तेज होने का पता भारत की सहायता से कई विकास परियोजनाओं के सफलतापूर्वक पूरा होने से चल जाता है। इनमें गाम्बिया में नेशनल एसेंबली परिसर का निर्माण, घाना में कई करोड़ डॉलर लागत वाले चीनी कारखाने का निर्माण, कांगो लोकतांत्रिक गणराज्य में 9.3 मेगावाट जलविद्युत परियोजना और बुर्कीना फासो में व्यावसायिक प्रशिक्षण केंद्र की स्थापना आदि शामिल हैं। भारत ने अपने आईटीईसी और छात्रवृत्ति कार्यक्रमों के जरिए क्षमता निर्माण में महत्वपूर्ण योगदान किया जिसकी बड़ी सराहना हो रही है।

यूरोप

मध्य यूरोप: मध्य यूरोप के देशों के साथ भारत के घनिष्ठ और सद्भावपूर्ण संबंध कायम रहे। वर्ष के दौरान एक-दूसरे देश की यात्राओं, कारोबारी बातचीत और सांस्कृतिक आदान-प्रदान से द्विपक्षीय संबंधों में और प्रगाढ़ता आई। वर्ष के दौरान भारत सरकार की नीतियों और प्रमुख परियोजनाओं, खासतौर पर मेक इन इंडिया, डिजिटल इंडिया, नवीकरणीय ऊर्जा, स्किल इंडिया और खनन टेक्नोलॉजी के बारे में सेमिनारों के आयोजन पर विशेष जोर दिया गया ताकि इनका व्यापक प्रचार-प्रसार हो। भारत और मध्य यूरोप के देशों ने अंतरराष्ट्रीय संगठनों में दोनों पक्षों के उम्मीदवारों के चयन में मदद देने समेत विभिन्न अंतरराष्ट्रीय मंचों पर एक-दूसरे को समर्थन देना जारी रखा। तीसरा भारत-यूरोप व्यापारिक फोरम नई दिल्ली में दिसंबर 2016 में विदेश मंत्रालय और भारतीय उद्योग और व्यापार मंडल परिसंघ (फिक्की) द्वारा संयुक्त रूप से आयोजित किया गया।

पश्चिमी यूरोप: वर्ष के दौरान पश्चिमी यूरोप के देशों के साथ द्विपक्षीय संबंधों को मजबूत करने का सिलसिला जारी रहा। मार्च 2016 में प्रधानमंत्री ने ब्रसेल्स में 13वें भारत-यूरोपीय संघ शिखर सम्मेलन

में हिस्सा लिया और बेल्जियम की द्विपक्षीय यात्रा की। 14वां भारत-यूरोपीय संघ शिखर सम्मेलन अक्टूबर 2017 में नई दिल्ली में आयोजित किया गया। ब्रिटेन की प्रधानमंत्री नवंबर 2016 में भारत यात्रा पर आईं। नियमित उच्चस्तरीय यात्राएं और भारत की राष्ट्रीय प्राथमिकताओं को ध्यान में रखते हुए द्विपक्षीय कार्यसूची में विविधता लाना पश्चिमी यूरोप के देशों के साथ संपर्क का केंद्रीय विषय रहा। मेक इन इंडिया, स्मार्ट सिटी परियोजना, स्किल इंडिया, क्लीन इंडिया और रेलवे आधुनिकीकरण कार्यक्रमों में विभिन्न देशों के साथ सहयोग में प्रगति हुई। अंतरराष्ट्रीय आतंकवाद से संघर्ष के क्षेत्र में भी पश्चिमी यूरोप के देशों के साथ सहयोग बढ़ा।

अमरीका

संयुक्त राज्य अमरीका: भारत और संयुक्त राज्य अमरीका ने सामरिक साझेदारों के रूप में प्रतिरक्षा, सुरक्षा, आतंकवाद से संघर्ष, असैन्य परमाणु सहयोग, व्यापार और निवेश, विज्ञान और टेक्नोलॉजी, ऊर्जा, स्वास्थ्य, शिक्षा और लोगों के बीच व्यक्तिगत संपर्क जैसे विस्तृत क्षेत्रों में सघन आपसी संपर्क बनाए रखा। शिखर स्तर की बातचीत से द्विपक्षीय सबंधों को नयी रफ्तार मिली। भारत और अमरीका के बीच राजनयिक संबंधों की स्थापना के 70 साल पूरे होने के अवसर पर दोनों देशों ने सामरिक साझेदारी को और सुदृढ़ करने और आतंकी खतरे से निबटने, समूचे भारत-प्रशांत क्षेत्र में स्थिरता को बढ़ावा देने, मुक्त और निष्पक्ष व्यापार बढ़ाने तथा ऊर्जा संपर्क सुदृढ़ करने जैसे तमाम साझा लक्ष्यों को हासिल करने का संकल्प लिया। द्विपक्षीय, क्षेत्रीय और वैश्विक मुद्दों पर भी विचारों का नियमित रूप से आदान-प्रदान हुआ। इनमें सामरिक सुरक्षा वार्ता, समुद्री सुरक्षा वार्ता, नीति नियोजन वार्ता और भारत-अमरीका-अफगानिस्तान तृपक्षीय वार्ता शामिल हैं। वर्ष के दौरान द्विपक्षीय सामरिक संपर्क प्रतिरक्षा और सुरक्षा सहयोग का महत्वपूर्ण घटक बना रहा। लाजिस्टिक्स एक्सचेंज मेमोरेंडम ऑफ एग्रीमेंट (एलईएमओए) पर पर हस्ताक्षर; भारत को अमरीका के प्रमुख प्रतिरक्षा साझेदार के रूप में मान्यता और अमरीका के प्रमुख प्रतिरक्षा साझेदार के रूप में भारत की मान्यता को महत्व प्रदान करते हुए अमरीकी निर्यात नियंत्रण नीति के बारे में आपसी समझ को द्विपक्षीय प्रतिरक्षा साझेदारी की महत्वपूर्ण उपलब्धियां कहा जा सकता है।

निरस्त्रीकरण और अंतरराष्ट्रीय सुरक्षा मामले

विश्वव्यापी और भेदभाव रहित परमाणु निरस्त्रीकरण के साथ ही सामान्य और पूर्ण निरस्त्रीकरण के लक्ष्य के प्रति अपनी वचनबद्धता कायम रखते हुए भारत ने वर्ष 2016-17 के दौरान निरस्त्रीकरण और अंतरराष्ट्रीय सुरक्षा पर विभिन्न बहुपक्षीय मंचों में सक्रिय भूमिका निभाना जारी रखा। निरस्त्रीकरण से संबंधित मुद्दों पर भारत का दृष्टिकोण अपने राष्ट्रीय सुरक्षा हितों तथा निरस्त्रीकरण की चुनौतियों से निपटने के साझा प्रयासों को बढ़ावा देने के लिए अंतरराष्ट्रीय समुदाय के साथ घनिष्ठ सहयोग की अपनी परंपरा से निर्देशित रहा। भारत ने संयुक्त राष्ट्र प्रथम समिति, संयुक्त राष्ट्र निरस्त्रीकरण आयोग, निरस्त्रीकरण सम्मेलन, जैव और विषाक्त हथियार संधि (बीटीडब्ल्यूसी), रासायनिक हथियार संधि (सीडब्ल्यूसी) और छोटे हथियारों और हल्के शस्त्रों के बारे में संयुक्त राष्ट्र कार्ययोजना में सक्रिय रूप से हिस्सा लिया।

बहुपक्षीय आर्थिक संबंध

ब्रिक्स के अध्यक्ष के रूप में 2016 में भारत ने गोवा में आठवें ब्रिक्स शिखर सम्मेलन की मेजबानी की। सम्मेलन की कार्यसूची के अंतर्गत वैश्विक राजनीतिक स्थिति और आतंकवाद, वैश्विक आर्थिक स्थिति, वैश्विक अभिशासन, जलवायु परिवर्तन और अनवरत विकास के लक्ष्य (एसडीजी) और ब्रिक्स

सहयोग सुदृढ़ करने जैसे विषय शामिल थे। इन मुद्दों समेत विभिन्न विषयों को चीन में शियामेन में सितंबर 2017 में आयोजित 9वें ब्रिक्स शिखर सम्मेलन में भी उठाया गया।

विकास सहयोग

विकास के क्षेत्र में सहयोग भारत की विदेश नीति का अभिन्न अंग है। हाल के वर्षों में भौगोलिक पहुंच और क्षेत्रीय दायरे के लिहाज से विदेशों में भारत के विकास कार्यक्रमों का व्यापक विस्तार हुआ है। इनमें कर्ज उपलब्ध कराना, अनुदान सहायता, तकनीकी परामर्श, आपदा राहत, मानवीय सहायता, शिक्षा के लिए छात्रवृत्ति और अल्पावधि नागरिक और सैन्य प्रशिक्षण पाठ्यक्रमों समेत क्षमता बढ़ाने जैसे कई कार्यक्रम शामिल हैं।

अफगानिस्तान, बांग्लादेश, भूटान, नेपाल, म्यांमां, श्रीलंका और मालदीव की सरकारों द्वारा प्राथमिकता के आधार पर अमल के लिए चुने गए आधारभूत ढांचे, जलविद्युत, बिजली ट्रांसमिशन, कृषि, उद्योग, शिक्षा, स्वास्थ्य और अन्य क्षेत्रों से संबंधित प्रमुख विकास कार्यक्रमों का कार्यान्वयन किया जा रहा है। इसके अलावा पड़ोसी देशों के विकास और उनके साथ संपर्क बढ़ाने की विकास परियोजनाओं का काम भी संतोषजनक तरीके से आगे बढ़ रहा है। पड़ोस के अलावा दक्षिण-पूर्व एशिया, मध्य एशिया, अफ्रीका और लातीनी अमरीका में पुरातत्वशास्त्रीय संरक्षण, सूचना और संचार टेक्नोलॉजी (आईसीटी), छोटे और मझोले उद्यमों से संबंधित द्विपक्षीय परियोजनाओं का कार्य भी शुरू किया गया है। पिछले कुछ वर्षों में विकासशील देशों को भारत द्वारा दी जाने वाली विकास सहायता की सबसे बड़ी खूबी लाइन ऑफ क्रेडिट (एलओसी) यानी साख-पत्र के आधार पर कर्ज में दी जाने वाली राशि है।

पिछले कुछ वर्षों में विभिन्न देशों को अलग-अलग क्षेत्रों के लिए 1887.84 करोड़ डॉलर के 241 एलओसी दिए गए जिनमें से 913.31 करोड़ डॉलर के अफ्रीकी देशों को और 974.53 करोड़ डॉलर के अन्य देशों को दिए गए। 2016-17 में भारत के तकनीकी और आर्थिक सहयोग कार्यक्रम में तहत साझेदार देशों को 10,469 असैन्य प्रशिक्षण छात्रवृत्तियां दी गईं। इनमें अफ्रीका के लिए विशेष राष्ट्रमंडल सहायता कार्यक्रम के तहत भारत में चलाए जाने वाले क्षमता निर्माण कार्यक्रम और कोलंबो प्लान के अंतर्गत तकनीकी छात्रवृत्ति योजना भी शामिल हैं। प्रशिक्षण के लिए दी जाने वाली इन छात्रवृत्तियों में साझेदार देशों के खास अनुरोध पर कई विषयों में विशेष रूप से तैयार पाठ्यक्रम और प्रशिक्षण कार्यक्रम शामिल हैं। आईटीईसी कार्यक्रम के तहत भारतीय विशेषज्ञों को प्रतिनियुक्ति पर विदेश भेजा गया ताकि वे साझेदार देशों द्वारा वांछित क्षेत्रों में भारत की विशेषज्ञता और विकास अनुभवों को उनसे साझा कर सकें। इसके अलावा भारत के अग्रणी प्रतिरक्षा संस्थानों में 1,900 सीटें साझेदार देशों के लिए रखी गईं। डिजिटल इंडिया पहल के अनुरूप प्रशिक्षण प्राप्त कर चुके लोगों से ऑनलाइन आईटीईसी पोर्टल के जरिए प्रशिक्षण पूरा होने के बाद भी संपर्क कायम रखा गया और उन्हें मदद जारी रखी गई। 2016-17 में इक्वेडोर, मलावी, कॉमनवेल्थ डोमिनिका, यमन, सीरिया, केन्या, मोजांबिक, उक्रेन, लेसोथो, नामीबिया और जिम्बाब्वे को मानवीय सहायता प्रदान की गई।

आर्थिक राजनय

विदेश मंत्रालय ने भारतीय दूतावासों के जरिए दुनिया के विभिन्न देशों के साथ जो आर्थिक संपर्क कायम किया उससे निवेशकों, उद्यमियों, कामगारों और उपभोक्ताओं को फायदा हुआ है और राष्ट्र के आर्थिक लक्ष्यों को प्राप्त करने में भी मदद मिली।

भारत को महत्वपूर्ण अंतरराष्ट्रीय सम्मेलनों का आयोजन स्थल बनाने और भारत तथा दूसरे देशों के थिंक टैंक्स (विचारकों) के बीच विचार–विमर्श को बढ़ावा देने के लिए कई पहल की गईं और कई नयी गतिविधियां संचालित की गईं। इनमें से प्रमुख हैं: जनवरी 2017 में दूसरे रायसीना डायलॉग का आयोजन; मार्च 2016 और फरवरी 2017 में गेटवे ऑफ इंडिया डायलॉग तथा दिसंबर 2016 में पहले भारत–चीन थिंकटैंक फोरम का आयोजन; सितंबर 2016 और अगस्त 2017 में सिंगापुर में हिंद महासागर सम्मेलन; अगस्त 2017 में ही भारत–अमरीका फोरम का आयोजन और भारत–रूस थिंकटैंक प्रमुखों की बैठक।

कॉन्स्यूलर, पासपोर्ट और वीजा

अप्रैल 2016 तक करीब 2.7 करोड़ प्रवासी भारतीय दुनिया के 146 देशों में रह रहे थे। इनमें से 1.14 करोड़ के पास भारतीय पासपोर्ट थे। महिला कामगारों समेत इनमें से ज्यादातर भारतीय नागरिक अस्थायी प्रवासी थे और करीब 90 प्रतिशत खाड़ी देशों में काम करते थे। मंत्रालय का कॉन्स्यूलर अनुभाग इन लोगों के सरोकारों से संबंध रखता है। इसके अलावा यह भारत में विदेशी नागरिकों की गिरफ्तारी और मौत से संबंधित मामलों को भी देखता है। विदेशी बंदियों को कॉन्स्यूलर सुविधा उपलब्ध कराना भी इसका दायित्व है। विदेशों में भारतीय नागरिकों के कल्याण के बारे में यह अनुभाग गृह मंत्रालय के साथ तालमेल रखता है। कॉन्स्यूलर अनुभाग विदेशों में लापता हुए भारतीय नागरिकों का पता लगाने और उनके कल्याण के कार्यों में आम नागरिकों की मदद करता है। भारतीय मूल के लोगों द्वारा भारतीय बच्चों को गोद लेने, विदेशों में मरे भारतीय कामगारों के परिवारों को मुआवजा और वेतन की बकाया राशि आदि का भुगतान करवाने, भारतीय नौकाओं/पोतों के चालक दल के सदस्यों की गिरफ्तारी के सिलसिले में पोत परिवहन मंत्रालय से संपर्क साधने, विदेशी विवाह अधिनियम 1969 के अंतर्गत भारतीय नागरिकों के विवाह और तलाक के मामलों, विदेशों में भारतीय नागरिकों के बच्चों के जन्म और मौतों के पंजीकरण आदि का काम भी कॉन्स्यूलर अनुभाग करता है। विदेशों में स्थित भारतीय दूतावास/पोस्ट भारतीय समुदाय पर समग्र रूप से असर डालने वाले विभिन्न प्रकार के मामलों में प्रवासी भारतीयों को निष्पक्ष परामर्श और दिशानिर्देश प्रदान करते हैं।

हाल के वर्षों में पासपोर्ट जारी करना विदेश मंत्रालय की सबसे महत्वपूर्ण वैधानिक और नागरिक सेवा के रूप में उभर कर सामने आया है। इसी को ध्यान में रखते हुए मंत्रालय ने देश में पासपोर्ट सेवा उपलब्ध कराने में संख्यात्मक और गुणात्मक सुधार किए हैं। भारतीय पासपोर्ट जारी करने के साथ ही मंत्रालय विदेश यात्रा में काम आने वाले अन्य दस्तावेज जैसे तिब्बती शरणार्थियों के लिए पहचान–पत्र, भारत लौटने वालों के लिए आपात प्रमाण–पत्र, पुलिस अनापत्ति प्रमाण–पत्र और जम्मू–कश्मीर में नियंत्रण रेखा यात्रा परमिट भी जारी करता है। इसके अलावा विदेशों में भारत के 184 दूतावास/पोस्ट वहां रहने वाले भारतीयों के लिए पासपोर्ट, विदेश में रहने वाले भारतीय नागरिक कार्ड, इमरजेंसी सर्टिफिकेट और अन्य विविध कॉन्स्यूलर सेवाओं के साथ–साथ कॉन्स्यूलर दस्तावेज का प्रमाणन भी करते हैं।

विभिन्न राज्यों में प्रधान डाकघर के जरिए पासपोर्ट संबंधी सेवाएं उपलब्ध कराने की परीक्षण परियोजना का शुभारंभ 2017 में गुजरात और कर्नाटक से हुआ। पासपोर्ट पोर्टल के जरिए ऑनलाइन आवेदन करने के बाद आवेदक पासपोर्ट जारी करने से पहले की जरूरी औपचारिकताओं को पूरा करने के

लिए पोस्ट ऑफिस पासपोर्ट सेवा केंद्र (पीओपीएसके) से समय लेकर दस्तावेज पूरे कर सकते हैं। देश के नागरिकों को पासपोर्ट संबंधी सेवाएं उपलब्ध कराने के लिए यह मंत्रालय की एक महत्वपूर्ण गतिविधि है। देश के सभी प्रधान डाकघरों में चरणबद्ध तरीके से नये पीओपीएएसके खोल दिए जाएंगे।

भारतीय सांस्कृतिक संबंध परिषद

भारतीय सांस्कृतिक संबंध परिषद ने भारत और उसकी संस्कृति के बारे में बेहतर समझ को बढ़ावा देने के लिए विभिन्न प्रकार की कई गतिविधियां प्रारंभ कीं। परिषद ने अपने क्षेत्रीय कार्यालयों और विदेशों में स्थित मिशनों में गीष्मकालीन कैंप आयोजित किए, अंतरराष्ट्रीय विद्यार्थी दिवस और अंतरराष्ट्रयी योग दिवस का आयोजन किया। परिषद ने 124 भारतीय सांस्कृतिक मंडलियों के कार्यक्रमों का करीब 50 देशों में प्रायोजन किया। इसके अलावा हिंदी, अंग्रेजी, अरबी, फ्रांसीसी और स्पेनिश में पत्रिकाएं निकाल कर विभिन्न देशों में उनका वितरण किया।

इंडियन काउंसिल ऑफ वर्ल्ड अफेयर्स

इंडियन काउंसिल ऑफ वर्ल्ड अफेयर्स (वैश्विक मामलों की भारतीय परिषद--आईसीडब्ल्यूए) ने वर्ष के दौरान एशिया, अफ्रीका, यूरोप, संयुक्त राज्य अमरीका, लातीनी अमरीका और विश्व के भू-सामरिक परिवेश के बारे में अनुसंधान, विश्लेषण और इनके राजनीतिक व आर्थिक अध्ययन को सर्वोच्च प्राथमिकता प्रदान की। इनके निष्कर्षों को सप्रू हाउस पेपर्स, इश्यू ब्रीफ्स और व्यूप्वाइंट्स के रूप में प्रसारित किया गया और आईसीडब्ल्यूए की वेबसाइट पर भी डाला गया। इसके साथ ही आईसीडब्ल्यूए ने अपने अकादमिक निष्कर्षों का हिंदी में अनुवाद कराने का कार्य भी जारी रखा जिसे वेबसाइट पर भी पोस्ट किया गया है। अप्रैल 2016 से परिषद ने तीन पुस्तकों, एक मोनोग्राफ और एक सप्रू हाउस पेपर्स का प्रकाशन किया है एक पुस्तक का हिंदी अनुवाद भी प्रकाशित किया गया है। आईसीडब्ल्यूए के वेबसाइट को उपयोग करने वालों के लिए और सुविधाजनक बनाने के प्रयास जारी हैं। परिषद ने अपने पुस्तकालय को आम जनता के लिए खोल दिया है और इसकी सदस्यता के नियमों में ढील दी गई है। परिषद ने अपने दायित्वों के निर्वहन में कई व्याख्यानों, कार्यक्रमों और संपर्क गतिविधियों का आयोजन किया। पुस्तकालय सेवा में सुधार किया गया और नयी किताबें खरीदी गईं।

अनुसंधान और सूचना प्रणाली

रिसर्च एंड इनफॉर्मेशन सिस्टम फॉर डिवेलपिंग कंट्रीज (विकासशील देशों के लिए अनुसंधान और सूचना प्रणाली-आरआईएस) दिल्ली स्थित एक स्वायत्त नीति अनुसंधान संस्थान है जिसकी अंतरराष्ट्रीय आर्थिक विकास से संबंधित विषयों में विशेषज्ञता है। व्यापार, निवेश और टेक्नोलॉजी पर इसका विशेष रूप से ध्यान रहता है। आरआईएस की परिकल्पना विकासशील देशों के बीच वैश्विक और क्षेत्रीय महत्व के आर्थिक विषयों पर कारगर नीतिगत संवाद और क्षमता निर्माण के लिए कार्य करने वाले मंच के रूप में की गई थी। आरआईएस के कार्यक्रमों का मुख्य जोर दक्षिण-दक्षिण सहयोग बढ़ाने और विभिन्न मंचों पर बहुपक्षीय बातचीत में विकासशील देशों के बीच सहयोग पर रहता है। यह अनेक क्षेत्रीय आर्थिक सहयोग पहलों में अंतर-सरकारी प्रक्रियाओं में संलग्न रहता है। अपने थिंक टैंकों के सघन नेटवर्क के माध्यम से आरआईएस अंतरराष्ट्रीय आर्थिक मुद्दों और विकास-साझेदारी के क्षेत्र में नीतिगत तालमेल बढ़ाने का प्रयास करता है।

19 उद्योग

भारत सरकार की औद्योगिक नीति का उद्देश्य उत्पादकता में निरंतर वृद्धि बनाए रखना, बेहतर रोजगार मुहैया कराना, मानव संसाधनों का अधिकतम उपयोग करना, अंतरराष्ट्रीय प्रतिस्पर्धात्मकता के स्तर तक पहुंचना और वैश्विक परिदृश्य में बड़ा प्रतिभागी बनना है। इसे और भी बल देने के लिए कुछ विशेष कदम उठाए गए : सुरक्षा, सामरिक और पर्यावरण से जुड़े क्षेत्रों को छोड़कर ज्यादातर उद्योगों में औद्योगिक लाइसेंस की व्यवस्था को समाप्त कर दिया गया है। ये हैं : (1) इलेक्ट्रॉनिक एयरोस्पेस और रक्षा उपकरण, (2) डेटोनेटिंग फ्यूजों समेत औद्योगिक विस्फोटक, बारूद, सेल्युलोज़ और माचिस, (3) कुछ विशेष प्रकार के हानिकारक रसायन जैसे- हाइड्रोसायनिक एसिड और उसके व्युत्पाद, फॉसजीन और उसके व्युत्पाद, हाइड्रोकार्बन के आईसोसाइनेट्स एंड डाइसोसाइनेट्स, जिनका उल्लेख अन्य कहीं नहीं है (जैसे मिथाइल आईसोसाइनेट) और (4) तंबाकू वाले सिगार व सिगरेट और तंबाकू से बने अन्य पदार्थ।

सार्वजनिक क्षेत्र के लिए आरक्षित उद्योगों की संख्या को भी कम कर दिया गया है। इस समय निर्माण, परिचालन और रखरखाव के क्षेत्रों के अलावा केवल परमाणु ऊर्जा और रेलवे परिचालन ही सार्वजनिक क्षेत्र के लिए आरक्षित हैं। जो उद्योग लाइसेंस की अनिवार्यता के दायरे में नहीं आते हैं और सार्वजनिक क्षेत्र के लिए आरक्षित नहीं हैं, उन्हें औद्योगिक नीति एवं संवर्धन विभाग (डीआईपीपी) में औद्योगिक सहायता सचिवालय (एसआईए) में एक औद्योगिक उद्यमी ज्ञापन (आईईएम) देना होता है। ऐसे ज्ञापन गैर-एमएसएमई श्रेणी के औद्योगिक उपक्रमों द्वारा देने होते हैं। औद्योगिक लाइसेंस और औद्योगिक उद्यमी ज्ञापन (आईईएम) के लिए आवेदन ई-बिज़ वेबसाइट पर किसी मानवीय संपर्क के बिना चौबीसों घंटे ऑनलाइन कर दिया गया है।

औद्योगिक उत्पादन का सूचकांक

औद्योगिक उत्पादन सूचकांक (आईआईपी) औद्योगिक क्षेत्र में होने वाले कार्य को प्रदर्शित करता है, जिसे केंद्रीय सांख्यिकी कार्यालय (सीएसओ) हर माह संकलित और जारी करता है। सीएसओ ने मई 2017 में आईआईपी के आधार वर्ष को 2004-05 के स्थान पर 2011-12 कर दिया। 2011-12 के आधार वर्ष वाला ताजा सीरीज़ औद्योगिक क्षेत्र के मौजूदा ढांचे का बेहतर प्रतिनिधित्व करता है। इसके तहत तीन क्षेत्र खनन, औद्योगिक निर्माण और विद्युत आते हैं। इस सीरीज के लिए रेखाचित्र जीडीपी में विभिन्न क्षेत्रों के सापेक्ष महत्व को ध्यान में रखते हुए बनाया गया है, जो राष्ट्रीय खातों पर आधारित है। आईआईपी को क्षेत्रीय और प्रयोग-आधारित श्रेणियों में वर्गीकृत किया जाता है।

नए आधार वर्ष के अनुसार, आईआईपी ने 2012-13 और 2013-14 में 3 प्रतिशत से ज्यादा वृद्धि दर दर्ज की, और 2014-15 में यह 4 प्रतिशत के स्तर पर पहुंच गई। इसके बाद 2015-16 में यह

घटकर 3.3 प्रतिशत पर आ गई। लेकिन 2016-17 आईआईपी ने विद्युत उत्पादन (5.8 प्रतिशत), खनन (5.3 प्रतिशत) और (विनिर्माण 4.4 प्रतिशत) के बल पर 4.6 प्रतिशत की वृद्धि दर्ज की। अप्रैल-अगस्त, 2017-18 के दौरान आईआईपी ने 2.2 प्रतिशत की वृद्धि दर्ज की क्योंकि विनिर्माण में 1.6 प्रतिशत की बढ़ोतरी हुई, जबकि खनन और विद्युत उत्पादन में क्रमश: 3.3 प्रतिशत और 6.2 प्रतिशत की वृद्धि हुई।

आठ मुख्य उद्योगों में वृद्धि का रुझान

आठ मुख्य उद्योगों (आईसीआई) का सूचकांक आठ मुख्य उद्योगों के क्षेत्र में हुए कामकाज को प्रदर्शित करता है। ये मुख्य उद्योग हैं— कोयला, कच्चा तेल, प्राकृतिक गैस, पेट्रोलियम रिफायनरी उत्पाद, उर्वरक, इस्पात, सीमेंट और बिजली। यह एक मासिक उत्पादन सूचकांक है जिसकी गणना निर्धारित आधार वर्ष का इस्तेमाल करते हुए की जाती है।

आईआईपी में आधार वर्ष में बदलाव के समान औद्योगिक नीति एवं संवर्धन विभाग के आर्थिक सलाहकार कार्यालय ने आठ प्रमुख उद्योगों के आधार वर्ष को 2004-05 से बदलकर 2011-12 कर दिया। आईसीआई में शामिल किए गए उद्योग का आईआईपी में मोटे तौर पर 40 प्रतिशत भार है, हालांकि आईसीआई के समूह में शामिल उद्योगों और आईआईपी के समूह में शामिल उद्योगों के बीच कोई सीधा संबंध नहीं है। नए आधार वर्ष के अनुसार आईसीआई ने 2012-13 में 3.8 प्रतिशत की वृद्धि दर्ज की। 2013-14 में इसकी वृद्धि 2.6 प्रतिशत रही। 2014-15 के दौरान इसने 4.9 प्रतिशत की वृद्धि हासिल की। फिर 2015-16 में यह घटकर 3.0 प्रतिशत हो गई। इसके बाद 2016-17 में इसने जोरदार वापसी करते हुए दर्ज 4.8 प्रतिशत की वृद्धि दर्ज की। कोयला, रिफाइनरी उत्पाद, उर्वरक, इस्पात, बिजली के क्षेत्र में सकारात्मक वृद्धि दिखाई दी और इस्पात ने सबसे उत्साहजनक 10.7 प्रतिशत की वृद्धि दर्ज की। लेकिन दूसरी तरफ कच्चा तेल, प्राकृतिक गैस और सीमेंट के उत्पादन में नकारात्मक वृद्धि हुई।

औद्योगिक/आर्थिक गलियारा

औद्योगिक विकास, आय और रोजगार को बढ़ावा देने के लिए औद्योगिक/आर्थिक गलियारों का विकास सरकार का एक अत्यंत महत्वपूर्ण नीतिगत कदम है।

दिल्ली-मुंबई औद्योगिक गलियारा

दिल्ली-मुंबई औद्योगिक गलियारा परियोजना (डीएमआईसीपी) को पश्चिमी समर्पित मालवहन गलियारे (डब्ल्यूडीएफसी) के दोनों ओर वैश्विक विनिर्माण एवं निवेश गंतव्य के रूप में विकसित किया जा रहा है और 2011 के बाद से इसमें महत्वपूर्ण वृद्धि हुई है। डीएमआईसी औद्योगिक नगरों को विश्व के अन्य हिस्सों में हाल ही में स्थापित किए गए औद्योगिक नगरों के मानदंडों के अनुरूप बनाया जा रहा है। इस परियोजना के विकास, समन्वय और क्रियान्वयन के लिए एक विशेष उद्देश्य संवाहक (एसपीवी) के साथ एक संस्थागत ढांचा दिल्ली-मुंबई औद्योगिक गलियारा विकास निगम लि. (डीएमआईडीसी) का गठन किया गया।

विशिष्ट उद्योगों का उत्पादन

(लाख टनों में)

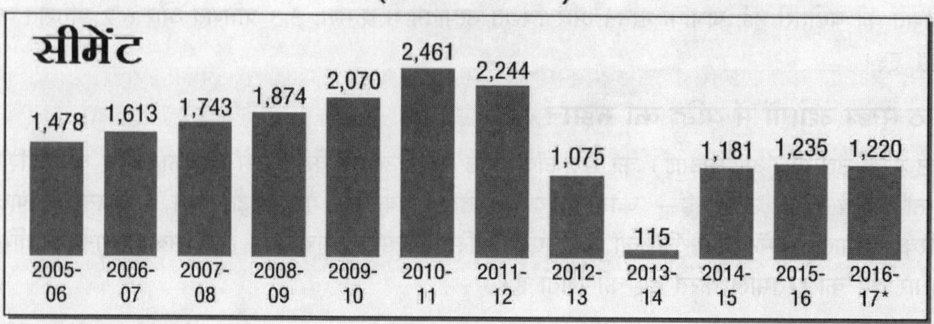

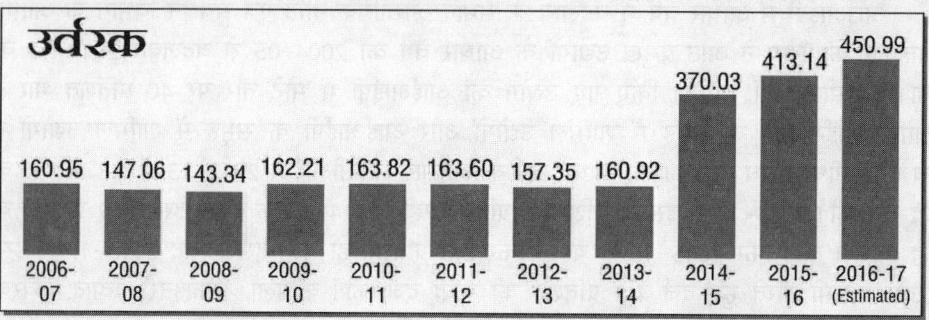

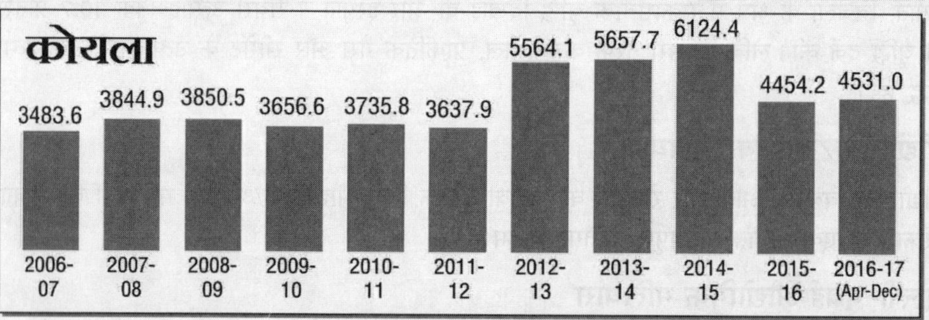

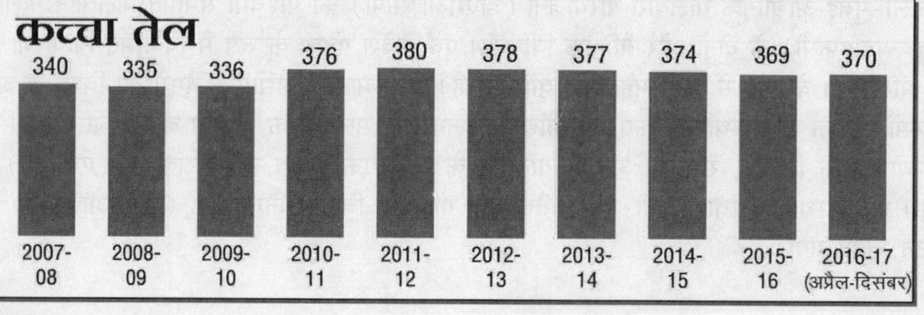

KBK

*अनंतिम

राष्ट्रीय औद्योगिक गलियारा विकास एवं क्रियान्वयन न्यास

डीएमआईसी परियोजना की सफलता और उसके महत्व को देखते हुए चार अन्य औद्योगिक गलियारों की घोषणा की गई, जिनके नाम हैं अमृतसर-कोलकाता औद्योगिक गलियारा (एकेआईसी), बंगलुरु-मुंबई आर्थिक गलियारा (बीएमईसी), चेन्नई-बंगलुरु औद्योगिक गलियारा (सीबीआईसी) और ईस्ट कोस्ट इकोनॉमिक गलियारा जिसमें विकास के शुरुआती चरण के तौर पर विज़ाग-चेन्नई औद्योगिक गलियारे (वीसीआईसी) को विकसित किया जा रहा है। इस पूरी परियोजना को विस्तारित करते हुए राष्ट्रीय औद्योगिक गलियारा विकास एवं क्रियान्वयन न्यास (एनआईसीडीआईटी) नाम दिया गया है।

राष्ट्रीय विनिर्माण नीति

सन् 2011 में राष्ट्रीय विनिर्माण नीति (एनएमपी) अधिसूचित की गई, जिसका उद्देश्य एक दशक में जीडीपी में विनिर्माण का योगदान बढ़ाकर 25 प्रतिशत तक पहुंचाना और 10 करोड़ से अधिक रोजगार का सृजन करना था। यह नीति राज्यों के साथ मिलकर औद्योगिक विकास करने के सिद्धांत पर आधारित है। केंद्र सरकार इसके लिए नीतिगत रूपरेखा विकसित करेगी, उपयुक्त वित्तीय योजनाओं के माध्यम से सार्वजनिक निजी साझेदारी (पीपीपी) के आधार पर बुनियादी ढांचे के विकास के लिए प्रोत्साहन देगी।

इस नीति की प्रमुख विशेषताएं हैं: राष्ट्रीय निवेश एवं विनिर्माण क्षेत्र (एनआईएमजेड); कारोबारी नियमों को तर्कसंगत व आसान बनाना; विनिर्माण इकाइयां बंद करने के लिए आसान व त्वरित प्रक्रिया; एसएमई के लिए प्रोत्साहन भत्ते; औद्योगिक प्रशिक्षण और कौशल उन्नयन के कदम; हरित तकनीक समेत तकनीकी विकास के लिए वित्तीय एवं संस्थागत तंत्र; सरकारी अधिप्राप्ति; और विशेष ध्यान वाले क्षेत्र।

एनआईएमजेड आकार, बुनियादी ढांचे की योजना के स्तर, विनियमनों की प्रक्रिया से संबंधित प्रशासनिक ढांचे, निकास नीतियों, और वित्तीय प्रोत्साहन इत्यादि के मामले में एसईजेड से भिन्न होंगे।

मेक इन इंडिया

2014 में मेक इन इंडिया कार्यक्रम आरंभ होने के बाद एक राष्ट्रीय कार्यशाला का आयोजन किया गया था, जिसमें मेक इन इंडिया के तहत चिह्नित किए गए 22 प्रमुख क्षेत्रों से संबंधित मंत्रालयों/विभागों ने एक वर्ष और तीन वर्ष में क्रियान्वित होने वाली अपनी कार्ययोजनाओं की घोषणा की थी। कार्ययोजनाओं की प्रत्येक गतिविधि के लिए मंत्रालयों/विभागों की ओर से मील के पत्थर चिह्नित कर दिए गए हैं ताकि इन योजनाओं के क्रियान्वयन पर नजर रखी जा सके। 22 क्षेत्रों में मेक इन इंडिया की कुल 123 कार्ययोजनाओं (अल्प अवधि की प्रगति 61 प्रतिशत और मध्यम अवधि की प्रगति 27 प्रतिशत) को चिह्नित किया गया।

इस विभाग ने 2016 में एक ऑनलाइन मेक इन इंडिया डैशबोर्ड शुरू किया ताकि संबंधित मंत्रालय/विभाग समयबद्ध तरीके से स्वत: ही अपनी कार्ययोजनाओं की प्रगति को देख सकें और ताजा जानकारियों से अवगत करा सकें।

मेक इन इंडिया कार्यक्रम के तहत एक, सात वर्षीय रणनीति, तैयार की गई थी, जिसमें क्षेत्रों को फिर से परिभाषित करना, चिकित्सा उपकरणों जैसे- नए क्षेत्रों को जोड़ना, उन क्षेत्रों को हटाना जो विकसित होती नई अर्थव्यवस्था में अपनी प्रासंगिकता खो चुके हैं, विकसित होती अर्थव्यवस्था में रोजगार के सृजन की संभावना को ज्यादा से ज्यादा बढ़ाना। इसका दायरा बढ़ाकर इसमें सेवा क्षेत्र को भी

शामिल किया जाना चाहिए क्योंकि उसमें रोजगार की बहुत ज्यादा संभावनाएं हैं। इस प्रकार मेक इन इंडिया का दायरा बड़ा हो जाएगा। पर्यटन और आतिथ्य जैसे क्षेत्र रोजगार सृजन की अपनी संभावनाओं के कारण महत्वपूर्ण हैं। इसमें अधिक पारिश्रमिक वाले रोजगार सृजन और बेरोजगारी को कम करने पर जोर दिया जाएगा।

स्टार्टअप इंडिया

स्टार्टअप इंडिया का उद्देश्य अनुकूल वातावरण तैयार करके उद्यमशीलता और नए प्रयोगों को प्रोत्साहन देना है। यह कार्यक्रम देश के आर्थिक परिदृश्य में लंबे समय से प्रतीक्षित उद्यमिता के ढांचे को मजबूती देने का एक प्रयास है। विश्वभर में यह प्रमाणित हो चुका है कि स्टार्टअप अपने-अपने देश की आर्थिक तरक्की में महत्वपूर्ण भूमिका निभा रहे हैं, रोजगार पैदा कर रहे हैं और कुछ नया करने की संस्कृति को प्रोत्साहित कर रहे हैं। इसलिए भारत सरकार के लिए जरूरी है कि वह राष्ट्र निर्माण के वृहत् लक्ष्य के तहत उभरती प्रतिभा और उद्यमिता को बढ़ावा दे। इसका लक्ष्य भारत को नौकरी मांगने वाला नहीं बल्कि नौकरी देने वाला देश बनाने का है। सरलीकरण और सहयोग, वित्तीय सहयोग व प्रोत्साहन तथा उद्योग-शिक्षा जगत में साझेदारी जैसे क्षेत्रों को समेटने वाली कार्ययोजना के तहत 19 कार्य बिंदुओं की घोषणा की गई और इनके लिए स्टार्टअप इंडिया को सहयोग दिया जा रहा है।

स्टार्टअप इंडिया केंद्र

स्टार्टअप से संबंधित सभी जानकारियों और वित्तीय सहायता के उद्देश्य से संपर्क का एक ही बिंदु बनाने के लिए 2016 में स्टार्टअप केंद्र (हब) की स्थापना की गई। इसका डिजिटल संस्करण स्टार्टअप इंडिया ऑनलाइन 2017 में शुरू किया गया, जो एक ऐसा प्लेटफार्म है जहां उससे जुड़े सभी लोग साथ मिलकर काम कर सकें और आपस में तालमेल बना सकें।

प्रत्यक्ष विदेशी निवेश

अन्य देशों से पूंजी का आगमन, विशेष रूप से निवेश के रूप में, बुनियादी ढांचे, उद्योगों और अन्य आर्थिक उपक्रमों के लिए पूंजी जुटाने में बहुत महत्वपूर्ण योगदान करता है। इक्विटी का आगमन ज्यादा स्थिर होता है और निवेश के साथ ही प्रबंधन के नए तरीके और प्रौद्योगिकी भी लाता है। प्रत्यक्ष विदेशी निवेश (एफडीआई) की आमद को प्रोत्साहित करने के लिए एफडीआई नीति की लगातार समीक्षा की जाती है ताकि इसे निवेशकों के ज्यादा से ज्यादा अनुकूल बनाया जा सके। हाल में सरकार ने कई क्षेत्रों में अनेक नीतिगत सुधार किए हैं।

मिश्रित सीमा

सरकार ने विदेशी निवेश की मिश्रित सीमा तय कर दी है। क्षेत्रवार सीमा यानी किसी इकाई में विदेशी निवेशकों द्वारा लगाई जाने वाली अधिकतम राशि के बारे में यदि अलग से कोई निर्देश नहीं है तो वह मिश्रित होती है और उसमें सभी प्रकार के विदेशी निवेश, प्रत्यक्ष एवं अप्रत्यक्ष शामिल होते हैं, चाहे निवेश फेमा की अनुसूची 1 (प्रत्यक्ष विदेशी निवेशक), 2 (विदेशी संस्थागत निवेशक), 2 ए (विदेशी पोर्टफोलियो निवेशक), 3 (प्रवासी भारतीय अर्थात् एनआरआई), 6 (विदेशी वेंचर कैपिटल निवेशक), 9 (सीमित दायित्व वाली साझेदारी), 10 (डिपाजिटरी रिसीप्ट) और 11 (निवेश वाहक) के अंतर्गत हों। इस कदम के कारण विभिन्न प्रकार के विदेशी निवेशों में पूरी तरह अदला-बदली हो सकती है।

शाखा कार्यालय, संपर्क कार्यालय अथवा परियोजना कार्यालय की स्थापना

अगर निवेशक का मुख्य कारोबार रक्षा, दूरसंचार, निजी सुरक्षा या सूचना प्रसारण से जुड़ा है तो भारत में शाखा कार्यालय, संपर्क कार्यालय अथवा परियोजना कार्यालय या कारोबार के किसी अन्य स्थान की स्थापना के लिए भारतीय रिजर्व बैंक की मंजूरी की आवश्यकता उस सूरत में नहीं होगी, जब संबंधित मंत्रालय अथवा नियामक से एफआईपीबी मंजूरी अथवा लाइसेंस/अनुमति पहले से प्राप्त हो चुकी है।

पशु पालन

इस क्षेत्र में पहले की नीति के अनुसार पशुपालन (कुत्तों के प्रजनन समेत), मत्स्य पालन, जलीय जंतुओं व वनस्पतियों का पालन और मधुमक्खी पालन में कुछ शर्तों के साथ स्वतः ही सौ प्रतिशत प्रत्यक्ष विदेशी निवेश की अनुमति दे दी गई थी। लेकिन देखा गया कि स्वतः अनुमति के बावजूद इस क्षेत्र में कोई महत्वपूर्ण विदेशी निवेश नहीं आया, इसलिए इस बारे में समीक्षा करना जरूरी हो गया। इसलिए इस क्षेत्र में विदेशी निवेश को बढ़ावा देने के लिए कुछ शर्तों, को हटा लिया गया है।

ई-कॉमर्स क्षेत्र में एफडीआई के लिए दिशानिर्देश

सरकार ने ई-कॉमर्स के क्षेत्र में एफडीआई के लिए दिशानिर्देश जारी किए हैं। ई-कॉमर्स के मार्केटप्लेस मॉडल में अब 100 प्रतिशत एफडीआई को स्वतः ही मंजूरी मिल जाती है। ई-कॉमर्स, ई-कॉमर्स इकाई, मार्केटप्लेस, इन्वेंटरी आधारित मॉडल जैसे विभिन्न शब्दों को स्पष्ट रूप से परिभाषित भी कर दिया गया है।

एनआरआई द्वारा विदेशी निवेश

प्रवासी भारतीयों (एनआरआई), भारतीय मूल के व्यक्तियों (पीआईओ) और भारत के विदेशी नागरिकों (ओसीआई) द्वारा निवेश को गैर-प्रत्यावर्तन के आधार पर भारतीय निवेशकों के निवेश जितना ही घरेलू माना जाएगा। नई परिभाषा के अनुसार एनआरआई का अर्थ देश के बाहर रहने वाला ऐसा कोई भी व्यक्ति है जो भारत का नागरिक है अथवा नागरिकता अधिनियम, 1955 की धारा 7 (ए) के अनुसार, भारत के विदेशी नागरिक का कार्डधारक है। ऐसी छूट एनआरआई के स्वामित्व वाली कंपनियों, ट्रस्टों और साझेदारों को भी दी गई है।

एफडीआई की आवक

भारत में एफडीआई का आगमन 2000-01 से ही बहुत अच्छा रहा है। उसका इक्विटी आगमन 2000-01 में 2.46 अरब डॉलर से बढ़कर 2016-17 में 43.48 अरब डॉलर तक पहुंच गया। रिपोर्टिंग की अंतरराष्ट्रीय प्रणाली के तहत इक्विटी पूंजी, गैर-निगमीकृत निकायों की इक्विटी पूंजी, पुनर्निवेशित आय एवं अन्य पूंजी को मिलाकर कुल एफडीआई आगमन 2000-01 में 4.03 अरब डॉलर था, जो 2016-17 में बढ़कर 60.08 अरब डॉलर हो गया।

कारोबारी वातावरण का सरलीकरण

औद्योगिक नीति एवं संवर्धन विभाग (डीआईपीपी) उद्योग संघ सीआईआई के साथ मिलकर उद्योग और उद्योग संगठनों के सहयोग से कार्यशालाएं आयोजित कर रहा है ताकि कारोबार के लिए अनुकूल माहौल बनाया जा सके जिसमें ऑनलाइन एकल खिड़की स्थापित करना, राष्ट्रीय और अंतरराष्ट्रीय रूप से सर्वोत्तम प्रक्रियाएं अपनाना और कर संबंधी नियमों को सरल बनाना आदि शामिल है।

संपत्ति का पंजीकरण

भूमि अभिलेख विभाग के साथ उप-पंजीयक कार्यालय का एकीकरण पूरा हो गया है। राष्ट्रीय भूमि अभिलेख आधुनिकीकरण कार्यक्रम के तहत एल-आर एसआरओ संपर्क के हिस्से के रूप में पंजीकरण सूचनाओं को भूमि अभिलेख विभाग के साथ साझा किया जा रहा है। नागरिकों के लिए पंजीकरण की प्रक्रिया के विभिन्न पहलुओं को ऑनलाइन कर दिया गया है : नागरिक ई-सर्च की सुविधा का इस्तेमाल करके संपत्ति का विवरण देख सकते हैं। नागरिक पब्लिक डेटा एंट्री पोर्टल का इस्तेमाल करके एसआर कार्यालय जाने से पहले डेटा एंट्री कर सकते हैं। वे ई-स्टेपइन सिस्टम का इस्तेमाल करके मिलने का समय पहले ही बुक कर सकते हैं और जीआरएएस का इस्तेमाल करके ऑनलाइन भुगतान कर सकते हैं।

इंवेस्ट इंडिया

भारत सरकार ने राष्ट्रीय निवेश प्रोत्साहन एवं सहयोग एजेंसी के रूप में 'इंवेस्ट इंडिया' की स्थापना की है जो वाणिज्य एवं उद्योग मंत्रालय के डीआईपीपी तथा भारतीय वाणिज्य एवं उद्योग महासंघ (फिक्की) एवं राज्य सरकारों का संयुक्त उपक्रम है। इंवेस्ट इंडिया में एक निवेशक सहायता प्रकोष्ठ स्थापित किया गया है जो संभावित निवेशकों की ओर से विभिन्न एजेंसियों के साथ बातचीत और संपर्क के साथ-साथ निवेश संबंधी सभी सवालों पर सहयोग करता है। भारत सरकार के मेक इन इंडिया कार्यक्रम के जरिए निवेश को बढ़ावा देने के लिए औद्योगिक नीति एवं संवर्धन विभाग ने इंवेस्ट इंडिया को परियोजना आधारित वित्तीय सहायता मुहैया कराई है ताकि कंपनी पूर्ण रूप से एक निवेश प्रोत्साहन एजेंसी के तौर पर काम कर सके। इंवेस्ट इंडिया भारत सरकार के दो मुख्य कार्यक्रमों मेक इन इंडिया और स्टार्टअप इंडिया के लिए उसके सहायक के तौर पर काम करता है। इंवेस्ट इंडिया उन कंपनियों को हर तरह से सहायता उपलब्ध कराता है जो भारत सरकार, उद्योग संघों, निजी कंपनियों और विदेशों में भारतीय दूतावासों में संबंधित पक्षों के साथ करीब से काम करते हुए भारत में निवेश करना चाहती हैं।

बौद्धिक संपदा अधिकार

बौद्धिक संपदा (आईपी) शब्द से ही पता चलता है कि इसका संबंध मस्तिष्क या बुद्धि के उत्पाद से है। ये पेटेंट, ट्रेडमार्क, भौगोलिक संकेतकों, औद्योगिक डिजाइन, एकीकृत परिपथ की ले-आउट डिजाइन (टोपोग्राफी), पादप विविधता संरक्षण एवं कॉपीराइट के रूप में हो सकते हैं। कानून द्वारा संरक्षित आईपी का किसी भी अन्य संपत्ति के समान व्यापार हो सकता है यानी इन पर स्वामित्व हो सकता है, इन्हें किराये पर दिया जा सकता है, बेचा जा सकता है, अथवा खरीदा जा सकता है। अन्य संपत्तियों से इन्हें अलग करने वाली प्रमुख विशेषताएं ये हैं कि न ही इनका कोई स्वरूप होता है और न ही उपभोग करने से ये समाप्त होती हैं। आईपी ज्ञान आधारित अर्थव्यवस्था की नींव भी होती है। यह अर्थव्यवस्था के सभी क्षेत्रों में होती है और उद्यमों की प्रतिस्पर्धात्मक क्षमता सुनिश्चित करने के लिए महत्वपूर्ण होती जा रही है। बौद्धिक संपदा अधिकारों के संरक्षण के लिए भारत में सुगठित कानूनी, प्रशासनिक और न्यायिक ढांचा है। ये अधिकार अंतरराष्ट्रीय शर्तों को पूरा करते हैं, साथ ही अंतरराष्ट्रीय नियमों में दिए गए लचीलेपन का इस्तेमाल करते हैं ताकि विकास के अपने लक्ष्यों को भी पूरा कर सकें। भारत में ट्रेड रिलेटेड आस्पेक्ट्स ऑफ इंटेलेक्चुअल प्रापर्टी राइट्स (टीआरआईपीएस) का पालन करने वाला सुदृढ़ और न्यायसंगत आईपीआर नियम हैं।

भारतीय आईपी व्यवस्था में एक तरफ आईपीआर के माध्यम से निजी अधिकारों और दूसरी तरफ जनहित के तौर पर समाज के अधिकारों के बीच अच्छा संतुलन है। सभी पहलुओं का प्रशासन टीआरआईपीएस समझौते ने सभी देशों को एक नीतिगत स्थान दे रखा है ताकि वे अपनी स्थितियों के अनुकूल नियम बना सकें। देश में स्थायी विकास के लिए यह नीतिगत स्थान अत्यंत अनिवार्य है। भारत टीआरआईपीएस और जनस्वास्थ्य पर दोहा घोषणा का एक पक्ष या भागीदार है। इसमें स्पष्ट किया गया है कि टीआरआईपीएस समझौता इसके सदस्यों को जनस्वास्थ्य के लिए जरूरी कदम उठाने से नहीं रोक सकता है। भारत मारकेश संधि को मंजूर करने वाला पहला देश था। इस संधि के अनुसार नेत्रहीन और प्रिंट विकलांगता वाले व्यक्ति प्रकाशित सामग्री को पढ़ सकेंगे। भारत का पेटेंट कानून, एवरग्रीनिंग, (सदा के लिए पेटेंट रखने का अधिकार) की मनाही करता है और सामान्य दवाओं को वहन करने योग्य बनाना संभव बनाता है— दुनियाभर में करोड़ों लोग भारत में बनी कम खर्चीली दवाओं पर निर्भर करते हैं और इस तरह यह, भारत को विश्व का फार्मेसी बनाता है और यह डीआईपीपी के हाथ में होता है। आईपीआर के सभी पक्षों पेटेंट, ट्रेडमार्क, डिजाइन एवं भौगोलिक संकेतकों, कॉपीराइट तथा सेमीकंडक्टर इंटीग्रेटेड सर्किट ले-आउट डिजाइन से संबंधित सभी पक्षों का प्रशासन डीआईपीपी करता है। इनका प्रशासन मुंबई स्थित मुख्यालय के अधीनस्थ पेटेंट, डिजाइन एवं ट्रेडमार्क महानियंत्रक (सीजीपीडीटीएम) कार्यालय द्वारा होता है, जैसे पेटेंट अधिनियम, 1970 (1999, 2002, 2005 में संशोधित) पेटेंट कार्यालय कोलकाता (मुख्यालय), मुंबई, चेन्नई और दिल्ली; डिजाइन अधिनियम, 2000, पेटेंट कार्यालय, कोलकाता (मुख्यालय), मुंबई, चेन्नई और दिल्ली; ट्रेडमार्क अधिनियम, 1999 (2010 में संशोधित), ट्रेडमार्क रजिस्ट्री, मुंबई (मुख्यालय), चेन्नई, दिल्ली, कोलकाता और अहमदाबाद; वस्तुओं के भौगोलिक संकेत (पंजीकरण एवं संरक्षण) अधिनियम, 1999, जियोग्राफिकल इंडीकेशंस रजिस्ट्री, चेन्नई; कॉपीराइट्स अधिनियम, 1957 (पिछली बार 2012 में संशोधित), कॉपीराइट कार्यालय, दिल्ली; सेमीकंडक्टर इंटीग्रेटेड सर्किट्स ले-आउट-डिजाइन अधिनियम, 2000; इस संबंध में विस्तृत जानकारियां http://www.ipindia.nic.in पर उपलब्ध हैं।

हालांकि पेटेंट, ट्रेडमार्क, डिजाइन एवं भौगोलिक संकेतों, कॉपीराइट तथा सेमीकंडक्टर इंटीग्रेटेड सर्किट ले-आउट डिजाइन से संबंधित कानूनों का प्रशासन डीआईपीपी करता है लेकिन आईपीआर के अन्य पक्षों का संरक्षण निम्न प्रकार होता है: जैसे पौधों की नई प्रजातियों का संरक्षण कृषि एवं सहयोग विभाग द्वारा पादप प्रजाति एवं कृषक अधिकार संरक्षण अधिनियम, 2001 के माध्यम से किया जाता है। इसी प्रकार पेटेंट कार्यालय पेटेंट अधिनियम, 1970 तथा पेटेंट नियम, 2003 और 2017 के कार्यक्रम के साथ ही जैव-विविधता अधिनियम, 2002 के तहत आने वाले प्रावधानों का पालन करने के लिए भी बाध्य है। पेटेंट नियम, 2003 के फार्म 1 में एक शपथ-पत्र होता है, जिस पर आवेदक को इस शपथ के साथ हस्ताक्षर करना होता है कि विवरण में बताए गए आविष्कार में भारत से ही जैव सामग्री का प्रयोग किया गया है और उसे पेटेंट की मंजूरी मिलने से पहले ही सक्षम अधिकारी से आवश्यक अनुमति ले ली जाएगी।

राष्ट्रीय आईपीआर नीति

एक व्यापक राष्ट्रीय आईपीआर नीति मंजूर की गई है जो विभिन्न क्षेत्रों में न केवल आविष्कार और रचनात्मकता को बढ़ावा देगी, बल्कि आईपीआर से संबंधित विषयों के बारे में स्पष्ट दृष्टि भी मुहैया कराएगी। नीति से संबंधित दस्तावेज डीआईपीपी के वेबसाइट http://dipp.nic.in पर उपलब्ध हैं।

इसके उद्देश्य हैं- आईपीआर जागरुकता : पहुंच एवं प्रोत्साहन, जिसके अंतर्गत समाज के सभी वर्गों में आर्थिक, सामाजिक और सांस्कृतिक लाभों के संबंध में जागरुकता पैदा करना; आईपीआर सृजन: आईपीआर के सृजन को प्रोत्साहित करना; वैधानिक एवं विधायी ढांचा: मजबूत और प्रभावी आईपीआर कानून बनाना जो वृहत्तर जनहित और संपदा के स्वामियों के हितों के बीच संतुलन साध सकें; मानव पूंजी विकास: आईपीआर के शिक्षण, प्रशिक्षण, शोध एवं कौशल विकास के लिए मानव संसाधन, संस्थानों तथा क्षमताओं को मजबूत बनाना एवं उनका विस्तार करना।

आईपीआर प्रोत्साहन एवं प्रबंधन प्रकोष्ठ (सीआईपीएएम)

सीआईपीएएम का गठन इस नीति के 7 उद्देश्यों को पूरा करने के लिए किया गया है। यह डीआईपीपी के तत्वावधान में एक पेशेवर संस्था है जिसका उद्देश्य आईपीआर से संबंधित मुद्दों पर कार्य को सुनिश्चित करना है। इसके अलावा आईपी प्रक्रियाओं को सरल बनाने में मदद करना और आईपीआर के बारे में जागरुकता, व्यावसायीकरण और प्रवर्तन के लिए कदम उठाना भी इसका उद्देश्य है।

राजीव गांधी राष्ट्रीय बौद्धिक संपदा प्रबंधन संस्थान

राजीव गांधी राष्ट्रीय बौद्धिक संपदा प्रबंधन संस्थान (आरजीएनआईआईपीएम) की स्थापना 2012 में एक अंतरराष्ट्रीय महत्व के संस्थान के रूप में नागपुर में की गई थी जिसका उद्देश्य बौद्धिक संपदा अधिकारों पर प्रशिक्षण, शिक्षा, शोध की सुविधा मुहैया कराना और एक थिंक टैंक की तरह काम करना था।

आईपी कार्यालयों का आधुनिकीकरण

आईपी कार्यालयों की पारदर्शिता और कार्यक्षमता बढ़ाने के लिए निम्नलिखित कदम उठाए गए हैं: सभी पेटेंट और ट्रेडमार्क आवेदनों की ताजा स्थिति जानने के लिए विशेष सुविधा (डायनमिक यूटीलिटीज़); पेटेंट और ट्रेडमार्क सर्च के लिए आईएनपीएएसएस (इंडियन पेटेंट एडवांस्ड सिस्टम सर्च सिस्टम) वेबसाइट पर उपलब्ध है; पेटेंट और ट्रेडमार्क के लिए ई–फाइलिंग सुविधा दी गई है; ट्रेडमार्क प्रमाण–पत्रों का स्वत: सृजन।

अंतरराष्ट्रीय सर्च अथॉरिटी का परिचालन

भारतीय पेटेंट कार्यालय ने अंतरराष्ट्रीय सर्च अथॉरिटी/अंतराष्ट्रीय प्राथमिक जांच अथॉरिटी (आईपीईए) को 2003 में परिचालित कर दिया है। जुलाई 2016 तक आईपीओ में 1668 अंतरराष्ट्रीय आवेदन/सर्च प्रतियां मिल चुकी थीं, 1430 अंतरराष्ट्रीय सर्च रिपोर्टें प्रमाणित हो चुकी थीं और आईपीईए को 40 अंतरराष्ट्रीय आवेदनों के लिए प्राथमिक जांच की मांग मिल चुकी थी, ये आवेदन जांच के विभिन्न चरणों से गुजर रहे हैं। इसके अलावा पेटेंट की योग्यता पर 30 अंतरराष्ट्रीय प्राथमिक रिपोर्टें जारी की जा चुकी थीं।

राष्ट्रीय डिजाइन नीति

2007 में घोषित इस नीति के पीछे विचार यह है कि भारतीय उद्योग की प्रतिस्पर्धात्मकता बढ़ाने में डिजाइन की प्रमुख भूमिका होती है। इस नीति के तहत शिक्षा के प्रसार, भारतीय डिजाइनों की ब्रांडिंग तथा एक डिजाइन परिषद के गठन पर ध्यान दिया जा रहा है। इस अवधि में भारत की उत्कृष्ट संस्था

राष्ट्रीय डिजाइन संस्थान (एनआईडी) का विस्तार और उन्नयन हुआ, जिसके तीन परिसर अहमदाबाद (मुख्य परिसर), गांधी नगर (स्नातकोत्तर परिसर) और बंगलुरु (आर एंड डी परिसर) में हैं। एनआईडी में छात्रों की काफी संख्या बढ़ाई गई और स्नातक व स्नातकोत्तर स्तर पर नए पाठ्यक्रम लाए गए। डीआईपीपी ने एनआईडी की स्थापना आचार्य नागार्जुन विश्वविद्यालय के अस्थायी परिसर में की है और इसका शैक्षिक सत्र चार वर्षीय पूर्व स्नातक (अंडरग्रेजुएट) कोर्स के लिए शुरू हो चुका है।

बौद्धिक संपदा अपीलीय बोर्ड

ट्रेडमार्क्स के रजिस्ट्रार, भौगोलिक संकेतों और पेटेंट नियंत्रक के खिलाफ अपीलों की सुनवाई के लिए चेन्नई में एक बौद्धिक संपदा अपीलीय बोर्ड (आईपीएबी) की स्थापना की गई है (अतिरिक्त जानकारी http://www.ipabindia.in) पर मिल सकती है। कॉपीराइट बोर्ड का विलय बौद्धिक संपदा अपीलीय बोर्ड में कर दिया गया है।

पूर्वोत्तर औद्योगिक एवं निवेश प्रोत्साहन नीति

पूर्वोत्तर औद्योगिक एवं निवेश प्रोत्साहन नीति (एनईआईआईपीपी), 2007 पहले की पूर्वोत्तर औद्योगिक नीति, 1997 का ही एक संशोधित रूप है और इसे 2017 तक 10 वर्षों के लिए लागू किया गया है। इस योजना में सिक्किम समेत पूर्वोत्तर परिषद (एनईसी) के तहत मान्यताप्राप्त पूर्वोत्तर के आठ राज्य आते हैं। इस योजना के तहत इस क्षेत्र में कहीं भी स्थित नई और पुरानी इकाइयों को प्रोत्साहन दिया जाता है जो औद्योगिक विस्तार करना चाहती हैं और एनईआईआईपीपी, 2007 की अधिसूचना जारी होने की तिथि से 10 साल के भीतर 10 साल के लिए अपना व्यापारिक उत्पादन शुरू करती हैं। जनस्वास्थ्य और वातावरण के लिए हानिकारक उद्योगों जैसे तंबाकू और उसके उत्पाद, पान मसाला, प्लास्टिक की थैली, रिफाइनरी आदि को इस योजना में शामिल नहीं किया गया है।

संशोधित औद्योगिक बुनियादी ढांचा उन्नयन योजना

2003 में औद्योगिक बुनियादी ढांचा उन्नयन योजना (आईआईयूएस) शुरू की गई थी, जिसका उद्देश्य कुछ चुने हुए स्थानों, जिनमें वैश्विक रूप से प्रतिस्पर्धी होने की संभावना हो, पर सरकारी व निजी भागीदारी के जरिए उच्च स्तर का बुनियादी ढांचा मुहैया करके घरेलू उद्योग की प्रतिस्पर्धात्मकता को बढ़ाना था। संशोधित औद्योगिक बुनियादी ढांचा उन्नयन योजना (एमआईआईयूएस) को जुलाई 2013 में अधिसूचित किया गया था। एमआईआईयूएस के अंतर्गत मौजूदा औद्योगिक पार्कों/ एस्टेट/ क्षेत्रों में बुनियादी ढांचे को उन्नत बनाने के लिए परियोजनाएं शुरू की गई हैं। पिछड़े और पूर्वोत्तर के क्षेत्रों (एनईआर) में नई परियोजनाओं को भी इस योजना में शामिल किया जा सकता है।

भारतीय चमड़ा विकास कार्यक्रम

भारतीय विकास कार्यक्रम का लक्ष्य चमड़ा इकाइयों के आधुनिकीकरण और तकनीकी उन्नयन के जरिए कच्चे माल का स्रोत बढ़ाना, पर्यावरण संबंधी समस्याएं दूर करना, मानव संसाधन विकास, पारंपरिक चमड़ा कारीगरों की सहायता करना, बुनियादी ढांचे की बाधाएं दूर करना और संस्थागत सुविधाएं प्रदान करना है।

चुनिंदा उद्योगों का कामकाज

उत्पादन के आंकड़े औद्योगिक इकाइयों द्वारा पेश किए गए उत्पादन विवरणों से तैयार अनुमानों पर आधारित हैं। इसलिए जरूरी नहीं है कि ये आंकड़े संबंधित उद्योग के समूचे उत्पादन की हमेशा सही तस्वीर हों। व्यापार के आंकड़े वाणिज्य विभाग के अनुमानों पर आधारित हैं।

सीमेंट उद्योग: सीमेंट देश में तकनीकी रूप से सबसे उन्नत उद्योगों में से एक है। अर्थव्यवस्था के आवासीय और बुनियादी ढांचे के क्षेत्र के विकास में इस उद्योग की महत्वपूर्ण भूमिका है। सीमेंट के मूल्य और वितरण का नियंत्रण 1989 से हटा दिया गया और सीमेंट उद्योग को औद्योगिक (विकास एवं नियमन) अधिनियम, 1951 के अंतर्गत लाइसेंस से 1991 से मुक्त कर दिया गया है। उसके बाद से सीमेंट उद्योग ने क्षमता/उत्पादन और प्रसंस्करण प्रौद्योगिकी में बहुत प्रगति की है। भारत विभिन्न प्रकार के सीमेंट का उत्पादन कर रहा है, जैसे– सामान्य पोर्टलैंड सीमेंट (ओपीसी), पोर्टलैंड पोलोजना सीमेंट (पीपीसी), पोर्टलैंड ब्लास्ट फर्नेस स्लैग सीमेंट (पीबीएफएस), ऑयल वेल सीमेंट, व्हाइट सीमेंट आदि। सीमेंट के ये प्रकार भारतीय मानक ब्यूरो (बीआईएस) के मानकों के अनुसार बनाए जाते हैं और उनकी गुणवत्ता विश्व के सर्वश्रेष्ठ सीमेंट के स्तर की होती है। बीआईएस निशान के बिना सीमेंट को देश में बेचा नहीं जा सकता है। भारतीय सीमेंट उद्योग वैश्विक प्रौद्योगिकी विकास के साथ कदम से कदम मिलाकर चलने में कामयाब रहा है। उन्नत प्रौद्योगिकी का इस्तेमाल करने से उद्योग को ऊर्जा, ईंधन संरक्षण और पर्यावरण संबंधी समस्याओं को दूर करके अपनी क्षमता बढ़ाने में मदद मिली है।

भारत चीन के बाद विश्व में दूसरा सबसे बड़ा सीमेंट उत्पादक है। सीमेंट उद्योग में 64 कंपनियों के अधीन चल रहे 210 बड़े सीमेंट कारखाने चल रहे हैं जिनकी स्थापित क्षमता करोड़ टन है। देश में करीब 360 छोटे सीमेंट कारखाने हैं जिनकी अनुमानित क्षमता सालाना अनुमानित क्षमता लगभग 1.11 करोड़ टन है।

सिरेमिक उद्योग: देश का सिरेमिक उद्योग लगभग 50 वर्ष पुराना है। इसमें सिरेमिक टाइल्स, सैनिटरीवेयर और क्राकरी शामिल है। सिरेमिक उत्पाद राष्ट्रीय और क्षेत्रीय कंपनियों द्वारा बड़े एवं छोटे स्तर पर बनाए जाते हैं जिनके प्रकार, आकार, गुणवत्ता व मानक अलग-अलग होते हैं। सिरेमिक टाइल उद्योग मार्च 2017 में अनुमानित 27,000 करोड़ रुपये का था और वह करीब 7–8 प्रतिशत सीएजीआर की दर से बढ़ रहा है। टाइल्स के उत्पादन और उपभोग के मामले में चीन और ब्राजील के बाद भारत विश्व में तीसरे स्थान पर बना हुआ है। यह उद्योग प्रत्यक्ष और परोक्ष रूप से 2 लाख से ज्यादा लोगों को रोजगार देता है। टाइल्स के उत्पादन के लिए जरूरी अधिकतर कच्चा माल देश में ही उपलब्ध होने से टाइल उद्योग समय के साथ बदल रहा है, डिजाइन तथा विनिर्माण में आधुनिक तकनीक का प्रयोग कर रहा है और विश्वस्तरीय टाइल्स बनाने में सक्षम है।

टायर एवं ट्यूब उद्योग

टायर शहरी और ग्रामीण क्षेत्रों में यात्रियों व माल की ढुलाई के आवागमन और परिवहन के मामले में महत्वपूर्ण भूमिका निभाते हैं, जिनका प्रयोग ठेलों, ट्रैक्टरों, ट्रकों और बसों से लेकर एक्सप्रेस-वे पर दौड़ने वाली आधुनिक यात्री कारों में होता है। घरेलू मांग को पूरा करने के लिए जरूरी सभी प्रकार के टायर भारत में बनाए जाते हैं। इन टायरों में मोपेड के 1.5 किग्रा। के टायरों से लेकर अर्थमूवर्स के 1.5 टन वजन तक के टायर शामिल हैं। बायस प्लाई टायरों से लेकर मजबूत ऑल स्टील रेडियल ट्रक टायर

और यात्री कारों के उच्च प्रदर्शन वाले रेडियल एवं ट्यूबलेस टायर तक शामिल हैं। भारत विश्व के उन चुनिंदा देशों में से एक है जिन्होंने हर प्रकार के उद्देश्य के लिए टायरों के निर्माण में स्वावलंबन प्राप्त कर लिया है। मानव जीवन व वाहनों की सुरक्षा के साथ गुणवत्तापूर्ण उत्पादों की उपलब्धता सुनिश्चित करने के लिए विभाग द्वारा 2009 में ऑटोमोटिव वाहनों के न्यूमैटिक टायर एवं ट्यूब के लिए गुणवत्ता (नियंत्रण) आदेश भी अधिसूचित किया गया। इस आदेश के तहत न्यूमैटिक टायरों और ट्यूबों के आयात, बिक्री और वितरण पर प्रतिबंध है जो भारतीय मानक ब्यूरो के मानकों पर खरे नहीं उतरते और जिन पर मानक चिह्न अंकित नहीं हैं। भारतीय टायर उद्योग में 39 कंपनियां और 60 टायर विनिर्माण संयंत्र हैं। बड़ी टायर कंपनियां एमआरएफ लिमिटेड, अपोलो टायर्स, जेके टायर्स, सिएट, गुडईयर, मोदी रबर आदि हैं। तीन भारतीय कंपनियां (एमआरएफ लिमिटेड, अपोलो टायर्स और जेके टायर्स) शीर्ष 25 वैश्विक टायर कंपनियों में गिनी जाती हैं। 2016-17 के दौरान घरेलू टायर उत्पादन 3,058 लाख टायर था, जबकि 2015-16 में यह उत्पादन 3,175 लाख टायर था।

भारतीय टायर कंपनियां 75 से अधिक देशों को टायर निर्यात करती रही हैं। 2016-17 में टायरों का निर्यात बढ़कर 10018.55 करोड़ रुपये का हो गया जबकि 2015-16 के दौरान यह 9086.82 करोड़ रुपये था। अप्रैल-जून 2017 के दौरान टायर और ट्यूब का निर्यात 2631.46 करोड़ रुपये था। 2016-17 के दौरान टायर और ट्यूब का आयात बढ़कर 3407.16 करोड़ रुपये हो गया जबकि 2015-16 के दौरान यह 3375 करोड़ रुपये था। अप्रैल-जून 2017 के दौरान आयात 833.93 करोड़ रुपये था।

रबर के सामान का उद्योग: टायर और ट्यूब के अतिरिक्त रबर उत्पादों के उद्योग में 4,550 छोटी और अति छोटी इकाइयां हैं जो लगभग 5.50 लाख प्रत्यक्ष रोजगार प्रदान करती हैं। रबर उद्योग विभिन्न प्रकार के उत्पाद जैसे रबर के एप्रन, गर्भनिरोधक, फुटवियर, रबर होज, तार, जीन, बैटरी के डिब्बे, लेटेक्स उत्पाद, कन्वेयर बेल्ट, सर्जिकल दस्ताने, गुब्बारे, सांचे से बनी रबर की वस्तुएं आदि तैयार करता है। रबर का सामान बनाने वाले उद्योग में प्राकृतिक रबर, विभिन्न प्रकार के कृत्रिम रबर, कार्बन ब्लैक, रबर रसायन आदि मुख्य कच्चा माल होता है। 2016-17 के दौरान रबर के उत्पादों का निर्यात 6446.70 करोड़ रुपये था जबकि 2015-16 में यह निर्यात 6035 करोड़ रुपये था। अप्रैल-जून 2017 के दौरान रबर के उत्पादों का निर्यात 1589.72 करोड़ रुपये था। 2016-17 के दौरान आयात भी बढ़कर 11,720 करोड़ रुपये हो गया जबकि 2015-16 में यह 11,018 करोड़ रुपये था। अप्रैल-जून 2017 के दौरान रबर उत्पादों का आयात 3423.70 करोड़ रुपये था।

सिगरेट उद्योग: सिगरेट उद्योग कृषि आधारित श्रम केंद्रित उद्योग है। उद्योग (विकास एवं नियमन) अधिनियम 1951 की पहली अनुसूची में सिगरेट भी शामिल है और इसके लिए औद्योगिक लाइसेंस की आवश्यकता पड़ती है। 2016-17 में 80,4781.8 लाख सिगरेटों का उत्पादन हुआ। 2016-17 के दौरान तंबाकू और विनिर्मित तंबाकू उत्पादों का निर्यात और आयात क्रमश: 67,358.29 लाख रुपये और 16,642.13 लाख रुपये था।

पेंट एवं सहायक उत्पाद उद्योग: लाइसेंस की अनिवार्यता से मुक्त पेंट एवं उसका सहायक उत्पाद उद्योग में मुख्य रूप से पेंट, इनेमल, वार्निश, रंजक, छपाई की स्याही, कृत्रिम रंग आदि से शामिल हैं। राष्ट्रीय संपदा को क्षरण से बचाकर ये अर्थव्यवस्था में महत्वपूर्ण भूमिका निभाते हैं। इन उत्पादों को संगठित और

असंगठित दोनों ही क्षेत्रों में बनाया जाता है। 2016-17 के दौरान सभी प्रकार के पेंट और छपाई की स्याही का उत्पादन क्रमश: 802148.24 टन और 204929.98 टन था। 2016-17 में निर्यात और आयात क्रमश: 140591.69 लाख रुपये और 334,680.82 लाख रुपये था।

कांच उद्योग: कांच उद्योग लाइसेंस से मुक्त उद्योगों की श्रेणी में आता है। इसमें सात प्रकार के उत्पाद जैसे- फ्लैट ग्लास (शीट, फ्लोट, फिगर्ड, वायर्ड, सेफ्टी, मिरर ग्लास), ग्लास फाइबर एवं ग्लास वूल, हालो ग्लासवेयर, लेबोरेटरी ग्लासवेयर, टेबल एवं किचन ग्लास वेयर, कांच की चूडियां और कांच के अन्य सामान आते हैं। भारत के चपटे कांच उत्पादों की स्वीकार्यता पूरी दुनिया में बढ़ रही है। भारतीय निर्माताओं ने इसके नए बाजार तलाश लिए हैं। पेट्रोकेमिकल क्षेत्र और सहयोगी उत्पादों की वृद्धि के कारण ग्लास फाइबर की मांग में काफी संभावनाएं हैं। 2016-17 के दौरान चपटे ग्लास, फाइबर ग्लास, कांच की चूड़ियों एवं ग्लासवेयर का उत्पादन क्रमश: 90298.99 हजार वर्ग मीटर, 122152.67 टन, 30 करोड़ रुपये और 3401.94 करोड़ रुपये था।

कागज उद्योग: भारत विश्व में कागज के सबसे तेजी से बढ़ते बाजारों में से एक है। ज्ञान के बढ़ते आधार और सरकार की प्रमुख योजनाओं जैसे- सर्व शिक्षा अभियान (एसएसए), राष्ट्रीय माध्यमिक शिक्षा अभियान (आरएमएसए), विकलांगों के लिए माध्यमिक विद्यालयों में समावेशी शिक्षा (आईईडीएसएस), प्रौढ़ शिक्षा एवं कौशल विकास योजना, शिक्षा का अधिकार और केंद्र सरकार छात्रवृत्ति एवं शिक्षा ऋण योजना के कारण कागज और दफ्ती की मांग बढ़ी है। इस उद्योग को जुलाई 1997 में लाइसेंस से मुक्त कर दिया गया था। मौजूदा नीति के अनुसार लुगदी और कागज क्षेत्र में स्वत: मंजूरी के जरिए 100 प्रतिशत एफडीआई की अनुमति है। कागज, गत्ता और अखबारी कागज का निर्माण करने वाली लगभग 850 इकाइयां हैं जिनकी कुल स्थापित क्षमता करीब 250 लाख टन है जिसमें से करीब 35 लाख टन क्षमता का इस्तेमाल नहीं हो रहा है। भारत में कागज का प्रतिव्यक्ति उपभोग करीब 13 किग्रा है जो विश्व औसत (58 किग्रा) से काफी कम है। भारतीय कागज उद्योग बंटा हुआ है, जिसमें प्रतिदिन 0.5 टन से लेकर 1,500 टन तक उत्पादन करने वाली छोटी, मझोली और बड़ी कागज मिलें शामिल हैं। ये इकाइयां लकड़ी, कृषि अवशेष और पुराने कागज का इस्तेमाल कच्चे माल के रूप में करती हैं।

कागज एवं गत्ता क्षेत्र: देशी कागज एवं गत्ता क्षेत्र कागज के उन सभी प्रमुख प्रकारों का उत्पादन करता है जिनकी बाजार में मांग है जैसे लिखने एवं छपाई का कागज (38 प्रतिशत), पैकिंग श्रेणी का कागज (53 प्रतिशत), अखबारी कागज (8 प्रतिशत) तथा विशेष प्रकार का कागज। लेकिन कुछ विशेष प्रकार के कागजों जैसे कोटेड कागज, सेक्युरिटी कागज, और चेक आदि के कागजों का आयात किया जाता है।

अखबारी कागज: देश में अखबारी कागज उद्योग को न्यूज़प्रिंट नियंत्रण आदेश (एनसीओ), 2004 से नियंत्रित किया जाता है। इस आदेश की अनुसूची में सूचीबद्ध मिलों को वास्तविक प्रयोग के अनुसार उत्पाद शुल्क से छूट मिलती है। इस समय एनसीओ की अनुसूची में 123 मिलें पंजीकृत हैं लेकिन सालाना 25.2 लाख टन स्थापित क्षमता के साथ केवल 64 मिलें ही अखबारी कागज का उत्पादन कर रही हैं, 23 मिलों ने एनसीओ में सूचीबद्ध होने के बाद काम बंद कर दिया है और 36 मिलों ने अखबारी कागज का उत्पादन रोक दिया है। देश में अखबारी कागज की करीब आधी मांग आयात से पूरी की जा रही है।

नमक उद्योग: विश्व में नमक उत्पादन में चीन और अमरीका के बाद भारत का तीसरा स्थान है और हमारा वार्षिक उत्पादन 291.92 लाख टन है। आयोडीन-युक्त नमक के मामले में चीन के बाद भारत दूसरा सबसे बड़ा उत्पादक है। आजादी के समय नमक की कमी और आयात के दौर को पीछे छोड़कर भारत सही नीतियों के चलते कुछ ही समय में काफी आगे आ चुका है। देश ने आत्मनिर्भरता (1953) में हासिल कर ली थी और निर्यात के बाजार में अपनी जगह बना ली थी। उसके बाद से देश ने कभी पीछे मुड़कर नहीं देखा।

विस्फोटक: इस समय मझोले और लघु क्षेत्र में 74 कारखाने विस्फोटकों का उत्पादन कर रहे हैं। साइट मिक्स्ड विस्फोटक (एसएमई) इकाइयों को कुल 1656555.5 मीट्रिक टन विस्फोटकों की उत्पादन क्षमता का लाइसेंस प्राप्त है। बारूद की उत्पादन क्षमता 855.55 मीट्रिक टन है, जबकि स्लरी इमल्शन विस्फोटक 696296 मीट्रिक टन, पीईटीएन, कास्ट बूस्टर, टीएनटी 21649.67 मीट्रिक टन है, सेफ्टी फ्यूज 2616 लाख मीटर, डेटोनेटिंग फ्यूज़ 7080 लाख मी। और डेटोनेटर 12261.5 लाख मी. की उत्पादन क्षमता का लाइसेंस प्राप्त है।

हल्का बिजली उद्योग: हल्के बिजली उद्योग एक विस्तृत क्षेत्र है जिसमें बहुत से विशिष्ट उत्पाद और सहायक उत्पाद शामिल हैं। इनमें बिजली के तार और केबल, ट्रांसमिशन टॉवर, क्रेन, लिफ्ट एवं स्वचालित सीढ़ियां, रेफ्रिजरेटर, वाशिंग मशीन, एयर कंडीशनर, स्टोरेज बैटरियां, ड्राइ सेल बैटरियां, बिजली के लैंप एवं ट्यूब आदि शामिल हैं।

बिजली के तार व केबल: बिजली के तार व केबल उद्योग देश में शुरू हुए कुछ सबसे पुराने उद्योगों में से एक है। देश में बहुत तरह के बिजली के तारों और केबलों का निर्माण किया जाता है, जिनमें जेली से भरे टेलीफोन केबल जैसे- संचार केबल, ऑप्टिक फाइबर केबल, लोकल एरिया नेटवर्क केबल, स्विचबोर्ड केबल, को-ऐक्सियल केबल, वीएसएटी केबल, इलेक्ट्रिक केबल, लचीले तार, कम वोल्टेज वाले बिजली के केबल और ईएचटी पॉवर केबल शामिल हैं।

पारेषण टॉवर: पारेषण टॉवर लंबी दूरी तक बिजली ले जाने वाली उच्च वोल्टेज पारेषण लाइनों को सहारा देते हैं। ये लाइनें सब-स्टेशनों में बिजली पहुंचाती हैं ताकि बिजली का वोल्टेज कम करके उपभोक्ताओं तक पहुंचाई जा सके। भारत में बड़े बिजली संयंत्र विशेषकर मेगा एवं अल्ट्रा मेगा बिजली संयंत्रों की संख्या बढ़ती जा रही है। इससे जहां संख्या में कम लेकिन बिजली पैदा करने वाले बड़े स्टेशन होंगे, उसके साथ ही बिजली के पारेषण की मांग भी तेजी से बढ़ेगी। अंतरक्षेत्रीय पारेषण लाइनों के राष्ट्रीय ग्रिड के जरिए भारत के पारेषण नेटवर्कों को आपस में जोड़ने के कदम से अतिरिक्त बिजली वाले क्षेत्र की बिजली को कम बिजली वाले क्षेत्र में पहुंचाया जा सकेगा। देश की भावी जरूरतों और निर्यात मांग को ध्यान में रखते हुए उद्योग के पास 1,000 केवी तक के पारेषण टॉवरों के परीक्षण की सुविधा है।

क्रेन: भारी सामान उठाने के लिए लगभग सभी औद्योगिक क्षेत्रों में क्रेन की मांग होती है। देश में आज विभिन्न प्रकार की क्रेनें बनाई जाती हैं जिनमें इलेक्ट्रिक ओवरहेड ट्रैवलिंग क्रेन, मोबाइल क्रेन, लैडल क्रेन, हाइड्रोलिक क्रेन, क्रैब क्रेन, फ्लोटिंग क्रेन और कंट्रोलर क्रेन आदि शामिल हैं। विभिन्न क्षेत्रों और निर्माण उद्योग में औद्योगिक गतिविधियां बढ़ने के कारण इस क्षेत्र में वृद्धि की अच्छी संभावनाएं हैं।

लिफ्ट एवं स्वचालित सीढ़ियां: औद्योगिक क्षेत्रों के अलावा बहुमंजिला इमारतों, अंतरराष्ट्रीय मानकों वाले विशाल मॉल एवं सुपरमार्केट के निर्माण, हवाईअड्डों और रेलवे स्टेशनों के आधुनिकीकरण में

अत्यधिक निवेश के कारण लिफ्ट एवं स्वचालित सीढ़ियों का प्रयोग तेजी से बढ़ रहा है। भारत में विभिन्न प्रकार के लिफ्ट और स्वचालित सीढ़ियां बनाई जाती हैं। इनमें सिंगल स्पीड, डबल स्पीड, गियरलेस, हाइड्रोलिक, सर्वो एवं वेरिएबल वोल्टेज वेरिएबल फ्रीक्वेंसी (वीवीवीएफ) एलीवेटर शामिल हैं।

रेफ्रिजरेटर: टेलीविजन को छोड़ दें तो रेफ्रिजरेटर भारत में उपभोक्ताओं की सर्वाधिक पसंदीदा उत्पाद रहा है। बाजार में विभिन्न प्रकार के ब्रांडों के आने से रेफ्रिजरेटर उद्योग में प्रतिस्पर्धा बहुत बढ़ गई है और उपभोक्ताओं के पास बहुत विकल्प आ गए हैं। देश में बनने वाले रेफ्रिजरेटरों में इस समय दो मूलभूत डिजाइनों का प्रयोग किया जा रहा है। इन्हें सामान्य भाषा में डायरेक्ट कूलिंग एवं फ्रास्ट फ्री कहा जाता है। इन दिनों उपभोक्ताओं में फ्रास्ट फ्री का चलन बढ़ता जा रहा है। दोहरी आय वाले परिवारों की संख्या बढ़ने के कारण 180 लीटर के पारंपरिक रेफ्रिटरेटरों के स्थान पर दो दरवाजों वाले 220 लीटर अथवा अधिक क्षमता के रेफ्रिजरेटरों की मांग बढ़ती जा रही है।

वाशिंग मशीन: भारत में वाशिंग मशीन के बाजार को सेमी-ऑटोमेटिक एवं फुली-ऑटोमेटिक में विभाजित किया जा सकता है। खर्च करने योग्य आय बढ़ने और आकांक्षाएं बढ़ने के कारण अधिक क्षमता वाली वाशिंग मशीनों की ओर रुझान बढ़ता जा रहा है, विशेषकर फुली-ऑटोमेटिक वाशिंग मशीनों की तरफ। पूरी तरह यांत्रिक की जगह अब इलेक्ट्रॉनिक कंट्रोल का प्रयोग होता जा रहा है क्योंकि वाशिंग मशीनों की डिजाइन में माइक्रो-कंट्रोल लगाए जा रहे हैं। माइक्रो-कंट्रोल जहां इन मशीनों को इंटेलिजेंस या चतुरता प्रदान करते हैं, वहीं इनकी विश्वसनीयता भी बढ़ाते हैं और साथ ही लागत कम करते हैं व बिजली की बचत भी करते हैं।

एयरकंडीशनर: बदलती जीवन शैली के कारण बदले हुए सामाजिक-आर्थिक वातावरण में एयरकंडीशनर हमारी जरूरत बनते जा रहे हैं। एयरकंडीशनर के बाजार को तीन श्रेणियों- विंडो एसी, स्प्लिट एसी और सेंट्रल एसी में बांटा जा सकता है। जगह कम होने तथा बहुमंजिला इमारतों के फ्लैटों में रहने वाले लोगों की संख्या बढ़ने के कारण तथा शोर भी कम करने के कारण स्प्लिट एसी की लोकप्रियता बढ़ती जा रही है। बिजली मंत्रालय के अधीन सांविधिक संस्था ऊर्जा दक्षता ब्यूरो (बीईई) ने एयरकंडीशनरों के लिए ऊर्जा की बचत के आधार पर स्टार रेटिंग प्रदान करना आरंभ किया है ताकि उपभोक्ताओं को अधिक से अधिक ऊर्जा बचाने वाले उत्पाद खरीदने में मदद मिल सके।

लेड एसिड स्टोरेज बैटरी: लेड एसिड बैटरियां करेंट एवं बिजली का संग्रह करती है और कुछ समय बाद खाली (डिस्चार्ज) हो जाती हैं। इन्हें वाहनों में प्रयोग किया जाता है और यूपीएस, नियंत्रण कक्षों, बिजलीघरों, दूरसंचार आदि के लिए बैकअप बिजली के रूप में औद्योगिक प्रयोग भी किया जाता है। इसके अलावा घरों में इमरजेंसी लाइट, टेलीफोन सिस्टम और खनन के काम में प्रकाश के स्रोत के तौर पर भी इस्तेमाल किया जाता है। लेड एसिड बैटरियों का नया प्रयोग बिजली से चलने वाले वाहनों में होने लगा है। इस तरह की बैटरी की आयु लगभग दो वर्ष की होती है, इसलिए इन बैटरियों को वाहन अथवा मशीनों में प्रयोग के दौरान बार-बार बदलना पड़ता है। हालांकि भारत में इन बैटरियों का बड़े स्तर पर निर्माण करने वाली कुछ बड़ी कंपनियां हैं, लेकिन बेहद असंगठित तरीके से इनका निर्माण करने वाली अत्यंत छोटी-छोटी इकाइयों की भरमार है। इन छोटी इकाइयों द्वारा बनाई जाने वाली बैटरियां बीआईएस के मानकों पर खरी नहीं उतरती हैं। लेड एसिड बैटरियों के सुरक्षित निस्तारण के लिए पर्यावरण एवं वन

मंत्रालय ने पर्यावरण (संरक्षण) अधिनियम, 1986 के अंतर्गत बैटरियां (प्रबंधन एवं रखरखाव) नियम, 2001 अधिसूचना जारी की है।

शुष्क बैटरियां: शुष्क बैटरियां सबसे ज्यादा इस्तेमाल होने वाली वस्तुओं में से एक हैं। ये सबसे पुराने प्रकार की बैटरियां हैं, जिनका प्रयोग आज भी हो रहा है। तकनीकी में विकास के कारण शुष्क बैटरियों का प्रदर्शन लगातार सुधरा है। नए प्रकार की शुष्क बैटरियों का जीवन लंबा होता है और उन पर अधिक विश्वास किया जा सकता है। इसके अलावा अब रिचार्ज करने योग्य सेल भी आ गए हैं। रक्षा, दूरसंचार एवं इलेक्ट्रॉनिक्स की जरूरतें पूरी करने के लिए देश में निकल कैडमियम बैटरियां एवं अन्य रिचार्ज योग्य बैटरियां बनती हैं। सेल्युलर फोन, लैपटॉप एवं आयातित खिलौनों की लोकप्रियता बढ़ने से नए तरह की बैटरियों का बाजार खुल सकता है जिनका निर्माण अभी नहीं हो रहा है।

बल्ब एवं ट्यूब: देश में विभिन्न प्रकार के बल्ब और ट्यूब का निर्माण किया जाता है जिनमें सामान्य बल्ब जैसे- फिलामेंट वाले बल्ब, हैलोजन बल्ब, गैस डिस्चार्ज बल्ब तथा फ्लोरेसेंट ट्यूबलाइट, काम्पैक्ट फ्लोरेसेंट लैंप, उच्च दाब युक्त मरकरी वाले बल्ब, मेटल हैलाइड लैंप, निम्न दाब एवं उच्च दाब वाले सोडियम वेपर लैंप तथा विभिन्न प्रकार के विशिष्ट बल्ब शामिल हैं। बिजली महंगी होने के कारण बिजली की कम खपत करने वाले ऐसे बल्बों का विकास हुआ जो लगभग दिन के प्रकाश के समान रोशनी देते हैं। कॉम्पैक्ट फ्लोरेसेंट लैंप (सीएफएल) जो साधारण बल्बों जितनी रोशनी देने के बावजूद केवल 20 प्रतिशत बिजली की खपत करते हैं और इनका जीवन भी सामान्य बल्ब के मुकाबले 8 गुना ज्यादा होता है। ये बल्ब अब तेजी से लोकप्रिय हो रहे हैं। सामान्य बल्ब और फ्लोरेसेंट लैंप की अपेक्षा एलईडी लैंप अधिक रोशनी देते हैं और इनसे पर्यावरण को हानि पहुंचने की संभावना भी कम होती है। भारत में एलईडी का प्रयोग बढ़ने से रोशनी के लिए बिजली के लोड को बहुत कम किया जा सकता है क्योंकि लगभग 22-25 प्रतिशत बिजली का उपयोग केवल रोशनी के लिए होता है। सिर्फ लाइटिंग के लिए इतनी बिजली खर्च होने से बिजली की मांग बढ़ जाती है। महंगी होने के कारण एलईडी ज्यादा लोकप्रिय नहीं हो पा रही हैं, हालांकि देश में इसका निर्माण शुरू हो चुका है।

हल्का इंजीनियरिंग उद्योग: हल्का इंजीनियरिंग उद्योग विभिन्न क्षेत्रों वाला विविधताभरा उद्योग है। इस उद्योग में कास्टिंग और फोर्जिंग जैसे सभी उद्योगों की जननी से लेकर अत्यंत परिष्कृत माइक्रोप्रोसेसर आधारित प्रासेस कंट्रोल उपकरण और निदान संबंधी चिकित्सा उपकरण तक शामिल हैं। इस समूह में बेयरिंग, स्टील पाइप एवं ट्यूब, फास्टनर आदि उद्योग भी शामिल हैं। इंजीनियरिंग उद्योग में आने वाले उत्पादों का सामान्यतः पूंजीगत वस्तु उद्योग में कच्चे माल के रूप में प्रयोग होता है। इसलिए इस क्षेत्र में मांग सामान्यतः पूंजीगत वस्तु उद्योग की मांग पर निर्भर करता है।

रोलर बेयरिंग उद्योग: रोलर बेयरिंग लगभग सभी मशीनों जैसे- वाहन, इलेक्ट्रिक मोटर, डीजल इंजन, औद्योगिक मशीनरी तथा औजार आदि में घूमने वाले पुर्जे के तौर पर जरूरी हिस्सा होता है। बेयरिंग का प्रयोग विभिन्न क्षेत्रों में किया जाता है। इसलिए उत्पाद भी विभिन्न प्रकार के होते हैं। देसी विनिर्माता विभिन्न क्षेत्रों में सामान्य उपयोग वाले उच्च क्वालिटी के बेयरिंग बना रहे हैं जो विश्व के प्रतिष्ठित विनिर्माताओं के स्तर के होते हैं। लेकिन जिनका इस्तेमाल विशेष कार्यों के लिए होता है और जिन्हें बनाने के लिए उच्च तकनीकी की जरूरत होती है, उनका अब भी आयात किया जा रहा है। कम अथवा अधिक तापमान वाली कठोर परिस्थितियों में बेहतर प्रदर्शन करने वाले छोटे आकार और कम वजन के बेयरिंग का निर्माण करने की बहुत संभावनाएं हैं।

लौह कास्टिंग: इंजीनियरिंग उद्योगों की वृद्धि एवं विकास में लौह कास्टिंग की महत्वपूर्ण भूमिका है क्योंकि वाहन, औद्योगिक मशीनरी, बिजली संयंत्र, रसायन एवं उर्वरक संयंत्र आदि के लिए ये मध्यवर्ती का काम करते हैं। भारत का फाउंड्री या ढलाई उद्योग विश्व में तीसरा स्थान है। देश में अब यह एक सुस्थापित उद्योग है और बड़े, मझोले व सूक्ष्म क्षेत्र में फैला हुआ है। इस उद्योग की विशेषता यह है कि यह कुछ खास स्थानों पर है। हर स्थान या क्लस्टर किसी विशिष्ट बाजार की आवश्यकताएं पूरी करता है। उदाहरण के लिए कोयंबटूर क्लस्टर पंप सेट कास्टिंग के लिए, कोल्हापुर और बेलगाम क्लस्टर वाहनों की कास्टिंग, राजकोट क्लस्टर डीजल इंजन की कास्टिंग और बाटला तथा जालंधर क्लस्टर मशीनरी के हिस्सों और कृषि उपकरणों के लिए प्रसिद्ध है।

प्रोसेस नियंत्रण उपकरण उद्योग: भौतिक, रासायनिक एवं जैविक गुणों की निगरानी और मापन के लिए जरूरी उपकरण और सिस्टम प्रोसेस नियंत्रण उपकरणों की श्रेणी में आते हैं। इनका इस्तेमाल दाब, तापमान, आर्द्रता, तरलता स्तर, प्रवाह, विशिष्ट गुरुत्व, पीएच समेत रासायनिक संघटन और विभिन्न प्रकार के स्पेक्टोमेट्री व स्पेक्टोफोटोमेट्री जैसे प्रोसेस के नियंत्रण और मापन में किया जाता है। प्रोसेस नियंत्रण उपकरण आधुनिक औद्योगिक गतिविधियों का अभिन्न अंग बन गए हैं। ऑटोमेशन के लिए उपकरण उपलब्ध कराने वाला यह एक प्रमुख उद्योग है। अधिक लागत वाले विशाल एवं परिष्कृत प्रोसेस उद्योगों जैसे उर्वरक, इस्पात, बिजली संयंत्र, रिफाइनरी, पेट्रोरसायन, सीमेंट एवं प्रोसेस उद्योगों में इनका बहुत महत्व होता है। वर्तमान तकनीकी एक माइक्रोप्रोसेसर आधारित केंद्रीकृत नियंत्रण सिस्टम है।

सीमलेस स्टील पाइप एवं ट्यूब: सीमलेस स्टील पाइप और ट्यूब अलग–अलग आकारों में बनाए जाते हैं। अलग–अलग आकार में होने के कारण विभिन्न तरह के कामों में इनका इस्तेमाल किया जा सकता है। निर्माण की खास प्रक्रिया के चलते इन पाइपों में मजबूती आती है और वे टिकाऊ बनते हैं, इसलिए इनका इस्तेमाल जंग–रोधी पाइपों के तौर पर किया जा सकता है। इन पाइपों का इस्तेमाल विमान, मिसाइल तथा घर्षणरोधी बेयरिंग, आयुध आदि में भी किया जाता है। अत्यधिक शक्तिशाली और जंगरोधी गुणों के कारण ये तेल एवं गैस उद्योग, रसायन उद्योग और ऑटोमोबाइल उद्योग के लिए बहुत उपयोगी होते हैं। सीमलेस पाइपों की कुल जरूरत का करीब 60 प्रतिशत हिस्सा तेल क्षेत्र के लिए इस्तेमाल होता है। बेयरिंग और ब्वायलर के क्षेत्र में इसकी मांग करीब 30 प्रतिशत है। यह उद्योग 14 इंच के बाहरी व्यास तक के ट्यूब बनाने में सक्षम है।

विद्युतरोधी वेल्डेड (ईआरडब्ल्यू) स्टील पाइप एवं ट्यूब: ग्राहकों की जरूरत के आधार पर ईआरडब्ल्यू स्टील पाइप और ट्यूब विभिन्न प्रकार की क्वालिटी, दीवार की अलग–अलग मोटाई एवं अलग–अलग व्यास में उपलब्ध हैं। उच्च क्षमता वाले ईआरडब्ल्यू स्टील पाइप एवं ट्यूब में उच्च जंगरोधी क्षमता, उच्च नम्यता, अत्यधिक मजबूती और उच्च स्तर की कठोरता होती है। इन पाइपों का प्रयोग फेंसिंग, लाइनिंग पाइप, ऑयल कंट्री ट्यूबलर, स्केफोल्डिंग, पानी एवं गैस के परिवहन, ढांचागत इंजीनियरिंग आदि में किया जाता है। तेल एवं गैस उद्योग, बुनियादी ढांचा और ऑटोमोबाइल उद्योग में इनकी मांग बढ़ने के कारण ईआरडब्ल्यू स्टील पाइपों के निर्माण में तेजी से वृद्धि हुई है। एमएसएमई सेक्टर में बड़ी संख्या में इनकी इकाइयां हैं।

सबमर्ज्ड आर्क वेल्डेड (एसएडब्ल्यू) पाइप: दो प्रकार के सबमर्ज्ड आर्क वेल्डेड (एसएडब्ल्यू) पाइप —लांगिट्यूडिनल एवं हेलिकल वेल्डेड एसएडब्ल्यू पाइप होते हैं। लांगिट्यूडिनल एसएडब्ल्यू पाइप को

उच्च दाब वाली गैस पाइप लाइन में तथा 25 मिलीमीटर। से अधिक मोटाई वाले पाइप की आवश्यकता होने पर प्रयोग किया जाता है। हेलिकल वेल्डेड पाइप कम दाब वाले कार्यों में प्रयोग किए जाते हैं। हेलिकल एसएडब्ल्यू पाइप लांगिट्यूडिनल पाइपों से सस्ते होते हैं। तेल एवं गैस के परिवहन एवं जल के पारेषण के कारण देश में एसएडब्ल्यू पाइपों की बहुत मांग है।

औद्योगिक फास्टनर: भारत में फास्टनर उद्योग को दो श्रेणियों- उच्च लचीलापन (हाइ टेंसाइल) वाले और नरम इस्पात वाले फास्टनर, में बांटा जा सकता है। उच्च लचीलापन वाले और नरम इस्पात वाले फास्टनरों में नट, बोल्ट, स्टड, रिवेट और पेंच आते हैं। नरम स्टील फास्टनर मुख्य रूप से असंगठित क्षेत्र में बनाए जाते हैं जबकि उच्च नम्यता वाले फास्टनर के लिए बेहतर प्रौद्योगिकी की आवश्यकता होती है और उन्हें संगठित क्षेत्र की कंपनियां बनाती हैं। ऑटोमोबाइल के सेक्टर में इसकी सबसे ज्यादा मांग है। टिकाऊ वस्तुओं के क्षेत्र और रेलवे में भी उच्च नम्यता वाले फास्टनरों की बहुत ज्यादा मांग है। ऑटोमोबाइल सेक्टर फास्टनर उद्योग में तेजी ला सकता है।

स्टील फोर्जिंग: फोर्जिंग मध्यवर्ती उत्पाद हैं जिन्हें टिकाऊ उपभोक्ता वस्तुओं के निर्माण में मौलिक पुर्जे बनाने वाले निर्माता बड़े पैमाने पर इस्तेमाल करते हैं। भारतीय फोर्जिंग उद्योग को चार श्रेणियों—बड़े, मझोले, लघु और सूक्ष्म में बांटा जा सकता है। इस उद्योग का बड़ा हिस्सा लघु और मझोली इकाइयों या उद्यमों (एसएमई) से बना है। इस उद्योग में पहले श्रम का बहुत ज्यादा प्रयोग होता था लेकिन वैश्वीकरण बढ़ने के साथ ही अब इसमें पूंजी का अधिक उपयोग होने लगा है। फोर्जिंग पर निर्भर रहने वाले उद्योगों में वाहन, कृषि मशीनरी एवं उपकरण, वाल्व फिटिंग एवं पेट्रोरसायन प्रणाली, हाथ के औजार एवं हार्डवेयर, ऑफ-हाइवे एवं रेलरोड उपकरण, सामान्य औद्योगिक उपकरण, आयुध एवं पानी के जहाज व विमान निर्माण शामिल हैं। फोर्जिंग की मांग में मुख्य भूमिका वाहन उद्योग की है। कुल फोर्जिंग का लगभग 65 प्रतिशत हिस्सा इसी क्षेत्र में प्रयोग होता है।

साइकिल उद्योग: भारत में साइकिल उद्योग सबसे स्थापित उद्योगों में से एक है। भारत विश्व में चीन के बाद साइकिल का दूसरा सबसे बड़ा निर्माता है। साइकिल की अधिकांश विनिर्माण इकाइयां पंजाब और तमिलनाडु में स्थित हैं तथा लुधियाना (पंजाब) साइकिल का प्रमुख निर्माण केंद्र है। यह उद्योग निर्यात बढ़ाने का प्रयास कर रहा है क्योंकि भारतीय साइकिलों, साइकिल के पुर्जों एवं साइकिल के अन्य सामानों के निर्यात की बहुत संभावनाएं हैं। साइकिल कंपनियां अब शहरी बाजारों पर ध्यान दे रही हैं तथा पेशेवर व एडवेंचर श्रेणियों में अपना आधार बढ़ा रही हैं।

खाद्य-प्रसंस्करण मशीन: आय के स्तर में वृद्धि, कार्य बल में महिलाओं की संख्या बढ़ने, तेजी से बढ़ते शहरीकरण, बदलती जीवन शैली और बड़े स्तर पर मीडिया के प्रचार के कारण प्रसंस्कृत खाद्य एवं पेय उत्पादों की घरेलू मांग बढ़ने से खाद्य प्रसंस्करण की मशीनों के लिए भारतीय बाजार लगातार वृद्धि कर रहा है। फल एवं सब्जी प्रसंस्करण, मांस, मुर्गीपालन, दूध एवं समुद्री खाद्य, डिब्बाबंद भोजन, शीतल पेय एवं अनाज प्रसंस्करण में वृद्धि की सर्वाधिक संभावनाएं हैं। खान-पान की आदतों में तेजी से बदलाव होने और देश में उपभोक्तावादी संस्कृति पनपने के कारण खाद्य प्रसंस्करण उद्योग में तेजी से वृद्धि होने की संभावना है। मशीन निर्माताओं ने डेयरी मशीनरी एवं खाद्य-प्रसंस्करण की अन्य मशीनें बनाने में दक्षता हासिल कर ली है।

पैकेजिंग मशीनरी उद्योग: उपभोक्ता उत्पादों और औद्योगिक उत्पादों की पैकेजिंग मार्केटिंग रणनीति की विशेषता बनती जा रही है। पैकेजिंग प्रौद्योगिकी में विकास से उत्पाद देखने में न केवल आकर्षक होते जा रहे हैं बल्कि उनकी जीवन अवधि भी बढ़ जाती है। कुछ मामलों में विशेष तरह की पैकेजिंग एक आवश्कता बन गई है। औद्योगिक क्षेत्र में वृद्धि की संभावनाएं और उपभोक्ताओं में पैकेजिंग के प्रति बढ़ती जागरुकता देखते हुए इस क्षेत्र में महत्वपूर्ण वृद्धि की उम्मीद है। बड़ी संख्या में उत्पादों की पैकेजिंग के लिए देश में विभिन्न प्रकार की पैकेजिंग मशीनरी उपलब्ध है। सामान्य रूप से मिलने वाली कुछ पैकिंग मशीनों में कोडिंग की मशीन एवं आनलाइन प्रिंटिंग मशीन, फीडिंग एवं लेबलिंग मशीन, स्ट्रिप पैकेजिंग मशीन, फार्म फिल एवं सील मशीन, कार्टन फिलिंग मशीन, पूरी तरह स्वचालित बैग निर्माण मशीन एवं स्वचालित माइक्रोप्रोसेसर नियंत्रित पैकेजिंग मशीन शामिल हैं।

जल प्रदूषण नियंत्रण मशीन: जल प्रदूषण रोकने के प्रति जागरुकता बढ़ने और प्रसंस्करण उद्योगों समेत विभिन्न प्रयोगों के लिए कठोर पर्यावरण नियंत्रण मानक लागू किए जाने के कारण जल/बेकार जल शोधन उद्योग में अत्यधिक वृद्धि होने की संभावना है। जल प्रदूषण नियंत्रक उपकरणों की विभिन्न श्रेणियों में बेकार जलशोधन संयंत्र, पेयजल जलशोधन संयंत्र एवं अपशिष्ट शोधन संयंत्र शामिल हैं। जल, बेकार जल शोधन में प्रदूषण करने वाले तत्वों को निकालना होता है और इसके लिए भौतिक, रासायनिक और जैविक प्रक्रिया अपनाई जाती है। शोधन की प्रक्रिया में पहला चरण प्राथमिक शोधन है और उसमें नीचे बैठे हुए अथवा तैरते हुए प्रदूषणकारी तत्वों को हटाया जाता है। सामान्य औद्योगिक उपकरणों में क्लेयरिफायर एवं ऑयल–वाटर सेपरेटर शामिल हैं। दूसरे चरण में सीवेज की जैविक सामग्री को कम किया जाता है। इसके लिए सामान्य उपकरण हैं उत्प्रेरित स्लज, फिल्टर, जैविक रिएक्टर आदि। जल शोधन के तीसरे चरण में पहले और दूसरे चरण में छूट गए प्रदूषणकारी एवं घुले हुए ठोस पदार्थों, जैविक अवयवों और विषैले तत्वों को हटाने के लिए पॉलिशिंग की जाती है। तीसरे चरण की भौतिक प्रक्रिया में प्रदूषणकारी तत्वों को छानना और कार्बन का अवशोषण शामिल है। इसकी रासायनिक प्रक्रिया में अवक्षेपण, ऑक्सीकरण, निष्प्रभावीकरण शामिल है। जैविक प्रक्रिया में जैविक तत्वों को कम करना शामिल है। बैक्टीरिया, फंगी, यीस्ट और एल्जी जैसे जीवों का प्रयोग कार्बनिक पदार्थों को खत्म करने के लिए किया जाता है। इसके बाद शोधित जल से कोशिका ऊतकों को विशुद्धीकरण जैसी भौतिक विधि से हटाया जाता है। इन संयंत्रों को मुख्य रूप से संगठित क्षेत्र में बनाया जाता है और इसके बहुत से उपकरणों को एमएसएमई सेक्टर में भी तैयार किया जाता है।

वायु प्रदूषण नियंत्रण उपकरण: औद्योगीकरण और शहरीकरण ने भारत की वायु की गुणवत्ता का बहुत क्षरण किया है। भारत की सबसे गंभीर पर्यावरण संबंधी समस्या के कई कारण दिखाई देते हैं जिनमें वाहनों से होने वाला उत्सर्जन और उद्योगों का अशोधित धुआं शामिल है। विभिन्न उद्योगों में पर्यावरण संबंधी कठोर मानकों को अपनाए जाने के साथ, विशेष रूप से महानगरों और बड़े शहरों में, वायु प्रदूषण की समस्या पर विशेष ध्यान दिया जा रहा है। इसलिए वायु प्रदूषण नियंत्रित करने वाले उपकरणों के उद्योग का महत्व बढ़ गया है। इसके अलावा न्यायिक फैसलों ने वायु प्रदूषण रोकने वाले उपायों को अपनाने के लिए कुछ निश्चित निर्देश दिए हैं। नियंत्रण की विधियों का चयन प्रदूषणकारी तत्वों की प्रकृति, प्रवाह दर (प्रदूषणकारी तत्वों के उत्सर्जन की मात्रा), कणों के आकार और संग्रह की वांछित क्षमता पर निर्भर करता है। वायु प्रदूषण नियंत्रण उपकरणों में विभिन्न वर्गों में बांटा जा सकता है जैसे

सेटलिंग चैंबर्स, साइक्लोन एवं मल्टी-साइक्लोन, बैग फिल्टर, वेट स्क्रबर, स्प्रे टॉवर, वेंचरी स्क्रबर, आयनाइजिंग स्क्रबर एवं इलेक्ट्रोस्टेटिक प्रेसिपिटेटर।

औद्योगिक गियर: औद्योगिक गियर में मुख्यत: गियर और गियर बॉक्स होते हैं। गियर का प्रयोग दो मूलभूत उद्देश्यों के लिए होता है- घूर्णन की गति को बढ़ाना अथवा घटाना एवं शक्ति अथवा टार्क को बढ़ाना या घटाना। मशीन का महत्वपूर्ण अंग होने के कारण विभिन्न उद्योगों में गियर का अधिक प्रयोग होता है। इनमें ऑटोमोटिव उद्योग, कोयला संयंत्र उद्योग, कागज उद्योग, खनन एवं कई अन्य उद्योग शामिल हैं। इन उद्योगों में इनका व्यापक प्रयोग होता है। इनका इस्तेमाल कन्वेयरों (चलने वाले पट्टा), एलीवेटरों, भट्ठों, सेपरेटरों, क्रेनों और लुब्रीकेशन सिस्टमों में किया जाता है। गियरबॉक्स एक प्रकार का धातु का केस है जिसमें गियरों की एक ट्रेन सीलबंद कर दी जाती है। गियर और गियर बॉक्सों के विनिर्माण में उच्च सूक्ष्मता वाली मशीनों और सटीक एसेंबली का प्रयोग होता है क्योंकि मशीनी शक्ति को शोर के बगैर और कम से कम नुकसान के साथ अंतरित करना होता है। देश में विभिन्न प्रकार के गियर जैसे- स्पर गियर, हेलिकल गियर, वार्म गियर, स्पाइरल गियर आदि बनाए जाते हैं। गियर और गियर बॉक्स की मांग मुख्य रूप से औद्योगिक मशीनरी, मशीन टूल्स एवं उपभोक्ता तथा वाहन उद्योगों के विकास पर निर्भर करती है। वाहन उद्योग में औद्योगिक वृद्धि की संभावनाओं को देखते हुए गियर और गियर बॉक्सों के मांग तेजी से बढ़ने की उम्मीद है।

थोक मूल्य सूचकांक

थोक मूल्य सूचकांक (डब्ल्यूपीआई) लेन-देन के शुरुआती चरण के स्तर पर थोक बिक्री के लिए वस्तुओं की कीमतों में औसत बदलाव को मापता है। डब्ल्यूपीआई के सूचकांक बास्केट में तीन बड़े समूहों में शामिल वस्तुएं आती हैं। ये समूह हैं—प्राथमिक वस्तुएं, ईंधन और ऊर्जा व विनिर्मित उत्पाद। जिन कीमतों का पता लगाया जाता है वे हैं विनिर्मित उत्पादों की कारखाने में कीमत, कृषि वस्तुओं की मंडी में कीमत और खनिजों के लिए खदान में कीमत। डब्ल्यूपीआई बास्केट में आने वाली हर वस्तु को दिया जाने वाला भार आयात मूल्य हटाने के बाद उत्पादन की लागत पर निर्भर करता है। डब्ल्यूपीआई में सेवाएं शामिल नहीं हैं। अर्थव्यवस्था में समय के साथ संरचनात्मक परिवर्तनों के कारण उत्पाद और उनके डिजाइन कहीं ज्यादा तेजी से बदल रहे हैं। निश्चित बास्केट विधि के तहत आधार वर्ष को एक नियमित अंतराल के बाद बदल दिया जाता है। उसके साथ ही सूचकांक बास्केट भार और सोर्स एजेंसियों को भी अपडेट किया जाता है। अब तक छह बार आधार वर्ष को बदला जा चुका है जो इस प्रकार हैं- 1952-53, 1961-62, 1970-71, 1981-82, 1993-94, और 2004-05. अब मौजूदा संशोधन नियमित संशोधन के बाद से सातवां है। डब्ल्यूपीआई के नए सीरीज में अवधारणा, कवरेज और प्रणाली में बहुत सुधार किया जा चुका है। संशोधित डब्ल्यूपीआई बास्केट में वस्तुओं की संख्या 676 से बढ़ाकर 697 कर दी गई है। डब्ल्यूपीआई के संशोधित बास्केट में कोटेशनों की संख्या 5482 से बढ़ाकर 8331 करने का प्रयास किया गया है। सभी बड़े समूहों में कोटेशनों की संख्या बढ़ाई गई है ताकि एक व्यापक कवरेज और प्रतिनिधित्व मिल सके। डब्ल्यूपीआई की नई परिभाषा में राजकोषीय प्रभाव को हटाने के लिए टैक्स शामिल नहीं हैं। इससे नया डब्ल्यूपीआई सीरीज निर्माता मूल्य सूचकांक (प्रोड्यूसर प्राइस इंडेक्स) के निकट पहुंच गया है और वैश्विक प्रणाली के अनुरूप हो गया है। आईटम लेवेल सूचियां आंकड़ों की दृष्टि से ज्यामितीय माध्यम के आधार पर तैयार की जा रही हैं जबकि 2004-05 के सीरीज में अंकगणितीय माध्यम का उपयोग किया जाता था।

समय के साथ अर्थव्यवस्था की संरचना में परिवर्तन के कारण समूहों/उप–समूहों और वस्तुओं के भार भी अपना सापेक्ष महत्व प्रतिबिंबित करने के लिए बदल जाते हैं। नए डब्ल्यूपीआई बास्केट में संशोधित भार आधार वर्ष 2011–12 में अर्थव्यवस्था की संरचना को प्रतिबिंबित करता है। संशोधित डब्ल्यूपीआई बास्केट में प्राथमिक वस्तु समूह का भार 20.1 प्रतिशत से बढ़कर 22.6 प्रतिशत हो गया है, जबकि ईंधन और ऊर्जा ग्रुप का भार 14.9 प्रतिशत से घटकर 13.2 प्रतिशत हो गया है। विनिर्मित उत्पादों का भार भी थोड़ा सा कम होकर 64.9 प्रतिशत से 64.2 प्रतिशत हो गया है।

भारतीय कपड़ा उद्योग

भारतीय कपड़ा उद्योग बहुत समृद्ध और विविधतापूर्ण है जिसमें एक ओर हाथ से बुनाई वाले कपड़ों का क्षेत्र है तो दूसरी तरफ भारी पूंजी वाले मिलों का क्षेत्र है। यह कपास और जूट का सबसे बड़ा उत्पादक है और सिल्क व मानव–निर्मित फाइबर का दूसरा सबसे बड़ा निर्माता है। पूरे कपड़ा उद्योग में भारत को विशिष्टता प्राप्त है क्योंकि यहां फाइबर से लेकर कताई, बुनाई और परिधानों का निर्माण होता है। साथ ही इसके पास युवा, प्रतिभाशाली और उच्च स्तर की कुशलता वाला कार्यबल भी है। इन सब कारणों से भारत के कपड़ा उद्योग को भारतीय अर्थव्यवस्था में विशेष स्थान प्राप्त है।

इंडिया हैंडलूम ब्रांड: इंडिया हैंडलूम ब्रांड (आईएचबी) के जरिए भारतीय हथकरघा की दुनिया भर में पहचान बन गई है जो उच्च क्वालिटी और प्राकृतिक सामग्री से बने असली हैंडलूम के उत्पाद की गारंटी देता है। इसने आईएचबी के उत्पादों को बेचने के लिए 100 खुदरा स्टोरों से साझेदारी कर रखी है। देशभर में 25 खुदरा स्टोरों ने काम शुरू कर दिया है। 23 परिधान निर्माता आईएचबी के पंजीकृत बुनकरों से कपड़ा मंगाने के लिए आईएचबी के निर्माताओं के साथ काम कर रहे हैं और उन्होंने परिधानों की एक अलग श्रेणी तैयार करके बाजार में उतार दी है। दुनिया भर में परिधानों के बड़े ब्रांड हथकरघों के इस्तेमाल से परिधानों की एक अलग श्रेणी तैयार करने के लिए आईएचबी के साथ मिलकर काम कर रहे हैं। बीबा, पीटर इंग्लैंड, ओनाया पहले ही हैंडलूम के कपड़ों की एक अलग श्रेणी शुरू कर चुके हैं। हैंडलूम के बुनकरों/कारीगरों को मार्केटिंग का सीधा मंच मुहैया कराने के लिए ई–कॉमर्स की 21 बड़ी कंपनियां हैंडलूम के उत्पादों की ऑनलाइन मार्केटिंग करने में लगी हुई हैं।

नए कदम

वीवर्स मुद्रा योजना: बुनकरों को रियायती कर्ज देने के लिए वीवर्स मुद्रा योजना शुरू की गई थी। हर बुनकर को मार्जिन मनी असिस्टेंस के तौर पर अधिकतम 10,000 रुपये और 3 साल के लिए क्रेडिट गारंटी भी दी जाती है।

ई–धागा ऐप: भारत सरकार ने हथकरघा के बुनकरों को अच्छी सेवा और चौबीसों घंटे जरूरी सूचना उपलब्ध कराने के लिए 2016 में एंटरप्राइज रिसोर्स प्लानिंग (ईआरपी) और ई–धागा मोबाइल ऐप शुरू किया था। यह ऐप 10 भाषाओं— हिंदी, अंग्रेजी, असमिया, उड़िया, कन्नड़, तमिल, तेलुगु, मलयालम, उर्दू, और बंगाली में उपलब्ध है।

बुनकर मित्र हेल्पलाइन: हथकरघा के बुनकरों को उनके पेशे से संबंधित सवालों का जवाब देने के लिए 2017 में एक, बुनकर मित्र, हेल्पलाइन शुरू किया गया है, जिसका नंबर है— 18002089988 यह सेवा हफ्ते में 7 दिन सुबह 10 बजे से शाम 6 बजे तक सात भाषाओं— हिंदी, अंग्रेजी, तमिल, तेलुगु, बंगाली, कन्नड और असमिया में उपलब्ध है।

वित्तीय निगमों के साथ एमओयू: 14 चिह्नित जगहों पर ओबीसी व एससी कारीगरों और बुनकरों की आय बढ़ाने के उद्देश्य से भारत सरकार की योजनाएं लागू करने के लिए नेशनल बैकवर्ड क्लासेज़ फाइनेंस डेवलपमेंट कॉर्पोरेशन (एनबीसीएफडीसी) और नेशनल शिड्यूल कास्ट्स फाइनेंस डेवलपमेंट कॉर्पोरेशन (एनएसएफडीसी) के साथ एक एमओयू पर दस्तखत किया गया।

हथकरघा बुनकरों के बच्चों के लिए शिक्षा की सुविधाएं: बुनकरों के बच्चों को शिक्षा उपलब्ध कराने के लिए इंदिरा गांधी नेशनल ओपन यूनिवर्सिटी (आईजीएनओयू) और नेशनल इंस्टीट्यूट ऑफ ओपन स्कूलिंग (आईजीएनओयू) के साथ एक एमओयू पर दस्तखत किया गया जिसके तहत मंत्रालय एससी, एसटी, बीपीएल और महिला बुनकरों के परिवारों को 75 प्रतिशत फीस देती है।

कारीगर हेल्पलाइन: 2017 में सात भाषाओं- हिंदी, अंग्रेजी, कन्नड़, असमिया, बंगाली, तमिल और तेलुगु में एक हेल्पलाइन नंबर 1800 208 4800 शुरू किया गया।

हस्तकला सहयोग शिविर: हथकरघा बुनकरों और हस्तशिल्प कारीगरों के लिए 2017 में देश के 248 जिलों में हस्तकला सहयोग शिविर आयोजित किए गए। इन शिविरों में लगभग 94,000 बुनकरों और कारीगरों ने हिस्सा लिया। इनमें कई तरह की गतिविधियां जैसे बुनकरों और कारीगरों को मुद्रा ऋण, करघे, उनसे जुड़े सामान और टूल किट बांटे गए , पहचान, आईडी कार्ड और सूत पासबुक जारी किए गए , इग्नू और एनआईओएस के तहत बुनकरों के परिवार के सदस्यों के नाम लिखाए गए , जीएसटी, जीआई, बुनकरमित्र हेल्पलाइन और सरकार के हथकरघा व हस्तशिल्प विभाग की योजनाओं के बारे में जानकारियां दी गईं।

रेशम

कच्चे रेशम का उत्पादन 2015-16 में 28,523 मीट्रिक टन से बढ़कर 2016-17 में 30,348 मीट्रिक टन हो गया और इस तरह इसने 6.4 प्रतिशत की वृद्धि दर्ज की। आयात विकल्प बाइवोल्टाइन सिल्क के उत्पादन में 14.16 प्रतिशत की वृद्धि हुई और इसका उत्पादन 4613 मी. टन से बढ़कर 5266 मी. टन हो गया। वान्या सिल्क का उत्पादन भी 12.8 प्रतिशत की वृद्धि दर्ज करते हुए 8045 मी. टन से बढ़कर 9075 मी. टन हो गया। मूंगा सिल्क के उत्पादन में तो अब तक की सबसे ज्यादा 170 मी. टन की वृद्धि हुई और इसने वृद्धि की एक नई गति स्थापित कर दी है।

कपास

कपास भारत में सबसे महत्वपूर्ण नगदी फसलों में से एक है और दुनिया में कुल फाइबर उत्पादन का लगभग 25 प्रतिशत हिस्सा देश में ही होता है। भारतीय कपड़ा उद्योग के कच्चा माल खपत वर्ग या बास्केट में कपास का हिस्सा करीब 59 प्रतिशत है। कपास करीब 58 लाख कपास किसानों और कपास से जुड़े कामों जैसे कपास की प्रोसेसिंग और व्यापार में लगे 4 से 5 करोड़ लोगों को आजीविका मुहैया कराता है। भारत में सबसे ज्यादा करीब 105 लाख हेक्टेयर जमीन पर कपास की खेती होती है जो दुनिया में सबसे ज्यादा है और पूरी दुनिया में कपास की खेती कुल जमीन का करीब 35 प्रतिशत है। 2016-17 के दौरान भारत की उत्पादकता 540.80 किग्रा प्रति हेक्टेयर थी। 2016-17 में 345 लाख गट्ठों के साथ भारत दुनिया में कपास का सबसे बड़ा उत्पादक बनकर उभरा है और कपास का दूसरा सबसे बड़ा निर्यातक रहा। कपास उद्योग को सहयोग देने के लिए भारत सरकार दो बुनियादी रेशा समूहों यानी

मीडियम स्टेपल (रेशा) और लंबा रेशा कपास के लिए न्यूनतम समर्थन मूल्य (एमएसपी) की घोषणा करती है। कपड़ा मंत्रालय के अधीन एक सार्वजनिक क्षेत्र की कंपनी भारतीय कपास निगम (सीसीआई) कपास की कीमतें एमएसपी के स्तर पर आ जाने की स्थिति में एमएसपी का काम देखने के लिए भारत सरकार की मुख्य एजेंसी है।

जूट

भारत सालाना 80 लाख गट्ठों के साथ दुनिया में कच्चे जूट का सबसे बड़ा उत्पादक है। भारत सरकार भारतीय जूट निगम द्वारा न केवल एमएसपी के जरिए जूट किसानों का सहयोग करती है बल्कि जूट पैकेजिंग मैटीरियल (सामान पैक करने के लिए अनिवार्य उपयोग) अधिनियम, 1987 के तहत सालाना करीब 6,000 करोड़ रुपये के मूल्य वाले जूट के बोरों की सीधे तौर पर खरीद करके भी उन्हें लाभ पहुंचाती है। यह केवल जूट किसानों के लिए ही नहीं बल्कि जूट मिल श्रमिकों के लिए भी एक बड़ा सहयोग है। 2016 से जूट के बोरों की खरीद के लिए एक सॉफ्टवेयर प्लेटफार्म, जूट–स्मार्ट, (जूट सैकिंग सप्लाई मैनेजमेंट एंड रिक्वीजिशन टूल) लागू किया गया था। इस सॉफ्टवेयर के जरिए अलग–अलग राज्य सरकारों की एजेंसियां सालाना करीब 27 से 30 लाख गट्ठों (जूट के कुल सामानों का करीब 68 प्रतिशत) की खरीद कर रही हैं जिनकी कीमत करीब 7,000 करोड़ रुपये होती है। यह प्लेटफार्म ई–गवर्नेंस का एक बेहतरीन उदाहरण है जहां इस उद्योग से जुड़े ढेरों हिस्सेदार विभिन्न राज्य सरकारों के लिए जूट के बोरों की खरीद, जिसमें कई सारे जूट मिल और मझोलिए भी शामिल होते हैं, से संबंधित जटिल लेन–देन के लिए बड़े पारदर्शी तरीके से एक ही प्लेटफार्म का इस्तेमाल कर रहे हैं। जूट किसानों की आय कम से कम 50 प्रतिशत तक बढ़ाने के लिए प्रमाणित बीजों और कृषि की बेहतर जानकारी के जरिए , जूट–आईकेयर, शुरू किया गया है। इस योजना का अब तक बहुत ज्यादा लाभ होता दिख रहा है।

तकनीकी कपड़ा

तकनीकी कपड़ा को कपड़ा उद्योग का भविष्य माना जा रहा है। इसके रेशे वजन में हल्के और इससे बने कपड़े अब तक के सबसे मजबूत कपड़े हैं। इनका इस्तेमाल ऑटोमोबाइल, एयरोस्पेस, वास्तुशिल्प और बिल्डिंग, व्यावसायिक चिकित्सा, खेलकूद और परिधान उद्योग में किया जाता है। 59.35 करोड़ रु. की लागत से 11 फोकस इनक्युबेशन सेंटर (एफआईसी) प्लग एंड प्ले मॉडल पर (पांच सीओई में और छह आईआईटी- दिल्ली, मुंबई, कानपुर, खड़गपुर) में लगाए हैं ताकि संभावित उद्यमियों को तकनीकी कपड़ा उद्योग में कदम रखने में मदद मिल सके। एग्रो टेक्सटाइल के प्रयोग को बढ़ावा देने के लिए पूर्वोत्तर (नॉर्थ–ईस्ट) क्षेत्र में 44 प्रदर्शन केंद्र और देश के शेष हिस्सों में 9 प्रदर्शन केंद्र खोले गए हैं। टेक्सटाइल रिसर्च एसोसिएशन (टीआरए) ने कार्बन फाइबर पर आधारित अंतरिक्ष संचार सिस्टम विकसित किया है। इसके अलावा कम लागत वाले मॉड्युलर शौचालय भी बनाए गए हैं जिनमें जूट के रेशों का इस्तेमाल किया गया है।

पॉवरलूम क्षेत्र को प्रोत्साहन

भारत में पॉवरलूम क्षेत्र एक असंगठित क्षेत्र है, जिसमें ढेरों सूक्ष्म और छोटी इकाइयां काम कर रही हैं। 24.86 लाख पॉवरलूम देश में कुल कपड़े के 57 प्रतिशत हिस्से का उत्पादन कर रहे हैं। पॉवरलूमों की क्वालिटी और उत्पादकता बढ़ाने के लिए भारत सरकार ने साधारण पॉवरलूमों को उन्नत बनाने के लिए

पॉवरटेक्स इंडिया योजना शुरू की जिसके तहत साधारण पॉवरलूमों को प्रासेस कंट्रोल उपकरण से जोड़ा जाता है और इससे उनकी उत्पादकता बढ़ जाती है, क्वालिटी बेहतर होती है और कुल उत्पादकता के मूल्य में 50 प्रतिशत से ज्यादा की वृद्धि हो जाती है। इस योजना के तहत अब तक 1.70 लाख पॉवरलूमों को उन्नत बनाया जा चुका है जिस पर भारत सरकार ने कुल 1.86 करोड़ रुपये की सब्सीडी दी। पॉवरटेक्स इंडिया के तहत अन्य कार्यों में समूह में काम करने के लिए शेड बनवाना, साझा सुविधा केंद्र स्थापित करना, टेक्स वेंचर फंड के जरिए उद्यम पूंजी मुहैया कराना, सौर ऊर्जा सिस्टम के लिए सहयोग देना और पॉवरटेक्स मुद्रा ऋण और पॉपरटेक्स स्टैंडअप इंडिया ऋण के तहत कर्ज मुहैया कराना शामिल है।

भारत की अर्थव्यवस्था उद्यमों के सृजन के बल पर फल-फूल रही है। एमएसएमई कारोबार के नए-नए तरीकों से देश में उद्यम संस्कृति के विस्तार में बड़ा योगदान दे रहे हैं। एमएसएमई अर्थव्यवस्था के सभी क्षेत्रों में फैले हुए हैं और स्थानीय व वैश्विक मांग को पूरा करने के लिए विविध प्रकार के उत्पाद एवं सेवाएं दे रहे हैं। जीडीपी में एमएसएमई का योगदान विनिर्माण क्षेत्र में 33 प्रतिशत और निर्यात में 45 प्रतिशत है। यह विनिर्माण और सेवा दोनों ही क्षेत्रों के माध्यम से अर्थव्यवस्था में एमएसएमई क्षेत्र के महत्वपूर्ण योगदान को दिखाता है।

छठा आर्थिक जनगणना

छठवें आर्थिक जनगणना 2013 के नतीजों के अनुसार देश में सभी प्रतिष्ठानों (फसल उत्पादन, वृक्षारोपण, लोक प्रशासन, रक्षा और अनिवार्य सामाजिक सुरक्षा को छोड़कर) का 77.6 अथवा तीन-चौथाई से ज्यादा हिस्सा गैर-कृषिगत उद्यमों का है। गैर-कृषिगत क्षेत्र, जिसमें एमएसएमई और बड़े प्रतिष्ठान शामिल हैं, में रोजगार पाने वालों की कुल संख्या 10,84,11,367 थी। यह संख्या कृषि और गैर-कृषिगत प्रतिष्ठानों (फसल उत्पादन, वृक्षारोपण, लोक प्रशासन, रक्षा और अनिवार्य सामाजिक सुरक्षा को छोड़कर) में कुल रोजगार का 82.6 प्रतिशत है।

खादी एवं ग्रामोद्योग आयोग

खादी एवं ग्रामोद्योग आयोग (केवीआईसी) जिसकी स्थापना संसद के अधिनियम (1956 का 61) के अंतर्गत की गई थी और 1987 व 2006 में जिसमें संशोधन किया गया था, एमएसएमई मंत्रालय के अधीन एक सांविधिक संस्था है। यह ग्रामीण क्षेत्रों में रोजगार के अवसर प्रदान करने और उससे ग्रामीण अर्थव्यवस्था को मजबूत करने का काम करता है। केवीआईसी गांवों में निम्न प्रतिव्यक्ति निवेश के साथ विकेंद्रीकृत सेक्टर में गैर-कृषिगत रोजगार मुहैया कराने वाला एक प्रमुख संगठन माना जाता है। यह कौशल विकास, तकनीकी के हस्तांतरण, अनुसंधान एवं विकास, मार्केटिंग जैसी गतिविधियां चलाता है और ग्रामीण क्षेत्रों में रोजगार व स्वरोजगार के अवसर पैदा करने में मदद करता है।

कोयर बोर्ड

कोयर उद्योग के समग्र विकास को प्रोत्साहित करने एवं इस पारंपरिक उद्योग से जुड़े कामगारों की जीवन स्थितियां सुधारने के लिए कोयर उद्योग अधिनियम, 1953 के अंतर्गत स्थापित कोयर बोर्ड एक सांविधिक संस्था है। कोयर उद्योग के विकास के लिए कोयर बोर्ड का काम कोयर उद्योग के वैज्ञानिक, तकनीकी और आर्थिक अनुसंधान एवं विकास की गतिविधियां संचालित करना, कोयर एवं कोयर

उत्पादों के निर्यात तथा आंतरिक उपभोग संबंधित आंकड़ों का संग्रह करना, नए उत्पादों एवं डिजाइन का विकास करना, निर्यात एवं आंतरिक बिक्री के प्रोत्साहन के लिए प्रचार करना, भारत और विदेश में कोयर एवं कोयर उत्पादों की मार्केटिंग करना, निर्माताओं और निर्यातकों के बीच अनुचित प्रतिस्पर्धा पर अंकुश लगाना, उत्पादों के विनिर्माताओं के लिए इकाइयों की स्थापना में सहयोग करना, भूसी, कोयर फाइबर, कोयर धागे के निर्माताओं एवं कोयर उत्पादों के विनिर्माताओं के बीच सहकारी संगठनों को प्रोत्साहन देना, उत्पादकों एवं विनिर्माताओं के लिए लाभ सुनिश्चित करना शामिल है।

केंद्रीय सार्वजनिक उपक्रम

सार्वजनिक उपक्रम विभाग केंद्र सरकार के सभी सार्वजनिक उपक्रमों (सीपीएसई) के लिए नोडल विभाग है और उनसे संबंधित नीतियां तैयार करता है। यह सीपीएसई में विशेषकर प्रदर्शन में सुधार एवं मूल्यांकन, स्वायत्तता तथा वित्तीय चर्चा एवं कार्मिक प्रबंधन के लिए नीतिगत दिशानिर्देश तैयार करता है। इसके अतिरिक्त यह सीपीएसई से संबंधित कई क्षेत्रों में सार्वजनिक उद्यम सर्वेक्षण के रूप में सूचना का संग्रह करता है।

प्रमुख गतिविधियां

अपनी भूमिका निभाते हुए यह विभाग अन्य मंत्रालयों, केंद्रीय सार्वजनिक उपक्रमों तथा संबंधित संगठनों से तालमेल बिठाता है। विभाग के कुछ महत्वपूर्ण कार्य इस प्रकार हैं: सभी सार्वजनिक उपक्रमों को प्रभावित करने वाले सामान्य नीतिगत मामलों का समन्वय, सहमति-पत्र की प्रणाली समेत सार्वजनिक उपक्रमों के प्रदर्शन का मूल्यांकन एवं निगरानी, सार्वजनिक उपक्रमों की स्थायी मध्यस्थता की व्यवस्था से संबंधित मामले, स्वैच्छिक सेवानिवृत्ति की योजना के अंतर्गत केंद्रीय सार्वजनिक उपक्रमों के कर्मचारियों को परामर्श, प्रशिक्षण एवं पुनर्वास, केंद्रीय सार्वजनिक उपक्रमों का प्रदर्शन सुधारने के उपाय तथा उनकी क्षमता बढ़ाने के अन्य उपाय, सार्वजनिक उपक्रमों के पुनर्जीवन, पुनर्गठन अथवा बंदी से संबंधित सलाह देना और उनका तरीका भी तय करना, केंद्रीय सार्वजनिक उपक्रमों का वर्गीकरण करना और उन्हें रत्न, का दर्जा प्रदान करना।

सार्वजनिक उपक्रम सर्वेक्षण

सार्वजनिक उपक्रम विभाग (डीपीई) देश में सीपीएसई के वित्तीय एवं भौतिक प्रदर्शन के विषय में एक व्यापक रिपोर्ट पेश करता है जिसे सार्वजनिक उपक्रम सर्वेक्षण कहा जाता है। सार्वजनिक उपक्रम सर्वेक्षण में सीपीएसई का सर्वेक्षण किया जाता है, जिन्हें या तो कंपनी अधिनियम के तहत सरकारी कंपनियों के रूप में अथवा सांविधिक निगमों के तौर पर स्थापित किया गया है। इतना ही नहीं, सर्वेक्षण में केवल उन सरकारी कंपनियों को शामिल किया जाता है जिनमें सरकार का हिस्सा भुगतान की गई पूंजी में 50 प्रतिशत से ज्यादा होता है। लेकिन इसमें सार्वजनिक क्षेत्र के वाणिज्यिक बैंक और सार्वजनिक क्षेत्र की बीमा कंपनियां शामिल नहीं हैं।

सार्वजनिक क्षेत्र के उपक्रमों को चार अनुसूचियों ए, बी, सी और डी में वर्गीकृत किया जाता है। सीपीएसई के वर्गीकरण का प्रभाव मुख्य रूप से संबंधित सीपीएसई की संगठनात्मक संरचना और बोर्ड स्तर के पदाधिकारियों के वेतन पर पड़ता है। यह रत्न योजना के अंतर्गत सीपीएसई के बोर्डों को स्वायत्तता देने की मंजूरी में भी भूमिका निभाता है।

सार्वजनिक क्षेत्र की इकाइयां

फर्टिलाइजर कॉर्पोरेशन ऑफ इंडिया लिमिटेड

जनवरी 1961 को स्थापित एफसीआई को 1978 से नेशनल फर्टिलाइजर कॉर्पोरेशन लि.। (एचएफसी) के साथ मिलाकर पांच कंपनियों एफसीआई, एनएफएल, हिंदुस्तान फर्टिलाइजर कॉर्पोरेशन लि.। (एचएफसी), राष्ट्रीय केमिकल एवं फर्टिलाइजर्स लि.। (आरसीएफ) एवं प्रोजेक्ट्स एंड डेवलपमेंट इंडिया लि.। (पीडीआईएल) में विभाजित कर दिया गया। पुनर्संरचना के बाद एफसीआई के पास सिंदरी (झारखंड), गोरखपुर (उत्तर प्रदेश), रामगुंडम (आंध्र प्रदेश) और तलचर (ओडिशा) में चार इकाइयां हैं, जिनकी सालाना 5.87 लाख एमटी की कुल नाइट्रोजन उत्पादन क्षमता है। कोरबा (छत्तीसगढ़) में भी एक परियोजना है, जो बीच में ही छोड़ दी गई।

हिंदुस्तान फर्टिलाइजर कॉर्पोरेशन लिमिटेड

हिंदुस्तान फर्टिलाइजर्स लिमिटेड का गठन 1978 में पूर्ववर्ती फर्टिलाइजर कॉर्पोरेशन ऑफ इंडिया लिमिटेड (एफसीआईएल) तथा एनएफएल ग्रुप ऑफ कंपनीज़ के पुनर्गठन के फलस्वरूप किया गया था। एचएफसीएल में बरौनी इकाई (बिहार), दुर्गापुर इकाई एवं हल्दिया इकाई (प. बंगाल) तथा नामरूप इकाई (असम) थीं। 2002 में नामरूप इकाई को अलग करके ब्रह्मपुत्र वैली फर्टिलाइजर कॉर्पोरेशन लिमिटेड (बीवीएफसीएल) के नाम से अलग कंपनी बना दी गई।

राष्ट्रीय केमिकल्स एंड फर्टिलाइजर्स लिमिटेड

राष्ट्रीय केमिकल्स एंड फर्टिलाइजर्स लिमिटेड (आरसीएफ) का गठन 1978 में पूर्ववर्ती फर्टिलाइजर कॉर्पोरेशन ऑफ इंडिया लिमिटेड (एफसीआईएल) के पुनर्गठन के बाद हुआ था। गठन के समय कंपनी के पास ट्रांबे (मुंबई के निकट) में केवल एक चालू इकाई थी और दो बड़ी परियोजनाओं- ट्रांबे 4 और ट्रांबे 5 पर काम चल रहा था। ट्रांबे से लगभग 100 किमी दूर गैस से चलने वाली थल-वैशेट उर्वरक परिसर को बाद में आरसीएफ ने तैयार किया और उसने व्यावसायिक उत्पादन 1985 में शुरू किया।

नेशनल फर्टिलाइजर्स लिमिटेड

नेशनल फर्टिलाइजर्स लिमिटेड (एनएफएल) की स्थापना 1974 में भटिंडा (पंजाब) एवं पानीपत (हरियाणा) में एलएसएचएस के साथ दो नाइट्रोजन संयंत्र बनाने के लिए की गई थी, जिनमें प्रत्येक की सालाना 5.11 लाख एमटी यूरिया उत्पादन की क्षमता थी। 1978 में एफसीआई का पुनर्गठन होने के बाद उसकी नांगल इकाई (नांगल विस्तार परियोजना समेत) भी एनएलएफ को दे दी गई।

प्रोजेक्ट्स एंड डेवलपमेंट इंडिया लिमिटेड

प्रोजेक्ट्स एंड डेवलपमेंट इंडिया लिमिटेड (पीडीआईएल), जो पहले फर्टिलाइजर्स कॉर्पोरेशन ऑफ इंडिया लिमिटेड का एक प्रभाग था, का 1978 में एक अलग कंपनी के तौर पर पंजीकरण कर दिया गया। इस कंपनी का पंजीकृत कार्यालय नोएडा, उत्तर प्रदेश) में है।

फर्टिलाइजर्स एंड केमिकल्स त्रावणकोर लिमिटेड

फर्टिलाइजर्स एंड केमिकल्स त्रावणकोर लिमिटेड (एफएसीटी) का गठन 1943 में किया गया था। 1947 में एफएसीटी ने कोचीन (अब कोच्चि) के निकट उद्योगमंडल में वार्षिक 50,000 एमटी की

स्थापित क्षमता के साथ अमोनियम सल्फेट का उत्पादन शुरू किया। 1980 में एफएसीटी सार्वजनिक क्षेत्र की इकाई बन गई और 1982 के अंत में भारत सरकार इसमें बड़ी शेयरधारक बन गई। धीमी शुरुआत के बाद एफएसीटी उर्वरकों एवं पेट्रोरसायनों के विनिर्माण एवं विपणन, इंजीनियरिंग परामर्श एवं डिजाइन तथा औद्योगिक उपकरणों के फैब्रिकेशन एवं निर्माण में रुचि के साथ बहु-आयामी संगठन बन गई।

मद्रास फर्टिलाइजर्स लिमिटेड

मद्रास फर्टिलाइजर्स लिमिटेड (एमएफएल) की स्थापना भारत सरकार और अमरीका की अमोको (एएमओसीओ) इंडिया इनकॉर्पोरेशन के संयुक्त उपक्रम के रूप में 1906 में की गई थी। इसमें 1985 में भारत सरकार की इक्विटी शेयर पूंजी 51 प्रतिशत थी। 1985 में अमोको अपनी हिस्सेदारी का विनिवेश कर दिया जिसे भारत सरकार और एनआईओसी ने अपने-अपने अनुपात के हिसाब से खरीद लिया। नई हिस्सेदारी के अनुसार भारत सरकार के पास 67.55 प्रतिशत और एनआईओसी के पास 32.45 प्रतिशत शेयर थे। फिर 1997 तक भारत सरकार के पास 69.78 प्रतिशत और एनआईओसी के पास 30.22 प्रतिशत की हिस्सेदारी थी।

ब्रह्मपुत्र वैली फर्टिलाइजर कॉर्पोरेशन लिमिटेड

ब्रह्मपुत्र वैली फर्टिलाइजर कॉर्पोरेशन लिमिटेड (बीवीएफसीएल) की नामरूप (असम) में दो परिचालन इकाइयां हैं। इसका कॉर्पोरेट कार्यालय भी नामरूप में स्थित है। कंपनी के अन्य प्रतिष्ठानों में नोएडा व कोलकाता में जनसंपर्क कार्यालय एवं गुवाहाटी, सिलीगुड़ी तथा पटना में विपणन कार्यालय हैं।

एफसीआई-अरावली जिप्सम एंड मिनरल इंडिया लिमिटेड

एफसीआई–अरावली जिप्सम एंड मिनरल इंडिया लिमिटेड (एफएजीएमआईएल) की स्थापना फर्टिलाइजर कॉर्पोरेशन ऑफ इंडिया लिमिटेड की जोधपुर माइनिंग आर्गेनाइजेशन (जेएमओ) से अलग होने के बाद 2003 में कंपनी अधिनियम, 1956 के अंतर्गत सार्वजनिक उपक्रम के रूप में की गई थी।

इस्पात

भारत सरकार का इस्पात मंत्रालय लोहा एवं इस्पात उद्योग की योजना और विकास, आवश्यक कच्चे माल जैसे लौह अयस्क, चूना पत्थर, डोलोमाइट, मैगनीज़ अयस्क, क्रोमाइट, लौह-अलॉय, स्पंज आयरन आदि के विकास और संबंधित कार्यों के लिए उत्तरदायी होता है।

2013-14 और 2016-17 को छोड़ दें तो भारत 2007-08 से तैयार इस्पात का शुद्ध आयातक रहा है। पिछले पांच वर्षों में सीएजीआर आधार पर कुल तैयार इस्पात का आयात 1.1 प्रतिशत बढ़ा है जबकि निर्यात में 12.4 प्रतिशत की बढ़ोतरी हुई है।

कच्चे इस्पात के उपरोक्त प्रदर्शन में इस्पात के निर्माण में इलेक्ट्रिक रूट, विशेषकर इलेक्ट्रिक फरनेस रूट की वृद्धि का खास योगदान रहा है, जिसका 2016-17 के दौरान देश में कच्चे इस्पात के कुल उत्पादन में 57 प्रतिशत की हिस्सेदारी रही है और यह कच्चे इस्पात के उत्पादन में मुख्य भूमिका निभा रहा है।

भारत पिग आयरन का भी महत्वपूर्ण उत्पादक है। उदारीकरण के बाद निजी क्षेत्र में कई इकाइयां लगने के कारण आयात में जबर्दस्त कमी ही नहीं आई है बल्कि भारत पिग आयरन का शुद्ध निर्यातक भी

बन गया है। 2016-17 में देश में पिग आयरन की बिक्री के लिए कुल उत्पादन में निजी क्षेत्र की भागीदारी 94 प्रतिशत रही।

भारतीय इस्पात की वैश्विक रैंकिंग

वर्ल्ड स्टील एसोसिएशन द्वारा जारी अस्थायी आंकड़ों के अनुसार 2016 के दौरान विश्व में कच्चे माल का उत्पादन 163 करोड़ टन था और 2015 के मुकाबले इसमें 0.6 प्रतिशत की वृद्धि हुई। 2016 के दौरान चीन के कच्चे इस्पात का उत्पादन 80.84 करोड़ टन था जो 2015 के मुकाबले 0.5 प्रतिशत ज्यादा था। चीन विश्व में कच्चे इस्पात का सबसे बड़ा उत्पादक बना हुआ है और 2016 के दौरान एशिया में उसकी हिस्सेदारी 73 प्रतिशत व विश्व में 50 प्रतिशत है। इस अवधि में भारत विश्व में कच्चे इस्पात का तीसरा सबसे बड़ा उत्पादक रहा और 2015 के मुकाबले 7.4 प्रतिशत की वृद्धि दर्ज की।

उर्वरक

सकल घरेलू उत्पाद (जीडीपी) में लगभग सातवें भाग का योगदान करने वाली कृषि देश की लगभग दो-तिहाई जनसंख्या का पालन-पोषण करती है। इसके अलावा यह शेष जनसंख्या को प्रत्यक्ष या परोक्ष रूप से सहारा देती है। पंचवर्षीय योजनाओं में खाद्यान्न उत्पादन में आत्मनिर्भरता पर लगातार जोर दिया गया है और इस दिशा में सतत प्रयासों के फलस्वरूप कृषि उत्पादन और उत्पादकता में अच्छी-खासी वृद्धि हुई है। यह बात इसी तथ्य से स्पष्ट है कि खाद्यान्न उत्पादन 1951-52 के 520 लाख एमटी से बढ़कर लगभग 2526.8 लाख एमटी तक पहुंच गया। 2015-16 के लिए 2641 लाख एमटी का लक्ष्य रखा गया है। घरेलू जरूरत को पूरा करने और निर्यात के लिए अतिरिक्त खाद्यान्न का उत्पादन करने में रासायनिक उर्वरकों की महत्वपूर्ण भूमिका सर्वविदित है।

इस समय देश यूरिया के उत्पादन में 80 प्रतिशत आत्मनिर्भरता प्राप्त कर चुका है। फलस्वरूप भारत नाइट्रोजन युक्त उर्वरक की अपनी जरूरत आयात के अलावा स्वदेशी उद्योग से पूरी कर सका है। इसी तरह फॉस्फेट युक्त उर्वरक की भी 50 प्रतिशत घरेलू जरूरत पूरी करने लायक क्षमता देश हासिल कर चुका है। लेकिन इसके लिए कच्चे माल और अन्य सामग्री का आमतौर पर आयात करना पड़ता है। चूंकि देश में पोटाश (के) लिए कोई फायदेमंद स्रोत/भंडार नहीं हैं, इसलिए आयात से ही इसकी सारी जरूरत पूरी की जाती है।

उर्वरक उद्योग की वृद्धि

2015-16 में सभी प्रकार के उर्वरकों का वास्तविक उत्पादन 413.14 लाख एमटी था। 2016-17 में सभी प्रकार के उर्वरकों का उत्पादन 430.99 लाख एमटी होने की उम्मीद है जो पहले के साल की तुलना में 4 प्रतिशत से ज्यादा वृद्धि दर्शाता है। 2016-17 के दौरान डीएपी एंड कॉम्प्लेक्स उर्वरकों की स्थापित क्षमता 146 लाख एमटी तक पहुंच गई है जबकि 2015-16 में यह 144.04 लाख एमटी थी। देश में उर्वरकों के उत्पादन में तेजी से वृद्धि का कारण सार्वजनिक, सहकारी और निजी क्षेत्र में निवेश को बढ़ावा देने वाली सही नीतियां रही हैं।

उर्वरक उद्योग का विकास एवं वृद्धि

क्षमता में वृद्धि

महत्वपूर्ण उर्वरकों का उत्पादन: 2015–16 के दौरान यूरिया का उत्पादन 244.75 लाख एमटी और डीएपी एंड कॉप्लेक्स उर्वरक का उत्पादन 120.88 लाख एमटी था। 2016–17 के दौरान यूरिका का अनुमानित उत्पादन 243.29 लाख एमटी और डीएपी एंड कॉप्लेक्स उर्वरक का उत्पादन 128.26 लाख एमटी होने की उम्मीद है जो पहले के साल की तुलना में करीब 6 प्रतिशत की वृद्धि है।

रसायन एवं पेट्रोरसायन उद्योग

रसायन एवं पेट्रोरसायन उद्योग ज्ञान और पूंजी के भारी उपयोग वाला उद्योग है। यह बढ़ते हुए भारतीय उद्योग का अभिन्न अंग है। इसमें मूलभूत रसायन और उनके उत्पाद जैसे- पेट्रोरसायन, उर्वरक, पेंट, वार्निश, गैस, साबुन, इत्र और टायलेटरी तथा औषधि आते हैं। यह उद्योग मूलभूत जरूरतें पूरी करने और जीवन स्तर बेहतर बनाने में महत्वपूर्ण भूमिका निभाता है। यह उद्योग देश के औद्योगिक और कृषि विकास की रीढ़ है और कई डाउनस्ट्रीम उद्योगों मसलन कपड़ा, कागज, पेंट, साबुन, डिटरजेंट, औषधि, वार्निश आदि उद्योगों को बुनियादी सामग्री देता है। भारत में कई उत्कृष्ट एवं विशेष रसायन बनते हैं जिनका फूड एडिटिव, पिगमेंट, पॉलिमर एडिटिव और रबर उद्योग में एंटी–ऑक्सीडेंट के रूप में प्रयोग होता है।

रसायन उद्योग में 100 प्रतिशत एफडीआई की अनुमति है। ज्यादातर रासायनिक और पेट्रोरासायनिक उत्पाद लाइसेंस से मुक्त हैं। उद्यमी को औद्योगिक नीति एवं संवर्धन विभाग के पास एक औद्योगिक उद्यमी ज्ञापन (आईईएम) जमा करना होता है, बशर्ते इसमें स्थान की समस्या न आ रही हो। हानिकारक होने के कारण केवल निम्नलिखित उत्पादों के लिए लाइसेंस की जरूरत होती है: हाइड्रोसाइनिक एसिड और उसके व्युत्पन्न पदार्थ, फॉसजीन और उसके व्युत्पन्न पदार्थ, हाइड्रोकार्बन के आईसोसाइनेट और डाइ–आईसोसाइनेट।

हिंदुस्तान आर्गेनिक केमिकल्स लिमिटेड

मूलभूत कार्बनिक रसायनों में आत्मनिर्भरता पाने के लिए 1960 में हिंदुस्तान ऑर्गेनिक केमिकल्स लिमिटेड (एचओसीएल) का गठन किया गया। कंपनी की रसायनी (महाराष्ट्र) और कोच्चि (केरल) में दो विनिर्माण इकाइयां हैं। रसायनी इकाई (रासायनिक यौगिक) ने 1970–71 में और कोच्चि इकाई (फेनोल यौगिक) ने 1987–88 में उत्पादन शुरू किया। एचओसीएल भारत में डाइ–नाइट्रोजन टेट्रॉक्साइड बनाने वाली इकलौती कंपनी है और इस रसायन की आपूर्ति इसरो को उपग्रह प्रक्षेपण कार्यक्रम के लिए की जाती है। एचओसीएल की एक सहयोगी कंपनी मैसर्स हिंदुस्तान फ्लोरोकार्बन्स लिमिटेड (एचएफएल) है जो तेलंगाना के रुद्रारम में स्थित है और हाइटेक इंजीनियरिंग प्लास्टिक पॉली ट्रेटाफ्लोरो एथिलीन (पीटीएफई) एवं क्लोरो डाइ–फ्लोरो मीथेन (सीएफएम–22) का उत्पादन करती है।

हिंदुस्तान इंसेक्टिसाइड लिमिटेड

हिंदुस्तान इंसेक्टिसाइड (एचआईएल) की स्थापना डीडीटी के निर्माण एवं आपूर्ति के लिए 1954 में की गई थी। 1957 में कंपनी ने डीडीटी बनाने के लिए उद्योगमंडल, केरल में और 1977 में रसायनी, महाराष्ट्र में कीटनाशक मैलाथियन बनाने के लिए कारखाने लगाए। एचआईएल की तीसरी इकाई पंजाब

के भटिंडा 2003 में स्थापित की गई। रसायनी और उद्योगमंडल की इकाइयों में डीडीटी और कृषि रसायन दोनों के निर्माण की सुविधाएं हैं जबकि भटिंडा की इकाई में केवल फार्मूलेशन और पैकेजिंग की सुविधा है।

एचआईएल स्वास्थ्य एवं परिवार कल्याण मंत्रालय के राष्ट्रीय मच्छरजनित रोग नियंत्रण कार्यक्रम (एनवीबीडीसीपी) के लिए डीडीटी की आपूर्ति करने वाली एकमात्र कंपनी है। कंपनी के कुल कारोबार में डीडीटी का हिस्सा करीब 50 प्रतिशत है। कंपनी कुछ अफ्रीकी देशों को डीडीटी और ब्राजील व अर्जेंटीना जैसे देशों को मैलाथियन एवं मैंकोजेब जैसे उत्पादों का निर्यात करती है। कृषि क्षेत्र को उचित कीमत पर गुणवत्ता वाले कीटनाशकों की आपूर्ति सुनिश्चित करने के लिए एचआईएल ने 1970 के दशक के उत्तरार्द्ध में कृषि रसायनों का निर्माण भी करने लगी और उसके पास कई प्रकार के तकनीकी और फार्मुलेशन ग्रेड के कीटनाशक हैं। अपनी स्थिति मजबूत करने के लिए इसने बीज के कारोबार में भी कदम बढ़ा दिया है। कृषि मंत्रालय से इसे राष्ट्रीय स्तर की बीज एजेंसी (एनएलए) का दर्जा मिला हुआ है और यह राष्ट्रीय खाद्य सुरक्षा अभियान (एनएफएसएम), राष्ट्रीय तिलहन एवं ऑयल पाम मिशन (एनएमओओपी) तथा एकीकृत बागवानी विकास मिशन (एमआईडीएच) जैसी सरकार द्वारा प्रायोजित योजनाओं के लिए बीजों का उत्पादन और आपूर्ति करती है। इसके अतिरिक्त कंपनी ने उर्वरक के क्षेत्र में भी प्रवेश कर लिया है ताकि कीटनाशकों, बीजों और उर्वरकों जैसी कृषि संबंधी जरूरतें एक ही स्थान से पूरी की जा सकें। अप्रैल 2017 में पहली बार एचआईएल ने अफगानिस्तान के कृषि मंत्रालय के अधिकारियों के लिए अंतरराष्ट्रीय प्रशिक्षण कार्यक्रम का सफल आयोजन किया।

एचआईएल ने 2016-17 में 3.28 करोड़ रुपये का निर्यात किया। इसने जिंबाब्वे, पेरू और म्यामां जैसे देशों को डीडीटी, मैलाथियान और मैंकोज़ेब का निर्यात किया। 2016-17 के अंत में कंपनी को करीब 22 करोड़ रुपये के निर्यात का ऑर्डर मिला है।

हिंदुस्तान फ्लोरोकार्बंस लिमिटेड

हिंदुस्तान ऑर्गेनिक केमिकल्स लिमिटेड (एचओसीएल) की सहायक कंपनी हिंदुस्तान फ्लोरोकार्बंस लिमिटेड (एचएफएल) की स्थापना 1983 में की गई थी। यह रूद्रारम, जिला मेडक, तेलंगाना में स्थित है। कंपनी ने 1987 में उत्पादन शुरू किया और यह पॉलीट्रेटा फ्लूरो एथिलीन (पीटीएफई) और क्लोरो डाइ-फ्लोरो मीथेन (सीएफएम-22) बनाती है। पीटीएफई का इस्तेमाल रासायनिक, यांत्रिक, विद्युतीय और इलेक्ट्रॉनिक उद्योगों में बहुत ज्यादा होता है। इसके अलावा रक्षा और एयरोस्पेस क्षेत्रों में भी इसका रणनीतिक उपयोग होता है। सीएफएम-22 का प्रयोग रेफ्रिजरेंट या प्रशीतक के तौर पर किया जाता है और पीटीएफई के उत्पादन के लिए भी इसका प्रयोग होता है।

असम गैस क्रैकर परियोजना-ब्रह्मपुत्र क्रैकर एंड पॉलीमर लिमिटेड

केंद्र सरकार, ऑल असम स्टुडेंट्स यूनियन (आसू) और ऑल असम गण परिषद (एएजीपी) के बीच समझौते के फलस्वरूप 1985 में असम गैस क्रैकर परियोजना (एजीसीपी) आरंभ की गई। यह परियोजना असम और पूर्वोत्तर क्षेत्र के लिए अत्यंत आर्थिक महत्व रखती है। फीडस्टॉक के तौर पर प्राकृतिक गैस और नाफथा के इस्तेमाल से अन्य उप-उत्पादों के अलावा एजीसीपी की क्षमता प्रतिवर्ष 220,000 टन पॉलिथिलीन (पीई) और प्रतिवर्ष 60,000 टन पॉलिप्रापिलीन की होगी।

केंद्रीय प्लास्टिक एवं प्रौद्योगिकी संस्थान

केंद्रीय प्लास्टिक एवं प्रौद्योगिकी संस्थान (सीआईपीईटी) आईएसओ 9001:2008 क्यूएमएस, आईएसओ/आईईसी–17020 प्रमाणन वाला उत्कृष्ट प्लास्टिक संस्थान है जो रसायन एवं पेट्रोरसायन विभाग के अंतर्गत आता है। इसकी स्थापना 1968 में की गई थी। सीआईपीईटी की विविध गतिविधियों में प्लास्टिक प्रौद्योगिकी के सभी क्षेत्रों जैसे डिजाइन, सीएडी/सीएम/सीएई, टूल, प्लास्टिक प्रसंस्करण, परीक्षण एवं गुणवत्ता आश्वासन आदि में कौशल विकास, उद्योग को तकनीकी सहयोग, शिक्षा और अनुसंधान एवं विकास (स्टार) आदि शामिल हैं। सीआईपीईटी प्लास्टिक और संबंधित उद्योगों की जरूरतों को पूरी कर रहा है। सीआईपीईटी का दायरा बढ़ा दिया गया है और यह अब देश के 18 राज्यों में 30 केंद्रों पर काम कर रहा है। इसके पांच हाइ लर्निंग सेंटर (एचएलसी) हैं जिनमें अंडरग्रेजुएट, पोस्टग्रेजुएट और डॉक्टरेट की डिग्रियां दी जाती हैं। इनके अलावा 12 डिप्लोमा सेंटर हैं जो डिप्लोमा व कौशल वाले कोर्सों पर केंद्रित हैं, 6 व्यावसायिक प्रशिक्षण केंद्र (वीटीसी) हैं जो बेरोजगार युवाओं को बेहतर रोजगार देने के लिए व्यावसायिक कौशल विकास का प्रशिक्षण देते हैं, 3 आर एंड डी विंग्स हैं जो प्लास्टिक इंजीनियरिंग और प्रौद्योगिकी के क्षेत्र में व्यवहारमूलक अनुसंधान में लगे हैं, 3 विशेष सेंटर हैं जो अपने–अपने विशिष्ट क्षेत्रों में शैक्षिक कोर्स और तकनीकी सहयोग सेवा मुहैया कराते हैं और प्लास्टिक प्रसंस्करण एवं रिसाइक्लिंग तकनीकी में ऑपरेटर स्तर का प्रशिक्षण कोर्स कराते हैं, और एक पॉलिमर डेटा सर्विस सेंटर है जो डेटाबेस बनाने का काम देखता है। ये सेंटर अपने–अपने राज्यों के विश्वविद्यालयों से संबद्ध हैं।

कीटनाशक सूत्रीकरण प्रौद्योगिकी संस्थान

कीटनाशक सूत्रीकरण प्रौद्योगिकी संस्थान (आईपीएफटी) की स्थापना 1991 में रसायन एवं पेट्रोरसायन विभाग के अधीन एक स्वायत्तशासी संस्था के रूप में की गई। आईपीएफटी कीटनाशकों के तकनीकी एवं सूत्रीकरण, विभिन्न खाद्य पदार्थों में कीटनाशकों के अवशेषों और सीडब्ल्यूसी संबंधित रसायनों के परीक्षण के लिए एनएबीएल मान्यताप्राप्त प्रयोगशाला है। संस्थान की स्थापना का एक मुख्य उद्देश्य पर्यावरण के अनुकूल कीटनाशकों की फार्मुलेशन (सूत्रीकरण) प्रौद्योगिकी तैयार करनी है। आईपीएफटी ने कीटनाशक उद्योग के साथ मिलकर अच्छा तालमेल बिठा लिया है और अभी तक वह भारतीय तथा विदेशी कंपनियों को 50 से अधिक कीटनाशकों की फार्मुलेशन प्रौद्योगिकी सौंप चुका है। आईपीएफटी नई पीढ़ी के कीटनाशी फार्मुलेशन की दिशा में योगदान करने के लिए विभिन्न फार्मुलेशन प्रौद्योगिकियों का प्रयोग कर रहा है जिनमें नैनो तकनीकी पर आधारित नैनो इमल्शंस, माइक्रो इमल्शंस कंट्रोल्ड रिलीज़ फार्मुलेशंस (सीआरएफ), माइक्रोइंकैप्सुलेशन तथा टैबलेट फार्मुलेशन शामिल हैं।

आईपीएफटी रासायनिक/कृषि रासायनिक सेक्टर से जुड़े विभिन्न दावेदारों के लिए प्रशिक्षण के कोर्स करा रहा है। इंदिरा गांधी नेशनल ओपन यूनिवर्सिटी (आईजीएनओयू) ने आईपीएफटी को प्रोग्राम स्टडी सेंटर फॉर पोस्ट ग्रेजुएट डिप्लोमा इन एनालिटिकल केमिस्ट्री (पीजीडीएसी) के रूप में मान्यता दी है।

औषधि क्षेत्र

कैबिनेट सचिवालय ने औषधि विभाग नाम से एक नए विभाग के गठन की अधिसूचना दी जो 2008 से अस्तित्व में आया। जिसका उद्देश्य देश में औषधि क्षेत्र के विकास पर ज्यादा ध्यान केंद्रित करना और

किफायती मूल्य पर दवाओं की उपलब्धता व मूल्य निर्धारण से संबंधित विभिन्न जटिल मुद्दों का नियमन करना, अनुसंधान व विकास, बौद्धिक संपदा के अधिकारों और दवा क्षेत्र, जिसे अन्य मंत्रालयों के साथ एकीकरण की जरूरत होती है, से जुड़ी अंतरराष्ट्रीय प्रतिबद्धताओं का संरक्षण करना है।

औषधि मूल्य निर्माण नीति

राष्ट्रीय मूल्य निर्धारण नीति-2012 (एनपीपीपी-2012) वर्ष 2012 में अधिसूचित की गई थी जिसका उद्देश्य उचित मूल्यों पर दवाओं 'आवश्यक दवाओं' की उपलब्धता सुनिश्चित करने के लिए एक नियामक ढांचा बनाना था, साथ ही दवा उद्योग की वृद्धि को सहयोग देने के लिए नई खोज व प्रतिस्पर्धा को भी पर्याप्त अवसर मुहैया कराना था ताकि रोजगार के उद्देश्य को पूरा किया जा सके और सभी को अर्थव्यवस्था का लाभ मिल सके। इसके बाद, एनपीपीपी-2012 को लागू करने के लिए 2013 में एक नया ड्रग्स (मूल्य नियंत्रण) ऑर्डर अधिसूचित किया गया ताकि आवश्यक दवाओं की राष्ट्रीय सूची-2011 (एनएलईएम-2011) के अनुसार विशिष्ट खुराकों व शक्तियों के मूल्य नियंत्रित किए जा सकें। इसे एनएलईएम-2015 में शामिल की गई दवाओं को शामिल करने के लिए संशोधित किया गया। उपरोक्त सूची स्वास्थ्य एवं परिवार कल्याण मंत्रालय की ओर से प्राप्त की गई थी, जिसने चिकित्सा संबंधी उत्पादों के इस्तेमाल के सम-सामयिक ज्ञान के संदर्भ में राष्ट्रीय आवश्यक दवा सूची (एनएलईएम-2011) के संशोधन की समीक्षा व सिफारिश के लिए एक एक्सपर्ट कोर कमेटी गठित की थी।

चिकित्सा उपकरण उद्योग

चिकित्सा उपकरण उद्योग एक विविध उत्पादों वाला उद्योग है जो विभिन्न प्रकार के उपकरण बनाता है। चिकित्सा उपकरणों और डायग्नोस्टिक्स के क्षेत्र में भारत एक बड़े बाजार के तौर पर बढ़ रहा है। भारतीय चिकित्सा उपकरण उद्योग करीब 70 प्रतिशत तक आयात पर निर्भर है। अत्यंत उन्नत प्रौद्योगिकी वाले नए उपकरण और प्रौद्योगिकी एक अच्छी तरह से विकसित ढांचे में बनते हैं, जिसे भारत में उपलब्ध कराने की जरूरत है ताकि देशी उद्योग को बढ़ावा दिया जा सकते और आयात पर निर्भरता को कम किया जा सके। सितंबर 2014 में भारत सरकार ने मेक इन इंडिया, कार्यक्रम शुरू किया था जिसका उद्देश्य भारत को विनिर्माण का एक वैश्विक केंद्र बनाना था और इस प्रकार विदेशी प्रौद्योगिकी और पूंजी को भारत में लाना था।

भारत में चिकित्सा उपकरण बाजार का आकार

भारतीय चिकित्सा उपकरण बाजार 15.8 प्रतिशत सीएजीआर से 2009 में 2.02 अरब डॉलर (13,130 करोड़ रु.) से बढ़कर 2015 में 3.9 अरब डॉलर (25,259 करोड़ रु.) हो गया।

प्रधानमंत्री भारतीय जन औषधि परियोजना

जन औषधि योजना 2008 में शुरू की गई थी जिसका उद्देश्य बिक्री केंद्रों के माध्यम से जेनेरिक दवाइयां किफायती कीमतों पर बेचना था। इसके लिए देशभर के विभिन्न जिलों में जन औषधि स्टोर बनाए गए थे। इस योजना के कुछ उद्देश्य इस प्रकार हैं: बेहतर क्वालिटी की दवाइयां उपलब्ध कराना, अच्छी क्वालिटी की जेनेरिक दवाओं को ज्यादा लोगों तक पहुंचाना ताकि प्रतिव्यक्ति इलाज की यूनिट लागत को कम किया जा सके, शिक्षा और प्रचार के माध्यम से जेनेरिक दवाओं के बारे में जागरुकता पैदा करना ताकि क्वालिटी का मतलब केवल ऊंची कीमत न हो।

पहला जन औषधि स्टोर 2008 में अमृतसर, पंजाब में खोला गया था। इस योजना का मूल लक्ष्य देश के हर जिले में जन औषधि स्टोर खोलना था। हाल ही में, प्रधानमंत्री जन औषधि योजना, (पीएमजेएवाई) का नाम बदलकर प्रधानमंत्री भारतीय जन औषधि परियोजना, (पीएमबीजेपी) और प्रधानमंत्री जन औषधि केंद्र (पीएमजेएके) का नाम प्रधानमंत्री भारतीय जन औषधि केंद्र (पीएमबीजेके) कर दिया गया।

इंडियन ड्रग्स एंड फार्मास्युटिकल लिमिटेड

भारतीय ड्रग्स एंड फार्मास्युटिकल लिमिटेड (आईडीपीएल) की स्थापना 1961 में की गई थी, जिसका प्राथमिक उद्देश्य आवश्यक जीवनरक्षक दवाओं में आत्मनिर्भरता हासिल करना था। कंपनी के पास इस समय तीन विनिर्माण इकाइयां हैं- एक ऋषिकेश (उत्तराखंड), एक हैदराबाद (आंध्र प्रदेश) और एक गुड़गांव (हरियाणा) में। आईडीपीएल की पूर्ण स्वामित्व वाली दो सहायक कंपनियां हैं जिनके नाम हैं आईडीपीएल लिमिटेड, चेन्नई (तमिलनाडु) और मुजफ्फरपुर (बिहार) में बिहार ड्रग्स एंड ऑर्गेनिक केमिकल्स लिमिटेड। इसके अलावा आईडीपीएल के पास दो संयुक्त उपक्रम हैं जिन्हें संबंधित राज्य सरकारें मदद देती हैं। ये हैं- राजस्थान ड्रग्स एंड फार्मास्युटिकल्स लिमिटेड (आरडीपीएल), जयपुर और ओडिशा ड्रग्स एंड केमिकल्स लिमिटेड (ओडीसीएल), भुवनेश्वर। हालांकि सरकार ने आरडीपीएल को आईडीपीएल से अलग करने का निर्णय लिया है और अलग करने की प्रक्रिया अभी चल रही है।

बंगाल केमिकल्स एंड फार्मास्युटिकल्स लिमिटेड

बंगाल केमिकल्स एंड फार्मास्युटिकल्स लिमिटेड (बीसीपीएल) पहले निजी क्षेत्र की एक बीमार कंपनी थी जिसका नाम बंगाल केमिकल्स एंड फार्मास्युटिकल्स वर्क्स था। 1961 में बंगाल केमिकल्स एंड फार्मास्युटिकल्स के नाम से सार्वजनिक क्षेत्र की कंपनी बना दी गई। कंपनी की चार विनिर्माण इकाइयां माणिक लाल, कोलकाता, उत्तरी 24 परगना (प. बंगाल), मुंबई (महाराष्ट्र) और कानपुर (उत्तर प्रदेश) में हैं। यह कंपनी विभिन्न प्रकार के औद्योगिक रसायनों का निर्माण और बिक्री करती है, सौंदर्य प्रसाधनों और घरेलू उत्पादों के अलावा विभिन्न प्रकार की दवाएं और औषधियां भी बनाती है। इसके लोकप्रिय घरेलू उत्पादों में कैंथराइडिन हेयर ऑयल और लैंप ब्रांड फिनायल प्रमुख हैं।

खनिज

खान मंत्रालय प्राकृतिक गैस, पेट्रोलियम और परमाणु खनिजों को छोड़कर सभी खनिजों के सर्वेक्षण एवं उत्खनन के लिए , एल्युमिनियम, तांबा, जिंक, सीसी, सोना, निकल इत्यादि जैसे गैर-लौह धातुओं के खनन और धातु शोधन के लिए तथा खान एवं खनिज (विनियमन और विकास) अधिनियम 1957 और उसके अंतर्गत प्राकृतिक गैस, पेट्रोलियम और परमाणु खनिजों को छोड़कर सभी खानों व खनिजों के संबंध में बनाए गए नियमों के साथ-साथ तटीय क्षेत्र खनिज (विनियमन एवं विकास) अधिनियम 2002 और इसके अंतर्गत बनाए गए नियमों के प्रशासन के लिए जिम्मेदार है।

खान मंत्रालय जिन कार्यों के लिए जिम्मेदार है, वे हैं: समय-समय पर संसद द्वारा या संसद द्वारा बनाए गए किसी कानून के अंतर्गत भारत की सीमा में आने वाले क्षेत्र के भीतर खानों के नियमन खनिजों के विकास के लिए कानून बनाना। इसमें समुद्री क्षेत्र या महाद्वीपीय सीमा या विशेष आर्थिक क्षेत्र और भारत के अन्य सामुद्रिक क्षेत्र के भीतर पानी के नीचे स्थित खान और खनिज शामिल हैं; कोयला,

लिग्नाइट और रेत के अलावा खानों के लिए विनियमन और खनिजों के विकास और कानून द्वारा घोषित परमाणु ऊर्जा अधिनियम, 1962 (1962 का 33) के उद्देश्य के लिए उल्लिखित किसी अन्य खनिज के साथ विभिन्न राज्यों में खनिजों के विकास एवं विनियमन से जुड़े प्रश्न और उनसे जुड़े मामले; किसी अन्य मंत्रालय/विभाग को विशेष रूप से आवंटित नहीं की गई धातुएं एवं खनिज जैसे- एल्युमिनियम, जस्ता, तांबा, सोना, हीरा, सीसा और निकल; मंत्रालय के साथ मिलकर काम करने वाले सभी उद्योगों का नियोजन, विकास, नियंत्रण और सहायता; भारतीय भू वैज्ञानिक सर्वेक्षण तथा भारतीय खान ब्यूरो का प्रशासन और प्रबंधन।

खनिज कानून और सुधार

खानों एवं खनिजों के विकास एवं विनियमन के लिए केंद्रीय कानून खान एवं खनिज (विकास एवं नियमन) अधिनियम (एमएमडीआर), 1957 है जो 1958 से लागू हुआ। एमएमडीआर की धारा 13 प्रमुख खनिजों को खनिज छूट देने के लिए विनियमन संबंधी कानून बनाने का अधिकार सरकार को देती है। खनिज छूट नियम, 1960 इसके अनुसार ही बनाए गए हैं। यह पर्यावरण की रक्षा के लिए और खनिजों के व्यवस्थित विकास एवं संरक्षण के लिए नियम बनाने का अधिकार सरकार को देती है जिसके अनुसार खनिज संरक्षण एवं विकास नियम, 1988 बनाया गया। एमएमडीआर, 1957 अधिनियम की धारा 15 छोटे खनिजों के संबंध में पट्टे का आवंटन करने, खनन पट्टे का आवंटन या अन्य खनिज रियायतों के विनियमन के लिए नियम बनाने की अनुमति राज्य सरकारों को देती है जिसके अनुसार सभी राज्य सरकारों और कुछ केंद्रशासित प्रदेशों ने इस संबंध में अपने-अपने नियम बनाए हैं।

एमएमडीआर अधिनियम, 1957 के तहत अधिकार देने वाली अलग-अलग धाराओं के अंतर्गत दिए गए अधिकारों का इस्तेमाल करते हुए केंद्र सरकार की ओर से निम्नलिखित नियम बनाए गए और उपरोक्त अधिनियम के नए संशोधित प्रावधान को प्रभावी बनाने तथा खनन क्षेत्र को बल देने के लिए अधिसूचित किए गए। नए नियम इस प्रकार हैं: खनिज (खनिज सामग्री के प्रमाण) नियम 2015; खनिज (गैर-विशेष टोह परमिट), 2015; खनिज (नीलामी) नियम, 2015; और खनिज (सरकारी कंपनियों द्वारा खनन) नियम, 2015; खान एवं खनिज (जिला खनिज फाउंडेशन को योगदान) नियम, 2015; राष्ट्रीय अन्वेषण ट्रस्ट नियम, 2015; खनिज (परमाणु एवं हाइड्रोकॉर्बन ऊर्जा खनिज छूट) नियम, 2016; खनिज (सीमित उद्देश्य के लिए नीलामी द्वारा मंजूर खनन लीज़ का हस्तांतरण) नियम, 2016; परमाणु खनिज छूट नियम, 2016; और खनिज संरक्षण एवं विकास नियम, 2017।

राष्ट्रीय खनिज अन्वेषण नीति

सरकार ने राष्ट्रीय खनिज अन्वेषण नीति, 2016 (एनएमईपी) बनाई जो देश के खनिज संसाधनों (गैर-ईंधन और गैर-कोयला) की गहन खोज को सुनिश्चित करने के लिए सरकार की रणनीति का उल्लेख करती है और उसकी कार्ययोजना के बारे में बताती है। एनएमईपी का मुख्य लक्ष्य निजी क्षेत्र की बढ़ी हुई भागीदारी के जरिए देश में खनिजों के अन्वेषण को तेज करना है।

पारदर्शिता, नीलामी, निगरानी और संसाधन संवर्धन

खनिज ब्लॉक आवंटित होने के बाद जरूरी विभिन्न मंजूरियों को दिलाने में सहयोग करने और उसे तेज करने के लिए एक अंतर-मंत्रालयी समूह गठित किया गया है जो उत्खनन का काम जल्दी शुरू करने के

लिए जरूरी मंजूरियों में तेजी लाएगा। मंत्रालय ने एक पारदर्शिता, नीलामी, निगरानी और संसाधन संवर्धन (टीएएमआरए) पोर्टल और मोबाइल एप्लीकेशन विकसित किया है। सांविधिक/अन्य मंजूरियों के लिए समय के नियोजन में सभी पक्षों के बीच आपसी संवाद के लिए एक मंच का काम करेगा।

खदानों की स्टार रेटिंग

खान मंत्रालय ने स्थायी विकास ढांचा (एसडीएफ) लागू करने के लिए 2016 में खदानों/खनन पट्टों की स्टार रेटिंग की योजना शुरू की। स्टार रेटिंग तकनीकी, सामाजिक-आर्थिक और पर्यावरणगत मानदंडों पर खदानों के प्रदर्शन के मूल्यांकन के आधार पर दी जाती हैं और उनके गतिविधियों की वस्तुपरक रिपोर्टिंग देती हैं।

खनन निगरानी सिस्टम

अवैध खनन के खतरे को रोकने के लिए एक उपग्रह-आधारित निगरानी सिस्टम (एमएसएस) विकसित किया गया और शुरू किया गया जिसका उद्देश्य स्वत: दूर संवेदी खोज तकनीकी के जरिए एक प्रभावी खनिज प्रशासन की व्यवस्था स्थापित करना है। उपग्रह से मिली ताजा छवियों का भू-संदर्भित खनन लीज़ मानचित्र से मिलान किया जाता है ताकि क्षेत्र में किसी अवैध खनन का पता लगाया जा सके।

बॉक्साइट

संयुक्त राष्ट्र प्रारूप वर्गीकरण (यूएनएफसी) के मुताबिक 2015 में बॉक्साइट का कुल संसाधन 38,970 लाख टन है। इन संसाधनों में 6,560 लाख टन भंडार और 32,400 लाख टन शेष संसाधन शामिल हैं। ग्रेड के अनुसार करीब 80 प्रतिशत संसाधन धातु-शोधन ग्रेड के हैं। असाध्य किस्म के संसाधन और रासायनिक ग्रेड सीमित मात्रा में हैं जिनकी कुल संख्या करीब 5 प्रतिशत है। राज्यों के अनुसार, अकेले ओडिशा में देश के कुल बॉक्साइट का 51 प्रतिशत संसाधन है, जिसके बाद आंध्र प्रदेश (16 प्रतिशत), गुजरात (9 प्रतिशत), झारखंड (6 प्रतिशत), महाराष्ट्र (5 प्रतिशत), छत्तीसगढ़ और मध्य प्रदेश (प्रत्येक 4 प्रतिशत) का स्थान आता है। बॉक्साइट के बड़े संसाधन ओडिशा और आंध्र प्रदेश में पूर्वी समुद्रतट के भंडारों में हैं।

क्रोमाइट

संयुक्त राष्ट्र प्रारूप वर्गीकरण (यूएनएफसी) प्रणाली के मुताबिक, 2015 में क्रोमाइट का कुल संसाधन करीब 3,440 लाख टन होने का अनुमान था जिसमें 1,020 लाख टन भंडार (30 प्रतिशत) और 2,420 लाख टन शेष संसाधन (70 प्रतिशत) था। क्रोमाइट के करीब 90 प्रतिशत संसाधन ओडिशा में हैं, ज्यादातर जाजपुर और क्योंझर जिलों के सुकिंदा घाटी में स्थित हैं। छोटे भंडार मणिपुर, नगालैंड, कर्नाटक, झारखंड, महाराष्ट्र, तमिलनाडु , आंध्र प्रदेश और तेलंगाना में बिखरे हुए हैं। ग्रेड के हिसाब से चार्ज-क्रोम ग्रेड की मात्रा 31 प्रतिशत है, जिसके बाद फेरोक्रोम ग्रेड (18 प्रतिशत), लाभप्रद ग्रेड (25 प्रतिशत) और असाध्य ग्रेड (14 प्रतिशत) का नंबर आता है। निम्न, अन्य, गैर-वर्गीकृत और अज्ञात ग्रेड की कुल मात्रा 13 प्रतिशत है।

तांबा

2015 में तांबे के अयस्क का कुल संसाधन 15,115 लाख टन है जिसमें करीब 121.6 लाख टन तांबा धातु है। इसमें से 2077.70 लाख टन (13.74 प्रतिशत) आरक्षित श्रेणी में आता है जिसमें करीब

27.30 लाख टन तांबा है और शेष 13,037.30 लाख टन (86.26), शेष संसाधन, हैं जिनमें 94.20 लाख टन तांबा है। राजस्थान में सबसे ज्यादा 8,133.30 लाख टन तांबे का अयस्क (54 प्रतिशत) है जिसमें 44.80 लाख टन तांबा है। इसके बाद मध्य प्रदेश 2834.30 लाख टन अयस्क (19 प्रतिशत) और 34.20 लाख टन तांबा, झारखंड 2953.90 लाख टन अयस्क (20 प्रतिशत) और 32.80 लाख टन तांबा, और शेष 7 प्रतिशत आंध्र प्रदेश, गुजरात, हरियाणा, कर्नाटक, महाराष्ट्र, मेघालय, नगालैंड, ओडिशा, सिक्किम, तमिलनाडु, तेलंगाना, उत्तराखंड और पश्चिम बंगाल में बिखरे हैं।

सोना

यूएनएफसी प्रणाली के अनुसार, 2015 में सोने का कुल संसाधन (प्राथमिक एवं प्लेसर) देश में 5,279.60 लाख टन था। इसमें से 172.30 लाख टन आरक्षित श्रेणी में रखे गए थे और शेष 5,107.30 लाख टन शेष संसाधन की श्रेणी में। सोने (प्राथमिक) का कुल संसाधन, धातु के मामले में, 654.74 टन था। इसमें से 70.09 टन आरक्षित श्रेणी में रखा गया था और 584.65 टन शेष संसाधन की श्रेणी में। इन संसाधनों में प्लेसर टाइप के सोने का अयस्क केरल में है जो अनुमानित 261.20 लाख टन है और इसमें 5.86 टन सोना धातु है।

राज्यवार देखें तो सोने के अयस्क (प्राथमिक) का सबसे बड़ा संसाधन बिहार (44 प्रतिशत) में है, जिसके बाद राजस्थान (25 प्रतिशत) और कर्नाटक (21 प्रतिशत), पश्चिम बंगाल और आंध्र प्रदेश (प्रत्येक 3 प्रतिशत), तेलंगाना और मध्य प्रदेश (प्रत्येक 2 प्रतिशत) का नंबर आता है। शेष बहुत कम मात्रा छत्तीसगढ़, झारखंड, केरल, महाराष्ट्र और तमिलनाडु में है। धातु की मात्रा के मामले में कर्नाटक सबसे ऊपर है जिसके बाद राजस्थान, बिहार, आंध्र प्रदेश, झारखंड आदि का स्थान आता है।

लौह अयस्क

हेमाटाइट और मैगनेटाइट भारत में सबसे महत्वपूर्ण लौह अयस्क हैं। करीब 50 प्रतिशत हेमाटाइट अयस्क के भंडार पूर्वी सेक्टर में पाए जाते हैं। करीब 92 प्रतिशत मैगनेटाइट अयस्क के भंडार दक्षिणी सेक्टर में हैं, खासकर कर्नाटक में। हेमाटाइट को उसके ऊंचे ग्रेड के कारण बेहतर माना जाता है। हेमाटाइट के भारतीय भंडार प्री–कैंब्रियन लौह अयस्क सीरीज के हैं और यह अयस्क बैंडेड लौह अयस्क फारमेशन के अंतर्गत हैं जो विशाल चट्टानों, परतदार, भुरभुरे और चूर्ण के रूप में भी होते हैं।

यूएनएफसी प्रणाली के मुताबिक, 2015 में हेमाटाइट का कुल संसाधन 2,24,870 लाख टन होने का अनुमान था। इसमें से 54,420 लाख टन (24 प्रतिशत), आरक्षित श्रेणी में हैं और शेष 17,0450 लाख टन (76 प्रतिशत), शेष संसाधन की श्रेणी में हैं। ग्रेड के हिसाब से गांठों का हिस्सा करीब 56 प्रतिशत, कोमल (फाइन) 21 प्रतिशत है, गांठ और कोमल 13 प्रतिशत और शेष 10 प्रतिशत काला लौह अयस्क, अज्ञात व अन्य ग्रेड के हैं। हेमाटाइट के बड़े संसाधन ओडिशा में स्थित हैं जो अनुमानित 75,590 लाख टन (34 प्रतिशत), इसके बाद झारखंड–52,860 लाख टन (24 प्रतिशत), छत्तीसगढ़–48,580 लाख टन (22 प्रतिशत), कर्नाटक–24,870 लाख टन (11 प्रतिशत) और गोवा–11,890 लाख टन (5 प्रतिशत) का स्थान आता है। हेमाटाइट के शेष संसाधन आंध्र प्रदेश, असम, बिहार, महाराष्ट्र, मध्य प्रदेश, मेघालय, राजस्थान और उत्तर प्रदेश में हैं।

मैग्नेटाइट एक अन्य मुख्य लौह अयस्क है। यह भी ऑक्साइट के रूप में मिलता है। यूएनएफसी प्रणाली के अनुसार 2015 में मैग्नेटाइट का कुल संसाधन 1,97,890 लाख टन था जिसमें, आरक्षित, का हिस्सा केवल 530 लाख टन है जबकि 1,07,360 लाख टन को, शेष संसाधनों, में रखा गया है। ग्रेड के आधार पर 20 प्रतिशत संसाधन शोधन ग्रेड के हैं जबकि 80 प्रतिशत संसाधन गैर-वर्गीकृत, अज्ञात और अन्य ग्रेड में आते हैं। कोल वाशरी और फाउंड्री ग्रेड का अनुपात बहुत कम है। भारत के 96 प्रतिशत मैग्नेटाइट संसाधन चार राज्यों- कर्नाटक 78,020 लाख टन (72 प्रतिशत), आंध्र प्रदेश 13,920 लाख टन (13 प्रतिशत), राजस्थान 6170 लाख टन (6 प्रतिशत), और तमिलनाडु 5,070 लाख टन (5 प्रतिशत)। बाकी का 4 प्रतिशत असम, बिहार, गोवा, झारखंड, केरल, महाराष्ट्र, मेघालय और नगालैंड को मिलाकर है।

सीसा और जस्ता

यूएनएफसी प्रणाली के अनुसार 2015 में सीसा और जस्ता के अयस्कों का कुल संसाधन 7494.60 लाख टन था। इसमें से 1,061.20 लाख टन आरक्षित श्रेणी में है और शेष 6,433.40 लाख टन (86 प्रतिशत), शेष संसाधन की श्रेणी में हैं। अयस्क के संसाधन, जिसमें 10 प्रतिशत से ज्यादा सीसा और जस्ता था, उसकी मात्रा अनुमानित 1243.30 लाख टन थी और 5 से 10 प्रतिशत सीसा व जस्ता वाले संसाधन की मात्रा 3298.80 लाख टन थी, 5 प्रतिशत से कम सीसा व जस्ता वाले संसाधन की मात्रा 2,953.50 लाख टन थी।

राजस्थान में सीसा और जस्ता का संसाधन सबसे ज्यादा 6,703.40 लाख टन (89.44 प्रतिशत) था, जिसके बाद आंध्र प्रदेश 226.90 लाख टन (3.02 प्रतिशत), मध्य प्रदेश 148.40 लाख टन (1.98 प्रतिशत), बिहार 114.30 लाख टन (1.52 प्रतिशत) और महाराष्ट्र 92.70 लाख टन (1.24 प्रतिशत) था। गुजरात, मेघालय, ओडिशा, सिक्किम, तमिलनाडु, उत्तराखंड और पश्चिम बंगाल में भी इसके संसाधनों का अनुमान है।

मैगनीज़ अयस्क

यूएनएफसी प्रणाली के अनुसार, देश में 2015 में मैगनीज़ का कुल संसाधन 4,960 लाख टन था। इसमें से 940 लाख टन को आरक्षित श्रेणी में रखा गया है और बाकी 4,020 लाख टन शेष की श्रेणी में। ग्रेड के हिसाब से फेरो-मैगनीज़ की मात्रा 7 प्रतिशत, मीडियम ग्रेड 11 प्रतिशत, बीएफ ग्रेड 28 प्रतिशत और शेष 54 प्रतिशत निम्न, अन्य और अज्ञात ग्रेड में आते हैं जिनमें 1.70 लाख टन बैटरी/रासायनिक ग्रेड शामिल है।

राज्यों के हिसाब से ओडिशा 44 प्रतिशत हिस्से के साथ सबसे ऊपर है, जिसके बाद कर्नाटक 22 प्रतिशत, मध्य प्रदेश 12 प्रतिशत, महाराष्ट्र और गोवा प्रत्येक 7 प्रतिशत, आंध्र प्रदेश 4 प्रतिशत और झारखंड 2 प्रतिशत का स्थान आता है। राजस्थान, गुजरात और पश्चिम बंगाल को मिलाकर करीब 2 प्रतिशत संसाधन है।

निकल

ओडिशा के जाजपुर जिले की सुकिंदा घाटी में क्रोमाइट की परतों में निकेलिफेरस लिमोनाइट मिलता है जो ऑक्साइड के रूप में होता है। इसके उपयोग के लिए कोई समुचित तरीका विकसित किया जा रहा

है। झारखंड के पूर्वी सिंहभूमि में निकल तांबे के खनिजीकरण के साथ सल्फाइड के रूप में भी होता है। इसके अलावा यह झारखंड के जाडुगुडा में यूरेनियम के भंडारों के साथ भी पाया जाता है। कर्नाटक, केरल और राजस्थान में भी निकल होने की खबरें हैं। समुद्र के तल में पॉलीमेटालिक नोड्यूल निकल के एक अन्य स्रोत हैं। यूएनएफसी के अनुसार, 2015 में निकल का कुल संसाधन 1,890 लाख टन आंका गया था। करीब 92 प्रतिशत यानी 1,750 लाख टन अकेले ओडिशा में है। बाकी 8 प्रतिशत संसाधन झारखंड (90 लाख टन) और नगालैंड (50 लाख टन) में हैं। कर्नाटक (2.30 लाख टन) में भी निकल का मामूली-सा संसाधन मिलता है।

टंगस्टन

यूएनएफसी प्रणाली के अनुसार 2015 में टंगस्टन अयस्क का कुल संसाधन 874 लाख टन था, जिनमें 1,42,094 टन डब्ल्यूओ3 (टंगस्टन ऑक्साइड) सामग्री थी। इन सभी संसाधनों को शेष संसाधनों, की श्रेणी में रखा गया है। इसके संसाधन मुख्य रूप से कर्नाटक (42 प्रतिशत), राजस्थान (27 प्रतिशत), आंध्र प्रदेश (17 प्रतिशत) और महाराष्ट्र (9 प्रतिशत) में पाए जाते हैं। बाकी 5 प्रतिशत संसाधन हरियाणा, तमिलनाडु, उत्तराखंड और पश्चिम बंगाल में हैं। राजस्थान के देगाना में शिरानुमा भंडारों में (वेन डिपॉजिट्स) डब्ल्यूओ3 सामग्री 0.13 से लेकर 0.80 प्रतिशत तक पाई जाती है जबकि बजरी वाले भंडारों में यह औसतन 0.04 प्रतिशत होती है। राजस्थान के सिरोही भंडार में डब्ल्यूओ3 सामग्री 0.18 से 0.51 प्रतिशत तक है।

बैराइट

यूएनएफसी प्रणाली के अनुसार 2015 में बैराइट का कुल संसाधन 867 लाख टन था जिसमें 59.2 प्रतिशत आरक्षित श्रेणी में और 40.8 प्रतिशत शेष श्रेणी में रखा गया है। ग्रेड के अनुसार 64 प्रतिशत संसाधन तेल-कूप ड्रिलिंग ग्रेड का है और उसके बाद 6 प्रतिशत रासायनिक ग्रेड, 0.5 प्रतिशत पेंट ग्रेड, 27 प्रतिशत निम्न ग्रेड है। करीब 2.5 प्रतिशत संसाधन अन्य, गैर-वर्गीकृत और अज्ञात श्रेणी के हैं। आंध्र प्रदेश में देश के कुल बैराइट संसाधन का 92 प्रतिशत भाग है जिसके बाद तेलंगाना और राजस्थान का स्थान आता है।

हीरा

देश में हीरे की उपस्थिति प्रागैतिहासिक काल से है। इस समय भारत में हीरे के खानों को चार क्षेत्रों में बांटा जाता है: (1) आंध्र प्रदेश का दक्षिण भारतीय क्षेत्र, जिसमें अनंतपुर, कडप्पा, गुंटूर, कृष्णा और कुरनूल जिलों और तेलंगाना के महबूब नगर जिले के हिस्से आते हैं, (2) मध्य प्रदेश का मध्य भारतीय क्षेत्र, जिसमें पन्ना इलाका और छतरपुर जिला आता है, (3) छत्तीसगढ़ के रायपुर जिले में बेहरादीन-कोडावली इलाका और बस्तर जिले में टोकापाल, डूगापाल आदि इलाका और (4) मुख्य रूप से ओडिशा का पूर्वी भारतीय क्षेत्र, जो महानदी और गोदावरी घाटियों के बीच पड़ता है।

यूएनएफसी प्रणाली के अनुसार, 2015 में भारत में हीरे का कुल संसाधन करीब 318.40 लाख कैरेट था। इसमें से 96 लाख कैरेट को आरक्षित श्रेणी में रखा गया है और 308.70 लाख कैरेट शेष श्रेणी में रखा गया है। ग्रेड के अनुसार करीब 2.38 प्रतिशत संसाधन रत्न किस्म के हैं, 2.64 प्रतिशत औद्योगिक किस्म के और 95 प्रतिशत संसाधन गैर-वर्गीकृत श्रेणी में आते हैं। राज्यों के हिसाब से देखें

तो मध्य प्रदेश में अकेले 90.18 प्रतिशत संसाधन हैं, जिसके बाद आंध्र प्रदेश (5.73 प्रतिशत) और छत्तीसगढ़ (4.10 प्रतिशत) का स्थान आता है।

डोलोमाइट

डोलोमाइट पूरे देश में पाया जाता है। यूएनएफसी के अनुसार, 1.4.2015 में डोलोमाइट का कुल संसाधन 84,150 लाख टन था। इसमें से 6,790 लाख टन आरक्षित श्रेणी में रखा गया है। करीब 88 प्रतिशत संसाधन आठ राज्यों में थे: मध्य प्रदेश (27 प्रतिशत), आंध्र प्रदेश (15 प्रतिशत), छत्तीसगढ़ (11 प्रतिशत), ओडिशा (10 प्रतिशत), कर्नाटक और राजस्थान (प्रत्येक 7 प्रतिशत), गुजरात (6 प्रतिशत) और महाराष्ट्र (5 प्रतिशत)। बाकी 12 प्रतिशत संसाधन अरुणाचल प्रदेश, झारखंड, हरियाणा, सिक्किम, तमिलनाडु, उत्तराखंड, उत्तर प्रदेश और पश्चिम बंगाल में बंटे हैं।

फायर-क्ले (ऊष्मारोधी मिट्टी)

भारत में फायर-क्ले के पर्याप्त भंडार हैं। इसके सबसे ज्यादा भंडार आंध्र प्रदेश के लोवर गोंडवाना के कोयला खदानों में कोयले की परतों के साथ मिलते हैं। इसके अलावा झारखंड, पश्चिम बंगाल, मध्य प्रदेश, और तमिलनाडु में नेवेली के लिग्नाइट कोयला खदानों में भी ये मिलते हैं। कुछ बड़े भंडार, जो कोयला खदानों से जुड़े नहीं हैं, गुजरात, मध्य प्रदेश के जबलपुर, और ओडिशा के बेलपहाड़-सुंदरगढ़ इलाके में हैं।

यूएनएफसी प्रणाली के अनुसार, 2015 में फायर-क्ले का कुल संसाधन और भंडार 7,230 लाख टन था। इसमें से अकेले ओडिशा में 24 प्रतिशत था, इसके बाद मध्य प्रदेश (18 प्रतिशत), तमिलनाडु (16 प्रतिशत), झारखंड (9 प्रतिशत), राजस्थान व गुजरात (प्रत्येक 8 प्रतिशत) का नंबर आता है। ग्रेड के हिसाब से कठोर-प्लास्टिक ग्रेड सबसे ज्यादा 37 प्रतिशत है, जिसके बाद कठोर-अनिर्दिष्ट (14 प्रतिशत) और कठोर गैर-प्लास्टिक, सेमी-प्लास्टिक (16 प्रतिशत) का स्थान आता है। शेष 33 प्रतिशत अन्य, अवर्गीकृत और अज्ञात ग्रेड की श्रेणी में आते हैं।

फ्लोराइट

यूएनएफसी प्रणाली के अनुसार 2015 में फ्लोराइट का कुल संसाधन 188.8 लाख टन था। इसमें से 2.9 लाख टन आरक्षित श्रेणी में रखा गया है। राज्यों के हिसाब से गुजरात में 120 लाख टन के साथ कुल संसाधन का 66 प्रतिशत हिस्सा है। इसके बाद 52.40 लाख टन के साथ राजस्थान (29 प्रतिशत), 5.5 लाख टन के साथ छत्तीसगढ़ (3 प्रतिशत) और 3.9 लाख टन के साथ महाराष्ट्र (2 प्रतिशत) का स्थान है। ग्रेड के हिसाब से संसाधनों को बिक्री योग्य ग्रेड (81 प्रतिशत), निम्न ग्रेड (17 प्रतिशत) और गैर-वर्गीकृत ग्रेड (2 प्रतिशत) में बांटा जाता है।

जिप्सम

यूएनएफसी प्रणाली के अनुसार 2015 में भारत में जिप्सम खनिज का कुल संसाधन 13,300 लाख टन था जिसमें से 370 लाख टन आरक्षित श्रेणी में रखा गया है और 12,930 लाख टन शेष श्रेणी में। कुल संसाधनों में से उर्वरक/पॉटरी ग्रेड 80 प्रतिशत है और सीमेंट/पेंट ग्रेड 13 प्रतिशत। अवर्गीकृत और अज्ञात ग्रेड को मिलाकर 5 प्रतिशत संसाधन हैं। बाकी के 2 प्रतिशत संसाधन सर्जिकल प्लास्टर, मिट्टी शोधन ग्रेड में बंटे हैं। राज्यवार ढंग से देखें तो राजस्थान में अकेले 81 प्रतिशत और जम्मू-कश्मीर में 14 प्रतिशत

संसाधन हैं। बाकी 5 प्रतिशत तमिलनाडु , गुजरात, हिमाचल प्रदेश, कर्नाटक, उत्तराखंड, आंध्र प्रदेश और मध्य प्रदेश में बंटे हैं।

ग्रेफाइट

ग्रेफाइट के स्रोत वैसे तो कई राज्यों में मिलते हैं लेकिन आर्थिक महत्व की दृष्टि से यह आंध्र प्रदेश, झारखंड, कर्नाटक, केरल, ओडिशा, राजस्थान और तमिलनाडु में पाया जाता है। यूएनएफसी प्रणाली के अनुसार 2015 में ग्रेफाइट का कुल संसाधन 1,948.90 लाख टन था जिसमें से 79.60 लाख टन आरक्षित श्रेणी में और 1869.30 लाख टन शेष श्रेणी में रखा गया है। कुल संसाधन का 37 प्रतिशत हिस्सा अरुणाचल प्रदेश में है जिसके बाद जम्मू-कश्मीर (32 प्रतिशत), ओडिशा (10 प्रतिशत), झारखंड (9 प्रतिशत) और तमिलनाडु (4 प्रतिशत) का स्थान आता है। लेकिन भंडार के मामले में झारखंड 52 प्रतिशत के साथ पहले स्थान पर है और उसके बाद 41 प्रतिशत के साथ तमिलनाडु आता है।

लिमेनाइट

अन्य भारी खनिजों के साथ लिमेनाइट और रुटाइल समुद्री तटों की रेत भंडारों के महत्वपूर्ण घटक हैं जो पश्चिम में रत्नागिरि तट (महाराष्ट्र) से लेकर पूर्व में ओडिशा के तट पर पाए जाते हैं। ये खनिज मुख्य रूप से केरल, तमिलनाडु , ओडिशा और आंध्र प्रदेश में मिलते हैं।

यूएनएफसी प्रणाली के अनुसार, 2015 में लिमेनाइट (ल्युकोक्सीन समेत) का कुल संसाधन 3554.80 लाख टन था।

केओलिन

यूएनएफसी प्रणाली के अनुसार 2015 में देश में केओलिन (चीनी मिट्टी) का कुल संसाधन 29,412.50 लाख टन था। इसमें से 2294.70 लाख टन (8 प्रतिशत) आरक्षित श्रेणी में रखा गया है। ये संसाधन कई राज्यों में फैले हुए हैं, जिनमें केरल 23 प्रतिशत के साथ सबसे आगे है, उसके बाद राजस्थान (18 प्रतिशत), प. बंगाल (14 प्रतिशत), ओडिशा (10 प्रतिशत) और कर्नाटक (9 प्रतिशत) का नंबर आता है। ग्रेड के हिसाब से देखें तो करीब 26 प्रतिशत या 7,710 लाख टन सेरामिक/पॉटरी ग्रेड में आता है, 4 प्रतिशत को केमिकल, पेपर फिलर और सीमेंट ग्रेड में रखा जाता है और करीब 70 प्रतिशत या 20,400 लाख टन संसाधन मिश्रित, अवर्गीकृत, अन्य व अज्ञात ग्रेड में आता है।

कायनाइट एवं सिलिमैनाइट

यूएनएफसी प्रणाली के अनुसार 2015 में भारत में कायनाइट का कुल संसाधन 1,050 लाख टन था। राज्यवार ढंग से अकेले तेलंगाना में 46 प्रतिशत संसाधन हैं, जिसके बाद आंध्र प्रदेश (30 प्रतिशत), कर्नाटक (13 प्रतिशत) और झारखंड (7 प्रतिशत) का नंबर आता है। शेष 4 प्रतिशत संसाधन केरल, महाराष्ट्र, राजस्थान, तमिलनाडु और पश्चिम बंगाल में हैं। यूएनएफसी प्रणाली के अनुसार 2015 में सिलिमैनाइट का कुल संसाधन 702 लाख टन था। ये संसाधन मुख्य रूप से तमिलनाडु व ओडिशा (प्रत्येक 25 प्रतिशत), उत्तर प्रदेश (16 प्रतिशत), आंध्र प्रदेश (13 प्रतिशत), केरल (10 प्रतिशत) और असम (7 प्रतिशत) में मिलते हैं। बाकी के 4 प्रतिशत संसाधन झारखंड, कर्नाटक, मध्य प्रदेश, महाराष्ट्र, मेघालय, राजस्थान और पश्चिम बंगाल में हैं।

चूना पत्थर

यूएनएफसी प्रणाली के अनुसार 2015 में देश में चूना पत्थर का कुल संसाधन 20,32,250 लाख टन था। 27 प्रतिशत संसाधन के साथ कर्नाटक सबसे ऊपर है, जिसके बाद आंध्र प्रदेश और राजस्थान (प्रत्येक 12 प्रतिशत), गुजरात (10 प्रतिशत), मेघालय (9 प्रतिशत), तेलंगाना (8 प्रतिशत) और छत्तीसगढ़ (5 प्रतिशत) आता है। यूएनएफसी प्रणाली के अनुसार 2015 में देश में चाक या खड़िया मिट्टी का कुल संसाधन 67.5 लाख टन था जिसमें से 50.6 लाख टन (75 प्रतिशत) आरक्षित श्रेणी में रखा गया है और बाकी 16.9 लाख टन शेष श्रेणी में है।

अभ्रक

अभ्रक (माइका) वाले पिग्मेटाइट पत्थर मुख्य रूप से आंध्र प्रदेश, बिहार, झारखंड, महाराष्ट्र और राजस्थान में मिलते हैं। इसके अलावा गुजरात, हरियाणा, कर्नाटक, केरल, ओडिशा, तमिलनाडु और पश्चिम बंगाल में भी ये पत्थर मिलते हैं। यूएनएफसी प्रणाली के मुताबिक 2015 में इसका कुल संसाधन 63,53,020 लाख टन था। आंध्र प्रदेश 40 प्रतिशत संसाधन के साथ सबसे ऊपर था, जिसके बाद राजस्थान (28 प्रतिशत), ओडिशा (16 प्रतिशत), महाराष्ट्र (13 प्रतिशत), बिहार (2 प्रतिशत) और शेष (1 प्रतिशत से कम) झारखंड व तेलंगाना में है।

मैग्नेसाइट

यूएनएफसी प्रणाली के अनुसार 2015 में मैग्नेसाइट का कुल भंडार/संसाधन करीब 3,940 लाख टन था। सबसे ज्यादा संसाधन उत्तराखंड (59 प्रतिशत) में है, उसके बाद तमिलनाडु (25 प्रतिशत) और राजस्थान (14 प्रतिशत) का स्थान है। इसके अलावा आंध्र प्रदेश, हिमाचल प्रदेश, जम्मू-कश्मीर, कर्नाटक और केरल में भी इसके संसाधन हैं। तमिलनाडु में मैग्नेसाइट की उपस्थिति में चूने की मात्रा कम और सिलिका (पत्थर) की मात्रा ज्यादा है जबकि उत्तराखंड में चूने की मात्रा ज्यादा और सिलिका की मात्रा कम है।

फास्फेट खनिज

यूएनएफसी प्रणाली के अनुसार 2015 में एपेटाइट का कुल संसाधन 240.40 लाख टन था। इसकी सबसे ज्यादा मात्रा पश्चिम बंगाल (57 प्रतिशत) में है, जिसके बाद झारखंड (30 प्रतिशत) और मेघालय (5 प्रतिशत) है। बाकी 8 प्रतिशत संसाधन राजस्थान, आंध्र प्रदेश, गुजरात और तमिलनाडु में हैं।

यूएनएफसी प्रणाली के अनुसार 2015 में रॉक फॉस्फेट का कुल संसाधन 3,126.80 लाख टन था। कुल संसाधन का 34 प्रतिशत झारखंड, 31 प्रतिशत राजस्थान, 19 प्रतिशत मध्य प्रदेश, उत्तर प्रदेश और उत्तराखंड में 8-8 प्रतिशत है। गुजरात और मेघालय में भी थोड़े से संसाधन मिलते हैं।

अन्य खनिज

भारत में बड़ी मात्रा में मिलने वाले अन्य खनिज हैं बेंटोनाइट (राजस्थान, गुजरात, तमिलनाडु, झारखंड और जम्मू एवं कश्मीर), कोरंडम (कर्नाटक, आंध्र प्रदेश, राजस्थान, तमिलनाडु, तेलंगाना और छत्तीसगढ़), कैल्साइट (आंध्र प्रदेश, राजस्थान, मध्य प्रदेश, तमिलनाडु, हरियाणा, कर्नाटक, उत्तर प्रदेश और गुजरात),

मुल्तानी मिट्टी (राजस्थान, तेलंगाना, अरुणाचल प्रदेश, असम, मध्य प्रदेश और कर्नाटक), गारनेट या लाल मणि (तमिलनाडु, ओडिशा, आंध्र प्रदेश, राजस्थान और केरल), पाइराइट (बिहार, राजस्थान, कर्नाटक और हिमाचल प्रदेश, पश्चिम बंगाल और आंध्र प्रदेश), स्टीलाइट या सोपस्टोन (राजस्थान, उत्तराखंड, केरल, महाराष्ट्र, आंध्र प्रदेश और मध्य प्रदेश), वोलैस्टोनाइट (राजस्थान और गुजरात), ज़रिकोन (केरल, तमिलनाडु और ओडिशा की समुद्र तटीय रेत), क्वार्ट्ज एवं सिलिका खनिज और ग्रेनाइट लगभग सभी राज्यों में मिलते हैं। इसके अलावा देश में संगमरमर, स्लेट और बलुआ पत्थर भी बड़ी मात्रा में मिलते हैं। संगमरमर मुख्य रूप से राजस्थान, गुजरात, जम्मू-कश्मीर में और स्लेट आंध्र प्रदेश व हरियाणा में मिलता है।

भारतीय भूगर्भ सर्वेक्षण

देश में पृथ्वी विज्ञान का प्रमुख संगठन भारतीय भूगर्भ सर्वेक्षण (जीएसआई) सरकार, उद्योग और भू-वैज्ञानिक क्षेत्र को पृथ्वी विज्ञान के बारे में महत्वपूर्ण जानकारियां उपलब्ध कराता है। 1851 में मुख्य रूप से कोयले का अनुसंधान करने वाले विभाग के रूप में आरंभ हुए जीएसआई ने पिछले 166 वर्षों में अपनी गतिविधियों में कई गुना विस्तार किया है और राष्ट्र निर्माण के लगभग सभी क्षेत्रों में प्रत्यक्ष या अप्रत्यक्ष रूप से अपना योगदान किया है। स्वतंत्रता के बाद शानदार विकास करने वाले इस्पात, कोयला, धातु, सीमेंट एवं बिजली जैसे जीवंत उद्योग राष्ट्रीय विकास में जीएसआई के योगदान का बेहतरीन उदाहरण हैं।

जीएसआई के पास अब डेढ़ शताब्दी से भी ज्यादा समय में एकत्र की गई सबसे अधिक एवं व्यापक पृथ्वी विज्ञान संबंधी जानकारियां हैं। भारत सरकार द्वारा निर्धारित इसके परिचालन अधिकार पत्र में जीएसआई की गतिविधियों एवं दायित्वों का विवरण दिया गया है, जिसमें पृथ्वी विज्ञान से संबंधित लगभग सभी गतिविधियां शामिल हैं। राष्ट्रीय भूवैज्ञानिक सूचना एवं ज्ञान के आधार को भूमि, समुद्री एवं हवाई सर्वेक्षणों के माध्यम से तैयार एवं अद्यतन करना एवं उनका प्रसार करना जीएसआई का प्राथमिक लक्ष्य है।

जीएसआई की वर्तमान गतिविधियों में सतह की मैपिंग, हवाई एवं दूरसंवेदी सर्वेक्षण, तट से दूर सर्वेक्षण, खनिज एवं ऊर्जा संसाधनों का अन्वेषण, इंजीनियरिंग भूविज्ञान, भू-तकनीकी जांच, भू-पर्यावरणीय अध्ययन, जल संसाधनों का भू-विज्ञान, भू-जोखिमों का अध्ययन, अनुसंधान एवं विकास, प्रशिक्षण तथा क्षमता निर्माण एवं सूचना सेवाएं आदि शामिल हैं।

ओसीबीआईएस एंड नेशनल एयरो जियोफिजिकल मैपिंग प्रोग्राम

जीएसआई ने 2017 में एक ऑनलाइन कोर बिजनेस इंटीग्रेडेट सिस्टम (ओसीबीआईएस) शुरू किया जो एक अत्याधुनिक आईटी आधारित सिस्टम है और जिसमें एक ऑनलाइन डिजिटल प्लेटफार्म का इस्तेमाल करते हुए जीएसआई की सभी प्रमुख गतिविधियों को समाहित किया गया है। इस सिस्टम में डेटा संकलन से लेकर डेटा संचयन, विश्लेषण और वितरण तक जीएसआई के कार्यों को डिजिटल रूप में ग्रहण किया जाता है, साथ ही इसमें जीएसआई की सभी प्रशासनिक और वित्तीय गतिविधियां भी शामिल होती हैं। जीएसआई की सभी उपलब्ध भू-विज्ञान के डेटा को मुफ्त में देखने एवं हासिल करने के लिए जियोस्पैटियल प्लेटफार्म पर अपलोड कर दिया जाता है।

भारतीय खान ब्यूरो

1948 में स्थापित भारतीय खान ब्यूरो (आईबीएम) खान मंत्रालय के अधीन वैज्ञानिक एवं तकनीकी संगठन है जिस पर कोयला, पेट्रोलियम एवं प्राकृतिक गैस, परमाणु खनिजों एवं लघु खनिजों के अतिरिक्त खनिज संसाधनों के संरक्षण तथा व्यवस्थित अन्वेषण का सांविधिक और विकासात्मक दायित्व है।

भारतीय खान ब्यूरो खान एवं खनिज (विकास एवं नियमन) अधिनियम, 1957 (2015 में संशोधित) के प्रासंगिक प्रावधानों तथा खनिज सर्वेक्षण एवं विकास नियम, 2017 खनिज (परमाणु एवं हाइड्रो कार्बन ऊर्जा खनिजों को छोड़कर) छूट नियम, 2016 एवं पर्यावरण (संरक्षण) अधिनियम, 1986 और उनके अंतर्गत बनाए गए नियमों के अनुसार नियामक संबंधी कार्य करता है।

आईबीएम खनन उद्योग को खनिज संसाधनों का भू-वैज्ञानिक आकलन करने तथा बेनिफिसिएशन संयंत्रों समेत खनन परियोजनाओं की व्यवहार्यता रिपोर्ट तैयार करने की तकनीकी परामर्श सेवाएं प्रदान करता है। यह खनिजों का मानचित्र बनाता है और देशभर में पट्टे वाले क्षेत्र एवं फ्री होल्ड क्षेत्र में खनिज संसाधनों के भंडारों का आकलन करता है। यह खनन क्षेत्रों में सामुदायिक विकास कार्यक्रमों को प्रोत्साहन देता है। आईबीएम खान एवं खनिजों के डेटाबैंक के रूप में भी कार्य करता है और सांख्यिकीगत सूचनाओं को प्रकाशित करता है। यह खनिज जिंसों पर तकनीकी प्रकाशन/मोनोग्राफ/बुलेटिन भी तैयार करता है। यह खनिज उद्योग के सभी पक्षों व्यापार और कानून आदि के बारे में केंद्र एवं राज्य सरकारों को परामर्श देता है।

खान मंत्रालय के प्रशासनिक नियंत्रण में तीन सार्वजनिक उपक्रम (पीएसयू) हैं। नेशनल एल्युमिनियम कंपनी लिमिटेड (नालको) और हिंदुस्तान कॉपर लिमिटेड (एचसीएल) खनन एवं खनिज प्रसंस्करण के क्षेत्र में काम करते हैं और मिनरल एक्सप्लोरेशन कॉर्पोरेशन लिमिटेड (एमईसीएल) खनिजों की खोज के क्षेत्र में काम करता है।

नेशनल एल्युमिनियम कंपनी लिमिटेड

नेशनल एल्युमिनियम कंपनी लिमिटेड (नालको) इस्पात एवं खान मंत्रालय के अधीन नवरत्न श्रेणी का केंद्रीय सार्वजनिक उपक्रम है। सार्वजनिक क्षेत्र में इसकी स्थापना 7 जनवरी, 1981 को हुई थी और इसका पंजीकृत कार्यालय भुवनेश्वर में है। यह कंपनी समूह 'ए' का केंद्रीय सार्वजनिक उपक्रम है जो खनन, धातु एवं बिजली क्षेत्रों में एकीकृत व विविध क्षेत्रों में काम करता है। 2016-17 में इसका कुल बिक्री कारोबार 7,933 करोड़ रुपये था। नालको देश में सबसे बड़े एकीकृत बॉक्साइट-एल्युमिना-एल्युमिनियम-पॉवर-कॉम्प्लेक्स में से एक है। कंपनी के पास ओडिशा में कोरापुट जिले के दमनजोड़ी में 68.25 लाख टन वार्षिक क्षमता वाली बॉक्साइट खान एवं 21 लाख टन वार्षिक क्षमता (मानक क्षमता) वाली एल्युमिना रिफायनरी है तथा ओडिशा के अंगुल में 4.60 लाख टन वार्षिक क्षमता वाला एल्युमिनियम स्मेल्टर व 1,200 मेगावाट क्षमता वाला कैप्टिव बिजली संयंत्र भी है। एल्युमिना/एल्युमीनियम के निर्यात और कास्टिक सोडा के आयात के लिए विजाग बंदरगाह में नालको के पास परिवहन सुविधाएं भी हैं और वह कोलकाता तथा पारादीप बंदरगाहों पर भी सुविधाओं का उपयोग करती है। कंपनी के पंजीकृत कार्यालय दिल्ली, कोलकाता, मुंबई, चेन्नई और बंगलुरु में हैं तथा घरेलू विपणन के लिए देश में विभिन्न स्थानों पर उसके 11 गोदाम हैं।

नालको देश में सार्वजनिक क्षेत्र की पहली कंपनी है जिसने 1989 में लंदन मेटल एक्सचेंज (एलएमई) पर पंजीकरण कराकर बड़े स्तर पर अंतरराष्ट्रीय बाजार में कदम रखा था। कंपनी 1992 से बंबई स्टॉक एक्सचेंज (बीएसई) पर सूचीबद्ध है। आईएसओ 9001, आईएसओ 14001, ओएचएसएएस 18000 एवं एसए 8000 प्रमाणन के अतिरिक्त कंपनी ने ऊर्जा प्रमाणन प्रणाली के लिए आईएसओ 5001 मानक भी अपनाए हैं।

हिंदुस्तान कॉपर लिमिटेड

हिंदुस्तान कॉपर लिमिटेड (एचसीएल) खान मंत्रालय के प्रशासनिक नियंत्रण के अधीन भारत सरकार की मिनी रत्न कंपनी है जिसका गठन कंपनी अधिनियम, 1956 के अंतर्गत 1967 में किया गया था। तांबे के भंडार के उत्खनन और अन्वेषण से संबंधित सभी संयंत्रों, परियोजनाओं एवं अध्ययन को अपने हाथ में लेने के लिए भारत सरकार के इस उपक्रम की स्थापना की गई थी। राष्ट्रीय खनिज विकास निगम लिमिटेड से स्मेल्टिंग और रिफाइनिंग का अधिग्रहण भी इसमें शामिल था। यह तांबे का पूर्ण रूप से उत्पादन करने वाली देश की एकमात्र कंपनी है जो उत्खनन एवं तांबे को लाभकारी बनाने से लेकर स्मेल्टिंग, रिफाइनिंग तक और तांबे को बिक्री योग्य उत्पादों में ढालने तक सभी कार्य स्वयं करती है।

मिनरल एक्सप्लोरेशन कॉर्पोरेशन लिमिटेड

मिनरल एक्सप्लोरेशन कॉर्पोरेशन लिमिटेड (एमईसीएल) आईएसओ 9001-2008 प्रमाणन के साथ देश में सार्वजनिक क्षेत्र की उत्कृष्ट खनिज अन्वेषण कंपनी है। 1972 में अपने गठन के बाद से कंपनी ने विस्तृत खनिज अन्वेषण एवं खान विकास की 1,371 से अधिक परियोजनाएं पूरी की हैं राष्ट्रीय खनिज भंडार में 160 अरब टन खनिज संसाधनों की वृद्धि की है। यह सरकारी और निजी दोनों ही क्षेत्र में एक प्रमुख संगठन है जो एक ही स्थान पर खनिज अन्वेषण से संबंधित सारे कार्य करती है। 1972 में अपनी स्थापना के समय से एमईसीएल खनिज अन्वेषण की आधुनिक तकनीकों को अपनाते हुए अपनी क्षमता को लगातार बढ़ाती आ रही है और अब यह देश में अन्वेषण की एक प्रमुख एजेंसी बन गई है।

नेशनल इंस्टीट्यूट ऑफ रॉक मेकेनिक्स

एनआईआरएम पूरे दक्षिण एशिया में एकमात्र संस्थान है जो रॉक मेकेनिक्स में अनुसंधान के लिए बनाया गया है। 25 वर्षों से यह संस्थान उत्खनन, पनबिजली परियोजनाओं, परमाणु ऊर्जा परियोजनाओं, तेल एवं गैस सेक्टर और रेल, सड़क, एयरपोर्ट, अस्पताल आदि बुनियादी ढांचे की परियोजनाओं के प्राधिकरणों समेत विभिन्न केंद्रीय, राज्य सरकार की एजेंसियों को विशेषज्ञता मुहैया कराता है।

नेशनल इंस्टीट्यूट ऑफ माइनर्स हेल्थ

नेशनल इंस्टीट्यूट ऑफ माइनर्स हेल्थ, नागपुर (एनआईएचएस) खान मंत्रालय के अधीन स्थापित एक स्वायत्तशासी संस्थान है, जिसका उद्देश्य खनन एवं खनिज आधारित उद्योगों में कार्यरत लोगों में व्यावसायिक स्वास्थ्य को एवं व्यावसायिक बीमारियों के निरोध को प्रोत्साहित करना है। यह संस्थान व्यावसायिक स्वास्थ्य, कार्यस्थल की निगरानी से संबंधित अनुसंधान एवं विकासात्मक गतिविधियां चलाता है। संस्थान ने व्यावसायिक स्वास्थ्य और स्वच्छता के क्षेत्र में ब्रांड इमेज और व्यापक तकनीकी सहयोग सेवाएं उपलब्ध कराने की प्रतिष्ठा अर्जित कर ली है।

जवाहरलाल नेहरू एल्युमिनियम रिसर्च डेवलपमेंट एंड डिजाइन सेंटर

जवाहरलाल नेहरू एल्युमिनियम इंस्टीट्यूट (जेएनआरडीडीसी) भारत सरकार के खान मंत्रालय और यूएनडीपी के संयुक्त उपक्रम के रूप में 1989 में स्थापित उत्कृष्टता का केंद्र है जिसका उद्देश्य भारत में उभरते आधुनिक एल्युमिनियम उद्योग को अनुसंधान एवं विकास संबंधी सहायता उपलब्ध कराना है। यह केंद्र 1996 से काम कर रहा है। केंद्र को विज्ञान एवं प्रौद्योगिकी मंत्रालय के वैज्ञानिक एवं औद्योगिक अनुसंधान विभाग ने वैज्ञानिक एवं औद्योगिक अनुसंधान संगठन के रूप में मान्यता प्रदान की है। बॉक्साइट से लेकर तैयार उत्पाद तक सभी प्रकार का अनुसंधान एवं विकास एक ही स्थान पर करने वाला भारत का यह एकमात्र संस्थान है।

यह केंद्र बॉक्साइट, एल्युमिना और एल्युमिनियम के बुनियादी और व्यावहारिक क्षेत्रों में प्राइमरी और सेकंडरी दोनों ही एल्युमिनियम उत्पादकों को अनुसंधान एवं विकास की जरूरतों को पूरा करता है। जेएनएआरडीडीसी रेड मड, धातुमल एवं रद्दी आदि जैसे एल्युमिनियम उद्योग के अवशिष्टों का प्रभावी तरीके से उपयोग करके लाभकारी बनाने की प्रक्रिया, तकनीकी मूल्यांकन, बॉक्साइटों के उन्नतीकरण, बिजली की खपत व पर्यावरण का प्रदूषण कम करने के क्षेत्र में महत्वपूर्ण योगदान दिया है और प्रोसेस मॉडलिंग की सुविधा के साथ एल्युमिनियम उद्योग व पूरे देश के हित में काम किया है।

20 विधि और न्याय

विधि और न्याय मंत्रालय भारत सरकार का सबसे पुराना विभाग है। यह 1833 के समय का है- जब ब्रिटिश संसद ने चार्टर, 1833 अधिनियम बनाया था। इस अधिनियम में पहली बार एक ही प्राधिकार, गवर्नर जनरल ऑफ काउंसिल को विधायी शक्तियां प्रदान की गईं थीं। इस प्राधिकार के प्रभाव और इंडियन काउंसिल्स एक्ट 1861 की धारा 22 के अंतर्गत निहित अधिकारों से गवर्नर जनरल ऑफ काउंसिल ने वर्ष 1834 से वर्ष 1920 तक देश के लिए कानून बनाए। भारत सरकार अधिनियम, 1919 की शुरुआत के बाद गठित भारतीय विधानमंडल ने विधायी शक्तियों का प्रयोग किया। भारत सरकार अधिनियम, 1919 लागू होने के बाद इसके अंतर्गत गठित भारतीय विधायिका ने विधायी शक्तियों का इस्तेमाल किया। भारत सरकार अधिनियम, 1919 के बाद, भारत सरकार अधिनियम 1935 आया। भारतीय स्वतंत्रता अधिनियम, 1947 के पारित होने के साथ ही भारत एक स्वतंत्र राष्ट्र बन गया और इसकी विधायिका ने इंडिया (अस्थायी संविधान) आर्डर, 1947 द्वारा रूपांतरित भारत सरकार अधिनियम 1935 की धारा 100 के प्रावधानों के अंतर्गत 1947 से 1949 तक कानून बनाए। 26 जनवरी, 1950 को लागू भारत के संविधान के अंतर्गत संसद को विधायी शक्तियां प्रदान की गईं।

विधि और न्याय मंत्रालय में तीन विभाग हैं- विधि कार्य विभाग, विधायी विभाग और न्याय विभाग। विधि कार्य विभाग को कानूनी कामकाज सौंपा गया है, जिसमें संविधान तथा कानूनों की व्याख्या, मुकदमेबाजी, कानूनी व्यवसाय, कानूनों में सुधार, दीवानी कानून के मामलों में विदेशों के साथ संधियां तथा समझौते, भारतीय विधि सेवा सहित विधि सेवाएं आदि। विधायी विभाग को केंद्र सरकार के कानूनों के लिए विधायी प्रारूप तैयार करने का दायित्व सौंपा गया है। न्याय विभाग को भारत के मुख्य न्यायाधीश, उच्चतम तथा उच्च न्यायालयों के न्यायाधीशों की नियुक्ति उनके त्यागपत्र तथा उन्हें हटाने का कार्य दिया गया है।

भारतीय विधि व्यवस्था

भारतीय विधि व्यवस्था में चार घटकों को शामिल किया गया। ये हैं:- संविधान में निहित बुनियादी मूल्य तथा सिद्धांत, साधारण कानून से सौंपे गए अधिकार तथा जिम्मेदारियां; संविधान के तहत इन अधिकारों तथा जिम्मेदारियों को प्रभावी ढंग से लागू करने के लिए संगठनात्मक व्यवस्था और विधि तथा न्यायिक कर्मी। भारत एक लोकतांत्रिक देश होने और यहां प्रतिनिधित्व जनतंत्र होने के नाते इसे जनता में निहित संप्रभुता के प्रति कई उत्तरदायित्वों को निभाना होता है।

विधि के स्रोत

भारत में विधि के प्रमुख स्रोत संविधान, संविधि (कानून), पारम्परिक (कस्टमरी) कानून और निर्णयविधि (केस लॉ) हैं। कानून संसद और राज्य तथा केंद्रशासित प्रदेशों की विधानसभाएं बनाती हैं।

इनके अलावा अनेक गौण कानून हैं जिन्हें नियमों, विनियमों और उप–कानूनों के रूप में केंद्र/राज्य सरकारों तथा स्थानीय प्राधिकरणों जैसे नगर–निगमों, नगर–पालिकाओं, ग्राम पंचायतों और स्थानीय निकायों द्वारा बनाया गया है। ये गौण कानून संसद अथवा संबद्ध राज्य अथवा केंद्रशासित प्रदेश के विधानमंडलों द्वारा प्रदान किए गए अधिकार के अंतर्गत बनाए गए हैं। ऊंची अदालतों जैसे उच्चतम न्यायालय और उच्च न्यायालय के न्यायिक फैसले कानून के महत्वपूर्ण स्रोत हैं। भारतीय क्षेत्र के अंदर सभी अदालतें उच्चतम न्यायालय के फैसलों को मानने के लिए बाध्य हैं। स्थानीय परिपाटियां और परंपराएं जो वैधानिकता, नैतिकता आदि के विरुद्ध नहीं हैं, उन्हें भी मान्यता प्राप्त है और कुछ क्षेत्रों में न्याय करते समय अदालतें इन्हें भी ध्यान में रखती हैं।

कानून बनाना

केंद्रीय सूची में सूचीबद्ध विषयों पर कानून बनाने का अधिकार संसद को प्राप्त है। राज्य सूची के मामलों पर विधानमंडल कानून बनाने में सक्षम हैं। राज्य सूची अथवा समवर्ती सूची में शामिल नहीं किए गए मामलों पर कानून बनाने का अधिकार केवल संसद को है। समवर्ती सूची में शामिल विषयों पर संसद और विधानमंडल दोनों के द्वारा कानून बनाए जा सकते हैं, लेकिन प्रतिकूलता की स्थिति में, संसद द्वारा बनाया गया कानून प्रभावी होगा। प्रतिकूलता की स्थिति में संसद द्वारा बनाया गया कानून तब तक निष्प्रभावी होगा जब तक परवर्ती कानून को राष्ट्रपति की मंजूरी नहीं मिल जाती और ऐसी स्थिति में वह उस राज्य में प्रभावी रहेगा।

न्यायपालिका

भारत का उच्चतम न्यायालय संपूर्ण न्यायिक व्यवस्था में शीर्ष पर है। प्रत्येक राज्य अथवा राज्यों के समूह के लिए एक उच्च न्यायालय है और उच्च न्यायालयों के अंतर्गत अधीनस्थ न्यायालयों का अनुक्रम है। कुछ राज्यों में छोटे–मोटे और स्थानीय प्रकृति के दीवानी और फौजदारी विवादों का निपटारा करने के लिए न्याय पंचायत, पंचायत अदालत, ग्राम कचहरी आदि नामों से पंचायत अदालतें काम कर रही हैं। इन अदालतों के अधिकार क्षेत्र के लिए विभिन्न राज्यों के कानून उपलब्ध हैं।

प्रत्येक ज़िले में शीर्ष अदालत ज़िला और सत्र न्यायाधीश की होती है। यह ज़िला अदालत दीवानी न्याय सीमा की प्रधान अदालत है और इसमें मृत्युदंड दिए जाने वाले मामलों सहित हर तरह के अपराधों का मुकदमा चलाया जा सकता है। ज़िला और सत्र न्यायाधीश ज़िले में सर्वोच्च न्यायिक प्राधिकारी है। उसके नीचे दीवानी न्याय करने का अधिकार रखने वाली अदालतें हैं जिन्हें विभिन्न राज्यों में मुंसिफ, उप–न्यायाधीश, सिविल न्यायाधीश और इसी तरह के अन्य न्यायाधीशों के नाम से जाना जाता है। इसी प्रकार से दीवानी अदालतों में मुख्य न्यायिक मजिस्ट्रेट और प्रथम तथा द्वितीय श्रेणी के न्यायिक मजिस्ट्रेट आते हैं।

उच्चतम न्यायालय

ब्रिटिश शासनकाल के दौरान, किंग इन काउंसिल, अथवा प्रीवि काउंसिल जैसा कि आमतौर पर बुलाया जाता था, भारत में अदालतों द्वारा दिए गए फैसलों और आदेशों से की गई अपीलों को सुनने का सर्वोच्च मंच था। 1833 में न्यायिक समिति अधिनियम लागू होने के बाद, इसे प्रीवि काउंसिल की न्यायिक समिति कहा जाने लगा। न्यायिक समिति के फैसले सलाह के रूप में माने जाते थे, हालांकि, व्यवहार में

सम्राट हमेशा उसकी सलाह स्वीकार करता था और यह सोचा भी नहीं जा सकता कि उसकी रिपोर्ट को अमल में नहीं लाया जाएगा। प्रीवि काउंसिल एक चैनल के रूप में काम करती थी, जिसके जरिए अंग्रेजों की अवधारणा को भारतीय कानूनों के साथ सम्मिलित किया गया। इसने भारतीय और अंग्रेजों की कानूनी व्यवस्था के बीच सेतु का काम किया, जिसके मार्फत इंग्लैंड से भारत तक कानूनी ज्ञान पहुंचा। इसी निकाय के ज़रिए भारत में कानूनी व्यवस्था के आधार के रूप में ब्रिटिश शासनकाल के अंतर्गत इंग्लैंड के सामान्य कानून की शुरुआत की गई। अपने करियर के दौरान भारत की सर्वोच्च अपील अदालत के रूप में करीब 200 वर्षों की अवधि के लिए, प्रीवि काउंसिल ने 2,500 फैसले सुनाए और आज तक ये फैसले भारत में अनेक बिंदुओं पर कानून का प्रमुख स्रोत हैं।

भारत में उच्चतम न्यायालय की स्थापना की मांग बढ़ रही थी और यह महसूस किया जाने लगा था कि प्रीवि काउंसिल में अपील करना काफी खर्चीला है और आम आदमी की पहुंच से बाहर है। सबसे बड़ा कारण यह था कि ये भारतीयों के आत्मसम्मान को ठेस पहुंचाती थी। भारत सरकार अधिनियम, 1935 ने भारत में संघीय संविधान पेश किया, जिसमें केंद्र और अन्य घटक इकाइयों के बीच अधिकारों का बंटवारा किया गया। भारत के संघीय न्यायालय ने 1 अक्टूबर , 1937 से काम करना शुरू कर दिया। शुरू में इसका अधिकार क्षेत्र काफी सीमित था, यह केंद्र और अन्य घटक इकाइयों के बीच आपस में, परामर्शी तथा उच्च न्यायालय के निर्णय पर अपीलीय न्याय करने के अधिकार तक सीमित था। मूल रूप से न्याय करने के अधिकार का इस्तेमाल करते हुए दिए गए फैसलों, अथवा केंद्रीय न्यायालय अथवा प्रिवी काउंसिल की इजाज़त से संघीय न्यायालय से अपीलें प्रिवी काउंसिल में जा सकती थीं। संविधान की व्याख्या के मामलों में वादियों को उच्च न्यायालय में अपील से पहले संघीय अदालत जाना पड़ता था और अन्य मामलों में अपीलें उच्च न्यायालय से सीधी प्रिवी काउंसिल में जाती थीं। वे सार्वजनिक महत्व के ऐसे सवालों पर सलाह दे सकती थीं जैसा अपने विवेक से गवर्नर जनरल द्वारा उल्लिखित किया जाता था। संघीय न्यायालय का अपीलीय अधिकार क्षेत्र 1948 में पारित अधिनियम के लागू होने पर बढ़ गया और उन्हीं परिस्थितियों में उच्च न्यायालय के फैसलों से केंद्रीय न्यायालय को अपीलें प्रदान की जाती थीं, जिनमें अपीलों को विशेष अनुमति के बिना और किसी अन्य मामले में संघीय अदालत की विशेष अनुमति के बिना प्रिवी काउंसिल में लाया जा सकता था। हालांकि प्रिवी काउंसिल में संघीय न्यायालय अथवा काउंसिल की अनुमति से अब भी अपील की जा सकती थी।

अगस्त 1947 में स्वतंत्रता प्राप्त कर राजनीतिक आकांक्षाओं को हासिल करने के बाद, भारत सरकार की ओर से संघीय न्यायालय के अधिकार क्षेत्र को बढ़ाने और उसे अधिक शक्तियां प्रदान करने की मांग उठी। 1949 से प्रिवी काउंसिल में अपीलों की व्यवस्था को समाप्त कर दिया गया और अपीलीय न्याय करने का संपूर्ण अधिकार संघीय न्यायालय में निहित कर दिया गया। 26 जनवरी,1950 को संघीय न्यायालय ने नए संविधान के अंतर्गत भारत के उच्चतम न्यायालय के गठन का मार्ग प्रशस्त किया। भारत का उच्चतम न्यायालय नई दिल्ली में तिलक मार्ग पर स्थित है।

28 जनवरी, 1950 को उच्चतम न्यायालय के उद्घाटन के बाद न्यायालय की कार्यवाही संसद भवन के एक हिस्से में शुरू हुई। उच्चतम न्यायालय अपनी वर्तमान इमारत में 4 अगस्त, 1958 को आया। 1950 के मूल संविधान में उच्चत्तम न्यायालय में एक प्रधान न्यायाधीश और 7 अधीनस्थ न्यायाधीशों की व्यवस्था की गई और इनकी संख्या बढ़ाने का कार्य संसद पर छोड़ दिया गया। शुरुआती वर्षों में मामलों पर सुनवाई करने के लिए उच्चतम न्यायालय के सभी न्यायाधीश एक साथ बैठा करते थे।

जैसे-जैसे न्यायालय का काम बढ़ता गया और मामले बकाया होते चले गए , संसद ने न्यायाधीशों की संख्या बढ़ाकर 1956 में 10, 1960 में 13, 1977 में 17, 1986 में 25 और 2009 में 30 कर दी। जैसे ही न्यायाधीशों की संख्या बढ़ी वे दो और तीन की छोटी पीठों में बैठने लगे। ज़रूरत पड़ने पर मतभेदों और विवादों का निपटारा करने के लिए 5 और इससे अधिक न्यायाधीशों की बड़ी पीठ बनने लगी।

वर्तमान में, उच्चतम न्यायालय में एक प्रधान न्यायाधीश और 30 अन्य न्यायाधीश हैं जिनकी नियुक्ति राष्ट्रपति द्वारा की जाती है। उच्चतम न्यायालय के न्यायाधीश 65 वर्ष की उम्र में सेवानिवृत्त होते हैं। उच्चतम न्यायालय का न्यायाधीश नियुक्त होने के लिए किसी भी व्यक्ति का भारत का नागरिक होना ज़रूरी है और वह कम से कम पांच वर्ष के लिए उच्च न्यायालय अथवा ऐसे ही दो या अधिक न्यायालयों में न्यायाधीश रह चुका हो, अथवा उच्च न्यायालय में अधिवक्ता अथवा कम से कम दस वर्ष के लिए दो या अधिक ऐसी ही अदालतों में अधिवक्ता रह चुका हो अथवा राष्ट्रपति की राय में वह एक प्रतिष्ठित विधिवेत्ता हो। उच्च न्यायालय के न्यायाधीश की उच्चतम न्यायालय के तदर्थ न्यायाधीश के रूप में नियुक्ति और उच्चतम न्यायालय अथवा उच्च न्यायालयों के सेवानिवृत्त न्यायाधीशों के लिए उच्चतम न्यायालय के न्यायाधीशों के रूप में बैठने और कार्य करने का प्रावधान मौजूद है। संविधान में विभिन्न तरीकों से उच्चतम न्यायालय के न्यायाधीशों की स्वतंत्रता सुनिश्चित करने की कोशिश की गई है। उच्चतम न्यायालय के न्यायाधीश को केवल उसी स्थिति में हटाया जा सकता है जब संसद के प्रत्येक सदन में संबोधन के बाद राष्ट्रपति आदेश पारित करें और इसके लिए सदन में कुल सदस्यों का बहुमत और दो-तिहाई सदस्यों की मौजूदगी और मतदान ज़रूरी है। अभद्र व्यवहार अथवा अक्षमता साबित होने के आधार पर न्यायाधीश को हटाने संबंधी प्रस्ताव को उसी सत्र में राष्ट्रपति के समक्ष रखा जाएगा। कोई भी व्यक्ति जो उच्चतम न्यायालय का न्यायाधीश रह चुका है उसके किसी भी न्यायालय अथवा भारत के अन्य किसी प्राधिकरण में वकालत करने पर रोक है।

उच्चतम न्यायालय की कार्यवाही केवल अंग्रेज़ी में ही होती है। उच्चतम न्यायालय के 2013 के नियमों ने 1966 के नियमों का स्थान लिया है। ये नियम उच्चतम न्यायालय के कामकाज और उसकी कार्यप्रणाली को नियमित करने के लिए संविधान के अनुच्छेद-145 के अंतर्गत तैयार किए गए हैं। माननीय न्यायाधीश दीपक मिश्रा भारत के 45वें प्रधान न्यायाधीश हैं।

वेबसाइट: www.supremecourtofindia.nic.in

उच्च न्यायालय

उच्च न्यायालय राज्य के न्यायिक प्रशासन का प्रमुख है। देश में 24 उच्च न्यायालय हैं, जिनमें से तीन उच्च न्यायालयों का अधिकार क्षेत्र एक राज्य से अधिक है। केंद्रशासित प्रदेशों में केवल दिल्ली में अपना उच्च न्यायालय है। अन्य छह केंद्रशासित प्रदेश विभिन्न राज्यों के उच्च न्यायालयों के अधिकार क्षेत्र के अंतर्गत आते हैं। प्रत्येक उच्च न्यायालय में एक मुख्य न्यायाधीश और राष्ट्रपति द्वारा समय-समय पर नियुक्त किए गए अन्य न्यायाधीश हैं। भारत के प्रधान न्यायाधीश और राज्य के राज्यपाल की सलाह से राष्ट्रपति उच्च न्यायालय के मुख्य न्यायाधीश की नियुक्ति करते हैं। उच्च न्यायालय के न्यायाधीशों की नियुक्ति की प्रक्रिया में केवल इतना अंतर है कि उच्च न्यायालय में न्यायाधीशों की नियुक्ति की सिफारिश संबद्ध उच्च न्यायालय के मुख्य न्यायाधीश द्वारा की जाती है।

न्यायाधीश 62 वर्ष की उम्र तक कार्यभार संभाल सकते हैं। न्यायाधीश की नियुक्ति के योग्य होने के लिए किसी का भी भारत का नागरिक होना ज़रूरी है और उसने 10 वर्ष तक भारत में न्यायिक कार्यालय संभाला हो अथवा इतनी ही अवधि के लिए लगातार उच्च न्यायालय अथवा ऐसी ही दो या अधिक अदालतों में वकालत की हो।

उच्च न्यायालय के अधिकार क्षेत्र और उसकी पीठ

प्रत्येक उच्च न्यायालय को अपने अधिकार क्षेत्र के अंदर आने वाली सभी अदालतों और न्यायाधिकरणों की देखरेख करने का अधिकार है। वह ऐसी अदालतों से कामकाज का ब्यौरा मांग सकता है, सामान्य नियम बना सकता है तथा जारी कर सकता है और अदालतों की कार्यवाही को नियमित करने तथा तरीका तय करने के लिए निर्धारित फार्म बना सकता है जिसमें खाता प्रविष्टियां और लेखा ब्यौरा रखा जा सकता है। नीचे दी गई तालिका में उच्च न्यायालयों की पीठ और उनके क्षेत्राधिकार की जानकारी दी गई है।

उच्च न्यायालयों का नाम, उनकी प्रमुख पीठ, पीठ और उनके अधिकार क्षेत्र

क्र. सं.	उच्च न्यायालय	प्रमुख पीठ	अधिकार क्षेत्र	स्थायी पीठ और पीठ जिस तारीख से पीठ ने काम करना शुरू किया
1.	इलाहाबाद	इलाहाबाद	उत्तर प्रदेश	लखनऊ (01.07.1948)
2.	आंध्र प्रदेश	हैदराबाद	आंध्र प्रदेश और तेलंगाना	–
3	मुंबई	मुंबई	महाराष्ट्र, गोवा; दमन और दीव दादर और नगर हवेली	नागपुर (01.05.1960) पणजी (01.07.1948) औरंगाबाद (27.08.1984)
4.	कोलकाता	कोलकाता	पश्चिम बंगाल, अंडमान और निकोबार द्वीप समूह	जलपाईगुड़ी सर्किट पीठ (काम शुरू करना बाकी)
5.	छत्तीसगढ़	बिलासपुर	छत्तीसगढ़	–
6.	दिल्ली	नई दिल्ली	राष्ट्रीय राजधानी क्षेत्र दिल्ली	–
7.	गुवाहाटी	गुवाहाटी	असम, नगालैंड, मिज़ोरम और अरुणाचल प्रदेश	कोहिमा (10.02.1990) आईज़ोल (05.07.1990) इटानगर (12.08.2000)
8.	गुजरात	सोला (अहमदाबाद)	गुजरात	–
9.	हिमाचल प्रदेश	शिमला	हिमाचल प्रदेश	–
10.	जम्मू-कश्मीर	जम्मू-श्रीनगर	जम्मू-कश्मीर	–
11.	झारखंड	रांची	झारखंड	–
12.	कर्नाटक	बंगलुरु	कर्नाटक	सर्किट पीठ धारवाड़ (07.02.2008) गुलबर्गा (07.02.2008)

13.	केरल	कोच्चि	केरल और लक्षद्वीप द्वीप	–
14.	मध्य प्रदेश	जबलपुर	मध्य प्रदेश	ग्वालियर (01.11.1956) इंदौर (01.11.1956)
15.	मद्रास	चेन्नई	तमिलनाडु और पदुचेरी	मदुरई (24.07.2004)
16.	ओडिशा	कटक	ओडिशा	–
17.	पटना	पटना	बिहार	–
18.	पंजाब और हरियाणा	चंडीगढ़	पंजाब, हरियाणा और चंडीगढ़	चंडीगढ़
19.	राजस्थान	जोधपुर	राजस्थान	जयपुर (31.01.1977)
20.	सिक्किम	गंगटोक	सिक्किम	–
21.	उत्तराखंड	नैनीताल	उत्तराखंड	नैनीताल
22.	मणिपुर	इंफाल	मणिपुर	–
23.	मेघालय	शिलांग	मेघालय	–
24.	त्रिपुरा	अगरतला	त्रिपुरा	–

भारत के उच्चतम न्यायालय और उच्च न्यायालयों में न्यायधीशों की स्वीकृत, कार्यरत और खाली पदों की संख्या (01.10.2017 तक)

क्र. सं.	न्यायालय का नाम	स्वीकृत संख्या			कार्यरत संख्या			स्वीकृत पदों में से रिक्त पद		
क.	भारत का उच्चतम न्यायालय	31			25			06		
ख.	उच्च न्यायालय	स्था.	अति.	कुल	स्था.	अति.	कुल	स्था.	अति.	कुल
1.	इलाहाबाद	76	84	160	67	43	110	09	41	50
2.	तेलंगाना और आंध्र प्रदेश*	46	15	61	32	0	32	14	15	29
3.	मुंबई	71	23	94	53	20	73	18	03	21
4.	कोलकाता	54	18	72	28	07	35	26	11	37
5.	छत्तीसगढ़	17	05	22	08	05	13	09	0	09
6.	दिल्ली*	45	15	60	38	0	38	07	15	22
7.	गुवाहाटी	18	06	24	07	12	19	11	06	05
8.	गुजरात	39	13	52	25	06	31	14	07	21
9.	हिमाचल प्रदेश*	10	03	13	06	02	08	04	01	05
10.	जम्मू-कश्मीर	13	04	17	11	0	11	02	04	06
11.	झारखंड	19	06	25	08	06	14	11	0	11

12.	कर्नाटक	47	15	62	18	08	31	20	11	01
13.	केरल	27	11	38	26	09	35	01	02	03
14.	मध्य प्रदेश	40	13	53	17	18	35	23	−05	18
15.	मद्रास	56	19	75	44	09	53	12	10	22
16.	मणिपुर*	04	01	05	02	0	02	02	01	03
17.	मेघालय	03	01	04	03	0	03	0	01	01
18.	ओडिशा	20	07	27	18	0	18	02	07	09
19.	पटना	40	13	53	21	12	33	19	01	20
20.	पंजाब और हरियाणा	64	21	85	41	10	51	23	11	34
21.	राजस्थान	38	12	50	20	16	36	18	−04	14
22.	सिक्किम	03	0	03	03	0	03	0	0	0
23.	त्रिपुरा	04	0	04	02	0	02	02	0	02
24.	उत्तराखंड	09	02	11	09	01	10	0	01	01
	कुल	**771**	**308**	**1079**	**512**	**180**	**692**	**259**	**128**	**387**

* कार्यवाहक मुख्य न्यायाधीश

उच्चतम न्यायालय और उच्च न्यायालयों के अधिकार

उच्चतम न्यायालय को अधिकार है कि वह किसी भी व्यक्ति अथवा प्राधिकरण और सरकार को अपने अधिकार क्षेत्र के अंदर मौलिक अधिकारों को लागू करने और किसी अन्य उद्देश्य के लिए निर्देश, आदेश दे सकता है अथवा रिट जारी कर सकता है। इन अधिकारों का इस्तेमाल किसी भी उच्च न्यायालय द्वारा भी किया जा सकता है जो उन क्षेत्रों के संबंध में न्याय करने के अधिकार का इस्तेमाल कर रहा हो जिनमें इस शक्ति का इस्तेमाल करने के लिए पूर्ण रूप से अथवा आंशिक रूप से कार्यवाही का कारण हो, चाहे ऐसी सरकार अथवा प्राधिकरण अथवा ऐसे व्यक्ति की रिहायश उन क्षेत्रों में न हो।

अधीनस्थ अदालतें

अधीनस्थ अदालतों की संरचना और कामकाज कुल मिलाकर देशभर में एक जैसा है। ये अदालतें हर प्रकार के दीवानी अथवा फौजदारी मुकदमों का निपटारा उन्हें प्राप्त अधिकारों के अनुसार करती हैं। ये अदालतें प्रक्रिया को निर्धारित करने वाले दो महत्वपूर्ण कोड ऑफ सिविल प्रोसीजर (सीपीसी) 1908 तथा कोड ऑफ क्रिमिनल प्रोसीजर (सी.आर.पी.सी.), 1973 का पालन करती हैं और राज्य स्तर पर महत्वपूर्ण कोडों तथा राज्य स्तरीय संशोधनों से और मज़बूत होती है। अखिल भारतीय न्यायाधीश एसोसिएशन के मामले में डब्ल्यूपी (दीवानी) 1022/1989 में उच्चतम न्यायालय के निर्देश के अनुसार देशभर में अधीनस्थ न्याय प्रणाली के न्यायिक अधिकारियों के लिए एकसमान पदनाम लाया गया। यानी दीवानी मामलों में ज़िला अथवा अतिरिक्त ज़िला न्यायाधीश, सिविल न्यायाधीश (सीनियर डिवीजन) और सिविल न्यायाधीश (जूनियर डिवीजन) और आपराधिक मामलों में सत्र न्यायाधीश, अतिरिक्त सत्र

न्यायाधीश, मुख्य न्यायायिक मजिस्ट्रेट और न्यायिक मजिस्ट्रेट आदि सभी राज्य सरकारों/केंद्रशासित प्रशासनों द्वारा इनमें से किसी भी श्रेणी के साथ उनके समकक्ष को दिखाकर वर्तमान पदों में ज़रूरत पड़ने पर उचित तालमेल किया जाता है। भारत के संविधान के अनुच्छेद–235 के अंतर्गत अधीनस्थ न्यायिक सेवा के सदस्यों पर प्रशासनिक नियंत्रण संबद्ध उच्च न्यायालय के पास है। इसके अलावा संविधान के अनुच्छेद–233 और 234 के साथ व्याख्या करने वाले अनुच्छेद–309 के प्रावधान के अंतर्गत प्रदान की गई शक्तियों का इस्तेमाल करते समय राज्य सरकार ऐसे राज्य के संबंध में अधिकार क्षेत्र का इस्तेमाल करते हुए उच्च न्यायालय की सलाह से नियम और विनियम बना सकती है। राज्य न्यायिक सेवाओं के सदस्य इन नियमों और विनियमों से संचालित होते हैं।

न्याय प्रतिपादन और कानून सुधार राष्ट्रीय मिशन

न्याय प्रतिपादन और कानून सुधार राष्ट्रीय मिशन की स्थापना 2011 में की गई थी। इसके दो उद्देश्य हैं– न्याय देने में देरी तथा बकाया मामलों की संख्या कम कर न्याय की पहुंच बढ़ाना और संरचनात्मक बदलावों तथा निष्पादन व क्षमता के मानक तय कर जवाबदेही बढ़ाना।

मिशन, बकाया मामलों को चरणबद्ध रूप से निपटाने के लिए समन्वित प्रयास कर रहा है। मामलों के जल्द निपटान और मानव संसाधन विकास पर जोर देने के उपायों में न्यायालयों के कम्प्यूटरीकरण सहित बुनियादी ढांचा उपलब्ध कराना, अधीनस्थ अदालतों की संख्या बढ़ाना, अत्यधिक मुकदमेबाजी की संभावना वाले क्षेत्रों में नीतिगत तथा विधायी उपाय करना और अदालती प्रक्रिया की पुनर्रचना करना शामिल हैं। मिशन ने अपने उद्देश्यों को पूरा करने के लिए हर महत्वपूर्ण क्षेत्र में कई कदम उठाए हैं। सभी राज्यों ने सरकारी मुकदमें कम करने के लिए अपनी नीतियां बनाई हैं। राज्य सरकारों से अनुरोध किया गया है कि वे राज्य एजेंसियों के बढ़ते मुकदमों की समस्या पर काबू पाने के लिए राज्य मुकदमा नीतियों के असर का पता लगाएं। विधि विभाग ने राष्ट्रीय मुकदमेबाजी नीति 2015 बनाई है जिस पर सरकार सक्रियता से विचार कर रही है।

न्यायिक सुधारों का एक महत्वपूर्ण पहलू, मामलों के जल्द निपटारे के लिए कोर्ट प्रोसीजर और प्रक्रियाओं की पुनर्रचना है। समय पर फैसले होने में प्रक्रिया सेवा को एक बड़ी रुकावट माना गया है। दीवानी और फौजदारी मामलों में प्रक्रिया सेवा में सुधार के लिए एक शोध पत्र तैयार किया गया और उच्च न्यायालयों को भेजा गया। इसमें दिए गए सुझावों पर कई उच्च न्यायालयों ने सकारात्मक प्रतिक्रिया व्यक्त की है। अदालती प्रक्रिया की पुनर्रचना और मामला प्रबंधन पर भी उच्चतम न्यायालय की राष्ट्रीय अदालत प्रणाली सक्रियता से विचार कर रही है। विवादों के निपटारे के लिए वैकल्पिक व्यवस्थाओं को बढ़ावा देने के वास्ते मध्यस्थता अदालतें बनाई जा रही हैं। इनकी स्थापना ज़िला और तालुका स्तर पर अदालत परिसरों में की जा रही है। सरकारी अनुबंधों में पंचाट/मध्यस्थता की धारा को शामिल करने के लिए सरकारी एजेंसियों को प्रोत्साहित किया जा रहा है। अधीनस्थ अदालतों में न्यायधीशों/न्यायिक अधिकारियों की कमी, अदालतों में मामलों के लंबित होने का एक बड़ा कारण है। राष्ट्रीय मिशन इस समस्या को नियमित रूप से उच्च न्यायालयों और राज्य सरकारों के सामने रखता रहा है। सभी पक्षों के संयुक्त प्रयासों से जून 2015 में ज़िला और अधीनस्थ अदालतों में न्यायधीशों/न्यायिक अधिकारियों की संख्या बढ़कर 20,358 हो गई। यह 2012 के अंत में 17,715 थी। मिशन अब मौजूदा पदों को भरने का मुद्दा उच्च न्यायालय के सामने ला रहा है। अदालतों के सभी कर्मियों को समुचित प्रशिक्षण देने पर भी जोर दिया जा रहा है।

न्यायिक ढांचा

अधीनस्थ अदालतों में बुनियादी ढांचा विकास की जिम्मेदारी मुख्य रूप से राज्य सरकारों की है। इस कार्य में राज्यों की मदद के लिए एक केंद्र प्रायोजित योजना 1993-94 से चालू है। इसके अंतर्गत न्यायालय भवनों और न्यायिक अधिकारियों के लिए मकानों का निर्माण किया जाता है। इस योजना के तहत 2011 तक केंद्र और राज्य सरकारें बराबर-बराबर योगदान करती थीं, लेकिन 2011-12 के बाद इसमें केंद्र सरकार का योगदान 75 प्रतिशत कर दिया गया। पूर्वोत्तर राज्यों में केंद्र का योगदान 90 प्रतिशत है। केंद्र द्वारा दी जाने वाली धनराशि इस योजना के लिए बजट में किए गए प्रावधान पर निर्भर करती है। वित्त वर्ष 2015-16 में इस योजना के लिए किए गए 562.99 करोड़ रुपये के आवंटन में 31 दिसंबर 2015 तक 542.62 करोड़ रुपये राज्यों और केंद्रशासित प्रदेशों के लिए मंजूर किए गए हैं। योजना राशि के बंटवारे में संशोधन कर केंद्र का हिस्सा 60 प्रतिशत के स्थान पर 75 प्रतिशत और राज्य का 40 के स्थान पर 25 प्रतिशत कर दिया गया है। 2015-16 से तीन हिमालयी और पूर्वोत्तर के 8 राज्यों में केंद्र की भागीदारी 90 प्रतिशत और राज्य की 10 प्रतिशत है।

ई-अदालतें समेकित मिशन मोड परियोजना कंप्यूटरीकरण

ई-अदालतें समेकित मिशन मोड परियोजना देश के उच्च न्यायालयों और ज़िला/अधीनस्थ अदालतों में लागू की जा रही ई-गवर्नेंस परियोजनाओं में शामिल है। भारत के उच्चतम न्यायालय की ई-समिति द्वारा भारतीय न्याय व्यवस्था 2005 में सूचना और संचार प्रौद्योगिकी को लागू करने के लिए राष्ट्रीय नीति और कार्य योजना के आधार पर इस परियोजना की संकल्पना की गई। न्याय व्यवस्था को आईसीटी सक्षम बनाने के उद्देश्य से एक कार्ययोजना तैयार करने के लिए 2004 में ई-समिति का गठन किया गया जिसमें मुख्य संरक्षक सह तदर्थ अध्यक्ष के रूप में भारत के प्रधान न्यायाधीश को रखा गया।

परियोजना के अंतर्गत सरकार ने मार्च 2015 तक कम्प्यूटरीकृत की जाने वाली 14,249 अदालतों में सभी के कम्प्टरीकरण की तैयारी कर ली है। इनमें से 13,606 (95.49 प्रतिशत) अदालतों में एलएएन, 13,426 (94.3 प्रतिशत) मं हार्डवेयर और 13,672 अदालतों (95.50 प्रतिशत) में सॉफ्टवेयर की व्यवस्था कर दी गई है।

अधिकारविहीन लोगों के लिए न्याय की पहुंच

अधिकारविहीन लोगों की न्याय तक पहुंच बनाने के लिए संयुक्त राष्ट्र विकास कार्यक्रम (यूएनडीपी) के साथ साझेदारी में न्याय विभाग एक दशक का कार्यक्रम (2008-2017) लागू कर रहा है। इस परियोजना को आठ यूएनडीएएफ राज्यों- बिहार, छत्तीसगढ़, झारखंड, मध्य प्रदेश, राजस्थान, उत्तर प्रदेश, महाराष्ट्र और ओडिशा तक बढ़ाया गया है। इस परियोजना में इस बात पर ज़ोर दिया गया है कि कानूनी, सामाजिक और आर्थिक क्षेत्रों में न्याय की पहुंच में बाधाओं को दूर करने के लिए योजनाएं तैयार करके अधिकारविहीन लोगों की न्याय तक पहुंच को मज़बूत बनाया जाए। यह परियोजना वर्तमान में कार्यान्वयन के दूसरे चरण में है। 2008 से 2012 तक विस्तारित पहले चरण ने इस दिशा में महत्वपूर्ण योगदान किया है।

परियोजना के दूसरे चरण का विस्तार 2013 से 2017 तक किया गया है। इस चरण में परियोजना का उद्देश्य पिछले चरण की उपलब्धियों को आगे बढ़ाना और न्याय की मांग पर कार्य जारी रखना तथा न्याय

दिलाना सुनिश्चित करना है। परियोजना के अंतर्गत न्याय विभाग में एक तकनीकी सहायता दल भी रखा गया है जिसका विशेष उद्देश्य न्याय दिलाने और कानूनी सुधारों के राष्ट्रीय मिशन की सहायता करना है।

परियोजना के दूसरे चरण में मांग और आपूर्ति दोनों पर विशेष ध्यान देना जारी रहेगा। भौगोलिक कवरेज के मामले में परियोजना में आठ राज्यों- बिहार, छत्तीसगढ़, झारखंड, मध्य प्रदेश, महाराष्ट्र, ओडिशा, राजस्थान और उत्तर प्रदेश के एक-दो चुने हुए ज़िलों में बेहतर प्रभाव के प्रयासों पर ज़ोर दिया जाएगा। परियोजना में पिछले चरण में हासिल परिणामों को जारी रखने का प्रयास किया जाएगा।

विधि कार्य विभाग

विधि कार्य विभाग, पंचाट और सुलह-सफाई अधिनियम 1967 की धारा 44 के तहत न्यूयार्क संधि के अनुरूप पंचाट के फैसले को लागू करने के लिए विदेशों के साथ पारस्परिक व्यवस्था की केंद्रीय एजेंसी है। विधि विभाग, दीवानी और वाणिज्यिक मामलों में न्यायिक और गैर-न्यायिक दस्तावेजों की विदेश में सेवा के लिए 1965 की हेग संधि के अंतर्गत केंद्रीय प्राधिकरण है। इसके तहत मई 2014 तक लगभग 9,309 अनुरोधों पर कार्रवाई की गई।

कानूनी सूचना प्रबंधन और ब्रीफिंग सिस्टम

डिजिटल इंडिया मिशन के अनुरूप यह प्रणाली न्यायलयों में मामलों के ब्यौरे का डिजिटीकरण करती है और सभी पक्षों को एक प्लेटफॉर्म पर लाती है। यह कोर्ट केस की संपूर्ण अवधि के दौरान विभिन्न संबद्ध पक्षों के बीच पारदर्शिता और स्वामित्व की भावना पैदा करने में सहायता करती है। विभिन्न मंत्रालयों, उनके नोडल अधिकारियों और स्थानीय प्रशासन की मदद से थोड़े समय में ही 1.36 लाख से अधिक मामलों, 5,500 से अधिक रजिस्टर्ड यूजर्स, 14,000 से अधिक वकीलों और 1,200 अदालतों को इस प्रणाली से जोड़ा गया है। पोर्टल पर पंचाट के मामलों की संख्या 452 है। 62 मंत्रालयों/विभागों के संबद्ध अधिकारियों के लिए 200 से अधिक प्रस्तुतियां दी गई हैं।

भावी दिशा

विधि कार्य विभाग ने मुकदमेबाजी कम करने, कामकाज आसान बनाने, सुशासन, न्यूनतम शासन-अधिकतम प्रशासन के उद्देश्य के साथ पारदर्शिता, जवाबदेही और निष्पक्षता को प्रोत्साहित करने के लिए कुछ प्रमुख क्षेत्रों की पहचान की है। कल्याणकारी प्रकृति होने के कारण सरकार का आकार बहुत बड़ा है। वृद्धि, विकास, विज्ञान तथा प्रौद्योगिकी, जनसंख्या बढ़ौत्तरी और अपने अधिकारों के प्रति लोगों की बढ़ती जागरुकता से उत्पन्न स्थिति से निपटने के लिए नए साधन और कानून बनाए जा रहे हैं। इस दिशा में नया भारत-2022 की संकल्पना को पूरा करने के लिए निम्न बड़ी पहल/सुधारों का प्रस्ताव है।

मुकदमों का आकलन

विधि कार्य विभाग ने छोटे से विवाद के मुकदमेबाजी का रूप लेने, उसके नतीजे और लागू करने या न करने के पहलुओं की दृष्टि से किसी मामले की जांच के लिए आकलन/लीगल ऑडिट/दिशानिर्देश तैयार करने के लिए प्रारंभिक उपाय किए हैं। अगर मुकदमे का आकलन, नीति निर्माण के स्तर पर किया जाता है तो इसके नतीजे इस प्रकार होंगे- (i) प्रस्ताव में पूरी स्थिति सामने आएगी; (ii) मुकदमेबाजी को और बढ़ने से रोका जा सकेगा; (iii) न्यायालयों में बढ़ते मामलों का दबाव कम होगा; (iv) सरकारी खजाने पर बोझ कम होगा।

राष्ट्रीय मुकदमा नीति

भारत में विभिन्न अदालतों में लगभग 3.20 करोड़ मामले लंबित हैं। बताया जाता है कि सबसे अधिक मामले सरकार से संबंधित हैं। विधि आयोग की कई रिपोर्टों में, अनावश्यक मुकदमेबाजी से बचने, अदालतों में मुकदमों की संख्या कम करने और सरकारी खजाने पर इनके खर्च का बोझ कम करने की सलाह दी गई है। राष्ट्रीय मुकदमा नीति, 2017 के मसौदे में ऐसी व्यवस्था करने का प्रस्ताव किया गया है जिससे मुकदमेबाजी को कम किया जा सके और उस पर रोक लगाई जा सके।

मध्यस्थता का संस्थापन

कानूनी प्रक्रिया और समय पर निपटाए जाने की आवश्यकता वाले पूंजी निवेश संबंधी मामलों/आवेदनों में देरी अंतरराष्ट्रीय मध्यस्थता (आरबिटेरेशन) का कारण बनती है जिससे सरकारी खजाने पर बड़ा बोझ पड़ता है। वाणिज्यिक विवादों को जल्द सुलझाना सुनिश्चित करने के लिए विधि और न्यायिक व्यवस्था को सुचारु बनाने की जरूरत है। विधि विभाग ने भारत में मध्यस्थता व्यवस्था को संस्थागत प्रारूप देने की समीक्षा के लिए एक उच्च स्तरीय समिति का गठन किया था। इसका अध्यक्ष माननीय न्यायधीश श्री बी.एन. श्रीकृष्ण को बनाया गया। इस समिति ने अपनी रिपोर्ट 2017 में विधि और न्याय विभाग को सौप दी।

विधि व्यवसाय में सुधार

विधि जगत के लोग, समाज के सबसे अधिक प्रबुद्ध और परंपरागत सम्माननीय वर्ग से आते हैं। लोकतांत्रिक व्यवस्था में इस गरिमापूर्ण व्यवसाय की हमेशा से बहुत महत्वपूर्ण भूमिका रही है। यह लोकतंत्र पर निगरानी रखता है और संविधान द्वारा प्रदत्त कानून के शासन की गारंटी से संबंधित मुद्दों के प्रति सतर्क रहता है। विदेशी वकीलों और विधि फर्मों को भारत में वकालत की अनुमति देने के मुद्दे पर कड़ी आपत्ति व्यक्त की जाती रही है। इसके लिए अन्य बातों के अलावा भारतीय वकीलों द्वारा यह आधार भी दिया जाता है कि उन्हें विदेशों में वकालत करने के लिए कई प्रक्रियागत रुकावटों का सामना करना पड़ता है। इस तरह वकालत के अवसरों की दृष्टि से यह भेदभाव का मुद्दा है।

विदेशी मुद्रा के लिए अपीलीय न्यायाधिकरण

विदेशी मुद्रा के लिए अपीलीय न्यायाधिकरण की स्थापना विदेशी मुद्रा प्रबंधन अधिनियम (फेमा), 1999 की धारा 18 के अंतर्गत जून 2000 में की गई थी। फेमा की धारा 19 के अंतर्गत विशेष निदेशक (अपील) अथवा धारा 17 के उप खंड (1) में उल्लिखित के अलावा किसी निर्णायक अधिकार द्वारा दिए गए आदेश से असंतुष्ट केंद्र सरकार अथवा कोई भी व्यक्ति, अपीलीय न्यायाधिकरण में अपील करने को प्राथमिकता दे सकता है। इसे असंतुष्ट व्यक्ति अथवा केंद्र द्वारा आदेश मिलने की तारीख से 45 दिन के भीतर दायर किया जा सकता है।

फेमा की धारा 20 में व्यवस्था है कि अपीलीय न्यायाधिकरण में एक अध्यक्ष और उतने सदस्य होने चाहिए जितने केंद्र सरकार उचित समझे। अपीलीय न्यायाधिकरण के अधिकार क्षेत्र का इस्तेमाल पीठों द्वारा किया जा सकता है। पीठ का गठन अध्यक्ष द्वारा किया जा सकता है, जिसमें एक या अधिक सदस्य हो सकते हैं जो भी अध्यक्ष को उपयुक्त लगे अपीलीय न्यायाधिकरण की पीठें सामान्य तौर पर नई दिल्ली और ऐसे अन्य स्थानों पर बैठती हैं जिन्हें केंद्र सरकार, अध्यक्ष से सलाह कर अधिसूचित

करे। अध्यक्ष किसी भी सदस्य का तबादला एक पीठ से दूसरी पीठ में कर सकता है, यदि किसी भी अवस्था में ऐसा लगता है कि मामले की सुनवाई दो सदस्यों की पीठ द्वारा की जानी चाहिए, अध्यक्ष उस मामले को उस पीठ में स्थानांतरित कर सकता है जिसे वह इसके योग्य समझे। कोई भी व्यक्ति जो उच्च न्यायालय के न्यायाधीश की योग्यता रखता हो अथवा उच्च न्यायालय का न्यायाधीश रह चुका हो, उसे न्यायाधिकरण का अध्यक्ष नियुक्त किया जा सकता है। जो व्यक्ति ज़िला न्यायाधीश के लिए योग्यता प्राप्त हो उसकी न्यायाधिकरण के सदस्य के रूप में नियुक्ति की जा सकती है। धारा 49 की उप-धारा (5) के खंड (ख) के अंतर्गत सभी अपीलें जो पीईआरए बोर्ड के समक्ष लंबित हैं, उन्हें हस्तांतरित कर दिया गया है और विदेशी मुद्रा प्रबंधन अधिनियम के अंतर्गत गठित अपीलीय न्यायाधिकरण के नियंत्रण में हैं।

प्रवर्तन एजेंसियां

पुलिस

देश में पुलिस बल को सार्वजनिक व्यवस्था बनाए रखने और अपराधों की रोकथाम तथा उनका पता लगाने की ज़िम्मेदारी सौंपी गई है। संविधान के अंतर्गत सार्वजनिक व्यवस्था और पुलिस राज्य का विषय है, पुलिस का रखरखाव और नियंत्रण राज्यों द्वारा किया जाता है। राज्य में पुलिस बल का नेतृत्व पुलिस महानिदेशक/पुलिस महानिरीक्षक द्वारा किया जाता है। राज्य को उपयुक्त क्षेत्रीय खंडों में विभाजित किया गया है जिन्हें रेंज कहा जाता है और प्रत्येक पुलिस रेंज पुलिस उप-महानिरीक्षक के प्रशासनिक नियंत्रण में है और इसमें कई ज़िले आते हैं। ज़िला पुलिस को पुलिस डिवीजनों, सर्कलों और पुलिस स्टेशनों में उप-विभाजित किया गया है। नागरिक पुलिस के अलावा राज्यों की अपनी सशस्त्र पुलिस और पृथक गुप्तचर शाखाएं, अपराध शाखाएं आदि हैं। बड़े शहरों जैसे- दिल्ली, कोलकाता, मुंबई, चेन्नई, बंगलुरु, हैदराबाद, अहमदाबाद, नागपुर, पुणे आदि में पुलिस सीधे तौर पर पुलिस आयुक्त के अंतर्गत आती है जिसके पास मजिस्ट्रेट के समान अधिकार हैं। विभिन्न राज्यों में सभी वरिष्ठ पुलिस पद भारतीय पुलिस सेवा (आईपीएस) कैडर द्वारा संचालित हैं, जिसके लिए नियुक्ति अखिल भारतीय परीक्षा के आधार पर होती है।

केंद्र सरकार केंद्रीय पुलिस बलों, गुप्तचर ब्यूरो (आईबी), केंद्रीय अन्वेषण ब्यूरो (सीबीआई), पुलिस अधिकारियों और अपराध विज्ञान के प्रशिक्षण के लिए संस्थानों की देखरेख करती है ताकि विशेष आपराधिक मामलों की जांच, कानून तथा व्यवस्था बनाए रखने, खुफिया जानकारी एकत्र करने और राज्य सरकारों के वरिष्ठ पुलिस अधिकारियों को प्रशिक्षण प्रदान करने में सहायता की जा सके।

भारत-तिब्बत सीमा पुलिस

भारत-तिब्बत सीमा पुलिस की स्थापना 1962 में चीनी आक्रमण के मद्देनजर की गई। शुरुआत में इसकी केवल चार बटालियन थीं। इसकी स्थापना समन्वित छापेमार, गुप्तचर और लडाकू बल के तहत की गई। यह आपूर्ति, संचार और खूफिया जानकारी एकत्र करने में स्व-निहित बल है। समय बीतने के साथ यह एक व्यवहारिक सीमा रक्षक बल बन गया। वर्तमान में यह 3,488 कि.मी. लंबी भारत-चीन सीमा की रक्षा करता है। लद्दाख में काराकोरम दर्रे से अरुणाचल प्रदेश में जाचेप ला तक हिमालय के निकट भारत-चीन सीमा के पश्चिमी, मध्य और पूर्वी क्षेत्र में 9,000 फुट से 18,750 फुट की ऊंचाई पर स्थित 173 सीमा चौकियों पर इसके जवान तैनात हैं। इसकी आठ बटालियन छत्तीसगढ़ के माओवाद प्रभावित

इलाकों में तैनात हैं। बल के पांच सीमांत मुख्यालय, 14 सेक्टर मुख्यालय, 56 सेवा बटालियन, दो डीएम बटालियन, चार विशेष बटालियन और 14 प्रशिक्षण केंद्र हैं। इसके स्वीकृत कर्मियों की संख्या 89,432 है।

मूल रूप से आईटीबीपी पहाड़ों के लिए प्रशिक्षित बल है और इसके अधिकतर अधिकारी और जवान पेशेवर तरीके से प्रशिक्षित पर्वतारोही और स्की करने में सक्षम हैं। इन्होंने 2012 में सफल पर्वतारोहण अभियान के साथ माउंट एवरेस्ट चार बार फतह करने सहित हिमालय की 180 चोटियों पर चढ़ाई की है। आईटीबीपी के पर्वतारोहियों ने नेपाल, ईरान, जापान और दक्षिण अफ्रीका की चोटियों पर भी सफलतापूर्वक चढ़ाई की है। आईटीबीपी के स्की करने वाले जवान राष्ट्रीय चैंपियन रह चुके हैं और उन्होंने शीतकालीन ओलंपिक में भाग लिया है। उन्होंने ब्रह्मपुत्र, सिंधु और गंगा नदियों के अशांत और तेज़ पानी में साहसी व्हाइट वाटर राफ्टिंग में भी भाग लिया है और इस क्षेत्र में अंतरराष्ट्रीय उपलब्धियां हासिल की हैं।

वेबसाइटः www.itbpolice.nic.in

सीमा सुरक्षा बल

सितंबर 1965 में भारत-पाक युद्ध तक पूर्व और पश्चिम दोनों तरफ भारत और पाकिस्तान की अंतरराष्ट्रीय सीमाओं पर इनके राज्य पुलिस बल तैनात थे। इस व्यवस्था की कुछ कमियां युद्ध के दौरान सामने आईं और फैसला किया गया कि पाकिस्तान से लगी अंतरराष्ट्रीय सीमाओं की रखवाली के लिए एकल बल होना चाहिए। सीमा सुरक्षा बल की स्थापना 1965 में 25 बटालियन और प्रत्येक में 3 कॉई के साथ की गई थी। पिछले कुछ वर्षों के दौरान इसका आकार बढ़ा है और अब इसकी 186 बटालियन हैं। इनमें तीन एनडीआरएफ बटालियन हैं। इनके अलावा 5 बड़े प्रशिक्षण संस्थान, 11 सहायक प्रशिक्षण केंद्र और 3 छोटे प्रशिक्षण संस्थान हैं। बल का मुख्यालय दिल्ली में है। इसकी फील्ड संरचना में शामिल हैं- दो विशेष महानिदेशक (एक पूर्वी और एक पश्चिमी कमान के), 13 फ्रंटियर तथा 46 सैक्टर मुख्यालय, वाटर विंग, एयर विंग और अन्य अधीनस्थ इकाइयां। बीएसएफ के कर्मियों की स्वीकृत संख्या 31 दिसंबर, 2016 तक 2,57,363 थीं।

शांति के समय बीएसएफ की भूमिका इस प्रकार है: (i) सीमावर्ती इलाकों में रह रहे लोगों के बीच सुरक्षा की भावना को बढ़ावा देना; (ii) सीमा पार अपराधों, भारत के क्षेत्र में अनाधिकृत प्रवेश अथवा निकासी की रोकथाम; (iii) सीमा पर तस्करी और अन्य गैर-कानूनी गतिविधियों को रोकना; (iv) घुसपैठ रोकना; और (v) सीमा पार की खुफिया जानकारी एकत्र करना।

युद्ध के समय बीएसएफ की भूमिका इस प्रकार है: (i) सौंपे गए क्षेत्रों में मैदान संभालना; (ii) दुश्मन की केंद्रीय सशस्त्र पुलिस अथवा अनियमित बलों के खिलाफ सीमित आक्रामक कार्रवाई; (iii) सेना के नियंत्रण के तहत् प्रशासित दुश्मन के क्षेत्र में कानून और व्यवस्था बनाए रखना; (iv) युद्धबंदियों के शिविरों की पहरेदारी; (v) सीमावर्ती इलाकों में सेना के गाइड के रूप में कार्य करना; (vi) शरणार्थियों के नियंत्रण में सहायता; (vii) क्षेत्रों का प्रावधान; और (viii) छापों सहित गुप्तचरी संबंधी जुड़े विशेष कार्य करना।

वेबसाइटः www.bsf.nic.in

असम राइफल्स

असम राइफल्स की स्थापना 1835 में कैचर लेवी के रूप में की गई। यह भारत का सबसे पुराना केंद्रीय अर्द्धसैनिक बल है। इस बल की स्थापना प्रारंभिक तौर पर पहाड़ी क्षेत्रों के आस-पास रहने वाले जंगली और बेलगाम आदिवासियों से असम की कछारी समतल भूमि की रक्षा के लिए की गई थी। इसे जल्दबाजी में बनाया गया था और बाद में इसे असम राइफल्स के रूप में विकसित किया गया। धीरे-धीरे ऐसी कुछ और इकाइयों की स्थापना की गई। उन्हें सुदूरवर्ती इलाकों में चौकियां स्थापित करने के लिए तैनात किया गया और इन्होंने ब्रिटिश सरकार के प्रभुत्व को बढ़ाने में नागरिक प्रशासन के मज़बूत हथियार के रूप में काम किया। बल ने दुर्गम और निर्जन इलाकों को खोलने और विकास गतिविधियों में मदद की। प्रशासन से इन्हें अनेक पुरस्कार मिले। पूर्वोत्तर के लोगों को राष्ट्र की मुख्यधारा में शामिल करने की दिशा में असम राइफल्स का योगदान वास्तव में महत्वपूर्ण है। इस क्षेत्र से उनका लंबा जुड़ाव इस बात से झलकता है कि इसे प्रेमपूर्वक पूर्वोत्तर का पहरेदार और पहाड़ी जनता का मित्र कहा जाता है। बल की बटालियनें पूर्वोत्तर क्षेत्र की सुरक्षा और भारत-म्यामां सीमा की रखवाली करती है।

इसका मुख्यालय शिलांग में है। इसे 1,631 कि.मी. लंबी भारत-म्यामां सीमा की रक्षा के लिए पूर्वोत्तर में तैनात किया गया है। यह गृह मंत्रालय के अधीनस्थ है। इसका एक महानिदेशालय मुख्यालय, तीन महानिरीक्षालय मुख्यालय, 12 सेक्टर मुख्यालय, 46 बटालियन, एक प्रशिक्षण केंद्र और प्रशासनिक तंत्र है। इसके कर्मियों की संख्या 63,747 है।

वेबवाइट: www.assamrifles.gov.in

राष्ट्रीय सुरक्षा गार्ड

70 के दशक के दौरान पश्चिम में राष्ट्रीय और अंतरराष्ट्रीय आतंकवाद ने सिर उठा लिया था। यह विमान अपहरण, लोगों को बंधक बनाने, गणमान्य और अन्य व्यक्तियों की हत्याओं सहित अनेक रूपों में सामने आ रहा था। कानून और व्यवस्था का सामान्य तंत्र और पश्चिम के रक्षा बल इस समस्या से निपटना चाहते थे। विशेष हथियारों से लैस और प्रशिक्षित बल जैसे ब्रिटेन का एसएएस, अमरीका की डेल्टाफोर्स और पश्चिम जर्मनी के जीएसजी-9 की विदेश में स्थापना हो चुकी थी। अमृतसर के स्वर्ण मंदिर में 1984 में सेना के ऑपरेशन ब्लू स्टार के समय चतुर गुप्तचरी पर आधारित सर्जिकल कार्रवाई के लिए भारत में विशेष बल के गठन की आवश्यकता महसूस की गई। ब्रिटेन में एसएएस, फ्रांस में जीआईजीएन, जर्मनी में जीएसजी-9, इज़राइल में शार-एट-मटकल और अमरीका में डेल्टा फोर्स जैसे विशेष बलों का अध्ययन और विश्लेषण करने के बाद राष्ट्रीय सुरक्षा गार्ड (एनएसजी) की संकल्पना और गठन किया गया। इसकी स्थापना गृह मंत्रालय के अंतर्गत केंद्रीय आकस्मिक बल के रूप में अक्टूबर 1995 में की गई। इसमें सेना और केंद्रीय सशस्त्र पुलिस के चुने हुए और अत्यधिक प्रेरित जवानों को शामिल किया गया है। 53 प्रतिशत जवान सेना से लिए गए हैं जबकि केंद्रीय सशस्त्र पुलिस जैसे बीएसएफ, सीआरपीएफ और आईटीबीपी का योगदान 47 प्रतिशत है। एनएसजी की गौरवशाली विरासत रही है और इसे देश में बहुत आदर से देखा जाता है। इसकी स्थापना के बाद से इसके कमांडो 114 प्रमुख सफल आतंकवाद विरोधी कार्रवाइयों में शामिल हुए हैं। इसे अनेक पुरस्कार मिल चुके हैं। इनमें तीन अशोक चक्र, दो कीर्ति चक्र, तीन शौर्य चक्र और दस पीपीएमजी शामिल हैं। एनएसजी के 9 कमांडो ने इसके आदर्श वाक्य सर्वत्र सर्वोत्तम सुरक्षा के अनुरूप आचरण करते हुए सर्वोच्च बलिदान दिया है।

वेबसाइट: www.nsg.gov.in

केंद्रीय रिज़र्व पुलिस बल

केंद्रीय रिज़र्व पुलिस बल (सीआरपीएफ) का गठन जुलाई 1939 में क्राउन रिप्रेजेंटेटिव्स पुलिस के रूप में नीमच में किया गया था। स्वतंत्रता के बाद इसे नया नाम केंद्रीय रिज़र्व पुलिस बल दिया गया और तत्कालीन गृह मंत्री स्वर्गीय सरदार वल्लभ भाई पटेल ने इसके लिए बहुआयामी भूमिका की संकल्पना की। सीआरपीएफ की झोली में अनेक उपलब्धियां हैं। यह सीआरपीएफ ही थी जिसने 1959 में लद्दाख में हॉट स्प्रिंग्स पर चीनी हमले का हिम्मत से सामना किया जब सीआरपीएफ के एक छोटे गश्ती दल पर बड़ी संख्या में मौजूद चीनी सैनिकों द्वारा घात लगाकर हमला किया गया। इसमें सीआरपीएफ के दस जवानों ने अपने प्राणों की आहुति दी। अब हर वर्ष 21 अक्टूबर को 'पुलिस स्मरण दिवस' के रूप में मनाया जाता है। बल ने 1965 में एक बार फिर अपनी वीरता को साबित किया जब सीआरपीएफ दूसरी बटालियन की एक छोटी टुकड़ी ने गुजरात में सरदार पोस्ट पर पाकिस्तानी बिग्रेड द्वारा किए गए एक हमले का मुंहतोड़ जवाब दिया, जिसमें 34 पाकिस्तानी सैनिक मारे गए और 4 को ज़िंदा पकड़ लिया गया। सैनिक युद्ध के इतिहास में कभी भी ऐसा नहीं हुआ था कि थोड़े से पुलिसकर्मी इस तरीके से संपूर्ण पैदल सेना के दल को खदेड़ दें। इस घटना में सीआरपीएफ के 6 बहादुर जवानों ने अपनी शहादत दी, हमारे बहादुर जवानों को श्रद्धांजलि अर्पित करने के लिए 9 अप्रैल को अब हर वर्ष बल में वीरता दिवस के रूप में मनाया जाता है।

सीआरपीएफ को अंतरराष्ट्रीय स्तर पर कोसोवो, हैती और श्रीलंका में भी तैनात किया गया। श्रीलंका में सीआरपीएफ की दो बटालियनें और महिला बटालियन की एक टुकड़ी भारतीय शांति सेना का हिस्सा थी। एलटीटीई का पहला बड़ा हमला सीआरपीएफ पर किया गया था, गैर-परंपरागत युद्ध का प्रयोग करते हुए इस हमले का मुंहतोड़ जवाब दिया गया। अब संयुक्त राष्ट्र के इतिहास में पहली बार, पूरी तरह गठित महिला इकाई को संयुक्त राष्ट्र शांति मिशन के तहत् लाइबेरिया में तैनात किया गया है। 13 दिसंबर, 2001 को जब आतंकवादियों ने संसद भवन पर हमला किया, उस वक्त सीआरपीएफ के बहादुर जवानों ने इस हमले को सफलतापूर्वक नाकाम किया। दोनों तरफ से हुई गोलीबारी में, पांचों आतंकवादी मारे गए। इस घटना के दौरान अपने प्राणों की आहुति देने वाली बहादुर महिला कमलेश कुमारी को शांति काल में दिया जाने वाला शौर्य पुरस्कार अशोक चक्र मरणोपरांत प्रदान किया गया। जब 5 सशस्त्र आतंकवादियों ने जुलाई 2005 में अयोध्या में राम जन्म भूमि/बाबरी मस्जिद परिसर पर हमले का प्रयास किया और बाहरी सुरक्षा घेरे को भेदकर अंदर घुस गए, तो उनका मुकाबला अंदरूनी सुरक्षा घेरे में तैनात सीआरपीएफ जवानों से हुआ। सीआरपीएफ के जवानों ने बहादुरी से मुकाबला करते हुए आतंकवादियों के मंसूबों पर पानी फेर दिया और मौके पर सभी का सफाया कर दिया।

सीआरपीएफ की 1939 में एक बटालियन थी। अब इसमें चार जोन, 20 प्रशासनिक क्षेत्र, 2 संचालन क्षेत्र, 36 प्रशासनिक रेंज, 7 संचालन रेंज, 228 बटालियन, 41 ग्रुप केंद्र, 15 प्रशिक्षण संस्थान और 4 संयुक्त अस्पताल शामिल हो गए हैं। यह देश का एकमात्र केंद्रीय सशस्त्र पुलिस बल है जिसमें 3 महिला बटालियन हैं। अधिकतर बल आतंकवादी और विद्रोही गतिविधियों से निपटने के लिए जम्मू-कश्मीर; वामपंथी उग्रवाद से प्रभावित राज्यों और पूर्वोत्तर राज्यों में तैनात हैं। वर्तमान में इसकी 10 कोबरा इकाइयां, नक्सल गतिविधियों से निपटने के लिए विशेष रूप से प्रशिक्षित हैं। कोबरा बटालियनों को सामरिक दृष्टि से नक्सल प्रभावित इलाकों में तैनात किया गया है। सीआरपीएफ ने हमेशा से प्राकृतिक आपदाओं के समय महत्वपूर्ण भूमिका निभाई है। जब विनाशकारी-सुनामी ने

जान-माल को नुकसान पहुंचाया अथवा जब जम्मू-कश्मीर के भूकंप ने विशाल क्षेत्र में तबाही मचाई और बड़े पैमाने पर जीवन अस्त-व्यस्त किया, तब सीआरपीएफ ने राहत, बचाव और पुनर्वास कार्यों में महत्वपूर्ण भूमिका निभाई। वर्तमान में सीआरपीएफ की दो बटालियनें आपदा प्रबंधन बटालियनों के रूप में पुणे तथा अहमदाबाद में है।

वेबसाइटः www.crpf.gov.in

त्वरित कार्यवाही बल

1992 में सीआरपीएफ की 10 बटालियन को मान्यता दी गई और इन्हें त्वरित कार्यवाही बल (आरएएफ) की 10 बटालियन में बदला गया जिसमें प्रत्येक में 4 कॉइ थीं। बल को इस तरह प्रशिक्षित किया जाता है कि यह सांप्रदायिक दंगों या इस तरह की स्थिति में प्रभावी साबित हो सके। इनकी तैनाती देश के दस संवेदनशील इलाकों में की गई है ताकि दुर्घटना की स्थिति में तुरंत कार्यवाही की जा सके। इन सभी बटालियनों को असंबद्ध रूप से गठित किया गया है और ये महानिरीक्षक की निगरानी में काम करती हैं। आरएएफ की स्थापना साम्प्रदायिक समस्याओं से निपटने के लिए की गई थी और यह लगातार जम्मू-कश्मीर तथा पंजाब में उग्रवाद, पूर्वोत्तर में विद्रोही गतिविधियों से निपट रहा है। आरएएफ को अंतरराष्ट्रीय स्तर पर संयुक्त राष्ट्र शांति सेना के लिए हैती, बोस्निया और कोसोवो में राहत तथा बचाव (ओडिशा में भीषण तूफान, गुजरात और जम्मू-कश्मीर में भूकंप) के लिए तैनात किया गया। वह वामपंथी उग्रवाद प्रभावित राज्यों में नक्सलवाद से निपटने के साथ ही प्रमुख धर्मस्थलों अयोध्या, काशी, मथुरा, वैष्णो देवी और रघुनाथ मंदिर, जम्मू की रखवाली कर रहा है। इसने बड़ी संख्या में श्रद्धालुओं (अमरनाथ, जगन्नाथ यात्रा आदि) के एकत्र होने, श्री अमरनाथ श्राईन बोर्ड को भूमि के हस्तांतरण के मुद्दे पर कानून और व्यवस्था की स्थिति, राजस्थान में गुज्जर आंदोलन के कारण कानून और व्यवस्था की गंभीर स्थिति तथा जम्मू-कश्मीर में पथराव की गंभीर घटनाओं से प्रभावी तरीके से निपटा है और विभिन्न राज्यों में सफलतापूर्वक चुनाव की निगरानी की है।

केंद्रीय औद्योगिक सुरक्षा बल

1969 में स्थापित, केंद्रीय औद्योगिक सुरक्षा बल (सीआईएसएफ) 59 घरेलू और अंतरराष्ट्रीय हवाईअड्डों सहित 303 इकाइयों को सुरक्षा और 87 औद्योगिक उपक्रमों को अग्नि सुरक्षा प्रदान कर रहा है। अर्थव्यवस्था के वैश्वीकरण और उदारीकरण के साथ, सीआईएसएफ अब सार्वजनिक क्षेत्र के उपक्रमों तक केंद्रित संगठन नहीं रह गया है, बल्कि यह आतंकवाद और नक्सल प्रभावित इलाकों सहित विभिन्न क्षेत्रों में देश के प्रमुख महत्वपूर्ण बुनियादी ढांचागत ठिकानों को सुरक्षा प्रदान करने वाली देश की प्रमुख बहु-दक्ष सुरक्षा एजेंसी बन गई है। सीआईएसएफ इस समय 308 इकाइयों को सुरक्षा प्रदान कर रहा है जिनमें परमाणु ऊर्जा संयंत्र, अंतरिक्ष प्रतिष्ठान, रक्षा उत्पादन इकाइयां, खानें, तेल क्षेत्र और रिफाइनरियां, प्रमुख समुद्री बंदरगाह, भारी इंजीनियरिंग इस्पात संयंत्र, फर्टिलाइज़र इकाइयां, हवाईअड्डे, हाइड्रो इलेक्ट्रिक/ताप बिजली संयंत्र, संवेदनशील सरकारी इमारतें और यहां तक कि धरोहर स्मारक (ताजमहल और लाल किला सहित) तथा प्रतिष्ठित निजी क्षेत्र की इकाइयां शामिल हैं। बल देश के सबसे बड़े अग्नि सुरक्षा सेवा प्रदाताओं में से एक है। यह 86 औद्योगिक उपक्रमों की अग्नि से सुरक्षा करता है। सीआईएसएफ को रत्नागिरी गैस और ताप बिजली स्टेशन लिमिटेड, राजीव गांधी ताप बिजली परियोजना, हिसार, हरियाणा में प्रतिष्ठापित किया गया। कंधार में इंडियन एयरलाइंस के विमान अपहरण के मद्देनज़र सीआईएसएफ को हवाईअड्डों की सुरक्षा का विशेष कार्य सौंपा गया।

इस समय मुंबई, दिल्ली, चेन्नई और कोलकाता अंतरराष्ट्रीय हवाईअड्डों सहित देश के सभी प्रमख हवाईअड्डों की सुरक्षा का काम बल ने अपने हाथ में लिया हुआ है। इसके अलावा इसने 45 सरकारी इमारतों की सुरक्षा की ज़िम्मेदारी भी ली है, जिनमें दिल्ली में नॉर्थ ब्लॉक, साउथ ब्लॉक का कुछ हिस्सा और सीजीओ कॉम्पलेक्स शामिल है। सीआईएसएफ अधिनियम में संशोधन किया गया ताकि बल भुगतान के आधार पर निजी/संयुक्त उद्यम वाले औद्योगिक उपक्रमों को सुरक्षा प्रदान कर सके जो देश की सुरक्षा और अर्थव्यवस्था के लिए महत्वपूर्ण हैं। नवंबर 2008 में मुंबई आतंकवादी हमले के बाद निजी क्षेत्र को सीधे सुरक्षा प्रदान करने के लिए बल का दायरा बढ़ा दिया गया। निजी क्षेत्र के 175 से ज्यादा प्रतिष्ठानों ने सीआईएसएफ सुरक्षा के लिए पहले से ही अनुरोध भेजा हुआ है। बंगलुरु में बहुराष्ट्रीय सूचना प्रौद्योगिकी सेवा कंपनी इनफोसिस टेक्नोलॉजीज़ लिमिटेड का मुख्यालय पहली ऐसी निजी क्षेत्र की कंपनी थी जिसे अगस्त 2009 में सीआईएसएफ सुरक्षा प्राप्त हुई। सीआईएसएफ देश के खजाने पर किसी प्रकार का बोझ नहीं है क्योंकि यह खर्च के बाद भुगतान पर अधिकारित बल है। उन सभी हवाईअड्डों पर जहां सीआईएसएफ तैनात है इसने वहां खोए और पाए सामान के लिए अपनी वेबसाइट: www.cisf.gov.in पर अक्टूबर 2009 में यात्रियों के लिए जनोपयोगी सेवा आरंभ की।
वेबसाइट: www.cisf.gov.in

सशस्त्र सीमा बल

सशस्त्र सीमा बल (एसएसबी) भारतीय केंद्र की सीमा की रखवाली करने वाला नवीनतम बल है। इसे भारत-नेपाल और भारत-भूटान की सीमाओं की रखवाली का काम सौंपा गया है। सशस्त्र सीमा बल 2001 से भारत-नेपाल सीमा की रखवाली कर रहा है। इसे 2004 में भारत-भूटान सीमा की रखवाली की अतिरिक्त ज़िम्मेदारी सौंपी गई। सशस्त्र सीमा बल भारत-चीन युद्ध के बाद 1963 के शुरू में विशेष सेवा ब्यूरो के नाम से अस्तित्व में आया। इसका शुरुआती लक्ष्य लोगों का मनोबल बढ़ाना और तत्कालीन नेफा, उत्तरी असम, उत्तरी बंगाल, उत्तर प्रदेश, हिमाचल प्रदेश और जम्मू-कश्मीर (लद्दाख) की पहाड़ियों के सीमावर्ती क्षेत्र की आबादी के मन में प्रतिरोध की भावना पैदा करना था। 1965-1991 के दौरान इसके संचालन का क्षेत्र मणिपुर, त्रिपुरा, जम्मू, मेघालय, सिक्किम, राजस्थान, गुजरात, मिज़ोरम, दक्षिण बंगाल और नगालैंड से लगे सीमावर्ती इलाकों तक बढ़ाया गया।

शुरुआत में एसएसबी की भूमिका: (i) सीमावर्ती इलाकों की आबादी में सुरक्षा और प्रतिरोध की भावना पैदा करना; (ii) राष्ट्रीय जागरूकता और सुरक्षा चेतना को बढ़ावा देना; और (iii) शत्रु से मुकाबला करने के लिए सीमा पर रहने वाले लोगों को एकजुट करना और उन्हें तैयार करना।

नागरिक सुरक्षा

नागरिक सुरक्षा में ऐसे उपाय शामिल हैं जिनका संबंध वास्तव में युद्ध से नहीं है। नागरिक सुरक्षा के तहत् भारत अथवा उसके किसी भी भाग में वायु, भूमि, समुद्र अथवा किसी भी अन्य स्थान से होने वाले शत्रुओं के हमले से किसी भी व्यक्ति, संपत्ति, स्थान अथवा वस्तु को सुरक्षा प्रदान करना अथवा उसके प्रभाव से बचाना है, चाहे ऐसे उपाय पहले किए जाएं, हमले के दौरान किए जाएं अथवा हमले के बाद किए जाएं अथवा किसी आपदा से पहले, उसके दौरान अथवा उसके बाद आपदा प्रबंधन के उद्देश्य से किए जाएं।

नागरिक सुरक्षा अधिनियम, 1968 में संशोधन के ज़रिए आपदा प्रबंधन के क्षेत्र में नागरिक सुरक्षा घटकों की अतिरिक्त भूमिका को कानूनी मंजूरी दी गई। शुरुआत में सिविल डिफेंस का गठन स्वैच्छिक आधार पर किया गया था लेकिन इसमें कुछ वेतनभोगी स्टाफ और स्थापन भी था, जिसे आपात स्थितियों में बढ़ाया गया था। नागरिक सुरक्षा के स्वयंसेवी सामाजिक और कल्याणकारी सेवाओं में प्रशासन को सहायता प्रदान करने और प्राकृतिक, मानव–निर्मित आपदाओं की रोकथाम करने तथा उनमें कमी लाने के साथ–साथ आपदा के बाद राहत कार्यों और कानून तथा व्यवस्था की स्थिति कायम करने जैसी विभिन्न रचनात्मक और राष्ट्र निर्माण की गतिविधियों में लगे हुए हैं। इसके संगठन का प्रशिक्षण तीन स्तरों में किया जाता है। मास्टर प्रशिक्षुओं का प्रशिक्षण और विशेषज्ञता प्राप्त प्रशिक्षण राष्ट्रीय नागरिक सुरक्षा कॉलेज, नागपुर में दिया जाता है और टीम/नेतृत्व प्रशिक्षण राज्य नागरिक सुरक्षा संस्थानों में दिया जाता है। नागरिक सुरक्षा संगठन में स्वयंसेविओं का प्रशिक्षण अल्प अवधि के प्रशिक्षण कार्यक्रमों के रूप में प्रशिक्षण प्राप्त प्रशिक्षुओं द्वारा स्थानीय/कस्बा स्तर पर दिया जाता है। 11वीं पंचवर्षीय योजना के दौरान देश में नागरिक सुरक्षा की रूप–रचना में नयापन लाने के लिए 2009 में 100 करोड़ रुपये की लागत से केंद्र द्वारा प्रायोजित एक योजना शुरू की गई। योजना में 10 राज्यों में नए नागरिक रक्षा प्रशिक्षण संस्थानों (सीडीटीआई) के गठन और 17 राज्यों में सीडीटीआई के बुनियादी ढांचे के नवीनीकरण के अलावा 100 बहु–जोखिम वाले ज़िलों का चयन नागरिक सुरक्षा बुनियादी ढांचे के गठन के लिए किया गया। 40 चुने हुए कस्बों में आंतरिक सुरक्षा कार्यों के संबंध में नागरिक सुरक्षा स्वयंसेवियों को प्रशिक्षण देने और उनका इस्तेमाल करने के लिए एक पायलट परियोजना शुरू की गई।

होम गार्ड

होमगार्ड स्वयंसेवी बल है, इसकी स्थापना आंतरिक अशांति और सांप्रदायिक दंगों को नियंत्रित करने में पुलिस की मदद करने के उद्देश्य से दिसंबर 1946 में की गई थी। इसके बाद स्वयंसेवी नागरिकों के बल की संकल्पना को अनेक राज्यों ने अपनाया। 1962 में चीनी हमले को ध्यान में रखकर केंद्र ने राज्यों और केंद्रशासित प्रदेशों को सलाह दी कि वे अपने वर्तमान स्वयंसेवी संगठनों का एकसमान स्वयंसेवी बल, होमगार्ड में विलय कर लें। होमगार्डों की भूमिका आंतरिक सुरक्षा बनाए रखने में पुलिस के सहायक के रूप में कार्य करना, किसी भी प्रकार की आपात स्थिति जैसे– हवाई हमले, अग्नि, तूफान, भूकंप, महामारी आदि में समुदाय की मदद करना, आवश्यक सेवाएं बनाए रखने में मदद करना, सांप्रदायिक सौहार्द को बढ़ावा देना और कमज़ोर वर्गों की रक्षा करने में प्रशासन की सहायता करना, सामाजिक–आर्थिक तथा कल्याणकारी गतिविधियों में भागीदारी और नागरिक सुरक्षा कर्त्तव्यों का निर्वाह करना है। होमगार्ड दो प्रकार के हैं– ग्रामीण और शहरी। सीमावर्ती राज्यों में, सीमा खंड की होमगार्ड बटालियन भी बनाई गई है, जो सीमा सुरक्षा बल के सहायक के रूप में कार्य करती है। संगठन केरल को छोड़कर सभी राज्यों और केंद्रशासित प्रदेशों में फैला हुआ है। बाहरी आक्रमण की स्थिति में संवेदनशील इलाकों में अंतरराष्ट्रीय सीमा/तटवर्ती इलाकों में घुसपैठ को रोकने, वीवीआईपी और संचार लाइनों की पहरेदारी में सीमा सुरक्षा बल के सहायक के रूप में सेवाएं देने के लिए सात सीमावर्ती राज्यों में सीमा खंड होमगार्डों (बीडब्ल्यूएचजी) की कुल 18 बटालियन स्थापित की गई हैं। ये हैं:– पंजाब (6 बटालियन), राजस्थान (4 बटालियन), गुजरात (4 बटालियन) और असम, मेघालय, त्रिपुरा तथा पश्चिम बंगाल में एक–एक बटालियन स्थापित की गई है।

होमगार्ड की स्थापना होमगार्ड अधिनियम और राज्यों/केंद्रशासित प्रदेशों के नियमों के अंतर्गत की गई थी। इनकी नियुक्ति समाज के विभिन्न वर्गों जैसे डॉक्टरों, इंजीनियरों, वकीलों, निजी क्षेत्र के संगठनों, कॉलेज और विश्वविद्यालय के छात्रों, कृषि और औद्योगिक कामगारों आदि से जाती है जो समुदाय की बेहतरी के लिए संगठन को अपना खाली समय दे सकें। भारत के सभी नागरिक जिनकी उम्र 18–50 वर्ष है, होमगार्ड के सदस्य बन सकते हैं। होमगार्ड में सदस्यता का सामान्य कार्यकाल 3 से 5 वर्ष का होता है। होमगार्ड के जवानों को वीरता और उत्कृष्ट तथा सराहनीय सेवाओं के लिए राष्ट्रपति पदक प्रदान किया जाता है। जब भी किसी होमगार्ड को ड्यूटी/प्रशिक्षण के लिए बुलाया जाता है, उसे खर्चे के लिए निर्धारित दरों पर ड्यूटी/प्रशिक्षण भत्ता दिया जाता है। संगठन में होमगार्ड के सदस्यों को कानून और व्यवस्था बनाए रखने में पुलिस की सहायता करने, अपराध रोकने, डकैती के विरुद्ध उपाय करने, सीमा पर गश्त, निषेधाज्ञा, बाढ़ राहत, अग्निशमन, चुनाव ड्यूटी और सामाजिक कल्याण की गतिविधियों के लिए प्रशिक्षित किया जाता है। राष्ट्रीय आपात काल की स्थिति में, नागरिक सुरक्षा के हिस्से का कुछ कार्य भी होमगार्ड को सौंप दिया जाता है। गृह मंत्रालय होमगार्ड संगठन की भूमिका, उसके लक्ष्य, उसके बढ़ने, प्रशिक्षण, साजोसामान से सुसज्जित करने, संस्थापन और अन्य महत्वपूर्ण मामलों में मदद करता है। होमगार्डों पर होने वाले खर्च को वर्तमान वित्तीय नीति के अनुसार आमतौर पर केंद्र और राज्य सरकारों के बीच बांट दिया जाता है।

दमकल सेवा

दमकल सेवा राज्य का विषय है और इसे अनुच्छेद-243-डब्ल्यू के संदर्भ में भारत के संविधान की 12वीं अनुसूची में सार्वजनिक कार्य के रूप में शामिल किया गया है। राज्य सरकारों/नागरिक निकायों की मुख्य ज़िम्मेदारी राष्ट्रीय बिल्डिंग कोड को लागू करना और दमकल सेवाओं को मज़बूत बनाने और उन्हें साजोसामान से सुसज्जित करने के लिए पर्याप्त संसाधन आवंटित करना है ताकि उनके अधिकार क्षेत्र में नागरिकों की जान-माल की सुरक्षा सुनिश्चित की जा सके। 13वें वित्त आयोग ने देश भर में दमकल और आपात सेवाओं को नया रूप देने की आवश्यकता को स्वीकार करते हुए सिफारिश की कि शहरी स्थानीय निकायों को प्रदान की गई आर्थिक सहायता के एक हिस्से को उनके संबद्ध इलाकों की दमकल सेवाओं के पुनर्गठन पर खर्च किया जाए। इसके अलावा वित्त आयोग ने यह भी सिफारिश की कि 10 लाख (2001 की जनगणना) से अधिक की आबादी वाले सभी नगर निगम अपने संबद्ध इलाकों में आग लगने के खतरे की जानकारी देने और ऐसी घटनाएं कम करने संबंधी योजना तैयार करें। भारत सरकार पूरक पहल के रूप में अग्नि और आपात सेवाओं को मज़बूत बनाने के लिए देश में 200 करोड़ रुपये की लागत से एक केंद्र प्रायोजित योजना लागू कर रही है। यह योजना आधुनिक प्रौद्योगिकी जैसे आधुनिक दमकलों, मिस्ट टेक्नोलॉजी के साथ हाई प्रेशर पंप, त्वरित कार्रवाही टीम वाहन, तलाशी और बचाव के लिए कॉम्बी उपकरण और विभिन्न संबद्ध पक्षों का क्षमता निर्माण करके अग्नि शमन और बचाव क्षमताओं में मौजूदा कमियों को दूर करने का प्रयास है।

पर्सनल लॉ

भारत में विभिन्न धर्मों और मतों को मानने वाले लोग हैं। विवाह, तलाक, उत्तराधिकार, गोद लेने, वसीयत आदि से जुड़े पारिवारिक मामलों के लिए विभिन्न पर्सनल लॉ हैं। पर्सनल लॉ की विषयवस्तु भारत के संविधान की 7वीं अनुसूची में सूची iii-समवर्ती सूची की प्रविष्टि 5 से संबंधित है और

इसलिए यह संविधान के अनुच्छेद-254 के प्रावधानों और संघीय विधायिका-संसद का विषय है। राज्य विधानसभाएं भी इससे जुड़े कानून बना सकती हैं।

विवाह

विवाह और तलाक से जुड़े कानून को विभिन्न कानूनों में विधिबद्ध किया गया है जो विभिन्न धर्मों के लोगों पर लागू होते हैं। ये हैं: (1) धर्मान्तरण विवाह विच्छेद अधिनियम, 1866; (2) तलाक अधिनियम, 1869; (3) भारतीय ईसाई विवाह अधिनियम, 1872; (4) काज़ी अधिनियम, 1180; (5) आनंद विवाह अधिनियम, 1909; (6) भारतीय उत्तराधिकार अधिनियम, 1925; (7) पारसी विवाह और तलाक अधिनियम, 1936; (8) मुस्लिम विवाह विच्छेद अधिनियम, 1939; (9) विशेष विवाह अधिनियम, 1954; (10) हिंदू विवाह अधिनियम, 1955; (11) विदेशी विवाह अधिनियम, 1969; और (12) मुस्लिम महिला (तलाक पर अधिकारों की रक्षा) अधिनियम, 1986.

विशेष विवाह अधिनियम, 1954 में विवाह की विशेष विधि की व्यवस्था की गई और इस तरह के विवाहों के पंजीकरण का विस्तार जम्मू-कश्मीर को छोड़कर समूचे भारत में लागू है, लेकिन यह जम्मू-कश्मीर राज्य में रहने वाले भारत के नागरिकों पर भी लागू होता है। इस अधिनियम के तहत् व्यक्ति विशेष तौर से इस अधिनियम के अंतर्गत विवाह का पंजीकरण करा सकते हैं चाहे वे विभिन्न धर्मों और मतों को मानने वाले क्यों न हों। इस अधिनियम में यह भी व्यवस्था है कि किसी भी रीति से होने वाले विवाह को विशेष विवाह अधिनियम के अंतर्गत पंजीकृत किया जा सकता है, यदि वह अधिनियम की ज़रूरतों को पूरा करता हो। अथवा मिरगी शब्द को हटाने के लिए अधिनियम की धारा 4(बी) में संशोधन किया गया। निर्वाह या भरण-पोषण और नाबालिग बच्चों की शिक्षा के लिए धन के वास्ते आवेदन को प्रतिवादी के नोटिस देने की तारीख से 60 दिन के भीतर निपटाने के लिए धारा 36 और 38 में संशोधन किया गया। हिंदू विवाह अधिनियम, 1955 द्वारा हिंदुओं में प्रचलित कानून को विधिबद्ध करने का प्रयास किया गया। यह अधिनियम जम्मू-कश्मीर राज्य को छोड़कर पूरे देश में लागू होता है। यह कानून किसी क्षेत्र में रहने वाले सभी हिंदुओं पर भी लागू होता है चाहे वे उस क्षेत्र से हों जहां यह लागू नहीं होता। यह हिंदुओं (अपने किसी भी स्वरूप अथवा विकास में) और बौद्धों, सिखों, जैनियों और उन लोगों पर भी लागू होता है जो धर्म से मुसलमान, ईसाई, पारसी अथवा यहूदी नहीं हैं। हालांकि यह अधिनियम किसी अनुसूचित जनजाति के सदस्यों पर तब तक लागू नहीं होता जब तक केंद्र सरकार अपने सरकारी राजपत्र में अधिसूचना द्वारा निर्देश न दे। तलाक के संबंध में प्रावधान हिंदू विवाह अधिनियम की धारा 13 और विशेष विवाह अधिनियम की धारा 27 में निहित हैं। इन अधिनियमों के अंतर्गत जिन सामान्य कारणों के आधार पर पति अथवा पत्नी तलाक की मांग कर सकते हैं, वे हैं- व्याभिचार, परित्याग, क्रूरता, दिमागी अस्वस्थता, यौन रोग, कोढ़, आपसी सम्मति और सात वर्ष से जीवित होने की जानकारी न होना।

ईसाई समुदाय के संबंध में, विवाह और तलाक से जुड़े प्रावधान क्रमश: भारतीय ईसाई विवाह अधिनियम, 1872 और भारतीय तलाक अधिनियम, 1869 की धारा 10 में निहित हैं। इस धारा के अंतर्गत कोई भी पति अपनी पत्नी से व्याभिचार के आधार पर तलाक ले सकता है और पत्नी अपने पति के धर्म परिवर्तन करने और किसी अन्य महिला से विवाह करने अथवा (क) किसी सगे-संबंधी के साथ यौन संबंध स्थापित करने (ख) व्याभिचार के साथ दो पत्नियां रखने; (ग) व्याभिचार के साथ

दूसरी महिला से विवाह; (घ) बलात्कार, गुदा मैथुन अथवा पाशविकता; (ङ) व्याभिचार के साथ ऐसी क्रूरता जो व्याभिचार के बिना उसे तलाक की हक़दार बनाए, (तलाक की ऐसी व्यवस्था जो रोमन कैथोलिक चर्च ने बनाई है जो व्याभिचार, विकृत आचरण, क्रूरता के आधार पर न्यायिक तौर पर अलग होने के बराबर है) और (च) दो वर्ष अथवा अधिक समय के लिए बिना किसी तर्कसंगत कारण के परित्याग के साथ व्याभिचार का दोषी पाए जाने पर तलाक ले सकती है।

तलाक के मामले में मुस्लिम महिलाओं से भेदभावपूर्ण संबंधी प्रावधानों को हटाने और आपसी सम्मति से विवाह-विच्छेद के लिए तलाक अधिनियम, 1869 में भारतीय तलाक (संशोधन) कानून 2001 के ज़रिए व्यापक संशोधन किए गए। साथ ही, 1869 के अधिनियम की धारा-41 में संशोधन विवाह कानून (संशोधन) अधिनियम, 2001 द्वारा किया गया ताकि निर्वाह खर्च अथवा भरण-पोषण और अल्प वयस्क बच्चों की शिक्षा के लिए धन संबंधी आवेदन का निपटारा प्रतिवादी को नोटिस की तारीख से 60 दिन के अंदर किया जा सके। मुसलमानों के विवाह के संबंध में, देश में मौजूद मुस्लिम कानून लागू है। तलाक के मामले में किसी मुस्लिम पत्नी के पास सीमित अधिकार हैं। लिखे नहीं गए और परंपरागत कानून मुस्लिम महिला को अपनी स्थिति सुधारने के लिए निम्नलिखित रूपों के अंतर्गत विवाह तोड़ने की इजाज़त देते हैं: (क) तलाक-ए-तफवीद : यह प्रदत्त तलाक की विधि है। इसके अनुसार पति विवाह समझौते में यह अनुबंध करता है कि उसके दूसरी पत्नी लाने पर, पहली पत्नी को उसे तलाक देने का अधिकार है; (ख) खुला : यह पति-पत्नी के बीच अनुबंध को खत्म करने के बारे में है, जिसमें पत्नी पति को खुला दे सकती है और उससे अलग हो सकती है; और (ग) मुबारत : यह आपसी सम्मति से लिया जाने वाला तलाक है।

मुस्लिम विवाह अधिनियम, 1939 के तहत् किसी मुस्लिम पत्नी को अपने विवाह को तोड़ने का हक इन आधार पर दिया गया है; (i) चार वर्ष से पति का ठौर-ठिकाना पता न हो; (ii) पति ने दो वर्ष से पत्नी की परवरिश न की हो; (iii) सात वर्ष या अधिक समय के लिए पति जेल में रहा हो; (iv) पति बिना किसी उपयुक्त कारण के तीन वर्ष तक अपने वैवाहिक दायित्वों को पूरा करने में विफल रहा हो; (v) पति की नपुंसकता; (iv) दो वर्ष लंबा पागलपन; (vii) कोढ़ अथवा संक्रामक यौन रोग से पीड़ित हो; (viii) 15 वर्ष की उम्र से पहले ही विवाह हो चुका हो और विवाह को शारीरिक संबंध स्थापित करके पूर्ण नहीं किया हो; और (ix) क्रूरता।

पारसी विवाह और तलाक अधिनियम, 1936 पारसियों के वैवाहिक संबंधों के बारे में है। अधिनियम में पारसी शब्द को पारसी जोरोएस्ट्रियन के रूप में परिभाषित किया गया है। जोरोएस्ट्रियन वह व्यक्ति है जिसने जोरोएस्ट्रियन धर्म को अपनाया है। इसका जातिगत महत्व है। इस अधिनियम के अंतर्गत प्रत्येक विवाह और तलाक को अधिनियम में निर्धारित प्रक्रिया के अनुसार पंजीकृत होना चाहिए। केवल पारसी विवाह और तलाक अधिनियम, 1936 का दायरा बढ़ाया गया है ताकि इसे हिंदू विवाह अधिनियम 1955 के समकक्ष लाया जा सके। पारसी विवाह और तलाक अधिनियम, 1936 की धारा 39 और 49 में विवाह कानून (संशोधन) करने का प्रावधान किया गया और अल्प वयस्क बच्चों की शिक्षा के मामले का निपटारा पत्नी अथवा पति को नोटिस मिलने की तारीख से 60 दिन के भीतर निपटारा करने के संशोधन द्वारा किया गया। यहूदियों के विवाह संबंधी कानूनों के लिए , भारत में कोई विधिबद्ध कानून नहीं है। यहां तक कि आज तक, वे अपने धार्मिक कानूनों से संचालित हैं। यहूदी विवाह को आपस में इकरारनामा नहीं मानते, बल्कि दो व्यक्तियों के बीच पावन कर्तव्यों का रिश्ता है।

विवाह को व्याभिचार अथवा क्रूरता के आधार पर अदालती प्रक्रिया से तोड़ा जा सकता है। विवाह एक स्त्री से विवाह करने का रिश्ता है।

गोद लेना

गोद लेने के लिए हालांकि कोई सामान्य कानून नहीं है, लेकिन हिंदुओं में हिंदू दत्तक ग्रहण तथा भरण-पोषण अधिनियम, 1956 और रीति-रिवाज की दृष्टि से कुछ वर्गों में इसकी इजाज़त है। चूंकि गोद लेना बच्चे से जुड़ा कानूनी मुद्दा है इसलिए यह पर्सनल लॉ से संबद्ध है। मुसलमानों, ईसाइयों और पारसियों में दत्तक ग्रहण कानून नहीं हैं और उन्हें अभिभावक और परवरिश अधिनियम, 1890 के अंतर्गत अदालत की शरण में जाना पड़ता है। इस अधिनियम के अंतर्गत मुसलमान, ईसाई और पारसी केवल पालन-पोषण के लिए बच्चे को ले जा सकते हैं। इसके अंतर्गत बच्चा जब वयस्क यानी 18 वर्ष का हो जाता है, वह इस संबंध को तोड़ने के लिए स्वतंत्र है। इसके अलावा ऐसे बच्चे के पास उत्तराधिकार का कानूनी अधिकार नहीं होता। जो विदेशी, भारतीय बच्चों को गोद लेना चाहते हैं उन्हें इसी कानून के अंतर्गत अदालत का सहारा लेना पड़ता है।

गोद लेने से संबंधित हिंदू कानून में संशोधन किया गया और उसे हिंदू दत्तक ग्रहण और भरण-पोषण अधिनियम, 1956 में विधिबद्ध किया गया, जिसके अंतर्गत कानूनी हैसियत से हिंदु पुरुष अथवा महिला, पुत्र अथवा पुत्री को गोद ले सकती है। एक नाबालिग बच्चे के अभिभावक के बारे में, जैसाकि अन्य के पारिवारिक कानून में है, कोई एक समान कानून नहीं है। हिंदू कानून, मुस्लिम कानून और अभिभावक तथा संरक्षक अधिनियम,1890 तीन अलग-अलग कानूनी व्यवस्थाएं प्रचलन में हैं। एक अभिभावक स्वाभाविक अभिभावक हो सकता है, वसीयती अभिभावक हो सकता है अथवा अदालत द्वारा नियुक्त अभिभावक हो सकता है। अभिभावक के सवाल का फैसला करने में दो बातों को ध्यान में रखना होगा-नाबालिग की शख्सियत और उसकी संपत्ति। अक्सर एक ही व्यक्ति को दोनों नहीं सौंपे जाते। हालांकि पर्सनल लॉ (संशोधन) कानून, 2010 के ज़रिए हिंदू दत्तक ग्रहण और भरण-पोषण अधिनियम,1956 में संशोधन किया गया ताकि केवल अपने विवाहित होने के आधार पर पुत्र अथवा पुत्री को गोद लेने के लिए विवाहित महिला की अयोग्यता को समाप्त किया जा सके और यह व्यवस्था की जा सके कि मां को पिता की सहमति से और पिता को मां की सहमति से अपने बच्चों को किसी को गोद देने का समान अधिकार होगा।

हिंदू और संरक्षकता अधिनियम, 1956 ने अल्पव्यस्कता और संरक्षकता से जुड़े हिंदुओं के कानूनों को विधिबद्ध किया है। गैर-विधिबद्ध कानून के मामले में पिता के उच्चतर अधिकार की पुष्टि की गई है। इसमें निर्धारित किया गया है कि कोई भी बच्चा 18 वर्ष की उम्र हासिल करने तक नाबालिग है। मां के पूर्वगामी अधिकार को केवल पांच वर्ष से कम उम्र के बच्चों को रखने के लिए मान्यता दी गई है। नाज़ायज बच्चों के मामले में, तथाकथित पिता के मुकाबले मां का दावा अधिक होगा। इस अधिनियम में नाबालिग की शख्सीयत और उसकी संपत्ति के बीच कोई अंतर नहीं रखा गया है इसलिए अभिभावक के पद का दोनों पर नियंत्रण रहेगा। मुस्लिम लॉ (शरीयत) के अंतर्गत, पिता प्रधान होता है। इसमें अभिभावक और संरक्षण में अंतर रखा गया है। अभिभावक के लिए, जिसका आमतौर पर संपत्ति के संरक्षक के रूप में उल्लेख होता है, सुन्नियों के अनुसार, पिता वरीय है और उसकी अनुपस्थिति में निर्वाहक को यह जिम्मेदारी दी जाती है। पिता द्वारा किसी निर्वाहक की नियुक्ति नहीं किए जाने की

स्थिति में दादा अभिभावक की ज़िम्मेदारी उठाएंगे। दोनों मत हालांकि इस बात से सहमत हैं कि अपने जीवनकाल में पिता ही एकमात्र संरक्षक है। पिता की मृत्यु के बाद भी मां को स्वाभाविक संरक्षक के रूप में मान्यता नहीं दी गई है। स्वाभाविक संरक्षक के अधिकारों के बारे में कोई संदेह नहीं है कि पिता का अधिकार संपत्ति और बच्चे की शख्सियत दोनों पर है। यहां तक कि जब मां नाबालिग बच्चे की संरक्षक होती है, पिता का देखरेख और नियंत्रण का सामान्य अधिकार बरकरार रहता है। पिता हालांकि मां को वसीयती संरक्षक नियुक्त कर सकता है। अतः हालांकि मां को स्वाभाविक संरक्षक के रूप में पहचान नहीं मिलेगी, लेकिन पिता की इच्छानुसार उसकी नियुक्ति पर कोई आपत्ति नहीं है।

मुस्लिम लॉ इस बात की मान्यता देता है कि नाबालिग बच्चों को रखने का मां का पूर्ण अधिकार है। यहां तक कि पिता भी उसे इससे वंचित नहीं कर सकता। दुर्व्यवहार एकमात्र ऐसी शर्त है जो मां को इस अधिकार से वंचित करती है। संरक्षण में रखने का मां का अधिकार समाप्त होने की आयु के बारे में, शिया का मत है कि मां का अधिकार केवल बच्चे के खड़े होकर चलने तक है जो बच्चे के दो वर्ष की आयु पूरी करने पर समाप्त हो जाता है, जबकि हनाफी का मत है कि यह अवधि बच्चे के सात वर्ष की उम्र तक पहुंचने तक रहती है। लड़कियों के मामले में, शिया कानून मां के अधिकार का लड़की के सात वर्ष की उम्र हासिल करने तक समर्थन करता है और हनाफी मत इसे उसके यौवन अवस्था तक पहुंचने तक मानता है।

अभिभावक के पद और संरक्षक के संबंध में सामान्य कानून अभिभावक और संरक्षक अधिनियम, 1890 में निहित है। इसमें स्पष्ट तौर पर कहा गया है कि पिता का अधिकार प्रमुख है और तब तक किसी अन्य व्यक्ति की नियुक्ति नहीं की जा सकती जब तक पिता सक्षम है। अधिनियम में यह भी प्रावधान है कि इसके अंतर्गत संरक्षक की नियुक्ति करते समय बच्चों के कल्याण को भी ध्यान में रखा जाए। हालांकि पर्सनल लॉ (संशोधन) कानून, 2010 से अभिभावक और संरक्षक अधिनियम, 1890 में संशोधन किया गया था ताकि मां को भी पिता के साथ बच्चे के अभिभावक के रूप में नियुक्त करने के लिए शामिल किया जा सके और अदालतें नाबालिग बच्चे के अभिभावक के रूप में तक तक किसी अन्य व्यक्ति की नियुक्ति न करें जब तक ऐसे नाबालिग के माता-पिता में से कोई भी एक उसके अभिभावक के रूप में स्वस्थ हो।

भरण-पोषण

पति का अपनी पत्नी के भरण-पोषण का दायित्व विवाह टूटने की स्थिति में बनता है। भरण-पोषण का अधिकार पर्सनल के अंतर्गत आता है। कोड ऑफ क्रिमिनल प्रोसीजर, 1973 के अंतर्गत भरण-पोषण का अधिकार न केवल पत्नी और आश्रित बच्चों का है, बल्कि गरीब माता-पिता और तलाकशुदा पत्नी का भी है। पत्नी आदि के दावे, हालांकि पति के पास पर्याप्त साधनों पर निर्भर करते हैं। सभी आश्रित व्यक्तियों के लिए भरण-पोषण का दावा 500 रुपये प्रतिमाह तक सीमित है, लेकिन इस सीमा को कोड ऑफ क्रिमिनल प्रोसीजर (संशोधन) कानून, 2001 द्वारा हटा दिया गया। भरण-पोषण के अधिकार को कोड ऑफ क्रिमिनल प्रोसीजर के अंतर्गत शामिल करने का लाभ है कि जल्द और सस्ता उपाय हो सके। हालांकि तलाकशुदा पत्नियां जिन्हें प्रचलित पर्सनल लॉ के अंतर्गत धन प्राप्त होता है वे कोड ऑफ क्रिमिनल प्रोसीजर के अंतर्गत भरण-पोषण का दावा करने की हक़दार नहीं हैं।

हिंदू कानून के अंतर्गत, पत्नी को अपने पति से भरण-पोषण का दावा करने का पूर्ण अधिकार है। लेकिन यदि वह शुचिता के रास्ते से भटक जाए वह अपना अधिकार खो सकती है। भरण-पोषण के उसके अधिकार को हिंदू दत्तक ग्रहण और भरण-पोषण अधिनियम,1956 में विधिबद्ध किया गया है। भरण-पोषण की राशि का आकलन करते समय, अदालत पति की दशा और देनदारियां जैसे विभिन्न कारणों को ध्यान में रखती है। वह यह भी अनुमान लगाती है कि क्या पत्नी का पति से अलग रहना न्यायोचित है। अधिनियम में तर्कसंगत कारणों की व्याख्या की गई है। भरण-पोषण (अनिर्णीत मुकदमा) और यहां तक कि मुकदमे का खर्च पति या पत्नी में से कोई एक उठाएगा। उनमें से एक की आय का अगर कोई साधन नहीं है तो यह दूसरे की ज़िम्मेदारी होगी। यही सिद्धांत स्थायी भरण-पोषण के भुगतान पर भी लागू होगा।

मुस्लिम लॉ के अंतर्गत, मुस्लिम महिला (तलाक पर अधिकारों का संरक्षण) कानून, 1986 उन मुस्लिम महिलाओं के अधिकारों की रक्षा करता है जिन्हें उनके पति ने तलाक दे दिया है अथवा उन्होंने तलाक ले लिया है। यह अधिनियम अन्य बातों के अलावा यह व्यवस्था भी करता है कि तलाकशुदा महिला (क) पर्याप्त और न्यायपूर्ण भरण-पोषण और इद्दत की अवधि के दौरान पति से भरण-पोषण प्राप्त कर सके; (ख) पूर्व पति से पहले अथवा बाद में अपने जन्मे बच्चों के जन्म की तारीख से दो वर्ष की अवधि के लिए खुद भरण-पोषण करने की स्थिति में; (ग) मुस्लिम कानून के अनुसार निकाह के समय अथवा उसके बाद किसी भी समय दी जाने वाली तय की गई मेहर की रकम का भुगतान; (घ) विवाह से पहले अथवा विवाह के समय अथवा विवाह के बाद उसके रिश्तेदारों अथवा मित्रों अथवा पति अथवा पति के किसी भी रिश्तेदार अथवा मित्र द्वारा उसे दी गई संपत्ति की हक़दार है।

इसके अलावा, अधिनियम में यह भी व्यवस्था हे कि यदि कोई तलाकशुदा मुस्लिम महिला इद्दत की अवधि के बाद खुद का भरण-पोषण करने में समर्थ नहीं है, मजिस्ट्रेट उसके रिश्तेदारों को निर्देश दे सकता है कि उसे मुस्लिम कानून के अनुसार उसकी संपत्ति का हिस्सा और पर्याप्त तथा न्यायपूर्ण भरण-पोषण दिया जाए। वह तलाकशुदा महिला की ज़रूरतों, वैवाहिक जीवन के दौरान उसके जीवन स्तर के अनुरूप और जायज़ भरण-पोषण निर्धारित करेगा और महिला की पैतृक संपत्ति की मात्रा के अनुपात में धनराशि और उनके द्वारा दिए गए भरण-पोषण का भुगतान उस अवधि में करना होगा जिसका ज़िक्र मजिस्ट्रेट अपने आदेश में करता है। अगर ऐसी तलाकशुदा महिला के बच्चे हों, तो मजिस्ट्रेट उन्हें महिला को भरण-पोषण का भुगतान करने का आदेश दे सकता है और यदि बच्चे भरण-पोषण का भुगतान करने में असमर्थ हैं, तो मजिस्ट्रेट ऐसी तलाकशुदा महिला के माता-पिता को भरण-पोषण का भुगतान करने का आदेश दिया जा सकता है। ऐसे रिश्तेदारों की अनुपस्थिति में अथवा जहां रिश्तेदार उसे भरण-पोषण देने की स्थिति में नहीं हैं, मजिस्ट्रेट वक्फ अधिनियम, 1995 की धारा 13 के अंतर्गत स्थापित उस इलाके के वक्फ बोर्ड को उसके द्वारा निर्धारित भरण पोषण का भुगतान करने का निर्देश दे सकता है जहां महिला रहती है।

पारसी विवाह और तलाक अधिनियम, 1936 भरण-पोषण दोनों निर्वाह खर्च और स्थायी निर्वाह खर्च के लिए पत्नी के अधिकार को मान्यता देता है। अदालत में लंबित वैवाहिक मुकदमें के दौरान अदालत पति की कुल आमदनी का 5वां हिस्सा निर्वाह खर्च के रूप में देने का आदेश दे सकती है। स्थायी भरण-पोषण तय करते समय, अदालत यह पता लगाएगी कि क्या न्यायोचित है। इसके लिए वह

पति की भुगतान क्षमता, पत्नी की अपनी संपत्ति और संबद्ध पक्षों के आचरण को ध्यान में रखती है। यह आदेश तब तक लागू रहेगा जब तक पत्नी पवित्र और अविवाहित रहती है। तलाक अधिनियम, 1869 ईसाई पत्नी के भरण-पोषण अधिकारों के बारे में है। इसके प्रावधान वही हैं जो पारसी कानून में हैं और निर्वाह खर्च तथा स्थायी भरण-पोषण दोनों के लिए एकसमान मुद्दों पर विचार किया जाता है।

उत्तराधिकार

निर्वसीयती और वसीयती उत्तराधिकार कानून को मज़बूत बनाने के लिए भारतीय उत्तराधिकार कानून 1925 बनाया गया। यह अधिनियम पुदुचेरी में लागू नहीं होता। उत्तराधिकार के संबंध में कानून को मज़बूत बनाते समय, दो प्रावधान किए गए जिनमें एक का संबंध भारतीय ईसाइयों, यहूदियों और विशेष विवाह अधिनियम, 1954 के अंतर्गत विवाहित व्यक्तियों की संपत्ति के उत्तराधिकार से था और दूसरा पारसियों के उत्तराधिकार से संबंधित था।

पहला प्रावधान पारसियों को छोड़कर अन्य पर लागू होता है। अगर किसी व्यक्ति की मृत्यु हो जाए तथा उसने वसीयत न की हो और उसके परिवार में उसकी विधवा पत्नी तथा उसके नज़दीकी वंश के लोग हैं, तो उसकी विधवा संपत्ति का एक तिहाई नियत हिस्सा लेने की हक़दार है और नज़दीकी वंश के लोग शेष दो तिहाई हिस्से के हकदार हैं। विधवा महिलाओं के अधिकारों में सुधार लाने के लिए बाद में इस कानून में संशोधन किया गया और यह व्यवस्था की गई कि जहां किसी व्यक्ति की निर्वसीयत मृत्यु हो जाती है, उसके परिवार में उसकी पत्नी है और नज़दीकी वंश का कोई नहीं है और संपत्ति का मूल्य 5,000 रुपये से अधिक नहीं है, ऐसी स्थिति में विधवा महिला पति की पूरी संपत्ति की हक़दार है। अगर संपत्ति का कुल मूल्य 5,000 रुपये से अधिक है, तो वह चार प्रतिशत ब्याज का भुगतान कर 5,000 रुपये ले सकती है और बची हुई संपत्ति की हक़दार बन सकती है। यह अधिनियम संपत्ति की वसीयत करने के लिए किसी व्यक्ति के अधिकार पर रोक नहीं लगाता।

अधिनियम का दूसरा प्रावधान पारसियों के निर्वसीयती उत्तराधिकार के बारे में है। भारतीय उत्तराधिकार (संशोधन) अधिनियम, 1991 से इस कानून में संशोधन किया गया ताकि माता-पिता की संपत्ति में पुत्र और पुत्री दोनों को समान हिस्सा मिल सके चाहे वह पिता अथवा माता की हो। इसमें पारसियों के लिए यह भी व्यवस्था की गई कि वे बेरोक-टोक किसी धार्मिक अथवा धर्मार्थ उद्देश्य से अपनी संपत्ति वसीयत में दे सकते हैं। संशोधित कानून में यह व्यवस्था की गई कि जब किसी पारसी की निर्वसीयत मृत्यु हो जाती है और परिवार में पत्नी अथवा पति और बच्चे रह जाते हैं, संपत्ति का विभाजन होगा ताकि विधवा, विधुर और प्रत्येक बच्चे को समान हिस्सा मिल सके। इसके अलावा जब किसी पारसी की मृत्यु के बाद उसके परिवार में माता-पिता या दोनों में से कोई एक, विधवा/विधुर और बच्चे रह जाते हैं, संपत्ति का विभाजन इस प्रकार होगा कि माता-पिता या माता अथवा पिता को प्रत्येक बच्चे के हिस्से की संपत्ति के आधे के बराबर मिल सके।

इस कानून में संशोधन भारतीय उत्तराधिकार (संशोधन) अधिनियम, 2002 द्वारा किया गया। यह महसूस किया गया कि मुख्य अधिनियम की धारा 32 विधवाओं के लिए भेदभावपूर्ण है और इसे समाप्त करने के लिए धारा 32 के प्रावधानों को हटा दिया गया। इस संशोधित अधिनियम से धारा 213 में भी संशोधन किया गया ताकि ईसाइयों को भी अन्य समुदायों के समान अधिकार मिल सके।

हिंदुओं, बौद्धों, सिखों अथवा जैनियों के बीच वसीयतनामे से जुड़े कानून के संदर्भ में कुछ प्रतिबंध भी हैं और तीसरी अनुसूची में शामिल भारतीय उत्तराधिकार अधिनियम 1925 की धारा–57 में संशोधन किया गया है। हिंदुओं में निर्वसीयत उत्तराधिकार से संबंधित कानून को हिंदू उत्तराधिकार कानून, 1956 में विधिबद्ध किया गया। यह जम्मू–कश्मीर को छोड़कर पूरे भारत में लागू है। अधिनियम की उल्लेखनीय विशेषता बिना वसीयत वाली संपत्ति में महिलाओं को पुरुषों के बराबर उत्तराधिकारी बनाना था (देखें हिंदू उत्तराधिकार (संशोधन) कानून, 2005)। हिंदू उत्तराधिकार कानून, 1956 में संशोधन किया गया ताकि संयुक्त हिंदू संपत्ति में पुत्री को समान हिस्सा मिल सके।

भारत में अधिकांश मुसलमान सुन्नी कानून के हनाफी मत का अनुसरण करते हैं। अदालतों का मानना है कि मुसलमान तब तक हनाफी कानून के अधीन हैं जब तक यह स्थापित न हो जाए कि वह असंगत है। हालांकि शिया और सुन्नी मतों के बीच अनेक विशेषताएं एकसमान हैं लेकिन कुछ बातों में मतभेद भी हैं। सुन्नी कानून कुरान की उत्तराधिकार की आयतों को इस्लाम पूर्व प्रचलित कानून में विस्तार के रूप में मानता है। उसने पुरुष पूर्वजों की श्रेष्ठ स्थिति को बनाए रखा है। हिंदू और ईसाई कानूनों के विपरीत, मुस्लिम कानून में किसी व्यक्ति के वसीयत का अधिकार सीमित है। मुसलमान अपनी संपत्ति का केवल एक–तिहाई वसीयत में दे सकता है। वारिस की इजाज़त के बिना किसी अजनबी को वसीयत देना उस स्थिति में वैध है जब वह संपत्ति के एक–तिहाई से अधिक नहीं है, लेकिन किसी वारिस को अन्य वारिसों की मंजूरी के बिना वसीयत में देना अमान्य है। वसीयत देने के लिए वारिस की मंजूरी अवश्य ली जानी चाहिए और वसीयतकर्ता के जीवनकाल के दौरान वसीयत देने की मंजूरी को उसकी मृत्यु के बाद रद्द किया जा सकता है। शिया कानून में मुसलमानों को संपत्ति के एक–तिहाई को वसीयत में देने की आज़ादी है।

आनंद विवाह (संशोधन) कानून, 2012

सिखों के विवाह अधिकार जिन्हें आनंद कारज कहा जाता था, उसकी वैधता के संदेहों को मिटाने के लिए आनंद विवाह कानून, 1909 बनाया गया। इसमें विवाह के पंजीकरण का प्रावधान नहीं है। हिंदू विवाह कानून, 1955 सभी हिंदुओं, बौद्धों, जैनियों अथवा सिखों पर लागू होता है। यह उन सभी व्यक्तियों पर भी लागू होता है जो मुसलमान, ईसाई, पारसी अथवा यहूदी नहीं हैं बशर्ते वे यह स्थापित न कर दें कि वे इस कानून से पहले हिंदू कानून, रीति–रिवाज़ों और परिपाटियों से नियंत्रित नहीं थे। हिंदू विवाह कानून, 1955 की धारा 8 में हिंदू विवाह के पंजीकरण की व्यवस्था है और चूंकि हिंदू विवाह अधिनियम, 1955 की धारा 2 के अंतर्गत सिखों को हिंदुओं की परिभाषा में शामिल किया गया है, रस्म के अनुसार होने वाले सिख विवाह जिसे आनंद कारज कहा जाता है अथवा अन्य प्रचलित रस्मों को हिंदू विवाह कानून, 1955 की धारा 8 के प्रावधानों के अंतर्गत पंजीकृत किया जा सकता है।

आनंद विवाह (संशोधन), अधिनियम, 2012 बनाकर आनंद विवाह कानून, 1909 में संशोधन किया गया ताकि आनंद कारज के रूप में मशहूर आनंद विवाह के पंजीकरण की व्यवस्था हो सके।

चुनाव कानून और चुनाव सुधार

संसद , विधानसभाओं और राष्ट्रपति तथा उप राष्ट्रपति पद के लिए चुनाव कराने के संबंध में कानून इस प्रकार है:– (i) जन प्रतिनिधित्व अधिनियम, 1950; (ii) जन प्रतिनिधित्व अधिनियम, 1951; (iii) राष्ट्रपति और उपराष्ट्रपति चुनाव अधिनियम, 1952; (iv) परिसीमन अधिनियम, 2002;

(v) आंध्र प्रदेश विधान परिषद अधिनियम, 2005; और (vi) तमिलनाडु विधान परिषद अधिनियम, 2010। इन अधिनियमों को लागू करने का काम विधि और न्याय मंत्रालय का विधायी विभाग करता है।

हमारे देश की चुनाव प्रणाली जिसे चुनावों का फर्स्ट-पास्ट-द-पोस्ट सिस्टम भी कहा जाता है, ने छियासठ वर्ष पूरे कर लिए हैं।

देश में लगातार बदलते चुनावी परिदृश्यों के कारण अनेक अवसरों पर चुनाव कानूनों में सुधार करना आवश्यक हो गया। चुनावों के दौरान हुए अनुभवों; निर्वाचन आयोग की सिफारिशों; राजनैतिक दलों, समाज की जानी-मानी हस्तियों समेत विभिन्न स्रोतों से प्राप्त प्रस्तावों और विधानमंडलों तथा विभिन्न सार्वजनिक निकायों में हुई चर्चाओं को ध्यान में रखते हुए सरकारों ने समय-समय पर अनेक उपाय किए ताकि चुनाव सुधार किए जा सकें। चुनाव सुधारों के व्यापक असर की आवश्यकता को अस्वीकार नहीं किया जा सकता। वर्तमान में चुनाव सुधार का मुद्दा समग्रता के साथ भारत के विधि आयोग के पास जांच और रिपोर्ट के लिए भेजा जा चुका है। विधि आयोग की रिपोर्ट मिलने पर इस बारे में संबद्ध पक्षों के साथ विचार-विमर्श कर इस पर गौर किया जाएगा।

निर्वाचन क्षेत्रों का परिसीमन

प्रतिनिधित्व व्यवस्था में जहां एक सदस्य वाले निर्वाचन क्षेत्र का इस्तेमाल राजनैतिक प्रतिनिधित्व को चुनने के लिए किया जाता है वहां लोकसभा और विधानसभा निर्वाचन क्षेत्रों का आवधिक पुनर्व्यवस्थापन अनिवार्य है। जनगणना के पिछले प्रकाशित आंकड़ों के आधार पर चुनाव संबंधी सीमाएं तय की जाती हैं और ये आबादी के हिसाब से तुलनात्मक रूप में एकसमान होती हैं। एकसमान आबादी वाले निर्वाचन क्षेत्रों में मतदाताओं के मत का महत्व एकसमान होता है। जिन निर्वाचन क्षेत्रों की आबादी का अंतर अधिक होता है उस स्थिति को खराब विभाजन कहा जाता है- इससे लोकतंत्र के इस केंद्रीय सिद्धांत का उल्लंघन होता है कि सभी मतदाताओं को समान महत्व के मत डालने का अधिकार होना चाहिए। परिसीमन और चुनाव संसदीय लोकतंत्र के दो प्रमुख स्तंभ हैं।

भारत के पहले परिसीमन आयोग का गठन 1952 में, दूसरे का 1962 में और तीसरे का 1973 में किया गया था। 1971 की जनगणना के आधार पर परिसीमन की तीसरी कवायद वर्ष 1975 में पूरी हुई। वर्तमान परिसीमन 2001 की जनगणना पर आधारित है, जिसे 30 वर्ष बाद हाथ में लिया गया। जनसंख्या में करीब 87 प्रतिशत की वृद्धि हुई है और देश में निर्वाचन क्षेत्रों की प्रकृति कुल मिलाकर खराब विभाजन वाली है।

सरकार ने राष्ट्रीय जनसंख्या नीति योजना के अंतर्गत जनसंख्या स्थिरीकरण कार्यक्रम में राज्य सरकारों के निर्भीक होकर लगे रहने के लिए उन्हें सक्षम बनाने के प्रेरक उपायों में वर्ष 2026 तक ताज़ा परिसीमन का काम हाथ में लेने पर वर्तमान संवैधानिक रोक को बढ़ाने का फैसला किया। यह भी फैसला किया गया कि निर्वाचन क्षेत्रों का पुनर्व्यवस्थापन और परिमेयकरण का कार्य एक साथ हाथ में लिया जाए। विधानमंडलों के लिए आवंटित सीटों की संख्या को प्रभावित किए बिना इनमें वर्ष 1991 की जनगणना के आधार पर अनुसूचित जातियों और अनुसूचित जनजातियों के लिए आरक्षित सीटों को भी शामिल किया जाए ताकि विभिन्न निर्वाचन क्षेत्रों में आबादी/मतदाताओं की असंगत वृद्धि के कारण उत्पन्न असंतुलन को ठीक किया जा सके। संविधान (84वां संशोधन) अधिनियम, 2001 को 2002 में कानून बनाया गया। इसके पश्चात् परिसीमन कानून 2002 के प्रावधानों के अंतर्गत 2002 में परिसीमन आयोग का

गठन किया गया। उच्चतम न्यायालय के सेवानिवृत्त न्यायाधीश न्यायमूर्ति कुलदीप सिंह को इसका अध्यक्ष बनाया गया और भारत के निर्वाचन आयोग में निर्वाचन आयुक्त श्री बी.बी. टंडन और राज्य निर्वाचन आयुक्त इसके पदेन सदस्य नियुक्त किए गए। आयोग का प्रमुख कार्य प्रत्येक राज्य में निचले सदन में क्षेत्रीय निर्वाचन क्षेत्रों के खंडों की सीटों के क्षेत्रीय स्तर पर बंटवारे का पुनर्व्यवस्थापन करना था। इसके बाद संविधान (87वां संशोधन) कानून, 2003 बनाया गया और इस कानून के ज़रिए क्षेत्रीय निर्वाचन क्षेत्रों के परिसीमन का आधार 1991 की जनगणना के स्थान पर 2001 की जनगणना को बनाया गया।

परिसीमन के नियम हालांकि देशभर में अलग-अलग हैं, फिर भी सीमांकन का कार्य आमतौर पर एक जैसा है। भारत में सीमांकन के कार्य के लिए आमतौर पर आवश्यक है: (क) राज्यों और राज्य के भीतर जिलों को सीटों का आवंटन; (ख) मानचित्रों, आबादी के आंकड़ों और संबद्ध इलाके की भौगोलिक/प्राकृतिक/प्रशासनिक स्थिति को दर्शाने वाले विवरण को दर्ज कर एक डेटाबेस तैयार करना; (ग) लोकसभा और विधानसभाओं के सांविधिक प्रतिनिधियों को जोड़ना; (घ) राज्यों और जिलों को भौगोलिक इकाइयों में बांटना जिन्हें निर्वाचन क्षेत्र कहा जाता है; (ङ) परिसीमन की प्रक्रिया में सार्वजनिक सहयोग के लिए व्यापक उपाय करना; (च) निर्वाचन क्षेत्रों का संपेक्षण तथा मूल्यांकन; और (छ) अंतिम आदेश को पारित तथा प्रकाशित करना। निर्वाचन क्षेत्रों के परिसीमन के बारे में परिसीमन कानून, 2002 में स्पष्ट व्याख्या की गई है। यह कानूनी रूपरेखा एक स्वतंत्र और निष्पक्ष परिसीमन आयोग की व्यवस्था करती है। आयोग के अंतिम आदेश में सरकार किसी प्रकार का सुधार अथवा वीटो नहीं कर सकती।

परिसीमन आयोग पारदर्शी तरीके से कार्य करता है। इसके लिए कार्यपद्धति और दिशानिर्देश स्पष्ट तौर पर स्थापित किए गए हैं और पहले से प्रकाशित कर लिए गए हैं। निर्वाचन क्षेत्रों का प्रारूप तैयार करते समय आयोग-जहां तक व्यावहारिक हो, संबद्ध समुदायों जैसे जहां एक तरह के आदिवासी, जाति अथवा नस्ल के लोग हैं और जिन्हें भौगोलिक दृष्टि से अथवा प्राकृतिक विशेषताओं जैसे पर्वतों, जंगलों, नदियों आदि द्वारा परिभाषित किया गया है, को ध्यान में रखा है। आयोग ने संवैधानिक और सांविधिक प्रावधानों के अनुसार अनुसूचित जातियों और अनुसूचित जनजातियों के लिए आरक्षित निर्वाचन क्षेत्रों का सीमांकन किया है। संविधान के अनुच्छेद-82 के दूसरे प्रावधान और अनुच्छेद-170 के खंड (3) के दूसरे प्रावधान के पालन में परिसीमन की अंतिम स्थिति प्राप्त होने के बाद, 19 फरवरी, 2008 को राष्ट्रपति का आदेश जारी कर देशभर में नये परिसीमन को प्रभावी बनाया गया। हालांकि परिसीमन कानून, 2002 की धारा 10(बी) ने झारखंड राज्य के संबंध में 2007 के परिसीमन आदेश के कानूनी प्रभाव को निरस्त कर दिया।

परिसीमन आयोग द्वारा अधिसूचित परिसीमन आदेशों की निर्दिष्ट तिथि संबंधी राष्ट्रपति के आदेश के जारी होने से यह ज़रूरी हो गया कि परिसीमन आयोग द्वारा अधिसूचित परिसीमन आदेशों के ज़रिए किए गए परिवर्तनों को प्रतिबिंबित करने वाले जन-प्रतिनिधित्व कानून, 1950 की पहली और दूसरी अनुसूची तथा संबद्ध प्रावधानों में संशोधन किया जाए। फलस्वरूप ज़रूरतों के अनुरूप, जन प्रतिनिधित्व कानून, 1950 में संशोधन करते हुए परिसीमन की सहमति के साथ जन प्रतिनिधित्व (संशोधन) कानून, 2008 बनाया गया जो 2008 से प्रभावी हो गया। इस संशोधन कानून के ज़रिए अन्य संशोधनों सहित जन प्रतिनिधित्व कानून, 1950 की पहली अनुसूची और दूसरी अनुसूची को हटा दिया गया। जन प्रतिनिधित्व कानून, 1950 में अन्य बातों के साथ एक नई धारा 8(ए) को शामिल किया

गया, जिसमें यह व्यवस्था की गई कि यदि भारत के राष्ट्रपति इस बात से संतुष्ट हैं कि अरुणाचल प्रदेश, असम, मणिपुर या नगालैंड राज्यों में वर्तमान हालात परिसीमन के अनुकूल हैं, तो वे, आदेश द्वारा, इनमें से किसी भी राज्य के संबंध में परिसीमन कानून 2002 की धारा 10(ए) के अंतर्गत जारी स्थगन आदेश को रद्द कर सकते हैं और भारत के निर्वाचन आयोग द्वारा राज्यों में परिसीमन का कार्य कराने की व्यवस्था कर सकते हैं। इसके अलावा भारत के निर्वाचन आयोग को यह अधिकार है कि वह जन प्रतिनिधित्व कानून, 1950 की उप-धारा (धारा 8(ए) के 2) के अनुसार उपर्युक्त चार राज्यों के संबंध में जल्द से जल्द ताज़ा परिसीमन का काम हाथ में ले, हो सकता है कि इन राज्यों के संबंध में इसे स्थगन आदेशों को रद्द करने के बाद कराया जाए। जब इन राज्यों में परिसीमन का कार्य कराने के लिए अनुकूल स्थितियां होंगी तब परिसीमन का कार्य नये सिरे से शुरू किया जाएगा।

राष्ट्रपति के 2008 के आदेश के जारी होने के बाद, परिसीमन आयोग ने कर्नाटक, पश्चिम बंगाल, उत्तर प्रदेश, तमिलनाडु, राष्ट्रीय राजधानी क्षेत्र दिल्ली, बिहार और गुजरात राज्यों के संबंध में अपने पूर्व के आदेशों में संशोधन करते हुए आठ आदेश/शुद्धिपत्र जारी किए।

महिलाओं के लिए सीटों का आरक्षण

संसद और विधानसभाओं में महिलाओं को पर्याप्त प्रतिनिधित्व देने की मांग वर्षों से लगातार उठती रही है। इस मांग को वर्ष 1992 में संविधान में 73वें और 74वें संशोधनों के ज़रिए समर्थन मिला। संसद तथा विधानसभाओं में आरक्षण के लिए संविधान में संशोधन का प्रस्ताव किया गया था।

इलेक्ट्रॉनिक वोटिंग मशीन

इलेक्ट्रॉनिक वोटिंग मशीन (ईवीएम) का इस्तेमाल देश में प्रयोग के आधार पर 1982 में शुरू किया गया। ईवीएम के पूरी तरह इस्तेमाल में दो दशक से अधिक समय लगा और 2004 के लोकसभा चुनाव में देशभर के सभी मतदान केंद्रों में ईवीएम का इस्तेमाल किया गया। इसके बाद से लोकसभा और विधानसभाओं के सभी चुनावों में ईवीएम का इस्तेमाल किया जा रहा है। निर्वाचन आयोग के आदेश पर सार्वजनिक क्षेत्र के दो उपक्रमों, भारत इलेक्ट्रॉनिक्स लिमिटेड (बैल), बंगलुरु और इलेक्ट्रॉनिक्स कॉरपोरेशन ऑफ इंडिया लिमिटेड (ईसीआईएल), हैदराबाद ने 1989 में ईवीएम विकसित की।

मतदाता फोटो पहचान-पत्र

निर्वाचन आयोग ने 1993 में देशभर में मतदाता फोटो पहचान-पत्र का इस्तेमाल शुरू किया ताकि चुनावों में फर्जी मतदान को रोका जा सके। पंजीकृत मतदाता को फोटो पहचान-पत्र जारी करने का आधार मतदाता सूची है। मतदाता सूची को आमतौर पर हर वर्ष पहली जनवरी से संशोधित किया जाता है। भारत का प्रत्येक नागरिक जिसकी उम्र इस तारीख को 18 वर्ष या अधिक है वह मतदाता सूची में शामिल होने का पात्र है और वह इसके लिए आवेदन कर सकता है। एक बार उसके मतदाता सूची में पंजीकृत हो जाने पर, उसे मतदाता पहचान-पत्र मिल जाएगा। मतदाता पहचान-पत्र जारी करने की योजना, निरंतर चलने वाली प्रक्रिया है जिसके लिए कोई समय सीमा तय नहीं की जा सकती।

ऐसे सभी व्यक्तियों के लिए मतदाता पहचान-पत्र जल्द से जल्द जारी करने के लिए लगातार प्रयास किए जा रहे हैं जिनके नाम मतदाता सूची में दर्ज हो चुके हैं। इनमें से कुछ प्रयास इस प्रकार हैं: (i) सभी मतदाताओं के लिए मतदाता पहचान-पत्र बनाने के लिए विशेष फोटोग्राफी अभियान;

(ii) मतदाता पहचान–पत्र बनाने के लिए मतदाताओं को अपनी फोटो की प्रतियां देने की इजाज़त; (iii) फोटो एकत्र करने और सभी मतदाताओं के फोटो पहचान–पत्र बनाने के लिए आयोग द्वारा बूथ स्तर के अधिकारियों की नियुक्ति; (iv) मतदाताओं के नामांकन और मतदाता पहचान–पत्र बनाने पर विशेष ध्यान देने के लिए 25 जनवरी राष्ट्रीय मतदाता दिवस के रूप में घोषित; (v) मतदाता पहचान–पत्र तैयार करने की प्रक्रिया की जानकारी मतदाता को देने के लिए विशेष प्रचार अभियान ; और (vi) निर्देश जारी कर दिए गए हैं कि मतदाता पहचान–पत्र संख्या एक बार जारी हो जाने पर यह मतदाता के पूरे जीवनकाल में वैध रहेगी चाहे उसका पता बदल जाए।

विदेश में रहने वाले भारतीय नागरिकों को मतदान का अधिकार

जन प्रतिनिधित्व कानून, 1950 की धारा 19 में व्यवस्था है कि प्रत्येक व्यक्ति जिसकी उम्र चुनाव संबंधी तारीख पर 18 वर्ष से कम नहीं है और वह निर्वाचन क्षेत्र का साधारणतः निवासी है तो वह उस निर्वाचन क्षेत्र की मतदाता सूची में पंजीकृत होने का हक़दार है। साधारणतः निवासी का अर्थ इस अधिनियम की धारा 20 में दिया गया है। मतदाता पंजीकरण अधिकारियों के लिए पुस्तिका में अध्याय-III के अंतर्गत निर्दिष्ट किया गया है कि कोई भी व्यक्ति जो व्यवसाय अथवा रोज़गार के सिलसिले में देश से बाहर गया है तो उसे उस स्थान से बाहर निकला हुआ माना जाएगा। किसी इमारत अथवा किसी अन्य अचल संपत्ति का केवल स्वामित्व होने से मालिक को निवासी होने की योग्यता नहीं मिलती।

बड़ी संख्या में भारत के नागरिक विभिन्न कारणों से भारत से बाहर रह रहे हैं। वे लगातार मांग कर रहे हैं कि उन्हें मतदान करने का अधिकार प्रदान किया जाए। सरकार ने मांग के सभी पहलुओं पर विचार किया और 2006 में जन प्रतिनिधित्व (संशोधन) विधेयक 2006 राज्यसभा में पेश किया ताकि उन भारतीय नागरिकों के नाम उस निर्वाचन क्षेत्र की मतदाता सूची में दर्ज हो सकें जहां के वे निवासी हैं और जिसका ज़िक्र उनके पासपोर्ट में है तथा जो रोज़गार, शिक्षा अथवा किसी अन्य सिलसिले में बाहर होने के कारण अपने सामान्य निवास में उपस्थित नहीं हैं ताकि वे चुनाव के समय यदि अपने निर्वाचन क्षेत्र में हैं तो मतदान कर सकें।

स्थायी समिति की सिफारिशों का पालन करते हुए, सरकार ने राज्यसभा में 27 फरवरी, 2006 को पेश किए जन प्रतिनिधित्व (संशोधन) विधेयक, 2006 को वापस ले लिया और अन्य बातों के साथ एक नया विधेयक जन प्रतिनिधित्व (संशोधन) विधेयक, 2010 अगस्त 2010 में पेश किया ताकि जन प्रतिनिधित्व कानून, 1950 में संशोधन किया जा सके। इसमें व्यवस्था की गई है कि:- (क) भारत का प्रत्येक नागरिक, जिसका नाम मतदाता सूची में शामिल नहीं किया गया है और जिसे किसी अन्य देश की नागरिकता नहीं मिली है और जो अपने रोज़गार, शिक्षा अथवा किसी अन्य कारण से भारत में अपने निवास स्थान में उपस्थित नहीं है और भारत के बाहर है (चाहे अस्थायी तौर पर अथवा नहीं), वह उस निर्वाचन क्षेत्र की मतदाता सूची में अपना नाम दर्ज कराने का हक़दार है जहां भारत में उसका निवास है जिसका ज़िक्र उसके पासपोर्ट में किया गया हो; (ख) मतदाता पंजीकरण अधिकारी मतदाता सूचियों में संशोधन करे और यथोचित सत्यापन के बाद मतदाता सूचियों में नाम शामिल करे; और (ग) केंद्र सरकार को यह अधिकार प्रदान करे कि वह भारत के निर्वाचन आयोग से सलाह करने के बाद बताए कि नियमों के अनुसार जिन व्यक्तियों का नाम उप पैरा में उल्लिखित है उन्हें कितने समय में मतदाता सूची में शामिल कर दिया जाएगा। ऐसे व्यक्तियों के नाम मतदाता सूची में दर्ज करने का तरीका और प्रक्रिया भी बताई जाए।

इस विधेयक ने जन प्रतिनिधित्व (संशोधन) कानून, 2010 के रूप में कानून का रूप लिया। इस कानून के प्रावधानों का पालन करके केंद्र सरकार ने निर्वाचन आयोग की सलाह से 3 फरवरी, 2011 को मतदाता पंजीकरण (संशोधन) नियम, 2011 और मतदाता पंजीकरण (दूसरा संशोधन) नियम, 2011 23 फरवरी, 2011 को तैयार किया और उसे प्रकाशित किया। केंद्र सरकार कानून को फरवरी 2011 में अमल में लाने के लिए आवश्यक अधिसूचना जारी कर चुकी है। विदेशों में रहने वाले भारतीय अब स्व-सत्यापित दस्तावेज़ जमा करके अपने संबद्ध निर्वाचन क्षेत्र की मतदाता सूची में नाम दर्ज करा सकते हैं।

अनुसूचित जाति और अनुसूचित जनजाति के लिए सीटों का आरक्षण

हमारे संविधान निर्माताओं को इस तथ्य की अच्छी तरह जानकारी थी कि भारत में अनुसूचित जातियां और अनुसूचित जनजातियां दशकों से समाज में दबी हुई और सुविधाओं से वंचित वर्ग हैं और उनके लिए विशेष व्यवस्था करने की ज़रूरत है ताकि उनकी स्थिति में बड़े पैमाने पर सुधार लाया जा सके। इस उद्देश्य के लिए, संविधान में अनेक विशेष प्रावधानों को शामिल किया गया। ऐसा ही एक प्रावधान लोकसभा और विधानसभाओं में इन समुदायों के लिए सीटों के आरक्षण से संबंधित है। इस प्रावधान को संविधान के अनुच्छेद-330 और 332 में स्थान मिला। इसी तरह वह स्वतंत्र भारत में एंग्लो-इंडियन समुदाय के लोगों के सामने आई है। कठिनाइयों और समस्याओं के प्रति भी संवेदनशील हैं। संविधान के अनुच्छेद-331 के अंतर्गत राष्ट्रपति द्वारा लोकसभा में इस समुदाय के दो व्यक्तियों को मनोनीत कर समाज के इस छोटे वर्ग को प्रतिनिधित्व प्रदान करके संविधान में उसके लिए पर्याप्त सुरक्षा की व्यवस्था की गई।

इसी प्रकार, विधानसभाओं में इस समुदाय के एक सदस्य को राज्यपाल द्वारा मनोनीत करने का प्रावधान किया गया। आरंभ में संविधान लागू होने के बाद दस वर्ष की अवधि के लिए उक्त प्रावधान किए गए थे। हालांकि अनुसूचित जातियों और अनुसूचित जनजातियों की सामाजिक-आर्थिक स्थिति में सुधार के लिए सरकार ने समय-समय पर पहल की, लेकिन वे अब भी अन्य समुदायों से पीछे हैं। यहां तक कि राजनैतिक क्षेत्र में भी वे अभी पूरी तरह से नहीं उभर पाए हैं और अपने बल पर प्रतिनिधि संस्थाओं में पर्याप्त संख्या के साथ निर्वाचित नहीं हुए हैं। इसी तरह एंग्लो-इंडियंस के एक वर्ग को भी निर्वाचित संस्थानों में प्रतिनिधित्व की ज़रूरत है। इसी प्रकार से आरंभ में दस वर्ष के लिए किए गए प्रावधानों का समय-समय पर विस्तार किया गया है। हाल में संविधान के (एक सौ नौवें संशोधन) विधेयक, 2009 के ज़रिए संसद के दोनों सदनों ने दस वर्ष के लिए इस अवधि के विस्तार की मंजूरी दे दी और इसे जनवरी 2010 में राष्ट्रपति की मंजूरी मिल गई। इस विधेयक को संविधान (95वें संशोधन) कानून, 2009 के रूप में लागू कर दिया गया।

21 श्रम, कौशल विकास और रोजगार

श्रम और रोजगार मंत्रालय भारत सरकार का एक महत्वपूर्ण और सबसे पुराने मंत्रालयों में से एक है। मंत्रालयों को आमतौर पर श्रमिकों और खासतौर पर समाज के गरीबों, उपेक्षितों और वंचितों के हितों की रक्षा की जिम्मेदारी सौंपी गई है। इसके अलावा मंत्रालय का उद्देश्य उत्पादन और उत्पादकता को उच्चतर स्तर पर ले जाने के लिए स्वस्थ्य माहौल तैयार करने का प्रयास करती है तथा व्यावसायिक कौशलों के प्रशिक्षण और रोजगार सेवाओं के संचालन का कार्य भी करती है। उदारीकरण की प्रक्रिया के साथ कदम से कदम मिलाकर चलने के लिए मंत्रालय का ध्यान श्रमिकों के कल्याण को बढ़ावा देने और संगठित व असंगठित दोनों क्षेत्रों में श्रम शक्ति को सामाजिक सुरक्षा प्रदान करना है। इन उद्देश्यों की प्राप्ति के लिए मंत्रालय श्रमिकों को सेवा तथा रोजगार देने के नियमों और शर्तों को विनियमित करने वाले विभिन्न श्रम कानूनों पर अमल सुनिश्चित करता है। भारत के संविधान में श्रम को समवर्ती सूची में रखा गया है इसलिए राज्य सरकारों को भी इस बारे में कानून बनाने का अधिकार दिया गया है।

वेबसाइट : www.labour.gov.in

नयी पहल

राष्ट्रीय करियर सेवा परियोजना

रोजगार से संबंधित विभिन्न सेवाओं जैसे- रोजगार परामर्श, व्यावसायिक मार्गदर्शन और कौशल विकास व प्रशिक्षुता जैसे पाठ्यक्रमों के बारे में सूचनाएं प्रदान करने के लिए राष्ट्रीय रोजगार सेवा में अमूल परिवर्तन के उद्देश्य से मंत्रालय राष्ट्रीय करियर सेवा परियोजना (एनसीएस) का मिशन मोड में कार्यान्वयन कर रहा है। एनसीएस के पोर्टल (www.ncs.gov.in) को चालू कर दिया गया है। मंत्रालय राष्ट्रीय करियर सेवा परियोजना के अंतर्गत पूरी तरह से समर्पित एक हेल्प डेस्क (बहुभाषी) बनायी गई है जिसकी सेवाएं टेलीफोन नंबर 18004251514 पर मंगलवार से रविवार (सुबह आठ बजे से शाम आठ बजे तक) उपलब्ध हैं।

तीन हजार से अधिक व्यवसायों के बारे में करियर संबंधी सामग्री इसमें उपलब्ध है। एनसीएस परियोजना विस्तार कर इसे एनसीएस पोर्टल पर तमाम रोजगार कार्यालयों को आपस में जोड़ दिया गया है ताकि ऑन लाइन सेवाएं उपलब्ध करायी जा सकें। इस योजना के अंतर्गत सूचना टेक्नोलॉजी संबंधी उन्नयन, रोजगार कार्यालयों में छोटे-मोटे सुधार और रोजगार मेले आयोजित करने के लिए राज्यों को आंशिक रूप से धन उपलब्ध कराने की भी व्यवस्था है।

प्रधानमंत्री रोजगार प्रोत्साहन योजना

2016-17 में शुरू की गई प्रधानमंत्री रोजगार प्रोत्साहन योजना का उद्देश्य रोजगार के अवसर उत्पन्न करना है और इसके लिए 1,000 करोड़ रुपये का आवंटन किया गया है। इसके अंतर्गत सरकार कर्मचारी

भविष्य निधि संगठन (ईपीएफओ) में नाम दर्ज कराने वाले सभी नये कर्मचारियों के लिए पहले तीन साल तक कर्मचारी पेंशन योजना (ईपीएस) के 8.33 प्रतिशत अंशदान का भुगतान करेगी। इससे नियोक्ताओं को बेरोजगार लोगों को नौकरी देने को प्रोत्साहन मिलने के साथ-साथ अनौपचारिक रूप से कार्य कर रहे कर्मचारियों की सेवाएं नियमित करने के लिए भी बढ़ावा मिलेगा। यह योजना उन कर्मचारियों पर लागू होगी जिनकी मासिक आय 15,000 रुपये होगी।

श्रम सुविधा पोर्टल

मंत्रालय ने एकीकृत श्रम सुविधा पोर्टल बनाया है ताकि श्रम कानूनों को लागू करने में पारदर्शिता और जवाबदेही सुनिश्चित की जा सके और श्रम नियमों के अनुपालन में जटिलताओं को कम किया जा सके। यह पोर्टल मंत्रालय के अधीन चार प्रमुख संगठनों, यानी मुख्य श्रमायुक्त (केंद्रीय) का कार्यालय, महानिदेशक खान सुरक्षा, कर्मचारी भविष्यनिधि संगठन और कर्मचारी राज्य बीमा निगम की जरूरतों को पूरा करता है।

पारदर्शी श्रम निरीक्षण योजना

जोखिम पर आधारित वस्तुनिष्ठ मानदंडों के अनुसार निरीक्षण के लिए कंप्यूटर आधारित सूची तैयार की जाती है। गंभीर मामलों को अनिवार्य निरीक्षण सूची में रखा जाता है। आकड़ों और प्रमाणों पर आधारित जांच के बाद शिकायत वाले निरीक्षणों का केंद्रीय रूप से निर्धारण किया जाता है। निरीक्षण रिपोर्टों को 72 घंटे के भीतर वेबसाइट पर अपलोड करना अनिवार्य है।

एकल संयुक्त वार्षिक विवरण

श्रम और रोज़गार मंत्रालय ने आठ श्रम अधिनियमों के लिए एकल संयुक्त वार्षिक विवरण प्रारंभ किया है। इससे रोज़गार देने वाले संगठनों के लिए इन अधिनियमों के तहत अलग-अलग विवरण भरने की बजाय केवल एक सरलीकृत विवरण ऑनलाइन भरना पड़ता है जो बड़ा सुविधाजनक है। इन अधिनियमों के नाम हैं : (1) मजदूरी भुगतान अधिनियम, 1936; (2) न्यूनतम मजदूरी अधिनियम, 1948; (3) ठेका मजदूर (विनियमन और उन्मूलन) अधिनियम, 1970; (4) मातृत्व लाभ अधिनियम, 1961; (5) भवन और अन्य निर्माण मजदूर (रोजगार और सेवा शर्त विनियमन) अधिनियम, 1996; (6) बोनस भुगतान अधिनियम, 1965; (7) अंतर-राज्य प्रवासी कर्मकार (रोजगार और सेवा शर्त विनियमन) अधिनियम, 1979; और औद्योगिक विवाद अधिनियम, 1947।

साझा पंजीयन

औद्योगिक नीति और संवर्धन विभाग के ई-बिज पोर्टल पर पांच केंद्रीय श्रम अधिनियमों के अंतर्गत साझा पंजीयन सुविधा उपलब्ध करायी गई है। इसके अंतर्गत आने वाले अधिनियम हैं: कर्मचारी भविष्यनिधि और विविध प्रावधान अधिनियम, 1952; कर्मचारी राज्य बीमा अधिनियम, 1948; भवन और अन्य निर्माणकर्मी अधिनियम, 1996; ठेका मजदूर (विनियमन और उन्मूलन) अधिनियम, 1970 और अंतर-राज्य प्रवासी कर्मकार अधिनियम, 1979।

श्रम संहिता

श्रम और रोजगार मंत्रालय ने प्रत्येक श्रमिक की सुरक्षा, स्वास्थ्य और सामाजिक सुरक्षा के उपायों को सुदृढ़ करने के लिए श्रम कानूनों पर अमल में पारदर्शिता और जवाबदेही लाने और रोजगार देने वाले

प्रतिष्ठानों के लिए श्रम कानूनों पर अमल को आसान बनाने के लिए कई पहल की हैं। इनमें टेक्नोलॉजी के उपयोग से अभिशासन में सुधार और वर्तमान श्रम कानूनों को एकीकृत कर चार श्रम संहिताएं बनाना शामिल हैं।

कानून संबंधी पहल

लघु कारखाना बिल

इस विधेयक में 40 से कम मजदूरों को काम पर रखने वाली छोटी विनिर्माण इकाइयों में मजदूरों के कामकाज और उनकी सेवा शर्तों का विनियमन करने का प्रावधान है। इसमें छोटे कारखानों से संबंधित छह अलग-अलग श्रम कानूनों का एकीकृत व सरलीकृत करके और उन्हें तर्कसंगत बनाकर एक स्थान पर लाया गया है। इससे छोटे कारखानों के संचालन में आसानी होगी और इस तरह उनके जरिए रोजगार के अवसरों को बढ़ाने में तो मदद मिलेगी ही, श्रमिकों की सामाजिक सुरक्षा, उनकी हिफाजत और बेहतर स्वास्थ्य सुनिश्चित करने में भी मदद मिलेगी।

मजदूरी संबंधी श्रम संहिता

इसमें निम्नलिखित चार श्रम कानूनों के प्रावधानों को युक्तिसंगत और सरल बनाने तथा उन्हें एकीकृत करने का प्रयास किया गया है: न्यूनतम मजदूरी कानून, 1948; मजदूरी भुगतान कानून, 1936; बोनस भुगतान कानून, 1965 और समान पारिश्रमिक अधिनियम,1976।

औद्योगिक संबंधों के बारे में श्रम संहिता

इसके माध्यम से निम्नलिखित तीन श्रम कानूनों के प्रावधानों को युक्तिसंगत बनाने, उनको एकीकृत और सरलीकृत करने का प्रयास किया गया है: ये हैं- मजदूर संघ अधिनियम, 1926; औद्योगिक रोजगार (स्थायी आदेश) अधिनियम, 1946; और औद्योगिक विवाद अधिनियम, 1947। इसी तरह दो अन्य संहिताएं यानी 'सामाजिक सुरक्षा और कल्याण के बारे में श्रम संहिता' और सुरक्षा और कामकाज की स्थितियों के बारे में श्रम संहिता से अन्य विभिन्न श्रम कानूनों को युक्तिसंगत और आसान बनाने तथा उन्हें एकीकृत करने में मदद मिलेगी।

सामाजिक सुरक्षा

कर्मचारी राज्य बीमा निगम

बीमारी, प्रसूति और रोजगार संबंधी चोट लगने पर चिकित्सा संबंधी देखभाल और नकद लाभ उपलब्ध कराने के लिए 1948 कर्मचारी राज्य बीमा अधिनियम बनाया गया। कर्मचारी राज्य बीमा निगम 1952 से शुरू हुई ईएसआई योजनाओं पर अमल कर रहा है।

अभियान इंद्रधनुष

इसका मकसद सप्ताह में रोज़ाना सात रंगों के अनुसार चादर में बदलाव सुनिश्चित करना है। ईएसआईसी के अस्पतालों में आपत स्थितियों में आकस्मिक सहायता और मार्गदर्शन प्राप्त करने के लिए मेडिकल हेल्पलाइन नं. 1800113839 है। ईएसआईसी अस्पतालों में वरिष्ठ नागरिकों और दिव्यांगों के लिए दोपहर बाद विशेष ओपीडी।

ईएसआईसी 2.0 की कुछ अन्य विशेषताएं हैं: दवाखानों का उच्चीकरण कर उन्हें चरणबद्ध तरीके से छह शैय्याओं वाले अस्पताल में बदलना, विभिन्न स्तरों के अस्पतालों में कैंसर का पता लगाने, हृदयरोग उपचार और योग सुविधाएं उपलब्ध कराना, ईएसआईसी के मॉडल अस्पतालों में पीपीपी मोड में डायलिसिस सुविधाएं उपलब्ध कराना, उच्चीकरण या आउटसोर्सिंग के जरिए अस्पताल परिसरों में ही सभी प्रकार की विकृतिविज्ञान संबंधी सुविधाएं उपलब्ध कराना, प्रत्येक अस्पताल में पंजीकरण और दवा लेने में सुविधा के लिए क्यू मैनेजमेंट सिस्टम, अस्पतालों के अर्धचिकित्सा कर्मियों और अन्य कर्मचारियों को व्यवहार संबंधी प्रशिक्षण ताकि वे रोगियों/उनके साथ मदद के लिए आए लोगों से शिष्टता से पेश आएं, सभी ईएसआईसी अस्पतालों में आगंतुकों के दिशानिर्देश और उन्हें जानकारी देने के लिए आकर्षक और उपयुक्त साइनबोर्ड की व्यवस्था करना, चरणबद्ध तरीके से आयुष सेवाओं का डिस्पेंसरी स्तर पर विस्तार, चरणबद्ध तरीके से टेलीमेडिसिन सुविधाएं उपलब्ध कराना।

डिजिटल इंडिया-ईएसआईसी की ई-पहल

ई-बिज प्लेटफॉर्म: ईएसआईसी केंद्र सरकार का पहला संगठन है जिसने कामकाज को आसान बनाने और लेन-देन की लागत कम करने के लिए अपनी सेवाओं (औद्योगिक नीति एवं संवर्द्धन विभाग के ई-बिज पोर्टल के जरिए नियोक्ताओं के पंजीकरण) को समन्वित किया है। ईएसआईसी ने 2015 से अपना स्वतंत्र लोक शिकायत मॉड्यूल 2.0 जारी किया है जिसमें ईएसआईसी की वेबसाइटों www.esic.in या www.esic.nic.in के जरिए शिकायतें ऑनलाइन दर्ज कराई जा सकती हैं। ईएसआईसी अस्पतालों और डिस्पेंसरियों के लिए 2015 में एक अलग वेबसाइट www.esichospitals.gov.in शुरू किया गया है। इसमें ईएसआईसी में पंजीकृत व्यक्तियों और अन्य लाभार्थियों के लिए कई सुविधाएं बड़ी आसानी से उपलब्ध हैं। इनमें ईएसआईसी के विशेषज्ञ डॉक्टरों से इलाज कराने के लिए ईएसआईसी के 36 अस्पतालों में उनके स्थान और उपलब्ध सेवाओं को ध्यान में रखकर अपनी सुविधा के अनुसार मुलाकात का वक्त ऑनलाइन लेना भी शामिल है।

कर्मचारी भविष्यनिधि संगठन

कर्मचारी भविष्यनिधि (ईपीएफ) और विविध प्रावधान अधिनियम, 1952 में इस कानून की अनुसूची-1 में वर्णित ऐसे उद्योगों के ऐसे प्रतिष्ठानों/कारखानों में जिनमें 20 या इससे अधिक कर्मचारी काम कर रहे हों, भविष्य निधि, पेंशन योजना और बीमा निधि की सुविधा उपलब्ध कराने का प्रावधान है। निम्नलिखित तीन योजनाएं इसके तहत शामिल हैं: कर्मचारी भविष्य निधि योजना, 1952; कर्मचारी पेंशन योजना, 1995 और कर्मचारियों के लिए बचत से जुड़ी बीमा योजना, 1976।

कर्मचारी भविष्यनिधि संगठन द्वारा विभिन्न क्षेत्रों में किए गए सुधार और प्रगति इस प्रकार है: हालांकि अपने दायरे में आने वाले प्रतिष्ठानों द्वारा अनुपालन की निगरानी के लिए ईपीएफओ के क्षेत्रीय अधिकारियों को सीसीटीएस (कंप्यूटराइज्ड कंप्लायंस ट्रैकिंग सिस्टम यानी कंप्यूटीकृत अनुपालना निगरानी प्रणाली) के रूप में एक प्रणाली समर्थित उपकरण उपलब्ध कराया गया है, इसके दायरे में कौन से प्रतिष्ठान आने चाहिए इसका पता लगाने के लिए कोई ठोस प्रणाली या प्रक्रिया उपलब्ध नहीं है। इससे इन प्रतिष्ठानों को शामिल करने में देरी हुई जिसके कानूनी नतीजे समाने आए क्योंकि इनमें से अधिकतर प्रतिष्ठानों को काफी पहले से ही इसमें शामिल कर लिया जाना चाहिए था। लेकिन उन्होंने पिछली वैधानिक देयताओं, ब्याज और प्रेषण में देरी के लिए जुर्माने की अदायगी और कानूनी कार्रवाई आदि की

जिम्मेदारी लेने से इंकार कर दिया। अधिनियम स्वतः ही लागू है और चाहे जो भी कारण रहे हों अनुपालन न करने पर ये कानूनी कार्रवाइयां हो सकती हैं। कर्मचारी भविष्यनिधि और विविध प्रावधान अधिनियम, 1952 में इस कानून की अनुसूची में बताए गए ऐसे उद्योगों के ऐसे कारखानों/प्रतिष्ठानों में जिनमें 20 या इससे अधिक कर्मचारी काम करते हों उनमें भविष्यनिधि, पेंशन योजना और बीमा निधि बनाने की बात कही गई है। भारत सरकार कर्मचारी भविष्यनिधि संगठन (ईपीएफओ) के जरिए कर्मचारी भविष्यनिधि और विविध प्रावधान अधिनियम, 1952 को लागू करती है और इसके अंतर्गत निम्नलिखित तीन योजनाएं बनाई गई हैं: कर्मचारी भविष्यनिधि योजना, 1952; कर्मचारी पेंशन योजना,1995 और बचत से जुड़ी कर्मचारी बीमा योजना, 1976।

पेंशन सुधार

न्यूनतम पेंशन के प्रावधानों पर अमल

वर्ष के दौरान न्यूनतम पेंशन लागू करने की बहुप्रतीक्षित मांग को मान कर कार्यान्वित कर दिया गया। केंद्र सरकार ने सदस्यों/विधवा/विधुर/दिव्यांग/नामांकित व्यक्ति/आश्रित माता-पिता पेंशनरों के लिए 1,000 रुपये मासिक और अनाथ पेंशनरों के लिए 750 रुपये मासिक तथा बाल पेंशनरों के लिए 250 रुपये मासिक न्यूनतम पेंशन शुरू की है। न्यूनतम पेंशन अधिसूचना लागू होने के बाद 1,000 रुपये मासिक से कम पेंशन पाने वाले सभी सदस्यों/विधवा/विधुर/दिव्यांग/नामांकित व्यक्ति/आश्रित माता-पिता पेंशनरों की पेंशन 1,000 रुपये मासिक तय कर दी गई है। दावा करते समय सदस्य द्वारा चुने गए विकल्पों, जैसे कम्युटेशन, पूंजी वापसी, अल्प सेवा जैसे फायदों की कटौती 1000 रुपये मासिक की पेंशन से कर दी जाएगी। न्यूनतम पेंशन अधिसूचना के लागू होने के बाद ईपीएस 1995 के तहत पेंशन का निर्धारण योजना के प्रावधानों और उसमें किए गए संशोधनों के अनुरूप है।

प्रतिष्ठानों का ऑनलाइन पंजीकरण

2014 में ईपीएफओ ने नियोक्ताओं के ऑनलाइन पंजीकरण के लिए एक पोर्टल शुरू किया।

सार्वजनीन खाता नंबर

कर्मचारी भविष्यनिधि के सदस्यों के लिए सार्वजनीन खाता संख्या (यूएएन) की सुविधा 2014 में शुरू की गई। पोर्टेबिलिटी सार्वजनीन खाता संख्या कार्यक्रम की स्वाभाविक विशेषता है। अगर कर्मचारी ने अपना 'नो योर कस्टमर' विवरण यूएएन से जोड़ा हुआ है (नियोक्ता के जरिए) तो नौकरी बदलने पर भविष्यनिधि खाता स्वतः ही पोर्टेबल हो जाता है और एक नियोक्ता से दूसरे के पास विवरण चला जाता है।

औद्योगिक संबंध

श्रम और रोजगार मंत्रालय मधुर औद्योगिक संबंध बनाए रखने के लिए वचनबद्ध है। केंद्र और राज्यों की औद्योगिक संबंध प्रणालियों के लगातार प्रयासों से समग्र औद्योगिक संबंध माहौल आमतौर पर शांतिमय और सदभावपूर्ण बना रहा।

जिन संगठनों के लिए केंद्र सरकार उपयुक्त प्राधिकारी है, उनके लिए औद्योगिक संबंध अधिनियम , 1947 के तहत औद्योगिक विवादों के निपटान के लिए केंद्र सरकार के 22 औद्योगिक न्यायाधिकरण और श्रम न्यायालय स्थापित किए गए। ये न्यायाधिकरण धनबाद (झारखंड), मुंबई, नई

दिल्ली और चंडीगढ़ (प्रत्येक जगह दो-दो), और कोलकाता, जबलपुर, कानपुर, नागपुर, लखनऊ, बंगलुरु, जयपुर, चेन्नई, हैदराबाद, भुवनेश्वर, अहमदाबाद, एर्णाकुलम, आसनसोल और गुवाहाटी (प्रत्येक जगह एक-एक) में हैं। इसके अलावा मुंबई (नं. 1) और कोलकाता के दो न्यायाधिकरण राष्ट्रीय न्यायाधिकरण के रूप में कार्य करते हैं। लंबित मामलों को कम करने के लिए औद्योगिक न्यायाधिकरण और श्रम न्यायालय लोक अदालतों का आयोजन वैकल्पिक शिकायत समाधान प्रणाली के रूप में करते हैं।

बालश्रम

बाल श्रम बड़ी चिंता का विषय है और भारत सरकार इस मसले के समाधान के लिए वचनबद्ध है। इस समस्या के परिमाण और स्वरूप को देखते हुए सरकार कई चरणों वाले सुदृढ़ कार्यक्रम संचालित कर रही है। इसका उद्देश्य बाल श्रम की समस्या के समाधान के लिए दो सूत्री नीति अपनाना है जिसके अंतर्गत सांविधिक व वैधानिक उपाय, बचाव व पुनर्वास, सार्वजनीन प्रारंभिक शिक्षा, सामाजिक संरक्षण, गरीबी उन्मूलन और रोजगार सृजन कार्यक्रमों के संचालन जैसे उपाय शामिल हैं। इनके माध्यम से ऐसा माहौल तैयार करने का लक्ष्य है जिसमें परिवार अपने बच्चों को मेहनत-मज़दूरी के लिए भेजने को मजबूर न हों। सरकार ने तमाम व्यवसायों और प्रक्रियाओं से मजदूरी करने वाले बच्चों को हटाकर उनका पुनर्वास करने की नीति अपनाई है।

बाल श्रम नीति

1987 में घोषित राष्ट्रीय बाल श्रम नीति में बाल श्रम के जटिल मुद्दे विस्तृत, समग्र और समन्वित तरीके से विचार किया गया है। इसके अंतर्गत अपनाई जाने वाली कार्यनीति बहुआयामी है और इसमें मुख्य रूप से विधायी उपाय करने, बालश्रम की अधिकता वाले इलाकों में परियोजना बनाकर कार्रवाई करने और बाल श्रमिकों के परिवारों के लाभ के लिए सामान्य विकास कार्यक्रम बनाने पर ध्यान केंद्रित किया गया है।

विधायी उपाय

विधायी उपायों संबंधी कार्ययोजना के तहत 1986 में बाल श्रम (निषेध और विनियमन) अधिनियम बनाया गया। 2016 में इस अधिनियम को बाल और किशोर श्रम (निषेध और विनियमन) अधिनियम नाम दिया गया। इसके प्रावधानों के अनुसार 18 व्यवसायों और 65 प्रक्रियाओं में 14 साल से कम उम्र के बच्चों को काम पर रखने पर रोक लगाई गई है। अब सरकार ने बाल श्रम (निषेध और विनियमन) संशोधन अधिनिय, 2016 बनाया है। इस संशोधन के तहत अन्य बातों के अलावा सभी व्यवसायों और प्रक्रियाओं में 14 साल से कम उम्र के बच्चों को रोजगार पर रखने या काम कराने पर पूरी तरह रोक लगा दी गई है। इसमें रोजगार निषेध की उम्र को शिक्षा का अधिकार अधिनियम, 2009 के अंतर्गत नि:शुल्क और अनिवार्य शिक्षा से जोड़ दिया गया है। इसके अलावा किशोरों (14 से 18 साल के बच्चों) को जोखिम वाले व्यवसायों और प्रक्रियाओं में लगाने पर रोक लगाई गई है और अधिनियम के प्रावधानों का उल्लंघन करने वाले नियोक्ताओं को अधिक कड़ी सजा का प्रावधान किया गया है। राष्ट्रीय बाल श्रम नीति के अनुपालन में राष्ट्रीय बाल श्रम परियोजना (एनसीएलपी) 1988 में शुरू की गई जिसका उद्देश्य बाल श्रम से मुक्त कराए गए बच्चों का पुनर्वास करना है। यह केंद्रीय क्षेत्र की चालू योजना है जो इस समय देश के 270 जिलों के लिए स्वीकृत की जा चुकी है। इसके अंतर्गत मजदूरी करने वाले बच्चों की

पहचान बाल श्रम सर्वेक्षण के जरिए की जाती है और उन्हें काम-धंधे से मुक्त कराया जाता है। इसके बाद उन्हें विशेष प्रशिक्षण केंद्रों में भेजा जाता है ताकि उन्हें ऐसा माहौल मिले जिसमें वे बाद में शिक्षा प्रणाली की मुख्यधारा में शामिल हो सकें। इन विशेष प्रशिक्षण केंद्रों में औपचारिक शिक्षा के साथ-साथ इन बच्चों के लिए व्यावसायिक प्रशिक्षण, वजीफे, पूरक पौष्टिक आहार और नियमित स्वास्थ्य जांच सुविधाएं भी उपलब्ध करायी जाती हैं। बाल श्रम की सामाजिक समस्या का मुख्य कारण गरीबी है इसलिए इन बच्चों के शैक्षिक पुनर्वास के साथ-साथ उनके परिवारों का आर्थिक पुनर्वास भी किया जाता है। इसके लिए समन्वित दृष्टिकोण अपनाया जाता है ताकि बच्चों और उनके परिवारों को भारत सरकार के विभिन्न मंत्रालयों/विभागों की योजनाओं के अंतर्गत लाभ दिलाया जा सके।

राष्ट्रीय बाल श्रम नीति योजना (एनसीएलपी) का शिक्षा के अधिकार अधिनियम, 2009 के साथ समन्वय

शिक्षा का अधिकार अधिनियम, 2009 के पारित होने से राष्ट्रीय बाल श्रम नीति योजना का इस अधिनियम के साथ तालमेल बैठाने की आवश्यकता थी। मानव संसाधन विकास मंत्रालय ने सूचित किया कि शिक्षा का अधिकार अधिनियम की धारा 4 के प्रावधानों तथा नि:शुल्क और अनिवार्य शिक्षा के बच्चों के अधिकार के बारे में 2010 के नियमों के नियम 5 के तहत राष्ट्रीय बाल श्रम नीति स्कूल ऐसे बच्चों के लिए विशेष प्रशिक्षण केंद्रों का कार्य कर सकते हैं जिनका स्कूलों में दाखिला नहीं हुआ है और जो स्कूल नहीं जाते।

बंधुआ मजदूर

बंधुआ मजदूरों का पुनर्वास

राज्य सरकारों के प्रयासों को और सुदृढ़ करने के लिए मंत्रालय ने बंधुआ मजदूरों के लिए 1978 में केंद्र द्वारा प्रायोजित योजनागत कार्यक्रम बनाया। इसके अंतर्गत बंधुआ मजदूरों के पुनर्वास के लिए राज्य सरकारों को बराबरी के आधार पर (50 : 50) केंद्रीय अनुदान सहायता दी जाती है। मई 2,000 में इस योजनागत कार्यक्रम में आमूल परिवर्तन किया गया और बंधुआ मजदूरों की पहचान करने, इस बारे में जागरुकता पैदा करने और मूल्यांकन अध्ययन जैसी गतिविधियों के लिए जिलावार सर्वेक्षण करने के लिए शत-प्रतिशत अनुदान की व्यवस्था की गई। इस तरह से जिन बंधुआ मजदूरों की पहचान की गई उनके लिए पुनर्वास अनुदान सहायता को प्रत्येक बंधुआ मजदूर के लिए 10,000 रुपये से बढ़ाकर 20,000 रुपये कर दिया गया। इसके अलावा पूर्वोत्तर राज्यों में अगर राज्य इस कार्यक्रम के तहत बराबरी के आधार पर अपना अंशदान नहीं दे पाते तो शत-प्रतिशत पुनर्वास सहायता केंद्र उपलब्ध कराता है।

मजदूरी और बोनस

न्यूनतम मजदूरी अधिनियम, 1948

श्रमिकों, खासतौर पर असंगठित क्षेत्र में काम करनेवाले मजदूरों के हितों के संरक्षण के लिए न्यूनतम मजदूरी अधिनियम, 1948 बनाया गया था। इसके प्रावधानों के अनुसार अनुसूचित रोजगारों में काम करने वाले श्रमिकों की मजदूरी तय करने, इसे संशोधित करने, इसकी समीक्षा करने तथा श्रमिकों को न्यूनतम मजदूरी का भुगतान सुनिश्चित करने के लिए केंद्र और राज्य दोनों ही सरकारें उपयुक्त सरकार हैं और अपने-अपने क्षेत्राधिकार में ये सब कार्य कर सकती हैं। केंद्र सरकार के अंतर्गत 45 अनुसूचित

रोजगार आते हैं जबकि राज्य सरकारें अपने क्षेत्राधिकार में आने वाले 1,697 के लिए उत्तरदायी हैं। न्यूनतम मजदूरी अधिनियम, 1948 का क्रियान्वयन दो स्तरों पर किया जाता है। केंद्र के स्तर पर मुख्य श्रम आयुक्त (केंद्रीय) के निरीक्षण अधिकारियों द्वारा केंद्रीय औद्योगिक संबंध प्रणाली के तहत किया जाता है जबकि राज्य स्तर पर यह कार्य राज्य प्रवर्तन प्रणाली द्वारा किया जाता है।

न्यूनतम मजदूरी की मुद्रा स्फीति के असर से बचाने के लिए केंद्र सरकार ने परिवर्तनीय महंगाई भत्ते की शुरुआत की है जो उपभोक्ता मूल्य सूचकांक से जुड़ा है। राज्यों/केंद्रशासित प्रदेशों के प्रशासनों में से 26 ने परिवर्तनीय महंगाई भत्ते को न्यूनतम मजदूरी के साथ समन्वित किया है। केंद्र और राज्य दोनों ही सरकारें अनुसूचित रोजगारों के लिए न्यूनतम मजदूरी में समय-समय पर संशोधन कर रही हैं। केंद्रीय क्षेत्र में मजदूरी में पिछला संशोधन अक्तूबर 2016 में किया गया। नेशनल फ्लोर लेवल मिनिमम वेज (एनएफएलएमडब्ल्यू) में समय-समय पर संशोधन किया गया है। केंद्र सरकार ने 2015 से इसे 137 रुपये दैनिक से बढ़ाकर 160 रुपये दैनिक कर दिया है। लेकिन यह बात ध्यान देने की है कि न्यूनतम मजदूरी के लिए एनएफएलएमडब्ल्यू एक गैर-सांविधिक उपाय है।

मजदूरी भुगतान

मजदूरी भुगतान अधिनियम, 1936 यह सुनिश्चित करता है कि मजदूरी का भुगतान सही समय पर हो और श्रमिकों की मजदूरी में से कोई अनाधिकृत कटौती नहीं की जाए। केंद्र सरकार ने राष्ट्रीय नमूना सर्वेक्षण कार्यालय द्वारा प्रकाशित उपभोक्ता खर्च सर्वेक्षण के आंकड़ों के आधार पर 2012 से मजदूरी की अधिकतम सीमा 10,000 रुपये मासिक से बढ़ाकर 12,000 रुपये मासिक कर दी है। मजदूरी (संशोधन) अध्यादेश 2016 के अनुसार नियोक्ता को कर्मचारी को मजदूरी का भुगतान चेक से या बैंक खाते के जरिए करना होगा। संबंधित सरकारें सरकारी गजट में अधिसूचना प्रकाशित कर इस बात की जानकारी देंगी कि सभी नियोक्ता अपने कर्मचारियों को चेक या बैंक खातों के जरिए मजदूरी का भुगतान करें।

बोनस का भुगतान

बोनस भुगतान अधिनियम, 1965 में संशोधन किया गया है और इसकी धारा 2(13) के अंतर्गत पात्रता के लिए वेतन की वैधानिक सीमा 10,000 रुपये मासिक से बढ़ाकर 21,000 रुपये मासिक कर दी गई है। इसी तरह धारा 12 के अंतर्गत बोनस की अधिकतम राशि की सीमा 3,500 रुपये से बढ़ाकर 7,000 रुपये या अनुसूचित रोजगार की न्यूनतम मजदूरी में से जो भी ज्यादा हो उसके बराबर कर दी गई है। बोनस भुगतान अधिनियम, 1965 वर्ष 2014 से लागू हो गया है।

पेशेवर जोखिमों से सुरक्षा और स्वास्थ्य

भारत के संविधान के प्रावधानों के अनुसार कार्मिकों की पेशेवर सुरक्षा और स्वास्थ्य से संबंधित प्रावधानों का कार्यान्वयन खान सुरक्षा महानिदेशालय (डीजीएमएस) और खान परामर्श सेवा तथा श्रम संस्थान निदेशालय (डीजीएएसएलआई) द्वारा किया जा रहा है। डीजीएमएस खान उद्योग में श्रमिकों की सुरक्षा और स्वास्थ्य के प्रावधानों का कार्यान्वय खान अधिनियम, 1952 के अंतर्गत नियुक्त निरीक्षकों के माध्यम से करता है। डीजीएएसएलआई डॉक सुरक्षा निरीक्षणालय के माध्यम से गोदियों में सुरक्षा प्रावधानों को लागू करता है। यह विभिन्न राज्य सरकारों के अंतर्गत कार्य करने वाले फैक्टरी निरीक्षणालयों के लिए राष्ट्रीय स्तर पर समन्वयक एजेंसी के तौर पर भी कार्य करता है।

पेशेवर सुरक्षा और स्वास्थ्य के तहत कुछ प्रमुख पहल/कार्य इस प्रकार हैं:–

प्रधानमंत्री श्रम पुरस्कार: ये केंद्र/राज्य सरकारों के विभागों/सार्वजनिक उपक्रमों और 500 या इससे ज्यादा लोगों को रोजगार देने वाली निजी क्षेत्र की विनिर्माण इकाइयों के श्रमिकों को उनके उत्कृष्ट कार्यनिष्पादन, कर्तव्यनिष्ठा आदि के लिए दिए जाते हैं।

विश्वकर्मा राष्ट्रीय पुरस्कार: ये किसी एक कार्मिक या कार्मिकों के समूह को उनके ऐसे उत्कृष्ट सुझावों के लिए दिए जाते हैं जिनसे उत्पादकता, सुरक्षा और स्वास्थ्य में सुधार में मदद मिले या ऐसे बदलाव लाने में मदद मिले जिससे विदेशी मुद्रा की बचत होती हो। राष्ट्रीय सुरक्षा पुरस्कार फैक्टरी अधिनियम, 1948 के अंतर्गत आने वाले औद्योगिक प्रतिष्ठानों को सुरक्षा के क्षेत्र में उनके अच्छे कार्यनिष्पादन के लिए दिए जाते हैं। डॉक वर्कर्स (सुरक्षा, स्वास्थ्य और कल्याण) अधिनियम , 1986 और भवन तथा अन्य निर्माण कर्मी (रोजगार और सेवा शर्त विनियमन) अधिनियम, 1996 के अंतर्गत आने वाले नियोक्ता भी इस पुरस्कार के दायरे में आते हैं।

राष्ट्रीय सुरक्षा पुरस्कार (खान): ये खान अधिनियम, 1952 के अंतर्गत आने वाली खानों में सुरक्षा संबंधी उत्कृष्ट कार्यनिष्पादन के लिए राष्ट्रीय स्तर पर प्रदान किए जाते हैं। राष्ट्रीय सुरक्षा पुरस्कार फैक्टरी अधिनियम, 1948 के अंतर्गत आने वाले औद्योगिक प्रतिष्ठानों को बेहतरीन हिफाजती उपायों के लिए दिए जाते हैं। डॉक वर्कर्स (सेफ्टी, हेल्थ और वेलफेयर) एक्ट 1986 और भवन और अन्य निर्माण कर्मी (रोजगार और सेवा शर्त विनियमन) अधिनियम, 1996 के अंतर्गत आने वाले नियोक्ता भी इसके दायरे में आते हैं।

अनुसंधान और प्रशिक्षण

राष्ट्रीय श्रमिक शिक्षा बोर्ड

दत्तोपंत ठेंगड़ी राष्ट्रीय श्रमिक शिक्षा और विकास बोर्ड (पुराना नाम सीबीडब्ल्यूई) की स्थापना 1958 में राष्ट्रीय, क्षेत्रीय और यूनिक/ग्राम स्तर पर श्रमिक शिक्षा कार्यक्रमों को लागू करने के लिए की गई थी। बोर्ड संगठित, असंगठित, ग्रामीण और असंगठित क्षेत्रों के श्रमिकों के लिए प्रशिक्षण कार्यक्रम संचालित करता है। बोर्ड के प्रशिक्षण कार्यक्रमों का मुख्य उद्देश्य श्रमिक आबादी के सभी वर्गों में जागरुकता पैदा करना है। संयुक्त शिक्षा कार्यक्रमों के जरिए पर्यवेक्षीय और प्रबंधकीय संवर्गों को भी इसके दायरे में लाया गया है। बोर्ड का मुख्यालय नागपुर में है और देशभर में इसके 50 क्षेत्रीय और 8 उप–क्षेत्रीय निदेशालय हैं। दिल्ली, गुवाहाटी, कोलकाता, चेन्नई, मुंबई और भोपाल में इसके आंचलिक निदेशालय हैं जो अपने–अपने अंचल का कार्य देखते हैं। बोर्ड तृपक्षीय संगठन है जिसमें श्रमिकों/नियोक्ताओं के केंद्रीय संगठन, केंद्र/राज्य सरकारे और शैक्षिक संस्थाओं के प्रतिनिधि शामिल रहते हैं।

वी.वी. गिरी राष्ट्रीय श्रम संस्थान श्रम और रोजगार मंत्रालय की एक स्वायत्त संस्था है जिसकी स्थापना 1974 में की गई थी। आज यह श्रम अनुसंधान और प्रशिक्षण का अग्रणी संस्थान बन गया है। अपनी स्थापना के समय से ही संस्थान ने अनुसंधान, प्रशिक्षण, शिक्षा और प्रकाशन जैसे अपने प्रयासों के जरिए संगठित और असंगठित क्षेत्र के श्रम के विभिन्न पहलुओं से संबंधित विविध समूहों तक पहुंचने की कोशिश की है। इस तरह के प्रयासों का जोर इस बात पर है कि किस तरह श्रम के बारे में शैक्षिक अंतर्दृष्टि और समझ को नीति–निर्माण और व्यवहार में कार्यान्वित किया जाए ताकि समतावादी और लोकतांत्रिक समाज में श्रम को समुचित स्थान दिलाया जा सके।

कौशल विकास

देशभर में कौशल विकास और उद्यमिता संबंधी प्रयास अब तक बड़े बिखरे हुए रहे हैं। विकसित देशों के उलट जहां कुशल श्रमशक्ति का प्रतिशत कुल श्रमशक्ति के 60 से 90 प्रतिशत तक है, भारत में औपचारिक व्यावसायिक कौशल वाले श्रमिकों की संख्या 4.69 प्रतिशत के न्यून स्तर पर है। ऐसे में कौशल विकास और उद्यमिता संवर्धन के माहौल को बड़ी तेजी से पुनर्गठित करने की आवश्यकता है तथा उद्योगों की आवश्यकताएं पूरी हो सकें और देश की जनता को गुणवत्तापूर्ण जीवन उपलब्ध हो। फिलहाल भारत सरकार के 18 से अधिक मंत्रालय/विभाग 40 कौशल विकास कार्यक्रम (एसडीपी) चला रहे हैं। लेकिन उनके प्रशिक्षण के आधारभूत ढांचे की गुणवत्ता और क्षमता तथा कार्यनिष्पादन में कमियां हैं। इनसे श्रमशक्ति की आकांक्षाओं पर ध्यान केंद्रित नहीं हो पाता। इसके अलावा प्रमाणीकरण और एक समान मानदंडों की कमी है और असंगठित क्षेत्र में तो निश्चित केंद्रबिन्दु की कमी नजर आती है। कौशल विकास और उद्यमिता के क्षेत्र में उद्योगों की जरूरतों के अनुसार सभी संबद्ध पक्षों के प्रयासों में तालमेल कायम करने की तात्कालिक आवश्यकता को ध्यान में रखते हुए भारत सरकार ने 2014 में कौशल विकास और उद्यमिता विभाग के गठन की अधिसूचना जारी की। इस विभाग को बाद में कौशल विकास और उद्यमिता नाम से पूर्ण मंत्रालय का दर्जा दे दिया गया।

राष्ट्रीय कौशल विकास मिशन

इसका उद्देश्य एक उच्चाधिकार प्राप्त निर्णायक ढांचे के तहत विभिन्न क्षेत्रों के बीच समन्वय स्थापित करना और अंतर-क्षेत्रीय निर्णय लेने की प्रक्रिया को तेज करना है। इससे उम्मीद की जाती है कि यह अखिल भारतीय आधार पर कौशल विकास की गतिविधियों का एकीकरण, समन्वय, कार्यान्वयन और निगरानी करेगा। मिशन के तहत एक तीन स्तरीय संस्थागत ढांचा है जिसमें विभिन्न संगठन क्रमबद्ध तरीके से नीतिगत अनुदेश और दिशानिर्देश उपलब्ध कराने, समग्र प्रगति की समीक्षा और निगरानी और मिशन के उद्देश्य के अनुसार वास्तविक क्रियान्वयन का कार्य करते हैं। मिशन उच्च प्राथमिकता वाले क्षेत्रों में कुछ चुने हुए उप-मिशन भी संचालित करेगा। इस तरह के उप-मिशनों की पहचान करने की शक्ति मिशन की शासी परिषद के पास होगी। प्रारंभ में निम्नलिखित क्षेत्रों में सात सब-मिशनों का प्रस्ताव किया गया है :(1) संस्थागत प्रशिक्षण, (2) बुनियादी ढांचा, (3) कन्वर्जेंस या संमिलन, (4) प्रशिक्षु, (5) विदेश में रोजगार, (6) टिकाऊ आजीविका, (7) सार्वजनिक अवसंरचना से लाभ उठाना।

कौशल विकास और उद्यमिता के बारे में राष्ट्रीय नीति

मंत्रालय सरकार की 'सबका साथ, सबका विकास' की नीति और आने वाले वर्षों में देश की जनसांख्यिकीय रूपरेखा का फायदा उठाते हुए समग्र मानव संसाधन विकास की उसकी वचनबद्धता को पूरा करने के कार्य से घनिष्ठ रूप से जुड़ा हुआ है। इस संबंध में एक समग्र और विस्तृत नीति-पत्र विकसित करना इसी प्रक्रिया का एक अभिन्न हिस्सा है। इसके लिए पहले से मौजूद राष्ट्रीय कौशल विकास नीति (एनपीएसडी) पर फिर से नजर डालनी होगी। कौशल विकास और उद्यमिता के बारे में राष्ट्रीय नीति, 2015 का उद्देश्य लोगों को बड़े पैमाने पर, बड़ी तेजी से और गुणवत्ता का ध्यान रखते हुए कौशलसंपन्न बनाने की चुनौती से निपटना है।

कार्यक्रम और पहल

प्रधानमंत्री कौशल विकास योजना

प्रधानमंत्री कौशल विकास योजना (पीएमकेवीवाई) कौशल विकास और उद्यमिता मंत्रालय का परिणाम-मूलक प्रमुख कौशल प्रशिक्षण कार्यक्रम है। इस कौशल प्रमाणन और प्रतिफल योजना का उद्देश्य बड़ी संख्या में युवाओं को कौशल आधारित प्रशिक्षण लेने के लिए प्रेरित करना है ताकि वे रोजगार हासिल करने में सक्षम हो सकें और अपनी रोजी-रोटी कमा सकें। कौशल प्रमाण के लिए प्रधानमंत्री कौशल प्रमाणन योजना (पीएमकेवीवाई) 2015 में शुरू की गई। इसे राष्ट्रीय कौशल विकास निगम (एनएसडीसी) के माध्यम से लागू किया जा रहा है।

प्रधानमंत्री कौशल विकास केंद्र

कौशल विकास और उद्यमिता मंत्रालय राष्ट्रीय कौशल विकास निगम के माध्यम से देश के प्रत्येक जिले में आदर्श केंद्रों के संचालन के लिए प्रधानमंत्री कौशल केंद्र योजना का संचालन करता है और यह भी सुनिश्चित करता है कि सभी संसदीय निर्वाचन क्षेत्र इसके दायरे में आ जाएं। प्रधानमंत्री कौशल केंद्र योजना में जिला स्तर पर ऐसी आदर्श कौशल विकास केंद्रों की स्थापना का लक्ष्य रखा गया है जो दक्षता आधारित कौशल विकास प्रशिक्षण के अपेक्षित मानदंडों को प्रदर्शित करती है और जिनसे कार्यक्रम की पहुंच के दायरे का विस्तार किया जा सके। इसमें गुणवत्ता, निरंतरता और कौशल प्रदान करने की प्रक्रिया के प्रतिभागियों के साथ संपर्क कायम करने पर ध्यान केंद्रित किया जाता है।

प्रधानमंत्री युवा योजना

इस योजना का उद्देश्य उद्यमिता शिक्षा और प्रशिक्षण, समर्थन, उद्यमिता सहायता नेटवर्क तक आसान पहुंच और सामाजिक उद्यमिता को बढ़ावा देने जैसे उपायों से युवाओं में उद्यमिता को बढ़ावा देने के लिए अनुकूल माहौल तैयार करना है। प्रधानमंत्री युवा उद्यमिता विकास अभियान (वाईयूवीए) की शुरुआत 2016 में हुई।

22 जनसंचार

सूचना और प्रसारण मंत्रालय रेडियो, टेलीविजन, फिल्मों, प्रकाशन, विज्ञापन जैसे जनसंचार के साधनों और संचार के पारंपरिक तरीकों जैसे- नाटक, संगीत और नृत्य के जरिए लोगों को निर्बाध रूप से सूचना उपलब्ध कराने में महत्वपूर्ण भूमिका निभाता है। मंत्रालय विभिन्न आयु वर्ग के लोगों की मनोरंजन संबंधी जरूरतों को पूरा करने का प्रयास करता है और लोगों को राष्ट्रीय एकता, पर्यावरण संरक्षण, स्वास्थ्य एवं परिवार कल्याण, निरक्षरता खत्म करने, महिलाओं, बच्चों, अल्पसंख्यकों और समाज के अन्य कमजोर वर्गों से संबंधित मुद्दों के प्रति जागरूक करता है। मंत्रालय चार खंडों में विभाजित है यथा- सूचना खंड, प्रसारण खंड, फिल्म खंड और एकीकृत वित्त खंड। मंत्रालय अपने कार्य 21 मीडिया इकाइयों/संबद्ध और अधीनस्थ कार्यालयों, स्वायत्त निकायों और सार्वजनिक क्षेत्र के उपक्रमों द्वारा करता है।

सूचना खंड, प्रकाशन और प्रेस से संबंधित नीतिगत मुद्दों के अलावा सरकार की प्रचार से जुड़ी जरूरतों को पूरा करने पर काम करता है। मंत्रालय का सामान्य प्रशासन संबंधी कामकाज भी इसी खंड के अधीन है।

प्रसारण खंड, इलेक्ट्रॉनिक मीडिया से संबंधित मामलों व निजी टीवी चैनलों के प्रसारणों की विषयवस्तु के नियमन के साथ ही साथ आकाशवाणी व दूरदर्शन के कार्यक्रमों तथा केबल टीवी और सामुदायिक रेडियो चैनलों के संचालन संबंधी मामलों की देखरेख की जिम्मेदारी आदि भी संभालता है। इलेक्ट्रॉनिक मीडिया मॉनिटरिंग सेंटर (ईएमएमसी) जो अधीनस्थ कार्यालय है, वह भी इस विभाग के प्रशासनिक नियंत्रण में कार्य करता है।

मंत्रालय का फिल्म खंड, फिल्म जगत से जुड़े मामले देखता है। वृत्तचित्रों का निर्माण और वितरण, फिल्म उद्योग के विकास और उसे बढ़ावा देने, प्रशिक्षण, फिल्म समारोहों के आयोजन, फिल्मों के आयात और निर्यात से संबंधित सभी पहलुओं पर यह खंड काम करता है। एकीकृत वित्त खंड, मंत्रालय के वित्तीय मामलों को देखता है।

प्रसार भारती

प्रसार भारती (भारत का लोक सेवा प्रसारक) देश में लोकसेवा प्रसारक है, जिसके दो घटक आकाशवाणी और दूरदर्शन हैं। 23 नवंबर , 1997 को प्रसार भारती का गठन किया गया और इसका मुख्य उद्देश्य रेडियो और दूरदर्शन पर संतुलित प्रसारण का विकास सुनिश्चित करके लोगों को सूचित, शिक्षित और उनका मनोरंजन करना है।

वेबसाइट: www.prasarbharati.gov.in

उद्देश्य

प्रसार भारती अधिनियम 1990 के अंतर्गत प्रसार भारती निगम के मुख्य उद्देश्य इस प्रकार हैं– (1) देश की एकता, अखंडता और देश के संविधान द्वारा संस्थापित मूल्यों को बनाए रखना, (2) राष्ट्रीय एकता को बढ़ावा देना, (3) लोक हित के सभी मामलों की सूचना पाने के नागरिकों के अधिकार की रक्षा करना और निष्पक्ष और संतुलित सूचना प्रदान करना, (4) शिक्षा और साक्षरता के प्रसार, कृषि, ग्रामीण विकास, पर्यावरण, स्वास्थ्य और परिवार कल्याण, विज्ञान और तकनीक जैसे क्षेत्रों पर विशेष ध्यान देना, (5) महिलाओं से जुड़े मुद्दों के बारे में जागरुकता फैलाना और बच्चों, वृद्धों और समाज के अन्य कमजोर वर्गों के हितों की रक्षा के लिए विशेष कदम उठाना, (6) विभिन्न संस्कृतियों, खेलों और युवा मामलों पर पूरा ध्यान देना, (7) सामाजिक न्याय को बढ़ावा देना और कामगारों और अल्पसंख्यकों तथा जनजातीय समुदायों के अधिकारों की रक्षा करना और (8) प्रसारण तकनीक का विकास, इसकी सुविधाओं का विस्तार और शोध को बढ़ावा देना।

प्रसार भारती बोर्ड

प्रसार भारती निगम, प्रसार भारती बोर्ड द्वारा चलाया जाता है जिसमें एक अध्यक्ष, एक कार्यकारी सदस्य (जिसे मुख्य कार्यपालक अधिकारी के नाम से भी जाना जाता है), सदस्य (वित्त), सदस्य (कार्मिक), छह अंशकालिक सदस्य, सूचना और प्रसारण मंत्रालय का एक प्रतिनिधि तथा आकाशवाणी और दूरदर्शन के महानिदेशक पदेन सदस्यों के रूप में शामिल होते हैं। अध्यक्ष एक अंशकालिक सदस्य होता है, जिसका कार्यकाल तीन साल और सेवानिवृत्ति की आयु 70 वर्ष होती है। कार्यकारी सदस्य पूर्णकालिक सदस्य होता है जिसका कार्यकाल पांच वर्ष और सेवानिवृत्ति की आयु पैंसठ वर्ष होती है। सदस्य (वित्त) और सदस्य (कार्मिक) भी पूर्णकालिक सदस्य होते हैं जिनका कार्यकाल छह वर्ष और सेवानिवृत्ति की आयु 62 वर्ष होती है। प्रसार भारती बोर्ड की बैठक समय-समय पर होती है जिसमें महत्वपूर्ण नीतिगत मामलों पर विचार-विमर्श होता है तथा कार्यकारी को नीतिगत दिशानिर्देशों का पालन करने के निर्देश दिये जाते हैं।

आकाशवाणी

रेडियो के अविष्कार और कुछ पश्चिमी देशों में रेडियो प्रसारण की शुरुआत के बाद मुंबई, कोलकाता, और चेन्नई जैसे भारतीय शहरों में कुछ निजी रेडियो क्लब द्वारा प्रसारण शुरू हुआ।

जून 1923 में बॉम्बे के एक रेडियो क्लब द्वारा पहला कार्यक्रम प्रसारित किया गया था। इसके बाद एक प्रसारण सेवा की स्थापना हुई जिसमें भारत सरकार और एक निजी कंपनी भारतीय ब्रॉडकास्टिंग कंपनी लिमिटेड के बीच समझौते के तहत 23 जुलाई, 1927 को मुंबई और कोलकाता में एक साथ प्रायोगिक आधार पर रेडियो प्रसारण शुरू किया गया। 1930 में कंपनी के दिवालिया होने पर प्रसारण नियंत्रक विभाग के अंतर्गत भारतीय राजकीय प्रसारण सेवा का गठन किया गया और 1935 में लियोनेल फील्डन को भारत में प्रसारण नियंत्रक नियुक्त किया गया। भारतीय राजकीय प्रसारण सेवा का नाम जनवरी 1936 में बदलकर ऑल इंडिया रेडियो कर दिया गया। एक से चार वर्ष की अवधि तक ऑल इंडिया रेडियो को संचार विभाग, सूचना और प्रसारण विभाग और सूचना और कला विभाग के अधीन रखा गया और 10 सितंबर, 1946 से ये सूचना और प्रसारण मंत्रालय के अधीन है। विभाजन के समय

भारत में छह रेडियो केंद्र थे (दिल्ली, मुंबई, कोलकाता, चेन्नई, तिरुचिरापल्ली और लखनऊ) और तीन रेडियो केंद्र पाकिस्तान में चले गए (लाहौर, पेशावर और ढाका, जो अब बांग्लादेश में है)।

1,000 किलोवॉट के दो अति शक्तिशाली मीडियम वेव ट्रांसमीटर 1969 में कोलकाता के पास मोगरा और 1971 में राजकोट में लगाए गए। चार 500 किलो वॉट के अति शक्तिशाली शॉर्ट वेव ट्रांसमीटर 1994 में बंगलुरु में शुरू किए गए जिससे ये केंद्र दुनिया के सबसे बड़े प्रसारण केंद्रों में शामिल हो गया। मद्रास में 23 जुलाई, 1977 को देश की पहली एफएम सेवा की शुरुआत हुई। 1985 में सभी आकाशवाणी केंद्रों को 5 चैनल रिसीवर टर्मिनल उपलब्ध कराए गए। 1994 में मुंबई और 1995 में चेन्नई में मल्टी–ट्रैक रिकॉर्डिंग स्टूडियो की शुरुआत हुई।

अवसंरचना

1957 से ऑल इंडिया रेडियो को आकाशवाणी के नाम से जाना जाने लगा। ब्रिटिश काल से मूल राज्यों द्वारा संचालित किए जा रहे आकाशवाणी मैसूर, हैदराबाद रेडियो और रेडियो कश्मीर आदि जैसे रेडियो स्टेशनों का दायित्व आकाशवाणी ने संभाल लिया।

1947 में मात्र 18 ट्रांसमीटर से पहली पंचवर्षीय योजना के अंत तक 46, दूसरी पंचवर्षीय योजना के अंत तक 59, तीसरी पंचवर्षीय योजना के अंत तक 110 और 11वीं पंचवर्षीय योजना के अंत तक 433 ट्रांसमीटर हो गए। इस प्रकार मार्च 2017 तक आकाशवाणी के देशभर में कुल 612 ट्रांसमीटर हो गए जिनमें से 143 मीडियम वेव, 48 शार्ट वेव और 421 एफएम ट्रांसमीटर हैं। 1947 के छह रेडियों केंद्रों की तुलना में मार्च 2017 में देशभर में 420 रेडियो केंद्र हो गए।

सॉफ्टवेयर

आकाशवाणी कई वर्षों से त्रिस्तरीय प्रणाली का उपयोग राष्ट्रीय, क्षेत्रीय और स्थानीय प्रसारण में कर रहा है। वह अपने स्टेशनों के जरिए महाद्वीपीय आयाम और बहुलवादी समाज में श्रोताओं की सूचना, शिक्षा और मनोरंजन संबंधी जरूरतें पूरी करता है। ये स्टेशन 23 भाषाओं और 176 बोलियों में समाचार, संगीत, बोले गए शब्द और अन्य कार्यक्रम पूरे देश की जनसंख्या तक पहुंचाने की कोशिश करता है, जो एक बिलियन से अधिक हो चुकी है।

आकाशवाणी का विविध भारती नामक मनोरंजन चैनल 3 अक्टूबर , 1957 को शुरू हुआ और इस चैनल पर 1 नवंबर , 1967 से विज्ञापनों का प्रसारण होने लगा। पहला रेडियो संगीत सम्मेलन 1954 में आयोजित किया गया और उसके बाद से यह हर साल आयोजित होने लगा। कार्यक्रम, अभियांत्रिकी, समाचार और श्रोता अनुसंधान में उत्कृष्टता को बढ़ावा देने के लिए 1974 में आकाशवाणी के वार्षिक पुरस्कारों की स्थापना की गई। 1 अप्रैल , 1976 को दूरदर्शन को आकाशवाणी से अलग कर दिया गया। चुनावों से पूर्व राजनीतिक पार्टियों का पहला प्रसारण आकाशवाणी के विविध स्टेशनों से 1977 से शुरू हुआ। आकाशवाणी के शिलांग परिसर से 3 जनवरी, 1990 से आकाशवाणी की पूर्वोत्तर सेवा शुरू हुई। शाम के समय लोकसेवा प्रसारण शुरुआत में रोजाना करीब साढ़े पांच घंटे तक होता था। इसे तीन प्रसारणों तक बढ़ा दिया गया है। 50 केवी एसडब्ल्यू ट्रांसमीटर के जरिए सभी पूर्वोत्तर राज्यों की विभिन्न भाषाओं/बोलियों में संगीत कार्यक्रमों के अलावा हिंदी और अंग्रेजी में कार्यक्रम प्रसारित किए जाते हैं। फोन–इन–प्रोग्राम्स भी शुरू किए गए हैं।

चैनल एवं कार्यक्रम

आठ दशकों में ऑल इंडिया रेडियो ने जबरदस्त तरक्की की है और वह दुनिया के सबसे विशाल मीडिया संगठनों में से एक हो गया है। वर्तमान में इसके 420 स्टेशन और 612 ट्रांसमीटर हैं। देश की विविध प्रकार की सांस्कृतिक जरूरतें पूरी करने के लिए नई प्रौद्योगिकियों और कार्यक्रम बनाने की तकनीकों के जरिए इसके नेटवर्क में विस्तार किया गया है। आकाशवाणी की सेवाओं का डिजिटलीकरण किया जा रहा है।

उद्देश्य

जनता के कल्याण और खुशहाली को बढ़ावा देने के लिए उसे सूचना, शिक्षा और मनोरंजन उपलब्ध कराने हेतु बहुजन हिताय बहुजन सुखाय आकाशवाणी की ओर से निम्नलिखित प्रयास किए जाते हैं: (i) देश की एकता और संविधान में निहित लोकतांत्रिक मूल्यों को बरकरार रखना, (ii) बिना किसी विचारधारा या अपनी विचारधारा की वकालत किए बगैर विपरीत दृष्टिकोणों सहित राष्ट्रीय, क्षेत्रीय, स्थानीय और अंतरराष्ट्रीय हित संबंधी सूचना का निष्पक्ष और संतुलित प्रवाह प्रस्तुत करना, (iii) सभी वर्गों के लोगों को जागृत, सूचित, प्रबुद्ध, शिक्षित करने, उनका मनोरंजन करने और उन्हें समृद्ध बनाने के लिए विविध कार्यक्रमों का निर्माण और प्रसारण करना, (iv) कृषि, शिक्षा, स्वास्थ्य और परिवार कल्याण तथा विज्ञान और प्रौद्योगिकी क्षेत्र में कार्य के विस्तार सहित विकास से संबंधित गतिविधियों के सभी आयामों से जुड़े कार्यक्रमों का निर्माण और प्रसारण करना (v) युवाओं, सामाजिक और सांस्कृतिक अल्पसंख्यकों, जनजातीय आबादी और सीमावर्ती क्षेत्रों, पिछड़े अथवा दूरदराज के इलाकों में रहने वाली आबादी की विशेष जरूरतों और हितों को ध्यान में रखते हुए, ग्रामीण, निरक्षर और वंचित आबादी को सेवाएं प्रदान करना, (vi) ग्रामीण आबादी, अल्पसंख्यक समुदायों, महिलाओं, बच्चों, निरक्षर और साथ ही साथ (vii) समाज के कमजोर एवं असहाय वर्गों को सेवाएं प्रदान करना और राष्ट्रीय एकता को बढ़ावा देना।

त्रिस्तरीय प्रसारण

अपने उद्देश्यों की पूर्ति करने के लिए आकाशवाणी ने गुजरते वर्षों के साथ प्रसारण की राष्ट्रीय, क्षेत्रीय और स्थानीय नामक त्रिस्तरीय व्यवस्था शुरू की है। ये इस महाद्वीपीय आयाम वाले देश और बहुलवादी समाज के श्रोताओं की सूचना, शिक्षा और मनोरंजन संबंधी जरूरतें अपने स्टेशनों के माध्यम से पूरी करता है। ये स्टेशन देश की लगभग समस्त आबादी जो 2011 की जनगणना के अनुसार 121.0 करोड़ है, के लिए समाचार, संगीत, बोले गए शब्द और अन्य कार्यक्रम उपलब्ध कराते हैं। इसकी व्यापक पहुंच, विशेषकर ग्रामीण और जनजातीय इलाकों में इसकी पहुंच इसे प्राथमिक और कई बार सूचना और मनोरंजन का एकमात्र स्रोत बनाती है।

देशभर के ज्यादातर हिस्सों में मीडियम वेव पर सुने जाने वाले राष्ट्रीय सेवा के राष्ट्रीय कार्यक्रम पहले चरण की प्रसारण जरूरतें पूरी करते हैं। हाल ही में यह प्रसारण शॉर्ट वेव पर भी शुरू हो चुका है। क्षेत्रीय और उपक्षेत्रीय स्टेशन क्षेत्रीय भाषाओं में कार्यक्रम देकर और क्षेत्रीय सांस्कृतिक गतिविधियों को बढ़ावा देकर प्रसारण का दूसरा चरण उपलब्ध कराते हैं। इसके अलावा महानगरों में एफएम चैनल यानी एफएम रेनबो और एफएम गोल्ड जनता की विशेषकर युवाओं की आधुनिक जरूरतें पूरी करते हैं। 40 स्थानों पर विविध भारती भी प्रसारण व्यवस्था की एफएम पद्धति अपना चुका है। एफएम पद्धति पर

86 स्थानीय रेडियो स्टेशन हैं जो देश के विभिन्न भागों में छोटे शहरों के श्रोताओं की जरूरतों और पसंद के अनुसार कार्यक्रम प्रसारित करते हैं। स्थानीय स्टेशनों के अलावा पूर्वोत्तर भारत में स्थानीय जनजातीय आबादी की जरूरतें पूरी करने के लिए पांच स्थानों पर सामुदायिक रेडियों केंद्र भी स्थापित किए गए हैं।

राष्ट्रीय चैनल

आकाशवाणी की प्रसारण सेवा तीन-स्तरीय है। ये हैं- राष्ट्रीय, क्षेत्रीय और स्थानीय। राष्ट्रीय चैनल इसकी प्रथम अवस्था है। राष्ट्रीय चैनल की शुरुआत 18 मई, 1988 को हुई थी और इसमें शाम 6.50 बजे से अगली सुबह 6.10 बजे तक रात्रिकालीन प्रसारण होता है। इसका प्रसारण तीन भाषाओं- हिंदी, उर्दू और अंग्रेजी में होता है।

राष्ट्रीय प्रसारण सेवा के दायरे में पूरा देश आता है और इसलिए इस चैनल के कार्यक्रम ऐसे बनाए जाते हैं कि वे समस्त राष्ट्र के विविधतापूर्ण सांस्कृतिक ताने-बाने और लोकाचार का प्रतिनिधित्व कर सकें।

क्षेत्रीय चैनल

क्षेत्रीय चैनल ज्यादातर राज्यों की राजधानियों और प्रत्येक राज्य के प्रमुख भाषाई, सांस्कृतिक क्षेत्रों में हैं। ऐसे 128 चैनल 29 राज्यों और 6 संघशासित प्रदेशों में हैं। आकाशवाणी की लोक प्रसारण सेवा इकाई- क्षेत्रीय चैनल अपने श्रोताओं के जीवन को समृद्ध बनाने के उद्देश्य से सूचना और मनोरंजन प्रदान करने के लिए कार्यक्रमों का प्रसारण करते हैं। क्षेत्रीय चैनल मोटे तौर पर मीडियम वेव फ्रीक्वेंसी पर प्रसारण करते हैं और वे कंपोजिट प्रोग्रामिंग मिक्स का अनुसरण करते हैं। वे भारतीय शास्त्रीय संगीत पर प्रमुख बल देते हुए कला और संस्कृति को बढ़ावा देते हैं। प्रमुख चैनलों के कुल प्रसारण का करीब 40 प्रतिशत संगीत पर आधारित होता है जिसमें शास्त्रीय संगीत, सुगम, लोक, फिल्म और अन्य भाषाओं का संगीत शामिल है। समाचार और समसामयिक मामलों के कार्यक्रम प्रसारण समय का 20 से 30 प्रतिशत हिस्सा हैं। रेडियो नाटक और ड्रामा, स्वास्थ्य और परिवार कल्याण कार्यक्रम, महिलाओं और बच्चों के कार्यक्रम, ग्रामीण जनता को सशक्त बनाने के लक्ष्य वाले खेती और घरेलू कार्यक्रम प्रमुख चैनलों के अन्य महत्वपूर्ण खंड हैं। ये चैनल आकाशवाणी के सभी चैनलों में से सबसे ज्यादा पहुंच वाले हैं। वे अपने श्रोताओं तक उस भाषा में पहुंच बनाने का प्रयास करते हैं जो सभी लोगों द्वारा समझी जाती हो।

स्थानीय रेडियो केंद्र

देशभर में इस समय 86 स्थानीय रेडियो केंद्र (एलआरएस) हैं। ये केंद्र क्षेत्र की स्थानीय आबादी तक पहुंच बनाकर उन्हें उपयोगी सेवाएं प्रदान करते हैं।

सामुदायिक रेडियो केंद्र

स्थानीय जनजातीय आबादी को ध्यान में रखते हुए देश के पूर्वोत्तर क्षेत्र में पांच स्थानों पर सामुदायिक रेडियो केंद्र खोले गए हैं।

एफएम रेनबो

आकाशवाणी के एफएम रेनबो चैनल की शुरुआत उस वक्त हुई, जब बड़े शहरों में रेडियो सुनने वालों की संख्या घट रही थी। एफएम रेडियो ने श्रोताओं को बाधारहित और उच्च गुणवत्ता का संगीत उपलब्ध

करवाकर इस कमी को सफलतापूर्वक दूर किया। एफएम रेडियो पर प्रस्तुतकर्त्ताओं के नए अंदाज ने भी श्रोताओं की अपेक्षाओं और बदलती जरूरतों को पूरा किया। प्रस्तोता की बातचीत की शैली ने युवाओं के नब्ज पकड़ी है और उन्हें रेडियो के करीब आने के लिए प्रेरित किया है। चौबीसों घंटे के प्रसारण के दौरान श्रोताओं को मनोरंजन की बिल्कुल नये तरह की शैली प्रस्तुत की जाती है। जल्दी ही एफएम रेडियो ने आधुनिक रेडियो का दर्जा प्राप्त कर लिया, क्योंकि वह उनके अंदाज में बात कर रहा था और उन्हें सुनने का मजा दे रहा था। श्रोताओं के प्रतिशत के लिहाज से रेडियो का पुराना गौरव एक बार फिर बहाल हो चुका है।

वर्तमान में पूरे देश में आकाशवाणी के 421 एफएम ट्रांसमीटर हैं। इस प्रकार यह देश के 34 प्रतिशत क्षेत्र और 47 प्रतिशत जनसंख्या को कवर करते हैं। इनमें से एफएम रेनबो चैनल 23 स्थानों पर उपलब्ध हैं जिनमें दिल्ली, मुंबई, चेन्नई, कोलकाता, बंगलुरु, लखनऊ, पणजी, जालंधर, कानपुर, कोच्चि, पुदुचेरी, शिलांग, कसौली, कटक, कोडाईकैनाल, तिरुचिरापल्ली, कोयम्बटूर, हैदराबाद, विशाखापत्तनम, रायबरेली, जम्मू, श्रीनगर और विजयवाड़ा शामिल हैं। इसके अलावा दिल्ली रेनबो, मसूरी, अलीगढ़, से पूर्णतया तथा धर्मशाला और भटिंडा से आंशिक तौर पर रिले होता है। एफएम चैनल पर प्रसारित होने वाले कार्यक्रमों में पॉप संगीत, फिल्मी गीत और शास्त्रीय एवं भक्ति संगीत, समाचारों की हेडलाइंस आदि शामिल हैं।

एफएम गोल्ड

एफएम गोल्ड चैनल की शुरुआत दिल्ली में 1 सितंबर, 2001 को एक ज्ञान और मनोरंजक चैनल के रूप में हुई, जिसमें 30 प्रतिशत समाचार और समसामयिक कार्यक्रम और 70 प्रतिशत मनोरंजक कार्यक्रम शामिल थे। एफएम गोल्ड चैनल इस समय पांच स्थानों- चार महानगरों दिल्ली, मुंबई, कोलकाता और चेन्नई तथा लुधियाना में उपलब्ध है। इस अतिरिक्त चैनल ने मनोरंजन और ज्ञान के साथ-साथ श्रोताओं को चुनने के लिए आकाशवाणी के अन्य प्रसारणों और क्षेत्र के निजी एफएम स्टेशनों के अलावा एक और विकल्प प्रदान किया। ये चैनल मनोरंजन और ज्ञान के साथ-साथ यातायात, एयरलाइंस, रेल सेवाओं और मौसम के बारे में भी जानकारी देने की कोशिश कर रहे हैं।

डीटीएच सेवा

टेलीविजन सेट का इस्तेमाल करने वाले उपभोक्ताओं के लिए डीटीएच रेडियो चैनल के माध्यम से सैटेलाइट सेवा प्रदान की जाती है। डीटीएच सेवा प्रसार भारती के डीटीएच प्लेटफार्म के जरिए दिल्ली के टोडापुर से अपलिंक द्वारा उपलब्ध है। ये टेरिस्ट्रीयल प्रसारण सेवा नहीं है और इसके कार्यक्रम सामान्य रेडियो सेट्स पर नहीं सुने जा सकते। यह 24 घंटे की डिजिटल प्रसारण सेवा है। इसके कार्यक्रमों की योजना इस प्रकार बनाई जाती है कि पुनः प्रसारण कम से कम होता है।

विविध भारती

लोकप्रिय विविध भारती सेवा 41 सीबीएस-वीबी केंद्रों से दिन में 15 घंटे मनोरंजन उपलब्ध कराती है। विविध भारती सेवा देशभर में 65 स्थानीय रेडियो स्टेशनों और 100 वॉट एफएम ट्रांसमीटरों के जरिए भी प्रसारित होती है।

विदेश सेवा

लगभग 100 देशों को कवर करते हुए और 27 भाषाओं में कार्यक्रम प्रसारित करने वाले आकाशवाणी के विदेश सेवा प्रभाग की गिनती विश्व के चुनिंदा विदेश सेवा प्रभागों में होती है। इस सेवा के माध्यम से विदेशों में रहने वाले लोगों को भारत से जोड़े रखने का प्रयास किया जाता है। यह प्रभाग विदेशी श्रोताओं तक पहुंच बनाने के लिए अंग्रेजी, फ्रेंच, रूसी, स्वाहिली, अरबी, फारसी, पश्तो, दारी, बलूची, सिंहली, नेपाली, तिब्बती, चीनी, थाई, बर्मी और भाषा इंडोनेशिया में कार्यक्रम प्रसारित करता है। प्रवासी भारतीय श्रोताओं के लिए यह विभाग हिंदी, तमिल, तेलुगू, मलयामय और गुजराती में कार्यक्रमों का प्रसारण करता है, जबकि भारतीय उपमहाद्वीप के श्रोताओं के लिए उर्दू, पंजाबी, सिंधी, सैराइकी, कन्नड़ और बांग्ला भाषा में कार्यक्रम प्रसारित किए जाते हैं।

समाचार सेवा प्रभाग

आकाशवाणी का समाचार सेवा प्रभाग (एनएसडी) विभिन्न वर्गों के लोगों तक पहुंच कायम करने के लक्ष्य के साथ अपनी उपस्थिति विविध क्षेत्रों में बढ़ा रहा है। समाचार सेवा प्रभाग ने सोशल मीडिया पर अपनी उपस्थिति में पर्याप्त वृद्धि की है और बड़े पैमाने पर श्रोताओं तक पहुंच बनाने के लिए कई महत्वपूर्ण उपलब्धियां हासिल कीं।

समाचार सेवा प्रभाग की 46 क्षेत्रीय समाचार इकाइयां (आरएनयू),लोगों की सूचना संबंधी आवश्यकताओं को पूरा करने में महत्वपूर्ण भूमिका निभाती हैं। आरएनयू खबर को क्षेत्र विशेष के लिहाज से और लोगों के अनुकूल बनाने के लिए 77 क्षेत्रीय भाषाओं, बोलियों में बुलेटिन और कार्यक्रम बनाती हैं। क्षेत्रीय समाचार इकाइयां 444 बुलेटिन हर रोज प्रसारित करती हैं, जिनकी कुल प्रसारण अवधि करीब 33 घंटे है। इनमें क्षेत्रीय, विदेशी, डीटीएच सेवाएं और एफएम हेडलाइन्स शामिल हैं। ये इकाइयां हर महीने 12,720 समाचार आधारित कार्यक्रम भी प्रसारित करती हैं, जिनकी कुल अवधि करीब 1,706 घंटे होती है। राज्य विधानसभाओं के सत्र के समय इन इकाइयों से विशेष कार्यक्रम भी प्रसारित किए जाते हैं।

एफएम हेडलाइंस शहरों और कस्बों में अपने दैनिक व्यस्त कार्यक्रमों के दौरान संक्षिप्त जानकारी प्राप्त करने का जरिया है। वर्तमान समय में आरएनयू द्वारा 16 भाषाओं में 249 हेडलाइन बुलेटिन तैयार किए जा रहे हैं।

एनएसडी की इकाइयां

समाचार संग्रहण और प्रसारण सुगम बनाने के लिए एनएसडी में विभिन्न इकाइयां हैं यथा- रिपोर्टिंग इकाई, वार्ता और समसामयिक कार्यक्रम इकाई, संदर्भ इकाई और अनुश्रवण इकाई। इन इकाइयों के सहयोग से एनएसडी घटनाओं, प्रमुख कार्यक्रमों और स्वच्छ भारत अभियान, प्रधानमंत्री जन धन योजना, आदर्श आदि सरीखी सरकार की नयी पहलों जैसे विविध समाचारों और घटनाओं को समग्र दृष्टिकोण से प्रस्तुत करने में सक्षम हो सका। एनएसडी प्रधानमंत्री/राष्ट्रपति के विदेश दौरों/यात्राओं के भी व्यापक कवरेज में सक्षम हो सका।

मन की बात कार्यक्रम

मन की बात कार्यक्रम के लिए वेबसाइट news-on-air.nic.in पर लाइव वेबकास्टिंग की जाती है। इस प्रयोजन के लिए विशेष विंडो और पेज सृजित किया गया है।

प्रतिलेखन और कार्यक्रम विनिमय सेवा

आकाशवाणी में प्रतिलेखन और कार्यक्रम विनिमय सेवा भी है जिसमें सेंट्रल आर्काइव्स, साउंड आर्काइव्स, डिजिटल साउंड आर्काइव्स, डिजिटल लाइब्रेरी, रेडियो आत्मकथा, प्रतिलेखन इकाई और नवीकरण इकाई शामिल हैं।

केंद्रीय अभिलेखागार

आकाशवाणी की लिप्यंतरण सेवा अप्रैल 1954 को प्रारंभ हुई थी और इसे सभी गणमान्य व्यक्तियों के भाषणों की लिपि तैयार करने का काम सौंपा गया था। इसमें भारत के राष्ट्रपति और प्रधानमंत्री के भाषणों का विशेष संदर्भ तैयार करना महत्वपूर्ण था। यह यूनिट विनियल डिस्क लेबल्ड 'एआईआर–टीएस रिकार्ड्स' की प्रोसेसिंग के दायित्व का भी निर्वाह करती है ताकि भावी प्रसारण के लिए रिकार्डिंग्स को संरक्षित किया जा सके। वर्ष 1959 से इस सेवा को 'ट्रांसक्रिप्शन एंड प्रोग्राम एक्सचेंज सर्विस' यानी लिप्यंतरण एवं कार्यक्रम आदान–प्रदान सेवा का नाम दिया गया। प्रोसेस किए गए रिकॉर्ड लागत की दृष्टि से उपयुक्त सिद्ध न हो पाने के कारण प्रोसेसिंग कार्य 1967 में बंद कर दिया गया और एनालॉग मैगनेटिक टेप्स आदि नए संरक्षण माध्यम इस्तेमाल किए गए।

साउंड आर्काइव्स

आकाशवाणी की साउंड आर्काइव्स को राष्ट्रीय ऑडियो साउंड आर्काइव्स नाम दिया जा सकता है, क्योंकि इसके पास विभिन्न श्रेणियों में संगीत युक्त और बोले गए शब्दों की कीमती रिकॉर्डिंग का खजाना है। भारतीय संगीत रिकार्डिंग का ये सबसे बड़ा ऑडियो पुस्तकालय है। इस पुस्तकालय में महात्मा गांधी के भाषणों का एक अलग संग्रह मौजूद है, जिसमें सोदेपुर आश्रम, कोलकाता में 11 मई, 1947 को दिया गया पहला प्रार्थना भाषण और दिल्ली स्थित बिड़ला हाउस में 29 जनवरी, 1948 का अंतिम प्रार्थना भाषण भी शामिल है। दिल्ली आकाशवाणी से गांधीजी का 12 नवंबर, 1947 का एकमात्र प्रसारण भी सुरक्षित है। पुस्तकालय में भारत के सभी राष्ट्रपतियों और प्रधानमंत्रियों की रिकॉर्डिंग्स मौजूद है। रवींद्रनाथ टैगोर, सुभाष चंद्र बोस, डॉ. बी.आर. अंबेडकर, सरदार पटेल, सरोजनी नायडु और बहुत–सी अन्य जानी–मानी हस्तियों की आवाज की रिकॉर्डिंग्स भी संरक्षित हैं। इसके अलावा पुरस्कार विजेता रेडियो ड्रामा, फीचर, वृत्तचित्र और अन्य स्मारक व्याख्यान पुस्तकालय में मौजूद है।

डिजिटल साउंड आर्काइव्स

प्रतिलेखन एवं कार्यक्रम विनिमय सेवा (टी एंड पीईएस) ने सारे एनालॉग कंटेंट का डिजिटीकरण करने की वृहद परियोजना का दायित्व लिया है। इस दिशा में प्रमुख कदम उठाए गए हैं। इसके परिणामस्वरूप, आकाशवाणी प्रसारण नेटवर्क में अंतरराष्ट्रीय स्तर पर स्वीकृत मानकों के साथ प्रमुख डिजिटल लाइब्रेरीज़ में से एक हो गया है।

आर्काइव डिजीटल लाइब्रेरी

रेडियो आत्मकथा

रेडियो आत्मकथा श्रेणी में समाज के विभिन्न क्षेत्रों की विख्यात हस्तियों की रिकॉर्डिंग्स को सुरक्षित रखा गया है। आकाशवाणी का सेंट्रल आर्काइव्स जाने–माने संगीतज्ञों, सार्वजनिक हस्तियों, साहित्यकारों आदि की रेडियो आत्मकथा की बहुमूल्य रिकॉर्डिंग्स का समृद्ध खजाना है। इन प्रमुख हस्तियों में श्री

जे.आर.डी. टाटा, उस्ताद अली अकबर खान, श्री हरिवंश राय बच्चन और डॉ. वर्गीज कुरियन शामिल हैं। आकाशवाणी के विभिन्न केंद्रों के सहयोग से प्रमुख हस्तियों की पहचान की गई।

कार्यक्रम आदान-प्रदान पुस्तकालय

इस इकाई का मुख्य उद्देश्य अच्छी गुणवत्ता वाले कार्यक्रमों का केंद्रों के बीच जरूरत के मुताबिक आदान-प्रदान है। पीईयू पुस्तकालय में लगभग 8,000 टेप्स हैं, जिनमें संगीत और बोले गए शब्दों के कार्यक्रम इसी उद्देश्य के लिए संरक्षित किए गए हैं। विविध भारतीय भाषाओं में संगीत और बोले गए शब्दों के आइटम्स के अलावा, पीईयू पुस्तकालय बांग्ला, अंग्रेजी, गुजराती, कन्नड़, मलयालम, मराठी, उड़िया, संस्कृत, तमिल और तेलुगू भाषा के सबक भी संरक्षित कर रहा है।

प्रतिलेखन इकाई

प्रतिलेखन इकाई का मुख्य कार्य राष्ट्रपति और प्रधानमंत्री के भाषणों का प्रतिलेखन तैयार करना और उन्हें भावी पीढ़ियों के लिए संस्करणों के रूप में संरक्षित करना है। आकाशवाणी के विभिन्न केंद्रों से भाषण की रिकॉर्डिंग्स के टेप्स और उनका प्रतिलेखन प्राप्त किया जाता है। सभी प्रतिलेखनों के जिल्दबंद संस्करण तैयार करके आर्काइव्स में रखे जाते हैं।

नवीकरण इकाई

आर्काइव्स की पुरानी संगीत रिकॉर्डिंग्स का नवीकरण करने के लिए कुछ वर्ष पहले संयुक्त राष्ट्र विकास कार्यक्रम की सहायता से इस इकाई का गठन किया गया था। सैकड़ों घंटों के संगीत और महात्मा गांधी, पंडित नेहरू आदि की आवाज की रिकॉर्डिंग्स का यहां नवीकरण किया गया। वर्तमान में यह इकाई आकाशवाणी और दूरदर्शन द्वारा जारी की जाने वाली रिकॉर्डिंग्स की ऑडियो की गुणवत्ता का ध्यान रखती है।

विदेश सेवा विभाग

विदेश नीति और सरकारी कूटनीति में अंतरराष्ट्रीय/विदेश प्रसारण सेवा जो महत्वपूर्ण भूमिका अदा कर रही है, उसे किसी स्पष्टीकरण की आवश्यकता नहीं है। इंग्लैंड के साथ औपनिवेशिक संपर्क के कारण, भारत और इंग्लैंड में प्रसारण लगभग एक साथ प्रारंभ हुआ। इसी प्रकार बीबीसी द्वारा प्रथम विदेशी प्रसारण 1938 में अरबी भाषा में शुरू किए जाने के बाद आकाशवाणी ने भी 1 अक्टूबर , 1939 को विशुद्ध रूप से दूसरे विश्व युद्ध के दौरान मित्र देशों के प्रचार के माध्यम के रूप में विदेश प्रसारण पश्तो भाषा में शुरू किया। इसका लक्ष्य क्षेत्र में जर्मनी रेडियो ब्लिट्जक्रेग के प्रचार का सामना करना और विश्व के इस भाग में बीबीसी के प्रयासों को बल प्रदान करना था। स्वतंत्रता प्राप्ति के साथ ईएसडी को एक उभरते हुए राष्ट्र, एक प्राचीन सभ्यता की आवाज और कूटनीति के एक साधन के रूप में नया रूप धारण करना पड़ा। विभिन्न प्रकार के संकटों के समय एक कारगर प्रचार मशीनरी के रूप में भी उसे अपनी भूमिका निभानी थी। तभी से आकाशवाणी का विदेश सेवा विभाग भारत और शेष विश्व के बीच एक महत्वपूर्ण कड़ी बन गया है, विशेषकर उन देशों में, जहां भारतीय लोगों के रहने की वजह से भारत के हित उनके साथ गुंथ गए हैं।

राष्ट्रीय प्रसारण एवं मल्टीमीडिया अकादमी

राष्ट्रीय प्रसारण एवं मल्टीमीडिया अकादमी (एनएबीएम) (कार्यक्रम) जिसे अब तक कर्मचारी प्रशिक्षण संस्थान (कार्यक्रम) के नाम से जाना जाता था, प्रसार भारती का एक शीर्ष प्रशिक्षण संस्थान है। यह

आकाशवाणी और दूरदर्शन के विविध स्टेशनों में कार्यरत कार्यक्रम और प्रशासनिक कर्मियों के सेवारत प्रशिक्षण के लिए उत्तरदायी है।

श्रोता अनुसंधान इकाई

बदलते जनसंचार परिदृश्य के साथ, श्रोता अनुसंधान महत्वपूर्ण स्थान पा चुका है। दुनियाभर में, लगभग सभी बड़े मीडिया संगठन आतंरिक स्तर पर किसी न किसी रूप में या मार्केट रिसर्च के रूप में श्रोता अनुसंधान में जुटे हैं, क्योंकि कोई भी मीडिया संगठन श्रोताओं(उपभोक्ताओं) की क्षमता और अपनी मीडिया विषयवस्तु के लिए बाजार को जाने बगैर अपने अपर्याप्त संसाधनों को दाव पर नहीं लगा सकता।

आकाशवाणी इस क्षेत्र में अग्रणी रहा है। उसके पास देशभर में श्रोता अनुसंधान इकाइयों का विशाल नेटवर्क है जो 1946 से मौजूद है। यह कार्यक्रम के निर्माताओं को कार्यक्रम का फीडबैक उपलब्ध कराता है, ताकि वे लक्षित श्रोताओं की जरूरतों, रुचियों और महत्वाकांक्षाओं के अनुरूप कार्यक्रम की योजना, डिजाइन और उनमें सुधार ला सकें।
वेबसाइट: www.allindiaradio.gov.in

दूरदर्शन

दूरदर्शन प्रसारण की शुरुआत दिल्ली में सितंबर 1959 को प्रायोगिक सेवा के तौर पर हुई थी। हाल के वर्षों में इसने जबरदस्त प्रगति की है और वह दुनिया के प्रमुख टीवी संगठनों में से एक बन चुका है। बीतते वर्षों के साथ दूरदर्शन सिर्फ देश के कोने-कोने तक अपने नेटवर्क का ही विस्तार नहीं किया, बल्कि वह टीवी प्रसारण के क्षेत्र में नवीन प्रौद्योगिकीय घटनाओं के साथ भी कदम से कदम मिलाकर चला है। वर्तमान में दूरदर्शन के 34 उपग्रह चैनल हैं और इसका 67 स्टूडियो और 1,416 ट्रांसमीटरों वाला विशाल नेटवर्क भी है, जिसके बल पर यह देश की करीब 92 प्रतिशत आबादी तक कवरेज उपलब्ध कराता है। इसके अलावा दूरदर्शन फ्री-टू-एयर डीटीएच सेवा भी प्रदान कर रहा है।

डीडी नेशनल

डीडी नेशनल, विश्व का सर्वाधिक बड़े टेरस्ट्रीयल नेटवर्क वाला लोक सेवा प्रसारक है। यह देश की लगभग 92.0 प्रतिशत आबादी एवं 81.0 प्रतिशत भू-भाग को कवर करता है। लोक सेवा प्रसारक होने के कारण चैनल ने सामाजिक-आर्थिक परिवर्तन के क्रम में तेजी लाने, राष्ट्रीय एकता को बढ़ावा देने, लोगों में एकता एवं भाईचारे के भाव उपजाने तथा वैज्ञानिक प्रकृति को बढ़ाने में सार्थक योगदान करना जारी रखा है। जनसंख्या नियंत्रण, परिवार कल्याण, पर्यावरण संरक्षण, पारिस्थितिकीय संतुलन के साधनों और महिलाओं एवं बच्चों के कल्याण के उपायों के बारे में यह जनता के बीच जागरुकता फैलाने के लिए जानकारी/शिक्षा और सूचना के प्रसार में योगदान करता है। यह चैनल मनोरंजन, सूचना और शिक्षा का स्वस्थ मिश्रण उपलब्ध कराता है। इसकी सेवाएं टेरस्ट्रीयल मोड में प्रातः 5.30 से लेकर मध्य रात्रि तक उपलब्ध हैं। उपग्रह मोड में ये सेवाएं चौबीसों घंटे उपलब्ध हैं।

डीडी न्यूज

डीडी न्यूज भारत का एकमात्र स्थलीय-सह-उपग्रह बहुभाषी समाचार चैनल है। यह समाचार चैनल सफलतापूर्वक विभिन्न विचारों को व्यक्त करने और साथ ही सनसनी रहित, संतुलित, निष्पक्ष और

सटीक खबर देने की अपनी जिम्मेदारी का निर्वहन कर रहा है। डीडी न्यूज को नवंबर, 2003 को डीडी मेट्रो चैनल के स्थान पर 24 घंटे के समाचार चैनल के रूप में शुरू किया गया था। इसके उपग्रह प्रसारण पूरे देश में उपलब्ध हैं। डीडी न्यूज स्थलीय संचार द्वारा देश के 49 प्रतिशत भौगोलिक क्षेत्र तक पहुंच बनाए हुए है। यह वर्तमान में हिंदी, अंग्रेजी, उर्दू और संस्कृत भाषाओं में समाचार प्रसारित करता है। इसमें लाइव प्रसारण द्वारा 18 घंटे विभिन्न भाषाओं में 40 से अधिक समाचार बुलेटिनों का प्रसारण होता है। डीडी न्यूज की देशभर में 30 क्षेत्रीय समाचार इकाइयां हैं, जो एक दिन में 22 भाषाओं/बोलियों में बुलेटिन प्रसारित करती हैं।

डीडी इंडिया

दूरदर्शन ने 14 मार्च, 1995 को अपना अंतरराष्ट्रीय चैनल प्रारंभ करके दुनिया के लिए अपनी खिड़कियां खोल दीं। पहले इस चैनल का नाम डीडी वर्ल्ड रखा गया, जिसे बाद में 2002 में बदल कर डीडी इंडिया कर दिया गया। अंतरराष्ट्रीय दर्शकों को ध्यान में रखते हुए भारत के सामाजिक, सांस्कृतिक, राजनीतिक और आर्थिक परिदृश्य के बारे में इस चैनल पर कार्यक्रम प्रस्तुत किए जाते हैं।

डीडी भारती

दूरदर्शन का डीडी भारती चैनल भारतीय संस्कृति और धरोहर को प्रामाणिकता के साथ संरक्षित रखने और उसे बड़े पैमाने पर जनता के समक्ष प्रस्तुत करने के लिए 2012 में पुनः प्रारंभ किया गया। यह एकमात्र चैनल है, जो भारत में कला और संस्कृति के लिए समर्पित है। डीडी भारती ने चैनल की प्रकृति और दर्शकों को ध्यान में रखते हुए राष्ट्रीय-अंतरराष्ट्रीय स्तर की कई सार्वजनिक संस्थानों और गैर सरकारी संगठनों के लेखागार में उपलब्ध दुर्लभ कार्यक्रमों का न्यायपूर्ण चुनाव कर उन्हें प्राप्त करने के लिए उनके साथ साझेदारियां की हैं।

डीडी उर्दू

डीडी उर्दू 2006 को अस्तित्व में आया, नवंबर 2007 से जिसका प्रसारण चौबीसों घंटे होने लगा। यह चैनल समाचार, स्वाधीनता दिवस, गणतंत्र दिवस समारोह जैसे आयोजनों का सीधा प्रसारण, राष्ट्र के नाम राष्ट्रपति और प्रधानमंत्री के संदेशों, राज्य नेताओं पर विशेष कार्यक्रमों के प्रसारण के अतिरिक्त लक्षित दर्शकों के लिए धरोहर, संस्कृति, साहित्य, सूचना, शिक्षा और समाज से संबंधित मुद्दों का सार दर्शाने वाले नए और पुनः प्रसारित, प्राप्त और इन-हाउस सॉफ्टवेयर का मिश्रण उपलब्ध कराता है। इस प्रसारण का प्रमुख उद्देश्य/विषय लक्षित दर्शकों के शैक्षिक एवं सामाजिक दृष्टिकोण के आधुनिकीकरण से संबंधित है।

स्पोर्ट्स चैनल

स्पोर्ट्स चैनल 1999 में प्रारंभ किया गया। इस चैनल के प्रसारण का समय वर्ष 2000 से 24 घंटे कर दिया गया।

डीडी कशीर

डीडी कशीर चैनल प्रतिदिन साढ़े चौदह घंटों के प्रसारण के साथ वर्ष 2000 में प्रारंभ किया गया था। एक साल बाद इसे 24 घंटों के प्रसारण वाले चैनल में परिवर्तित कर दिया गया।

दूरदर्शन व्यावसायिक सेवा

दूरदर्शन व्यावसायिक सेवा (डीसीएस) एक स्वंतत्र प्रकोष्ठ है, जो मुख्यालय, दूरदर्शन केंद्रों, विपणन प्रभागों और डीसीडी द्वारा एयर टाइम की बिक्री, एजेंसियों/ग्राहकों/निर्माताओं से राजस्व एकत्र करने के लिए किए जा रहे सभी व्यावसायिक कार्यकलापों में ताल–मेल बैठाने के लिए उत्तरदायी है। यह प्रसार भारती बोर्ड के अनुमोदन से विपणन प्रभागों और क्षेत्रीय केंद्रों से प्राप्त सूचना के अनुसार व्यावसायिक नीतियों का गठन करने और दर कार्ड को अद्यतन करने के लिए उत्तरदायी है।

डीडी आर्काइव्स

डीडी आर्काइव्स वर्ष 2003 में नए दृष्टिकोण के साथ खुद में नयापन लेकर आया और उसने ऑडियो–विजुअल डिजिटल वर्ल्ड की चुनौतियों का सामना करने के लिए स्वयं को तैयार किया।

दर्शक अनुसंधान

देशभर में दूरदर्शन के विभिन्न केंद्रों के साथ कुल 19 दर्शक अनुसंधान इकाइयां काम कर रही हैं। वर्ष 1976 से ये इकाइयां प्रसारण से संबंधित विभिन्न अनुसंधान परीक्षण में लगी हैं।

इलेक्ट्रॉनिक मीडिया मॉनिटरिंग सेंटर

इलेक्ट्रॉनिक मीडिया मॉनिटरिंग सेंटर टेलीविजन चैनलों द्वारा प्रसारित की जाने वाली अवांछनीय सामग्री से अपने नागरिकों की रक्षा करने के नियम का पालन विश्व के सभी प्रमुख लोकतंत्र करते हैं। भारत में इलेक्ट्रॉनिक मीडिया मॉनिटरिंग सेंटर (ईएमएमसी) को टीवी चैनलों द्वारा प्रसारित की जा रही सामग्री की निगरानी का कार्य सौंपा गया है। ईएमएमसी विश्व के उन प्रमुख संगठनों में से एक है जोकि प्रसारण क्षेत्र और प्रसारकों द्वारा प्रसारित की जाने वाली सामग्री की निगरानी करते हैं। केंद्र देश में सरकार के स्वामित्व वाली मीडिया इकाइयों में सबसे नवीनतम है।

यहां यह बताया जाना जरूरी है कि कंटेंट की निगरानी की जरूरत इसलिए पड़ती है क्योंकि टेलीविजन उद्योग में घटिया रियलिटी शो, टॉक शो, न्यूज, वृत्तचित्रों और सोप ऑपेरा के खिलाफ विभिन्न हलकों से शिकायतें आती हैं।

ईएमएमसी लगभग 600 चैनलों की सामग्री पर नजर रखता है और उन्हें रिकॉर्ड करता है, जोकि भारतीय क्षेत्र में दिखाए जाते हैं जिससे केबल टेलीविजन नेटवर्क (विनियमन) अधिनियम, 1995 के तहत आने वाले नियम के उल्लंघन की जांच की जा सके। केबल टेलीविजन नेटवर्क (विनियमन) अधिनियम, 1995 के कई नियम हैं जिनका सभी प्रसारण संस्थाओं द्वारा पालन किया जाना चाहिए। भारतीय दर्शकों के लिए प्रसारित चैनलों के संशोधित अपलिंकिंग और डाउन लिंकिंग दिशानिर्देशों के लिए संभावित उल्लंघनों का निरीक्षण अपेक्षित है जिससे संबंधित उपाय किए जा सकें।

इलेक्ट्रॉनिक मीडिया मॉनिटरिंग सेंटर लोक महत्व के मामलों को चिह्नित करता है और यदि आवश्यक हो, तो मंत्रालय को मूल्यांकन और कार्रवाई करने के लिए उनके संबंध में जानकारी देता है। ईएमएमसी सरकार द्वारा वांछित विषयों पर मंत्रालय के लिए विशेष रिपोर्ट तैयार और प्रस्तुत करता है। सफलता का एक उदाहरण स्थापित करते हुए ईएमएमसी ने 1 जनवरी, 2015 से रेडियो की निगरानी प्रारंभ की है। ईएमएमसी का नया विंग वर्तमान में संभावित उल्लंघनों का पता लगाने के लिए सामुदायिक रेडियो स्टेशनों (सीआरएस) की निगरानी कर रहा है। वर्तमान में देशभर के 30 सामुदायिक रेडियो

स्टेशनों की निगरानी यह देखने के लिए की जा रही है कि कहीं वे भारत सरकार और सामुदायिक रेडियो स्टेशन के बीच सामान्य समझौता(जीओपीए) और आकाशवाणी के कार्यक्रम और विज्ञापन कोड का उल्लंघन करने वाले प्रसारण तो नहीं कर रहे। कम समय में सीआरएस की सामग्री में अनेक स्पष्ट उल्लंघन पाए गए जिनके संबंध में ईएमएमसी ने मंत्रालय को जानकारी दी। ये स्पष्ट उल्लंघन न केवल अश्लील और अभद्र कार्यक्रमों को लेकर हैं बल्कि ऐसी सामग्री के भी है जो मंत्रालय के सामान्य नियमों का उल्लंघन करती है।

चैनलों की बढ़ती संख्या के कारण उन सभी के बीच ज्यादा से ज्यादा दर्शकों को आर्कषित करने को लेकर होड़ मची रहती है, जिसके कारण अधिकतर चैनल अपनी हद पार कर जाते हैं और अक्सर उस हद तक पहुंच जाते हैं, जहां उन्हें नहीं जाना चाहिए। नियामक दिशानिर्देशों के प्रति टीवी चैनलों का ढीला–ढाला रवैया बहुत हद तक चिंता का विषय बनता जा रहा है, खासकर जब एक औसत भारतीय परिवार पहले से अधिक समय तक टीवी देखता है। टीवी देखने की प्रवृत्ति में भी परिवर्तन आया है, क्योंकि टेलीविजन उद्योग पिछले कुछ वर्षों में काफी बड़ा हो गया है। टीवी शो भी लगातार विकसित हो रहे हैं और अधिक से अधिक दर्शकों को आकर्षित करने के लिए कई बार अनुचित सामग्री का सहारा लेते हैं। यह देखा गया है कि कुछ टीवी शो कम उम्र के दर्शकों को प्रभावित करते हैं और यह एक समस्या बनती जा रही है। टेलीविजन ने छोटे बच्चों के जीवन को बहुत हद तक प्रभावित किया है। घर पर ही बच्चे का संपर्क हिंसा और विषम संस्कृति से हो रहा है। मास मीडिया अपने कार्यक्रमों के प्रसारण के दौरान कई बार जनहित के दायित्व भूल जाता है।

विज्ञापन क्षेत्र भारतीय टेलीविजन उद्योग का एक महत्वपूर्ण हिस्सा है। लोगों पर टीवी मीडिया के बढ़ते प्रभाव के साथ यह उपभोक्तावाद का एक उत्प्रेरक बन गया है। विज्ञापन के क्षेत्र में रचनात्मकता के लिए अपार संभावनाएं हैं। लोग विज्ञापनों को इसलिए पसंद करते हैं, क्योंकि वे बाजार में आए नए उत्पादों के बारे में जानकारी देते हैं और उनके बारे में जागरुकता उत्पन्न करते हैं। हमारे द्वारा किसी उत्पाद को खरीदने या न खरीदने का फैसला अक्सर पूरी तरह संबंधित कंपनियों के द्वारा संचालित की जा रही प्रचार की गतिविधियों से प्रभावित होता है। इसलिए व्यापार के अनुचित तरीकों, भ्रामक विज्ञापनों और तंबाकू और शराब जैसे अस्वास्थ्यकर उत्पादों के विज्ञापनों के व्यापक प्रतिकूल प्रभाव के कारण भारत सरकार उचित कानूनों, आदेशों और निर्देशों के माध्यम से अंकुश लगाने या कम से कम उत्पादों के विज्ञापन को प्रतिबंधित करने का प्रयास करती है। स्वास्थ्य के लिए प्रतिकूल उत्पादों को प्रतिबंधित करने के सरकार के निर्देश के फलस्वरूप शराब और तंबाकू बनाने वाली प्रमुख कंपनियों ने 'सरोगेट विज्ञापन' का रास्ता अपनाया है। इन विज्ञापनों को दर्शकों को इसलिए दिखाया जाता है ताकि वे शराब और तंबाकू के ब्रांडों को भूल न जाएं क्योंकि उन्हें प्रत्यक्ष रूप से दिखाना प्रतिबंधित है।

रियलिटी शोज के दौर के आगमन से भारतीय टीवी उद्योग में कई टीवी चैनलों ने काफी अच्छी टीआरपी हासिल की। जब हर दूसरा टीवी चैनल 'उधार के विचारों और मूल्यों पर आधारित रियलिटी कार्यक्रम' का अपना संस्करण लेकर आ रहा है तो ऐसे में सरकार के लिए यह सुनिश्चित करना बहुत जरूरी है कि अभिव्यक्ति की आजादी के नाम पर वे हमारे देश के युवाओं के मन के साथ न खेलें। अन्य टीवी कार्यक्रमों की तुलना में इस तरह के कार्यक्रमों का बच्चों पर बहुत प्रभाव पड़ता है क्योंकि वे वास्तविक जीवन स्थितियों की व्याख्या करते हैं। रियलिटी शो वयस्कों के लिए होते हैं और उचित ज्ञान, समझ और मार्गदर्शन के बिना इस तरह के कार्यक्रम बच्चों को गुमराह कर सकते हैं। कुछ रियलिटी शो

में बच्चे ही प्रतिभागी होते हैं जिन पर प्रदर्शन करने का जबरदस्त दबाव होता है। इसके अलावा बच्चे टेलीविजन पर ऐसे कार्यक्रमों को देखकर चकित होते हैं और स्वयं और अपने साथियों से उसी तरह के व्यवहार की उम्मीद करने लगते हैं।

बड़ी संख्या में भ्रामक विज्ञापन कुछ उत्पादों के संबंध में निराधार दावे करते हैं। सूचना एवं प्रसारण मंत्रालय ने आगाह किया है कि विज्ञापनों को उत्पादों के ऐसे चमत्कारी गुणों के बारे में नहीं बताना चाहिए जिन्हें साबित नहीं किया जा सकता है। यह इस विज्ञापन संहिता, विशेष रूप से केबल टेलीविजन नेटवर्क विनियमन अधिनियम, 1995 के तहत आने वाले केबल टेलीविजन नेटवर्क नियम के नियम 7 (5) का का उल्लंघन है।

वेबसाइट: www.emmc.gov.in

प्रेस और प्रिंट मीडिया

भारत के समाचार-पत्रों के पंजीयक

भारत के समाचार-पत्रों के पंजीयक का कार्यालय भारत के समाचार-पत्रों के पंजीयक का कार्यालय (आरएनआई) सूचना एवं प्रसारण मंत्रालय का एक संबद्ध कार्यालय है। अपने वैधानिक और व्युत्पन्न कार्यों के तहत यह समाचार-पत्रों के नामों को मंजूरी देता और उन्हें सत्यापित करता है, उन्हें पंजीकृत करता है एवं उनके प्रसार के दावों की जांच करता है तथा उन्हें स्थापित करता है। कार्यालय हर वर्ष 31 दिसंबर तक सूचना एवं प्रसारण सचिव को देश में प्रेस की स्थिति पर 'प्रेस इन इंडिया' नामक रिपोर्ट सौंपता है। इसे भारत में 'प्रेस इन इंडिया' के नाम से प्रकाशित किया जाता है। अपने गैर-वैधानिक कार्यों के तहत, आरएनआई पंजीकृत प्रयोगकर्ताओं को अखबारी कागज (न्यूजप्रिंट) के आयात के लिए पात्रता प्रमाण-पत्र जारी करता है, साथ ही मुद्रण मशीनरी आदि के आयात के लिए भी अनिवार्यता प्रमाण-पत्र जारी करता है।

शीर्षक का सत्यापन

आरएनआई को शीर्षकों के सत्यापन के लिए इच्छुक प्रकाशकों के आवेदन जिलाधिकारी द्वारा विधिवत अग्रेषित किए जाते हैं और कार्यालय पीआरबी अधिनियम की धारा 6 के तहत सत्यापन प्रक्रियाओं पर कार्य करता है। 2015 के दौरान आरएनआई ने नामों के सत्यापन के लिए 15,293 आवेदनों की जांच की जिनमें से 9,272 नाम सत्यापित किए गए। आवेदकों की सुविधा के लिए आरएनआई ने अपनी वेबसाइट पर ऑनलाइन आवेदन की सुविधा शुरू की है। संबद्ध डीएम द्वारा आगे की प्रक्रिया के लिए आवेदक से भरे हुए फॉर्म का प्रिंटआउट निकालने की अपेक्षा की जाती है जिसे आरएनआई को अग्रेषित करने के लिए संबद्ध डीएम को सौंपा जाता है। आवेदकों को आरएनआई द्वारा आवेदन प्राप्ति और नाम के सत्यापन के संबंध में एसएमएस और ई-मेल के माध्यम से सूचित किया जाएगा जिससे पारदर्शिता बनी रहे। आवेदनों की स्थिति के बारे में आरएनआई वेबसाइट से जाना जा सकता है। विसंगति पत्र और नाम सत्यापन-पत्र भी आरएनआई वेबसाइट से डाउनलोड किए जा सकते हैं।

शीर्षकों से रोक हटाना

शीर्षक के सत्यापन के बाद प्रकाशकों को उस शीर्षक का पंजीकरण कराना होता है। यदि 2 वर्ष तक आरएनआई को पंजीकरण के लिए दस्तावेज उपलब्ध नहीं होते, तो शीर्षक से रोक हटा ली जाती है और वह शीर्षक अन्य इच्छुक आवेदकों के लिए उपलब्ध हो जाता था।

पंजीकरण

शीर्षक के सत्यापन के बाद अधिनियम के तहत प्रकाशक को जिला मजिस्ट्रेट द्वारा विधिवत प्रमाणीकृत घोषणापत्र, प्रमाणीकरण के बाद निर्दिष्ट दिनों के भीतर प्रकाशित प्रथम अंक की एक प्रति और कोई विदेशी टाई–अप न होने के संबंध में एक शपथ–पत्र सौंपना होता है। यह सुनिश्चित होने के बाद कि पीआरबी अधिनियम के विभिन्न प्रावधानों और उसके तहत निर्दिष्ट नियमों के तहत प्रकाशन प्रकाशित और मुद्रित किया गया है, अखबार/पत्रिका को एक रजिस्ट्रेशन नंबर आवंटित किया जाता है और आरएनआई के रजिस्टर में प्रविष्टि कर दी जाती है। इसके बाद प्रकाशक को पंजीकरण का प्रमाण–पत्र (सीआर) जारी किया जाता है।

वार्षिक विवरण

पीआरबी अधिनियम की धारा 19डी के तहत, समाचार–पत्र के प्रकाशक से अपेक्षा की जाती है कि वह हर वर्ष 31 मई तक फॉर्म 2 में वार्षिक विवरण, जोकि समाचार–पत्र पंजीकरण (सेंट्रल) नियम, 1956 में निर्दिष्ट है, प्रेस रजिस्ट्रार को सौंपे जिसमें नियम के तहत विभिन्न सूचनाएं दर्ज होती हैं। यह हर प्रकाशक के लिए बाध्यकारी है कि वह अपने प्रकाशन में हर साल फरवरी माह के अंतिम दिन के बाद पहले अंक में फार्म 4 में स्वामित्व और अन्य संबंधित विवरणों को प्रकाशित करे। वार्षिक विवरण वह बुनियादी दस्तावेज है जिसके आधार पर आरएनआई प्रेस संबंधी संकलन और विश्लेषण करता है जिसे उसकी वार्षिक रिपोर्ट 'भारत में प्रेस' में शामिल किया जाता है।

पत्र सूचना कार्यालय

पत्र सूचना कार्यालय (पीआईबी) सरकार की नीतियों, कार्यक्रमों, प्रयासों और उपलब्धियों को प्रिंट एवं इलेक्ट्रॉनिक मीडिया तक फैलाने की नोडल एजेंसी है। यह सरकार तथा मीडिया के मध्य एक सेतु के रूप में कार्य करती है और मीडिया में आ रही जनता की प्रतिक्रियाओं को सरकार तक पहुंचाती है।

वेबसाइट: www.pib.gov.in

प्रधानमंत्री इकाई

प्रधानमंत्री कार्यालय को प्रचार एवं मीडिया सहयोग उपलब्ध कराने के लिए पीआईबी के पास एक समर्पित इकाई है। यह इकाई 365 दिन चौबीसों घंटे कार्य करती है। यह इकाई पीएमओ, कैबिनेट सचिवालय एव पीएमओ के अन्य वरिष्ठ अधिकारियों के लिए अवकाश वाले दिन सहित प्रतिदिन कई रिपोर्ट्स का संकलन करती है। यूनिट राष्ट्रव्यापी प्रचार करने तथा प्रधानमंत्री कार्यालय हेतु फीडबैक लेने के लिए व्यापक रूप से क्षेत्रीय/शाखाओं का दौरा भी करती है।

सोशल मीडिया

देश में एयरवेज में खुलापन लाने से चौबीसों घंटे के अंग्रेजी, हिंदी एवं अन्य भाषाओं के चैनलों की संख्या में काफी वृद्धि हुई है। पीआईबी द्वारा वीडियो जारी किए जाते हैं, जिनसे इलेक्ट्रॉनिक मीडिया में सरकार का पक्ष ज्यादा प्रभावी ढंग से रखने में सुगमता होती है।

पिछले एक वर्ष में, पीआईबी ने बेहद सीमित संसाधन होने के बावजूद सोशल मीडिया पर अपनी उपस्थिति संपर्क, फॉलोअर्स और प्लेटफॉर्म्स की संख्या दोनों संदर्भों में बड़े पैमाने पर बढ़ाई है।

ट्विटर: गत एक वर्ष के दौरान पीआईबी के ट्विटर हैंडल/PIB_India पर फॉलोअर्स की संख्या 3.7 लाख से 1.3 मिलियन तक यानी लगभग दोगुनी हो चुकी है।

नए प्लेटफॉर्म्स: पीआईबी ने तीन और प्लेटफॉर्म्स: फेसबुक, इंस्टाग्राम एवं वाइन पर भी अपनी उपस्थिति दर्ज कराई है। फेसबुक पर एक वर्ष के भीतर ही पीआईबी ने 1.7 लाख से अधिक फॉलोअर्स को आकर्षित किया। पीआईबी की इंस्टाग्राम गैलरी www.instagram.com/pibindia में आकर्षक तस्वीरें अपलोड की जाती हैं, जबकि वाइन प्लेटफॉर्म को छोटे समाचार वीडियो के लिए इस्तेमाल किया जाता है। इसके अलावा, पीआईबी ने एक ब्लॉग pibindia.wordpress.com भी शुरू किया है जिसमें सरकारी कार्यक्रमों एवं नीतियों पर सॉफ्ट स्टोरीज एवं फीचरनुमा आलेख पोस्ट किए जाते हैं। गत एक वर्ष के दौरान पीआईबी के यूट्यूब चैनल www.youtube.com/pibindia के ग्राहकों की संख्या दोगुनी यानी 6,800 से अधिक हो गई है। यूट्यूब पेज को तीन गुना यानी 3.6 लाख लोग देख रहे हैं, जबकि वीडियो की संख्या पांच गुना यानी 750 से अधिक पहुंच चुकी है।

ऑनलाइन प्रत्यायन प्रणाली

पीआईबी विदेशी मीडिया सहित मीडिया प्रतिनिधियों को अपने नई दिल्ली स्थित मुख्यालय से मान्यता प्रदान करता है। मान्यता प्रक्रिया को त्वरित एवं प्रभावी ढंग से लागू करने के लिए पीआईबी द्वारा प्रत्यायन के लिए पूर्णत: ऑनलाइन प्रणाली 2010 से संचालित की जा रही है। पत्र सूचना कार्यालय ने वर्ष 2014-15 के दौरान ऑनलाइन प्रत्यायन प्रणाली का सफलतापूर्वक उपयोग किया। 2015 के दौरान ब्यूरो द्वारा कुल 474 मान्य प्रेस कार्ड जारी किए हैं।

आपात स्थितियों में कंट्रोल रूम

आपात स्थिति से निपटने के लिए पीआईबी के पास एक न्यूजरूम/कंट्रोल रूम है, जो सालभर, किसी भी समय, चाहे दिन हो या रात सक्रिय रहता है। किसी भी आपात और अनपक्षित परिस्थिति में भी बहुत कम समय में अचानक प्रेस कॉन्फ्रेंस आयोजित करने तथा उसे उसी समय पीआईबी केंद्रों के माध्यम से देशभर में वेबकास्ट करने की व्यवस्था रात 9 बजे के बाद भी हमेशा तैयार रहती है। आपात स्थिति तथा संकट के समय में कंट्रोल रूम रोजाना चौबीसों घंटे काम करता है।

पत्रकार कल्याण कोष

पत्र सूचना कार्यालय 'पत्रकार कल्याण कोष' की योजना लागू करता रहा है। संशोधित योजना पत्रकारों एवं उसके परिवारों को कठिनाई की स्थिति में राहत देने के लिए एक बार अनुग्रह राशि देती है। इस योजना के दायरे में आने वाले पत्रकारों के लिए 5 लाख रुपये तक की सहायता राशि मंजूर की जा सकती है। घोर विपत्ति जैसे पत्रकार की मृत्यु या स्थायी विकलांगता की स्थिति में पत्रकार के परिवार को सहायता जा सकती है। कैंसर, गुर्दा खराब होने, हृदय रोग, ब्रेन हैमरेज जैसी बड़े बीमारियों के इलाज के खर्च हेतु भी सहायता दी जाती है। दुर्घटनाग्रस्त होने, गंभीर चोट के कारण हॉस्पिटल में दाखिल होने की स्थिति में भी वित्तीय सहायता दी जाती है।

प्रेस टूर

सामाजिक-आर्थिक विकास, आधारभूत ढांचा, विकास योजनाओं आदि मुद्दों पर चुनिंदा राज्यों की राजधानियों में आयोजित होने वाला मीडिया संवाद सत्र 'मीडिया आउटरीच प्रोग्राम' के तौर पर होता है।

इसमें शुरुआत में, महत्वपूर्ण केंद्रीय मंत्री एवं मंत्रालयों के अन्य संबंधित अधिकारियों को संवाद सत्र में राष्ट्रीय व स्थानीय मीडिया के साथ सरकार की योजनाओं पर विमर्श करने के लिए बुलाया जाता है। अभी तक ऐसे दो मीडिया संवाद सत्र आयोजित किए जा चुके हैं। शहरी/ग्रामीण आबादी के लिए केंद्र सरकार की कल्याणकारी योजनाओं से शहरी/ग्रामीण पत्रकारों को परिचित कराने के लिए वार्तालाप कार्यक्रम का आयोजन किया जाता है।

फीडबैक, फीचर एवं फोटो सेवाएं

पत्र सूचना कार्यालय के महत्वपूर्ण कार्यों में से एक कार्य सरकारी नीतियों और कार्यक्रमों के बारे में मीडिया में परिलक्षित लोगों की धारणा से सरकार को अवगत कराना है। इस बारे में देश की राजधानी में प्रकाशित होने वाले अंग्रेजी एवं हिंदी के समाचारों से, पीआईबी के स्थानीय/शाखा कार्यालयों से स्थानीय भाषा के समाचार-पत्रों से प्राप्त होने वाले व टीवी समाचार चैनलों, वेब मीडिया एवं पत्रिकाओं से इनपुट प्राप्त किए जाते हैं। पीआईबी इस फीड़बैक को अपने संबंधित मंत्रालयों एवं विभागों को भेजता है।

इसके अलावा, पीआईबी अधिकारी मंत्रालयों/अपने विभागों से जुड़े महत्वपूर्ण मुद्दों पर भी मीडिया के रुझानों के इनपुट भेजते हैं। विशेष सेवाओं के तौर पर पीआईबी का फीडबैक सेल दैनिक एवं विशेष संकलन भी तैयार करता है जो मंत्रालयों के इस्तेमाल हेतु राष्ट्रीय एवं स्थानीय दैनिक व नियतकालिक पत्र-पत्रिकाओं के संपादकीयों व समाचारों पर आधारित होते हैं। कार्यालय की फीचर यूनिट द्वारा जारी फीचर, सक्सेस स्टोरीज, बैकग्राउंडर्स, सूचनांश, फोटो फीचरों को प्रादेशिक मीडिया में वितरण के लिए स्थानीय/शाखा कार्यालयों में अनुवाद हेतु भेजा जाता है। पीआईबी की फीचर यूनिट औसतन सालाना 200 फीचर्स जारी करती है।

भारतीय अंतरराष्ट्रीय फिल्म समारोह

पत्र सूचना कार्यालय अंतरराष्ट्रीय फिल्म समारोह (आईएफएफआई)-2016 का अंग था, जिसका कार्य गोवा में समारोह स्थल पर मीडिया को समारोह के बारे में सूचनाएं प्रदान करने में सहायता करना था। इसने समारोह में शिरकत करने वाले मीडियाकर्मियों को मीडिया केंद्र में कार्य करने के लिए अनुकूल एवं प्रोत्साहक वातावरण उपलब्ध कराया। 419 मीडियाकर्मियों को ऑनलाइन रजिस्ट्रेशन के जरिए फिल्म समारोह के लिए प्रत्यायित किया गया।

समाचार एजेंसियां

प्रेस ट्रस्ट ऑफ इंडिया (पीटीआई)

प्रेस ट्रस्ट ऑफ इंडिया (पीटीआई) भारत की सबसे बड़ी बिना मुनाफे वाली सहकारी संस्था है, जो देश के अखबारों द्वारा चलाई जाती है और जिसका उद्देश्य अपने सभी ग्राहकों को संतुलित और निष्पक्ष खबरें प्रदान करना है। पीटीआई की स्थापना अगस्त 1947 को हुई, लेकिन इसने काम करना फरवरी 1949 से शुरू किया। पीटीआई की सेवाएं हिंदी और अंग्रेजी में उपलब्ध हैं। भाषा पीटीआई की हिंदी समाचार सेवा है। पीटीआई के ग्राहकों में 500 भारतीय और कई विदेशी अखबार शामिल हैं। देश के सभी बड़े टेलीविजन और रेडियो चैनल और बीबीसी लंदन जैसे, विदेशी चैनल इसकी सेवाएं इस्तेमाल करते हैं। पीटीआई के पास इनसेट उपग्रह पर एक ट्रांस्पोंडर की सहायता से अपनी सेटेलाइड डिलिवरी प्रणाली है जिसकी बदौलत उसकी सेवाएं देशभर में कहीं भी सीधे प्राप्त की जा सकती हैं। जब ज्यादा से ज्यादा

ग्राहक सैटेलाइट के जरिए पीटीआई की सेवाएं प्राप्त कर रहे हैं। पीटीआई की फोटो सेवा को सैटेलाइट के साथ-साथ डायल-अप के जरिए भी प्राप्त किया जा सकता है।

पीटीआई ने के-यू बैंड के जरिए समाचारों को सैटेलाइट ट्रांसमिशन भी शुरू कर दिया है जिससे ग्राहक ये सेवाएं सस्ते सैटेलाइट रिसीवर की सहायता से प्राप्त कर सकते हैं। पीटीआई इंटरनेट पर भी उपलब्ध है। एजेंसी की समाचार सेवा www.ptinews.com पर उपलब्ध है। उपभोक्ताओं के पास इंटरनेट पर पीटीआई की किसी भी सेवा को प्राप्त करने का विकल्प मौजूद है। वर्ल्ड स्पेस रेडियो प्रसारण के जरिए भी पीटीआई के समाचार उपलब्ध हैं। पीटीआई की फोटो सेवा को सैटेलाइट के साथ-साथ डायल-अप के जरिए भी प्राप्त किया जा सकता है। पीटीआई अब तस्वीरों का पुरालेखन कर रही है। देश के लगभग हर जिले और कस्बे में पीटीआई के 400 से ज्यादा पत्रकार और लगभग 500 स्ट्रिंगर्स मौजूद हैं। प्रतिदिन कुल मिलाकर पीटीआई अपने ग्राहकों को अलग-अलग श्रेणियों में 2,000 से ज्यादा खबरें और 200 से ज्यादा फोटोग्राफ प्रदान करती है।

पीटीआई संवाददाता दुनियाभर में प्रमुख शहरों और महत्वपूर्ण स्थानों पर काम करते हैं। दुनिया में अपनी पहुंच व्यापक बनाने के लिए पीटीआई के कई विदेशी समाचार एजेंसियों के साथ आदान-प्रदान संबंधी समझौते हैं। वर्तमान में भारत में समाचार एजेंसी बाजार के नब्बे प्रतिशत हिस्से पर पीटीआई का कब्जा है। समाचार और फोटो सेवाओं के अलावा पीटीआई फीचर, विज्ञान सेवा, आर्थिक सेवा, डाटा इंडिया और न्यूज स्कैन और स्टॉक स्कैन सेवाएं भी उपलब्ध कराती है। पीटीआई टीवी बड़े निगमों के लिए वृत्तचित्र सेवा भी प्रदान करता है। पीटीआई ने भारत में समाचार सेवा प्रदान करने के लिए एसोसिएटेड प्रेस (एपी) और एजेंसी फ्रांस प्रेस (एएफपी) के साथ करार किया हुआ है। एपी की तस्वीरें और अंतरराष्ट्रीय व्यावसायिक सूचनाएं देशभर में पीटीआई के माध्यम से वितरित होती हैं।

यूनाइटेड न्यूज ऑफ इंडिया (यूएनआई)

यूनाइटेड न्यूज ऑफ इंडिया (यूएनआई) का गठन कंपनी अधिनियम, 1956 के अंतर्गत 1959 में किया गया था और इसने 1961 से काम करना शुरू किया। पिछले पांच दशकों में यूएनआई भारत में एक बड़े समाचार संगठन के रूप में विकसित हुई है जिसने समाचार एकत्रित करने और उसके प्रसार में एक स्वस्थ प्रतियोगिता को जन्म दिया। इसने 1982 में पूर्ण रूप से हिंदी सेवा 'यूनीवार्ता' की शुरुआत की। इसी दशक में यूएनआई ने फोटो सेवा और ग्राफिक सेवा की भी शुरुआत की। जून 1992 में यूएनआई ने पहली बार उर्दू समाचार सेवा की शुरुआत की। यूएनआई की फोटो सेवा प्रतिदिन लगभग 200 तस्वीरें वितरित करती है जिनमें यूरोपीय प्रेस फोटो एजेंसी (ईपीए) और रॉयटर्स से प्राप्त 60 अंतरराष्ट्रीय तस्वीरें भी होती हैं। इसकी ग्राफिक सेवा पांच या छह ग्राफिक हर रोज वितरित करती है।

वेबसाइट: www.uniindia.gov.in

नैम समाचार नेटवर्क

नैम न्यूज नेटवर्क (एनएनएन) गुटनिरपेक्ष देशों की समाचार एजेंसियों के बीच समाचार और फोटो विनियम के लिए एक नयी इंटरनेट आधारित व्यवस्था है। इस नेटवर्क की वेबसाइट: www.namnewsnetwork.org पर प्रेस ट्रस्ट ऑफ इंडिया सहित गुटनिरपेक्ष देशों की समाचार एजेंसियां समाचार और फोटो के रूप में योगदान करती हैं। मलेशिया की समाचार एजेंसी बरनामा कुआलालंपुर से इस नेटवर्क को संभाल रही है।

अप्रैल, 2006 से अस्तित्व में आई एनएनएन ने गुटनिरपेक्ष समाचार एजेंसी पूल (एनएएनएपी) की जगह ली, जिसने गुटनिरपेक्ष देशों के बीच 30 वर्षों तक समाचार विनिमय किया। इंटरनेट सस्ते और विश्ववसनीय संचार माध्यम है और वह एनएनएन के 116 सदस्यों वाले गुटनिरपेक्ष देशों के समूह के बीच सूचना का निरंतर प्रवाह करता है। एनएएनएपी की स्थापना 1976 में हुई और यह सदस्य देशों के बीच सूचना के प्रसार का पहला प्रयास था। जिन दिनों संचार लागत बहुत अधिक थी, उस दौरान एनएएनएपी ने गुटनिरपेक्ष समूह के देशों की समाचार एजेंसियों को समाचारों के आदान-प्रदान के लिए संचार के चैनल उपलब्ध कराए ताकि उन सभी में समाचारों के विनिमय का एक साझा नेटवर्क स्थापित हो सके।

वेबसाइट: www.namnewsnetwork.org

भारतीय प्रेस परिषद

भारतीय प्रेस परिषद संवैधानिक अर्धन्यायिक स्वायत्त प्राधिकरण है, जिसे प्रेस की स्वतंत्रता सुरक्षित रखने तथा भारत में समाचार-पत्रों और समाचार एजेंसियों के स्तर को बरकरार रखने व उसे सुधारने के दोहरे कार्यों की पूर्ति के लिए संसद से अधिदेश प्राप्त है, यह अधिकारियों और प्रेसकर्मियों दोनों के लिए समान अर्धन्यायिक प्राधिकरण की तरह कार्य करती है। परिषद में एक अध्यक्ष और 28 सदस्य होते हैं। परिपाटी के अनुसार, जहां इसके अध्यक्ष भारत के उच्चतम न्यायालय के वर्तमान/सेवानिवृत्त न्यायाधीश रहे हैं, वहीं इसके 28 सदस्यों में से 20 प्रेस का प्रतिनिधित्व करते हैं तथा पाठकों के हितों की निगरानी करने वाले 8 अन्य सदस्य संसद (लोकसभा-3 और राज्य सभा-2) तथा देश के प्रमुख साहित्यिक एवं विधिक निकायों का प्रतिनिधित्व करते हैं यथा— विश्वविद्यालय अनुदान आयोग, भारतीय विधि परिषद तथा साहित्य अकादमी। कानून के अंतर्गत अपने कार्यों के निष्पादन के लिए परिषद के पास अपना कोष होता है, जिसमें पंजीकृत समाचार-पत्रों पर उनके प्रसार के आधार पर लगाया जाने वाला शुल्क और केंद्र सरकार से प्राप्त अनुदान और अन्य पावतियां शामिल हैं।

परिषद के वर्तमान अध्यक्ष न्यायमूर्ति चंद्रमौली कुमार प्रसाद हैं। वित्त वर्ष 2015-16 के लिए परिषद का कुल स्वीकृत बजट 663 लाख रुपये है। परिषद मुख्य रूप से पत्रकारिता के आदर्शों के उल्लंघन के खिलाफ प्रेस की शिकायत या प्रेस द्वारा अपनी स्वतंत्रता में हस्तक्षेप की शिकायतों के मामलों पर निर्णय के माध्यम से अपने कार्यों का निर्वहन करती है। जांच के बाद यदि कोई समाचार-पत्र या समाचार एजेंसी पत्रकारिता के आदर्शों के मानकों के खिलाफ या लोक रुचि या एक संपादक या श्रमजीवी पत्रकार कोई भी पेशेवर कदाचार करते पाया जाता है तो परिषद उन्हें चेतावनी, धिक्कार या निंदा या उनके आचरण को अस्वीकृत कर सकती है। परिषद के पास यह अधिकार है कि वह प्रेस की स्वतंत्रता में बाधक सरकार सहित किसी भी संस्था के आचरण पर अपनी टिप्पणी कर सकती है। परिषद के निर्णय अंतिम होते हैं और संविधान के प्रासंगिक लेख के तहत रिट के माध्यम को छोड़कर किसी न्यायालय में इस पर सवाल नहीं उठाया जा सकता है।

परिषद के समक्ष शिकायतें

2016 के दौरान भारतीय प्रेस परिषद के पास 848 शिकायतें पहुंची, जिसमें से 260 मामले प्रेस द्वारा दर्ज कराए गए जबकि 588 मामले प्रेस के खिलाफ दर्ज हुए। इनमें से परिषद ने 1,520 मामलों (परिषद के समक्ष प्रस्तुत 4 मामलों समेत), पर निर्णय सुनाया।

प्रेस और पंजीकरण अपीलीय बोर्ड

प्रेस और पंजीकरण कानून, 1867 की धारा 8सी भारतीय प्रेस परिषद की धारा 6 या उक्त अधिनियम की धारा 8बी के तहत मजिस्ट्रेट के आदेश पर अपीलीय क्षेत्राधिकार दिया गया है। इस बोर्ड में एक चेयरमैन और एक सदस्य होता है। भारतीय प्रेस परिषद अपने सदस्यों में से एक सदस्य को नामित करता है। समीक्षाधीन अवधि में दो बैठकों के दौरान इसने 9 मामलों की सुनवाई की है।

राष्ट्रीय प्रेस दिवस

राष्ट्रीय प्रेस दिवस हर साल आयोजित किया जाता है। इस साल का विषय ''संघर्ष वाले क्षेत्र से रिपोर्टिंग-मीडिया के लिए चुनौती'' था।

नया मीडिया प्रकोष्ठ

वर्ष 1945 में स्थापित, अनुसंधान, संदर्भ और प्रशिक्षण प्रभाग का नाम अब ''नया मीडिया प्रकोष्ठ'' रखा गया है और यह सूचना और प्रसारण मंत्रालय के लिए सूचना सेवा एकांश के रूप में काम करता है। यह मंत्रालय, उसकी मीडिया इकाइयों तथा जनसंचार से संबद्ध अन्य इकाइयों के इस्तेमाल के लिए पृष्ठभूमि, संदर्भ और अनुसंधान सामग्री प्रदान करता है।

सोशल मीडिया

सूचना और प्रसारण मंत्रालय का सोशल मीडिया प्रकोष्ठ 2012 में अपनी शुरुआत के साथ ही अंतिम छोर तक पहुंच बनाने के लिए विविध गतिविधियों को अंजाम दे रहा है। मंत्रालय सभी प्रमुख सोशल मीडिया प्लेटफॉर्म्स पर सक्रिय है और उसने श्रोताओं के साथ सशक्त संबंध कायम किया है। टॉकेथॉन और फेसबुक लाइव जैसे विभिन्न प्रारूपों में सोशल मीडिया संपर्कों का नियमित तौर पर आयोजन किया जाता है, ताकि मंत्रियों, वरिष्ठ अधिकारियों और आम जनता के बीच सीधा संवाद कायम किया जा सके। ट्विटर पर मंत्रालय के ऑफीशियल हैंडल/@MIB_India के प्रतिमाह औसतन 6 मिलियन इंप्रेशन सहित 929 फॉलोअर्स हैं। मंत्रालय के फेसबुक पेज/@Inbministry पर 1.3 मिलियन फॉलोअर्स हैं। हाल ही में मंत्रालय ने सोशल मीडिया जगत में हिंदी भाषी लोगों तक पहुंच बनाने के लिए हिंदी में भी ट्विटर हैंडल/@MIB_Hindi प्रारंभ किया है।

भारत-वार्षिक संदर्भ पुस्तिका

प्रभाग अंग्रेजी में *इंडिया-ए रैफरेंस एनुवल* के नाम से एक सालाना संदर्भ पुस्तक का प्रकाशन करता है जो केंद्रीय मंत्रालयों/विभागो, राज्यों/केंद्रशासित प्रदेशों के प्रशासन और सार्वजनिक क्षेत्र के उपक्रमों के विकास और प्रगति की जानकारी का संकलन होता है। इसके साथ ही हिंदी में *भारत* नाम से प्रकाशित किया जाता है।

नेशनल डॉक्युमेंटेशन सेंटर ऑन मास कम्युनिकेशन

नेशनल डॉक्युमेंटेशन सेंटर ऑन मास कम्युनिकेशन (एनडीसीएमसी) की स्थापना 1976 में मंत्रालय ने जनसंचार के कार्यक्रमों और रूझानों से संबंधित सूचनाओं का उसकी आवधिक सेवाओं के जरिए संग्रह, व्याख्या और प्रसार करने के लिए गठित अपने एक प्रभाग के अंग के रूप में की थी।

फोटो प्रभाग

भारत सरकार की विभिन्न गतिविधियों को विजुअल सहायता प्रदान करने के उद्देश्य से स्थापित फोटो प्रभाग एक स्वतंत्र मीडिया इकाई तथा सूचना और प्रसारण मंत्रालय का अधीनस्थ कार्यालय है तथा यह फोटोग्राफी के क्षेत्र में देश में अपनी किस्म की सबसे बड़ी निर्माण इकाई है। फोटो प्रभाग की स्थापना 1959 में इस माध्यम के महत्व को देखते हुए , पृथक विभाग की स्थापना करने के सरकार के निर्णय के परिणामस्वरूप की गई थी, क्योंकि तस्वीर सबसे ज्यादा विश्वसनीय और सटीक ब्यौरा प्रस्तुत करती हैं साथ ही साथ सही प्रक्षेपण के लिए नए माध्यम को मान्यता देती है, व्यवसायिक विशेषज्ञों की देखरेख में आर्काइवल रिकॉर्ड तैयार करती है। यह कार्य प्रकाशन विभाग, पत्र सूचना कार्यालय और डीएवीपी की फोटो इकाई को जोड़कर किया गया ताकि कार्यकलापों का दोहराव समाप्त हो सके। यह प्रभाग भारत सरकार की उपलब्धियों और कार्यकलापों के देश और विदेशों में प्रसार और अन्य उद्देश्यों के लिए फोटोग्राफिक विजुअल तैयार करता है। अपनी स्थापना से लेकर अब तक के 50 साल में प्रभाग के पास लगभग 10 लाख चित्रों का संकलन है। प्रभाग ने अपनी स्थापना के 50 वर्ष पूरे करने के अवसर पर साल 2010 में राष्ट्रीय फोटो-चित्र पुरस्कारों की शुरुआत की, ताकि देश की कला, संस्कृति, विकास, विरासत, इतिहास, दैनिक जीवन, समाज और इसकी परंपराओं को प्रोत्साहित किया जा सके और देशभर के पेशेवर और उभरते हुए छायाकारों को बढ़ावा दिया जा सके। आधिकारिक गतिविधियों का प्रचार-प्रसार करने के लिए प्रभाग की अपनी वेबसाइट है। प्रभाग तस्वीरों को ई-कॉमर्स के माध्यम से बेचे जाने की प्रक्रिया में है।

वेबसाइट: www.photodivision.gov.in

अन्य मीडिया इकाइयों से तालमेल

मीडिया की अन्य इकाइयों से तालमेल स्थापित करने के लिए प्रभाग ने कई उपाय किए हैं। 8-10 लाख अभिलेखीय और वर्तमान चित्रों के बीच वैश्विक स्तर पर तालमेल के लिए प्रभाग ने अपनी एक वेबसाइट लॉन्च की है। इस वेबसाइट के माध्यम से प्रभाग ने छवियों को ई-कॉमर्स के जरिए खरीदने और बेचने की प्रक्रिया शुरू करने की तैयारी की है। अभिलेखीय छवियों की ऑनलाइन और ऑफ लाइन प्राप्ति के लिए एक उच्च क्षमता वाला सर्वर लगाया गया है। समाचार-पत्रों और पत्र-सूचना कार्यालय को चित्र भेजने में देरी न हो इसके लिए फोटो समाचार नेटवर्क पूरी तरह से डिजिटल शैली में काम कर रहा है। दैनिक गतिविधियों के डिजिटल और फोटो चित्रों की आपूर्ति के लिए पीआईबी की आधिकारिक वेबसाइट को प्रभाग पूरी तरह से मदद करता है। उपराष्ट्रपति, प्रधानमंत्री और वीवीआईपी हस्तियों के साथ यात्रा पर जाने वाले छायाकारों को डिजिटल कैमरों के साथ ही लैपटॉप और वी-डाटा कार्ड से लैस किया गया है ताकि घटना स्थल से डिजिटल छवियों को अपलोड और डाउनलोड किया जा सके। विज्ञापन एवं दृश्य प्रचार निदेशालय प्रदर्शनी के उद्देश्य से बड़ी डिजिटल छवियों की आपूर्ति कर सके इसके लिए भी प्रभाग पूरी सुविधाएं उपलब्ध कराता है।

प्रकाशन विभाग

प्रकाशन विभाग (डीपीडी) भारत सरकार के प्रमुख प्रकाशन संगठनों में से एक है, जो राष्ट्रीय महत्व के विषयों पर आधारित पुस्तकों और पत्रिकाओं की रचना, बिक्री और वितरण में संलग्न है। 1941 में स्थापित यह विभाग बाल साहित्य सहित राष्ट्रीय महत्व और भारत की समृद्ध सांस्कृतिक विरासत जैसे

विषयों पर प्रकाश डालने वाली पुस्तकों और पत्रिकाओं के प्रकाशन के लिए अधिदेशित है। विभाग अन्य विषयों के अलावा भारतीय पैनोरमा के विविध पहलुओं यथा— कला और संस्कृति, देश और लोगों, वनस्पति और जीव-जंतुओं, आधुनिक भारत के निर्माताओं और सांस्कृतिक नेताओं की जीवनियों, विभिन्न क्षेत्रों की प्रमुख भारतीय हस्तियों, भारत के इतिहास और स्वतंत्रता संग्राम पर पुस्तकों और पत्रिकाओं का प्रकाशन करता है।

गांधीजी के जीवन और दर्शन पर आधारित पुस्तकें विभाग के लिए गौरवपूर्ण हैं। विभाग ने गांधीवादी दर्शन पर अनेक पुस्तकों का प्रकाशन किया है जिनमें 100 खंडों में अंग्रेजी में कलेक्टेड वर्क्स ऑफ महात्मा गांधी (सीडब्ल्यूएमजी) और हिंदी में संपूर्ण गांधी वाङ्मय शामिल है, जिसे गांधीजी के लेखन का सबसे व्यापक और प्रामाणिक संग्रह माना जाता है। प्रकाशकों के बीच विभाग की विश्वसनीयता है और यह विषयवस्तु की प्रामाणिकता और प्रकाशनों के किफायती दामों के लिए सुविख्यात है। प्रकाशन विभाग ने गुजरात विद्यापीठ के साथ मिलकर प्रमुख गांधीवादी विद्वानों की निगरानी में कलेक्टेड वर्क्स ऑफ महात्मा गांधी का ई-संस्करण (ई-सीडब्ल्यूएमजी) भी तैयार किया है। इसकी पूरी तरह ढूंढ़ी जा सकने वाली मास्टर कॉपी सुरुचिपूर्ण ढंग से डिजाइन की गई डीवीडी के सेट के रूप में उपलब्ध है। महात्मा गांधी द्वारा रचित शब्दों को स्थायी और टैम्पर प्रूफ इलेक्ट्रॉनिक फॉर्मेट में संरक्षित करने के माध्यम से किया गया यह महान कार्य राष्ट्रीय धरोहर को संरक्षित करने की दिशा में स्थायी योगदान है। ई-सीडब्ल्यूएमजी विश्वसनीय गांधीवादी साहित्य के समग्र संग्रह गांधी हैरिटेज पोर्टल पर भी उपलब्ध है।

पिछले साल से प्रकाशन विभाग राष्ट्रपति के कार्यालय के विविध पहलुओं को भावी पीढ़ियों के लिए संरक्षित रखने के लिए श्रृंखलाबद्ध रूप से ऐसी अनेक उच्च कोटि की पुस्तकों के प्रकाशन में संलग्न है, जो राष्ट्रपति भवन की विरासत की झलक प्रस्तुत करती हैं। माननीय उच्चतम न्यायालय के लिए एक अन्य महत्वपूर्ण धरोहर *कोर्ट्स इन इंडिया-पास्ट टू प्रेजेंट* का प्रकाशन किया है। विभाग ने निर्वाचन आयोग के लिए भी पुस्तक का प्रकाशन किया है, जो चुनावों के आयोजन से जुड़े विविध अनुभवों को प्रस्तुत करती है।

पत्रिकाएं

पुस्तकों के अलावा, प्रकाशन विभाग 18 मासिक पत्रिकाएं भी प्रकाशित करता है, जिनमें योजना-अंग्रेजी, हिंदी और 11 अन्य भाषाओं में, *आजकल* (हिंदी और उर्दू), *बाल भारती* (हिंदी) *कुरुक्षेत्र* (अंग्रेजी और हिंदी) और साप्ताहिक पत्र *रोज़गार समाचार* (अंग्रेजी, हिंदी और उर्दू में) का प्रकाशन शामिल है। विभाग की पत्रिकाओं के पाठक बहुत बड़ी संख्या में हैं और इन पत्रिकाओं की जनता के बीच बहुत अधिक विश्वसनीयता है। ये पत्र और पत्रिकाएं आर्थिक विकास, ग्रामीण पुनर्निर्माण, सामुदायिक विकास, बाल साहित्य और रोज़गार एवं करियर के विकल्पों पर सूचना जैसे व्यापक विषय वाले क्षेत्रों में सरकार के प्रयासों को परिलक्षित करते हैं।

योजना : योजना का प्रकाशन 1957 से किया जा रहा है और यह विभाग की प्रमुख पत्रिका है, जो समाज के सभी वर्गों तक नियोजित विकास का संदेश पहुंचाती है और विकास के सामाजिक-आर्थिक पहलुओं पर सभी तरह के विचारों का प्रतिनिधित्व करने वाले लोगों में स्वस्थ बहस को बढ़ावा देने के मंच का कार्य करती है। *योजना* की कुल मिलाकर प्रतिमाह 2 लाख से ज्यादा प्रतियां बिकती हैं और

इसकी गणना विकास पत्रकारिता के क्षेत्र में सबसे ज्यादा प्रसार वाली पत्रिकाओं में होती है। 13 भाषाओं में प्रकाशित होने वाली यह पत्रिका क्षेत्रीय विकास, नवाचारों तथा नई पहलों पर प्रकाश डालते हुए समूचे भारत की तस्वीर प्रस्तुत करती है।

कुरुक्षेत्र : 1952 से अंग्रेजी और हिंदी में प्रकाशित की जा रही कुरुक्षेत्र, ग्रामीण विकास से संबंधित मसलों को समर्पित विशिष्ट मासिक पत्रिका है। यह ग्रामीण क्षेत्र में कार्यक्रमों, नीतियों और विकास के प्रयासों के कार्यान्वयन की स्थिति के बारे वैचारिक आदान-प्रदान का मंच उपलब्ध कराती है। करुक्षेत्र के दोनों संस्करणों (अंग्रेजी और हिंदी) का मिश्रित प्रसार लगभग 1,00,000 प्रतियां प्रतिमाह है।

बाल भारती : बच्चों की इस लोकप्रिय हिंदी मासिक पत्रिका का प्रकाशन 1948 से नियमित रूप से किया जा रहा है। इसका उद्देश्य लघु कथाओं, कविताओं, चित्र सहित कहानियों तथा जानकारी से भरपूर लेखों के माध्यम से बच्चों का स्वस्थ मनोरंजन करने के साथ-साथ उन्हें शिक्षित करना और उनमें मानवीय मूल्यों तथा वैज्ञानिक प्रकृति का संचार करना है।

आजकल : यह प्रतिष्ठित साहित्यिक पत्रिका है, जो हिंदी में 1945 से और उर्दू में 1942 से प्रकाशित की जा रही है। यह पत्रिका विशेष अंक प्रकाशित करती है और भारतीय संस्कृति और साहित्य के विभिन्न आयामों को कवर करते हुए सामग्री का प्रकाशन करती है।

एम्प्लॉइमेंट न्यूज/रोज़गार समाचार : यह हर शनिवार को जारी होने वाला साप्ताहिक अखबार है जो हिंदी, अंग्रेजी और उर्दू में एक साथ प्रकाशित होता है। इसकी शुरुआत 1976 में हुई थी। यह केंद्र/और राज्य सरकारों, सार्वजनिक क्षेत्र के उपक्रमों, स्वायत्त निकायों, विश्वविद्यालयों द्वारा विज्ञापित रिक्तियों के बारे में सूचना प्रदान करता है, व्यावसायिक पाठ्यक्रमों के लिए प्रवेश के नोटिस, परीक्षा के नोटिस और यूपीएससी, एसएससी जैसे संगठनों और अन्य सामान्य भर्ती निकायों के परिणामों का प्रकाशन करता है। इनके अलावा, इस साप्ताहिक पत्र में संपादकीय खंड होता है, जिसमें समसामयिक विषयों और करियर के अवसरों के बारे में लेखों का प्रकाशन होता है। औसतन प्रति सप्ताह 2.2 लाख मिश्रित प्रसार संख्या वाला यह पत्र नौकरी पाने के इच्छुक लोगों में लोकप्रिय है। इसके प्रिंट और ई-संस्करण, दोनों वेबसाइट www.employmentnews.gov.in पर ऑनलाइन सब्सक्राइब किए जा सकते हैं।

डिजिटल आर्काइव्स की रचना और ई-पुस्तकें तैयार करना

प्रकाशन विभाग ने अब अपने प्रकाशनों को संरक्षित और प्रचारित करने के उद्देश्य से उनका डिजिटीकरण करने का महत्वपूर्ण दायित्व ग्रहण किया है तथा वह विक्रय योग्य पुस्तकों की ई-बुक्स तैयार करवा रहा है। 1,000 से ज्यादा प्रकाशनों के डिजिटल आर्काइव बनाने का कार्य प्रगति पर है। डीपीडी के डिजिटल आर्काइव, प्रकाशन विभाग की स्थापना के बाद से प्रकाशित की गई पुस्तकों को भावी पीढ़ियों के लिए संरक्षित कर रहे हैं। चुनिंदा पुस्तकों की ई-बुक्स बिक्री के लिए गूगल प्ले, कोबो और अमेजॉन जैसे ई-कॉमर्स प्लेटफॉर्म्स पर भी उपलब्ध हैं। वर्ष 2015 से प्रमुख प्रकाशन- वार्षिक संदर्भ ग्रंथ *इंडिया* और *भारत* का डिजिटीकरण कर दिया गया है और उन्हें पूर्णतया खोजे जा सकने वाली और डाउनलोड किए जा सकने वाली ई-बुक्स में परिवर्तित कर दिया गया है, ताकि उन्हें विविध मंचों में उपयोग में लाया जा सके। विविध विषयों पर 100 से ज्यादा प्रमुख पुस्तकें ई-कॉमर्स मंचों पर पहले ही अपलोड की जा चुकी हैं। ई-बुक्स में हाइलाइटिंग, सर्चिंग, बुकमार्किंग, नोटिंग और टैक्स्ट टू स्पीच जैसी विविध विशेषताएं हैं, जो भिन्न-भिन्न युवा पाठकों में पढ़ने की आदतों का ध्यान रख सकती हैं।

पुस्तकों और पत्रिकाओं की ऑनलाइन बिक्री : डीपीडी ने महालेखा नियंत्रक (सीजीए), वित्त मंत्रालय के साथ सहयोग से भारतकोष पेमेंट गेटवे के माध्यम से अपनी प्रकाशित पत्रिकाओं की ऑनलाइन बिक्री के लिए एक पोर्टल भी विकसित किया है। 2016 में प्रारंभ किया गया यह पोर्टल पत्रिकाओं की सदस्यता लेने के लिए व्यापक रूप से उपयोग में लाया जा रहा है। डीपीडी ने इस पोर्टल का उपयोग करते हुए लोकप्रिय साप्ताहिक पत्र *रोज़गार समाचार* को भी डिजिटल फॉर्मेट (ई-रोज़गार समाचार) में जारी किया है। चुनिंदा पुस्तकों को भी सीजीए पोर्टल के माध्यम से ऑनलाइन बिक्री के लिए उपलब्ध कराया गया है।

सूची और व्यापार संबंधी अन्य प्रचालनों का कंप्यूटरीकरण : सूची प्रबंधन, रॉयल्टी के भुगतान, बिक्री, लेखा, ग्राहक प्रबंधन, बिक्री इंपोरियम के साथ नेटवर्किंग सहित प्रकाशन विभाग की समूची व्यापार संबंधी प्रक्रिया का कंप्यूटरीकरण किया जा रहा है। इस वेबसाइट का भी नवीकरण किया जा रहा है। इस परियोजना के पूर्ण होते ही कामकाज में दक्षता आएगी और डीपीडी की वेबसाइट के माध्यम से ऑनलाइन बिक्री और व्यापार संबंधी प्रक्रियाओं के अन्य ऑनलाइन प्रचालन संभव हो सकेंगे।

संस्थागत ढांचा : प्रकाशन विभाग निदेशालय का नेतृत्व महानिदेशक करते हैं। विभागों की कमान संपादकीय, निर्माण, व्यापार एवं प्रशासन के लिए उत्तरदायी निदेशकों के हाथ में है। महाप्रबंधक, रोज़गार समाचार का दायित्व निदेशक द्वारा निभाया जाता है।

वेबसाइट : विभाग की एक समर्पित वेबसाइट: www.publicationsdivision.nic.in है, *योजना* के लिए वेबसाइट : www.yojana.gov.in और *रोज़गार समाचार* के लिए वेबसाइट : www.employmentnews.gov.in है।

प्रकाशन विभाग फेसबुक पर www.facebook.com/prakashan.vibhag और ट्विटर @DPD_India पर भी मौजूद है।

व्यापार एवं वितरण नेटवर्क

प्रकाशन विभाग द्वारा प्रकाशित पुस्तकों और पत्रिकाओं की ब्रिक्री एवं वितरण सूचना भवन स्थित उसके मुख्यालय और दिल्ली सचिवालय, मुंबई, चेन्नई, कोलकाता, पटना, लखनऊ, हैदराबाद, तिरुवनंतपुरम स्थित कार्यालयों के माध्यम से किया जाता है। इसके अलावा गुवाहाटी, कोलकाता, चेन्नई, अहमदाबाद, मुंबई, तिरुवनंतपुरम, बंगलुरु और हैदराबाद स्थित *योजना* क्षेत्रीय कार्यालयों द्वारा भी यह कार्य किया जाता है। मुख्यालय और क्षेत्रीय कार्यालयों के पैनल में शामिल पंजीकृत एजेंटों का नेटवर्क बिक्री और विपणन कार्यों में सहायता करता है। अपने प्रकाशनों की दृश्यता बढ़ाने और उन्हें जनता के निकट लाने के लिए डीपीडी देशभर में आयोजित होने वाले पुस्तक मेलों में भाग लेता है और बड़े ऑर्डर लेने के लिए भारत सरकार, राज्य सरकारों के संबद्ध मंत्रालयों और विभागों और पुस्तकालयों को राजी करता है। बिक्री, विज्ञापन एवं ग्राहक शुल्कों से राजस्व अर्जित होता है। अर्जित किए गए राजस्व को सरकार के खाते में जमा कराया जाता है।

व्यापार संबंधी प्रश्नों के उत्तर dpd@sb.nic.in, businesswng@gmail.com और pdjucir@gmail.com पर ईमेल भेजकर और प्रकाशन विभाग की वेबसाइट से प्राप्त किए जा सकते हैं।

फिल्म प्रभाग

पिछले 67 वर्षों से फिल्म प्रभाग देश के इतिहास को श्रव्य-दृश्य रूप से बयान करता आया है। यह प्रभाग घटनाओं और उपलब्धियों का प्रलेखन और उन्हें राष्ट्र के साथ साझा करता आया है, ताकि भारतीय जनमानस को राष्ट्र निर्माण की गतिविधियों में सक्रिय भागीदारी के लिए अनुप्रेरित किया जा सके। फिल्म प्रभाग के लक्ष्य और उद्देश्य देश के राष्ट्रीय स्वरूप पर केंद्रित हैं ताकि लोगों को शिक्षित और प्रोत्साहित करते हुए राष्ट्रीय कार्यक्रमों का क्रियान्वयन किया जा सके। गरज यह भी है कि भारतीय और विदेशी दर्शकों के समक्ष भारत की समृद्ध विरासत वाली तस्वीर पेश की जा सके। फिल्म प्रभाग का एक लक्ष्य यह भी है कि देश के वृत्तचित्र आंदोलन को मजबूती और रफ्तार प्रदान की जाए क्योंकि यह देश के सूचना, संवाद और सौहार्द के क्षेत्र में अत्यधिक महत्व रखता है। फिल्म प्रभाग वृत्तचित्र, लघु फिल्में, एनिमेशन फिल्में और समाचार पत्रिकाएं तैयार करता है। प्रभाग देशभर के लगभग 4 हजार सिनेमाघरों की जरूरतों को पूरा करता है और साथ ही देश के गैर-सिनेमाई क्षेत्रों जैसे कि जमीनी प्रचार, दूरदर्शन, शैक्षणिक संस्थाओं, फिल्म सोसायटियों और स्वैच्छिक संगठनों को भी जानकारी तथा निर्माण के लिए सामग्री उपलब्ध कराता है। फिल्म प्रभाग की विज्ञप्ति में नाट्य क्षेत्र में राज्य सरकारों के वृत्तचित्रों और समाचारों को भी जगह दी जाती है। फिल्म प्रभाग भारत के साथ-साथ विदेशों में भी वृत्तचित्रों और फिल्मों के वितरण अधिकार, उनके प्रिंट, स्टॉक शॉट और डीवीडी तथा वीसीडी बेचता है। फिल्म निर्माण के अलावा फिल्म प्रभाग फिल्म निर्माताओं को अपने रिकॉर्डिंग थियेटर, एडिटिंग कक्ष और अन्य सिने उपकरण किराए पर उपलब्ध कराता है।

वेबसाइट : www.filmsdivision.org

अभिलेखीय शोध केंद्र

अभिलेखीय शोध केंद्र (एआरसी) शोध सुविधा उपलब्ध कराने वाला प्रमुख केंद्र है जिसकी शुरुआत 26 अक्टूबर, 2013 में की गई थी। यह सुविधा इसलिए उपलब्ध कराई गई है ताकि फिल्मों से जुड़ी विपुल संपदा को साझा किया जा सके। एआरसी ने फिल्म प्रभाग के संपूर्ण अभिलेखागार को 15 शोध केंद्रों पर उपलब्ध कराया है। अनुसंधान इत्यादि के उद्देश्य से इन पंद्रह केंद्रों पर फिल्म प्रभाग का अभिलेखागार उपलब्ध रहेगा।

भारतीय सिनेमा का संग्रहालय

भारतीय सिनेमा के इतिहास में सिनेमा के राष्ट्रीय संग्रहालय की अवधारणा एक महत्वपूर्ण कदम है। भारतीय सिनेमा के 100 साल के ऐतिहासिक महत्व से जुड़ी बहुत-सी सामग्री उचित देख-रेख या संरक्षण के अभाव में या तो नष्ट हो गई या खराब हो गई है अथवा उपेक्षित है। इन सामग्री के लिए संग्रहालय जरूरी साबित होगा। चूंकि भारत में कोई फिल्म संग्रहालय नहीं है इसलिए यह संग्रहालय सिर्फ आम आदमी ही नहीं बल्कि फिल्मकारों, समीक्षकों और विद्यार्थियों के लिए भारतीय सिनेमा के विकास क्रम को जानने के लिए भारत ही नहीं विश्व के लिए एक बड़ा खजाना साबित होगा।

एफडी जोन

एफडी जोन फिल्म प्रभाग का ऐसा प्रयास है जिसमें स्वतंत्र फिल्मकार वृत्तचित्र, लघु फिल्में और एनिमेशन फिल्मों की नियमित रूप से स्क्रीनिंग करते हैं। यहां कला के क्षेत्र में उभरने वाली नई प्रतिभाओं को अवसर दिया जाता है और साथ ही उद्देश्यपूर्ण सिनेमा को प्राथमिकता प्रदान की जाती है। हरेक

स्क्रीनिंग के लिए स्वतंत्र फिल्मकार स्वैच्छिक स्तर पर फिल्म प्रभाग तथा बाहर की फिल्मों को जमा करते हैं। बाहरी फिल्मों के प्रदर्शन के दौरान उनसे जुड़े निर्देशक, सिनेमेटोग्राफर या एडीटर, साउंड रिकॉर्डिस्ट तथा समूह के अन्य प्रमुख लोगों को भी आमंत्रित किया जाता है ताकि दर्शकों से संवाद किया जा सके। ये स्क्रीनिंग निशुल्क होती है और सभी के लिए खुली रहती है।

राष्ट्रीय फिल्म विकास निगम लिमिटेड

राष्ट्रीय फिल्म विकास निगम लिमिटेड (एनएफडीसी) का गठन भारत सरकार ने 1975 में (शत-प्रतिशत स्वामित्व भारत सरकार के निकाय के हाथ)किया था। इस संस्था का प्राथमिक उद्देश्य भारतीय फिल्म उद्योग के संगठित, सक्षम और एकीकृत विकास के लिए योजना बनाना और उसे प्रोत्साहित करना है। फिल्म वित्त निगम (एफएफसी) तथा भारतीय मोशन पिक्चर्स निर्यात निगम (आईएमपीईसी)के विलय से 1980 में एनएफडीसी का पुनर्गठन हुआ।

पूर्व फिल्म वित्त निगम का गठन 1964 में हुआ था। इसका उद्देश्य युवा प्रतिभावान फिल्म निर्माताओं को वित्तीय सहायता उपलब्ध कराना था जबकि आईएमपीईसी का गठन फिल्मों के आयात-निर्यात के नियमन और अपरिष्कृत भंडारण के प्रबंधन के लिए हुआ था। भारतीय फिल्म उद्योग के विकास को समुचित माहौल उपलब्ध कराने के लिए एक निकाय की जरूरत को समझते हुए भारत सरकार ने एफएफसी और आईएमपीईएस का विलय एनएफडीसी में कर दिया। एनएफडीसी ने अब तक 200 से ज्यादा फिल्मों को या तो वित्तीय सहायता दी है या निर्माण किया है। विभिन्न भारतीय भाषाओं में बनी इन फिल्मों को व्यापक पैमाने पर सराहा गया है और इन्होंने राष्ट्रीय और अंतरराष्ट्रीय स्तर पर कई पुरस्कार भी जीते हैं। निगम का कॉरपोरेट कार्यालय मुंबई में है, जबकि इसके तीन क्षेत्रीय कार्यालय चेन्नई, कोलकाता और दिल्ली में और एक शाखा कार्यालय तिरुवनंतपुरम में है।

वेबसाइट: www.nfdc.nic.in

फिल्म समारोह निदेशालय

फिल्म समारोह निदेशालय की स्थापना 1973 में सूचना और प्रसारण मंत्रालय के अधीन की गई। इस निदेशालय का उद्देश्य अच्छे सिनेमा को प्रोत्साहन देना है। इसके लिए यह निम्नलिखित वर्गों में अपनी गतिविधियों का संचालन करता है- (ए) भारतीय अंतरराष्ट्रीय फिल्म समारोह, (बी) राष्ट्रीय फिल्म पुरस्कार तथा दादा साहेब फाल्के पुरस्कार, (सी) सांस्कृतिक आदान-प्रदान कार्यक्रम तथा विदेशों में मिशनों के जरिए भारतीय फिल्मों के प्रदर्शन का आयोजन, (डी) भारतीय पैनोरमा का चयन, (ई) विदेशों में अंतरराष्ट्रीय फिल्म समारोहों में भागीदारी, (एफ) भारत सरकार की ओर से विशेष फिल्मों का प्रदर्शन, (जी) प्रिंट संग्रहण तथा प्रलेखन।

ये गतिविधियां, सिनेमा के क्षेत्र में भारत और अन्य देशों के बीच विचारों, संस्कृति तथा अनुभव के आदान-प्रदान के लिए बेजोड़ मंच प्रदान करती हैं। ये भारतीय सिनेमा को सशक्त मंच प्रदान करती है तथा भारतीय फिल्मों के लिए व्यावसायिक अवसरों को बढ़ावा देती हैं। देश के भीतर इसने विश्व सिनेमा की नवीनतम प्रवृत्तियां आम जनता , फिल्म उद्योग तथा विद्यार्थियों तक पहुंचाने का काम किया है।

वेबसाइट: www.dff.nic.in

भारत का अंतरराष्ट्रीय फिल्म समारोह

सूचना और प्रसारण मंत्रालय और गोवा सरकार द्वारा संयुक्त रूप से आयोजित भारत का 47वां अंतरराष्ट्रीय फिल्म महोत्सव (इफ्फी), फिल्म प्रदर्शन, मास्टर क्लासेस, विचार-विमर्श और अन्य घटनाओं की दस दिवसीय अवधि के पश्चात् 28 नवंबर , 2016 को सफलतापूर्वक समाप्त हुआ। 47वें इफ्फी के दौरान 88 देशों की कुल 193 फिल्मों का प्रदर्शन किया गया।

आईसीएफटी - यूनेस्को

भारत के अंतरराष्ट्रीय फिल्म महोत्सव (इफ्फी), 2016 ने पेरिस की अंतरराष्ट्रीय फिल्म, टीवी और दृश्य-श्रव्य संचार परिषद (आईसीएफटी) के सहयोग से 8 फिल्मों का पृथक प्रतिस्पर्धी खंड प्रस्तुत किया।

राष्ट्रीय फिल्म पुरस्कार

राष्ट्रीय फिल्म पुरस्कार , सिनेमा के क्षेत्र में सर्वोच्च पुरस्कार हैं जोकि सिनेमाई उत्कृष्टता को रेखांकित करते हैं। राष्ट्रीय पुरस्कार के साथ-साथ सिनेमा का सर्वोच्च सम्मान दादा साहब फाल्के पुरस्कार भारत के राष्ट्रपति द्वारा प्रस्तुत किया जाता है। 3 मई, 1913 को पहली भारतीय फीचर फिल्म *राजा हरिश्चंद्र* के प्रदर्शन के मद्देनजर यह निर्णय लिया गया कि हर वर्ष 3 मई को राष्ट्रीय फिल्म पुरस्कार दिए जाएंगे। तदनुसार, 64वें राष्ट्रीय फिल्म पुरस्कार 2016 को प्रदान किए गए।

64वें राष्ट्रीय फिल्म पुरस्कार

सर्वश्रेष्ठ फीचर फिल्म का पुरस्कार सुमित्रा भावे और सुनील सुकथनकर द्वारा निर्देशित फिल्म *कसाव* (मराठी) ने जीता। संपूर्ण मनोरंजन प्रदान करने के लिए सर्वश्रेष्ठ लोकप्रिय फिल्म का पुरस्कार वी.वी. रेड्डी द्वारा निर्देशित फिल्म *सथमनाम भवाथी* (तेलुगू) को दिया गया। अक्षय कुमार को फिल्म *रुस्तम* के लिए सर्वश्रेष्ठ अभिनेता और सुरभि सी एम को फिल्म *मिन्नामिनुनगु-द फायर फ्लाई* (मलयालम) के लिए सर्वश्रेष्ठ अभिनेत्री का पुरस्कार दिया गया। चंद्रशेखर रेड्डी द्वारा निर्देशित फिल्म द *फायर फ्लाइज इन* द *अबिस* को सर्वश्रेष्ठ गैर-फीचर फिल्म का पुरस्कार दिया गया। सिनेमा पर सर्वश्रेष्ठ पुस्तक का पुरस्कार *लता: सुरगाथा* नामक पुस्तक को दिया गया जिसके लेखक यतीन्द्र मिश्रा हैं जबकि जी. धनंजयन को सर्वश्रेष्ठ फिल्म समालोचक का सम्मान दिया गया। भारतीय सिनेमा में सराहनीय योगदान के लिए वर्ष 2016 का प्रसिद्ध दादा साहब फाल्के पुरस्कार विख्यात फिल्मकार के. विश्वनाथ को दिया गया।

ब्रिक्स फिल्म समारोह

ब्रिक्स फिल्म समारोह का आयोजन नई दिल्ली में 2-6 सितंबर, 2016 को किया गया।

प्रतिस्पर्धा खंड में ब्रिक्स के प्रत्येक सदस्य देश की 4 फिल्मों सहित 20 फिल्में थीं। समारोह के दौरान 26 फिल्में प्रदर्शित की गईं। भारतीय फिल्म *तिथि* ने सर्वश्रेष्ठ फिल्म का पुरस्कार जीता। फिल्मकार जिनाकी हू (चीन) ने फिल्म शुआन जेंग के लिए सर्वश्रेष्ठ फिल्म निर्देशक का पुरस्कार जीता। रूस की युलिया पेरेसिल्द ने द बैटल फॉर सेवास्तोपोल के लिए सर्वश्रेष्ठ अभिनेत्री का पुरस्कार जीता। दक्षिण अफ्रीका के थाबो रामेत्सी ने कालुशी द स्टोरी ऑफ सोलोमन महलांगु के लिए सर्वश्रेष्ठ अभिनेता का पुरस्कार जीता। ब्राजील के फिलिपे बारसिनस्की को बिटवीन वेलीज के लिए विशेष ज्यूरी

पुरस्कार से नवाजा गया। चीन के सांग्स ऑफ फिनिक्स और रूस के 14 प्लस को विशेष उल्लेख प्रमाण–पत्र से सम्मानित किया गया।

राष्ट्रीय फिल्म अभिलेखागार (एनएफएआई)

कला और ऐतिहासिक दस्तावेज के रूप में सिनेमा के संरक्षण का अपना महत्व है और दुनियाभर में इसे मान्यता दी गई है। सिनेमा को इसके तमाम रूपों और प्रकारों में संरक्षित करने के लिए एक ऐसा संगठन जरूरी है जिसका स्थायी ढांचा हो, जिसे फिल्म उद्योग का विश्वास प्राप्त हो और जिसके पास पर्याप्त संसाधन तथा विशेषज्ञता हो। इसीलिए मंत्रालय की मीडिया इकाई के रूप में फरवरी 1964 में भारतीय राष्ट्रीय फिल्म अभिलेखागार की स्थापना की गई। इसके निम्नलिखित उद्देश्य और लक्ष्य हैं: राष्ट्रीय सिनेमा की विरासत का पता लगाना, प्राप्त करना और भावी पीढ़ियों के लिए संरक्षण करना तथा विश्व सिनेमा का प्रतिनिधित्व करने वाला एक संग्रह तैयार करना, फिल्मों से संबंधित आंकड़ों को वर्गीकृत और अभिलेखबद्ध करना, सिनेमा पर अनुसंधान को प्रोत्साहन देना तथा इसके नतीजों का प्रकाशन–वितरण करना, देश में फिल्म संस्कृति को बढ़ावा देने के केंद्र के रूप में कार्य करना और विदेशों में भारत की सांस्कृतिक उपस्थिति सुनिश्चित करना, एनएफएआई ने अपने अस्तित्व के 50 वर्षों के दौरान लक्ष्यों को प्राप्त करने की दिशा में कई उपलब्धियां हासिल की हैं।

वेबसाइट: www.nfaipune.gov.in

फिल्म भंडारण/संरक्षण

एनएफएआई में अंतरराष्ट्रीय मानकों और विशिष्टताओं से युक्त लगभग 27 अत्याधुनिक फिल्म संरक्षण सुविधाएं/कक्ष हैं। इन कक्षों में लगभग 2 लाख फिल्म रील के भंडारण की क्षमता है। फिल्म कक्षों में श्वेत और श्याम फिल्मों, रंगीन फिल्मों और नाइट्रेट आधारित फिल्मों के लिए निम्नलिखित तापमान रखे जाते हैं:

फिल्मों का प्रकार	तापमान	संबंधित आर्द्रता
नाइट्रेट फिल्में	10–12 डिग्री सेल्सियस	40 प्रतिशत
श्वेत और श्याम फिल्में	10–12 डिग्री सेल्सियस	40 से 50 प्रतिशत
रंगीन फिल्में	2 डिग्री –4 डिग्री सेल्सियस	30 प्रतिशत

फिल्म एप्रीसिएशन कोर्स

फिल्म एप्रीसिएशन कोर्स फिल्म संस्कृति के प्रसार के तहत एक महत्वपूर्ण गतिविधि ऐसी फिल्म शिक्षा योजना है, जिसमें भारतभर में विभिन्न शैक्षिक और सांस्कृतिक संस्थाओं के सहयोग से आयोजित किए जाने वाले दीर्घ या लघु अवधि के फिल्म एप्रीसिएशन कोर्स शामिल हैं।

फिल्मों की आपूर्ति

भारत में फिल्म संस्कृति के प्रसार के लिए एनएफएआई विभिन्न गतिविधियां चलाता है। उसके वितरण पुस्कालय में देशभर में लगभग 25 सक्रिय फिल्म क्लब/सदस्य हैं। देशभर में विभिन्न प्रदर्शन कार्यक्रमों और फिल्म समारोहों के लिए आर्काइव फिल्मों की आपूर्ति करता है।

फिल्म समारोहों में शिरकत

एनएफएआई ने देश-विदेश में विभिन्न फिल्म समारोह में हिस्सा लेकर महोत्सव के लिए निर्धारित विलक्षण विषयों पर विभिन्न रेट्रस्पेक्टिव में उत्कृष्ट भारतीय फिल्मों और पोस्टरों प्रदर्शनियों के संग्रह का प्रदर्शन किया।

राष्ट्रीय फिल्म विरासत मिशन

भारत की फिल्म विरासत को पहले जैसा स्वरूप देने और संरक्षित करने हेतु नवंबर 2014 में 'राष्ट्रीय फिल्म विरासत मिशन' (एनएफएचएम), 597.41 करोड़ रुपये की एक परियोजना शुरू की गई। यह 12वीं पंचवर्षीय योजना का अंग है, जो 13वीं पंचवर्षीय योजना में जारी रहेगी। यह पहल फिल्म उद्योग द्वारा बेहद सराही जाएगी। नयी योजना आयोजना में एनएफएआई के पास उपलब्ध फिल्मों का डिजिटीकरण/उन्हें पहले जैसा स्वरूप देने का कार्य किया जाएगा।

राष्ट्रीय फिल्म विरासत मिशन के उद्देश्यों में सम्मिलित हैं:- (1) फिल्म संग्रह की फिल्म की स्थिति का मूल्यांकन करना और फिल्म की बाकी बची अवधि का पता लगाना। (2) 1,32,000 फिल्म रीलों का बचाव और संरक्षण। (3)1086 खास फीचर फिल्मों और भारतीय सिनेमा के 1152 शॉर्ट्स 2के/4के चित्र एवं ध्वनि प्रतिपादन और प्रत्येक फिल्म के लिए नई तस्वीरों और साउंड इंटर-निंगेटिव्स की रिकॉर्डिंग। (4) 1160 फीचर फिल्मों और 1660 शॉर्ट्स का डिजिटाइजेशन। (5) एनएफएचएम के अंतर्गत प्रतिपादित सामग्री के पुणे स्थित एनएफएआई परिसर में धूल मुक्त और कम नमी, कम तापमान की स्थिति में संरक्षण के लिए अभिलेखीय और संरक्षण सुविधाओं का निर्माण। (6) संरक्षण और संग्रहण के क्षेत्र में कार्यशालाओं और पाठ्यक्रम प्रशिक्षण और इस क्षेत्र में विशेषज्ञ अंतरराष्ट्रीय संस्थाओं के सहयोग से संग्रहण करना।

बाल चित्र समिति, भारत

बाल चित्र समिति, भारत (सीएफएसआई) की स्थापना 1955 में बच्चों को फिल्मों के माध्यम से उच्च आदर्शों की प्रेरणा देने वाला मनोरंजन प्रदान करने के उद्देश्य से की गई थी। समिति बच्चों की फिल्मों का निर्माण, संग्रहण, वितरण, प्रदर्शन और संवर्धन करती है। सीएफएसआई का मुख्यालय मुंबई में है और नई दिल्ली तथा चेन्नई में इसके क्षेत्रीय शाखा कार्यालय हैं। सीएफएसआई का मिशन देश-विदेश में बाल फिल्म आंदोलन को प्रोत्साहित, सशक्त और प्रसारित करते हुए बाल फिल्मों को बढ़ावा देना है। समिति द्वारा निर्मित/प्राप्त फिल्मों का प्रदर्शन राज्य/जिला स्तर पर बाल फिल्म समारोहों, में किया जाता है। साथ ही साथ इनका प्रदर्शन वितरकों तथा गैर-सरकारी संगठनों आदि के जरिए थिएटरों और स्कूलों में गैर-थिएटर मंचों से किया जाता है।

वेबसाइट: www.cfsindia.org

निर्माण संबंधी गतिविधियां

फिल्में पूरी की गईं : अप्रैल से दिसंबर, 2016 के दौरान *पिंकी का साबुन* (हिंदी) नामक एक फिल्म बनकर तैयार हुई।

निर्माणाधीन फिल्में : 6 फिल्में यथा- वी3 (हिंदी/टीवी/वेब सीरिज), इशु (असमिया फीचर), नानी तेरी मोरनी (नगमेसी आंशिक हिंदी), स्कूल चलेगा (हिंदी फीचर), द केक स्टोरी (हिंदी लघु फिल्म)

और टेनिस बडीज (हिंदी फीचर) निर्माण की विविध अवस्थाओं में हैं। इनके अलावा दो नई फिल्में यथा- चिड़ियाखाना (हिंदी फीचर) और *बनारसी जासूस* (हिंदी फीचर) निर्माण के लिए सौंपी गई है। फिल्मों की डबिंग: 10 फिल्मों की डबिंग पूरी की जा चुकी है। प्रिंट निर्माण: 2 डीसीपी, 62 ब्ल्यू रे, सीएफएसआई के टाइटल्स की 867 डीवीडी वितरण के लिए तैयार की गईं।

राष्ट्रीय बाल फिल्म महोत्सव

राष्ट्रीय बाल फिल्म महोत्सव का आयोजन जयपुर में 14-16 नवंबर, 2016 को किया गया। इस महोत्सव का विषय 'मेक इन इंडिया' था।

विज्ञापन एवं दृश्य प्रचार निदेशालय

विज्ञापन एवं दृश्य प्रचार निदेशालय (डीएवीपी) की स्थापना 1955 में हुई थी और ये भारत सरकार की नोडल मल्टी-मीडिया विज्ञापन एजेंसी है। गत 62 वर्षों के दौरान यह निदेशालय लगभग सभी मंत्रालयों, विभागों, स्वायत्तशासी संस्थाओं और सार्वजनिक क्षेत्र के उपक्रमों की संचार संबंधी जरूरतों को, एक ही स्थान पर किफायती दरों पर सेवा उपलब्ध करा के पूरा करता आ रहा है। ये निदेशालय ग्रामीण और शहरी लोगों को सरकार की नीतियों और कार्यक्रमों के बारे में सूचित और शिक्षित करता है और उन्हें विकासशील गतिविधियों में भागीदार बनने के लिए प्रेरित करता है। इसके लिए निदेशालय प्रिंट मीडिया विज्ञापनों, श्रव्य-दृश्य विज्ञापनों, मुद्रित प्रचार सामग्री, प्रदर्शनियों और बाह्य प्रचार, न्यू मीडिया और मास मेलिंग जैसे संचार के साधनों का इस्तेमाल करता है। डीएवीपी के मुख्यालय के संगठनात्मक ढांचे के कई खंड हैं जैसे- अभियान, विज्ञापन, बाह्य प्रचार, मुद्रित प्रचार, प्रदर्शनी, मास मेलिंग, श्रव्य-दृश्य खंड, डिजाइन स्टूडियो, प्रशासन और खाता। इसके बंगलुरु और गुवाहाटी स्थित दो क्षेत्रीय कार्यालय हैं, जो इन क्षेत्रों में निदेशालय की गतिविधियों का संचालन करते हैं।

डीएवीपी की देशभर में 32 क्षेत्रीय प्रदर्शनी इकाइयां हैं। क्षेत्रीय प्रदर्शनी इकाई सरकार और जनता के बीच महत्वपूर्ण संचार कड़ी के रूप में काम करती है। ये क्षेत्रीय प्रदर्शनी इकाइयां, देश के दूर-दराज के इलाकों में मल्टी-मीडिया प्रदर्शनियां लगाकर प्रमुख राष्ट्रीय मामलों पर केंद्र सरकार की सामाजिक और विकासप्रद नीतियों और कार्यक्रमों के बारे में लोगों को सूचित करती हैं।
वेबसाइट: www davp.nic.in

क्षेत्रीय प्रचार निदेशालय

क्षेत्रीय प्रचार निदेशालय (डीएफपी), एक मीडिया इकाई है। यह भारत सरकार के अंतर्गत लोगों से सीधे संपर्क करने वाला एकमात्र निदेशालय है। डीएफपी लोगों से सीधे संपर्क साधकर और माइक्रो स्तर की संचार गतिविधियों यथा- प्रभावशाली व्यक्तियों को जानकारी प्रदान कर, लक्षित लाभार्थियों के साथ परस्पर संवाद, सामूहिक चर्चाओं, प्रश्नोत्तरी और अन्य प्रतियोगिताएं जैसे- स्वस्थ मां और बच्चा शो, फोटो प्रदर्शनियों, जलसों, फिल्म प्रदर्शनों, जनसभाओं के आयोजन के जरिए प्रभावी ढंग से तैयार संचार कार्यक्रमों का लक्षित और संभावित लाभार्थियों के बीच संचालन करता है। इस प्रक्रिया में डीएफपी को अन्य केंद्रीय और राज्यस्तरीय विभागों/एजेंसियों से भी सहायता मिलती है।

इसके 22 क्षेत्रीय कार्यालय और कुल 207 क्षेत्रीय प्रचार इकाइयां हैं, जो देशभर में फैली हैं और ज्यादातर जिला मुख्यालयों में स्थित हैं। हर क्षेत्रीय कार्यालय के अंतर्गत छह से 14 क्षेत्रीय प्रचार इकाइयां

हैं। अपनी गतिविधियों के लिए क्षेत्रीय प्रचार इकाई के पास वाहन और अन्य श्रव्य और दृश्य उपकरण होते हैं। डीएफपी के संचार दल सरकारी योजनाओं और नीतियों के बारे में जनता को, विशेषकर दूरदराज के ग्रामीण इलाकों में जनता को जागरूक करते हैं।

डीएफपी ने अपने क्षेत्रीय कार्यालयों और क्षेत्रीय प्रचार इकाइयों में कामकाज को सुगम बनाने के लिए सूचना और संचार तकनीक (आईसीटी) को प्रभावी ढंग से अपनाया है। सभी क्षेत्रीय कार्यालय और क्षेत्रीय प्रचार इकाइयां अपने कार्यक्रमों, वित्त और प्रशासन संबंधी विषयों पर ऑनलाइन रिपोर्ट देती हैं। डीएफपी वेबसाइट काफी सूचनाप्रद है और 22 क्षेत्रीय कार्यालयों की अपनी वेबसाइट्स हैं। डीएफपी अपनी पहुंच संबंधी गतिविधियों पर प्रकाश डालने और सरकार के कार्यक्रमों और नीतियों के बारे में संदेशों का प्रचार करने के लिए यूट्यूब, फेसबुक और ट्वीटर जैसे सोशल मीडिया का उपयोग कर रहा है।
वेबसाइट: www.dfp.nic.in

गीत एवं नाटक प्रभाग

गीत और नाटक प्रभाग को ऑल इंडिया रेडियो की एक इकाई के रूप में 1954 में स्थापित किया गया था और विकास संचार के अधिदेश के साथ 1956 में एक स्वतंत्र मीडिया इकाई का दर्जा दिया गया था। यह संचार के एक माध्यम के रूप में कला प्रदर्शन का उपयोग करने वाला देश का सबसे बड़ा संगठन है। प्रभाग सांप्रदायिक सद्भाव, राष्ट्रीय एकता, धर्मनिरपेक्षता, सांस्कृतिक विरासत को बढ़ावा देने, स्वास्थ्य, पर्यावरण, शिक्षा, आदि जैसे राष्ट्रीय विषयों पर ध्वनि और प्रकाश कार्यक्रमों के माध्यम से नाटक, नृत्य नाटिका, ओपेरा, लोक एवं पारंपरिक गायन जैसे कला रूपों की एक विस्तृत शृंखला का उपयोग करता है।

भारतीय फिल्म और टेलीविजन संस्थान, पुणे

भारतीय फिल्म संस्थान की स्थापना 1960 में की गई थी। 1974 में टेलीविजन शाखा खोलने के बाद इसे भारतीय फिल्म एवं टेलीविजन संस्थान का नाम दिया गया। अक्टूबर 1974 में यह संस्थान सोसायटी पंजीकरण कानून, 1860 के अंतर्गत एक सोसायटी बन गया। सोसायटी में मशहूर हस्तियां हैं जिनमें फिल्म, टेलीविजन, संचार से जुड़े लोग तथा संस्थान के छात्र और पदेन सरकारी सदस्य शामिल हैं। संस्थान एक संचालक परिषद के अंतर्गत कार्य करता है जिसका प्रमुख अध्यक्ष होता है। शिक्षा परिषद संस्थान की शैक्षिक नीतियां और योजनाएं तैयार करती है। स्थायी वित्त समिति संस्थान के वित्त से जुड़े मामलों को देखती है। संस्थान के दो खंड हैं– फिल्म और टेलीविजन खंड, दोनों श्रेणियों में पाठ्यक्रम चलाए जाते हैं। इनमें तीन वर्षीय डिप्लोमा पाठ्यक्रम से लेकर फिल्म निर्देशन, सिनेमेटोग्राफी, ऑडियोग्राफी और फिल्म संपादन में स्नातकोत्तर डिप्लोमा शामिल हैं। संस्थान अभिनय में दो वर्षीय स्नातकोत्तर डिप्लोमा पाठ्यक्रम, कला निर्देशन और निर्माण डिजाइन में दो वर्षीय स्नातकोत्तर प्रमाण–पत्र पाठ्यक्रम चलाता है तथा एक साल का स्नातकोत्तर सर्टिफिकेट कोर्स चलाता है।

भारतीय फिल्म एवं टेलीविजन संस्थान फिल्म निर्माण और टेजीविजन निर्माण कला और तकनीक में आधुनिकतम शिक्षा प्रदान करता है। दूरदर्शन और अन्य संस्थाओं के अधिकारियों को सेवारत प्रशिक्षण दिया जाता है। यह संस्थान आधुनिकतम डिजीटल और प्रसारण उपकरणों से लैस है जैसे– नॉन लीनियर बीटा कैम और ए/बी ऑल एडिटिंग सेटअप, डिजीटल कैमरा जैसे– सोनी बीवीपी–500 पी,

सॉफ्ट क्रोमा कीयर, डिजीटल स्पेशल इफेक्ट्स जेनेरेटर, एलियास सॉफ्टवेयर के साथ सिलीकॉन ग्राफिक्स 02 वर्कस्टेशन, आधुनिक फिल्म कैमरा और रिकार्डिंग स्टूडियो आदि जो संस्थान के प्राध्यापकों और छात्रों को एक अलग अनुभव प्रदान करते हैं।

वेबसाइट: www.ftiindia.ac.in

सत्यजीत रे फिल्म एवं टेजीविजन संस्थान, कोलकाता

सत्यजीत रे फिल्म एवं टेलीविजन संस्थान, (एसआरएफटीआई), कोलकाता की स्थापना एक स्वायत्तशासी शैक्षणिक संस्थान के रूप में की गई थी और इसे पश्चिम बंगाल सोसायटीज पंजीकरण कानून, 1961 के अधीन पंजीकृत कराया गया। फिल्म जगत की मशहूर हस्ती सत्यजीत रे के नाम पर कोलकाता में भारत सरकार द्वारा स्थापित यह देश का दूसरा राष्ट्रीय स्तरीय फिल्म प्रशिक्षण संस्थान है। संस्थान, निर्देशन और पटकथा लेखन, सिनेमैटोग्राफी, संपादन और ऑडियोग्राफी में तीन वर्षीय स्नातकोत्तर डिप्लोमा पाठ्यक्रम चलाता है। इनके अलावा संस्थान टेलीविजन और फिल्म से संबंधित लघु और मध्यम अवधि के पाठ्यक्रम भी चलाता है। समाजशास्त्र, संस्कृति एवं फिल्म और टेलीविजन की टेक्नोलॉजी के बारे में शोध एवं अन्वेषण अध्ययन ऐसे अन्य क्षेत्र हैं, जिन पर एसआरएफटीआई द्वारा ध्यान दिया जाता है।

एसआरएफटीआई का संचालन भारत सरकार द्वारा गठित सोसायटी द्वारा किया जाता है। अध्यक्ष के नेतृत्व में यह सोसायटी संचालक परिषद के जरिए संस्थान को चलाती है। संचालक परिषद का गठन सोसायटी के चुनिंदा सदस्यों से किया जाता है। यह संचालक परिषद संस्थान के सभी कार्यकारी कार्यों की सर्वोच्च संस्था है। यह आवश्यकता पड़ने पर अकादमिक परिषद, स्थायी वित्त समिति आदि जैसी विविध समितियों/निकायों का गठन भी करती है।

वेबसाइट: www.srfti.in

भारतीय जनसंचार संस्थान

सोसायटी पंजीकरण कानून, 1860 के अंतर्गत सोसायटी के रूप में पंजीकृत भारतीय जनसंचार संस्थान (आईआईएमसी) की स्थापना 1965 में की गई थी। संस्थान की स्थापना जनसंचार के क्षेत्र में शिक्षण, प्रशिक्षण और अनुसंधान के उद्देश्य के साथ की गई थी।

वर्तमान में, संस्थान प्रिंट पत्रकारिता, रेडियो और टेजीविजन पत्रकारिता और विज्ञापन और जनसंपर्क में कई स्नातकोत्तर डिप्लोमा पाठ्यक्रम चलाता है। 1969 से संस्थान एशियाई, अफ्रीकी, देशों के मध्यमस्तरीय पत्रकारों के लिए विकास पत्रकारिता का स्नातकोत्तर डिप्लोमा पाठ्यक्रम भी चलाता है। ये पाठ्यक्रम विदेश मंत्रालय के तत्वावधान में चलाया जाता है। इसके अलावा संस्थान छोटी अवधि के पाठ्यक्रम भी चलाता है जो एक सप्ताह से लेकर तीन महीने तक के होते हैं। ये पाठ्यक्रम केंद्र, राज्य सरकार में मीडिया प्रचार विभागों में काम करने के इच्छुक मीडियाकर्मियों के लिए होते हैं। ये संस्थान विभिन्न राष्ट्रीय और अंतरराष्ट्रीय एजेंसियों के साथ मिलकर प्रशिक्षण कार्यक्रम, गोष्ठी, कार्यशाला आदि आयोजित करता है और अनुसंधान परियोजनाएं चलाता है।

संस्थान न सिर्फ भारत बल्कि अन्य विकासशील देशों की सूचना संबंधी जरूरतों के लिए उपयोगी सूचना ढांचे को बनाने और मजबूत करने में अपना योगदान करता है। संस्थान अपनी विशेषज्ञ और सलाहकार सेवाएं केंद्र और राज्य सरकारों के संस्थानों/अंगों, सार्वजनिक क्षेत्र के उपक्रमों, विश्वविद्यालयों,

और अन्य शैक्षणिक संस्थाओं को प्रदान करता है। संस्थान के प्रशिक्षण कार्यक्रमों की बढ़ती लोकप्रियता और क्षेत्रीय महत्वाकांक्षाओं को पूरा करने के लिए इसकी एक शाखा 1993 में ओडिशा के धेनकनाल में खोली गई।

वर्तमान में यहां दो स्नातकोत्तर डिप्लोमा पाठ्यक्रम, अंग्रेजी पत्रकारिता और उड़िया पत्रकारिता में चलाए जाते हैं। भारत सरकार, सूचना और प्रसारण मंत्रालय के माध्यम से संस्थान को वित्तीय सहायता प्रदान करती है। संस्थान की गतिविधियों की देखरेख के लिए कार्यकारी परिषद होती है जिसके अध्यक्ष पदेन रूप में सूचना और प्रसारण मंत्रालय के सचिव होते हैं और वे संस्थान (सोसायटी) के अध्यक्ष भी होते हैं। इनके साथ-साथ परिषद में मीडिया के क्षेत्र की प्रसिद्ध हस्तियां तथा संस्थान के फैकल्टी के सदस्य भी होते हैं। अपने चार दशक से अधिक के निरंतर अथक परिश्रम और बेहतरीन प्रदर्शन की बदौलत संस्थान ने 'उत्कृष्टता के केंद्र' का दर्जा हासिल किया है।

शिक्षण और प्रशिक्षण संस्थान

संस्थान की शैक्षिक और प्रशिक्षण गतिविधियों को चार कार्यक्रमों में विभाजित किया जा सकता है- छात्रों के लिए स्नातकोत्तर डिप्लोमा कार्यक्रम: इनके अंतर्गत पत्रकारिता में चार पाठ्यक्रम और विज्ञापन एवं जनसंपर्क में एक पाठ्यक्रम शामिल हैं: (1) अंग्रेजी पत्रकारिता में स्नातकोत्तर डिप्लोमा पाठ्यक्रम, (2) हिंदी पत्रकारिता में स्नातकोत्तर डिप्लोमा पाठ्यक्रम, (3) उड़िया पत्रकारिता में स्नातकोत्तर डिप्लोमा पाठ्यक्रम, (4) अंग्रेजी और हिंदी में रेडियो और टेजीविजन पत्रकारिता में स्नातकोत्तर डिप्लोमा पाठ्यक्रम, (5) अंग्रेजी और हिंदी में विज्ञापन और जनसंपर्क में स्नातकोत्तर डिप्लोमा पाठ्यक्रम।

इस चार महीने के पाठ्यक्रम की एशियाई, अफ्रीकी, लैटिन अमरीकी और अन्य विकासशील देशों के कार्यरत पत्रकारों के बीच खूब मांग है। पाठ्यक्रम के हर समूह में 20 से 25 प्रतिभागी होते हैं। संस्थान हर वर्ष ऐसे दो पाठ्यक्रम चलाता है।

अल्पावधि पाठ्यक्रम, कार्यशालाएं, गोष्ठियां और सम्मेलन

भारत और अन्य विकासशील देशों के संदर्भ में जनसंचार से जुड़े विभिन्न मुद्दों के बारे में बेहतर समझ कायम करने में योगदान देने और उभरती नई तकनीकों और उनके बारे में जागरुकता बढ़ाने के लिए संस्थान अल्पावधि पाठ्यक्रम, कार्यशालाएं, गोष्ठियां और सम्मेलन आयोजित करता रहता है। सूचना और प्रसारण मंत्रालय की विभिन्न मीडिया इकाइयों के अधिकारियों के लिए समय-समय पर अल्पावधि पाठ्यक्रम चलाता रहता है। रक्षा अधिकारियों और केंद्र और राज्य सरकारों में मीडिया और प्रचार विभागों में काम करने वाले लोगों को पेशेवर प्रशिक्षण प्रदान करने के लिए संस्थान एक सप्ताह से लेकर 12 हफ्तों तक के कार्यक्रम चलाता है।

अपना रेडियो एआर-1

संस्थान का सामुदायिक रेडियो सप्ताह में पांच दिन सुबह 10.30 बजे से शाम 5.30 बजे तक दो घंटों के लिए 96.9 मेगाहर्ट्ज पर कार्यक्रम प्रसारित करता है। ये रेडियो प्रतिदिन दोपहर तीन बजे से शाम पांच बजे तक पुन:प्रसारण भी करता है। अपना रेडियो का दायरा 15 किलोमीटर तक है। रेडियो का एक प्रसारण स्टूडियो, दो रिकॉर्डिंग स्टूडियो और कई ध्वनि संपादन वर्कस्टेशन हैं।

वेबसाइट: www.iimc.nic.in

ब्रॉडकास्ट इंजीनियरिंग कंसल्टेंट्स इंडिया लिमिटेड

ब्रॉडकास्ट इंजीनियरिंग कंसल्टेंट्स इंडिया लिमिटेड (बेसिल) लाभ अर्जित करने वाला एक सार्वजनिक उपक्रम है, जिसकी स्थापना 1995 में हुई थी। इसका उद्देश्य निजी प्रसारणकर्ताओं को राष्ट्रीय प्रसारणकर्ताओं की विशेषज्ञता उपलब्ध कराना था। वर्तमान में, बेसिल प्रसारण अभियांत्रिकी में एक स्थापित सलाहकार, समेकित प्रणाली और समाधान उपलब्ध कराने वाली एजेंसी है। बेसिल द्वारा कई प्रकार की प्रसारण प्रणालियों का संचालन और रखरखाव भी किया जाता है। इसके ग्राहकों में सरकारी, अर्द्धसरकारी, विदेशी और निजी संगठन शामिल हैं।

बेसिल के विशेषज्ञता क्षेत्र निम्नलिखित हैं:

फ्रीक्वेंसी, कवरेज योजना और अनुमान आदि के साथ रेडियो और टीवी प्रसारण सुविधाओं की स्थापना आदि, सीधे प्रसारण और डाटा प्रसारण में सक्षम ईथरनेट संयोजकता सहित ध्वनि और दृश्य के लिए अत्याधुनिक स्टूडियो सुविधाओं की स्थापना, केबल टीवी प्रणालियों और एचआईटी (हेड एंड इन द स्काई) तथा वायरलाइन प्रसारण की स्थापना, सामुदायिक रेडियो केंद्रों की स्थापना के लिए टर्न–की समाधान, इलेक्ट्रॉनिक मीडिया निगरानी समाधान (रेडियो और टीवी टेरिस्ट्रीयल या सैटेलाइट) और जीएसएम, सीडीएमए और वी–सैट के लिए सुरक्षा संबंधित निगरानी प्रणाली की अवधारणा से लेकर उसे शुरू करने तक की व्यवस्था, सभी प्रकार के प्रसारण इंजीनियरिंग उपकरणों और प्रणालियों की बिक्री और सहायता, नई तकनीक से डीएसएनजी वाहनों का डिजाइन और एकीकरण, प्रसारण केंद्रों, टीवी स्टूडियो, सैटेलाइट अर्थ स्टेशन और इलेक्ट्रॉनिक मीडिया निगरानी क्षेत्र के संचालन और प्रबंधन के लिए पेशेवर लोग उपलब्ध कराना, सुरक्षा बलों और खुफिया एजेंसियों के लिए विभिन्न प्रकार के निगरानी, अवरोधक और कूटलेखन, विकोडन उपकरणों की आपूर्ति और सहायता।

बेसिल के ग्राहकों में सरकारी, अर्द्धसरकारी, विदेशी और निजी संगठन शामिल हैं। इसे भारत में कई तरह की पहल करने का श्रेय प्राप्त है जिनमें प्रथम टेलीपोर्ट की स्थापना करना, पहली बार अवसंचना स्थापित करना, बंगलुरु में 7 एफएम चैनलों को मिलाते हुए भारत में पहली बार मल्टी चैनल प्रसारण शुरू करना, राष्ट्रपति सचिवालय और लोकसभा टीवी के लिए पहली बार एचडीटीवी स्टुडियो सेटअप को डिजाइन और स्थापित करना शामिल है।

वेबसाइटः www.becil.com

23 आयोजना

भारत में आयोजना के लक्ष्य और सामाजिक उद्देश्य संविधान में वर्णित राज्य के नीति निर्देशक सिद्धांतों के आधार पर निर्धारित किए गए हैं। इसमें सार्वजनिक और निजी क्षेत्रों को एक-दूसरे का पूरक माना जाता है। निजी क्षेत्र के अंतर्गत संगठित उद्योगों के अलावा लघु उद्योग, कृषि, व्यापार, आवास निर्माण और संबंधित क्षेत्र आते हैं। विकास के राष्ट्रीय प्रयास में व्यक्तिगत और निजी प्रयासों को माना जाता है। स्वैच्छिक सहयोग जितना अधिक हो, उतना ही अभीष्ट होता है।

नीति आयोग

भारतीय राष्ट्रीय परिवर्तन आयोग (नीति आयोग) की स्थापना 2015 में, 1950 में बने योजना आयोग के स्थान पर की गई। नीति आयोग, योजना आयोग की उत्तराधिकारी संस्था है। यह नई संस्था सार्वजनिक क्षेत्र के सीमित दायरे से परे जाकर विकास प्रक्रिया में उत्प्रेरक का काम करती है। विकास की समग्र पहल से उसके लिए उपयुक्त वातावरण के निर्माण का कार्य करती है। इस अवधारणा का आधार है:

- सहकारी संघवाद के सिद्धांत के राष्ट्रीय विकास में राज्यों की सशक्त और समान भागीदारी;
- आंतरिक और बाह्य संसाधनों के ज्ञान भंडार से सभी स्तरों पर सुशासन और उत्कृष्ट कार्यों हेतु सरकार को सहयोग देना;
- ज्ञान और नीतिगत विशेषज्ञता प्रदान कर थिंक टैंक (विचार केंद्र) के रूप में काम करना, विकास के संयुक्त लक्ष्य की प्राप्ति में प्रगति की अड़चनों को दूर करना; और
- केंद्र तथा राज्यों को साथ लाकर कार्यक्रम क्रियान्वयन हेतु एक साझा मंच तैयार करना।

उद्देश्य

2015 में स्थापित भारतीय राष्ट्रीय परिवर्तन आयोग अर्थात नीति आयोग का सृजन भारत सरकार के थिंक टैंक के रूप में किया गया है। प्रधान मंत्री इस संस्था के अध्यक्ष हैं। यह संस्था केंद्र सरकार की नीतियों के निर्माण में मुख्य भूमिका निभाती है, राज्य सरकारों के साथ मिलकर काम करती है, ज्ञान के भंडार के रूप में काम करती है और भारत सरकार की नीतियों तथा कार्यक्रमों के क्रियान्वयन की प्रगति पर नज़र रखती है। यह संस्था केंद्र और राज्य सरकारों के सभी क्षेत्रों में नीतिगत तत्वों पर रणनीतिगत और तकनीकी सलाह देने का काम करती है। इनमें आर्थिक मोर्चे पर राष्ट्रीय एवं अंतरराष्ट्रीय महत्व के मामले देश के अंदर से और विदेशों की सर्वश्रेष्ठ पद्धतियों का प्रसार और नए नीतिगत विचारों और समस्या आधारित विशिष्ट सहयोग का अनुप्राणन शामिल हैं। वह परामर्श के रूप में या अन्य किसी व्यवस्था के जरिए एक या अधिक राज्यों या विश्व के अन्य भागों में अपनायी जाने वाली सर्वोत्तम पद्धतियों के बारे में सभी राज्यों को उपलब्ध कराता है ताकि वे भी उन्हें अपना सकें। यह आयोग संरचनाबद्ध सहयोग और

नीति निर्देशन के माध्यम से सहयोगी संघवाद को निरंतर बढ़ावा देता है। यह संस्था महत्वपूर्ण एवं दीर्घकालिक नीति और कार्यक्रम की संरचना और क्रियान्वयन की रूपरेखा तैयार करता है और उनकी प्रगति तथा प्रभावी व्यापकता पर नियमित रूप से नज़र रखती है। निगरानी और फ़ीडबैक से सीखे सबक का उपयोग यह संस्था नवाचारी सुधार के लिए करती है। प्रायः नीतियों/कार्यक्रमों के क्रियान्वयन के बीच में भी सुधार किए जाते हैं। इसके अतिरिक्त, नीति आयोग आवश्यक संसाधनों की पहचान सहित कार्यक्रमों और प्रयासों के क्रियान्वयन की सक्रियता से निगरानी और मूल्यांकन करता है ताकि कार्यक्रमों की सफलता की संभावना सुदृढ़ हो सके। आयोग समसामयिक विषयों पर नीति संबंधी शोध-पत्रों का प्रकाशन करता है; सर्वोत्तम पद्धतियों पर पुस्तक प्रकाशित करता है; नीतियों में सुधार लाने के लिए राज्यों को आदर्श कानून का प्रारूप तैयार कर देता है, और कार्यशालाओं तथा सम्मेलनों का आयोजन करता है। दिशा और नीति संबंधी जानकारी प्रदान करने के लिए सुशासन पर शोध के आधार के रूप में काम करता है और यह अनुसंधान संबंधित पक्षों को उपलब्ध कराता है।

संरचना

नीति आयोग का गठन इस प्रकार है- भारत के प्रधानमंत्री इसके अध्यक्ष होते हैं। संचालन (शासी) परिषद् में सभी राज्यों के मुख्यमंत्री, विधायिका वाले सभी केंद्रशासित राज्यों यथा- दिल्ली, पुदुचेरी के मुख्यमंत्री और अन्य केंद्रशासित प्रदेशों के उप-राज्यपाल शामिल होते हैं।

विशिष्ट क्षेत्रों के विशेषज्ञों को विशेष आमंत्रित सदस्य के रूप में बुलाया जाता है। प्रधानमंत्री इनको मनोनीत करते हैं। अध्यक्ष के रूप में प्रधानमंत्री के अलावा पूर्णकालिक संगठनात्मक ढांचा इस प्रकार है :

- उपाध्यक्ष : प्रधानमंत्री द्वारा नियुक्त।
- पूर्णकालिक सदस्य : अधिकतम दो सदस्य, जो प्रमुख विश्वविद्यालयों से पदेन सदस्य के रूप में चुने जाएंगे। अंशकालिक सदस्य बारी-बारी से बदलते रहेंगे।
- पदेन सदस्य : अधिकतम चार सदस्य जिनका मनोनयन प्रधानमंत्री केंद्रीय मंत्रिपरिषद् से करेंगे।
- मुख्य कार्यकारी अधिकारी : भारत सरकार के सचिव स्तर के अधिकारी होंगे। इनकी नियुक्ति प्रधानमंत्री एक निश्चित अवधि के लिए करेंगे।

पहली पंचवर्षीय योजना

1951 में बड़े पैमाने पर खाद्यान्नों के आयात और मुद्रास्फीति को ध्यान में रखकर पहली पंचवर्षीय योजना (1951-56) में कृषि को सर्वोच्च प्राथमिकता दी गई, जिसमें सिंचाई और बिजली परियोजनाएं प्रमुख थीं। इस उद्देश्य की पूर्ति के लिए सार्वजनिक क्षेत्र के कुल व्यय 2,069 करोड़ रुपये (जो बाद में बढ़कर 2,378 करोड़ रुपये हो गया) का 44.6 प्रतिशत आवंटित किया गया। योजना का लक्ष्य निवेश की दर को राष्ट्रीय आय के पांच प्रतिशत से बढ़ाकर लगभग सात प्रतिशत करने का रखा गया।

दूसरी पंचवर्षीय योजना

दूसरी पंचवर्षीय योजना (1956-1957 से 1960-1961) का लक्ष्य विकास के प्रारूप को बढ़ावा देना था। इसका उद्देश्य अंततः भारत में एक समाजवादी समाज का प्रारूप स्थापित करना था। इसका प्रमुख

लक्ष्य था: (1) राष्ट्रीय आय में 25 प्रतिशत की बढ़ोतरी करना, (2) आधारभूत और भारी उद्योगों पर विशेष ज़ोर देकर औद्योगीकरण को तीव्र करना, (3) रोज़गार के अवसरों का बड़े पैमाने पर विस्तार तथा (4) आय और धन की असमानता कम करना और आर्थिक शक्ति के वितरण में और समानता लाना। योजना का लक्ष्य 1960-61 तक पूंजी निवेश की दर को बढ़ाकर राष्ट्रीय आय के लगभग सात प्रतिशत से बढ़ाकर 11 प्रतिशत रखना है। इसमें औद्योगीकरण , लौह एवं इस्पात के उत्पादन में बढ़ोतरी, नाइट्रोजनयुक्त उर्वरकों सहित भारी रसायनों तथा भारी इंजीनियरिंग एवं मशीन निर्माण उद्योगों के विकास पर ज़ोर दिया गया।

तीसरी पंचवर्षीय योजना

तीसरी पंचवर्षीय योजना (1961-62 से 1965-66) का लक्ष्य आत्मनिर्भर विकास को प्राप्त करने में उल्लेखनीय प्रगति हासिल करना था। इसके तात्कालिक उद्देश्य (1) राष्ट्रीय आय को 5 प्रतिशत वार्षिक से अधिक करना और इसी के साथ यह सुनिश्चित करना कि निवेश का यह तरीका आगामी पंचवर्षीय योजना में भी जारी रह सके; (2) खाद्यान्न में आत्मनिर्भरता प्राप्त करना और उद्योग तथा आयात की ज़रूरतों को पूरा करने के लिए कृषि उत्पादन बढ़ाना; (3) इस्पात, रसायन, ईंधन और ऊर्जा जैसे आधारभूत उद्योगों का प्रसार और मशीन निर्माण की क्षमता का विकास करना ताकि 10 वर्षों के भीतर देश के अपने संसाधनों से औद्योगीकरण की ज़रूरतों को पूरा किया जा सके। (4) देश के श्रम शक्ति संसाधनों का पूर्ण उपयोग करना और रोज़गार के अवसरों में पर्याप्त विस्तार करना; और (5) अधिक से अधिक अवसरों की समानता का उत्तरोत्तर विकास करना और आय व धन की असमानता में कमी लाना तथा आर्थिक शक्ति का समान वितरण करना था। इस योजना में राष्ट्रीय आय में लगभग 30 प्रतिशत की वृद्धि कर इसे 1960-61 के 14,500 करोड़ रुपये से बढ़ाकर 1965-66 तक लगभग 19,000 करोड़ रुपये (1960-61 की दर पर) करने और इसी अवधि में प्रतिव्यक्ति आय में 17 प्रतिशत वृद्धि कर इसे 330 रुपये से बढ़ाकर 386 रुपये करने का लक्ष्य रखा गया था।

वार्षिक योजना

1965 में भारत-पाकिस्तान युद्ध से उत्पन्न स्थिति, निरंतर दो वर्ष भीषण सूखा, मुद्रा का अवमूल्यन, कीमतों में सामान्य वृद्धि और योजना के निर्धारण के लिए उपलब्ध संसाधनों में क्षरण होने के कारण चौथी पंचवर्षीय योजना के निर्णय में देरी हुई। इसके स्थान पर 1966 और 1969 के बीच चौथी योजना के मसौदा की रूपरेखा के तहत तीन वार्षिक योजनाएं तैयार की गईं।

चौथी पंचवर्षीय योजना

चौथी पंचवर्षीय योजना (1969-1974) में कृषि उत्पादन में उतार-चढ़ाव के साथ-साथ विदेशी सहायता की अनिश्चितता के प्रभाव को कम करने के लिए विकास की गति को तीव्र करने का लक्ष्य रखा गया। इसमें समानता और सामाजिक न्याय को बढ़ावा देने के लिए तैयार कार्यक्रमों के माध्यम से जीवन-स्तर को ऊपर उठाने की बात कही गई थी। इस योजना में विशेषतौर पर रोज़गार और शिक्षा के प्रावधानों के ज़रिये कम सुविधा प्राप्त और दुर्बल वर्ग की स्थिति में सुधार लाने पर विशेष ज़ोर दिया गया। समानता को बढ़ावा देने के लिए धन, आय और आर्थिक शक्ति के केंद्रीकरण में कमी लाने के लिए प्रयास किए जाने पर ज़ोर दिया गया था। योजना में शुद्ध घरेलू उत्पाद (1968-1969 के फैक्टर कॉस्ट पर) को 1969-1970 में 29,071 करोड़ रुपये से बढ़ाकर 1973-74 में 38,306 करोड़

रुपये करने का लक्ष्य निर्धारित किया गया। विकास की परिकल्पित औसत वार्षिक चक्रवृद्धि दर 5.7 प्रतिशत थी।

पांचवीं पंचवर्षीय योजना

पांचवीं पंचवर्षीय योजना (1974-79) गंभीर मुद्रास्फीति के दबावों की पृष्ठभूमि में तैयार की गई थी। इसके प्रमुख उद्देश्यों में आत्मविश्वास प्राप्त करना तथा गरीबी रेखा के नीचे रह रहे लोगों के खपत मानक में वृद्धि करने के लिए उपायों को अपनाना था। इस योजना में मुद्रास्फीति को नियंत्रण में लाने और आर्थिक स्थिति में स्थायित्व पाने को भी उच्च प्राथमिकता दी गई थी। इसमें राष्ट्रीय आय में 5.5 प्रतिशत की वार्षिक वृद्धि दर का लक्ष्य भी तय किया गया था। पांचवीं पंचवर्षीय योजना के संदर्भ में चार वार्षिक योजनाएं पूर्ण की गईं। इसके उपरांत पांचवीं पंचवर्षीय योजना को 1978-79 के वार्षिक योजना के अंत के साथ ही समाप्त करने का निर्णय लिया गया।

छठी पंचवर्षीय योजना

छठी पंचवर्षीय योजना (1980-85) का सबसे प्रमुख उद्देश्य गरीबी उन्मूलन था। इसमें कृषि एवं औद्योगीकरण के लिए एक साथ अवसंरचना को मज़बूत करने की रणनीति अपनाई गई थी। सभी क्षेत्रों में वृहत प्रबंधन, कार्यक्षमता और व्यापक निगरानी के साथ व्यवस्थित दृष्टिकोण से अंतर्संबंधित समस्याओं के निराकरण पर बल दिया गया था। इसके साथ ही स्थानीय स्तर पर विकास की विशेष योजनाओं को निर्मित करने में जन भागीदारी तथा योजनाओं के तीव्र और प्रभावी क्रियान्वयन को सुनिश्चित करने को प्रमुखता दी गई थी। छठी योजना का वास्तविक खर्च, कुल सार्वजनिक क्षेत्र के परिव्यय 97,500 करोड़ रुपये (1979-80 के मूल्य) की तुलना में 1,09,291.7 करोड़ रुपये (वर्तमान मूल्य) था। इस प्रकार इसमें सामान्य अवधि में 12 प्रतिशत की वृद्धि दर्ज हुई। योजना के लिए औसत वार्षिक विकास दर का लक्ष्य 5.2 प्रतिशत निर्धारित किया गया था।

सातवीं पंचवर्षीय योजना

सातवीं पंचवर्षीय योजना (1985-90) में नीतियों और कार्यक्रमों पर बल दिया गया था, यह योजना खाद्यान्न, रोज़गार के अवसरों में बढ़ोतरी और विकास, आधुनिकीकरण, आत्मनिर्भरता और सामाजिक न्याय आदि नियोजन के बुनियादी सिद्धांतों की संरचना में उत्पादकता पर केंद्रित था। खाद्यान्न उत्पादन की विकास दर 1967-68 और 1988-89 के बीच की दीर्घावधि में 2.68 प्रतिशत की तुलना में सातवीं योजना के दौरान 3.23 प्रतिशत पर पहुंच गई। कुल मिलाकर अनुकूल मौसम, प्रोत्साहित करने वाले विभिन्न कार्यक्रमों के क्रियान्वयन और सरकार तथा किसानों के सम्मिलित प्रयासों के कारण अस्सी के दशक में विकास दर 2.55 प्रतिशत हो गई। बेरोज़गारी और उसके परिणामस्वरूप गरीबी की स्थिति में कमी लाने के लिए उपलब्ध कार्यक्रमों के अलावा जवाहर रोज़गार योजना जैसे विशेष कार्यक्रम शुरू किए गए। पहचान कायम कर चुके संगठनों को भूमिका दी गई, लघु स्तरीय और खाद्य प्रसंस्करण उद्योग इस संबंध में भूमिका निभा सकते थे। सातवीं योजना का कुल खर्च कुल सार्वजनिक क्षेत्र के परिकल्पित परिव्यय 1,80,000 करोड़ रुपये की तुलना में 2,18,729.62 करोड़ रुपये (वर्तमान मूल्य) रहा, इस प्रकार इसमें सामान्य अवधि में 21.52 प्रतिशत की वृद्धि दर्ज हुई। इस योजना के दौरान सकल घरेलू उत्पाद (जीडीपी) 5.8 प्रतिशत की औसत दर से बढ़ा। यह निर्धारित विकास दर से 0.8 प्रतिशत अधिक था।

आठवीं वार्षिक योजनाएं

आठवीं पंचवर्षीय योजना (1990–95) केंद्र में तेज़ी से बदल रही राजनीतिक स्थिति के कारण आरंभ नहीं की जा सकी। आठवीं पंचवर्षीय योजना 1992 से शुरू हुई और 1990–91 और 1991–92 को पृथक वार्षिक योजना के रूप में देखा गया। आठवीं पंचवर्षीय योजना (1990–95) की पृष्ठभूमि में तैयार की गई इन वार्षिक योजनाओं का मूल उद्देश्य रोज़गार और सामाजिक बदलाव को बढ़ावा देना था।

आठवीं पंचवर्षीय योजना

आठवीं पंचवर्षीय योजना (1992–97) की शुरुआत 1990–91 के दौरान भुगतान संतुलन की स्थिति और महंगाई की स्थिति में विकृति आ जाने के बाद उसकी भरपाई के लिए शुरू की गईं ढांचागत समायोजन नीतियों और दीर्घ स्थिरीकरण नीतियों के तुरंत बाद की गई थी। उसके बाद विभिन्न संरचनात्मक समायोजन नीतियों को लाया गया ताकि अर्थव्यवस्था को उच्च विकास दर के पथ पर लाया जा सके और इसे सुदृढ़ किया जा सके तथा इस प्रकार से भविष्य में भुगतान संतुलन और महंगाई के संकट की स्थिति को रोका जा सके। इन सुधारों के कारण आने वाले नीतिगत बदलावों में से कुछ का आठवीं योजना में जायज़ा लिया गया। इस योजना में औसत वार्षिक वृद्धि दर 5.6 प्रतिशत और औसत औद्योगिक विकास दर 7.5 प्रतिशत तय की गई। इन विकास लक्ष्यों को सापेक्ष मूल्य स्थिरता और देश के भुगतान संतुलन में ठोस सुधार करके पाने की योजना बनाई गई। आठवीं पंचवर्षीय योजना के दौरान आर्थिक प्रदर्शन की कुछ प्रमुख विशेषताएं थीं:- (क) तीव्र आर्थिक विकास, (ख) निर्माण क्षेत्र और कृषि व सहायक क्षेत्र का तीव्र विकास, (ग) आयात और निर्यात में उल्लेखनीय वृद्धि दर, व्यापार और चालू खाता घाटे में सुधार तथा केंद्र सरकार के वित्तीय घाटे में उल्लेखनीय कमी। हालांकि, केंद्रीय क्षेत्र के उपक्रमों (पीएसयू) एवं विभिन्न विभागों द्वारा आंतरिक और अतिरिक्त बजटीय संसाधनों के अनुचित वितरण के कारण केंद्रीय क्षेत्र में व्यय की कमी रही। राज्यों के मामले में, वर्तमान राजस्व के संतुलन में कमी, राज्य विद्युत बोर्डों तथा राज्य सड़क परिवहन निगमों के अनुदान में कमी, नकारात्मक शुरुआती संतुलन, गैर-योजनागत व्यय में बढ़ोतरी और लघु बचतों के संग्रह में कमी होने से उचित संसाधनों को जुटाने में विफलता, राज्यों में धन की कमी का बड़ा कारण था। आठवीं योजना का कुल खर्च कुल सार्वजनिक क्षेत्र के परिव्यय 4,34,100 करोड़ रुपये (1991–92 के मूल्य) की तुलना में 1996–1997 (संशोधित अनुमान) को लेते हुए वर्तमान मूल्य पर 4,95,669 करोड़ रुपये रहा, तथा 14.2 प्रतिशत की वृद्धि दर्ज हुई। आठवीं योजना में औसत वार्षिक विकास दर 5.6 प्रतिशत परिकल्पित की गई थी। इसके स्थान पर इस योजना के दौरान 6.8 प्रतिशत की वार्षिक विकास दर हासिल हुई।

नौवीं पंचवर्षीय योजना

नौवीं पंचवर्षीय योजना (1997–2002) भारत की आज़ादी के 50 वर्ष पूरे होने पर शुरू की गई थी। इस योजना में जीडीपी की सात प्रतिशत वार्षिक दर हासिल करने का लक्ष्य रखा गया था और सात केंद्रीय आधारभूत न्यूनतम सेवाओं (बेसिक मिनिमम सर्विसेज- बीएमएस) पर ज़ोर दिया गया था। समयबद्ध तरीके से जनसंख्या को पूर्ण रूप से शामिल करने हेतु इन सेवाओं के लिए अतिरिक्त केंद्रीय सहायता निश्चित की गई। इसके तहत स्वच्छ पेयजल, प्राथमिक स्वास्थ्य सेवा की सुविधाएं, प्राथमिक शिक्षा का सार्वभौमिकरण, बेघर गरीब परिवारों के लिए सार्वजनिक आवास सहायता, बच्चों को पोषण सहायता, सभी गांवों और बस्तियों के लिए सड़कें और गरीबों को ध्यान में रखकर जन वितरण प्रणाली

को सुव्यवस्थित करना शामिल था। इस योजना में सुदृढ़ राजस्व संग्रह और विशेषकर छूट संबंधी अनावश्यक खर्चों को नियंत्रित कर, उपभोक्ता शुल्क की प्राप्ति कर, राज्यों और पंचायती राज संस्थाओं पर और अधिक विश्वास रखते हुए नियोजन एवं क्रियान्वयन का विकेंद्रीकरण कर केंद्र, राज्यों और सार्वजनिक क्षेत्र के उपक्रमों (पीएसयू) सहित सरकार के राजस्व घाटे में कमी लाने के लिए राजकोषीय समेकन की नीति अपनाई गई थी।

नौवीं पंचवर्षीय योजना के विशेष उद्देश्य थे: (1) पर्याप्त उत्पादक रोज़गार उत्पन्न करने और गरीबी उन्मूलन को ध्यान में रखकर कृषि एवं ग्रामीण विकास को प्रमुखता; (2) स्थिर मूल्य के साथ आर्थिक विकास की दर को तीव्रतर करना; (3) सभी के लिए खाद्य एवं पोषण सुरक्षा सुनिश्चित करना, विशेषकर समाज के कमज़ोर वर्ग पर ध्यान दिया गया था; (4) निश्चित समय सीमा में सुरक्षित पेय जल, प्राथमिक स्वास्थ्य सेवा की सुविधा, सार्वभौम प्राथमिक शिक्षा, सभी के लिए आश्रय और संपर्क की आधारभूत न्यूनतम सेवा मुहैया कराना; (5) जनसंख्या वृद्धि दर को नियंत्रित करना; (6) सभी स्तरों पर लोगों को लामबंद करना और जनभागीदारी सुनिश्चित करना; (7) महिलाओं और अनुसूचित जाति, अनुसूचित जनजाति व अन्य पिछड़ी जातियों, सामाजिक रूप से पिछड़े समूहों तथा अल्पसंख्यकों को सामाजिक-आर्थिक बदलाव और विकास का वाहक बनाकर सशक्त करना, (8) पंचायती राज संस्थाओं, सहकारी और स्व-सहायता समूहों जैसे जन भागीदारी वाली संस्थाओं को बढ़ावा देना और विकसित करना; (9) आत्मनिर्भर बनाने वाले प्रयासों को मज़बूत करना। नौंवी योजना के लिए जीडीपी वृद्धि दर 6.5 प्रतिशत प्रतिवर्ष तय की गई, पहले दृष्टि-पत्र में यह 7 प्रतिशत तय की गई थी। विकास दर के लक्ष्य में यह कटौती नौंवी योजना के पहले दो वर्ष में राष्ट्रीय और वैश्विक आर्थिक परिस्थितियों को देखते हुए की गई थी। निर्धारित लक्ष्य की तुलना में औसत वार्षिक विकास दर 5.5 प्रतिशत रही।

दसवीं पंचवर्षीय योजना

राष्ट्रीय पंचवर्षीय विकास परिषद् (एनडीसी) ने दिसंबर 2002 में दसवीं पंचवर्षीय योजना (2002-2007) का अनुमोदन किया था। इस योजना में एनडीसी के अधिदेश उद्देश्यों को बढ़ाते हुए दस वर्षों में प्रतिव्यक्ति आय को दुगुना करने और वार्षिक विकास दर जीडीपी के आठ प्रतिशत का लक्ष्य रखा गया। चूंकि आर्थिक विकास ही एकमात्र उद्देश्य नहीं था, बल्कि योजना में विकास के लाभ का उपयोग लोगों के जीवन-स्तर में सुधार करना था। इसके लिए निम्नलिखित लक्ष्य निर्धारित किए गए: वर्ष 2007 तक गरीबी के अनुपात को कम कर 26 प्रतिशत से 21 प्रतिशत पर लाना, दशकीय जनसंख्या वृद्धि को 1991-2001 में 21.3 प्रतिशत से घटाकर 2001-2011 में 16.2 प्रतिशत पर लाना, लाभकारी रोज़गार में वृद्धि, कम से कम श्रम बल को जोड़कर गति बनाए रखना, 2003 तक सभी बच्चों को स्कूल भेजना और 2007 तक सभी बच्चे स्कूल में पांच वर्ष पूर्ण करें- यह सुनिश्चित करना, साक्षरता तथा मज़दूरी दरों में लिंग के अंतर में 50 प्रतिशत कमी लाना, साक्षरता दर को 1999-2000 में 65 प्रतिशत से बढ़ाकर 2007 में 75 प्रतिशत करना, सभी गांवों को पेयजल उपलब्ध कराना, शिशु मृत्युदर को 1999-2000 में 72 प्रतिशत से घटाकर 2007 में 45 प्रतिशत किया जाना, वन/पेड़ से घिरे क्षेत्र को 19 प्रतिशत से बढ़ाकर 25 प्रतिशत किया जाना और प्रमुख प्रदूषित नदी क्षेत्रों की सफाई करना।

दसवीं पंचवर्षीय योजना की कई विशेषताएं हैं जिनमें प्रमुख विशेषताएं निम्नलिखित हैं: पहला, योजना में श्रम बल में तीव्र वृद्धि को प्रमुखता दी गई। वर्तमान विकास दर और उत्पादन में श्रम की

उपयोगिता को देखते हुए भारत में बेरोज़गारी बढ़ने की संभावना थी, जिसके परिणामस्वरूप समाज में बेचैनी बढ़ती, इसलिए दसवीं योजना में 5 करोड़ नौकरी के अवसर पैदा करने का लक्ष्य रखा गया। इसके लिए कृषि, सिंचाई, वानिकी, लघु एवं मझौले उद्यम, सूचना एवं संचार प्रौद्योगिकी एवं अन्य सेवाओं जैसे वृहत रोज़गारपरक क्षेत्रों पर विशेष ज़ोर दिया गया। दूसरे, योजना में गरीबी और सामाजिक संकेतकों के अस्वीकार्य निम्न स्तर के मुद्दे का हल दिया गया। यद्यपि ये सभी पिछली योजनाओं के उद्देश्यों में शामिल थे, वर्तमान योजना में विशेष निगरानी लक्ष्यों को शामिल किया गया, जिन्हें विकास लक्ष्यों के साथ ही पूर्ण किया जाना था।

अर्थव्यवस्था के वृद्धिशील पूंजी-उत्पादन अनुपात (आईसीओआर) नौंवी योजना के 4.5 प्रतिशत से घटकर दसवीं योजना में 3.6 हो गया। आईसीओआर में यह कमी मुख्य तौर पर मौजूदा क्षमता के कुशल उपयोग और पूंजी के उपयुक्त क्षेत्रवार आवंटन और इसके प्रभावी उपयोग से पाई जा सकी। अत: विकास लक्ष्य को हासिल करने के लिए जीडीपी के 28.4 प्रतिशत की निवेश दर की आवश्यकता पड़ी। इसे जीडीपी की 26.8 प्रतिशत घरेलू बचत और 1.6 प्रतिशत की बाहरी जमा से पूरा किया गया। अतिरिक्त घरेलू बचत का एक बड़ा हिस्सा सरकार की बचत को जीडीपी के -4.5 प्रतिशत (2001-02) से घटाकर -0.5 प्रतिशत (2006-07) कर पूरा किया गया। दसवीं योजना के अंतिम चार वर्षों (2003-04 से 2006-07) में औसत विकास दर आठ प्रतिशत से कुछ अधिक थी, इस प्रकार संपूर्ण दसवीं योजना के दौरान विकास दर 7.7 प्रतिशत रही। यद्यपि यह दसवीं योजना के लिए 8 प्रतिशत के लक्ष्य से कम रही, लेकिन यह किसी योजना में हासिल की गई विकास दर में उच्चतम है।

ग्यारहवीं पंचवर्षीय योजना

ग्यारहवीं पंचवर्षीय योजना (2007-12) ने समावेशी विकास, अर्थव्यवस्था की बढ़ती ताकत पर निर्माण के साथ उभर कर आई कमज़ोरियों को दूर करने के लिए एक व्यापक रणनीति प्रदान की। इसमें पांच वर्षों के दौरान 9 प्रतिशत की विकास दर हासिल करना और योजना के अंत में इसे तीव्र कर 10 प्रतिशत पर पहुंचाने का लक्ष्य रखा गया था।

बारहवीं योजना

बारहवीं योजना में इस बात को पूर्ण रूप से स्वीकार किया गया है कि विकस का उद्देश्य देशवासियों की आर्थिक और सामाजिक अवस्था में व्यापक सुधार लाया है। तथापि, सकल घरेलू उत्पाद (जीडीपी) में तेज वृद्धि इस उद्देश्य को प्राप्त करने की एक अनिवार्य आवश्यकता है।

बारहवीं योजना के दृष्टि-पत्र में इस पंचवर्षीय योजना (2012-17) के दौरान औसत विकास दर जीडीपी के 9 प्रतिशत पर लाने का लक्ष्य रखा गया। यह लक्ष्य उस वर्ष के यूरो ज़ोन संकट जिसके कारण वैश्विक अर्थव्यवस्था की संभावनाओं में भारी उलटफेर देखा गया और घरेलू अर्थव्यवस्था मे मंदी के परिमाण का पता लगा था, के पहले निर्धारित किया गया था। बारहवीं योजना में इस बात का ध्यान रखा गया है कि जीडीपी में वर्तमान गिरावट को, विशेष तौर पर मुद्रास्फीति के दबाव के नियंत्रण में रखने के लिए बचत में वृद्धि के साथ ही निवेश में वृद्धि जैसे ठोस सुधारात्मक उपाय कर दूर किया जा सकता है। हालांकि, जब हमारी पूर्ण विकास क्षमता 9 प्रतिशत के आस-पास है, इस स्तर तक वृद्धि केवल चरणबद्ध रूप से ही हो सकती है; विशेषकर तब जब योजना के पूर्वार्द्ध में वैश्विक अर्थव्यवस्था कमज़ोर रहने की संभावना है।

नीतिनिर्माण एवं कार्यक्रम

सार्वजनिक क्षेत्र के बीमार उपक्रमों का समापन

प्रधानमंत्री कार्यालय के निर्देश पर नीति आयोग ने सार्वजनिक क्षेत्र के उन उपक्रमों (सीपीएसई) के विश्लेषण की दो स्तरीय प्रक्रिया शुरू की जो बीमार बताए जाते हैं। सीईओ की अध्यक्षता में एक समिति ने राष्ट्रीय लोक वित्त एवं नीति संस्थान (एनआईपीएफपी) की सहायता से बीमार सीपीएस इकाइयों का विस्तृत विश्लेषण प्रारंभ किया। इस समिति ने आयोग के उपाध्यक्ष की अध्यक्षता वाली समिति को अपनी रिपोर्ट सौंपी। समिति के निष्कर्षों के आधार पर रिपोर्ट तैयार कर प्रधानमंत्री कार्यालय (पीएमओ) भेजी गई। इसके बाद मंत्रिमंडल ने अनेक बीमार केंद्रीय उपक्रमों को बंद करने का निर्णय लिया।

केंद्रीय सार्वजनिक उपक्रमों (सीपीएसई) का युक्तिपूर्ण विनिवेश

वर्ष 2016-17 के बजट में नीति आयोग को उन केंद्रीय उपक्रमों की पहचान करने का दायित्व सौंपा गया था। जिनका नीतिगत विनिवेश किया जाना था। इस दायित्व में शामिल थे- (i) युक्तिपूर्ण बिक्री के लिए केंद्रीय उपक्रमों की पहचान, (ii) हस्तांतरित किए जा सकने वाले शेयरों की संख्या पर सलाह, (iii) बिक्री का तरीका और (iv) मूल्यांकन की पद्धतियों के बारे में सुझाव।

अटल नवाचार मिशन

स्वरोज़गार एवं प्रतिभा उपयोग (सेतु-एसईटीयू) को समाहित कर 2016 में अटल नवाचार मिशन की शुरुआत की गई। यह स्टार्टअप इंडिया कार्ययोजना का ही एक हिस्सा है। इसके लिए नीति आयोग में ही एक मिशन निदेशालय बसाया गया। नीति आयोग के मुख्य कार्यकारी अधिकारी (सीईओ) इस मिशन के निदेशक बनाए गए हैं। मिशन की सभी गतिविधियों के सुचारु संचालन के लिए सितंबर से नवंबर 2016 के बीच चार प्रबंधक नियुक्त किए जा चुके हैं।

अटल टिकरिंग लैब्स (बाल प्रतिभाओं की प्रयोगशाला)

प्रारंभिक छानबीन के बाद 595 स्कूलों को नवंबर के प्रथम सप्ताह में देश के 6 शहरों में चयन प्रक्रिया के अंतिम चरण में भाग लेने के लिए बुलाया गया। प्रत्येक आमंत्रित विद्यालय को अपने-अपने क्षेत्र की दो-दो चुनौतियों की पहचान कर उनका समाधान बताने को कहा गया। इन समाधानों की परख सभी 6 केंद्रों में एक स्वतंत्र निर्णायक मंडल ने अलग-अलग किया। इस दौर के अंकों के आधार पर शीर्ष 257 स्कूलों को पहले चरण में, 2016 में एटीएल अनुदान दिया गया। इन स्कूलों को वर्तमान में वित्तीय अनुदान जारी किया जा रहा है।

डिजिटल भुगतान आंदोलन

डिजिटल भुगतान के विकल्प को प्रोत्साहित करना सार्वजनिक जीवन से काला धन और भ्रष्टाचार को दूर भगाने की भारत सरकार की रणनीति का अभिन्न अंग है। इसके लिए सरकार और नागरिक के बीच होने वाले अधिकतम लेन-देन डिजिटल प्रणाली से किया जाना प्रस्तावित है। इसे अमल में लाने के इरादे से एक समिति गठित की गई जिसे अर्थव्यवस्था के सभी क्षेत्रों में यथाशीघ्र उपयोग में सरल डिजिटल भुगतान के विकल्पों की पहचान और उनको कार्यरूप में परिणत करने का दायित्व सौंपा गया।

यह समिति अब डिजिटल अर्थव्यवस्था को अपनाने के लाभों को आम लोगों को समझाने और उनमें जागृति लाने के उद्देश्य से आम जनता तक पहुंचने के लिए कार्ययोजना तैयार करने में जुटी हुई है। यह समिति राज्यों की प्रशासकीय मशीनरी के लिए भी खाका (मानचित्र) तैयार करेगी ताकि डिजिटल भुगतान की पद्धतियों को अपनाने में उनकी मदद हो सके। डिजिटल लेन-देन के प्रति समर्थन, जागरुकता एवं जनता, सूक्ष्म उद्योगों और अन्य हितसाधकों की सहायता करने के प्रयासों के समन्वयन से समाविष्ट एक कार्य योजना पहले ही तैयार की जा चुकी है।

द्वीपों का समग्र विकास

नीति आयोग ने समुद्री व्यापार, जहाजरानी, मत्स्यपालन, पर्या-भ्रमण, अधो-समुद्री खनन, तेल एवं गैस तथा अन्य सामाजिक और आर्थिक गतिविधियों को बढ़ावा देने हेतु चिह्नित द्वीपों के विकास की प्रक्रिया शुरू की है। इसका उद्देश्य इन द्वीपों में डीज़ल के स्थान पर सौर ऊर्जा, पवन ऊर्जा, ज्वार (समुद्री लहर) ऊर्जा, सागर-तापीय ऊर्जा संसाधनों के प्रयोग को बढ़ावा देने का भी है। नीति आयोग ने सभी संबंधित केंद्रीय मंत्रालयों विभागों केंद्रशासित प्रदेशों और अन्य हितसाधकों से परामर्श कर समग्र विकास के लिए पहले चरण में 10 द्वीपों का चयन किया है। ये हैं- अंडमान-निकोबार द्वीप समूह के स्मिथ, रॉस, लॉन्ग, एविस और लिटिल अंडमान तथा लक्षद्वीप समूह के मिनिकॉय, वंगारम, तिन्नाकारा, चेरियम और सुहेली द्वीप।

स्पर्धात्मक सहकारी संघवाद

नीति आयोग का गठन भारत में सुशासन लाने के लिए सहयोगी संघवाद के महत्वपूर्ण लक्ष्य को अमली जामा पहनाने और एक सुदृढ़ राष्ट्र के निर्माण में योगदान देने वाले राज्यों को सुदृढ़ बनाने के लिए किया गया है। एक वास्तविक संघीय राज्य में, तमाम अलग-अलग राजनीतिक रूप हो सकते हैं। किसी भी संघीय सरकार के लिए राज्यों के सक्रिय सहयोग के बिना राष्ट्रीय उद्देश्यों को हासिल करना असंभव है। इसलिए यह बड़ा महत्वपूर्ण है कि केंद्र और राज्य सरकारें समानता के आधार पर मिल कर काम करें। सहकारी संघवाद के दो प्रमुख पहलू हैं:

- राष्ट्रीय विकास एजेंडे का केंद्र और राज्यों द्वारा संयुक्त विकास;
- केंद्रीय मंत्रालयों के साथ राज्य के दृष्टिकोण की हिमायत।

इसे देखते हुए नीति आयोग को राज्यों की सक्रिय भागीदारी में राष्ट्रीय विकास की प्राथमिकताओं, क्षेत्रों और रणनीतियों का एक साझा दृष्टिकोण (विज़न) तैयार करने का कार्य सौंपा गया है।

कृषक हितैषी सुधार सूचकांक

नीति आयोग ने कृषि बाजार सुधार, भूमि पट्टा सुधार और निजी भूमि पर वानिकी (वृक्षों की कटाई एवं परिवहन) के तीन प्रमुख क्षेत्रों में सुधार लाने की आवश्यकता के प्रति राज्यों को तैयार करने के लिए पहली बार कृषि विपणन और कृषक हितैषी सुधार सूचकांक तैयार किए हैं। इस सूचकांक में शून्य से लेकर अधिकतम '100' अंक का अर्थ होगा कि उसमें पूरी तरह से सुधार लागू किए गए हैं। राज्यों और केंद्रशासित प्रदेशों को सूचकांक में प्राप्त अंक के आधार पर क्रम दिए गए हैं। इन संकेतकों का उद्देश्य कृषि-व्यवसाय में सुगमता, आधुनिक व्यापार के लिए अवसर और अपनी उपज के विक्रय हेतु विकल्पों

के बारे में प्रत्येक राज्य की स्थिति दर्शाना। ये कृषि बाजारों में स्पर्धात्मकता, दक्षता और पारदर्शिता को भी दर्शाते हैं।

राज्यों के कार्य निष्पादन को मापने के सूचकांक

वर्ष 2016–17 में नीति आयोग ने तीन प्रमुख सूचकांक विकसित करने का महत्वपूर्ण कार्य हाथ में लिया है जो देश में प्रतियोगी सहकारी संघवाद को आगे बढ़ाने का कार्य करेंगे। आयोग स्वास्थ्य सेवा, शिक्षा और जल के महत्वपूर्ण आर्थिक और सामाजिक क्षेत्रों में परिणाम–आधारित निगरानी ढांचा स्थापित करने का प्रयास कर रहा है। इस ढांचे का बुनियादी उद्देश्य, उपर्युक्त तीनों क्षेत्रों में आधारभूत निष्पादन संकेतकों (केपीआई) के अनुसार राज्यों के प्रदर्शन की समीक्षा के जरिए महत्वपूर्ण नीति का क्रियान्वयन तय करना है। नीति आयोग द्वारा प्रत्येक राज्य से दी गई जानकारी की समीक्षा और विधि मान्यता के लिए अपने–अपने केपीआई डेटासेट में जाने के लिए अनुरोध किया जाएगा।

स्वास्थ्य परिणाम प्रदर्शन सूचकांक

राज्यों द्वारा दी जा रही स्वास्थ्य सेवाओं की गुणवत्ता के आकलन के लिए नीति आयोग और स्वास्थ्य एवं परिवार आयोग मंत्रालय ने संयुक्त रूप से स्वास्थ्य परिणामों की कसौटी पर प्रदर्शन का सूचकांक तैयार किया है। इस सूचकांक का उद्देश्य राज्यों को स्वास्थ्य क्षेत्र में आमूल परिवर्तन के लिए प्रेरित करना है। आयोग ने सूचकांक, उपाय और आंकड़ों की पद्धतियों की विशेषताओं को दर्शाने वाले अभ्यास हेतु दिशानिर्देश भी तैयार किए हैं।

विद्यालय शिक्षा गुणवत्ता सूचकांक

नीति आयोग ने मानव संसाधन विकास मंत्रालय की सहभागिता में विद्यालय शिक्षा गुणवत्ता सूचकांक (एसईक्यूआई–सेक्की) की रूपरेखा तैयार की है। सेक्की एक संयुक्त सूचकांक है जिसके आधार पर शिक्षा गुणवत्ता के महत्वपूर्ण क्षेत्रों में राज्यों में सुधार के बारे में वार्षिक रिपोर्ट दी जाया करेगी। इस सूचकांक की जो व्यापक परिकल्पना है उसके अनुसार राज्यों को परिणामों, सतत वार्षिक सुधारों हेतु राज्य नीत नवाचार को प्रोत्साहन देने की ओर ध्यान देना होगा। वर्तमान में सेक्की का 60 प्रतिशत अध्ययन (पठन) परिणामों पर आधारित है। इसीलिए, उच्च गुणवत्ता वाले अध्ययन आंकड़ों की उपलब्धता जल महत्वपूर्ण हो जाती है।

जल प्रबंधन सूचकांक

भारत में जल संसाधनों के सतत प्रबंधन के महत्व को देखते हुए नीति आयोग राज्यों और केंद्रशासित प्रदेशों के सक्रिय सहयोग से संयुक्त जल प्रबंधन सूचकांक तैयार कर रहा है। यह सूचकांक संबंधित मंत्रालयों, विभागों तथा अन्य संबंधित पक्षों के परामर्श से तैयार किया जा रहा है।

मुख्य सचिवों और योजना सचिवों का सम्मेलन

नीति आयोग ने 2016 में राज्यों और क्रेंदशासित प्रदेशों के मुख्य सचिवों और योजना सचिवों का राष्ट्रीय सम्मेलन आयोजित किया। इस सम्मेलन का उद्देश्य राज्यों और केंद्र के बीच सहयोग के प्रमुख विषयों पर राज्यों से महत्वपूर्ण जानकारी प्राप्त करनी थी। इस मामले में यह सम्मेलन सफल रहा।

शहरी स्थानीय निकायों की क्षमता

भारत सरकार ने शहरों में रहने वाले लोगों के जीवन स्तर में सुधार के लिए बुनियादी शहरी अधोसंरचना सुविधाओं की गुणवत्ता बेहतर बनाने की पहल की है। इसी उद्देश्य से अटल शहरी कायाकल्प एवं परिवर्तन मिशन तथा स्मार्ट सिटी कार्यक्रम शुरू किए गए हैं। परंतु, जैसा आमतौर पर माना जाता है, शहरी कायाकल्प की परिकल्पना को साकार करने में जो सबसे प्रमुख विवशता है, वह है शहरी स्थानीय निकायों की सीमित क्षमता। नीति आयोग ने 'सिंगापुर कोआपरेशन इंटरप्राइज़' के साथ हुए सहमति-पत्र के तहत, 2016 में शहरी प्रबंधन कार्यक्रम के नाम से नगरीय निकायों की क्षमता के विकास का कार्यक्रम शुरू किया है। इसका उद्देश्य शहरी स्थानीय संस्थाओं, सार्वजनिक संस्थाओं और राज्य सरकारों के अधिकारियों की क्षमता का विकास करना है। तमिलनाडु , आंध्र प्रदेश, महाराष्ट्र, गुजरात, उत्तर प्रदेश, दिल्ली और असम इन सात राज्यों में यह कार्यक्रम शुरू किया गया।

24 ग्रामीण और शहरी विकास

स्वतंत्रता प्राप्ति के बाद से ही भारत कल्याणकारी राष्ट्र रहा है और सरकार के समस्त प्रयासों का प्राथमिक लक्ष्य देश के लोगों का कल्याण रहा है। नीतियां और कार्यक्रम ग्रामीण निर्धनता दूर करने के लक्ष्य को ध्यान में रख कर तैयार किए जाते रहे हैं, जो भारत में योजनाबद्ध विकास के प्रमुख लक्ष्यों में से एक रहा है। यह महसूस किया गया कि गरीबी उपशमन की स्थायी कार्यनीति को विकास की प्रक्रिया में निरंतर लाभकारी रोजगार के अवसर बढ़ाने पर आधारित होना चाहिए। गरीबी, अज्ञानता, बीमारियां और अवसरों की असमानता जैसी कुप्रवृत्तियों का खात्मा तथा बेहतर और उच्चतर गुणवत्तायुक्त जीवन प्रदान करना बुनियादी सिद्धांत रहे हैं, जिन पर सभी योजनाओं और विकास कार्यक्रमों का खाका तैयार किया गया। ग्रामीण विकास के अंतर्गत लोगों की आर्थिक बेहतरी और सामाजिक परिवर्तन दोनों को ध्यान में रखा गया है। ग्रामीण लोगों को आर्थिक विकास के बेहतर अवसर प्रदान करने के लिए , ग्रामीण विकास कार्यक्रमों में लोगों की आधिकाधिक भागीदारी, आयोजना का विकेंद्रीकरण, भूमि सुधारों का बेहतर प्रवर्तन और ऋण सुलभ कराना जैसे उपाय किए गए। प्रारंभ में कृषि, उद्योग, संचार, शिक्षा, स्वास्थ्य और अनुषंगी क्षेत्रों के विकास पर बल दिया गया, परंतु बाद में यह महसूस किया गया कि तीव्र विकास का लक्ष्य तभी हासिल किया जा सकता है, जब सरकारी प्रयासों के पूरक के रूप में निचले स्तर के लोगों की प्रत्यक्ष और परोक्ष भागीदारी शामिल की जाए।

तदनुरूप 1952 में योजना आयोग के तहत सामुदायिक परियोजनाएं प्रशासन नाम के एक संगठन की स्थापना की गई, जिसे सामुदायिक विकास संबंधी कार्यक्रमों के संचालन का दायित्व सौंपा गया। 1952 में प्रारंभ किया गया सामुदायिक विकास कार्यक्रम ग्रामीण विकास के इतिहास में मील का पत्थर था। इस कार्यक्रम में बाद में कई बदलाव आए और इसे विभिन्न मंत्रालयों द्वारा संचालित किया गया। अक्टूबर 1974 में खाद्य और कृषि मंत्रालय के हिस्से के रूप में ग्रामीण विकास विभाग अस्तित्व में आया। अगस्त 1979 में इस विभाग का दर्जा बढ़ाया गया और इसे ग्रामीण पुनर्निर्माण मंत्रालय का नाम दिया गया। बाद में इस मंत्रालय को ग्रामीण विकास मंत्रालय का नाम दिया गया और एक बार फिर से कृषि एवं ग्रामीण विकास मंत्रालय के अंतर्गत इसे एक विभाग के रूप में परिवर्तित कर दिया गया। सितंबर 1985 में इसे एक बार फिर कृषि मंत्रालय के रूप में पुनर्गठित किया गया। 1991 में विभाग का दर्जा बढ़ा कर ग्रामीण विकास मंत्रालय बनाया गया। 1992 में इस मंत्रालय के अंतर्गत एक अन्य विभाग, बंजर भूमि विकास विभाग का सृजन किया गया। मार्च 1995 में इसे ग्रामीण क्षेत्र और रोजगार मंत्रालय के रूप में नया नाम दिया गया और तीन विभागों, ग्रामीण रोजगार एवं गरीबी उन्मूलन; ग्रामीण विकास विभाग और बंजर भूमि विकास विभाग को इसके तहत रखा गया। 1999 में मंत्रालय के नाम में पुनः बदलाव किया गया और इसमें ग्रामीण विकास विभाग, भूमि संसाधन विभाग बनाए गए। जुलाई 2011 से पेयजल तथा स्वच्छता विभाग को इससे पृथक कर एक स्वतंत्र मंत्रालय बनाया गया। वर्तमान में ग्रामीण विकास मंत्रालय में ग्रामीण विकास विभाग और भूमि संसाधन विभाग हैं।

ग्रामीण विकास के प्रमुख कार्यक्रम

ग्रामीण विकास मंत्रालय द्वारा निम्नांकित प्रमुख कार्यक्रम संचालित किए जा रहे हैं:

ग्रामीण रोजगार

महात्मा गांधी राष्ट्रीय ग्रामीण रोजगार गारंटी अधिनियम (मनरेगा) अपनी शुरुआत के बाद से कई बदलावों से गुजरा है और करोड़ों लोगों की जीवनरेखा बन गया है। इस अधिनियम का लक्ष्य देश के ग्रामीण क्षेत्रों में परिवारों की आजीविका सुरक्षा में वृद्धि करना है। इसमें किसी भी वित्तीय वर्ष के दौरान प्रत्येक परिवार को न्यूनतम 100 दिन के लिए दिहाड़ी रोजगार पक्के तौर पर उपलब्ध कराया जाता है, बशर्ते उसके वयस्क सदस्य अकुशल श्रम कार्य करने के इच्छुक हों। महात्मा गांधी नरेगा कार्यक्रम के प्रमुख स्तंभों में सामाजिक समावेशन, लिंग समानता, सामाजिक सुरक्षा और समानता पर आधारित विकास शामिल हैं।

इस कार्यक्रम के लक्ष्य इस प्रकार हैं: ग्रामीण क्षेत्रों में प्रत्येक परिवार को मांग पर किसी भी वित्तीय वर्ष में 100 दिन के लिए अकुशल श्रम कार्य के रूप में दिहाड़ी रोजगार उपलब्ध कराना, जिससे ग्रामीण क्षेत्रों में निर्धारित गुणवत्ता के साथ स्थिर लाभकारी परिसंपत्तियों का सृजन किया जाता है; संबद्ध क्षेत्र के ढांचागत आधार का विकास करने वाले कार्यों में दिहाड़ी रोजगार सृजित करते हुए ग्रामीण निर्धनों की आजीविका सुरक्षा में वृद्धि; ग्रामीण निर्धनों का आजीविका संसाधन आधार सुदृढ़ एवं सुरक्षित बनाना; महिलाओं का सशक्तीकरण सुनिश्चित करना; ग्रामीण निर्धनों का सक्रिय सामाजिक समावेशन सुनिश्चित करना और उन्हें एक सामाजिक सुरक्षा कवच प्रदान करते हुए स्थानीय अर्थव्यवस्था को गति प्रदान करना; निचले स्तर के लोकतांत्रिक संस्थानों को सुदृढ़ करना।

सरकार नए उपायों के जरिए इस कार्यक्रम में सकारात्मक परिवर्तन लाने की दिशा में काम कर रही है। महात्मा गांधी नरेगा अधिनियम, 2005 के समग्र फ्रेमवर्क के अंदर मनरेगा कार्यक्रम के समग्र कार्यान्वयन को सुदृढ़ बनाने के लिए अनेक कदम उठाए गए हैं। अधिनियम के लक्ष्यों को पूरा करने के लिए अधिक बजट आवंटन सुनिश्चित करने के अलावा कार्यक्रम कार्यान्वयन में अधिक पारदर्शिता और जवाबदेही लाने के लिए इलेक्ट्रॉनिक धन प्रबंधन प्रणाली (ईएफएमएस), आधार संबद्धता, सृजित संपत्तियों की जियो टैगिंग और सामाजिक सुरक्षा प्रणाली का सुदृढ़ीकरण आदि जैसे उपाय किए गए हैं।

प्रत्यक्ष लाभ अंतरण

धन प्रवाह व्यवस्था को सुचारू रूप प्रदान करने और दिहाड़ी के भुगतान में विलंब दूर करने के लिए ग्रामीण विकास मंत्रालय ने 21 राज्यों और 1 संघशासित प्रदेश में राष्ट्रीय इलेक्ट्रॉनिक धन प्रबंधन प्रणाली (एनईएफएमएस) लागू की है। इस प्रक्रिया से राज्यों को दिहाड़ी के भुगतान के लिए धन के आवंटन में विलंब में कमी आती है और विभिन्न स्तरों पर धन का ठहराव समाप्त होता है। कार्यक्रम के अंतर्गत करीब 96 प्रतिशत दिहाड़ी का भुगतान इलेक्ट्रॉनिक धन प्रबंधन प्रणाली (ईएफएमएस) के जरिए सीधे मनरेगा श्रमिकों के बैंक/डाकघर खातों में इलेक्ट्रॉनिक रूप में किया जा रहा है। अभी तक 9.46 करोड़ सक्रिय श्रमिक अपना आधार नंबर एनआरईजीए सॉफ्ट-एमआईएस से जोड़ चुके हैं, जबकि जनवरी 2014 में मात्र 76 लाख आधार नंबर ही जुड़ पाए थे। वर्तमान में 6.01 करोड़ श्रमिक आधार बेस्ड पेमेंट सिस्टम (एबीपीएस) में सक्षम बनाए जा चुके हैं।

दीनदयाल अंत्योदय योजना - राष्ट्रीय ग्रामीण आजीविका मिशन

राष्ट्रीय ग्रामीण आजीविका मिशन की दीनदयाल अंत्योदय योजना - राष्ट्रीय ग्रामीण आजीविका मिशन (डीएवाई-एनआरएलएम) का नया नाम दिया गया है। यह कार्यक्रम 2011 में शुरू किया गया था। इसका लक्ष्य 8-9 करोड़ ग्रामीण निर्धन परिवारों तक पहुंचना है। इसमें प्रत्येक परिवार से एक महिला सदस्य को शामिल करते हुए महिला स्वयं-सहायता समूह का गठन किया जाता है और ग्राम स्तर और उससे उच्चतर स्तरों पर इन सहायता समूहों के परिसंघ बनाए जाते हैं। ऐसा करते समय डीएवाई-एनआरएलएम समाज के कमजोर वर्गों की पर्याप्त कवरेज सुनिश्चित करता है, जैसे लाभार्थियों में 50 प्रतिशत अनसूचित जातियों और अनुसूचित जनजातियों, 15 प्रतिशत अल्पसंख्यक समूहों और 3 प्रतिशत विकलांगजन समूहों को शामिल किया जाता है। ग्रामीण निर्धन परिवारों की शत-प्रतिशत कवरेज सुनिश्चित करने के लिए निर्धन परिवारों की पहचान सामाजिक-आर्थिक एवं जाति गणना (एसईसीसी) और भागीदारीपूर्ण प्रक्रिया के जरिए की जाती है और उसे ग्राम सभा से अनुमोदित कराया जाता है।

डीएवाई-एनआरएलएम के प्रमुख घटक इस प्रकार हैं:

(i) निर्धनों के संस्थानों को प्रोत्साहित करना: स्वयं-सहायता समूहों और उनके परिसंघों के रूप में प्राथमिकता के आधार पर निर्धनों के गुणवत्तापूर्ण संस्थानों की स्थापना की जाती है। बचत और ऋण आधारित सामान्य सामुदायिक संस्थानों और उनके परिसंघों के अतिरिक्त, डीएवाई-एनआरएलएम विशेषज्ञतापूर्ण संस्थानों को भी प्रोत्साहित करता है, जैसे आजीविका संगठन, उत्पादक सहकारी संस्थाएं/आजीविका प्रोत्साहन कंपनियां। निर्धनों के लिए कार्य करने वाले संस्थान अपने सदस्यों का सशक्तीकरण करते हैं और जानकारी एवं प्रौद्योगिकी संप्रेषण का माध्यम बनते हैं तथा उत्पादन, सामूहिकीकरण और व्यापार के केंद्र बनते हैं।

(ii) प्रशिक्षण, क्षमता निर्माण और कौशल निर्माण: स्वयं-सहायता समूहों, उनके परिसंघों, सरकारी कार्यकर्ताओं, बैंकरों, स्वयंसेवी संगठनों और अन्य हितभागियों में क्षमता निर्माण के लिए व्यवस्थित और बहुआयामी कार्यनीति अपनाई जाती है। क्षमता निर्माण का लक्ष्य निर्धनों को ज्ञान एवं कौशल प्रदान करना है ताकि वे अपने संस्थानों का प्रबंधन कर सकें, बाजारों से जुड़ सकें, अपनी मौजूदा आजीविकाओं का प्रबंधन कर सकें और अपनी ऋण इस्तेमाल क्षमता और तत्संबंधी साख में वृद्धि कर सकें। समय पर सहायता प्रदान करने और गरीबी का स्तर कम करने के लिए सामुदायिक व्यावसायियों और विशेषज्ञों को काम पर लगाने को तरजीह दी जाती है।

(iii) समुदाय निवेश सहायता निधि: परिसंघों (प्राथमिक और माध्यमिक स्तर) के माध्यम से समुदाय निवेश सहायता निधि स्वयंसहायता समूहों तक पहुंचाई जाती है, ताकि जहां-कहीं संभव हो, वहां सदस्यों के लिए उपयुक्त आजीविका के विकास और सामूहिक गतिविधियां प्रारंभ करने में सहायता की जा सके। समुदाय निवेश निधि (सीआईएफ) का एक हिस्सा अत्यंत निर्धन समुदायों के समावेशन के लिए असुरक्षा कमी निधि (वीआरएफ) के रूप में प्रदान किया जाता है और उनकी पहुंच ब्याज सहित या ब्याज रहित ऋण तक कायम करने में मदद की जाती है।

(iv) समाभिरूपता में सहायता के लिए राष्ट्रीय विशेष निधि: डीएवाई-एनआरएलपी के अंतर्गत राज्यों को राष्ट्रीय विशेष निधि प्रदान की जाती है, ताकि उन्हें गरीबी कम करने और ग्रामीण निर्धनों के सशक्तीकरण

के लिए समाभिरूपता को एक कारगर पद्धति के रूप में अपनाने में सहायता प्रदान की जा सके। समाभिरूपता प्रस्ताव के विकास में कुल 9 एनआरएलपी राज्यों को सहायता दी गई और ग्रामीण विकास के अंतर्गत महत्वपूर्ण कार्यक्रमों यानी मनरेगा, स्वच्छ भारत मिशन और विभिन्न विभागीय कार्यक्रमों की कवरेज के लिए 64 करोड़ रुपये की विशेष निधि प्रदान की गई।

(v) ढांचा निर्माण और विपणन सहायता: डीएवाई-एनआरएलएम यह सुनिश्चित करता है कि निर्धनों की प्रमुख आजीविका गतिविधियों की जरूरतें पूरी की जाएं। यह कार्यक्रम निर्धनों के संस्थानों को विपणन के लिए भी सहायता प्रदान करता है। विपणन सहायता गतिविधियों के दायरे में बाजार पहुंच, बाजार ज्ञान, प्रौद्योगिकी विस्तार, पश्चवर्ती और अग्रवर्ती संपर्क विकसित करना, आजीविका समूहों का निर्माण और उनकी व्यापार योजनाओं में मदद करना शामिल हैं।

(vi) संवेदनशील सहायता संगठन: डीएवाई - एनआरएलएफ ने राष्ट्रीय, राज्य, जिला और उप-जिला स्तरों पर संवेदनशील और प्रतिबद्ध सहायता संगठनों की स्थापना की है। इन सहायता संगठनों में प्रतिबद्ध व्यवसायी काम पर लगाए गए हैं।

(vii) महिला किसान सशक्तीकरण योजना (एमकेएसपी): महिला किसान सशक्तीकरण परियोजना (एमकेएसपी) एनआरएलएम का एक उप-घटक है, जो महिला किसानों की विशेष जरूरतें पूरी करता है और ग्रामीण महिला किसानों, जिनमें मुख्य रूप से लघु और सीमांत किसान शामिल होते हैं, का सामाजिक-आर्थिक और तकनीकी सशक्तीकरण करता है। इस कार्यक्रम के अंतर्गत 100 करोड़ रुपये के कुल परिव्यय के साथ 15 राज्यों में 32.56 लाख महिला किसानों को सहायता प्रदान की जा रही है।

(viii) आजीविका ग्रामीण एक्सप्रेस योजना: भारत सरकार ने दीनदयाल अंत्योदय योजना - राष्ट्रीय ग्रामीण आजीविका मिशन (डीएवाई-एनआरएलम) के अंतर्गत वित्तीय वर्ष 2017-18 से आजीविका ग्रामीण एक्सप्रेस योजना (एजीईवाई) नाम का एक नया उप-कार्यक्रम शुरू किया है। इस कार्यक्रम के प्रमुख लक्ष्य इस प्रकार हैं: डीएवाई-एनआरएलएम के तहत स्वयं सहायता समूहों के सदस्यों को आजीविका के वैकल्पिक स्रोत प्रदान करना, जिसके लिए राज्यों द्वारा पहचान किए गए पिछड़े ग्रामीण क्षेत्रों में इन सहायता समूहों को सार्वजनिक परिवहन सेवाएं संचालित करने की सुविधा प्रदान की जाती है; और दूरदराज के गांवों को महत्वपूर्ण सेवाओं और सुविधाओं (बाजारों, शिक्षा और स्वास्थ्य सुविधाओं तक पहुंच कायम करने सहित) से जोड़ने के लिए सुरक्षित, सस्ती और समुदाय नियंत्रित ग्रामीण परिवहन सेवाएं प्रदान करना ताकि डीएवाई-एनआरएलएम के फ्रेमवर्क के अंतर्गत उपलब्ध सहायता का इस्तेमाल क्षेत्र के समग्र आर्थिक विकास के लिए किया जा सके।

ग्रामीण स्वरोजगार प्रशिक्षण संस्थान

यह निर्णय किया गया है कि देश के प्रत्येक जिले में एक ग्रामीण स्वरोजगार प्रशिक्षण संस्थान (आरएसईटीआई) की स्थापना की जाए। आरएसईटीआई संस्थान बैंक के नेतृत्व और राज्य सरकार के सक्रिय सहयोग से संचालित हैं। भारत सरकार इसके लिए एकबारगी एक करोड़ रुपये की ढांचागत सहायता प्रदान करती है। इसके अलावा निर्धन उम्मीदवारों के प्रशिक्षण की लागत अदा करती है। राज्य सरकार नि:शुल्क अथवा मामूली मूल्य पर भूमि प्रदान करती है और बैंक आरएसईटीआई संस्थानों के रोजमर्रा की कार्यप्रणाली के लिए जिम्मेदार हैं। आरएसईटीआई संस्थानों से यह उम्मीद की जाती है कि वे हर वर्ष 750 ग्रामीण निर्धन युवाओं को प्रशिक्षित करेंगे, ताकि वे अपने निवास के इलाके में स्व-

रोजगार शुरू कर सकें। आरएसईटीआई संस्थान समय-समय पर कौशल उन्नयन प्रशिक्षण भी प्रदान करते हैं, ताकि निरंतर प्रतिस्पर्धात्मक वातावरण में स्वरोजगार उद्यमियों के प्रस्तावों को व्यवहार्य और मूर्तरूप प्रदान दिया जा सके। वर्तमान में देश में 583 आरएसईटीआई संस्थान काम कर रहे हैं।

प्रधानमंत्री ग्राम सड़क योजना

गरीबी उपशमन कार्यनीति के हिस्से के रूप में भारत सरकार ने वर्ष 2000 में प्रधानमंत्री ग्राम सड़क योजना (पीएमजीएसवाई) शुरू की थी। केंद्र प्रायोजित इस कार्यक्रम का लक्ष्य ग्रामीण सड़कें बनाने के काम में राज्यों की मदद करना था, हालांकि ग्रामीण सड़कें संविधान में राज्य सूची का विषय हैं। इस कार्यक्रम का प्राथमिक लक्ष्य कोर-नेटवर्क के अनुरूप अभी तक सड़क से न जुड़ पाई पात्र बस्तियों को हर मौसम में काम करने वाली सड़कों (आवश्यक पुलियों और नालियों सहित, जो पूरे साल काम करती हों) के साथ जोड़ना है। मैदानी क्षेत्रों में 500 या उससे अधिक आबादी (2001 की जनगणना के अनुसार) वाली बस्तियों को पात्र समझा गया है। इसी प्रकार 'विशेष श्रेणी वाले राज्यों' (पूर्वोत्तर, सिक्किम, हिमाचल प्रदेश, जम्मू-कश्मीर और उत्तराखंड) रेगिस्तानी क्षेत्रों, जनजातीय (अनुसूची-5) क्षेत्रों और 88 चुने हुए जनजातीय और पिछड़े जिलों के मामले में कोर-नेटवर्क के अनुरूप अभी तक सड़क से न जुड़ पाई 250 या उससे अधिक आबादी (2001 की जनगणना के अनुसार) वाली बस्तियों को पात्र समझा गया है।

वांछित गुणवत्ता मानकों के साथ कार्यक्रम के निष्पादन के लिए 3 स्तरीय गुणवत्ता प्रबंधन व्यवस्था संस्थाबद्ध रूप में की गई है। इस व्यवस्था का प्रथम स्तर कार्यक्रम कार्यान्वियन यूनिट स्तर पर विभागीय गुणवत्ता नियंत्रण से संबद्ध है। इस स्तर का लक्ष्य फील्ड प्रयोगशाला स्तर पर अनिवार्य परीक्षणों और वर्कमैनशिप के जरिए प्रक्रिया नियंत्रण करना है। दूसरे स्तर की व्यवस्था राज्य गुणवत्ता नियंत्रकों के जरिए राज्य स्तर पर स्वतंत्र गुणवत्ता निगरानी के रूप में की गई है, जिसमें बेहतर गुणवत्ता सुनिश्चित करने के लिए कार्यों के नियमित निरीक्षण का प्रावधान है। तीसरे स्तर के अंतर्गत स्वतंत्र राष्ट्रीय गुणवत्ता नियंत्रक एनआरआरडीए द्वारा तैनात किए जाते हैं, जो बेतरतीब सड़क कार्यों का निरीक्षण करते हैं और न केवल गुणवत्ता की जांच करते हैं, बल्कि फील्ड में काम करने वाले कार्यकर्ताओं का वरिष्ठ व्यावसायियों के माध्यम से मार्गदर्शन भी करते हैं।

इंदिरा आवास योजना

आवास को सर्वत्र बुनियादी आवश्यकता के रूप में स्वीकार किया गया है। ग्रामीण क्षेत्रों में, विशेष रूप से निर्धनों के लिए मकानों की कमी दूर करना और आवास की गुणवत्ता में सुधार लाना सरकार की गरीबी उन्मूलन कार्यनीति का एक महत्वपूर्ण घटक है। इंदिरा आवास योजना एक ग्रामीण आवास कार्यक्रम है, जो ग्रामीण विकास मंत्रालय द्वारा कार्यान्वित किया जा रहा है। इसका उद्देश्य ग्रामीण क्षेत्रों में गरीबी की रेखा (बीपीएल) से नीचे जीवनयापन करने वाले परिवारों को मकान उपलब्ध कराना है। इस कार्यक्रम के प्रारंभ होने से मार्च 2016 तक 360 लाख मकानों के निर्माण के लिए सहायता प्रदान की जा चुकी है, जिन पर 1,06,798.93 करोड़ रुपये की लागत आई है।

2022 तक 'सबके लिए आवास' प्रदान करने की सरकार की प्राथमिकता के संदर्भ में ग्रामीण आवास कार्यक्रम आईएवाई को प्रधानमंत्री आवास योजना-ग्रामीण (पीएमएवाई-जी) के रूप में पुनर्गठित किया गया है। यह कार्यक्रम वित्तीय वर्ष 2016-17 में लागू हुआ। इस कार्यक्रम की प्रमुख विशेषताएं

इस प्रकार हैं: (क) 2016–17 से 2018–19 के दौरान 3 वर्ष की अवधि में ग्रामीण क्षेत्रों में 1.00 करोड़ मकानों के निर्माण के लिए सहायता प्रदान करना; (ख) मैदानी इलाकों में प्रति मकान दी जाने वाली सहायता ₹ 70,000 से बढ़ा कर 1.20 लाख की गई और पर्वतीय राज्यों, कठिन क्षेत्रों और आईएपी जिलों में यह सहायता 75,000 रुपये से बढ़ा कर 1.30 लाख रुपये हो गई; (ग) सामाजिक-आर्थिक और जाति गणना (एसईसीसी 2011) के परिवारों से संबंधित आंकड़ों के आधार पर लाभार्थियों का चयन, जिसके अनुसार स्वत: बहिष्करण श्रेणी में आने वाले परिवारों को बाहर करने के बाद बेघर या कच्ची दीवारों और कच्ची छत वाले 2 कमरे के या उससे कम के मकानों में रहने वाले परिवार पात्र समझे जाते हैं। (घ) कार्यान्वयन एजेंसियों और लाभार्थियों को मकानों के निर्माण में तकनीकी सहायता प्रदान करने और परियोजना के अंतर्गत लक्ष्य हासिल करने में मदद करने के लिए राष्ट्रीय स्तर पर राष्ट्रीय तकनीकी सहायता एजेंसी की स्थापना की गई है।

राष्ट्रीय सामाजिक सहायता कार्यक्रम

भारत के संविधान के अनुच्छेद 41 में राज्य को निर्देश दिया गया है कि वह बेरोजगार, वृद्ध, बीमार और अक्षम होने की स्थिति में और अवांछित अभाव के अन्य मामलों में अपनी आर्थिक क्षमता और विकास की सीमाओं के अनुसार नागरिकों को सरकारी सहायता प्रदान करेगा। भारत के संविधान में वर्णित राज्य के नीति-निर्देशक सिद्धांतों में राज्य पर यह दायित्व डाला गया है कि वह अपने साधनों के भीतर कल्याण के अनेक उपाय संचालित करे। इन्हीं नेक सिद्धांतों के अनुसार भारत सरकार ने 1995 में राष्ट्रीय सामाजिक सहायता कार्यक्रम (एनएसएपी) प्रारंभ किया। यह एक केंद्र प्रायोजित कार्यक्रम है, जिसके अंतर्गत राज्यों/संघ शासित प्रदेशों को केंद्र सरकार द्वारा निर्धारित मानदंड, दिशानिर्देशों और शर्तों के अनुरूप लाभार्थियों को लाभ पहुंचाने के लिए शत-प्रतिशत केंद्रीय सहायता प्रदान की जाती है। एनएसएपी एक सामाजिक सहायता कार्यक्रम है, जिसके अंतर्गत परिवार के कमाऊ सदस्य की मृत्यु हो जाने के मामले में वृद्धों, विधवाओं, विकलांगजनों को सामाजिक सहायता प्रदान की जाती है। इसका उद्देश्य राज्यों द्वारा प्रदान किए जा रहे अथवा भविष्य में प्रदान किए जाने वाले लाभों के अतिरिक्त सहायता दी जाती है, ताकि न्यूनतम राष्ट्रीय मानक के अनुरूप सहायता सुनिश्चित की जा सके। शत-प्रतिशत केंद्रीय सहायता प्रदान करने के पीछे लक्ष्य यह है कि समूचे देश में लाभार्थियों को सामाजिक संरक्षण प्रदान किया जा सके। इस सहायता में और सहायता जोड़ने अथवा कवरेज का विस्तार करने के लिए राज्य स्वतंत्र है।

एनएसएपी के अंतर्गत वर्तमान में गरीबी रेखा से नीचे (बीपीएल) के परिवारों के लिए निम्नांकित कार्यक्रम चलाए जा रहे हैं:

इंदिरा गांधी राष्ट्रीय वृद्धावस्था पेंशन कार्यक्रम (आईवीएनओएपीएस): इस कार्यक्रम के अंतर्गत भारत सरकार द्वारा निर्धारित मानदंड के अनुसार बीपीएल परिवार से संबद्ध 60 वर्ष और उससे अधिक आयु के व्यक्तियों को सहायता प्रदान की जाती है। 60–79 वर्ष आयु समूह से संबद्ध व्यक्ति को ₹ 200 प्रतिमाह और 80 वर्ष तथा उससे अधिक आयु के व्यक्तियों को ₹ 500 प्रतिमाह की दर से केंद्रीय सहायता प्रदान की जाती है।

इंदिरा गांधी राष्ट्रीय विधवा पेंशन कार्यक्रम (आईजीएनडब्ल्यूपीएस): इस कार्यक्रम के अंतर्गत भारत सरकार द्वारा निर्धारित मानदंड के अनुसार बीपीएल परिवार से संबद्ध 40 से 79 वर्ष आयु समूह में आने

वाली विधवा को ₹ 300 प्रतिमाह की केंद्रीय सहायता प्रदान की जाती है। 80 वर्ष की आयु होने पर लाभार्थी को आईजीएनओएपीएस कार्यक्रम के अंतर्गत स्थानांतरित कर दिया जाएगा ताकि वह ₹ 500 प्रतिमाह पेंशन प्राप्त कर सके।

इंदिरा गांधी राष्ट्रीय विकलांगजन पेंशन कार्यक्रम (आईजीएनबीपीएस): इस कार्यक्रम के अंतर्गत भारत सरकार द्वारा निर्धारित मानदंड के अनुसार बीपीएल परिवार से संबद्ध 18-79 वर्ष आयु समूह में आने वाले गंभीर अथवा अधिसंख्य विकलांगताओं वाले व्यक्ति को ₹ 300 प्रतिमाह की केंद्रीय सहायता प्रदान की जाती है। 80 वर्ष की आयु प्राप्त करने के बाद लाभार्थी को आईजीएनओएपीएस कार्यक्रम के अंतर्गत स्थानांतरित कर दिया जाएगा ताकि वह ₹ 500 प्रतिमाह पेंशन प्राप्त कर सके।

राष्ट्रीय परिवार लाभ कार्यक्रम (एनएफबीएस): इस कार्यक्रम के अंतर्गत 18 से 69 वर्ष की आयु समूह में आने वाले परिवार के प्रमुख जीविका अर्जित करने वाले सदस्य की मृत्यु होने पर बीपीएल परिवार को एकमुश्त राशि प्रदान की जाती है। यह सहायता राशि 20,000 रुपये होती है।

अन्नपूर्णा: इस कार्यक्रम के अंतर्गत ऐसे वरिष्ठ नागरिकों को 10 किलोग्राम अनाज प्रतिमाह निःशुल्क दिया जाता है, जो आईजीएनओएपीएस के अंतर्गत पात्र हों, लेकिन उन्हें आईजीएनओएपीएस के अंतर्गत पेंशन प्राप्त न हो रही हो।

दीनदयाल उपाध्याय ग्रामीण कौशल योजना

दीनदयाल उपाध्याय ग्रामीण कौशल योजना (डीडीयू-जीकेवाई) ग्रामीण विकास मंत्रालय के अंतर्गत एक प्रमुख कार्यक्रम है, जिसमें कौशल प्रशिक्षण के साथ ही रोज़गार मुहैया कराने के भी प्रयास किए जाते हैं। 2014 में घोषित डीडीयू-जीकेवाई राष्ट्रीय कौशल विकास नीति का एक महत्वपूर्ण घटक है। इस कार्यक्रम की महत्वाकांक्षी कार्यसूची है, जिसके तहत यह वैश्विक मानकों और जरूरतों के अनुसार एक बेंचमार्क रोज़गार संबद्ध कौशल प्रशिक्षण कार्यक्रम संचालित करता है। इस कार्यक्रम का अंतिम लक्ष्य भारत के जनसांख्यिकीय अधिशेष को जनसांख्यिकीय लाभ में रूपांरित करना है, ताकि ग्रामीण भारत का विकास वैश्विक रूप में वरीयता वाले कुशल श्रमिकों के स्रोत के रूप में किया जा सके। परिणामस्वरूप, यह कार्यक्रम 5.5 करोड़ से अधिक ग्रामीण युवाओं को भी लाभ पहुंचाएगा, जो स्थिर रोज़गार प्रदान किए जाने पर कौशल प्रशिक्षण हासिल करने के लिए तैयार हैं। इस तरह इस कार्यक्रम से पीढ़ियों से चली आ रही गरीबी के उन्मूलन में महत्वपूर्ण सहायता मिलेगी।

डीडीयू-जीकेवाई मानकयुक्त कौशल प्रदान करने वाला एक अग्रणी कार्यक्रम है। यह ऐसा प्रथम कार्यक्रम है, जिसमें प्रशिक्षण के लिए मानक प्रचालन प्रक्रियाएं अधिसूचित की गई हैं और यह पहला कार्यक्रम है, जिसमें प्रशिक्षण प्रदान करने में आईटी सोल्यूशन्स इस्तेमाल किए जाते हैं। इनमें प्रशिक्षार्थियों के लिए अनिवार्य रूप से टेबलेट प्रदान करना, उपस्थिति की आधार से संबद्ध बायोमीट्रिक जानकारी और प्रशिक्षण केंद्रों एवं कक्षाओं का जियो-टैग्ड समयबद्ध रिकॉर्ड शामिल है। डीडीयू-जीकेवाई मूल रूप से स्वर्ण जयंती ग्राम स्वरोज़गार योजना (एसजीएसवाई) का नया रूप है। एसजीएसवाई का सृजन 1999 में समन्वित ग्रामीण विकास कार्यक्रम (आईआरडीपी) को पुनर्गठित करके किया गया था, जिसमें विशेष परियोजनाओं के लिए 15 प्रतिशत आवंटन का प्रावधान था। 2010 में एसजीएसवाई को राष्ट्रीय ग्रामीण आजीविका मिशन (एनआरएलएम) के रूप में पुनर्गठित किया गया, जिसे आजीविका के नाम से भी जाना जाता है। मंत्रालय ने इस कार्यक्रम की पहुंच का विस्तार करने के लिए 2013 में आजीविका कौशल

के बारे में दिशानिर्देशों को संशोधित किया। 25 सितंबर, 2014 को अंत्योदय दिवस के अवसर पर आजीविका कौशल को डीडीयू-जीकेवाई में परिवर्तित करने की घोषणा की गई, जिसमें ग्रामीण निर्धन युवाओं घरेलू और वैश्विक रोज़गार के लिए कौशल प्रदान करने के अवसरों पर ध्यान केंद्रित किया गया।

महत्वपूर्ण विशेषताएं: डीडीयू-जीकेवाई सरकारी-निजी-भागीदारी पद्धति में एक तीन स्तरीय कार्यान्वयन ढांचे का अनुपालन करता है, जिसमें राष्ट्रीय यूनिट नीति, केंद्रीय निवेश और तकनीकी सहायता से संबद्ध है, एसआरएलएम्स/राज्य कौशल मिशन सरकारी निवेश, कार्यान्वयन एवं निगरानी नियंत्रण के लिए जिम्मेदार हैं और कौशल प्रशिक्षण में विरासत के साथ सार्वजनिक और निजी प्रशिक्षण भागीदार के रूप में परियोजना कार्यान्वयन एजेसियां संसाधन जुटाने, प्रशिक्षण और रोज़गार प्रदान करने के लिए जिम्मेदार हैं।

(i) इस कार्यक्रम में निर्धन परिवारों के 15 से 35 वर्ष की आयु समूह के निम्नांकित से संबंधित ग्रामीण युवाओं पर ध्यान केंद्रित किया जाता है: (क) मनरेगा श्रमिक परिवार, जिसमें परिवार के सदस्यों ने मिला कर 15 कार्यदिवस पूरे कर लिए हों; (ख) आरएसडीवाई परिवार; (ग) अंत्योदय अन्न योजना कार्डधारक परिवार; (घ) बीपीएल पीडीएस कार्डधारी; (ङ) एनआरएलएम-एसएचजी परिवार; और (च) एसईसीसी-2011 के मानदंडों के अंतर्गत स्वतः कवर किए जाने वाले परिवार।

(ii) सामाजिक दृष्टि से उपेक्षित समूहों को अनिवार्य रूप से कवर करने अजा/अजजा समूहों के लिए 50 प्रतिशत आवंटन, अल्पसंख्यकों के लिए 15 प्रतिशत, महिलाओं के लिए 33 प्रतिशत और विकलांगजनों के लिए 3 प्रतिशत सुरक्षित कवरेज की व्यवस्था से लाभार्थियों का पूर्ण सामाजिक समावेशन सुनिश्चित किया जाता है।

(iii) सभी सफल उम्मीदवारों में से न्यूनतम 70 प्रतिशत को न्यूनतम 6,000 रुपये प्रतिमाह वेतन अथवा न्यूनतम दिहाड़ी राशि, इनमें जो भी अधिक हो, के साथ दिहाड़ी रोज़गार अनिवार्य रूप से प्रदान करने का प्रावधान है।

(iv) बहुआयामी संबद्धता के जरिए उद्योग के साथ सक्रिय भागीदारी के माध्यम से यह कार्यक्रम आर्थिक कार्यनीतियों - मेक इन इंडिया को प्रोत्साहित करता है। इसमें चैंपियन नियोक्ता नीति, कैप्टाइव नियोक्ता नीति और औद्योगिक इंटर्नशिप नीति शामिल है।

सांसद आदर्श ग्राम योजना

सांसद आदर्श ग्राम योजना (एसएजीवाई) का शुभारंभ 2014 में किया गया था। इसका उद्देश्य प्रत्येक संसद सदस्य द्वारा एक गांव का विकास 2016 तक आदर्श गांव के रूप में और 2019 तक ऐसे 2 अन्य गांवों का विकास करने का लक्ष्य रखा गया है। सांसद आदर्श ग्राम योजना का लक्ष्य महात्मा गांधी के व्यापक और मौलिक आदर्श ग्राम के सपने को वर्तमान संदर्भ में पूरा करना है। दूसरे शब्दों में एसएजीवाई के अंतर्गत मूल्य परिवर्तन के जरिए मूल्य श्रृंखला विकसित करने का प्रयास किया जाता है। अभी तक इस कार्यक्रम के प्रथम चरण में संसद सदस्यों द्वारा 702 ग्राम पंचायतों की पहचान की गई है और उनके विकास के लिए ठोस कदम उठाए जा रहे हैं। यह कार्यक्रम बेजोड़ और परिवर्तनकारी है, चूंकि इसमें विकास के प्रति समग्र दृष्टिकोण अपनाया जा रहा है। इसमें चुने हुए गांव का समन्वित विकास करने की व्यवस्था है, जिसमें कृषि, स्वास्थ्य, शिक्षा, स्वच्छता, पर्यावरण, आजीविका आदि विभिन्न क्षेत्रों को

शामिल किया जाता है। ढांचागत विकास मात्र से परे जाकर एसएजीवाई का लक्ष्य गांवों और वहां के लोगों में विभिन्न मूल्यों का समावेश करना है, जैसे लोगों की भागीदारी, अंत्योदय, लिंग समानता, महिलाओं की गरिमा, सामाजिक न्याय, सामुदायिक सेवा की भावना, स्वच्छता, पर्यावरण अनुकूलता, पारिस्थितिकी संतुलन बनाए रखना, शांति और सद्भाव, परस्पर सहयोग, आत्मनिर्भरता, स्थानीय स्व-शासन, सार्वजनिक जीवन में पारदर्शिता और जवाबदेही आदि शामिल हैं ताकि इन गांवों को अन्य गांवों के लिए अनुकरणीय आदर्श बनाया जा सके।

एसएजीवाई की मुख्य विशषताएं

एसएजीवाई की विशिष्ठताएं इस प्रकार हैं: ग्राम विकास योजना-एसएजीवाई के अंतर्गत गोद ली गई ग्राम पंचायतें ग्राम विकास योजनाएं (वीडीपी) तैयार करती हैं, जिनमें प्राथमिकता के आधार पर समयबद्ध गतिविधियां शामिल की जाती हैं, ताकि संसाधनों के समाभिरूपण के जरिए गांव की समग्र प्रगति का लक्ष्य हासिल किया जा सके। ग्राम पंचायतों ने ग्राम सभा को शामिल करते हुए विकास की अत्यंत व्यवस्थित नीति अपनाई है और अपने विकास के लिए व्यापक ग्राम विकास योजनाएं तैयार की हैं। ग्राम विकास योजनाओं में सूचीबद्ध परियोजनाओं की प्रगति पर दृष्टि रखने के लिए एक ट्रैकिंग टेम्पलेट विकसित किया गया है और प्रगति पर ऑनलाइन निगरानी रखी जाती है।

पंचायत दर्पण

मंत्रालय ने ग्राम पंचायतों में एसएजीवाई के कार्यान्वयन के प्रभाव का पता लगाने के लिए एक 35 सूत्री प्रभाव निगरानी केंद्र का विकास किया है। प्रगति का मूल्यांकन परिणाम संकेतकों के जरिए किया जाता है, जिनमें मोटेतौर पर बुनियादी सुविधाओं, शिक्षा, स्वास्थ्य, स्वच्छता, आजीविका, महिला सशक्तीकरण, वित्तीय समावेशन, खाद्य सुरक्षा, सामाजिक सुरक्षा और ई-गवर्नेंस जैसे संकेतक शामिल किए जाते हैं। प्रभाव का मूल्यांकन तिमाही (22 संकेतक), छमाही (7 सकेंतक) और वार्षिक (6 सकेंतक) आधार पर किया जाता है। अनेक ग्राम पंचायतों ने रोगों से बचाव के लिए टीकाकरण, सार्वजनिक वितरण प्रणाली को सुदृढ़ बनाने, सामाजिक सुरक्षा कार्यक्रमों और कई अन्य कार्यक्रमों के लाभ प्रदान करने में शत-प्रतिशत सफलता प्राप्त की है।

भूमि सुधार

जलसंभरण कार्यक्रम

एकीकृत जलसंभरण प्रबंधन कार्यक्रम (आईडब्ल्यूएमपी) सरकार के प्रमुख कार्यक्रमों में से एक रहा है।

राष्ट्रीय भूमिसुधार आधुनिकीकरण कार्यक्रम

राष्ट्रीय भूमिसुधार आधुनिकीकरण कार्यक्रम (एनएलआरएमपी) का नया नामकरण करते हुए इसे डिजिटल इंडिया भूमि रिकॉर्ड आधुनिकीकरण कार्यक्रम (डीआईएलआरएमपी) का नाम दिया गया। इसके अंतर्गत 27 राज्यों/केंद्रशासित प्रदेशों ने अपने अपने क्षेत्रों में भूमि के रिकॉर्ड के पंजीकरण की प्रक्रिया का कंप्यूटरीकरण कर दिया है। 19 राज्यों/केंद्रशासित प्रदेशों ने भूमि के रिकॉर्ड हस्तलिखित रूप में जारी करना बंद कर दिया है और 22 राज्यों/केंद्रशासित प्रदेशों ने भूमि रिकॉर्ड वेबसाइटों पर अपलोड कर दिए हैं। इसके अलावा 25 राज्यों/केंद्रशासित प्रदेशों ने पंजीकरण का कंप्यूटरीकरण कर दिया है तथा 11 राज्यों/केंद्रशासित प्रदेशों ने भूमि रिकार्डों को पंजीकरण के साथ एकीकृत कर दिया है। इस अवधि के दौरान प्रशिक्षण की

बात करें तो एनआईआरडी और पीआर ने 864 प्रशिक्षण कार्यक्रमों का आयोजन किया जिनमें 22,032 प्रशिक्षार्थियों ने हिस्सा लिया। इन कार्यक्रमों में 400 एनआईआरडी और पीआर नेटवर्किंग कार्यक्रम शामिल थे, जो देश में ग्रामीण विकास के 28 राज्य संस्थानों के सहयोग से चलाए गए थे।

पंचायती राज

पंचायती राज मंत्रालय की स्थापना 2004 में की गई थी। इसका प्रमुख कार्य संविधान के भाग-9 के प्रावधानों, अनुच्छेद 243 जेडडी और पीईएसए के अनुसार जिला आयोजना समिति संबंधी प्रावधानों का अनुपालन सुनिश्चित करना है। मंत्रालय का लक्ष्य पंचायतों अथवा पंचायती राज संस्थानों के माध्यम से विकेंद्रीकृत और भागीदारीपूर्ण स्थानीय स्वशासन की व्यवस्था करना है। मंत्रालय का मिशन पंचायती राज संस्थानों का सशक्तीकरण, उन्हें सक्षम एवं जवाबदेह बनाना है ताकि सामाजिक न्याय और सक्षम सेवा वितरण के साथ समावेशी विकास सुनिश्चित किया जा सके। मंत्रालय अपने लक्ष्य हासिल करने के लिए विभिन्न तरीकों से काम करता है। पंचायती राज मंत्रालय ज्ञान के सृजन और उसे साझा करने पर बल देता है ताकि समाधान किए जाने वाले मुद्दे स्पष्ट हों, उनके लिए सार्थक कार्यनीतियां तैयार की जाएं और सरकार के भीतर और गैर-सरकारी एजेंसियों तथा विशेषज्ञों के बीच भागीदारी हो। मंत्रालय विभिन्न राज्यों में सीखने के लिए तकनीकी सहायता और सुविधाएं भी प्रदान करता है। हाल में किए गए नीतिगत परिवर्तनों और उभरते हुए अवसरों का लाभ उठाने के लिए मंत्रालय ने अपने अधिदेश में बुनियादी परिवर्तन करते हुए अपने को नए ढंग से तैयार किया है।

संवैधानिक लक्ष्य

भारत के संविधान के भाग-9 में तीन स्तरीय पंचायतों की स्थापना (20 लाख से कम आबादी वाले राज्यों या केंद्रशासित प्रदेशों में केवल 2 स्तरीय) का प्रावधान है: (i) गांव के स्तर पर ग्राम पंचायत; (ii) जिला स्तर पर जिला पंचायतें; और (iii) ग्राम पंचायतों एवं जिला पंचायतों के बीच उप-जिला स्तर पर मध्यवर्ती पंचायतें। इसमें ग्राम सभा (ग्राम पंचायत के क्षेत्र में रहने वाले पंजीकृत मतदाताओं की आम सभा) का भी प्रावधान है, जो ग्रामवासियों को स्थानीय शासन में सीधे भागीदारी के लिए एक मंच है। भारत के संविधान ने इन पंचायतों के लिए 5 वर्ष का कार्यकाल निर्धारित किया है और इनमें महिलाओं एवं भारतीय समाज के सीमांत वर्गों (अनुसूचित जातियों और अनुसूचित जनजातियों) के लिए सीटों के आरक्षण का प्रावधान किया है। अनुसूचित जातियों और अनुसूचित जनजातियों के लिए आरक्षण उनकी आबादी के अनुपात में प्रदान किया जाता है, जबकि महिलाओं के लिए 33.33 प्रतिशत आरक्षण दिया गया है। परंतु , अनेक राज्यों ने पंचायतों में महिलाओं के लिए सीटों और मुखिया के पदों में आरक्षण 50 प्रतिशत तक बढ़ा दिया है। भारत के संविधान में पंचायतों के सभी सदस्यों के प्रत्यक्ष चुनाव की भी व्यवस्था की गई है। इन चुनावों के संचालन के लिए सभी राज्यों को एक राज्य निर्वाचन आयोग के गठन का अधिदेश दिया गया है। राज्यों के लिए यह भी अनिवार्य है कि वे हर पांच वर्ष बाद राज्य वित आयोग (एसएफसी) का गठन करें, जो राज्य और स्थानीय सरकारों (शहरी और ग्रामीण दोनों) के बीच वित्तीय संसाधनों के बंटवारे के सिद्धांतों की अनुशंसा करे। राज्य वित्त आयोग राज्य सरकार और पंचायतों के बीच करों, शुल्कों, टॉल और प्रशुल्कों आदि की निवल प्राप्तियों के वितरण के बारे में राज्यपाल को अपनी सिफारिशें देंगे। वे पंचायतों को सौंपे गए या उनके द्वारा अधिगृहित करों, प्रशुल्कों, टॉल और फीस तथा राज्य की समेकित निधि से पंचायतों को दिए जाने वाले सहायता अनुदान का निर्धारण करेंगे और पंचायतों की वित्तीय स्थिति में सुधार लाने के उपाय सुझाएंगे।

उपरोक्त व्यापक फ्रेमवर्क के भीतर, चूंकि स्थानीय सरकार राज्य का विषय है, अत: अपने-अपने राज्यों में पंचायती राज के विभिन्न पहलुओं के निर्धारण में राज्य विधानमंडलों की महत्वपूर्ण भूमिका है। जहां तक पंचायतों के अधिकारों के हस्तांतरण का प्रश्न है, राज्य उसकी कुंजी हैं। संविधान में प्रावधान किया गया है कि पंचायतें स्थानीय शासन के संस्थानों के रूप में काम करेंगी और आर्थिक विकास एवं सामाजिक न्याय के लिए महत्वपूर्ण कार्यक्रमों की योजना बनाएंगी तथा उन्हें लागू करेंगी, परंतु पंचायतों को शक्तियां और प्राधिकार हस्तांतरित करने का कार्य राज्यों पर छोड़ दिया गया।

राजीव गांधी पंचायत सशक्तीकरण अभियान (आरजीपीएसए)

पंचायती राज संस्थानों की कार्यप्रणाली में सुधार लाने के लिए पंचायती राज मंत्रालय ने 12वीं पंचवर्षीय योजनावधि यानी 2012-13 से 2015-16 तक राजीव गांधी पंचायत सशक्तीकरण अभियान (आरजीपीएसए) चलाया। इस अभियान के दौरान पंचायतों के मार्ग में आने वाली प्रमुख बाधाओं जैसे अधिकारों का अपर्याप्त हस्तांतरण, कार्मिकों का अभाव, बुनियादी ढांचे का अभाव और पंचायतों की कारगर कार्यप्रणाली में सीमित क्षमता का अध्ययन किया गया और उन्हें दूर करने के लिए कार्मिक, ढांचा, प्रशिक्षण और पंचायतों को अधिकारों के हस्तांतरण को बढ़ावा देने तथा जवाबदेही का ढांचा कायम करने के उपाय किए गए। उपरोक्त गतिविधियों को अंजाम देने के लिए 2014-15 तक राज्यों को पर्याप्त धन जारी किया गया।

राष्ट्रीय ग्राम स्वराज अभियान

राष्ट्रीय ग्राम स्वराज अभियान (आरजीएसए) के अंतर्गत पंचायती राज संस्थानों में क्षमता निर्माण पर ध्यान केंद्रित किया जाएगा ताकि बुनियादी सेवाएं वितरित करने के लिए समाभिरूप कार्रवाई की जा सके और विकास के लक्ष्य हासिल किए जा सकें। राष्ट्रीय ग्राम स्वराज अभियान के अंतर्गत जीपीडीपी के पहलुओं पर विशेष जोर देते हुए सभी संबद्ध पक्षों के लिए क्षमता निर्माण और प्रशिक्षण सुविधाएं जुटाने और उनके संवर्धन के व्यापक प्रयास किए जाएंगे।

ई-पंचायत

ई-पंचायत, 2006 में तैयार की गई राष्ट्रीय ई-गवर्नेंस योजना (एनईजीपी) के अंतर्गत तय की गई 27 मिशन मोड परियोजनाओं में से एक है।

14वें वित्त आयोग की सिफारिशें

14वें वित्त आयोग (एफएफसी) की सिफारिशों के अनुसार संविधान के भाग-9 के अंतर्गत देश में गठित ग्राम पंचायतों को 2,00,292.20 करोड़ रुपये का अनुदान वर्ष 2015-20 की अवधि के लिए हस्तांतरित किया गया। इसका अर्थ है, 26 राज्यों के लिए प्रतिव्यक्ति प्रतिवर्ष 488 रुपये की सहायता प्रदान की गई, ताकि नियमित अंतरालों पर इन संस्थानों के लिए संसाधनों का स्थिर प्रवाह सुनिश्चित किया जा सके। इससे इन संस्थानों के पास उपलब्ध संसाधनों में वृद्धि होगी और वे सौंपे गए सांविधिक कार्यों के निवर्हन के लिए संसाधनों में वृद्धि कर सकेंगे। 14वें वित्त आयोग ने मेघालय, मिज़ोरम, त्रिपुरा और असम, मणिपुर के पर्वतीय जिलों, नगालैंड एवं मिज़ोरम के ग्रामीण क्षेत्रों में अनुसूची 6 के अंतर्गत भाग-9 से इतर पंचायती राज संस्थानों के लिए अनुदान की अनुशंसा नहीं की है।

पेयजल और स्वच्छता मंत्रालय

पेयजल आपूर्ति विभाग (डीडीडब्ल्यूएस) की स्थापना 1999 में ग्रामीण विकास मंत्रालय के अंतर्गत की गई थी, जिसे बाद में 2010 में पेयजल और स्वच्छता विभाग का नाम नाम दिया गया। ग्रामीण जल आपूर्ति और स्वच्छता के महत्व को देखते हुए भारत सरकार ने 2011 में पेयजल और स्वच्छता मंत्रालय के रूप में एक पृथक मंत्रालय अधिसूचित किया। पेयजल और स्वच्छता मंत्रालय एक नोडल मंत्रालय है, जो भारत सरकार के प्रमुख कार्यक्रमों जैसे ग्रामीण पेयजल आपूर्ति के लिए राष्ट्रीय ग्रामीण पेयजल कार्यक्रम (एनआरडीडब्ल्यूपी) और देश में स्वच्छता के लिए स्वच्छ भारत मिशन (ग्रामीण), के लिए समग्र नीति, आयोजना, वित्त पोषण और समन्वय के लिए जिम्मेदार है।

राष्ट्रीय ग्रामीण पेयजल कार्यक्रम

स्वच्छ भारत मिशन

स्वच्छ भारत मिशन का शुभारंभ 2014 में शुरू किया गया था। स्वच्छ भारत मिशन के पीछे यह धारणा यह है कि प्रत्येक व्यक्ति को शौचालयों, ठोस और तरल कचरे के निपटान की प्रणालियों और ग्राम स्वच्छता सहित स्वच्छता सुविधाएं मुहैया कराई जाएं। यह कार्यक्रम पेयजल और स्वच्छता मंत्रालय द्वारा कार्यान्वित किया जा रहा है। 2019 तक, अर्थात् महात्मा गांधी की 150वीं जयंती के अवसर पर स्वच्छ भारत को वास्तविकता बनाने के लिए एक कार्ययोजना तैयार की गई है। इस मिशन का लक्ष्य स्वच्छता सुविधाओं तक पहुंच का विस्तार करना है। यह 2014 में 39 प्रतिशत थी, जिसे अक्टूबर 2019 तक बढ़ा कर शत-प्रतिशत करने का लक्ष्य है। कार्ययोजना में 5 वर्षों में भारत को खुले में शौच जाने से पूरी तरह मुक्त करने की आवश्यकता पर बल दिया गया है। प्रारंभ में स्वच्छ भारत के हिस्से के रूप में देश के सभी स्कूलों में लड़के और लड़कियों के लिए शौचालय बनाने को प्राथमिकता दी गई। यह कार्य एक वर्ष में पूरा कर लिया गया। ग्रामीण क्षेत्रों में वितरण व्यवस्था को सुदृढ़ करने के लिए कुछ महत्वपूर्ण उपाय किए गए हैं, जैसे: (क) जल और स्वच्छता दोनों कार्यक्रमों के कार्यान्वयन के बारे में राज्यों के साथ समझौता ज्ञापन पर हस्ताक्षर करना, जिसके अनुसार जल और स्वच्छता के लिए धन का इस्तेमाल परस्पर एक-दूसरे के लिए किया जा सके, ताकि राज्यों के पास धन अधिशेष न रहे और दोनों क्षेत्रों में से किसी के लिए भी धन की कमी के कारण लक्ष्य पूरे करने पर प्रभाव न पड़े; (ख) केंद्र द्वारा राज्यों को धन देने के लिए अपनाई गई 'ठीक समय पर' आवंटन नीति का अनुपालन करना, ताकि भारत सरकार को धन पर अतिरिक्त लागत वहन न करनी पड़े; (ग) नाबार्ड, सिडबी (अथवा बिना किसी प्रतिभूति के बैंकों के जरिए प्राथमिकता क्षेत्र ऋण) जैसी एजेंसियों के जरिए ऐसे परिवारों को शौचालयों के निर्माण के लिए लघु ऋण प्रदान करने की प्रणाली विकसित करना, जो प्रोत्साहन के पात्र हैं अथवा जो नहाने के स्थान सहित बेहतर शौचालय बनाना चाहते हैं; (घ) प्रत्येक गांव के लिए एक स्वच्छताग्राही (प्रेरक व्यक्ति) की पहचान करना, उसे स्वच्छता कौशल प्रदान करना और कार्य निष्पादन से संबद्ध प्रोत्साहन प्रदान करना; और (ङ) परिवार के स्तर पर गहन निगरानी मंत्रालय के आईएमआईएस के जरिए रखी जाएगी, चूंकि पेयजल आपूर्ति मंत्रालय ने बेसलाइन डेटा के जरिए प्रत्येक परिवार की जानकारी पहले ही प्राप्त कर ली है।

स्वच्छ भारत मिशन (ग्रामीण)

ग्रामीण स्वच्छता के क्षेत्र में उपाय सर्वप्रथम 1954 में प्रथम पंचवर्षीय योजना के हिस्से के रूप में शुरू किए गए थे। सरकार ने 1986 में केंद्रीय ग्रामीण स्वच्छता कार्यक्रम के रूप में एक सुनियोजित कार्यक्रम

प्रारंभ किया। इसका प्रमुख लक्ष्य ग्रामीण लोगों के जीवन की गुणवत्ता में सुधार लाना और महिलाओं को निजता और गरिमा प्रदान करना था। 1999 से 'संपूर्ण स्वच्छता अभियान' के अंतर्गत 'मांग संचालित' दृष्टिकोण अपनाया गया, जिसमें ग्रामीण लोगों के बीच जागरुकता बढ़ाने के लिए सूचना, शिक्षा और संचार (आईईसी), मानव संसाधन विकास (एचआरडी), क्षमता विकास गतिविधियों पर बल दिया गया, ताकि स्वच्छता सुविधाओं के लिए मांग का सृजन हो सके। 'निर्मल भारत अभियान' (एनबीए), जो पूर्ण स्वच्छता अभियान का उत्तराधिकारी कार्यक्रम था, 2012 में प्रारंभ किया गया। इसका लक्ष्य एमएनआरईजीएस के साथ समाभिरूपता के जरिए अधिक प्रोत्साहन प्रदान करके निर्मल गांवों का विकास करना था। इन सभी कार्यक्रमों की अपनी-अपनी उपलब्धियां रहीं, फिर भी ग्रामीण आबादी का बड़ा हिस्सा ऐसा रह गया, जिसकी पहुंच शौचालयों तक नहीं थी। इस कार्यक्रम को महत्वपूर्ण आकार प्रदान करने और स्वच्छता के मुद्दे पर ध्यान केंद्रित करने के लिए 2014 में स्वच्छ भारत मिशन (ग्रामीण) शुरू किया गया। नई कार्यनीति में इस बात पर बल दिया गया कि राज्य सरकारों (चूंकि स्वच्छता राज्य का विषय है) को छूट प्रदान की जाए कि वे राज्य विषयक जरूरतों को ध्यान में रख कर अपनी कार्यान्वयन नीति और व्यवस्थाओं के बारे में निर्णय कर सकें।

स्वच्छ भारत मिशन (ग्रामीण) के प्रमुख लक्ष्य इस प्रकार हैं: (क) ग्रामीण क्षेत्रों में स्वच्छता, स्वस्थता को प्रोत्साहित करना और खुले में शौच जाने की कुप्रवृत्ति को समाप्त करना; (ख) 2 अक्टूबर , 2019 तक स्वस्थ भारत का लक्ष्य हासिल करने के लिए ग्रामीण क्षेत्रों में स्वच्छता कवरेज में तेजी लाना; (ग) पर्यावरण की दृष्टि से सुरक्षित और स्थायी स्वच्छता के लिए किफायती और समुचित प्रौद्योगिकी को बढ़ावा देना।

मंत्रालय स्वच्छता क्षेत्र में मात्रात्मक सुधार लाने के लिए शौचालयों के निर्माण के जरिए गांवों को खुले में शौच जाने से मुक्त करने पर जोर दे रहा है। खुले में शौच जाने से मुक्त बनाने का लक्ष्य हासिल करने के बुनियादी साधन के रूप में मुख्य रूप से व्यवहार में बदलाव लाने पर ध्यान केंद्रित किया जा रहा है। इसके लिए संकेंद्रित सूचना, शिक्षा और संचार कार्यक्रम चलाया जा रहा है। इस कार्यक्रम में महिलाओं की दृष्टि से संवेदनात्मक जानकारी, व्यवहार परिवर्तन के बारे में दिशानिर्देश और लोगों को शिक्षित बनाने की विभिन्न गतिविधियों को प्रोत्साहित किया जाता है। मंत्रालय ने लिंग संबंधी दिशा निर्देश 2017 में जारी किए। इससे पहले, 2015 में मासिक धर्म संबंधी दिशानिर्देश जारी किए गए थे।

स्वच्छ भारत मिशन : स्वच्छता को सभी का कर्तव्य बनाना

पेयजल और स्वच्छता मंत्रालय को स्वच्छ भारत मिशन ग्रामीण के प्रभार के अलावा स्वच्छ भारत का लक्ष्य हासिल करने के लिए सभी गतिविधियों और उपायों के संचालन और उनके बीच समन्वय कायम करने का भी दायित्व सौंपा गया है। इस दायित्व को पूरा करने में मंत्रालय अन्य मंत्रालयों, राज्य सरकारों, स्थानीय संस्थानों, गैर-सरकारी संगठनों, भरोसेमंद संगठनों, मीडिया और अन्य हितभागियों के साथ मिल कर निरंतर कार्य करता है। मंत्रालय का यह नजरिया इस सिद्धांत पर आधारित है कि स्वच्छता को प्रत्येक व्यक्ति का धर्म बनाना होगा और इसे केवल सफाई विभागों का दायित्व नहीं समझा जाएगा। इस प्रक्रिया में कई विशेष उपाय और परियोजनाएं तेजी से शुरू की गईं। सभी हितभागियों से मिला सहयोग अत्यंत उत्साहवर्धक रहा है।

स्वच्छता पखवाड़ा

स्वच्छता पखवाड़ा अप्रैल 2016 में प्रारंभ हुआ। इसका उद्देश्य एक पखवाड़े के दौरान सरकारी मंत्रालयों और विभागों को शामिल करते हुए उनके अधिकार क्षेत्र में सफाई संबंधी मुद्दों और स्वच्छता की पद्धतियों पर गहन ध्यान केंद्रित करना है। स्वच्छता पखवाड़ों के आयोजन के लिए योजना बनाने में मंत्रालयों की सहायता के लिए एक वार्षिक कार्यक्रम मंत्रालयों में पहले से ही वितरित कर दिया जाता है।

नमामि गंगे

नमामि गंगे कार्यक्रम जल संसाधन मंत्रालय की एक पहल है। पेयजल और स्वच्छता मंत्रालय द्वारा कार्यान्वित किए जा रहे इस कार्यक्रम में गंगा नदी के किनारे बसे गांवों को खुले में शौच जाने से मुक्त करने और ठोस एवं तरल कचरे के प्रबंधन के उपाय लागू करने पर बल दिया जा रहा है। उत्तराखंड, उत्तर प्रदेश, बिहार, झारखंड और पश्चिम बंगाल में करीब 52 जिलों में गंगा किनारे स्थित कुल 4,470 गांवों को राज्य सरकारों की सक्रिय सहायता से पेयजल और स्वच्छता मंत्रालय द्वारा खुले में शौच जाने से मुक्त कराया गया है। मंत्रालय ने अब गंगा नदी के किनारे बसे 24 गांवों को चुना है, जिन्हें नमामि गंगे कार्यक्रम के साथ समन्वय कायम करते हुए गंगा ग्राम के रूप में परिवर्तित किया जा रहा है।

स्वच्छता कार्ययोजना

स्वच्छता कार्ययोजना अपनी तरह का पहला कार्यक्रम है, जिसमें स्वच्छता के लिए अंतर-मंत्रालयी गतिविधियां संचालित की जाती हैं। यह कार्यक्रम स्वच्छता को प्रत्येक व्यक्ति का धर्म बनाने के लक्ष्य की दिशा में एक ठोस उपाय है। सभी केंद्रीय मंत्रालयों/विभागों ने इस लक्ष्य को महत्वपूर्ण ढंग से हासिल करने की दिशा में समुचित बजट प्रावधानों के साथ काम करना शुरू कर दिया है।

प्रतिष्ठित स्थलों की स्वच्छता

मंत्रालय ने देशभर में 100 स्थानों को स्वच्छ बनाने पर ध्यान केंद्रित करने के लिए एक बहु-हितभागी कार्यक्रम शुरू किया है। यह स्थान धरोहर, धार्मिक और आमजन या सांस्कृतिक महत्व की दृष्टि से 'प्रतिष्ठित' स्थल हैं। इस कार्यक्रम का लक्ष्य इन प्रतिष्ठित स्थलों की स्वच्छता स्थितियों में सुधार लाना है ताकि उन्हें स्वच्छता की दृष्टि से अत्यंत उच्च स्थान प्रदान किया जा सके। यह कार्यक्रम शहरी विकास, पर्यटन और संस्कृति मंत्रालयों के साथ भागीदारी के जरिए चलाया जा रहा है, जिसमें पेयजल और स्वच्छता मंत्रालय एक नोडल मंत्रालय है। प्रथम दो चरणों के दौरान 20 प्रतिष्ठित स्थलों को इस कार्यक्रम के लिए चुना गया। इन सभी 20 प्रतिष्ठित स्थलों के लिए वित्तीय और तकनीकी सहायता उपलब्ध कराने के वास्ते सार्वजनिक क्षेत्र के उद्यम निर्दिष्ट किए गए।

राष्ट्रीय ग्रामीण पेयजल कार्यक्रम

राष्ट्रीय ग्रामीण पेयजल कार्यक्रम (एनआरडीडब्ल्यूपी) के केंद्र प्रायोजित कार्यक्रम है, जिसका उद्देश्य देश की ग्रामीण आबादी को समुचित मात्रा में सुरक्षित पेयजल उपलब्ध कराना है। एनआरडीडब्ल्यूपी भारत निर्माण का एक घटक है, जिसमें बुनियादी सुविधाओं के निर्माण पर ध्यान केंद्रित किया जाता है। इस कार्यक्रम के फलस्वरूप ग्रामीण क्षेत्रों में जलापूर्ति क्षेत्र में महत्वपूर्ण अतिरिक्त संसाधनों का प्रावधान करने और पेयजल आपूर्ति कार्यक्रमों के सफल संचालन के लिए क्षमता निर्माण में मदद मिली है।

ग्रामीण पेयजल आपूर्ति राज्य का विषय है और इसे संविधान की 11वीं अनुसूची में ऐसे विषयों में भी रखा गया है, जो राज्यों द्वारा पंचायतों को सौंपे जा सकते हैं। इस प्रकार ग्रामीण पेयजल आपूर्ति क्षेत्र में पंचायती राज संस्थानों की भागीदारी एक महत्वपूर्ण विषय है, जिस पर ध्यान केंद्रित करने की आवश्यकता है।

जलापूर्ति क्षेत्र में भारत सरकार ने बड़ा कार्यक्रम 1972–73 में त्वरित ग्रामीण जलापूर्ति कार्यक्रम (एआरडब्ल्यूएसपी) के रूप में शुरू किया था, जिसके अंतर्गत 'समस्याग्रस्त गांवों' में जलापूर्ति की कवरेज में तेजी लाने के लिए राज्यों/केंद्रशासित प्रदेशों को सहायता दी जाती थी। जल की गुणवत्ता, समुचित प्रौद्योगिकी हस्तक्षेप, मानव संसाधन विकास सहायता और अन्य संबंधित गतिविधियों पर बल देने के लिए एक प्रौद्योगिकी मिशन 1986 में शुरू किया गया, जिसे बाद में 1991 में राजीव गांधी राष्ट्रीय पेयजल आपूर्ति मिशन (आरजीएनडीडब्ल्यूएम) का नया नाम दिया गया। 1999–2000 के दौरान पेयजल कार्यक्रमों की आयोजना, कार्यान्वयन और प्रबंधन में समुदाय को शामिल करने के लिए क्षेत्र सुधार परियोजनाएं शुरू की गईं, जिन्हें 2002 में स्व–जलधारा कार्यक्रम के रूप में संगठित कर दिया गया। 2009 में इस कार्यक्रम को संशोधित किया गया और इसे राष्ट्रीय ग्रामीण जलापूर्ति कार्यक्रम (एनआरडीडब्ल्यूपी) का नाम दिया गया।

शहरी विकास

शहरी विकास मंत्रालय का दायित्व शहरी विकास के क्षेत्र में व्यापक नीति निर्माण और कार्यक्रमों की निगरानी करना है। शहरी विकास राज्य का विषय है, लेकिन भारत सरकार समन्वय एवं निगरानी की भूमिका निभाती है और केंद्र प्रायोजित कार्यक्रमों के जरिए शहरी विकास में सहायता भी करती है। मंत्रालय नीति दिशानिर्देशों, विधायी मार्गदर्शन और क्षेत्रगत कार्यक्रमों के माध्यम से शहरी क्षेत्र से संबंधित विभिन्न मुद्दों का समाधान भी करता है। भारत में शहरीकरण एक महत्वपूर्ण और बदली न जाने वाली प्रक्रिया बन गया है और इसे राष्ट्रीय आर्थिक वृद्धि और गरीबी कम करने की दिशा में एक महत्वपूर्ण निर्धारक के रूप में देखा जा रहा है। शहरीकरण की प्रक्रिया में बड़े शहरों की संख्या में तेजी से इजाफा हुआ है, हालांकि भारत को ग्रामीण प्रधानता से परिवर्तन के इस दौर में एक अर्द्धशहरी समाज कहा जा सकता है। वर्तमान बढ़ोतरी की दर के अनुसार भारत में शहरी आबादी 2030 तक 57.5 करोड़ पर पहुंच जाने का अनुमान है। 2011 की जनगणना के अनुसार भारत में करीब 52 शहर ऐसे हैं, जिनकी आबादी 10 लाख से अधिक है।

राष्ट्रीय धरोहर शहर विकास और संवर्धन योजना

राष्ट्रीय धरोहर शहर विकास और संवर्धन योजना (एचआरआईडीएवाई) 2015 में शुरू की गई थी और प्रारंभ में इसके अंतर्गत 12 शहरों को शामिल किया गया था। इस कार्यक्रम का लक्ष्य देश में धरोहर शहरों का संरक्षण और उनके मूल एवं बेजोड़ स्वरूप का जीर्णोद्धार करना है। यह मिशन केंद्रीय क्षेत्र के एक कार्यक्रम के रूप में 12 चुने हुए शहरों में चलाया जा रहा है। ये हैं– अजमेर, अमरावती, अमृतसर, बदामी, द्वारका, गया, कांचीपुरम, मथुरा, पुरी, वाराणसी, वेलांकन्नी और वारंगल।

जवाहरलाल नेहरू राष्ट्रीय शहरी नवीकरण मिशन

इस मंत्रालय के प्रमुख कार्यक्रम के रूप में 2005 में जवाहरलाल नेहरू शहरी नवीकरण मिशन (जेएनएनयूआरएम) शुरू किया गया। आवास और शहरी गरीबी उपशमन मंत्रालय द्वारा चलाए जा रहे

जेएनएनयूआरएम के दो घटक हैं- शहरी निर्धनों के लिए बुनियादी सेवाएं (बीएसयूपी) और एकीकृत आवास और स्लम विकास कार्यक्रम (आईएचएसडीपी), जिनका लक्ष्य आवास, बुनियादी सेवाएं और अन्य संबद्ध नागरिक सुविधाएं प्रदान करने के लिए परियोजनाओं के माध्यम से मलिन बस्तियों का एकीकृत विकास करना है, ताकि शहरी निर्धनों को सेवाएं प्रदान की जा सके। शुरू में यह मिशन मार्च 2012 तक सात वर्ष की अवधि के लिए चलाया गया था, जिसे बाद में मार्च 2014 तक बढ़ा दिया गया, ताकि पहले से अनुमोदित परियोजनाएं पूरी की जा सके मार्च 2013 में इस मिशन को एक और वर्ष के लिए बढ़ाते हुए मार्च 2015 तक कर दिया गया। इसका उद्देश्य पहले से जारी कार्यों को पूरा करना था। शहरी आबादी (जनगणना 2001), संस्कृति और पर्यटन की दृष्टि से शहर के महत्व के आधार पर 65 मिशन शहरों की पहचान की गई थी, जिन्हें बीएसयूपी (शहरी निर्धनों को बुनियादी सुविधाएं) के अंतर्गत कवर किया गया और शेष शहरों को आईएचएसडीपी (एकीकृत आवास और स्लम विकास कार्यक्रम) के अंतर्गत कवर किया गया।

बीएसयूपी के अंतर्गत परियोजना लागत में केंद्र और राज्य की हिस्सेदारी 10 लाख (2001 की जनगणना के अनुसार) से अधिक आबादी वाले शहरों के मामले में 50:50, अन्य छोटे शहरों के मामले में 80:20 और पूर्वोत्तर एवं विशेष श्रेणी राज्यों के मामले में 90:10 के अनुपात में होती है। कार्यक्रम के अंतर्गत रिहायशी यूनिटों और संबद्ध ढांचे के निर्माण की समूची लागत बिना किसी सीमा के, केंद्र एवं राज्यों द्वारा वहन की गई। आईएचएसडीपी के अंतर्गत परियोजना लागत शेष छोटे शहरों के लिए 80:20 के अनुपात में और पूर्वोत्तर एवं विशेष श्रेणी राज्यों के मामले में 90:10 के अनुपात में वहन की जाती है। आईएचएसडीपी कार्यक्रम के अंतर्गत बुनियादी ढांचे की लागत सहित प्रति रिहायशी यूनिट लागत की अधिकतम सीमा एक लाख रुपये है।

देश के 65 शहरों में चलाए जा रहे इस कार्यक्रम के अंतर्गत संसाधनों के उच्चतर स्तर और प्रबंधन पर ध्यान केंद्रित किया जाता है। 65 शहरों में से 35 शहर ऐसे हैं जिनकी आबादी 10 लाख से अधिक है और 30 शहर ऐसे हैं, जो या तो राज्य के राजधानी हैं या फिर धरोहर और पर्यटन की दृष्टि से महत्वपूर्ण हैं। शहरी ढांचा और शासन (यूआईजी) के अंतर्गत कुल 55 मिशन शहर कवर किए गए हैं। राज्यों/केंद्रशासित प्रदेशों के अन्य कस्बे लघु और मझोले कस्बों के लिए शहरी ढांचा विकास कार्यक्रम (यूआईडीएसएसएमटी) के अंतर्गत वित्त पोषण के पात्र हैं।

शहरी ढांचा विकास

शहरी विकास मंत्रालय 7 बड़े शहरों के चारों ओर सैटेलाइट टाउनों में शहरी ढांचा विकास के लिए एक प्रायोगिक कार्यक्रम कार्यान्वित कर रहा है। इस कार्यक्रम के उद्देश्य इस प्रकार हैं: (i) 7 बड़े शहरों के चारों ओर सैटेलाइट टाउनों में पेयजल, सीवरेज और ठोस कचरा प्रबंधन आदि शहरी ढांचा सुविधाएं विकसित करना और उनके भावी विकास को व्यवस्थित रूप देना, ताकि बड़े शहरों पर दबाव कम किया जा सके; (ii) ई-गवर्नेंस, संपत्ति कर, डबल एंट्री अकाउंटिंग, बाधामुक्त वातावरण का निर्माण, राष्ट्रीय भवन संहिता के साथ भवन सुरक्षा मानकों का अनुपालन जैसे सुधार लागू करना, जल और जल का ऊर्जा लेखा परीक्षण एवं गंदा पानी प्रबंधन सेवाएं और सेवा स्तरीय बेंचमार्कों का कार्यान्वयन; (iii) सुधारों के कार्यान्वयन को सुदृढ़ बनाना, जैसे उचित उपयोग शुल्क लगाना, बुनियादी सेवाओं के लिए बजट तय करना और शहरी गरीबों के लिए न्यूनतम 10 से 15 प्रतिशत आवास स्थल सुरक्षित करना, आपदा प्रबंधन

के लिए प्रावधान शामिल कराने के लिए विनियम तैयार करना, जल संरक्षण और पुनः उपयोग और गंदे पानी को रिसाइकिल करना तथा सरकारी–निजी भागीदारी (पीपीपी) परियोजनाओं का कार्यान्वयन।

जीर्णोद्धार और शहरी रूपांतरण के लिए अटल मिशन

जीर्णोद्धार और शहरी रूपांतरण के लिए अटल मिशन (अमृत) कार्यक्रम 2015 में शुरू किया गया था। इस कार्यक्रम का मुख्य उद्देश्य 500 शहरों/कस्बों में बुनियादी शहरी ढांचे में सुधार लाना था। इन सभी को मिशन शहरों/कस्बों के रूप में जाना गया। यह मिशन एक केंद्र प्रायोजित कार्यक्रम के रूप में चलाया जा रहा है। इसका लक्ष्य ऐसे सभी शहरों और कस्बों को कवर करना है, जिनकी आबादी एक लाख से अधिक है, जहां छावनी बोर्ड (सिविलियन एरिया) हैं या जो राजधानी शहर, प्रमुख नदियों के किनारे बसे शहर और पर्यटक एवं हिल स्टेशन शहर–पहाड़ों पर बसे शहर सहित अधिसूचित नगर पालिकाओं वाले शहर हैं। अमृत का प्रयोजन (i) यह सुनिश्चित करना कि प्रत्येक घर की पहुंच जलापूर्ति के लिए पानी के नल तक और मल व्ययन के लिए सीवर कनेक्शन तक हो; (ii) हरियाली और खुले स्थानों (उद्यान आदि) का विकास करते हुए शहरों को मनोहर बनाना; और (iii) सार्वजनिक परिवहन के विकल्प को प्रोत्साहित करते हुए अथवा गैर–मोटरचालित यातायात सुविधाओं के निर्माण (जैसे पैदल पथ और साइकिल पथ) के माध्यम से प्रदूषण कम करना। अमृत में राज्यों को आयोजना और परियोजना कार्यान्वयन में समान रूप से भागीदार बनाया जाता है अतः इसमें सहकारी संघवाद की वास्तविक भावना के अनुरूप काम किया जाता है। अभी तक इस मिशन के अंतर्गत 497 शहरों/कस्बों का चयन किया जा चुका है।

स्मार्ट सिटी मिशन

स्मार्ट सिटी मिशन 2015 में शुरू किया गया था। स्मार्ट सिटी मिशन समूची शहरी पारिस्थितिकी प्रणाली को संपूर्ण और एकीकृत आयोजना के सिद्धांतों पर विकसित करने के विचार पर आधारित है। इसमें स्थायी और समावेशी विकास पर ध्यान केंद्रित किया जाता है और इसके पीछे समूचे क्षेत्र का आदर्श विकास करने पर ध्यान दिया जाता है ताकि वह अन्य महत्वाकांक्षी शहरों के लिए एक मिसाल बन सके। स्मार्ट सिटी मिशन का लक्ष्य ऐसे उदाहरण पेश करना है, जिनका स्मार्ट सिटी मिशन के भीतर और उसके बाहर अन्य शहरों द्वारा अनुकरण किया जा सके। इसका उद्देश्य देश के अन्य क्षेत्रों और हिस्सों में इसी तरह के अन्य शहरों का निर्माण करने के लिए प्रेरित करना है। यह मिशन केंद्र प्रायोजित कार्यक्रम के रूप में संचालित किया जा रहा है। दिसंबर 2016 तक इस मिशन के अंतर्गत कुल 60 शहरों को चुना जा चुका था, जिनका कुल शहरी क्षेत्र 9,152 वर्ग किलोमीटर था। स्मार्ट सिटी मिशन में लक्ष्य यह रहता है कि ऐसे शहरों का विकास किया जाए , जो मूलभूत ढांचा उपलब्ध कराते हों और अपने नागरिकों को उत्कृष्ट एवं गुणवत्तापूर्ण जीवन प्रदान करते हों, उनका वातावरण स्वच्छ और स्थिर हो तथा इसके लिए 'स्मार्ट सोल्यूशन्स' अपनाए गए हों। इसमें स्थायी और समावेशी विकास पर ध्यान केंद्रित किया जाता है और इसके पीछे समूचे क्षेत्र का आदर्श विकास करने पर ध्यान दिया जाता है ताकि वह अन्य महत्वाकांक्षी शहरों के लिए एक मिसाल बन सके। स्मार्ट सिटी की मूलभूत ढांचागत विशेषताओं में निम्नांकित शामिल हैं: (i) समुचित जलापूर्ति; (ii) सुनिश्चित विद्युत आपूर्ति; (iii) ठोस कचरा प्रबंधन सहित स्वच्छता सुविधाएं; (iv) सक्षम शहरी गतिशीलता और सार्वजनिक परिवहन, (v) सस्ते आवास, विशेषकर निर्धनों के लिए वहनीय आवास; (vi) सुदृढ़ आईटी कनेक्टिविटी और डिजिटलीकरण; (vii) सुशासन, विशेषकर

ई–गवर्नेंस और नागरिक भागीदारी; (viii) स्थायी पर्यावरण; (ix) नागरिकों की संरक्षा और सुरक्षा, विशेष रूप से महिलाओं, बच्चों और वरिष्ठ नागरिकों की सुरक्षा और (x) स्वास्थ्य और शिक्षा।

जनवरी 2016 में अखिल भारतीय प्रतियोगिता के आधार पर प्रथम चरण में 20 शहरों का चुनाव किया गया। इनमें भुवनेश्वर (ओडिशा), पुणे (महाराष्ट्र), जयपुर (राजस्थान), सूरत (गुजरात) कोच्चि (केरल), अहमदाबाद (गुजरात), जबलपुर (मध्य प्रदेश), विशाखापट्टनम (आंध्र प्रदेश) सोलापुर (महाराष्ट्र), दावणगेरे (कर्नाटक), इंदौर (मध्य प्रदेश), एनडीएमसी (दिल्ली), कोयम्बटूर (तमिलनाडु), काकीनाडा (आंध्र प्रदेश), बेलागवी (कर्नाटक), उदयपुर (राजस्थान), गुवाहाटी (असम), चेन्नई (तमिलनाडु), लुधियाना (पंजाब) और भोपाल (मध्य प्रदेश) शामिल थे। मई 2016 में फास्ट ट्रैक राउंड के दौरान 13 और शहरों का चयन किया गया। ये थे– लखनऊ (उत्तर प्रदेश), वारंगल (तेलंगाना), धर्मशाला (हिमाचल प्रदेश), चंडीगढ़ (चंडीगढ़), रायपुर (छत्तीसगढ़), न्यू टाउन (पश्चिम बंगाल), भागलपुर (बिहार), पणजी (गोवा), पोर्टब्लेयर (अंडमान निकोबार द्वीप समूह), इंफाल (मणिपुर), रांची (झारखंड), अगरतला (त्रिपुरा) और फरीदाबाद (हरियाणा)।

सितंबर 2016 में 27 और शहरों को स्मार्ट शहर बनने की सूची में शामिल किया गया। ये थे – अमृतसर (पंजाब), कल्याण–डोम्बीवली (महाराष्ट्र), उज्जैन (मध्य प्रदेश), तिरुपति (आंध्र प्रदेश), नागपुर (महाराष्ट्र), मंगलोर (कर्नाटक), वेल्लौर (तमिलनाडु), ठाणे (महाराष्ट्र), ग्वालियर (मध्य प्रदेश), आगरा (उत्तर प्रदेश), नासिक (महाराष्ट्र), राउरकेला (ओडिशा), कानपुर (उत्तर प्रदेश), मदुरई (तमिलनाडु), तुमकुरू (कर्नाटक), कोटा (राजस्थान), तंजावुर (तमिलनाडु), नामची (सिक्किम), जालंधर (पंजाब), शिमोगा (कर्नाटक), सेलम (तमिलनाडु)।

शहरी परिवहन

शहरी आबादी में निरंतर बढ़ोतरी और शहरों के बढ़ते आकार को देखते हुए शहरी क्षेत्रों में परिवहन की मांग में तेजी से इजाफा हुआ है। तीव्र विकास के कारण व्यक्तिगत मोटरचालित वाहनों का इस्तेमाल बढ़ता जा रहा है और सार्वजनिक परिवहन, पैदल यात्रियों और गैर–मोटरीकृत माध्यमों की अनदेखी की गई है, जिससे वाहनों की भीड़, वायु प्रदूषण, दुर्घटनाओं में बढ़ोतरी और पेट्रोलियम उत्पादों की खपत में तीव्र वृद्धि जैसी समस्याएं पैदा हुई हैं। शहरी क्षेत्रों में गतिशीलता बढ़ाने और उसके जरिए आर्थिक विकास में मदद पहुंचाने के लिए सार्वजनिक परिवहन में महत्वपूर्ण सुधार लाना, पैदल यात्रियों के लिए सुविधाएं जुटाना और गैर–मोटरचालित परिवहन माध्यमों का इस्तेमाल करना अत्यंत आवश्यक है। ऐसी परिष्कृत गतिशीलता का अनुकूल प्रभाव शहरी निर्धनों के जीवन पर भी पड़ेगा, क्योंकि इससे उन्हें रोज़गार, शिक्षा और स्वास्थ्य देखभाल तक पहुंच कायम करने में मदद मिलेगी। शहरी आयोजना के लिए यह जरूरी है कि प्रत्येक शहरी बस्ती के लिए परिवहन और यातायात योजनाओं का भूमि उपयोग योजनाओं के साथ एकीकरण किया जाए। केंद्र सरकार ने एक राष्ट्रीय शहरी परिवहन नीति तैयार की है। इस नीति में 'मूव पीपल नॉट व्हीकल' यानी 'लोगों की गतिशीलता बढ़ाएं, वाहनों की नहीं' के सिद्धांत पर ध्यान केंद्रित किया जा रहा है। इस नीति के अंतर्गत भूमि उपयोग और परिवहन आयोजना का एकीकरण, सार्वजनिक परिवहन में महत्वपूर्ण सुधार, यातायात के गैर–मोटरचालित माध्यमों को प्रोत्साहित करना, समुचित पार्किंग स्थानों का प्रावधान करना और शहरी यातायात आयोजना में क्षमता निर्माण के लिए व्यापक उपाय शामिल करने पर बल दिया जा रहा है।

दिल्ली मेट्रो (फेज-3)

दिल्ली मेट्रो के तीसरे फेज और उसके विस्तारित चरण में मेट्रो के नेटवर्क में ₹ 41,078.79 करोड़ की लागत से 135.003 किलोमीटर की बढ़ोतरी होगी।

बंगलुरु मेट्रो रेल परियोजना (फेज-1)

बंगलुरु मेट्रो रेल परियोजना फेज-1 में उत्तर-दक्षिण और पूर्व-पश्चिम मार्गों पर 40 स्टेशनों के साथ 42.3 किलोमीटर की मेट्रो लाइन शामिल है। जुलाई 2015 में परियोजना लागत संशोधित करते हुए 13,845.01 करोड़ रुपये निर्धारित की गई। जालाहल्ली और नागसांद्रा के बीच 2.5 किलोमीटर मार्ग (रीच 3-बी) 1 मई, 2015 को चालू हो गया है। रीच-2 के अंतर्गत मागदी रोड से मैसूर रोड तक 6.5 किलोमीटर रेल मार्ग 2015 में चालू हो गया है। अंडरग्राउंड-2 (एमजी रोड से सिटी रेलवे स्टेशन) के अंतर्गत 4.8 किलोमीटर रेल मार्ग 2016 में चालू किया गया। दिसंबर 2016 तक प्रथम चरण की भौतिक और वित्तीय प्रगति क्रमश: 99.48 प्रतिशत और 99 प्रतिशत रही।

बंगलुरु मेट्रो रेल परियोजना (फेज-2)

भारत सरकार ने 2014 में बंगलुरु मेट्रो रेल परियोजना फेज-2 को मंजूरी प्रदान की। इसमें 72.095 किलोमीटर लंबे मार्ग पर 61 स्टेशन होंगे और इसकी अनुमोदित लागत 26,405.14 करोड़ रुपये निर्धारित की गई है। दिसंबर 2016 तक दूसरे चरण की भौतिक और वित्तीय प्रगति 7.50 प्रतिशत और 5.73 प्रतिशत रही है।

चेन्नई मेट्रो रेल परियोजना (फेज-1)

चेन्नई मेट्रो रेल परियोजना के अंतर्गत मार्ग की कुल लंबाई 45.046 किलोमीटर है, जिस पर अनुमानित लागत 14,600 करोड़ रुपये तय की गई है। कोयमबेडु से अलांदुर तक 10.15 किलोमीटर के एलिवेटिड मार्ग पर वाणिज्यिक प्रचालन के लिए 7 स्टेशन खोल दिए गए हैं। 2016 में लिटिल माउंट से एयरपोर्ट स्टेशन तक 8.5 किलोमीटर की एलिवेटिड लाइन पर वाणिजियक प्रचालन शुरू हो गया, जिस पर 5 स्टेशन हैं। अलांदूर से सेंट थॉमस माउंट स्टेशन के बीच 1.2 किलोमीटर लंबा एलिवेटिड रेल मार्ग भी 2016 में वाणिज्यिक प्रचालन के लिए खोल दिया गया।

नागपुर मेट्रो रेल परियोजना

यह मेट्रो रेल परियोजना 38.2015 किलोमीटर लंबी है, जिसमें दो कॉरीडोर अर्थात् लाइन-1 (उत्तर-दक्षिण कॉरीडोर) ऑटोमेटिव स्क्वेयर से मीहान तक 17 स्टेशनों के साथ 19.658 किलोमीटर लंबी है और लाइन-2 (पूर्वी-पश्चिमी कॉरीडोर) प्रजापति नगर से लोकमान्य नगर तक 18.557 किलोमीटर लंबी होगी, जिस पर 19 स्टेशन होंगे और 8,680 करोड़ रुपये की लागत आएगी।

अहमदाबाद मेट्रो रेल परियोजना (फेज-1)

अहमदाबाद मेट्रो रेल परियोजना (फेज-1) में 35.96 किलोमीटर लंबे दो कॉरीडोर शामिल हैं। ये हैं- (i) उत्तर-दक्षिण कॉरीडोर (एपीएमसी से मोटेरा स्टेडियम 15.42 किलोमीटर) और (ii) पूर्व-पश्चिम कॉरीडोर (थलतेजगाम से वस्ट्रलगाम-20.54 किलोमीटर)। इनकी कुल निर्माण लागत 10,773 करोड़ रुपये निर्धारित की गई है।

25 वैज्ञानिक और प्रौद्योगिकी विकास

देश की विज्ञान एवं प्रौद्योगिकी क्षमता तथा सामर्थ्य बढ़ाने के प्रयास में विज्ञान एवं प्रौद्योगिकी विभाग ने कई योजनाएं चलाईं ताकि भारतीय विज्ञान एवं प्रौद्योगिकी समुदाय को वैज्ञानिक एवं तकनीकी विकास करने में सहायता मिल सके। विभाग ने जिन महत्वपूर्ण क्षेत्रों पर अपना ध्यान केंद्रित किया, उनमें से कुछ हैं: विज्ञान के अत्याधुनिक क्षेत्रों में वैश्विक स्तर पर होड़ करने योग्य अनुसंधान एवं विकास (आरएंडडी) के लिए वैज्ञानिकों तथा प्रौद्योगिकी जानकारों की संख्या बढ़ाना, वैज्ञानिक अनुसंधान में भारत की वैश्विक रैंकिंग बेहतर करने के लिए आरएंडडी संस्थानों को प्रोत्साहन देना तथा ढांचागत सुविधाएं तैयार करना, विज्ञान को बढ़ावा देने के लिए बहुपक्षीय साझेदारी की प्रणाली लागू करने में सहयोग करना, राष्ट्रीय अभियानों के जरिए प्रौद्योगिकी लागू करना, राष्ट्रीय चुनौतियों के समाधान हेतु प्रौद्योगिकी का व्यावसायीकरण करने के लिए संस्थाओं और उद्योगों की क्षमता विकसित करना, समाज के सामाजिक-आर्थिक लाभ के लिए उसे विज्ञान एवं प्रौद्योगिकी की जानकारी उपलब्ध कराना और विज्ञान तथा प्रौद्योगिकी क्षेत्र के लिए नीति बनाना।

वेबसाइट: www.dst.gov.in

विज्ञान एवं प्रौद्योगिकी विभाग

विज्ञान, प्रौद्योगिकी एवं नवाचार नीति

2013 में लाई गई नई विज्ञान, प्रौद्योगिकी एवं नवाचार (एसटीआई) नीति में विज्ञान तथा प्रौद्योगिकी क्षेत्र में नवाचार पर जोर दिया गया है। एसटीआई नीति का उद्देश्य वैश्विक स्तर पर होड़ करने की क्षमता हासिल करने और विज्ञान को देश के विकास के एजेंडा से जोड़ना है। नीति का मुख्य लक्ष्य साइंस, रिसर्च एंड इनोवेशन सिस्टम फॉर हाई टेक्नोलॉजी लेड पाथ फॉर इंडिया (सृष्टि) है। विज्ञान, अनुसंधान तथा नवाचार प्रणालियों का एकीकरण करने और भारत को विज्ञान के क्षेत्र में पांच या छह शीर्ष शक्तियों में पहुंचाने की इच्छा नई एसटीआई नीति में स्पष्ट रूप से जताई गई है। इस सपने को साकार करने के लिए विभाग ने पहले ही एक समर्पित नीति अनुसंधान प्रकोष्ठ गठित कर दिया है। देश में विज्ञान, प्रौद्योगिकी तथा नवाचार के क्षेत्र में लागू करने के लिए नए कार्यक्रम एवं कार्ययोजनाएं तैयार की जाएंगी, जिसके लिए शैक्षिक संस्थानों में पांच नीति अनुसंधान केंद्र स्थापित किए गए हैं।

विज्ञान एवं अभियांत्रिकी अनुसंधान

विज्ञान एवं अभियांत्रिकी अनुसंधान बोर्ड (एसईआरबी) की स्थापना से विज्ञान एवं अभियांत्रिकी के अग्रणी क्षेत्रों में अनुसंधान तथा विकास में बहुत मदद मिली है। बोर्ड के बहुआयामी कार्यक्रमों ने विज्ञान एवं प्रौद्योगिकी के विभिन्न हितधारकों तक अपनी पहुंच सुनिश्चित की है। वैज्ञानिकों के सेवा काल के विभिन्न चरणों में प्रतिभा पलायन रोकने के लिए बोर्ड ने कई नए कार्यक्रम आरंभ किए हैं, जैसे अनुसंधान

जल्द आरंभ करने के लिए प्रयोगशाला की स्थापना करने में युवा अध्यापकों की सहायता हेतु अर्ली करियर रिसर्च अवार्ड्स (ईसीआरए)। ईसीआरए के अंतर्गत प्रतिवर्ष 300 अभ्यर्थियों की सहायता की जाएगी।

राष्ट्रीय पोस्ट डॉक्टोरल फेलोशिप (एन–पीडीएफ) योजना 3000 सर्वश्रेष्ठ वैज्ञानिकों को शोध एवं विकास (आर एंड डी) संस्थाओं, उद्योग तथा विश्वविद्यालयों में काम करने तथा मजबूत बनाने के लिए भारत में रहने का मौका देगी। अनुसंधान के उत्कृष्ट क्षेत्रों में गुणवत्तायुक्त कर्मचारियों की संख्या बढ़ाने के लिए 2015–16 में ओवरसीज डॉक्टोरल फेलोशिप आरंभ की गई है। इस कार्यक्रम के अंतर्गत, भारतीय विश्वविद्यालयों/संस्थानों से स्नातक की उपाधि प्राप्त करने वाले भारतीय छात्रों को विदेश में अंतरराष्ट्रीय ख्याति वाली शैक्षिक संस्थाओं में विज्ञान, प्रौद्योगिकी, अभियांत्रिकी तथा चिकित्सा के चुनिंदा क्षेत्रों में पीएचडी करने के लिए फेलोशिप प्रदान की जाती है।

हाई रिस्क–हाई रिवार्ड रिसर्च (अधिक जोखिम और अधिक लाभ वाले अनुसंधान) के लिए वित्तीय सहायता उपलब्ध कराने हेतु एक योजना आरंभ की गई है ताकि सामान्य विज्ञान के बजाय अत्याधुनिक एवं नवाचारी विज्ञान में कार्य किया जाए। इसके अंतर्गत प्रतिवर्ष 10 परियोजनाओं को लगभग 20–20 करोड़ रुपये की सहायता दी जाती है।

युवा प्रतिभाओं को आकर्षित करना

विज्ञान एवं अनुसंधान के लिए प्रतिभाओं को आकर्षित करने के लिए इनोवेशन इन साइंस पर्सूट फॉर इंस्पायर्ड रिसर्च (इंस्पायर) कार्यक्रम चलाया जा रहा है। पिछले 3 वर्ष में 10 से 15 आयु वर्ग में लगभग 3.67 लाख विद्यार्थियों को इंस्पायर अवार्ड दिए गए हैं। कक्षा 11 में विज्ञान पढ़ रहे छात्रों को भारत तथा विदेश के नोबेल विजेताओं समेत प्रमुख वैज्ञानिक हस्तियों से मिलने का मौका देने के लिए 5 दिनों के विज्ञान शिविर आयोजित किए जाते हैं ताकि वे भी आविष्कार करने का आनंद उठा सकें। पिछले तीन वर्षों में लगभग 40,000 विद्यार्थियों को उच्च शिक्षा के लिए छात्रवृत्ति दी गई है। मास्टर्स स्तर पर पहला स्थान प्राप्त करने वाले विद्यार्थियों और एमएससी में 65 प्रतिशत अंकों के साथ मास्टर्स डिग्री लेकर डॉक्टोरल डिग्री के लिए पढ़ाई कर रहे लगभग 3,000 इंस्पायर विद्यार्थियों को पिछले तीन वर्ष से इंस्पायर फेलोशिप दी जा रही है। 27 से 32 वर्ष आयु वर्ग में पोस्ट–डॉक्टोरल शोध करने वालों को बुनियादी एवं व्यावहारिक विज्ञान में 5 वर्ष की अवधि के लिए अनुबंध पर पद देकर इंस्पायर फैकल्टी अवार्ड प्रदान किया जाता है। पिछले तीन वर्षों में 637 अभ्यर्थियों को फैकल्टी अवार्ड दिए गए हैं।

महिला वैज्ञानिकों के लिए अवसर

विज्ञान एवं प्रौद्योगिकी विभाग ने अपनी प्रमुख योजना 'किरण' (नॉलेज इन्वॉल्वमेंट इन रिसर्च एडवांसमेंट थ्रू नर्चरिंग) के अंतर्गत विज्ञान में महिलाओं के लिए विभिन्न कार्यक्रम आरंभ किए। इस अनूठी पहल के जरिए विभाग उन महिला वैज्ञानिकों को भौतिक एवं गणितीय विज्ञान, रसायन विज्ञान, जीव विज्ञान, पृथ्वी एवं वायुमंडलीय विज्ञान तथा अभियांत्रिकी प्रौद्योगिकी में अनुसंधान पूरा करने का अवसर प्रदान करता है, जिन्हें मुख्यतया पारिवारिक कारणों से अपना करियर बीच में ही छोड़ना पड़ा था। 2500 से अधिक महिलाएं इस योजना का लाभ उठा रही हैं। 2016–17 में अनुसंधान एवं विकास की 227 नई परियोजनाओं की सहायता की गई थी।

नैनो विज्ञान एवं प्रौद्योगिकी

अनुसंधान के इस उभरते क्षेत्र में आर एंड डी को सभी प्रकार से बढ़ावा देने के लिए 2007 में राष्ट्रीय नैनो विज्ञान एवं प्रौद्योगिकी अभियान आरंभ किया गया। नैनो अभियान के मुख्य उद्देश्य हैं- बुनियादी अनुसंधान को बढ़ावा देना, अनुसंधान के बुनियादी ढांचे का विकास, नैनो एप्लिकेशन एवं प्रौद्योगिकी का विकास, मानव संसाधन विकास, अंतरराष्ट्रीय गठबंधन तथा राष्ट्रीय विचार-विमर्श आरंभ करना।

जलवायु परिवर्तन

राष्ट्रीय जलवायु परिवर्तन कार्ययोजना के अंतर्गत आरंभ किए गए राष्ट्रीय सतत हिमालयी पारिस्थितिकी मिशन (एनएमएसएचई) तथा जलवायु परिवर्तन पर रणनीतिक ज्ञान के राष्ट्रीय मिशन (एनएमएसकेसीसी) का क्रियान्वयन यही विभाग कर रहा है। इन राष्ट्रीय मिशनों के अंतर्गत छह प्रमुख अनुसंधान कार्यक्रम आरंभ किए गए हैं तथा उनमें मदद की गई है। हिमालय के विषय में जानकारी चाहने वाले व्यक्तियों और समुदायों को जानकारी उपलब्ध कराने के लिए हिमालयाज क्लाइमेट चेंज पोर्टल (http://knowledgeportal-nmshe.in) आरंभ किया गया है।

नवाचार के माहौल को बिना किसी व्यवधान के बढ़ावा देने के इरादे से नेशनल इनीशिएटिव फॉर डेवलपिंग एंड हार्नेसिंग इनोवेशंस (निधि) योजना आरंभ की गई है। नवाचार को बाजार की मूल्य शृंखला से जोड़ने वाली प्रमुख कड़ियों को देशभर में विभिन्न बिंदुओं (प्रत्येक बिंदु में 3 पड़ोसी जिलों का क्लस्टर होगा) पर सहायता प्रदान की जाएगी और इन्हें मजबूत किया जाएगा ताकि नवाचार, उद्यमशीलता एवं विकास में सहयोग के जरिए राष्ट्र निर्माण का अभियान पूरा हो सके। निधि के विशिष्ट घटक हैं- नवाचार को तलाशने के लिए प्रतियोगिताएं; प्रमोशन एंड एक्सीलरेशन ऑफ यंग एंड एस्पाइरिंग इनोवेटर्स एंड स्टार्टअप्स (प्रयास) - विचार से लेकर प्रोटोटाइप तक सहायता; ऑन्त्रप्रेन्यर इन रेजिडेंस (ईआईआर) - जोखिम कम करने के लिए सहायता प्रणाली, स्टार्टअप को बढ़ावा देने के लिए छात्रों को प्रोत्साहित करने हेतु शैक्षिक संस्थाओं में नवाचार एवं उद्यमशीलता विकास केंद्रों (आईईडीसी) के जरिए स्टार्टअप-निधि; मानव संसाधन विकास मंत्रालय के सहयोग से स्टार्टअप केंद्र - राष्ट्रीय उच्च शिक्षण संस्थाओं में उद्यमशीलता की भावना भरना; टेक्नोलॉजी बिजनेस इंक्यूबेटर (टीबीआई) - नए विचारों को स्टार्टअप में बदलना; एक्सीलरेटर - लक्षित हस्तक्षेप के जरिए स्टार्टअप को गति देना; सीड सपोर्ट सिस्टम (एसएसएस) - आरंभ में ही निवेश उपलब्ध कराना; उत्कृष्टता केंद्र - स्टार्टअप को वैश्विक स्तर पर जाने अथवा आकार बढ़ाने में सहायता करने के लिए विश्वस्तरीय प्रतिष्ठान।

भारतीय सर्वेक्षण विभाग

विज्ञान एवं प्रौद्योगिकी मंत्रालय के अधीन भारतीय सर्वेक्षण विभाग की स्थापना 1767 में की गई थी और यह देश का सर्वेक्षण करने तथा मानचित्र तैयार करने वाला राष्ट्रीय संगठन है। राष्ट्र की प्रमुख मानचित्रण एजेंसी के रूप में इसे जो भूमिका दी गई है, उसके अनुसार भारतीय सर्वेक्षण विभाग पर यह सुनिश्चित करने का विशेष दायित्व है कि देश के भू-भाग का सर्वेक्षण कर उसके सटीक मानचित्र बनाए जाएं ताकि तीव्र एवं एकीकृत विकास के लिए आधार मानचित्र तैयार हो सके। साथ ही उसे यह भी सुनिश्चित करना है कि भारत की प्रगति, समृद्धि एवं सुरक्षा में सभी संसाधनों का भरपूर योगदान रहे। भारतीय सर्वेक्षण विभाग की प्रमुख जिम्मेदारी 1:250K, 1:50K तथा 1:25K पैमानों पर स्थलीय भाग के मानचित्र तैयार करना है। 1:250K तथा 1:50K पैमानों पर पूरे देश के स्थलीय भाग के मानचित्र तैयार

हो चुके हैं तथा मानचित्रों को समय-समय पर अद्यतन किया जा रहा है ताकि भू-भाग की नवीनतम जानकारी उनमें शामिल की जा सके। केंद्र/राज्य सरकारों एवं अन्य प्रयोगकर्ता एजेंसियों द्वारा निर्धारित की गई प्राथमिकताओं के अनुसार राष्ट्रीय आवश्यकता के अनुरूप 1:25K पैमाने पर सर्वेक्षण आरंभ किया गया। इससे भू-गणितीय एवं भू-भौतिकी क्षेत्र में, भूकंप विज्ञान तथा ग्लेशियरों के अध्ययन में, अंटार्कटिका में भारतीय वैज्ञानिक अभियानों तथा डिजिटल मानचित्रण एवं डिजिटल फोटोग्रामेट्री से संबंधित परियोजनाओं में हिस्सेदारी के लिए अपनी महारत का इस्तेमाल करने का निर्देश भी दिया गया है ताकि विज्ञान एवं प्रौद्योगिकी विभाग के साथ तालमेल वाली प्राथमिक जानकारी उपलब्ध हो सके।

भारतीय सर्वेक्षण विभाग ने विभिन्न पैमानों पर स्थानिक मानचित्रों के डिजिटल मानचित्र भंडार का जिम्मा भी अपने हाथों में लिया है। इस डिजिटल जानकारी का उपयोग विभिन्न एजेंसियां योजना बनाने एवं जीआईएस एप्लिकेशनों के लिए कर रही हैं। इसने जलविद्युत, सिंचाई, कमान क्षेत्र, नहर क्षेत्र, छावनी क्षेत्र योजनाओं समेत विकास संबंधी विभिन्न योजनाओं का व्यापक स्तर पर सर्वेक्षण भी किया है। भारत की बाहरी सीमा तय करना, देश में प्रकाशित होने वाले मानचित्रों में उन्हें दिखाना तथा राज्यों के बीच सीमाओं के सीमांकन पर सलाह देना भी विभाग की ही जिम्मेदारी है। द्विपक्षीय संधियों के अंतर्गत भारतीय सर्वेक्षण विभाग मानचित्रण, सर्वेक्षण संबंधी शिक्षा, प्रौद्योगिकी हस्तांतरण एवं सर्वेक्षण संबंधी अन्य कई प्रौद्योगिकियों के मामले में नाइजीरिया, अफगानिस्तान, केन्या, इराक, नेपाल, श्रीलंका, जिंबाब्वे, इंडोनेशिया, भूटान, मॉरीशस आदि देशों को भी सहायता प्रदान करता है। संयुक्त राष्ट्र के निर्देश के कारण भारतीय सर्वेक्षण विभाग स्थान संबंधी आंकड़ों का बुनियादी ढांचा तैयार करने की क्षमता हासिल करने में एशिया-प्रशांत क्षेत्र के देशों की भी मदद करता है।

यूएनडीपी की सहायता के अंतर्गत स्थापित किया गया सर्वेक्षण प्रशिक्षण संस्थान, हैदराबाद एक उत्कृष्ट संस्थान है, जो विभाग, राज्य/केंद्र सरकारों के अन्य संगठनों तथा पड़ोसी देशों द्वारा प्रायोजित प्रशिक्षुओं को सर्वेक्षण एवं मानचित्रण के विभिन्न क्षेत्रों में प्रशिक्षण प्रदान करता है।

मई 2005 में घोषित राष्ट्रीय मानचित्र नीति को ध्यान में रखते हुए उन ओपन सीरीज मानचित्रों का प्रकाशन उपयोगकर्ताओं के लिए किया जा रहा है, जो यूटीएम प्रोजेक्शन पर आधारित हैं और सर्वेक्षण तथा मानचित्रण की सभी गतिविधियों में इस्तेमाल हुई जीपीएस प्रणाली के अनुकूल डब्ल्यूजीएस-84 आंकड़े पर आधारित हैं। लैंबर्ट कन्फॉर्मल कोनिक प्रोजेक्शन तथा डब्ल्यूजीएस-84 आंकड़े पर आधारित रक्षा शृंखला के मानचित्र रक्षा बलों के लिए प्रकाशित किए जा रहे हैं और उन्हें गोपनीय करार दिया गया है। भारत तथा अन्य देशों के विभिन्न बंदरगाहों पर समुद्री स्तर के आंकड़े देखकर हिंद महासागर में ज्वार संबंधी जानकारी उपलब्ध कराने में भारतीय सर्वेक्षण विभाग सबसे आगे है। जलवायु विज्ञान संबंधी नमूने तैयार करने, समुद्र के जलस्तर में परिवर्तन का विश्लेषण करने, सुनामी का पूर्वानुमान लगाने जैसे वैज्ञानिक अध्ययन क्षेत्रों के लिए ये महत्वपूर्ण हैं। इसके अतिरिक्त समुद्री यात्रा के लिए भी ये महत्वपूर्ण जानकारी उपलब्ध कराते हैं।

विभिन्न स्तरों पर तथा विभिन्न एजेंसियों द्वारा भू-स्थानिक जानकारी तैयार की जा रही है। उनका प्रयोग विभिन्न उद्देश्यों के लिए किया जा रहा है, जिनमें विभिन्न स्रोतों से मिली जानकारी को एक साथ लाना होता है। जानकारी का एकीकरण करने के लिए भारतीय सर्वेक्षण विभाग ने देशभर में मानक भू-नियंत्रण बिंदुओं का नेटवर्क स्थापित किया है और जिऑयड के लंबवत विवरण को नए सिरे से

परिभाषित करने का भारी भरकम काम अपने हाथ में ले लिया है। इससे भू-स्थानिक जानकारी प्राप्त करने में जुटे उद्योगों तथा अन्य एजेंसियों के साथ-साथ राज्य भू-कर विभाग को राष्ट्रीय संदर्भ प्रणाली में अपना काम करने में सुविधा होगी।

भारतीय सर्वेक्षण विभाग मानचित्रण के क्षेत्र में देश की आवश्यकताएं पूरी करता है, लेकिन अलग-अलग उपयोगकर्ताओं की जरूरतों के मुताबिक विशेष विषयों पर मानचित्र उपलब्ध कराने का काम विभाग के अंतर्गत आने वाला राष्ट्रीय एटलस एवं विषयगत मानचित्रण संगठन (नैटमो) करता है। वह समुचित सामाजिक-आर्थिक जानकारी के साथ संसाधन मानचित्रों को एक साथ लाने तथा उन्हें स्थान के रूप में प्रदर्शित करने पर ध्यान लगाता है, जो विकास की योजनाएं बनाने के लिए उपयोगी हैं। नैटमो अपने मानचित्रों के लिए प्रायोगिक आधार पर रिवर्स प्रिंटिंग की तकनीकी भी विकसित करने का प्रयास कर रहा है। वह मानचित्र छापने के लिए धातु रंगों के प्रयोग की तकनीक अपनाने का प्रयास भी कर रहा है। इन सुविधाओं को आधुनिक भी बनाया जा रहा है।

वेबसाइट: www.surveyofindia.gov.in

वैज्ञानिक एवं औद्योगिक अनुसंधान परिषद

वैज्ञानिक एवं औद्योगिक अनुसंधान परिषद (सीएसआईआर) 1942 में स्थापित की गई स्वायत्तशासी संस्था है, जो विज्ञान एवं प्रौद्योगिकी के विभिन्न क्षेत्रों में अपनी अत्याधुनिक आर एंड डी जानकारी के लिए विख्यात है। पूरे देश में पैठ रखने वाले सीएसआईआर के पास 38 राष्ट्रीय प्रयोगशालाओं, 39 आउटरीच केंद्रों, 3 नवाचार परिसरों तथा 5 इकाइयों का गतिशील नेटवर्क है। आर एंड डी में उसकी विशेषज्ञता तथा अनुभव का कारण 4,000 सक्रिय वैज्ञानिक हैं, जिन्हें करीब 7,000 वैज्ञानिक एवं तकनीकी कर्मियों की मदद मिलती है। रेडियो और अंतरिक्ष भौतिकी, समुद्र विज्ञान, भू-विज्ञान, भू-भौतिकी, रसायन, औषधि, जीनोम अध्ययन, जैव प्रौद्योगिकी एवं नैनो प्रौद्योगिकी से लेकर खनन, वैमानिकी, यंत्रीकरण, पर्यावरण अभियांत्रिकी और सूचना प्रौद्योगिकी समेत विज्ञान एवं प्रौद्योगिकी के तमाम विषय इसके दायरे में आते हैं। पर्यावरण, स्वास्थ्य, पेयजल, खाद्य, आवास, ऊर्जा, चमड़ा, कृषि एवं गैर कृषि जैसे सामाजिक प्रयासों के विभिन्न क्षेत्रों में यह महत्वपूर्ण तकनीकी सहयोग प्रदान करता है। पूरे देश के लिए द्रव्यमान, दूरी, समय, तापमान, प्रवाह आदि को नापने के मानकों का ध्यान भी सीएसआईआर ही रखता है। सीएसआईआर ने पारंपरिक ज्ञान डिजिटल पुस्तकालय (टीकेडीएल) बनाया है और वही उसका संरक्षक है। यह पुस्तकालय भारतीय पारंपरिक ज्ञान के अनैतिक व्यावसायिक दुरुपयोग के खिलाफ शक्तिशाली हथियार है। यह माइक्रोबियल टाइप कल्चर कलेक्शन (एमटीसीसी) और जीन बैंक का संचालन करता है। भारत के बौद्धिक संपदा आंदोलन का अगुआ सीएसआईआर आज अपने पेटेंट के जखीरे को समृद्ध कर रहा है ताकि चुनिंदा प्रौद्योगिकी क्षेत्रों में देश को वैश्विक प्रतिष्ठा मिल सके।

वेबसाइट: www.csir.res.in

परमाणु ऊर्जा

परमाणु ऊर्जा विभाग (डीएई) की स्थापना 1954 में हुई थी और यह परमाणु ऊर्जा प्रौद्योगिकी के विकास, कृषि, चिकित्सा, उद्योग के क्षेत्रों तथा मूलभूत अनुसंधान में विकिरण प्रौद्योगिकियों के उपयोग में लगा है। उनमें से कुछ हैं: (i) स्वदेशी तथा अन्य आजमाई हुई प्रौद्योगिकियों का प्रयोग कर परमाणु

ऊर्जा की हिस्सेदारी बढ़ाना और उससे जुड़े ईंधन चक्र की सुविधाओं वाले फास्ट ब्रीडर रिएक्टर एवं थोरियम रिएक्टर विकसित करना; (ii) रेडियोआइसोटोप के उत्पादन के लिए अनुसंधान रिएक्टरों का निर्माण एवं संचालन करना तथा चिकित्सा, कृषि एवं उद्योग के क्षेत्रों में विकिरण प्रौद्योगिकी का प्रयोग करना; (iii) एक्सीलरेटर, लेजर जैसी उन्नत प्रौद्योगिकियों का विकास करना तथा उद्योगों में प्रौद्योगिकी हस्तांतरण को प्रोत्साहित करना; (iv) परमाणु ऊर्जा तथा उससे संबंधित अग्रणी वैज्ञानिक क्षेत्रों में बुनियादी अनुसंधान में सहायता करना, विश्वविद्यालयों एवं शैक्षिक संस्थाओं से संपर्क करना, डीएई के कार्यक्रमों पर प्रभाव डालने वाली आर एंड डी परियोजनाओं में मदद करना तथा अनुसंधान के संबंधित क्षेत्रों में अंतरराष्ट्रीय सहयोग; तथा (v) राष्ट्रीय सुरक्षा में योगदान करना। संगठनों के एकीकृत समूह के रूप में कार्य करने वाला विभाग पांच अनुसंधान केंद्रों, तीन औद्योगिक संगठनों, पांच सार्वजनिक उपक्रमों और तीन सेवा संगठनों से मिलकर बना है। परमाणु एवं संबंधित क्षेत्रों एवं गणित में बाहरी अनुसंधान को बढ़ावा देने तथा वित्तीय सहायता प्रदान करने के लिए इसमें दो बोर्ड हैं। यह बुनियादी विज्ञान, खगोल विज्ञान, खगोल भौतिकी, कैंसर अनुसंधान, शिक्षा आदि के क्षेत्र में अनुसंधान में जुटे अंतरराष्ट्रीय प्रतिष्ठा प्राप्त सात संस्थानों की मदद भी करता है और एक सोसायटी की सहायता भी करता है, जो डीएई के कर्मचारियों की संतानों को शैक्षिक सुविधाएं प्रदान करती है।

डीएई के पास यूरेनियम खनन तथा खजिन प्रसंस्करण की व्यापक क्षमताएं हैं और भारी जल के उत्पादन तथा प्रेशराइज्ड हेवी वाटर रिएक्टरों के लिए जर्कोनियम मिश्र धातु के घटकों तथा अन्य सामग्री तथा आपूर्ति की उसकी अपनी व्यवस्था है। हैदराबाद में न्यूक्लियर फ्यूल कॉम्प्लेक्स प्रेशराइज्ड हेवी वाटर रिएक्टरों, बॉयलिंग वाटर रिएक्टरों तथा फास्ट ब्रीडर रिएक्टरों के लिए फ्यूल असेंबली तैयार करता है।

वेबसाइट: www.dae.nic.in

भारी जल बोर्ड

भारी जल बोर्ड ने सभी प्रेशराइज्ड हेवी वाटर रिएक्टरों के लिए किफायत के साथ भारी जल का उत्पादन कर परमाणु ऊर्जा कार्यक्रम के पहले चरण में सफल योगदान किया है, जिससे विभाग को आम आदमी के लिए सस्ती परमाणु ऊर्जा उपलब्ध कराने में मदद मिली। बोर्ड देश में भारी जल की मांग स्वयं ही पूरी करने में सक्षम है और डीएई ने परमाणु ऊर्जा के जिस कार्यक्रम की परिकल्पना की है, उसके अनुरूप भविष्य में बनने वाले प्रेशराइज्ड हेवी वाटर रिएक्टरों तथा एडवांस्ड हेवी वाटर रिएक्टरों के लिए भारी जल उपलब्ध कराने के लिए भी वह तैयार है। पिछले कुछ समय में भारी जल बोर्ड इस रणनीतिक सामग्री का सबसे बड़ा वैश्विक उत्पादक और भरोसेमंद आपूर्तिकर्ता बनकर उभरा है।

भारतीय परमाणु ऊर्जा कार्यक्रम के लिए इन कोर तथा आउट ऑफ कोर सामग्री हेतु तकनीकियों के विकास, प्रदर्शन तथा इस्तेमाल के क्षेत्र में अपनी जिम्मेदारी निभाने में भारी जल बोर्ड आगे रहा है। इस सामग्री की जरूरत परमाणु ईंधन चक्र के फ्रंट एंड तथा बैक एंड दोनों में ही पड़ती है और यह मुख्य रूप से तीन क्षेत्रों के लिए होती है – परमाणु ईंधन चक्र की फ्रंट एंड तथा बैक एंड हाइड्रोमेटालर्जी से संबंधित गतिविधियों के लिए विलायक (सॉल्वेंट) के रूप में; विभिन्न दुर्लभ धातुओं को प्राप्त करने के लिए सॉल्वेंट एक्सट्रैक्शन प्रौद्योगिकी के प्रदर्शन के लिए तथा फास्ट ब्रीडर रिएक्टरों के लिए $10^{बी}$ एवं सामाजिक प्रयोग के लिए 18^0 जैसे स्थिर आइसोटोप का निर्माण करने में।

सॉल्वेंट प्रौद्योगिकी

सॉल्वेंट के क्षेत्र में टीबीपी (ट्राईब्यूटाइल फॉस्फेट) और डी2एचपीए के निर्माण के लिए एचडब्ल्यूपी, वडोदरा तथा तलचर के औद्योगिक प्रतिष्ठानों ने बहुत अच्छा काम किया है, जिससे भारी जल बोर्ड को एनएफसी, एनआरबी तथा डीएई की अन्य सभी इकाइयों की सभी जरूरतें पूरी करने में मदद मिली है।

विशेष तथा भविष्य में काम आने वाले सॉल्वेंट जैसे डी2ईएचपीए-II, टीआईएपी, डीएचओए तथा टीएपीओ के विकास के लिए एचडब्ल्यूबी, तूतीकोरिन स्थित वर्सटाइल सॉल्वेंट सिंथेसिस पायलट प्लांट में प्रयास तेज कर दिए गए हैं। वहां इन सॉल्वेंट के औद्योगिक उत्पादन के लिए जानकारी जुटाई जा रही है। भारी जल बोर्ड ने औद्योगिक स्तर पर इन सॉल्वेंटों के उत्पादन में आत्मनिर्भर बनने के लिए सॉल्वेंट उत्पादन संयंत्र लगाना शुरू कर दिया है। बोर्ड डीएई की इकाइयों के साथ मिलकर कुछ विशेष सॉल्वेंट जैसे डीजीए , कैलिजरीन आदि का निर्माण करने की योजना भी बना रहा है।

बोरॉन संवर्द्धन

भारी जल बोर्ड के पास आइसोटोप को अलग करने की प्रक्रिया में दशकों का अनुभव है। फास्ट ब्रीडर रिएक्टर पर आधारित परमाणु ऊर्जा कार्यक्रम के दूसरे चरण में जिस सामग्री की आवश्यकता है, उसे देखते हुए बोर्ड ने संवर्द्धित बोरॉन के निर्माण के लिए देसी तकनीकी का विकास, प्रदर्शन और उपयोग किया। इस क्षेत्र में बोर्ड अब पूरी तरह सक्षम है और विभिन्न रासायनिक रूपों में वह 95 प्रतिशत से अधिक संवर्द्धन कर सकता है। परमाणु ऊर्जा कार्यक्रम के दूसरे चरण की मदद के लिए भारी जल बोर्ड ने प्रेशराइज्ड फास्ट ब्रीड रिएक्टर के पहले कोर के लिए समूचा सवंर्द्धित बोरॉन मुहैया करा दिया है।

सोडियम

फास्ट ब्रीडर रिएक्टर के लिए सोडियम एक अन्य महत्वपूर्ण सामग्री है, जो रिएक्टर को ठंडा करने के लिए कूलैंट के रूप में काम करती है। भारतीय आर एंड डी संगठनों के साथ नेटवर्क तैयार कर भारी जल बोर्ड ने परमाणु ग्रेड वाले सोडियम के उत्पादन के लिए स्वदेशी और अधिक सुरक्षित क्लोज्ड इलेक्ट्रोलिटिक सेल प्रौद्योगिकी विकसित की है। लगातार बढ़ते आकार वाले सेल का परीक्षण किया जाता है जिससे कि अंत में औद्योगिक स्तर पर उत्पादन का संयंत्र स्थापित किया जा सके।

खजिन अन्वेषण एवं खनन

परमाणु खनिज अन्वेषण एवं अनुसंधान निदेशालय (एएमडी) का जोर यूरेनियम, थोरियम तथा दुर्लभ धातुओं के संवर्द्धन पर है। इसके लिए उसने पूरे वर्ष एकीकृत, बहुपक्षीय पद्धति एवं कर्मचारियों के समझदारीभरे उपयोग द्वारा अन्वेषण की गतिविधियां जारी रखीं। परिणामस्वरूप आंध्र प्रदेश, मेघालय, राजस्थान तथा झारखंड के क्षेत्रों में 15,775 टन से भी अधिक यूरेनियम ऑक्साइड का अतिरिक्त भंडार तैयार हो गया।

ईंधन उत्पादन

न्यूक्लियर फ्यूल कॉम्प्लेक्स (एनएफसी) एनपीसीआईएल के प्रेशराइज्ड हेवी वाटर रिएक्टरों (पीएचडब्ल्यूआर) तथा बॉयलिंग वाटर रिएक्टरों (बीडब्ल्यूआर) के लिए ईंधन का उत्पादन एवं आपूर्ति करता है। इस अवधि में पीएचडब्ल्यूआर ईंधन, पीएचडब्ल्यूआर ईंधन ट्यूब, नियोबियम धातु तथा एसएस ट्यूब आदि का सार्वकालिक सर्वाधिक उत्पादन किया गया। एनएफसी ने 12वीं पंचवर्षीय योजना के दौरान 19 नई परियोजनाएं तथा एमटीए के अंतर्गत 3 नई परियोजनाएं आरंभ कीं।

बिजली क्षेत्र के लिए आर एंड डी सहयोग

परमाणु बिजली कार्यक्रम के लिए अनुसंधान एवं विकास संबंधी सहायता डीएई के अनुसंधान केंद्रों से मिलती है। भारत के प्रेशराइज्ड वाटर रिएक्टरों की संतुलन की अवस्था में ईंधन का प्रयोग बढ़ाया गया ताकि 235यूरेनियम की 4.22 प्रतिशत औसत मात्रा वाली फ्यूल असेंबली से 45 गीगावाट प्रतिदिन प्रति टन ऊर्जा (डिस्चार्ज बर्नअप) प्राप्त की जा सके। हाइड्रोजन दहन के दौरान विभिन्न भौतिक एवं रासायनिक प्रक्रियाओं को समझने के लिए प्रायोगिक आंकड़ों का उपयोग कर दहन, ज्वाला में तीव्रता तथा विस्फोट के संख्यात्मक नमूने विकसित किए गए एवं उन्हें प्रमाणित किया गया। सीमित तत्व विश्लेषण तथा सीमित लोड अनुमानों द्वारा एचडब्ल्यूपी, कोटा के दूसरे चरण वाले हॉट टावर की काम करने की क्षमता तथा बची हुई जीवन अवधि का आकलन किया गया।

स्वास्थ्य सुरक्षा एवं वातावरण

एनपीसीआईएल ने दिसंबर 2015 के अंत तक 430 रिएक्टरों का सुरक्षित परिचालन रिकॉर्ड किया। परिचालन केंद्रों की सुरक्षा की समीक्षा नियमित रूप से की गई। इसने परमाणु ऊर्जा संयंत्रों के परिचालन के कारण सार्वजनिक स्थानों पर विकिरण का उत्सर्जन कम से कम रखा। एनपीसीआईएल के सभी चालू संयंत्रों में आईएसओ-14001:2004 प्रमाणन वाली पर्यावरण प्रबंधन प्रणाली (ईएमएस) तथा आईएसओ-18001:2007 प्रमाणन वाली पेशेवर स्वास्थ्य एवं सुरक्षा प्रबंधन प्रणाली (ओएचएसएमएस) रखी जाती है और लगातार सुधार के लिए ऑडिट (आंतरिक, वाह्य तथा प्रबंधन) किए गए।

ट्रॉम्बे में पीआरटीआरएफ में ऑनलाइन थोरॉन निगरानी नेटवर्क लगाया गया ताकि संयंत्र में विभिन्न स्थानों पर थोरॉन गैस के घनत्व पर नजर रखी जा सके। मुंबई तथा तारापुर में बार्क के विभिन्न संयंत्रों में संपूर्ण शरीर/फेफड़ों एवं जैव अपशिष्टों (मल-मूत्र) के नमूनों के विश्लेषण द्वारा पेशेवर कर्मचारियों का आंतरिक जोखिम आकलन किया गया। भारी जल बोर्ड के सभी संयंत्र आईएसओ गुणवत्ता प्रबंधन प्रणाली, पर्यावरण प्रबंधन प्रणाली एवं ओएसएचए द्वारा प्रमाणित हैं। भारी जल के संयंत्रों के सकल सुरक्षा मानक देश में उन्हीं के समान रासायनिक उद्योगों की तुलना में बहुत बेहतर हैं।

फास्ट ब्रीडर रिएक्टर

परमाणु ऊर्जा उत्पादन कार्यक्रम के दूसरे चरण के लिए इंदिरा गांधी परमाणु अनुसंधान केंद्र (आईजीसीएआर) सोडियम से ठंडे होने वाले फास्ट ब्रीडर रिएक्टर तथा उससे जुड़ी ईंधन चक्र प्रौद्योगिकियां तैयार कर रहा है। ब्रीडर रिएक्टर जितने ईंधन की खपत करते हैं, उससे ज्यादा ईंधन का उत्पादन करते हैं। आईजीसीएआर के फास्ट रिएक्टर कार्यक्रम को रिएक्टर अभियांत्रिकी, धातु कर्म, सामग्री विज्ञान, यंत्रीकरण, सुरक्षा आदि के क्षेत्र में उसके अनुसंधान तथा विकास प्रयासों से बल मिलता है। कलपक्कम पर 25 वर्ष से भी अधिक समय से काम कर रहे फास्ट ब्रीडर टेस्ट रिएक्टर ने भी फास्ट रिएक्टरों से संबंधित प्रौद्योगिकी के विकास में सहायता की है।

फास्ट ब्रीडर टेस्ट रिएक्टर

2015-16 में आईजीसीएआर का सबसे उम्दा उत्पाद यानी फास्ट ब्रीडर टेस्ट रिएक्टर (एफबीटीआर) एफबीआर कार्यक्रमों के लिए ईंधन, संरचनात्मक सामग्री तथा विशेष न्यूट्रॉन डिटेक्टरों के परीक्षण में महत्वपूर्ण भूमिका निभाता रहा।

थोरियम आधारित रिएक्टर

विश्व की ऊर्जा संबंधी मांग के बड़े हिस्से को पूरा करने के लिए क्लोज्ड फ्यूल साइकल वाली परमाणु ऊर्जा ही एकमात्र टिकाऊ विकल्प है। दुनिया में यूरेनियम से अधिक थोरियम भंडार हैं। इसीलिए थोरियम को 'भविष्य का ईंधन' माना जाता है। भारतीय परमाणु ऊर्जा कार्यक्रम के तीसरे चरण का उद्देश्य वाणिज्यिक स्तर पर बिजली उत्पादन के लिए थोरियम को बतौर ईंधन प्रयोग करना है। थोरियम के ईंधन चक्र में थोरियम-232 को विखंडनीय आइसोटोप यूरेनियम-233 में बदल दिया जाता है, जो परमाणु ईंधन है। इस कार्यक्रम के एक भाग के रूप में बार्क 300 मेगावाट का उन्नत हेवी वाटर रिएक्टर (एएचडब्ल्यूआर) का विकास कर रहा है। ईंधन के रूप में थोरियम का प्रयोग और हल्के जल को कूलेंट तथा भारी जल को मॉडरेटर के रूप में इस्तेमाल करने वाले इस रिएक्टर में कई उन्नत परोक्ष सुरक्षा गुण होंगे।

कलपक्कम मिनी (कामिनी) रिएक्टर

अंतरिक्ष विभाग के लिए विभिन्न पाइरो उपकरणों की न्यूट्रॉन रेडियोग्राफी हेतु कामिनी रिएक्टर का सफल परिचालन किया गया। पीएफबीआर के न्यूट्रॉन प्रवाह को नापने के लिए आवश्यक उच्च तापमान वाले विखंडन चैंबरों का सफल परीक्षण किया गया।

अनुसंधान रिएक्टर

ध्रुव ने उच्च सुरक्षा स्तर तथा उपलब्धता कारक पर 100 मेगावाट थर्मल की ऊर्जा पर परिचालन किया। देशभर के कई अनुसंधानकर्ताओं ने वैज्ञानिक अनुसंधान के लिए यूजीसी-डीएई गठबंधन की न्यूट्रॉन बीम सुविधा का प्रयोग किया।

उन्नत प्रौद्योगिकियां

डीएई के अनुसंधान केंद्र एक्सीलरेटर, लेजर, उन्नत सामग्री, रोबोटिक्स, सुपरकंप्यूटर, यंत्रीकरण एवं अन्य उन्नत प्रौद्योगिकियों के विकास में लगे रहते हैं। बार्क, आरकैट, वीईसीसी और ब्रिट विकिरण प्रौद्योगिकियों के विकास में लगे हैं। साथ ही वे फसल की बेहतर किस्मों, फसल सुरक्षा की तकनीकों, कटाई के बाद के लिए विकिरण आधारित तकनीकों, कैंसर जैसे रोगों के रेडियो-निदान तथा रेडियोधर्मी उपचार के लिए तकनीकों, सुरक्षित पेयजल, बेहतर पर्यावरण तथा औद्योगिक वृद्धि हेतु तकनीकों में उनके उपयोग तलाशने में भी जुटा है।

इलेक्ट्रॉनिक्स एवं यंत्रीकरण

इलेक्ट्रॉनिक्स कॉर्पोरेशन ऑफ इंडिया लिमिटेड (ईसीआईएल) परमाणु ऊर्जा, रक्षा, अंतरिक्ष प्रौद्योगिकी, सुरक्षा, सूचना प्रौद्योगिकी एवं ई-प्रशासन क्षेत्रों के लिए इलेक्ट्रॉनिक उपकरणों की डिजाइनिंग, विकास, निर्माण, आपूर्ति, स्थापना एवं आरंभ में लगी रही। इस वर्ष पेश किए गए कुछ नए उत्पादों में यूरेनियम एनालाइजर, सॉलिड स्टेट डिजिटल वीडियो रिकॉर्डर सिस्टम, रडार टारगेट ईको सिम्युलेटर, हाई पावर सॉलिड स्टेट स्विच, टीडीएम सिग्नल एनलाइजर और डी-मल्टीप्लेक्सर एवं लाइनक्स आधारित ईसीएससीएडीए सर्वर सॉफ्टवेयर शामिल हैं।

रोबोटिक्स

न्यूरोसर्जरी करने के लिए बार्क (बीएआरसी) में रोबोट पर आधारित फ्रेमलेस स्टीरियोटैक्टिक प्रणाली विकसित की गई है, जिसमें फ्रेम आधारित प्रणाली के बराबर सटीकता है और मरीजों के लिए आराम का

स्तर भी उतना ही है। बेहद सटीक क्षमता वाले रोबोट का प्रयोग कर यह फ्रेमरहित स्टीरियोटैक्सी को स्वचालित बना देता है। 4 डीओएफ (डिग्री ऑफ फ्रीडम) वाली सर्जिकल को-ऑर्डिनेट मीजरिंग मैकेनिज्म (एससीएमएम) पर आधारित रोबोट, 6 डीओएफ वाली पैरेलल काइनेमैटिक मैकेनिज्म (6डी-पीकेएम) पर आधारित रोबोट एवं न्यूरोसर्जरी के दौरान शल्य चिकित्सक की सहायता के लिए विजुअलाइजेशन डिस्प्ले इस प्रणाली के प्रमुख घटक हैं।

क्रायोजेनिक्स

वीईसीसी में सुपरकंडक्टिंग इलेक्ट्रॉन और हेवी आयन लाइनैक्स के लिए तरल हीलियम एवं तरल नाइट्रोजन हेतु क्रायोजेन वितरण लाइन, हीलियम के लिए वातावरण के नीचे निर्वात की परत वाली लाइन, हीलियम बफर टैंकों एवं कंप्रेसरों के बीच गर्म हीलियम की लाइन वाली क्रायोजेनिक प्रणाली तथा 500 वाट का हीलियम लिक्विफायर लगाए जा रहे हैं। क्रायोजेनिक प्रणाली की डिजाइन को अंतिम रूप दे दिया गया है।

रेडियोआइसोटोप एवं विकिरण प्रौद्योगिकी तथा उनके प्रयोग

स्वास्थ्य सेवा, उद्योग, कृषि एवं अनुसंधान में विभिन्न रेडियोआइसोटोप के विकास तथा प्रयोगों में डीएई महत्वपूर्ण भूमिका निभाता रहा है। डीएई के सतत प्रयासों के परिणामस्वरूप आज भारत आइसोटोप प्रौद्योगिकी के अग्रणी देशों में शामिल है।

रेडियोआइसोटोप ट्रॉम्बे के ध्रुव अनुसंधान रिएक्टर में, एक्सीलरेटर कोलकाता तथा एनपीसीआईएल के विभिन्न परमाणु बिजली संयंत्रों में बनाए जाते हैं। समीक्षाधीन अवधि के दौरान चिकित्सा, औद्योगिक एवं अनुसंधान प्रयोग के लिए बार्क द्वारा विभिन्न प्रकार के आइसोटोप तैयार किए गए एवं उपलब्ध कराए गए। विकिरण एवं आइसोटोप प्रौद्योगिकी बोर्ड (ब्रिट) ने चिकित्सा एवं औद्योगिक उपयोग के लिए विभिन्न प्रकार के रेडियोआइसोटोप उत्पाद एवं विकिरण प्रौद्योगिकी उपकरणों का निर्माण किया तथा आपूर्ति की। विकिरण द्वारा चिकित्सा उत्पादों के रोगाणु नष्ट करने तथा मसलों एवं संबंधित उत्पादों का प्रसंस्करण करने के लिए ब्रिट के संयंत्रों ने चिकित्सा एवं कृषि उद्योग को सेवाएं देना जारी रखा। विकिरण प्रौद्योगिकी पर आधारित उपकरणों एवं प्रौद्योगिकियों से विभिन्न प्रकार के औद्योगिक तथा सामाजिक क्षेत्रों को लाभ प्राप्त हुआ।

होमी भाभा राष्ट्रीय संस्थान

मानव संसाधन विकास मंत्रालय द्वारा मानद विश्वविद्यालय का दर्जा प्राप्त होमी भाभा राष्ट्रीय संस्थान (एचबीएनआई) के दस वर्ष पूरे हो गए। एचबीएनआई ने अपने आठ शिक्षा बोर्डों में विभिन्न पाठ्यक्रमों-रसायन विज्ञान, अभियांत्रिकी विज्ञान, स्वास्थ्य विज्ञान, जीव विज्ञान, गणितीय विज्ञान, भौतिक विज्ञान, सामरिक अध्ययन तथा स्नातक अध्ययन के जरिए अपने शैक्षिक कार्यक्रम जारी रखे। विद्यार्थियों को पीएचडी समेत उपाधियां तथा डिप्लोमा दिए गए। एचबीएनआई ने देश-विदेश में उत्कृष्ट अनुसंधान एवं शैक्षिक संस्थानों के साथ अपने संपर्क और भी मजबूत किए।

प्रशिक्षण

बार्क में ओरिएंटेशन कोर्स फॉर इंजीनियरिंग ग्रेजुएट्स एंड साइंस पोस्ट ग्रेजुएट्स तथा डीएई ग्रेजुएट फेलोशिप स्कीम्स के तहत उच्च मानकों के साथ प्रशिक्षुओं का चयन किया गया। आईजीसीएआर में

प्रशिक्षु वैज्ञानिक अधिकारियों के लिए प्रशिक्षण कार्यक्रम एवं शामिल किए गए शोधार्थियों अभियांत्रिकी एवं मूलभूत विज्ञान के अग्रणी क्षेत्रों में डॉक्टोरल कार्यक्रम जारी रखे गए। बार्क ट्रेनिंग स्कूल के एएमडी परिसर, हैदराबाद में भू-विज्ञान तथा भू-भौतिकी के प्रशिक्षु वैज्ञानिक अधिकारियों को प्रशिक्षित करने की प्रक्रिया छठे वर्ष भी जारी रही।

'प्रशिक्षणेषु दक्षप्रायते - प्रशिक्षण से सशक्तीकरण' के अपने ध्येय वाक्य के अनुरूप प्रशासनिक प्रशिक्षण संस्थान ने प्रशिक्षण में 2015 का उत्कृष्टता राष्ट्रीय सम्मान प्राप्त कर राष्ट्रीय स्तर पर अपनी उपस्थिति दर्ज कराई। वर्ष के दौरान संस्थान ने विभिन्न प्रकार के कार्यक्रम संचालित किए , जिनमें भर्ती से लेकर सेवानिवृत्ति के बाद तक तथा सेवा के दौरान समय-समय पर होने वाले कार्यक्रम एवं विषय विशेष के लिए कार्यशालाएं शामिल थीं ताकि गहन एवं व्यापक जानकारी प्राप्त हो सके।

भारत का अंतरिक्ष कार्यक्रम

देश में अंतरिक्ष संबंधी गतिविधियां 1962 में भारतीय राष्ट्रीय अंतरिक्ष अनुसंधान समिति के गठन के साथ आरंभ हुईं। उसी वर्ष तिरुवनंतपुरम के निकट थुंबा इक्वेटोरियल रॉकेट लॉन्चिंग स्टेशन पर भी कार्य आरंभ हो गया। अगस्त 1969 में भारतीय अंतरिक्ष अनुसंधान संगठन (इसरो) की स्थापना की गई। 1972 में अंतरिक्ष आयोग की स्थाना की गई तथा अंतरिक्ष विभाग स्थापित हुआ और 1972 में ही इसरो को अंतरिक्ष विभाग के अधीन कर दिया गया। अंतरिक्ष आयोग ने देश के सामाजिक-आर्थिक लाभ के लिए अंतरिक्ष विज्ञान एवं प्रौद्योगिकी के विकास एवं प्रयोग को बढ़ावा देने के उद्देश्य से नीतियां बनाईं तथा भारतीय अंतरिक्ष कार्यक्रम के क्रियान्वयन पर नजर रखी। अंतरिक्ष विभाग ने इन कार्यक्रमों को मुख्यतया भारतीय अंतरिक्ष अनुसंधान संगठन (इसरो), भौतिक अनुसंधान प्रयोगशाला (पीआरएल), राष्ट्रीय वायुमंडलीय अनुसंधान प्रयोगशाला (एनएआरएल), पूर्वोत्तर अंतरिक्ष अनुप्रयोग केंद्र तथा सेमी-कंडक्टर प्रयोगशाला के जरिए क्रियान्वित किया। 1992 में सरकारी स्वामित्व वाली कंपनी के रूप में गठित एंट्रिक्स कॉर्पोरेशन अंतरिक्ष संबंधी उत्पादों तथा सेवाओं की मार्केटिंग करती है। अंतरिक्ष प्रणालियों की स्थापना तथा उनके प्रयोगों का समन्वय राष्ट्रीय स्तर की समितियां इनसैट समन्वय समिति, राष्ट्रीय प्राकृतिक संसाधन प्रबंध प्रणाली पर योजना समिति एवं अंतरिक्ष विज्ञान पर सलाहकार समिति करती हैं।

मार्च 2016 से जून 2017 के बीच भारतीय अंतरिक्ष कार्यक्रम ने ऐसी कई उपलब्धियां हासिल कीं, जिन पर देश ही नहीं बल्कि विदेश का भी ध्यान आकर्षित हुआ। प्रक्षेपण यानों के बारह अभियान सफलतापूर्वक पूरे किए गए, जिनमें सात पीएसएलवी, दो जीएसएलवी-एमके 2 और एक जीएसएलवी-एमके 3 शामिल हैं, जिनका प्रक्षेपण सतीश धवन अंतरिक्ष केंद्र (शार), श्रीहरिकोटा से किया गया। इसके अलावा इसरो के दस उपग्र, छात्रों द्वारा बनाए गए चार उपग्रह तथा 152 विदेशी उपग्रह भी इन मिशनों द्वारा प्रक्षेपित किए गए। भारत के संचार उपग्रह जीसैट-18 और जीसैट-17 भी फ्रेंच गुयाना से सफलतापूर्वक प्रक्षेपित किए गए। पोलर सैटेलाइट लॉन्च व्हीकल (पीएसएलवी) ने एक ही अभियान में 104 उपग्रह छोड़ने की अनूठी उपलब्धि हासिल की और एक ही अभियान के दौरान दो अलग-अलग कक्षाओं में उपग्रह स्थापित करने की क्षमता भी दिखाई। इसरो ने प्रक्षेपण यान प्रौद्योगिकी में नई तकनीकों का प्रदर्शन भी किया। रियूजेबल लॉन्च व्हीकल-टेक्नोलॉजी डेमॉन्सट्रेटर (आरएलवी-टीडी) तथा स्क्रैमजेट इंजन टेक्नोलॉजी डेमॉन्सट्रेटर अपनी पहली परीक्षण उड़ान में सफल रहे। इसके अलावा जियोसिन्क्रॉनस सैटेलाइट लॉन्च व्हीकल - मार्क 2 (जीएसएलवी-एमके 2) स्वदेशी क्रायोजेनिक अपर स्टेज ले जा रहे जीएसएलवी का लगातार तीसरा सफल प्रक्षेपण साबित हुआ। मंगलयान ने मंगल ग्रह के

चारों ओर अपनी कक्षा में दो वर्ष की वांछित अवधि सफलतापूर्वक पूरी की। साथ ही भारत की अनेक तरंगदैर्घ्यों वाली वेधशाला एस्ट्रोसैट ने कक्षा में अपना एक वर्ष पूरा किया।

वेबसाइट: www.isro.org

प्रक्षेपण यान कार्यक्रम

भारत के प्रक्षेपण यान पीएसएलवी ने अड़तीसवां प्रक्षेपण (पीएसएलवी–सी36) पूरा किया। यह इसका लगातार सैतीसवां सफल प्रक्षेपण था, जिससे अपनी श्रेणी में इस यान की विश्वसनीयता साबित हुई। 8 सितंबर, 2016 को स्वदेशी क्रायोजेनिक अपर स्टेज (सीयूएस) के साथ जीएसएलवी (एमके–2) ने देश के नवीनतम मौसम उपग्रह इनसैट–3डीआर का सफल प्रक्षेपण हुआ। इस अभियान (जीएसएलवी–एफ 05) ने इसरो द्वारा विकसित सीयूएस इंजन तथा चरण की विश्वसनीयता एक बार फिर प्रदर्शित की। स्वदेश निर्मित सीयूएस का प्रयोग करने के लिए यह जीएसएलवी की चौथी उड़ान थी। स्वदेश में निर्मित क्रायोजेनिक इंजन के नए मॉडल के साथ पहली उड़ान जीएसएलवी–एमके3–डी1 को सफलतापूर्वक पूरा किया गया। 4 टन तक की श्रेणी वाले उपग्रहों को जियोसिन्क्रॉनस ट्रांसफर कक्षाओं में स्थापित करने की बेहतर प्रक्षेपण क्षमताओं की दिशा में यह बड़ा कदम रहा।

इसके अलावा इस वर्ष उन्नत प्रक्षेपण यान प्रौद्योगिकी अभियान के हिस्से के रूप में अनुसंधान एवं विकास की गतिविधियों को पुनः प्रयोग योग्य प्रक्षेपण यान आरएलवी–टीडी तथा स्क्रैमजेट इंजन टेक्नोलॉजी डेमॉन्स्ट्रेटर (स्क्रैमजेट–टीडी) के सफल परीक्षण से बल मिला। साथ ही सेमी क्रायोजेनिक इंजन के मोर्चे पर विकास के प्रयास भी बढ़ाए गए ताकि देश की प्रक्षेपण क्षमता बढ़ाई जा सके। मानव को अंतरिक्ष की उड़ान कराने के लिए आवश्यक प्रौद्योगिकियों के विकास के मोर्चे पर भी इस अवधि में प्रगति की गई।

उपग्रह कार्यक्रम

इस वर्ष आईआरएनएसएस समूह के छठे और सातवें उपग्रहों आईआरएनएसएस–1एफ तथा 1जी को पीएसएलवी–सी32 और पीएसएलवी–सी33 पर लादकर सफलतापूर्वक प्रक्षेपित किया गया, जिससे राष्ट्र को समर्पित किया गया आईआरएनएसएस समूह पूरा हुआ। आईआरएनएसएस उपग्रहों में आई–1के ढांचा है, जिसमें लगभग 1,660 मेगावाट बिजली संभालने की क्षमता है तथा 1,425 किलोग्राम भार है। अपने पांच पूर्ववर्ती उपग्रहों की ही तरह आईआरएनएसएस–1एफ तथा 1जी में दिशा और मार्ग बताने वाला (नेविगेशन) पेलोड तथा रेंजिंग पेलोड भी है। आईआरएनएसएस–1एफ और 1जी के नेविगेशन पेलोड, रेंजिंग पेलोड और टीटीएंडसी ट्रांसपॉण्डर के कक्षा परीक्षण वर्ष के दौरान सफलतापूर्वक पूरे हुए और उपग्रहों को नेविगेशन गतिविधियों की स्वीकृति मिल गई।

अंतरिक्ष विज्ञान कार्यक्रम

भारत के पहले अंतरग्रही अभियान मंगलयान ने मंगल के चारों ओर अपनी कक्षा में दो वर्ष पूरे किए। मंगलयान अंतरिक्ष यान के स्वास्थ्य संबंधी मानक सामान्य हैं और पांचों पेलोड उपयोगी जानकारी भेज रहे हैं। मार्स ऑर्बिटर ने कक्षा में 1,000 दिन पूरे किए। मार्स कलर कैमरा ने करीब 600 चित्र भेजे हैं।

अंतरिक्ष अनुप्रयोग तथा आपदा प्रबंधन सहायता

भारतीय अंतरिक्ष कार्यक्रम के उपयोग केंद्रित प्रयास और उसके जरिए देश को मिलने वाले लाभ ही उसकी विशेषता रहे हैं। दूर–शिक्षा (टेली–एजूकेशन) तथा दूर–चिकित्सा (टेली–मेडिसिन) के क्षेत्र में

इनसैट/जीसैट उपग्रहों द्वारा की जा रही समाज की सेवा इस वर्ष भी जारी रही। राष्ट्रीय प्राकृतिक संसाधन प्रबंधन प्रणाली के बहुमुखी क्रियान्वयन ढांचे के जरिए देश में राष्ट्रीय, राज्य तथा स्थानीय स्तरों पर दूर-संवेदी अनुप्रयोग परियोजनाएं चलाई गईं। भारतीय दूरसंवेदी उपग्रह समूह ने कृषि फसलों के भंडार, कृषि अकाल, जंगल की आग, भूस्खलन एवं भूकंप निगरानी, गैस पाइपलाइन की निगरानी, भूजल संभावना के मापन, भंडार, ग्लेशियर से बनीं झील/जल निकायों की निगरानी एवं उपग्रह की सहायता से राहत एवं बचाव में मदद की।

इसरो का आपदा प्रबंधन सहायता (डीएमएस) कार्यक्रम आपदाओं के प्रभावी प्रबंधन के लिए स्थान आधारित जानकारी एवं सूचना तथा संचार के साधन उपलब्ध कराता रहा। राष्ट्रीय दूरसंवेदी केंद्र में स्थापित निर्णय सहायता केंद्र (डीएमएस-डीएससी) बाढ़, चक्रवात, भूस्खलन, भूकंप और जंगल की आग जैसी प्राकृतिक आपदाओं की निगरानी में लगा हुआ है।

अंतरिक्ष वाणिज्य

अंतरिक्ष विभाग की वाणिज्यिक शाखा एंट्रिक्स कॉर्पोरेशन वैश्विक बाजार में भारतीय अंतरिक्ष उत्पादों एवं सेवाओं की मार्केटिंग कर रही है। एंट्रिक्स के साथ वाणिज्यिक करार के तहत अभी तक पीएसएलवी अंतरराष्ट्रीय ग्राहकों के 209 उपग्रह सफलतापूर्व प्रक्षेपित कर चुका है।

अंतरराष्ट्रीय सहयोग

अंतरराष्ट्रीय सहयोग भारत की अंतरिक्ष गतिविधियों का अटूट अंग रहा है और इसरो ने विभिन्न अंतरिक्ष एजेंसियों एवं अंतरिक्ष से संबंधित निकायों के साथ द्विपक्षीय एवं बहुपक्षीय संबंधों को महत्व देना जारी रखा है। इसके पीछे उसका उद्देश्य नई वैज्ञानिक एवं तकनीकी चुनौतियों का सामना करना, शांतिपूर्ण उद्देश्यों के इरादे से बाहरी अंतरिक्ष के उपयोग के लिए अंतरराष्ट्रीय खाका परिभाषित करना, अंतरिक्ष नीतियों को बेहतर बनाना तथा देशों के साथ संबंध स्थापित करना एवं मौजूदा संबंधों को मजबूत बनाना है। इसरो ने फ्रांस, संयुक्त अरब अमीरात, जापान, अमरीका, वियतनाम, अफगानिस्तान एवं रूस की अंतरिक्ष एजेंसियों तथा अमेरिकी भूगर्भीय सर्वेक्षण के साथ सहयोग के समझौते किए।

भारतीय अंतरिक्ष विज्ञान एवं प्रौद्योगिकी संस्थान

भारतीय अंतरिक्ष कार्यक्रम के लिए मानव संसाधन तैयार करने और कार्यक्रम की बढ़ती मांग पूरी करने के लिए 2007 में तिरुवनंतपुरम में भारतीय अंतरिक्ष विज्ञान तथा प्रौद्योगिकी संस्थान (आईआईएसटी) की स्थापना की गई, जो मानद विश्वविद्यालय है।

पृथ्वी विज्ञान

पृथ्वी विज्ञान पृथ्वी तंत्र के विभिन्न घटकों जैसे- वायुमंडल, जलमंडल, हिममंडल, थलमंडल और जीवमंडल तथा उनके बीच के संबंधों से संबंधित है। पृथ्वी विज्ञान मंत्रालय मौसम, जलवायु , समुद्र, तटवर्ती स्थल, जलमंडलीय एवं भू-संवेदी सेवाएं प्रदान करने के लिए भू-विज्ञान से संबंधित सभी आवश्यकताएं पूरी करता है। सेवाओं में विभिन्न प्राकृतिक आपदाओं की भविष्यवाणी तथा चेतावनी शामिल हैं। उपलब्ध कराई गई सेवाओं का विभिन्न एजेंसियां एवं राज्य सरकारें उपयोग कर रही हैं ताकि प्राकृतिक आपदाओं के कारण जान-माल की क्षति कम से कम की जा सके।

वायुमंडलीय एवं जलवायु अनुसंधान

12 किलोमीटर के क्षैतिज रिज़ॉल्यूशन पर मौसम संबंधी कारगर भविष्यवाणी उपलब्ध कराने के लिए उच्च रिज़ॉल्यूशन वाला वैश्विक निर्धारण योग्य मौसम पूर्वानुमान मॉडल तैयार किया गया। इसके साथ ही पृथ्वी विज्ञान मंत्रालय ने मौसम की भविष्यवाणी के लिए उच्च रिज़ॉल्यूशन वाले वैसे ही मॉडल इस्तेमाल करने की क्षमता हासिल कर ली, जैसी अमरीका में है। भारतीय तथा अंतरराष्ट्रीय उपग्रहों से सांख्यिकी मॉडलों में मिली जानकारी को ग्रहण करने के लिए जानकारी के संग्रह में बहुत सुधार किया गया है।

मानसून मिशन के अंतर्गत विस्तृत क्षेत्र तथा मौसम के पूर्वानुमानों हेतु कारगर गतिशील मॉडल प्रणालियां लागू की गईं। पहली बार भारतीय मौसम विभाग ने गर्मी की लहरों समेत गर्म मौसम (अप्रैल से मई) के दौरान समय के अलग-अलग पैमानों पर पूर्वानुमान जारी किए।

मौसम तथा चक्रवात की बेहतर भविष्यवाणी

मौसम संबंधी सेवाओं की गुणवत्ता में पिछले तीन वर्ष के दौरान सराहनीय सुधार हुए हैं। भारी वर्षा एवं तीव्र चक्रवातों जैसे फेलिन, हुदहुद तथा वरदा एवं उत्तराखंड, जम्मू-कश्मीर और हाल ही में चेन्नई में भारी वर्षा का पूर्वानुमान लगाने के कौशल में भी खासतौर पर बहुत अधिक सुधार हुए हैं। चेन्नई शहर तथा आस-पास के इलाकों में भारी क्षति करने वाले चक्रवात वरदा के बारे में करीब 3 दिन पहले ही एकदम सटीक भविष्यवाणी कर दी गई थी, जिससे हजारों जान बच गईं। पिछले तीन वर्षों में तीव्र चक्रवातों के कारण मरने वालों की संख्या घटकर 100 से भी कम रह गई है, जबकि पिछले दशक में हजारों लोगों की मौत हुई थी।

कृषि-मौसम संबंधी परामर्श सेवाएं

मंत्रालय किसानों को लाभ पहुंचाने के लिए भारतीय कृषि अनुसंधान परिषद (आईसीएआर) के साथ मिलकर कृषि मौसम संबंधी परामर्श सेवाएं (एएएस) मुहैया कराता है। किसान बुआई, सिंचाई, उर्वरक एवं कीटनाशक के इस्तेमाल, कटाई तथा प्रतिकूल मौसम से फसलों के बचाव जैसे कामों में इन सेवाओं का इस्तेमाल करते हैं। 130 कृषि मौसम क्षेत्रों (4-6 जिलों के समूह) में आरंभ की गई सेवाएं अब सफलतापूर्वक जिला स्तर तक पहुंचा दी गई हैं और देश के 608 जिलों में काम कर रही हैं। इस समय लगभग 21.69 मिलियन किसान क्षेत्रीय भाषाओं में फसल विशेष के लिए कृषि मौसम संबंधी परामर्श प्राप्त कर रहे हैं।

गर्म एवं ठंडी हवा की लहरों का पूर्वानुमान

ग्लोबल वार्मिंग के कारण सतह की हवा का तापमान और भी बढ़ने की आशंका है तथा गर्म हवा की लहरों की आवृत्ति भी बढ़ सकती है। गर्म हवा की लहरों तथा उसके कारण सेहत को होने वाले नुकसान के बारे में पर्याप्त चेतावनी देने के लिए पृथ्वी विज्ञान मंत्रालय ने पहली बार देश भर में गर्म हवाओं के पूर्वानुमान जारी करना आरंभ किया है। गुजरात, आंध्र प्रदेश, महाराष्ट्र और ओडिशा जैसे राज्यों की सरकारों ने गर्मी के मौसम में इन पूर्वानुमानों के आधार पर अपने-अपने राज्य के अनुकूल योजनाएं आरंभ की हैं। इनसे उन्हें लोगों को गर्म हवा की लहरें चलने की चेतावनी पहले ही दे देने और उनकी जान बचाने में मदद मिल सकती है। पृथ्वी विज्ञान मंत्रालय ने अन्य राज्य सरकारों के साथ मिलकर गर्म हवा के बारे में ऐसी कार्ययोजनाएं बनाने की पहल भी की है।

समुद्र सेवाएं, प्रौद्योगिकी एवं पर्यवेक्षण

संभावित मत्स्य क्षेत्र (पीएफजेड) के परामर्श

भारतीय राष्ट्रीय समुद्री सूचना सेवा केंद्र (इनकॉइस) 2.75 लाख मछुआरों को रोजाना पीएफजेड के बारे में परामर्श जारी करता है, जिससे उन्हें समुद्र में अधिक मछलियों वाले क्षेत्र पहचानने में मदद मिलती है।

समुद्र की स्थिति की भविष्यवाणी

मछुआरों, जहाजरानी उद्योग, तेल एवं प्राकृतिक गैस उद्योग, नौसेना, तटरक्षक बल तथा अन्य पक्षों को समुद्र की स्थिति (लहरों, प्रवाह, समुद्र की सतह के तापमान आदि) के बारे में मुहैया कराए जाने वाले पूर्वानुमानों में पिछले तीन वर्ष के दौरान बहुत सुधार आया है। तेल रिसाव के परामर्श मुहैया कराए जा रहे हैं ताकि तेल रिसाव की स्थिति में पर्यावरण-संवेदी क्षेत्रों, मछली मारने की संभावना वाले क्षेत्रों मछली का शिकार नहीं करने वाले क्षेत्रों की जानकारी दी जा सके। भारतीय अंतरिक्ष अनुसंधान संगठन (इसरो) द्वारा रियूजेबल लॉन्च व्हीकल टेक्नोलॉजी डेमॉन्स्ट्रेशसन के प्रक्षेपण के दिन से पहले और उस दिन भी समुद्र की स्थिति के पूर्वानुमान उपलब्ध कराए गए थे।

समुद्र की स्थिति के पूर्वानुमान की सेवाएं हिंद महासागर रिम देशों के दो सदस्य देशों श्रीलंका तथा सेशेल्स को भी दी जा रही हैं। उन्हें ये सेवाएं अफ्रीकी-एशियाई क्षेत्र के लिए क्षेत्रीय एकीकृत बहु-जोखिम शीघ्र चेतावनी प्रणाली (राइम्स) के तहत दिए जाने वाले मानचित्र में हवा, लहरों, प्रवाह तथा तापमान जैसे पैमानों पर दी जाती हैं।

सुनामी चेतावनी प्रणाली

मंत्रालय द्वारा हैदराबाद स्थित भारतीय समुद्र सूचना सेवा केंद्र (इनकॉइस) में स्थापित भारतीय सुनामी चेतावनी प्रणाली को हिंद महासागर के देशों को चेतावनी देने के मामले में यूनेस्को द्वारा हिंद महासागर क्षेत्र के लिए क्षेत्रीय सुनामी सेवा प्रदाता के रूप में मान्यता दी गई है। इसमें हिंद महासागर के लिए दूसरे स्तर की सुनामी परामर्श सेवाएं भी शामिल हैं। भारतीय सुनामी चेतावनी प्रणाली के पास भूकंप आने 10 मिनट के भीतर ही चेतावनी जारी करने की क्षमता है। भारतीय सुनामी शीघ्र चेतावनी केंद्र (आईटीईडब्ल्यूसी) ने हिंद महासागर के भीतर तथा आस-पास सुनामी भूकंप पर नजर रखी तथा सुनामी की आशंका का खतरा होने पर समुचित संदेश जारी किए।

समुद्र प्रेक्षण प्रणाली

2016 में इनकॉइस ने हिंद महासागर में 23 अर्गो नौकाएं तैनात की गईं, जिनमें भौतिक मानदंड इकट्ठे करने के लिए सेंसर लगे हुए थे। इनमें से 11 नौकाओं में भौतिक के साथ जैव-रासायनिक सेंसर भी लगे थे। 732 से अधिक नौकाएं हिंद महासागर में सक्रियता के साथ काम कर रही हैं, जिनमें 136 भारत ने तैनात की थीं। अभी तक भारतीय क्षेत्रों में अर्गो नौकाओं ने ताप तथा लवणता के 3,40,856 नमूने, घुली हुई ऑक्सीजन के 18,993 और क्लोरोफिल के 7,614 नमूने इकट्ठे किए हैं।

ओपन केज कल्चर

मत्स्य प्रोटीन की लगातार बढ़ती मांग को पूरी करने का व्यावहारिक विकल्प यही है कि मैरीकल्चर के द्वारा भारी स्तर पर मछलियों का उत्पादन किया जाए। इस मांग को उपलब्ध इंजीनियरिंग तथा जैविक विशेषज्ञता के साथ पूरा करने के लिए भारतीय समुद्री पारिस्थितियों के अनुरूप और वाणिज्यिक

रूप से महत्वपूर्ण समुद्री मछलियों हेतु खुले पिंजड़ों वाला ओपन सी केज कल्चर तैयार किया गया। यह प्रौद्योगिकी तट पर रहने वाले मछुआरों के लिए आजीविका का आदर्श विकल्प प्रतीत होती है, जो देश में रोजगार के पर्याप्त अवसर प्रदान करती है और राष्ट्र के मत्स्य खाद्य उत्पादन का लक्ष्य भी प्राप्त करती है।

दूर से संचालित वाहन

स्वदेश में विकसित 500 मीटर की गहराई वाले उथले जल/ध्रुव में दूर से संचालित वाहन को अंडमान के मूंगे के द्वीप में सफलतापूर्वक तैनात किया गया। मूंगे की चट्टानों की जैव-विविधता के दृश्य वर्णक्रम दीप्ति के साथ रिकॉर्ड करने के लिए इस वाहन ने मूंगे के ऊबड़-खाबड़ क्षेत्र में सफलतापूर्वक परिचालन किया।

ध्रुवीय एवं क्रायोस्फियर रिसर्च (पेसर)

राष्ट्रीय अंटार्कटिक एवं महासागर अनुसंधान संस्थान (एनसीएओआर), गोवा ने हिमालय में काफी ऊंचाई पर एक अनुसंधान केंद्र स्थापित किया, जिसे हिमांश कहा गया। यह 13,500 फुट (4,000 मीटर से अधिक) से ऊपर स्पीति, हिमाचल प्रदेश में एक सुदूर स्थान पर स्थित है। इस केंद्र में ऑटोमैटिक मौसम केंद्र, वाटर लेवल रिकॉर्डर, स्ट्रीम ड्रिल, स्नो/आइस कोरर, ग्राउंड पेनीट्रेटिंग रेडार, डिफरेंशिलय ग्लोबल पोजिशनिंग सिस्टम, स्नो फॉर्क, फ्लो ट्रैकर, थर्मिस्टर स्ट्रिंग, रेडियोमीटर आदि जैसे उपकरण हैं। जलीय संतुलन/मॉडलिंग के लिए पश्चिमी हिमालय में चंद्र नदी के 130 किलोमीटर लंबे हिस्से में पांच स्थानों पर वाटर लेवल रिकॉर्डर तैनात किए गए। द्रव्यमान संतुलन, गतिकी, ऊर्जा संतुलन तथा जल विज्ञान के लिए ग्लेशियरों की निगरानी की गई।

भूकंप विज्ञान एवं भू-विज्ञान अनुसंधान (सेज)

82 वेधशालाओं वाला राष्ट्रीय भूसंवेदी नेटवर्क अच्छी तरह से काम कर रहा है। भूकंप संबंधी महत्वपूर्ण घटनाओं से जुड़ी जानकारी राज्यों तथा केंद्र सरकार की उन सभी संबंधित एजेंसियों को दे दी गई, जो क्षेत्र में राहत एवं बचाव के काम से जुड़ी थीं। यह जानकारी वेबसाइट पर भी डाली गई। 2016 में कोयना में आरंभ की गई वैज्ञानिक डीप ड्रिलिंग का उद्देश्य गहराई में बोरहोल वेधशाला स्थापित करना है, जिससे भूकंप के स्थान के आस-पास के इंट्राप्लेट, सक्रिय फॉल्ट जोन में मौजूद चट्टानों के भौतिक गुणों, छिद्र में तरल के दबाव, जलीय मानदंडों, तापमान तथा अन्य मानदंडों को भूकंप से पहले, उसके दारैरान एवं उसके बाद सीधे मापा जा सके। इससे फॉल्टिंग की प्रक्रिया, जलाशय के कारण आए भूकंपों की भौतिकी की बेहतर समझ होती है एवं अनुमान लगाने वाला मॉडल तैयार करने में मदद मिलती है।

अनुसंधान, शिक्षा पहुंच एवं प्रशिक्षण (रीचआउट)

इसमें मंत्रालय के प्रशिक्षण कार्यक्रम, बाहरी सहायता तथा आउटरीच एवं जागरुकता कार्यक्रमों के लिए पृथ्वी एवं वायुमंडलीय विज्ञान कार्यक्रमों में अनुसंधान तथा विकास शामिल हैं। कार्यक्रम का बुनियादी उद्देश्य देश के विभिन्न शैक्षिक एवं अनुसंधान संस्थानों में हो रही अनुसंधान एवं विकास गतिविधियों को बढ़ावा देना तथा परिणाम को मंत्रालय द्वारा कामकाजी प्रयोग में बदलना है।

जैव प्रौद्योगिकी

मनुष्य तथा पशु का स्वास्थ्य एवं उत्पादकता सुधारने, कृषि गतिविधियां बढ़ाने तथा सुरक्षित एवं स्वच्छ वातावरण प्रदान करने में जैव प्रौद्योगिकी की अपार क्षमता को देखते हुए सरकार ने 1982 में ही कई

एजेंसियों वाला बोर्ड राष्ट्रीय जैव प्रौद्योगिकी बोर्ड गठित कर दिया था। जैव प्रौद्योगिकी की गतिविधियों को बढ़ावा देने के लिए इस बोर्ड में डीएसटी, यूजीसी, आईसीएमआर और सीएसआईआर शामिल हैं। बाद में बोर्ड को 1986 में विज्ञान एवं प्रौद्योगिकी मंत्रालय के अंतर्गत जैव प्रौद्योगिकी विभाग में बदल दिया गया। इससे जैव प्रौद्योगिकी को आवश्यक बल मिला और विभाग ने अपने निर्धारित कामकाज के अनुसार कार्यक्रम तैयार किए और एकीकृत कार्यक्रम बनाए।

जैव प्रौद्योगिकी विभाग का लक्ष्य ऐसी व्यवस्था तैयार कर अपना सपना पूरा करना है, जिस व्यवस्था में उत्कृष्टता को बढ़ावा मिले तथा नई योजनाओं/कार्यक्रमों एवं संस्थागत प्रणाली के जरिए नवाचार होता रहे ताकि अनुसंधान एवं विकास और प्रौद्योगिकी विकास के लिए जरूरी संख्या में विश्वस्तरीय वैज्ञानिक एवं पेशेवर मिल सकें और उद्योग के अच्छी तरह प्रशिक्षित और कुशल तकनीकी कर्मचारी भी मिल सकें; पर्याप्त बुनियादी ढांचा, जैव प्रौद्योगिकी इनक्यूबेटर और क्लटर स्थापित हो सकें; कृषि, स्वास्थ्य सेवा, पर्यावरण और उद्योग में उपयोग के लिए समाज की दृष्टि से प्रासंगिक उत्पादों के विकास हेतु सार्वजनिक-निजी साझेदारियां हो सकें और निवेशकों को जोखिम लेने के लिए प्रोत्साहित करने वाला वित्तीय, नियामकीय एवं कानूनी ढांचा तैयार हो सके।

1982 में राष्ट्रीय जैव प्रौद्योगिकी बोर्ड के गठन से लेकर 1986 में पूर्ण विभाग की स्थापना तक 30 वर्ष के अपने सफर में जैव प्रौद्योगिकी विभाग ने मील के कई पत्थर हासिल किए हैं। कृषि, स्वास्थ्य सेवा, पशु विज्ञान, पर्यावरण एवं उद्योग के क्षेत्रों में जैव प्रौद्योगिकी के विकास एवं उपयोग में कई महत्वपूर्ण उपलब्धियां रही हैं। भारत आज दुनिया में 12वां सबसे अच्छा और एशिया-प्रशांत में तीसरा सबसे अच्छा जैव प्रौद्योगिकी केंद्र है। अमरीकी खाद्य एवं औषधि प्रशासन से मंजूरी प्राप्त संयंत्रों की संख्या के मामले में अमरीका के बाद भारत का ही स्थान है और हिपेटाइटिस बी के पुनर्संयोजित टीकों का वह सबसे बड़ा उत्पादक है।

स्वायत्तशासी संस्थान

जैव प्रौद्योगिकी अनुसंधान एवं संवर्द्धन की कल्पना करने के कारण जैव प्रौद्योगिकी विभाग ने कृषि एवं संबंधित विज्ञान, स्वास्थ्य सेवा, पशु विज्ञान, पर्यावरण और उद्योग के विशिष्ट क्षेत्रों में जैव प्रौद्योगिकी के विभिन्न विषयों में अनुसंधान करने के लिए 16 स्वायतत्तशासी संस्थान स्थापित किए हैं। इनमें राष्ट्रीय तथा अंतरराष्ट्रीय एजेंसियों द्वारा प्रायोजित परियोजनाओं के साथ विषय आधारित अनुसंधान होता है। स्वायत्तशासी संस्थानों के प्रयासों के कारण 80 से अधिक तकनीकें विकसित की गई हैं और उनमें से कई का तकनीकी के हस्तांतरण द्वारा व्यावसायीकरण भी कर लिया गया है। विभाग के स्वायत्तशासी संस्थानों ने कई अनुसंधान किए हैं, जिनमें बौद्धिक संपदा के अधिकर अथवा पेटेंट भी शामिल हैं।

राष्ट्रीय प्रतिरक्षा विज्ञान संस्थान (एनआईआई): नई दिल्ली ने जीव विज्ञान में चुनौतीपूर्ण प्रश्नों के समाधान के लिए विभिन्न जांचकर्ताओं को एक साथ लाने वाले अंदाज में वैज्ञानिक कार्यक्रमों का विस्तार जारी रखा ताकि स्वास्थ्य सेवा में सुधार हो सके। यह अलग-अलग विषयों वाले दृष्टिकोण का प्रयोग कर उन्नत जीव विज्ञान में अत्याधुनिक शिक्षण एवं प्रशिक्षण सुविधाओं को बढ़ावा देता है ताकि देश के कुशल मानव संसाधन में उच्च स्तर की योग्यता तथा क्षमता हो।

राष्ट्रीय कोशिका विज्ञान केंद्र (एनसीसीएस): पुणे में स्थापित इस केंद्र ने अपने पीएचडी कार्यक्रमों में युवा वैज्ञानिक प्रतिभा और शोधार्थियों को बढ़ावा देने में ओर संरचनात्मक जीव विज्ञान, स्टेम सेल

जीव विज्ञान में अत्याधुनिक अनुसंधान के क्षेत्रों में काम करने में नई पहल की हैं। साथ ही उसने जैविक नियंत्रण प्रक्रियाओं और याद्दाश्त के कोशीय तथा आणविक आधार में आरएनए की भूमिका समझने के लिए अनुसंधान में भी नई पहल की हैं।

डीएनए फिंगरप्रिंटिंग एवं निदान केंद्र (सीडीएफडी): हैदराबाद के पास स्थापित केंद्र में जीवन विज्ञान में अनुसंधान के अग्रणी क्षेत्रों में कामकाज सुचारू रुप से कामकाज करने के लिए विश्वस्तरीय अत्याधुनिक यंत्र एवं कंप्यूटिंग बुनियादी ढांचा मौजूद है। यह कृषि एवं प्रसंस्कृत उत्पादों को कृषि जिंसों के नमूनों की शुद्धता जांचने की सेवा प्रदान करता है। इसके लिए यह ऐसे डीएनए मार्करों का प्रयोग करता है, जो बासमती की विभिन्न किस्मों में भेद कर सकते हैं, उनके गुण पहचान सकते हैं तथा उनकी पुष्टि कर सकते हैं। केंद्र में अनुसंधान के प्रमुख क्षेत्र सेल सिगनलिंग, ट्रांसक्रिप्शन, संरचनात्मक जीव विज्ञान, कंप्यूटेशनल जीव विज्ञान एवं जैवसूचना विज्ञान, प्रतिरक्षा विज्ञान, आनुवंशिकी एवं मॉलिक्यूलर पैथोजेनेसिस के आस-पास केंद्रित रहे हैं। संस्थान हाल ही में पादप डीएनए फिंगरप्रिंट अनुसंधान प्रतिष्ठान की स्थापना में आगे निकल गया है।

जैविक विज्ञान संस्थान (आईएलएस): भुवनेश्वर में स्थापित इस संस्थान का जोर संक्रामक रोग जीव विज्ञान, जीन गतिविधियों एवं नियमन तथा ट्रांसलेशनल शोध पर है। इसके पास जैविक विज्ञान के अग्रणी क्षेत्रों में अत्याधुनिक एवं विविध विषयक अनुसंधान के लिए बुनियादी ढांचा मौजूद है।

राष्ट्रीय मस्तिष्क अनुसंधान केंद्र (एनबीआरसी): मानेसर के इस केंद्र के मिर्गी और ब्रेन मैपिंग पर बहुविषयक अनुसंधान और शिक्षण में लगा हुआ है। संस्थान का जोर मस्तिष्क अनुसंधान में कुशल मानव संसाधन के सृजन पर है, जिससे भारत को विज्ञान के इस अग्रणी क्षेत्र में अंतरराष्ट्रीय नेतृत्व प्रदान करने पर है।

राष्ट्रीय पादप जीनोम अनुसंधान संस्थान (एनआईपीजीआर): नई दिल्ली के इस संस्थान का ध्यान पादप जीनोम में जीन के विन्यास के साथ उनकी संरचना, प्रकटीकरण एवं कामकाज की समझ के क्षेत्र में अनुसंधान करने और पादप जीन/जीनोम में परिवर्तन करने पर है ताकि अधिक उपज एवं बेहतर गुणवत्ता वाले उत्पादों हेतु खाद्य एवं औद्योगिक फसलों की बेहतर किस्में तैयार की जा सकें। संस्थान बुनियादी अनुसंधान गतिविधियों के जरिए तैयार की गई कुछ प्रौद्योगिकियों को कृषि में इस्तेमाल करने का प्रयास कर रहा है।

राजीव गांधी जैव प्रौद्योगिकी केंद्र (आरजीसीबी): तिरुवनंतपुरम में स्थापित यह केंद्र गंभीर रोगों के जीव विज्ञान, तीव्र रोगों के जीव विज्ञान तथा रोग जैव प्रौद्योगिकी के संबंध में अनुसंधान कार्यक्रमों पर काम कर रहा है।

जैव-संसाधन एवं सतत विकास संस्थान (आईबीएसडी): इंफाल का यह संस्थान पूर्वोत्तर क्षेत्र के सामाजिक-आर्थिक विकास के लिए जैव-संसाधनों के संरक्षण एवं सतत उपयोग में लगा हुआ है। संस्थान ने जैव-संसाधनों को साझा करने एवं उनका लगातार दोहन करने के लिए उचि राष्ट्रीय एवं अंतरराष्ट्रीय संस्थानों/संगठनों/विश्वविद्यालयों के साथ मिलकर पहल की हैं।

नवोन्मेषी एवं अनुप्रयुक्त जैव-प्रसंस्करण केंद्र (सीआईएबी): मोहाली के इस केंद्र का ध्यान द्वितीयक कृषि जैव-उत्पादों के उत्पादन के लिए द्वितीयक कृषि एवं उत्प्रेरक अनुसंधान, नवोन्मेष तथा

ज्ञान पर है। संस्थान फिलहाल खेतों और खाद्य उद्योग से बचे जैव पदार्थों के रासायनिक, जैविक तथा जैव प्रौद्योगिकी तरीके से प्रसंस्करण करने में लगा हुआ है। साथ ही यह खाद्य एवं गैर-खाद्य उपयोग के लिए उत्पादक प्रसंस्करण एवं मूल्यवर्द्धित प्राथमिक तथा द्वितीयक कृषि जैव उत्पादों हेतु जैव-संसाधनों का ज्ञान भी प्रसारित कर रहा है।

राष्ट्रीय जैवचिकित्सा जीनोमिक्स संस्थान (एनआईबीएमजी): कल्याणी का यह संस्थान स्वास्थ्य एवं रोगों के लिए जीनोमिकी में तीव्रता लाने तथा रोगों एवं स्वास्थ्य संबंधी लक्षणों की जानकारी देने वाले जीनोमिक प्रमाण तलाशने में जुटा है। संस्थान समय पूर्व जन्म के जैविक एवं पर्यावरणीय संबंधों की खोज एवं रोग तथा स्वास्थ्य से जुड़े लक्षणों के प्राकृतिक इतिहास के अध्ययन की परियोजनाओं पर काम कर रहा है।

क्षेत्रीय जैव प्रौद्योगिकी केंद्र (आरसीबी): फरीदाबाद में स्थित यह केंद्र विविध विषयों में विश्व स्तरीय शिक्षा, प्रशिक्षण मुहैया करा रहा है और नवोन्मेषी अनुसंधान कर रहा है ताकि वैश्विक प्रतिस्पर्द्धा वाले अनुसंधान जगत में जैव प्रौद्योगिकी के विभिन्न क्षेत्रों में उच्च गुणवत्ता वाले मानव संसाधन तैयार किए जा सकें।

ट्रांसलेशनल स्वास्थ्य विज्ञान एवं प्रौद्योगिकी संस्थान (टीएचएसटीआई): फरीदाबाद में स्थित यह संस्थान चिकित्सा विज्ञान, अभियांत्रिकी तथा प्रौद्योगिकी के क्षेत्र में ट्रांसलेशनल ज्ञान तथा जैवचिकित्सा नवोन्मेष को सार्वजनिक स्वास्थ्य के लिए उपलब्ध कराने के लिए एकीकृत तरीके पर काम कर रहा है। संस्थान एनसीआर बायोटेक साइंस क्लस्टरों में तथा ट्रांसलेशनल अनुसंधान तथा उससे संबंधित प्रयासों में विशेषज्ञता के लिए महत्वपूर्ण भूमिका निभाता है।

राष्ट्रीय पशु जैव प्रौद्योगिकी संस्थान (एनआईएबी): हैदराबाद के इस संस्थान ने संक्रामक रोगों: ब्रुसेलोसिस, थाइलेरियोसिस, बेबसियोसिस, न्यूकैसल डिजीज वायरस (एनडीवी), लेप्टोस्पाइरोसिस, टॉक्सोप्लाज्मोसिस, मैस्टाइटिस, पेस्ट डी पेटिटस्रुमिनेंट्स वायरस (पीपीआर) तथा फुट एंड माउथ डिजीज (एफएमडी) पर तथा इन रोगों के निदान एवं रोकथाम के नए तरीके विकिसित करने पर पहल की हैं।

इंस्टीट्यूट ऑफ स्टेम सेल साइंस एंड रीजेनरेटिव मेडिसिन (इनस्टेम): बंगलुरु में स्थित इस इंस्टीट्यूट ने विशिष्ट जांचकर्ताओं को इकट्ठा किया है, जिन्होंने विषय विशेष पर कार्यक्रम आरंभ किए हैं। स्टेम सेल अनुसंधान और अनुप्रयोग में फे लोशिप कार्यक्रम के जरिए युवा जांचकर्ताओं का साथ देने पर विशेष ध्यान दिया जाता है।

राष्ट्रीय कृषि खाद्य जैव प्रौद्योगिकी केंद्र (नाबी): मोहाली का यह केंद्र उसी स्थान पर बायोटेक क्लस्टर बनाने के लिए अनुसंधान कार्यक्रमों एवं प्रौद्योगिकियों में जुटा है ताकि भारतीय कृषि तथा खाद्य उद्योग को अधिक नवाचार केंद्रित, लाभकारी तथा टिकाऊ बनाया जा सके। यह गुणवत्तायुक्त पोषण का टिकाऊ एवं सार्थक साधन दे रहा है तथा कृषि एवं खाद्य क्षेत्र में विभिन्न जैव प्रौद्योगिकी संबंधी तथा आविष्कारी उत्पाद मुहैया कराता है।

अंतरराष्ट्रीय आनुवांशिक अभियांत्रिकी तथा जैव प्रौद्योगिकी केंद्र (आईसीजीईबी) विज्ञान एवं प्रौद्योगिकी मंत्रालय के जैव प्रौद्योगिकी विभाग के प्रशासनिक नियंत्रण के तहत काम कर रहा है। संस्थान

का मिशन दुनियाभर के वैज्ञानिकों के साथ मिलकर आनुवांशिक अभियांत्रिकी में उत्कृष्टता लाना है। केंद्र मलेरिया, पादप विकास में माइक्रो आरएनए एवं तनाव प्रबंधन की नई दवाएं खोजने के लिए प्रशिक्षण कार्यक्रम चला रहा है। मलेरिया, विषाणु विज्ञान, प्रतिरक्षा विज्ञान, रीकॉम्बिनेंट जीन उत्पाद, संरचनात्मक एवं कंप्यूटेशनल जीव विज्ञान, पादप मॉलिक्युलर जीव विज्ञान, कीट प्रतिरोध, पादप कायांतरण एवं सिंथेटिक जीव विज्ञान तथा जैव-ईंधन इसके अनुसंधान के क्षेत्र हैं।

औद्योगिक तथा उद्यमिता विकास

औद्योगिक एवं उद्यमिता विकास योजनाओं के अंतर्गत विभाग ने ट्रांसलेशनल अनुसंधान तथा सार्वजनिक-निजी साझेदारी कार्यक्रम को सहारा दिया, जिनमें बायो-इनक्यूबेटर तथा बायोटेक पार्क शामिल हैं।

बायोटेक्नोलॉजी पार्क तथा इनक्यूबेटर

जैव प्रौद्योगिकी विभाग जैव प्रौद्योगिकी अनुसंधान को बढ़ावा देता है और अनुसंधान के जरिए उत्पाद एवं सेवाएं तैयार करने में मदद करता है। नए वाणिज्यिक उत्पादों के विकास का एक तरीका बायोटेक्नोलॉजी पार्क स्थापित करना है, जहां प्रौद्योगिकी इनक्यूबेशन, प्रौद्योगिकी प्रदर्शन तथा प्रायोगिक पादप अध्ययन की सुविधाएं दी जाती हैं ताकि जैव प्रौद्योगिकी का वाणिज्यिक विकास तेज हो सके। विभाग ने राज्य सरकारों/राज्य सरकार के संगठनों/केंद्र सरकार के संगठनों की साझेदारी में देश के विभिन्न हिस्सों में बायोटेक्नोलॉजी पार्क तथा इनक्यूबेटर स्थापित किए हैं, जिनसे जैव प्रौद्योगिकी उत्पादों के विकास, उद्यमिता, अनुसंधान एवं नवोन्मेष में मदद मिलती है।

बैंगलोर लाइफ साइंसेज क्लस्टर फॉर मल्टी-स्केल बेसिक एंड एप्लाइड रिसर्च इन बायोलॉजिकल साइंसेज

बैंगलोर लाइफ साइंसेज क्लस्टर फॉर मल्टी-स्केल बेसिक एंड एप्लाइड रिसर्च इन बायोलॉजिकल साइंसेज (बी-लाइफ) की स्थापना विचारों के सृजन, भागीदार संस्थानों के बीच संसाधनों तथा बुनियादी ढांचे की साझेदारी के जरिए अनुसंधान एवं प्रौद्योगिकी विकास को बढ़ावा देता है। क्लस्टर में भागीदारी करने वाले संस्थान हैं: इंस्टीट्यूट फॉर स्टेम सेल साइंस एंड रीजेनरेटिव मेडिसिन (इनस्टेम), राष्ट्रीय जैविक विज्ञान केंद्र (एनसीबीएस), सेंटर फॉर सेल्युलर एंड मॉलिक्युलर प्लेटफॉर्म्स (सी-कैंप) और इंस्टीट्यूट ऑफ बायोइंफॉर्मेटिक्स एंड एप्लाइड बायोटेक्नोलॉजी (आईबीएबी)। क्लस्टर अत्याधुनिक वैज्ञानिक अनुसंधान के लिए अनूठे संस्थागत मॉडल की स्थापना में लगे हैं, जहां मौजूदा उत्कृष्टता केंद्रों का उपयोग नई चुनौतीपूर्ण जिम्मेदारियों के साथ नए केंद्रों के विकास में किया जाएगा।

एनसीआर बायोटेक साइंस क्लस्टर

एनसीआर बायोटेक साइंस क्लस्टर की स्थापना जैव प्रौद्योगिकी विभाग के पांच स्वायत्तशासी संस्थानों (एनआईआई, एनआईपीजीआर, एनबीआरसी, टीएचएसटीआई और आरसीबी) को मिलाकर की गई। क्लस्टर बायोटेक बिजनेस इनक्यूबेटर एवं पार्कों के जरिए जीव विज्ञान के क्षेत्र में खोज आधारित अनुसंधान और नई प्रौद्योगिकियों के अनुसंधान में तथा निजी-सार्वजनिक साझेदारी में मदद करता है। यह इसकी घटक बनने की संभावना वाली संस्थाओं का नेटवर्क तैयार करता है, जिससे खोजों की गति तेज करने के लिए तालमेल वाला माहौल तैयार हो सके।

सार्वजनिक उपक्रम

विभाग ने उद्योग और शिक्षा जगत के बीच नए संपर्क (इंटरफेस) करे बढ़ावा दिया है और भारतीय जैव प्रौद्योगिकी उद्योग विशेषकर स्टार्ट-अप एवं एसएमई की रणनीतिक अनुसंधान एवं नवोन्मेष क्षमताओं को प्रोत्साहित किया है ताकि समाज के बड़े वर्ग की जरूरतों के मुताबिक किफायती उत्पाद तैयार हो सकें। इंटरफेस एजेंसी के रूप में बायोटेक्नोलॉजी इंडस्ट्री रिसर्च असिस्टेंस काउंसिल (बिराक) की स्थापना की गई है ताकि नवोन्मेष तथा उद्यमशीलता बढ़ सके, प्रमुख सामाजिक क्षेत्रों में किफायती नवोन्मेष को बढ़ावा मिले, स्टार्ट-अप तथा छोटे एवं मझोले उद्यमों को मजबूती मिले, नवोन्मेष के क्षमता विस्तार एवं प्रसार के लिए साझेदारों के जरिए योगदान हो, खोज का व्यावसायीकरण हो और भारतीय उद्यमों की वैश्विक प्रतिस्पर्द्धात्मक क्षमता सुनिश्चित हो। बिराक ने मिलकर काम करने और अपनी जिम्मेदारी के तहत विभिन्न कार्य पूरे करने के लिए कई राष्ट्रीय एवं वैश्विक साझेदारों के साथ साझेदारी की है। बिराक के अंतर्गत बायोटेक इग्नीशन ग्रांट (बिग) योजना युवा खोजकर्ताओं के लिए उत्साहवर्द्धक योजना है, जो इंक्यूबेटर के जरिए जैव प्रौद्योगिकी में एसएमई की उद्यमशीलता और प्रबंधकीय विकास को बढ़ावा देती है।

विभाग के पास दो सार्वजनिक उपक्रम- भारत इम्यूनोलॉजिकल्स एंड बायोलॉजिकल्स कॉर्पोरेशन लिमिटेड (बिबकॉल) और बायोटेक्नोलॉजी इंडस्ट्री रिसर्च असिस्टेंस काउंसिल (बिराक) भी हैं। बिबकॉल उत्तर प्रदेश में स्थित अग्रणी जैव प्रौद्योगिकी कंपनी है, जो ओरल पोलियो वैक्सीन (ओपीवी वैक्सीन), जिंक की गोलियां और डायरिया से छुटकारा दिलाने वाले किट जैसे विभिन्न औषधीय उत्पाद बनाती है। इसका लक्ष्य पोलियो के टीके के जरिए लाखों बच्चों को अपंगता से बचाना है। बिराक धारा 8, अनुसूची बी में आने वाला गैर-लाभकारी सार्वजनिक उपक्रम है, जिसे विभाग ने एक इंटरफेस एजेंसी के रूप में स्थापित किया था। इसका काम उभरते हुए जैव प्रौद्योगिकी उपक्रमों को देश के लिए प्रासंगिक उत्पादों के विकास की जरूरतें पूरी करने के लिए रणनीतिक अनुसंधान एवं नवोन्मेष का मौका देने के लिए मजबूत बनाना है।

बिराक उद्योग और शिक्षा जगत के बीच नया इंटरफेस है तथा प्रभाव डालने वाले विभिन्न कार्यक्रमों के जरिए अपनी जिम्मेदारी पूरी करता है, चाहे वह लक्षित फंडिंग के जरिए जोखिम पूंजी मुहैया कराना हो, तकनीकी हस्तांतरण हो, बौद्धिक संपदा का प्रबंधन हो या दिशा दिखाने की योजनाएं हों। इनसे जैव प्रौद्योगिकी कंपनियों को नवोन्मेष के क्षेत्र में उत्कृष्टता हासिल होती है और वे वैश्विक प्रतिस्पर्द्धा में आ जाती हैं। स्थापना के बाद तीन वर्ष में बिराक ने विभिन्न योजनाएं, नेटवर्क और प्लेटफॉर्म शुरू किए हैं, जिन्होंने उद्योग-शिक्षा नवोन्मेष अनुसंधान में मौजूद खामियों को दूर करने में और अत्याधुनिक तकनीकी के जरिए नए , उच्च गुणवत्ता वाले किफायती उत्पादों के विकास में मदद की है।

26 परिवहन

देश के सतत आर्थिक विकास में परिवहन की समन्वित और सुचारू संपर्क प्रणाली की महत्वपूर्ण भूमिका होती है। देश की वर्तमान परिवहन प्रणाली में रेल, सड़क, तटवर्ती नौ-वहन, हवाई परिवहन शामिल हैं। कुछ वर्षों में इस प्रणाली की क्षमता और नेटवर्क में महत्वपूर्ण वृद्धि हुई है। परिवहन के विभिन्न साधनों के विकास के लिए नीतियां व कार्यक्रम बनाने और लागू करने की जिम्मेदारी जहाजरानी मंत्रालय, सड़क परिवहन एवं राजमार्ग मंत्रालय, रेल मंत्रालय और नागर विमानन मंत्रालय की है।

रेलवे

भारत में रेलवे, यात्री परिवहन और माल ढुलाई का एक प्रमुख साधन है। यह देश के सुदूर कोने-कोने से लोगों को मिलाती है और कारोबार , पर्यटन, तीर्थयात्रा तथा शिक्षा को बढ़ावा देने का माध्यम है। भारतीय रेल पिछले 164 से अधिक वर्षों के दौरान एक बड़ी समावेशी ताकत बना गई है। भारतीय रेल को देश का जीवन सूत्र कहना उचित होगा। इसने देश की अर्थव्यवस्था में वृद्धि की है। इसने उद्योग और कृषि क्षेत्र के विकास को तेज करने में मदद की है। पहली रेलगाड़ी 1853 में मुंबई से ठाणे के बीच चली थी। केवल 34 किलोमीटर की दूरी तय करने से भी शुरू हुई इसकी यात्रा का दायरा अब 66,687 किलोमीटर तक पहुंच गया है। इसमें 7,216 स्टेशनों का व्यापक नेटवर्क है। इसके बेड़े में 11,122 इंजन, 53,101 यात्री गाड़ियां, 6,899 अन्य कोचिंग वाहन और 2,51,256 डिब्बे हैं। इस तरह भारतीय रेल ने अपने अस्तित्व में आने के बाद 164 वर्षों में असाधारण प्रगति की है। इसने देश के आर्थिक, औद्योगिक और सामाजिक विकास में महत्वपूर्ण भूमिका निभाई है।

कुल मार्ग के लगभग 35.32 प्रतिशत, परिचलन मार्ग के 47.09 प्रतिशत और कुल पटरी मार्ग के 48.26 प्रतिशत का विद्युतिकरण किया जा चुका है। समूचा नेटवर्क 17 मंडलों में विभाजित है। इसके प्रभाग आधारभूत प्रचालन इकाइयां हैं। 17 मंडल और उनके मुख्यालय निम्न हैः

मंडल रेलवे		मुख्यालय
मध्य	–	मुंबई
पूर्वी	–	कोलकाता
पूर्व तट	–	भुवनेश्वर
पूर्व मध्य	–	हाजीपुर
उत्तरी	–	नई दिल्ली
उत्तर मध्य	–	इलाहाबाद
उत्तर पूर्वी	–	गोरखपुर

पूर्वोत्तर फरंटियर	–	मालीगांव (गुवाहाटी)
उत्तर पश्चिम	–	जयपुर
दक्षिण	–	चेन्नई
दक्षिण मध्य	–	सिकंदराबाद
दक्षिण पूर्वी	–	कोलकाता
दक्षिण पूर्व मध्य रेलवे	–	बिलासपुर
दक्षिण पश्चिम रेलवे	–	हुबली
पश्चिमी	–	मुंबई
पश्चिमी मध्य रेलवे	–	जबलपुर
मेट्रो रेलवे	–	कोलकाता

रेलवे नियोजन का मुख्य उद्देश्य परिवहन के आधारभूत ढांचे का निर्माण करना है ताकि अनुमानित यातायात के अनुरूप क्षमता निर्माण किया जा सके और अर्थव्यवस्था की विकास-जरूरतों को पूरा किया जा सके। 1950-51 में नियोजन युग की शुरुआत से भारतीय रेलवे ने वार्षिक योजनाओं के अलावा नौ पंचवर्षीय योजनाओं को लागू किया है। इन योजनाओं के दौरान प्रणाली के आधुनिकीकरण के व्यापक कार्यक्रम पर जोर दिया गया। रेल परिवहन की बढ़ती मांग को पूरा करने के लिए कम लागत के प्रौद्योगिकी संबंधी बदलावों का लाभ उठाना अनिवार्य बन गया है। परिसंपत्तियों के पुनरुद्धार पर प्रमुखता से जोर देने के साथ-साथ रेल पटरियों, इंजनों, यात्री डिब्बों, वैगन बोगी डिजाइन, सिग्नलिंग और दूरसंचार जैसे महत्वपूर्ण क्षेत्रों में प्रौद्योगिकी संबंधी बदलाव और मानकों का उन्नयन शुरू किया गया है।

केंद्रीय सार्वजनिक क्षेत्र उद्यम

रेल मंत्रालय के प्रशासनिक नियंत्रण में चौदह प्राधिकरण आते हैं। ये हैं: (1) राइट्स लिमिटेड, (2) इरकॉन इंटरनेशनल लिमिटेड, (3) भारतीय रेलवे वित्त निगम लिमिटेड, (4) कंटेनर कॉरपोरेशन ऑफ इंडिया लिमिटेड, (5) कोंकण रेलवे कॉरपोरेशन लिमिटेड, (6) मुंबई रेलवे विकास कॉरपोरेशन लिमिटेड, (7) इंडियन रेलवे केटरिंग एंड टूरिज़्म कॉरपोरेशन लिमिटेड, (8) रेल कॉरपोरेशन ऑफ इंडिया लिमिटेड, (9) रेल विकास निगम लिमिटेड, (10) डेडिकेटेड फ्रेट कॉरीडोर कॉरपोरेशन ऑफ इंडिया लिमिटेड, (11) भारत वैगन एंड इंजीनियरिंग कंपनी लिमिटेड, (12) बर्न स्टैंडर्ड कंपनी लिमिटेड (13) ब्रेथवेट एंड कंपनी लिमिटेड; और (14) कोलकाता मेट्रो रेल कॉरपोरेशन लिमिटेड (आरडीएसओ)।

अनुसंधान और विकास

लखनऊ का अनुसंधान डिजाइन और मानक संगठन भारतीय रेलवे की अनुसंधान और विकास शाखा है। यह तकनीकी मामलों में एक परामर्शदाता के रूप में कार्य करती है। यह रेलवे विनिर्माण और डिजाइन से संबद्ध अन्य संगठनों को भी परामर्श सेवाएं उपलब्ध कराती है। आरडीएसओ ने 25टी एक्सल लोड के लिए अधिक चौड़े और भारी प्री स्ट्रेस्ड कंक्रीट स्लीपर आरटी 8527 का नया डिजाइन तैयार किया है, ताकि रेल/वैल्ड विफलताओं में कमी की संभावनाओं के साथ डी-स्ट्रैसिंग तापमान में कमी की व्यावहारिकता और हायर रबड़ पैड लाइफ बकिंग के खिलाफ अधिक प्रतिरोधक क्षमता हासिल की जा सके।

रेलवे वित्त

भारत सरकार के समग्र वित्तीय आंकड़ों का हिस्सा होने के बावजूद , 1924 की पृथक्करण चलन के कारण वर्ष 1924-25 से इसे संसद में अलग से पेश किया जाता रहा है। रेलवे की अपनी 16 अनुदान मांगे हैं। इन पर संसद में अलग से चर्चा कर पारित किया जाता है। रेल बजट अलग से पेश करने की परंपरा का मुख्य कारण इसके विधानिक आकलन के लिए नियमितता सुनिश्चित करना है क्योंकि रेलवे वित्त, आम वित्त का एक बड़ा हिस्साा होता है। सरकार ने वर्ष 2017-18 से रेल बजट को आम बजट में शामिल करने का फैसला किया। संयुक्त बजट होने से रेलवे से जुड़े मुद्दे प्रमुखता से सामने आने से सरकार की वित्तीय स्थिति की वास्तविक तस्वीर प्रस्तुत की जा सकेगी। इस विलय से राजमार्गों, रेलमार्गों और जलमार्गों से परिवहन के साधनों के नियोजन में मदद मिलेगी।

विभागीय रूप से संचालित वाणिज्यिक अधिकरण के रूप में रेलवे का अलग अस्तित्व बना रहेगा। उसकी वित्तीय स्वायत्तता, वित्तीय अधिकार इत्यादि मौजूदा दिशानिर्देशों के अनुसार बरकरार रहेंगे। अनुदान के लिए 16 मांगों की पहले की योजना के स्थान पर अब रेल मंत्रालय के लिए वित्त मंत्रालय एक अनुदान मांग शुरू करेगा।

माल परिवहन

कृषि और उद्योगों में तेज गति से हुई प्रगति के कारण उच्च स्तर के रेल परिवहन की मांग बढ़ी है। विशेषकर कोयला, लोहे तथा इस्पात अयस्क, पेट्रोलियम उत्पादों और खाद्यान्नों, उर्वरकों, सीमेंट, चीनी, नमक, खाद्य तेलों आदि जैसी आवश्यक वस्तुओं की ढुलाई के लिए रेल परिवहन की मांग बढ़ी है। रेलगाड़ियों से माल ढुलाई में लगातार बढ़ोतरी हो रही है। 1950-51 में रेल परिवहन से 73.2 मिलियन टन माल ढुलाई हुई जो 2011-12 में बढ़कर 969.05 मिलियन टन हो गई। वर्ष 2015-16 यह और बढ़कर 1108.62 मिलियन टन हो गई। इसमें से 1101.51 मिलियन टन राजस्व अर्जन की, 7.11 मिलियन टन गैर-राजस्व अर्जन की थी और 656 बिलियन का कुल शुद्ध टन किलोमीटर था। जबकि 2014-15 में यह 683 बिलियन था। 2014-15 में माल भाड़े से 103100.15 करोड़ रुपये की आय हुई जो 2015-16 में 3.72 प्रतिशत बढ़कर 1,06,940.55 करोड़ रुपये हो गई।

यात्री कारोबार

वर्ष 2015-16 में यात्री परिवहन से 44,283.26 करोड़ 26 लाख रुपये की आय हुई। यह वर्ष 2014-15 की आय से 2,093.66 करोड़ रुपये (4.96 प्रतिशत) अधिक है। कुल आय में उपनगरीय यातायात का योगदान 5.82 प्रतिशत था। द्वितीय तथा स्लीपर श्रेणी मेल/एक्सप्रेस यात्री परिवहन से प्राप्त आय कुल यात्री आय का 51.52 प्रतिशत थी। भारतीय रेल का इस्तेमाल आमतौर पर सार्वजनिक परिवहन के रूप में किया जाता है। वर्ष 2015-16 के दौरान 8,107 मिलियन यात्रियों ने रेलगाड़ी से यात्रा की।

सड़कें

देश के आर्थिक विकास के लिए सड़क परिवहन एक महत्वपूर्ण बुनियादी ढांचा है। यह विकास की गति, संरचना और तरीकों को प्रभावित करता है। सड़क परिवहन एवं राजमार्ग मंत्रालय, राष्ट्रीय राजमार्गों का निर्माण तथा रखरखाव करता है और मोटर वाहन अधिनियम 1988; केंद्रीय मोटर वाहन नियम

1989; राष्ट्रीय राजमार्ग अधिनियम 1956 और राष्ट्रीय राजमार्ग शुल्क (दरों का निर्धारण और संग्रह) नियम 2008; सड़क परिवहन, पर्यावरण संबंधी मुद्दों, ऑटोमोटिव मानकों आदि से संबंधी नीतियां बनाता है। इसके अलावा यह पड़ोसी देशों में वाहनों की आवाजाही के इंतजाम भी करता है। परिवहन (यात्री और माल) के लिए राष्ट्रीय राजमार्गों की क्षमता औद्योगिक विकास के अनुरूप होनी चाहिए। भारत में 54.72 लाख किलोमीटर से अधिक लंबा सड़क नेटवर्क है। भारत दुनिया के सबसे लंबे सड़क नेटवर्क वाले देशों में शामिल है। इसके राष्ट्रीय राजमार्गों, एक्सप्रेस मार्गों, राज्य राजमार्गों, प्रमुख जिला सड़कों, अन्य जिला सड़कों और ग्रामीण सड़कों की लंबाई निम्न प्रकार है :

राष्ट्रीय राजमार्ग/एक्सप्रेस मार्ग	–	1,03,933 कि.मी.
राज्य राजमार्ग	–	1,61,487 कि.मी.
अन्य मार्ग	–	52,07,044 कि.मी.
कुल	–	54,72,464 कि.मी.

सरकार ने इस परिवहन क्षेत्र में महत्वपूर्ण निवेश किया है। मंत्रालय ने राष्ट्रीय राजमार्गों के विकास में निजी क्षेत्र को प्रोत्साहन देने के लिए व्यापक नीति निर्देश बनाए हैं।

राष्ट्रीय राजमार्गों का विकास और रखरखाव

सरकार राष्ट्रीय राजमार्ग विकास परियोजना कार्यान्वित कर रही है। वर्ष 2000 से चलाई जा रही यह परियोजना देश की सबसे बड़ी राजमार्ग परियोजना है। इसका कार्यान्वयन मुख्य रूप से भारतीय राजमार्ग प्राधिकरण और राष्ट्रीय राजमार्ग एवं संरचना विकास निगम लिमिटेड कर रहे हैं। पूर्वोत्तर के लिए विशेष त्वरित सड़क विकास कार्यक्रम चलाया जा रहा है। इसका उद्देश्य पूर्वोत्तर क्षेत्र के दूरदराज के इलाकों और जिला मुख्यालयों के राजधानियों के साथ संपर्क में सुधार करना है। इसके अलावा वामपंथी उग्रवाद प्रभावित इलाकों में सड़क संपर्क में सुधार करना है। पुन: स्थापना के लिए राष्ट्रीय राजमार्ग अंत:संपर्क सुधार परियोजनाओं का कार्यान्वयन और राष्ट्रीय राजमार्गों के विभिन्न भागों का उन्नयन कर इन्हें दो लेन का किया जाना है।

एक अन्य कार्यक्रम सेतु भारतम है, जिसका उद्देश्य सड़क सुरक्षा सुनिश्चित करना है। इसके लिए 2019 कि सभी राष्ट्रीय राजमार्गों से रेलवे क्रॉसिंग हटा दिए जाएंगे और रेलवे ओवरब्रिज तथा अंडरपास बनाए जाएंगे।

एक अन्य कार्यक्रम भारतमाला भी शुरू किया जा रहा है। इसमें राष्ट्रीय राजमार्ग विकास परियोजना के अधूरे कार्यों को शामिल किया जाएगा और नए कार्यों जैसे– सीमा और अंतरराष्ट्रीय संपर्क सड़कों/आर्थिक गलियारों इंटर कॉरिडोर तथा फीडर रूट , राष्ट्रीय गलियारा दक्षता सुधार, तटीय तथा बंदरगाह संपर्क सड़कें और ग्रीन फील्ड एक्सप्रेस मार्गों का विकास किया जाएगा।

भारतीय राष्ट्रीय राजमार्ग प्राधिकरण

भारतीय राष्ट्रीय राजमार्ग प्राधिकरण की स्थापना 1995 में की गई थी। इसे राष्ट्रीय राजमार्गों के विकास, रखरखाव तथा प्रबंधन और इनसे संबंधित या आकस्मिक कार्यों की ज़िम्मेदारी सौंपी गई है।

राष्ट्रीय राजमार्ग एवं ढांचागत विकास निगम

राष्ट्रीय राजमार्ग एवं ढांचागत विकास निगम, पूर्णतः मंत्रालय के स्वामित्व वाली कंपनी है। पड़ोसी देशों के साथ क्षेत्रीय संपर्क को बढ़ावा देने के लिए उनके साथ लगे देश के सीमावर्ती राज्यों में राष्ट्रीय राजमार्गों के निर्माण/उन्नयन और उन्हें चौड़ा करने का कार्य केवल निगम का ही है।

भारतीय राजमार्ग इंजीनियर्स अकादमी

भारतीय राजमार्ग इंजीनियर्स अकादमी, मंत्रालय के प्रशासनिक नियंत्रण में पंजीकृत समिति है। इसकी स्थापना 1983 में केंद्र और राज्य सरकारों के सहयोग से की गई थी। इसका उद्देश्य देश के राजमार्ग इंजीनियरों की भर्ती के स्तर पर और सेवा काल के दौरान प्रशिक्षण की लंबे समय से महसूस की जा रही मांग को पूरा करना है।

प्रमुख पहल

राष्ट्रीय राजमार्ग, देश के सड़क नेटवर्क का केवल दो प्रतिशत है, लेकिन यह परिवहन का 40 प्रतिशत बोझ उठाता है। सरकार , लंबाई और गुणवत्ता दोनों दृष्टियों से इसके आधारभूत ढांचे के विकास के लिए सभी प्रयास कर रही है। राष्ट्रीय राजमार्गों के नेटवर्क में विस्तार की योजना है ताकि देश के सभी हिस्से सड़कों से जुड़ सकें। सड़क संपर्क निर्माण में पूर्वोत्तर क्षेत्र, पिछड़े तथा अंदरूनी इलाकों, सीमा संपर्क सड़कों, तटीय सड़कों और आर्थिक रूप से महत्वपूर्ण मार्गों पर विशेष ध्यान दिया जा रहा है। असम में धोला सादिया जैसे कई पुलों, जम्मू-कश्मीर में चेनानी नाशरी जैसी आधुनिक सुरंगों से दुर्गम क्षेत्रों में दूरियां कम हो रही हैं और दूर-दराज के इलाकों तक पहुंच अधिक आसान हो रही है। वाहनों की भीड़-भाड़ वाले इलाकों में विश्वस्तरीय एक्सप्रेस-वे बनाए जा रहे हैं।

वाहन और लाइसेंस रिकार्ड की राष्ट्रीय रजिस्ट्री

देशभर में लगभग 20 करोड़ वाहन और 10 करोड़ लाइसेंस रिकार्ड राष्ट्रीय रजिस्ट्री में उपलब्ध हैं। राष्ट्रीय में उपलब्ध हैं। राष्ट्रीय रजिस्ट्री वाहन (वाहन पंजीकरण के लिए) और सारथी (ड्राइविंग लाइसेंस के लिए) आवेदन के लिए बनाई गई थी। ट्रांसपोर्ट मिशन मोड परियोजना के तहत देशभर के सभी क्षेत्रीय परिवहन कार्यालयों के शत-प्रतिशत स्वचलन को हासिल कर लिया गया है।

राज्य और राष्ट्रीय रजिस्ट्री के समेकित आंकड़ें, बड़ी संख्या में ऑनलाइन नागरिक-केंद्रित आवेदनों और सूचना सेवाओं के लिए आधार के रूप में कार्य करते हैं।

सड़क सुरक्षा

सरकार ने राष्ट्रीय सड़क सुरक्षा नीति बनाई है ताकि सड़क दुर्घटनाओं को कम-से-कम किया जा सके। इस नीति के तहत जागरुकता को बढ़ावा दिया जाता है, सड़क सुरक्षा सूचना डाटा बेस बनाया जाता है, दुर्घटना की आशंका वाली जगहों की पहचान तथा परिशोधन किया जाता है, दुर्घटना आंकड़ा संग्रहणन में सुधार तथा आंकड़ों का प्रबंधन किया जाता है। राजमार्ग इंजीनियरों तथा पेशेवरों को सड़क इंजीनियरिंग में प्रशिक्षण दिया जाता है, वाहन सुरक्षा मानकों में सुधार किया जाता है, सुरक्षित सड़क बुनियादी ढांचे को प्रोत्साहन दिया जाता है और सुरक्षा कानूनों को लागू किया जाता है। सड़क सुरक्षा के बारे में मंत्रालय की महत्वपूर्ण योजनाओं में शामिल है- प्रचार उपाय तथा जागरुकता अभियान ड्राइविंग प्रशिक्षण के लिए

संस्थानों की स्थापना, असंगठित क्षेत्र में ड्राइवरों के लिए पुनश्चर्या प्रशिक्षण, मानव संसाधन विकास, राष्ट्रीय राजमार्ग दुर्घटना राहत सेवा योजना, निरीक्षण और प्रमाणन केंद्रों की स्थापना। सड़क सुरक्षा तथा प्रदूषण जांच उपकरण तथा कार्यक्रम कार्यान्वयन।

ई-टोलिंग

टोल प्लाजा पर परिवहन बाधाएं दूर करने और वाहनों के सुचारू संचालन तथा टोल संग्रह के लिए सरकार ने राष्ट्रव्यापी इलेक्ट्रॉनिक टोल व्यवस्था लागू की है, जो पैसिव रेडियो फ्रीक्वेंसी आइडेंटीफिकेशन पर आधारित है और ईपीसी जैन-2, आईएसओ 18000 - 6सी मानकों के अनुरूप है। यह परियोजना 2015 में शुरू की गई थी।

राष्ट्रीय हरित राजमार्ग परियोजना

इस नीति का उद्देश्य समुदाय, किसानों गैर-सरकारी संगठनों और निजी क्षेत्र की भागीदारी से पर्यावरण हितैषी राष्ट्रीय राजमार्गों का विकास करना है। हरित राजमार्ग (पौध रोपण, प्रतिरोपण, सौंदर्यीकरण और रखरखाव) नीति के तहत शुरुआत में 1500 कि.मी. राष्ट्रीय राजमार्ग पर पौधे लगाए गए। इस पर लगभग 300 करोड़ रुपये खर्च किए गए।

जहाजरानी

जहाजरानी, सड़क परिवहन और राजमार्ग मंत्रालय का दो स्वतंत्र मंत्रालयों में विभाजन कर 2009 में जहाजरानी मंत्रालय का गठन किया गया। देश के आर्थिक विकास की दृष्टि से नौ-वहन महत्वपूर्ण बुनियादी ढांचा है। यह विकास की गति, संरचना और प्रतिमानों को प्रभावित करता है। जहाजरानी मंत्रालय में पोत परिवहन, बंदरगाह, जहाज निर्माण तथा मरम्मत और अंतर्देशीय जल परिवहन शामिल है। इस पर इनसे संबंधित नीतियां तथा कार्यक्रम बनाने और उन्हें लागू करने की जिम्मेदारी है।

समुद्री विकास

भारत की लगभग 7,517 कि.मी. लंबी समुद्री रेखा है। यह मुख्य भूमि के पश्चिमी और पूर्वी भागों में फैली है। यह देश के व्यापार के लिए एक महत्वपूर्ण प्राकृतिक संसाधन है। भारत में 12 बड़े और लगभग 200 छोटे बंदरगाह हैं। भारतीय जहाजरानी उद्योग के पिछले कई वर्षों में परिवहन क्षेत्र में महत्वपूर्ण भूमिका इसी के जरिए होता है। यह कुल मूल्य के 68 प्रतिशत के व्यापार का माध्यम है। इस स्थिति के मद्देनजर जहाजरानी, समुद्री संसाधन, जहाज डिजाइन तथा निर्माण, बंदरगाह, पोतायन, मानव संसाधन विकास से संबंधित मुद्दों, वित्त, सहायकों और नई प्रौद्योगिकी के विकास की जरूरत है। नौवहन परिवहन दुनिया का सबसे सशक्त माध्यम होने के कारण इसका कोई मुकाबला नहीं कर सका है। इसलिए इस उद्योग की गुणवत्ता को बढ़ाने की जरूरत है।

सागरमाला कार्यक्रम

प्रमुख अंतरराष्ट्रीय समुद्री व्यापार मार्गों पर रणनीतिक स्थानों और जहाज चलने लायक 14,500 कि.मी. समुद्री किनारे के उपयोग के लिए भारत सरकार ने महत्वाकांक्षी सागरमाला कार्यक्रम शुरू किया है। इससे देश में बंदरगाह से संबद्ध विकास हो सकेगा।

जहाजरानी उद्योग

जहाजरानी उद्योग सबसे अधिक वैश्वीकृत उद्योगों में से एक है। यह अत्यधिक प्रतिस्पर्धी कारोबार के माहौल में कार्य करता है। यह अधिकतर अन्य उद्योगों की तुलना में बहुत ज्यादा उदार है, इसलिए विश्व अर्थव्यवस्था और व्यापार से जुड़ा है। जहाजरानी उद्योग विशेषकर निर्यात-आयात व्यापार में भारत की अर्थव्यवस्था के परिवहन क्षेत्र में महत्वपूर्ण भूमिका निभाता है। देश के व्यापार की कुल मात्रा का 95 प्रतिशत और मूल्य की दृष्टि से 68 प्रतिशत का व्यापार समुद्री मार्ग से होता है।

भारत की स्वतंत्रता से पहले जहाजों के जरिए केवल 1.92 लाख टन की ढुलाई होती थी। अब यह सबसे बड़े व्यापारिक जहाजरानी बेड़े वाले विकासशील देशों में से एक है। 30 सितंबर, 2017 तक यह 10.88 मिलियन जीटी जहाजी बेड़े के कार्गों वाले देशों में 17वें स्थान पर था। इसके जहाजी बेड़े की औसत आयु 18.03 वर्ष है। समुद्री क्षेत्र न केवल राष्ट्रीय और अंतरराष्ट्रीय कार्गो के परिवहन की सुविधा प्रदान करता है बल्कि कार्गो संबंधी सेवाओं, जहाज निर्माण तथा मरम्मत, माल ढुलाई, लाइट हाउस सुविधाएं, समुद्र संबंधी कार्यों के प्रशिक्षण इत्यादी की सेवाएं भी उपलब्ध कराता है।

भारतीय जहाजरानी नीति की मुख्य विशेषताएं इस प्रकार हैं- विदेशों के साथ व्यापार में आत्मनिर्भरता बढ़ाने के लिए राष्ट्रीय जहाजरानी को बढ़ावा और निर्यात-आयात में संबद्ध पक्षों के हितों की रक्षा करना।

जहाज निर्माण

जहाज निर्माण उद्योग में वैश्विक मंदी से कई पोत कारखानों विशेषकर निजी क्षेत्र के पोत कारखानों की वित्तीय स्थिति पर प्रतिकूल असर पड़ा है। बाजार में गिरावट के कारण 2008 के बाद रक्षा पोत कारखानों को छोड़कर सभी पोत कारखानों के लिए चुनौतीभरा समय चल रहा है। जहाज निर्माण के बहुत कम आर्डर मिल रहे हैं। भारत जहाज निर्माण पर ध्यान केंद्रित कर रहा है। भारतीय पोत कारखाने मुख्य रूप से भारतीय नौसेना के बेड़े में विस्तार और भारतीय तटरक्षकों के लिए पोत निर्माण पर बल देते है। भारत के जहाज निर्माण उद्योग को बढ़ावा देने के लिए केंद्रीय सार्वजनिक उपक्रमों के वास्ते 1971 तक जहाज निर्माण सब्सिडी योजना लागू थी। अक्टूबर 2002 में देश के सभी पोत कारखानों को इस योजना में शामिल कर लिया गया। इससे देश के पोत कारखाना उद्योग को बढ़ावा मिला।

जहाज मरम्मत

विश्व के जहाज मरम्मत बाजार में भारत की हिस्सेदारी लगातार कम बनी हुई है, क्योंकि उसने इस क्षेत्र में बहुत कम क्षमता विकास किया है। अपर्याप्त दक्षता और अधिक करों के कारण भारत के जहाज मालिक विदेशों की मरम्मत सुविधाओं पर निर्भर बने हुए हैं। देश में कुल 27 पोत कारखाने हैं। इनमें छह केंद्र सरकार के सार्वजनिक उपक्रम हैं। दो राज्य सरकारों के उपक्रम हैं और 19 निजी क्षेत्र के अंतर्गत आते हैं।

जहाज पुनरावर्तन

विश्व के जहाज पुनरावर्तन उद्योग में भारत की हिस्सेदारी 25 से 30 प्रतिशत है। जहाज पुनरावर्तन मुख्य रूप से गुजरात के अलांग-सोसिया में किया जाता है। अलांग-सोसिया विश्व का सबसे बड़ा जहाज पुनरावर्तन कारखाना है। इसे फरवरी 1983 में शुरू किया गया था। अलांग-सोसिया गांव से लगी कैम्बे

की खाड़ी के पश्चिमी तट पर लगभग 10 कि.मी. समुद्री इलाके के निकट जहाज पुनरावर्तन कारखाना स्थापित किया गया है। यहां उच्च ज्वार भाटा रेंज, मामूली ढलान और पक्की जमीन के साथ लंबा बीच है। इससे उसे वहीं पर जहाजों की बीचिंग की सुविधा भी मिली हुई है। इसमें प्रतिवर्ष 450 से अधिक जहाजों के पुनरावर्तन की क्षमता है। जहाज पुनरावर्तन से प्रतिवर्ष 35 लाख टन से अधिक पुनः रोलेबल स्टील का उत्पादन होता है। यह काम प्राकृतिक संसाधनों का दोहन किए बिना किया जाता है और अयस्क से इस्पात बनाने की बजाय इसका पुनरावर्तन किया जाता है।

अलांग-सोसिया में कुल मिलाकर 153 जहाज पुनरावर्तन प्लॉट है। इस उद्योग से लगभग 25,000 श्रमिक सीधे तौर पर जुड़े हैं। इससे करीब एक से डेढ़ लाख लोगों को अप्रत्यक्ष रूप से लाभ होता है।

प्रमुख बंदरगाह

उभरती वैश्विक अर्थव्यवस्था ने सामान्य रूप से सभी क्षेत्रों में और विशेष रूप से समुद्रवर्ती क्षेत्र में नए अवसर खोले हैं। आर्थिक विकास में बंदरगाहों की भूमिका महत्वपूर्ण है। भारत की लगभग 75,517 कि.मी. लंबी तटीय रेखा के निकट 12 बड़े और लगभग 200 छोटे बंदरगाह हैं। छह बड़े बंदरगाह- कोलकाता, परादीप, विशाखापत्तनम, कामराजार (एन्नौर), चेन्नई और वी.ओ. चिदामनानार पूर्व तट पर है। अन्य बड़े बंदरगाह कोच्ची, न्यू मंगलोर, मोर्मूगांव, मुंबई, जवाहरलाल नेहरू बंदरगाह (शेवा, नवी मुंबई) और दीनदयाल (पहले का कांडला) पश्चिम तट पर हैं। बड़े बंदरगाह केंद्र सरकार के प्रत्यक्ष प्रशासनिक नियंत्रण में हैं और संविधान की 7वीं अनुसूची की सूची में आते हैं।

भारत के सभी बंदरगाहों से होने वाले कुल परिवहन यातायात का 57 प्रतिशत बड़े और 43 प्रतिशत छोटे बंदरगाहों के जरिए होता है।

कोलकाता बंदरगाह: कोलकाता बंदरगाह देश का एकमात्र तटीय प्रमुख बंदरगाह है। इसकी स्थापना लगभग 138 वर्ष पहले हुई थी। इसके वृहद भीतरी प्रदेश में समूचा पूर्वी भारत आता है। इसमें पश्चिम बंगाल, बिहार, झारखंड, उत्तर प्रदेश, मध्यप्रदेश/असम, पूर्वोत्तर पर्वतीय राज्य और दो पड़ोसी देश- नेपाल और भूटान शामिल हैं। इसमें दो गोदी प्रणालियां-हुगली नदी के पश्चिमी किनारे पर हल्दिया गोदी परिसर और पूर्वी किनारे पर कोलकाता गोदी प्रणाली है।

पारादीप बंदरगाह: पारादीप बंदरगाह देश के प्रमुख बंदरगाहों में से एक है। भारत सरकार ने 1996 में इसका प्रबंधन राज्य सरकार से अपने हाथ में ले लिया। भारत सरकार ने 1966 में पारादीप बंदरगाह न्यास को देश का आठवां प्रमुख बंदरगाह घोषित किया और इसे स्वतंत्र भारत में गठित पूर्व तट का पहला प्रमुख बंदरगाह बना दिया।

न्यू मंगलोर बंदरगाह: न्यू मंगलोर बंदरगाह को 1974 में नौवां प्रमुख बंदरगाह घोषित किया। 1975 में इसका उद्घाटन किया गया यह एकल बिंदु लंगर है। इसकी कुल क्षमता 87.63 एमटीपीए है।

कोच्ची बंदरगाह: कोच्ची के इस आधुनिक बंदरगाह का विकास 1920-40 के दौरान सर रॉबर्ट ब्रिस्टो के अथक प्रयासों से किया गया था। 1930-31 तक इसे पोतों के लिए 30 फुट तक औपचारिक रूप से खोला गया था। इसे 1936 में प्रमुख बंदरगाह का दर्जा दिया गया। प्रमुख बंदरगाह न्यास कानून 1963 के तहत 1964 में इसका प्रशासन न्यासी बोर्ड के हाथों में था। कोच्ची बंदरगाह भारत के दक्षिण-पश्चिम

तट पर स्थित है और पूर्व-पश्चिम समुद्री व्यापार के चौराहे पर नियन्ता की स्थिति में है। बंदरगाह के परिक्षेत्र में समूचा केरल और तमिलनाडु तथा कर्नाटक के कुछ इलाके हैं।

देश में कंटेनरों के बढ़ने और विभिन्न लदान केंद्रों के अंतरदेशीय कंटेनर डिपो की स्थापना से कोच्ची बंदरगाह के परिक्षेत्र का विस्तार हुआ है। यूरोप तथा सुदूर पूर्व और ऑस्ट्रेलिया के बीच अंतरराष्ट्रीय समुद्री मार्ग की निकटता के कारण कोच्ची बड़ी संख्या में कंटेनर लाइंस आकर्षित कर सकता है और कारोबार के प्रचुर अवसर पैदा कर सकता है।

जवाहरलाह नेहरू बंदरगाह: जवाहरलाह नेहरू बंदरगाह का निर्माण 1980 के दशक के मध्य में किया गया था। इसे 1989 में चालू किया गया था। इसने विश्वस्तरीय अंतरराष्ट्रीय कंटेनर वाले बंदरगाह का दर्जा हासिल कर लंबी विकास यात्रा तय की है। निजी क्षेत्र की भागीदारी जैसी नई पहल के जरिए इसने भारत में बंदरगाह विकास का नमूना पेश किया है। जवाहरलाल नेहरू बंदरगाह सभी मौसमों में काम कर सकता है। इसमें जहाज ठहरने के 24 स्थान हैं। इसकी कुल क्षमता 93.44 एमटीपीए है।

मोरमुगाओ बंदरगाह: भारत के पश्चिमी तट पर स्थित मोरमुगाओ बंदरगाह एक दशक से भी अधिक पुराना है। आधुनिक बुनियादी सुविधाओं वाले इस बंदरगाह को कई प्रकार की कार्गो गतिविधियों में दक्षता हासिल है। यह एक प्राकृतिक बंदरगाह है, जो ब्रेकवाटर और मोल से घिरा है। सर्वोत्तम बुनियादी ढांचे वाले इस बंदरगाह में काम करने के लिए प्रेरक माहौल है। इसमें 14.4 मीटर गहराई वाला एक ड्राफ्ट चैनल होने के कारण बड़े पोत भी इसमें जा सकते हैं। बंदरगाह में लंगर डालने के सात स्थान हैं, और एक ट्रांस-शिपमेंट हैं। इसकी कुल क्षमता 50.04 एमटीपीए है।

दीनदयाल बंदरगाह (कांडला): दीनदयाल बंदरगाह (पूर्व नाम कांडला बंदरगाह) की स्थापना 1950 में केंद्र सरकार की परियोजना के रूप में की गई थी। केंद्र सरकर ने एक बड़े बंदरगाह के रूप में विकसित करने के लिए कांडला को अपने अधिकार में लिया था। 150.26 एमटीपीए क्षमता वाले इस बंदरगाह अपतटीय सहित तीन तैरते हुए नौबंध हैं।

वी.ओ. चिदंबरनार बंदरगाह (तूतिकोरिन): वी.ओ. चिदंबरनार बंदरगाह सामरिक दृष्टि से भारत के दक्षिण-पूर्व तट पर पूर्व-पश्चिम अंतरराष्ट्रीय समुद्र मार्ग के निकट $8^0 45'$ अक्षांश उत्तर और देशांतर रेखांश $78^0 13'$ पूर्व पर स्थित है। बंगाल की खाड़ी पर स्थित इस बंदरगाह के दक्षिण-पश्चिम में श्रीलंका और पश्चिम में भारत भूमि का बड़ा हिस्सा है। इसमें लंगर डालने के 15 स्थान हैं और इसकी कुल क्षमता 65.90 एमटीपीए है।

विशाखापत्तनम बंदरगाह: विशाखापत्तनम बंदरगाह एक प्राकृतिक बंदरगाह है। इसे 1933 में वाणिज्यिक नौवहन के लिए खोला गया। यह एकमात्र भारतीय बंदरगाह है जिसे तीन अंतरराष्ट्रीय प्रमाणन-आईएसओ 14001; 2004 (ईएमएस) ओएचएसएएस 18001 और आईएसओ 90001:2000 (क्यूएमएस) प्राप्त है। इसमें लौह अयस्क, लौह पट्टिकाओं, स्फीटक मिट्टी, उर्वरक, कच्चा माल, कच्चा तेल तथा पीओएल उत्पाद, तरल अमोनिया, फास्फोरिक एसिड, खाद्या तेल, कास्टिक सोडा और अन्य तरल सामग्री के लदान की यंत्रीकृत सुविधा है। इसमें जहाज ठहरने के 24 स्थान हैं और इसकी क्षमता 110.75 एमटीपीए है।

कामराज बंदरगाह लिमिटेड (एन्नौर): कामराज बंदरगाह लिमिटेड, जहाजरानी मंत्रालय के तहत संचालित 12वां प्रमुख बंदरगाह है। इसकी स्थापना 2001 में मुख्य रूप से कोयला बंदरगाह के रूप में

तमिलनाडु विद्युत बोर्ड की थर्मल कोल आवश्यकताओं की पूर्ति के लिए की गई थी। केंद्र सरकार द्वारा प्रशासित प्रमुख बंदरगाहों में यह एकमात्र कॉरपोरेट बंदरगाह है। इसमें जहाजों के ठहरने के 8 स्थान हैं। इसकी कुल क्षमला 57 एमटीपीए है।

अंतरदेशीय जल परिवहन

भारत, सबसे लंबे जहाजरानी और अंतरदेशीय जल नेटवर्क वाले देशों में शामिल है। फिर भी देश में जहाजों के जरिए हाने वाली कुल माल ढुलाई के केवल एक प्रतिशत की ही ढुलाई अंतरदेशीय जलमार्गों से होती है। जहाजरानी और नौवहन के लिए अंतरदेशीय जलमार्गों के नियमन और विकास के लिए 1986 में भारतीय अंतरदेशीय जलमार्ग प्राधिकरण का गठन किया गया। राष्ट्रीय जलमार्ग अधिनियम 2016 के तहत 111 अंतरदेशीय जलमार्गों को राष्ट्रीय जलमार्ग घोषित किया गया है। 106 नए राष्ट्रीय जलमार्गों की घोषणा के बाद पूर्व-संभाव्यता अध्ययन, तथा तकनीकी आर्थिक अध्ययन किया जा रहा है और विस्तृत परियोजना रिपोर्ट बनाई जा रही है। इसमें अन्य विषयों के अलावा नौ-परिवहन, नौभार की उपलब्धता, विकास की लागत इत्यादि शामिल हैं।

तटीय जहाजरानी

तटीय जहाजरानी से ईंधन की बचत होती है। यह पर्यावरण हितैषी है और सड़कों पर वाहनों की भीड़-भाड़ कम करने में मददगार है। चीन, अमरीका और जापान जैसी बड़ी अर्थव्यवस्था वाले देशों में परिवहन में जलमार्गों की भागीदारी, भारत की तुलना में काफी अधिक है। यहां वर्तमान में अंतरदेशीय जलमार्गों से देश के अंतर माल ढुलाई इसकी क्षमता से बहुत कम होती है।

क्रूज नौवहन

दुनियाभर में 'क्रूज पर्यटन' का तेजी से विकास हो रहा है। इस प्रकार के आवास पर्यटन से काफी अधिक विदेशी मुद्रा अर्जित की जा सकती है। उचित बुनियादी ढांचे और नीतियों से अनुकूल माहौल बनाकर इसे आय का साधन बनाया जा सकता है। भारत में तीव्र आर्थिक विकास और मध्य वर्ग के बढ़ने तथा आय में वृद्धि होने से देश में क्रूज पर्यटन के अनुकूल माहौल बना है।

भारतीय समुद्री विश्वविद्यालय

भारतीय समुद्री विश्वविद्यालय की स्थापना 2008 में चेन्नई में की गई थी। केंद्रीय विश्वविद्यालय के रूप में स्थापित इस विश्वविद्यालय के कैंपस चेन्नई, कोलकाता और विशाखापत्तनम में हैं। सात सरकारी और सरकारी सहायता प्राप्त समुद्री प्रशिक्षण तथा अनुसंधान संस्थानों का भारतीय समुद्री विश्वविद्यालय में विलय कर दिया गया है। ये संस्थान हैं- मेरिन इंजीनियरिंग एंड रिसर्च इंस्टीट्यूट कोलकाता; मेरिन इंजीनियरिंग एंड रिसर्च इंस्टीट्यूट मुंबई; लाल बहादुर शास्त्री कॉलेज ऑफ एडवांस्ड मेरीटाईम स्टडीस एंड रिसर्च, मुंबई; टी.एस. चाणक्य, नवी मुंबई; नेशनल मेरीटाइम अकादमी, चेन्नई; इंडियन इंस्टीट्यूट ऑफ पोर्ट मैनेजमेंट कोलकाता और नेशनल शिप डिजायन एंड रिसर्च सेंटर, विशाखापत्तनम। इस विश्वविद्यालय का उद्देश्य व्यापारिक जलयान, पोत डिजायन, पोत निर्माण तथा मरम्मत, सप्लाई चेन प्रबंधन और हाइड्रोग्राफी में शिक्षा तथा शोध के क्षेत्र में उत्कृष्टता हासिल करना।

लाइटहाउस एवं लाइटशिप महानिदेशालय

विशाल समुद्र में नाविकों को अपनी स्थिति की सही जानकारी प्राप्त करने के लिए जमीन या अंतरिक्ष से किसी संकेतक से दिशा-निर्देशों की आवश्यकता होती है। लाइटहाउस एवं लाइटशिप महानिदेशालय, नौवहन में दृश्य सहायता उपलब्ध कराता है जिससे नाविक धरती पर एक निश्चित बिंदु के संदर्भ में अपनी स्थिति की जानकारी प्राप्त कर सकते हैं। यह दृश्य सहायता लाइटहाउस, लाइटशिप, पानी पर तैरने वाले चिह्नें, प्रकाशस्तंभों के जरिए उपलब्ध कराई जाती है। नाविकों को विशेषता-सूचक व्यापक स्थिति प्रणाली, राडार संकेत दीपों, पोत यातायात सेवा, स्वचालित पहचान प्रणाली जैसी रेडियो सहायता भी उपलब्ध कराई जाती है। लाइटहाउस एवं लाइटशिप महानिदेशालय नाविकों को लाइटहाउस और समुद्री सहायता संबंधी मुद्दों पर भारत सरकार को सलाह देता है।

जहाजरानी महानिदेशालय, मुंबई

जहाजरानी मंत्रालय से संबद्ध जहाजरानी महानिदेशालय की स्थापना 1949 में की गई थी। इस पर भारतीय व्यापारिक जहाजरानी अधिनियम, 1958 को लागू करने की जिम्मेदारी है। इनमें जहाजरानी नीति तथा कानून और सुरक्षा, प्रदूषण रोकथाम से संबंधित विभिन्न अंतरराष्ट्रीय समुद्री संगठनों के अन्य आदेशात्मक नियमों को लागू करना, समुद्र संबंधी शिक्षा तथा प्रशिक्षण को बढ़ावा देना, परीक्षा लेना व प्रमाण-पत्र देना और अन्य अधीनस्थ कार्यालयों के प्रभावी कामकाज के लिए उन पर निगरानी रखना शामिल है।

भारतीय जहाजरानी निगम लिमिटेड

भारतीय जहाजरानी निगम लिमिटेड की स्थापना 1961 में, जहाजरानी निगम एकीकरण आदेश 1961 के तहत ईस्टर्न शिपिंग कॉरपोरेशन और वेस्टर्न शिपिंग कॉरपोरेशन का विलय कर, की गई थी। दोनों कंपनियों के बीच नीतियों के बेहतर समन्वय, बेहतर अर्थप्रबंधन तथा कार्यसंचालन में दक्षता बढ़ाने के लिए इनका विलय किया गया था। भारतीय जहाजरानी निगम, पांच दशक की अपनी इस यात्रा में जहाजरानी के क्षेत्र में अग्रणी बना हुआ है। निगम के पास 70 जहाजों का बेड़ा है।

कोच्चि शिपयार्ड लिमिटेड

केरल के कोच्चि में स्थिति कोच्ची शिपयार्ड लिमिटेड देश का सबसे बड़ा पोत कारखाना है, इसकी पोत निर्माण क्षमता 1,10,000 डीडब्ल्यूटी है। इसने 100 से अधिक पोतों का निर्माण कर उनकी आपूर्ती की है। इनमें टैंकर, बल्क करियर, पोर्टक्रॉफ्ट, अपतट पोत, कर्षण नौकाएं और यात्री पोत शामिल हैं। कंपनी ने पिछले एक दशक से अधिक समय में लगभग 45 जहाजों का निर्यात किया है। फिलहाल यह भारतीय सेना के लिए बहुत ही प्रतिष्ठित लड़ाकू जहाज का निर्माण कर रही है। इसमें भारतीय तटीय सुरक्षा बल को एयरक्राफ्ट करियर के अलावा 20 तीव्र गति के गश्ती पोत भी बनाकर दिए हैं। जहाजों की मरम्मत का काम भी इसने बखूबी किया है।

कंपनी ने व्यापारिक, नौसैन्य जहाज, तट रक्षक पोत, निकर्षण पोत जैसे विभिन्न प्रकार के जहाजों की मरम्मत की है। यह भारतीय नौसेना के विमान वाहकों की नियमित रूप से सूखी गोदी मरम्मत करने वाला यह एकमात्र कारखाना है। कोच्चि शिपयार्ड लिमिटेड ने 13 बार आईएनएस विराट की मरम्मत की। अंतिम बार इसकी मरम्मत 2016-17 में की गई थी।

भारत निकर्षण निगम लिमिटेड

भारत निकर्षण निगम लिमिटेड की स्थापना 1974 में की गई थी। इसे देश में अन्य देशों के साथ समुद्री व्यापार बढ़ाने, समुद्र तट पोषण, भूमि सुधार, अंतरदेशीय निकर्षण, पर्यावरण सुरक्षा और निकर्षण के क्षेत्र में विश्व की अग्रणी कंपनी बनने के लिए एकीकृत निकर्षण और इससे संबंधित अन्य समुद्री सेवाएं उपलब्ध कराने की जिम्मेदारी सौंपी गई है। सामरिक दृष्टि से विशाखापत्तनम में भारत के पूर्वी तट पर स्थापित यह कंपनी बड़े तथा छोटे बंदरगाहों के शिपिंग चैनलों, नौसेना, मछली पकड़ने के स्थानों और अन्य समुद्री संगठनों में वांछित गहरेपन की निरंतर उपलब्धता सुनिश्चित करने में सहायता करती है। यह, नए बंदरगाहों की स्थापना के लिए केपिटल निकर्षण, मौजूदा बंदरगाहों को गहरा करने या विभिन्न बंदरगाहों पर आवश्यक गहराई बनाए रखने के लिए निकर्षण के रखरखाव जैसे कार्यों से राष्ट्र की सेवा करता है।

अंडमान लक्षद्वीप हार्बर वर्क्स

जहाजरानी मंत्रालय के अधीनस्थ कार्यालय अंडमान लक्षद्वीप हार्बर वर्क्स की स्थापना 1965 में अंडमान निकोबार द्वीपसमूह और लक्षद्वीप द्वीपसमूह की सेवाएं प्रदान करने के लिए की गई थी। इसे इन द्वीप समूहों में बंदरगाह और पतन सुविधाएं उपलब्ध कराने के लिए जहाजरानी मंत्रालय के कार्यक्रम बनाने और उन्हें लागू करने की जिम्मेदारी सौंपी गई है।

हुगली डॉक एंड पोर्ट इंजीनियर्स लिमिटेड

हुगली डॉक एंड पोर्ट इंजीनियर्स लिमिटेड, कोलकाता 1984 में केंद्र सरकार का सार्वजनिक क्षेत्र का उपक्रम बना। कंपनी में पश्चिम बंगाल के हावड़ा जिले में दो कार्यकारी इकाइयां है। एक इकाई सईकिया में और अन्य नजीरगुंजे में है। इसकी स्थापित क्षमता जहाज निर्माण में 1,100 टन और जहाज मरम्मत में 125 जहाज सालाना है। इसमें एक सूखी गोदी और एक जलबंधक के अलावा छह जलावतरण मंच भी हैं। इसका पोत कारखाना विभिन्न प्रकार के जहाज (यात्री जहाज सहित) और निकर्षण पोत, कर्षण, आपूर्ति और सहायता पोत, बहु उपयोगी पतन, पोत, लाइटहाउस टेंडर पोत, माल ढुलाई नौका, नौबंध नाव जैसे विभिन्न प्रकार के पोत निर्माण में सक्षम है।

नागर विमानन

नागर विमानन मंत्रालय पर देश में नागर विमानन क्षेत्र के विकास और नियमन के लिए राष्ट्रीय नीतियां और कार्यक्रम बनाने की ज़िम्मेदारी है। इस पर विमान अधिनियम, 1934; विमान नियम, 1937 और नागर विमानन क्षेत्र संबंधी अन्य कानूनों के लागू करने का उत्तरदायित्व भी है। मंत्रालय, नीतियां बनाने के मुख्य कार्य के अलावा नीतिगत दिशानिर्देशों के कार्यान्वयन में संगठनों का मार्गदर्शन करता है, उनकी गतिविधियों की निगरानी और आकलन करता है। यह सरकार के विशेष कार्यक्रमों खासकर समाज के कमजोर तबकों के लिए बनाए गए कार्यक्रमों के संगठनों द्वारा कार्यान्वयन की निगरानी करता है।

राष्ट्रीय नागर विमानन नीति, 2016

स्वतंत्रता प्राप्ति के बाद पहली बार जून 2016 में राष्ट्रीय नागर विमानन नीति अधिसूचित की गई। इसका उद्देश्य ऐसा पारिस्थितिक तंत्र स्थापित करना है जिससे इस क्षेत्र को बढ़ावा मिले। इससे पर्यटन को बढ़ावा मिलेगा, रोज़गार के अवसरों का सृजन होगा और संतुलित क्षेत्रीय विकास हो सकेगा। इस नीति का उद्देश्य

विमान यात्रा को सस्ता तथा सुविधाजनक बनाकर यात्रियों की संख्या को बढ़ाना है। इसका मकसद इस कारोबार को आसान बनाने के लिए नियंत्रण हटाना, प्रक्रियाओं का सरलीकरण और ई-गवर्नेंस तथा समूचे नागर विमानन क्षेत्र को सुसंगत रूप से बढ़ावा देना है। इसमें कार्गो, एमआरओ, सामान्य विमानन, अंतरिक्ष प्रौद्योगिकी निर्माण और कौशल विकास भी शामिल है।

क्षेत्रीय संपर्क योजना

क्षेत्रीय संपर्क योजना-उड़ान को राष्ट्रीय नागर विमानन नीति, 2016 में शामिल किया गया है। इसके दो उद्देश्य- संतुलित क्षेत्रीय विकास को बढ़ावा देना और विमान यात्रा को सस्ता बनाना है। यह योजना 10 वर्ष तक लागू रहेगी। इसके तहत मौजूदा हवाईपट्टियों और हवाईअड्डों का पुनरुद्धार कर हवाई संपर्क सुविधा से वंचित या इसके अभाव वाले क्षेत्रों में यह सुविधा पहुंचाना है।

एयर सेवा

नागर विमानन मंत्रालय ने सुविधाजनक और आरामदायक हवाईयात्रा के लिए 2016 में एयर सेवा की शुरुआत की थी। यह एन्ड्रॉएड और आईओएस प्लेटफॉर्म दोनों के लिए मोबाइल एप या इंटरएक्टिव वेब पोर्टल (airsewa.gov.in) से संचालित है। इसमें शिकायत निपटान, शिकायत निपटान के लिए बैक ऑफिस ऑपरेशन, फ्लाइट स्टेटस/समय-सारणी सूचना, हवाईअड्डा संबंधी जानकारी और एफएक्यूएस के लिए व्यवस्था है। एयर सेवा पहल से विमानन क्षेत्र में उन संबद्ध पक्षों को एकीकृत किया गया है, विमान यात्रियों को जिनसे संवाद की जरूरत होती है।

यात्री वृद्धि

घरेलू विमानन कंपनियों के विमानों से यात्रा करने वालों की संख्या जनवरी से जुलाई 2017 में 560 लाख 87 हजार थी। यह पिछले वर्ष की इस अवधि की संख्या से 17.18 प्रतिशत अधिक है। भारत सरकार ने अनुसूचित और गैर-अनुसूचित हवाई यातायात सेवाओं में प्रत्यक्ष विदेशी निवेश की सीमा 49 प्रतिशत से बढ़ाकर शत-प्रतिशत कर दी है।

अनुसूचित एयरलाइन्स में स्वतः प्रत्यक्ष विदेशी निवेश की सीमा 49 प्रतिशत है और इससे अधिक के लिए सरकार की मंजूरी आवश्यक है। प्रवासी भारतीयों के लिए स्वतः तरीके से शत-प्रतिशत प्रत्यक्ष विदेशी निवेश की अनुमति जारी रहेगी।

नागर विमानन महानिदेशालय

नागर विमानन महानिदेशालय, नागर विमानन मंत्रालय से संबद्ध है। इसका प्रमुख महानिदेशक (नागर विमानन) है। इसका मुख्यालय दिल्ली में और उप-क्षेत्रीय कार्यालय देशभर में हैं। निदेशालय का मुख्य उत्तरदायित्व देश के भीतर विमान सेवाओं का नियमन और नागरिक उड्डयन नियमों, विमान सुरक्षा, हवाई उपयुक्तता मानकों को लागू करना है। विमान रखरखाव इंजीनियरों, पायलटों को लाइसेंस देना; चालक दल के सदस्यों के मानकों की निगरानी; विमानों का नियमन; छोटी विमान दुर्घटनाओं की जांच; फ्लाइंग/ग्लाइडिंग क्लब की प्रशिक्षण गतिविधियों की निगरानी और अन्य नियामक कार्य भी इसकी जिम्मेदारी हैं। ये नियम, विमान कानून 1934, विमान नियम, नागर विमानन आवश्यकताओं, वैमानिक सूचना परिपत्र के रूप में हैं।

नागर विमानन सुरक्षा ब्यूरो

नागर विमानन सुरक्षा ब्यूरो का गठन प्रारंभ में डीजीसीए की एक इकाई के रूप में 1978 में किया गया था। इस पर नागर विमानन सुरक्षा मामलों में समन्वय, निगरानी, निरीक्षण और प्रशिक्षण का उत्तरदायित्व है। 1987 में इसे एक स्वतंत्र विभाग के रूप में पुनर्गठित किया गया। ब्यूरो, देश में नागर विमानन सुरक्षा नियामक की भूमिका निभाता है। इसे उड़ानों में तोड़-फोड़ निरोधक और पूर्व आरोहण सुरक्षा के लिए मानक तय करने और इन्हें लागू करने की जिम्मेदारी सौंपी गई है। इसके लिए वह नियमित निरीक्षण और सुरक्षा जांच करता है। मुख्य रूप से इस पर विदेशों के हवाईअड्डों से भारतीय विमानों के संचालन और भारत में घरेलू तथा अंतरराष्ट्रीय उड़ानों की सुरक्षा के मानक तय करना और इन्हें लागू करने का उत्तरदायित्व इस पर है। ब्यूरो का उद्देश्य, विमानन कार्यों में आ रहे गैर-कानूनी व्यवधानों को दूर करना है। विमानन सुरक्षा से संबंधित राष्ट्रीय और अंतरराष्ट्रीय उत्तरदायित्व के लिए यह नियामक प्राधिकरण है। यह अन्य विषयों के अलावा नियोजन, विमानन संबंधी सभी सुरक्षा गतिविधियों में समन्वय, संचालन आपदाओं तथा संकट प्रबंधन का काम करता है।

भारतीय हवाईअड्डा प्राधिकरण

भारतीय हवाईअड्डा प्राधिकरण की स्थापना अप्रैल 1995 में की गई थी। यह मिनी रत्न श्रेणी-I का सार्वजनिक क्षेत्र का उपक्रम है जो देशभर में भवन उन्नयन और हवाईअड्डों के आधारभूत ढांचे का प्रबंधन और रखरखाव करता है। इसके पास 125 हवाईअड्डे हैं (96 चालू और 29 बंद अवस्था में)। इनमें से 21 अंतरराष्ट्रीय (3 सिविल एन्क्लेव), 8 सीमा शुल्क हवाईअड्डे (4 सिविल एन्क्लेव), 77 घरेलू हवाईअड्डे और 19 घरेलू सिविल एन्क्लेव हैं। प्राधिकरण ने 60 हवाईअड्डों के उन्नयन और आधुनिकीकरण का काम पूरा कर लिया है। इनमें कोलकाता और चेन्नई के दो हवाईअड्डे भी शामिल हैं। इससे प्रतिवर्ष 102 मिलियन से अधिक लोग हवाईयात्रा कर सकते हैं। भारतीय हवाईअड्डों की मौजूदा क्षमता प्रतिवर्ष 282 मिलियन यात्रियों की है।

एयर नेविगेशन सेवाएं

भारतीय हवाईअड्डा प्राधिकरण देश के सभी नागरिक अड्डों पर एयर नेविगेशन सेवाएं उपलब्ध कराता है। यह 2.8 मिलियन वर्ग समुद्री मील प्राधिकृत एयर स्पेस का प्रबंधन करता है। इसमें 1.05 मिलियन वर्ग समुद्री मील और 1.75 मिलियन वर्ग समुद्री एयरस्पेस शामिल है। भारतीय हवाईअड्डा प्राधिकरण 11 अन्य हवाईअड्डों पर एयर नेविगेशन सेवाएं भी उपलब्ध कराता है। ये हवाई अड्डे हैं- बंगलुरु, दिल्ली, मुंबई, हैदराबाद, कोच्ची, लेंगपुई, दीव, लातुर, मुद्रा, नांदेढ़ और सत्यसाईं पुट्टापार्थी हवाई अड्डे। ये संयुक्त उद्यम, राज्य सरकार के या निजी हवाई अड्डे हैं।

जीपीएस की सहायता से संवर्धित मार्ग निर्देशन (गगन) प्रणाली, नागर विमानन क्षेत्र की आवश्यकताएं पूरी करने के लिए जीपीएस संकेतों को अधिक सटीक और निर्बाध बनाती है। भारतीय हवाईअड्डा प्राधिकरण और इसरो मिलकर इसका कार्यान्वयन कर रहे हैं। यह मई 2015 से पूरी तरह सक्रिय है और प्रतिदिन चौबीसों घंट उपलब्ध है। वर्तमान में गगन सिंगल-इन-स्पेस दो भू-स्थिर उपग्रहों (जी सैट-8 और जी सैट-10) से प्रयोगकर्ताओं को उपलब्ध है। गगन प्रणाली को तीसरे भू-स्थिर जी सैट-15 के साथ जोड़ने की प्रक्रिया जारी है।

एयर इंडिया

एयर इंडिया लिमिटेड और इंडियन एयरलाइंस का विलय कर एक नई कंपनी– भारतीय राष्ट्रीय विमानन कंपनी बनाई गई थी। इस विलय के बाद अस्तित्व में आई नई कंपनी को एयर इंडिया के नाम से जाना जाता है। इसके विलय की निर्धारित तिथि 1 अप्रैल, 2007 है। इसका शुभंकर महाराजा को ही बनाए रखा गया। एयर इंडिया लिमिटेड मुख्य रूप से यात्री एयरलाइन है जो 72 ऑनलाइन घरेलू स्टेशनों (अलाएंस एयर सहित) और 28 देशों में 42 अंतरराष्ट्रीय गंतव्यों के लिए सेवाएं प्रदान करती है। यह नागर विमानन मंत्रालय के प्रशासनिक नियंत्रण में परिवहन सेवा क्षेत्र की कंपनी है।

एयर इंडिया एयर ट्रांसपोर्ट सर्विसेस लिमिटेड

एयर इंडिया एयर ट्रांसपोर्ट सर्विसेस लिमिटेड, 65 हवाईअड्डों पर ग्राउंड हैंडलिंग सेवाएं प्रदान करती है। यह एयर इंडिया लिमिटेड और इसकी एयरलाइन सहायक कंपनियों की उडानों के प्रबंधन के अलावा 24 विदेशी अनुसूचित एयरलाइनों, 4 घरेलू अनुसूचित एयरलाइनों, 3 क्षेत्रीय एयरलाइनों, 16 सीजनल चार्टर एयरलाइनों और 23 विदेशी एयरलाइनों के लिए भी ग्राउंड हैंडलिंग सेवाएं उपलब्ध कराती है।

एयर इंडिया चार्टर्स लिमिटेड

एयर इंडिया चार्टर्स लिमिटेड, एयर इंडिया एक्सप्रेस ब्रांड नाम से सस्ती एयरलाइन चलाती है। इसे किराए पर लिए गए तीन बी 737–800 विमानों के साथ 2005 में शुरू किया गया था। यह केरल के तीन स्टेशनों से खाड़ी में पांच स्टेशनों तक सेवाएं उपलब्ध कराती है। 31 मार्च, 2016 को इसके पास सत्रह बी 737–800 विमान स्वयं के और एक किराए का विमान था। यह 12 भारतीय और 13 विदेशी ऑनलाइन स्टेशनों की सेवाएं प्रदान करती है।

एयर इंडिया इंजीनियरिंग सेवा लिमिटेड

एयर इंडिया इंजीनियरिंग सेवा लिमिटेड (एआईईएसएल) अभी एयर इंडिया लिमिटेड के 135 विमानों और इसकी सहायक कंपनियों– एयर इंडिया चार्टर्स लिमिटेड, एयरलाइन अलाइड सर्विसिज लिमिटेड तथा कुछ अन्य एयरलाइन को रखरखाव, मरम्मत और निरीक्षण सेवाएं उपलब्ध करा रही है। सभी एयरलाइन और विमानों को अड्डे से पांच घंटे की उड़ान के दौरान ये सेवाएं उपलब्ध कराई जाती हैं।

एयरलाइन अलाइड सर्विसेज लिमिटेड

कंपनी के पास 31 मार्च, 2016 को किराये के तीन एटीआर 42–320, पांच एटीआर 72–600 और तीन सीआरजे 700 विमानों का बेड़ा था। इस वर्ष के अंत तक देश के भीतर कंपनी के नेटवर्क में 29 स्टेशन थे। वर्तमान में इसकी हर सप्ताह लगभग 196 उड़ानें होती हैं।

अलाएंस एयर, पूर्वोत्तर परिषद के साथ समझौता ज्ञापन के तहत पूर्वोत्तर क्षेत्र में सेवाएं प्रदान करती है। यह लक्षद्वीप प्रशासन द्वारा व्यावहारिकता अंतरनिधीयन के अनुदान वचन के तहत अगात्ती और मुख्यभूमि के बीच विमान चलाती है। यह पोर्टब्लेयर/कार निकोबार/पोर्टब्लेयर में चार्टर सेवाएं, अंडमान तथा निकोबार प्रशासन की ओर से सप्ताह में एक बार सीआरजे विमान की सेवाएं जुलाई 2014 से उपलब्ध करा रहा है।

होटल कॉरपोरेशन ऑफ इंडिया लिमिटेड

भारत सरकार द्वारा स्वीकृत विनिवेश प्रक्रिया के तहत होटल कॉरपोरेशन ऑफ इंडिया की तीन इकाइयों (सेंटूर मुंबई एयरपोर्ट, सेंटूर जुहू बीच, मुंबई और इंडो होक्के होटल लिमिटेड, राजगीर) की बिक्री के बाद, वर्तमान में इसकी तीन इकाइयां हैं (सेंटूर लेक व्यू होटल, श्रीनगर, सेंटूर दिल्ली तथा मुंबई फ्लाइट रसोई हैं।

पवन हंस लिमिटेड

पवन हंस लिमिटेड को अक्टूबर 1985 में कंपनी अधिनियम के तहत एक सरकारी कंपनी के रूप में (हेलिकॉप्टर कॉरपोरेशन ऑफ इंडिया लिमिटेड के नाम से) निगमित किया गया था। इसकी स्थापना का मुख्य उद्देश्य तेल क्षेत्र को तेल की खोज के लए हेलिकॉप्टर सेवाएं उपलब्ध कराना है। इसके अलावा पर्वतीय तथा दुर्गम इलाकों में सेवाएं उपलब्ध कराना और चार्टर विमान उपलब्ध कराना है ताकि यात्रा और पर्यटन को बढ़ावा मिल सके। पवन हंस का पंजीकृत कार्यालय नई दिल्ली में और कॉरपोरेट कार्यालय नोएडा में है। इसके क्षेत्रीय कार्यालय मुंबई, मिजोरम, महाराष्ट्र त्रिपुरा, सिक्किम, ओडिशा, हिमाचल प्रदेश और गृह मंत्रालय को हेलिकॉप्टर सेवाएं उपलब्ध कराती है। कंपनी ने अंडमान निकोबार द्वीपसमूह को 4 डॉफिन हेलिकॉप्टर और लक्षद्वीप को 2 डॉफिन हेलिकॉप्टर उपलब्ध कराए हैं। कंपनी एनटीपीसी, गेल, जीएसपीसी और ऑयल इंडिया को भी हेलिकॉप्टर सेवाएं दे रही है।

पवन हंस कंपनी हेलिकॉप्टर सेवाएं प्रदान करने वाली एशिया की सबसे बड़ी कंपनियों में शामिल है। वर्तमान में इसके पास 43 हेलिकॉप्टरों का बेड़ा है और यह पूरे देश में सेवाएं उपलब्ध कराती है। पवन हंस ने कड़ी स्पर्धा की स्थिति में संस्थागत ग्राहकों, मुख्यतः तेल उद्योग और सरकारी क्षेत्र में दीर्घावधि अनुबंध हासिल किए हैं। यह मुंबई स्थित ड्रिलिंग रिंग को चौबीसों घंटे महत्वपूर्ण आपूर्ति और कर्मियों के परिवहन के लिए ओएनजीसी को अपतटीय संचालन के वास्ते हेलिकॉप्टर सेवाएं उपलब्ध कराती है। इसमें मुंबई के समुद्री तट के पास ड्रिलिंग रिग के लिए उसके कामगारों और सामग्री की दिन-रात ढुलाई शामिल है। यह कंपनी मुंबई में मुख्य भूमि से 130 कि.मी के दायरे में ओएनजीसी रिग के उद्‌गम और उत्पादन प्लेटफार्म कार्यों में मदद करती है।

पवन हंस हर वर्ष मई-जून और सितंबर-अक्टूबर में यात्रा के दौरान फाटा से केदारनाथ तक हेलिकॉप्टर सेवाएं उपलब्ध कराती है। इसने श्री अमरनाथ जी यात्रा 2014, 2015 और 2016 के लिए श्री अमरनाथ श्राइन के वास्ते भी हेलिकॉप्टर सेवाएं उपलब्ध कराई हैं।

इंदिरा गांधी राष्ट्रीय उड़ान अकादमी

इंदिरा गांधी राष्ट्रीय उड़ान अकादमी की स्थापना देश में कमर्शिअल पायलटों के उड़ान और ग्राउंड प्रशिक्षण के स्तर में सुधार के लिए रायबरेली (उत्तर प्रदेश) के फुर्सतगंज में की गई थी। अकादमी के पास अति-आधुनिक दृश्य-श्रव्य प्रशिक्षण सहायक और अन्य सुविधाएं भी हैं। अकादमी में योग्य और विमानन तथा उड़ान प्रशिक्षण में लंबे अनुभव वाले प्रशिक्षकों की नियुक्ति की जाती है। अकादमी का उद्देश्य केवल पायलटों को प्रशिक्षित करना ही नहीं है बल्कि वैमानिकी में योग्य प्रणाली प्रबंधक तैयार करना भी है। इसमें फ्लाइंग प्रशिक्षणार्थियों को कॉकपिट में सहजता से पारगमन के लिए आवश्यक स्तर का प्रशिक्षण दिया जाता है। यह नागर विमानन मंत्रालय के अधीन एक स्वायत्त निकाय है। अकादमी ने अपने मौजूदा ढांचे में बड़ा विस्तार किया है। छात्रावास के कमरों की संख्या 72 से बढ़ाकर 144 कर दी

गई है। इनमें 20 कमरे लड़कियों के छात्रावास के हैं। इसके अलावा सड़कें फिर से बनाई गई हैं, छात्रावासों में सौर ऊर्जा से पानी गर्म करने की प्रणाली लगाई गई है, 60 टीआर X 3 क्षमता वाला एयर कंडिशनिंग संयंत्र लगाया गया है, नई जल आपूर्ति लाइनें बिछाई गई हैं, खेल परिसर का नवीकरण किया गया है और स्वीमिंग पूल तथा मनोरंजन केंद्र बनाया गया है।

भारतीय हवाईअड्डा आर्थिक नियामक प्राधिकरण

भारतीय हवाईअड्डा आर्थिक नियामक प्राधिकरण एक वैधानिक निकाय है। इसकी स्थापना भारतीय हवाईअड्डा आर्थिक नियामक प्राधिकरण कानून, 2008 के तहत की गई। इसका मुख्यालय दिल्ली में है।

राजीव गांधी राष्ट्रीय विमानन विश्वविद्यालय

राजीव गांधी राष्ट्रीय विमानन विश्वविद्यालय, नागर विमानन मंत्रालय के प्रशासनिक नियंत्रण में एक केंद्रीय विश्वविद्यालय है। इसकी स्थापना राजीव गांधी राष्ट्रीय विमानन विश्वविद्यालय कानून, 2013 के अंतर्गत की गई है। यह उत्तर प्रदेश में रायबरेली के फुर्सतगंज में है। यह देश में विमानन उद्योग को बढ़ावा देने के लिए गुणवत्तापूर्ण प्रशिक्षण तथा शोध का एक अग्रणी संस्थान है। यह विश्वविद्यालय नागर विमानन क्षेत्र में डिप्लोमा, डिग्री और स्नातक डिग्री पाठ्यक्रम चलाता है। इसका उद्देश्य विमानन उद्योग के सभी उपक्षेत्रों के संचालन और प्रबंधन में उत्कृष्टता हासिल करने के लिए उद्योग के साथ मिलकर विमानन अध्ययन, अध्यापन, प्रशिक्षण और अनुसंधान की सुविधाएं प्रदान करना है।

27 जल संसाधन

जल संसाधन, नदी विकास और गंगा संरक्षण मंत्रालय देश के जल संसाधनों के विकास और नियमन के लिए नीतियां और कार्यक्रम बनाता है। इसके कार्यों में क्षेत्रगत आयोजना, समन्वय, नीति दिशानिर्देश, परियोजनाओं का तकनीकी परीक्षण और तकनीकी-आर्थिक मूल्यांकन, विशेष परियोजनाओं के लिए केंद्रीय सहायता प्रदान करना, बाहरी सहायता मुहैया कराने में मदद करना और अंतरराज्यीय जल विवादों के समाधान में सहायता करना, बड़ी, मध्यम और लघु सिंचाई परियोजनाओं के संबंध में नीति निर्माण, आयोजना और मार्गदर्शन, भूमिगत जल प्रबंधन, कमान क्षेत्र विकास, बाढ़ नियंत्रण, बांध सुरक्षा और नदी विकास तथा गंगा (इसकी सहायक नदियों के संरक्षण सहित) संरक्षण, अंतरराज्यीय नदियों का नियमन और विकास, न्यायाधिकरणों के फैसलों को लागू करना, जल गुणवत्ता मूल्यांकन, द्विपक्षीय बाहरी सहायता और भारत और पड़ोसी देशों की साझा नदियों से संबंधित मामले शामिल हैं।

राष्ट्रीय जल मिशन

जलवायु परिवर्तन और संबंधित मुद्दों के समाधान को देखते हुए जलवायु परिवर्तन संबंधी राष्ट्रीय कार्ययोजना (एनएपीसीसी) के अंतर्गत जलवायु परिवर्तन के दुष्प्रभाव की चुनौतियों से निपटने के लिए आठ राष्ट्रीय मिशनों के जरिए सिद्धांत तय किए गए और अपनाई जाने वाली कार्यनीति की पहचान की गई। राष्ट्रीय जल मिशन एनएपीसीसी के अंतर्गत तय किए गए मिशनों में से एक है।

राष्ट्रीय जल मिशन का प्रमुख लक्ष्य 'जल का संरक्षण, उसकी बरबादी में कमी लाना और समेकित जल संसाधन विकास एवं प्रबंधन के जरिए राज्यों के बीच तथा किसी राज्य के भीतर जल का अधिक समानता पर आधारित वितरण सुनिश्चित करना है।' मिशन के पांच निर्धारित लक्ष्य इस प्रकार हैं: (क) सार्वजनिक क्षेत्र में पानी के बारे में व्यापक डेटाबेस तैयार करना और जल संसाधनों पर जलवायु परिवर्तन के दुष्प्रभाव का मूल्यांकन करना; (ख) जल संरक्षण, संवर्धन और परिरक्षण के लिए नागरिक एवं सरकारी कार्रवाई को बढ़ावा देना; (ग) अत्यधिक दोहन वाले क्षेत्रों सहित जल संकट वाले क्षेत्रों पर विशेष ध्यान केंद्रित करना; (घ) पानी के किफायती उपयोग में 20 प्रतिशत वृद्धि करना; और (ङ) नदी थाला स्तरीय एकीकृत जल संसाधन प्रबंधन का विकास।

राष्ट्रीय जल मिशन के अंतर्गत संचालित प्रमुख गतिविधियां इस प्रकार हैं:- (i) व्यापक जल डेटाबेस: इंडिया-डब्ल्यूआरआईएस (वाटर रिसोर्स इंफॉर्मेशन सिस्टम) एक पोर्टल है, जो जल संसाधनों के बारे में जानकारी प्रदान करता है। इसे केंद्रीय जल आयोग ने विकसित किया है। सतह और भूमिगत जल संबंधी सभी आंकड़े इस पोर्टल पर उपलब्ध हैं। सतह जल संसाधनों और भूमिगत जल संसाधनों के बारे में जीआईएस डेटा इंडिया-डब्ल्यूआरआईएस की साइट पर प्रदर्शित किए गए हैं; (ii) एनडब्ल्यूएम वेब पोर्टल:- राष्ट्रीय जल मिशन का एक स्वतंत्र वेब पोर्टल भी है। इस पोर्टल का लक्ष्य जल संसाधनों,

संगठनों और जल संसाधनों के विभिन्न पहलुओं से संबंधित उनकी गतिविधियों के बारे में समस्त जानकारी एक ही बिंदु पर उपलब्ध कराना है; (iii) जल संसाधनों पर जलवायु परिवर्तन के दुष्प्रभाव का मूल्यांकनः- एनडब्ल्यूएम में 8 नदी थालों (महानदी, माही, लूमी, तापी, सतलुज, साबरमती, सुबर्णरेखा और टाड्री से कन्याकुमारी तक पश्चिम की ओर बहने वाली नदियां) की पहचान की है ताकि मंत्रालय के अनुसंधान एवं विकास कार्यक्रम के अंतर्गत आईआईटीज़, एनआईटीज, आईआईएससी, और एनआईएच जैसे अनुसंधान संस्थानों के सहयोग से जलवायु परिवर्तन के दुष्प्रभावों का अध्ययन किया जा सके; (iv) मानव संसाधन विकास/और क्षमता निर्माण/जागरुकता बढ़ानाः- एनडब्ल्यूएम ने मानव संसाधन विकास/प्रशिक्षण/क्षमता निर्माण/जनजागरुकता कार्यक्रमों के लिए दिशानिर्देश तैयार किए हैं। विभिन्न कार्यनीतियों पर अमल करने के लिए 25 प्रशिक्षण/क्षमता निर्माण/जन जागरुकता कार्यक्रम आयोजित किए गए; (v) जल संसाधनों के लिए राज्य विषयक कार्य योजनाएं तैयार करनाः- राष्ट्रीय जल मिशन ने जल क्षेत्र के लिए राज्य विषयक कार्य योजना (एसएसएपी) तैयार करने के लिए कार्रवाई शुरू की है। इन कार्ययोजनाओं में सिंचाई, कृषि, घरेलू जलापूर्ति, औद्योगिक जलापूर्ति और सभी राज्यों/केंद्रशासित प्रदेशों के संदर्भ में गंदे पानी का इस्तेमाल जैसे विषय शामिल किए गए हैं।

राष्ट्रीय जल नीति

देश में जल संसाधनों के संरक्षण, विकास और बेहतर प्रबंधन के लिए राष्ट्रीय जल नीति, 2012 अपनाई गई। राष्ट्रीय जल नीति में की गई महत्वपूर्ण अनुशंसाओं में राष्ट्रीय जल फ्रेमवर्क कानून; अंतरराज्यीय नदियों और नदी घाटियों के अनुकूलतम विकास के लिए व्यापक कानून; विभिन्न प्रयोजनों के लिए पानी के उपयोग के बारे में बैंचमार्क की प्रणाली विकसित करना ताकि जल का किफायती इस्तेमाल सुनिश्चित किया जा सके; प्रत्येक राज्य में जल नियामक प्राधिकरण की स्थापना; और पानी के पुनर्चक्रण और पुनः उपयोग को प्रोत्साहित करना आदि शामिल हैं। नीति के अंतर्गत जल संसाधन परियोजनाओं और सेवाओं के प्रबंधन में सामुदायिक भागीदारी; प्राकृतिक संसाधन उपलब्धता के अनुरूप फसल चक्र निर्धारण के जरिए सिंचाई में पानी की बचत को प्रोत्साहित करना, सूक्ष्म सिंचाई, स्वचालित सिंचाई प्रयालन, वाष्पीकरण-वाष्पोत्सर्जन में कमी लाना; सामुदायिक भागीदारी के जरिए नदियों, नदी मार्गों, जल निकायों और नदी ढांचे का वैज्ञानिक ढंग से योजनाबद्ध संरक्षण; और अत्यधिक दोहित क्षेत्रों में भूमिगत जल के गिरते स्तर को रोकना आदि बातें शामिल की गई हैं।

राष्ट्रीय जल संसाधन परिषद

राष्ट्रीय जल संसाधन परिषद (एनडब्ल्यूआरसी) की स्थापना मार्च 1983 में की गई थी। प्रधानमंत्री इसके अध्यक्ष हैं और केंद्रीय जल संसाधन, नदी विकास और गंगा संरक्षण मंत्री परिषद के उपाध्यक्ष हैं।

राष्ट्रीय जल बोर्ड

राष्ट्रीय जल बोर्ड की स्थापना 1990 में की गई थी। इसका उद्देश्य राष्ट्रीय जल नीति के कार्यान्वयन की समीक्षा करना और तत्संबंधी प्रगति की जानकारी समय-समय पर राष्ट्रीय जल संसाधन परिषद को प्रदान करना है।

राष्ट्रीय जल संसाधन फोरम

जल संसाधन मंत्रालय ने 2012 में राज्यों के जल संसाधन और सिंचाई मंत्रियों को शामिल करते हुए एक राष्ट्रीय फोरम का गठन किया था। इसके विचारणीय विषय इस प्रकार हैं:- (i) जल संसाधन क्षेत्र में

समय-समय पर अपेक्षित विभिन्न सुधारों पर विचार-विमर्श करना और राष्ट्रीय स्तर पर सहमति विकसित करने के प्रयास करना; और (ii) विचारों के आदान-प्रदान के लिए एक मंच उपलब्ध कराना और केंद्र तथा राज्य सरकारों द्वारा बेहतर जल प्रबंधन के लिए प्रस्तावित नए एवं मौलिक विचारों के प्रति समर्थन जुटाना।

यह फोरम 12 सदस्यों की एक स्थायी व्यवस्था है, जिसमें यह प्रावधान है कि इसके आधे सदस्य हर दूसरे वर्ष सेवानिवृत्त होंगे और देश के समान क्षेत्रों से राज्यों/केंद्रशासित प्रदेशों के मंत्री उनका स्थान लेंगे। इस प्रकार किसी भी सदस्य का कार्यकाल 4 वर्ष का होगा, परंतु प्रारंभिक गठन के समय के छह सदस्यों को केवल केवल 2 वर्ष काम करने का अवसर मिलेगा।

राष्ट्रीय स्वच्छ गंगा मिशन

'नमामि गंगे' कार्यक्रम के अंतर्गत गंगा नदी की स्वच्छता और संरक्षण के सभी प्रयासों को एकीकृत किया गया है। अगले 5 वर्षों के लिए इस कार्यक्रम के लिए 20 हजार करोड़ रुपये का बजट परिव्यय आबंटित किया गया है। तीव्र प्रगति के लिए केंद्र ने विभिन्न गतिविधियों/परियोजनाओं और योजनाओं के शत प्रतिशत वित्त पोषण का निर्णय किया है ताकि न्यूनतम 10 वर्ष की अवधि के लिए परिसंपत्तियों के प्रचालन और रखरखाव की व्यवस्था की जा सके। प्रदूषण के प्रमुख स्थलों पर नियंत्रण करने के लिए पीपीपी/एसपीवी नीति यानी सरकारी-निजी-भागीदारी/विशेष प्रयोजन वाहन (एचपीवी) नीति प्रस्तावित की गई है। प्रदूषण नियमों के सुदृढ़ अनुपालन के प्रयास में केंद्र ने प्रादेशिक सेना की एक यूनिट के रूप में गंगा कार्य बल की स्थापना की भी योजना बनाई है।

जल क्रांति अभियान

देश में जल संरक्षण और प्रबंधन के समेकन के लिए जल संसाधन नदी विकास और गंगा संरक्षण मंत्रालय ने वर्ष 2015-16 के दौरान जल एक समग्र दृष्टिकोण अपनाते हुए जल क्रांति अभियान संचालित किया। सभी हितभागियों को शामिल करते हुए इस अभियान को जनांदोलन का रूप दिया गया। जल क्रांति अभियान के लक्ष्य नीचे दिए गए हैं:

जल सुरक्षा और विकास योजनाओं में पंचायती राज संस्थानों और स्थानीय निकायों सहित सभी हितभागियों की निचले स्तर पर भागीदारी सुदृढ़ करना (अर्थात भागीदारी पूर्ण सिंचाई प्रबंधन (पीआईएम); जल संसाधन संरक्षण और इसके प्रबंधन में परंपरागत ज्ञान अपनाने/इस्तेमाल करने को प्रोत्साहित करना; ग्रामीण क्षेत्रों में जल सुरक्षा के जरिए आजीविका सुरक्षा बढ़ाना।

जल संसाधन क्षमता

देश में औसत वार्षिक जल उपलब्धता 1869 अरब घन मीटर आंकी गई है। इसमें से 1123 अरब घन मीटर जल संसाधन इस्तेमाल योग्य समझे गए हैं, जिनमें से 690 अरब घन मीटर संसाधन सतह जल और 433 अरब घन मीटर पुनर्भरण योग्य भूमिगत जल संसाधन हैं।

त्वरित सिंचाई लाभ कार्यक्रम

त्वरित सिंचाई लाभ कार्यक्रम (एआईबीपी) 1996-97 में शुरू किया गया था। इसके अंतर्गत देश में बड़ी/मध्यम सिंचाई परियोजनाओं के लिए केंद्रीय सहायता उपलब्ध कराई जाती है, जिसका उद्देश्य ऐसी परियोजनाओं के कार्यान्वयन में तेजी लाना है, जो राज्यों की संसाधन क्षमता से परे हैं या जो निर्माण के

अग्रिम चरण में हैं। इस कार्यक्रम की शुरुआत के बाद से इसके तहत वित्त पोषण के लिए 297 सिंचाई/बहु उद्देश्यीय परियोजनाओं को शामिल किया गया है। इनमें से 143 परियोजनाएं पूरी हो चुकी हैं और 5 परियोजनाएं बंद कर दी गई थीं। पूरी की गई परियोजनाओं के माध्यम से 24.39 लाख हेक्टेयर सिंचाई क्षमता अर्जित की गई।

प्रधानमंत्री कृषि सिंचाई योजना

2015–16 के दौरान प्रधानमंत्री कृषि सिंचाई योजना (पीएमकेएसवाई) शुरू की गई। इसके लक्ष्यों में खेतों में पानी की पहुंच बढ़ाना, सुनिश्चित सिंचाई के अंतर्गत खेती योग्य भूमि का विस्तार करना, कृषि जल के किफायती इस्तेमाल को बढ़ावा देना, टिकाऊ जल संरक्षण पद्धतियां शुरू करना आदि शामिल हैं। इस कार्यक्रम के लक्ष्य इस प्रकार हैं:– (क) खेत के स्तर पर सिंचाई में निवेश में समाभिरूपता लाना (जिला स्तर और यदि आवश्यक हो तो उप–जिला स्तर पर गंदे जल के इस्तेमाल की योजनाएं तैयार करना); (ख) खेतों में पानी की पहुंच बढ़ाना और सुनिश्चित सिंचाई के अंतर्गत खेती योग्य भूमि का विस्तार करना (हर खेत को पानी); (ग) सटीक सिंचाई पद्धति और अन्य जल बचत प्रौद्योगिकियों के इस्तेमाल को बढ़ावा देना (प्रति बूंद अधिक सिंचाई); (घ) जलीय परतों के पुनर्भरण को बढ़ावा देना और स्थायी जल संरक्षण पद्धतियां अपनाना; (ङ) किसानों और निचले स्तर के फील्ड कार्यकर्ताओं के लिए जल संरक्षण, जल प्रबंधन और फसल चक्र निर्धारण से संबंधित विस्तार गतिविधियों को बढ़ावा देना; और (च) सटीक सिंचाई में निजी निवेश को आकर्षित करना।

कमान क्षेत्र विकास और जल प्रबंधन

किसानों के खेतों में सिंचाई जल की समुचित वितरण प्रणाली के विकास के लिए 1974–75 में केंद्र प्रायोजित कमान क्षेत्र विकास (सीएडी) कार्यक्रम की शुरुआत की गई थी। इसका लक्ष्य जल उपयोग सक्षमता और प्रतिभूमि यूनिट उत्पादन और उत्पादकता बढ़ाना है ताकि किसानों की सामाजिक–आर्थिक स्थिति में सुधार लाया जा सके। इस कार्यक्रम में सिंचित कृषि से संबंधित सभी गतिविधियों के समन्वित ढंग से एकीकरण की व्यवस्था है। यह एकीकरण कमान एरिया विकास प्राधिकरण के अंतर्गत बहु–विषयी टीम के साथ किया जाता है। प्रारंभ में सीएडी कार्यक्रम के अंतर्गत 60 प्रमुख और मध्यम सिंचाई परियोजनाओं को लिया गया, जिनके अंतर्गत करीब 1.5 करोड़ हेक्टेयर कृषि योग्य कमान क्षेत्र (सीसीए) को कवर किया गया। 2004 में इस कार्यक्रम को पुनर्गठित किया गया और कमान क्षेत्र विकास एवं जल प्रबंधन कार्यक्रम का नया नाम दिया गया। यह कार्यक्रम 2015–16 से प्रधानमंत्री कृषि सिंचाई योजना (पीएमकेएसवाई) – हर खेत को पानी के अंतर्गत कार्यान्वित किया जा रहा है।

कमान एरिया विकास और जल प्रबंधन कार्यक्रम के घटक इस प्रकार हैं: (क) खेत पर विकास (ओएफडी) कार्यों का सर्वेक्षण, आयोजना और डिजाइनिंग; (ख) फालतू पानी की निकासी के लिए फील्ड, मध्यवर्ती और संपर्क नालों का निर्माण; (ग) निर्गम द्वार से 4.25 क्यूमेक (150 क्यूसेक) क्षमता की वितरक सरणियों तक प्रणालीगत खामियां दूर करना; (घ) जल इस्तेमालकर्ता संगठनों को एकबारगी कार्यात्मक एवं ढांचागत अनुदान प्रदान करना; (ङ) जल और भूमि प्रबंधन संस्थानों (डब्ल्यूएलएमआई)/सिंचाई प्रबंधन और प्रशिक्षण संस्थानों (आईएमटीआई) और अन्य केंद्रीय/राज्य संस्थानों के जरिए प्रशिक्षण/अनुकूलन ट्रायलों/प्रदर्शनों का आयोजन करना और भारत सरकार से 75 प्रतिशत वित्त पोषण वाले कार्यक्रम पर निगरानी रखना और उसका मूल्यांकन करना।

कार्यक्रम कार्यान्वयन

मंत्रालय का कमान एरिया विकास और जल प्रबंधन स्कंध राष्ट्रीय स्तर पर कमान एरिया विकास कार्यक्रम के कार्यान्वयन में समन्वय और निगरानी का काम करता है। परियोजनाओं की प्रगति पर निगरानी कार्यक्रम के बारे में राज्यों से प्राप्त भौतिक और वित्तीय प्रगति रिपोर्टों और केंद्रीय जल आयोग की फील्ड यूनिटों द्वारा छमाही निगरानी के जरिए रखी जाती है। क्षेत्र यात्राओं सहित निगरानी के जरिए कार्यों की गुणवत्ता सुनिश्चित की जाती है। इस बारे में राज्यों को तकनीकी दिशानिर्देश और नियमावलियां भेजी गई हैं। कार्यकर्ताओं को समय समय पर विशेष विषयों का प्रशिक्षण दिया जाता है। इसके अलावा विभिन्न तकनीकी और प्रबंधकीय पहलुओं के बारे में विभिन्न बैठकें, कार्यशालाएं और सेमिनार भी आयोजित किए जाते हैं। इस कार्यक्रम को महात्मा गांधी नरेगा के साथ समाभिरूपित करने की संभावनाएं भी तलाशी जा रही हैं, ताकि प्रणालीगत खामियां दूर की जा सकें, जलप्लावित क्षेत्रों को पुनः प्राप्त किया जा सके और भूमिगत कार्यों के मामले में प्रत्येक कार्य के संदर्भ में फील्ड, मध्यवर्ती और संपर्क नालों का निर्माण किया जा सके।

वित्त पोषण पद्धति

सभी कार्यक्रम घटकों के लिए केंद्र और राज्य सरकारें 50:50 के अनुपात में धन प्रदान करेंगी। परंतु, राज्य प्रायोजित सॉफ्टवेयर घटकों जैसे किसानों एवं फील्ड कार्यकर्ताओं और अधिकारियों का प्रशिक्षण, अनुकूलन ट्रायल और प्रदर्शन, सेमिनार/सम्मेलनों/कार्यशालाओं, कार्यक्रम पर निगरानी एवं मूल्यांकन और बुनियादी ढांचा सुदृढ़ीकरण और उन्नयन के लिए डब्ल्यूएएलएमआई/आईएमटीआई को एकबारगी वित्तीय सहायता और डब्ल्यूयूए को ढांचागत अनुमान के मामले में वित्त पोषण का अनुपात केंद्र और राज्य सरकारों के बीच 75:25 के आधार पर होगा।

जल भराव क्षेत्रों की पुनः बहाली

यद्यपि सिंचाई के विकास से कृषि उत्पादन में वृद्धि हुई है, परंतु जलभराव के रूप में और अनेक सिंचाई कमानों में मृदा लवणता/क्षारीयता क्षेत्रों की संबद्ध समस्या के रूप में प्रतिकूल प्रभाव भी सामने आए हैं। जल भराव की समस्या को सक्षम जल प्रबंधन के जरिए काफी हद तक कम किया जा सकता है और इसके लिए उपयुक्त निवारक उपाय भी किए जा सकते हैं। परंतु, उत्कृष्ट प्रयासों के बावजूद, अनेक सिंचाई कमान क्षेत्रों में जल भराव की समस्या सामने आई है। अतः यह जरूरी है कि ऐसे क्षेत्रों को बहाल किया जाए, ताकि उनसे अधिकतम कृषि पैदावार प्राप्त की जा सके। मंत्रालय ने केंद्र प्रायोजित कमान क्षेत्र विकास कार्यक्रम के अंतर्गत 1996 से जल प्लावित क्षेत्र की बहाली का एक घटक कार्यक्रम शुरू किया है। पीएमकेएसवाई (हर खेत को पानी) कार्यक्रम के अंतर्गत भूमि कार्यों के मामले में समाभिरूपता की संभावना भी तलाशी जा रही है। अभी तक 9 राज्यों, अर्थात बिहार, गुजरात, मध्य प्रदेश, जम्मू-कश्मीर, कर्नाटक, केरल, महाराष्ट्र, ओडिशा और उत्तर प्रदेश में 823 कार्यक्रमों का अनुमोदन किया गया है, जिनके अंतर्गत 122.53 हजार हेक्टेयर जल प्लावित क्षेत्र को बहाल किया जाना है।

सूचना शिक्षा और संचार

एचआरडी/सीबी कार्यक्रम के सूचना शिक्षा और संचार घटक का उद्देश्य मंत्रालय और उसके संगठनों की जन-जागरुकता गतिविधियां संचालित करना है, ताकि विभिन्न लक्षित समूहों के बीच जल संसाधनों के

विकास और प्रबंधन के महत्व के बारे में समग्र रूप में जागरुकता पैदा की जा सके और जल संबंधी विभिन्न मुद्दों का समाधान समन्वित प्रयासों से करने पर उचित बल दिया जा सके।

जल क्रांति अभियान

जल क्रांति अभियान की शुरुआत 2015 में जयपुर, शिमला और झांसी में एक साथ की गई थी। देश में जल संग्रह और जल प्रबंधन के बारे में जागरुकता प्रसारित करने के लिए जल क्रांति अभियान चलाया जा रहा है। सभी हितभागियों को शामिल करते हुए एक समग्र और समन्वित दृष्टिकोण के जरिए देश में जल संरक्षण और प्रबंधन को बढ़ावा देने के लिए इस कार्यक्रम को जनांदोलन का रूप देने के प्रयास किए जा रहे हैं। इसके अंतर्गत जलग्राम योजना, आदर्श कमान क्षेत्र का विकास, प्रदूषण कम करना और जन-जागरुकता कार्यक्रम जैसी विभिन्न गतिविधियां संचालित की जा रही हैं। केंद्रीय जल आयोग, केंद्रीय भूमिगत जल बोर्ड द्वारा राज्यों/केंद्रशासित प्रदेशों के स्तर पर अनेक कार्यशालाएं आयोजित की जा रही हैं।

भू-जल मंथन

जल क्रांति अभियान के हिस्से के रूप में मंत्रालय ने केंद्रीय भूमिगत जल बोर्ड के माध्यम से 21 अगस्त, 2015 को हरियाणा में एक दिवसीय 'भू-जल मंथन' कार्यक्रम का आयोजन किया। इस कार्यक्रम में देशभर से जन प्रतिनिधियों, भू-जल विशेषज्ञों, केंद्र और राज्य सरकारों के प्रतिनिधियों, विद्यार्थियों और स्वयंसेवी संगठनों आदि ने हिस्सा लिया।

प्रिंट मीडिया के जरिए प्रचार

जलवायु परिवर्तन के बारे में आधे पृष्ठ का रंगीन विज्ञापन 18 अक्टूबर, 2015 को हिंदी, अंग्रेजी और क्षेत्रीय भाषाओं के प्रमुख समाचार-पत्रों में प्रकाशित किया गया। इसका उद्देश्य जल संसाधनों और उनमें योगदान करने वाले घटकों पर जलवायु परिवर्तन के प्रत्यक्ष/परोक्ष दुष्प्रभावों को उजागर करना और सक्षम/बेहतर जल प्रबंधन पद्धतियां अपनाते हुए जल संरक्षण के बारे में उत्कृष्ट पद्धतियों की अनुशंसा करना है, ताकि 2015 में पेरिस में हुए 21वें सम्मेलन के सिलसिले में जलवायु परिवर्तन की चुनौतियों से निपटा जा सके।

जल संरक्षण के बारे में चित्रकला प्रतियोगिता

जल संरक्षण के बारे में जागरुकता फैलाने के लिए देशभर में 2010 से तीन स्तरीय चित्रकला प्रतियोगिता आयोजित की जा रही है। यह प्रतियोगिता छठी, सातवीं और आठवीं कक्षा के विद्यार्थियों के लिए 3 स्तरों अर्थात स्कूल, राज्य और राष्ट्रीय स्तर पर आयोजित की जाती है। 'नदी प्रदूषण', 'स्वच्छ नदी' और 'पानी पर जलवायु परिवर्तन का प्रभाव' जैसे विषयों पर चित्रकला प्रतियोगिता देश के सभी राज्यों/केंद्रशासित प्रदेशों में आयोजित की गई।

बाढ़ प्रबंधन

बाढ़ से तबाही भारत में हर वर्ष होने वाली घटना है। लगभग हर वर्ष देश के कुछ हिस्से बाढ़ से प्रभावित होते हैं। बाढ़ से सार्वजनिक और निजी संपत्ति को भारी नुकसान पहुंचता है और लोगों में मनोवैज्ञानिक और भावात्मक अस्थिरता के साथ बुनियादी ढांचे को क्षति पहुंचती है। राष्ट्रीय बाढ़ आयोग (आरबीए) ने 1980 में अनुमान लगाया था कि देश में कुल 4 करोड़ हेक्टेयर क्षेत्र बाढ़ की आशंका वाला है, जो बाद में बढ़कर 4.564 करोड़ हेक्टेयर पर पहुंच गया। बाढ़ का समुचित प्रबंधन राष्ट्रीय विकास गतिविधियों

में एक महत्वपूर्ण तत्व है। देश में मानव जीवन, जमीन और संपत्ति को बाढ़ से बचाने के लिए राज्य सरकारें पिछले पांच दशकों से बाढ़ प्रबंधन कार्यों में लगी हुई हैं। उनके प्रयासों के फलस्वरूप 10वीं पंचवर्षीय योजना के अंत तक 18.22 मिलियन हेक्टेयर क्षेत्र को बाढ़ से उचित संरक्षण प्रदान किया जा सका है।

केंद्रीय भू-जल बोर्ड

मंत्रालय के तहत केंद्रीय भू-जल बोर्ड (सीजीडब्ल्यूई) एक बहु-विषयी वैज्ञानिक संगठन है, जिसे 'प्रौद्योगिकियों के विकास और सम्प्रेषण, देश के भूमिगत जल संसाधनों के वैज्ञानिक और स्थायी विकास एवं प्रबंधन के लिए राष्ट्रीय नीतियों पर निगरानी रखने और उन्हें कार्यान्वित करने जैसे दायित्व सौंपे गए हैं। इनमें भू-जल संसाधनों की खोज, मूल्यांकन, संरक्षण, संवर्धन, प्रदूषण से उनकी संरक्षा, आर्थिक और पारिस्थितिकी सक्षमता एवं समानता के सिद्धांतों पर आधारित वितरण भी शामिल है।' बोर्ड की प्रमुख गतिविधियों में भूमिगत जल का प्रबंधन, अन्वेषणात्मक ड्रिलिंग, भू-जल पर्यवेक्षण कुओं के नेटवर्क के जरिए भूमिगत जल स्तरों और जल गुणवत्ता की जांच, कृत्रिम पुनर्भरण के लिए प्रदर्शनात्मक कार्यक्रमों का कार्यान्वयन और पुनर्भरण संवर्धन के लिए वर्षा जल संग्रह, देश के भू-जल संसाधनों का समय समय पर मूल्यांकन, आदि कार्य शामिल हैं। बोर्ड भूमिगत जल के विभिन्न पहलुओं के बारे में विशेष अध्ययन भी करता है, जैसे- भूमिगत जल का ह्रास, समुद्र जल प्रवेश, भू-जल विषाक्तता, सतही और भूमिगत जल के सामंजस्यपूर्ण इस्तेमाल, जल शेष आदि।

जलभृत (एक्वाफर) मापन और प्रबंधन योजना

जलभृत भू-जल की ऐसी प्राकृतिक चट्टानी परतें हैं, जो पानी को किफायती ढंग से भंडारित और संरक्षित करती हैं। 12वीं पंचवर्षीय योजना में सीजीडब्ल्यूबी ने राष्ट्रीय जलभृत प्रबंधन परियोजना (एनएक्यूयूआईएम) प्रारंभ की। इसका उद्देश्य जलभृतों की पहचान, उनका सीमांकन, वर्गीकरण और कारगर प्रबंधन करना है ताकि भूमिगत जल संसाधनों की स्थिरता सुनिश्चित की जा सके। यह परियोजना 12वीं और 13वीं पंचवर्षीय योजना अवधियों में जारी रखने का प्रस्ताव किया गया ताकि देश के 23.25 लाख वर्ग कि.मी. मापन योग्य क्षेत्रों को कवर किया जा सके। इस परियोजना के प्रमुख लक्ष्य इस प्रकार हैं:- (i) प्राथमिकता क्षेत्रों (मूल्यांकन यूनिटों की अतिदोहित, चिंताजनक और अर्द्ध चिंताजनक श्रेणियां और जलगुणवत्ता एवं अन्य समस्याग्रस्त/कमजोर क्षेत्र) में 1:50,000 स्केल पर थ्री डी जलभृतों का सीमांकन करना; (ii) भू-जल की गुणवत्ता सहित जलभृतों का विस्तृत वर्गीकरण; और (iii) जलभृत प्रबंधन योजनाएं तैयार करना। इस परियोजना में स्थानीय स्तर पर भू-जल प्रबंधन के लिए निचले स्तर पर हितभागियों को शामिल करते हुए एक भागीदारीपूर्ण दृष्टिकोण भी अपनाया जाता है।

परियोजना के अंतर्गत संचालित प्रमुख गतिविधियों में वर्तमान आंकड़ा संकलन, आंकड़ों में व्यापक अंतराल का विश्लेषण, जलभृत मानचित्र तैयार करने और जलभृत प्रबंधन योजनाएं बनाने के लिए अतिरिक्त आंकड़ों का सृजन भी शामिल है। प्रत्येक गतिविधि के साथ अनेक उप-गतिविधियां और कार्य जुड़े हुए हैं, जिन्हें कार्यान्वयन के व्यापक प्रोटोकॉल के अनुसार संचालित किया जा रहा है।

''भू-जल का कृत्रिम पुनर्भरण और वर्षा जल संग्रह'' संबंधी प्रदर्शन परियोजनाएं

सीजीडब्ल्यूबी ने 11वीं पंचवर्षीय योजना के दौरान भू-जल के कृत्रिम पुनर्भरण और वर्षा जल संग्रह के बारे में प्रदर्शन परियोजनाएं आंध्र प्रदेश, अरुणाचल प्रदेश, बिहार, छत्तीसगढ, दिल्ली, गुजरात, हिमाचल

प्रदेश, जम्मू-कश्मीर, झारखंड, कर्नाटक, केरल, मध्य प्रदेश, महाराष्ट्र, नगालैंड, ओडिशा, पंजाब, राजस्थान, तमिलनाडु , तेलंगाना, उत्तर प्रदेश, पश्चिम बंगाल और केंद्रशासित प्रदेश चंडीगढ़ में चलाईं।

केंद्रीय भू-जल प्राधिकरण: पर्यावरण (संरक्षण) अधिनियम, 1986 की धारा 3 की उप-धारा (3) के अंतर्गत 1997 में केंद्रीय भू-जल प्राधिकरण (सीजीडब्ल्यूए) के रूप में केंद्रीय भू-जल बोर्ड का गठन किया गया था। इसे देश में भू-जल प्रबंधन और विकास के नियमन एवं नियंत्रण का कार्य सौंपा गया था। सीजीडब्ल्यूए के नियामक कार्य को सुचारू बनाने के हिस्से के रूप में राजस्व जिलों के जिला मजिस्ट्रेटों/उप-आयुक्तों को अधिसूचित क्षेत्रों में पेयजल/घरेलू प्रयोजनों के लिए भू-जल निकासी की अनुमति देने के लिए प्राधिकृत अधिकारी नियुक्त किया गया। उन्हें सलाह दी गई है कि वे अधिसूचित क्षेत्रों में पेयजल/घरेलू प्रयोजनों के लिए भू-जल की निकासी की अनुमति के अनुरोधों का निपटारा सीजीडब्ल्यूए द्वारा जारी दिशानिर्देशों के अनुसार करें। केंद्रीय भू-जल प्राधिकरण ने देश में उद्योगों/परियोजनाओं द्वारा भू-जल निकासी की अनुमति के लिए भी संशोधित दिशानिर्देश तैयार किए हैं। केंद्रीय भू-जल प्राधिकरण को देश में भू-जल विकास और प्रबंधन के नियमन एवं नियंत्रण तथा इस प्रयोजन के लिए आवश्यक निर्देश जारी करने का काम सौंपा गया है। देश में अधिसूचित क्षेत्रों की संख्या 162 है।

भू-जल विकास: देश के विभिन्न भागों में भू-जल क्षमता में व्यापक अंतराल है। देश के जलोढ़क गांगेय जैसे क्षेत्रों में भू-जल की व्यापक क्षमता है, जबकि कई सख्त चट्टानी क्षेत्रों में भू-जल संसाधन सीमित हैं। इसी प्रकार देश के विभिन्न क्षेत्रों में भू-जल का विकास भी एक समान नहीं हुआ है। भू-जल के गहन विकास के कारण कुछ क्षेत्रों का अति दोहन हुआ है, जिससे वहां भू-जल स्तर अत्यधिक नीचे चला गया है, जबकि कुछ अन्य क्षेत्रों में भू-जल का विकास अधिक अनुकूलतम नहीं हुआ है और वहां भविष्य में जल निष्कर्षण की संभावनाएं हैं। सीजीडब्ल्यूबी राज्यों के भू-जल विभागों के साथ मिल कर समय समय पर भू-जल संसाधनों का मूल्यांकन करता है। आधार वर्ष 2011 में किए गए अद्यतन मूल्यांकन के अनुसार, देश में कुल वार्षिक पुनर्भरण योग्य भू-जल संसाधन 433 अरब घन मीटर (बीसीएम) हैं। 35 बीसीएम प्राकृतिक पुनर्भरण के लिए छोड़कर निवल वार्षिक भू-जल उपलब्धता 398 बीसीएम आंकी गई है। समूचे देश के लिए 2011 में वार्षिक भू-जल ड्राफ्ट प्रति वर्ष 245 बीसीएम आंका गया है।

राजीव गांधी राष्ट्रीय भू-जल प्रशिक्षण और अनुसंधान संस्थान

राजीव गांधी राष्ट्रीय भू-जल प्रशिक्षण और अनुसंधान संस्थान (आरजीएनजीडब्ल्यूटीआरआई) रायपुर, छत्तीसगढ़ में स्थित है, जो केंद्रीय भू-जल बोर्ड और अन्य केंद्रीय एवं राज्य सरकारों के संगठनों, शैक्षिक संस्थानों, स्वयंसेवी संगठनों आदि की प्रशिक्षण संबंधी जरूरतें पूरी करता है। 12वीं पंचवर्षीय योजना के दौरान आरजीएनजीडब्ल्यूटीआरआई राष्ट्रीय जलभृत प्रबंधन परियोजना की जरूरतों को ध्यान में रख कर 3 स्तरीय (राष्ट्रीय, राज्य और खंड) प्रशिक्षण कार्यक्रम कार्यान्वित कर रहा है। आरजीएनजीडब्ल्यूटीआरआई को भू-जल के क्षेत्र में अनुसंधान का कार्य भी सौंपा गया है।

केंद्रीय जल आयोग

केंद्रीय जल आयोग (सीडब्ल्यूसी) 3 स्कंधों में विभाजित है। ये हैं- डिजाइन और अनुसंधान स्कंध (डी एंड आर), जल आयोजना और परियोजना स्कंध (डब्ल्यूपी एंड पी) और नदी प्रबंधन स्कंध (आरएम)। अनुषंगी कार्य संबद्ध स्कंधों में समूहबद्ध किए गए हैं। सीडब्ल्यूसी के मानव संसाधन प्रबंधन और विकास, वित्तीय प्रबंधन, प्रशिक्षण और प्रशासनिक मामलों के लिए एक पृथक मानव

संसाधन प्रबंधन एकक है। जल संसाधन क्षेत्र में बेहतर प्रबंधन का लक्ष्य हासिल करने और राज्य सरकारों के विभागों के साथ बेहतर तालमेल कायम करने के लिए , सीडब्ल्यूसी ने 13 क्षेत्रीय कार्यालय खोले हैं। ये कार्यालय बंगलुरु, भोपाल, भुवनेश्वर, चंडीगढ़, कोयम्बटूर, दिल्ली, हैदराबाद, लखनऊ, नागपुर, पटना, शिलांग, सिलीगुड़ी और गांधीनगर में स्थित हैं। राष्ट्रीय जल अकादमी सीडब्ल्यूसी का प्रशिक्षण संस्थान है, जो पुणे में स्थित है। यह केंद्र और राज्य सरकारों के सेवारत इंजीनियरों, स्वयंसेवी संगठनों आदि के लिए प्रशिक्षण की व्यवस्था करता है।

जल वैज्ञानिक पर्यवेक्षण

केंद्रीय जल आयोग 954 जल-मौसम वैज्ञानिक पर्यवेक्षण केंद्रों के नेटवर्क का संचालन कर रहा है, जो देशभर में सभी प्रमुख नदी-थालों के (i) जल स्तर (गेज), (ii) बहाव (डिस्चार्ज), (iii) जल गुणवत्ता, (iv) गाद (सिल्ट) और (v) महत्वपूर्ण स्थानों पर हिमपात पर्यवेक्षण सहित चुने हुए मौसम वैज्ञानिक आंकड़े एकत्र करता है। इस तरह एकत्र किए गए आंकड़े जल संसाधन परियोजनाओं, जलवायु परिवर्तन अध्ययनों, जल उपलब्धता अध्ययनों, बाढ़/अंतर-प्रवाह पूर्वानुमानों, अंतरराष्ट्रीय और अंतरराज्यीय मुद्दों के परीक्षण, नदी आकृति विज्ञान अध्ययन, अंतर-देशीय जलमार्ग विकास, जलाशय स्थिति अध्ययन और अनुसंधान संबंधी गतिविधियों आदि की आयोजना और विकास के लिए प्रयुक्त किए जाते हैं।

जल गुणवत्ता जांच

केंद्रीय जल आयोग देश के सभी प्रमुख नदी थालों को कवर करते हुए 396 महत्वपूर्ण स्थानों पर जल की गुणवत्ता की जांच करता है। यह जल के भौतिक-रासायनिक मानदंडों के विश्लेषण के लिए तीन स्तरीय प्रयोगशाला प्रणाली संचालित कर रहा है। प्रथम स्तर की प्रयोगशालाएं भारत की प्रमुख नदियों पर 370 क्षेत्रीय जल गुणवत्ता निगरानी केंद्रों में स्थित हैं, जहां भौतिक मानदंडों जैसे- तापमान, रंग, गंध विषयक प्रवाहकत्व, विद्युत चालकता, संपूर्ण विघटित ठोस तत्व, नदी जल का पीएच और नदी जल में घुली ऑक्सीजन की निगरानी की जाती है। देशभर के चुने हुए डिविजन कार्यालयों में द्वितीय स्तरीय 18 प्रयोगशालाएं स्थित हैं, जो जल के 25 भौतिक-रासायनिक गुणों और बैक्टीरिया वैज्ञानिक मानदंडों का विश्लेषण करती हैं। तृतीय स्तर/द्वितीय स्तर की 5 प्रयोगशालाएं वाराणसी, दिल्ली, हैदराबाद, कोयम्बटूर और गुवाहाटी में कार्यरत हैं, जिनमें भारी धातुओं/विषाक्तता, कीटनाशकों सहित 41 मानदंडों का विश्लेषण किया जाता है। जल गुणवत्ता आंकड़ों का इस्तेमाल विभिन्न एजेंसियों द्वारा जल संसाधन परियोजना का खाका बनाने, अनुसंधान प्रयोजनों आदि के लिए किया जाता है। इस तरह एकत्र किए गए जल गुणवत्ता आंकड़ों का इस्तेमाल जल संसाधन परियोजनाओं की तैयारी और विकास संबंधी विभिन्न परियोजनाओं के लिए किया जाता है।

बाढ़ पूर्वानुमान

देश में 187 बाढ़ पूर्वानुमान केंद्र हैं, जिनमें से 150 केंद्र प्रमुख बांधों/बैराजों पर स्तर पूर्वानुमान और 37 प्रवाह पूर्वानुमान से संबद्ध हैं। ये केंद्र देश में 72 नदी उप-थालों सहित 11 प्रमुख नदी प्रणालियों को कवर करते हैं। ये केंद्र 20 राज्यों से संबद्ध हैं, जिनमें आंध्र प्रदेश, अरुणाचल प्रदेश, असम, बिहार, चंडीगढ़, गुजरात, हरियाणा, झारखंड, जम्मू-कश्मीर, कर्नाटक, मध्य प्रदेश, महाराष्ट्र, ओडिशा, राजस्थान, तमिलनाडु , तेलंगाना, त्रिपुरा, उत्तराखंड, उत्तर प्रदेश और पश्चिम बंगाल और एक केंद्रशासित प्रदेश दादरा और नगर हवेली तथा राष्ट्रीय राजधानी क्षेत्र दिल्ली शामिल हैं। हर वर्ष बाढ़ के मौसम के दौरान

औसतन 6,000 पूर्वानुमान व्यक्त किए जाते हैं। आमतौर पर ये पूर्वानुमान 12 से 48 घंटे पहले जारी किए जाते हैं, जो नदी क्षेत्र, बाढ़ पूर्वानुमान स्थलों की स्थिति और बेस स्टेशन पर निर्भर करते हैं।

परियोजना मूल्यांकन

केंद्रीय जल आयोग को सौंपी गई महत्वपूर्ण गतिविधियों में से एक है, राज्य सरकारों द्वारा प्रस्तावित सिंचाई, बाढ़ नियंत्रण और बहु-उद्देशीय परियोजनाओं का तकनीकी-आर्थिक मूल्यांकन। राज्य विद्युत निगमों/विद्युत बोर्डों/निजी क्षेत्र के संगठनों द्वारा प्रस्तावित जल-विद्युत परियोजनाओं को केंद्रीय विद्युत प्राधिकरण (सीईए) द्वारा तकनीकी-आर्थिक मंजूरी दिया जाना भी सीडब्ल्यूसी पर निर्भर करता है, क्योंकि वह जल विज्ञान, सिविल डिजाइन, अंतरराज्यीय मुद्दे और सिविल घटकों की लागत संबंधी पहलुओं की दृष्टि से ऐसी परियोजनाओं की जांच करता है। राज्य सरकारों द्वारा यदा-कदा सौंपे गए, जलापूर्ति कार्यक्रमों के तकनीकी पहलुओं और बाढ़ नियंत्रण कार्यक्रमों (गंगा तथा ब्रह्मपुत्र थाले संबंधी परियोजनाओं को छोड़ कर) की लागत संबंधी पहलुओं का मूल्यांकन भी सीडब्ल्यूसी द्वारा किया जाता है।

परियोजना निगरानी

केंद्र, राज्य और परियोजना स्तर पर तीन स्तरीय परियोजना निगरानी की व्यवस्था 1975 में शुरू की गई थी। केंद्रीय स्तर पर यह कार्य सीडब्ल्यूसी को सौंपा गया था। निगरानी का मुख्य उद्देश्य यह सुनिश्चित करना है कि परियोजना अपने भौतिक और वित्तीय लक्ष्य तथा सिंचाई क्षमता सृजन के लक्ष्य हासिल करे। निगरानी प्रणाली से यह अपेक्षा भी की जाती है कि वह अपेक्षित सामग्री की पहचान करेगी, किसी तरह की कमी/अड़चनों के कारणों का विश्लेषण करेगी और उपचारात्मक उपाय आदि सुझाएगी ताकि परियोजनाओं को समयबद्ध तरीके से पूरा किया जा सके। क्षेत्रीय निरीक्षण के पूरक के रूप में उपग्रह आधारित ऑनलाइन निगरानी भी की जा रही है। इसके लिए भुवन वेब सर्विसिज़ (सेट एआईबीपी) पर उपलब्ध प्रोसेस्ड कार्टोसेट चित्रों का इस्तेमाल किया जाता है।

हिमालयी क्षेत्र में हिमनदीय झीलों पर निगरानी

सीडब्ल्यूसी 2011 से वर्षा ऋतु के दौरान मासिक आधार पर भारतीय नदी थालों के हिमालयी क्षेत्र में हिमदनीय झीलों/जल निकायों की निगरानी कर रहा है। अक्टूबर 2015 की निगरानी रिपोर्ट के अनुसार 437 हिमनदीय झीलों/जल निकायों के बारे में बादल मुक्त आंकड़े उपलब्ध थे। इनमें से 234 हिमनदीय झीलों/जल निकायों के जल प्रसारित क्षेत्र में कमी दर्ज हुई, 55 के जल प्रसार में वृद्धि हुई, 145 हिमनदीय झीलों/जल निकायों में कोई महत्वपूर्ण परिवर्तन (1-5 प्रतिशत) नहीं आया, जबकि 1 हिमनदीय झील और 2 जल निकाय पूरी तरह सूख गए। 234 झील/निकाय में से 9 के जल में 30 प्रतिशत से अधिक कमी दर्ज हुई, जबकि 55 जल निकायों में से 6 में 30 प्रतिशत से अधिक बढ़ोतरी दर्शायी गई।

डिजाइन परामर्श

केंद्रीय जल आयोग भारत में अधिसंख्य बड़ी जल संसाधन परियोजनाओं का डिजाइन तैयार करने के साथ सक्रिय रूप से संबद्ध रहा है। आयोग पड़ोसी देशों जैसे- नेपाल, भूटान, अफगानिस्तान, म्यामां, श्रीलंका और अफ्रीकी देशों के लिए भी डिजाइन परामर्श प्रदान करता रहा है। यह सहयोग डिजाइन

कंसल्टेंसी अथवा परियोजनाओं के तकनीकी मूल्यांकन के रूप में प्रदान किया जाता है। विभिन्न क्षेत्रों की विशेष जरूरतें पूरी करने और डिजाइन संबंधी विशेष समस्याओं का समाधान करने के लिए 4 डिजाइन यूनिटें काम कर रही हैं।

बांध पुनर्वास और सुधार परियोजना

बांध पुनर्वास और सुधार परियोजना (डीआरआईपी) विश्व बैंक की मदद से संचालित परियोजना है। इसमें करीब 225 बांधों के पुनर्वास के प्रावधान के साथ 7 प्रतिभागी राज्य (अर्थात झारखंड, कर्नाटक, केरल, मध्य प्रदेश, ओडिशा, तमिलनाडु और उत्तराखंड) शामिल हैं। इसमें प्रतिभागी राज्यों और केंद्रीय जल आयोग का संस्थागत सुदृढ़ीकरण घटक भी शामिल है। यह परियोजना 2012 से 6 वर्ष की अवधि के लिए कार्यान्वित की जा रही है। बांध सुरक्षा संगठन, सीडब्ल्यूसी को 2015 में इसकी गुणवत्ता प्रबंधन प्रणालियों के लिए भारतीय मानक ब्यूरो से आईएसओ 9001: 2008 प्रमाण-पत्र प्राप्त हो चुका है। बड़े बांधों के स्वास्थ्य और सुरक्षा को बढ़ावा देने के लिए केंद्रीय जल आयोग को भी डीआरआईपी के अंतर्गत 'सीपीआईबी पुरस्कार 2016' से सम्मानित किया जा चुका है।

बड़े बांधों का राष्ट्रीय रजिस्टर

केंद्रीय जल आयोग द्वारा संचालित बड़े बांधों के राष्ट्रीय रजिस्टर (एनआरएलडी) के अंतर्गत संकलित अद्यतन जानकारी के अनुसार देश में 5,174 बड़े बांध हैं। इनमें से 4,861 बड़े बांध पूरे हो चुके हैं और 313 बड़े बांध निर्माणाधीन हैं। एनआरएलडी सीडब्ल्यूसी वेबसाइट पर उपलब्ध है।

जल संसाधन सूचना प्रणाली

केंद्रीय जल आयोग और भारतीय अंतरिक्ष अनुसंधान संगठन ने 2010 में संयुक्त रूप से जल संसाधन सूचना प्रणाली (इंडिया-डब्ल्यूआरआईएस) विकसित की। बाद में इंडिया-डब्ल्यूआरआईएस की वेबसाइट के चार संस्करण भी शुरू किए गए। इसका 4.1 संस्करण जुलाई 2015 में लॉन्च किया गया, जो 1:250000 स्केल पर पब्लिक डोमेन में उपलब्ध है। सूचना प्रणाली में जल संसाधन परियोजनाओं के बारे में कई जीआईएस लेयर शामिल हैं, जैसे प्रमुख जल निकाय, भूमि उपयोग/भूमि आच्छादन, बंजर भूमि, भूमि ह्रास आदि विषयपरक लेयर, पर्यावरण लेयर और ढांचागत एवं अन्य प्रशासनिक लेयर। सूचना प्रणाली में सभी बुनियादी मानचित्र उपलब्ध हैं, जो प्रदर्शन और जूम, ओवर व्यू, बुक मार्क, विषय सूची आदि नेवीगेशन क्षमताओं से संपन्न हैं।

प्रशिक्षण और क्षमता निर्माण

केंद्रीय जल आयोग हर वर्ष जल क्षेत्र के व्यावसायियों को प्रशिक्षण प्रदान करता है। ये प्रशिक्षण राष्ट्रीय जल अकादमी (एनडब्ल्यूए), सीडब्ल्यूसी मुख्यालय और आयोग के क्षेत्रीय कार्यालयों में आयोजित किए जाते हैं। सीडब्ल्यूसी की राष्ट्रीय जल अकादमी जल संसाधन विकास और प्रबंधन के सभी पहलुओं के बारे में प्रशिक्षण प्रदान करने के लिए एक उत्कृष्टता केंद्र है। इसके प्रशिक्षण में जल संसाधन परियोजनाओं की आयोजना, डिजाइन, मूल्यांकन, निर्माण, प्रचालन और निगरानी जैसे विभिन्न क्षेत्र शामिल होते हैं और जल क्षेत्र में उच्च स्तरीय प्रौद्योगिकी के अनुप्रयोग का भी प्रशिक्षण दिया जाता है। राष्ट्रीय जल अकादमी के पाठ्यक्रम स्वयंसेवी संगठनों, मीडिया, निजी क्षेत्र के संगठनों, शैक्षिक संस्थानों, सार्वजनिक क्षेत्र के प्रतिष्ठानों, व्यक्तियों और विदेशी नागरिकों सहित जल क्षेत्र के सभी हितभागियों के लिए खुले हैं।

राष्ट्रीय जल अकादमी, पुणे

राष्ट्रीय जल अकादमी (एनडब्ल्यूए) एक ऐसी संस्था है, जिसकी स्थापना केंद्रीय जल आयोग के अंतर्गत 1988 में खड़कवासला, पुणे में की गई थी। एनडब्ल्यूए का लक्ष्य सभी हितभागियों को जल संसाधन आयोजना, विकास और प्रबंधन के विभिन्न पहलुओं का प्रशिक्षण देने और उनमें क्षमता निर्माण करने के लिए एक उत्कृष्टता केंद्र के रूप में काम करना है। इसके अलावा यह जल संसाधन क्षेत्र में नई उभरती हुई प्रौद्योगिकियों में सतत आधार पर प्रशिक्षण देने के लिए राष्ट्रीय स्तर पर संस्थागत क्षमता विकसित करने में भी मदद कर रही है। पिछले वर्षों में एनडब्ल्यूए के पोर्टफोलियो में कई नए क्षेत्र जोड़े गए, जैसे ई-एसडब्ल्यूआईएस (सरफे स वाटर इंफॉर्मेशन सिस्टम); ई-वाटर; संभावित अधिकतम भागीदारी की तैयारी (पीएमपी) एटलस; भुवन सॉफ्टवेयर का इस्तेमाल करते हुए सिंचाई परियोजनाओं की निगरानी; जल विद्युत परियोजनाओं में क्षमता संवर्धन आदि।

केंद्रीय मृदा और खनिज अनुसंधान केंद्र

केंद्रीय मृदा और खनिज अनुसंधान केंद्र (सीएसएमआरएस), नई दिल्ली, देश का एक प्रमुख संस्थान है, जो भू-तकनीकी इंजीनियरी और सिविल इंजीनियरी सामग्री, विशेषकर नदीघाटी परियोजनाओं के निर्माण और मौजूदा बांधों के सुरक्षा मूल्यांकन के क्षेत्र में क्षेत्र अन्वेषण, प्रयोगशाला जांच और अनुसंधान में सक्रिय है। अनुसंधान केंद्र मुख्य रूप से भारत सरकार के विभिन्न विभागों, राज्य सरकारों और भारत सरकार के प्रतिष्ठानों के सलाहकार और परामर्शदाता के रूप में काम करता है। अनुसंधान केंद्र में उत्कृष्ट सुविधाएं और उच्च प्रशिक्षित अधिकारी हैं और इसने देश में भू-तकनीकी इंजीनियरी और निर्माण सामग्री विशिष्टता के क्षेत्र में कुछ बेजोड़ क्षमताएं हासिल कर ली हैं। यह मौजूदा जलीय संरचनाओं के सुरक्षा मूल्यांकन में शामिल रहा है। इसने पड़ोसी भूटान सहित विभिन्न नदीघाटी परियोजनाओं के मूल्यांकन में महत्वपूर्ण योगदान किया है। अनुसंधान केंद्र की गतिविधियों के क्षेत्र में कीमती मृदा, विश्रृंखलित मृदा, कार्बनिक मृदा और मृदा से बने ढांचों का गुणवत्ता नियंत्रण; रॉक फिल, मृदा गतिशीलता, जियोसिंथेटिक्स, न्यूमेरिकल मॉडलिंग और रॉक फिल बांधों का गुणवत्ता नियंत्रण; निर्माण सामग्री सर्वेक्षण और वर्गीकरण सहित कंकरीट टेक्नोलॉजी, कंकरीट मिश्रणों का डिजाइन, रोलर प्रबलित कंकरीट, रेत और बॉटम ऐश का प्रतिस्थापन, थर्मल अध्ययन और कंकरीट संरचनाओं का गुणवत्ता नियंत्रण; फाउंडेशन रॉक वर्गीकरण सहित रॉक मैकेनिक्स (i), स्व-स्थाने मूल्यांकन जैसे स्व-स्थाने दबावों, अपरूपण दबावों और विरूपता विशेषताओं और भू-भौतिकी अन्वेषण का मूल्यांकन; और रॉक मैकेनिक्स प्रयोगशाला अन्वेषण, कार्यशाला और इंस्ट्रूमेंटेशन सहित रॉक मैकेनिक्स (ii) और इलेक्ट्रॉनिक्स।

केंद्रीय जल और विद्युत अनुसंधान केंद्र

सीडब्ल्यूपीआरएस 1916 से काम कर रहा है और बांध निर्माण, नदी इंजीनियरी परियोजनाओं, बाढ़ नियंत्रण और ऊर्जा लोप, तटीय पोत और बंदरगाह, परमाणु विद्युत संयंत्रों और ढांचागत संस्थापनाओं के बारे में बुनियादी और अनुप्रयुक्त अनुसंधान के जरिए सेवाएं प्रदान कर रहा है। सीडब्ल्यूपीआरएस को 1971 में एशिया और प्रशांत क्षेत्र के लिए आर्थिक और सामाजिक समिति हेतु क्षेत्रीय प्रयोगशाला के रूप में मान्यता मिली। सीडब्ल्यूपीआरएस अपनी स्थापना के बाद से ही अधिक क्षमता और प्रभावोत्पादकता

हासिल करने के लिए एकीकृत आधार, अनुप्रयुक्त और परिणामोन्मुखी अनुसंधान और विकास कार्यक्रमों में सुधारों हेतु एक प्रेरक के रूप में अपने को स्थापित करने के लिए उदारतापूर्वक काम कर रहा है।

देश में एक प्रमुख जल वैज्ञानिक अनुसंधान संस्थान होने के नाते सीडब्ल्यूपीआरएस को विभिन्न परियोजनाओं को अनुसंधान एवं विकास तथा परामर्श सहायता प्रदान करने का दायित्व सौंपा गया है। उसे यह कार्य भौतिक जल वैज्ञानिक नमूनों, गणितीय नमूनों और फील्ड एवं प्रयोगशाला प्रयोगों का इस्तेमाल करते हुए पूरा करना है। जल संसाधनों और संबद्ध विज्ञानों, नदी प्रशिक्षण उपायों के विभिन्न घटकों के अनुकूलतम उपयोग, सुरक्षा, डिजाइन और परीक्षण, तथा बांधों और उनसे संबद्ध ढांचों के बारे में बुनियादी अनुसंधान किया जाता है। सीडब्ल्यूपीआरएस को सिविल इंजीनियरी के 7 प्रमुख विषयों में एक साथ विशेषज्ञता होने को देखते हुए वह विभिन्न विषयों में आने वाली समस्याओं का समाधान एक ही स्थान पर उपलब्ध कराने में सक्षम है।

सीडब्ल्यूपीआरएस में अनुसंधान सुदृढ़ इंजीनियरी पद्धतियों और अनेक संचालित परियोजनाओं पर आधारित होता है, जो राष्ट्रीय एवं अंतरराष्ट्रीय परिप्रेक्ष्य से संबंधित होती हैं। सीडब्ल्यूपीआरएस अपने ग्राहकों के साथ गहरे संबंध स्थापित करता है। इसके लिए वह उनके वातावरण और चुनौतियों का अध्ययन करता है ताकि वह एक गंभीर संदर्श के साथ ठोस समाधान पेश कर सके। विभिन्न विशेषज्ञ समितियों में हिस्सेदारी के जरिए यह संस्थान अपनी गतिविधियों के दायरे में सरकार को भी परामर्शी सेवाएं प्रदान करता है। संस्थान जल वैज्ञानिक अनुसंधान जगत के बीच अपने निष्कर्ष सम्प्रेषित करता है, और अन्य संस्थानों के कार्मिकों को प्रशिक्षण प्रदान करते हुए उनकी अनुसंधान गतिविधियों को भी प्रोत्साहित करता है। उपलब्ध ढांचे और विशेषज्ञता पर विचार करते हुए, सीडब्ल्यूपीआरएस की पहचान विश्व बैंक की सहायता से चलाई जा रही नेशनल हाइड्रोलॉजी प्रोजेक्ट के अंतर्गत नोडल एजेंसी के रूप में की गई है। इस संदर्भ में संस्थान को हाइड्रो-मेट्रोलॉजिकल और जल गुणवत्ता उपकरणों के चयन, जलावतरण और सभी राज्यों/केंद्रशासित प्रदेशों को गुणवत्ता नियंत्रण के बारे में समग्र मार्गदर्शन प्रदान करने जैसे कार्य सौंपे गए हैं।

फरक्का बैराज परियोजना

फरक्का बैराज परियोजना का मुख्यालय पश्चिम बंगाल के मुर्शिदाबाद जिले में फरक्का में स्थित है। यह मंत्रालय के अंतर्गत एक अधीनस्थ कार्यालय है। फरक्का बांध परियोजना प्राधिकरण की स्थापना 1961 में की गई थी। इसे फरक्का बांध परियोजना परिसर के निर्माण और बाद में प्रचालन एवं रख-रखाव का दायित्व सौंपा गया था। फरक्का परिसर में फरक्का बांध, जंगीपुर बांध, फीडर नहर, नेविगेशन लॉक और संबद्ध संरचनाएं शामिल हैं। परियोजना का निर्माण 1961 में शुरू हुआ था और यह परियोजना 1975 में चालू की गई थी।

फरक्का बांध परियोजना परिसर का मुख्य उद्देश्य कोलकाता बंदरगाह के संरक्षण और रख-रखाव के लिए 38.38 किलोमीटर लंबी फीडर नहर के जरिए भागीरथी-हुगली नदी प्रणाली को समुचित मात्रा में गंगा का जल प्रदान करना था ताकि भागीरथी-हुगली नदी प्रणाली की व्यवस्था और नौवहन में सुधार लाया जा सके। फरक्का में गंगा से भागीरथी को अधिक ऊपरी भूमि आपूर्ति होने से लवणता में कमी आती है और कोलकाता और आस-पास के क्षेत्रों को मीठे जल की आपूर्ति सुनिश्चित होती है। फरक्का में गंगा नदी पर बने रेल एवं सड़क पुल से पूर्वोत्तर क्षेत्र और देश के अन्य भागों के बीच सीधा सड़क और

रेल संपर्क कायम होता है। फरक्का में हुगली-भागीरथी नदी प्रणाली, फीडर नहर और नेवीगेशन लॉक हल्दिया-इलाहाबाद अंतर-देशीय जलमार्ग (राष्ट्रीय जलमार्ग नंबर 1) का हिस्सा हैं। फीडर नहर फरक्का में एनटीपीसी की 2100 मेगावाट क्षमता की फरक्का सुपर थर्मल पावर प्रोजेक्ट (एफएसटीपीपी) को भी जल आपूर्ति करती है।

फरक्का बांध परियोजना को 2005 से कटाव रोकने संबंधी अतिरिक्त जिम्मेदारी सौंपी गई है। उसे यह दायित्व गंगा नदी पर बांध के 40 किलोमीटर अप-स्ट्रीम से लेकर 80 किलोमीटर डाउन स्ट्रीम और उत्तरी बंगाल में गंगा नदी की सहायक नदियों पर विस्तारित अधिकार क्षेत्र के लिए सौंपा गया है।

गंगा बाढ़ नियंत्रण आयोग

गंगा बाढ़ नियंत्रण आयोग (जीएफसीसी), मंत्रालय का एक अधीनस्थ कार्यालय है, जिसका मुख्यालय पटना में है। इसकी स्थापना 1972 में गंगा बाढ़ नियंत्रण बोर्ड के सचिवालय और अधिशासी स्कंध के रूप में बाढ़ से निपटने और गंगा थाला राज्यों में उसका प्रबंधन करने के लिए की गई थी।

गंगा बाढ़ नियंत्रण आयोग (जीएफसीसी) अनेक गतिविधियों को अंजाम देता है, जिनमें बाढ़ प्रबंधन की व्यापक योजना तैयार करना और उसे अद्यतन बनाना; बाढ़ नियंत्रण कार्यक्रमों का तकनीकी-आर्थिक मूल्यांकन; सड़क और रेल पुलों के अंतर्गत जल मार्गों की पर्याप्तता का मूल्यांकन; गुणवत्ता नियंत्रण और रख-रखाव के लिए दिशानिर्देश तैयार करना; केंद्र सरकार द्वारा वित्तपोषित सभी बाढ़ प्रबंधन कार्यक्रमों और राज्य सरकार द्वारा वित्तपोषित महत्वपूर्ण प्रबंधन कार्यक्रमों की निगरानी शामिल है।

बाण सागर नियंत्रण बोर्ड

बाण सागर नियंत्रण बोर्ड मंत्रालय का एक अन्य अधीनस्थ कार्यालय है। बोर्ड की स्थापना सोन नदी जल बंटवारे और बाण सागर बांध की लागत के लिए 1973 में की गई थी।

बेतवा नदी बोर्ड

राजघाट बांध परियोजना और पावर हाउस के संचालन के लिए बेतवा नदी बोर्ड (बीआरबी) की स्थापना 1976 में की गई थी। परियोजना प्राधिकरण ने बेतवा नदी बोर्ड अधिनियम 1976 के समग्र मार्गदर्शन के अंतर्गत परियोजना का निर्माण कार्य प्रारंभ किया। इस परियोजना के लाभ और लागत उत्तर प्रदेश और मध्य प्रदेश सरकारों द्वारा समान रूप में साझा किए जाते हैं। रेडियल द्वारों की संस्थापना के साथ शिखर तक बांध का निर्माण पूरा किया गया। उसके बाद से दोनों राज्यों में विद्युत उत्पादन और सिंचाई के लिए पानी की नियमित रूप से इंपाउंडिंग (भंडारण) की जा रही है। 2015 में मानसून के दौरान पानी की इंपाउंडिंग 371.00 एफआरएल (पूर्ण जलाशय स्तर) तक की गई और वर्ष 2015-16 में 369 लाख विद्युत यूनिटें उत्पादित की गईं। राजघाट बांध द्वारा निर्मित जलाशय को 'रानी लक्ष्मीबाई सागर' का नाम दिया गया है।

राजघाट पावर हाउस उत्तर प्रदेश और मध्य प्रदेश विद्युत बोर्डों का साझा उद्यम है, जिसमें राजघाट बांध के किनारे पर 3 x 15 मेगावाट संसस्थापित क्षमता वाले पावर हाउस का निर्माण शामिल है। परियोजना की लागत को योजना आयोग द्वारा मंजूरी दी गई थी।

सरदार सरोवर निर्माण परामर्श समिति

सरदार सरोवर निर्माण परामर्श समिति (एसएससीएसी) का गठन भारत सरकार द्वारा नर्मदा जल विवाद न्यायाधिकरण (एनडब्ल्यूडीटी) के निर्देशों के साथ 1980 में किया गया था। इसके कार्यों में निम्नांकित शामिल हैं: बांध और पावर हाउस कार्यों के परियोजना प्राक्कलनों की जांच करना तथा उनके प्रशासनिक अनुमोदन की अनुशंसा करना; तकनीकी विशेषताओं और डिजाइनों से संबंधित सभी प्रस्तावों की जांच करना और तत्संबंधी अनुशंसाएं करना; परियोजना के विभिन्न भागों की समन्वित ढंग से जांच करना और उनके निर्माण कार्यक्रम के बारे में अनुशंसाएं देना; और परियोजना के कार्यान्वयन में लगे अधिकारियों को तकनीकी और वित्तीय दोनों तरह के अधिकारों के प्रत्यायोजन की जांच करना और तत्संबंधी अनुशंसा करना।

सरदार सरोवर परियोजना की वर्तमान स्थिति

प्रमुख बांध का निर्माण कार्य अप्रैल 1987 में शुरू हुआ था। उच्चतम न्यायालय में मुकदमे, आर एंड आर और पर्यावरण संबंधी मुद्दों के कारण बांध के स्पिल वे ब्लाकों का निर्माण पूर्ण स्तर तक नहीं किया जा सका। दिसंबर 2006 से स्पिल वे ब्लॉकों की वर्तमान ऊंचाई 121.92 मीटर है। पिछले वर्षों में सरदार सरोवर निर्माण परामर्श समिति (एसएससीएसी) ने दोनों प्रतिभागी राज्यों की पूर्ण सतुष्टि के अनुसार परियोजना से संबंधित सभी तकनीकी, वित्तीय, प्रशासनिक मामलों में प्रभावकारी योगदान किया है। यूनिट 1 और यूनिट 3 से संबंधित अधिसंख्य कार्य पूरे कर लिए गए हैं। यह उपलब्धि अनेक बैठकों, विचार-विमर्शों/समझौतों और अंतर-विभागीय तथा अंतरराज्यीय वार्ताओं के जरिए हासिल की गई है।

तुंगभद्र बोर्ड

तुंगभद्र बोर्ड की स्थापना 1953 में की गई थी। सौंपे गए कार्यों का निवर्हन करते हुए बोर्ड को किसी राज्य सरकार के समान शक्तियां प्राप्त हैं। ये नियम बना सकता है और अपना कार्य स्वतंत्र रूप से संचालित करता है। आंध्र प्रदेश, तेलंगाना और कर्नाटक की सरकारें समझौते के तहत स्वीकृत अनुपात में धन प्रदान करती हैं और तय शर्तों के अनुसार विभिन्न निर्दिष्ट पदों पर स्टाफ नियुक्त करती हैं।

ऊपरी यमुना नदी बोर्ड

'ऊपरी यमुना' से अभिप्राय है उत्पत्ति स्थल यमुनोत्री से दिल्ली में ओखला बांध तक यमुना की पहुंच। इस थाले में पड़ने वाले राज्यों को जलापूर्ति और उसके नियमन के लिए ऊपरी यमुना नदी बोर्ड का गठन किया गया। नवगठित उत्तराखंड राज्य को भी बाद में बोर्ड में शामिल कर लिया गया। ऊपरी यमुना बोर्ड मंत्रालय के अंतर्गत एक अधीनस्थ कार्यालय है।

ब्रह्मपुत्र बोर्ड

ब्रह्मपुत्र बोर्ड एक स्वायत्त निकाय है, जिसकी स्थापना ब्रह्मपुत्र घाटी में बाढ़ और तट क्षरण प्रबंधन के उपायों की आयोजना और कार्यान्वयन और संबद्ध मामलों के लिए की गई थी। बोर्ड ने 1982 में गुवाहाटी मुख्यालय से काम करना शुरू किया था। ब्रह्मपुत्र बोर्ड के अधिकार क्षेत्र में ब्रह्मपुत्र और बराक दोनों घटियां शामिल हैं और यह पूर्वोत्तर क्षेत्र के सभी राज्यों, सिक्किम और ब्रह्मपुत्र थाले के अंतर्गत आने वाले पश्चिम बंगाल के उत्तरी भाग को कवर करता है। बोर्ड के प्रमुख कार्यों में बाढ़ नियंत्रण, तटबंध क्षरण की रोकथाम के बारे में सर्वेक्षण और अन्वेषण करना तथा बृहत्त योजना (मास्टर प्लान) तैयार करना तथा ब्रह्मपुत्र और बराक नदी प्रणाली में बहाव मे आने वाली रुकावटें दूर करना, इन नदियों

के जल संसाधनों का विकास करना और उन्हें सिंचाई, पनबिजली, नौवहन और अन्य लाभदायक प्रयोजनों के लिए इस्तेमाल में लाना शामिल है। ब्रह्मपुत्र बोर्ड ने कुल मिला कर 57 मास्टर प्लान और 11 अतिरिक्त मास्टर प्लान तैयार किए। बोर्ड ब्रह्मपुत्र और बराक थाले में और मेघालय में दक्षिण की ओर बहने वाली नदियों में बहुद्देशीय नदीघाटी परियोजनाओं के सर्वेक्षण और अन्वेषण का कार्य पूरा कर चुका है। बोर्ड ने असम में 40 हजार हेक्टेयर क्षेत्र में लोगों को लाभ पहुंचाने के लिए बाढ़ सुधार, 54,160 हेक्टेयर कृषि भूमि के लिए सिंचाई और 3 मेगावाट की अनुषंगी विद्युत उत्पादन इकाई लगाने के लिए असम में पगलादिया नदी पर पगलादिया परियोजना का निर्माण शुरू किया था। बोर्ड ने पूर्वोत्तर जल वैज्ञानिक और अनुषंगी अनुसंधान संस्थान (नेहारी) की स्थापना उत्तरी गुवाहाटी में रुद्रेश्वर में की है। इसमें पदार्थ परीक्षण प्रयोगशालाओं (मृदा, कंकरीट, निर्माण सामग्री और फाउंडेशन रॉक) सहित 4 मॉडल ट्रे और एक फ्लूम के साथ जल वैज्ञानिक प्रयोगशाला सुविधाएं प्रदान की गई हैं।

ब्रह्मपुत्र बोर्ड ने बाढ़ और तटबंध क्षरण की रोकथाम के लिए भी कार्यक्रम शुरू किए हैं। नगालैंड सरकार के अनुरोध पर धनश्री नदी (दक्षिण) के कटाव से दीमापुर, नगालैंड में कुशियाबिल, दुर्गाजन और नागार्जन क्षेत्र के संरक्षण का कार्य 2005-06 में पूरा कर लिया था और दीमापुर में धनश्री (दक्षिण) नदी की बाढ़ और कटाव से माओ क्लोनी, कूकी गांव और असम राइफल्स ट्रैंजिट कैंप एरिया की संरक्षा के लिए कटावरोधी कार्यक्रम भी पूरे किए।

केंद्र सरकार की वित्तीय सहायता से 'बाढ़ नियंत्रण कार्यक्रम के अंतर्गत' सिक्किम सहित पूर्वोत्तर क्षेत्र के राज्यों और पश्चिम बंगाल के उत्तरी भाग में शुरू किए गए विभिन्न कार्यक्रमों की निगरानी का कार्य भी ब्रह्मपुत्र बोर्ड को सौंपा गया है।

राष्ट्रीय जल विकास एजेंसी

राष्ट्रीय जल विकास एजेंसी (एनडब्ल्यूडीए) की स्थापना पंजीकरण अधिनियम 1860 के अंतर्गत एक पंजीकरण समिति के रूप में 1982 में की गई थी। इसे राष्ट्रीय संदर्श योजना के प्रायद्वीपीय घटक के अंतर्गत नदियों को जोड़ने की व्यवहार्यता का अध्ययन करने का काम सौंपा गया था। एनडब्ल्यूडीए सहायता अनुदान के जरिए पूरी तरह भारत सरकार द्वारा वित्त पोषित है। बाद में 1990-91 में एनडब्ल्यूडीए सोसायटी ने हिमालयी घटक में भी अध्ययन शुरू करने का संकल्प लिया।

एजेंसी के मुख्य लक्ष्यों में निम्नांकित शामिल हैं: (क) जल संसाधन विकास के लिए राष्ट्रीय संदर्श के हिस्से के रूप में प्राय:द्वीपीय नदी विकास और हिमालयी नदी विकास घटकों के बीच संभावित संपर्क कायम करने के प्रस्ताव की व्यवहार्यता निर्धारित करने के लिए संभावित जलाशय स्थलों और अंतर-संपर्क स्थलों पर विस्तृत सर्वेक्षण और अन्वेषण कार्यों को अंजाम देना। (ख) प्राय:द्वीपीय नदी विकास और हिमालयी नदी विकास संबंधी कार्यक्रम के विभिन्न घटकों के बारे में व्यवहार्यता रिपोर्ट तैयार करना। (ग) राज्यों द्वारा प्रस्तावित राज्यांतरिक संपर्कों के बारे में पूर्व व्यवहार्यता/व्यवहार्यता/विस्तृत परियोजना रिपोर्ट तैयार करना।

नर्मदा नियंत्रण प्राधिकरण

नर्मदा जल विवाद न्यायाधिकरण (एनडब्ल्यूडीटी) के निर्णय के अनुपालन में भारत सरकार ने 1980 में नर्मदा जल कार्यक्रम तैयार किया, जिसमें अन्य बातों के अलावा नर्मदा नियंत्रण प्राधिकरण और समीक्षा

समिति का गठन किया गया, ताकि प्राधिकरण के निर्णयों और निर्देशों को भलीभांति कार्यान्वित किया जा सके। नर्मदा नियंत्रण प्राधिकरण (एनसीए) को नर्मदा नदी के जल भंडारण, जल विभाजन का नियमन और नियंत्रण, सरदार सरोवर परियोजना से विद्युत लाभों का बंटवारा, मध्य प्रदेश द्वारा छोड़े जाने वाले जल को विनियमित करना, सरदार सरोवर परियोजना के अंतर्गत जलमग्न होने वाली जमीन का संबद्ध राज्यों द्वारा अधिग्रहण, विस्थापितों को मुआवजा देना, उनका पुनर्स्थापन और पुनर्वास, पर्यावरण संरक्षा के उपायों की लागत साझा करना और उनका कार्यान्वयन जैसे कार्य सौंपे गए। केंद्रीय जल संसाधन मंत्री की अध्यक्षता में नर्मदा नियंत्रण प्राधिकरण से संबंधित समीक्षा समिति (आरसीएनसीए) के सदस्यों में केंद्रीय पर्यावरण और वन मंत्री तथा मध्य प्रदेश, राजस्थान, महाराष्ट्र और गुजरात के मुख्यमंत्री शामिल हैं। यह समिति स्वयं संज्ञान लेते हुए अथवा किसी पक्ष के आवेदन पर प्राधिकरण के किसी भी निर्णय की समीक्षा कर सकती है। नर्मदा समीक्षा समिति का व्यय संबद्ध राज्यों द्वारा वहन किया जाता है। नर्मदा नियंत्रण प्राधिकरण का मुख्यालय इंदौर में है। इसके क्षेत्रीय एवं संपर्क कार्यालय भोपाल, वडोदरा और नई दिल्ली में तथा सब-डिविजन कार्यालय मंडला, होशंगाबाद , केवडिया और इंदौर में हैं।

प्राधिकरण की भूमिका में मुख्य रूप से समन्वय और निर्देशन शामिल है। आमतौर पर सभी द्विपक्षीय मामले संबद्ध राज्यों द्वारा आपसी बातचीत से हल किए जाते हैं और केवल विवाद होने की स्थिति में ही प्राधिकरण को सौंपे जाते हैं। प्राधिकरण निम्नांकित के संदर्भ में न्यायाधिकरण के आदेश के अनुपालन के लिए कोई भी या सभी आवश्यक, पर्याप्त और तात्कालिक उपाय करता है: नर्मदा जल के भंडारण, विभाजन, नियमन और नियंत्रण संबंधी कार्य; सरदार सरोवर परियोजना से विद्युत लाभों का बंटवारा; मध्य प्रदेश द्वारा विनियमित जल छोड़ा जाना; विस्थापितों को मुआवजा देना और उनके पुनर्वास एवं पुनर्स्थापन की व्यवस्था करना; और लागत वहन करना।

विस्थापितों का पुनर्वास और पुनर्स्थापन

नर्मदा नियंत्रण प्राधिकरण को एनडब्ल्यूडीटी के आदेशों को लागू करने के लिए कोई भी या सभी आवश्यक, पर्याप्त और तात्कालिक उपाय करने की जिम्मेदारी सौंपी गई है। प्राधिकरण द्वारा कार्रवाई किए जाने के लिए सूचीबद्ध छह मदों में से दो मद पुनर्वास और पुनर्स्थापन से संबंधित हैं: (i) सरदार सरोवर परियोजना के लिए संबद्ध राज्यों द्वारा ऐसी भूमि और संपत्तियों का अधिग्रहण कराना, जिनकी परियोजना के डूब क्षेत्र में आने की संभावना हो, और (ii) विस्थापितों को मुआवजा देना तथा उनके पुनर्वास और पुनर्स्थापन की व्यवस्था करना।

रीयल टाइम डेटा प्राप्ति प्रणाली

एनडब्ल्यूडीटी निर्णय के अनुसार नर्मदा नियंत्रण प्राधिकरण बाढ़ पूर्वानुमान और बाढ़ नियंत्रण की एक कारगर प्रणाली की स्थापना, रखरखाव और प्रचालन के लिए उचित निर्देश जारी करेगा। इसके अंतर्गत तेज वर्षा की जानकारी प्रदान करना और दूरसंचार प्रणाली की स्थापना शामिल है।

राष्ट्रीय जल विज्ञान संस्थान

राष्ट्रीय जल विज्ञान संस्थान (एनआईएच) की स्थापना 1978 में जल संसाधन नदी विकास और गंगा संरक्षण मंत्रालय (भारत सरकार) के अंतर्गत एक स्वायत्त संगठन के रूप में की गई थी। यह देश में अनुसंधान और विकास का प्रमुख संस्थान है, जो जल विज्ञान और जल संसाधन विकास के सभी पहलुओं के बारे में बुनियादी, अनुप्रयुक्त और कार्यनीतिक अनुसंधान संचालित करता है और तत्संबंधी

सहायता, प्रोत्साहन और समन्वय आदि कार्य करता है। संस्थान का मुख्यालय रुड़की (उत्तराखंड) में है, जिसके विभिन्न भागों में क्षेत्र संबंधित अनुसंधान को कवर करने के लिए संस्थान के 4 क्षेत्रीय कार्यालय बेलगाम, जम्मू, काकिनाडा और भोपाल में स्थित हैं। इसके अतिरिक्त गुवाहाटी और पटना में दो बाढ़ प्रबंधन अध्ययन केंद्र कार्यरत हैं। संस्थान के लक्ष्य इस प्रकार हैं:- (क) जल विज्ञान के सभी पहलुओं के बारे में व्यवस्थित और वैज्ञानिक कार्य संचालित करना और उनमें सहायता, प्रोत्साहन और समन्वय स्थापित करना; (ख) जल विज्ञान के क्षेत्र में अन्य राष्ट्रों और अंतरराष्ट्रीय संगठनों के साथ सहयोग करना और साझा कार्यक्रम आयोजित करना; (ग) समिति के लक्ष्यों को हासिल करने के लिए अनुसंधान और संदर्भ पुस्तकालय की स्थापना एवं रखरखाव तथा उसमें पुस्तकों, समीक्षाओं, पत्रिकाओं और अन्य संबद्ध प्रकाशनों की व्यवस्था करना; और (घ) अन्य सभी ऐसे कार्य करना, जो समिति संस्थान के लक्ष्यों को हासिल करने के लिए आवश्यक, अनुषंगी या अनुकूल समझती हो। इन लक्ष्यों को हासिल करने के लिए संस्थान ने जल विज्ञान, जल गुणवत्ता, मृदा जल, दूर संवेदन और जीआईएस अनुप्रयोगों, हिम एवं हिमनद, भू-जल की संख्यात्मक मॉडलिंग और जल वैज्ञानिक उपकरणों के क्षेत्र में अत्याधुनिक प्रयोगशाला सुविधाएं स्थापित की हैं।

संस्थान जल विज्ञान के विशेषज्ञतापूर्ण क्षेत्रों में प्रौद्योगिकी हस्तांतरण, मानव संसाधन विकास और संस्थागत विकास के लिए उत्कृष्टता केंद्र के रूप में काम करता है और संबद्ध राष्ट्रीय और अंतरराष्ट्रीय संगठनों के साथ सहयोग के जरिए इस्तेमालकर्ता द्वारा परिभाषित, मांग प्रेरित अनुसंधान संचालित करता है। यह फील्ड इंजीनियरों, वैज्ञानिकों और अनुसंधानकर्ताओं, स्वयंसेवी संगठनों के लिए प्रशिक्षण कार्यक्रमों का आयोजन करते हुए क्षमता विकास गतिविधियों को अंजाम देता है। राष्ट्रीय जल विज्ञान संस्थान के महत्वपूर्ण योगदानों में शहरों में जलापूर्ति बढ़ाने और जल प्रबंधन की तात्कालिक समस्याओं के समाधान के लिए अध्ययन, नदी-तट सफाई, जल विद्युत परियोजनाओं के लिए हिमालयी नदियों की धारा के प्रवाह में हिमनद का योगदान बढ़ाने, झीलों के लिए जल उपलब्धता अध्ययन, तटवर्ती भू-जल गतिशीलता और प्रबंधन, जलसंभर विकास, शहरों में वर्षा जल निकासी नेटवर्क, बाढ़ क्षेत्र मानचित्रण और बाढ़ की आशंका वाले क्षेत्रों की पहचान, सूखे का आकलन और प्रमुख शहरों में जल गुणवत्ता मूल्यांकन शामिल है।

राष्ट्रीय परियोजना निर्माण निगम लिमिटेड

राष्ट्रीय परियोजना निर्माण निगम लिमिटेड (एनपीसीसी) की स्थापना 1957 में एक प्रमुख निर्माण कंपनी के रूप में की गई थी। इसका लक्ष्य देश के आर्थिक विकास के लिए आवश्यक ढांचे का निर्माण करना है। एनपीसीसी ताप और जल विद्युत परियोजनाओं, नदी घाटी परियोजनाओं, औद्योगिक ढांचों के लिए सिविल कार्यों के निष्पादन, भवन निर्माण, आवास, सड़कें, पुल और ढांचागत परियोजनाओं के लिए परियोजना प्रबंधन परामर्शी सेवाओं के संदर्भ में आईएसओ 9001-2008 की गुणवत्ता अपेक्षाओं का अनुपालन करता है। अपने अस्तित्व के 59 वर्षों के दौरान निगम कई राष्ट्रीय परियोजनाओं को अवधारणा से लेकर चालू करने के स्तर तक सफलतापूर्वक पूरा करने से संबद्ध रहा है। इनमें से कुछ परियोजनाएं देश के दूर दराज और जोखिमपूर्ण स्थानों पर स्थित हैं। निगम पिछले 5 वर्षों से मुनाफा कमा रहा है। राष्ट्रीय परियोजना निर्माण निगम लिमिटेड को आर्थिक अध्ययन संस्थान द्वारा ''उद्योग रत्न पुरस्कार 2015'' और ''उत्कृष्टता पुरस्कार 2015'' से सम्मानित किया गया। निगम को आईसीआरए द्वारा ए + रेटिंग भी प्रदान की गई है।

परामर्शी सेवाएं

परामर्शी सेवाओं ने नवाचार और परंपरागत क्षेत्रों में कीर्तिमान कायम किया है और राष्ट्र की विकास प्रक्रिया में प्रभावशाली योगदान किया है। विश्वभर में स्वस्थ विकास की बढ़ती प्रवृत्तियों ने उच्च कोटि के कार्यों हेतु परामर्शदाताओं की सेवाओं की मांग पैदा की है और व्यावसायिक भागीदारी की आवश्यकता ने परामर्शदाताओं के क्षेत्र का विस्तार किया है। ग्राहकों के बीच यह जागरुकता बढ़ी है कि लोगों की आकांक्षाएं पूरी करने के लिए परामर्शदाताओं की सेवाएं लेने से अत्याधुनिक प्रौद्योगिकी के इस्तेमाल और समय पर कार्य पूरा करने में मदद मिलती है। स्वतंत्रता प्राप्ति के तत्काल बाद जल संसाधन और विद्युत परियोजनाओं के निर्माण पर ध्यान केंद्रित किया गया। नहर प्रणालियों और अनुषंगी संरचनाओं के साथ करीब 4,300 बड़े बांध (695 निर्माणाधीन सहित) बनाए गए हैं। भाखड़ा बांध, हीराकुड बांध, नागार्जुन बांध और दंतेवाड़ा बांध जैसी कुछ बहुद्देश्यीय परियोजनाओं ने विश्व की सबसे बड़ी परियोजनाओं में स्थान हासिल किया है।

अग्रणी कार्यों को अंजाम देने वाले इंजीनियरों की विशेषज्ञता का उपयोग करने और अन्य विकासशील देशों के साथ ज्ञान और अनुभव साझा करने और उसके बदले प्रौद्योगिकी के निर्यात के जरिए विदेशी मुद्रा अर्जित करने के लिए भारत सरकार ने जल एवं विद्युत परामर्शी सेवाओं (डब्ल्यूएपीसीओएस) की स्थापना की।

डब्ल्यूएपीसीओएस ने भारतीय इंजीनियरों को विविध भौगोलिक और जलवायु क्षेत्रों में काम करने के अवसर प्रदान किए, जिससे भारत के ज्ञान और विशेषज्ञता में वृद्धि हुई। विश्व में भारत की पहचान किफायती तकनीकी जानकारी और समर्पित तकनीकी कार्मिक प्रदान करने के रूप में हुई है। विकासशील देशों के साथ दीर्घकालिक मित्रता कायम करने के लिए कूटनीतिक प्रयास किए गए और परामर्शी सेवाओं ने बहुमूल्य विदेशी मुद्रा अर्जित करते हुए आर्थिक विकास में अपना योगदान किया। धीरे धीरे अन्य परामर्शी संगठनों ने भी अपने को स्थापित किया और अंततः भारतीय मानव संसाधनों और नवीन प्रौद्योगिकी की ताकत ने विश्व में नाम अर्जित किया। जल संसाधन विकास परियोजनाओं के लिए धन का आवंटन वित्तीय, सामाजिक और अंतर-राज्य मुद्दों, योजनाबद्ध लाभ की तुलना में कम लाभ आदि कारणों से 70 के दशक के मध्य में वास्तव में कम हो गया था। उस समय जारी परियोजनाएं धीमी पड़ गई थीं, योजनाबद्ध परियोजनाएं निर्धारित कार्यक्रमों के अनुसार शुरू नहीं की जा सकीं थीं और पूरी की गई परियोजनाओं के लिए आवश्यक रखरखाव घट कर न्यूनतम स्तर पर आ गया था। कई दफा इसे स्थगित भी करना पड़ा। इस स्तर पर अंतरराष्ट्रीय वित्तीय संस्थान आगे आए और उन्होंने मौजूदा नहर प्रणालियों के आधुनिकीकरण, सिंचाई और निकासी कार्यों, जिनकी स्थिति रखरखाव के अभाव के कारण खराब हो गई थी, को बहाल करने, कमान क्षेत्र विकास और नई बड़ी तथा मझोली जल संसाधन विकास परियोजनाओं के निर्माण के लिए बड़े पैमाने पर वित्तीय सहायता के लिए ऋण के रूप में मौद्रिक सहायता प्रदान की। अंतरराष्ट्रीय संस्थाओं द्वारा वित्त पोषित की जाने वाली परियोजनाओं की आयोजना के स्तर पर मूल्यांकन और कार्यान्वयन के चरणों के दौरान निगरानी अपेक्षित थी। इसके अतिरिक्त ऋण सहायता अकेले जल संसाधन क्षेत्र तक सीमित नहीं रही और धीरे-धीरे इसे बुनियादी ढांचा विकास के सभी क्षेत्रों तक विस्तारित किया गया, जिनमें सड़कें, बंदरगाह, जलापूर्ति, स्वच्छता आदि शामिल हैं। परामर्शी सेवाओं की मांग तीव्र गति से बढ़ी और परामर्शी संगठनों/व्यक्तिगत परामर्शदाताओं की संख्या में तेजी से इजाफा हुआ।

कंपनी के मुख्य विशेषता क्षेत्रों में सिंचाई और जल निकासी, बाढ़ नियंत्रण और भूमि सुधार, नदी प्रबंधन, बांध, जलाशय, इंजीनियरी और बैराज, एकीकृत कृषि विकास, जलसंभर प्रबंधन, जल विद्युत और ताप विद्युत उत्पादन, विद्युत प्रेषण और वितरण, ग्रामीण विद्युतीकरण, भू-जल खोज, लघु सिंचाई, जलापूर्ति और स्वच्छता (ग्रामीण और शहरी), पर्यावरण प्रभाव मूल्यांकन और पर्यावरण जांच सहित पर्यावरणीय इंजीनियरी, पोत और बंदरगाह तथा अंतर-देशीय जलमार्ग, सड़कें और पुल; वर्षा जल संग्रह; घाट विकास; सर्वेक्षण और अन्वेषण, प्रणाली अध्ययन और सूचना प्रौद्योगिकी, शहरी विकास योजनाएं, वित्तीय प्रबंधन प्रणालियां, गुणवत्ता नियंत्रण और निर्माण देखरेख आदि शामिल हैं। कंपनी भारत और विदेश में विकास परियोजनाओं के लिए विचार से लेकर उन्हें चालू किए जाने तक सभी प्रकार की परामर्शी सेवाएं प्रदान करती है।

28 कल्याण

सन 1985–86 में तत्कालीन कल्याण मंत्रालय को दो भागों में बांटकर महिला एवं बाल विकास विभाग और कल्याण विभाग बना दिया गया। साथ ही तत्कालीन कल्याण मंत्रालय का गठन करने के लिए अनुसूचित जाति विकास प्रभाग, आदिवासी विकास प्रभाग और अल्पसंख्यक और पिछड़ा वर्ग कल्याण विभाग को गृह मंत्रालय से तथा वक्फ प्रभाग को विधि मंत्रालय से हटा दिया गया। इसके अलावा मंत्रालय का नाम बदलकर मई 1998 में सामाजिक न्याय एवं अधिकारिता मंत्रालय कर दिया गया। अक्टूबर 1999 में एक पृथक आदिवासी मामलों का मंत्रालय बनाने के लिए आदिवासी विकास प्रभाग को हटा दिया गया। जनवरी 2007 में वक्फ इकाई के साथ अल्पसंख्यक प्रभाग को मंत्रालय से हटा कर एक अलग मंत्रालय बना दिया गया। सामाजिक न्याय और अधिकारिता मंत्रालय को दो विभागों में बांट दिया गया, सामाजिक न्याय और अधिकारिता विभाग तथा दिव्यांग व्यक्तियों को अधिकार संपन्न बनाने का विभाग।

अनुसूचित जातियों का कल्याण

अनुसूचित जातियों की सुरक्षा के लिए संविधान में अनेक प्रावधान किए गए हैं। निम्नलिखित दो कानून विशेष रूप से इसे रोकने के उद्देश्य से बनाए गए हैं (i) छुआछूत और (ii) अनुसूचित जातियों और अनुसूचित जनजातियों के विरुद्ध अत्याचार, इसलिए अनुसूचित जातियों के लिए: (i) नागरिक अधिकार संरक्षण अधिनियम, 1955 और (ii) अनुसूचित जाति और अनुसूचित जनजाति (अत्याचारों की रोकथाम) अधिनियम 1989 महत्वपूर्ण है।

नागरिक अधिकारों का संरक्षण

भारतीय संविधान के अनुच्छेद 17 का पालन करते हुए , छुआछूत (अपराध) कानून 1955 बनाया गया। इसके बाद इसमें संशोधन किया गया और वर्ष 1976 में इसे नया नाम 'नागरिक अधिकार संरक्षण कानून, 1955' दिया गया। इस कानून के अंतर्गत नियमों, यानी 'नागरिक अधिकार संरक्षण नियमों, 1977' को 1977 में अधिसूचित किया गया। यह कानून पूरे भारत में लागू हुआ और इसमें छुआछूत के लिए सजा की व्यवस्था की गई। सभी राज्य सरकारों और केंद्रशासित प्रशासनों ने इसे लागू किया।

अनुसूचित जाति और अनुसूचित जनजाति (अत्याचारों की रोकथाम) कानून

अनुसूचित जाति और अनुसूचित जनजाति (अत्याचारों की रोकथाम) कानून 1989 (अत्याचारों की रोकथाम कानून) को 1990 में लागू किया गया। इस कानून का उद्देश्य अनुसूचित जातियों और अनुसूचित जनजातियों के खिलाफ अनुसूचित जातियों और अनुसूचित जनजातियों के अलावा किसी व्यक्ति के द्वारा अपराधों को रोकना था।

इस कानून के अंतर्गत विस्तृत नियम बनाए गए हैं, जिनका शीर्षक है: 'अनुसूचित जाति और अनुसूचित जनजाति (अत्याचारों की रोकथाम) नियम, 1995' जिन्हें 1995 में अधिसूचित किया गया, जिसमें अन्य बातों के अलावा राहत और पुनर्वास की व्यवस्था की गई है। इन नियमों में इसके बाद कोई संशोधन नहीं किया गया।

अनुसूचित जाति और अनुसूचित जनजाति (अत्याचारों की रोकथाम) संशोधन अधिनियम, 2015 और 2016

अत्याचारों की रोकथाम कानून में रक्षा के कोड़ प्रावधान करने के बावजूद, अनुसूचित जातियों (अजा.) और अनुसूचित जनजातियों (अजजा.) के सदस्यों के खिलाफ लगातार जारी अत्याचार चिंता का विषय है। अजा. और अजजा. के सदस्यों के खिलाफ बार-बार होने वाली आपराधिक घटनाएं इस बात का संकेत हैं कि अत्याचारों की रोकथाम कानून का निवारक प्रभाव अपराधियों द्वारा पर्याप्त तरीके से महसूस नहीं किया जा रहा है। अतः इस कानून को मजबूत बनाना और कानून के प्रमख प्रावधानों को और अधिक प्रभावी बनाना उचित माना गया। सभी साझेदारों के साथ विचार-विमर्श की प्रक्रिया के आधार पर , अत्याचार निरोधक कानून में संशोधनों का प्रस्ताव मुख्य रूप से पांच क्षेत्रों में रखा गया।

कुछ नए अपराधों को शामिल किया गया है और वर्तमान को अलग ढंग से व्यक्त किया गया है। अजा. और अजजा. के सदस्यों खिलाफ अत्याचारों के अपराधों में तेजी से मुकदमा चलाने के लिए विशेष अदालतें बनायी गई हैं और सरकारी वकील के बारे में विशेष विवरण प्रदान किया गया है। 'पीडितों और गवाहों के अधिकारों' के संबंध में एक नया अध्याय शामिल किया गया है। राज्यों को कुछ कर्तव्य और जिम्मेदारियां सौंपी गई हैं ताकि वे पीड़ितों, उनके आश्रितों और गवाहों को संरक्षण प्रदान करने के लिए आवश्यक प्रबंध कर सकें। अत्याचारों के 47 अपराधों के लिए राहत राशि प्रदान की गई है और राहत राशि के विभिन्न चरणों में भुगतान को युक्ति संगत बनाया गया है। राहत राशि को बढ़ाकर 85,000 से ₹ 8,25,000 कर दिया गया है लेकिन राहत की राशि अपराध की प्रकृति पर निर्भर करेगी। स्वीकार्य राहत का भुगतान 7 दिन के अंदर करना होगा। जांच और आरोप-पत्र दायर करने का काम 60 दिन के भीतर करना होगा।

राष्ट्रीय अनुसूचित जाति आयोग

राष्ट्रीय अजा. और राष्ट्रीय अजजा. आयोग की स्थापना 1990 में संविधान के अनुच्छेद 383 के अंतर्गत की गई थी उसे 89वें संविधान (संशोधन) कानून 2003 के बाद दो भागों में, राष्ट्रीय अनुसूचित जाति आयोग (एनसीएससी) और राष्ट्रीय अनुसूचित जनजाति आयोग में विभाजित कर दिया गया। राष्ट्रीय अनुसूचित जाति आयोग अनुसूचित जातियों की सुरक्षा की निगरानी और उनके कल्याण से जुड़े मुद्दों की समीक्षा के लिए जिम्मेदार है। एनसीएससी के कार्य संविधान के अनुच्छेद 338(5) में इस प्रकार बताए गए हैं:- (क) संविधान के अंतर्गत अथवा कुछ समय के लिए लागू किसी भी कानून के अंतर्गत अथवा सरकार के किसी भी आदेश के अंतर्गत अनुसूचित जातियों को प्रदत्त सुरक्षा से जुड़े सभी मुद्दों की जांच और निगरानी करना और ऐसी सुरक्षा का मूल्यांकन; (ख) अनुसूचित जातियों को अधिकारों और संरक्षण से वंचित करने के संबंध में कुछ विशेष शिकायतों की जांच करना; (ग) अनुसूचित जातियों की सामाजिक-आर्थिक विकास की योजना प्रक्रिया में भागीदारी और सलाह तथा संघ और किसी राज्य के अंतर्गत उनके विकास की प्रगति का मूल्यांकन करना; (घ) इन संरक्षणों की कार्यप्रणाली की जानकारी

हर वर्ष राष्ट्रपति को प्रस्तुत करना अथवा किसी अन्य समय पर जब आयोग उचित समझे; (ङ) अनुसूचित जातियों के संरक्षण, कल्याण और सामाजिक आर्थिक विकास के लिए उन संरक्षणों और अन्य उपायों के प्रभावी कार्यान्वयन के लिए संघ अथवा किसी राज्य द्वारा किए जाने वाले उपायों के बारे में रिपोर्टें, सिफारिशें तैयार करना; और (च) संरक्षण, कल्याण, विकास और अनुसूचित जातियों की तरक्की के बारे में अन्य कार्यों को करने के लिए जैसा कि राष्ट्रपति की आज्ञा हो, विनिर्दिष्ट नियमों द्वारा संसद द्वारा बनाए गए किसी कानून के प्रावधानों के अंतर्गत है।

वेबसाइट: www.ncsc.nic.in

शिक्षा की दृष्टि से अधिकार संपन्न बनाना

बच्चों को मैट्रिक पूर्व छात्रवृत्ति

यह केंद्र प्रायोजित योजना भी है, जिसे राज्य सरकारों और केंद्रशासित प्रशासनों ने लागू किया है, योजना के अंतर्गत संबद्ध प्रतिबद्ध देनदारी से अधिक और उससे ऊपर कुल खर्च के लिए सरकार से 100 प्रतिशत केंद्रीय सहायता मिलती है। संबद्ध राज्य सरकारों/केंद्रशासित प्रशासनों की एक वर्ष के लिए प्रतिबद्ध देनदारी का स्तर पिछले पांच वर्ष की योजना के अंतिम वर्ष के दौरान योजना के अंतर्गत वास्तव में किए गए व्यय के बराबर होगा। इस योजना की शुरुआत 1977-78 में की गई थी। आरंभ में इसमें केवल छात्रावास में रहने वाले बच्चों को शामिल किया गया था। बाद में 1991 में योजना के दायरे में दिन में पढ़ने वाले छात्रों को भी शामिल कर लिया गया। योजना के अंतर्गत निम्नलिखित लक्षित समूहों, यानी (i) मैला ढोने वाले (ii) पशुओं की खाल को संसाधित करने वाले (iii) चमड़ा उतारने वाले और (iv) कचरा उठाने वालों के बच्चों को मैट्रिक पूर्व शिक्षा के लिए वित्तीय सहायता प्रदान की जाती है।

अनुसूचित जाति के छात्रों के लिए मैट्रिक पूर्व छात्रवृत्ति

यह योजना 2012 में शुरू की गई थी। यह केंद्र प्रायोजित योजना है और राज्य सरकारों और केंद्रशासित प्रशासनों ने इसे लागू किया है, योजना के अंतर्गत संबद्ध देनदारी से अधिक और उससे ऊपर खर्च के लिए सरकार से 100 प्रतिशत सहायता मिलती है। संबद्ध राज्य सरकारों/केंद्रशासित प्रशासनों की एक वर्ष के लिए प्रतिबद्ध देनदारी पिछले पांच वर्ष की योजना के अंतिम वर्ष के दौरान योजना के अंतर्गत वास्तव में किए गए व्यय के बराबर होगी, उनके द्वारा अपने बजट में इसका प्रावधान कर इसे वहन किया जाएगा।

अनुसूचित जाति के छात्रों के लिए राष्ट्रीय विदेशी छात्रवृत्ति

इस योजना में संस्थानों द्वारा लिए जाने वाले वास्तविक, मासिक रखरखाव भत्ते, वीजा शुल्क और बीमा प्रीमियम आदि, वार्षिक आकस्मिक भत्ता, आकस्मिक यात्रा भत्ते का शुल्क प्रदान करने की व्यवस्था है। योजना के अंतर्गत एक ही माता-पिता/अभिभावक के दो बच्चे इसका लाभ लेने के पात्र हैं। उसी माता-पिता/अभिभावक के दूसरे बच्चे के बारे में तभी विचार किया जाएगा यदि उस वर्ष के लिए निर्धारित स्थान अभी भी उपलब्ध है। छात्रवृत्ति लेने वाले की उम्र 35 वर्ष से अधिक नहीं होनी चाहिए। प्रत्येक वर्ष कुल 100 छात्रवृत्तियां (अधिकतम) दी जाती हैं। चयन का वर्ष 2014-15 से लागू किया गया है और 30 प्रतिशत छात्रवृत्तियां महिला उम्मीदवारों के लिए निर्धारित की गई हैं। 2016-17 के दौरान 2014-15 और 2015-16 के नहीं भरे गए स्थानों को आगे 2016-17 में स्थानांतरित कर दिया गया और यह योजना पूरे वर्ष खुली रहेगी ताकि छात्र किसी भी समय आवेदन कर सकें। योजना के अंतर्गत वित्तीय सहायता पीएचडी के लिए अधिकतम 4 वर्ष और मास्टर्स प्रोग्राम के लिए 3 वर्ष की

अवधि के लिए दी जाती है। रोज़गार प्राप्त उम्मीदवार अथवा उसके माता–पिता/अभिभावकों की सभी स्रोतों से आमदनी की सीलिंग 50,000 रुपये प्रति महीने से अधिक नहीं होनी चाहिए।

बाबू जगजीवन राम छात्रावास योजना

इस योजना का उद्देश्य मिडिल स्कूल, हायर सेकेंडरी स्कूल, कॉलेजों और विश्वविद्यालयों में पढ़ने वाले अनुसूचित जाति के लड़के और लड़कियों को छात्रावास की सुविधा प्रदान करना है। राज्य सरकारें/केंद्रशासित प्रशासन और केंद्र और राज्य के विश्वविद्यालय/संस्थान केंद्रीय सहायता के पात्र हैं, दोनों छात्रावास की इमारतों के नए निर्माण कर सकते हैं और वर्तमान छात्रावास सुविधा का विस्तार कर सकते हैं। जबकि एनजीओ और निजी क्षेत्र में स्वायत्तशासी विश्वविद्यालय केवल अपनी वर्तमान छात्रावास सुविधा का विस्तार करने के लिए इसका लाभ ले सकते हैं।

अनुसूचित जाति के छात्रों के लिए राजीव गांधी राष्ट्रीय फेलोशिप

इस योजना में अनुसूचित जाति के छात्रों को एम.फिल, पीएच.डी और विश्वविद्यालयों, अनुसंधान संस्थानों और वैज्ञानिक संस्थानों में इनके बराबर अनुसंधान डिग्री के लिए वित्तीय सहायता दी जाती है। योजना को लागू करने के लिए विश्वविद्यालय अनुदान आयोग (यूजीसी) प्रमुख एजेंसी है। अनुसूचित जाति के छात्रों को करीब 2000 जूनियर रिसर्च फेलोशिप (जेआरएफ) दी जाती है। फेलोशिप की संख्या 2010 में 1333 थी जिसे बढ़ाकर 2011 में 2000 कर दिया गया। अनुसूचित जाति के उम्मीदवारों के पर्याप्त संख्या में उपलब्ध नहीं होने की स्थिति में, उस वर्ष नहीं ली गई फेलोशिप की संख्या को अगले शैक्षणिक सत्र में हस्तांतरित कर दिया जाता है। यदि उपलब्ध फेलोशिप के मुकाबले उम्मीदवारों की संख्या अधिक होती है तो यूजीसी स्नातकोत्तर परीक्षा में उम्मीदवारों द्वारा प्राप्त अंकों के प्रतिशत के आधार पर उनका चयन करता है। योजना के अंतर्गत आय की कोई सीमा नहीं दी गई है।

विशेष केंद्रीय सहायता

अनुसूचित जाति उपयोजना

अनुसूचित जाति उपयोजना (एससीएसपी) एक विशेष केंद्रीय सहायता योजना है जिसे 1980 में शुरू किया गया था। इसके अंतर्गत राज्यों/केंद्रशासित प्रदेशों को उनकी अनुसूचित जाति उप योजना के लिए एक योज्य के रूप में 100 प्रतिशत अनुदान दिया जाता है। इसका मुख्य उद्देश्य गरीबीरेखा से नीचे रहने वाले अनुसूचित जाति के आर्थिक विकास के लिए परिवारोन्मुखी योजनाओं को प्रेरित करना है।

अनुसूचित जाति विकास निगम

अनुसूचित जाति विकास निगम (एससीडीसी) के इक्विटी शेयर में हिस्सेदार बनने के लिए केंद्र प्रायोजित योजना 49:51 के अनुपात (केंद्र/राज्य) में 1979 में शुरू की गई। इस समय एससीडीसी 27 राज्यों/केंद्रशासित प्रदेशों में कार्य कर रहा है। एससीडीसी का मुख्य कार्य अनुसूचित जाति के पात्र परिवारों की पहचान करना और उन्हें आर्थिक विकास योजना के लिए प्रेरित करना, ऋण सहायता के लिए योजनाओं को वित्तीय संस्थानों के लिए प्रायोजित करना, कम ब्याज दर और सब्सिडी पर मार्जिन मनी के रूप में वित्तीय सहायता प्रदान करना है ताकि भुगतान देनदारी को कम किया जा सके और अन्य गरीबी उन्मूलन कार्यक्रमों के साथ जोड़ा जा सके। निगम ऋण प्रदान करने और मार्जिन मनी ऋण के रूप में निवेश तथा लक्षित समूह को सब्सिडी प्रदान करने में महत्वपूर्ण भूमिका निभा रहा है।

राष्ट्रीय अनुसूचित जाति वित्त और विकास निगम

राष्ट्रीय अनुसूचित जाति वित्त और विकास निगम (एनएसएफडीसी) की स्थापना कंपनी कानून 2013 (पूर्व में कंपनी कानून, 1956 के अनुच्छेद 25) के अनुच्छेद 8 के अंतर्गत फरवरी 1989 में की गई थी। एनएसएफडीसी का व्यापक उद्देश्य अनुसूचित जाति के परिवारों को रियायती ऋण के रूप में वित्तीय सहायता प्रदान करना और गरीबीरेखा से नीचे रह रहे लक्षित समूह के युवकों को उनके आर्थिक विकास के लिए कौशल और उद्यम संबंधी प्रशिक्षण प्रदान करना है।

अनुसूचित जातियों के लिए उद्यम पूंजी कोष

सरकार ने अनुसूचित जातियों के लिए 2014 में उद्यम पूंजी कोष स्थापित करने की घोषणा की। इसका उद्देश्य अनुसूचित जातियों के बीच उद्यमिता को बढ़ावा देना और उन्हें रियायती दर पर वित्तीय सहायता प्रदान करना है।

अनुसूचित जातियों के लिए ऋण वृद्धि गारंटी योजना

वर्ष 2014 में सरकार ने घोषणा की कि अनुसूचित जातियों के उन युवा और स्टार्ट-अप उद्यमियों के लिए ऋण वृद्धि सुविधा की दिशा में 200 करोड़ रुपये की राशि आवंटित की जाएगी जो रोज़गार सृजन करने वाले समाज के निचले स्तर में उद्यम को प्रोत्साहित करने के उद्देश्य से नए मध्यम वर्ग की श्रेणी का हिस्सा बनना चाहते हैं।

राष्ट्रीय सफाई कर्मचारी वित्त और विकास निगम

राष्ट्रीय वित्त और विकास निगम (एनएसकेएफडीसी) को 1997 में कंपनी कानून 1956 के अनुच्छेद 25 के अंतर्गत लाभ नहीं कमाने वाली कंपनी के रूप में शामिल किया गया था। एसएसकेएफडीसी सामाजिक न्याय और अधिकारिता मंत्रालय के अंतर्गत शीर्ष निगम है। निगम का लक्षित समूह 'मैला ढ़ोने वाले' हैं।

दिव्यांग व्यक्तियों का कल्याण

विभिन्न नीतिगत मुद्दों पर विशेष ध्यान देने और दिव्यांग व्यक्तियों के कल्याण और उन्हें अधिकार संपन्न बनाने के उद्देश्य से जारी गतिविधियों पर विशेष जोर देने के लिए सामाजिक न्याय और अधिकारिता मंत्रालय में 2012 में दिव्यांग मामलों का एक अलग विभाग बनाया गया। यह विभाग दिव्यांगता और दिव्यांग व्यक्तियों से जुड़े मामलों के लिए एक शीर्ष संस्था के रूप में कार्य करता है। साथ ही विभिन्न साझेदारों : संबद्ध केंद्रीय मंत्रालयों, राज्य/केंद्रशासित सरकारों, एनजीओ आदि के साथ दिव्यांगता से जुड़े मामलों में प्रभावी निकट सहयोग बनाकर रखता है। 2011 की जनगणना के अनुसार देश में 2.68 करोड़ लोग दिव्यांग थे। (जो कुल आबादी का 2.21 प्रतिशत है) दिव्यांग व्यक्तियों की कुल आबादी में से करीब 1.50 करोड़ पुरुष और 1.18 करोड़ महिलाएं हैं। इनमें नेत्रहीन, बहरे, स्पीच और लोकोमोटर दिव्यांगता, मानसिक बीमारी, मंद बुद्धि, बहु-दिव्यांगता और अन्य दिव्यांगता वाले व्यक्ति शामिल हैं।

संवैधानिक प्रावधान

भारत का संविधान अपनी प्रस्तावना के जरिए अन्य बातों के अलावा अपने सभी नागरिकों को न्याय, सामाजिक, आर्थिक और राजनीतिक; विचारों को अभिव्यक्त करने की आजादी, आस्था, विश्वास और

आराधना; ओहदे और अवसर की समानता का अधिकार प्रदान करता है। संविधान का भाग-III सभी नागरिकों को 6 मौलिक अधिकार प्रदान करता है (और कुछ मामलों में गैर-नागरिकों को भी)। इनमें शामिल है- समानता का अधिकार; स्वतंत्रता का अधिकार; उत्पीड़न के खिलाफ अधिकार; धार्मिक स्वतंत्रता का अधिकार और सांस्कृतिक और शैक्षणिक अधिकार तथा संवैधानिक उपायों का अधिकार। ये सभी अधिकार दिव्यांग व्यक्तियों के लिए भी उपलब्ध हैं हालांकि ऐसे व्यक्तियों का संविधान के इस हिस्से में कोई विशेष जिक्र नहीं है।

संविधान के भाग-IV में राज्य नीति के निर्देशक सिद्धांतों को शामिल किया गया है। गैर-न्यायिक होने के बावजूद, इन्हें देश के शासन में मौलिक सिद्धांत घोषित किया गया है। ये सिद्धांत राज्य नीति के लिए अनिवार्य हैं। वास्तव में इनकी प्रकृति निर्देश देने संबंधी है जो भविष्य में विधानमंडलों और कार्यकारिणी शक्ति को उनके मार्गदर्शन के लिए जारी किए जाएंगे। अनुच्छेद 41 जोकि काम करने का अधिकार, कुछ मामलों में शिक्षा और कुछ मामलों में सार्वजनिक सहायता की बात करता है के अनुसार राज्य को अपनी आर्थिक क्षमता और विकास के दायरे के भीतर, काम करने का अधिकार प्राप्त करने के लिए, शिक्षा के लिए और बेरोज़गारी की स्थिति में सार्वजनिक सहायता, वृद्धावस्था, बीमारी, दिव्यांगता और अनुपयुक्त मांग के अन्य मामलों में प्रभावी प्रावधान बनाने होंगें। इसके अलावा अनुच्छेद 243-जी की 11वीं अनुसूची और अनुच्छेद 243-डब्ल्यू की 12वीं अनुसूची जो आर्थिक विकास और सामाजिक न्याय के लिए योजनाओं के कार्यान्वयन के संबंध में क्रमशः पंचायतों और नगर निगमों के अधिकारों और जिम्मेदारियों से जुड़ी है, उसमें समाज के अन्य कमजोर वर्गों के बीच दिव्यांगों के कल्याण और हितों की रक्षा शामिल है।

विभाग दिव्यांगता और कल्याण तथा दिव्यांग व्यक्तियों को अधिकार संपन्न बनाने के विभिन्न पहलुओं से जुड़े निम्नलिखित कानूनों को देखता है: भारतीय पुनर्वास परिषद कानून, 1992; दिव्यांग व्यक्ति (समान अवसर, अधिकारों का संरक्षण और पूर्ण भागीदारी) कानून, 1995; और ऑटिज्म, सैरीब्रल पालसी, मंद बुद्धि व्यक्तियों के कल्याण के लिए राष्ट्रीय न्यास और बहु-दिव्यांगता कानून, 1999।

दिव्यांग व्यक्तियों को अधिकार संपन्न बनाने के विभाग (डीईपीडब्ल्यूडी) ने दिव्यांग व्यक्तियों के लिए सार्वभौमिक पहुंच को प्राप्त करने के लिए एक राष्ट्रव्यापी अभियान- सुगम्य भारत अभियान चलाया। इस अभियान में सार्वभौमिक पहुंच प्राप्त करने के लिए तीन अलग-अलग कार्यक्षेत्र लक्षित किए गए। जिनमें माहौल बनाना, परिवहन पर्यावरण-प्रणाली और सूचना तथा संचार पर्यावरण प्रणाली शामिल है। इस अभियान में निर्धारित समय सीमा के साथ महत्वाकांक्षी लक्ष्य रखे गए हैं और अभियान के बारे में तथा विभिन्न साझेदारों की प्रतिबद्धता/उनके जुड़ने के बारे में जागरुकता फैलाने के लिए आईटी और सोशल मीडिया का इस्तेमाल किया जाएगा। विभाग ने विभिन्न राज्यों से कहा है कि वे बड़े शहरों में 50 से 100 सार्वजनिक इमारतों और नागरिकों से जुड़ी सार्वजनिक वेबसाइटों की पहचान करें, उन तक यदि पूरी तरह पहुंच होगी तो उसका दिव्यांग व्यक्तियों के जीवन पर सबसे अधिक प्रभाव पड़ेगा। एक बार पहचान कर लिए जाने के बाद पेशेवर एजेंसियों द्वारा इन इमारतों और वेबसाइटों के 'आसानी से इस्तेमाल होने वाले, पर्यावरण की दृष्टि से अनुकूल और दिव्यांगों को इनमें मिलने वाली सुविधाओं' (Access Audit) का निरीक्षण किया जाएगा। ऑडिट के निष्कर्षों के अनुसार इमारतों में बदलाव और उनमें हिस्से जोड़ने, परिवहन और वेबसाइटों को विभिन्न सरकारी विभागों द्वारा हाथ में लिया जाएगा। इसे दिव्यांग व्यक्ति कानून के कार्यान्वयन की योजना से सहायता मिलेगी, जोकि दिव्यांग व्यक्तियों को

सामाजिक और आर्थिक दृष्टि से अधिकार संपन्न बनाने के लिए विभिन्न पहलों को लागू करने के लिए एक प्रमुख योजना है और दिव्यांग व्यक्तियों को अधिकार संपन्न बनाने के विभाग द्वारा चलाई जा रही है।

दिव्यांग व्यक्तियों को अधिकार संपन्न बनाने का विभाग देशभर में 'सुगम्य पुलिस स्टेशन', 'सुगम्य अस्पताल' और 'सुगम्य पर्यटन' का सृजन करने के लिए गृह मंत्रालय स्वास्थ्य और परिवार कल्याण मंत्रालय तथा पर्यटन मंत्रालय के साथ सहयोग कर रहा है। विभाग शीर्षक देने, भाषण के विषय और ऑडियो विवरण जैसी विशेषताओं को शामिल करके टेलीविजन कार्यक्रमों तक पहुंच बढ़ाने के लिए सूचना एवं प्रसारण मंत्रालय के साथ सहयोग कर रहा है। दिव्यांग व्यक्तियों को अधिकार संपन्न बनाने के लिए विभाग एक मोबाइल एप बनाने की प्रक्रिया में है, साथ ही वह एक वेबपोर्टल भी बना रहा है ताकि पहुंच के बाहर वाले स्थानों के बारे में सूचना मिल सके। मोबाइल फोन में डाउनलोड किए गए एप की मदद से कोई भी व्यक्ति पहुंच के बाहर वाले सार्वजनिक स्थलों (जैसे- स्कूल, अस्पताल, सराकारी कार्यालय आदि) की फोटो अथवा वीडियो ले सकेगा और उसे सुगम्य इंडिया पोर्टल में अपलोड कर सकेगा। पोर्टल पहुंच ऑडिट, वित्तीय मंजूरी के लिए अनुरोध को देखेगा और इमारत में नया जोड़े जाने की संभावना तलाशेगा ताकि इसे पूरी तरह सुगम्य बनाया जा सके। मोबाइल एप और पोर्टल बड़े कॉरपोरेट और सार्वजनिक क्षेत्र के उपक्रमों को अभियान से जोड़ने का प्रयास करेगा और उन्हें आसानी से इस्तेमाल होने वाले, पर्यावरण की दृष्टि से अनुकूल और दिव्यांगों को इनमें मिलने वाली सुविधाओं के मामले में और इमारत/परिवहन और वेबसाइटों तक पहुंचने के लिए बदलाव में उनकी मदद लेगा।

दिव्यांग व्यक्ति

दिव्यांग व्यक्तियों (समान अवसर, अधिकारों का संरक्षण और पूर्ण भागीदारी) के अनुच्छेद 2 (टी) अधिनियम, 1995 में 40 प्रतिशत तक की किसी भी प्रकार की दिव्यांगता से पीडित व्यक्ति को चिकित्सा अधिकारियों द्वारा प्रमाणित करने के रूप में परिभाषित किया गया। दिव्यांगता (क) नेत्रहीनता (ख) कम दिखाई देना (ग) उपचारित कुष्ठ रोग (घ) सुनने में परेशानी (ङ) लोको-मोटर दिव्यांगता (च) मानसिक बीमारी (छ) मंद बुद्धि (ज) ऑटिज्म (झ) सैरीब्रल पालसी अथवा (च) (छ), (ज) और (झ) के कोई दो अथवा अधिक का मिश्रण हो सकती है (अनुच्छेद 2 (झ) दिव्यांग व्यक्तियों के लिए अधिनियम, 1995 को ऑटिज्म, सैरीब्रल पालसी, मंदबुद्धि व्यक्तियों के कल्याण के लिए राष्ट्रीय न्यास और बहु-दिव्यांगता कानून , 1999 के अनुच्छेद 2 (ज) के साथ पढ़ा जाए)।

मानसिक स्वास्थ्य कानून

दिव्यांगता (समान अवसर, अधिकारों का संरक्षण और पूर्ण भागीदारी) अधिनियम, 1995 के अंतर्गत मानसिक बीमारी को एक प्रकार की दिव्यांगता के रूप में मान्यता दी गई। मानसिक रूप से बीमार व्यक्ति का इलाज और देखभाल मानसिक स्वास्थ्य अधिनियम, 1987 से संचालित है। यह कानून स्वास्थ्य और परिवार कल्याण मंत्रालय ने लागू किया है।

दिव्यांग व्यक्तियों के लिए कानून

एक विस्तृत कानून, जिसे दिव्यांगता वाले व्यक्ति (समान अवसर, अधिकारों का संरक्षण और पूर्ण भागीदारी) अधिनियम नाम दिया गया इसे 1995 में बनाया गया और फरवरी 1996 में लागू किया

गया। यह अधिनियम रोकथाम और पुनर्वास को बढ़ावा देने के पहलुओं जैसे- शिक्षा, रोज़गार और व्यावसायिक प्रशिक्षण, बाधा मुक्त माहौल तैयार करने, दिव्यांग व्यक्तियों के लिए पुनर्वास सेवाओं का प्रावधान संस्थागत सेवाएं और बेरोज़गारी भत्ता जैसे सहायक सामाजिक सुरक्षा उपाय और केंद्र और राज्य स्तर पर शिकायत निवारण तंत्र से निपटता है। 'ऑटिज्म, सैरीब्रल पालसी, मंदबुद्धि व्यक्तियों के कल्याण के लिए राष्टीय न्यास और बहु-दिव्यांगता कानून, 1999 के अंतर्गत एक वैधानिक संगठन है।' न्यास का मुख्य उद्देश्य इन दिव्यांग व्यक्तियों को अधिकारसंपन्न बनाना है ताकि जहां तक संभव हो वे पूर्णरूप से स्वतंत्र जीवन जी सकें। साथ ही पंजीकृत संगठनों को सहायता प्रदान करना जो आवश्यक सेवाएं दे रहे हैं तथा संरक्षण चाहने वाले दिव्यांग व्यक्तियों के लिए कानूनी अभिभावकों की नियुक्ति की प्रक्रिया बनाना है।

दिव्यांग व्यक्तियों के लिए मुख्य आयुक्त कार्यालय

मुख्य आयुक्त एक महत्वपूर्ण वैधानिक अधिकारी है जिसकी नियुक्ति दिव्यांग व्यक्ति (समान अवसर, अधिकारों का संरक्षण और पूर्ण भागीदारी) अधिनियम, 1995 के अनुच्छेद 57 के अंतर्गत की गई है। मुख्य आयुक्त के कार्य और कर्तव्यों में दिव्यांग व्यक्तियों के लिए राज्य आयुक्तों के कार्य के साथ तालमेल, केंद्र सरकार द्वारा दी गई धनराशि के इस्तेमाल की निगरानी, दिव्यांग व्यक्तियों के लिए उपलब्ध सुविधाओं और अधिकारों की रक्षा के लिए कदम उठाना और दिव्यांग व्यक्तियों को अधिकारों से वंचित करने के संबंध में प्राप्त शिकायतों को देखना शामिल है। मुख्य आयुक्त किसी भी ऐसे नियम, कानून आदि को लागू नहीं करने के संबंध में स्वत: संज्ञान ले सकता है जो दिव्यांगों के लिए बनाए गए हैं और जिसमें गवाहों को बुलाने, खोज, किसी दस्तावेज को प्राप्त करने और पेश करने आदि से संबंधित दीवानी अदालत के अधिकार निहित हैं।

पुनर्वास परिषद

भारतीय पुनर्वास परिषद एक वैधानिक संस्था है। जिसकी स्थापना भारतीय पुनर्वास परिषद अधिनियम, 1992 के अंतर्गत की गई है। परिषद पुनर्वास और विशेष शिक्षा के क्षेत्र में पेशेवरों की विभिन्न श्रेणियों के लिए प्रशिक्षण नीतियों और कार्यक्रमों को नियंत्रित करने के लिए जिम्मेदार है। इसके कार्यों में शामिल हैः (i) देशभर के सभी प्रशिक्षण संस्थानों में विभिन्न स्तरों पर प्रशिक्षण पाठ्यक्रमों का मानकीकरण और नियंत्रण, (ii) देश के भीतर और बाहर आपस में दिव्यांग व्यक्तियों के पुनर्वास के क्षेत्र में प्रशिक्षण पाठ्यक्रम चलाने वाले संस्थानों/विश्वविद्यालयों को मान्यता, (iii) पुनर्वास और विशेष शिक्षा में अनुसंधान को बढ़ावा (iv) पुनर्वास के क्षेत्र में मान्यता प्राप्त पुनर्वास योग्यता रखने वाले पेशेवरों के लिए केंद्रीय पुनर्वास रजिस्टर का रखरखाव और (v) दिव्यांगता के क्षेत्र में कार्य कर रहे संगठनों के साथ सहयोग करके चल रहे पुनर्वास शिक्षा कार्यक्रमों को प्रोत्साहन।

वेबसाइटः www.rehabcouncil.nic.in

राष्ट्रीय संस्थान

दिव्यांगों की आबादी की बहुआयामी समस्या से प्रभावी तरीके से निपटने के लिए दिव्यांगता के प्रत्येक प्रमुख क्षेत्र में निम्नलिखित राष्ट्रीय संस्थान/शीर्ष स्तर पर स्थापित किए गए हैं; (i) राष्ट्रीय नेत्रहीन संस्थान, देहरादून, (ii) नेशनल इंस्टीटयूट फॉर ऑर्थोपेडिकल हैंडीकैप्ड, कोलकाता, (iii) अली यावर जंग राष्ट्रीय श्रवण विकलांग संस्थान, मुंबई, (iv) मानसिक रोगियों के लिए राष्ट्रीय संस्थान, सिकंदराबाद,

(v) राष्ट्रीय पुनर्वास प्रशिक्षण और अनुसंधान संस्थान, कटक, (vi), शारीरिक विकलांगता संस्थान, नई दिल्ली, (vii) विविध विकलांगता वाले लोगों के सशक्तीकरण के लिए राष्ट्रीय संस्थान, चेन्नई। ये संस्थान मुख्य रूप से नवोन्मेष अनुसंधान कराने, मानव शक्ति विकास के लिए प्रशिक्षण कार्यक्रम आयोजित करने और देश में सेवाएं देने के लिए जिम्मेदार हैं। भारत का कृत्रिम अंग निर्माण निगम (एएलआईएमसीओ), कानपुर सार्वजनिक क्षेत्र की एक संस्था है जो दिव्यांग व्यक्तियों के लिए सहायक उपकरण बनाने के कार्य में लगी हुई है। निगम द्वारा बनाए गए उत्पाद आईएसआई मानकों की पुष्टि करते हैं जिन्हें भारतीय मानक ब्यूरो से मंजूरी मिली हुई है। उत्पादों का विपणन क्षेत्रीय विपणन केंद्रों कोलकाता, मुंबई, चेन्नई, भुवनेश्वर और दिल्ली तथा राष्ट्रीय संस्थानों, स्वयंसेवी संगठनों के जरिए किया जाता है।

दिव्यांग व्यक्तियों के लिए पांच क्षेत्रीय केंद्र श्रीनगर, लखनऊ, भोपाल, सुंदरनगर और गुवाहाटी में स्थित हैं। ये केंद्र पुनर्वास के क्षेत्र में पेशेवरों को तैयार करने के लिए प्रशिक्षण कार्यक्रम चलाने के साथ-साथ दिव्यांगों को पुनर्वास सेवाएं प्रदान करते हैं। रीढ़ की हड्डी की चोटों और हड्डियों से संबंधित अन्य दिव्यांगता के चार क्षेत्रीय केंद्र- मोहाली, कटक, जबलपुर और बरेली में स्थित हैं जो मौलिक प्रबंधन के लिए सेवाएं प्रदान कर रहे हैं और रीढ़ की हड्डी की चोटों के बारे में आगे क्या करना है ये जानकारी ले रहे हैं ताकि प्रभावित व्यक्तियों को स्वतंत्र होकर काम करने लायक बनाया जा सके।

आर्थिक विकास

राष्ट्रीय विकलांग वित्त और विकास निगम (एनएचएफडीसी) एक शीर्ष स्तर का वित्तीय संस्थान है जो दिव्यांग व्यक्तियों को उनके आर्थिक विकास के लिए ऋण सुविधाएं देता है। वित्तीय सहायता राज्य सरकारों/केंद्रशासित प्रशासनों और गैर-सरकारी संगठनों द्वारा अधिकृत एजेंसियों के जरिए दी जाती है। ये स्नातक और उच्च स्तर पर शिक्षा के लिए ऋण देता है। इसके अलावा यह तकनीकी और उद्यम संबंधी कौशल के उन्नयन में सहायता करता है ताकि लाभांवित अपनी उत्पादन इकाइयों का प्रभावी तरीके से प्रबंधन कर सकें।

वेबसाइट: www.nhfdc.nic.in

दिव्यांग व्यक्तियों को सहायता योजना के अंतर्गत टिकाऊ, अत्याधुनिक और वैज्ञानिक दृष्टि से निर्मित, मानकीकृत साधन और सहायक उपकरण खरीदने/उनकी फिटिंग के लिए सहायता दी जाती है। इनसे उनके दिव्यांगता के प्रभाव को कम करके शारीरिक, सामाजिक और मनोवैज्ञानिक पुनर्वास को बढ़ावा मिलता है और उनके लिए आर्थिक संभावनाएं बढ़ती हैं। योजना को स्वयंसेवी संगठनों, मंत्रालय के अंतर्गत राष्ट्रीय संस्थान, एएलआईएमसीओ, जिला पंचायतों, डीआरडीए आदि के जरिए लागू किया गया है। कार्यान्वयन एजेंसियां साधन और उपकरणों की खरीद, संरचना और वितरण के लिए सहायता अनुदान देती हैं। इस योजना के दायरे में चिकित्सा/सर्जिकल इलाज और रोगी की बेहतरी के लिए अन्य उपाय शामिल हैं जो साधनों और उपकरणों को लगाने से पहले आवश्यक हो सकते हैं।

जनजातीय मामले

अनुसूचित जनजातियों का विकास

जनजातीय मामलों के मंत्रालय का गठन 1999 में सामाजिक न्याय और अधिकारिता मंत्रालय के विभाजन के बाद किया गया। इसका उद्देश्य समाज की सबसे शोषित, अनुसूचित जनजातियों के सामाजिक आर्थिक विकास पर एक समन्वित और सुनियोजित तरीके से अधिक ध्यान देना था।

अनुसूचित क्षेत्र और जनजातीय क्षेत्र

अनुसूचित जनजातियां अन्य समुदायों के विपरीत समूहों में रहती हैं इसलिए विकास गतिविधियों के लिए क्षेत्रवार दृष्टिकोण सरलता से अपनाया जा सकता है और उनके हितों की रक्षा के लिए नियामक प्रावधान भी अपनाए जा सकते हैं। भूमि हस्तांतरण और अन्य सामाजिक मुद्दों के संबंध में अनुसूचित जनजातियों के हितों की रक्षा करने के लिए संविधान में 'पांचवीं अनुसूची' और 'छठी अनुसूची' के प्रावधानों को शामिल किया गया है।

संविधान के अनुच्छेद 244 (1) के अंतर्गत पांचवी अनुसूची 'अनुसूचित इलाकों' को ऐसे इलाकों के रूप में परिभाषित करती है जिन्हें राज्य के राज्यपाल के साथ विचार-विमर्श के साथ राष्ट्रपति द्वारा अनुसूचित इलाकों के रूप में घोषित किया जा सकता है। संविधान के अनुच्छेद 244 (2) के अंतर्गत छठी अनुसूची का संबंध असम, मेघालय, त्रिपुरा और मिजोरम राज्यों के उन इलाकों से है जिन्हें 'जनजातीय इलाकों' के रूप में घोषित किया गया है और ऐसे इलाकों के लिए जिला परिषदें और/अथवा क्षेत्रीय परिषदें प्रदान की गई हैं। इन परिषदों को व्यापक कानूनी, न्यायिक और कार्यकारी शक्तियां प्रदान की गई हैं। पांचवीं अनुसूची के क्षेत्र : किसी भी इलाके को पांचवीं अनुसूची के अंतर्गत 'अनुसूचित इलाके' के रूप में घोषित करने के लिए मानदंड हैं: (क) जनजातीय आबादी की प्रचुरता, (ख) इलाके की सघनता और उपुक्त आकार, (ग) एक व्यवहार्य प्रशासनिक संस्था जैसे जिला, ब्लॉक अथवा तालुक और (घ) पड़ोसी इलाकों की तुलना में उस इलाके में आर्थिक पिछड़ापन। किसी राज्य के संबंध में 'अनुसूचित इलाकों' का विनिर्देशन संबद्ध राज्य सरकारों के साथ विचार-विमर्श के बाद राष्ट्रपति के अधिसूचित आदेश द्वारा किया जाता है। यही तरीका परिवर्तन, वृद्धि, कटौती, नए इलाकों को शामिल करने, अथवा 'अनुसूचित इलाकों' से संबंधित किसी आदेश को रद्द करने के लिए लागू होता है।'

अनुसूचित इलाकों के लाभ इस प्रकार हैं: (क) कोई भी ऐसा राज्य जिसके पास अनुसूचित इलाके हैं उसके राज्यपाल को यह अधिकार है कि वह निम्नलिखित के संबंध में नियम बनाए : (i) जनजातीय लोगों से भूमि के हस्तांतरण पर रोक अथवा प्रतिबंध; (ii) अनुसूचित जनजातियों के सदस्यों को धन उधार देने के व्यवसाय को नियंत्रित करना। ऐसा कोई नियम बनाने में, राज्यपाल संसद अथवा राज्य विधान मंडल के किसी भी ऐसे कानून को रद्द कर सकता है अथवा उसमें संशोधन कर सकता है जो उस क्षेत्र के संबंध में लागू होता है। (ख) राज्यपाल सार्वजनिक अधिसूचना के जरिए निर्देश दे सकता है कि संसद अथवा राज्य विधान मंडल का कोई विशेष कानून अनुसूचित इलाकों अथवा राज्य में किसी अन्य हिस्से पर लागू नहीं किया जाए अथवा ऐसे इलाकों में लागू हो जो इसके अपवाद हों और जिनमें बदलाव किया जा सके। जिसकी वह विस्तृत जानकारी दे। (ग) जिस राज्य के पास अनुसूचित इलाके हैं वहां के राज्यपाल हर वर्ष, अथवा भारत के राष्ट्रपति की जरूरत के मुताबिक उस राज्य के अनुसूचित इलाकों के प्रशासन के संबंध में राष्ट्रपति को रिपोर्ट देंगे और संघ की कार्यकारी शक्तियां राज्य को और उस इलाके के प्रशासन को निर्देश देने के लिए बढ़ाई जा सकती हैं। (घ) जनजातीय सलाहकार परिषद (टीएसी) उन राज्यों में स्थापित की जा सकती है जिनके पास अनुसूचित इलाके हैं। टीएसी की भूमिका राज्य में अनुसूचित जनजातियों के कल्याण और उनकी तरक्की से जुड़े मामलों पर राज्य सरकार को सलाह देना है। जैसा कि उसे राज्यपाल ने निर्दिष्ट किया है। टीएसी में 20 से अधिक सदस्य नहीं होंगे जिनमें से करीब तीन चौथाई अनुसूचित जनजाति के विधायकों में से होंगे। टीएसी भारत के राष्ट्रपति के निर्देश पर किसी भी ऐसे राज्य में स्थापित की जा सकती है जो जहां अनुसूचित जनजातियां हैं लेकिन

अनुसूचित इलाकों में नहीं आते। (ङ) पंचायतों के प्रावधान (अनुसूचित इलाकों के विस्तार) कानून, 1996 (पीईएसए), संविधान के भाग-IX में शामिल, अनुसूचित इलाकों तक बढ़ा दिए गए हैं, साथ ही इसमें अनुसूचित जनजातियों के लाभ के लिए विशेष प्रावधान शामिल हैं। छठी अनुसूची- जनजातीय इलाके: संविधान के अनुच्छेद 244 के अंतर्गत छठी अनुसूची असम, मेघालय, त्रिपुरा और मिज़ोरम में जनजातीय इलाकों में स्वायत्तशासी जिलों की पहचान करती है। यह इन स्वायत्तशासी जिलों के भीतर स्वायत्तशासी क्षेत्रों की पहचान का प्रावधान भी करती है। इन्हें छठी अनुसूची के पैरा 20 के साथ संलग्न तालिका के भाग I, II, IIए और III में निर्दिष्ट किया गया है। दूसरे शब्दों में जिन क्षेत्रों में छठी अनुसूची के प्रावधान लागू होते हैं उन्हें जनजातीय क्षेत्रों के रूप मे जाना जाता है। जनजातीय इलाकों का राज्यवार विवरण इस प्रकार है:

भाग-I असम (1) उत्तरी कछार पहाड़ी जिला; (2) कर्बी-आंगलोंग जिला; और (3) बोडोलैंड प्रादेशिक क्षेत्र जिला; भाग-II मेघालय (1) खासी पहाड़ी जिला; (2) जयंतिया पहाड़ी जिला; (3) गारो पहाड़ी जिला; भाग-II त्रिपुरा; त्रिपुरा आदिवासी क्षेत्र जिला; भाग-III मिज़ोरम (1) चकमा जिला (2) मारा जिला; और (3) लाई जिला।

जिला और क्षेत्रीय परिषदों को यह अधिकार दिए गए हैं कि प्राइमरी स्कूल, डिस्पेंसरियों, बाजार, मवेशियों के तालाब, नौकाओं, मत्स्य पालन, सड़कों, सड़क परिवहन और जलमार्गों की स्थापना, निर्माण अथवा प्रबंधन जैसे मामलों के संबंध में राज्यपाल की मंजूरी से नियम बनाएं। उत्तरी कछार और कर्बी आंगलोंग पहाड़ी जिलों की स्वायत्तशासी परिषदों को अतिरिक्त अधिकार प्रदान किए गए हैं ताकि वे सेकेंडरी शिक्षा, कृषि, सामाजिक सुरक्षा और सामाजिक बीमा, सार्वजनिक स्वास्थ्य और स्वच्छता, लघु सिंचाई आदि जैसे अन्य मामलों के संबंध में कानून बना सकें। परिषदों को कुछ मुकदमों और अपराधों का मुकदमा चलाने के लिए दीवानी कार्यविधि कोड और फौजदारी कार्यविधि कोड के अंतर्गत भी अधिकार दिए गए हैं, साथ ही उन्हें अपने इलाकों के राजस्व और कर एकत्र करने के लिए राजस्व प्राधिकरण की शक्तियां और प्राकृतिक संसाधनों के नियंत्रण और प्रबंधन के लिए अन्य अधिकार भी प्राप्त हैं।

अनुसूचित जनजाति के रूप में घोषित करने प्रक्रिया

अनुच्छेद 366 (25) के अंतर्गत भारत के संविधान में अनुसूचित जनजाति शब्द को ऐसी जनजाति अथवा जनजातीय समुदाय अथवा ऐसी जनजाति के भीतर के समूह के हिस्से अथवा जनजातीय समुदाय के रूप में परिभाषित किया गया है जैसाकि संविधान के उद्देश्यों के लिए अनुसूचित जनजातियों को अनुच्छेद 342 के अंतर्गत माना गया। अनुच्छेद 342 अनुसूचित जनजातियों के विशिष्ट मामलों में अपनायी जाने वाली प्रक्रिया का निर्धारण करता है। अनुच्छेद 342 (1) के मामले में किसी भी राज्य अथवा केंद्रशासित प्रदेश, और जहां यह राज्य है, के मामले में राष्ट्रपति राज्यपाल के साथ विचार-विमर्श करने के बाद जनजातियों अथवा जनजातीय समुदायों अथवा उसके कुछ हिस्से को अनुसूचित जनजातियों के रूप में अधिसूचित कर सकते हैं। यह जनजातीय अथवा उसके एक हिस्से को संविधानिक दर्जा देता है जिसमें संविधान में इन समुदायों को इनके संबद्ध राज्यों/केंद्रशासित प्रदेशों में सुरक्षा प्रदान की गई है। अतः अनुच्छेद 342 (1) के मामले में केवल ऐसे समुदाय जिन्हें एक आरंभिक सार्वजनिक अधिसूचना के जरिए राष्ट्रपति द्वारा इस तरह से घोषित किया गया है उन्हें अनुसूचित जनजाति माना जाएगा। सूची में

भविष्य में किसी भी प्रकार का संशोधन संसद के कानून (अनुच्छेद 342(2)) के जरिए किया जाएगा। संसद अनुसूचित जनजाति, किसी भी जनजाति अथवा जनजातीय समुदाय अथवा इसके किसी भाग को कानून द्वारा सूची में शामिल कर सकती है अथवा निकाल सकती है। अनुसूचित जनजातियों की सूची राज्य विशेष के बारे में है। दूसरे शब्दों में यह जरूरी नहीं है कि एक राज्य में अनुसूचित जन जाति के रूप में घोषित समुदाय को दूसरे राज्य में भी अनुसूचित जन जाति माना जाए।

जनजातियों को अनुसूचित श्रेणी में शामिल करना और हटाना

किसी विशेष राज्य/ केंद्रशासित प्रदेश के संबंध में अनुसूचित जनजातियों का पहला विनिर्देश संबद्ध राज्य सरकारों के साथ विचार-विमर्श के बाद राष्ट्रपति का अधिसूचित आदेश होता है। अनुसूचित जनजाति के रूप में किसी समुदाय को विनिर्दिष्ट करने के लिए आमतौर से अपनाए जाने वाले मानदंड हैं: (क) प्रारंभिक लक्षणों के संकेत; (ख) विशेष संस्कृति; (ग) समुदाय के साथ संपर्क बनाने में संकोच; और (घ) भौगोलिक रूप से अलग-थलग यानी पिछड़ापन। इनकी जानकारी संविधान में नहीं दी गई है लेकिन ये मानदंड भलीभांति स्थापित हो चुके हैं। इसमें 1931 की जनगणना, पहले पिछड़ा वर्ग आयोग (कालेलकर समिति), 1955, अनुसूचित जाति/अनुसूचित जनजाति सूचियों के संशोधन सलाहकार समिति (लोकुर समिति), 1965 और अनुसूचित जातियों और अनुसूचित जनजातियों के आदेशों बारे में संसद की संयुक्त समिति (संशोधन) विधेयक, 1967 और (चंदा समिति), 1969 की परिभाषाओ को ध्यान में रखा गया है। भारत के संविधान के अनुच्छेद 342 के अंतर्गत अधिसूचना के अनुसार 700 से अधिक जनजातियां (इनमें से अनेक एक से अधिक राज्यों में व्याप्त) हैं जो देश के विभिन्न राज्यों और केंद्रशासित प्रदेशों में फैली हुई हैं। गौरतलब है कि हरियाणा और पंजाब तथा केंद्रशासित चंडीगढ़, दिल्ली और पुद्दुचेरी में किसी भी समुदाय को अनुसूचित जनजाति के रूप में निर्दिष्ट नहीं किया गया।

अनुसूचित जनजाति के दर्जे का पता लगाना

जहां भी कोई व्यक्ति जन्म से ही अनुसूचित जाति से संबंधित होने का दावा करता है, इसकी पुष्टि होनी चाहिए कि: (क) वह व्यक्ति और उसके माता-पिता उस समुदाय से संबंध रखते हैं जिसका उसने दावा किया है; (ख) समुदाय को संबद्ध राज्य के संबंध में अनुसूचित जातियों को निर्दिष्ट करने वाले राष्ट्रपति के आदेश में शामिल किया गया है; (ग) वह व्यक्ति उस राज्य और राज्य के भीतर किसी इलाके से संबंध रखता है जिसमें समुदाय को अनुसूचित किया गया है; (घ) वह किसी भी धर्म का हो सकता है; (ङ) उसे या उसके माता-पिता/ दादा-दादी आदि को इस संबंध में लागू राष्ट्रपति के आदेश की अधिसूचना की तारीख को राज्य/ केंद्रशासित प्रदेश के स्थायी निवासी होना चाहिए; (च) जो व्यक्ति इस मामले में लागू राष्ट्रपति के आदेश की अधिसूचना के समय अपने स्थायी निवास स्थान से अस्थायी रूप से दूर था, उदाहरण के लिए वह आजीविका कमाने अथवा शिक्षा प्राप्त करने के लिए गया हुआ था उसे भी अनुसूचित जनजाति माना जाएगा, यदि उसकी जनजाति को उसके गृह राज्य/ केंद्रशासित प्रदेश के संबंध में उस आदेश में निर्दिष्ट किया गया है; (छ) लेकिन उसे उसके अस्थायी निवास स्थान के संबंध में ऐसा नहीं माना जा सकता, चाहे उस राज्य के संबंध में उसकी जनजाति का नाम राष्ट्रपति के किसी भी आदेश में अनुसूचित किया गया हो जहां वह अस्थाई रूप से बस गया है; (ज) राष्ट्रपति के संबद्ध आदेश की अधिसूचना की तारीख के बाद जन्मे व्यक्तियों के मामले में, अनुसूचित जनजाति का दर्जा प्राप्त करने के लिए उनका रहने का स्थान राष्ट्रपति के आदेश की अधिसूचना के समय उनके माता-पिता का स्थायी निवास होना चाहिए जिसके अंतर्गत वे उस जनजाति से संबंधित होने का दावा कर सकते हैं। यह

लक्ष्यद्वीप के अनुसूचित जनजातियों पर लागू नहीं होता जिनके लिए यह जरूरी है कि अनुसूचित जनजाति का दर्जा प्राप्त करने की पात्रता हासिल करने के लिए उन्होंने केंद्रशासित प्रदेश में ही जन्म लिया हो।

निर्देशक सिद्धांत यह है कि ऐसे किसी भी व्यक्ति को अनुसूचित जनजाति का सदस्य नहीं माना जाएगा जो जन्म से अनुसूचित जनजाति का नहीं है लेकिन उसने अनुसूचित जनजाति के व्यक्ति से विवाह किया है। इसी प्रकार से जो व्यक्ति अनुसूचित जनजाति का सदस्य है वह अनुसूचित जनजाति का सदस्य बना रहेगा चाहे उसने किसी ऐसे व्यक्ति से विवाह किया हो जो अनुसूचित जनजाति से संबंध नहीं रखता है। अनुसूचित जनजाति से संबंध रखने वाले उम्मीदवारों को निम्नलिखित में से किसी भी एक प्राधिकार से निर्धारित फार्म में अनुसूचित जनजाति का प्रमाण-पत्र मिल सकता है: जिला मजिस्ट्रेट/ अतिरिक्त (अपर) जिला मजिस्ट्रेट/ कलेक्टर/ उपायुक्त/ अतिरिक्त (अपर) उपायुक्त/ उप कलेक्टर/ वैतनिक मजिस्ट्रेट/ सिटी मजिस्ट्रेट/सब डिवीजन मजिस्ट्रेट/ तालुक मजिस्ट्रेट/कार्यकारी मजिस्ट्रेट/ अतिरिक्त सहायक आयुक्त [प्रथम श्रेणी के वैतनिक मजिस्ट्रेट से कम रैंक का नहीं] (II) चीफ प्रेजिडेंसी मजिस्ट्रेट/ अतिरिक्त मुख्य प्रेजिडेंसी मजिस्ट्रेट/ प्रेजिडेंसी मजिस्ट्रेट; (III) राजस्व अधिकारी जिसका रैंक तहसीलदार से कम न हो; (IV) इलाके का सब डिवीजन अधिकारी जहां उम्मीदवार और/अथवा उसका परिवार सामान्य तौर पर रहता है; (V) प्रशासक/ विकास अधिकारी (लक्ष्यद्वीप) का प्रशासक/सचिव।

यदि कोई अधिकारी यथोचित सत्यापन के बिना लापरवाही से अनुसूचित जनजाति का प्रमाण-पत्र जारी कर देता है तो उसके खिलाफ भारतीय दंड संहिता के उचित प्रावधानों के अंतर्गत कार्रवाई की जाएगी। यह उन अन्य कार्रवाइयों के अतिरिक्त होगी जिनमें उनके ऊपर लागू उपयुक्त अनुशासनात्मक नियमों के अंतर्गत कार्रवाई की जा सकती है।

प्रवासियों का अनुसूचित जनजाति होने का दावा

रोजगार, शिक्षा आदि के लिए अनुसूचित जनजाति से संबंध रखने वाले अन्य राज्यों / केंद्रशासित प्रदेशों के जो व्यक्ति एक राज्य से दूसरे राज्य में चले गए हैं, उन्हें उस राज्य से अनुसूचित जनजाति का प्रमाण-पत्र प्राप्त करने में काफी कठिनाई का अनुभव होता है जिस राज्य को छोड़कर वह आए हैं। इस कठिनाई को दूर करने के लिए यह फैसला किया गया कि राज्य सरकार/ केंद्रशासित प्रशासन का नियत प्राधिकार दूसरे राज्य से आए व्यक्ति को अनुसूचित जनजाति का प्रमाण-पत्र जारी कर सकता है। इसके लिए उस व्यक्ति को उस राज्य के नियत प्राधिकार द्वारा उसके पिता/माता को जारी किया गया वास्तविक प्रमाण-पत्र पेश करना होगा, केवल उन मामलों को छोड़कर जहां उचित प्राधिकार महसूस करता है कि प्रमाण-पत्र जारी करने से पहले मूल राज्य से विस्तृत जांच आवश्यक है, प्रमाण-पत्र जारी किया जाएगा चाहे पूछताछ की जाने वाली जनजाति राज्य/ केंद्रशासित प्रदेश के संबंध में अनुसूचित है या नहीं जिस राज्य में व्यक्ति आया है।

राष्ट्रीय अनुसूचित जनजाति आयोग

राष्ट्रीय अनुसूचित जनजाति आयोग (एनसीएसटी) की स्थापना संविधान (89वां संशोधन) कानून, 2003 के जरिए संविधान के अनुच्छेद 338 में संशोधन करके और नए अनुच्छेद 338ए को शामिल करके 19 फरवरी, 2004 को की गई। आयोग के अध्यक्ष और उपाध्यक्ष को क्रमश: केंद्रीय कैबिनेट मंत्री और राज्य मंत्री का दर्जा दिया गया, जबकि आयोग के सदस्यों को भारत सरकार में सचिव का दर्जा दिया गया। आयोग का मुख्य कार्य अनुसूचित जातियों को प्रदान की गई सुरक्षा के संबंध में सभी मामलों की

जांच और निगरानी करना और सुरक्षा के कामकाज का मूल्यांकन करना है; और अनुसूचित जातियों की सुरक्षा और उन्हें अधिकारों से वंचित करने के संबंध में प्राप्त विशेष शिकायतों की जांच करना है। आयोग को किसी भी मामले की जांच करते समय अथवा अनुसूचित जातियों की सुरक्षा और उन्हें अधिकारों से वंचित करने से संबंधित किसी शिकायत की जांच करने के लिए मुकदमे की सुनवाई कर रहे एक सिविल कोर्ट की सभी शक्तियां प्राप्त हैं।

जनजातीय उप-योजना

वर्तमान जनजातीय उपयोजना (टीएसपी) कार्यनीति आरंभ में 1972 में शिक्षा और समाज कल्याण मंत्रालय में एक विशेषज्ञ समिति द्वारा आदिवासी व्यक्तियों के तेजी से सामाजिक-आर्थिक विकास के लिए विकसित की गई और इसे पहली बार पांचवीं पंचवर्षीय योजना में अपनाया गया। कुछ परिवर्तनों के साथ टीएसपी कार्यनीति आज तक जारी है और राज्यों के लिए टीएसपी के संबंध में विशेषताएं इस प्रकार हैं: राज्य की जनजातीय उपयोजना के अंतर्गत प्रदान की गई धनराशि कम से कम प्रत्येक राज्य अथवा केंद्रशासित प्रदेश की अनुसूचित जनजातीय आबादी के अनुपात में समान होनी चाहिए; राज्य अथवा केंद्रशासित प्रदेश की जनजातियों और जनजातीय इलाकों को राज्य/केंद्रशासित प्रदेश की संपूर्ण योजना से धीरे-धीरे मिलने वाले लाभों के साथ ही टीएसपी के अंतर्गत फायदे दिए जाते हैं; उप योजना में; (क) जनजातीय लोगों की समस्याओं और जरूरतों तथा उनके विकास में महत्वपूर्ण खामियों को पहचाना जाए; (ख) टीएसपी के लिए सभी उपलब्ध संसाधनों को पहचाना जाए; (ग) विकास के लिए एक विस्तृत नीतिगत ढांचा तैयार किया जाए; (ङ) इसके कार्यान्वयन के लिए उपयुक्त प्रशासनिक रणनीति तैयार करें; और (च) निगरानी और मूल्यांकन के लिए तंत्र की जानकारी दें।

मंत्रालय ने भारत के संविधान के अनुच्छेद 275 (1) के प्रावधान और जनजातीय उप योजना (टीएसपी के लिए एससीए) को विशेष केंद्रीय सहायता के अंतर्गत अंतरराज्य धनराशि के आवंटन और कार्यक्रमों के कार्यान्वयन के लिए जून 2016 में संशोधित दिशानिर्देश जारी किए। ये दिशानिर्देश क्षेत्रीय आवंटन पर केंद्रीय दृष्टिकोण और लेन-देन करने वाली आबादी के अंतरराज्य संशोधित आवंटन, क्षेत्र और पैरामीटर के रूप में परिणामोन्मुखी कार्य-निष्पादन करते हैं। इसके अलावा अंतरजिला आवंटन की स्पष्ट जानकारी दी जाती है। प्रमुख अनुसूचित जनजातीय समुदायों को प्राथमिकता दी जाती है। लाइन विभाग की वर्तमान गतिविधियों से वित्तीय संसाधनों के ब्यौरे के साथ उनके इस्तेमाल से बृहद स्थानिक और उच्च भौगोलिक कवरेज सुनिश्चित होती है। परियोजना मूल्यांकन समिति की बैठकें इस वर्ष हुई जिसमें आदिवासी उपयोजना, अनुच्छेद 275 (1) के अंतर्गत अनुदान और पीवीटीजी योजना के विकास के लिए विशेष केंद्रीय सहायता के अंतर्गत 26 राज्य सरकारों के प्रस्तावों पर विचार किया गया।

राष्ट्रीय अनुसूचित जनजातीय वित्त और विकास निगम

अनुसूचित जनजातियों पर विशेष ध्यान देने और उनके आर्थिक विकास की गति में तेजी लाने के लिए, तत्कालीन राष्ट्रीय अनुसूचित जाति और अनुसूचित जनजाति वित्त विकास निगम को दो भागों में बांट दिया गया और जनजातीय मामलों के मंत्रालय के अंतर्गत अप्रैल 2001 में राष्ट्रीय अनुसूचित जनजातीय वित्त और विकास निगम (एनएसटीएफडीसी) की स्थापना की गई। एनएसटीएफडीसी को कंपनी कानून के अनुच्छेद 25 (कंपनी जो लाभ कमाने के लिए नहीं है) के अंतर्गत लाइसेंस दिया गया। एनएसटीएफडीसी के लिए अधिदेश (mandate) प्राप्त करने के लिए (स्वरोज़गार उद्यम/गतिविधियों

को हाथ में लेने के लिए) अनुसूचित जनजातियों के उन व्यक्तियों को एनएसटीएफडीसी द्वारा वित्तीय सहायता दी गई है जिनके परिवार की वार्षिक आमदनी गरीबीरेखा से नीचे रहने वालों से दोगुनी है। एनएसटीएफडीसी लक्षित समूह के कौशल और उद्यमिता विकास के लिए अनुदान के रूप में वित्तीय सहायता भी प्रदान करता है। वित्तीय सहायता संबद्ध मंत्रालयों/राज्य सरकारों और केंद्रशासित प्रशासनों द्वारा मनोनीत सरकारी एजेंसियों के जरिए दी जाती है। एनएसटीएफडीसी लघु वन उत्पादों की खरीद और मार्केटिंग के लिए भी वित्तीय सहायता देता है ताकि अनुसूचित जनजातियां उत्पाद/उत्पादों की मजबूरन बिक्री से बच सकें।

पात्रता मानदंड

लाभांवित अनुसूचित जनजातीय समुदाय से संबंधित होने चाहिए और लाभांवितों की परिवार की वार्षिक आय गरीबीरेखा से नीचे रहने वालों की आय सीमा (वर्तमान में ग्रामीण इलाकों के लिए प्रतिवर्ष 39,500/- रुपये और शहरी इलाकों के लिए प्रतिवर्ष 54,500/- रुपये) से दोगुनी नहीं होनी चाहिए। स्व-सहायता समूहों (एसएचजी) के मामले में, एसएचजी के सभी सदस्य अनुसूचित जनजाति समुदाय के होने चाहिए जिनकी परिवार की वार्षिक आय गरीबीरेखा से नीचे रहने वालों की आय से दोगुनी है। इसी प्रकार से सहकारी समिति के लिए ऋण सहकारी समिति के जरिए पात्र अनुसूचित जनजाति को देने की व्यवस्था की गई है जहां न्यूनतम 80 प्रतिशत अथवा इससे अधिक अनुसूचित जनजाति के सदस्य सहकारी समिति के सदस्य हैं। अनुसूचित जनजाति के आर्थिक विकास के लिए एनएसटीएफडीसी निम्नलिखित कार्यक्रम लागू कर रही है।

आय सृजन करने वाले क्रियाकलापों के लिए मियादी ऋण प्रदान किया जाता है। अनुसूचित जनजातियों और/अथवा संबंधित उत्पाद/सेवाओं द्वारा एकत्र/उगाए गए लघु वन उत्पाद/कृषि उत्पाद की खरीद और/अथवा मार्केटिंग के लिए केंद्र/राज्य सरकार की एजेंसियों और राष्ट्रीय स्तर की फेडरेशनों की कार्यशील पूंजी की जरूरत को पूरा करने के लिए वित्तीय सहायता प्रदान करने के लिए मार्केटिंग सहायता प्रदान की जाती है। मार्केटिंग सहायता लाभांवितों को एससीए के जरिए दी जाती है, ब्याज दीर्घ अवधि के ऋण की ब्याज दरों के बराबर होता है और सहायता केंद्र/राज्य/केंद्रशासित प्रदेशों के संगठनों/प्रत्यक्ष खरीद से जुड़े राष्ट्रीय स्तर के फेडरेशनों को दी जाती है, ब्याज दर प्रतिवर्ष 7 प्रतिशत है। अनुदान के रूप में भी सहायता दी जाती है।

विशेष योजनाएं

आदिवासी महिला सशक्तीकरण योजना (एएमएसवाई) अनुसूचित जनजाति की महिलाओं के आर्थिक विकास के लिए अधिकतम रियायती ब्याज दर पर धनराशि उपलब्ध कराने की एक विशिष्ट योजना है। इस योजना के अंतर्गत एनएसटीएफडीसी योजनाओं/परियोजनाओं के लिए मियादी ऋण उपलब्ध कराता है जिन पर प्रति इकाई/लाभ केंद्र 50,000 रुपये की लागत आती है। इसके लिए योजना/परियोजना लागत के 99 प्रतिशत तक की वित्तीय सहायता एनएसटीएफडीसी द्वारा दी जाती है। एससीए लाभार्थी महिला से प्रतिवर्ष अधिकतम चार प्रतिशत तक सालाना ब्याज दर ले सकता है।

लघु ऋण योजना लाभ में चल रहे वर्तमान स्व-सहायता समूहों के लिए अनुसूचित जनजाति के योग्य व्यक्तियों को छोटे और स्व-रोज़गार उद्यमों/कार्यों को हाथ में लेने के लिए वित्तीय सहायता प्रदान करने के उद्देश्य से बनाई गई है। एससीए लक्षित समूह के लिए योजना (योजनाओं के) अनुसार उपयुक्त

सब्सिडी या मार्जिन राशि उपलब्ध करा सकता है और शेष राशि एनएसटीएफडीसी द्वारा मियादी ऋण के रूप में उपलब्ध करायी जा सकती है। सब्सिडी नहीं मिलने अथवा एससीए के रूप में एससीए/बैंकों की कोई अंश पूंजी नहीं मिलने की स्थिति में एनएसटीएफडीसी मांगी गई धनराशि का शत–प्रतिशत मियादी ऋण के रूप में प्रदान कर सकता है जो प्रति सदस्य अधिकतम 15,000 रुपये हो सकता है।

ट्राइबल को-ऑपरेटिव मार्केटिंग डेवलपमेंट फेडरेशन ऑफ इंडिया लिमिटेड

बहु राज्य सहकारी समिति कानून 1984 (एमएससीएस कानून 1984) के तहत राष्ट्रीय स्तर के शीर्षस्थ संगठन के रूप में 1987 में ट्राइबल को–ऑपरेटिव मार्केटिंग डेवलपमेंट फेडरेशन ऑफ इंडिया लिमिटेड की स्थापना की गई थी। बहुराज्य सहकारी समिति अधिनियम, 2002 (एमएससीएस अधिनियम, 2002) बनने के बाद ट्राइफेड को इसी कानून के अंतर्गत पंजीकृत मान लिया गया और यह कानून की दूसरी अनुसूची में राष्ट्रीय सहकारी संस्था के रूप में भी सूचीबद्ध है।

ट्राइफेड की नियमावली में बहुराज्यीय सहकारी समिति के नियमों में नए बहु राज्य सहकारी समिति अधिनियम, 2002 के साथ गठित 2002 के अनुरूप अप्रैल 2003 में संशोधन किया गया। इस संशोधित आदेश के अनुसार ट्राइफेड ने जनजातियों से लघु वनोत्पाद (एमएफपी) और अतिरिक्त कृषि उत्पादों (एसएपी) की बड़ी मात्रा में खरीद बंद कर दी है। (यह खरीद अब राज्य स्तर की जनजातीय सहकारी समितियों/फेडरेशनों द्वारा की जाती है।) ट्राइफेड अब जनजातीय उत्पादों के लिए बाजार का विकास करने और सदस्य फेडरेशनों को सेवा प्रदान करने वाली इकाई के रूप में कार्य कर रहा है।

ट्राइफेड अब अपनी दुकानों (ट्राइब्स इंडिया) के जरिए जनजातीय लोगों द्वारा बनाए गए उत्पादों (प्राकृतिक और जैविक उत्पाद, हस्तशिल्प, सत्यापन आदि) की मार्केटिंग के विकास में लगा हुआ है और दुकानों में इन उत्पादों की बिक्री परेषण आधार (कंसाइनमेंट बेसिस) आधार पर की जा रही है। आधिकारिक वेबसाइट: www.trifed.in

अनुसूचित जनजातियों के वन अधिकारों को मान्यता

अनुसूचित जनजातियों और अन्य परंपरागत वनवासियों (वन अधिकारों को मान्यता) के लिए अधिनियम, 2006 वनों में रहने वाली उन अनुसूचित जनजातियों और अन्य वनवासियों की वन भूमि को मान्यता, वन अधिकार और वन भूमि पर कब्जे का अधिकार प्रदान करता है जिनकी पीढ़ियां सदियों से इन वनों में रह रही थीं लेकिन उन्होंने पैतृक भूमि पर अधिकार चुना तथा उपनिवेशी शासन के दौरान और स्वतंत्र भारत में सरकारी वनों के एकीकरण में पैतृक भूमि और प्राकृतिक वास पर वन अधिकारों को पर्याप्त रूप से मान्यता नहीं दी गई थी, जिसके परिणामस्वरूप ऐसी वनवासी अनुसूचित जनजातियों के साथ बेहद अन्याय हुआ जो जंगलों में अपना गुजारा कर रही थी। यह अधिनियम अमल में लाने के लिए 31 दिसंबर, 2007 को अधिसूचित किया गया।

अधिनियम के प्रावधानों के कार्यान्वयन के लिए नियम जनवरी 2008 को अधिसूचित किए गए और इनमें अधिनियम के अंतर्गत विभिन्न समितियों के गठन के बारे में विचार किया गया, यानी राज्य सरकारों द्वारा सब डिवीजन स्तर की समिति, जिला स्तर की समिति और राज्य स्तर की निगरानी समिति; सभी राज्यों से अधिनियिम के प्रावधानों के कार्यान्वयन के लिए नोडल अधिकारी मनोनीत करने का अनुरोध किया गया है। राज्य सरकारों से यह सुनिश्चित करने के लिए आवश्यक कदम उठाने का अनुरोध

किया गया है जिससे अधिनियम के उद्देश्यों, प्रावधानों और प्रक्रियाओं के बारे में जागरुकता पैदा हो और मुद्रित सामग्री जैसे क्षेत्रीय भाषाओं में पोस्टरों के जरिए जागरुकता कार्यक्रमों सहित विभिन्न उपायों के जरिए नियमों की जानकारी हो।

अधिनियमों और नियमों का सभी क्षेत्रीय भाषाओं में अनुवाद तथा प्रकाशन व सभी ग्राम सभाओं, वन अधिकार समितियों और पंचायती राज, ग्रामीण विकास, जनजातीय एवं समाज कल्याण व वन विभागों सहित सभी सरकारी विभागों में इनका वितरण सुनिश्चित करें; राज्य के अधिकारियों, नागरिक प्रतिनिधियों और गैर-सरकारी संगठनों के लिए अभिविन्यास कार्यक्रम, जिससे जागरुकता कार्यक्रमों में उनकी सहायता ली जा सके; सब-डिवीजन तथा जिला स्तरीय समितियों को अधिनियम व नियमों के उद्देश्यों, प्रावधानों और प्रक्रियाओं के प्रति संवेदनशील बनाना।

अधिनियम के अनुसार, वन अधिकारों और भूमि अधिकारों के वितरण और वन अधिकारों की पहचान और उन्हें प्रदान करने का उत्तरदायित्व अधिनियम के कार्यान्वयन के लिए अधिसूचित नियमों के तहत राज्य सरकार पर है। सभी राज्य सरकारों को निर्देश दिया गया है कि वे अनुसूचित जनजाति तथा अन्य परंपरागत वनवासियों (वन अधिकारों को मान्यता) अधिनियम, 2006 के अनुसार वन अधिकार प्रदान करने की संपूर्ण प्रक्रिया जल्द से जल्द पूरी कर लें। अधिनियम के कार्यान्वयन की ऑनलाइन निगरानी के लिए वेब आधारित एमआईएस की 4 जून, 2008 से शुरुआत वेबसाइट: www.tribal.gov.in. के परीक्षण के उद्देश्य से की गई है। हालांकि अंतिम वेबसाइट वही होगी, जो वर्तमान में सुरक्षा-लेखा परीक्षा स्वीकृति प्राप्त करने की प्रक्रिया में है।

वनबंधु कल्याण योजना

केंद्र सरकार ने परिणाम आधारित योजनाओं पर ध्यान केंद्रित करने के साथ जनजातीय आबादी के संपूर्ण विकास के लिए उपलब्ध संसाधनों को परिवर्तित करने के लिए वनबंधु कल्याण योजना (वीकेवाई) शुरू की। वीकेवाई को एक रणनीतिक प्रक्रिया के रूप में अपनाया गया। इसका उद्देश्य जनजातीय लोगों के समग्र विकास के लिए आवश्यकतानुसार अनुरूप और परिणाम आधारित माहौल तैयार करना है। इस प्रक्रिया की परिकल्पना यह सुनिश्चित करने के लिए की गई है कि केंद्र और राज्य सरकारों के विभिन्न कार्यक्रमों/योजनाओं के अंतर्गत वस्तुओं और सेवाओं के सभी भावी लाभ उपयुक्त संस्थागत तंत्र के जरिए संसाधनों के सम्मिलन द्वारा लक्षित समूहों तक पहुंच सकें।

अनुसूचित जनजाति के बच्चों की शिक्षा के लिए प्रमुख योजना

जनजातीय मामलों का मंत्रालय अपनी शिक्षा योजना को नया रूप दे रहा है। इसका उद्देश्य अनुसूचित जनजाति के बच्चों को पर्याप्त शैक्षणिक ढांचा और छात्रवृत्ति के जरिए उन्हें शिक्षा के लिए प्रोत्साहन प्रदान करना है। इसे मंत्रालयों की योजनाओं के समावेश के जरिए हासिल किया जा सकेगा जिसमें छात्रवृत्ति प्राप्त करने की प्रक्रिया को सरल बनाया जाएगा और शिक्षा कार्यविधि में सुधार के लिए टेक्नोलॉजी की सहायता ली जाएगी। चूंकि अलग-अलग राज्यों की जरूरतें भी अलग-अलग हैं, प्रस्तावित नई योजना में प्रत्येक राज्य/केंद्रशासित प्रदेश को लचीलापन प्रदान करने की उम्मीद है। प्रस्तावित प्रमुख योजना में, निम्नलिखित योजनाओं को मिला दिया गया है: (क) आश्रम स्कूलों की स्थापना और उन्हें बढ़ाना; (ख) छात्रावासों की स्थापना और उनकी वृद्धि; (ग) जनजातीय इलाकों में व्यावसायिक प्रशिक्षण; (घ) मैट्रिक के बाद छात्रवृत्ति; और (ड.) मैट्रिक पूर्व छात्रवृत्ति।

अनुसूचित जनजाति के छात्रों के लिए विदेशी छात्रवृत्ति

जनजातीय मामलों के मंत्रालय ने अनुसूचित जाति के छात्रों के लिए संशोधित राष्ट्रीय विदेशी छात्रवृत्ति योजना को मंजूरी दे दी है। योजना के अंतर्गत विदेश में उच्च शिक्षा स्नातकोत्तर, पीएचडी और पोस्ट डॉक्टोरल रिसर्च कार्यक्रम के लिए चुने गए छात्रों को छात्रवृत्ति प्रदान की जाती है। मंत्रालय ने अनुसूचित जनजाति के छात्रों के लिए इसे और अधिक लाभदायक बनाने के लिए इसके कुछ प्रावधानों में संशोधन किए हैं।

अध्ययन के क्षेत्र का दायरा बढ़ाने के लिए, छात्रवृत्तियों की संख्या वर्तमान 15 से बढ़ाकर 20 कर दी गई है। योजना को और अधिक विस्तृत बनाने के लिए, कुल 20 छात्रवृत्तियों में से 3 विशेष रूप से संवेदनशील जनजातीय समूहों (पीवीटीजी) के लिए और 30 प्रतिशत लड़कियों के लिए रखी गई हैं। योजना में अब कुछ और विस्तृत आधार वाले क्षेत्रों के अंतर्गत विभिन्न विषयों के समूह बनाकर अध्ययन के क्षेत्र का पुन: संगठित किया गया है, इससे अनुसूचित जनजाति के अधिक छात्रों को लाभ मिलेगा क्योंकि इनकी संख्या 32 से बढ़ाकर 52 कर दी गई है।

वन अधिकार अधिनियम, 2006 एफआरए

इस अधिनियम के तहत नवंबर 2016 में, 16.82 लाख व्यक्तियों को करीब 55.47 लाख एकड़ वन भूमि का हक प्रदान किया गया जिसमें प्रतिव्यक्ति 3.30 औसत भूमि आई। इसी प्रकार करीब 47 लाख एकड़ वन भूमि क्षेत्र का वितरण 48,192 समुदायों के व्यक्तियों के बीच किया गया। ओडिशा ने सबसे अधिक व्यक्तियों 4,05,509 (3,99,996 व्यक्तियों और 5,513 समुदायों) को भूमि का हक दिलाने की प्रतिष्ठा, अर्जित की। मध्य प्रदेश के पास सबसे अधिक वन भूमि होने का गौरव है जिन पर इस अधिनियम के अंतर्गत लोगों को हक दिया गया है। मध्य प्रदेश में कुल वन क्षेत्र में 21,10,991.87 एकड़ भूमि के लिए हक प्रदान किया गया है।

अन्य पिछड़ा वर्गों का कल्याण

दूसरे पिछड़ा वर्ग आयोग (आमतौर पर मंडल आयोग नाम से ज्ञात) का गठन अनुच्छेद 340 के अंतर्गत किया गया था। इस आयोग ने 1980 को अपनी रिपोर्ट सौंपी। इस रिपोर्ट के आलोक में भारत सरकार ने सामाजिक और आर्थिक दृष्टि से पिछड़े वर्गों (अन्य पिछड़ा वर्ग अथवा ओबीसी कहलाने वाले) के लिए केंद्र सरकार के पदों में 27 प्रतिशत आरक्षण का प्रावधान किया। भारत सरकार ने यह आरक्षण 1993 में केंद्रा सरकार के प्रशासनिक पदों और सेवाओं के 27 प्रतिशत रिक्त पदों पर दिया, जिन्हें अन्य पिछड़ा वर्ग (ओबीसी) के पक्ष में सीधी भर्ती से भरा जाना था। जनवरी 2006 में संविधान के अनुच्छेद 15 में संशोधन और जनवरी 2007 में केंद्रीय शैक्षिक संस्थान (दाखिलों में आरक्षण) कानून को लागू करने के साथ ही केंद्रीय शैक्षणिक संस्थानों में दाखिले के लिए भी अन्य पिछड़ा वर्गों को सूचीबद्ध किया जाना जरूरी हो गया। इस कानून के अंतर्गत, ओबीसी छात्र केंद्रीय शैक्षिक संस्थानों में शैक्षिक सत्र 2008-09 से तीन वर्षों की अवधि तक चरणबद्ध रूप से 27 प्रतिशत आरक्षण के हकदार हैं। राष्ट्रीय पिछड़ा वर्ग आयोग अधिनियम, 1993 के प्रावधानों के अनुरूप अगस्त 1993 में राष्ट्रीय पिछड़ा वर्ग आयोग (एनसीबीसी) का गठन किया गया था।

वेबसाइट: www.ncbc.nic.in

अन्य पिछड़ा वर्गों के लिए मैट्रिक पूर्व छात्रवृत्ति

इस योजना में, व्यय 50:50 के अनुपात में केंद्र और राज्य के बीच बंट जाता है। इस योजना का उद्देश्य अन्य पिछड़ा वर्गों (ओबीसी) के बच्चों को मैट्रिक पूर्व तक अध्ययन के लिए प्रोत्साहित करना है। पात्रता के लिए आय की सीमा 44,500 रुपये प्रतिवर्ष है।

अन्य पिछड़ा वर्गों के लिए मैट्रिक के बाद छात्रवृत्ति

योजना का उद्देश्य मैट्रिक के बाद अथवा सेकंडरी के बाद की कक्षाओं में अध्ययन कर रहे ओबीसी छात्रों को वित्तीय सहायता प्रदान करना है ताकि वे अपनी शिक्षा पूरी कर सकें। पात्रता के लिए माता-पिता/अभिभावक की आय 1.00 लाख रुपये प्रतिवर्ष (स्व-रोज़गार से होने वाली आय सहित) है। इस योजना के अंतर्गत कमर्शियल पायलट लाइसेंस (सीपीएल) कोर्स के लिए छात्रवृत्ति भी शामिल है। पहले आओ पहले पाओ के आधार पर आधार देशभर में प्रतिवर्ष 20 छात्रवृत्तियां प्रदान की जाती हैं। केवल भारत सरकार के फ्लाइंग इंस्टीट्यूट में प्रशिक्षण लेने वाले चुने हुए उम्मीदवारों को सिंगल/मल्टीइंजन विमान में 200 घंटों के लिए 5,000 रुपये प्रति फ्लाइंग घंटे की राशि प्रदान की जाती है। साथ ही छात्रावास में रहने वालों को 750 रुपये प्रतिमाह और डेस्कॉलर 350 रुपये प्रतिमाह भरणपोषण भत्ता दिया जाता है।

ओबीसी लड़के और लड़कियों के लिए छात्रावासों का निर्माण

इस योजना का उद्देश्य विशेष रूप से ग्रामीण इलाकों के सामाजिक और शिक्षा की दृष्टि से पिछड़े छात्रों को छात्रावास की सुविधा प्रदान करना है ताकि वे सेकंडरी और उच्च शिक्षा प्राप्त कर सकें। दिशानिर्देशों के अनुसार फंड का स्वरूप इस प्रकार होगा: (i) लड़कों के छात्रावास के निर्माण की लागत 60:40 के अनुपात में केंद्र और राज्य आपस में बांटेंगे। लड़कियों के छात्रावास के लिए अनुपात 90:10 होगा; (ii) केंद्रशासित प्रदेशों के मामले में केंद्रीय सहायता 100 प्रतिशत होगी और पूर्वोत्तर राज्यों के लिए यह 90 प्रतिशत है; (iii) लड़के और लड़कियों के लिए केंद्रीय विश्वविद्यालयों/ संस्थानों के लिए केंद्र सरकार की हिस्सेदारी 90 प्रतिशत है और शेष 10 प्रतिशत केंद्रीय विश्वविद्यालय/संस्थान द्वारा वहन किया जाएगा; निजी विश्विविद्यालय/संस्थान और एनजीओ लागत का 45 प्रतिशत तक केंद्रीय सहायता का लाभ उठा सकते हैं; शेष 55 प्रतिशत राशि राज्य और विश्वविद्यालय/संस्थान/एनजीओ द्वारा 45:10 वहन की जाएगी; अनुदान की राशि 50:4:5 के अनुपात में 3 किस्तों में जारी की जाएगी जिसमें से 5 प्रतिशत अनुदान राशि निर्माण कार्य पूरा होने और ओबीसी लड़के और लड़कियों द्वारा कमरों को अधिकार में लेने के बाद जारी की जाएगी। छात्रावास का निर्माण कार्य काम मिलने के 18 महीने के भीतर अथवा केंद्रीय सहायता जारी होने के दो वर्ष के भीतर पूरा होना चाहिए , जो भी पहले हो। किसी भी मामले में समय 2 वर्ष से अधिक बढ़ाया नहीं जाएगा। परियोजना में देरी के कारण यदि लागत बढ़ती है तो उसे राज्य/संस्थाान द्वारा वहन किया जाएगा।

अन्यी पिछड़ा वर्गों (ओबीसी)/गैर-अधिसूचित खानाबदोश और अर्द्ध-खानाबदोश आदिवासियों (डीएनटी)/आर्थिक रूप से पिछड़े वर्गों (ईबीसी) के कौशल विकास के लिए सहायता इस योजना का उद्देश्य लक्षित समूह जैसे ओबीसी/डीएनटी/ईबीसी की शैक्षणिक और सामाजिक-आर्थिक स्थिति में सुधार करना है ताकि उनमें कौशल बढ़ाया जा सके और वे स्वयं रोज़गार सृजन संबंधी कार्य शुरू कर सकें अथवा किसी क्षेत्र में रोज़गार प्राप्त कर सकें।

ओबीसी छात्रों के लिए राष्ट्रीय फैलोशिप

इस योजना का उद्देश्य ओबीसी छात्रों को वित्तीय सहायता प्रदान करना है ताकि वे विश्वविद्यालयों, अनुसंधान संस्थानों और वैज्ञानिक संस्थानों में एम.फिल और पीएच.डी जैसी उच्च शिक्षा की डिग्रियां प्राप्त कर सकें। इस योजना के अंतर्गत अन्य पिछड़ा वर्गों (ओबीसी) के छात्रों को वर्ष 2014-15 से प्रतिवर्ष कुल 300 जूनियर रिसर्च फैलोशिप और 2016-17 से 300 सीनीयर रिसर्च फैलोशिप प्रदान की जा रही हैं। योजना को लागू करने के लिए यूजीसी शीर्ष एजेंसी है और यह उपयुक्त तारीख पर मीडिया में विज्ञापन के जरिए योजना को अधिसूचित करता है। योजना में विश्वविद्यालय अनुदान आयोग (यूजीसी) द्वारा मान्यता प्राप्त सभी विश्वविद्यालय/संस्थान शामिल हैं। फैलोशिप एम.फिल और पीएच.डी करने वाले रिसर्च के छात्रों को दी जाती है। जेआरएफ स्तर के लिए फैलोशिप की दर 25,000 रुपये प्रतिमाह और एसआरएफ स्तर के लिए यह 28,000 रुपये प्रतिमाह है।

अन्य पिछड़ा वर्गों (ओबीसी) और आर्थिक रूप से पिछड़े वर्गों (ईबीसी) के छात्रों के विदेश में अध्ययन के लिए शिक्षा ऋण पर ब्याज सब्सिडी की डॉ. अंबेडकर योजना

इस योजना का उद्देश्य अन्य पिछड़ा वर्गों (ओबीसी) और आर्थिक रूप से पिछड़े वर्गों (ईबीसी) के योग्य छात्रों को ब्याज सब्सिडी देना है ताकि उन्हें विदेश में उच्च शिक्षा के लिए बेहतर अवसर मिल सके और उनके नियोजन के अवसर बढ़ सकें। ओबीसी उम्मीदवारों की पात्रता के लिए , नियोजित उम्मीदवार की सभी स्रोतों से आमदनी अथवा बेरोज़गार उम्मीदवार के मामले में उसके माता-पिता/अभिभावक की कुल आमदनी वर्तमान क्रीमीलेयर मानदंड से अधिक नहीं होनी चाहिए। ईबीसी उम्मीदवार की पात्रता के लिए, नियोजित उम्मीदवार की सभी स्रोतों से कुल आमदनी अथवा बेरोज़गार उम्मीदवार के मामले में उसके माता-पिता/अभिभावक की कुल आमदनी 2.50 लाख रुपये प्रतिवर्ष से अधिक नहीं होनी चाहिए। एक वर्ष के लिए कुल व्यय में से 50 प्रतिशत राशि लड़कियों के लिए ब्याज सब्सिडी के रूप में रखी जाती है।

ईबीसी छात्रों के लिए मैट्रिक के बाद छात्रवृत्ति

यह राज्य सरकार और केंद्रशासित प्रदेशों के जरिए लागू केंद्र प्रायोजित योजना है। योजना का उद्देश्य मैट्रिक के बाद अथवा सेकेंडरी कक्षा की पढ़ाई कर रहे ईबीसी छात्रों को वित्तीय सहायता प्रदान करना है। इसकी पात्रता के लिए माता-पिता/अभिभावक की आय की सीमा 1.00 लाख रुपये प्रतिवर्ष (स्व-रोज़गार सहित) है।

खानाबदोशों/अर्द्ध खानाबदोशों (डीएनटी) के लिए मैट्रिक पूर्व और मैट्रिक के बाद डॉ. अंबेडकर छात्रवृत्ति

यह वर्ष 2014-15 में शुरू की गई केंद्र प्रायोजित योजना है जिसे उन डीएनटी छात्रों के कल्याण के लिए शुरू किया गया था जो एससी, एसटी, ओबीसी में शामिल नहीं हैं। पात्रता के लिए आय की सीमा 2.00 लाख रुपये प्रतिवर्ष है। इस योजना को राज्य सरकारों/केंद्रशासित प्रशासनों के जरिए लागू किया गया। व्यय केंद्र और राज्य 75:25 रुपये के अनुपात में आपस में बांटते हैं।

डीएनटी लड़के-लड़कियों के लिए छात्रावासों के निर्माण की नानाजी देशमुख योजना

यह वर्ष 2014-15 में शुरू की गई केंद्र प्रायोजित योजना है जिसे राज्य सरकारों/केंद्रशासित प्रशासनों/केंद्रीय विश्वविद्यालयों के जरिए लागू किया गया है। इस योजना का उद्देश्य उन डीएनटी छात्रों को

छात्रावास की सुविधा प्रदान करना है जो एससी, एसटी अथवा ओबीसी में शामिल नहीं हैं, ताकि वे सेकेंडरी और उच्च शिक्षा हासिल कर सकें। पात्रता के लिए आय सीमा 2.00 लाख रुपये प्रतिवर्ष है। केंद्र सरकार देशभर से प्रतिवर्ष अधिकतम 500 सीटें प्रदान करेगी। योजना के अंतर्गत व्यय मानक छात्रावास के लिए प्रति सीट 3 लाख रुपये हैं (जो केंद्र और राज्य के बीच 75:25 रुपये के अनुपात में बांटा जाता है) और फर्नीचर के लिए 5,000 रुपये प्रति सीट है। छात्रावास का निर्माणकार्य काम मिलने के 18 महीने के भीतर अथवा केंद्रीय सहायता जारी होने के दो वर्ष के भीतर पूरा होना चाहिए, जो भी पहले हो। किसी भी मामले में समय 2 वर्ष से अधिक बढ़ाया नहीं जाएगा। परियोजना में देरी के कारण यदि लागत बढ़ती है तो उसे राज्य/संस्थान द्वारा वहन किया जाएगा।

राष्ट्रीय पिछड़ा वर्ग वित्त और विकास निगम

राष्ट्रीय पिछड़ा वर्ग वित्त और विकास निगम (एनबीसीएफडीसी) को लाभ नहीं कमाने वाली कंपनी के रूप में 1992 में शामिल किया गया जिसका उद्देश्य पिछड़े वर्गों के लाभ के लिए आर्थिक और विकास संबंध क्रियाकलापों को बढ़ावा देना तथा इन वर्गों के गरीब तबके को कौशल विकास और स्व-रोज़गार उद्यम में सहायता करना है। यह सामाजिक न्याय और अधिकारिता मंत्रालय के अंतर्गत भारत सरकार का उपक्रम है। निगम लक्षित समूह जैसे पिछड़े वर्गों के सदस्यों को विभिन्न प्रकार के ऋण देता है। पिछड़े वर्गों के सदस्य जिनके परिवार की वार्षिक आय गरीबीरेखा से नीचे रहने वाले लोगों की आय से दोगुने से कम (यानी ग्रामीण इलाकों में 98,000 रुपये और शहरी इलाकों में 1,20,000 रुपये) है वह एनबीसीएफडीसी योजना के अंतर्गत एससीए के जरिए ऋण ले सकते हैं। विकास संबंधी अन्य गतिविधियों के अलावा, निगम देश के प्रमुख मेलों जैसे भारतीय अंतरराष्ट्रीय व्यापार मेला, दिल्ली हाट, सूरजकुंड क्राफ्ट मेला के साथ-साथ उन संबद्ध राज्यों में आयोजित प्रदर्शनियों/मेलों में भाग लेने के अवसर प्रदान करके लक्षित समूहों के कारीगरों के लिए मार्केटिंग की सुविधा को बढ़ावा दे रहा है।

एनबीसीएफडीसी परंपरागत कारीगरों को मार्केटिंग संपर्क स्थापित करने के लिए इन प्रदर्शनियों में अपने उत्पादों को प्रदर्शित करने के लिए मंच प्रदान करके मदद करता है। एनबीसीएफडीसी निगम की उन योजनाओं, विविध उत्पादों और सेवाओं को दर्शाने के लिए अपने राज्य की रास्ता दिखाने वाली एजेंसियों को प्रदर्शनियां आयोजित करने अथवा उनमें भाग लेने के लिए प्रेरित करता है जिनके लिए एनबीसीएफडीसी ने एससीए के जरिए देश के विभिन्न भागों के पिछड़े वर्गों के सदस्यों को वित्तीय सहायता प्रदान की है।

सामाजिक सुरक्षा

सामाजिक सुरक्षा के क्षेत्र में मंत्रालय वृद्ध व्यक्तियों के कल्याण और मादक पदार्थों की लत के शिकार लोगों के पुनर्वास के प्रति वचनबद्ध है। लक्षित समूहों के लिए निम्नलिखित कार्यक्रम चलाए जा रहे हैं-

बुजुर्गों के लिए राष्ट्रीय नीति

बुजुर्गों के लिए वर्तमान राष्ट्रीय नीति (एनपीओपी) की घोषणा जनवरी 1999 में की गई। इसका मुख्य उद्देश्य बुजुर्गों के कल्याण के लिए प्रतिबद्धता सुनिश्चित करना है। इस नीति का उद्देश्य वित्तीय और खाद्य सुरक्षा, स्वास्थ्य देखभाल प्रदान करना, आश्रय और वृद्ध व्यक्तियों को अन्य जरूरतें उपलब्ध कराना, विकास में इक्विटी शेयर, उत्पीड़न और शोषण के खिलाफ संरक्षण, तथा उनके जीवन स्तर की

गुणवत्ता में सुधार के लिए सेवाओं की उपलब्धता के लिए सरकारी सहायता प्रदान करना है। व्यक्ति को खुद की और अपने जीवन साथी की वृद्धावस्था की तैयारी के लिए प्रोत्साहित करना; परिवारों को अपने बुजुर्ग सदस्यों की देखभाल के लिए प्रोत्साहित करना; परिवार द्वारा प्रदान की गई देखभाल में वृद्धि के लिए स्वयंसेवी और गैर सरकारी संगठनों को सक्षम बनाना और इनका समर्थन करना; कमजोर बुजुर्गों के स्वास्थ्य की देखभाल और संरक्षण; बुजुर्गों को पर्याप्त स्वास्थ्य देखभाल सुविधा प्रदान करना; वृद्धों के लिए सेवा और संरक्षण देने वाले लोगों के लिए अनुसंधान तथा प्रशिक्षण सुविधाओं को बढ़ावा देना; तथा वृद्धों में ऐसी जागरुकता पैदा करना जिससे वे उपयोगी और स्वतंत्र जीवन का मजा ले सकें।

बुजुर्गों के लिए राष्ट्रीय परिषद

बुजुर्गों के लिए विकास नीतियां और कार्यक्रम तैयार करने के बारे में सरकार को सलाह और सहायता देने के लिए बुजुर्गों की राष्ट्रीय परिषद (एनसीओपी) का पुनर्गठन किया गया। यह वृद्ध व्यक्तियों के बारे में राष्ट्रीय नीति लागू करने और वृद्ध व्यक्तियों के लिए विशेष पहल के बारे में सरकार को जानकारी प्रदान करती है। यह वृद्धों से संबंधित राष्ट्रीय नीति के कार्यान्वयन और बुजुर्गों के लिए की गई विशेष पहलों के बारे में सरकार को फीडबैक उपलब्ध कराती है। एनसीओपी बुजुर्गों के कल्याण के लिए नीतियों और कार्यक्रमों की संकल्पना और उनके कार्यान्वयन में सरकार को सलाह देने और समन्वय करने वाली सर्वोच्च संस्था है। बुजुर्गों के लिए संपूर्ण कार्यक्रम के अंतर्गत परियोजना की 90 प्रतिशत वित्तीय सहायता एनजीओ को वृद्धाश्रम, डे केयर सेंटर, सचल चिकित्सा सुविधा इकाइयां खोलने और बुजुर्गों को गैर-संस्थागत सेवाएं उपलब्ध कराने पर खर्च की जाती है। एक पुख्ता ढांचे और क्षेत्रीय प्रतिनिधित्व के लिए, बुजुर्ग व्यक्तियों के लिए राष्ट्रीय परिषद (एनसीओपी) का 2012 में पुनर्गठन किया गया और इसे नया नाम वरिष्ठ नागरिक राष्ट्रीय परिषद (एनसीएसआरसी) दिया गया।

स्वापक औषधि और मन:प्रभावी पदार्थ कानून

स्वापक औषधि और मन:प्रभावी पदार्थ कानून, 1985 अन्य बातों के अलावा मादक पदार्थों के अधिक इस्तेमाल को रोकने के लिए बनाया गया।

इस योजना के तहत गैर-सरकारी संगठनों को मादक पदार्थों और मद्यपान की लत के शिकार लोगों के पुनर्वास के लिए खर्च के 90 प्रतिशत (पूर्वोत्तर राज्यों, जम्मू और कश्मीर और सिक्किम में 95 प्रतिशत) तक की अनुदान सहायता दी जाती है। इस कानून के अनुच्छेद 71 (नशेड़ियों और नशीले पदार्थों तथा मन:प्रभावी पदार्थों की आपूर्ति की पहचान, उपचार आदि के केंद्र स्थापित करने के सरकार के अधिकार) में व्यवस्था है कि ''सरकार अपने विवेक से कई केंद्र स्थापित कर सकती है जिनके लिए वह समझती हो कि ऐसे केंद्र नशेड़ियों की पहचान करने, उनके उपचार, शिक्षा, इलाज के बाद देखभाल, पुनर्वास, दोबारा सामाजिक एकीकरण और अन्य कमियों को पूरा करने के लिए उपयुक्त हैं। अगर किसी संबद्ध सरकार द्वारा सरकार और अन्य के साथ पंजीकृत नशेड़ियों और अन्य के लिए किसी भी मादक पदार्थ और मन:प्रभावी पदार्थों के बारे में स्थिति इस तरीके से बताई गई है जहां इनकी आपूर्ति चिकित्सा संबंधी आवश्यकता है। फलस्वरूप विभाग स्वयंसेवी संगठनों द्वारा चलाई जा रही प्रिवेंशन ऑफ एल्कोहलइज्म एंड सब्सटेंस (ड्रग्स) एब्यूज योजना के अंतर्गत नशेड़ियों के लिए समेकित पुनर्वास केंद्र को सहायता प्रदान कर रहा है।

स्वापक औषधि और मन:प्रभावी पदार्थ नीति

वित्त मंत्रालय सामाजिक न्याय और अधिकारिता मंत्रालय सहित सभी साझेदारों के साथ विचार-विमर्श करके स्वापक औषधि और मन:प्रभावी पदार्थ नीति (एनडीपीएस), लाया जिसका उद्देश्य: (क) मादक और मन:प्रभावी पदार्थों के प्रति भारत की नीति की व्याख्या करना; (ख) सरकार के विभिन्न मंत्रालयों और संगठनों तथा राज्य सरकारों और अंतरराष्ट्रीय संगठनों, एनजीओ आदि के लिए एक गाइड के रूप में कार्य करना और (ग) समग्र रूप से मादक पदार्थों से निपटने में भारत की प्रतिबद्धता को दोहराना है।

अल्पसंख्यकों के कल्याण के उपाय

राष्ट्रीय अल्पसंख्यक आयोग (एनसीएम) कानून, 1992 के प्रावधानों के अंतर्गत पांच धार्मिक समुदायों- मुसलमान, ईसाई, सिख, बौद्ध और पारसी को अल्पसंख्यक अधिसूचित किया गया है। सरकार ने अल्पसंख्यकों के कल्याण के लिए निम्नलिखित कदम उठाये हैं: अल्पसंख्यक कार्य मंत्रालय का गठन 29 जनवरी, 2006 को किया गया था। इसके गठन का उद्देश्य अल्पसंख्यकों से जुड़े मामलों पर ध्यान केंद्रित करना और अल्पसंख्यक समुदायों के लाभ के लिए चलाए जा रहे नियामक और विकास कार्यक्रमों की समग्र नीतिगत योजना तैयार करने, समन्वय, मूल्यांकन और समीक्षा में महत्वपूर्ण भूमिका निभाना है। मंत्रालय (1) राष्ट्रीय अल्पसंख्यक आयोग कानून, 1992; (2) वक्फ कानून 1995 और (3) दरगाह ख्वाजा साहब कानून, 1955 के प्रशासन और कार्यान्वयन के लिए भी जिम्मेदार है। कम समय में ही मंत्रालय ने न केवल पूरी तरह से काम करना शुरू कर दिया है, बल्कि जारी योजनाओं/ कार्यक्रमों को सरल और सुचारू बनाने और अल्पसंख्यक समुदायों के कल्याण के लिए नवीन व प्रभावी योजनाएं/कार्यक्रम शुरू करने के समन्वित प्रयास भी किए हैं। मंत्रालय और उसके अधीनस्थ संगठनों द्वारा चलाई जा रही योजना का विवरण/ प्रगति इस प्रकार हैं:

वेबसाइट: www.ncm.nic.in

वेबसाइट: www.minorityaffairs.gov.in

अल्पसंख्यकों के कल्याण के लिए 15 सूत्री कार्यक्रम

अल्पसंख्यकों के कल्याण के लिए प्रधानमंत्री के नये 15 सूत्री कार्यक्रम की घोषणा जून 2006 में की गई थी। इसके उद्देश्य इस प्रकार हैं: (क) शिक्षा के अवसरों में बढ़ोतरी, (ख) मौजूदा और नई योजनाओं के जरिए, स्वरोज़गार के लिए ऋण सहायता में वृद्धि और राज्य व केंद्र सरकार की नौकरियों में भर्ती के जरिए आर्थिक गतिविधियों और रोज़गार में अल्पसंख्यकों की उचित भागीदारी सुनिश्चित करना, (ग) ढांचागत विकास से जुड़ी योजनाओं में उचित भागीदारी सुनिश्चित करते हुए अल्पसंख्यकों के जीवन स्तर में सुधार लाना, (घ) सांप्रदायिक हिंसा की रोकथाम और नियंत्रण करना। नए कार्यक्रम का एक महत्वपूर्ण उद्देश्य यह सुनिश्चित करना है कि उपेक्षितों के लिए बनाई गई सरकारी योजनाओं का लाभ अल्पसंख्यक समुदाय के उपेक्षित वर्गों को मिले। इन योजनाओं का लाभ समान रूप से अल्पसंख्यकों तक भी पहुंचना सुनिश्चित करने के लिए नए कार्यक्रम में अल्पसंख्यकों की अधिक संख्या वाले क्षेत्रों में विकास परियोजनाओं का कुछ हिस्सा केन्द्रित करने पर विचार किया गया है। यह भी प्रावधान किया गया है कि जहां तक संभव हो, विभिन्न योजनाओं के अंतर्गत 15 प्रतिशत वास्तविक लक्ष्य एवं वित्तीय परिव्यय अल्पसंख्यकों के लिए निर्धारित हों।

अल्पसंख्यक छात्रों के लिए विशेष छात्रवृत्ति योजना

मंत्रालय अधिसूचित अल्पसंख्यक समुदायों के छात्रों को शिक्षित करने के लिए निम्नलिखित तीन छात्रवृत्ति योजनाएं लागू कर रहा है (i) मैट्रिक पूर्व छात्रवृत्ति (ii) मैट्रिक के बाद छात्रवृत्ति; और (iii) योग्यता और धन आधारित छात्रवृत्ति।

छात्रवृत्ति योजनाओं में पारदर्शिता सुधारने के लिए 2016-17 के दौरान छात्रवृत्तियों की संख्या बढ़ाने के लिए अल्पसंख्यक मामलों के मंत्रालय सहित भारत सरकार के विभिन्न मंत्रालयों के लिए राष्ट्रीय छात्रवृत्ति पोर्टल का एक नया संस्क्ररण शुरू किया गया। इस मंत्रालय की उपरोक्त तीनों छात्रवृत्ति योजनाएं एनएसपी 2.0 पोर्टल पर हैं। छात्रवृत्तियां प्रत्यक्ष लाभ हस्तांतरण (डीबीटी) मोड में छात्रों के बैंक खातों में हस्तांतरित कर दी जाती हैं। जहां आधार संख्या उपलब्ध है छात्रों के बैंक खातों को उनसे जोड़कर ऐसे खातों में धनराशि हस्तांतरित की जा रही है।

मैट्रिक पूर्व छात्रवृत्ति योजना: अल्पसंख्यक समुदायों के छात्रों के लिए मैट्रिक पूर्व छात्रवृत्ति योजना को 2008 में मंजूरी दी गई थी। केंद्रीय क्षेत्र की इस योजना के लिए केंद्र से शत-प्रतिशत धनराशि मिलती है। पिछली परीक्षा में कम से कम 50 प्रतिशत अंक पाने वाले छात्र, जिनके माता-पिता/अभिभावकों की सालाना आमदनी एक लाख रुपये से अधिक नहीं है वह इस योजना के अंतर्गत मैट्रिक पूर्व छात्रवृत्ति प्राप्त करने के हकदार हैं। योजना के अंतर्गत नवीकरण के अलावा हर वर्ष 30 लाख नई छात्रवृत्तियां देने का प्रस्ताव है। 30 प्रतिशत छात्रवृत्तियां लड़कियों के लिए अलग रखी गई हैं।

मैट्रिक के बाद छात्रवृत्ति योजना: अल्पसंख्यक समुदायों के छात्रों के लिए मैट्रिक के बाद छात्रवृत्ति योजना 2007 में शुरू की गई थी। यह केंद्रीय क्षेत्र की योजना है जो सरकारी आवासीय उच्चतर माध्यमिक स्कूलों/कॉलेजों सहित उच्चतर माध्यमिक स्कूलों/कॉलेजों और संबद्ध राज्य सरकारों/ केंद्रशासित प्रशासन द्वारा पारदर्शी तरीके से चुने गए और अधिसूचित पात्र निजी संस्थानों में अध्ययन के लिए प्रदान की जाती है। पिछली परीक्षा में कम से कम 50 प्रतिशत अंक पाने वाले छात्र, जिनके माता-पिता/अभिभावकों की सालाना आमदनी 2 लाख रुपये से अधिक नहीं है वह इस छात्रवृत्ति को प्राप्त करने के हकदार हैं। योजना के अंतर्गत नवीकरण के अलावा हर वर्ष 5 लाख नई छात्रवृत्तियां देने का प्रस्ताव है। 30 प्रतिशत छात्रवृत्तियां लड़कियों के लिए अलग रखी गई हैं। यदि पर्याप्त संख्या में छात्राएं उपलब्ध नहीं होंगी तो ये छात्रवृत्तियां पात्र छात्रों को दे दी जाएंगी। योजना अवधि (2012-17) के दौरान 37.02 नई छात्रवृत्तियां दी गईं और नवीकरण किया गया।

योग्यता और धन आधारित छात्रवृत्ति योजना: योग्यता और धन आधारित छात्रवृत्ति योजना केंद्रीय क्षेत्र की योजना है जिसे 2007 में शुरू किया गया था। इसका पूरा खर्च केंद्र सरकार द्वारा वहन किया जाता है। इसके अंतर्गत उपयुक्त प्राधिकार द्वारा मान्यता प्राप्त संस्थानों में स्नातक एवं स्नातकोत्तर स्तरों पर व्यवसायिक और तकनीकी पाठ्यक्रमों के लिए छात्रवृत्तियां दी जाती हैं। इस योजना के अंतर्गत हर साल नवीकरणों के अतिरिक्त 60,000 नयी छात्रवृत्तियां प्रदान किए जाने का प्रस्ताव है। 30 प्रतिशत छात्रवृत्तियां लड़कियों के लिए अलग रखी गई हैं। यदि पर्याप्त संख्या में छात्राएं उपलब्ध नहीं होंगी तो ये छात्रवृत्तियां पात्र छात्रों को दे दी जाएंगी। योजना में पेशेवर और तकनीकी कोर्स के लिए 85 संस्थानों को सूचीबद्ध किया गया है। अल्पसंख्यक समुदाय के पात्र छात्रों को इन संस्थानों में दाखिला दिया जाता है और कोर्स की पूरी फीस लौटा दी जाती है। अन्य संस्थानों में पढ़ने वाले छात्रों की कोर्स फीस 20,000

रुपये प्रतिवर्ष लौटा दी जाती है। इसके अलावा एक छात्र 10,000 रुपये प्रतिवर्ष भरण-पोषण भत्ते का भी हकदार है। पात्रता के लिए छात्र ने किसी ऐसे तकनीकी अथवा पेशेवर संस्थान में दाखिला लिया हो जो उपयुक्त प्राधिकार द्वारा मान्यता प्राप्त हो। यदि छात्र का दाखिला प्रतिस्पर्धा परीक्षा के बिना हुआ है तो उसके 50 प्रतिशत से कम अंक नहीं होने चाहिए। उसके परिवार की सभी स्रोतों से आय 2.50 लाख रुपये से अधिक नहीं होनी चाहिए।

राष्ट्रीय अल्पसंख्यक आयोग

1978 में स्थापित अल्पसंख्यक आयोग, राष्ट्रीय अल्पसंख्यक आयोग कानून, 1992 लागू होने के बाद संवैधानिक निकाय बन गया और इसका नाम राष्ट्रीय अल्पसंख्यक आयोग कर दिया गया। पहले संवैधानिक राष्ट्रीय आयोग की स्थापना 1993 में की गई थी। एनसीएम कानून, 1992 को 1995 में संशोधित किया गया और आयोग में उपाध्यक्ष के पद का प्रावधान किया गया। 1995 में संशोधन के साथ आयोग में सदस्य संख्या 7 (अध्यक्ष एवं उपाध्यक्ष सहित) कर दी गई। अधिनियम की धारा 3(2) के तहत प्रावधान है कि अध्यक्ष सहित 5 सदस्य अल्पसंख्यक समुदाय से होंगे।

वेबसाइट: www.ncm.nic.in

राज्य अल्पसंख्यक आयोग

तेरह राज्य सरकारों- आंध्र प्रदेश, असम, बिहार, छत्तीसगढ़, राष्ट्रीय राजधानी क्षेत्र दिल्ली, झारखंड, कर्नाटक, महाराष्ट्र, मध्य प्रदेश, राजस्थान, उत्तर प्रदेश, तमिलनाडु व पश्चिम बंगाल सरकारों ने अल्पसंख्यकों के लिए संवैधानिक आयोग स्थापित किए। वहीं दो राज्यों मणिपुर व उत्तराखंड ने गैर-संवैधानिक आयोगों का गठन किया।

धार्मिक एवं भाषायी अल्पसंख्यकों के लिए राष्ट्रीय आयोग

भाषायी अल्पसंख्यकों के लिए आयुक्त

भाषायी अल्पसंख्यकों के लिए आयुक्त (सीएलएम) का कार्यालय संविधान के अनुच्छेद 350(बी) के प्रावधान के मुताबिक 1957 में स्थापित किया गया था। अनुच्छेद 350(बी) में व्यवस्था है कि सीएलएम भारत में भाषायी अल्पसंख्यकों को संविधान के अंतर्गत प्रदान किए गए सभी मामलों की जांच कर सकता है और ऐसे अंतराल में इन मामलों की जानकारी राष्ट्रपति को दे सकता है जब राष्ट्रपति निर्देश दे सकते हैं और सभी ऐसी रिर्पोटों को संसद के दोनों सदनों में रखने के लिए प्रेरित करते हैं और संबद्ध सरकारों/राज्यों/केंद्रशासित प्रदेशों के प्रशासनों को भेजते हैं। सीएलएम संगठन का मुख्यालय दिल्ली में है और इसके तीन जोनल कार्यालय बेलगाम, चेन्नई और कोलकाता में हैं। सीएलएम राज्यों/केंद्रशासित प्रदेशों के साथ उन सभी मामलों पर बात करता है जो संवैधानिक और राष्ट्रीय सहमति के साथ भाषायी अल्पसंख्यकों को प्रदान किए गए संरक्षण के कार्यान्वयन से जुड़े हैं।

भाषायी अल्पसंख्यकों के लिए संवैधानिक संरक्षण

भारत के संविधान के अंतर्गत धार्मिक और भाषायी अल्पसंख्यकों कुछ सुरक्षा प्रदान की है। संविधान का अनुच्छेद 29 और 30 अल्पसंख्यकों के हितों की रक्षा करता है और उनकी अलग भाषा, लिपि और संस्कृति की रक्षा करने और उनकी पसंद के शैक्षणिक संस्थान स्थापित करने और उनका प्रबंध करने के उनके अधिकार को मान्यता देता है। अनुच्छेद 347 किसी राज्य अथवा किसी हिस्से की बहुत अधिक

आबादी द्वारा बोली जाने वाली किसी भाषा को आधिकारिक मान्यता के लिए राष्ट्रपति के निर्देश का प्रावधान करता है। उससे इस उद्देश्य के लिए राष्ट्रपति विशिष्ट निर्देश दे सकते हैं। अनुच्छेद 350 संघ/राज्यों में इस्तेमाल होने वाली किसी भी भाषा में संघ अथवा राज्य के किसी प्राधिकार की शिकायतों के निपटारे के लिए अभिवेदन देने का अधिकार प्रदान करता है। अनुच्छेद 350ए में भाषायी अल्पसंख्यक समूहों से तालुक रखने वालों के बच्चों को प्रारंभिक शिक्षा मातृभाषा में देने की व्यवस्था है। अनुच्छेद 350बी भाषायी अल्पसंख्यक आयुक्त के रूप में नियुक्त विशेष अधिकारी प्रदान करता है जो संविधान के अंतर्गत भाषायी अल्पसंख्यकों को प्रदान किए गए सुरक्षा संबंधी सभी मामलों की जांच करता है।

केंद्रीय वक्फ परिषद

वक्फ मुस्लिम कानून द्वारा मान्यताप्राप्त उद्देश्यों के लिए धार्मिक, पवित्र अथवा धर्मार्थ उद्देश्यों के लिए चल अथवा अचल परिसंपत्तियों का स्थायी समर्पण है। इन धार्मिक पहलुओं के अलावा वक्फ सामाजिक और आर्थिक उत्थान का माध्यम भी हैं। वक्फ के लिए केंद्रीय कानून के प्रशासन का उत्तरदायित्व सामाजिक न्याय एवं अधिकारिता मंत्रालय का है। वक्फ बोर्ड के कामकाज से संबंधित मुद्दों और देश में वक्फ के समुचित प्रशासन से संबंधित मुद्दों के बारे में परामर्श देने के लिए केंद्र सरकार ने 1964 में केंद्रीय वक्फ परिषद् की स्थापना वक्फ कानून, 1954 की धारा 8 ए के अंतर्गत (अब वक्फ कानून 1995 की धारा (9) की उपधारा (1)के रूप में पढ़ें) एक संवैधानिक निकाय के रूप में की। वर्तमान परिषद का 2005 में पुनर्गठन किया गया। वक्फ के प्रभारी केंद्रीय मंत्री केंद्रीय वक्फ परिषद के अध्यक्ष भी हैं। केंद्रीय वक्फ परिषद शहरी वक्फ संपत्तियों के विकास और शिक्षा विकास कार्यक्रमों के कार्यान्वियन से समाज के विकास में भी महत्वपूर्ण भूमिका निभा रही है।

वेबसाइट: www.centralwakfcouncil.org

दरगाह ख्वाज़ा साहब कानून

इस कानून के अंतर्गत दरगाह ख्वाजा मोइनुद्दीन चिश्ती (आरए) की दरगाह और उसके धर्मार्थ दान के समुचित प्रबंध के लिए प्रावधान किए जाते हैं। इस केंद्रीय कानून के अंतर्गत, दरगाह का प्रबंधक, उसके धर्मार्थ दान का नियंत्रण और प्रबंधन केंद्र सरकार द्वारा नियुक्त दरगाह समिति के रूप में जानी जाने वाली प्रतिनिधि समिति के पास है। राजस्थान के अजमेर जिले में स्थित ख्वाजा मोइनुद्दीन चिश्ती की दरगाह अंतरराष्ट्रीय ख्याति प्राप्त वक्फ है। इस दरगाह का संचालन दरगाह ख्वाजा साहब अधिनियम 1955 के तहत किया जाता है। भारत सरकार, शहरी विकास मंत्रालय की मदद से और स्थानीय प्रशासन के जरिए राजस्थान सरकार की सक्रिय भागीदारी से दरगाह समिति सालाना उर्स के दौरान दरगाह आने वाले लाखों जायरीनों को ठहरने की सुविधा प्रदान करने के लिए एक योजना लागू कर रही है। यह सुविधा पहले विश्राम स्थली के नाम से जानी जाती थी और अब इसका नामकरण गरीब नवाज मेहमानखाना कर दिया गया है। दरगाह ख्वाजा साहब के जायरीनों की सुविधाओं/आराम के लिए बुनियादी सुविधाएं उपलब्ध कराई गई हैं।

महिला एवं बाल विकास मंत्रालय

महिलाओं और बच्चों का विकास सर्वाधिक महत्व रखता है और इसी से संपूर्ण विकास की गति निर्धारित होती है। महिला एवं बाल विकास मंत्रालय 2006 से एक पृथक मंत्रालय के रूप में अस्तित्व में आया। इसका प्रमुख उद्देश्य महिलाओं और बच्चों के मामले में सरकारी कार्यों की खामियों को दूर करने,

महिलाओं और पुरुषों के बीच समानता लाने और बच्चों पर केंद्रित कानून, नीतियां एवं कार्यक्रम बनाने के लिए विभिन्न मंत्रालयों और क्षेत्रों को एक ओर झुकने के लिए बढ़ावा देना है। मंत्रालय का प्रमुख उत्तरदायित्व महिलाओं और बच्चों के अधिकारों और सरोकारों से संबंधित कार्यों को आगे बढ़ाना तथा उनके जीवित रहने, सुरक्षा, विकास एवं भागीदारी को समग्र रूप से प्रोत्साहित करना है। मंत्रालय की परिकल्पना के अनुसार हिंसा व भेदभाव से मुक्त वातावरण में सशक्त महिलाएं सम्मान से रहें और विकास में पुरुषों के समान भागीदारी निभा सके तथा अच्छी परवरिश के साथ बच्चों को सुरक्षित वातावरण में विकास करने और बढ़ने के सभी अवसर मिलें। बच्चों के लिए इसका मिशन विभिन्न क्षेत्रों से संबंधित नीतियों एवं कार्यक्रमों के माध्यम से उनके अधिकारों के बारे में जागरुकता फैलाकर, शिक्षा, पोषण, संस्थांगत सुविधाएं और कानूनी सहायता उपलब्ध करवा कर उनके समग्र विकास और उन्नति के लिए पूर्ण रूप से बच्चों का विकास, देख-रेख और सुरक्षा सुनिश्चित करना है।

वेबसाइट: www.wcâiÿ.nic.in

महिलाओं और बच्चों से संबंधित कानून

मंत्रालय पर बच्चों और महिलाओं से संबंधित निम्नलिखित अधिनियमों को लागू करने की जिम्मेदारी है: (ए) अनैतिक व्यापार (निरोधक) कानून, 1956 (1986 में संशोधित), (बी) महिलाओं का अश्लील प्रस्तुतीकरण निरोधक कानून, 1986 (1986 का 60), (सी) दहेज निरोधक कानून, 1961 (1986 में संशोधित), (डी) सती प्रथा (निरोधक) कानून, 1987 (1988 का 3), (ई) बाल विवाह निषेध कानून, 2006 (जनवरी, 2007 में अधिसूचित), (एफ) घरेलू हिंसा से महिलाओं की रक्षा कानून, 2005 (जी) राष्ट्रीय महिला आयोग कानून, 1990, (एच) शिशु दुग्ध विकल्प, फीडिंग बोतल और शिशु आहार (उत्पादन, आपूर्ति और वितरण पर नियंत्रण) कानून,1992 (1992 का 41), (आई) बाल अधिकार संरक्षण आयोग कानून, 2005 और (जे) किशोर न्याय (बच्चों की देख-रेख और संरक्षण) कानून, 2000 (के) बच्चों का यौन अपराधों से संरक्षण (पीओसीएसओ) कानून और पीओसीएसओ नियम 2012 तथा (एल) कार्यस्थलों पर महिलाओं का यौन उत्पीडन (रोकथाम, निषेध एवं निवारण) 2012. संसद ने किशोर न्याय (बच्चों की देख-रेख और संरक्षण) संशोधन विधेयक अगस्त 2011 में पारित कर दिया। मंत्रालय के कार्य क्षेत्र में मुख्यत: महिलाओं और बच्चों के लिए योजनाएं , नीतियां और कार्यक्रम बनाना, उनसे संबंधित कानून बनाना और उनमें संशोधन करना तथा महिला और बाल विकास के क्षेत्र में कार्यरत सरकारी और गैर सरकारी संगठनों का मार्गदर्शन और उनमें समन्वयन स्थापित करना शामिल है। मंत्रालय की योजनाएं और कार्यक्रम, उसके विकासात्मक कार्यक्रमों में पूरक और सहायक की भूमिका निभाते हैं।

बेटी बचाओ बेटी पढ़ाओ

'बेटी बचाओ बेटी पढ़ाओ' सरकार के प्रमुख कार्यक्रमों में से एक है। इसकी शुरुआत 2015 में हुई ताकि घटते लिंग अनुपात पर अंकुश लगाया जा सके और महिलाओं को अधिकार नहीं दिए जाने संबंधी मुद्दों का समाधान किया जा सके। बच्चों का लिंग (सीएसआर) अनुपात 0-6 वर्ष की आयु वर्ग में 1000 लड़कों की तुलना में लड़कियों की संख्या है। यह महिला और बाल विकास, स्वास्थ्य और परिवार कल्याण तथा मानव संसाधन विकास मंत्रालयों का मिला जुला प्रयास है। इसमें निम्नलिखित पर ध्यान दिया गया है: जागरुकता और रक्षा अभियान; चुने हुए 161 जिलों में बहुक्षेत्रीय कार्य; लड़कियों को

शिक्षा का अधिकार देना; लिंग का पता लगाने और प्रसव पूर्व निदान तकनीक (पीसी और पीएनडीटी) निषेध कानून प्रभावी तरीके से लागू करना।

इस योजना के विशेष उद्देश्यों में लिंग का पता लगाकर गर्भपात पर रोक; लड़की का बचाव और उसकी सुरक्षा सुनिश्चित करना तथा लड़की की शिक्षा और उसकी भागीदारी सुनिश्चित करना, जिलों में बहु क्षेत्रीय कार्य में विशेष ध्यान पीसी और पीएनडीटी अधिनियम के प्रभावी कार्यान्वयन और उसकी निगरानी, गर्भधारण करने के बारे में जल्द पंजीकरण को बढ़ावा, स्वास्थ्य और परिवार कल्याण मंत्रालय द्वारा संस्थागत डिलीवरी और जन्म का पंजीकरण, मानव संसाधन मंत्रालय द्वारा स्कूलों को लड़कियों के अनुकूल बनाना : स्कूल में लड़कियों का नाम लिखवाना, सेकेंडरी स्कूलों में लड़कियों को रोकने का कार्य, चालू शौचालयों की उपलब्धता; महिला और बाल विकास मंत्रालय द्वारा जागरुकता पैदा करना, हिमायत, सामुदायिक लामबंदी और साझेदारों का प्रशिक्षण, स्थानीय चैंपियन, संस्थानों और आगे बढ़कर कार्य करने वाले कार्यकर्ताओं को पुरस्कार शामिल है।

इस योजना की परिकल्पना अल्पावधि में जन्म के समय लिंग अनुपात में सुधार करना है जबकि बाल लिंग अनुपात (सीएसआर), बेहतर स्वास्थ्य, पोषण, शिक्षा में लिंग समानता, बेहतर स्वच्छता, अवसरों के रूप में संपूर्ण विकास को दर्शाता है और लिंग के बीच विषमताओं को समाप्त करने का दीर्घकाल में प्रयास होगा। थोड़े से समय में बेटी बचाओ बेटी पढ़ाओ की गूंज देशभर में सुनाई पड़ रही है। यह कार्यक्रम राष्ट्रीय एजेंडा के रूप में सीएसआर में सुधार करने में सफल रहा है। इसने राष्ट्रीय नेतृत्व और सरकार के अंतर्विवेक को जगाया है, केंद्रीय और राज्य/केंद्रशासित प्रदेश स्तर पर दोनों ने पहल की है। कुछ चुने हुए जिलों में जमीनी स्तर पर नवीन कार्य देखने को मिले हैं।

इसके परिणामस्वरूप सार्वजनिक तौर पर घटते सीएसआर के मुद्दे पर जागरुकता, संवेदनशीलता बढ़ी है और लोग सचेत हुए हैं। जन्म पर संस्थागत डिलीवरी में लिंग अनुपात में बेहतर प्रवृत्ति, चुने हुए जिलों में से अधिकांश में एएनसी पंजीकरण, सेकेंडरी स्तर पर स्कूलों में लड़कियों के दाखिले सहित उत्साहवर्धक परिणाम देखने को मिल रहे हैं।

सोशल मीडिया की उपस्थिति

BBBP फेसबुक पैज: www.facebook.com/WCD.BetiBachaoBetiPadhao

BBBP पर यूट्यूब चैनल (फिल्मों/ऑडियो-वीडियो स्पॉट)

www.youwbe.com/user/ BetiBachaoBetiPadhao

Vandaspedia: http://vikaspedia.in/social-welfare/women-and-child-development/child-development-i/girl-child-welfare/ beti-bachao-beti-padhao

BBBP मोबाइल एप्लीकेशन

https://apps.mgov.gov.in/descp.do?appid=792

प्रधानमंत्री मातृ वंदना योजना

सरकार ने पात्र गर्भवती और स्तनपान कराने वाली माताओं के लिए मातृत्व लाभ कार्यक्रम के कार्यान्वयन की देशभर में घोषणा की। इस कार्यक्रम का नाम प्रधानमंत्री मातृ वंदना योजना (पीएमएमवीवाईजे) रखा। पीएमएमवीवाईजे एक केंद्र प्रायोजित योजना है जिसके अंतर्गत राज्यों/केंद्रशासित प्रदेशों को अनुदान सहायता जारी की जाती है जिसे केंद्र और राज्य तथा विधानमंडल वाले केंद्रशासित प्रदेश 60:40

के अनुपात में बांटते हैं। पूर्वोत्तर राज्यों और हिमालयी राज्यों के लिए यह 90:10 है जबकि विधानमंडल के बिना केंद्रशासित प्रदेशों के लिए यह 100 प्रतिशत है। इस योजना में कुछ विशेष शर्तों को पूरा करने वाली महिलाओं को गर्भावस्था और स्तनपान के दौरान उनके बैंक/डाक घर डीबीटी मोड में पीडब्यू और एलएम खाते में सीधे 5,000 रुपये की नकद राशि डाल दी जाती है।

वन स्टॉप सेंटर

जो महिलाएं हिंसा का सामना करती हैं उन्हें न्याय हासिल करने में भारी समस्या का सामना करना पड़ता है क्योंकि उन्हें एफआईआर दर्ज करानी पड़ती है और कोर्ट केस लड़ने के लिए वकील की सहायता लेनी पड़ती है। अनेक मामलों में जानकारी नहीं होने अथवा अपराधियों से दबाव के कारण चिकित्सा संबंधी सबूतों को नष्ट कर दिया जाता है। परिणामस्वरूप महिलाएं अक्सर हिंसा का सामना करती है लेकिन शिकायत नहीं करती। ऐसी महिलाओं की सहायता के लिए, एक नई पहल करते हुए वन स्टॉप सेंटर (ओएससी) की कल्पना की गई और अप्रैल 2015 से इसे देशभर में स्थापित किया गया। एक महिला जिसने हिंसा का सामना किया है उसे चिकित्सा, पुलिस, कानूनी और मनोवैज्ञानिक काउंसलिंग सहायता इन केंद्रों में मिल सकती है। इन स्थानों पर वह रह भी सकती हैं यदि उनकी स्थिति इसकी मांग करती है। ओएससी, जिसका लोकप्रिय नाम सखी है, इसे अन्य मौजूदा 181 हेल्पलाइनों से जोड़ा जाएगा। पहले केंद्र का उद्घाटन रायपुर, छत्तीसगढ़ में 2015 में किया गया। अब तक 31 राज्यों/केंद्रशासित प्रदेशों में ऐसे 138 केंद्र काम कर रहे हैं। इन केंद्रों में 4,000 से अधिक महिलाओं को सहायता दी गई है जो अंतिम एसबीसी महीनों में आईं। कम से कम ऐसा एक केंद्र प्रत्येक जिले में 2018–19 की समाप्ति तक स्थापित किया जाएगा। योजना को राज्य/केंद्रशासित सरकार के जरिए लागू किया गया है। जिला कलेक्टर के नेतृत्व में प्रबंधन समिति ओएससी के रोजमर्रा के कार्यों के लिए जिम्मेदार है।

महिला हेल्पालाइन का सार्वभौमिकरण

महिला हेल्पलाइन के सार्वभौमिकरण की योजना अप्रैल 2015 में लागू की गई थी। इसका उद्देश्य हिंसा से प्रभावित महिला को सिंगल यूनीफॉर्म नंबर (181) के जरिए देशभर के महिला संबंधी सरकारी कार्यक्रमों के बारे में सूचना और नाम लेने के जरिए (उपयुक्त प्राधिकार जैसे– पुलिस, वन स्टॉप सेंटर, अस्पताल से जोड़कर) आपात स्थिति और गैर–आपात स्थिति में 24 घंटे सेवा प्रदान करना है। महिला हेल्पलाइन को वन स्टॉप सेंटर से जोड़ दिया जाएगा और जरूरत में पडी महिला को यहां भेज दिया जाएगा। योजना में व्यवस्था है कि राज्य/केंद्रशासित प्रदेश एक समर्पित सिंगल राष्ट्रीय नंबर के जरिए अपनी वर्तमान महिला हेल्पलाइन का इस्तेमाल करेंगे अथवा उसे आगे बढ़ाएंगे। दूरसंचार विभाग, जीओएल ने सभी राज्यों/केंद्रशासित प्रदेशों को लघु कोड 181 आवंटित किया है। अब तक महिला हेल्पलाइन 22 राज्यों/केंद्रशासित प्रदेशों यानी आंध्र प्रदेश, अरुणाचल प्रदेश, छत्तीसगढ़, चंडीगढ़ (यूटी), दिल्ली, मध्य प्रदेश, गुजरात, केरल, उत्तराखंड, मिज़ोरम, झारखंड, बिहार, पंजाब, महाराष्ट्र, ओडिशा, उत्तर प्रदेश, मेघालय, हरियाणा, नगालैंड, पश्चिम बंगाल, सिक्किम और मेघालय में काम कर रही है।

मोबाइल फोन पर पैनिक बटन

परेशानी में पड़ी महिला को मदद प्रदान करने के लिए महिला और बाल विकास मंत्रालय ने मोबाइल फोनों पर पैनिक बटन लगाने का काम किया। मंत्रालय की पहल से बड़ी संख्या में साझेदारों के साथ विचार–विमर्श के आधार पर पैनिक बटन और मोबाइल फोन में ग्लोबल पोजीशनिंग सिस्टम हैंडसेट

नियम 2016 दूरसंचार विभाग ने अधिसूचित किया। इस नियम के अंतर्गत सभी नये फीचर वाले फोनों में पैनिक बटन की सुविधा होगी जो न्यूमेरिक 5 अथवा 9 से काम करेगा और सभी स्मार्ट फोन ऑन-ऑफ बटन को तीन बार दबाने पर कनफिगर हो जाएंगे। सभी नये मोबाइल फोनों में सेटलाइट आधारित ओपीएस के जरिए स्थान की पहचान करने की सुविधा होनी चाहिए। गृह मंत्रालय के सहयोग से निर्भय कोष के अंतर्गत एक इमरजेंसी रिस्पॉन्स सपोर्ट सिस्टम (ईआरएसएस) भी स्थापित किया गया है जो आधुनिक टेक्नोलॉजी के जरिए सभी आपात नम्बरों को 112 से जोड़ देगा। यह पैनिक बटन से भेजे गए परेशानी के सिग्नल का जवाब देगा।

महिला पुलिस स्वयंसेवी

महिला पुलिस स्वयंसेवी का प्रमुख कार्य महिलाओं के खिलाफ हिंसा जैसे– घरेलू हिंसा, बाल विवाह, दहेज के लिए उत्पीड़न और सार्वजनिक स्थलों में महिलाओं के साथ होने वाली हिंसा की जानकारी अधिकारियों/पुलिस को देना है। हरियाणा पहला राज्य है जिसने महिला पुलिस स्वयंसेवी योजना को चालू किया। इसे महिला और बाल विकास मंत्रालय और हरियाणा सरकार ने 2016 में संयुक्त रूप से हरियाणा के कमल और महेंद्रागढ़ जिलों में शुरू किया। अन्य राज्यों द्वारा भी जल्द ही इसे शुरू करने की उम्मीद है।

पुलिस बल में महिलाओं के लिए आरक्षण

महिला और बाल विकास मंत्रालय गृह मंत्रालय के साथ पुलिस को लिंग की दृष्टि से और अधिक उत्तरदायी बनाने और तथा बल में और अधिक महिलाओं को लाने तथा पुलिस बल में लिंग संवेदनशीलता को मजबूत बनाने के लिए मिलकर कार्य कर रहा है। सभी राज्य सरकारों को एक परामर्श जारी किया है कि वे पुलिस में महिलाओं का प्रतिनिधित्व बढ़ाकर कुल क्षमता का 33 प्रतिशत तक करें। इसके परिणामस्वरूप 14 राज्यों/केंद्रशासित प्रदेशों में आरक्षण बढ़ाया गया है। अब तक 8 राज्य बिहार, गुजरात, ओडिशा, नगालैंड, राजस्थान, झारखंड, मध्य प्रदेश, तेलंगाना और 6 केंद्रशासित प्रदेश चंडीगढ़, दमन और दीव, लक्षद्वीप और दादरा और नगर हवेली, राष्ट्रीय राजधानी क्षेत्र दिल्ली, पुदुचेरी पुलिस बल में महिलाओं के लिए इस तरह के आरक्षण को बढ़ाकर 33 प्रतिशत कर चुके हैं।

एसिड हमले को दिव्यांगता के रूप में शामिल करना

एसिड हमले का शिकार किसी व्यक्ति के स्थायी नुकसान अथवा उसके बदसूरत होने तथा लगातार इलाज को ध्यान में रखते हुए , महिला और बाल विकास मंत्रालय ने सामाजिक न्याय और अधिकारिता मंत्रालय से आग्रह किया कि नुकसान अथवा बदसूरत होने को विशिष्ट दिव्यांगता की सूची में डाला जाए। हाल ही में बनाए गए दिव्यांग व्यक्तियों के अधिकार कानून, 2016 में एसिड हमले को दिव्यांगता के रूप में शामिल किया गया है। एसिड हमले का शिकार व्यक्ति अब दिव्यांग व्यक्तियों को मिलने वाले लाभ ले सकता है।

मेट्रीमोनियल वेबसाइट के लिए दिशानिर्देश

मेट्रीमोनियल वेबसाइट पर दी जाने वाली सूचना के आधार पर महिलाओं के खिलाफ अपराधों की बढ़ती संख्या को ध्यान में रखते हुए , इस मुद्दे पर गौर करने और इस दुरुपयोग पर अंकुश लगाने के लिए एक नियामक ढांचा बनाने का फैसला किया गया। मंत्रालय मेट्रीमोनियल वेबसाइट के लिए तत्परता से

उपयुक्त दिशानिर्देश तैयार करने के लिए पहले ही विस्तृत कार्य कर चुका है और उसने समस्या की सीमा, वर्तमान सुरक्षा व्यवस्था, वर्तमान कानूनी उपायों आदि के बारे में विस्तार से एक अवधारणा-पत्र तैयार कर लिया है जो संबद्ध साझेदारों के बीच बांटा जाएगा।

एनआरआई विवाह विवाद

प्रवासी भारतीयों की बढ़ी संख्या और इसके परिणामस्वरूप विदेशों में होने वाले विवाहों में, महिला चाहे भारत में रहती हो अथवा विदेश में, वह परित्याग किए जाने, घरेलू हिंसा, एकतरफा तलाक और बच्चों की रक्षा आदि जैसे मुद्दों का सामना कर रही है। चूंकि ये मुद्दे अंतर्देशीय न्याय क्षेत्र से जुड़े हुए हैं, ऐसे मामलों से जुड़ी महिलाओं को दूसरे पक्ष के विदेश में रहने से जुड़ी प्रक्रियाओं के संबंध में सूचना के अभाव के कारण कानूनी बाधाओं का सामना करना पड़ रहा है। महिला और बाल विकास मंत्रालय ने एनएम विवाह विवाद में शामिल महिलाओं के लिए मानक संचालन प्रणाली (एसओपी) तैयार की है। ये एसओपी महिला द्वारा की जाने वाली कानूनी प्रक्रिया की धीरे-धीरे सही जानकारी देगा ताकि उसे तेजी से न्याय मिल सके। ये अदालत और देशभर के पुलिस अधिकारियों के लिए भी प्रभावी संदर्भ पुस्तिका का काम करेंगे जो ऐसे विवादों की जांच कर रहे हैं अथवा अदालतों में महिलाओं के हितों को रख रहे हैं।

लिंग संबंधी बजट बनाने की पहल

लिंग संबंधी बजट बनाना (जेंडर बजटिंग पहल) लिंग को मुख्यधारा में लाने का एक शक्तिशाली औजार है ताकि यह सुनिश्चित किया जा सके कि विकास के लाभ जितने पुरुषों तक पहुंचते हैं उतने महिलाओं तक भी पहुंचें। यह कोई लेखा विधि प्रयोग नहीं है बल्कि बजट तैयार करते समय, उसके आवंटन, कार्यान्वयन, प्रभाव/परिणाम आकलन, समीक्षा और लेखा परीक्षा जैसे विभिन्न कदमों पर लिंग दृष्टिकोण को ध्यान में रखने की निरंतर चलने वाली प्रक्रिया है। देश में लिंग संबंधी बजट बनाने को संस्थागत बनाने के लिए 2007 में वित्त मंत्रालय द्वारा सभी मंत्रालयों/विभागों में जेंडर बजटिंग सेल्स (जीबीसी) स्थापित करने का आदेश दिया गया। महिला और बाल विकास मंत्रालय जेंडर बजटिंग के लिए प्रमुख एजेंसी है जिसने इसे राष्ट्रीय और राज्य स्तरों पर आगे ले जाने के लिए अनेक पहल की हैं। अब तक 57 केंद्रीय मंत्रालयों और विभागों ने जीबीसी की स्थापना कर ली है। उम्मीद है कि यह जेंडर बजटिंग पहलों के साथ समन्वय के लिए अंत और अंतरमंत्रालय स्तर पर केंद्रबिंदु के रूप में कार्य करेंगे। 21 राज्यों और केंद्रशासित प्रदेशों ने जेंडर बजटिंग नोडल केंद्र निर्दिष्ट कर दिए हैं।

जेंडर चैंपियंस

जेंडर चैंपियंस पहल शैक्षणिक संस्थानों के जरिए लागू की जा रही है जिससे युवा छात्रों को संवेदनशील बनाया जा सके और कानून, विधि निर्माण, कानूनी अधिकारों और जीवन कौशल शिक्षा के बारे में जागरुकता पैदा की जा सके। जेंडर चैंपियन दिशानिर्देश महिला और बाल विकास मंत्रालय ने विकसित किए हैं और इसे मानव संसाधन विकास मंत्रालय के सहयोग से इसे अमल में लाया जा रहा है। जेंडर चैंपियन को शैक्षणिक संस्थानों द्वारा अपनाए जाने के लिए एक प्रशिक्षण मॉड्यूल विकसित किया गया है।

मृत्यु प्रमाण-पत्र पर विधवा का नाम अनिवार्य

यह सुनिश्चित करने के लिए कि पति की मृत्यु के बाद पत्नी को उसके सभी अधिकार मिले, महिला और बाल विकास मंत्रालय भारत के महा पंजीयक और राज्य सरकारों के साथ काम कर रहा है ताकि पति के मृत्यु प्रमाण-पत्र में महिला का नाम लिखना अनिवार्य किया जाए।

विधवाओं के लिए आश्रय

यह अब तक की सबसे बड़ी सुविधा है जिसे सरकार द्वारा स्थापित किया गया है और जिसके लिए सरकार धनराशि दे रही है। इस आश्रय में 1,000 महिलाओं को रखने की क्षमता है जिसे वृंदावन में करीब 57 करोड़ रुपये (भूमि की कीमत सहित) की लागत से 1.424 हेक्टेयर भूमि पर बनाया जा रहा है। इस आश्रय का डिजाइन हैल्पएज इंडिया के साथ विचार-विमर्श कर तैयार किया गया है और यह बुजुर्गों के अनुकूल है।

पंचायतों में महिला पंचों का प्रशिक्षण

हांलाकि ग्राम पंचायतों में 33 प्रतिशत पद महिलाओं के लिए आरक्षित हैं, लेकिन इसके बावजूद प्रशिक्षण के अभाव में और पति के लगातार शासन/हस्तक्षेप के कारण ये पंच गांव की बेहतरी के लिए वास्तविक अधिकार का उपयोग नहीं कर पाती हैं। इन महिलाओं को जमीनी स्तर पर शक्तिशाली बनाने के लिए महिला और बाल विकास मंत्रालय ने 2 लाख महिला पंचों को प्रशिक्षित करने के लिए विस्तृत कार्यक्रम की पहल की है। ग्रामीण विकास मंत्रालय की भागीदारी से मई 2016 से इनका प्रशिक्षण शुरू हो चुका है। प्रशिक्षण में हर के स्तर के प्रबंधन के सभी पहलू शामिल हैं जिनमें सरकारी योजनाओं की बुनियादी जानकारी, सामाजिक मुद्दे और उनका समाधान, पंचायत का वित्तीय प्रबंधन, गांव का बुनियादी ढांचा आदि शामिल है। यह योजना पंचायती राज मंत्रालय के सहयोग से लागू की जा रही है।

मातृत्व अवकाश की अवधि में विस्तार

कामकाजी महिलाओं के लिए मातृत्व अवकाश की अवधि बढ़ाकर सात महीने करने के लिए महिला और बाल विकास मंत्रालय कार्य कर रहा था ताकि शिशु को जन्म के बाद छह महीने तक स्तनपान कराया जा सके और इसके बाद पूरक भोजन दिया जाए ताकि कुपोषण के मामले कम हो सकें। श्रम और रोज़गार मंत्रालय ने इस पर विचार किया और कानून में उचित संशोधन किया जो इस प्रकार है (i) मातृत्व लाभ कानून 1961 के अंतर्गत मातृत्व अवकाश वर्तमान 12 सप्ताह से बढ़ाकर 26 सप्ताह (ii) शिशु को गोद लेने वाली और सरोगेट मां के लिए मातृत्व लाभ में बढ़ोतरी (iii) कार्यालय/ फैक्टरी परिसर में क्रैच की सुविधा स्थापित करना। यह कानून अब मातृत्व लाभ (संशोधन) अधिनियम, 2017 कहलाता है।

कार्यस्थल पर महिलाओं के यौन उत्पीड़न का कानून लागू करना

कार्यस्थल पर महिलाओं की हिफ़ाजत और सुरक्षा सुनिश्चित करने के लिए महिला और बाल विकास मंत्रालय कार्यस्थल पर महिलाओं के यौन उत्पीड़न (रोकथाम, निषेध और निवारण) अधिनियम, 2013 को प्रभावी ढंग से लागू करने की दिशा में कार्य कर रहा है। इस संबंध में राज्य सरकारों/केंद्रीय मंत्रालयों/ विभागों को परामर्श और निगरानी रूपरेखा जारी की जा चुकी है ताकि यौन उत्पीड़न कानून को प्रभावी ढंग से लागू किया जा सके, शिकायत पर तेजी से जांच हो सके और शिकायतकर्ता का भविष्य में उत्पीड़न

रोका जा सके। साथ ही महिला और बाल विकास मंत्रालय ने एक यौन उत्पीड़न कानून पर एक पुस्तिका तैयार की है और उसे जारी किया है जिसमें आसान शब्दों में अधिनियम के प्रावधान बताए गए हैं।

ग्राम समाभिरूपता और सुविधा सेवा

ग्राम समाभिरूपता और सुविधा सेवा 2015 में शुरू की गई एक पहल है जिसका उद्देश्य सामुदायिक कार्य के जरिए जागरुकता पैदा करना है। महिलाओं के मुद्दों पर झुकाव करके उन मुद्दों को सरल बनाने और ग्राम पंचायत और उसकी उप समितियों के साथ निकट सहयोग कायम करके कार्य करने के लिए समर्पित ग्राम संयोजकों का चयन किया जाता है। इस प्रकार महिलाओं की शिक्षा, स्वास्थ्य, पोषण, कानूनी अधिकार, हिफाजत और सुरक्षा जैसे मुद्दों का समाधान निकाला गया है और सरकार द्वारा लागू योजनाओं/कार्यक्रमों जैसे बेटी बचाओ बेटी पढ़ाओ, जन धन योजना तक पहुंच प्रदान की गई है। एक स्थान पर सभी सुविधाएं और महिला हेल्पनलाइन आदि दी गई है। यह सेवा देशभर के लिंग की दृष्टि से नाजुक 100 जिलों से बढ़ाकर 303 जिलों में दी गई है।

राष्ट्रीय महिला कोष

राष्ट्रीय महिला कोष (रामको) एक सोसाइटी है जिसका पंजीकरण सोसाइटीज रजिस्ट्रेशन एक्ट, 1860 के अंतर्गत किया गया था और इस शीर्ष सूक्ष्म-वित्त संगठन की स्थापना 1993 में की गई। रामको मध्यस्थ संगठनों (आईएमओ) के जरिए गरीब महिलाओं को सूक्ष्म ऋण प्रदान करता है, जिनमें अन्य के अलावा सेक्शन 25 कंपनियां, एनजीओ शामिल हैं। ये इन महिलाओं के सामाजिक-आर्थिक विकास के लिए ग्राहक अनुकूल प्रक्रिया अपनाकर रियायती शर्तों पर आजीविका संबंधी विभिन्न सहायता और कमाई में मदद करते हैं। लक्षित लाभार्थियों में विभिन्न आर्थिक क्रियाकलापों जैसे परंपरागत और आधुनिक हस्तशिल्प से लेकर लघु व्यवसाय जैसे- पैटीज की दुकान आदि के उद्यमी हैं। ऋण रामको की विभिन्न योजनाओं के जरिए मंजूर किए जाते हैं जैसे मुख्य ऋण योजना, ऋण प्रोत्साहन योजना आदि।

भारत की महिला प्रदर्शनी/ महोत्सव

इस पहल की शुरुआत नवंबर 2014 में की गई ताकि आर्गेनिक महिला कृषक और उद्यमी सीधे बाजार से जुड़ सकें। ये प्रदर्शनियां/महोत्सव दिल्ली में हो चुकी हैं, ऐसी अनेक प्रदर्शनियों/महोत्सवों का आयोजन दिल्ली से बाहर भी अनेक स्थानों पर किया जा रहा है। ऐसी प्रदर्शनियां खासतौर से गांवों की महिला उद्यमियों और किसानों को अपने उत्पाद प्रदर्शित करने और उन्हें बेचने के लिए मंच प्रदान करती हैं। ऐसी प्रदर्शनियों/महोत्सवों के माध्यम से महिलाओं को एक-दूसरे से जानकारियां मिलती हैं और वित्तीय समावेशन के जरिए सामाजिक संतुलन बनाने के लिए उद्यम संबंधी अवसर मिलते हैं।

महिला ई-हाट

महिला और बाल विकास मंत्रालय ने 'महिला ई-हाट' की मार्च 2016 में शुरुआत की, जो महिला उद्यमियों/एसएचओ/एनओओ के लिए सीधे ऑनलाइन डिजीटल मार्केटिंग का एक मंच है। यह बहुत बड़ा बदलाव ला सकता है क्योंकि यह महिला उद्यमिता और वित्तीय समावेशन को मजबूत बनाने का एक प्रमुख स्रोत बन सकता है। महिला ई-हाट की विशेषता यह है कि इसमें विक्रेता और खरीदार के बीच सीधा संपर्क बनता है। इस तक पहुंच आसान है क्योंकि समूचा ई-हाट व्यवसाय मोबाइल के जरिए होता है।

राष्ट्रीय महिला नीति

राष्ट्रीय महिला नीति, 2016 का मसौदा अंतिम रूप लेने की अवस्था। में है। इस नीति में 15 वर्ष बाद संशोधन किया गया है और उम्मीद है कि यह अगले 15–20 वर्ष महिलाओं के मुद्दों पर कार्य करने के लिए सरकार का मार्गदर्शन करेगी। यह नीति शिक्षा, स्वास्थ्य, आर्थिक भागीदारी, निर्णय लेने, हिंसा, एक उदार माहौल तैयार करने आदि जैसे विस्तृत मुद्दों को सम्मिलित करेगी।

पासपोर्ट के नये नियम

महिला और बाल विकास मंत्रालय के आग्रह पर एक प्रमुख प्रगतिशील कदम उठाते हुए विदेश मंत्रालय ने पासपोर्ट के नये नियम (https://www.mea.gov.in/pressreleases.html) 2016 में जारी किए। ये नियम सिंगल/तलाकशुदा मां और उनके बच्चों के लाभ के लिए बनाए गए हैं। इनमें गोद लिए गए/ गोद लिए जा सकने वाले बच्चे भी शामिल हैं। संशोधित नियमों के अनुसार अब, पिता का नाम डालना अनिवार्य नहीं होगा और किसी भी व्यक्ति को अपनी मां का नाम लिखकर ही पासपोर्ट मिल सकता है। इसके अलावा व्यक्ति को अपना विवाह/तलाक प्रमाण-पत्र भी जमा कराने की जरूरत नहीं है।

मानव तस्कारी पर कानून

महिला और बाल विकास मंत्रालय ने अवैध व्यायपार–अवैध मानव तस्करी (रोकथाम, संरक्षण और पुनर्वास) विधेयक, 2017 के विस्तृत कानून का मसौदा तैयार किया है ताकि वर्तमान खाई को पाटा जा सके और मानव तस्करी की रोकथाम, संरक्षण और पुनर्वास से जुड़े विभिन्न अपराधों सहित इसके सभी पहलुओं को शामिल किया जा सके। विधेयक के मसौदे में प्रस्ताव किया गया है कि मानव तस्करी से निपटने के लिए पीड़ितों के लिए मजबूत कानूनी, आर्थिक और सामाजिक माहौल बनाया जाए और इसके लिए जिला, राज्य और राष्ट्रीय स्तर पर समर्पित संस्थागत तंत्र की स्थापना की जाए।

बच्चों से जुड़े मुद्दे

लापता/तस्करी किए गए/भागे हुए बच्चों के लिए उठाए गए कदम

खोया-पाया पोर्टल : बच्चों के संरक्षण के लिए नागरिकों की भागीदारी के लिए एक नया नागरिक पोर्टल खोया-पाया जून 2015 में शुरू किया गया। इस पोर्टल में लापता और देखे गए बच्चों के बारे में सूचना डाली जा सकती है। यह पोर्टल दो डेटाबेस–लापता और देखे गए बच्चों के मिलान की सुविधा प्रदान करता है। इस पोर्टल पर जून 2015 और मार्च 2017 के बीच, 7671 लापता/ देखे गए बच्चों के मामले खत्म किए गए। रेलवे स्टेशनों पर एनजीओ/चाइल्ड हेल्प ग्रुप/चाइल्ड लाइन यूनिट होंगे जो बच्चों को उनके माता-पिता/अभिभावकों को सौंपने अथवा माता-पिता/अभिभावकों की अनुपस्थिति में उनके पुनर्वास के लिए रेलवे स्टेशनों के साथ कार्य करेंगे। रेलवे कोचों में 2015 में पोस्टरों के जरिए जागरुकता अभियान शुरू किया गया। पहले चरण में ट्रेनों में एक लाख पोस्टर लगाए गए हैं।

चाइल्ड लाइन का विस्तार : चाइल्डलाइन परेशानी में पड़े बच्चों को मुक्त कराने और उनकी सहायता के लिए एक राष्ट्रव्यापी पहल है। पिछले कई वर्षों में, चाइल्डलाइन (हेल्पलाइन संख्या 1098) का विस्तार 316 शहरों से 412 स्थानों पर किया गया है जल्दी ही 100 और शहरों में इसका विस्तार किया जाएगा।

बच्चे अक्सर यौन शोषण के बारे में शिकायत नहीं कर पाते क्योंकि यह आमतौर पर किसी जान-पहचान वाले व्यक्ति द्वारा ही किया जाता है। वह अपनी शिकायत सुरक्षित और गुमनाम तरीके से कर सकें इसके लिए इंटरनेट आधारित सुविधा ई-बॉक्स प्रदान की गई है। यहां बच्चा अथवा उसकी तरफ से कोई भी कम शब्दों में शिकायत दर्ज कर सकता है। जैसे ही शिकायत दर्ज होगी, एक प्रशिक्षित काउंसलर तत्काल बच्चे से संपर्क करेगा और उसे सहायता प्रदान करेगा। जहां कहीं जरूरत होगी बच्चों की ओर से काउंसलर भी एक औपचारिक शिकायत दर्ज कराएगा। पीओसीएसओ ई-बॉक्स अगस्त 2016 में शुरू किया गया, ये अब तक 300 शिकायतें प्राप्त कर चुका है और उनसे निपट चुका है।

किशोर न्याय

किशोर न्याय (बच्चों की देखभाल और संरक्षण) मॉडल नियम, 2016 (जेजे मॉडल नियम, 2016) को अधिसूचित किया गया, अत: किशोर न्याय (बच्चों की देखभाल और संरक्षण) नियम, 2007 (जेजे नियम, 2007) को रद्द कर दिया गया। जेजे मॉडल नियम, 2016 इस तर्क पर आधारित हैं कि बच्चो में सुधार किया जाना चाहिए और उन्हें एक बार फिर समाज से जोड़ा जाना चाहिए। नियम बच्चों की विकास की जरूरतों के लिए सराहनीय हैं और बच्चे का सर्वेश्रेष्ठ हित शुरुआती चिंता है। बोर्ड में बच्चों के अनुकूल कार्यप्रणाली शामिल की गई है। जेजे मॉडल नियम, 2016 में पुलिस, किशोर न्याय बोर्ड और बच्चों की अदालत के लिए बच्चों के अनुकूल विस्तृत पद्धति दी गई है। इनमें से कुछ पद्धतियों में शामिल है: किसी भी बच्चे को जेल अथवा लॉकअप में भेजा जाए , बच्चे को हथकड़ी नहीं लगाई जाए, बच्चे को उपयुक्त चिकित्सा सहायता दी जाए, कानूनी सहायता आदि के बारे में माता-पिता/ अभिभावक को जानकारी दी जाए। किशोर न्याय बोर्ड और बच्चों की अदालत को चाहिए कि वे बच्चे का तनाव कम करें और बच्चे द्वारा समझी जाने वाली भाषा में उससे पूछे गए सवालों को समझने के बाद उसे बिना किसी डर के सच्चाई और परिस्थितियां बताने के लिए प्रोत्साहित करें।

जेजे मॉडल नियम, 2016 में किशोर न्याय प्रणाली बच्चे की प्रगति की समीक्षा करने और उसे पर्याप्त पुनर्वास और वापसी की सेवा देने के लिए विभिन्न नई विधियों को शामिल किया गया है। कुछ नई विधियां हैं मामला निगरानी शीट, बच्चे की देखभाल की विस्तृत योजना, बच्चे की देखभाल करने वाले संस्थान के पंजीकरण का आवेदन, पंजीकरण प्रमाण-पत्र, किशोर न्याय बोर्ड/बाल कल्याण समिति द्वारा तिमाही रिपोर्ट आदि। इसके अलावा निगरानी के प्रावधान मजबूत बनाए गए हैं।

विस्तृत दत्तक ग्रहण सुधार

सरकार ने किशोर न्याय कानून 2015 को अधिसूचित कर दिया और कानून का अध्याय VIII अनाथ, परित्यक्त और आत्मसमर्पित बच्चों को गोद लेने तथा साथ ही रिश्तेदार द्वारा गोद लेने की व्यवस्था करता है। इस कानून में बच्चों के लिए पर्याप्त सुरक्षा की गई है। इसके अनुसार रिश्तेदारों के गोद लेने सहित सभी दत्तक ग्रहण की जानकारी देश में देनी पड़ेगी। साथ ही कानून के अंतर्गत सभी दत्तक ग्रहण केंद्रीय दत्तक ग्रहण संसाधन प्राधिकरण (कारा) द्वारा तैयार किए गए नियमों के अनुसार आगे बढ़ेंगे। इस कानून के अंतर्गत केंद्रीय दत्तक ग्रहण संसाधन एजेंसी का पुनर्गठन कर उसे केंद्रीय दत्तक ग्रहण संसाधन प्राधिकरण नाम दिया गया है। कानूनी दत्तक ग्रहण कारा और कैरिंगसई के जरिए ही होता है।

दत्तक ग्रहण नियम अधिसूचित किए गए और बच्चों को गोद लेने के लिए संचालन दिशानिर्देशों, 2015 को लाया गया। भारत में कहीं भी बच्चे को गोद लेने के लिए केंद्रीय दत्तक ग्रहण संसाधन प्राधिकरण

(कारा) में ऑनलाइन पंजीकरण अनिवार्य है। केंद्रीय दत्तक ग्रहण संसाधन सूचना और दिशानिर्देश प्रणाली (कैरिंसइ) कानूनी रूप से गोद लेने की प्रक्रिया अपनाने के लिए कारा का एकमात्र सरकारी पोर्टल है। किशोर न्याय (बच्चों की देखभाल और संरक्षण) कानून 2015 की धारा 80 और 81 के अंतर्गत कोई भी व्यक्ति अथवा एजेंसी जो गैर-कानूनी तरीके से गोद लेने के कार्य में शामिल है उसे दंडित किया जाएगा। किसी बच्चे को गैर-कानूनी तरीके से गोद लेकर, आप गैर-इरादतन बच्चों की तस्करी के नेटवर्क का हिस्सा बन सकते हैं। गोद लेना एक सामाजिक-कानूनी प्रकिया है और इसमें दलालों/बिचौलियों की कोई भूमिका नहीं है क्योंकि वे बच्चे को गैर-कानूनी तरीके से गोद लेने के लिए लोगों को गुमराह कर सकते हैं। दत्तक ग्रहण नियमों में देश में और दूसरे देश से क्यू एएस (अनाथ, परित्यक्त और आत्मसमर्पित) बच्चों को गोद लेने का प्रावधान है। देश के भीतर और विदेश में रिश्तेदार द्वारा गोद लेने के संबंध में प्रक्रिया नियमों में परिभाषित की गई है। इसमें सौतेले बच्चों को गोद लेना लाया गया है। नियमों के 32 अनुसूचियां संलग्न हैं। इनमें अदालत में दायर किए जाने वाला आदर्श दत्तक ग्रहण आवेदन भी शामिल है और इससे अदालत का आदेश प्राप्त करने में होने वाली देरी भी समाप्त हो सकेगी।

राष्ट्रीय पोषण मिशन

राष्ट्रीय पोषण मिशन (एनएनएम) का उद्देश्य बच्चों (0-6 वर्ष), किशोर लड़कियों, गर्भवती महिलाओं और स्तनपान कराने वाली माताओं के पोषण की स्थिति में सुधार करना है। यह कार्य तीन वर्ष की अवधि में एक नियत समय के भीतर बच्चों (0-3 वर्ष) में अल्प-पोषण को कम करना; बच्चों (6-59 महीने) में एनीमिया को कम करना; महिलाओं और किशोर लड़कियों (15-49 वर्ष) में एनीमिया की व्यापकता कम करना और जन्म के समय कम वजन के मामले घटाना।

आंगनवाड़ी सेवा

समन्वित बाल विकास सेवा (आईसीडीएस) योजना जिसे अब आंगनवाड़ी सेवा योजना के नाम से जाना जाता है, इसकी शुरुआत 1975 में हुई थी। इसका उद्देश्य 0-6 वर्ष की आयु वर्ग के बच्चों के पोषण और स्वास्थ्य की स्थिति में सुधार करना; बच्चे के उचित मनोवैज्ञानिक, शारीरिक और सामाजिक विकास की आधारशिला रखना; मृत्युदर, अस्वस्थता, कुपोषण और स्कूल की पढ़ाई बीच में ही छोड़ने की घटनाओं को कम करना; बच्चों के विकास को बढ़ावा देने के लिए विभिन्न विभागों के बीच नीति का प्रभावी समन्वय और कार्यान्वयन; और मां की क्षमता बढ़ाना ताकि वह उपयुक्त पोषण और स्वास्थ्य शिक्षा के जरिए बच्चों की सामान्य स्वास्थ्य और पोषण संबंधी जरूरतों पर ध्यान दे सके। इस योजना के लाभार्थियों में छह वर्ष से कम उम्र के बच्चे, गर्भवती और स्तनपान कराने वाली माताएं शामिल हैं। यह योजना खुद चुनी जा सकती है और बिना किसी शर्त के सभी लाभार्थियों के लिए खुली है। उपरोक्त उद्देश्यों को आईसीडीएस योजना के अंतर्गत द्वारा छह सेवाओं यानी पूरक पोषण, प्री-स्कूल और गैर-औपचारिक शिक्षा, पोषण और स्वास्थ्य शिक्षा, टीकाकरण, स्वास्थ्य जांच; और रैफेरल सेवाओं का पैकेज प्रदान कर हासिल किया जा सकता है। सेवाओं का पैकेज प्रदान करने की अवधारणा प्रमुख रूप से इस बात पर आधारित है कि कुल मिलाकर इसका प्रभाव काफी विशाल हो सकता है यदि विभिन्न सेवाओं को समन्वित तरीके से विकसित किया जाए क्योंकि किसी विशेष सेवा की क्षमता संबद्ध सेवाओं से मिलने वाली सहायता पर निर्भर करती है। तीन सेवाएं देशभर में फैली 14 लाख मंजूर आंगनवाड़ियों के जरिए प्रदान की जा रही हैं। राष्ट्रीय खाद्य सुरक्षा कानून की धारा 4,5,6 और 7 आईसीडीएस पर लागू है क्योंकि ये धाराएं कुपोषित बच्चों, गर्भवती और स्तनपान कराने वाली माताओं को पौष्टिक भोजन प्रदान

करने का प्रावधान करती हैं। कानून के प्रावधानों के अनुसार, आईसीडीएस के अंतर्गत एसएनपी प्रदान करने के नियम 2017 में अधिसूचित कर दिए गए हैं।

आंगनवाड़ी के बुनियादी ढांचे में सुधार

सरकार आंगनवाड़ी केंद्र को आकर्षक बचपन विकास केंद्र के रूप में बदलने के लिए प्रतिबद्ध है। जो स्वास्थ्य, पोषण और शुरुआती शिक्षा का पहली ग्राम चौकी होगी। पहले से तय उद्देश्य को हासिल करने के लिए, आईसीडीएस योजना में सुधार और इसे मजबूत बनाने के लिए अनेक कदम उठाए गए हैं जिनमें कार्यक्रम के अनुसार, प्रबंधन और संस्थागत क्षेत्र शामिल हैं।

पूरक पोषण

राष्ट्रीय खाद्य सुरक्षा कानून (एनएफएसए), 2013 में शामिल प्रावधानों का पालन करते हुए, मंत्रालय ने पूरक पोषण (समन्वित बाल विकास योजना के अंतर्गत) नियम, 2017 में अधिसूचित किया ताकि प्रत्येक गर्भवती महिला और शिशु के जन्म के बाद स्तनपान कराने वाली माता को 6 महीने के लिए, और 6 महीने से 6 वर्ष (कुपोषण का सामना कर रहे बच्चों सहित) की आयु वर्ग के प्रत्येक बच्चे को इस कानून में अनुसूचित पोषण मानकों के अनुसार एक वर्ष में 300 दिन कानून के प्रावधानों के अंतर्गत दिए गए अधिकार के अनुसार पूरक पोषण मिल सके। खाद्यान्न और भोजन की पात्रता भत्ता की आपूर्ति नहीं होने पर पात्र व्यक्ति संबद्ध राज्य सरकार से उतने समय और तरीके से खाद्य सुरक्षा भत्ता प्राप्त करने का हकदार होगा जो केंद्र सरकार ने दिया हुआ है।

आईसीडीएस प्रणाली

महिला और बाल विकास मंत्रालय अंतरराष्ट्रीय विकास एसोसिएशन (आईडीए) को अमल में ला रहा है जो देश के 8 राज्यों के 162 अत्यधिक बोझ वाले जिलों की सहायता कर रहा है जहां निम्नलिखित परियोजना विकास उद्देश्यों के साथ 368 लाख आंगनवाड़ी केंद्र हैं: (i) समन्वित बाल विकास सेवाओं (आईसीडीएस) नीतिगत ढांचे, प्रणाली और क्षमताओं को मजबूत बनाने, सामुदायिक कार्य को आगे बढ़ाने, तीन वर्ष की आयु के भीतर आने वाले बच्चों पर अधिक ध्यान केंद्रित करना; (ii) बेहतर पोषण नतीजों के लिए सम्मिलित कार्यों को मजबूत करना। आईसीडीएस प्रणाली को मजबूत बनाने और पोषण सुधार परियोजना (आईएसएसएनआईपी) में एक प्रमुख गतिविधि सूचना और संचार प्रौद्योगिकी सक्षम आईसीडीएस की रियल टाइम मॉनीटरिंग (आईसीटी–आरटीएम) प्रणाली स्थापित करना है ताकि सेवा डिलीवरी तंत्र में सुधार हो सके और चुने हुए राज्यों के आंगनवाड़ी केंद्रों में विशिष्ट रूप से निर्मित आईसीडीएस–कॉमन एप्लीकेशन सॉफ्टवेयर (आईसीडीएस–सीएएस) मोबाइल सॉल्यूशन तैनात करके आईसीडीएस योजना की बेहतर देखभाल सुनिश्चित की जा सके। आंगनवाड़ी कार्यकर्ता आईसीडीएस सीएएस के साथ लगे मोबाइल डिवाइस के जरिए उनके द्वारा दी गई सेवाओं के संबंध में जानकारी डालते हैं। इस सूचना तक महिला सुपरवाइजर, सीडीपीओ, डीपीओ, राज्य कार्यालय और केंद्रीय स्तर की पहुंच होती है।

आईसीडीएस और सहायक प्रणाली की आईटी सक्षम वास्तविक समय जांच को आगे बढ़ाने के उद्देश्य से कॉमन एप्लीकेशन सॉफ्टवेयर (सीएएस) के डिजाइन, विकास और उसके असरदार तरीके से इस्तेमाल के लिए बिल और मिलिंडा गेट्स फाउंडेशन के साथ सहयोग के एक ज्ञापन पर हस्ताक्षर किए गए। फलस्वरूप, बीएमजीएफ ने एक विशिष्ट रूप से निर्मित कॉमन एप्लीकेशन सॉफ्टवेयर (आईसीडीएस–सीएएस) विकसित किया।

किशोर लड़कियों के लिए योजना

किशोर लड़कियों के लिए योजना (एसएजी) 2010–11 में शुरू की गई और यह देशभर के 205 चुने हुए जिलों में काम कर रही है। इसका उद्देश्य प्रारंभिक आधार पर 11–18 वर्ष की किशोर लड़कियों का चौतरफा विकास करना है। यह योजना राज्य सरकारों/केंद्रशासित प्रदेशों के जरिए लागू की जा रही है जिसका व्यय केंद्र और राज्य के बीच (कानून के साथ) 50:50 के अनुपात में पोषण के लिए है और शेष घटकों के लिए यह अनुपात 60:40 है। आठ पूर्वोत्तर राज्यों (अरुणाचल प्रदेश, असम, मणिपुर, मेघालय, मिजोरम, नगालैंड, त्रिपुरा और सिक्किम) तथा विशेष श्रेणी वाले तीन हिमालयी राज्यों (हिमाचल प्रदेश, जम्मू-कश्मीर और उत्तराखंड) के लिए केंद्र और राज्य की हिस्सेरदारी 90:10 होगी। केंद्रशासित प्रदेशों (कानून के बिना) को शत-प्रतिशत धनराशि अथवा वास्तविक खर्च दिया जाता है जो भी कम हो। आंगनवाड़ी केंद्र (एडब्ल्यूसी) सेवाओं की डिलीवरी का प्रमुख बिंदु है। इस योजना के दो प्रमुख घटक हैं: पोषण प्रदान करने वाले और पोषण नहीं प्रदान करने वाले। पोषण प्रदान करने वाले घटक में, स्कूल से निकली किशोर लड़कियां (11–14 वर्ष) जो एडब्ल्यूसी जा रही है और सभी लड़कियों (14–18 वर्ष) को घर ले जाने के लिए राशन/गर्म पके हुए भोजन के रूप में पूरक पोषण प्रदान किया जाता है। प्रत्येक किशोर लड़की को एक वर्ष में 300 दिन रोजाना 600 कैलोरी और 18–20 ग्राम प्रोटीन और माइक्रोन्यूट्रीएन्ट्स (जो आहार संबंधी अनुशंसित अंश का करीब एक तिहाई है) प्रदान किए जाते हैं। पोषण गर्भवती और स्तनपान कराने वाली माता (पी और एल) के लिए नियमों के अनुसार प्रदान किया जाता है। पोषण प्रदान करने वाले घटक का उद्देश्य किशोर लड़कियों के स्वास्थ्य और पोषण अवस्था में सुधार लाना है जबकि पोषण नहीं प्रदान करने वाला घटक वृद्धि की जरूरतों को पूरा करता है। पोषण नहीं प्रदान करने वाले घटक में, 11–18 वर्ष की स्कूल छोड़ चुकी लड़कियों को आईएफए सप्लीमेंटेशन, स्वास्थ्य जांच और रैफरल सेवा, पोषण और स्वास्थ्य शिक्षा, किशोरी को प्रजनन संबंधी यौन स्वास्थ्य (एआरएसएच) काउंसलिंग/परिवार कल्याण के बारे में दिशानिर्देश, जीवन कौशल शिक्षा, सार्वजनिक सेवाओं तक पहुंचने के बारे में दिशानिर्देश और व्यावसायिक प्रशिक्षण (केवल 16–18 वर्ष की किशोर लड़कियों के लिए) प्रदान किया जाता है। इस योजना का एक और उद्देश्य स्कूल छोड़ चुकी लड़कियों को मुख्यधारा में लाकर स्कूल व्यवस्था में शामिल करना है।

जंक फूड दिशानिर्देश

जंक फूड दिशानिर्देश तैयार किए गए और इन्हें लागू करने के लिए मानव संसाधन विकास मंत्रालय तथा स्वास्थ्य और परिवार कल्याण मंत्रालय के पास भेजा गया। मानव संसाधन विकास मंत्रालय ने सीबीएसई से संबद्ध सभी स्कूलों से आग्रह किया कि वे इनका पालन करें। इसके पश्चात मंत्रालय से अनुरोध किया गया कि वह सभी राज्यों/केंद्रशासित प्रदेशों को परामर्श जारी करे। दिशानिर्देशों में यह भी सुझाव दिया गया कि विक्रेताओं/रेहड़ी-पटरी वालों को किसी स्कूल के 200 मीटर के दायरे में स्कूल के समय के दौरान जंक फूड बेचने की इजाजत नहीं दी जाए। दिशानिर्देशों में ऐसे उपयुक्त भोजन की सूची प्रदान की गई थी जो स्कूल कैंटीन में बेचे जा सकते हैं।

खाद्य और पोषण बोर्ड की प्रमुख पहलें

महिला और बाल विकास मंत्रालय के अंतर्गत खाद्य और पोषण बोर्ड (एफएनबी) 4 खाद्य जांच प्रयोगशालाएं स्थापित करने की प्रक्रिया में है ये हैं: फरीदाबाद में केंद्रीय प्रयोगशाला और मुंबई, चेन्नई और कोलकाता में 3 क्षेत्रीय जांच प्रयोगशालाएं स्थापित की जाएंगी जहां खाद्य सुरक्षा के लिए भोजन और

पूरक पोषण का विश्लेषण किया जाएगा और आईसीडीएस योजना में पूरक पोषण के पोषण और भोजन संबंधी नियम की गुणवत्ता सुनिश्चित की जाएगी।

महिला और बाल विकास मंत्रालय ने लोगों में, विशेषकर महिलाओं और बच्चों में आयरन, विटामिन ए, आयोडीन और अन्य सूक्ष्म पोषक तत्वों की कमी को गंभीरता से लेते हुए भोजन में अतिरिक्त सामग्री के जरिए इस समस्या को दूर करने के लिए पहल की। इस संबंध में, भोजन में अतिरिक्त सामग्री के बारे में एक विस्तृत नियम बनाया गया जिसे 'खाद्य सुरक्षा और मानक' (भोजन का सुदृढ़ीकरण) नियमन, 2016 नाम दिया गया। इसका संचालन एफएसएसएम कर रहा है जो प्रमुख मूल खाद्यानों गेहूं का आटा, चावल, दूध, खाने का तेल और नमक के सुदृढ़ीकरण मानक तय करता है। सुदृढ़ीकृत खाद्यानों के लिए एक प्रतीकचिह्न भी दिया गया है।

बच्चों के लिए राष्ट्रीय कार्ययोजना

बच्चों के लिए राष्ट्रीय कार्ययोजना (एनपीएसी) 2016 राष्ट्रीय बाल नीति में अभिन्न अंग के रूप में शामिल सिद्धांतों पर आधारित है। कार्ययोजना के चार प्रमुख क्षेत्र हैं; जीवित रहना, स्वास्थ्य और पोषण; शिक्षा और विकास; संरक्षण; और भागीदारी। एनपीएसी का कार्य सुनिश्चित करना है कि वर्तमान कार्यक्रमों को सम्मिलित किया जाए और नये कार्यक्रमों की शुरुआत की जाए ताकि पूर्णत: स्पष्ट रणनीतियों और क्रियाकलापों के जरिए लक्ष्यों पर ध्यान दिया जा सके जिससे बच्चों के लिए वांछित नतीजे हासिल किए जा सकें।

लाभार्थी को सीधे हस्तांतरण

भारत सरकार ने लाभार्थी को सीधे हस्तांतरण (डीबीटी) को अपनाया और सेवाएं देने, व्यक्तियों और समूहों को केंद्रीय क्षेत्र और केंद्र प्रायोजित विभिन्न योजनाओं के लाभ अथवा सब्सिडी देने के लिए लाभार्थियों की पहचान के रूप में आधार का इस्तेमाल किया जहां भारत की जमा राशि खर्च होती है। अपनी योजनाओं में डीबीटी को लागू करने के सरकार के निर्देशों का पालन करते हुए, महिला और बाल विकास मंत्रालय ने कार्यान्वयन के लिए 15 योजनाओं/घटकों की पहचान की है। प्रधानमंत्री मातृ वंदना योजना के अंतर्गत मातृत्व लाभ की प्रोत्साहन राशि लाभार्थी के खाते में सीधे हस्तांतरित करने के लिए, मंत्रालय ने एक पोर्टल https://pmmvy-cas.nic.in शुरू किया है। यह पोर्टल स्थानीय सरकार निदेशक कोड (एलजीडी) से भी जुड़ा हुआ है जो स्थान को भी रिकॉर्ड करता है।

सोशल मीडिया में भी मौजूदगी

मंत्रालय फेसबुक, ट्वीटर और यूट्यूब जैसे सोशल मीडिया मंचों पर भी सक्रिय है जिसके लाखों फॉलोअर हैं। सोशल मीडिया का इस्तेमाल महिलाओं और बच्चों से संबंधित मुद्दों, सकारात्मक नजरिया देने और आचरण में बदलाव जैसे विषयों पर आम जनता के बीच जागरुकता पैदा करना है। इस माध्यम का इस्तेमाल सरकार की विभिन्न योजनाओं और कार्यक्रमों का प्रसार करने के लिए भी किया जा रहा है ताकि नागरिकों की प्रतिबद्धता बढ़ाई जा सके। सरकार के नागरिकों तक पहुंचने के लिए सोशल मीडिया की पहुंच और शक्ति का इस्तेमाल करने के समान, महिला और बाल विकास मंत्रालय ने मदद शुरू कर दी है जहां महिलाएं और बच्चे अपनी शिकायतें भेज सकते हैं। मंत्रालय एक शिकायत निवारण प्रकोष्ठ भी चला रहा है जो देशभर से महिलाओं और बच्चों की ई-मेल के जरिए मिलने वाली सीधी शिकायतों को दर्ज करता है और उनका जवाब देता है।

29 युवा मामले और खेल

देश की आबादी में युवा सबसे ऊर्जावान और सक्रिय वर्ग का प्रतिनिधित्व करते हैं। भारत दुनिया में सबसे अधिक युवा आबादी वाला देश है। यहां लगभग 65 प्रतिशत जनसंख्या 35 वर्ष से कम आयु के लोगों की है। देश की आबादी का 27.5 प्रतिशत 15 से 29 वर्ष के आयु वर्ग में है। अनुमान है कि 2020 तक भारत की आबादी की औसत आयु केवल 28 वर्ष होगी। जनसंख्या का यह हिस्सा अपार अवसर प्रदान करता है। इसका लाभ उठाने के लिए जरूरी है कि अर्थव्यवस्था में श्रम शक्ति में वृद्धि करने की क्षमता हो। युवा, पूरी तरह शिक्षित, कुशल तथा स्वास्थ्य के प्रति जागरूक हों और हर तरह से सक्षम हों ताकि वे अर्थव्यवस्था में उपयोगी योगदान कर सकें। भारत सरकार, विभिन्न मंत्रालयों/विभागों के माध्यम से युवाओं के लिए कार्यक्रमों पर बड़ा निवेश करती है।

राष्ट्रीय युवा नीति

राष्ट्रीय युवा नीति 2014 को फरवरी 2014 में लागू किया गया था। इसे राष्ट्रीय युवा नीति 2003 के स्थान पर लाया गया था। 2014 की नीति को सभी संबद्ध पक्षों के साथ विस्तृत विचार-विमर्श के बाद अंतिम रूप दिया गया। इस नीति में 15 से 29 वर्ष के व्यक्तियों को युवा के रूप में परिभाषित किया गया है।

युवाओं के लिए योजनाएं

युवा कार्यक्रम विभाग, युवाओं के विकास और सशक्तीकरण के लिए कई योजनाएं चला रहा था। इनमें से कुछ योजनाओं पर सालाना 10 करोड़ रुपये से कम खर्च किया जाता था। इनकी उपयोगिता में सुधार के लिए इनका विलय कर केवल एक योजना तैयार करने की जरूरत महसूस की गई जो विभाग की सर्वोत्कृष्ट योजना बन सके। इससे इन योजनाओं को एक साथ प्रभावी तरीके से लागू किया जा सकेगा और मौजूदा संसाधनों से ही बेहतर नतीजे हासिल किए जा सकेंगे।

विभाग ने सभी योजनाओं के पुनर्गठन/सुदृढ़ीकरण के बड़े कार्यक्रम का बीड़ा उठाया और इसे संपन्न किया। अब युवा कार्यकम विभाग, निम्न तीन सर्वोत्कृष्ट योजनाओं के तहत ये कार्यक्रम लागू कर रहा है:

क्र.सं.	पूर्व योजना का नाम	नई योजना का नाम
1.	नेहरू युवा केंद्र संगठन (एनवाईकेएस)	इन योजनाओं का एक नई अंब्रेला स्कीम में विलय हुआ जिसे नई योजना-राष्ट्रीय युवा सशक्तीकरण कार्यक्रम (आरवाईएसके)
2.	राष्ट्रीय युवा कोर	

3.	राष्ट्रीय युवा और किशोर विकास कार्यक्रम	
4.	अंतरराष्ट्रीय सहयोग	
5.	युवा छात्रावास (वाईएच)	
6.	स्काउट और गाइड संगठनों को सहायता	
7.	राष्ट्रीय अनुशासन योजना (एनडीएस)	
8.	राष्ट्रीय युवा नेता कार्यक्रम (एनवाईएलपी)	
9.	राष्ट्रीय सेवा योजना (एनएसएस)	राष्ट्रीय सेवा योजना (एनएसएस)
10.	राजीव गांधी राष्ट्रीय युवा विकास संस्थान (आरजीएनआईवाईडी)	राजीव गांधी राष्ट्रीय युवा विकास संस्थान (आरजीएनआईवाईडी)

राष्ट्रीय युवा सशक्तीकरण कार्यक्रम

नेहरू युवा केंद्र संगठन

नेहरू युवा केंद्र संगठन (एनवाईकेएस) की स्थापना 1972 में की गई थी। यह दुनिया के सबसे बड़े युवा संगठनों में शामिल है। लगभग 87 लाख युवा, 3.04 लाख युवा क्लबों/महिला मंडलों के माध्यम से इस संस्थान ने नेहरू युवा केंद्रों के माध्यम से 623 जिलों में अपनी उपस्थिति दर्ज की है। इस कार्यक्रम का उद्देश्य युवाओं के व्यक्तित्व को निखारना, उनमें नेतृत्व के गुणों का विकास करना और उन्हें राष्ट्र निर्माण की गतिविधियों में लगाना है। संस्थान साक्षरता तथा शिक्षा, स्वास्थ्य तथा परिवार कल्याण, स्वच्छता, साफ-सफाई, पर्यावरण संरक्षण, सामाजिक मुद्दों के प्रति जागरुकता, महिला सशक्तीकरण, ग्रामीण विकास, कौशल विकास, स्व-रोज़गार, उद्यमशीलता विकास, नगर विषयक शिक्षा, आपदा राहत और पुनर्वास जैसी गतिविधियों पर ध्यान केंद्रित करता है। नेहरू युवा केंद्रों से जुड़े युवा न केवल सामाजिक रूप से जागरूक और अभिप्रेरित होते हैं बल्कि स्वैच्छिक प्रयासों से सामाजिक विकास कार्यों के प्रति समर्पित भी होते हैं।

राष्ट्रीय युवा कोर

राष्ट्रीय युवा कोर योजना 2010-11 में शुरू की गई थी। इसे राष्ट्रीय युवा केंद्र संस्थान के माध्यम से लागू किया जा रहा है। इसके मुख्य उद्देश्य इस प्रकार हैं- ऐसे अनुशासित और समर्पित युवाओं का समूह बनाना जिनका झुकाव और जज़्बा राष्ट्र निर्माण के कार्यों के प्रति हैं; समावेशी विकास (सामाजिक और आर्थिक) हासिल करने में मदद करना; अपरिवर्तक समूह और साथी समूह शिक्षक के रूप में कार्य करना; विशेषकर लोकाचार, सत्यनिष्ठा और श्रम की गरिमा की दृष्टि से युवा साथियों के लिए अनुकरणीय व्यक्तित्व के रूप में कार्य करना।

इस योजना के तहत 18 से 25 वर्ष के युवाओं को स्वयंसेवक के रूप में अधिकतम दो वर्ष के लिए राष्ट्र निर्माण कार्यों में लगाया जाता है। इसके लिए न्यूनतम शैक्षिक योग्यता दसवीं पास है। इन्हें प्रारंभ में प्रतिमाह ढाई हजार रुपये मानदेय दिया जाता था जिसे बढ़ाकर अब 5,000 रुपये प्रतिमाह कर दिया गया है। इनका चयन एक चयन समिति करती है, जिसका प्रमुख संबद्ध जिले का जिला कलेक्टर या उपायुक्त होता है। स्वयंसेवकों को नियुक्ति के तुरंत बाद 15 दिन का प्रशिक्षण दिया जाता है और दूसरे वर्ष में सात दिन का पुनश्चर्या प्रशिक्षण दिया जाता है। सामान्यत: प्रत्येक ब्लॉक में दो स्वयंसेवक नियुक्त किए जाते

हैं। ये ब्लॉक में राष्ट्रीय युवा केंद्र संस्थान की विस्तारिक इकाई के रूप में कार्य करते हैं और संस्थान के विभिन्न कार्यक्रमों और पहलों के क्रियान्वयन में सक्रिय भूमिका निभाते हैं।

राष्ट्रीय युवा और किशोर कार्यक्रम

राष्ट्रीय युवा और किशोर कार्यक्रम (एनपीवाईएडी) 1 अप्रैल, 2008 से लागू किया गया था। इसके अंतर्गत युवाओं और किशोरों के विकास से संबंधित कार्यकलापों के लिए सरकारी और गैर–सरकारी संगठनों को वित्तीय सहायता दी जाती है। यह सहायता इन पांच प्रमुख घटकों के लिए सहायता दी जाती है– युवा नेतृत्व और व्यक्तित्व विकास प्रशिक्षण; राष्ट्रीय अखंडता संवर्द्धन; साहसिक कार्य संवर्द्धन–तेजिंग नोर्गे राष्ट्रीय साहसिक कार्य पुरस्कार; किशोरों का विकास तथा सशक्तीकरण और तकनीकी तथा संसाधन विकास।

यूथ हॉस्टल

यूथ हॉस्टलों का निर्माण युवाओं को भ्रमण के लिए प्रोत्साहित करने के लिए किया गया है ताकि वे देश की समृद्ध सांस्कृतिक विरासत को जान सकें। इनका निर्माण केंद्र और राज्य सरकार के सहयोग से किया जाता है। केंद्र सरकार इनके निर्माण में आए खर्च का वहन करती है तो राज्य सरकारें पूरी तरह विकसित जमीन निःशुल्क उपलब्ध कराती है। राज्य सरकारें जलआपूर्ति, बिजली कनेक्शन और सड़क संपर्क की व्यवस्था भी करती है। यूथ हॉस्टल ऐतिहासिक तथा सांस्कृतिक महत्व के स्थानों, शिक्षण केंद्रों और पर्यटन स्थलों में बनाए गए हैं। ये हॉस्टल युवाओं को उचित दर पर ठहरने की अच्छी सुविधा उपलब्ध कराते हैं। मौजूदा 83 हॉस्टलों में से 11 को नेहरू युवा केंद्र संस्थानों, भारतीय खेल प्राधिकरण और संबद्ध राज्यों को हस्तांतरित किया गया है ताकि युवा इनका अधिकतम इस्तेमाल कर सकें और खेलों का विकास हो सके। शेष 72 हॉस्टल सीधे मंत्रालय के नियंत्रण में हैं।

स्काउट और गाइड संगठनों की सहायता

विभाग, स्काउट और गाइड संगठनों को सहायता देता है ताकि देश में स्काउट और गाइड आंदोलन को बढ़ावा दिया जा सके। यह एक अंतरराष्ट्रीय आंदोलन है, जिसका उद्देश्य युवा लड़कों–लड़कियों में राष्ट्र भक्ति तथा सेवा की भावना पैदा करना और आदर्शवाद, विश्वास तथा चरित्र का निर्माण करना है। स्काउट और गाइड संगठनों को प्रशिक्षण शिविरों, कौशल विकास कार्यक्रमों और उत्सवों आदि के आयोजन के लिए वित्तीय सहायता दी जाती है। इनकी अन्य गतिविधियों में प्रौढ़ शिक्षा, पर्यावरण संरक्षण, सामुदायिक सेवा, स्वास्थ्य जागरुकता, स्वास्थ्य और साफ–सफाई को बढ़ावा देना शामिल है।

राष्ट्रीय युवा नेतृत्व कार्यक्रम

राष्ट्रीय युवा नेतृत्व कार्यक्रम नाम की एक नई केंद्रीय क्षेत्र की योजना 2014 में शुरू की गई। इसका उद्देश्य युवाओं में नेतृत्व की क्षमता पैदा करना है ताकि वे राष्ट्र निर्माण की प्रक्रिया में योगदान के लिए अपनी क्षमता का पूरा इस्तेमाल कर सकें। इसका मकसद युवाओं को अपने–अपने क्षेत्र में श्रेष्ठता हासिल करने के लिए प्रेरित करना भी है ताकि वे विकास की प्रक्रिया का नेतृत्व कर सकें। इस कार्यक्रम का लक्ष्य युवाओं की असीम ऊर्जा का उपयोग राष्ट्र–निर्माण में करना है। राष्ट्रीय युवा नीति, 2014 की परिभाषा के अनुरूप 15 से 29 वर्ष के युवा इस कार्यक्रम से लाभ उठा सकते हैं। इसके प्रमुख घटक हैं– पड़ोस युवा संसद; विकास कार्यक्रमों हेतु युवा; राष्ट्रीय युवा नेता पुरस्कार; राष्ट्रीय युवा सलाहकार परिषद और राष्ट्रीय युवा विकास कोष।

राष्ट्रीय सेवा योजना

राष्ट्रीय सेवा योजना (एनएसएस) 1969 में शुरू की गई थी। इसका प्रमुख उद्देश्य स्वैच्छिक समाज सेवा के जरिए युवा विद्यार्थियों के व्यक्तित्व और चरित्र का निर्माण करना है। इस योजना का लक्ष्य 'सेवा के माध्यम से शिक्षा' है। योजना का सिद्धांत महात्मा गांधी के आदर्शों पर आधारित है। इसका आदर्श वाक्य 'मैं नहीं, बल्कि आप हैं।' इसके स्वयं सेवक, अपने से अधिक, समुदाय को अहमियत देते हैं। योजना का उद्देश्य कार्यकर्ताओं में इन गुणों/क्षमताओं का विकास करना है- उस समुदाय को समझना जिसमें स्वयंसेवी काम करते हैं और उस समुदाय के संबंध में स्वयं को समझना; समुदाय की जरूरतों तथा समस्याओं को समझना और उनका समाधान करना; अपने में सामाजिक तथा नागरिक उत्तरदायित्व की भावना पैदा करना; व्यक्तियों और समुदाय की समस्याओं का व्यावहारिक समाधान खोजने के लिए अपनी जानकारी का इस्तेमाल करना; समुदाय को भागीदार बनाने का कौशल हासिल करना और राष्ट्रीय अखंडता तथा सामाजिक सद्भावना पर अमल करना।

राजीव गांधी राष्ट्रीय युवा विकास संस्थान

राजीव गांधी राष्ट्रीय युवा विकास संस्थान (आरजीएनआईवाईडी), श्रीपेरम्बदूर, तमिलनाडु, युवा मामले और खेल मंत्रालय के अधीन एक राष्ट्रीय महत्व का संस्थान है। इसकी स्थापना समिति पंजीकरण कानून, 1975 के तहत 1993 में की गई थी। मानव संसाधन विकास मंत्रालय ने 2008 में इसे 'डे-नोवो' श्रेणी के अंतर्गत विश्वविद्यालय के समकक्ष का दर्जा दिया। यह संस्थान एक महत्वपूर्ण स्रोत के रूप में कई प्रकार के कार्य करता है। यह देशभर में विस्तार और पहुंच पहल के अलावा स्नातकोत्तर स्तर के शैक्षिक कार्यक्रम चलाता है, युवाओं के विकास के लिए महत्वपूर्ण मौलिक अनुसंधान करता है और प्रशिक्षण तथा क्षमता निर्माण के कार्यक्रम चलाता है।

खेल

खेल-कूद हमेशा से ही व्यक्तित्व के चहुंमुखी विकास का अंग रहा है। खेल मनोरंजन और शारीरिक फुर्ती के साथ-साथ स्वस्थ प्रतिस्पर्धा और समाज में लगाव की भावना पैदा करने में महत्वपूर्ण भूमिका निभाते हैं। खेलों में उपलब्धियां हमेशा से ही राष्ट्रीय गौरव और प्रतिष्ठा का स्रोत रही हैं। आधुनिक खेल अब बेहद प्रतिस्पर्धी हो गए हैं। आज आधुनिक उपकरणों, आधारभूत-ढांचे आधुनिक वैज्ञानिक समर्थन की वजह से अंतरराष्ट्रीय स्तर पर खेल परिदृश्य पूरी तरह से बदल गया है। आधुनिक बुनियादी ढांचे, उपकरणों और आधुनिक वैज्ञानिक सहयोग आदि की बढ़ती मांग के मद्देनजर भारत सरकार ने खिलाड़ियों की मदद के लिए कई पहल की हैं।

राष्ट्रीय खेल नीति

राष्ट्रीय खेल नीति, 2001 प्रमुख रूप से खेलों में विशिष्टता को प्रोत्साहन देती है और इसे व्यापक बनाती है। इस नीति की प्रमुख बातें इस प्रकार हैं- (1) खेलकूद के आधार को व्यापक करना और विशिष्टता हासिल करना; (2) बुनियादी ढांचे का उन्नयन और विकास; (3) राष्ट्रीय खेल परिसंघों तथा अन्य उचित निकायों को समर्थन तथा सहयोग; (4) खेलों में वैज्ञानिक और कोचिंग समर्थन को मजबूत करना; (5) खेलों को बढ़ावा देने के लिए प्रोत्साहन; (6) महिलाओं, अनुसूचित जातियों और ग्रामीण युवाओं की भागीदारी बढ़ाना; (7) खेलों के प्रचार-प्रसार में कॉरपोरेट क्षेत्र को शामिल करना; (8) आम जनता में खेल के प्रति रुचि बढ़ाना।

खेलो इंडिया

खेलो इंडिया एक नई समग्र योजना है जिसमें राजीव गांधी खेल अभियान(आरजीकेए), शहरी खेल आधारभूत संरचना योजना (यूएसआईएस) तथा राष्ट्रीय खेल प्रतिभा खोज प्रणाली कार्यक्रम (एनएसटीएसएस) जैसी वर्तमान में जारी योजनाओं को समाहित किया गया है। वार्षिक खेल प्रतिस्पर्धाओं के माध्यम से युवाओं की खेलों में जनभागीदारी, उभरती हुई खेल प्रतिभाओं की पहचान तथा विकासखंड, जिला एवं राज्य/केंद्रशासित प्रदेश स्तर पर खेल आधारभूत संरचनाओं का सृजन इस योजना के उद्देश्य हैं। नवीकृत खेलो इंडिया योजना के अब बारह घटक होंगे। इसे राष्ट्रीय खेल नीति 2001 के दो लक्ष्यों को हासिल करने के उद्देश्य से शुरू किया जा रहा है। ये लक्ष्य हैं- खेलों का आधार व्यापक बनाना और खेलों में श्रेष्ठता हासिल करना। इससे देश में खेल संस्कृति को बढ़ावा मिलेगा और खेलों के साथ-साथ बच्चों, युवाओं और समुदाय का विकास होगा। इसके अलावा लड़की-लड़के में समानता स्वस्थ राष्ट्र, राष्ट्रीय गौरव और खेल विकास संबंधी आर्थिक अवसरों में बढ़ोतरी होगी।

भारतीय खेल प्राधिकरण

राष्ट्रीय खेल परिसंघों को सहायता देने की योजना

इस योजना के अंतर्गत भारत सरकार राष्ट्रीय खेल परिसंघों (एनएसएफ) को देश में राष्ट्रीय एवं अंतर्राष्ट्रीय प्रतिस्पर्धाएं आयोजित करवाने, विदेशों में आयोजित खेल प्रतिस्पर्धाओं में भाग लेने तथा प्रशिक्षण शिविरों के आयोजन, खेल संबंधी उपकरणों की खरीद और विदेशी प्रशिक्षक (कोच) की नियुक्ति आदि हेतु सहायता उपलब्ध कराती है। भारत में आयोजित अंतरराष्ट्रीय प्रतिस्पर्धाओं के लिए वित्तीय सहायता अब 10 लाख रुपये प्रति टूर्नामेंट से बढाकर 30 लाख रुपये प्रति टूर्नामेंट कर दी गई है। राष्ट्रीय चैंपियनशिप के आयोजन के लिए भी सहायता राशि में वृद्धि की गई है। अब सीनियर वर्ग के लिए 05 लाख रुपये, जूनियर वर्ग के लिए 07 लाख रुपये और सब-जूनियर वर्ग के लिए 10 लाख रुपये दिए जाएंगे। एथलीटों के लिए 05 लाख रुपये की चिकित्सा बीमा पॉलिसी एवं 25 लाख रुपये की व्यक्तिगत दुर्घटना पॉलिसी की भी अनुमति दी गयी है। परंपरागत टूर्नामेंट्स को बढ़ावा देने के लिए ऐसी प्रत्येक प्रतिस्पर्धा हेतु 05 लाख रुपये की सहायता का प्रावधान किया गया है। देश में ही जाने-माने टूर्नामेंट्स के आयोजन के लिए अब 25 लाख रुपये दिए जाएंगे।

खेलों में मानव संसाधन विकास की योजना

केंद्रीय क्षेत्र की खेलों में मानव संसाधन विकास की योजना की शुरुआत 2013-14 में प्रतिभा खोज एवं प्रशिक्षण योजना के पूर्ण रूपेण संशोधन के बाद की गई थी। योजना का मुख्य उद्देश्य खेल प्रबंधन के अकादमिक (शैक्षणिक) और बौद्धिक पक्ष को महत्व देना है। ऐसा योग्य अभ्यर्थियों को खेलों से सम्बंधित ऐसे विशिष्ट क्षेत्रों, जिनमें अभी तक अपर्याप्त मानव संसाधन हैं, में परा-स्नातक (मास्टर्स) और शोध (डॉक्टोरल) स्तर हेतु विशिष्ट अध्ययन के लिए फेलोशिप दिए जाने के उद्देश्य से किया गया है।

दिव्यांगों के लिए खेलकूद और खेलों की योजना

दिव्यांगों के लिए खेलकूद और खेलों की योजना (एसएसजीडी) केंद्रीय क्षेत्र की एक और योजना है जो 2009-10 से लागू है। इस योजना के अंतर्गत स्कूलों के लिए खपत योग्य एवं गैर-खपत योग्य उपकरणों की खरीद और कोचिंग, प्रशिक्षकों (कोचों) का प्रशिक्षण, दिव्यांगों के लिए जिला, राज्य एवं राष्ट्रीय स्तर की खेल प्रतिस्पर्धाओं के आयोजन हेतु केंद्र द्वारा वित्तीय सहायता उपलब्ध करवाई जाती है।

राष्ट्रीय खेल विकास कोष

राष्ट्रीय खेल विकास कोष (एनएसडीएफ) की स्थापना 1998 में केंद्र सरकार द्वारा खेलों को बढ़ावा देने के उद्देश्य से सरकार के अलावा गैर-सरकारी स्रोतों, निजी व कॉरपोरेट क्षेत्र एवं प्रवासी भारतियों से धन जुटाने के लिए की गई थी। इस कोष का इस्तेमाल खेलों को प्रोत्साहित करने तथा विशेष खेलों एवं खिलाड़ियों को राष्ट्रीय तथा अंतरराष्ट्रीय स्तर की उत्कृष्टता हासिल कराने; खिलाड़ियों, प्रशिक्षुकों तथा खेल विशेषज्ञों को संबंधित खेल क्षेत्र में विशेष प्रशिक्षण एवं कोचिंग देने; खेल में उत्कृष्टता बढ़ाने के लिए यथाआवश्यक बुनियादी सुविधाओं के निर्माण एवं रखरखाव के लिए; खेल में श्रेष्ठता को बढ़ावा देने के उद्देश्य से सरकारी तथा गैर-सरकारी संगठनों को उपकरण आपूर्ति करने; खेल में उत्तमता लाने के लिए समस्याओं की पहचान करने तथा अनुसंधान एवं विकासात्मक अध्ययन करने के लिए किया जाता है।

खिलाड़ियों के प्रोत्साहन संबंधी योजना

युवा कार्यक्रम और खेल मंत्रालय खिलाड़ियों को खेलों में आगे बढ़ने के लिए प्रोत्साहन हेतु निम्न विभिन्न योजनाओं का क्रियान्वयन करता है:

राजीव गांधी खेल रत्न पुरस्कार

यह पुरस्कार 1991-92 में शुरू किया गया था। इसका उद्देश्य खिलाड़ियों को सम्मानित करना है, जिससे उनका दर्जा बढ़ सके और उन्हें समाज में अधिक प्रतिष्ठा और सम्मान मिल सके। इस योजना के तहत किसी खिलाड़ी को पिछले चार साल में शानदार प्रदर्शन के लिए सम्मानित किया जाता है। इस पुरस्कार में 7.5 लाख रुपये की राशि प्रदान की जाती है।

अर्जुन पुरस्कार

अर्जुन पुरस्कार की शुरुआत 1961 में की गई थी। इसके तहत किसी खिलाड़ी का पिछले चार साल के दौरान अंतरराष्ट्रीय स्तर पर शानदार प्रदर्शन होना चाहिए। जिस साल पुरस्कार की सिफारिश की गई हो, उस वर्ष उसका प्रदर्शन विशिष्ट होना चाहिए। इसके अलावा, उस खिलाड़ी में नेतृत्व, खेल भावना और अनुशासन का गुण भी दिखाया हो। इस पुरस्कार के तहत एक लघु प्रतिमा प्रमाण-पत्र, समारोह की ड्रेस और 5 लाख रुपये नकद दिए जाते हैं। हर साल अधिकतम 15 पुरस्कार दिए जा सकते हैं।

ध्यानचंद लाइफटाइम अचीवमेंट पुरस्कार

खेलों में लाइफटाइम अचीवमेंट के लिए ध्यानचंद पुरस्कार 2002 में शुरू किया गया था। यह पुरस्कार उन खिलाड़ियों को सम्मानित करने के लिए दिया जाता है जिन्होंने अपने प्रदर्शन से खेलों में योगदान दिया और सक्रिय खेल करियर से सेवानिवृत्ति के बाद भी वे खेल को आगे बढ़ाने के लिए योगदान दे रहे हैं। इस पुरस्कार में एक लघु प्रतिमा प्रमाण-पत्र, समारोह की ड्रेस और पांच लाख रुपये नकद दिए जाते हैं। प्रत्येक वर्ष अधितम तीन पुरस्कार दिए जा सकते हैं।

द्रोणाचार्य पुरस्कार

द्रोणाचार्य पुरस्कार की शुरुआत 1985 में हुई थी। यह पुरस्कार उन प्रशिक्षकों को सम्मानित करने के लिए दिया जाता है जिनके द्वारा प्रशिक्षित खिलाड़ियों और टीमों ने अंतरराष्ट्रीय स्तर पर उल्लेखनीय नतीजे दिए हों। इस पुरस्कार के तहत गुरु द्रोणाचार्य की प्रतिमा, प्रमाण-पत्र, समारोह की ड्रेस और पांच लाख रुपये नकद दिए जाते हैं। एक साल में अधिकतम 5 पुरस्कार दिए जा सकते हैं।

मौलाना अबुल कलाम आज़ाद ट्रॉफी

यह ट्रॉफी 1956–57 में शुरू हुई थी। अंतरविश्वविद्यालयी प्रतियोगिताओं में सर्वश्रेष्ठ प्रदर्शन करने वाले विश्वविद्यालयों को मौलाना अबुल कलाम आज़ाद (माका) ट्रॉफी प्रदान की जाती है। यह ट्रॉफी रोलिंग होती है, जो पिछले विजेता से नए विजेता के पास जाती है। माका ट्रॉफी का एक छोटा प्रतिरूप भी विश्वविद्यालय को दिया जाता है, जिसे वे अपने पास रखते हैं, इसके अतिरिक्त विश्वविद्यालय को 10 लाख रुपये का नकद पुरस्कार भी दिया जाता है। दूसरे और तीसरे स्थान पर रहने वाले विश्वविद्यालयों को क्रमशः पांच लाख और तीन लाख रुपये का पुरस्कार दिया जाता है।

राष्ट्रीय खेल प्रोत्साहन पुरस्कार

खिलाड़ियों और प्रशिक्षकों के अलावा खेलों के विकास में योगदान देने वाली इकाइयों को सरकार ने वर्ष 2009 से एक नया पुरस्कार राष्ट्रीय खेल प्रोत्साहन पुरस्कार देना शुरू किया है। इसमें 4 श्रेणियां हैं– उभरती युवा प्रतिभाओं की पहचान और उन्हें प्रोत्साहन, कॉरपोरेट सामाजिक दायित्व के जरिए खेलों को प्रोत्साहन, खेल से जुड़े लोगों को रोज़गार तथा खेल कल्याण उपाय और खेलों का विकास। इन सभी श्रेणियों में इस पुरस्कार के तहत प्रशंसा पत्र और ट्रॉफी दी जाती है। इसमें कोई नकद राशि नहीं दी जाती है।

अंतरराष्ट्रीय खेल प्रतिस्पर्धाओं के पदक विजेताओं और उनके प्रशिक्षकों को विशेष पुरस्कार

यह योजना 1986 में बेहद शानदार प्रदर्शन करने वाले खिलाड़ियों को प्रेरित करने और प्रोत्साहित करने के लिए शुरू की गई थी। इसका मकसद युवाओं के खेल को करियर के रूप में चुनने के लिए प्रोत्साहित करना भी है। इस योजना के तहत साल के दौरान आयोजित अंतरराष्ट्रीय खेल प्रतियोगिताओं के पदक विजेताओं और उनके प्रशिक्षकों को निम्न दरों के आधार पर विशेष पुरस्कार दिया जाता है:

(क) श्रेणी: मुक्त श्रेणी खेल

क्र. सं	खेल प्रतियोगिता का नाम	पुरस्कार राशि (रुपये में)		
		स्वर्ण पदक	रजत पदक	कांस्य पदक
1.	ओलंपिक खेल (ग्रीष्म एवं शीतकालीन)	75 लाख	50 लाख	30 लाख
2.	एशियाई खेल	30 लाख	20 लाख	10 लाख
3.	राष्ट्रमंडल खेल	30 लाख	20 लाख	10 लाख
4.	विश्व चैंपियनशिप या विश्व कप (प्रत्येक चार साल में एक बार आयोजित) ऑल इंग्लैंड बैडमिंटन चैंपियन	40 लाख	25 लाख	15 लाख
5.	विश्व चैंपियनशिप/विश्व कप (दो साल में आयोजित)	20 लाख	14 लाख	8 लाख
6.	विश्व चैंपियनशिप/विश्व कप (एक साल में एक बार आयोजित)	10 लाख	7 लाख	4 लाख

7.	एशियाई चैंपियनशिप (चार वर्ष में एक बार)	15 लाख	10 लाख	5 लाख
8.	एशियाई चैंपियनशिप (दो वर्ष में एक बार)	7.5 लाख	5 लाख	2.5 लाख
9.	एशियाई चैंपियनशिप (एक वर्ष में एक बार)	3.75 लाख	2.5 लाख	1.25 लाख
10.	राष्ट्रमंडल चैंपियनशिप (चार वर्ष में एक बार आयोजित)	15 लाख	10 लाख	5 लाख
11.	राष्ट्रमंडल चैंपियनशिप (दो वर्ष में एक बार आयोजित)	7.5 लाख	5 लाख	2.5 लाख
12.	राष्ट्रमंडल चैंपियनशिप (हर वर्ष आयोजित)	3.75 लाख	2.5 लाख	1.25 लाख
13.	अंतरराष्ट्रीय विश्वविद्यालय खेल	3.75 लाख	2.5 लाख	1.25 लाख

(ख) श्रेणी: पैरा स्पोर्ट्स

क्र.सं.	खेल प्रतियोगिता का नाम	पुरस्कार राशि (रुपये में)		
		स्वर्ण पदक	रजत पदक	कांस्य पदक
1.	पैरा ओलंपिक खेल (ग्रीष्म एवं शीतकालीन)	75 लाख	50 लाख	30 लाख
2.	पैरा एशियाई खेल	30 लाख	20 लाख	10 लाख
3.	राष्ट्रमंडल खेल (पैरा एथलेटिक्स)	30 लाख	20 लाख	10 लाख
4.	आईपीसी वर्ल्ड कप/चैंपियनशिप (दो साल में एक बार आयोजित)	20 लाख	14 लाख	8 लाख
5.	आईपीसी वर्ल्ड कप/चैंपियनशिप (दो साल में एक बार आयोजित)	10 लाख	7 लाख	4 लाख

(ग) श्रेणी: दृष्टिबाधितों के खेल

क्र.सं.	खेल प्रतियोगिता का नाम	पुरस्कार राशि (रुपये में)		
		स्वर्ण पदक	रजत पदक	कांस्य पदक
1.	आईबीएसए वर्ल्ड चैंपियनशिप	10 लाख	7 लाख	4 लाख

(घ) श्रेणी: बधिरों के खेल

क्र.सं.	खेल प्रतियोगिता का नाम	पुरस्कार राशि (रुपये में)		
		स्वर्ण पदक	रजत पदक	कांस्य पदक
1.	बधिर ओलंपिक खेल	15 लाख	10 लाख	5 लाख

(ड़) श्रेणी: विशेष ओलंपिक खेल

क्र.सं.	खेल प्रतियोगिता का नाम	पुरस्कार राशि (रुपये में)		
		स्वर्ण पदक	रजत पदक	कांस्य पदक
1.	विशेष ओलंपिक (ग्रीष्मकालीन और शीतकालीन)	5 लाख	3 लाख	1 लाख

(च) श्रेणी: दृष्टिबाधितों के लिए क्रिकेट विश्व कप

क्र.सं.	खेल का नाम	पुरस्कार राशि (रुपये में)
1.	दृष्टिबाधित क्रिकेट विश्व कप (चार साल में आयोजित)	5 लाख

प्रतियोगिता से कम से कम 180 दिन पहले से पदक विजेताओं को प्रशिक्षित करने वाले प्रशिक्षकों को भी नकद पुरस्कार दिए जाते हैं। प्रशिक्षित खिलाड़ी को जितनी पुरस्कार राशि दी जाती है, उसके प्रशिक्षक को उसकी 50 फीसदी राशि पुरस्कार में दी जाती है। यदि प्रशिक्षक एक से अधिक हों तो राशि को बराबर हिस्सों में बांटा जाता है।

शानदार प्रदर्शन करने वाले खिलाड़ियों की पेंशन के लिए खेल कोष की योजना

यह योजना 1994 में शुरू की गई थी। कुछ पात्रता शर्तों के आधार पर पेंशन राशि को दोगुना करने का प्रस्ताव विभाग के विचाराधीन है। मौजूदा योजना के अनुसार वे खिलाड़ी जो भारतीय नागरिक हैं, जिन्होंने ओलंपिक विश्व कप/विश्व चैंपियनशिप, एशियाई, राष्ट्रमंडल और पैरा ओलंपिक खेलों में स्वर्ण, रजत और कांस्य पदक जीता है, जिनकी आयु 30 वर्ष हो चुकी है और सक्रिय खेल करियर से रिटायर हो चुके हैं वे 2008 से बढ़ी हुई निम्न पेंशन राशि पाने के पात्र हैं।

(क)	ओलंपिक खेलों के पदक विजेता	10,000/- प्रतिमाह
(ख)	ओलंपिक और एशियाई खेलों में विश्व कप/ विश्व चैंपियनशिप में स्वर्ण पदक	8,000/- प्रतिमाह
(ग)	ओलंपिक और एशियाई खेलों में विश्व कप/ विश्व चैंपियनशिप के रजत या कांस्य पदक विजेता	7,000/- प्रतिमाह
(घ)	एशियाई राष्ट्रमंडल खेलों के स्वर्ण पदक विजेता	7,000/- प्रतिमाह
(ड़)	एशियाई राष्ट्रमंडल खेलों के रजत और कांस्य पदक विजेता	6,000/- प्रतिमाह
(च)	पैरा ओलंपिक खेलों के स्वर्ण पदक विजेता	5,000/- प्रतिमाह
(छ)	पैरा ओलंपिक खेलों के रजत पदक विजेता	4,000/- प्रतिमाह
(ज)	पैरा ओलंपिक खेलों के कांस्य पदक विजेता	3,000/- प्रतिमाह

खिलाड़ियों के लिए पंडित दीनदयाल उपाध्याय राष्ट्रीय कल्याण कोष

खिलाड़ियों के लिए राष्ट्रीय कल्याण कोष का नाम बदलकर 2017 से खिलाड़ियों के लिए पंडित दीनदयाल उपाध्याय राष्ट्रीय कल्याण कोष कर दिया गया। इस कोष की स्थापना 1982 में की गई थी, ताकि अतीत में खेलों में देश को गौरव दिलाने वाले उन उत्कृष्ट खिलाड़ियों को वित्तीय सहायता मुहैया कराई जा सके जो दरिद्रता की स्थिति में हैं। खिलाड़ियों और उनके परिवार को यह सहायता खिलाड़ी को प्रशिक्षण के लिए खेल के दौरान या अंतरराष्ट्रीय प्रतियोगिता के दौरान खिलाड़ियों को घातक चोट या अन्य चोट की स्थिति में; गरीबी में जीवन व्यतीत कर रहे खिलाड़ी के परिवार को जीवनयापन के लिए, खिलाड़ियों के इलाज के लिए और खिलाड़ियों को बढ़ावा देने वाले (कोच, रेफरी और अंपायर) गरीब व्यक्तियों को एकमुश्त वित्तीय सहायता इस कोष से दी जाती है। ये सहायता उन्हें दी जाती है जिनकी सभी स्रोतों से सालाना आमदनी दो लाख रुपये से कम होती है।

खेलों में विशिष्टता को प्रोत्साहन

भारतीय खेल प्राधिकरण (साई) की स्थापना 1984 में पंजीकृत सोसायटी के रूप में की गई थी। इसका मकसद दिल्ली में आयोजित एशियाड-1982 के दौरान बनाए खेलकूद बुनियादी ढांचे का प्रभावी तरीके से रख-रखाव और अधिकतम इस्तेमाल सुनिश्चित करना है। अब यह देश में खेलों के प्रसार तथा खिलाड़ियों को राष्ट्रीय तथा अंतरराष्ट्रीय स्तर पर श्रेष्ठता हासिल करने का प्रशिक्षण प्रदान करने वाली नोडल एजेंसी है। 1987 में द सोसायटी फॉर नेशनल इंस्टीट्यूट ऑफ फिजिकल एजुकेशन एंड स्पोर्टस (एसएनआईपीईएस) का साई में विलय किया गया। इसके साथ-साथ नेताजी सुभाष नेशनल इंस्टीट्यूट ऑफ स्पोर्ट्स (एनएसएनआईएस) पटियाला और बंगलुरु, कोलकाता और गांधीनगर के संबंधित केंद्र, तिरुअनंतपुरम का लक्ष्मीबाई नेशनल कॉलेज ऑफ फिजिकल एजुकेशन साई के तहत आ गए। अब इसके क्षेत्रीय केंद्र बंगलुरु, गांधीनगर, कोलकाता, सोनीपत, भोपाल, इंफाल, चंडीगढ़ और लखनऊ में हैं। इसके अलावा यह हिमाचल प्रदेश के सिलारू में हाई एल्टिटूड ट्रेनिंग सेंटर (एचएटीसी) का भी परिचालन करता है।

साई (एसएआई) सब जूनियर, जूनियर और वरिष्ठ स्तर पर कई योजनाएं चलाता है। ये हैं- राष्ट्रीय खेल प्रतिभा प्रतियोगिता (एनएसटीसी), आर्मी ब्वॉयज स्पोर्टस कंपनी (एबीएससी), साई ट्रेनिंग प्रशिक्षण केंद्र और विशेष क्षेत्रीय खेल। इसका मकसद राष्ट्रीय और अंतरराष्ट्रीय स्तर पर श्रेष्ठता हासिल करना है। साई ने अपने प्रत्येक क्षेत्रीय केंद्र में विशिष्ट खिलाड़ियों के लिए विशिष्टता केंद्र भी स्थापित किए हैं। इनमें एक केंद्र राष्ट्रीय खेल संस्थान पटियाला में है।

साई के पांच स्टेडियम के अधिकतम इस्तेमाल के लिए 2011 में 'आओ और खेलो' योजना शुरू की गई। 2010 में राष्ट्रमंडल खेलों के लिए बड़ी राशि खर्च कर इन स्टेडियम का नवीकरण किया गया था। जवाहरलाल स्टेडियम, डॉ. करनी सिंह शूटिंग रेंज, डॉ. एसपीएम तैराकी पूल परिसर, मेजर ध्यानसंच हॉकी स्टेडियम और इंदिरा गांधी इनडोर स्टेडियम (जिम्नास्टिक, कुश्ती और साइक्लिंग वेलोड्रोम) को 2011 में खिलाड़ियों के प्रशिक्षण के लिए खोल दिया गया था। 'आओ और खेलो' योजना के काफी उत्साहजनक नतीजे मिले। दस हजार से अधिक खिलाड़ियों ने अभ्यास और प्रशिक्षण के लिए बैडमिंटन, मुक्केबाजी, बास्केटबॉल, क्रिकेट, साइक्लिंग, फुटबॉल, हॉकी, जिम्नास्टिक, जूडो,

शूटिंग, तैराकी, टेबल टेनिस, वॉलीबॉल भारोत्तोलन और कुश्ती की खेल सुविधाओं के इस्तेमाल के वास्ते नाम लिखवाया।

साई ने दिल्ली में इस योजना की सफलता के बाद इसे देशभर के अपने केंद्रों में 2011 से शुरू किया, ताकि स्थानीय युवाओं को इन केंद्रों में उपलब्ध सुविधाओं का लाभ उठाने के लिए प्रोत्साहित किया जा सके और उन्हें खेलों में भाग लेने के लिए प्रोत्साहित करने के लिए कोचिंग दी जा सके। इससे खेल सुविधाओं का अधिकतम उपयोग भी हो सकेगा। इस योजना से खेल प्रतिभाओं की तलाश भी की जा सकेगी। इससे उभरे उत्कृष्ट प्रतिभाशाली खिलाड़ियों का एक पूल बनाया जाएगा और उन्हें एसटीसी और एसएजी की नियमित आवासीय खेल संवर्द्धन योजना से जोड़ा जा सकेगा। उभरते प्रतिभावान खिलाड़ी मंत्रालय और साई की अन्य योजनाओं के तहत वित्तीय सहायता प्राप्त कर सकते है।

लक्ष्मीबाई राष्ट्रीय शारीरिक शिक्षा संस्थान

लक्ष्मीबाई राष्ट्रीय शारीरिक शिक्षा संस्थान की स्थापना 17 अगस्त , 1957 को हुई थी। यह भारत की आजादी की पहली लड़ाई का शताब्दी वर्ष था। यह विश्वविद्यालय ग्वालियर में स्थित है, जहां झांसी की रानी लक्ष्मीबाई ने देश के स्वतंत्रता संग्राम में अपनी जान दे दी थी। संस्थान द्वारा शारीरिक शिक्षा और खेलों में दिए गए योगदान के मद्देनज़र 1995 में इसका उन्नयन डीम्ड विश्वविद्यालय के रूप में किया गया। इसका खर्चा पूर्ण रूप से भारत सरकार द्वारा किया जाता है। संस्थान में निम्न पूर्णकालिक पाठ्यक्रम हैं- (1) शारीरिक शिक्षा में स्नातक (बीपीई) (4 साल का डिग्री कोर्स), (2) शारीरिक शिक्षा में स्नातकोत्तर की डिग्री (एमपीई) (2 साल का पाठ्यक्रम) (3) शारीरिक शिक्षा (1 साल का पाठ्यक्रम) में एम.फिल (4) शारीरिक शिक्षा में पीएचडी। उपरोक्त के अलावा, संस्थान द्वारा सर्टिफिकेट, डिप्लोमा और पोस्ट ग्रेजुएट पाठ्यक्रम भी चलाए जाते हैं, जो इस प्रकार हैं:- (क) साहसिक खेल, (ख) विशेष खेल, (ग) युवा कार्यक्रम, (घ) सूचना प्रौद्योगिकी, (ङ) खेल कोचिंग, (च) योग और वैकल्पिक चिकित्सा, (छ) खेल प्रबंधन और (ज) खेल पत्रकारिता। यह संस्थान पूर्व सैन्यकर्मियों के लिए सेवारत प्रशिक्षण कार्यक्रम, विश्वविद्यालयों, कॉलेजों और स्कूलों में शारीरिक शिक्षा के शिक्षकों के लिए रिफ्रेशर एवं ओरिएंटेशन कार्यक्रमों का भी आयोजन करता है। इस संस्थान में विदेशों से भी छात्र आते हैं। एलएनआईपीई का पूर्वोत्तर कैंपस गुवाहाटी, असम में स्थापित किया गया है। इसने 2010-11 में परिचालन शुरू कर दिया था।

खेलों को बढ़ावा

भारत सरकार राष्ट्रीय खेल परिसंघों को, राष्ट्रीय चैंपियनशिप तथा अंतरराष्ट्रीय टूर्नामेंट आयोजित करने, विदेशों में अंतरराष्ट्रीय टूर्नामेंट में भाग लेने, कोचिंग कैंप आयोजित करने, खेल उपकरण खरीदने विदेशी कोच की नियुक्ति आदि के लिए सहायता उपलब्ध कराती है।

राष्ट्रीय डोप परीक्षण प्रयोगशाला

राष्ट्रीय एंटी-डोपिंग एजेंसी (एनएडीए) की स्थापना का उद्देश्य केंद्र सरकार द्वारा भारत के लिए स्वतंत्र रूप से कार्य करने वाली एंटी-डोपिंग एजेंसी बनाना था। एनएडीए ने विश्व एंटी-डोपिंग कोड (कोड) स्वीकार कर लिया है।

राष्ट्रीय डोप परीक्षण प्रयोगशाला (एनडीटीएल) युवा मामले और खेल मंत्रालय के अधीन कार्य करने वाली एक स्वायत्त शासी संस्था है।

नाडा के एंटी डोपिंग नियमों का अनुपालन वाडा के डोपिंग रोधी मानकों के अनुरुप किया जाता है। नाडा को डोप नमूनों की जांच और अग्रिम अनुसंधान की ज़िम्मेदारी सौंपी गई है। इसके लिए यह वाडा और उसकी मान्यता प्राप्त प्रयोगशालाओं से सहयोग बनाए रखता है। राष्ट्रीय डोप परीक्षण प्रयोगशाला को सितंबर 2008 में वाडा की मान्यता मिली। इसे अक्टूबर 2006 से परीक्षा अवधि पूरी होने के बाद मान्यता दी गई। यह विश्व में वाडा की 35वीं मान्यता प्राप्त प्रयोगशाला है। एशिया में यह छठे स्थान पर है।

एनडीटीएल के पास सामान्य एवं अनुसंधान क्रियाकलापों के लिए अत्याधुनिक सुविधाएं हैं। मानवीय डोप के अलावा इसने अश्वों (घोड़ों) के डोप परीक्षण के अतिरिक्त शक्तिवर्धक औषधियों (ड्रग्स) की क्षमता के परीक्षण में विविधता प्राप्त की है।

30 राज्य तथा केंद्रशासित प्रदेश

आंध्र प्रदेश

क्षेत्रफल	:	1,60,200 वर्ग किलोमीटर	**जनसंख्या**	:	4.9 करोड़ (जनगणना 2011 अनंतिम)
राजधानी	:	हैदराबाद	**मुख्य भाषाएं**	:	तेलुगू, उर्दू, हिंदी, बंजारा

इतिहास और भूगोल

आंध्र प्रदेश के संबंध में प्रारंभिक उल्लेख *ऐतरेय ब्राह्मण* (2000 ईसा पूर्व) में मिलता है। इसमें संकेत दिए गए हैं कि आंध्र निवासी मूल रूप से आर्य जाति के थे और उत्तर भारत में रहते थे, जहां से वे विंध्य पर्वतों के दक्षिण में चले गए और बाद में गैर-आर्यों के साथ घुल-मिल गए। इतिहासविदों के अनुसार आंध्र प्रदेश का नियमित इतिहास 236 ईसा पूर्व से शुरू होता है। इसी वर्ष सम्राट अशोक का निधन हुआ था। उसके बाद की शताब्दियों में सातवाहनों, शकों, इक्ष्वाकुओं, पूर्वी चालुक्यों और ककातियों ने तेलुगू देश पर शासन किया। बाद में विजयनगर और कुतुबशाही शासकों का शासन रहा और उनके बाद मीर कमरुद्दीन और निज़ाम के नाम से प्रसिद्ध उसके उत्तराधिकारियों ने आंध्र पर शासन किया। धीरे-धीरे 17वीं शताब्दी से अंग्रेजों ने निज़ाम के कई हिस्सों पर नियंत्रण कर लिया और मद्रास प्रांत की स्थापना की। स्वतंत्रता के बाद तेलुगू भाषी क्षेत्रों को मद्रास प्रेजीडेंसी से अलग कर 1 अक्टूबर, 1953 को नए आंध्र प्रदेश राज्य का गठन किया गया। राज्य पुनर्गठन अधिनियम, 1956 पारित होने के साथ ही हैदराबाद तथा आंध्र प्रदेश राज्यों को मिला दिया गया। परिणामस्वरूप 1 नवंबर, 1956 को आंध्र प्रदेश राज्य अस्तित्व में आया।

आंध्र प्रदेश भारत के दक्षिण पूर्वी तटीय क्षेत्र में स्थित है। यह राज्य भारत का आठवां सबसे बड़ा राज्य है, जिसका क्षेत्रफल 1,60,205 वर्ग किलोमीटर है। 2011 के जनगणना के अनुसार यह राज्य दसवें स्थान पर है, जिसकी जनसंख्या 4,93,86,799 है।

भारत के सभी राज्यों में गुजरात के बाद आंध्र प्रदेश दूसरा सबसे बड़ा राज्य है जिसकी तटरेखा 972 किलोमीटर है। इस राज्य की सीमाओं में उत्तर पश्चिम में तेलंगाना, उत्तर में छत्तीसगढ़, उत्तर पूर्व में ओडिशा, पश्चिम में कर्नाटक, दक्षिण में तमिलनाडु और पूर्व में तटरेखा वाली बंगाल की खाड़ी है। राज्य के उत्तर पूर्व में गोदावरी नदी के डेल्टा में पुदुचेरी का 30 वर्ग किलोमीटर का छोटा-सा क्षेत्र है।

आंध्र प्रदेश पुनर्गठन अधिनियम, 2014

आंध्र प्रदेश पुनर्गठन अधिनियम, 2014 जोकि तेलंगाना अधिनियम भी कहलाता है, भारतीय संसद का अधिनियम है, के अनुसार आंध्र प्रदेश का विभाजन दो राज्यों में हुआ है- तेलंगाना और शेष

आंध्र प्रदेश। इस अधिनियम में संपत्ति और ऋण के विभाजन के सारे पहलू स्पष्ट हैं साथ ही प्रस्तावित नए राज्यों की सीमाएं और हैदराबाद का दर्जा निर्धारित है।

कृषि

आंध्र प्रदेश के करीब 62 प्रतिशत हिस्से की आबादी का मुख्य व्यवसाय खेती है। चावल राज्य की मुख्य फसल है तथा राज्य के कुल अनाज उत्पादन में चावल का हिस्सा 77 प्रतिशत है। अन्य प्रमुख फसलें हैं— ज्वार, बाजरा, रागी, तंबाकू, कपास, गन्ना, मक्का, दालें तथा अरबी इत्यादि। राज्य के कुल क्षेत्रफल के 23 प्रतिशत हिस्से में वन हैं। महत्वपूर्ण वन उत्पादों में सागवान, यूक्लिप्टस, काजू, बांस और इमारती लकड़ी इत्यादि शामिल हैं।

सिंचाई

'जलयज्ञम' कार्यक्रम के तहत कुल 86 परियोजनाओं को शामिल किया गया है, जिसमें से 44 बड़ी, 30 मझोली, 4 बांधों के तटबंध तथा 8 आधुनिकीकरण परियोजनाएं हैं। इस कार्यक्रम का उद्देश्य सभी संभव स्रोतों से धन प्राप्त कर सभी चालू तथा नई परियोजनाओं को रिकॉर्ड समय में पूरा करना है, जिसमें पानी की कमी वाले सभी क्षेत्रों में सिंचाई सुविधा उपलब्ध करवाने को उच्च प्राथमिकता दी गई है।

बिजली

राज्य की महत्वपूर्ण बिजली परियोजनाएं हैं— नागार्जुन सागर और नीलम संजीव रेड्डी सागर (श्रीसेलम पनबिजली परियोजना), ऊपरी सिलेरू, निचला सिलेरू, तुंगभद्रा पनबिजली परियोजना और नेल्लोर, रामगुंडम, कोठागुडम, विजयवाड़ा और मुड्डानूर तापबिजली परियोजना। 770 मेगावाट स्थापित क्षमता वाली श्रीसेलम (दायां तट) पनबिजली परियोजना, 900 मेगावाट क्षमता की श्रीसेलम (बायां तट) पनबिजली परियोजना और 960 मेगावाट क्षमता वाली नागार्जुन सागर परियोजना राज्य में पनबिजली के प्रमुख स्रोत हैं। 1,260 मेगावाट क्षमता वाला विजयवाड़ा ताप बिजलीघर तथा 1,220 मेगावाट क्षमता वाला कोठागुडम ताप बिजलीघर ताप बिजली के प्रमुख स्रोत हैं। 1,000 मेगावाट क्षमता वाले कोयले पर आधारित सिंहाद्रि ताप बिजलीघर का उद्देश्य संपूर्ण बिजली उत्पादन से प्रदेश की बिजली आवश्यकता को पूरा करना है।

उद्योग

राज्य सरकार छोटे पैमाने के उद्योगों, छोटे-मोटे क्षेत्रों और बड़े तथा मध्यम पैमाने के उद्योगों को प्रोत्साहन देने के लिए विभिन्न कदम उठा रही है। राज्य सरकार निर्माण क्षेत्र को प्रोत्साहन देने के लिए सेज (विशेष आर्थिक जोन) में विद्युत शुल्क, भूमि आवंटन में रियायत देकर तथा श्रम कानूनों को उदार बना रही है। राज्य ने केंद्र सरकार से सक्रिय निजी भागीदारी द्वारा 59 आईटी/आईटीईएस सेज खोलने की सिफारिश की है।

खान एवं भूविज्ञान

आंध्र प्रदेश पूरे विश्व में चट्टानी तथा खनिज विविधता के लिए प्रसिद्ध है। इसे 'रत्नगर्भा' कहा जाता है। राज्य में उच्च स्तरीय क्राइसोलाइट एसबेस्टस का सबसे बड़ा भंडार है। राज्य के अन्य महत्वपूर्ण खनिज तांबा, मैगनीज, अभ्रक, कोयला तथा चूना पत्थर है। सिंगरेनी कोयला खदान से पूरे दक्षिण भारत में कोयले की आपूर्ति होती है। राज्य 10-11 करोड़ टन औद्योगिक खनिज तथा 20 करोड़ घन मीटर पत्थर और भवन निर्माण सामग्री का उत्पादन करता है। देश में बैरिट्स तथा चूना पत्थर उत्पादन में यह पहले स्थान पर है।

सूचना प्रौद्योगिकी

सूचना प्रौद्योगिकी के क्षेत्र में राज्य तेजी से आगे बढ़ रहा है। अवसरों का लाभ उठाने के मामले में यह अन्य राज्यों से बहुत आगे है। आईटी क्षेत्र में कुशल मानव संसाधन के अधिकतम उपयोग के लिए राज्य सरकार ने बहुत-सी योजनाएं शुरू की हैं।

परिवहन

सड़कें : राज्य में मौजूदा सड़कों- आर एवं बी की कुल लंबाई 69,051 कि.मी. है जिसमें राज्य से गुजरने वाले राष्ट्रीय राजमार्ग 4,472 कि.मी. राज्य राजमार्ग 10,519 किमी, मुख्य जिला सड़कें 32,170 कि.मी. तथा ग्रामीण सड़कें 21,714 कि.मी. है। राज्य में आर एवं बी सड़क नेटवर्क के संदर्भ के तहत घनत्व 0.23 किमी प्रति वर्ग कि.मी. तथा 0.86 कि.मी. प्रति 1,000 व्यक्ति है।

रेलवे : राज्य के 5,107 कि.मी. रेल मार्ग में से 4,633 कि.मी. बड़ी लाइन के, 437 मीटर गेज के तथा 37 किमी नैरो गेज के हैं।

उड्डयन : शमशाबाद, तिरुपति तथा विशाखापत्तनम महत्वपूर्ण हवाईअड्डे हैं। शमशाबाद से अंतरराष्ट्रीय हवाई सेवा उपलब्ध है।

बंदरगाह : भारत सरकार का मुख्य बंदरगाह विशाखपत्तनम तथा राज्य सरकार के 13 छोटे बंदरगाह राज्य में स्थित हैं। समुद्री गतिविधियों जैसे- अंतरराष्ट्रीय शिपिंग, तटीय शिपिंग, पोत मरम्मत, मछली पकड़ने, विशिष्ट उद्योगों के लिए केप्टिव पोर्ट (निजी बंदरगाह), हर मौसम के लिए अनुकूल बंदरगाहों, पर्यटन तथा खेलों आदि के लिए बंदरगाह महत्वपूर्ण विकास की क्षमता रखते हैं।

पर्यटन स्थल

आंध्र प्रदेश पर्यटन विकास निगम ने ईको-पर्यटन, बीच-पर्यटन तथा क्रूज-पर्यटन जैसे नए पर्यटन कार्यक्रमों से पर्यटन को बढ़ावा देना जारी रखा है। निगम सभी प्रमुख स्थानों पर 52 होटल चलाता है। जिनमें घरेलू परिवेश से सुसज्जित 1,043 कमरे और 2,222 बिस्तर हैं। राज्य के भीतर और बाहर प्रमुख पर्यटन स्थलों तक पहुंचने के लिए निगम के पास 144 बसें हैं।

हैदराबाद में चारमीनार, सालारजंग संग्रहालय और गोलकुंडा किला, वारंगल में सहस्र स्तंभ मंदिर और किला, यादागिरिगुट्टा में श्रीलक्ष्मी नरसिंह स्वामी मंदिर, नागार्जुनकोंडा, नागार्जुन सागर में बौद्धस्तूप, तिरुमाला-तिरुपति में श्री वेंकटेश्वर मंदिर, श्रीसेलम का श्रीमल्लिकार्जुनस्वामी मंदिर, विजयवाड़ा का कनक दुर्गा मंदिर, अन्नावरम में श्री सत्यनारायण स्वामी मंदिर, सिंहाचलम में श्री वराह नरसिंह स्वामी मंदिर, भद्राचलम में श्री सीताराम मंदिर, अरकुघाटी, होर्सले पहाड़ियां, नेलापट्टू आदि आंध्र प्रदेश के महत्वपूर्ण पर्यटन स्थल हैं।

वेबसाइट : www.ap.gov.in

सरकार

राज्यपाल	: श्री ई.एस.एल. नरसिम्हन	**मुख्य सचिव :** श्री दिनेश कुमार
मुख्यमंत्री	: श्री एन. चंद्रबाबू नायडू	**उच्च न्यायालय का अधिकार क्षेत्र :** आंध्र प्रदेश तथा तेलंगाना

अरुणाचल प्रदेश

क्षेत्रफल	: 83,743 वर्ग किलोमीटर	**जनसंख्या**	: 13.84 लाख (जनगणना 2011 अनंतिम)
राजधानी	: ईटानगर	**मुख्य आदिवासी**	: न्यीशी, अदी, बंगाली, नेपाली, असमिया, वांचो, तंग्रा, मिशमी, मिशिंग, नोकटे आदि

इतिहास और भूगोल

अरुणाचल प्रदेश को 20 फरवरी, 1987 को पूर्ण राज्य का दर्जा मिला। 1972 तक यह पूर्वोत्तर सीमांत एजेंसी के नाम से जाना जाता था। 20 जनवरी, 1972 को इसे केंद्रशासित प्रदेश का दर्जा मिला और अरुणाचल प्रदेश नाम दिया गया। 15 अगस्त, 1975 को चयनित विधानसभा का गठन किया गया तथा पहली मंत्री परिषद ने कार्यभार ग्रहण किया। प्रथम आम चुनाव फरवरी 1978 में करवाए गए। राज्य में 16 जिले हैं। राज्य की राजधानी ईटानगर पापुम पारा जिले में हैं। ईटानगर नाम ईटा किले पर पड़ा है जिसका अर्थ है ईटों का किला। 14वीं सदी में निर्मित इस किले का *जिक्र कालिका* पुराण तथा महाभारत में अरुणाचल प्रदेश का उल्लेख मिलता है। यहां पुराणों में वर्णित प्रभु पर्वत नामक स्थान है। अरुणाचल प्रदेश के विभिन्न भागों में फैले पुरातात्विक अवशेषों से पता चलता है कि इसकी समृद्ध सांस्कृतिक परंपरा रही है।

कृषि और बागवानी

अरुणाचल प्रदेश के लोगों के जीवनयापन का मुख्य आधार कृषि है। यहां कि अर्थव्यवस्था मुख्यतः झूम खेती पर आधारित है। अब नकदी फसल जैसे- आलू और बागवानी की फसलें जैसे- सेब, संतरे और अन्नानास आदि को बढ़ावा दिया जा रहा है।

उद्योग और खनिज

राज्य की विशाल खनिज संपदा का पता लगाने तथा उसके संरक्षण के लिए 1991 में अरुणाचल प्रदेश खनिज विकास और व्यापार निगम लिमिटेड (एपीएमडीटीसीएल) की स्थापना की गई। निगम ने नामचिक-नामफुक कोयला क्षेत्र को अपने अधिकार में ले लिया है। शिल्पियों को विविध उद्यमों में प्रशिक्षण देने के लिए राज्य में दो औद्योगिक प्रशिक्षण संस्थान हैं। ये प्रशिक्षण संस्थान रोइंग और दपोरिजो में स्थित हैं।

त्योहार

राज्य के कुछ महत्वपूर्ण त्योहारों में अदीस लोगों द्वारा मनाए जाने वाले *मोपिन* और *सोलुंग;* मोनपा लोगों का त्योहार *लोस्सार;* अपतानी लोगों का *द्री:* तगिनों का *सी-दोन्याई;* इदु-मिशमी समुदाय का *रेह;* निशीस लोगों का *न्योकुम,* हिल-मिरी और *शरदकूपन* समुदाय का बूरी बूत आदि शामिल हैं। अधिकांश त्योहारों पर पशुओं की बलि चढ़ाने का रिवाज़ आम है।

पर्यटन स्थल

राज्य के प्रमुख पर्यटन स्थल हैं— तवांग, दिरांग, बोमडिला, टीपी, ईटानगर, मालिनीथान, लीकाबाली, पासी घाट, अलोंग, तेजू, मियाओ, रोइंग, दापोरिजो, नामदफा, भीष्मकनगर, परशुराम कुंड और खोंसा।
वेबसाइट : www.arunachalpradesh.gov.in

सरकार

राज्यपाल : ब्रि. (डॉ.) बी.डी. मिश्र सेवानिवृत्त	**मुख्य सचिव :** सुश्री शकुंतला गामलिन
मुख्यमंत्री : श्री प्रेम खांडु	**उच्च न्यायालय का अधिकार क्षेत्र :** गुवाहाटी उच्च न्यायालय के अधिकार क्षेत्र में आता है।

असम

क्षेत्रफल : 78,438 वर्ग किलोमीटर	**जनसंख्या** : 3.12 करोड़ (जनगणना 2011)
राजधानी : दिसपुर	**मुख्य भाषा** : असमिया, बोडो

इतिहास और भूगोल

असम भारत के उत्तर-पूर्वी कोने में 89°42 पूर्व से 96° पूर्व देशांतर और 24°8 उत्तर से 28°2 उत्तर अक्षांश के बीच स्थित है। सदियों से लोग तथा विभिन्न समुदाय असम के उपजाऊ वातावरण तथा प्रचुर प्राकृतिक संसाधनों से आकर्षित होते रहे हैं। लोगों के दल आए, मिले और घुल-मिल गए। संस्कृतियों तथा रीति-रिवाज़ों का विलय हुआ और इस प्रक्रिया में एक समृद्ध और मिश्रित संस्कृति का विकास हुआ।

असम, जिसे 'लाल नदी और नीली पहाड़ियों की भूमि' के नाम से भी जाना जाता है, देश के सर्वाधिक आकर्षक तथा रमणीक राज्यों में से एक है। विशाल नदी ब्रह्मपुत्र इस राज्य से होकर बहती है, जो इसके दोनों किनारों पर बसे लोगों की जीवनरेखा के समान है। माना जाता है कि असम शब्द संस्कृत के 'असोमा' शब्द से बना है, जिसका अर्थ है- अनुपम अथवा अद्वितीय। एक अन्य अर्थ के अनुसार यह शब्द मूल रूप से 'अहोम' से बना है। ब्रिटिश शासन में इसके विलय से पूर्व लगभग छह सौ वर्ष तक इस भूमि पर 'अहोम' राजाओं ने शासन किया। ऑस्ट्रिक, मंगोलियन, द्रविड़ और आर्य जैसी विभिन्न जातियां प्राचीन काल से इस प्रदेश की पहाड़ियों और घाटियों में समय-समय पर आकर बसीं और यहां की समृद्ध मिश्रित संस्कृति में अपना योगदान किया।

प्राचीनकाल में असम को 'प्राग्ज्योतिष' अर्थात 'पूर्वी ज्योतिष' का स्थान कहा जाता था। बाद में इसका नाम कामरूप पड़ गया। कामरूप राज्य का सबसे प्राचीन उल्लेख इलाहाबाद में समुद्रगुप्त के शिलालेख में मिलता है। इसमें कामरूप का उल्लेख 'प्रत्यंत' यानी ऐसे सीमावर्ती देश के रूप में मिलता है, जो गुप्त साम्राज्य की अधीनता स्वीकार करता था और जिसके साथ उसके संबंध मैत्रीपूर्ण थे। चीन का विद्वान यात्री ह्वेनसांग लगभग 743 ईस्वी में राजा कुमार भास्कर बर्मन के निमंत्रण पर कामरूप आया। उसने कामरूप का उल्लेख 'कामोलुपा' के रूप में किया। 11वीं शताब्दी के अरब इतिहासकार अलबरूनी की पुस्तक में भी कामरूप का उल्लेख मिलता है। इस प्रकार महाकाव्य काल से लेकर 12वीं शताब्दी तक समूचे आर्यावर्त में पूर्वी सीमांत देश को प्रागज्योतिष और कामरूप के नाम से जाना जाता था। यहां के राजा अपने आपको प्रागज्योतिष का नरेश कहते थे।

सन् 1228 में पूर्वी पहाड़ियों पर 'अहोम' लोगों के पहुंचने से इतिहास में नया मोड़ आया। उन्होंने लगभग छह सौ वर्षों तक असम पर शासन किया। जब राजदरबार में व्याप्त असंतोष और लड़ाई-झगड़ा के कारण 'अहोम' शासकों की शक्ति क्षीण होने लगी तो पूर्वी सीमा से बर्मी लोगों ने आक्रमण किया। उन्होंने यंडाबू संधि के तहत 1826 में असम को ब्रिटिश सरकार को सौंप दिया।

असम 78,438 वर्ग किलोमीटर क्षेत्र में फैला है, जोकि देश के कुल क्षेत्रफल का 2.39 प्रतिशत है। अंतरराष्ट्रीय सीमाएं, जो लगभग 3,200 कि.मी. तक फैली है, राज्य को घेरे हुए हैं। उत्तरपूर्वी राज्यों का प्रवेशद्वार असम, भूटान तथा अरुणाचल प्रदेश से घिरा है। इसके पूरब में मणिपुर, नगालैंड और अरुणाचल प्रदेश हैं, दक्षिण में त्रिपुरा और मिज़ोरम, पश्चिम में बांग्लादेश, मेघालय और पश्चिम बंगाल स्थिति है।

भौगोलिक विशिष्टता

असम की भौगोलिक विशिष्टता यह है कि इसमें गिर्द-भारत के छह में से तीन भौगोलिक विभाजन मौजूद हैं- उत्तरी हिमालय (पूर्वी चोटियां), उत्तरी मैदान (ब्रह्मपुत्र के मैदान) और दक्खन घाटियां (कार्बी एंग्लोंग)। ब्रह्मपुत्र के कारण असम की जलवायु ठंडी है और यहां बेहद वर्षा होती है। कार्बी एंग्लोंज, उत्तरी कचार और गुवाहाटी के निकट की पहाड़ियां कभी दक्षिण भारतीय घाटियों का हिस्सा थे जो अब पृथक हो चुके हैं। दक्षिण में बरेल रेंज से निकलने वाली बराक कचार जिले में बहती है। यह 40-50 किमी चौड़ी घाटी में बहती है और बांग्लादेश पहुंच कर इसका नाम सुर्मा नदी हो जाता है। बादामी आकार की यह घाटी अधिकांशतः ब्रह्मपुत्र और उसकी धाराओं के जमाव के कारण अस्तित्व में आई है। असम के अधिकांश शहर तथा कस्बे इस घाटी में स्थित हैं जिसकी लंबाई और चौड़ाई क्रमशः 725 कि.मी. और 80-100 कि.मी. है। मेघालय के पठार और भूटान-अरुणाचल-हिमालय के संकरे दर्रे से होकर निकलती यह घाटी अंत में उत्तरी बंगाल के मैदानों में जाकर खुलती है।

असम का दूसरा प्राकृतिक विभाजन बराक या सुरमा घाटी का है जो उत्तरी काचर, मणिपुर और मिजोरम से घिरी है। इस घाटी में बराक नदी का विशेष महत्व है। यह समूची घाटी से होकर जाती है और अंत में बांग्लादेश में ब्रह्मपुत्र से जा मिलती है। इस घाटी में कई पहाड़ियां और 'बील्स' या झीलें हैं। यहां अक्सर बाढ़ भी आ जाती है जिसका असर घाटी की उर्वरक क्षमता पर सीधे तौर पर पड़ता है।

पहाड़ों की लंबी श्रृंखला दोनों घाटियों को अलग करती है। ब्रह्मपुत्र घाटी के दक्षिण की ओर करबी और एन.सी. की पहाड़ियां हैं। करबी पहाड़ियां मेघालय के पठारों का ही हिस्सा हैं। इन पहाड़ियों में समतल क्षेत्र भी हैं। पठारों की औसत ऊंचाई 600 मीटर है, जिनमें चेंगेहिसियन (1359 मी.) और दंबक्सो (1361 मी.) जैसी कुछ अधिक ऊंची पहाड़ियां भी हैं। हरियाली इन पहाड़ियों की खास पहचान है और दीमा हसाओ जिले में यह श्रृंखला धीरे-धीरे अपना पूरा आकार लेते हुए बरेल श्रृंखला से मिलती जा रही है। बरेल असम की सबसे ऊंची पर्वत श्रृंखला है। स्थान विशेष के अनुसार बरेल श्रृंखला का उठान समुद्रतट से 1000 से 2000 मीटर ऊंचा रहता है। बरेल श्रृंखला का दक्षिणी हिस्सा काफी ढलवां है। हेफलोंग के पूरब में महादेव चोटी पर इसकी ऊंचाई सबसे अधिक, 1,953 फीट है। यह घाटी घने जंगलों और वन्य जनजीवन से भरी-पूरी है।

अर्थव्यवस्था

राज्य की अर्थव्यवस्था में बहुत सुधार आया है। पिछले कुछ वर्षों से यहां उद्योग और व्यवसाय जगत ने रफ्तार पकड़ी है।

कृषि

असम का क्षेत्रफल 78,438 वर्ग कि.मी. है और इसे बेहद उपजाऊ भूमि तथा बड़ी मात्रा में जल संसाधनों का वरदान प्राप्त है। ब्रह्मपुत्र और बराक नदी अपनी 121 छोटी और सूक्ष्म सहायक नदियों और शाखाओं के साथ

दोनों घाटियों में बहती हैं तथा राज्य को हमेशा उपजाऊ और शीतल रखती हैं। राज्य के जीडीपी में कृषि योगदान में 40 प्रतिशत की वृद्धि हुई है। चावल का उत्पादन बढ़कर 54.40 लाख मी.टन हो गया है। इसी तरह खाद्यानों का उत्पादन भी 41.72 लाख मी.टन से बढ़कर 57.22 लाख मी.टन हो गया है।

वन एवं वन्यजीव

असम में कुल 29,282 वर्ग कि.मी. क्षेत्र वन एवं वृक्ष आच्छादित है जो राज्य के कुल क्षेत्र का 37.33 प्रतिशत है। राज्य में 13,870 वर्ग कि.मी. आरक्षित वन, 3,013 वर्ग कि.मी. प्रस्तावित आरक्षित वन, 5,850 वर्ग कि.मी. अवर्गीकृत राज्य वन और 3,925 वर्ग कि.मी. संरक्षित क्षेत्र नेटवर्क (स्रोत: एफएसआई डाया और 'असम 2011' पृष्ठ–152) है।

असम में स्तनपायी जानवरों की करीब 180 प्रजातियां पाई जाती हैं, जिसमें गोल्डन लंगूर, हलुक लंगूर, बौना हॉग, हिस्पीड खरगोश, सफेद पंखवाला लकड़ी बत्तख, बाघ, धूमिल तेंदुआ, हाथी, दलदली हिरण, गंगा की डॉल्फिन आदि प्रजातियां हैं, जिनका अस्तित्व खतरे में हैं। राज्य में पक्षियों की 800 से अधिक प्रजातियां तथा सरीसृपों की करीब 195 प्रजातियां पाई जाती हैं। वन्यजीव संरक्षण उपायों को सख्ती से लागू किए जाने के फलस्वरूप राज्य में बाघों की संख्या बढ़ी है और 2010–11 के 143 से बढ़कर 2014 में 167 हो गई है। 2015 की गणना के मुताबिक असम में गैंडों की संख्या 2,624 है। वन समुदायों को टिकाऊ आजीविका प्रदान करने हेतु भी प्रयास किए जा रहे हैं।

उद्योग

आज का असम स्थायी तौर पर पर्यावरण के अनुकूल संपत्तियों के सृजन द्वारा नई पूंजी गठन पर जोर दे रहा है। पीएमआरवाई योजना (2008 तक) और पीएमईजीपी योजना के अंतर्गत लघु उद्योगों और सेवा क्षेत्र को ऋण दिया जा रहा है। इन योजनाओं के अंतर्गत 2011 से 2014 के बीच 2,76,022 बेरोजगार युवाओं को स्वरोजगार के अवसर प्रदान किया गया है। मुख्यमंत्री कर्मज्योति अचोनी (एमएमकेए) योजना के अंतर्गत वर्ष 2014 तक विभिन्न एसएचजी के लाभार्थियों के बीच 3,946.11 लाख रुपये के यंत्र, उपकरण एवं कच्ची सामग्रियां वितरित की गई थीं। राज्य सरकार ने 2010–11 में 'एंजेल फंड' की शुरुआत की जिसके अंतर्गत लघु उद्योगों की स्थापना हेतु उद्यमियों को 5 लाख रुपये तक का ऋण नाममात्र ब्याज पर दिया जाता है।

बिजली

राज्य में बिजली उत्पादन 2001 में 935 एमयू की तुलना में 2014–15 में 1894.7 एमयू रहा। उपभोक्ताओं की संख्या भी 2001 के 9 लाख से बढ़कर 33 लाख हो गई है। इसी तरह, प्रतिव्यक्ति बिजली की उपलब्धता भी 2001 के 83 यूनिट से बढ़कर 232 यूनिट हो गई है। बिजली उत्पादन, वितरण और ट्रांसमिशन के क्षेत्रों में समयानुसार उन्नयन और नवीकरण कार्य के चलते ही यह संभव हो पाया है।

परिवहन एवं संचार

राज्य सरकार ग्रामीण सड़क नेटवर्क के सुधार और विस्तार तथा पुराने लकड़ी के पुलों को सीमेंट, कंक्रीट के पुल बनाकर बदलने के कार्य को उच्च प्राथमिकता दे रही है। वर्ष 2001 से अब तक 23,000 कि.मी. से अधिक सभी मौसम के अनुकूल सड़क और करीब 3,800 आरसीसी पुल बनाए जा चुके हैं तथा करीब 5,000 कि.मी. मौसम के अनुकूल सड़क तथा 1,250 आरसीसी पुल का कार्य प्रगति पर है।

त्योहार

असम में, भारत में मनाए जाने वाले सभी त्योहार मनाए जाते हैं। यहां के स्थानीय त्योहारों की एक विशिष्ट शृंखला है जो इस भूमि के सांस्कृतिक सौंदर्य को बढ़ाती है। 'बिहु' असम का महत्वपूर्ण त्योहार है। असमिया नववर्ष के दौरान पड़ने वाला रंगोली 'बिहु' या 'बोहाग बिहु' मुख्य 'बिहु' त्योहार है, परंतु फसल कटाई के समय आने वाला 'भोगली बिहु' या 'माघ बिहु' भी उतना ही महत्वपूर्ण पर्व है। 'कांगली' या 'कटी बिहु' नामक तीसरा 'बिहु' भी है जिसे केवल प्रेम की उपासना के लिए ही मनाया जाता है। कभी-कभार इसमें यौन उन्मुक्तता की भी झलक दिखती है। इसकी धुनें भी खासी कर्ण प्रिय होती है। सबसे बड़ा जनजातीय समूह बोडो 'खेरई पूजा' को त्योहार की तरह मनाता है, जो कई स्थानों पर मेले का रूप ले लेता है। 'खेरई' पूजा में शमानिस्टिक नृत्य प्रस्तुत किया जाता है जिसमें कुछ महिला कलाकार भाव समाधि में चली जाती हैं और कुछ सिर को तेजी से हिलाती-उछालती, हवा में अपने बाल लहराती हैं। बैथों बोडो समुदाय की एक महत्वपूर्ण पूजा है।

पर्यटन

पिछले कुछ वर्षों के दौरान असम, जिसे पूर्वोत्तर का द्वार कहा जाता है, लोकप्रिय पर्यटन गंतव्य के रूप में उभरा है। अपने प्राकृतिक सौंदर्य, वातावरण, भौगोलिक स्थिति, अनूठी वनस्पतियों और जीव-जगत, जैव विविधता, अछूते जंगल, उन्नत चोटियों तथा हरी-भरी घाटियों की वजह से असम इको-टूरिज्म तथा वन्यजीव का प्रमुख स्थान बन गया है। असम समुद्र तल से करीब 79.5 मीटर की ऊंचाई पर स्थिति है। इसके पांच राष्ट्रीय उद्यान, उन्नीस वन्यजीव अभयारण्य और तीन पक्षी अभयारण्य दुर्लभ वनस्पतियों और जीवों के भंडार हैं। पर्यटन के प्रमुख क्षेत्र - कामाख्या देवी का मंदिर, उमानंद (मोर द्वीप), नवग्रह (नवग्रह मंदिर), बशिष्ठ आश्रम, डोलगोबिंदा, राज्यीय प्राणी उद्यान, राज्यीय संग्रहालय, मदन कर्णदेव मंदिर - जो कि पुरातात्विक महत्व का स्थान है, सरायघाट सेतु, श्रीमाता शंकरदेव कलाक्षेत्र विज्ञान संग्रहालय, काजीरंगा पार्क आदि।

वेबसाइट : www.assam.gov.in

सरकार

राज्यपाल	: प्रो. जगदीश मुखी	**मुख्य सचिव**	: श्री विनोद कुमार पिपरसेनिया
मुख्यमंत्री	: श्री सर्बानंद सोनोवाल	**गुवाहाटी उच्च न्यायालय का अधिकार क्षेत्र**	: गुवाहाटी उच्च न्यायालय के अधिकार क्षेत्र में आता है।

बिहार

क्षेत्रफल	: 94,163 वर्ग किलोमीटर	**जनसंख्या**	: 10.41 करोड़ (जनगणना 2011)
राजधानी	: पटना	**मुख्य भाषा**	: हिंदी

इतिहास और भूगोल

बिहार का उल्लेख वेदों, पुराणों और प्राचीन महाकाव्यों आदि में मिलता है तथा यह राज्य महात्मा बुद्ध और 24 जैन तीर्थंकरों की कर्मभूमि रहा है। ईसा पूर्व काल में इस क्षेत्र पर बिम्बिसार, पाटलिपुत्र शहर की स्थापना करने वाले उदयन, चंद्रगुप्त मौर्य और मौर्य वंश के सम्राट अशोक सहित मौर्य, शुंग तथा कण्व राजवंश के नरेशों ने राज किया। इसके पश्चात कुषाण शासकों का समय आया और बाद में गुप्त वंश के

चंद्रगुप्त विक्रमादित्य ने बिहार पर राज किया। मध्यकाल में मुस्लिम शासकों का इस क्षेत्र पर अधिकार रहा। बिहार पर विजय पाने वाला पहला मुस्लिम शासक मोहम्मद बिन बख्तियार खिलजी था। खिलजी वंश के बाद तुगलक वंश तथा मुगल वंश का आधिपत्य था।

बिहार भारत के प्रमुख राज्यों में से एक है। इसके उत्तर में नेपाल, पूर्व में पश्चिम बंगाल, पश्चिम में उत्तर प्रदेश तथा दक्षिण में झारखंड राज्य हैं। यहां अनेक नदियां बहती हैं, जिनमें प्रमुख है गंगा। अन्य नदियां हैं—सोन, पुनपुन, फल्गु, कर्मनाशा, दुर्गावती, कोसी, गंडक, घाघरा आदि।

कृषि

बिहार का कुल भौगोलिक क्षेत्र लगभग 93.60 लाख हेक्टेयर है जिसमें से केवल 55.54 लाख हेक्टेयर पर ही खेती होती है। वैसे राज्य में लगभग 72.95 लाख हेक्टेयर भूमि कृषि योग्य है। यहां की प्रमुख खाद्य फसलें हैं: धान, गेहूं, मक्का और दालें। मुख्य नकदी फसलें हैं: गन्ना, आलू, तंबाकू, तिलहन, प्याज, मिर्च, पटसन और मेस्ता। लगभग 6.22 लाख हेक्टेयर क्षेत्र में वन फैले हैं जो राज्य के कुल भौगोलिक क्षेत्र का करीब 6.65 प्रतिशत है। लगभग 30.64 हजार हेक्टेयर शुद्ध तथा 44.33 हजार हेक्टेयर सकल क्षेत्र में विभिन्न स्रोतों से सिंचाई सुविधा प्राप्त हुई।

सिंचाई

बिहार में 28.73 लाख हेक्टेयर की सिंचाई क्षमता है जो बड़ी और मझोली सिंचाई परियोजनाओं से जुटाई जाती है और 6.63 लाख हेक्टेयर लघु सिंचाई परियोजनाओं से जुटाई जाती है।

वेबसाइट : www.gov.bih.nic.in

सरकार

राज्यपाल	:	श्री सत्यपाल मलिक	**मुख्य सचिव**	:	श्री अंजनी कुमार सिंह
मुख्यमंत्री	:	श्री नीतीश कुमार	**उच्च न्यायालय का अधिकार क्षेत्र**	:	पटना उच्च न्यायालय

छत्तीसगढ़

क्षेत्रफल	:	1,35,192 वर्ग किलोमीटर	**जनसंख्या**	:	2.56 करोड़ (जनगणना 2011)
राजधानी	:	रायपुर	**मुख्य भाषा**	:	हिंदी

इतिहास और भूगोल

मध्य प्रदेश के एक हिस्से को निकालकर बनाया गया यह राज्य भारतीय संघ के 26वें राज्य के रूप में 1 नवंबर, 2000 को अस्तित्व में आया। यह राज्य यहां के वासियों की लंबे समय से चली आ रही मांग को पूरा करता है। प्राचीनकाल में इस क्षेत्र को दक्षिण कौशल के नाम से जाना जाता था। इस क्षेत्र का उल्लेख *रामायण* और *महाभारत* में भी मिलता है। छठी और बारहवीं शताब्दियों के बीच सरभपूरिया, पांडुवंशी, सोमवंशी, कलचुरी और नागवंशी शासकों ने इस क्षेत्र पर शासन किया। कलचुरियों ने छत्तीसगढ़ पर 980 से लेकर 1791 तक राज किया। 1845 में अंग्रेजों के आक्रमण के बाद ब्रिटिश शासनकाल में राजधानी रतनपुर के बजाय रायपुर का महत्व बढ़ गया। 1904 में संबलपुर ओडिशा में चला गया और सरगुजा रियासत बंगाल से छत्तीसगढ़ के पास आ गई।

छत्तीसगढ़ पूर्व में दक्षिणी झारखंड और ओडिशा से, पश्चिम में मध्य प्रदेश और महाराष्ट्र से, उत्तर में उत्तर प्रदेश और पश्चिमी झारखंड से और दक्षिण में आंध्र प्रदेश से घिरा है। छत्तीसगढ़ क्षेत्रफल के हिसाब से देश का नौवां बड़ा राज्य है और जनसंख्या की दृष्टि से इसका 17वां स्थान है।

कृषि

137.9 लाख हेक्टेयर भौगोलिक क्षेत्र में से कुल कृषि क्षेत्र 47.70 लाख हेक्टेयर है। खरीफ की फसल लगभग 47.60 लाख हेक्टेयर तथा रबी फसल 16.61 लाख हेक्टेयर है। कृषि मौसम जोन तीन प्रकार–उत्तरी पहाड़ी, छत्तीसगढ़ समतल तथा बस्तर के पठार के हैं। औसत वर्षा 1307.3 से.मी. वार्षिक है।

खरीफ मौसम की प्रमुख फसल धान है, जिसका कुल खरीफ फसल में 76 प्रतिशत का योगदान है। इसके अलावा, यहां उगाई जाने वाली प्रमुख फसलों में मक्का, सोयाबीन, मूंगफली, उड़द तथा काबुली चना शामिल हैं। इसी प्रकार रबी फसलों में गेहूं, चना, सरसों तथा अलसी शामिल हैं।

सिंचाई और बिजली

जब यह राज्य अस्तित्व में आया, तब इसकी कुल सिंचाई क्षमता 13.28 लाख हेक्टेयर थी जोकि कुल बुवाई क्षेत्र का 23 प्रतिशत थी। अब यह बढ़कर 18.44 लाख हेक्टेयर हो गई है, जो कुल बुवाई क्षेत्र का 33.15 प्रतिशत है।

खनिज संसाधन

छत्तीसगढ़ में आर्थिक रूप से महत्वपूर्ण अनेक प्रकार के खनिज पाए जाते हैं। कोयला, कच्चा लोहा, चूना पत्थर, बॉक्साइट, तथा डोलोमाइट के विशाल भंडार राज्य के विभिन्न हिस्सों में पाए जाते हैं। उत्तरी छत्तीसगढ़ के जिले जैसे सरगुजा, रायगढ़, कोरिया तथा बिलासपुर विशाल कोयला भंडारों के लिए जाने जाते हैं।

उद्योग

छत्तीसगढ़ में प्राकृतिक संसाधनों का असीम भंडार है जिस पर राज्य की अर्थव्यवस्था टिकी है। सीमेंट, ऊर्जा, खनन, इस्पात तथा अल्युमिनियम जैसे प्रमुख क्षेत्रों में छत्तीसगढ़ और राज्यों के मुकाबले बेहतर स्थिति में है। भारत के सबसे समृद्ध खनिज वाले राज्यों में से एक छत्तीसगढ़ सबसे प्रतिस्पर्धी कीमत पर सीमेंट उत्पादन का अवसर प्रदान करता है।

परिवहन

सड़कें : पीडब्ल्यूडी के तहत राज्य में सड़कों की कुल लंबाई 31,803 कि.मी. है। राष्ट्रीय राजमार्गों की लंबाई 2,226 कि.मी., प्रांतीय राजमार्गों की लंबाई 5,240 कि.मी., जिला सड़कों की लंबाई 10,539.80 कि.मी. और ग्रामीण और अन्य सड़कों की लंबाई 13,798 कि.मी. है। राज्य में सड़कों की लंबाई 17.75 कि.मी. से 21.40 किमी प्रति 100 कि.मी. बढ़ी है।

रेल : रायपुर, विलासपुर, दुर्ग, राजनांदगांव, रायगढ़ और कोरबा यहां के प्रमुख रेलवे स्टेशन हैं।

पर्यटन स्थल

भारत के केंद्र में स्थित छत्तीसगढ़ में समृद्ध सांस्कृतिक परंपरा और आकर्षक प्राकृतिक विविधता है। राज्य में प्राचीन स्मारक, दुर्लभ वन्यजीव, नक्काशीदार मंदिर, बौद्धस्थल, महल, जल-प्रपात, पर्वतीय पठार, रॉक पेंटिंग और गुफाएं हैं।

वेबसाइट : www.cgstate.gov.in

सरकार

राज्यपाल :	श्री बलरामजी दास टंडन	**मुख्य सचिव** :	श्री विवेक कुमार धांद
मुख्यमंत्री :	डॉ. रमन सिंह	**उच्च न्यायालय का अधिकार क्षेत्र** :	छत्तीसगढ़

गोवा

क्षेत्रफल :	3,702 वर्ग किलोमीटर	**जनसंख्या** :	14.59 लाख (जनगणना 2011)
राजधानी :	पणजी	**मुख्य भाषाएं** :	कोंकणी (राजभाषा)
		अन्य भाषाएं :	मराठी, हिंदी, अंग्रेजी, कन्नड़

इतिहास और भूगोल

गोवा प्राचीनकाल में गोमांचल, गोपाकपट्टम, गोपकपुरी, गोवापुरी और गोमांतक आदि कई नामों से विख्यात रहा है। इस प्रदेश की लंबी ऐतिहासिक परंपरा रही है। राज्य के प्रारंभिक इतिहास के संबंध में स्पष्ट जानकारी नहीं है। ईसा पूर्व पहली शताब्दी में गोवा सातवाहन साम्राज्य का अंग था। उसके बाद कदंब, मलखेड़ के राष्ट्रकूटों, चालुक्य तथा सिलहार राजवंशों का इस पर शासन रहा। 14वीं शताब्दी के अंत में यादवों का साम्राज्य समाप्त हुआ और दिल्ली के खिलजी वंश ने इस पर अपना अधिकार किया। इस प्रकार गोवा मुस्लिम शासकों के अधीन आ गया। 1498 में वास्कोडिगामा द्वारा भारत के लिए समुद्री मार्ग की खोज के बाद कई पुर्तगाली यात्री भारत पहुंचे। 1510 में एल्फांसो द अलबुकर्क ने विजयनगर के सम्राट की सहायता से गोवा पर आक्रमण कर इस पर कब्जा कर लिया। 1542 में जेसुइट संत फ्रांसिस जेवियर के आगमन से गोवा में धर्म परिवर्तन का काम आरंभ हुआ। 17वीं शताब्दी के उत्तरार्द्ध के कुछ वर्षों को छोड़कर, जब शिवाजी ने गोवा तथा उसके आस-पास के कुछ क्षेत्रों पर अधिकार किया, समूचे क्षेत्र पर पुर्तगालियों का शासन जारी रहा।

भारत के स्वतंत्र होने के बाद भी गोवा पुर्तगालियों के कब्जे में रहा, किंतु पुर्तगाली शासक गोवावासियों की आकांक्षाओं को पूरा नहीं कर पाए और अंततः 19 दिसंबर, 1961 को गोवा को मुक्त करा लिया गया और इसे दमन तथा दीव के साथ मिलाकर केंद्रशासित प्रदेश बनाया गया। मई 1987 को गोवा को पूर्ण राज्य का दर्जा दिया गया और दमन तथा दीव को अलग केंद्रशासित प्रदेश बना दिया गया। गोवा भारतीय प्रायद्वीप के पश्चिमी तट पर स्थित है। इसके उत्तर में तेरेखोल नदी बहती है, जो गोवा को महाराष्ट्र से अलग करती है। इसके दक्षिण में कर्नाटक का उत्तर कन्नड़ जिला और पूर्व में पश्चिमी घाट तथा पश्चिम में अरब सागर है। पणजी, मडगांव, वास्को, मापुसा, तथा पोंडा राज्य के प्रमुख शहर हैं।

कृषि

गोवा में कुल 1,60,320 हेक्टेयर क्षेत्र में खेती होती है जबकि कुल उत्पादन 1,08,333 टन होता है। पॉलीहाउस और ग्रीन हाउस निर्माण के लिए भी 90 प्रतिशत तक सब्सिडी प्रदान की जाती है। इसी तरह की सब्सिडी ड्रिप सिंचाई तथा बायोगैस प्लांट निर्माण के लिए भी उपलब्ध है।

जल संसाधन

राज्य की घरेलू तथा औद्योगिक इकाइयों को कच्चे पानी की आपूर्ति करने और पीडब्ल्यूडी की आपूर्ति में वृद्धि करने का प्रस्ताव है। जल संसाधन विभाग ने सिंचाई के लिए कच्चे पानी की आपूर्ति करने के अलावा पीडब्ल्यूडी की कच्चे पानी की आपूर्ति में भी वृद्धि की है। असोनरा वॉटर वर्क्स की आपूर्ति साल में चापोरा नदी से 25 एमएलडी और अम्थाने टैंक से 10 एमएलडी बढ़ाई गई है।

उद्योग

राज्य औद्योगिक नीति के साथ-साथ राज्य बायोटेक नीति लागू रहेगी और उन्हें आगे बढ़ावा दिया जाएगा। गोवा के शिल्पकारों को प्रोत्साहन देने के लिए गोवा और गोवा से बाहर 'गोवा हाट-सह-शिल्प ग्राम' तथा विश्वभर में हस्तशिल्प सामानों की बिक्री के लिए ई-पोर्टल विकसित करने का प्रस्ताव है।

परिवहन

सड़कें : राज्य में राष्ट्रीय राजमार्ग की लंबाई 264 किलोमीटर तथा प्रांतीय राजमार्गों की लंबाई 279.4 किलोमीटर है। इसके अलावा, 4501.18 किलोमीटर जिला तथा अन्य मार्ग हैं।

रेलवे : गोवा कोंकण रेलवे के माध्यम से मुंबई, मंगलोर और तिरुवनंतपुरम से जुड़ा है। इस रेलमार्ग पर अनेक तेज रफ्तार रेलगाड़ियां शुरू की गई हैं। वास्कोडिगामा दक्षिण मध्य रेलवे के बंगलुरु और बेलगांव स्टेशनों से जुड़ा है। इस मार्ग का इस्तेमाल फिलहाल केवल माल यातायात के लिए हो रहा है।

उड्डयन : डबोलिम हवाईअड्डे से मुंबई, दिल्ली, तिरुवनंतपुरम, कोच्चि, चेन्नई, और बंगलुरु के लिए नियमित विमान सेवाएं हैं।

बंदरगाह : मरमुगांव राज्य का प्रमुख बंदरगाह है। यहां मालवाहक जहाजों के लिए सुविधाएं उपलब्ध हैं। इसके अलावा पणजी, तिराकोल, चपोरा, बेतूल और तालपोना में भी छोटे बंदरगाह हैं, मगर इनमें से पणजी प्रमुख व्यस्त बंदरगाह है। हाल में यहां जहाजों के लिए एक पत्तन (पोर्ट) चालू हुआ है।

पर्यटन स्थल

गोवा के महत्वपूर्ण पर्यटन स्थल हैं— कोलवा, कालनगुटे, वागाटोर, बागा, हरमल, अंजुना और मीरामार समुद्र तट; पुराने गोवा में बैसीलिका ऑफ बोम जीसस और सेंट केथेड्रल चर्च; कावलेम, मारडोल, मंगेशी तथा बनडोरा मंदिर; अगुअडा, तेरेखोल, चपोरा और काबो डि रामा किले; प्राकृतिक सौंदर्य के लिए प्रसिद्ध हैं। दूधसागर और हरवालेम जलप्रपात तथा माएम झील रिसॉर्ट हैं। राज्य में समृद्ध वन्यप्राणी उद्यान हैं, जैसे— बोंडला, कोटीगांव तथा मोलेम वन्यप्राणी उद्यान और चोराव में डॉ. सालिम अली पक्षी उद्यान, जिसका कुल क्षेत्रफल 354 वर्ग किलोमीटर है।

वन

गोवा में 33 प्रतिशत राष्ट्रीय आवश्यकता के मुकाबले 34 प्रतिशत वन हैं तथा करीब 67 प्रतिशत वृक्षों से आच्छादित हैं।

स्वास्थ्य

गोवा मधुमेह पंजीकरण आरंभ करने वाला देश का पहला राज्य बना। मडगांव तथा मापुसा में नये जिला अस्पताल और पोंडा में नया 170 बिस्तर वाला संक्रामक रोग अस्पताल महत्वपूर्ण है।

वेबसाइट : www.goa.gov.in

सरकार

राज्यपाल	:	श्रीमती मृदुला सिन्हा	**मुख्य सचिव**	:	श्री धर्मेन्द्र शर्मा
मुख्यमंत्री	:	श्री मनोहर पर्रिकर	**उच्च न्यायालय का अधिकार क्षेत्र**	:	बॉम्बे हाई कोर्ट की गोवा खंडपीठ के अधिकार क्षेत्र में आता है।

गुजरात

क्षेत्रफल	:	1,96,024 वर्ग किलोमीटर	**जनसंख्या**	:	60,439,692 (जनगणना 2011-अनंतिम)
राजधानी	:	गांधीनगर	**मुख्य भाषा**	:	गुजराती

इतिहास और भूगोल

गुजरात का इतिहास ईसा पूर्व लगभग 2,000 साल पुराना है। यह माना जाता है कि भगवान कृष्ण मथुरा छोड़कर सौराष्ट्र के पश्चिम तट पर जा बसे, जो द्वारका यानी प्रवेशद्वार कहलाया। बाद के वर्षों में मौर्य, गुप्त तथा अन्य अनेक राजवंशों ने इस प्रदेश पर राज किया। चालुक्य (सोलंकी) राजाओं का शासनकाल गुजरात में प्रगति और समृद्धि का युग था। इस गौरवपूर्ण काल के पश्चात गुजरात को मुसलमानों, मराठों और ब्रिटिश शासन के दौरान बुरे दिन देखने पड़े। आज़ादी से पहले गुजरात का वर्तमान क्षेत्र मुख्य रूप से दो भागों में बंटा था— एक ब्रिटिश क्षेत्र और दूसरा देसी रियासतें। राज्यों के पुनर्गठन के कारण सौराष्ट्र के राज्यों और कच्छ के केंद्रशासित प्रदेश के साथ पूर्व के ब्रिटिश गुजरात को मिलाकर सबसे बड़े द्विभाषी बंबई राज्य का गठन हुआ। 1 मई, 1960 को वर्तमान गुजरात राज्य अस्तित्व में आया। यह भारत के पश्चिम तट पर स्थित है। इसके पश्चिम में अरब सागर, उत्तर में पाकिस्तान तथा उत्तर पूर्व में राजस्थान, दक्षिण पूर्व में मध्य प्रदेश और दक्षिण में महाराष्ट्र है।

कृषि

कृषि संवृद्धि दर को बढ़ाने और इसमें और सुधार लाने के उद्देश्य से सरकार ने 2014-15 को 'कृषि विकास वर्ष' के रूप में मनाया। किसानों को खेती की आधुनिक प्रौद्योगिकियों और वैज्ञानिक कृषि विधियों से अवगत कराने हेतु हर वर्ष 'कृषि महोत्सव' मनाया जा रहा है। गुजरात कपास, मूंगफली तथा तंबाकू का प्रमुख उत्पादक है और वस्त्र, साबुन तथा तेल जैसे महत्वपूर्ण उद्योगों में भी निवेश उपलब्ध कराता है। अन्य मुख्य नकदी फसलें हैं: धान, गेहूं और बाजरा।

विद्युत

सौर ऊर्जा क्षेत्र को बढ़ावा देने के उद्देश्य से 2009 में सौर नीति बनाने वाला गुजरात पहला राज्य है। इस परियोजना की स्थापित क्षमता 400 मेगावाट की है।

सड़कें

सड़क मार्ग राज्य के विकास में निर्णायक भूमिका निभाता है। एक नई पद्धति के तहत, राज्य सरकार ने एक मज़बूत सड़क तंत्र के निर्माण के लिए निजी क्षेत्र को सड़क निर्माण कार्य में शामिल किया है। बढ़ती जनसंख्या की आवश्यकताओं को पूरा करने के उद्देश्य से अहमदाबाद में त्वरित आवाजाही के लिए बस रैपिड ट्रांज़िट सिस्टम (बीआरटीसी) सुविधा शुरू की गई है।

बंदरगाह

पिछले दशक में गुजरात ने देश के प्रमुख समुद्रवर्ती राज्य का दर्जा प्राप्त किया है। देश के गैर-प्रमुख बंदरगाहों के कुल यातायात का लगभग 80 प्रतिशत और सभी बंदरगाहों के कुल यातायात का लगभग 48 प्रतिशत गुजरात के बंदरगाहों से संचालित होता है जो राज्य के लिए गौरव का विषय है। यहां 41 छोटे और एक बड़ा बंदरगाह है, जिसका नाम है कांदला बंदरगाह।

त्योहार

सुरेंद्रनगर जिले के तरणेतर गांव में भाद्रपद मास (अगस्त/सितंबर) भगवान शिव की स्तुति में तरणेतर मेला लगता है। पोरबंदर के निकट माधवपुर में माधवराय मेला लगता है। चैत्र (मार्च/अप्रैल) के शुक्ल पक्ष की नवमी को यह मेला लगता है। बनासकांठा जिले में अंबा देवी को समर्पित अंबाजी मेला लगता है। भगवान कृष्ण के जन्मोत्सव जन्माष्टमी पर लगने वाला मेला साल का सबसे बड़ा मेला है। यह द्वारका तथा डाकोर में बड़े धूमधाम से मनाया जाता है। नवरात्रि विश्व का सबसे बड़ा नृत्य मेला, जगन्नाथ रथ यात्रा-प्रसिद्ध रथ उत्सव, उत्तरी गुजरात के भगवान सूर्य मंदिर की पृष्ठभूमि में मोधेरा नृत्य उत्सव-उत्तरार्द्ध महोत्सव, रण उत्सव-कच्छ के विस्तृत मरुस्थल में चांदनी रातों में गुजरात के कुछ प्रसिद्ध मेले तथा उत्सव हैं। इसके अलावा, मकर-संक्रांति, डांग दरबार, शामलाजी मेला तथा भावनाथ मेला यहां के कुछ अन्य त्योहार हैं।

पर्यटन केंद्र

राज्य में पर्यटन की दृष्टि से महत्वपूर्ण द्वारका सोमनाथ, पालीताना, पावागढ़, अंबाजी, भद्रेश्वर, शामलाजी, तरंगा और गिरनार जैसे धार्मिक स्थलों के अलावा महात्मा गांधी की जन्मभूमि पोरबंदर तथा पुरातत्व एवं वास्तुकला की दृष्टि से उल्लेखनीय पाटन, सिद्धपुर, घुरली, दाभेई, वडनगर, मोधेरा, लोथल और अहमदाबाद जैसे स्थान हैं। अहमदपुर, मांडवी, चोरवाड़, उभारत तथा तीथल जैसे समुद्री तट, सपुतड़ा पर्वतीय स्थल, गिर वनों में शेरों का अभयारण्य, कच्छ क्षेत्र के छोटे से मरुस्थल में जंगली गधों का अभयारण्य राज्य के प्रमुख पर्यटन स्थलों में से हैं। इसके अलावा साबरमती नदी का मुहाना : विकास का स्तर तथा पर्यटन की संभावनाएं दर्शाता है, वडोदरा में सुर सागर झील: पर्यटकों के आकर्षण का केंद्र, नालसरोवर पक्षी विहार: दुनियाभर से आए प्रवासी पक्षियों का गृह है।

बेवसाइट : www.gujratindia.com

सरकार

राज्यपाल :	श्री ओम प्रकाश कोहली	**मुख्य सचिव**	: श्री जे. एन. सिंह
मुख्यमंत्री :	श्री विजयभाई आर. रूपानी	**उच्च न्यायालय का अधिकार क्षेत्र**	: गुजरात उच्च न्यायालय के क्षेत्र में आता है।

हरियाणा

क्षेत्रफल :	44,212 वर्ग किलोमीटर	**जनसंख्या**	: 2.54 करोड़ (जनगणना 2011)
राजधानी :	चंडीगढ़	**मुख्य भाषा**	: हिंदी

इतिहास और भूगोल

हरियाणा का इतिहास बड़ा गौरवपूर्ण है तथा यह वैदिक काल से आरंभ होता है। यह राज्य पौराणिक भरत वंश की जन्मभूमि माना जाता है, जिसके नाम पर इस देश का नाम भारत पड़ा। हरियाणा की भूमि कला और संस्कृति का उत्पत्ति स्थल रही है। 1915 में ई. गाय पिलग्रिम द्वारा की गई पुरातत्वीय खोज से स्थापित होता है कि 1.5 करोड़ वर्ष पहले प्राचीन मानव शिवालिकों में रहते थे। *वामन पुराण* में जिक्र है कि राजा कुरु ने कुरुक्षेत्र में सोने का हल चलाया था जिसे भगवान शिव के नंदी ने सात कोस के क्षेत्र में खींचा था।

पौराणिक तथा वैदिक संदर्भों के अनुसार हरियाणा का इतिहास बहुत गरिमामयी है। वेदव्यास ने *महाभारत* की रचना यहीं की। भगवान कृष्ण ने अर्जुन को कर्त्तव्य का पाठ यहीं पढ़ाया था। *महाभारत* का महायुद्ध इसी भूमि पर लड़ा गया। उत्तरी भारत का द्वार होने के नाते यह क्षेत्र कई लड़ाइयों की युद्धभूमि रहा है। हूण, तुर्क और तुगलकों ने भारत पर चढ़ाई की और कई निर्णायक युद्ध इसी धरती पर लड़े गए। 14वीं शताब्दी के अंत में तैमूर अपनी फौज इसी रास्ते से दिल्ली लाया। बाद में, सन 1526 में पानीपत की ऐतिहासिक लड़ाई में मुगलों ने लोधियों को हराया। 1556 में एक अन्य निर्णायक युद्ध इसी भूमि पर लड़ा गया जिसने भारत में ब्रिटिश राज आने और दिल्ली के भारत साम्राज्यिक राजधानी और दिल्ली के भारत की साम्राज्यिक राजधानी बनने तक मुगलों की सत्ता कायम रखी।

इसके बाद हरियाणा दिल्ली का ही हिस्सा बन गया और 1857 में स्वतंत्रता के प्रथम महासंग्राम से पूर्व तक यह गुमनाम बना रहा। विद्रोह को कुचलने के बाद जब ब्रिटिश प्रशासन फिर से स्थापित हुआ तो झज्जर और बहादुरगढ़ के नवाबों, बल्लभगढ़ के राजा तथा रिवाड़ी के राव तुलाराम की सत्ता छीन ली गई। उनके क्षेत्र या तो ब्रिटिश क्षेत्रों में मिला लिए गए या पटियाला, नाभा और जींद के शासकों को सौंप दिए गए। इस तरह हरियाणा पंजाब प्रांत का हिस्सा बन गया। नवंबर 1966 को पंजाब के पुनर्गठन के बाद हरियाणा पूर्ण राज्य बन गया।

हरियाणा के पूर्व में उत्तर प्रदेश, पश्चिम में पंजाब, उत्तर में हिमाचल प्रदेश और दक्षिण में राजस्थान है। राष्ट्रीय राजधानी क्षेत्र दिल्ली हरियाणा से जुड़ा है। राष्ट्रीय राजधानी क्षेत्र दिल्ली के दायरे में हरियाणा भी है। मात्र 1.37 प्रतिशत भू-क्षेत्र और देश की कुल आबादी के केवल दो प्रतिशत से भी कम के साथ हरियाणा ने अपनी अलग पहचान बनाई है। देश के सर्वाधिक समृद्ध राज्यों में से एक, हरियाणा सर्वाधिक प्रतिव्यक्ति आय की दृष्टि से, गोवा के बाद, दूसरे स्थान पर है।

कृषि

हरियाणा की 65 प्रतिशत से अधिक जनसंख्या की जीविका का आधार कृषि है। देश के कुल खाद्यान्न उत्पादन में दूसरा सबसे बड़ा योगदान हरियाणा का रहता है। फसलों में विविधता लाने के लिए गन्ना, कपास, तिलहन और सब्जियों तथा फलों जैसी नकदी फसलें अधिक उगाई जा रही हैं। राज्य में गहन और विस्तृत खेती को बढ़ावा देने के प्रयास जारी हैं। संसाधन संरक्षण प्रौद्योगिकियों तथा कार्बनिक कृषि के प्रचार के ज़रिये चिरस्थायी कृषि को संवर्द्धन दिया जा रहा है।

सिंचाई

1,429 नहरों का ठोस तंत्र हरियाणा की सिंचाई प्रणाली को आधार प्रदान करता है, जिसमें 6.83 लाख ट्यूबवेल और पंपसेटों की भूमिका भी कुछ कम नहीं है। राज्य में प्रमुख सिंचाई परियोजनाएं हैं–पश्चिमी यमुना नहर, भाखड़ा नहर और गुड़गांव नहर प्रणाली। भारत में पहली बार लिफ्ट सिंचाई प्रणाली को व्यावहारिक आकार देते हुए, हरियाणा ने जवाहर लाल नेहरू नहर परियोजना के जरिये जल का स्तर निचले स्तरों से ऊंची शुष्क ढलानों तक पहुंचाया है। हरियाणा बहुउद्देशीय सतलुज-ब्यास परियोजना के लाभार्थियों में से है। इसके साथ दो अन्य लाभार्थी पंजाब तथा राजस्थान हैं।

बिजली

हरियाणा देश का ऐसा पहला राज्य है जहां 1970 में ही सभी गांवों में बिजली पहुंचा दी गई थी। धीरे-धीरे हरियाणा बिजली क्षेत्र में विद्युत अभाव वाले क्षेत्र से विद्युत 'सरप्लस' वाला राज्य बन रहा है।

शिक्षा

हरियाणा आधुनिक तक्षशिला तथा नालंदा का रूप ले रहा है और शिक्षा के हब के रूप में अग्रसर है। प्राथमिक शिक्षा को सभी बच्चों की पहुंच में लाने और विश्वस्तरीय मानकों पर उच्च शिक्षा उपलब्ध करवा कर हरियाणा शिक्षा का आधुनिक केंद्र बनने के पथ पर तेज़ी से अग्रसर है। प्राथमिक शिक्षा राज्य के हर हिस्से में उपलब्ध कराई जा रही है। 2011 की जनगणना के अनुसार हरियाणा में साक्षरता दर 76.64 प्रतिशत है जबकि अखिल भारतीय दर 74.04 प्रतिशत है। महिला साक्षरता दर 66.77 प्रतिशत तथा पुरुष साक्षरता दर 85.38 प्रतिशत है। ग्रामीण आबादी के लिए एक कि.मी. के दायरे में प्राथमिक विद्यालय, 1.17 कि.मी. के दायरे में माध्यमिक विद्यालय, 1.45 कि.मी. के दायरे में हाई स्कूल तथा 2.10 कि.मी. के दायरे में उच्चतम माध्यमिक विद्यालय हैं।

उद्योग

सरकार की निवेश और औद्योगिक समर्थित नीतियों ने हरियाणा को निवेश की आंख का तारा बना दिया है और राज्य को औद्योगिक क्रांति के कगार पर खड़ा कर दिया है। हरियाणा कारों, ट्रैक्टरों, मोटरसाइकिलों, साइकिलों, रेफ्रिजरेटरों, वैज्ञानिक उपकरणों आदि का सबसे बड़ा उत्पादक है। इसके अलावा, हरियाणा विश्व बाजार में बासमती चावल का सबसे बड़ा निर्यातक है। पचरंगा अचार के अलावा पानीपत की हथकरघे की बनी वस्तुएं और कालीन विश्वभर में प्रसिद्ध हैं।

स्वास्थ्य

उचित मूल्य पर हर जगह स्वास्थ्य सुविधाएं देने के लिए जिला और उप-खंड अस्पतालों का राज्य व्यापी नेटवर्क है। स्टाफ तथा उपकरणों द्वारा इन्हें मज़बूत किया जा रहा है और रेफेरल सेवाओं की

कमियों को दूर किया जा रहा है। राज्यव्यापी स्वास्थ्य केंद्रों के अंतर्गत 56 अस्पताल, 109 सामुदायिक स्वास्थ्य केंद्र, 467 प्राथमिक स्वास्थ्य केंद्र, 2,630 उप-केंद्र, 15 जिला टीबी केंद्र, 639 आयुर्वेदिक, होम्योपैथी तथा यूनानी केंद्र, 90 शहरी स्वास्थ्य पोस्ट (आरसीएच) कार्य कर रहे हैं।

सूचना प्रौद्योगिकी

राज्य में आईटी/साइबर पार्कों की स्थापना के लिए 85 प्रस्तावों, जिनकी सिफ़ारिश इस उद्देश्य से बनाई गई समिति द्वारा की गई है, में से 35 को टाउन एण्ड कंट्री प्लानिंग विभाग द्वारा लाइसेंस प्रदान कर दिए गए हैं।

परिवहन

हरियाणा में सड़क और रेल परिवहन यात्रा का प्रमुख साधन है। हवाई यातायात की भी छोटी-सी भूमिका है। हरियाणा में सभी गांव पक्की सड़कों से जुड़े हैं। राज्य में सड़कों की कुल लंबाई 35,303 किलोमीटर से अधिक है।

राज्य के अंदर और राज्य से बाहर रेल की महत्वपूर्ण भूमिका है। कालका, अंबाला, कुरुक्षेत्र, रोहतक, जींद, हिसार, अंबाला, पानीपत और जाखल के रेलवे स्टेशन प्रमुख हैं। जगाधरी शहर में रेलवे की एक वर्कशॉप है। हरियाणा में असैनिक हवाईअड्डे- हिसार, करनाल, पिंजौर, नारनौल और भिवानी में हैं।

पर्यटन स्थल

हाइवे पर्यटन में अग्रणी हरियाणा में 43 पर्यटन परिसर हैं जिनमें 846 रिहायशी कमरे हैं। हरियाणा में प्रतिवर्ष 70 लाख पर्यटक आते हैं। पर्यटन को बढ़ावा देने के लिए राज्य सरकार ने बहुआयामी रणनीति बनाई है। इसके अलावा, पर्यटकों एवं स्थानीय लोगों की जरूरतों को पूरा करने के लिए प्रमुख शहरों एवं जिला मुख्यालयों में भी पर्यटन सुविधाएं स्थापित की गई हैं। पर्यटन परिसरों में से कुछ हैं: दिल्ली के निकट सूरजकुंड तथा बडकल झील, सुल्तानपुर पक्षी विहार, (सुल्तानपुर), गुरुग्राम में सोहना तथा दमदमा और मनोरम चीड़ वन के लिए प्रसिद्ध मोरनी हिल्स। अन्य महत्वपूर्ण रिज़ॉर्ट हैं- एथनिक इंडिया राय, ब्लू जे (समालखा), स्काईलार्क (पानीपत), चक्रवर्ती झील और ओएसिस (उचाना), पराकीट (पीपली), किंगफिशर (अंबाला), मैगपाई (फरीदाबाद), दबचिक (होडल), शमा (गुड़गांव), जंगल बब्लर (दारुहेड़ा), गौरैया (बहादुरगढ़), मैना (रोहतक), ब्लू बर्ड (हिसार), रेड बिशप (पंचकुला) और पिंजौर गार्डन (पिंजौर)।

वेबसाइट : www.haryana.gov.in

सरकार

राज्यपाल	:	प्रो. कप्तान सिंह सोलंकी	**मुख्य सचिव**	:	श्री देपिन्दर सिंह धेसी
मुख्यमंत्री	:	श्री मनोहर लाल खट्टर	**उच्च न्यायालय का अधिकार क्षेत्र**	:	पंजाब और हरियाणा

हिमाचल प्रदेश

क्षेत्रफल : 55,673 वर्ग किलोमीटर	**जनसंख्या** : 68.65 लाख (जनगणना 2011)
राजधानी : शिमला	**मुख्य भाषा** : हिंदी और पहाड़ी

इतिहास और भूगोल

पश्चिमी हिमालय की गोद में स्थित हिमाचल प्रदेश खूबसूरत भूमि है। मानचित्र पर यह 33.22.12' उत्तरी अक्षांश और 75.47'.12 पूर्वी देशांतर के बीच स्थित है। यह रमणीक क्षेत्र विभिन्न जातियों और धार्मिक समूहों का घर है और इसे 'देवभूमि' भी कहा जाता है। हिमाचल का नाम हिमालय से ही प्रेरित है, जिसका अर्थ है 'हिमाच्छादित भूमि'। इस क्षेत्र को तीन हिस्सों में बांटा जा सकता है, बाहरी हिमालय या शिवालिक, भीतरी हिमालय या मध्यवर्ती पर्वतमाला और ग्रेटर हिमालय या अल्पाइन क्षेत्र। समूचे राज्य में पत्थर और लकड़ी से बने हुए अनेकानेक मंदिर हैं। हिमाचल की समृद्ध संस्कृति और परंपरा दुनिया में अनोखी है। गहरी घाटियां, मजबूत चट्टानें, विशाल हिमनद, ऊंचे देवदार के पेड़, गर्जन करती नदियां और खूबसूरत वनस्पति हिमाचल को उसके अद्वितीय रूप में प्रस्तुत करती हैं।

हिमाचल का राजनीतिक इतिहास भी खासा रोचक रहा है। 15 अप्रैल, 1948 को तत्कालीन तीस पहाड़ी रियासतों को मिलाकर यह राज्य अस्तित्व में आया था। इन रियासतों में शिमला के 26 पहाड़ी राज्य और पंजाब सूबे की 4 पहाड़ी रियासतें थीं। उस समय हिमाचल का कुल क्षेत्र 27,018 वर्ग कि.मी. था और यहां की आबादी 9,35,000 थी। पंजाब सीमा समिति की सिफारिश के बाद, भारत सरकार ने पंजाब को दो राज्यों, पंजाब और हरियाणा में विभक्त करते समय पंजाब के कुछ पहाड़ी क्षेत्रों को हिमाचल प्रदेश में मिला दिया था। यह क्षेत्र थे कांगड़ा जिला, शिमला, कुल्लू और लाहौल-स्पीति, अम्बाला जिले का नालागढ़ क्षेत्र, होशियारपुर जिले की उना तहसील और गुरदासपुर जिले की पठानकोट तहसील। यह विलयन 1 नवंबर, 1966 को संपन्न हुआ और इसके बाद हिमाचल के क्षेत्र में 55,673 वर्ग कि.मी. की वृद्धि हो गई थी। नए राज्य का उद्घाटन शिमला में 1971 में किया गया था। इसके साथ ही हिमाचल प्रदेश के तौर पर भारतीय संघ का 18वां राज्य अस्तित्व में आया था।

कृषि

राज्य की 70 प्रतिशत से अधिक कामकाजी आबादी आजीविका के लिए सीधे कृषि से जुड़ी है। कृषि और संबंधित क्षेत्रों से प्राप्त होने वाली आय प्रदेश के कुल घरेलू उत्पाद का करीब 22.1 प्रतिशत है। कुल भौगोलिक क्षेत्र 55,673 वर्ग कि.मी. में से 9.79 लाख हेक्टेयर भूमि कृषि कार्य को समर्पित है।

राज्य की कृषि-जलवायु परिस्थितियां आलू, गैर मौसमी सब्जियों और अदरक जैसी नकदी फसलों के लिए उपयुक्त है। अनाज की बेहतर पैदावार प्राप्ति के लिए, किसानों के बीच अधिक फसल देने वाले बीजों के वितरण पर जोर दिया गया है। किसानों की उत्साह वृद्धि के लिए 'मुख्यमंत्री जैविक खेती पुरस्कार योजना' की भी शुरुआत की गई है। हिमाचल प्रदेश को 2014-15 और 2015-16 के लिए लगातार राष्ट्रीय स्तर का 'कृषि कर्मण्य पुरस्कार' भी प्राप्त हुआ है। किसानों के कल्याण के लिए, राज्य भर में बैंकों की 2,061 शाखाएं किसान क्रेडिट कार्ड योजना को अमल में ला रही हैं। खलिहानों को जंगली जानवरों से बचाने के लिए उनके गिर्द सौर ऊर्जा युक्त बाड़ लगाने के लिए 'मुख्यमंत्री खेत संरक्षण योजना' की शुरुआत की गई। ओलावृष्टि से बचने के लिए जालों पर छूट 50 प्रतिशत से बढ़ाकर 80 प्रतिशत तक कर दी गई है।

बागवानी

हिमाचल प्रदेश को देश का 'फल प्रदाता' कहा जाता है। राज्य की कृषि आधारित अर्थव्यवस्था में बागवानी महत्वपूर्ण भूमिका निभाती है। 2.27 लाख हेक्टेयर से अधिक क्षेत्र को फलों की खेती और उत्पादन के लिए तैयार करने के बाद उत्पाद 10.28 लाख एमटी तक पहुंच गया है। राज्य की उपयुक्त जलवायु के कारण यहां सेब, नाशपाती, आड़ू, आलूबुखारा, खुबानी, आम, लीची, अमरूद, झरबेरी और नीबू प्रजातीय फलों जैसे विविध फलों का अच्छा उत्पादन होता है। ओलावृष्टि से बागवानी की रक्षा करने के लिए 15,51,813 वर्ग मी. क्षेत्र को एंटी-हेल नेट्स से सुरक्षित किया गया है। बागवानी के एकीकृत विकास के लिए बागवानी प्रौद्योगिकी मिशन की स्थापना की जा रही है। यह मिशन 'अंत से अंत' तक की अवधारणा पर आधारित है जिसके तहत राज्य में बागवानी विकास की सभी तरह की संभावनाओं का पता लगाया जाएगा। आम, सेब और नीबू प्रजातीय फलों के लाभकारी मूल्य सुनिश्चित करने के लिए राज्य सरकार मार्केटिंग मध्यवर्ती योजना की शुरुआत कर रही है।

सड़कें

पहाड़ी राज्य होने के कारण सड़कें जीवनरेखा होने के साथ-साथ आवाजाही का मुखय साधन हैं। 1948 में जब यह राज्य अस्तित्व में आया, तो यहां केवल 288 कि.मी. लंबी सड़कें थीं। राज्य में 'प्रधानमंत्री ग्राम सड़क योजना' के अंतर्गत असाधारण विकास देखा गया है। योजना को गांवों/निवास स्थानों को पूरी तरह सड़कों से जोड़ने के लिए अमल में लाया जा रहा है।

पनबिजली उत्पादन

पनबिजली क्षमता राज्य की खुशहाली का आधार है और 27,436 मेगावाट की कुल मौजूदा क्षमता में से राज्य में 10,351 मेगावाट बिजली की खपत होती है। राज्य में सौ प्रतिशत बिजली मुहैया कराई जा चुकी है।

सिंचाई और जलापूर्ति

पानी किसी भी राज्य के विकास का महत्वपूर्ण अंश होता है। इसके लिए राज्य में कृषि और बागवानी के लिए सिंचाई व्यवस्था उपलब्ध कराई जाती है। सिंचाई के लिए 3.35 लाख हेक्टेयर क्षेत्र में से 2.69 लाख हेक्टेयर क्षेत्र को सिंचाई योजनाओं के अंतर्गत लाया जा चुका है। सभी पेयजल योजनाओं के तहत जल उपचार संयंत्र उपलब्ध कराए जाते हैं।

वानिकी

हिमाचल प्रदेश का कुल वन क्षेत्र 37,033 वर्ग कि.मी. है, जिस हिसाब से यह समूचे राज्य के भौगोलिक क्षेत्र का 66.52 प्रतिशत बैठता है। वानिकी प्रबंधन के अंतर्गत सरकार संरक्षण के साथ-साथ वन क्षेत्र के बेहतर इस्तेमाल और उसका क्षेत्र बढ़ाने का भी कार्य कर रही है। वानिकी योजना और मृदा संरक्षण योजनाओं के अंतर्गत वनरोपण का कार्य भी जारी है। छोटे किसानों के रोजगार को ध्यान में रखते हुए एकीकृत रूप से फसल और मवेशीपालन के साथ-साथ वृक्षारोपण में वृद्धि के लिए 'सब-मिशन ऑन एग्रो फॉरेस्ट्री' नामक नई योजना शुरू की गई। वन्यजीवन और प्राकृतिक संरक्षण से जुड़ी योजनाएं प्राणी उद्यानों एवं राष्ट्रीय पार्कों की दशा में सुधार कर रहे हैं, जिसके जरिए लुप्त होने की कगार पर पहुंच चुके पक्षी और जानवरों की सुरक्षा हो रही है।

पर्यटन

राज्य में पर्यटन को सफल बनाने से जुड़े सभी बुनियादी स्रोत मौजूद हैं, जैसे कि भौगोलिक और सांस्कृतिक विविधता, स्वच्छ और शांत पर्यावरण और खूबसूरत नदियां, पवित्र स्थल, ऐतिहासिक इमारतें और मेहमाननवाज़ लोग। पर्यटन उद्योग को यहां बहुत प्राथमिकता दी जाती है और सरकार ने इस दिशा में समुचित विकास भी किया है। सरकार ने जनोपयोगी सेवाएं, मार्ग, संचार नेटवर्क, हवाई अड्डे, यातायात सुविधाएं, बस अड्डों पर साफ टॉयलेट, रेस्तरां और पेट्रोल पंप, जलापूर्ति और अन्य जरूरी सुविधाओं के लिए उपयुक्त अवसंरचनात्मक ढांचा तैयार किया है। पर्यटन से राज्य के घरेलू उत्पाद में 6.8 प्रतिशत आय जुड़ती है और 2020 तक यह आंकड़ा 10 प्रतिशत तक पहुंच जाएगा। बिजली की संशोधित दरों को नए पर्यटन उद्योग को सौंपा गया है। राज्य में पैकेज टूर भी दिए जा रहे हैं और इनमें प्रमुख ध्यान रोमांच, धार्मिक पर्यटन, हेरिटेज, शीतकालीन खेलों, पैदल यात्राओं और बाहरी गतिविधियों को दिया गया है। इनके अलावा, 70869 बिस्तरों वाले 2,064 होटल और करीब 787 होम स्टे इकाइयां भी राज्य में हैं।

वेबसाइट : himachal.gov.in

सरकार

राज्यपाल	:	आचार्य देवव्रत	**मुख्य सचिव**	:	श्री वी. सी. फरखा
मुख्य मंत्री	:	श्री वीरभद्र सिंह	**उच्च न्यायालय का अधिकार क्षेत्र**	:	हिमाचल प्रदेश

जम्मू - कश्मीर

क्षेत्रफल	:	2,22,236* वर्ग किलोमीटर	**जनसंख्या**	:	1.25 करोड़ (2011 जनगणना)
राजधानी	:	श्रीनगर (ग्रीष्मकाल में) जम्मू (शीतकाल में)	**मुख्य भाषाएं**	:	उर्दू, डोगरी, कश्मीरी, लद्दाखी, बाल्टी, पहाड़ी, पंजाबी, गूजरी और दादरी।

* क्षेत्रफल में पाकिस्तान के अवैध कब्जे वाला 78,114 वर्ग कि.मी. क्षेत्र, पाकिस्तान द्वारा चीन को अवैध रूप से दिया गया 5,180 वर्ग कि.मी. क्षेत्र और चीन के अवैध कब्जे वाला 37,555 वर्ग कि.मी. क्षेत्र शामिल है। जनसंख्या के आंकड़ों में पाकिस्तान और चीन के अवैध कब्जों वाले क्षेत्रों की जनसंख्या शामिल नहीं है जहां जनगणना नहीं कराई जा सकी।

इतिहास और भूगोल

राजतरंगिणी तथा *नीलमत पुराण* नामक दो प्रामाणिक ग्रंथों में यह आख्यान मिलता है कि कश्मीर की घाटी कभी बहुत बड़ी झील हुआ करती थी। इस कथा के अनुसार कश्यप ऋषि ने यहां से पानी निकाल लिया और इसे मनोरम प्राकृतिक स्थल में बदल दिया। किंतु भू-गर्भशास्त्रियों का कहना है कि भू-गर्भीय परिवर्तनों के कारण खदियानयार, बारामुला में पहाड़ों के धंसने से झील का पानी बहकर निकल गया और इस तरह पृथ्वी पर स्वर्ग कहलाने वाली कश्मीर घाटी अस्तित्व में आई। ईसा पूर्व तीसरी शताब्दी में सम्राट अशोक ने कश्मीर में बौद्ध धर्म का प्रसार किया। बाद में कनिष्क ने इसकी जड़ें और गहरी की। छठी शताब्दी के आरंभ में कश्मीर पर हूणों का अधिकार हो गया। यद्यपि 530 ईसवी में घाटी फिर स्वतंत्र हो गई, लेकिन इसके तुरंत बाद इस पर उज्जैन साम्राज्य का नियंत्रण हो गया। विक्रमादित्य राजवंश के पतन के पश्चात कश्मीर पर स्थानीय शासक राज करने लगे। वहां हिंदू और बौद्ध संस्कृतियों का मिश्रित रूप विकसित हुआ। कश्मीर के हिंदू राजाओं में ललितादित्य (697 से 738 ईसवी) सबसे

प्रसिद्ध राजा हुए जिनका राज्य पूर्व में बंगाल तक, दक्षिण में कोंकण, उत्तर-पश्चिम में तुर्किस्तान, और उत्तर-पूर्व में तिब्बत तक फैला था। ललितादित्य ने अनेक भव्य भवनों का निर्माण किया। कश्मीर में इस्लाम का आगमन 13वीं और 14वीं शताब्दी में हुआ। मुस्लिम शासकों में ज़ैन-उल-आबदीन (1420-70) सबसे प्रसिद्ध शासक हुआ, जो कश्मीर में उस समय सत्ता में आया, जब तातारों के हमले के बाद हिंदू राजा सिंहदेव भाग गए। बाद में चक शासकों ने जैन-उल-आबदीन के पुत्र हैदरशाह की सेना को खदेड़ दिया और 1586 तक कश्मीर पर राज किया। सन 1586 में अकबर ने कश्मीर को जीत लिया। 1752 में कश्मीर तत्कालीन कमजोर मुगल शासक के हाथ से निकलकर अफगानिस्तान के अहमद शाह अब्दाली के हाथों में चला गया। 67 वर्षों तक पठानों ने कश्मीर घाटी पर शासन किया।

जम्मू का उल्लेख *महाभारत* में भी मिलता है। अखनूर से प्राप्त हड़प्पा कालीन अवशेषों तथा मौर्य, कुषाण और गुप्त काल की कलाकृतियों से जम्मू के प्राचीन स्वरूप पर नया प्रकाश पड़ा है। जम्मू 22 पहाड़ी रियासतों में बंटा हुआ था। डोगरा शासक राजा मालदेव ने कई क्षेत्रों को जीतकर अपने विशाल राज्य की स्थापना की। 1733 से 1782 तक राजा रंजीत देव ने जम्मू पर शासन किया। किंतु उनके उत्तराधिकारी दुर्बल थे, इसलिए महाराजा रंजीत सिंह ने जम्मू को पंजाब में मिला लिया। बाद में उन्होंने डोगरा शाही खानदान के वंशज राजा गुलाब सिंह को जम्मू राज्य सौंप दिया। गुलाब सिंह रंजीत सिंह के गवर्नरों में सबसे शक्तिशाली बन गए और लगभग समूचे जम्मू क्षेत्र को उन्होंने अपने राज्य में मिला लिया। 1947 तक जम्मू पर डोगरा शासकों का शासन रहा। इसके बाद महाराजा हरि सिंह ने 26 अक्टूबर, 1947 को भारतीय संघ में विलय के समझौते पर हस्ताक्षर किए।

परिवहन

सड़कें : राज्य 400 वर्ग कि.मी. लंबे एक राजमार्ग (राष्ट्रीय राजमार्ग नंबर 1ए) द्वारा शेष देश से जुड़ा हुआ है, जिसका रखरखाव सीमा सड़क संगठन (बीआरओ) द्वारा किया जाता है। रेल यातायात शुरुआती चरण में होने कारण राज्य पूरी तरह से सड़क मार्ग पर निर्भर है, जो राज्य के दूर-दराज के क्षेत्रों को जोड़ने का मुख्य जरिया हैं। जम्मू-श्रीनगर राष्ट्रीय राजमार्ग (एनएच 1ए) के रखरखाव का खर्च विश्व में सबसे अधिक है।

रेलवे : भौगोलिक कठिनाइयों के कारण राज्य में रेल का विकास, अन्य राज्यों के समान नहीं हो पाया है। अभी तक जम्मू रेल लाइन को ऊधमपुर तक बढ़ाया गया है (53 कि.मी.)। ऊधमपुर- बानिहाल रेल लाइन का काम चल रहा है और काजीगुंड से बारामुला के नीचे इन्ट्रा रेल लिंक पूरा हो चुका है। जुलाई 2014 को राज्य में पहली कटरा-उधमपुर ट्रेन शुरू हुई।

उड्डयन : राज्य में तीन प्रमुख हवाईअड्डे हैं, जो राज्य के तीन क्षेत्रों और देश के बीच हवाई संपर्क उपलब्ध कराते हैं। इसमें से श्रीनगर हवाईअड्डे को अंतरराष्ट्रीय स्तर का बनाकर इसका नाम शेख-उल-आलम हवाईअड्डा रखा गया है। लेह तथा जम्मू हवाईअड्डों का भी उन्नयन किया गया है। करगिल मुख्यालय पर एक अन्य हवाईअड्डे को डकोटा सेवा से जोड़ा गया है।

कृषि

कृषि राज्य की अर्थव्यवस्था का महत्वपूर्ण घटक है। राज्य की लगभग 70 प्रतिशत आबादी प्रत्यक्ष या परोक्ष रूप से अपनी जीविका कृषि से अर्जित करती है। राज्य की अर्थव्यवस्था मुख्य रूप से कृषि

आधारित है। 49 प्रतिशत (2011) कार्यरत आबादी में से 42 प्रतिशत किसान तथा 7 प्रतिशत कृषि मजदूर हैं, जो अपनी आजीविका के लिए प्रत्यक्ष रूप से कृषि पर निर्भर हैं। कृषि संवृद्धि का ग्रामीण रोजगार तथा आय पर प्रत्यक्ष प्रभाव पड़ने के अलावा इसका ग्रामीण गैर कृषि-क्षेत्रों से महत्वपूर्ण द्वितीयक संबंध अधिक निर्णायक है। केसर, शहद, तथा बासमती जैसे दुर्लभ उत्पादों के निर्यात में कृषि का महत्वपूर्ण योगदान है और यह कई उद्योगों की कच्चे माल की मांग की आपूर्ति करने का भी महत्वपूर्ण जरिया है।

सिंचाई

सिंचाई खेती का एक अनिवार्य घटक है और विश्व के उन सभी हिस्सों में उपयोग में लाई जाती है जहां बारिश का पानी धरती को पर्याप्त नमी नहीं दे पाता। राज्य में उपलब्ध सिंचाई क्षमता के केवल 50 प्रतिशत का ही दोहन किया गया है। राज्य की संभावित सिंचाई क्षमता 1,358 हजार हेक्टेयर है जिसमें 250 हजार हेक्टेयर बड़ी और मझोली सिंचाई के जरिये तथा 1,108 हजार हेक्टेयर लघु सिंचाई से विकसित की जानी है।

बागवानी

जम्मू-कश्मीर देश तथा विदेशों में अपने बागवानी उत्पादों के लिए प्रसिद्ध है। राज्य में सभी प्रकार के बागवानी उत्पादों के लिए पर्याप्त संभावनाएं हैं जिनमें सेब, नाशपाति, प्लम, खुबानी, आड़ू, बादाम, चेरी जैसे समशीतोष्ण और आम, अमरूद, नींबू, लीची आदि जैसे उपोष्णकटिबंधीय फल शामिल है। इसके अलावा, यहां कुछ स्थानों पर केसर तथा जीरा जैसे महत्वपूर्ण मसाले भी उगाए जाते हैं।

उद्योग

औद्योगीकरण के नए युग की शुरुआत के लिए 2004 में व्यापक औद्योगिक नीति बनाई गई जो 2015 तक जारी रही। इसके तहत राज्य में उद्योग को योजनाबद्ध प्रोत्साहन दिया गया है। इसे मुख्यत: उपभोक्ता राज्य के रूप में जाना जाता है क्योंकि इसकी आवश्यकताओं का स्तर इसके उत्पादन स्तर के बराबर है। राज्य औद्योगिक नीति के तहत स्थानीय लोगों को रोजगार देने वाली इकाइयों की योजना के लिए उद्योगों को प्रोत्साहन दिया जाएगा, जिससे निकट भविष्य में इसे उत्पादक राज्य बनाया जा सके।

हथकरघा

यह श्रम आधारित कुटीर उद्योग है जिसमें रोजगार के काफी अवसर हैं। इस उद्योग की वृद्धि के लिए राज्य सरकार उत्पाद के डिजाइन एवं विविधीकरण, ऋण सुविधाएं तथा कौशल और हथकरघा उन्नयन के माध्यम से बुनकरों की उत्पादकता बढ़ाने पर ध्यान केंद्रित कर रही है। व्यापक प्रचार तथा विपणन प्रोत्साहनों के जरिए हथकरघा उत्पादों के लिए बाजारी पैठ विस्तृत की जा रही है।

पर्यटन

जम्मू-कश्मीर महत्वपूर्ण पर्यटन स्थल है, जो सदियों से पर्यटकों को आकर्षित करता आ रहा है। घने हरे जंगल, मीठे झरने, सदाबहार नदियां, चीड़ के जंगलों के मनोहर नजारे और कश्मीर घाटी का सुहावना मौसम-धरती का यह स्वर्ग अंतरराष्ट्रीय स्तर पर प्रसिद्ध पर्यटन स्थल है, जबकि जम्मू क्षेत्र-मंदिरों की भूमि के रूप में बड़ी संख्या में पर्यटकों को आकर्षित करता है जिनमें प्रमुख मंदिर माता वैष्णों देवी

का है। लद्दाख-मूनलैंड, विशेष रूप से विदेशियों का प्रिय गंतव्य स्थल है जो रोमांचक पर्यटन का मशहूर केंद्र है।

बिजली

राज्य की पनबिजली क्षमता 20,000 मेगावाट है जिसमें से 16,480 मेगावाट चिह्नित कर ली गई है।

मेले और त्योहार

मेले और त्योहार राज्य की विविध सांस्कृतिक और सामाजिक विरासत का प्रतिबिंब हैं। सभी हिंदू, मुस्लिम और सिख त्योहार पूरे हर्षोल्लास के साथ मनाए जाते हैं। भारत के अन्य भागों की तरह जम्मू-कश्मीर में भी दीवाली, होली, ईद-उल-फितर, ईद-उल-जुहा तथा मिलाद-उन-नबी मनाए जाते हैं।

वेबसाइट : www.jk.gov.in

सरकार

राज्यपाल	: श्री एन.एन. वोहरा	**मुख्य सचिव**	: श्री बी.बी. व्यास
मुख्यमंत्री	: श्रीमती महबूबा मुफ़्ती सईद	**उच्च न्यायालय का अधिकार क्षेत्र**	: जम्मू-कश्मीर तथा लद्दाख

झारखंड

क्षेत्रफल	: 79,716 वर्ग किलोमीटर	**जनसंख्या**	: 3,29,88,134 (जनगणना 2011)
राजधानी	: रांची	**मुख्य भाषा**	: हिंदी

इतिहास और भूगोल

झारखंड 15 नवंबर , 2000 को संघ के 28वें राज्य के रूप में अस्तित्व में आया। यह आदिवासियों की गृहभूमि है, जो लंबे समय से एक अलग राज्य का सपना देख रहे थे। एक कथा के अनुसार, ओडिशा के राजा जयसिंह देव ने तेरहवीं शताब्दी में स्वयं को झारखंड का शासक घोषित कर दिया था। झारखंड में मुख्य रूप से छोटानागपुर पठार और संथाल परगना के वन क्षेत्र शामिल हैं। यहां की विशिष्ट सांस्कृतिक परंपराएं हैं। स्वतंत्रता प्राप्ति के बाद के युग में झारखंड मुक्ति मोर्चा ने नियमित आंदोलन किया, जिसकी वजह से सरकार ने 1995 में झारखंड क्षेत्र स्वायत्त परिषद् की स्थापना की और अंततः पूर्ण राज्य अस्तित्व में आया।

झारखंड पूर्व में पश्चिम बंगाल, पश्चिम में उत्तर प्रदेश और छत्तीसगढ़, उत्तर में बिहार तथा दक्षिण में ओडिशा से घिरा हुआ है।

कृषि

राज्य के 79,714 वर्ग कि.मी. क्षेत्र में से 18,423 वर्ग कि.मी. क्षेत्र में वन हैं। कृषि और संबंधित गतिविधियां झारखंड की अर्थव्यवस्था का प्रमुख आधार हैं। कृषि योग्य भूमि का क्षेत्रफल केवल 38 लाख हेक्टेयर है।

सिंचाई और बिजली

दामोदर, मयूराक्षी, बराकर, उत्तरी कोयल, दक्षिणी कोयल, संख, सुवर्णरिखा, खरकई और अजय राज्य के प्रमुख जल स्रोत हैं। राज्य में कुल बुवाई क्षेत्र 18 लाख हेक्टेयर है जिसमें 8 प्रतिशत क्षेत्र में ही सिंचाई की सुविधा उपलब्ध है।

उद्योग और खनिज

झारखंड के कुछ बड़े उद्योग हैं: सार्वजनिक क्षेत्र का बोकारो स्टील प्लांट, जमशेदपुर में निजी क्षेत्र की टाटा आयरन एंड स्टील कंपनी (टिस्को)। अन्य प्रमुख उद्योग हैं: टाटा इंजीनियरिंग एंड लोकोमोटिव कंपनी (टेल्को), टिमकेन इंडिया लिमिटेड (जमशेदपुर), भारत कोकिंग कोल लिमिटेड (धनबाद), खिलाड़ी सीमेंट फैक्टरी (पलामू), इंडियन एल्युमिनियम (मुरी), एसीसी सीमेंट (चाइबासा), सेंट्रल कोलफील्ड्स लिमिटेड (रांची), उषा मार्टिन, उषा बेल्ट्रान, यूरेनियम कारपोरेशन (आई) लिमिटेड (जादूगोड़ा), हिंदुस्तान कॉपर लिमिटेड (मुसाबनी), टिन प्लेट कंपनी ऑफ इंडिया लिमिटेड (जमशेदपुर), इंडियन एक्सप्लोसिव लिमिटेड (गोमिया) और हिंडालको बॉक्साइट (लोहरदगा), आदि।

झारखंड खनिज संसाधनों के मामले में बहुत समृद्ध है। प्रमुख उपलब्ध खनिज हैं: कोयला, कच्चा लोहा, चूना पत्थर, खनिज तांबा, बॉक्साइट, पाइराइट, चीनी मिट्टी, काइनाइट, चिकनी मिट्टी, डोलोमाइट, ग्रेफाइट, बैंटोनाइट, साबुन पत्थर, बिल्लौरी रेत और सिलिका बालू। इस नवगठित राज्य में विशेषकर सिंहभूम, बोकारो, हजारीबाग, रांची, कोडरमा और धनबाद में कोयला, अभ्रक और अन्य खनिजों के दोहन की अपार क्षमताएं हैं।

परिवहन

सड़कें : राज्य में सड़कों की कुल लंबाई 4,311 किलोमीटर है। इसमें 1,500 किलोमीटर राष्ट्रीय राजमार्ग और 2,711 किलोमीटर प्रांतीय राजमार्ग शामिल हैं।

रेलवे : राज्य में सुविकसित रेलवे प्रणाली है। रांची, बोकारो, धनबाद और जमशेदपुर कुछ प्रमुख रेलवे स्टेशन हैं।

उड्डयन : विमान सेवा से रांची दिल्ली, पटना और मुंबई से जुड़ा है। जमशेदपुर, बोकारो, गिरिडीह, देवघर, हजारीबाग, डाल्टनगंज तथा नोआमुंडी में हवाईपट्टियां हैं।

पर्यटन स्थल

राज्य में अनेक मनोरम स्थल हैं। ये हैं: इचागढ़ पक्षी विहार, उद्धव पक्षी विहार— साहिबगंज (पठारा झील), चाचरो मगरमच्छ पालन केंद्र— कोडरमा (तिलैया बांध), चंद्रपुरा पक्षी विहार, जवाहरलाल नेहरू जैविक उद्यान (बोकारो), तेनुघाट पक्षी विहार, डालमा वन्यजीव अभयारण्य (जमशेदपुर), टाटा स्टील जैविक उद्यान (जमशेदपुर), पलकोट वन्यजीव अभयारण्य (गुमला), भगवान बिरसा जैविक उद्यान (रांची), बिरसा हिरन अभयारण्य (कालमाटी रांची), बेतला राष्ट्रीय उद्यान (पलामू), रांची मत्स्य केंद्र (रांची), हजारीबाग राष्ट्रीय उद्यान, तातोलोई गर्म पानी झरना (दुमका) और सारंदा वन।

उपर्युक्त के अलावा झारखंड में कुछ मशहूर मंदिर हैं: झारखंड धाम, लंग्ता बाबा मंदिर/मजार, बिंधवासिनी मंदिर, मसनजोर धाम आदि।

वेबसाइट : www.jharkhand.gov.in

सरकार

राज्यपाल :	श्रीमती द्रौपदी मुर्मू	**मुख्य सचिव**	: श्रीमती राजबाला वर्मा
मुख्यमंत्री :	श्री रघुबर दास	**उच्च न्यायालय का अधिकार क्षेत्र**	: झारखंड

कर्नाटक

क्षेत्रफल	: 1,91,791 वर्ग किलोमीटर	**जनसंख्या**	: 6.11 करोड़ (जनगणना 2001-अनंतिम)
राजधानी	: बंगलुरु	**मुख्य भाषा**	: कन्नड़

इतिहास और भूगोल

कर्नाटक का लगभग 2,000 वर्ष से भी अधिक पुराना लिखित इतिहास उपलब्ध है। कर्नाटक पर नंद, मौर्य और सातवाहन राजाओं के शासन के अलावा चौथी शताब्दी के मध्य से इस क्षेत्र पर स्थानीय राजवंशों- बनवासी के कदंब तथा गंगों का अधिकार रहा। श्रावणबेलगोला में विश्व प्रसिद्ध गोमतेश्वर की विशाल प्रस्तर प्रतिमा गंग वंश के एक मंत्री चावुंडराया ने ही बनवाई थी। श्री गोमतेश्वर की यह विशाल प्रस्तर प्रतिमा जैन कला में सबसे भव्य है। इसे तथा अन्य स्मारकों को देखने असंख्य आगंतुक श्रावणबेलगोला आते हैं। बादामी के चालुक्य वंश (500 से 735 ई. तक) ने नर्मदा से कावेरी तक के विस्तृत क्षेत्र में पुलिकेशी द्वितीय (609 से 642 ई.) के समय से राज किया और उसने कन्नौज के शक्तिशाली सम्राट हर्षवर्धन को पराजित किया। इस राजवंश ने बादामी, एहोल और पट्टादकल में अनेक सुंदर कलात्मक तथा कालजयी स्मारकों का निर्माण किया। इनमें चट्टानों को तराशकर बनाए गए मंदिर भी शामिल हैं। एहोल देश के ऐसे स्थानों में से है जहां मंदिर वास्तुकला पनपी। चालुक्यों की जगह लेने वाले माल्खेड के राष्ट्रकूटों ने तो (753 से 973 ई.) *कन्नौज साम्राज्य के वैभव वाले युग* में वहां के शासकों से कर भी प्राप्त किये। इस काल में कन्नड़ साहित्य का विकास हुआ। भारत के श्रेष्ठ जैन विद्वान इन राजाओं के दरबारों की शोभा बढ़ाते थे। कल्याण के चालुक्य राजाओं (973 से 1189 ई.) और उनके परवर्ती हलेबिड के होयसाल सामंतों ने सुंदर मंदिरों का निर्माण किया और साहित्य तथा ललित कलाओं को प्रोत्साहित किया। सुविख्यात न्यायशास्त्री विज्ञानेश्वर (कृतिः *मिताक्षर*) कल्याण के रहने वाले थे। महान धार्मिक नेता वासवेश्वर भी कल्याण साम्राज्य के मंत्री थे। विजयनगर साम्राज्य (1336 से 1646 ई.) ने अपनी देशज परंपराओं का पोषण किया और कला, धर्म तथा संस्कृत, कन्नड़, तेलुगु और तमिल साहित्य को प्रोत्साहित किया। इस काल में विदेशों में व्यापार खूब फला-फूला। बहमनी सुलतानों (राजधानी : गुलबर्ग एवं बाद में बीदर) और बीजापुर के आदिलशाहों ने भारतीय-सारासैनिक शैली के भव्य भवनों का निर्माण किया और उर्दू व फारसी साहित्य को प्रोत्साहन दिया। पुर्तगालियों के आगमन से राज्य में कई नई फसलों (तंबाकू, मक्का, मिर्च, मूंगफली, आलू आदि) की खेती होने लगी। पेशवा (1818) और टीपू सुलतान (1799) की पराजय के पश्चात कर्नाटक ब्रिटिश शासन के अधीन हो गया। 19वीं शताब्दी में ईसाई मिशनरियों ने अंग्रेजी शिक्षा तथा मशीनों से छपाई का प्रसार किया तथा परिवहन, संचार और उद्योग के क्षेत्र में क्रांति आई। शहरी नगरों में मध्य वर्ग का उदय हुआ। मैसूर साम्राज्य ने औद्योगीकरण एवं सांस्कृतिक विकास की शुरुआत की। स्वतंत्रता आंदोलन के बाद राज्य के एकीकरण का आंदोलन प्रारंभ हुआ।

स्वतंत्रता के बाद 1953 में मैसूर राज्य बना और कन्नड़ भाषियों की अधिकता वाले विभिन्न क्षेत्रों का एकीकरण किया गया। 1956 में कन्नड़ प्रभुत्व वाले सभी क्षेत्रों को शामिल कर विस्तारित मैसूर राज्य बना और 1973 में इसका नाम बदलकर 'कर्नाटक' कर दिया गया।

कर्नाटक 11°31' और 18°14' उत्तरी अक्षांश के बीच तथा 74°12' और 78°10' पूर्वी देशांतर के बीच में भारतीय प्रायद्वीप के पश्चिम केंद्रीय भाग में स्थित है।

वन और वन्यजीव

वन विभाग राज्य के 20.15 प्रतिशत भौगोलिक क्षेत्र का प्रबंध करता है। वनों को इस प्रकार वर्गीकृत किया गया है— सुरक्षित वन, संरक्षित वन, अवर्गीकृत वन, ग्रामीण वन और निजी वन। यहां 5 राष्ट्रीय पार्क और 23 वन्यजीव अभयारण्य है। ईंधन की लकड़ी, चारा और इमारती लकड़ी की कमी को पूरा करने के लिए बेकार जंगलों और भूमि को विकसित किया जा रहा है। पश्चिमी घाट की कोमल पर्यावरण प्रणाली के संरक्षण और विकास पर बल दिया जा रहा है। प्रोजेक्ट टाइगर और प्रोजेक्ट एलीफेंट जैसी अनेक योजनाएं केंद्रीय सहायता से लागू की जा रही हैं। विदेशी सहायता से शुरू की गई दो परियोजनाओं-पश्चिमी घाट वानिकी और पर्यावरण परियोजना (डीएफआईडी) तथा पूर्वी मैदान वानिकी और पर्यावरण परियोजना (जेबीआईएस) में लागू संयुक्त वन नियोजन एवं प्रबंधन की अवधारणा के परिणामस्वरूप ग्रामीण वन समीतियों की स्थापना द्वारा ग्रामीण वन नियोजन एवं प्रबंधन हुआ है।

कृषि

कर्नाटक की करीब 66 प्रतिशत आबादी ग्रामीण है और लगभग 55.60 प्रतिशत श्रम शक्ति कृषि श्रमिक हैं। राज्य की 60 प्रतिशत (114 लाख हेक्टेयर) भूमि खेती योग्य है, जिसके 72 प्रतिशत क्षेत्र में भरपूर वर्षा होती है। केवल 28 प्रतिशत क्षेत्र में ही सिंचाई की जाती है। राज्य में 10 कृषि मौसम क्षेत्र हैं। लाल मिट्टी राज्य की प्रमुख मृदा प्रकार है, जिसके बाद काली मिट्टी आती है। कुल भूमि का केवल 5.17 प्रतिशत हिस्सा ही बुआई क्षेत्र है।

डेयरी

कर्नाटक देश के प्रमुख दुग्ध उत्पादकों में से एक है। कर्नाटक मिल्क फेडरेशन के पास 21 डेयरी प्रसंस्करण संयत्र हैं जिनकी क्षमता 26.45 लाख लीटर प्रतिदिन है तथा 42 प्रतिशत शीत केंद्रों की क्षमता 14.60 लाख लीटर है।

बागवानी

राज्य में 16.80 लाख हेक्टेयर क्षेत्र में बागवानी होती है। इसमें 101 लाख मी. टन उत्पादन होता है। केंद्र सरकार ने राष्ट्रीय बागवानी मिशन के अंतर्गत कर्नाटक के लिए 171.29 करोड़ रुपये निर्धारित किए हैं।

विद्युत उत्पादन

कर्नाटक देश का ऐसा अग्रणी राज्य है जहां पनबिजली संयंत्र स्थापित किए गए। आज राज्य की बिजली उत्पादन की स्थापित क्षमता 7,222.91 मेगावाट है और 31,229 मिलियन यूनिट बिजली का उत्पादन होता है।

जैव प्रौद्योगिकी

कर्नाटक राज्य और विशेषकर बंगलुरु शहर देश का सबसे बड़ा जैव भंडार बन गया है।

परिवहन

सड़कें : कर्नाटक में सड़कों की लंबाई 83,749 कि.मी. से बढ़ाकर 2,15,849 कि.मी. की गई है।

बंदरगाह : राज्य में 155 समुद्री मील (300 कि.मी.) लंबे समुद्र तट पर केवल एक बड़ा बंदरगाह है— मंगलोर में यानी न्यू मंगलोर पोर्ट। इसके अलावा 10 छोटे बंदरगाह हैं: कारवाड, बेलेकेरी, ताद्री, भत्कल, कुंडापुर, हंगरकट्टा, मालपे, पदुबिद्री, होन्नावर और पुराना मंगलोर। इन 10 बंदगाहों में से केवल कारवाड़ हर मौसम के लिए है, अन्य सभी रिवराइन एंकरेज लाइटरेज पोर्ट हैं।

उड्डयन : अंतरराष्ट्रीय यात्रियों में 50 प्रतिशत और घरेलू यात्रियों में 44 प्रतिशत की वृद्धि के साथ नागरिक उड्डयन के क्षेत्र में जबरदस्त विकास हुआ है।

पर्यटन

'एक राज्य कई दुनिया' के रूप में जाना जाने वाला कर्नाटक दक्षिण भारत का प्रमुख पर्यटन केंद्र बनता जा रहा है। सूचना प्रौद्योगिकी और जैव प्रौद्योगिकी के केंद्र कर्नाटक में हाल ही में बहुत पर्यटक आए हैं। यह राज्य अपने स्मारकों की विरासत और प्राकृतिक पर्यटन के गंतव्य के रूप में प्रसिद्ध है। स्वर्ण रथ, जिसका नाम दक्षिण भारत की विश्व धरोहर 'हंपी' के प्रस्तर रथ के नाम पर रखा गया है, प्राचीन धरोहरों, भव्य महलों, वन्यजीवन और सुनहरे समुद्र-तटों के बीच भ्रमण करेगा। इसकी 7 रात और 8 दिन की यात्रा प्रत्येक सोमवार को बंगलुरु से शुरू होती है। मैसूर में श्रीरंगपटन, मैसूर महल, नगरहोल राष्ट्रीय पार्क (कबीनी) की सैर कराते हुए 11वीं शताब्दी के होयसाला स्थापत्य और विश्व धरोहर श्रवणबेलगोला, बेलूर, हलेबिडु, हंपी से होते हुए बदामी, पट्टादकल और ऐहोल की त्रिकोणीय धरोहर से गोवा के सुनहरे समुद्र-तटों का अवलोकन कराते हुए अंत में यह बंगलुरु वापस आती है।

वेबसाइट : www.karnataka.gov.in

सरकार

राज्यपाल :	श्री वाजूभाई रुद्रभाई वाला	**मुख्य सचिव** :	डॉ. सुभाष चंद्र खुंटिया
मुख्यमंत्री :	श्री सिद्धरमैया	**उच्च न्यायालय का अधिकार क्षेत्र** :	कर्नाटक

केरल

क्षेत्रफल :	38,852 वर्ग किलोमीटर	**जनसंख्या** :	3.34 करोड़ (जनगणना 2011)
राजधानी :	तिरुवनंतपुरम	**मुख्य भाषा** :	मलयालम

इतिहास और भूगोल

केरल भारतीय उपमहाद्वीप के दक्षिण-पश्चिम छोर पर स्थित है। जब स्वतंत्र भारत में छोटी रियासतों का विलय हुआ तब त्रावनकोर तथा कोचीन रियासतों को मिलाकर जुलाई 1949 को त्रावणकोर-कोचीन राज्य बना दिया गया, किंतु मालाबार मद्रास प्रांत के अधीन रहा। राज्य पुनर्गठन अधिनियम, 1956 के तहत त्रावणकोर-कोचीन राज्य तथा मालाबार को मिलाकर नवंबर 1956 को केरल राज्य बनाया गया।

पूर्व में ऊंचे पश्चिमी घाट और पश्चिम में अरब सागर के बीच स्थित इस प्रदेश की चौड़ाई 35 कि.मी. से 120 कि.मी. तक है। भौगोलिक दृष्टि से केरल को पर्वतीय क्षेत्र, घाटी, मध्यवर्ती मैदान तथा तटवर्ती क्षेत्र में विभाजित किया जा सकता है। केरल नदियों और तालाबों के मामले में समृद्ध है। 44 नदियां (41 पश्चिम की ओर और 3 पूर्व की ओर बहने वाली) अपनी सहायक नदियों और

उपधाराओं के साथ राज्य से होकर गुजरती हैं। समुद्री झीलें केरल में आकर्षण का केंद्र तथा आर्थिक दृष्टि से महत्वपूर्ण हैं।

कृषि

हरे-भरे धान के खेत, नारियल के पेड़, खुशबूदार मसाले के बागान और 'गॉड्स ओन कंट्री' के रूप में मशहूर केरल भारत के दक्षिणी छोर पर बसा है। उपजाऊ जमीन तथा समशीतोष्ण उष्णकटिबंधीय केरल को विभिन्न प्रकार की फसलों की खेती के लिए आदर्श क्षेत्र बनाती हैं, जिनमें नारियल, चावल, रबर, केला, मसाले, फल, सब्जियां, काजू, आलू, चाय, कॉफी, सुपारी तथा औषधीय पौधे आदि शामिल हैं।

उद्योग

राज्य सरकार ने सभी क्षेत्रों में मजबूत निवेश के लिए निवेशक हितैषी औद्योगिक नीति लागू करने की पहल की है, जिससे हर क्षेत्र में विश्वस्तरीय मानक हासिल करने के उद्देश्य त्वरित, समग्र तथा स्थायी आर्थिक संवृद्धि के साथ केरल को जीवंत उद्यमी समाज में बदला जा सके।

सिंचाई

राज्य में भूतल सिंचाई का प्रमुख हिस्सा है। सिंचाई के लिए कुल 18 बांध हैं। सिंचाई विकास मुख्यतः बड़ी तथा मध्यम दर्जे की सिंचाई परियोजनाओं के विकास पर, सतही जल संसाधनों के विकास पर केंद्रित है। प्रत्येक योजना में बड़ी तथा मध्यम दर्जे की सिंचाई परियोजनाओं के विकास को प्राथमिकता दी गई है। सिंचाई सुविधाओं से लाभान्वित होने वाली प्रमुख फसल धान की है। केरल में कृषि के मोर्चे पर तेजी से हो रहे बदलावों से चावल की खेती के क्षेत्र में उल्लेखनीय गिरावट आई है। बदलावों के चलते चावलों की खेती की गुरुत्व सिंचाई सेवा के लिए विकसित की गई वितरण प्रणाली को भी फिर से श्रेणीबद्ध करने की आवश्यकता है।

पेयजल

देश में मानव गतिविधियों के बढ़ने के साथ ही पानी की मांग भी बढ़ रही है। पेयजल सुविधा प्रदान करना राज्यों की प्रमुख जिम्मेदारी है। 71 प्रतिशत ग्रामीण आबादी तथा 29 प्रतिशत शहरी आबादी के लिए पेयजल उपलब्ध है।

बिजली

सभी विकास गतिविधियों में बिजली क्षेत्र की भूमिका अहम है। स्पष्टतः औद्योगिक क्षेत्र में नई पहल के लिए बिजली समस्या मुख्य अवरोधक है। केरल उन कुछ राज्यों में से है जहां बिजली की कमी है और यह राज्य 60 प्रतिशत बिजली दूसरे राज्यों से खरीदता है। सबसे बड़ी उपलब्धि यह है कि राज्य के सभी गांवों में बिजली है।

परिवहन

अब किसी भी देश के समग्र विकास में परिवहन एक निर्णायक भूमिका निभाता है, क्योंकि यह देशों के बीच सामाजिक, सांस्कृतिक तथा व्यापारिक विकास को सक्षम बनाता है। परिवहन की ढांचागत सुविधाओं में स्थापित प्रतिष्ठान, सड़कें, रेलमार्ग, वायुमार्ग, जलमार्ग, नहरें, पाइपलाइन तथा टर्मिनल शामिल हैं। केरल में परिवहन प्रणाली अच्छी है। केरल में सड़कों का रखरखाव राष्ट्रीय राजमार्ग

प्राधिकरण, पब्लिक वर्क्स डिपार्टमेंट, स्थानीय निकायों, सिंचाई विभाग, केरल राज्य विद्युत बोर्ड, वन विभाग, रेलवे इत्यादि का दायित्व है।

बंदरगाह : केरल राज्य भारतीय प्रायद्वीप के दक्षिण-पश्चिम छोर पर है। इसकी तटीय लंबाई 585 कि.मी. है और इसकी औसत चौड़ाई लगभग 60 कि.मी. है। कोच्चि में इसका एक प्रमुख बंदरगाह है तथा 17 अन्य छोटे बंदरगाह हैं। केरल की भौगोलिक स्थिति अंतरराष्ट्रीय शिपिंग मार्ग से बेहद करीब है। यहां 17 छोटे बंदरगाह हैं, जिनमें से तीन को, उनमें उपलब्ध गोदी, पोतभार संचालन और भंडारण सुविधाओं के आधार पर मध्यवर्ती बंदरगाह माना जाता है। इन्होंने देश के उद्योग, व्यापार, वाणिज्य तथा कृषि विकास में पर्याप्त योगदान किया है।

रेलवे : रेलमार्ग निश्चित रूप से देश की औद्योगिक उन्नति का कारण हैं और यह आज भी देश का सबसे विशाल रोज़गार प्रदाता है। केरल में रेलमार्ग की कुल लंबाई 1257 कि.मी. है और यह 13 रेलमार्गों को कवर करता है।

हवाई परिवहन : केरल में तीन- तिरुवंतपुरम, कोच्चि तथा कोरिकोड हवाईअड्डे हैं, जो घरेलू तथा अंतरराष्ट्रीय, दोनों ही प्रकार की उड़ानों का संचालन करते हैं। तिरुवंतपुरम तथा कोझिकोड हवाईअड्डा कोच्चि इंटरनेशनल एयरपोर्ट लिमिटेड का है, जिसकी स्थापना केरल सरकार द्वारा सार्वजनिक तथा निजी क्षेत्र की भागीदारी (पीपीपी) से की गई है।

त्योहार

केरल में कई रंग-बिरंगे त्योहार मनाए जाते हैं। ओणम यहां का विशिष्ट त्योहार है, जो फसल कटाई के समय में आता है। अब यह खगोलीय नव वर्ष दिवस पर मनाया जाता है। नवरात्रि सरस्वती पूजा के रूप में मनाई जाती है। महा शिवरात्रि पेरियार नदी के तट पर एक शानदार उत्सव के रूप में मनाई जाती है, जिसकी तुलना कुंभ मेले से की जाती है। 41 दिन चलने वाला यह उत्सव, जोकि सबरीमाला स्वामी मंदिर में मकरविलाक्कु के साथ पड़ता है, देश-विदेश से लाखों लोगों को आकर्षित करता है। वल्लमकलि अथवा नौका दौड़ केरल की खासियत है। पुन्नयदा झील में आयोजित की जाने वाली नेहरू ट्राफी नौका रेस के अलावा, केरल के सभी नौका उत्सव धार्मिक होते हैं। त्रिशूर में हर वर्ष अप्रैल-मई में पूरम उत्सव मनाया जाता है, जिसमें सुसज्जित हाथियों का एक शानदार जुलूस निकलता है और अनूठी आतिशबाजी का प्रदर्शन किया जाता है। ईसाइयों के प्रमुख त्योहार क्रिसमस तथा ईस्टर हैं। पुम्बा रिवरबेड पर हर वर्ष होने वाला मॉरमॉन सम्मेलन एशिया में ईसाइयों की सबसे बड़ी गोष्ठी है। मुस्लिम मिलाद-ए-शरीफ, रमजान, ईद-उल-फितर तथा बकरीद मनाते हैं।

पर्यटन

केरल भारत के दक्षिण-पश्चिम छोर पर स्थित है। इसकी अनूठी भौगोलिक स्थिति ने इसे विश्व के सर्वाधिक पसंदीदा गंतव्यों में से एक बना दिया है। *गॉडस ओन कंट्री* कहे जाने वाले केरल को नेशनल ज्योग्राफिक ट्रैवलर द्वारा 50 ऐसे गंतव्यों में से एक के रूप में चुना है, जहां हर एक को जीवन में एक बार जाना ही चाहिये। इसे दुनिया में मौजूद 13 जन्नतों में से एक बताया गया है। इसके अनूठे ईको टूरिज्म प्रयास, संस्कृति तथा परंपराएं और इसकी विविध जनसांख्यिकी ने इसे विश्व के सर्वाधिक लोकप्रिय गंतव्यों में से एक बना दिया है। सौम्य जलवायु, शांत समुद्र तट, अप्रवाही जल (बैक वॉटर) का प्रशांत

प्रसार, हरे-भरे पहाड़ी स्थल, तथा अनोखे वन्य जीव इस भूमि के प्रमुख आकर्षण हैं। केरल घूमने का एक अनूठा लाभ ये भी है, कि यहां अधिकांश पर्यटन स्थल एक-दूसरे से केवल दो-चार घंटे की दूरी पर ही हैं।

वेबसाइट : www.kerala.gov.in

सरकार

राज्यपाल	: न्यायमूर्ति (सेवानिवृत्त) पी. सदासिवम	**मुख्य सचिव**	: सुश्री नलिनी नेट्टो
मुख्यमंत्री	: श्री पिनाराई विजयन	**अधिकार क्षेत्र**	: केरल और लक्षद्वीप

मध्य प्रदेश

क्षेत्रफल	: 3,08,252 वर्ग किलोमीटर	**जनसंख्या**	: 7.27 करोड़ (जनगणना 2011-अनंतिम)
राजधानी	: भोपाल	**मुख्य भाषा**	: हिंदी

इतिहास और भूगोल

क्षेत्रफल की दृष्टि से मध्य प्रदेश देश का दूसरा सबसे बड़ा राज्य है, जिसका क्षेत्रफल 3,08,000 वर्ग किलोमीटर है। भौगोलिक दृष्टि से यह देश में महत्वपूर्ण स्थान पर है। सम्राट अशोक ने सबसे पहले उज्जैन पर शासन किया। मध्य भारत का काफी बड़ा हिस्सा गुप्त साम्राज्य (300-500 ई.) का भाग था। ग्यारहवीं शताब्दी के प्रारंभ में मध्य भारत में मुसलमानों का आगमन हुआ। सबसे पहले महमूद गजनी यहां आया और फिर मुहम्मद गौरी, जिसने वहां के कुछ भागों को अपनी दिल्ली की सल्तनत में मिला लिया। मध्य भारत मुगल साम्राज्य का भी हिस्सा रहा। मराठों का प्रभाव आरंभ होने से लेकर 1794 में माधोजी सिंधिया के देहांत तक मध्य भारत पर मराठों का बोलबाला रहा। परंतु उसके बाद छोटे-छोटे स्वतंत्र राज्य बनने लगे। ये छोटे राज्य ही आगे चलकर ब्रिटिश सत्ता के पैर जमने का कारण बने।

इंदौर की रानी अहिल्याबाई होल्कर, गोंड की महारानी कमलापति और रानी दुर्गावती आदि कुछ महान महिला शासकों ने अपने उत्कृष्ट शासन से अपनी अमिट छाप छोड़ी। मध्य प्रदेश नवंबर 1956 को अस्तित्व में आया। नये राज्य छत्तीसगढ़ की स्थापना के लिए इसे नवंबर 2000 को पुनर्गठित किया गया है। मध्य प्रदेश के उत्तर में अब उत्तर प्रदेश, पूर्व में छत्तीसगढ़, दक्षिण में महाराष्ट्र और पश्चिम में गुजरात तथा राजस्थान है।

अर्थव्यवस्था

मध्य प्रदेश ने आर्थिक विकास के क्षेत्र में एक के बाद एक सफलताएं हासिल की हैं और आज देश में इसकी सफलता अनेक अध्ययनों का विषय है। एक दशक के दौरान ही इसकी जीएसडीसी ₹ 1 लाख करोड़ से ₹ 5 लाख तक पहुंच चुकी है।

कृषि

देश में मध्य प्रदेश की कृषि विकास दर में पिछले चार वर्षों में औसतन 20 प्रतिशत की वृद्धि हुई है। दालों, तिलहन, सोयाबीन, ग्राम, फलियां, लहसुन, अमरूद एवं औषधीय व सुगंधित जड़ी-बूटियों के उत्पादन में राज्य देश में अग्रणी है। यहां बागवानी को भी बड़े तौर पर प्रश्रय दिया जा रहा है।

सिंचाई

सिंचाई हेतु क्षेत्र को प्राथमिकता देते हुए दस वर्षों में 7.5 लाख हेक्टयर से बढ़ाकर 40 लाख हेक्टेयर कर दिया गया है। नर्मदा-क्षिप्रा लिंक प्रोजेक्ट भी सफलतापूर्वक पूरा किया जा चुका है। पिछले पांच वर्षों के दौरान तीन बड़ी, पांच मझोली और 700 लघु सिंचाई परियोजनाओं को पूरा किया गया जिसके बाद नहर सिंचाई क्षमता में 2.5 गुना इजाफा हुआ है।

बिजली

मध्य प्रदेश में बिजली उत्पादन क्षेत्र में असाधारण सफलता मिली है। पिछले बारह वर्षों में विद्युत उत्पादन 4,500 मेगावाट से बढ़कर 17,169 मेगावाट हो चुका है। देश का सबसे बड़ा 130 मेगावाट का सौर ऊर्जा संयंत्र नीमच में स्थापित हो चुका है।

उद्योग

लघु, छोटे और मझोले उद्योगों को बढ़ावा देने के लिए एमएसएमई विभाग की स्थापना की गई है। राज्य सरकार की एमएसएमई नीति के अमलीकरण के लिए उद्योग आधारित ज्ञापन के अंतर्गत 50,000 इकाइयों का पंजीकरण किया गया है। ₹ 5 हजार करोड़ के निवेश से स्थापित उन इकाइयों में 2 लाख से अधिक लोगों को रोजगार मिला है।

आनंद विभाग

लोगों को प्रसन्न और आनंदमय जीवन जीने के लिए उचित वातावरण तैयार करने के प्रयास में मदद के लिए सरकार ने आनंद विभाग की स्थापना की है। भारत के प्राचीन ज्ञान के आधार पर और साथ ही राष्ट्रीय विकास के संबंध में विशिष्ट अवयवों को सूचीबद्ध करने तथा हमारी नीतियों और कार्यकारी योजनाओं में अन्य देशों के अनुभवों के आधार पर राज्य ने प्रसन्नता की अवधारणा को तय करने का निर्णय लिया है।

परिवहन

सड़कें : मध्य प्रदेश में सड़कों की कुल लंबाई 58,423 किलोमीटर है। राष्ट्रीय राजमार्गों की लंबाई 4,709 कि.मी. और प्रांतीय राजमार्गों की लंबाई 10,501 कि.मी. है।

रेलवे : उत्तर भारत को दक्षिण भारत से जोड़ने वाला प्रमुख रेलमार्ग मध्य प्रदेश से होकर गुजरता है। राज्य में भोपाल, बीना, ग्वालियर, इंदौर, इटारसी, जबलपुर, कटनी, रतलाम और उज्जैन मुख्य जंक्शन हैं। रेलवे के क्षेत्रीय मंडल मुख्यालय भोपाल, रतलाम और जबलपुर में हैं।

त्योहार

राज्य में कई त्योहार और उत्सव मनाए जाते हैं। आदिवासियों का एक महत्वपूर्ण त्योहार भगोरिया है, जो परंपरागत हर्षोल्लास से मनाया जाता है। खजुराहो, भोजपुर, पचमढ़ी और उज्जैन में शिवरात्रि पर्व के दौरान स्थानीय परंपराओं का रंग दिखाई देता है। चित्रकूट और ओरछा में रामनवमी पर्व के आयोजन की अनोखी परंपरा है। ओरछा, मालवा और पचमढ़ी के उत्सवों में कला और संस्कृति का बड़ा सुंदर मेल दिखाई देता है। ग्वालियर के तानसेन संगीत समारोह, मैहर के उस्ताद अलाउद्दीन खां संगीत समारोह, उज्जैन के कालिदास समारोह और खजुराहो के नृत्य समारोह मध्य प्रदेश के कुछ प्रसिद्ध कला उत्सव हैं।

पर्यटन स्थल

अपनी मध्यकालीन विशेषताओं को सहेजकर रखे हुए मध्य प्रदेश के शहर, स्फूर्ति भर देने वाले वन्य जीव अभयारण्य, अतुलनीय प्राकृतिक सौंदर्य वाले स्थान और देश के पवित्रतम तथा महत्वपूर्ण तीर्थ इस राज्य में पर्यटकों के आकर्षण के केंद्र हैं। पचमढ़ी का अद्‌भुत सौंदर्य, भेड़ाघाट की चमचमाती संगमरमरी चट्टानें और जलप्रपातों का शोर, कान्हा राष्ट्रीय उद्यान, जहां अनूठे बारहसिंगे रहते हैं, बांधवगढ़ राष्ट्रीय उद्यान जहां प्रागैतिहासिक गुफाएं और वन्य जीव हैं—ये सब राज्य के प्रमुख आकर्षण हैं। ग्वालियर, मांडू, दतिया, चंदेरी, जबलपुर, ओरछा, रायसेन, सांची, विदिशा, उदयगिरि, भीमबेटका, इंदौर और भोपाल ऐतिहासिक महत्व के स्थल हैं। माहेश्वर, ओंकारेश्वर, उज्जैन, चित्रकूट और अमरकंटक ऐसे स्थान हैं जहां आकर तीर्थयात्रियों के मन को शांति मिलती है। खजुराहो के मंदिर विश्व में अनूठे हैं। इसके अलावा, ओरछा, भोजपुर और उदयपुर के मंदिर इतिहास में रुचि रखने वाले लोगों और श्रद्धालुओं को आकर्षित करते हैं। सतना, सांची, विदिशा, ग्वालियर, इंदौर, मंदसौर, उज्जैन, राजगढ़, भोपाल, जबलपुर, रीवां और अन्य अनेक स्थानों के संग्रहालयों में पुरातत्वीय महत्व के भंडारों को संरक्षित रखा गया है। माहेश्वर, ओंकारेश्वर तथा अमरकंटक को उनके धार्मिक महत्व के अनुसार समग्र विकास के लिए पवित्र शहर घोषित किया गया है।

वेबसाइट : www.mp.gov.in

सरकार

राज्यपाल	:	श्री ओम प्रकाश कोहली (अतिरिक्त प्रभार)	**मुख्य सचिव**	:	श्री बसंत प्रताप सिंह
मुख्यमंत्री	:	श्री शिवराज सिंह चौहान	**उच्च न्यायालय का अधिकार क्षेत्र**	:	मध्य प्रदेश

महाराष्ट्र

क्षेत्रफल	:	3,07,713 वर्ग किलोमीटर	**जनसंख्या**	:	11.24 करोड़ (जनगणना 2011)
राजधानी	:	मुंबई	**मुख्य भाषा**	:	मराठी

इतिहास और भूगोल

महाराष्ट्र के प्रथम प्रसिद्ध शासक सातवाहन (ई.पू. 230 से 225 ई.) थे जोकि महाराष्ट्र के संस्थापक थे। उन्होंने अपने पीछे बहुत से साहित्यिक, कलात्मक तथा पुरातात्विक प्रमाण छोड़े हैं। इसके बाद वाकाटक आए, जिन्होंने सर्व-भारतीय साम्राज्य की स्थापना की। उनके शासनकाल में महाराष्ट्र में शिक्षा, कला तथा धर्म सभी दिशाओं में विकास हुआ। उनके शासन के दौरान ही अजंता की गुफाओं में उच्च कोटि के भित्तिचित्र बनाए गए। वाकाटकों के बाद कुछ समय के लिए कलचुरी वंश ने शासन किया और फिर चालुक्य सत्ता में आए। इसके बाद तटवर्ती इलाकों में शिलाहारों के अलावा महाराष्ट्र पर राष्ट्रकूट तथा यादव शासकों का नियंत्रण रहा। यादवों ने मराठी को शासन की भाषा बनाया और दक्षिण के एक बड़े भाग पर अपना आधिपत्य कायम किया।

हालांकि बहमनी शासकों ने महाराष्ट्र तथा इसकी संस्कृति को कुछ हद तक समन्वित किया, पर शिवाजी के कुशल नेतृत्व में महाराष्ट्र का सर्वांगीण विकास हुआ और यह एक अलग पहचान के साथ

उभरकर सामने आया। शिवाजी ने स्वराज तथा राष्ट्रीयता की एक नई भावना पैदा की। उनकी प्रचंड शक्ति ने मुगलों को भारत के इस भाग में आगे नहीं बढ़ने दिया। पेशवाओं ने दक्षिण के पठार से लेकर पंजाब पर हमला बोलकर मराठाओं का आधिपत्य स्थापित किया।

स्वतंत्रता संग्राम में महाराष्ट्र सबसे आगे था। भारतीय राष्ट्रीय कांग्रेस का जन्म भी यहीं हुआ। मुंबई तथा महाराष्ट्र के अन्य शहरों के अनगिनत नेताओं ने पहले तिलक और बाद में महात्मा गांधी के मार्गदर्शन में कांग्रेस के आंदोलन को आगे बढ़ाया। गांधीजी ने भी अपने आंदोलन का केंद्र महाराष्ट्र को बनाया था और गांधी युग में राष्ट्रवादी देश की राजधानी सेवाग्राम थी।

देश के राज्यों के भाषायी पुनर्गठन के फलस्वरूप मई 1960 को महाराष्ट्र राज्य का प्रशासनिक प्रादुर्भाव हुआ। यह राज्य आसपास के मराठी भाषी क्षेत्रों को मिलाकर बनाया गया, जोकि पहले चार अलग-अलग प्रशासनों के नियंत्रण में थे। इनमें मूल ब्रिटिश मुंबई प्रांत में शामिल दमन तथा गोवा के बीच का जिला, हैदराबाद के निज़ाम की रियासत के पांच जिले, मध्य प्रांत (मध्य प्रदेश) के दक्षिण के आठ जिले तथा आसपास की ऐसी अनेक छोटी-छोटी रियासतें शामिल थीं, जो समीपवर्ती जिलों में मिल गई थीं। महाराष्ट्र प्रायद्वीपीय भारत के उत्तर में बसा हुआ है और भौगोलिक दृष्टि से एक समान है। यहां का मुंबई बंदरगाह अरब सागर का महत्वपूर्ण बंदरगाह है। भौतिक दृष्टि से यह राज्य मुख्यतः पठारी है। महाराष्ट्र पठारों का पठार है। इसके उठे हुए पश्चिमी किनारे सह्याद्रि पहाड़ियों का निर्माण करते हैं और समुद्र तट के समानांतर हैं तथा इसकी ढलान पूर्व तथा दक्षिण-पूर्व की ओर धीरे-धीरे बढ़ती है। उत्तरी भाग में सतपुड़ा की पहाड़ियां हैं, जबकि अजंता तथा सतमाला पहाड़ियां राज्य के मध्य भाग से होकर जाती हैं। अरब सागर राज्य की पश्चिमी सीमा का प्रहरी है, जबकि गुजरात और मध्य प्रदेश इसके उत्तर में हैं। राज्य की पूर्वी सीमा पर छत्तीसगढ़ और तेलंगाना और कर्नाटक तथा आंध्र प्रदेश इसके दक्षिण में हैं।

कृषि

महाराष्ट्र के लगभग 65 प्रतिशत श्रमिक कृषि तथा संबंधित गतिविधियों पर निर्भर हैं। यहां की प्रमुख फसलें हैं— धान, ज्वार, बाजरा, गेहूं, तूर, मूंग, उड़द, चना और अन्य दलहन। यह राज्य तिलहनों का प्रमुख उत्पादक है और मूंगफली, सूरजमुखी, सोयाबीन प्रमुख तिलहनी फसलें हैं। महत्वपूर्ण नकदी फसलें हैं— कपास, गन्ना, हल्दी और सब्जियां।

उद्योग

महाराष्ट्र को देश का पावर हाउस माना जाता है और राज्य की राजधानी मुंबई देश की वित्तीय तथा वाणिज्यिक गतिविधियों का केंद्र है। राज्य की अर्थव्यवस्था में औद्योगिक क्षेत्र का महत्वपूर्ण स्थान है। खाद्य उत्पाद, ब्रेवरीज, तंबाकू और इससे बनी चीजें, सूती कपड़ा, कपड़े से बना सामान, कागज और इससे बनी चीजें, मुद्रण और प्रकाशन, रबड़, प्लास्टिक, रसायन व रासायनिक उत्पाद, मशीनें, बिजली की मशीनें, यंत्र व उपकरण तथा परिवहन उपकरण और उनके कलपुर्जे आदि का राज्य के औद्योगिक उत्पादन में महत्वपूर्ण योगदान है।

परिवहन

सड़कें : सड़कों की कुल लंबाई 2.43 लाख कि.मी. है, जिसमें राष्ट्रीय राजमार्गों की लंबाई 4,376 कि.मी., प्रांतीय राजमार्गों की 34,157 कि.मी., प्रमुख जिला सड़कों की 50,256 कि.मी., अन्य जिला सड़कों की लंबाई 46,817 कि.मी. और ग्रामीण सड़कों की कुल लंबाई 1,06,601 कि.मी. है।

रेलवे : महाराष्ट्र में 5,983 कि.मी. रेल मार्ग है जोकि देश में कुल रेल मार्ग का 9.2 प्रतिशत है।

उड्डयन : राज्य में 3 अंतरराष्ट्रीय तथा 5 घरेलू हवाईअड्डे हैं। मुंबई अंतरराष्ट्रीय हवाईअड्डे पर भीड़ कम करने के लिए नवी मुंबई में एक और हवाईअड्डे के निर्माण का प्रस्ताव है।

बंदरगाह : मुंबई प्रमुख बंदरगाह है। राज्य में दो बड़े और 48 छोटे अधिसूचित बंदरगाह हैं।

पर्यटन स्थल

यहां के महत्वपूर्ण पर्यटन केंद्र हैं: अजंता, एलोरा, औरंगाबाद, एलिफेंटा, कन्हेरी और कारला गुफाएं, महाबलेश्वर, माथेरन और पंचगनी, जवाहर, मालशेजघाट, अंबोली, चिकलधारा और पन्हाला पर्वतीय स्थल। पंढरपुर, नासिक, शिरडी, नांदेड़, औंधा नागनाथ, त्रयंबकेश्वर, तुलजापुर, गणपतिपुले, भीमशंकर, हरिहरेश्वर, शेगांव, कोल्हापुर, जेजुरी तथा अंबजोगई प्रसिद्ध धार्मिक स्थल हैं।

वेबसाइट : www.maharashtra.gov.in

सरकार

राज्यपाल	: श्री चिन्नामनी विद्यासागर राव	**मुख्य सचिव**	:	श्री सुमित मल्लिक
मुख्यमंत्री	: श्री देवेन्द्र फडणवीस	**उच्च न्यायालय का अधिकार क्षेत्र**	:	महाराष्ट्र और गोवा, दीव और दमन, दादरा और नगर हवेली

मणिपुर

क्षेत्रफल	: 22,327 वर्ग किलोमीटर	**जनसंख्या**	: 28.56 लाख (जनगणना 2011)
राजधानी	: इंफाल	**मुख्य भाषा**	: मणिपुरी

इतिहास और भूगोल

ईसा युग के प्रारंभ होने से पहले से ही मणिपुर का लंबा और शानदार इतिहास है। यहां के राजवंशों का लिखित इतिहास सन् 33 में नोगंडा लैरेन पखंगबा के राज्याभिषेक के साथ शुरू होता है। उसके बाद अनेक राजाओं ने मणिपुर पर शासन किया। मणिपुर की स्वतंत्रता और संप्रभुता 19वीं सदी के आरंभ तक बनी रही। उसके बाद सात वर्ष (1819 से 1826 तक) बर्मी लोगों ने यहां पर कब्जा करके शासन किया। 1891 में मणिपुर ब्रिटिश शासन के अधीन आ गया। 1947 में इसे पुनः आज़ादी मिली और 1950 को यह एक मुख्य आयुक्त के अधीन भारतीय संघ में भाग 'सी' के राज्य के रूप में मिला दिया गया। 1950-51 के दौरान एक सलाहकार के रूप में सरकार बनी। बाद में 1957 में इसके स्थान पर एक प्रादेशिक परिषद गठित की गई जिसमें 30 चयनित तथा 2 मनोनीत सदस्य थे। इसके बाद 1963 में केंद्रशासित प्रदेश अधिनियम के अंतर्गत 30 चयनित तथा 3 मनोनीत सदस्यों की एक विधानसभा

स्थापित की गई। दिसंबर 1969 से प्रशासक का दर्जा मुख्य आयुक्त से बढ़ाकर उपराज्यपाल कर दिया गया। 1972 को मणिपुर को पूर्ण राज्य का दर्जा मिला और 60 निर्वाचित सदस्यों वाली विधानसभा गठित की गई। इसमें से 19 अनुसूचित जनजाति और 1 अनुसूचित जाति के लिए आरक्षित है। राज्य से लोकसभा में दो और राज्यसभा में एक प्रतिनिधि है।

मणिपुर भारत की पूर्वोत्तर सीमा पर स्थित है। मणिपुर के पूर्व में उपरी म्यामां, उत्तर में नगालैंड, पश्चिम में असम का काचार जिला और दक्षिण में म्यामां की चिन पहाड़ियां और मिज़ोरम से घिरा हुआ है। मणिपुर की सीमा रेखा कुल 854 कि.मी. है जिसमें 352 कि.मी. पूर्व तथा दक्षिण पूर्व में म्यामां की अंतरराष्ट्रीय सीमा रेखा है। भौगोलिक दृष्टि से यह अनोखी स्थिति है, क्योंकि यह भारत को दक्षिण पूर्व एशिया से मिलाता है। यह 23.80^{0} से 25.68^{0} उत्तरी अक्षांश और 93.03^{0} से 94.78^{0} पूर्वी देशांतर के बीच स्थित है।

राज्य का कुल क्षेत्र 22,327 वर्ग कि.मी. है। मध्य भाग में एक छोटा अंडाकार मैदान है। इंफाल घाटी के नाम से जाना जाने वाला यह मध्य भाग समुद्र तल से लगभग 790 मीटर ऊपर है। यह घाटी चारों ओर से पहाड़ियों से घिरी हुई हैं। पहाड़ियां राज्य के 9/10 हिस्से को घेरे हुए हैं। पहाड़ियां उत्तर में ऊंची है और दक्षिण में कम होते होते समाप्त हो जाती हैं। घाटी भी दक्षिण की ओर ढल जाती है।

कृषि

कृषि और संबद्ध गतिविधियां राज्य की अर्थव्यवस्था का मुख्य आधार हैं। 70 प्रतिशत आबादी इस पर निर्भर करती है। घाटी तथा पर्वत राज्य के दो प्रमुख भौगोलिक क्षेत्र हैं। घाटी को *चावल का कटोरा* कहा जाता है। घाटी में उष्णकटिबंधीय से उष्ण–समशीतोष्ण जलवायु है। पहाड़ियों पर उष्ण–समशीतोष्ण से समशीतोष्ण जलवायु है, जहां पर्वतों की औसत ऊंचाई समुद्र तल से 3,000 मीटर ऊपर की है। राज्य में विशिष्ट तरह का शीतकाल और गर्म, आर्द्र तथा बरसाती ग्रीष्मकाल होता है। पिछले 10 वर्षों में राज्य में औसतन 1482.20 मि.मी. वर्षा हुई। जून, जुलाई तथा अगस्त में सर्वाधिक वर्षा होती है। राज्य में कृषि का विकास भी असमान है क्योंकि यह बरसात पर निर्भर करती है।

वन

राज्य में 701 वर्ग कि.मी. अत्यधिक घना, 5474 वर्ग कि.मी. कम घना तथा 11,105 वर्ग किमी खुला वन क्षेत्र है।

सिंचाई

वर्ष 1980 से राज्य में मझोली और बड़ी सिंचाई परियोजनाएं शुरू की जा चुकी हैं। अभी तक 8 बड़ी और मध्यम सिंचाई एवं बहुउद्देशीय परियोजनाएं शुरू की जा चुकी है जिनमें से 5 परियोजनाएं–लोकतक लिफ्ट सिंचाई परियोजना, खोपम बांध परियोजना, इंफाल बैराज परियोजना, सेकमी बैराज परियोजना और सिंगडा बहुउद्देशीय परियोजना पूरी कर ली गई है।

वाणिज्य तथा उद्योग

हथकरघा उद्योग बड़ा और महत्वपूर्ण कुटीर उद्योग है। इससे बुनकरों की सामाजिक-आर्थिक दशा सुधरती है, आधुनिक मशीनी युग में भी इसकी उत्कृष्टता बरकरार है। नेशनल कांउसिल ऑफ अप्लाइड

इकनॉमिक रिसर्च (एनसीएईआर) द्वारा कराई गई तीसरी बुनकरों और सहयोगी कामगारों की राष्ट्रीय हथकरघा जनगणना 2010 के मुताबिक, मणिपुर बुनकर परिवार हिस्सेदारी में सबसे ऊपर है। राज्य में कुल 218.753 हथकरघा कारीगर हैं (जिसमें 2,00,607 बुनकर और 18,146 श्रमिक) जोकि देश में चौथे स्थान पर है। राज्य में 1,90,634 हथकरघा हैं जिसका देश में तीसरा स्थान है और जिसमें वर्ष 2009-10 में सूत की खपत 1,86,703 किलोग्राम रही जोकि देश में तीसरे स्थान पर है। कुल हथकरघा श्रमिकों में से लगभग 91 प्रतिशत को-ऑपरेटिव/मास्टर वीर्वस कॉर्पोरेशन/केवीआईसी/निजी क्षेत्र के मालिकों से अलग, स्वतंत्र रूप से काम कर रहे हैं। इसलिए मणिपुर देश के सर्वश्रेष्ठ चार ऐसे राज्यों में से एक है, जो हथकरघा उद्योग को संवर्द्धित तथा पोषित कर राज्य की जनसंख्या के एक बड़े हिस्से के लिए रोज़गार पैदा कर रहा है।

बिजली

मणिपुर राज्य की विद्युत आपूर्ति पूरी तरह पूर्वोत्तर क्षेत्र (एनईआर) में स्थित केंद्रीय क्षेत्र के विद्युत उत्पादन स्टेशन पर निर्भर है। चूंकि राज्य में उत्पादन स्टेशन जल आधारित हैं इसलिए कम पानी की स्थिति में उत्पादन घट जाता है और परिणामस्वरूप मणिपुर के हिस्से में भारी कमी आ जाती है।

परिवहन

सड़कें : चूंकि राज्य में कोई अंतर्देशीय जलमार्ग, रेलवे या रोपवे नहीं हैं अतः सड़क परिवहन ही विकास के लिए एकमात्र संचार साधन है। सारी विकास गतिविधियां सड़क परिवहन सुविधाओं पर निर्भर हैं। तीन राष्ट्रीय राजमार्ग संख्या 39, 53 तथा 150 राज्य के सभी जिलों को जोड़ते हैं। राजधानी इंफाल राष्ट्रीय राजमार्ग 39 द्वारा उत्तर में नगालैंड तथा पूर्व म्यामां से तथा एनएच 53 पश्चिम में असम से तथा एनएच 150 दक्षिण में मिज़ोरम से जोड़ता है।

उड्डयन : इंफाल पूर्वोत्तर का दूसरा सबसे बड़ा हवाईअड्डा है। यह आईजॉल, गुवाहाटी, अगरतला और दीमापुर, कोलकाता, पुणे, सिलचर, बंगलुरु तथा नई दिल्ली से वायु सेवा द्वारा जुड़ा है।

रेलवे : 1990 में जिरीबम में रेल का अंतिम स्टेशन हेड खोले जाने के साथ ही राज्य देश के रेल मानचित्र पर अंकित हो गया। यह इंफाल से 225 कि.मी. है। इंफाल का निकटवर्ती रेल का अंतिम स्टेशन दिमापुर (नगालैंड) 215 कि.मी. है। जिरीबम-तुपुल इंफाल रेलवे लाइन को राष्ट्रीय परियोजना घोषित किया गया है। लाइन का निर्माण 2014 तक (तुपुल तक) पूरा होने का लक्ष्य रखा गया है और इसे इंफाल तक 2016 में बढ़ाया जाएगा।

त्योहार

मणिपुर में वर्षभर त्योहार मनाए जाते हैं। शायद ही कोई महीना हो जब कोई त्योहार न मनाया जाता हो। त्योहार मणिपुर निवासियों की सामाजिक, सांस्कृतिक तथा धार्मिक आकांक्षाओं के प्रतीक हैं। राज्य के प्रमुख त्योहार हैं— लाई हारोबा, रास लीला, चिराओबा, निंगोल चाक-कुबा, रथ यात्रा, ईद-उल-फितर, इमोइनुइराटपा, गान-नागाई, लुई-नगाई-नी, ईद-उल-जुहा, योशांग (होली), दुर्गा पूजा, मेरा होचोंगबा, दिवाली, कुट तथा क्रिसमस आदि।

पर्यटन स्थल

मणिपुर न केवल उत्तर पूर्वी क्षेत्र का प्रवेश द्वार है बल्कि शौकीन पर्यटकों के लिए एक रोमांचक गंतव्य भी है। स्वास्थ्यप्रद जलवायु तथा मनमोहक प्राकृतिक भू-दृश्यों से मणिपुर पर्यटकों को बार-बार आने के लिए लुभाता है। मुख्य पर्यटन केंद्र— कांगला, श्रीश्री गोविंदाजी मंदिर, ख्वाराम्बंद बाजार (इमा किथेल), युद्ध स्मारक, शहीद मीनार, नूपी लेन (स्त्रियों का युद्ध) स्मारक परिसर, खोगंमपट्ट उद्यान, आजाद हिंद सेना (मोइरंग) स्मारक, लोकतक झील, केइबुल लामजो राष्ट्रीय उद्यान, सेंदरा, मोरह, सिरोय पहाड़ियां, ड्यूको घाटी, राज्य संग्रहालय, कैना पर्यटक आवास, खोंग्जोम युद्ध स्मारक परिसर तथा भारत शांति स्मारक (रेड हिल), इत्यादि।

वेबसाइट : www.manipur.gov.in

सरकार

राज्यपाल :	डॉ. नजमा हेपतुल्ला	**मुख्य सचिव**	:	श्री रजनी रंजन रश्मि
मुख्यमंत्री :	श्री एन. बीरेन सिंह	**उच्च न्यायालय का अधिकार क्षेत्र**	:	मणिपुर

मेघालय

क्षेत्रफल	: 22,429 वर्ग किलोमीटर	**जनसंख्या**	: 29.67 लाख (जनगणना 2011)
राजधानी	: शिलांग	**मुख्य भाषा**	: खासी, गारो तथा अंग्रेजी

इतिहास और भूगोल

मेघालय का गठन असम के अंतर्गत 2 अप्रैल, 1970 को एक स्वायत्तशासी राज्य के रूप में किया गया। एक पूर्ण राज्य के रूप में मेघालय 21 जनवरी, 1972 को अस्तित्व में आया। इसकी उत्तरी और पूर्वी सीमाएं असम से और दक्षिणी तथा पश्चिमी सीमाएं बांग्लादेश से मिलती हैं। मेघालय, जिसका शाब्दिक अर्थ है- 'मेघों का आलय' यानी बादलों का घर, मूलतः एक पहाड़ी राज्य है। यहां मुख्यतः खासी, जयंतिया और गारो आदिवासी समुदाय के लोग रहते हैं। मेघालय के मध्य और पूर्वी भाग, जिसमें खासी और जयंतिया पहाड़ियां हैं, विशाल पठारी क्षेत्र हैं। इस इलाके में विस्तृत मैदान, पहाड़ियां और नदी-घाटियां हैं। इस पठार के दक्षिणी इलाके में गहरे खड्ड तथा खड़ी ढलानें हैं और पहाड़ की तलहटी पर समतल भूमि की संकरी पट्टी बांग्लादेश की अंतरराष्ट्रीय सीमा के साथ लगी है।

कृषि

मेघालय बुनियादी तौर पर कृषि प्रधान राज्य है। यहां की लगभग 81 प्रतिशत जनसंख्या आजीविका के लिए मुख्य रूप से खेती-बाड़ी पर निर्भर है। यहां की मिट्टी और जलवायु बागवानी के अनुकूल होने के कारण बागवानी के विकास की यहां काफी क्षमता है। शीतोष्ण, उपोष्ण और उष्ण कटिबंधीय फलों और सब्जियों के उत्पादन की भी यहां अच्छी संभावनाएं हैं। चावल और मक्का यहां की मुख्य फसलें हैं। इनके अतिरिक्त मेघालय अपने संतरे (खासी मेंडेरियन), अनानास, केला, कटहल और आलूबुखारा, नाशपाती तथा आडू जैसे शीतोष्ण फलों के लिए प्रसिद्ध है। नकदी फसलों तथा प्रचलित व परंपरागत ढंग से उगाई जाने वाली फसलों में आलू, हल्दी, अदरक, काली मिर्च, सुपारी, पान, टैपियोका, छोटे रेशे वाली कपास, पटसन और मेस्टा, सरसों और तोरिया शामिल हैं। इस समय गैर-परंपरागत फसलों जैसे

तिलहनों (मूंगफली, सोयाबीन और सूरजमुखी), काजू, स्ट्रॉबेरी, चाय और कॉफी, मशरूम, जड़ी-बूटियों, आर्किड और व्यावसायिक दृष्टि से उगाई जाने वाले फूलों की खेती पर विशेष ध्यान दिया जा रहा है।

वन

राज्य में कुल 9,49,56,000 हेक्टेयर वन क्षेत्र है जिसमें आरक्षित, सुरक्षित, राष्ट्रीय उद्यान और श्रेणीहीन उद्यान आते हैं। मुख्य वन्य उत्पादन हैं- लकड़ी, बांस, ईख, झाड़ू की डंडी, बेंत, औषधीय जड़ी-बूटियां और पौधे, इलायची और छप्पर घास। अजालीस तथा बुरुंश से खासी तथा जयंतियां पहाड़ियां भरे हुए होते हैं। इन जंगलों में कई खूबसूरत ऑर्किड भी पाए जाते हैं। जयंतियां पहाड़ियों में कीट-पतंगों को खाने वाले अनोखे पिचर पौधे भी मिलते हैं। यह बोटेनिकल अजूबे हैं। ऐसा कहा जाता है कि पौधे दुनिया में और कहीं वहीं मिलते। जंगली साइटरस और बौना लिली जैसे दुर्लभ और रोचक पौधे भी यहां मिलते हैं।

वन्य जीव

मेघालय का वन्य जीवन बहुत ही समृद्ध है। यहां पर हाथी, भालू, बाघ, जंगली सुअर, तेंदुए, गोल्डन बिल्लियां, तेंदुआ, बिल्लियां, जंगली बिल्लियां, विभिन्न प्रकार के हिरण, बिन्टुरान्गस, स्लोलोरिस, विभिन्न प्रकार के बंदर, सुनहरी लंगूर और हूलाक, उड़ने वाली गिलहरी तथा विशालकाय गिलहरियां पाई जाती हैं। यहां पर बहुत ही दिलचस्प और दुर्लभ जाति के पक्षी भी पाए जाते हैं, जैसे- हॉर्नबिल, तीतर, टील, स्नाइप, हंस, बतख और कोयल। इन सब की रक्षा के लिए कानून बनाए गए हैं। राज्य में दो राष्ट्रीय उद्यान हैं: नोकरेक और बालपकरम, और दो वन्य जीवन अभयारण्य हैं- नोंगखाइलम और सीजू।

उद्योग

राज्य में सबसे महत्वपूर्ण कृषि रहित उद्योग सीमेंट है। चूना पत्थर की बहुतापत के कारण यहां अनेक सीमेंट प्लांट सक्रिय हैं। इसके अलावा, सेवा उद्योग, बेकरी, फर्नीचर निर्माण, लौह एवं इस्पात निर्माण, टायर पुनर्निर्माण आदि लघु उद्योग भी लगातार बढ़ रहे हैं। मेघालय उद्योग विकास संगठन छोटे उद्यमियों से पंजीकरण करने हेतु प्रोत्साहित करता है ताकि वह वित्तीय एवं लाभांश सहभागिता के आधार पर छोटे एवं लघु क्षेत्रों में उद्योग को मिलने वाले सहयोग और प्रशिक्षण का लाभ उठा सकें।

रोचक स्थल

मेघालय में अनेक रमणीक पर्यटन स्थल हैं। राजधानी शिलांग में अनेक खूबसूरत स्थल हैं। वार्ड झील, फान नोंगलेत पार्क, उच्चस्तरीय पोलो मैदान, एलिफेंट फाल्स और शहर की ओर देखती शिलांग पहाड़ियां प्रमुख हैं। उमियम शिलांग से 17 किमी की दूरी पर स्थित है और राज्य में प्रमुख पर्यटन स्थल के तौर पर पहचान बना रहा है। इसी तरह शिलांग चोटी शहर से 10 किमी की दूरी पर स्थित है और समुद्र तट से यह 1960 मीटर की ऊंचाई पर स्थित है। शिलांग चोटी समुद्र तट से 1960 मीटर की ऊंचाई पर स्थित आदर्श पिकनिक स्थल है और यह शहर से 10 किमी की दूरी पर स्थित है। भारी वर्षापात के लिए प्रसिद्ध सोहरा शिलांग से 56 किमी पर स्थित है। इसी तरह शिलांग के दक्षिण-पश्चिम में स्थित मॉसिन्रम शिलांग-माफलांग मार्ग के एक ओर स्थित है। यहां सोहरा जितनी ही वर्षा होती है। जक्रेम जाना-माना हेल्थ रिजॉर्ट है जहां सल्फर जल के स्रोत हैं। माना जाता है कि यहां से निकलने वाले जल में औषधीय तत्व होते हैं। यह शिलांग से 64 किमी दूर है। रानीकोर शिलांग से 140 किमी दूर है। यह

स्थान रमणीक सौंदर्य से आच्छादित है। दावकी की दूरी शिलांग से 96 किमी है। यह बेहद सुंदर पिकनिक स्पॉट है जहां स्वच्छ जल धाराएं और गहरे पानी के स्रोत हैं। इसके एक ओर खासी की पहाड़ियां हैं और दूसरी ओर बांग्लादेश पड़ता है।

परिवहन

सड़कें : मेघालय से छह राष्ट्रीय राजमार्ग (कुल 606 किलोमीटर) गुजरते हैं। राज्य में 9,350 कि.मी. लंबे मार्ग हैं। प्रत्येक 100 वर्ग कि.मी. मार्ग घनत्व 41.69 किमी है।

उड्डयन : राज्य में एकमात्र हवाईअड्डा उमरोई में है, जो शिलांग से 35 किलोमीटर दूर है।

प्राकृतिक विशेषताएं

मेघालय के मध्य और पूर्वी हिस्से में पड़ने वाली खासी और जैंतिया पहाड़ियां घास के मैदान, चोटियों और नदी-घाटियों का लुभावने पठार हैं। पठारों के दक्षिणी हिस्से में गहरी घाटियां और ऊंची-नीची जमीन है। इस ऊबड़-खाबड़ जमीन के अंत में संकरी मैदानी पट्टी है जो बांग्लादेश की अंतरराष्ट्रीय सीमा तक पहुंचती है।

मेघालय के पश्चिमी हिस्से में गारो पहाड़ियां अपेक्षाकृत छोटी हैं। गारो पहाड़ियों का सबसे ऊपरी हिस्सा ऊंचाई में 450 मीटर से 600 मीटर तक है और उत्तर में यह सीधा ब्रह्मपुत्र घाटी में और दक्षिण में बांग्लादेश के मैदानों में उतरती हैं। पश्चिमी मेघालय की सबसे ऊंची चोटी, तूरा नगर के पूर्व में स्थिति 1412 मीटर ऊंची नोकरेक चोटी है।

इस पहाड़ी राज्य में कई नदियां हैं, लेकिन इनमें से किसी में भी नाव नहीं चलाई जा सकती। गारो पहाड़ियों में मंदा, दामरिंग और जंजीराम नदियां उत्तर की ओर बहती हैं जबकि गेनल पश्चिमी दिशा की ओर बहती है। दक्षिण को बहने वाली सिमसांग है, जोकि गारो पहाड़ियों और भोगाई की सबसे बड़ी नदी है।

वेबसाइट : www.meghalaya.gov.in

सरकार

राज्यपाल	:	श्री गंगो प्रसाद	**मुख्य सचिव**	:	श्री के.एस. क्रोफा
मुख्यमंत्री	:	डॉ. मुकुल संगमा	**उच्च न्यायालय का अधिकार क्षेत्र**	:	मेघालय उच्च न्यायालय

मिज़ोरम

क्षेत्रफल	:	21,081 वर्ग किलोमीटर	**जनसंख्या**	:	10.97 लाख (जनगणना 2011 अनंतिम)
राजधानी	:	आईजॉल	**मुख्य भाषा**	:	मिज़ो, लुशाई और अंग्रेजी

इतिहास और भूगोल

मिज़ोरम पर्वतीय प्रदेश है। फरवरी 1987 में यह भारत का 23वां राज्य बना। 1972 में केंद्रशासित प्रदेश बनने से पहले तक यह असम का एक जिला था। 1891 में ब्रिटिश कब्जे में जाने के बाद कुछ वर्षों तक उत्तर का लुशाई पर्वतीय क्षेत्र असम के और आधा दक्षिणी भाग बंगाल के अधीन रहा। 1898 में दोनों को मिलाकर एक जिला बना दिया गया जिसका नाम पड़ा— लुशाई हिल्स जिला और यह असम के मुख्य

आयुक्त के प्रशासन में आ गया। 1972 में पूर्वोत्तर क्षेत्र पुनर्गठन अधिनियम लागू होने पर मिज़ोरम केंद्रशासित प्रदेश बन गया। भारत सरकार और मिजो नेशनल फ्रंट के बीच 1986 में हुए ऐतिहासिक समझौते के फलस्वरूप 20 फरवरी, 1987 को इसे पूर्ण राज्य का दर्जा दिया गया। पूर्व और दक्षिण में म्यामां और पश्चिम में बांग्लादेश के बीच स्थित होने के कारण भारत के पूर्वोत्तर कोने में मिज़ोरम सामरिक दृष्टि से अत्यधिक महत्वपूर्ण राज्य है। राज्य में प्राकृतिक सौंदर्य बिखरा पड़ा है तथा इस क्षेत्र में प्रकृति की विभिन्न छटाएं देखने को मिलती हैं। यह क्षेत्र विभिन्न प्रजातियों के प्राणियों तथा वनस्पतियों से संपन्न है।

19वीं शताब्दी में यहां ब्रिटिश मिशनरियों का प्रभाव फैल गया और इस समय तो अधिकांश मिजो लोग ईसाई धर्म को ही मानते हैं। मिज़ो भाषा की अपनी कोई लिपि नहीं है। मिशनरियों ने मिजो भाषा और औपचारिक शिक्षा के लिए रोमन लिपि को अपनाया।

कृषि

मिज़ोरम के 60 प्रतिशत लोग कृषि तथा संबद्ध गतिविधियों में लगे हैं। कृषि की मुख्य प्रणाली झूम या स्थानांतरित कृषि है। कुल क्षेत्र का 21 प्रतिशत धान/मौसमी फसलों वाला क्षेत्र है। लगभग 63 प्रतिशत पर झूम खेती होती है। विनाशक और अनुत्पादक झूम खेती को बदलने के लिए राज्य सरकार ने नई भूमि उपयोग नीति लागू की है, जो सभी जिलों को कवर करती है। झूम खेती क्षेत्र 2014-15 के अंतर्गत घटकर 20,000 हेक्टेयर रह गया है जो कि 11वीं योजना में 44,947 हेक्टेयर था। यह कमी 55.36 प्रतिशत की रही। झूम खेती में यह कमी एमएलयूपी, नारियल तेल विकास कार्यक्रम, गन्ना खेती कार्यक्रम, आरकेवीई एवं आरएडी को अमल में लाए जाने के कारण आई है।

बागवानी

अनुमानित 21 लाख हेक्टेयर भूमि में से 6.30 लाख हेक्टेयर भूमि बागवानी के लिए उपलब्ध है। बागवानी की मुख्य फसलें फल हैं। इनमें मैडिरियन संतरा, केला, सादे फल, अंगूर, हटकोरा, अन्नानास और पपीता आदि शामिल हैं। इसके अलावा यहां एंथुरियम, बर्ड आफ पेराडाइज, आर्किड, चिरासेथिंमम, गुलाब तथा अन्य कई मौसमी फूलों की खेती होती है। मसालों में अदरक, हल्दी, काली मिर्च और चिड़िया की आंख वाली मिर्चें भी उगाई जाती हैं। इजराइल की मेसर्स अर्गोस (एग्रीप्रोजेक्टस) के साथ चिती में बहुउद्देशीय पैकिंग हाउस स्थापित किया गया है।

पुष्पोत्पादन मिज़ोरम में फलता-फूलता पेशा है। प्रौद्योगिकी मिशन कार्यक्रम के अंतर्गत 2002 में एंथूरियम की खेती शुरू की। आज मिज़ोरम एंथूरियम कट फूल देश के अन्य राज्यों और विदेशों में निर्यात हो रहा है। 2006 में हाईटेक ग्रीन हाउस के तहत गुलाब की व्यापारिक खेती शुरू की गई। अब लगभग 10,000 गुलाब के फूल रोज़ाना उगाए जा रहे हैं।

वन

मिज़ोरम देश में सबसे अधिक घने वन क्षेत्रों में से एक है। इंडिया स्टेट ऑफ फॉरेस्ट रिपोर्ट-2015 के अनुसार राज्य का 91.47 प्रतिशत क्षेत्र वनों से ढका है। कटिबंधीय अर्ध सदाबहार, कटिबंधीय नम पर्णपाती, उपकटिबंधीय वृहदपर्णी हिल एवं उपकटिबंधीय चीड़ वृक्ष यहां आमतौर पर पाए जाते हैं। यहां के 31 प्रतिशत (6,446 वर्ग कि.मी.) क्षेत्र में बांस की बहुतायत होती है। राज्य में बांस की 35 किस्में पाई जाती हैं जिनमें 77 प्रतिशत में मेलोकना बेसिफेरा (मॉतक) किस्म के बांस पाए जाते हैं।

झूम की खेती प्राचीन परंपरा थी और यह वन क्षेत्र के लिए नुकसानदेह होती थी। राज्य में सरकार की नवीन भूमि उपयोग नीति के तहत हाल के दशकों में इस में कमी आई है। प्रतिवर्ष वनरोपण और उनके रखरखाव संबंधी गतिविधियों के चलते लोकप्रिय एवं असरकारी ग्रीन मिज़ोरम कार्यक्रम चल रहा है। राष्ट्रीय वनरोपण कार्यक्रम के अंतर्गत 4,700 हेक्टेयर वनरोपण किया गया है।

सिंचाई

राज्य की पहाड़ी प्रकृति के चलते सभी सिंचाई परियोजनाएं लघु परियोजनाएं हैं। मिज़ोरम रिमोट सेंसिंग एप्लीकेशन सेंटर के अनुसार कुल वेट राइस कल्टीवेशन क्षेत्र अनुमानित 74,644 हेक्टेयर है। अब तक 18,228 हेक्टेयर कमांड एरिया से 439 लघु परियोजनाएं पूरी हो चुकी हैं जो 1,559 हेक्टेयर क्षेत्र कवर करती हैं। 2016-17 के दौरान 1,117.90 हेक्टेयर क्षेत्र कवर करने के लिए 25 नई लघु परियोजनाएं शुरू की जाएंगी जिससे 1,656 हेक्टेयर सिंचाई क्षमता का विकास होगा। प्रस्तावित परियोजना से राज्य भर में 791 किसानों को लाभ पहुंचेगा।

उद्योग

अपनी स्थलाकृति तथा भौगोलिक स्थिति और कम विकसित ढांचा तथा परिवहन समस्याओं के कारण औद्योगिक विकास धीमा है। हालांकि म्यामां और बांग्लादेश के साथ सीमा व्यापार खुलने और भारत सरकार की 'लुक एक्ट ईस्ट पॉलिसी' तथा राज्य में शांति के चलते भविष्य में औद्योगीकरण की रफ़्तार तेज होने के आसार हैं।

राज्य के सामाजिक-आर्थिक विकास में लघु उद्योग का विशेष स्थान है। ग्रामीण क्षेत्रों में उद्योगों को संवर्धन देने के उद्देश्य से राज्य सरकार 35 प्रशिक्षकों के साथ एक क्षेत्रीय औद्योगिक विकास निगम और दो सामान्य सुविधा केंद्र चला रही है।

चाय की वैज्ञानिक तरीके से खेती आरंभ की गई है। निर्यातोन्मुखी औद्योगिक इकाइयों (ईओयूज) की स्थापना को बढ़ावा देने के लिए एप्परेल प्रशिक्षण तथा डिजाइन केंद्र तथा रत्नों की कटाई तथा पॉलिश करने की इकाइयां लगाने की योजना है। कुटीर उद्योगों में हथकरघा तथा हस्तशिल्प को उच्च प्राथमिकता दी जाती है तथा ये दोनों क्षेत्र मिज़ोरम तथा इसके पड़ोसी राज्यों— मेघालय तथा नगालैंड में उपभोक्ताओं की मांग को पूरा करने के लिए फल-फूल रहे हैं।

बिजली

भारत के 18वें ऊर्जा सर्वेक्षण के अनुसार, मिज़ोरम की कुल बिजली आवश्यकता 201 मेगावाट है और उसे 103.09 मेगावाट ऊर्जा आवंटित (आमतौर पर वास्तविक समय में ऊर्जा प्राप्यता 60 मेगावाट रहती है) होती है। प्रतिव्यक्ति बिजली खपत 280 किलोवाट है। वर्तमान जरूरत 102 मेगावाट है परंतु राज्य 29.35 मेगावाट उत्पादन स्टेशनों से केवल 15 मेगावाट ऊर्जा ही बना पाता है। एनईईपीसीओ, एनएचपीसी, एनटीपीसी जैसी केंद्रीय इकाइयों के रंगनदी स्थित लोकतक जैसे विभिन्न स्रोतों से शेष आवश्यकता हेतु ऊर्जा आयात की जाती है।

परिवहन

सड़कें : सड़कें राज्य के भीतर, राज्य से बाहर तथा अंतरराष्ट्रीय सीमाओं के पार संचार, परिवहन, यात्रियों और सामान ढोने का साधन हैं। राज्य में सड़कों की कुल लंबाई 6,349.60 कि.मी. है और सड़क घनत्व

3,00,012 कि.मी. प्रति 100 वर्ग कि.मी. है। 6 राष्ट्रीय राजमार्ग राज्य से गुजरते हैं। एनएच-54 आईजॉल को सिल्चर के जरिये बाकी देश से जोड़ता है। आईजॉल अब शिलांग और गुवाहाटी से भी जुड़ा है।

रेल : असम सीमा के पास बैराबी में ब्रॉड गेज रेल लिंक स्थापित की गई है।

उड्डयन : लेंगपुई हवाईअड्डे तक कोलकाता, इंफाल और गुवाहाटी से उड़ाने पहुंचती हैं। आइजॉल को लेंगलेई, ल्वांगतलाई, सेहा, चांग्ते, सेरछिप, चम्फाई, कोलासिब, ख्वाजोल, ममित और हनाथियल तक आंतरिक हेलिकॉप्टर सेवा भी जोड़ती है।

त्योहार

मिज़ो लोग मूलत: किसान हैं। अत: उनकी तमाम गतिविधियां तथा त्योहार भी झूम खेती से ही जुड़े हैं। त्योहार के लिए मिज़ो शब्द 'कुट' है। मिज़ो लोगों के विभिन्न त्योहारों में से आजकल केवल तीन मुख्य त्योहार 'चपचार कुट', 'मिम कुट' और 'थालफवांगकुट' मनाए जाते हैं।

पर्यटन स्थल

मिज़ोरम प्रचुर वानस्पतिक दृश्यावली और मधुर जलवायु वाला क्षेत्र है। समुद्र तल से लगभग 3,715 फुट की ऊंचाई पर स्थित पर्वतीय नगर आईजॉल, मिज़ोरम का धार्मिक और सांस्कृतिक केंद्र है। म्यामां की सीमा के निकट चंफाई एक सुंदर पर्यटन स्थल है। तामदिल एक प्राकृतिक झील है जहां मनोहरी वन हैं। यह आइजॉल से 76 किलोमीटर और पर्यटक स्थल सैतुअल से 10 किलोमीटर की दूरी पर है। वानतांग जलप्रपात मिज़ोरम में सबसे ऊंचा और अति सुंदर जलप्रपात है। यह थेनज़ोल कस्बे से पांच किलोमीटर दूर है जो हथकरघा का प्रमुख क्षेत्र है। फांगपुई इस राज्य की सबसे ऊंची चोटी है। यह 2157 मीटर की ऊंचाई पर स्थित है और पर्वतारोहियों के लिए बड़ा आकर्षण है। आइजॉल से 30 किमी की दूरी पर राईक चोटी भी है। पुराने मिजो गांव की तर्ज पर ही आइजॉल से 24 किमी दूर फाक्आइन में एक गांव स्थापित किया गया है। ह्युईफांग तलांग और कियालसुक तलांग आइजॉल से क्रमश: 50 और 66 किमी दूर हैं और प्रमुख पर्यटन आकर्षण हैं। पर्यटन विभाग ने राज्य में सभी बड़े कस्बों में पर्यटक आवास गृह तथा अन्य कस्बों में राजमार्ग रेस्तरां तथा यात्री सरायों का निर्माण किया है। जोबौक के निकट जिला पार्क में अल्पाइन पिकनिक हट तथा बेरो तिलिंग में मनोरंजन केंद्र भी बनाए गए हैं। रेइक त्लांग में मिज़ो गांव, आधुनिक मिज़ो गांव और रिजॉर्ट बनाए गए हैं।

वेबसाइट : www.mizoram.gov.in

सरकार

राज्यपाल	:	ले. जनरल. निर्भय शर्मा (सेवानिवृत्त)	**मुख्य सचिव**	: श्री पु.यू. लालमलस्वमा
मुख्यमंत्री	:	श्री पू.यू. ललथनहवला	**उच्च न्यायालय का अधिकार क्षेत्र**	: यह गुवाहाटी उच्च न्यायालय के अधिकार क्षेत्र में आता है। मिज़ोरम में न्यायालय की एक खंडपीठ है।

नगालैंड

क्षेत्रफल	:	16,579 वर्ग किलोमीटर	**जनसंख्या**	:	19.79 लाख (जनगणना 2011-अनंतिम)
राजधानी	:	कोहिमा	**मुख्य भाषाएं**	:	अंग्रेजी, हिंदी, 16 आदिवासी बोलियां, नागामी

इतिहास और भूगोल

नगालैंड 1963 को भारतीय संघ का 16वां राज्य बना। यह राज्य पूर्व में म्यामां, उत्तर में अरुणाचल प्रदेश, पश्चिम में असम और दक्षिण में मणिपुर से घिरा हुआ है। यह पूर्व में 98° तथा 96° देशांतर तथा भूमध्य रेखा के उत्तर में 26.6° तथा 27.4° अक्षांश के बीच बसा हुआ है।

नगा लोग भारतीय-मंगोल वर्ग के लोगों में से हैं, जो भारत की उत्तर-पूर्वी पहाड़ियों से सटे क्षेत्रों और पश्चिमी म्यामां के ऊपरी भाग में रहते हैं। नगालैंड की प्रमुख जनजातियां हैं: अंगामी, आओ, चाखेसांग, चांग, खिआमनीउंगन, कुकी, कोन्याक, कचारी लोथा, फौम, पोचुरी, रेंग्मा, संगताम, सुमी, यिमचुंगरू और ज़ेलिआंग। नगा भाषा एक जनजाति से दूसरी जनजाति और कभी-कभी तो एक गांव से दूसरे गांव में भी अलग हो जाती है। तथापि इन्हें तिब्बत-बर्मा भाषा परिवार में वर्गीकृत किया गया है।

बारहवीं-तेरहवीं शताब्दी में इन लोगों का आज के असम के अहोम लोगों से धीरे-धीरे संपर्क हुआ, लेकिन इससे इन लोगों के रहन-सहन पर कोई विशेष प्रभाव नहीं पड़ा। लेकिन उन्नीसवीं शताब्दी में अंग्रेजों के आगमन पर यह क्षेत्र ब्रिटिश प्रशासन के अधीन आ गया। स्वतंत्रता के पश्चात 1957 में यह क्षेत्र केंद्रशासित प्रदेश बन गया और असम के राज्यपाल द्वारा इसका प्रशासन देखा जाने लगा। यह नगा हिल्स तुएनसांग क्षेत्र कहलाया। यह जनता की आकांक्षाओं पर खरा नहीं उतरा और असंतोष पनपने लगा। अत: 1961 में इसका नाम बदलकर 'नगालैंड' रखा गया और इसे भारतीय संघ के राज्य का दर्जा दिया गया, जिसका विधिवत उद्‌घाटन दिसंबर 1963 को हुआ।

कृषि

नगालैंड मूलत: कृषि की भूमि है। लगभग 70 प्रतिशत जनता कृषि पर निर्भर है। राज्य में कृषि क्षेत्र का महत्वपूर्ण योगदान है। चावल यहां का मुख्य भोजन है। कुल क्षेत्र के 70 प्रतिशत में धान की खेती होती है और राज्य के कुल खाद्यान्न उत्पादन का 75 प्रतिशत चावल है। यहां मुख्यत: 'स्लेश' और 'बर्न' खेती प्रचलित है, जिसे स्थानीय तौर पर झूम के नाम से जाना जाता है। कुल कृषि क्षेत्र 7,21,924 हेक्टेयर है।

वन

कुल 16,579 वर्ग किलोमीटर भूमिक्षेत्र में से करीब 8,62,9.30 हेक्टेयर क्षेत्र में वन हैं। पेरेन जिले में इंतकी राष्ट्रीय उद्यान, तुएनसांग जिले में फाकिम, दीमापुर जिले में रंगापहाड़ और मोन जिले में सिंघफैन वन्य जीव अभयारणय तथा दीमापुर जिले में प्राणी उद्यान है।

बिजली

राज्य में छोटी जल विद्युत परियोजनाओं की कुल स्थापित क्षमता मात्र 27.84 मेगावाट है जबकि मांग 95 मेगावाट है। अधिकतर बिजली केंद्रीय बिजली आवंटन क्षेत्र से मिलती है।

सिंचाई

राज्य सिंचाई परियोजनाओं का निर्माण कर रहा है ताकि मुख्यतः पहाड़ी झरनों की धारा मोड़कर घाटी में धान की खेती की सिंचाई में काम आए और 82,150 हेक्टेयर क्षेत्र की सिंचाई हो सके।

परिवहन

दीमापुर देश से हवाई और रेल यातायात से जुड़ा है। राष्ट्रीय राजमार्ग 39 दीमापुर से वाया कोहिमा मणिपुर तक जाता है। एनएच 39 शीघ्र ही सरकार की 'लुक ईस्ट पॉलिसी' के तहत अंतरराष्ट्रीय मार्ग बनने वाला है। शेष राज्य केवल सड़कों से ही जुड़ा हुआ है, जिनकी कुल लंबाई 24,709 किलोमीटर है। इसमें राष्ट्रीय राजमार्ग 61 तथा राज्य राजमार्ग भी शामिल हैं। राज्य सभी जिला मुख्यालयों में डाक सेवाओं, टेलीफोन और मोबाइल सेवाओं से जुड़ा हुआ है।

पर्यटन

प्रतिबंधित क्षेत्र परमिट (आरएपी) में ढील देने से राज्य में अंतरराष्ट्रीय पर्यटकों का आना-जाना शुरू हो गया है, अतः यहां देशी-विदेशी पर्यटक प्रतिवर्ष बड़ी संख्या में आते हैं।

पर्यटन विभाग प्रतिवर्ष दिसंबर माह के प्रथम सप्ताह में 'हॉर्नबिल' उत्सव आयोजित करता है, जिसमें राज्य की सभी जनजातियां एक जगह आकर उत्सव मनाती हैं और अपनी पारंपरिक वस्तुओं, खाद्य पदार्थों और शिल्पगत चीजों का प्रदर्शन करती तथा बेचती हैं। तीन पारंपरिक उत्सवों—कोहिमा जिले के तोउफेमा में *सेकरेन्यी* (फरवरी); लोंगलेंग उपमंडल के पोंगो में *मोन्यू* (अप्रैल) तथा मोकोकचुंग जिले के चुचुयिमलांग में *मोआत्सु* (मई) की उत्सव गंतव्यों के रूप में पहचान की गई है।

संगीत और नृत्य नगा जनजीवन के मूलभूत अंग हैं। वीरता, सुंदरता, प्रेम और उदारता का गुणगान करने वाले लोकगीत और लोकगाथाएं पीढ़ी-दर-पीढ़ी चली आ रही हैं। इसी तरह नृत्य हर उत्सव का महत्वपूर्ण हिस्सा है। हर त्योहार पर दावत, नाच-गाना और उल्लास होता है। विभिन्न आदिवासी समूह तथा उनके त्योहार हैं:- अंगामी-सेकरेन्यी, चाखेसांग-सुखुन्ये तथा त्सुखेन्ये, चांग-नाकन्युलेम, खियाम्नियुंगन-त्सोकुम, कुकी-मिमकुट, कोन्यक-आओलियांग मोन्यु, कचारी-बुशु, लोथा-तोखू, फोम-मोन्यु, पोचुरी-येमशी, रेम्मा-नगदा, सुमी-तुलनी, संगतम-एमोंगमोंग, यिमचंग्रु-मितिमिन्यो, ज़ेलियांग-मिलिंगी/हेगा लेंग्सिम्पी/चेगागड़ी आदि।

उद्योग

'उद्यमी वर्ष 2010' के अंतर्गत, नगालैंड के सभी 11 जिलों में उद्यमी जागरुकता कार्यक्रम चलाये गए। राज्य ने 17 सिट्रोनेला प्रदर्शन फार्म (जिसे आर्थिक संयंत्र कहा जाता है) स्थापित किए हैं। ये राज्यभर में स्थापित किये गए हैं। नगालैंड हथकरघा तथा हस्तशिल्प विकास निगम लिमिटेड, दीमापुर राज्य के स्वामित्व वाला निगम संगठन है, जिस पर राज्य में हथकरघा तथा हस्तशिल्प उत्पादों के संवर्धन तथा विपणन का दायित्व है। गणेशनगर, दीमापुर में एक औद्योगिक विकास केंद्र स्थापित किया गया है ताकि उद्यमियों तथा शिक्षित बेरोज़गार युवाओं को उद्योगों के संवर्धन देने हेतु प्रोत्साहित किया जा सके।

वेबसाइट : www.nagaland.gov.in

सरकार

राज्यपाल	:	श्री पी. बी. आचार्य	**मुख्य सचिव**	:	श्री पंकज कुमार
मुख्यमंत्री	:	श्री टी. आर. ज़िलियंग	**उच्च न्यायालय**	:	नगालैंड गुवाहाटी उच्च न्यायालय के अधिकार क्षेत्र में आता है।

ओडिशा

क्षेत्रफल	:	1,55,707 वर्ग किलोमीटर	**जनसंख्या**	:	41,947.358 (जनगणना 2011)
राजधानी	:	भुवनेश्वर	**मुख्य भाषा**	:	ओडिया

इतिहास और भूगोल

ओडिशा का इतिहास प्राचीन काल में कलिंग, उत्कल तथा ओद्रा के नाम से विख्यात था। महावीर और बुद्ध के समय तक भारत के संपूर्ण पूर्वी तट पर कलिंग उत्कल क्षेत्र ने खूब प्रसिद्धि पाई। मौर्य सम्राट अशोक की कलिंग विजय एक युगांतरकारी घटना बनी। अशोक ने कलिंग जीत तो लिया, किंतु युद्ध की मार-काट से उसके मन में आत्मग्लानि पैदा हो गई। अशोक के बदलने से भारत ही नहीं संपूर्ण एशिया का धार्मिक और सांस्कृतिक इतिहास बदल गया। ईसा पूर्व दूसरी शताब्दी के पूवार्द्ध में महामेघवाहन खारवेल राजा के शासन काल में ओडिशा के इतिहास का अगला महान युग शुरू हुआ। खारवेल के शासन के दौरान कलिंग साम्राज्य उत्तर में गंगा तक और दक्षिण में गोदावरी तक विस्तृत हो गया। परिणामस्वरूप, शैलोद्य, भोमकार, सोमवामसी तथा गंग जैसे वंशों ने न केवल महान साम्राज्य स्थापित किया बल्कि कला, साहित्य तथा संस्कृति को संवर्द्धन दिया। कोणार्क का विश्व प्रसिद्ध सूर्य मंदिर 13वीं शताब्दी में नरसिंह देव द्वारा बनवाया गया था। पुरी स्थित प्रसिद्ध जगन्नाथ मंदिर 12वीं शताब्दी में अनंग भीमदेव द्वारा तथा भुवनेश्वर का लिंगराज मंदिर 11वीं शताब्दी में जजाति, द्वितीय द्वारा बनवाया गया था। 16वीं शताब्दी के मध्य से 1592 तक ओडिशा पर पांच मुस्लिम राजाओं ने शासन किया। 1592 में अकबर ने ओडिशा को अपने राज्य में शामिल कर लिया। मुगलों के पतन के बाद ओडिशा पर मराठों का अधिकार हो गया। 1803 में ब्रिटिश आधिपत्य से पहले ओडिशा मराठा राजाओं के अधीन रहा।

1936 को आधुनिक ओडिशा का जन्म हुआ। भगवान जगन्नाथ की भूमि ओडिशा बंगाल की खाड़ी के तट पर स्थित है। इसके उत्तर-पूर्व में पश्चिम बंगाल, उत्तर में झारखंड, पश्चिम में छत्तीसगढ़ तथा तेलंगाना और दक्षिण में आंध्र प्रदेश है। राज्य के विविध भौगोलिक तटीय मैदान, पर्वतीय स्थलाकृति, पठार, हरी-भरी नदी घाटियां, जल संभर, झरने तथा झीलों वाली ढलानें और विविध घनत्व वाले जंगल शामिल हैं। ये हैं— उत्तरी पठार, मध्य नदी थाला, पूर्वी पहाड़ियां और तटवर्ती मैदान।

कृषि

नेशनल सैम्पल सर्वे ऑर्गेनाइजेशन (एनएसएसओ) के 2012-13 के सर्वेक्षण के अनुसार 2002-03 के सर्वेक्षणों की बजाय कृषि से आय दोगुनी हो चुकी है। 2014-15 के दौरान अनाज का उत्पादन ने 118.24 लाख मीट्रिक का रिकॉर्ड स्थापित किया, जिस अनुसार यह वृद्धि 22.7 प्रतिशत की रही थी।

सिंचाई

गत दो वर्षों में सभी स्रोतों के आधार पर 2.94 लाख हेक्टेयर अतिरिक्त सिंचित संभावना हेतु क्षेत्र की पहचान की गई है। 2017-18 तक 54 पर्बती गिरि मेगा-लिफ्ट सिंचाई परियोजनाओं, 17,000 डीप

बोर वेल्स, 3000 उथले ट्यूब वेल्स, 7,099 माइक्रो रिवर लिफ्ट, 2,512 लिफ्ट सिंचाई परियोजनाओं और 4,300 चेक डेम्स को पूरा करने का लक्ष्य रखा गया है।

परिवहन

सड़कें : समयबद्ध आधार पर सड़क यातायात को सुचारू बनाने और सामाजिक-आर्थिक विकास के क्षेत्र में इसकी महती भूमिका को देखते हुए, राज्य सरकार ने इस दिशा में कई स्रोत लगाए हैं। ओडिशा राज्य मार्ग परियोजना के अंतर्गत मार्ग अवसंरचनात्मक विकास के लिए 1,411 करोड़ रुपये की निवेश राशि वाली एक कार्यकारी योजना तैयार की गई है। भवानीपटना-खैरार मार्ग गलियारा, आनंदपुर-भद्रक-चांदबली मार्ग गलियारा, बेरहामपुर-तप्तपानी मार्ग गलियारा और जगतपुर-चांदबली मार्ग गलियारे में नागरी कार्य शुरू हो चुके हैं। सरकार का प्रमुख लक्ष्य, राज्य के ग्रामीण क्षेत्रों के समुचित विकास के लिए सुचारू मार्ग संयोजन, अवसंरचना, साफ पेयजल और स्वच्छता सुविधाएं उपलब्ध कराना है। विभिन्न रिहायशी इलाकों में 780 करोड़ रुपये की 'बीजु सेतु योजना' के अंतर्गत 481 पुलों के निर्माण के साथ बारहमासी संपर्क सुविधा स्थापित करना सरकार का लक्ष्य है।

रेलवे : ओडिशा राष्ट्रीय रेल नेटवर्क से भलीभांति जुड़ा है। राज्य में 2339 कि.मी. रेल लाइनें हैं जिनमें 91 कि.मी. नैरोगेज है। ओडिशा ईस्ट कोस्ट रेलवे का हिस्सा है जो देश में व्यावसायिक ढुलाई और यात्री ट्रैफिक का सबसे बड़ा मार्ग है।

उड्डयन : भुवनेश्वर हवाईअड्डे का आधुनिकीकरण तथा विस्तार प्रगति पर है। भुवनेश्वर से दिल्ली, कोलकाता, मुबंई, बंगलुरु तथा हैदराबाद के लिए सीधी विमान सेवा उपलब्ध है। राज्य के विभिन्न स्थानों पर 13 हवाईपट्टियां और 16 हेलीपैड हैं।

बंदरगाह : समुद्री कारोबार तथा बंदरगाह आधारित उद्योग को गति प्रदान करने हेतु संभावित बंदरगाह स्थलों पर सरकार हर मौसम के लिए उपयुक्त बंदरगाह विकसित करने के लिए कदम उठा रही है। धामरा बंदरगाह, जिसकी स्थापना पीपीपी तहत की गई है, ने इस वर्ष के दौरान संचालन शुरू कर दिया है।

पर्यटन : पर्यटन से लाभ बढ़ाने के उद्देश्य से नई पर्यटन नीति बनाई जा रही है। इसके तहत निजी क्षेत्र की भागीदारी, पर्यटन अवसंरचना को एक जगह लाना तथा विपणन और संवर्धन बढ़ाया जाएगा। पर्यटकों की सुरक्षा के लिए सरकार ने पर्यटन पुलिस का गठन कर पुरी के समुद्र तटों, कोणार्क तथा गोपालपुर में तैनाती की गई है। गोल्डन ट्रायंगल तथा डायमंड ट्रायंगल में भी पर्यटन पुलिस कोष्ठ बनाये गए हैं।

ओडिशा में पर्यटन की संभावना को देखते हुए सरकार ने पर्यटन को विकास के लिए केंद्रित क्षेत्र के रूप में चिह्नित किया है। 320 पर्यटन केंद्रों की पहचान की गई है। राष्ट्रीय तथा अंतरराष्ट्रीय पर्यटन मानचित्र पर ओडिशा को सर्वाधिक पसंदीदा स्थान बनाने के लिए कदम उठाए गए हैं।

वेबसाइट : www.odisha.gov.in

सरकार

राज्यपाल	: श्री एस. सी. जमीर	**मुख्य सचिव**	:	श्री आदित्य प्रसाद पधी
मुख्यमंत्री	: श्री नवीन पटनायक	**उच्च न्यायालय का अधिकार क्षेत्र**	:	ओडिशा
स्पीकर	: श्री प्रदीप कुमार अमत			

पंजाब

क्षेत्रफल	:	50,362 वर्ग किलोमीटर	**जनसंख्या**	:	2,77,43,338 (जनगणना 2011)
राजधानी	:	चंडीगढ़	**मुख्य भाषा**	:	पंजाबी

इतिहास और भूगोल

प्राचीन पंजाब किसी जमाने में विस्तृत भारत-ईरानी क्षेत्र का हिस्सा रहा है। बाद के वर्षों में यहां मौर्य, यूनानी, शक, कुषाण, गुप्त जैसी अनेक शक्तियों का उत्थान और पतन हुआ। मध्यकाल में पंजाब मुसलमानों के अधीन रहा। सबसे पहले गजनवी, फिर गौरी, गुलाम वंश, खिलजी वंश, तुगलक, लोदी और मुगल वंशों का पंजाब पर अधिकार रहा। पंद्रहवीं और सोलहवीं शताब्दी में पंजाब के इतिहास ने नया मोड़ लिया। गुरु नानक देव जी की शिक्षाओं से यहां भक्ति आंदोलन ने जोर पकड़ा। सिख पंथ ने एक धार्मिक और सामाजिक आंदोलन को जन्म दिया, जिसका मुख्य उद्देश्य धर्म और समाज में फैली कुरीतियों को दूर करना था। दसवें गुरु गोबिंद सिंह जी ने सिखों को खालसा पंथ के रूप में संगठित किया तथा उन्हें सदियों के दमन और अत्याचार के खिलाफ एकजुट किया। उन्होंने देशभक्ति, धर्मनिरपेक्षता और मानवीय मूल्यों पर आधारित पंजाबी राज की स्थापना की। एक फारसी लेखक के शब्दों में, महाराजा रणजीत सिंह ने पंजाब को 'मदम कदा' अर्थात् नरक से 'बाग-ए-बहिश्त' यानी स्वर्ग में बदल दिया। किंतु उनके देहांत के बाद अंदरूनी साजिशों और अंग्रेजों की चालों के कारण पूरा साम्राज्य छिन्न-भिन्न हो गया। अंग्रेजों और सिखों के बीच दो निष्फल युद्धों के बाद 1849 में पंजाब ब्रिटिश शासन के अधीन हो गया।

स्वतंत्रता आंदोलन में गांधीजी के आगमन से बहुत पहले ही पंजाब में ब्रिटिश शासन के खिलाफ संघर्ष आरंभ हो चुका था। अंग्रेजों के खिलाफ यह संघर्ष सुधारवादी आंदोलनों के रूप में प्रकट हो रहा था। लाला लाजपत राय ने स्वतंत्रता संग्राम में अग्रणी भूमिका निभाई। चाहे देश में हो या विदेश में, पंजाब स्वतंत्रता संग्राम में हर मोर्चे पर आगे रहा। देश की आज़ादी के बाद भी पंजाब के कष्टों का अंत नहीं हुआ और उसे विभाजन की विभीषिका का सामना करना पड़ा जिसमें बड़े पैमाने पर रक्तपात तथा विस्थापन हुआ। विस्थापित लोगों के पुनर्वास के साथ-साथ राज्य को नए सिरे से संगठित करने की भी चुनौती थी।

पूर्वी पंजाब की आठ रियासतों को मिलाकर नए राज्य 'पेप्सू' अर्थात् पूर्वी पंजाब राज्य संघ-पटियाला का निर्माण किया गया। पटियाला को इसकी राजधानी बनाया गया। 1956 में पेप्सू को पंजाब में मिला दिया गया और चंडीगढ़ को इसकी राजधानी बनाया गया। बाद में 1966 में पंजाब से कुछ हिस्से निकालकर हरियाणा बनाया गया। पंजाब देश के उत्तर-पश्चिम भाग में स्थित है। इसके पश्चिम में पाकिस्तान, उत्तर में जम्मू-कश्मीर, उत्तर-पूर्व में हिमाचल प्रदेश और दक्षिण में हरियाणा तथा राजस्थान हैं।

दुनिया में समूचे गेहूं उत्पादन में पंजाब का सातवां स्थान है। कनाडा और ऑस्ट्रेलिया के बाद यह तीसरा सबसे अधिक उत्पादन करता है जो दुनिया में गेहूं व्यापार का लगभग 1/10 हिस्सा है। चावल उत्पादन में थाईलैंड के बाद इसका बिक्री योग्य उत्पाद दूसरे स्थान पर है। ऐसा बेहतर अवसंरचनात्मक ढांचे के निर्माण, उचित तकनीकी के इस्तेमाल, कुशल प्रसारण सेवाओं और सरकारी सहयोग और सक्षम योजनाओं को अपनाने के कारण संभव हो सका है। राज्य सरकार कृषि के विकास पर लगातार जोर देती

है। 2016-17 में कपास की रिकार्ड पैदावार, 756 किग्रा लिंट प्रति हेक्टेयर रही। 2017-18 के लिए कपास उत्पादन के लिए क्षेत्र 2.53 लाख हेक्टेयर से बढ़कर 3.5 लाख हेक्टेयर तक पहुंच गया है।

बागवानी पंजाब में उच्च लाभांश वाला क्षेत्र है। राज्य में केवल 4 प्रतिशत कुछ फसल वाले क्षेत्र के बावजूद सकल घरेलू उत्पाद में बागवानी की फसलें कुल कृषि उत्पाद में लगभग 10.5 प्रतिशत का योगदान देती हैं।

सिंचाई

राज्य में सतही और भूजल स्रोतों का पूरा दोहन हो चुका है, इसीलिए कृषि उत्पादन अब पूरी तरह पानी के कुशल इस्तेमाल पर निर्भर करता है। राज्य इस दिशा में पानी के मितव्ययी इस्तेमाल के लिए कई उपायों पर जोर दे रहा है, जिनमें मौजूदा नहर व्यवस्था का आधुनिकीकरण भी शामिल है। यह व्यवस्था सदियों पुरानी है। 2016-17 के दौरान जल संसाधनों को 4758 किमी क्षेत्र में क्रमबद्ध करने का कार्य किया गया था जिससे पंजाब जल स्रोत प्रबंधन एवं विकास कॉरपोरेशन द्वारा 210375 हेक्टेयर क्षेत्र को बेहतर सिंचाई सुविधाओं के अंतर्गत लाया गया। गहरे ट्यूबवेल्स और भूमिगत पाइपलाइनों के संस्थापन के बाद 6,700 हेक्टेयर क्षेत्र को सिंचाई व्यवस्था के अंतर्गत लाया जा चुका है।

बिजली

पंजाब के तीन नए ताप ऊर्जा संयंत्रों, राजपुरा प्लांट (1400 मेगावाट), तलवंडी साबो (1980 मेगावाट) और गोंडवाल साहिब (540 मेगावाट) की वजह से राज्य देश में अधिशेष बिजली वाला प्रदेश बन गया है जिसकी कुल क्षमता 3920 मेगावाट तक पहुंच चुकी है। इसके साथ ही, राज्य की कुल स्थापित क्षमता 13,960 मेगावाट तक पहुंच चुकी है, जिसमें एनआरएसई परियोजनाओं, बीबीएमबी और अन्य केंद्रीय क्षेत्र परियोजनाओं की स्थापित क्षमताएं भी शामिल हैं। हरित ऊर्जा के मोर्चे पर, केंद्रीय क्षेत्र परियोजनाओं के आधार पर पीएसचीसीएल की स्थापित क्षमता/हिस्सेदारी 1253 मेगावाट तक पहुंच चुकी है जिसमें सौर परियोजनाओं की क्षमता 830 मेगावाट और शेष गैर-सौर ऊर्जा परियोजनाओं का योगदान है जिसमें बायोमास और मिनी/माइक्रो हाइडल परियोजनाएं शामिल हैं।

सड़कें

राज्य में मार्गों की कुल लंबाई 71,742 कि.मी. है जिसमें 2,630 कि.मी. राष्ट्रीय राजमार्ग, 1,133 कि.मी. राज्य राजमार्ग हैं। 1826 किमी बड़े जिला मार्ग और 5119 अन्य जिला मार्ग (ओडीआर) और 61034 किमी ग्रामीण लिंक मार्ग शामिल हैं। लिंक मार्गों में पीडब्ल्यूडी बीएंडआर 31,696 कि.मी. और पंजाब मंडी बोर्ड 29,338 कि.मी. मार्गों की देखरेख करता है।

नागरिक उड्डयन

पंजाब में दो अंतरराष्ट्रीय हवाईअड्डे अमृतसर (राजासांसी) और मोहाली में हैं। मोहाली हवाईअड्डे के टर्मिनल भवन का पहला चरण पूरा हो चुका है और चालू किए जाने की प्रतीक्षा में है।

मेले और त्योहार

दशहरा, दिवाली, होली के अतिरिक्त मुक्तसर में माघी मेला, किला रायपुर में ग्रामीण खेल, पटियाला का बसंत, आनंदपुर साहिब में होला मोहल्ला, तलवंडी साबो में बैसाखी, सरहिंद में रौजा शरीफ का उर्स, छप्पर में छप्पार मेला, फरीदकोट में फरीद आगमन पर्व, गांव राम तीरथ में राम तीरथ, सरहिंद में शहीदी

जोड़-मेल, जालंधर में हरबल्लभ संगीत सम्मेलन बाबा सोदल प्रमुख मेले और त्योहार हैं। इनके अतिरिक्त, अमृतसर, पटियाला, कपूरथला में भी प्रतिवर्ष तीन पारंपरिक मेले आयोजित किए जाते हैं और यह पर्यटकों के बीच बहुत प्रसिद्ध हैं।

वेबसाइट : www.punjabgovt.gov.in

सरकार

राज्यपाल	: श्री वी.पी. सिंह बदनोरे	**मुख्य सचिव**	:	श्री करण अवतार सिंह
मुख्यमंत्री	: श्री कैप्टन अमरिंदर सिंह	**उच्च न्यायालय का अधिकार क्षेत्र**	:	पंजाब, हरियाणा और चंडीगढ़

राजस्थान

क्षेत्रफल	: 3,42,239 वर्ग किलोमीटर	**जनसंख्या**	:	6.86 करोड़ (जनगणना 2011)
राजधानी	: जयपुर	**मुख्य भाषाएं**	:	हिंदी और राजस्थानी

इतिहास और भूगोल

क्षेत्रफल की दृष्टि से राजस्थान भारत का सबसे बड़ा राज्य है। आज़ादी से पहले यह क्षेत्र राजपूताना या राजपूत एक योद्धा समुदाय कहलाता था। राजस्थान का इतिहास प्रागैतिहासिक काल से शुरू होता है। ईसा पूर्व 3,000 से 1,000 के बीच यहां की संस्कृति सिंधु घाटी सभ्यता जैसी थी। सातवीं शताब्दी में यहां चौहान राजपूतों का प्रभुत्व बढ़ने लगा और बारहवीं शताब्दी तक उन्होंने साम्राज्य स्थापित कर लिया था। चौहानों के बाद इस योद्धा जाति का नेतृत्व मेवाड़ के गहलोतों ने संभाला। मेवाड़ के अलावा जो अन्य रियासतें ऐतिहासिक दृष्टि से प्रमुख रहीं, वे हैं— मारवाड़, जयपुर, बूंदी, कोटा, भरतपुर और अलवर। अन्य सभी रियासतें इन्हीं रियासतों से बनीं। इन सभी रियासतों ने 1818 में अधीनस्थ गठबंधन की ब्रिटिश संधि स्वीकार कर ली जिसमें राजाओं के हितों की रक्षा की व्यवस्था थी, लेकिन इस संधि से आम जनता स्वाभाविक रूप से असंतुष्ट थी।

1857 के विद्रोह के बाद लोग स्वतंत्रता आंदोलन में भाग लेने के लिए महात्मा गांधी के नेतृत्व में एकजुट हुए। 1935 में अंग्रेजी शासन वाले भारत में प्रांतीय स्वायत्तता लागू होने के बाद राजस्थान में नागरिक स्वतंत्रता तथा राजनीतिक अधिकारों के लिए आंदोलन और तेज हो गया। 1948 में इन बिखरी हुई रियासतों को एक करने की प्रक्रिया शुरू हुई, जो 1956 में राज्य में पुनर्गठन कानून लागू होने तक जारी रही। सबसे पहले 1948 में मत्स्य संघ बना जिसमें चंद राज्यों के हिस्से थे, लेकिन धीरे-धीरे अन्य राज्य भी इस संघ में आकर मिलने लगे। 1949 तक बीकानेर, जयपुर, जोधपुर तथा जैसलमेर जैसे राज्य भी इस संघ से जुड़ गए और यह क्षेत्र वृहत राजस्थान संयुक्त राज्य (यूनाइटेड स्टेट्स ऑफ ग्रेटर राजस्थान) बन गया। अंततः 1950 में वर्तमान राजस्थान औपचारिक रूप से अस्तित्व में आया और अजमेर राज्य, आबू रोड तालुका और सुनेल तप्पा भी शामिल हो गए।

राज्य का पूरा पश्चिमी भाग पाकिस्तान से सटा हुआ है, उत्तर में पंजाब है, उत्तर पूर्व में उत्तर प्रदेश दक्षिण पूर्व में मध्य प्रदेश और दक्षिण पश्चिम में गुजरात है।

कृषि

2014-15 में राज्य का कुल अनुमानित बुवाई क्षेत्र 241.21 लाख हेक्टेयर था। मुख्य फसलें हैं— चावल, जौ, ज्वार, बाजरा, मक्का, चना, गेहूं, तिलहन, दालें, कपास और तंबाकू। इसके अलावा, पिछले कुछ वर्षों में सब्जियों और संतरा तथा माल्टा जैसे नींबू प्रजाति के फलों के उत्पादन में काफी वृद्धि हुई है। लाल मिर्च, सरसों, मेथी और जीरा व्यावसायिक फसलें हैं।

उद्योग

राजस्थान सांस्कृतिक रूप में समृद्ध होने के साथ-साथ खनिजों के मामले में भी समृद्ध रहा है और अब देश के औद्योगिक परिदृश्य में भी तेजी से उभर रहा है। राज्य के प्रमुख केंद्रीय प्रतिष्ठानों में देवारी (उदयपुर) और चंदेरिया (चित्तौड़गढ़) में हिंदुस्तान जिंक स्मेल्टर प्लांट, खेतड़ी नगर (झुंझनूं) में हिंदुस्तान तांबा संयंत्र, सांभर (जयपुर) में हिंदुस्तान सॉल्ट लिमिटेड, अजमेर में एचएमटी लिमिटेड और कोटा में प्रिसीज़न इंस्ट्रूमेंट्स फैक्ट्री शामिल है। मुख्य उद्योग हैं : वस्त्र, ऊनी कपड़े, इंजीनियरिंग के समान, इलेक्ट्रॉनिक वस्तुएं ऑटोमोबाइल्स, खाद्य प्रसंस्करण, रत्न एवं गहने, संगमरमर के स्लैब एवं टाइलें, कांच और सिरामिक, सीमेंट, ऑक्सीजन, जस्ता, उर्वरक, रेल के डिब्बे, बॉल बियरिंग, पानी व बिजली के मीटर, टेलीविजन सेट, सल्फ्यूरिक एसिड, सिंथेटिक धागे, हस्तशिल्प की वस्तुएं, स्टेनलेस स्टील, रि-रोलिंग, स्टील फाउंड्री तथा तापरोधी ईंटें आदि। बहुमूल्य और कम मूल्य के रत्नों के अलावा कास्टिक सोडा, कैल्शियम कार्बाइड, नाइलोन तथा टायर आदि अन्य महत्वपूर्ण औद्योगिक इकाइयां हैं।

राजस्थान में जिंक, पन्ना, गार्नेट, जिप्सम, चांदी, अभ्रक, धातु विशेष और अभ्रक के प्रचुर भंडार हैं। राज्य से भारी मात्रा में निर्यात भी होता है इसीलिए निर्यात संवर्द्धन औद्योगिक उद्यान की स्थापना सीतापुरा (जयपुर), बोरांडा (जोधपुर) में की गई है और उसे चालू भी कर दिया गया है। निर्यात को संवर्द्धन देने के लिए इन्लैंड कंटेनर डिपो जयपुर, भीलवाड़ा, जोधपुर और भिवाड़ी (अलवर) में स्थापित किए गए हैं। सीतापुरा में रत्न और आभूषणों के लिए विशेष आर्थिक जोन और बोरांडा (जोधपुर) में हस्तकला के लिए विशेष आर्थिक क्षेत्र स्थापित किए गए है। जयपुर के पीपीपी मॉडल में बहुउद्देशीय विशेष आर्थिक क्षेत्र (जोन) महेन्द्रा वर्ल्ड सिटी भी स्थापित की गई है।

खनिज

राजस्थान देश में खनिज उत्पादन करने वाले राज्यों में से एक प्रमुख राज्य है। राज्य के पास खान और खनिज के क्षेत्र में एक गौरवशाली विरासत है और खनिज संपदा के संबंध में झारखंड के बाद दूसरे स्थान पर है। राज्य को खनिजों का संग्रहालय के रूप में सम्मानित किया गया हैं जहां पर धातु और गैर-धातु दोनों खनिज पाए जाते हैं। इसके अतिरिक्त प्रसिद्ध इमारत का पत्थर और रेडियो एक्टिव खनिज, लिग्नाइट, पेट्रोलियम एवं प्राकृतिक गैस के संसाधन भी पाए जाते हैं। महत्वपूर्ण खनिज जिनका नाम शुरू से इस राज्य से जुड़ा हुआ है: वे हैं अलौह धातु जैसे- सीसा, जस्ता, ताबां और फेरोमैगनीशियन धातु जैसे कि टंगस्टन, बहुत से औद्योगिक खनिज और विभिन्न प्रकार के आयामी एवं सजावटी पत्थर पाए जाते हैं। यहां 79 खनिज उपलब्ध हैं जिनमें से 57 का वाणिज्यिक उत्पादन होता है। वर्तमान में राज्य वोलास्टोनाइट, सीसा-जस्ता, कैलसाइट तथा सेलेनाइट का एक मात्र उत्पादक है। चांदी, संगमरमर, कैडमियम, बॉल क्ले, रॉक फॉस्फेट, जिप्सम, फेल्डसपार का राजस्थान एक प्रमुख उत्पादक राज्य है। राज्य में पाए जाने वाले विभिन्न रंगों के पत्थर जैसे- मार्बल, ग्रेनाइट, सैंडस्टोन तथा कोटास्टोन की न केवल देश बल्कि विदेश में भी भारी मांग है। पश्चिमी

राजस्थान में तेल तथा प्राकृतिक गैस के स्रोत पता लगने के बाद राज्य का कच्चा तेल उत्पादक के रूप में बांबे हाई के बाद दूसरा स्थान हो गया है।

भारत के 85 प्रतिशत से भी अधिक वोलास्टोनाइट, पोटाश, सीसा–जस्ता तथा चांदी के संसाधन राज्य में है। राज्य में देश के कुल संसाधनों में से पोटाश (94 प्रतिशत), सीसा–जस्ता अयस्क (89 प्रतिशत), वोलास्टोनाइट (88 प्रतिशत), चांदी अयस्क (87 प्रतिशत), जिप्सम (82 प्रतिशत), फुलर्सअर्थ (74 प्रतिशत), डायटोमाइट (72 प्रतिशत), फेल्डस्पार (66 प्रतिशत), मारबल (64 प्रतिशत), एस्बेस्टेस (61 प्रतिशत), तांबा अयस्क (50 प्रतिशत), केल्साइट (50 प्रतिशत), पाउडर साबुन का पत्थर (49 प्रतिशत), ग्रेनाइट (42 प्रतिशत), बॉल–क्ले (38 प्रतिशत), रॉक फॉस्फेट (30 प्रतिशत), फ्लोराइट (29 प्रतिशत), टंगस्टन अयस्क (27 प्रतिशत), लेटेराइट (26 प्रतिशत), स्वर्ण अयस्क (प्राथमिक) (23 प्रतिशत), माइका (21 प्रतिशत) तथा चीनी मिट्टी (16 प्रतिशत) है।

बिजली

राज्य में स्थापित बिजली 15986.87 मेगावाट तक पहुंच गई जिसमें 5357.35 मेगावाट राज्य की परियोजनाओं, 853.44 मेगावाट समन्वित परियोजनाओं तथा 2803.47 मेगावाट केंद्रीय विद्युत उत्पादन स्टेशनों से प्राप्त की गई। पवन, सौर तथा जैविक परियोजनाओं से 3916.61 मेगावाट और 3056 मेगावाट निजी क्षेत्र की परियोजनाओं से प्राप्त हुई।

महात्मा गांधी राष्ट्रीय ग्रामीण रोजगार गारंटी स्कीम

यह योजना 6 जिलों (बांसवाड़ा, डूंगरपुर, झालावाड़, करौली, सिरोही तथा उदयपुर) में लागू की गई। द्वितीय चरण में 6 जिलों (बाड़मेर, चित्तौड़गढ़, जैसलमेर, जालौर, सवाई, माधोपुर तथा टोंक) में लागू की गई। तीसरे चरण में यह योजना राज्य के बाकी जिलों में लागू कर दी गई।

परिवहन

सड़कें: राजस्थान में सड़कों की अनुमानित कुल लंबाई 2,07,019 किमी है।

रेलवे: जोधपुर, जयपुर, बीकानेर, सवाई माधोपुर, कोटा, उदयपुर और भरतपुर राज्य के प्रमुख रेलवे जंक्शन हैं। राज्य में रेलवे लाइन की कुल लंबाई 5871.65 कि.मी. है जिसमें 4801.18 कि.मी. ब्रॉड गेज, 983.71 कि.मी. मीटर गेज तथा 86.76 कि.मी. छोटी लाइन शामिल हैं।

जयपुर मेट्रो: मानसरोवर से जयपुर रेलवे स्टेशन तक मेट्रो ट्रैक कार्य का चरण–1ए पूरा हो चुका है। इस मार्ग की कुल लंबाई 9.72 कि.मी. है। चरण–1बी: चांद पोल से बड़ी चोपड़ तक कुल 2.35 कि.मी. मेट्रो लाइन का काम प्रगति पर है।

उड्डयन: जयपुर हवाईअड्डे से सभी प्रमुख शहर जुड़े हैं। इनमें दिल्ली, मुंबई, अहमदाबाद, कोलकता, चेन्नई, हैदराबाद, बंगलुरु, पुणे और गुवाहाटी के लिए नियमित घरेलू विमान सेवाएं हैं। दुबई, मस्कट तथा शारजाह के लिए जयपुर से अंतरराष्ट्रीय विमान सेवाएं भी उपलब्ध हैं।

त्योहार

राजस्थान मेलों और उत्सवों की धरती है। होली, दीपावली, विजयदशमी, क्रिसमस जैसे प्रमुख राष्ट्रीय त्योहारों के अलावा अनेक देवी–देवताओं, संतों और लोकनायकों तथा नायिकाओं के जन्मदिन मनाए जाते हैं। यहां के महत्वपूर्ण मेले हैं–तीज, गणगौर, होली–धुलैंडी, पतंग तथा राजस्थान दिवस (जयपुर),

अजमेर शरीफ और गलियाकोट के वार्षिक उर्स (अजमेर) तथा पुष्कर मेला रामदेवजी मवेशी मेला, (नागौर) ऊंट मेला (बीकानेर), मरुस्थल उत्सव (जैसलमेर), बेनेश्वर मेला (डूंगरपुर), ब्रज-होली महोत्सव (भरतपुर) केलादेवी मेला, श्री महावीर जी मेला (करोली), रनकपुर उत्सव, गोदवार उत्सव (पली), मेवाड़ उत्सव (उदयपुर), ग्रीष्म और शीत उत्सव माउंट आबू (सिरोही), कजली तीज और बूंदी उत्सव (बूंदी), दशहरा उत्सव और साहसिक उत्सव (कोटा), मत्सय उत्सव (अलवर), मारवाड़ उत्सव (जोधपुर), चन्द्रभागा मेला (झालावाड़), जम्भेश्वर मेला और कोलायत मेला (नोखा-बीकानेर)और खाटू श्यामजी मेला (खाटू-सीकर) आदि।

पर्यटन स्थल

राज्य में पर्यटन के प्रमुख केंद्र हैं- जयपुर, जोधपुर, उदयपुर, बीकानेर, माउंट आबू, रणथंभौर राष्ट्रीय उद्यान (बाघ रिजर्व)- सवाई माधोपुर, अलवर में सरिस्का बाघ विहार, भरतपुर में केवलादेव राष्ट्रीय उद्यान, पक्षी विहार, अजमेर, जैसलमेर, पाली, चित्तौड़गढ़, बूंदी, कोटा, झालावाड़ और शेखावटी आदि।
वेबसाइट : www.rajsthan.gov.in

सरकार

राज्यपाल	:	श्री कल्याण सिंह	**मुख्य सचिव**	:	श्री अशोक जैन
मुख्यमंत्री	:	श्रीमती वसुंधरा राजे	**उच्च न्यायालय का अधिकार क्षेत्र**	:	राजस्थान

सिक्किम

क्षेत्रफल	:	7,096 वर्ग किलोमीटर	**जनसंख्या**	:	6.11 लाख (जनगणना 2011)
राजधानी	:	गंगटोक	**मुख्य भाषाएं**	:	लेप्चा, भूटिया, नेपाली, लिंबू, सिक्किमी

इतिहास और भूगोल

सिक्किम का प्रारंभिक इतिहास 13वीं शताब्दी से आरंभ होता है जब लेप्चा चीफटेन प्रमुख थेकोंग-टेक और तिब्बत के राजकुमार खे-बूमसा के बीच उत्तरी सिक्किम में काबी लुंगत्सोक में भाईचारे के एक समझौते पर हस्ताक्षर हुए। इसके बाद 1641 में तिब्बत के सम्मानित लामा संतों ने पश्चिमी सिक्किम के युकसाम प्रांत की ऐतिहासिक यात्रा की, जहां उन्होंने खे-बूमसा के छठी पीढ़ी के वंशज फुंत्सोग नामग्याल का सिक्किम के पहले चोग्याल के रूप में राज्याभिषेक किया और इस तरह सिक्किम में नामग्याल राजवंश का उदय हुआ। समय के बदलाव के साथ सिक्किम लोकतांत्रिक प्रक्रिया से गुजरा और 1975 में वह भारतीय संघ का अभिन्न अंग बन गया। 8वीं सदी में गुरु पद्मसंभव ने अपने तिब्बत प्रवास के दौरान इस स्थान को आशीर्वाद दिया था। सिक्किम में सभी समुदायों के लोग आपसी सद्भाव से रहते हैं। सिक्किम में भिन्न-भिन्न मतों से जुड़े लोग हैं और शायद यह भारतीय संघ में सांप्रदायिक सद्भाव और मानवीय संबंधों को बढ़ावा देने वाला सर्वाधिक शांति वाला राज्य है जिसकी भारत जैसे बहु-सामाजिक व्यवस्था वाले देश में नितांत आवश्यकता भी है।

विश्व की तीसरी सबसे ऊंची चोटी, कंचनजंघा, जिसे सिक्किम की रक्षा देवी माना जाता है, इस राज्य पर अपनी मंत्रमुग्ध करने वाले प्राकृतिक सौंदर्य की छटा बिखेरती है। सिक्किम जैव विविधताओं से भरा दुनिया के 18 प्रमुख क्षेत्रों में एक है। राज्य में आवृतबीजी वनस्पतियों की 5,000 प्रजातियां पाई

जाती हैं जो देशभर में पाई जाने वाली आवृतबीजी प्रजातियों का एक तिहाई है। फूल वाले पौधों की 4,500 जातियां, फर्न तथा एल्गी की 362 जातियां, 30 प्रजातियां प्राइमल की तथा बांस की 28 प्रजातियां, आर्किड की 550 प्रजातियां, रोडेन्ड्रान की 36 प्रजातियां, ओक की 11 प्रजातियां, उभयचर जीवों की 50 प्रजातियां, पक्षियों की 600 प्रजातियां, मछलियों की 48 प्रजातियां, स्तनधारियों की 150 प्रजातियां, तितली की 700 प्रजातियां तथा सरीसृपों की 80 प्रजातियां राज्य में पाई जाती हैं।

दुर्लभ और विश्व स्तर पर खतरे की आशंका वाले हिम तेंदुए, तिब्बत की अरगली भेड़, लाल पांडा, याक और साथ में अधिक ऊंचाइयों पर पालतु बोविड, काली गर्दन वाले (क्रेन) सारस और फेरेरियम आदि यहां पाई जाने वाली कुछ महत्वपूर्ण प्रजातियां हैं।

पर्यटन

पूर्वी हिमालय क्षेत्र में स्थित सिक्किम भारत के सबसे सुंदर प्रदेशों में से है। विश्व के तीन सबसे ऊंचे पर्वतों में से एक कंचनजंघा यहीं हैं, जिसे इस क्षेत्र में रक्षक के रूप में पूजा जाता है। सिक्किम की हिमाच्छादित पर्वतमालाएं, घने जंगल, आकर्षक वनस्पति तथा जीव-जंतु, अविरल झरने, पवित्र झीलें, धार्मिक गुफाएं, गर्म पानी के औषधीय स्रोत, प्रपात के समान गिरती नदियां और सौम्य धाराएं इसे सदाबहार पर्यटन स्थल बनाती हैं। यहां रह रहे विभिन्न समुदायों की संस्कृति की मिश्रित छटा लिए हुए यह राज्य एक-दूसरे समुदायों के सभी त्योहार तथा जश्न समान हर्षोल्लास के साथ मनाता है। ध्यान लगाने हेतु एकांत चाहने वालों से लेकर साहसिक पर्यटन के लिए छुट्टियों पर जाने वालों तक के लिए यहां भरपूर आनंद है। अधिक रोमांच चाहने वालों के लिए ट्रैकिंग है, रिवर राफटिंग है, माउंटेन बाइकिंग से लेकर, रॉक क्लाइम्बिंग, पैराग्लाइडिंग और एंग्लिंग तक सभी कुछ है। यहां आप बर्ड वॉचिंग और बर्फ़ीली पहाड़ियों का अहसास पाने के लिए माउंटेनफ्लाइट का लुत्फ भी उठा सकते हैं।

कृषि

कृषि क्षेत्र में बेबी कॉर्न और स्वीट कॉर्न जैसी फसलों की शुरुआत से सरकार ने महत्वपूर्ण कार्य किया है, जिससे किसान परिवारों की आय बढ़ी है। नमी परिस्थितियों में उगने वाली फसलों तथा और अन्य अनाज जिनकी उच्च वैश्विक मांग है, जैसे- कुट्टू, ज्वार तथा अन्य मोटे अनाज पर अधिक जोर है।

बागवानी

फलों का उत्पादन 5,250 टन से बढ़कर 22,240 टन हो गया यानी 323 प्रतिशत की रिकार्ड वृद्धि। सब्जियों का उत्पादन 22,130 टन से बढ़कर 78,820 टन हो गया यानी 256 प्रतिशत की बढ़त। सर्वाधिक महत्वपूर्ण वृद्धि बागवानी में देखी गई जहां 200 हेक्टेयर के उत्पादन में 230 लाख कट फूल और पौध सामग्री का उत्पादन हुआ।

सिंचाई

11वीं पंचवर्षीय योजना 2010-11 के दौरान सिंचाई तथा बाढ़ नियंत्रण विभाग ने 3866.68 हेक्टेयर कृषि योग्य भूमि को सिंचाई सुविधा उपलब्ध कराई है।

बिजली

केंद्रीय जल आयोग के मूल्यांकन के अनुसार सिक्किम की कुल जल विद्युत क्षमता लगभग 8,000 मेगावाट है। सिक्किम सरकार ने वर्ष 2004 में राज्य में विशाल जल विद्युत क्षमता के दोहन की दृष्टि से जल विद्युत

विकास के विभिन्न पहलुओं की जांच के लिए हाइड्रो समिति गठित की और जल विद्युत परियोजनाओं का शीघ्र कार्यान्वयन करने के लिए सिफारिशें की।

परिवहन

सड़कें : गंगटोक सड़क मार्ग से कोलकाता के दार्जिलिंग जिले और सिक्किम के सभी जिला मुख्यालयों से जुड़ा है। राज्य में सड़कों की कुल लंबाई 3672.32 कि.मी. है और पुलों की संख्या 216 है। इसमें 873.40 कि.मी. सड़कें सीमा सड़क संगठन ने बनाई हैं।

रेलवे और उड्डयन : राज्य के निकटवर्ती रेलवे स्टेशन सिलीगुड़ी (113 कि.मी.) और न्यू जलपाईगुड़ी (125 कि.मी.) हैं, जो इसे कोलकाता, दिल्ली तथा अन्य शहरों और बागडोगरा हवाईअड्डे से जोड़ते हैं। पूर्वी सिक्किम के पक्योंग में ग्रीन फील्ड हवाईअड्डे का निर्माण किया जा रहा है। गंगटोक और बागडोगरा के बीच नियमित हेलीकाप्टर सेवा उपलब्ध है।

सूचना प्रौद्योगिकी

आईटी परियोजनाओं के माध्यम से आम आदमी का जीवन सुधारने के लिए राज्य सरकार ने राज्यभर में, ग्रामीण इलाकों सहित कई कदम उठाए हैं, जैसे– 45 समुदायिक सेवा केंद्रों (सीएससी) की स्थापना, स्टेट–वाइड एरिया नेटवर्क (स्वान), जिससे सूचना-प्रौद्योगिकी बिल्कुल बुनियादी स्तर पर पैठ बना सके। इससे सरकार के साथ जनता का संपर्क काफी बढ़ा है और कुछ राज्य सेवाओं की गुणवत्ता में सुधार आया है। शेरथंग के सीएससी को *लिम्का बुक ऑफ रिकॉर्ड्स* द्वारा सर्वोच्च साइबर कैफे घोषित किया गया है।

वेबसाइट : www.sikkim.gov.in

सरकार

राज्यपाल	: श्री श्रीनिवास पाटिल	**मुख्य सचिव**	:	श्री ए.के. श्रीवास्तव
मुख्यमंत्री	: श्री पवन कुमार चामलिंग	**उच्च न्यायालय का अधिकार क्षेत्र**	:	सिक्किम

तमिलनाडु

क्षेत्रफल	: 1,30,060 वर्ग किलोमीटर	**जनसंख्या**	:	7.21 करोड़ (जनगणना 2011)
राजधानी	: चेन्नई	**मुख्य भाषा**	:	तमिल

इतिहास और भूगोल

तमिलनाडु का इतिहास अत्यंत प्राचीन है। यद्यपि प्रारंभिक काल के संगम ग्रंथों में इस क्षेत्र के इतिहास का अस्पष्ट उल्लेख मिला है, किंतु तमिलनाडु का लिखित इतिहास पल्लव राजाओं के समय से ही उपलब्ध है। दक्षिण भारत पर कई शताब्दियों तक चोल, चेर और पांड्य राजाओं का शासन रहा। चौथी शताब्दी के पूर्वार्द्ध में पल्लवों का वर्चस्व कायम हुआ। उन्होंने ही द्रविड़ शैली की प्रसिद्ध मंदिर वास्तुकला का सूत्रपात किया। अंतिम पल्लव राजा अपराजित थे, जिनके राज्य में लगभग दसवीं शताब्दी में चोल शासकों ने विजयालय और आदित्य के मार्गदर्शन में अपना महत्व बढ़ाया। ग्यारहवीं शताब्दी के अंत में तमिलनाडु पर चालुक्य, चोल, पांड्य जैसे अनेक राजवंशों का शासन रहा। इसके बाद के 200 वर्षों तक दक्षिण भारत पर चोल साम्राज्य का आधिपत्य रहा।

मुसलमानों ने भी धीरे-धीरे अपनी स्थिति मजबूत कर ली जिसे चौदहवीं शताब्दी के मध्य में बहमनी सल्तनत कायम हुई। लगभग उसी समय विजयनगर साम्राज्य ने तेजी से अपनी स्थिति मजबूत बना ली और समूचे दक्षिण भारत तक अपना प्रभाव बढ़ा लिया। शताब्दी के अंत तक विजयनगर साम्राज्य दक्षिण की सर्वोच्च शक्ति बन चुका था, किंतु 1564 में तालीकोटा की लड़ाई में दक्षिण के सुलतानों की सामूहिक फौजों से वह पराजित हो गया।

तालीकोटा के युद्ध के बाद कुछ समय तक स्थिति अस्पष्ट रही, लेकिन इस बीच यूरोप के व्यापारी अपने व्यापारिक हितों के लिए दक्षिण भारत में अपने पैर जमाने के लिए एक-दूसरे से होड़ करने लगे। पुर्तगाल, हॉलैंड, फ्रांस और इंग्लैंड के व्यापारी एक के बाद एक आए और उन्होंने अपने व्यापारिक केंद्र स्थापित कर लिए, जिन्हें उन दिनों फैक्ट्रीज़ कहा जाता था। ईस्ट इंडिया कंपनी ने 1611 में मछलीपट्टनम (जो अब आंध्र प्रदेश में है) में अपनी फैक्ट्री लगाई और धीरे-धीरे उन्होंने स्थानीय शासकों को एक-दूसरे के खिलाफ करके उनके क्षेत्र हथिया लिए। ब्रिटिश लोगों ने भारत में सबसे पहले तमिलनाडु में अपनी बस्ती बसाई। 1901 में मद्रास प्रेसीडेंसी बना जिसमें दक्षिण प्रायद्वीप के अधिकतर हिस्से शामिल थे। बाद में संयुक्त मद्रास राज्य का पुनर्गठन किया गया और वर्तमान तमिलनाडु राज्य अस्तित्व में आया।

तमिलनाडु के उत्तर में आंध्र प्रदेश और कर्नाटक, पश्चिम में केरल, पूर्व में बंगाल की खाड़ी और दक्षिण में हिंद महासागर है।

कृषि

मेत्तूर बांध 2011 को खोल दिया गया, जिससे धान के कृषि क्षेत्र में 1,80,000 एकड़ का इज़ाफ़ा हुआ। इससे लगभग 1,22,230 किसान लाभान्वित हुए। किसानों का बोझ कम करने हेतु कृषि आगतों तथा खेती की मशीनरी इत्यादि के लिए वैट में 4 प्रतिशत की रियायत दी गई, जिससे 63.40 लाख किसानों को लाभ हुआ।

पर्यटन

कला तथा संस्कृति का वास्तविक खज़ाना, तमिलनाडु पर्यटकों के लिए हमेशा ही प्रमुख आकर्षण रहा है। तमिलनाडु बीते समय की कला तथा संस्कृति की जो उत्कृष्ट अभिव्यक्ति पेश करता है, वह देश में और कहीं भी देखने को नहीं मिलती। कला तथा संस्कृति को सुरक्षित रखने के मामले में तमिलनाडु प्रसिद्ध प्रतिमाओं, दीवारों तथा स्तंभों पर खुदी कलाकृतियों तथा चित्रकारियों, मंदिरों की विशाल मीनारों; गोपुरम् का स्वामी है। तमिलनाडु में पर्यटकों के आकर्षण के कई स्थल हैं, जिनमें 1076 किलोमीटर का समुद्र तट, 30,000 से भी अधिक मंदिर तथा पूजा स्थल, जो ईसवी सन् की शुरुआत से भी कहीं पहले के हैं, जल-प्रपात, अभयारण्य, पहाड़ी स्थान, बांस बने हस्तशिल्प तथा हथकरघा, ऐतिहासिक स्थल, पाक शैली, व्यापार के अवसर इत्यादि शामिल हैं।

पर्यटकों की सुविधा के लिए तमिलनाडु पर्यटन विभाग सभी महत्वपूर्ण पर्यटन स्थलों पर बुनियादी ढांचागत सुविधाएं तथा सेवाएं बेहतर बनाने के अथक प्रयास कर रहा है। चिकित्सा पर्यटन, शिक्षा पर्यटन, साहसिक पर्यटन, ग्रामीण पर्यटन तथा व्यापार पर्यटन जैसी वैकल्पिक मांगों के जरिए भी राज्य पर्यटकों के आगमन में भारी इज़ाफा कर पाने में सफल रहा है।

भू-तत्व तथा खनिज

खनिज कई महत्वपूर्ण उद्योगों के लिए मूल संसाधन होते हैं और सकल राज्य घरेलू उत्पाद तथा औद्योगिक संवृद्धि में महत्वपूर्ण योगदान देते हैं। खनिजों को आर्थिक विकास का मेरुदंड माना जाता है और इन्हें देश की संपदा समझा जाता है। राज्य की विकासात्मक गतिविधियां और इसकी आर्थिक समृद्धि खनिज संपदा की उपलधता तथा इसके विवेकपूर्ण दोहन से प्रतिबिंबित होती हैं।

राज्य लिग्नाइट, चूना पत्थर, गार्नेट सैंड, सिलिका सैंड, स्फगटिक तथा फेल्डस्पार, ग्रेफाइट, तेल तथा प्राकृतिक गैस, मैग्नेसाइट, लौह अयस्क इत्यादि जैसे कई औद्योगिक खनिजों से संपन्न है। यहां आम प्रयोग वाले कुछ साधारण खनिजों के भंडार भी पाये जाते हैं, जैसे विश्व प्रसिद्ध काला ग्रेनाइट तथा मल्टी कलर ग्रेनाइट, जिससे राज्य में सीमेंट, रिफैक्ट्री, कांच, सेरामिक तथा ग्रेनाइट पॉलिशिंग उद्योग स्थापित करने में सहायता मिली है।

परिवहन

सड़कें : 62,294 कि.मी. सड़कों का नेटवर्क राजमार्ग विभाग के नियंत्रण में है।

रेलवे : (1) रेलवे लाइन की लंबाई 3,846 किलोमीटर है।

(2) मार्च 2015 तक रनिंग ट्रेक की लंबाई 4,943 किलोमीटर है।

मुख्य स्टेशन हैं: चेन्नई सेंट्रल, तिरुचिरापल्ली, मदुरै, तिरुनलवेल्ली, नागरकोइल, कोयंबटूर, इरोड, सलेम, जोलारपेट्टी, कटपडी और एराकोणम।

बंदरगाह : चेन्नई, एन्नौर और तूतीकोरिन चेन्नई राज्य के प्रमुख बंदरगाह हैं। इसके अलावा, सात सरकारी छोटे बंदरगाहों- कुड्डेलोर, नागापट्टीनम, रामेश्वरम, पंवन, कोलाचेल, कन्याकुमारी, वेलिनोक्कम - सहित 23 घोषित छोटे बंदरगाह हैं। 16 घोषित कैप्टिव छोटे पोर्ट हैं जिनमें कट्टूपल्ली, एन्नोर माइनर पोर्ट, पीवाई-3 ऑयल फील्ड और तिरुकड्डीयूर संचालन में है और अन्य वैधानिक मंजूरी प्राप्त करने और विकास के विभिन्न चरणों में है।

वेबसाइट : www.tn.gov.in

सरकार

राज्यपाल	: श्री बनवारीलाल पुरोहित	**मुख्य सचिव**	: डॉ. गिरिजा वैद्यनाथन
मुख्यमंत्री	: श्री थिरु इदापड्डी के. पलनीस्वामी	**उच्च न्यायालय का अधिकार क्षेत्र**	: मद्रास उच्च न्यायालय अधिकार क्षेत्र

त्रिपुरा

क्षेत्रफल	: 10,486 वर्ग किलोमीटर	**जनसंख्या**	: 36.74 लाख (जनगणना 2011 अनंतिम)
राजधानी	: अगरतला	**मुख्य भाषाएं**	: बांग्ला और कोकबोरक

इतिहास और भूगोल

त्रिपुरा की अपनी अनोखी जनजातीय संस्कृति तथा दिलचस्प लोकगाथाएं हैं। इसके इतिहास को त्रिपुरा नरेश के बारे में 'राजमाला' गाथाओं तथा इतिहासकारों के वर्णनों से जाना जा सकता है। महाभारत और

पुराणों में भी त्रिपुरा का उल्लेख मिलता है। राजमाला के अनुसार त्रिपुरा के शासकों को 'फा' उपनाम से पुकारा जाता था जिसका अर्थ 'पिता' होता है। 14वीं शताब्दी में बंगाल के शासकों द्वारा त्रिपुरा नरेश की मदद किए जाने का भी उल्लेख मिलता है। त्रिपुरा के शासकों को मुगलों के बार-बार आक्रमण का भी सामना करना पड़ा जिसमें आक्रमणकारियों को कमोबेश सफलता मिलती रहती थी। कई लड़ाइयों में त्रिपुरा के शासकों ने बंगाल के सुल्तानों को हराया। 19वीं शताब्दी में महाराजा वीरचंद्र किशोर माणिक्य बहादुर के शासनकाल में त्रिपुरा में नए युग का सूत्रपात हुआ। उन्होंने अपने प्रशासनिक ढांचे को ब्रिटिश भारत के नमूने पर बनाया और कई सुधार लागू किए। उनके उत्तराधिकारों ने 15 अक्टूबर, 1949 तक त्रिपुरा पर शासन किया। इसके बाद त्रिपुरा भारत संघ में शामिल हो गया। शुरू में यह भाग-सी के अंतर्गत आने वाला राज्य था और 1956 में राज्यों के पुनर्गठन के बाद यह केंद्रशासित प्रदेश बना। 1972 में इसने पूर्ण राज्य का दर्जा प्राप्त किया।

त्रिपुरा बांग्लादेश तथा म्यामां की नदी घाटियों के बीच स्थित है। इसके तीन तरफ बांग्लादेश है और केवल उत्तर-पूर्व में यह असम और मिज़ोरम से जुड़ा हुआ है।

कृषि

त्रिपुरा की अर्थव्यवस्था मुख्यत: कृषि पर आधारित है। 24 प्रतिशत भूमि इसी क्षेत्र से जुड़ी है। 51 प्रतिशत आबादी अपनी आजीविका के लिय कृषि पर ही निर्भर है।

सिंचाई

त्रिपुरा राज्य मुख्यत: पहाड़ी इलाका है। इसका भौगोलिक क्षेत्र 10,49,169 हेक्टेयर है। अनुमान है कि 2,55,241 हेक्टेयर भूमि कृषि योग्य है। 11,700 हेक्टेयर भूमि क्षेत्र में सिंचाई व्यवस्था है।

पर्यटन

त्रिपुरा देश के उत्तर पूर्वी क्षेत्र में छोटा परंतु मनोरम राज्य है। यह लगभग 10,491,69 वर्ग कि.मी. में फैला हुआ है। इसके उत्तर, दक्षिण और दक्षिण पूर्व में अंतरराष्ट्रीय सीमाएं हैं। इसके पूर्व में बांग्लादेश है और इसकी सीमा दो राज्यों- असम तथा मिज़ोरम से लगी हुई है। इस खूबसूरत राज्य में 19 पारंपरिक जनजातियां, बंगाली, मणिपुरी तथा अन्य रहते हैं।

त्रिपुरा के मनोहारी दृश्य, इसकी समृद्ध और विविध संस्कृति, पुरातत्व तथा वास्तुकला, इसकी हस्तशिल्प और हस्तकला के रंग, डिजाइन और शिल्पकारी सब अपनी ओर खींचते हैं। त्रिपुरा की झीलें, मौसम, पेड़-पौधे और इससे ऊपर यहां के लोगों की मेहमाननवाजी सब आकर्षित करते हैं। एक बार जो यहां आता है, वह बार-बार आना चाहता है।

वेबसाइट : www.tripura.gov.in

सरकार

राज्यपाल :	श्री तथागत रॉय	**मुख्य सचिव**	: डॉ. राजीव रंजन
मुख्यमंत्री :	श्री माणिक सरकार	**उच्च न्यायालय का अधिकार क्षेत्र** :	त्रिपुरा उच्च न्यायालय

तेलंगाना

क्षेत्रफल	:	11,4,840 वर्ग कि.मी.	जनसंख्या	:	3,51,93,978 (जनगणना 2011 अनंतिम)
राजधानी	:	हैदराबार	मुख्य भाषाएं	:	तेलुगू तथा उर्दू

भारत के 29वें राज्य तेलंगाना का गठन 2014 को हुआ। इसकी राजधानी हैदराबाद है। 1956 में राज्यों के भाषाई पुनर्गठन के अनुसार तेलंगाना आंध्र प्रदेश राज्य का हिस्सा था। हैदराबाद सहित तेलंगाना के दस जिले हैं। इनके नाम हैं– आदिलाबाद, खम्मम, करीमनगर, महबूबनगर, मेडक, नलगोंडा, निज़ामाबाद, रंगारेड्डी और वारंगल।

तेलंगाना का इतिहास

तेलंगाना नाम का संदर्भ त्रिलिंगा देसा शब्द से है। राज्य में कालेस्वरम, श्रीसेलम और द्रकश्रमम्म में भगवान शंकर के तीन प्राचीन मंदिरों की उपस्थिति के वजह से यह नाम अर्जित हुआ। एक और ऐतिहासिक कारण यह है कि निजामों के राज में यह क्षेत्र तेलुगू अंगना के नाम से जाना जाता था ताकि इसे मराठी भाषी क्षेत्रों से अलग पहचाना जा सके। इस क्षेत्र में सातवाहन, काकतिया, चालुक्य, मुगल कुतुबशाही और असफजाही जैसे महान राजवंशों ने शासन किया। सतवाहनों ने तेलंगाना में दूसरी शताब्दी बीसी (ईसापूर्व) से दूसरी शताब्दी (ईसवी) तक लगभग 400 वर्षों तक शासन किया फिर भी काकतिया का वास्तुकला में योगदान अधिक प्रभावशाली माना जाता हैं। काकतियों में प्रतापरूद्रा महान शासक था, जिसने 1,323 ईस्वी तक शासन किया।

तेलंगाना और आंध्र के विलय को रद्द करने के लिए कई आंदोलन हुए जिनमें से 1969, 1972 और 2009 वाले आंदोलन प्रमुख थे। तेलंगाना को नया राज्य बनाने के लिए होने वाले आंदोलनों ने इन दशकों के दौरान गति पकड़ी। भारत सरकार ने 2009 को तेलंगाना राज्य के गठन की प्रक्रिया घोषित की। घोषणा के तुरंत बाद तटीय आंध्र और रायल सीमा क्षेत्रों में हिंसक विरोध प्रदर्शन हुए और दिसंबर 2009 को इस फैसले पर अमल रोक दिया गया। हैदराबाद और तेलंगाना के अन्य जिलों में आंदोलन जारी रहा। अलग राज्य की मांग करते हुए सैकड़ों आत्मदाह, हड़ताल, विरोध प्रदर्शन और सार्वजनिक जीवन की गड़बड़ी के मामले सामने आए है।

जुलाई 2013 में कांग्रेस कार्यसमिति ने सर्वसम्मति से एक अलग राज्य के गठन की सिफारिश का प्रस्ताव पारित किया। विभिन्न चरणों के बाद विधेयक संसद में रखा गया। फरवरी 2014 को आंध्र प्रदेश पुनर्गठन अधिनियम, 2014, आंध्र प्रदेश के उत्तर पश्चिम से दस जिलों वाले तेलंगाना राज्य के गठन के लिए भारतीय संसद में पारित किया गया।

भूगोल

तेलंगाना भारतीय प्रायद्वीप के पूर्वी समुद्र तट के मध्य खंड में दक्कन के पठार पर स्थित है। इसमें 1,14,800 वर्ग किलोमीटर (44,300 वर्ग मील) क्षेत्र शामिल है। राज्य में 79 प्रतिशत जलग्रहण क्षेत्र के साथ गोदावरी नदी और लगभग 69 प्रतिशत जलग्रहण क्षेत्र वाली कृष्णा नदी दो मुख्य नदियां बहती हैं, परंतु फिर भी अधिकतर क्षेत्र सूखा है। तेलंगाना में भीमा, मंजीरा और मूसी जैसी और भी बहुत–सी छोटी–छोटी नदियां बहती है। राज्य के उत्तर तथा उत्तर पश्चिम में महाराष्ट्र, पश्चिम में कर्नाटक, उत्तर पूर्व में छत्तीसगढ़ और पूर्व में ओडिशा है।

कृषि

चावल राज्य की मुख्य फसल है। तंबाकू, आम, कपास और गन्ना अन्य महत्वपूर्ण फसलें हैं। प्रमुख खरीफ के मोटे अनाज में यहां मक्का, ज्वार, बाजरा तथा रागी का उत्पादन होता है। राज्य के कुल भौगोलिक क्षेत्र में से 40.5 प्रतिशत कुल बुवाई क्षेत्र, 23.9 प्रतिशत वन के तहत, 10.5 प्रतिशत परती भूमि, 7.7 प्रतिशत गैर-कृषि उपयोग के लिए और 5.4 प्रतिशत बंजर एवं अकृष्य क्षेत्र के अंतर्गत आता है। कुल फसली क्षेत्र 46.54 लाख हेक्टेयर है। कृषि उत्पादन वहां होने वाली वर्षा पर निर्भर करता है। यहां प्रमुख प्रभाव दक्षिण-पश्चिमी मानसून का है।

कला और शिल्प

हस्तकला तेलंगाना का अभिन्न अंग रहा है। यह क्षेत्र अदभुत हस्तशिल्प प्रदान करता है जैसे बिदरी शिल्प, बंजारा सुई शिल्प, डोकरा धातु शिल्प, निर्मल कला, कांस्य की ढलाई। बारीक सुई की कारीगरी हो, कांस्य की अद्भुत ढलाई हो या धातु शिल्प या फिर अति उत्तम पाषाण शिल्प, तेलंगाना में हस्तकला के व्यापक संग्रह देखने को मिलते हैं।

त्योहार

'बटुकम्मा' राज्य का एक रंगीन और जीवंत त्योहार है। फूलों का यह अद्वितीय त्योहार यहां की सांस्कृतिक पहचान का प्रतीक है। 'देवी महाकाली' की पूजा वाला 'बोनालू' वार्षिक हिंदू त्योहार भी हर्षोल्लास के साथ मनाया जाता है। दशहरा, समक्का सारक्का यात्रा, पीरला पान्डगा और रमजान आदि त्योहार भी तेलंगाना में धूमधाम से मनाए जाते हैं।

वेबसाइट : www.telangana.gov.in

सरकार

राज्य पाल	: श्री ई. एस. एल. नरसिम्हा	**मुख्य सचिव**	: श्री शेखर प्रसाद सिंह
मुख्य मंत्री	: श्री के. चंद्रशेखर राव	**उच्च न्यायालय का अधिकार क्षेत्र**	: हैदराबाद उच्च न्यायालय

उत्तराखंड

क्षेत्रफल	: 53,483 वर्ग किलोमीटर	**जनसंख्या**	: 1.01 करोड़ (जनगणना 2011)
राजधानी	: देहरादून	**मुख्य भाषाएं**	: हिंदी, अंग्रेजी, गढ़वाली और कुमाऊंनी

इतिहास और भूगोल

उत्तराखंड का उल्लेख प्राचीन हिंदू धर्मग्रंथों में केदारखंड, मानसखंड और हिमवंत के रूप में हुआ है। इस क्षेत्र पर कुषाणों, कुनिंदों, कनिष्क, समुद्रगुप्त, पौरवों, कतूरियों, पालों, चंद्रों, पंवारों और ब्रिटिश शासकों ने समय-समय पर राज किया है। इसके पवित्र स्थलों और तीर्थस्थलों के कारण बहुधा इसे देवताओं की धरती-'देवभूमि' कहा जाता है। उत्तराखंड के पर्वतीय क्षेत्र पर्यटकों व तीर्थयात्रियों को निर्मल प्राकृतिक दृश्य प्रदान करते हैं। वर्तमान उत्तराखंड राज्य पहले आगरा और अवध संयुक्त प्रांत का हिस्सा था। यह प्रांत 1902 में अस्तित्व में आया। 1935 में इसे संक्षेप में केवल संयुक्त प्रांत कहा जाने लगा। जनवरी 1950 में संयुक्त प्रांत का नाम 'उत्तर प्रदेश' रखा गया। 2000 को भारत का 27वां राज्य बनने से पूर्व तक उत्तराखंड उत्तर प्रदेश का हिस्सा बना रहा।

हिमालय की तलहटी में स्थित उत्तराखंड राज्य की अंतरराष्ट्रीय सीमाएं उत्तर में चीन (तिब्बत) और पूर्व में नेपाल से मिलती हैं। इसके उत्तर-पश्चिम में हिमाचल प्रदेश और दक्षिण में उत्तर प्रदेश है।

कृषि

यहां की 90 प्रतिशत आबादी कृषि पर निर्भर है। राज्य का कुल खेती योग्य क्षेत्र 7,67,459 हेक्टेयर है।

उद्योग और खनिज

राज्य में चूनापत्थर, रॉक फॉस्फेट, संगमरमर, डोलोमाइट, मैग्नेसाइट, तांबा, ग्रेफाइट, जिप्सम आदि के प्रचुर भंडार हैं।

सिंचाई और बिजली

राज्य के 5,61,733 हेक्टेयर कृषि क्षेत्र में सिंचाई की जा रही है। राज्य के पास पनबिजली उत्पादन की जबर्दस्त क्षमता है। यमुना, भागीरथी, भीलांगना, अलकनंदा, मंदाकिनी, सरयू, गौरी, कोसी और काली नदियों पर अनेक पनबिजली संयंत्र हैं, जिनमें बिजली का उत्पादन हो रहा है।

परिवहन

सड़कें: राज्य में पक्की सड़कों की कुल लंबाई 33,914 किलोमीटर है। सार्वजनिक निर्माण विभाग की सड़कों की लंबाई 25,665 किमी, स्थानीय निकायों द्वारा बनाई गई सड़कों की लंबाई 2,674 किमी है।

रेलवे : प्रमुख रेलवे स्टेशन हैं: देहरादून, हरिद्वार, रुड़की, कोटद्वार, काशीपुर, हल्द्वानी, ऊधमसिंह नगर, रामनगर और काठगोदाम।

उड्डयन: जौली ग्रांट (देहरादून) और पंतनगर (ऊधमसिंह नगर) में हवाईपट्टियां हैं। नैनी-सैनी (पिथौरागढ़), गौचर (चमोली) और चिनयालिसौर (उत्तरकाशी) में हवाईपट्टियां बनाई जा रही हैं। पवनहंस लि. ने रुद्रप्रयाग से केदारनाथ तक तीर्थ यात्रियों के लिए हेलीकॉप्टर सेवा शुरू की है।

त्योहार

विश्व प्रसिद्ध कुंभ मेला/अर्द्ध कुंभ मेला हरिद्वार में प्रति बारहवें/छठे वर्ष के अंतराल में मनाया जाता है। अन्य प्रमुख मेले/त्योहार हैं: देवीधुरा मेला (चंपावत), पूर्णागिरि मेला (चंपावत), नंदा देवी मेला (अल्मोड़ा), गौचर मेला (चमोली), बैसाखी (उत्तरकाशी), माघ मेला (उत्तरकाशी), उत्तरायणी मेला (बागेश्वर), विशु मेला (जौनसार भाबर), पीरान-कलियार (रुड़की)। नंदा देवी राज जात यात्रा हर बारहवें वर्ष होती है।

पर्यटन स्थल

तीर्थयात्रियों/पर्यटकों के आकर्षण के प्रमुख स्थल हैं: गंगोत्री, यमुनोत्री, बद्रीनाथ, केदारनाथ, हरिद्वार, ऋषिकेश, हेमकुंड साहिब, नानकमत्ता आदि। कैलाश मानसरोवर की यात्रा कुमाऊं क्षेत्र से होकर की जाती है। विश्व प्रसिद्ध फूलों की घाटी, पिंडारी ग्लेसियर, रूपकुंड, दयारा बुग्याल, औली तथा मसूरी, देहरादून, चकराता, नैनीताल, रानीखेत, बागेश्वर, भीमताल, कौसानी और लैंसडाउन जैसे पर्वतीय स्थल पर्यटकों के आकर्षण के महत्वपूर्ण स्थल हैं।

वेबसाइट : www.uk.gov.in

सरकार

राज्यपाल : डॉ. के. के. पॉल	**मुख्य सचिव** : श्री उत्पल कुमार सिंह
मुख्यमंत्री : श्री हरीश रावत	**उच्च न्यायालय का अधिकार क्षेत्र** : उत्तराखंड

उत्तर प्रदेश

क्षेत्रफल	: 2,36,286 वर्ग किलोमीटर	**जनसंख्या**	: 19.98 करोड़ (जनगणना 2011 अनंतिम)
राजधानी	: लखनऊ	**मुख्य भाषाएं**	: हिंदी और उर्दू

इतिहास

उत्तर प्रदेश का इतिहास बहुत प्राचीन और दिलचस्प है। उत्तर वैदिक काल में इसे ब्रह्मर्षि देश या मध्य देश के नाम से जाना जाता था। यह वैदिक काल के कई महान ऋषि-मुनियों, जैसे- भारद्वाज, गौतम, याज्ञवल्क्य, वशिष्ठ, विश्वामित्र और वाल्मीकि आदि की तपोभूमि रहा। आर्यों की कई पवित्र पुस्तकें भी यहीं लिखी गईं। ईसा पूर्व छठी शताब्दी में उत्तर प्रदेश दो नए धर्मों जैन और बौद्ध के संपर्क में आया। बुद्ध ने अपना सर्वप्रथम उपदेश सारनाथ में दिया और अपने संप्रदाय की शुरुआत की तथा उत्तर प्रदेश के ही कुशीनगर में उन्होंने निर्वाण प्राप्त किया। उत्तर प्रदेश में कई नगर जैसे- अयोध्या, प्रयाग, वाराणसी और मथुरा विद्या अध्ययन के प्रसिद्ध केंद्र बन गए थे। मध्य काल में उत्तर प्रदेश मुस्लिम शासकों के अधीन हो गया जिससे हिंदू और इस्लाम धर्मों के संपर्क से नई मिली-जुली संस्कृति का जन्म हुआ। तुलसीदास और सूरदास, रामानंद और उनके मुस्लिम शिष्य कबीर तथा कई अन्य संतों ने हिंदी और अन्य भाषाओं के विकास में योगदान किया।

उत्तर प्रदेश ने अपनी बौद्धिक श्रेष्ठता को ब्रिटिश शासनकाल में भी बनाए रखा। अंग्रेजों ने आगरा और अवध नामक दो प्रांतों को मिलाकर एक प्रांत बनाया जिसे आगरा और अवध संयुक्त प्रांत के नाम से पुकारा जाने लगा। बाद में 1935 में इसे संक्षेप में केवल संयुक्त प्रांत कर दिया गया। स्वतंत्रता प्राप्ति के पश्चात् जनवरी 1950 में संयुक्त प्रांत का नाम 'उत्तर प्रदेश' रखा गया। उत्तर प्रदेश के उत्तर में उत्तराखंड और हिमाचल प्रदेश, पश्चिम में हरियाणा, दक्षिण में मध्य प्रदेश तथा पूर्व में बिहार राज्य है। उत्तर प्रदेश को दो प्रमुख भागों में विभक्त किया जा सकता है : 1. दक्षिणी पर्वत तथा 2. गंगा का मैदान।

कृषि

लगभग 66 प्रतिशत जनसंख्या का मुख्य व्यवसाय कृषि है। राज्य में कुल 164.17 लाख हेक्टेयर क्षेत्र में कृषि होती है।

उद्योग और खनिज

राज्य में कुल 6,12,338 लघु इकाइयां थीं जिनमें 7172 करोड़ रुपये की पूंजी लगी हुई थी। सार्वजनिक क्षेत्र के अंतर्गत चूनापत्थर, मैग्नेसाइट, कोयला, रॉक फास्फेट, डोलोमाइट और सिलिकन रेत का खनन किया जाता है। छोटे खनिजों तथा कुछ और बड़े खनिजों, जैसे- चूनापत्थर, सिलिका, मैगनेसाइट, फाइरोफाइलाइट और डायोस्पार के बड़े पैमाने पर उत्पादन का अधिकतर कार्य निजी क्षेत्र में है। खनिज आधारित महत्वपूर्ण उद्योगों में सोनभद्र का बड़ा सीमेंट संयंत्र शामिल है।

सिंचाई और बिजली

उत्तर प्रदेश राज्य बिजली बोर्ड को पुनर्गठित करके उत्तर प्रदेश विद्युत निगम, उत्तर प्रदेश राज्य विद्युत उत्पादन और उत्तर प्रदेश पनबिजली निगम की स्थापना की गई है। विद्युत आर्थिक विकास का महत्वपूर्ण घटक है।

परिवहन

सड़कें : लोक निर्माण विभाग की सड़कों की कुल लंबाई 1,46,728 किलोमीटर है। इसमें 3,820 किलोमीटर लंबे राष्ट्रीय राजमार्ग, 8,391 किलोमीटर लंबे प्रांतीय राजमार्ग, 1,19,726 किलोमीटर अन्य जिला सड़कें तथा 1,34,517 किलोमीटर ग्रामीण सड़कें हैं।

रेलवे : रेलवे के उत्तरी नेटवर्क का मुख्य जंक्शन लखनऊ है। अन्य महत्वपूर्ण रेल जंक्शन हैं- आगरा, कानपुर, इलाहाबाद, मुगलसराय, झांसी, मुरादाबाद, वाराणसी, टुंडला, गोरखपुर, गोंडा, फैजाबाद, बरेली और सीतापुर।

उड्डयन : प्रदेश में लखनऊ, कानपुर, वाराणसी, इलाहाबाद, आगरा, झांसी, बरेली, हिंडन (गाजियाबाद), गोरखपुर, सरसावा (सहारनपुर) और फुर्सतगंज (रायबरेली) में हवाईअड्डे हैं।

त्योहार

इलाहाबाद में प्रत्येक बारहवें वर्ष कुंभ मेला आयोजित होता है जोकि संभवतः दुनिया का सबसे बड़ा मेला है। इसके अलावा, इलाहाबाद में प्रत्येक 6 साल में अर्द्ध कुंभ मेले का आयोजन भी होता है। इलाहाबाद में ही प्रत्येक वर्ष जनवरी में माघ मेला भी आयोजित होता है, जहां बड़ी संख्या में लोग संगम में डुबकी लगाते हैं। अन्य मेलों में मथुरा, वृंदावन व अयोध्या के झूला मेले शामिल हैं, जिनमें प्रतिमाओं को सोने एवं चांदी के झूलों में रखा जाता है। ये झूला मेले एक पखवाड़े तक चलते हैं। कार्तिक पूर्णिमा के अवसर पर गंगा में डुबकी लगाना अत्यंत पवित्र माना जाता है और इसके लिए गढ़मुक्तेश्वर, सोरन, राजघाट, काकोरा, बिठूर, कानपुर, इलाहाबाद, वाराणसी और अयोध्या में बड़ी संख्या में लोग एकत्रित होते हैं। आगरा जिले के बटेश्वर कस्बे में पशुओं का प्रसिद्ध मेला लगता है। बाराबंकी जिले का देवा मेला मुस्लिम संत वारिस अली शाह के कारण काफी प्रसिद्ध हो गया है। इसके अतिरिक्त, यहां हिंदू तथा मुस्लिमों के सभी प्रमुख त्योहारों को राज्यभर में मनाया जाता है।

पर्यटन केंद्र

उत्तर प्रदेश में सभी प्रकार के सैलानियों के लिए आकर्षण की कई चीजें हैं। प्राचीन तीर्थ स्थानों में वाराणसी, विंध्याचल, अयोध्या, चित्रकूट, प्रयाग, नैमिषारण्य, मथुरा, वृंदावन, देवा शरीफ, फतेहपुर सीकरी में शेख सलीम चिश्ती की दरगाह, सारनाथ, श्रावस्ती, कुशीनगर, संकिसा, कंपिल, पिपरहवा और कौशांबी प्रमुख हैं। आगरा, अयोध्या, सारनाथ, वाराणसी, लखनऊ, झांसी, गोरखपुर, जौनपुर, कन्नौज, महोबा, देवगढ़, बिठूर और विंध्याचल में हिंदू एवं मुस्लिम वास्तुशिल्प और संस्कृति के महत्वपूर्ण खजाने हैं।

वेबसाइट : www.up.gov.in

सरकार

राज्यपाल : श्री राम नाईक		**मुख्य सचिव** :	श्री राजीव कुमार
मुख्यमंत्री : योगी आदित्यनाथ		**उच्च न्यायालय का अधिकार क्षेत्र** :	इलाहाबाद उच्च न्यायालय

पश्चिम बंगाल

क्षेत्रफल	: 88,752 वर्ग किलोमीटर	**जनसंख्या**	: 9.13 करोड़ (जनगणना 2011-अनंतिम)
राजधानी	: कोलकाता	**मुख्य भाषा**	: बांग्ला

इतिहास

बंगाल अथवा बांग्ला नाम प्राचीन राज्य वंग या बंग से लिया गया है। हालांकि राज्य में खुदाई के दौरान 20,000 वर्ष पुरानी पाषाणकालीन वस्तुएं प्राप्त हुई हैं। द्रविड़ों, तिब्बत-बर्मन और ऑस्ट्रो-एशियाई लोगों ने इसे बसाया। यह क्षेत्र प्राचीन भारत के वंग राज्य का हिस्सा था। यह मगध सम्राज्य का एक हिस्सा था। महावीर और बुद्ध के समय में यह भारत के चार प्रमुख राज्यों में से एक था, जिसके तहत कई जनपद थे। प्राचीन ग्रीस ने लगभग 100 ई. पूर्व बंगाल को गंगारीदाई का नाम दिया, जिसका मतलब ऐसी धरती जिसके हृदय में गंगा है। बंगाल का पहला स्वतंत्र राजा शशांक था जिसने 7वीं सदी की शुरुआत में राज किया। कुछ अवधि की अव्यवस्था के बाद, लगभग चार सौ वर्ष तक बौद्ध अनुयायी पाल वंश ने इस क्षेत्र पर शासन किया। इसके बाद छोटी अवधि के लिए हिंदू सेन वंश का शासन भी रहा।

बंगाल में सूफी मिशनरी 12वीं शताब्दी में इस्लाम धर्म लेकर आये। बाद में मुस्लिम हमलावरों ने मस्जिद, मदरसा और सूफी खानकाह के निर्माण से रूपांतरण की प्रक्रिया शुरू की। सोलहवीं शताब्दी में मुगलकाल के प्रारंभ से पहले बंगाल पर अनेक मुसलमान राजाओं और सुल्तानों ने शासन किया।

मुगलों के पश्चात् आधुनिक बंगाल का इतिहास यूरोपीय तथा अंग्रेजी व्यापारिक कंपनियों के आगमन से आरंभ होता है। 1757 में प्लासी के युद्ध ने इतिहास की धारा को मोड़ दिया जब अंग्रेजों ने पहले-पहल बंगाल और भारत में अपने पांव जमाए। 1905 में राजनीतिक लाभ के लिए अंग्रेजों ने बंगाल का विभाजन कर दिया। राज्य के पूर्व में बांग्लादेश, पश्चिम में नेपाल, उत्तर-पूर्व में भूटान, उत्तर में सिक्किम, पश्चिम में बिहार और झारखंड, दक्षिण-पश्चिम में ओडिशा तथा दक्षिण में बंगाल की खाड़ी है।

कृषि

लगभग 70 प्रतिशत आबादी की आय का मुख्य स्रोत कृषि है। जूट और चावल राज्य की मुख्य फसलें हैं, इसके बाद चाय, मक्का, तंबाकू और गन्ना की फसलें हैं।

उद्योग

औद्योगिक प्रोत्साहन तथा आर्थिक विकास की राज्य की नीति की प्रमुख विशेषताएं विदेशी तकनीक और निवेश को प्रोत्साहन देना, विद्युत उत्पादन में निजी क्षेत्र का निवेश तथा औद्योगिक ढांचे का सुधार और उन्नयन करना है। पेट्रोरसायन, डाउनस्ट्रीम उद्योग, इलेक्ट्रॉनिक तथा सूचना प्रौद्योगिकी, लौह एवं इस्पात,

मेटलर्जी तथा इंजीनियरिंग, वस्त्र उद्योग, चमड़ा तथा चमड़े के उत्पाद, खाद्य प्रसंस्करण, औषधीय पौधे, खाद्य तेल, सब्जी का प्रसंस्करण तथा एक्वाकल्चर पर ज्यादा ध्यान दिया जा रहा है।

बिजली और सिंचाई

पश्चिम बंगाल में राज्य, केंद्र और निजी क्षेत्र मिलकर बिजली क्षेत्र को निवेश का अच्छा क्षेत्र बनाते हैं। आर्थिक वृद्धि, रोज़गार सृजन, गरीबी उन्मूलन तथा मानव विकास के लिए यह महत्वपूर्ण आधार है। आसान उपलब्धता तथा सस्ती होने के चलते पश्चिम बंगाल में तापीय बिजली प्रमुख है। राज्य के पास 3:97 ताप और पनबिजली का प्रतिकूल मिश्रण है। नवीकरणीय ऊर्जा क्षेत्र में भी पर्याप्त प्रगति हुई हैं। डब्ल्यूबीआरईडीए, जो राज्य में प्रौद्योगिकी प्रदर्शन परियोजना के क्रियान्वयन के लिए प्रमुख एजेंसी है, ने सुंदरवन, पश्चिमी मिदनापुर, बांकुड़ा तथा मालदा, मुर्शिदाबाद क्षेत्रों के दूर-दराज में लोगों को फायदा पहुंचाया है।

परिवहन

परिवहन विभाग लोगों तथा माल ढुलाई दोनों के लिए बेहतर परिवहन सुविधा प्रदान करने तथा परिवहन आधारित अवसंरचना और नीति बनाने के लिए उत्तरदायी है। राज्य परिवहन उपक्रम सामाजिक प्रतिबद्धता में निर्णायक भूमिका निभा रहा है। विभाग ने परिदृश्यों के सुधार के लिए कुछ कदम उठाए हैं- जैसे मोटर वाहन विभाग का कंप्यूटरीकरण, सड़क सुरक्षा योजनाएं, बस स्टैंड योजनाएं, टीओआईपी योजनाएं, प्रदूषण नियंत्रण, ऑटोमोबाइल प्रदूषण को कम करने के लिए 2-स्ट्रोक वाले ऑटो रिक्शा का प्रतिस्थापन 4-स्ट्रोक वाले ऑटो रिक्शा से करना, 15 वर्ष से अधिक पुरानी बसों को बदलना आदि।

वेबसाइट : www.westbengal.gov.in

सरकार

राज्यपाल	:	श्री केशरी नाथ त्रिपाठी	**मुख्य सचिव**	:	श्री मलय कुमार देब
मुख्यमंत्री	:	सुश्री ममता बनर्जी	**उच्च न्यायालय का अधिकार क्षेत्र**	:	कलकत्ता हाई कोर्ट

अंडमान और निकोबार द्वीपसमूह

क्षेत्रफल	:	8,249 वर्ग किलोमीटर	**जनसंख्या**	:	3,79,944 (जनगणना 2011)
राजधानी	:	पोर्ट ब्लेयर	**मुख्य भाषाएं**	:	हिंदी, निकोबारी, बांग्ला, तमिल, मलयालम और तेलुगू

इतिहास और भूगोल

केंद्रशासित प्रदेश अंडमान और निकोबार द्वीपसमूह 6° और 14° उत्तरी अक्षांश तथा 92° और 94° पूर्वी देशांतर में स्थित है। 10° उत्तरी अक्षांश के उत्तर में स्थित द्वीप अंडमान द्वीपसमूह कहलाते हैं जबकि 10° उत्तरी अक्षांश के दक्षिण में स्थित द्वीप निकोबार द्वीपसमूह कहलाते हैं। यहां की जलवायु नम, उष्णकटिबंधीय और तटीय है। इस समस्त द्वीपसमूह में दक्षिण-पश्चिमी तथा उत्तर-पूर्वी-दोनों मानसूनों की वर्षा होती है। सर्वाधिक वर्षा मई और दिसंबर के महीनों में होती है।

इस द्वीपसमूह के मूल निवासी जंगलों में रहते थे और शिकार तथा मछलियां पकड़कर अपना गुजारा चलाते थे। अंडमान के द्वीपसमूहों में महा अंडमानी, ओंगे, जरवा और सेंटीनली नाम की

चार निग्रेटो जातियां हैं तथा निकोबार द्वीपसमूह में निकोबारी तथा शोमपेन नाम की दो मंगोलाइड जातियां हैं।

कृषि

कुल 8,249 वर्ग किमी के भाग में से केवल 6 प्रतिशत (50,000 हेक्टेयर) में से भी घटकर 47,000 हेक्टेयर भूमि 2004 के सुनामी के बाद कृषि के अंतर्गत है। धान यहां की प्रमुख खाद्यान्न फसल है जो कि मुख्यतः अंडमान द्वीपसमूह में उगाई जाती है जबकि निकोबार द्वीपसमूह की मुख्य नकदी फसलें नारियल और सुपारी हैं। रबी के मौसम के दौरान दालें, तिलहन और सब्जियां उगाई जाती हैं, जिसके बाद धान की फसल बोई जाती है। यहां के किसान पहाड़ी जमीन पर भिन्न-भिन्न प्रकार के फल, जैसे- आम, चीकू, संतरा, केला, पपीता, अन्नानास और कंद-मूल आदि उगाते हैं। यहां बहुफसल व्यवस्था के अंतर्गत मसाले, जैसे- मिर्च, लौंग, जायफल तथा दालचीनी आदि भी उगाई जाते हैं। इन द्वीपों में रबड़, रेड आयल, ताड़ तथा काजू आदि भी थोड़ी-बहुत मात्रा में उगाए जाते हैं।

वन

इन द्वीपों के कुल भौगोलिक क्षेत्र का 7,171 वर्ग किलोमीटर भाग वनों से ढका हुआ है। लगभग सभी प्रकार के वन जैसे उष्णकटिबंधीय आर्द्र सदाबहार वन, उष्णकटिबंधीय अर्द्ध सदाबहार वन, आर्द्र पर्णपाती, गिरि शिखर पर होने वाले तथा तटवर्ती और दलदली वन पाए जाते हैं। यहां विभिन्न प्रकार की लकड़ियां पाई जाती हैं। सबसे बहुमूल्य लकड़ियां पाडोक तथा गरजन की हैं। ये निकोबार में नहीं मिलतीं।

वन्यजीव

इन द्वीपों में 96 वन्यजीव अभयारण्य, नौ राष्ट्रीय पार्क तथा एक जैव संरक्षित क्षेत्र (बायोस्फियर रिजर्व) हैं। स्तनपायी-अब तक अधिसूचित कुल 55 स्थलीय एवं 7 समुद्री स्तनपायी प्रजातियों में से 32 क्षेत्र विशेष में पाई जाती हैं। पक्षी इन द्वीपों में पक्षियों की 246 प्रजातियां एवं उपप्रजातियां मिलती हैं जिनमें से 99 प्रजातियां एवं उपप्रजातियां क्षेत्र विशेष में पाई जाती हैं। सरीसृप- इस राज्य में सरीसृपों की 76 प्रजातियां पाई जाती हैं, जिसमें से 24 क्षेत्र विशेष तक सीमित हैं। समुद्री जीव- इन द्वीपों के समुद्र में मछलियों की 1,200 से अधिक प्रजातियां, इकाइनो डर्म की 359, घोंघा (मोलस्क) समूह की 1,067 तथा अन्य सूक्ष्म प्रजातियां पाई जाती हैं। कशेरूकी प्राणियों में मुख्यतः ड्यूगॉग, डॉल्फिन, व्हेल, खारे पानी के घड़ियाल, समुद्री कछुए तथा समुद्री सर्प इत्यादि मिलते हैं। पूर्वी तट पर मुख्यतः झब्बेदार (फ्रिंजिंग) प्रकार के तथा पश्चिमी तट पर अवरोधी (बैरियर) प्रकार के प्रवाल पाए जाते हैं।

उद्योग

राज्य में 1,833 लघु व मध्यम उद्यम एवं हस्तशिल्प इकाइयां पंजीकृत हैं। झींगा मछली प्रसंस्करण के क्षेत्र में दो इकाइयां शत-प्रतिशत निर्यातोन्मुख हैं। इसके अतिरिक्त सीपी एवं लकड़ी आधारित हस्तशिल्प इकाइयां हैं। छोटे पैमाने की इकाइयां पेंट तथा वार्निश, छोटी आटा पिसाई चक्कियां, शीतल पेय एवं शराब, स्टील फर्नीचर एवं अन्य उपकरण, रेडीमेड कपड़े, लोहे के दरवाजे, ग्रिल इत्यादि के उत्पादन का कार्य करती हैं। लघु औद्योगिक इकाइयां सीपी शिल्प, बेकरी उत्पाद, चावल निकालने तथा फर्नीचर बनाने का कार्य भी कर रही हैं। अंडमान एवं निकोबार द्वीपसमूह समन्वित विकास निगम ने पर्यटन, मत्स्य उद्योग तथा औद्योगिक ऋण के क्षेत्रों में काम करना आरंभ कर दिया है।

परिवहन

मोटर परिवहन विभाग उत्तरी और दक्षिणी द्वीपसमूह के 14 केंद्रों से सेवा संचालित करता है। विभाग के पास कुल 264 बसें हैं, जो अंडमान-निकोबार द्वीपसमूह के मुख्यतः ग्रामीण क्षेत्रों में चलती हैं। वर्ष 2007 से एटीआर एक्सप्रेस सेवा के लिए कंप्यूटरीकृत टिकट प्रणाली शुरू की गई है। यहां से अग्रिम टिकट प्राप्त किए जा सकते हैं।

पर्यटन

अंडमान और निकोबार द्वीपसमूह पर्यावरण अनुकूल सुरक्षित पर्यटक स्थल के रूप में विख्यात है। पर्यटकों के इस स्वर्ग में सेल्यूलर जेल, रॉस आइलैंड तथा हैवलॉक आइलैंड जैसे विशिष्ट स्थान हैं। अंडमान के उष्णकटिबंधीय सदाबहार घने वन, सुंदर रूपहले व रेतीले समुद्र तट, सर्पाकार मैंग्रोव युक्त क्रीक, दुर्लभ समुद्री वनस्पतियों एवं जीव-जंतुओं की प्रजातियों युक्त समुद्री परिवेश तथा मूंगे यहां पर्यटकों को एक स्मरणीय अनुभव प्रदान करते हैं। समुद्र तट पर बने रिसार्ट्स, जलक्रीड़ा केंद्रों तथा पानी के साहसिक खेलों, ट्रेकिंग, आइलैंड कैंपिंग, प्रकृति के बीच निवास (नेचर ट्रेल) स्कूबा डाइविंग जैसे साहसिक पर्यटन के रूप में यहां पर्यटन की अपार संभावनाएं हैं।

यात्रा पर आने वाले पर्यटकों के ठहरने की आरामदेह व्यवस्था के लिए पर्यटन विभाग की ओर से द्वीपों के विभिन्न भागों में विश्राम गृहों का संचालन किया जाता है। यहां के प्रमुख पर्यटक स्थलों में नृत्य संग्रहालय, समुद्री संग्रहालय, जलक्रीड़ा परिसर, गांधी पार्क, उत्तरी खाड़ी (नार्थ बे), वाइपर आइलैंड, रॉस आइलैंड, चिड़िया टापू (बर्ड वाचिंग), रेडस्किन आइलैंड, कोर्बिन्स कोव बीच तथा नील आइलैंड, हैवलॉक आइलैंड, सिंक्वे, लघु अंडमान, दिगलीपुर (रॉस एवं स्मिथ) इत्यादि हैं।

मुख्यभूमि से द्वीप हवाई और समुद्री यात्रा द्वारा अच्छी तरह जुड़ा हुआ हैं। कोलकाता और चेन्नई से पोर्ट ब्लेयर के बीच इंडियन एयरलाइंस, डेक्कन और जेटलाइट की नियमित उड़ानें हैं। चेन्नई, कोलकाता और विशाखापत्तनम से यहां के लिए नियमित यात्री नौका सेवा है।

वेबसाइट : www.and.nic.in

सरकार

उप-राज्यपाल : प्रो. जगदीश मुखी
मुख्य सचिव : श्री अनिंदो मजूमदार

उच्च न्यायालय : अंडमान निकोबार द्वीप समूह कोलकाता उच्च न्यायालय के अधिकार क्षेत्र में आता है।

चंडीगढ़

क्षेत्रफल	: 114 वर्ग किलोमीटर	**जनसंख्या**	: 10.55 लाख (जनगणना 2011)
राजधानी	: चंडीगढ़	**मुख्य भाषाएं**	: हिंदी, पंजाबी

इतिहास और भूगोल

चंडीगढ़ आधुनिक शिल्पकला के वैभव से संपन्न प्रदेश है। शिवालिक पहाड़ियों की नयनाभिराम तलहटी में बसा चंडीगढ़ वास्तविक अर्थों में एक खूबसूरत शहर है। फ्रांसीसी वास्तुशिल्पी ला कार्बूजिए द्वारा निर्मित यह शहर आधुनिक स्थापत्य कला तथा नगर नियोजन का शानदार उदाहरण है। चंडीगढ़

और उसके आस-पास के क्षेत्र को 1 नवंबर, 1966 को केंद्रशासित प्रदेश बनाया गया। यह हरियाणा और पंजाब दोनों की राजधानी भी है। इसके उत्तर और पश्चिम में पंजाब तथा पूर्व और दक्षिण में हरियाणा है।

परिवहन

चंडीगढ़ प्रशासन ने प्रयोक्ता-अनुकूल परिवहन प्रणाली की आवश्यकता को महसूस करते हुए जल्द ही, जन त्वरित परिवहन प्रणाली शुरू करने का निश्चय किया है। चंडीगढ़ प्रशासन तथा पंजाब और हरियाणा राज्य सरकारें मिल कर इस परियोजना पर काम कर रही हैं।

सीटीयू (चंडीगढ़ ट्रांसपोर्ट अंडरटेकिंग) का कंप्यूटरीकरण किया जा रहा है तथा 70 प्रतिशत कार्य पूरा हो चुका है। अपनी फ्लीट की निगरानी के लिए उपक्रम चरणबद्ध ढंग से ग्लोबल पोजिशनिंग प्रणाली; जीपीएस भी स्थापित करेगा।

ग्रामीण विकास

गरीब तथा पिछड़े तबके के लोगों के लिए चलाई जा रही योजनाओं की जानकारी उन्हें मुहैया कराने के लिए विभिन्न गांवों में 14 विधि जागरुकता सेमिनार आयोजित किए गए। यह पहल राज्य विधि सेवा प्राधिकरण द्वारा की गई। खाजरी तथा पालसोरा गांव में सीमेंट कंक्रीट फुटपाथ तथा नालियों को ढकने का काम पूरा कर लिया गया है। मौली जागरण गांव में 70 प्रतिशत काम पूर्ण हो गया है।

सूचना प्रौद्योगिकी

चंडीगढ़ जनता को प्रयोक्ता अनुकूल तथा त्वरित सेवाएं उपलब्ध कराने के लिए सूचना प्रौद्योगिकी के प्रयोग में रोल मॉडल बन चुका है। ई-गवर्नेंस पहल के तहत धनास, खुड्डा जस्सु, कैंबवाला, रायपुर खुर्द, रायपुर कलां, मक्खन माजरा तथा बहलाना में ग्राम संपर्क केंद्र स्थापित किए गए। पलसोरा, दादू माजरा, हल्लू माजरा, खुदा अलीसर, दरिया, मौली जागरण तथा मालोया में ग्राम संपर्क केंद्र कर रहे हैं। प्रशासन ऊर्जा संरक्षण के लिए भी कार्य कर रहा है। टाटा बीपी सोलर लिमिटेड को वनस्पति उद्यान में ऊर्जा पार्क स्थापित करने का आर्डर दिया गया है। गांवों की सभी स्ट्रीट लाइटों के स्थान पर सोलर स्ट्रीट लाइटें लगाई जाएंगी।

उद्योग

प्रशासन मौली जागरण गांव के राजस्व इस्टेट में औद्योगिक क्षेत्र के तीसरे चरण का विकास कर रहा है।

पर्यटन

प्रशासन पर्यटन को बढ़ावा देने के लिए अनेक पहल कर रहा है जैसे विवाह पर्यटन। चिकित्सीय, शैक्षिक तथा मनोरंजन सुविधाओं में वृद्धि कर प्रशासन सिनेमैटिक, खेल तथा चिकित्सा पर्यटन को बढ़ावा दे रहा है। चंडीगढ़ अंतरराष्ट्रीय हवाईअड्डा क्षेत्र में पर्यटन को प्रोत्साहन देने में महत्वपूर्ण भूमिका निभा रहा है।

बिजली

सभी निवासियों के लिए पर्याप्त बिजली का प्रावधान प्रशासन का ध्यान आकर्षित कर रहा है। वोल्टेज प्रोफाइल को सुधारने तथा विद्युत वितरण नेटवर्क पर दबाव को कम करने के लिए इलेक्ट्रिक विंग ने

विभिन्न स्थानों पर स्थित 66 किलोवाट ग्रिड सब-स्टेशनों में 80 एमवीएआर स्वचालित कैपेसिटर बैंक लगाने की योजना बनाई है। सभी सरकारी भवनों में सीएफएल अनिवार्य कर दिया गया है। इसी प्रकार शैक्षणिक भवन अपने परिसर के पार्किंग स्थानों पर सौर ऊर्जा का प्रयोग करेंगे।

वेबसाइट : www.chandigarh.gov.in

सरकार

प्रशासक : श्री वी.पी. सिंह बदनोरे

प्रशासक के सलाहकार : श्री परिमल राय

उच्च न्यायालय का अधिकार क्षेत्र : चंडीगढ़ और पंजाब, हरियाणा उच्च न्यायालय के अधिकार क्षेत्र में आता है।

दादरा और नगर हवेली

क्षेत्रफल	: 491 वर्ग किलोमीटर	**जनसंख्या**	: 3.44 लाख (जनगणना 2011-अनंतिम)
राजधानी	: सिलवासा	**मुख्य भाषाएं**	: गुजराती, हिंदी तथा अंग्रेजी

इतिहास और भूगोल

जनता द्वारा 1954 को मुक्त कराने तक पुर्तगालियों ने इस प्रदेश पर शासन किया। 1954 से 1961 तक यह प्रदेश लगभग स्वतंत्र रूप से काम करता रहा जिसे 'स्वतंत्र दादरा एवं नगर हवेली प्रशासन' ने चलाया, लेकिन 1961 को यह प्रदेश भारतीय संघ में शामिल हो गया और तब से भारत सरकार केंद्रशासित प्रदेश के रूप में इसका प्रशासन कर रही है। पुर्तगाल के चंगुल से इस क्षेत्र की मुक्ति के बाद से 'वरिष्ठ पंचायत' प्रशासन की परामर्शदात्री संस्था के रूप में कार्य कर रही थी परंतु इसे अगस्त 1989 में भंग कर दिया गया और अखिल भारतीय स्तर पर संविधान संशोधन के अनुरूप दादरा और नगर हवेली जिला पंचायत और 11 ग्राम पंचायतों की एक प्रदेश परिषद गठित कर दी गई। दादरा और नगर हवेली 491 वर्ग कि.मी. में फैला छोटा-सा क्षेत्र है। यह गुजरात और महाराष्ट्र राज्यों से घिरा हुआ है। इसके दो भाग हैं: एक दादरा और दूसरा नगर हवेली। निकटतम रेलवे स्टेशन वापी में है, जो सिलवासा से 18 किलोमीटर दूर है। सिलवासा दादरा और नगर हवेली की राजधानी है। सिलवासा नगर परिषद 2006 में अस्तित्व में आई और यह मुख्यतः दो नगरों से बनी है- सिलवासा और आमली। 2011 की जनगणना में अन्य पांच गांवों-दादरा, नरोली, समरवाणी, मस्त तथा रखोली को गैर-संवैधानिक जनगणना शहर माना गया।

कृषि

दादरा और नगर हवेली मुख्यतः ग्रामीण क्षेत्र है, जहां 79 प्रतिशत आदिवासी रहते हैं। इसका कृषि क्षेत्र लगभग 21,115 हेक्टेयर है। मुख्य फसल धान (खरीफ) है तथा नागली और पहाड़ी बाजरा अन्य प्रमुख फसलें हैं। फलों में आम, चीकू तथा केले का मुख्य उत्पादन होता है तथा कुल भू-भाग के 40 प्रतिशत क्षेत्र में वन हैं। पिछले कुछ वर्षों से गन्ने की खेती में वृद्धि हुई है। सिंचित क्षेत्रों में बहु-फसल पद्धति के उपाय किए जा रहे हैं। गैर-सरकारी संगठन, बीएआईएफ, भारतीय एग्रो इंडस्ट्रीज फाउंडेशन द्वारा नाबार्ड के वित्तीय सहयोग से दादरा तथा नगर हवेली के जनजातीय क्षेत्र में वाडी विकास कार्यक्रम शुरू किया गया है।

उद्योग

1965-66 से पहले यहां कोई उद्योग नहीं था। केवल कुछ दस्तकार परंपरागत रूप से बर्तन, चप्पल, जूते जैसे चमड़े का कुछ सामान और बांस की चीजें बनाते थे। 1967-68 में दान उद्योग सहकारी संघ लि. ने सहकारी क्षेत्र में औद्योगिक संपदा की स्थापना करके छोटे पैमाने पर औद्योगिक विकास के काम की शुरुआत की। आर्थिक उदारता नीति लागू होने के बाद औद्योगिक विकास में उछाल आया। इसके बाद सिलवासा, मसात और खदोली में तीन सरकारी औद्योगिक संपदाएं विकसित की गईं। 1863 लघु उद्योग, 430 मझोली/लघु उद्योग इकाइयां कार्यरत थीं, जिनमें 46,000 लोग काम कर रहे थे।

सिंचाई और बिजली

इस क्षेत्र के स्वतंत्र होने से पहले, यहां किसी प्रकार की सिंचाई सुविधाएं नहीं थीं और किसानों को पूरी तरह से वर्षा पर ही निर्भर रहना पड़ता था। प्रदेश के भारतीय संघ में सम्मिलित होने के बाद लघु सिंचाई क्षेत्र में पर्याप्त उपाय किए गए हैं। अब तक सिंचाई कुओं से संबंधित 128 लिफ्ट सिंचाई परियोजनाएं पूरी की जा चुकी हैं जिससे 1,851 हेक्टेयर और अधिक सिंचाई क्षमता बढ़ी है। मंझोली सिंचाई परियोजना जैसे दमनगंगा आरक्षित जल परियोजना के जरिए इस केंद्रशासित प्रदेश में 115 कि.मी. छोटी नहरें और डिस्ट्रीब्यूटरी काम कर रही हैं। 4,300 हेक्टेयर में सभी तरह के फील्ड चैनलों में विकास कार्य पूरा हो चुका है तथा 4,049 हेक्टेयर में परीक्षण किया गया है।

परिवहन

केंद्रशासित प्रदेश पूरी तरह महाराष्ट्र और गुजरात के सड़क नेटवर्क पर निर्भर है क्योंकि मुंबई से इन दोनों राज्यों को पार करने के उपरांत ही प्रदेश में पहुंचा जा सकता है। वर्तमान में सड़कों की कुल लंबाई 635 कि.मी. है जिसमें से 570 कि.मी. पक्की हैं। लगभग सभी गांव ऐसी सड़कों से जुड़े हैं जो हर मौसम में ठीक रहती हैं। मुंबई से अहमदाबाद का रेल मार्ग वापी से भी जुड़ा है। निकटतम हवाईअड्डा मुंबई है। बढ़ते यातायात की जरूरतों के मद्देनजर प्रदेश में सड़कें चौड़ी करने का काम हाल में शुरू किया गया है। तेजी से बढ़ रहे औद्योगीकरण को देखते हुए सिलवासा और आस-पास के क्षेत्रों में अन्य छुट-पुट कार्यों के अलावा चार लेन सड़क-निर्माण का कार्य शुरू किया गया है।

पर्यटन स्थल

घने वन क्षेत्र तथा अनुकूल जलवायु को देखते हुए यहां पर्यटन क्षेत्र को उच्च प्राथमिकता दी गई है। पर्यटन की दृष्टि से प्रमुख स्थान हैं- ताड़केश्वर शिव मंदिर, बिन्द्राविन, खानवेल का हिरण पार्क, वाणगंगा झील और द्वीप उद्यान, दादरा, वनविहार उद्यान, लघु प्राणी विहार, बाल उद्यान, आदिवासी म्यूजियम और सिलवासा स्थित हिरवावन उद्यान। सिलवासा के यात्री पर्यटन को बढ़ावा देने के लिए हर साल तारपा उत्सव और विश्व पर्यटन दिवस आदि आयोजित किए जाते हैं।

त्योहार

इस क्षेत्र में सामान्यतया सभी हिंदू, मुस्लिम और ईसाई त्योहार मनाए जाते हैं। आदिवासी अपने ही त्योहार मनाते हैं। ढोडिया और वर्ली जनजातियां 'दिवसो' त्योहार मनाती हैं और ढोडिया जनजाति रक्षाबंधन भी मनाती है। वर्ली और कोली जनजातियां भावड़ा त्योहार मनाती हैं। यहां की सभी जातियों के लोग फसल काटने से पहले ग्राम देवी की पूजा करते हैं तथा फसल काटने के बाद 'काली पूजा' का त्योहार मनाते हैं।

वेबसाइट : www.dnh.nic.in

सरकार

प्रशासक	: श्री प्रफुल्ल पटेल
उच्च न्यायालय का अधिकार क्षेत्र	: मुंबई उच्च न्यायालय के अधिकार क्षेत्र के अंतर्गत आता है।

दमन और दीव

क्षेत्रफल	: 111 वर्ग किलोमीटर	**जनसंख्या**	: 2,42,911 (जनगणना 2011-अनंतिम)
राजधानी	: दमन	**मुख्य भाषाएं**	: गुजराती

इतिहास और भूगोल

दमन और दीव तथा गोवा देश की आज़ादी के बाद भी पुर्तगाल के अधीन रहे। 1961 में इन्हें भारत का अभिन्न हिस्सा बना दिया गया। 30 मई, 1987 को गोवा को राज्य का दर्जा दिए जाने के बाद दमन और दीव को अलग केंद्रशासित प्रदेश बनाया गया। दमन मुंबई से लगभग 193 किलोमीटर दूर है। यह पूर्व में गुजरात, पश्चिम में अरब सागर, उत्तर में कोलक नदी तथा दक्षिण में कलाई नदी से घिरा है। गुजरात का वलसाड, दमन का पड़ोसी जिला है। दीव दो पुलों से जुड़ा हुआ द्वीप है। दीव का पड़ोसी जिला गुजरात का जूनागढ़ है।

कृषि और सिंचाई

दमन और दीव में कुल सिंचित क्षेत्र 393.93 हेक्टेयर है, जबकि असिंचित क्षेत्र 3304.73 हेक्टेयर है। यहां की महत्वपूर्ण फसलें धान, रागी, बाजरा, ज्वार, मूंगफली, दालें, सेम, गेहूं, चीकू, आम, केला, नारियल और गन्ना हैं। इस क्षेत्र में कोई बड़ा जंगल नहीं है।

उद्योग और बिजली

दमन और दीव में 2,930 मझोली तथा लघु उद्योग इकाइयां हैं। दमन में ओमनीबस औद्योगिक विकास निगम द्वारा दो औद्योगिक क्षेत्रों का विकास किया गया है। दाभेल, भीमपोर, काचीगाम और कदाइया दूसरे औद्योगिक क्षेत्र हैं।

सभी गांवों में बिजली पहुंच गई है। दमन और दीव को पश्चिमी क्षेत्र के केंद्रीय बिजलीघरों से पर्याप्त बिजली मिल रही है।

परिवहन

सड़कें : सड़कों की कुल लंबाई क्रमशः 191 कि.मी. और 78 कि.मी. है।

रेलवे : दमन और दीव रेलमार्ग से नहीं जुड़े हैं। दमन का निकटतम रेलवे स्टेशन वापी है जो पश्चिम रेलवे के मुंबई-दिल्ली मार्ग पर है। दीव का समीपवर्ती रेलवे स्टेशन मीटर गेज लाइन पर स्थित दलवाड़ा है।

उड्डयन : दमन और दीव दोनों में ही हवाईअड्डे हैं। दीव विमान सेवा से जुड़ा हुआ है तथा मुंबई से दीव तक की नियमित विमान सेवा उपलब्ध है।

पर्यटन स्थल

दमन के प्रमुख पर्यटन केंद्र हैं- बॉम जीसस चर्च, अवर लेडी ऑफ सी चर्च, अवर लेडी ऑफ रेमेडिओज चर्च, मोती दमन और नानी दमन के किले, जंपौर और देवका समुद्र तट, नानी दमन और मोती दमन जेट्टी में सार्वजनिक उद्यान, परगोला गार्डन, मोती दमन; एम्यूजमेंट पार्क, देवका; दमनगंगा टूरिस्ट कॉम्प्लेक्स, काचिगाम; सत्य सागर उद्यान; मिरासोल गार्डन, मिरासोल वाटर पार्क।

दीव में सेंट पॉल चर्च, दीव फोर्ट और पानीकोटा फोर्ट, नागोआ और चक्रतीर्थ तथा घोघला और समर हाउस चिल्ड्रन पार्क प्रमुख पर्यटन स्थल हैं।

वेबसाइट : www.daman.nic.in

सरकार

प्रशासक	:	श्री प्रफुल्ल पटेल
उच्च न्यायालय का अधिकार क्षेत्र	:	मुंबई उच्च न्यायालय के अधिकार क्षेत्र के अंतर्गत आता है।

दिल्ली

क्षेत्रफल	:	1,483 वर्ग किलोमीटर	**जनसंख्या**	:	1.68 करोड़ (जनगणना 2011)
राजधानी	:	दिल्ली	**मुख्य भाषाएं**	:	हिंदी, पंजाबी, उर्दू और अंग्रेजी

इतिहास और भूगोल

महाकाव्य महाभारत काल से ही दिल्ली का विशेष उल्लेख रहा है। दिल्ली का शासन एक वंश से दूसरे वंश को हस्तांतरित होता गया। यह मौर्यों से आरंभ होकर पल्लवों तथा मध्य भारत के गुप्तों से होता हुआ 13वीं से 15वीं सदी तक अफगान के तुर्क और अंत में 16वीं सदी में मुगलों के हाथों में पहुंचा। 18वीं सदी के उत्तरार्द्ध और 19वीं सदी के पूर्वाद्ध में दिल्ली में अंग्रेजी शासन की स्थापना हुई। 1911 में कोलकाता से राजधानी दिल्ली स्थानांतरित होने पर यह शहर सभी तरह की गतिविधियों का केंद्र बन गया। 1956 में इसे केंद्रशासित प्रदेश का दर्जा प्राप्त हुआ। देश के उत्तरी भाग में स्थित दिल्ली पूर्व दिशा को छोड़कर सभी ओर से हरियाणा राज्य से घिरी है, पूर्व में उत्तर प्रदेश की सीमा इससे लगती है। दिल्ली के इतिहास में 69वां संविधान संशोधन विधेयक एक महत्वपूर्ण घटना है, जिसके फलस्वरूप राष्ट्रीय राजधानी क्षेत्र अधिनियम, 1991 में लागू हो जाने से दिल्ली में विधानसभा का गठन हुआ।

कृषि

गेहूं, बाजरा, ज्वार, चना और मक्का यहां की प्रमुख फसलें हैं, लेकिन अब किसान अनाज वाली फसलों की बजाय फलों और सब्जियों, दुग्ध उत्पादन, मुर्गी पालन, फूलों की खेती को ज्यादा महत्व दे रहे हैं। ये गतिविधियां खाद्यान्नों, फसलों के मुकाबले अधिक लाभदायक साबित हुई हैं।

उद्योग

दिल्ली न केवल उत्तर भारत का सबसे बड़ा व्यावसायिक केंद्र है, बल्कि यह लघु उद्योगों का भी सबसे बड़ा केंद्र है। इनमें टेलीविजन, टेपरिकार्डर, हल्का इंजीनियरिंग साज-सामान, मशीनें, मोटरगाड़ियों के

हिस्से-पुर्जे, खेलकूद का सामान, साइकिलें, पी.वी.सी. से बनी वस्तुएं, जूते-चप्पल, कपड़ा, उर्वरक, दवाएं, होजरी का सामान, चमड़े की वस्तुएं, सॉफ्टवेयर आदि विभिन्न वस्तुएं बनाई जाती हैं।

सिंचाई और बिजली

दिल्ली के गांवों का तेजी से शहरीकरण होने की वजह से सिंचाई के अंतर्गत आने वाली खेती योग्य भूमि धीरे-धीरे कम होती जा रही है। राज्य में 'केशोपुर प्रवाह सिंचाई योजना चरण तृतीय' तथा 'जल संशोधन संयंत्र से सुधार एवं प्रवाह विस्तार सिंचाई प्रणाली' नामक दो योजनाएं चलाई जा रही हैं। राष्ट्रीय राजधानी क्षेत्र, दिल्ली के ग्रामीण क्षेत्र में 350 हेक्टेयर की सिंचाई राज्य नलकूपों द्वारा और 1,376 हेक्टेयर की सिंचाई अतिरिक्त पानी द्वारा की जा रही है। इसके अलावा 4,900 हेक्टेयर भूमि की सिंचाई हरियाणा सरकार के अधीन पश्चिमी यमुना नहर द्वारा की जा रही है।

दिल्ली के लिए इसकी अपनी उत्पादन इकाइयों- राजघाट बिजलीघर, इंद्रप्रस्थ स्टेशन और बदरपुर ताप बिजलीघर सहित गैस टरबाइन पर आधारित इकाई से 850-900 मेगावाट बिजली प्राप्त होती है। शेष बिजली उत्तर क्षेत्रीय ग्रिड से प्राप्त की जाती है। दिल्ली में कई बिजली उत्पादन इकाइयां शुरू करने की योजना है। इंद्रप्रस्थ एस्टेट में प्रगति कम्बाइंड साइकिल पावर प्रोजेक्ट स्थापित किया जा चुका है। 330 मेगावाट प्रगति पावर परियोजना निर्माणाधीन है और जल्दी ही चालू होने वाली है। बिजली वितरण को सुचारू बनाने के लिए दिल्ली विद्युत बोर्ड का निजीकरण कर दिया गया है और दिल्ली की बिजली व्यवस्था अब देश की दो जानी-मानी संस्थाओं- बीएसईएस तथा टाटा पावर (एनडीपीएल) द्वारा देखी जा रही है।

परिवहन

दिल्ली सड़कों, रेल लाइनों और विमान सेवाओं के जरिये भारत के सभी भागों से भलीभांति जुड़ी हुई हैं। यहां तीन हवाईअड्डे हैं। इंदिरा गांधी अंतरराष्ट्रीय हवाईअड्डा अंतरराष्ट्रीय उड़ानों के लिए पालम हवाईअड्डा, घरेलू उड़ानों के लिए तथा सफदरजंग हवाईअड्डा, प्रशिक्षण उड़ानों के लिए इस्तेमाल किया जा रहा है। दिल्ली में पांच महत्वपूर्ण रेलवे स्टेशन भी हैं। ये दिल्ली जंक्शन, नई दिल्ली रेलवे स्टेशन, निजामुद्दीन रेलवे स्टेशन, आनंद विहार रेलवे स्टेशन और सराय रोहिल्ला रेलवे स्टेशन के नाम से जाने जाते हैं। तीन अंतर्राज्यीय बसअड्डे- कश्मीरी गेट, सराय काले खां और आनंद विहार में हैं।

दिल्ली शहर में बढ़ते वाहन प्रदूषण और यातायात की अस्त-व्यस्त स्थिति को देखते हुए भारत सरकार ने मास रेपिड ट्रांजिट प्रणाली (एमआरटीएस) लागू करने का निर्णय लिया। यह परियोजना कार्यान्वित की जा रही है और इसमें अत्याधुनिक तकनीक का इस्तेमाल किया जा रहा है। मेट्रो रेल परियोजना दिल्ली में आ गई है।

त्योहार

महानगर होने की वजह से यहां भारत के सभी प्रमुख त्योहार मनाए जाते हैं। इनके अलावा, दिल्ली पर्यटन और परिवहन विकास निगम कुछ वार्षिक उत्सवों का भी आयोजन करते हैं। ये हैं: रोशनआरा उत्सव, शालीमार उत्सव, कुतुब मेला, शीतकालीन मेला, उद्यान पर्यटन मेला, जहान-ए-खुसरो उत्सव तथा आम महोत्सव।

पर्यटन स्थल

दिल्ली के प्रमुख पर्यटन केंद्रों में लाल किला, जामा मस्जिद, कुतुब मीनार, इंडिया गेट, लक्ष्मीनारायण (बिड़ला) मंदिर, हुमायूं का मकबरा, लोटस टेंपल, अक्षरधाम आदि प्रमुख हैं। दिल्ली राज्य पर्यटन और परिवहन विकास निगम पर्यटकों को यहां के विभिन्न स्थानों की सैर कराने के लिए विशेष बस सेवाएं चलाता है। निगम ने पैरा सेलिंग, रॉक क्लाइंबिंग और बोटिंग जैसी साहसिक पर्यटन गतिविधियों के लिए सुविधाएं विकसित की हैं। निगम ने दो 'दिल्ली हाट' का विकास किया है, जहां विभिन्न राज्यों की खाद्य वस्तुएं और पेय एक ही जगह उपलब्ध हैं। दिल्ली के विभिन्न भागों में ऐसी ही 'हाट' बनाने की योजना है। निगम दिल्ली के अनेक भागों में 'कॉफी होम' भी चला रहा है। दिल्ली के दक्षिणी जिले में 'पंचेंद्रियों का पार्क' (गार्डन ऑफ फाइव सेंसेज) भी खुला है जो दिल्ली में आने वाले बहुत-से पर्यटकों के आकर्षण का केंद्र है।

वेबसाइट : www.delhi.gov.in

सरकार

उप-राज्यपाल	:	श्री अनिल बैजल	**मुख्य सचिव**	:	डॉ. एम.एम. कुट्टी
मुख्य मंत्री	:	श्री अरविंद केजरीवाल	**उच्च न्यायालय का अधिकार क्षेत्र**	:	दिल्ली

लक्षद्वीप

क्षेत्रफल	:	30 वर्ग किलोमीटर	**जनसंख्या**	:	64,000 (जनगणना 2011)
राजधानी	:	कवारत्ती	**मुख्य भाषाएं**	:	मलयालम, धिवेही और (द्वीप भाषा)

इतिहास और भूगोल

इन द्वीपों के बारे में, इनके पूर्व इतिहास के बारे में अधिक जानकारी उपलब्ध नहीं है। समझा जाता है कि पहले-पहल लोग आकर अमीनी, अनद्रौत, कवारत्ती और अगात्ती द्वीपों पर बसे। पहले यह विश्वास किया जाता था कि द्वीप में आकर बसने वाले मूल लोग हिंदू थे और लगभग 14वीं शताब्दी में किसी समय अरब व्यापारियों के प्रभाव में आकर मुसलमान बन गए। परंतु हाल में पुरातत्वीय खोजों से पता चलता है कि लगभग छठी या सातवीं शताब्दी के आसपास यहां बौद्ध रहते थे। सर्वप्रथम इस्लाम धर्म को अपनाने वाले जिन लोगों और निवासियों का पता चलता है। वे हिजरी वर्ष 139 (आठवीं शताब्दी) के समय के मालूम होते हैं। इस तारीख का पता अगात्ती में हाल में खोजे गए मकबरों के पत्थरों पर खुदी तारीखों से लगता है। स्थानीय परंपरागत मान्यताओं के अनुसार, इस द्वीप में अरब सूफी उबैदुल्ला हिजरी सन 41 में इस्लाम को लेकर आए।

शायद 16वीं शताब्दी तक स्वतंत्र इन द्वीपों में बसने वाले लोगों को पुर्तगालियों के उपनिवेशों के आधिपत्य से मुक्ति पाने के लिए चिरक्कल के राजा की सहायता लेनी पड़ी। इससे वह यहां अपना प्रभुत्व जमा सका और बाद में इन द्वीपों को कन्नानूर में मोपला समुदाय के प्रमुख अली राजा को जागीर के रूप में सौंप दिया जो बाद में स्वतंत्र शासक बन बैठा। अरक्कल शासन लोकप्रिय नहीं हुआ और 1787 में टीपू सुल्तान ने इन द्वीपों पर कब्जा करने की उत्तर के द्वीपवासियों की याचिका को स्वीकार कर लिया। टीपू सुल्तान के पतन के बाद ये द्वीप ईस्ट इंडिया कंपनी के अधिकार में दे दिए गए , परंतु इन पर

कन्नानूर के शासक वस्तुतः तब तक शासन करते रहे जब तक कि अंततः बीसवीं शताब्दी के आरंभ में अंग्रेजों ने इन पर कब्जा नहीं कर लिया। 1956 में इन द्वीपों को मिलाकर केंद्रशासित प्रदेश बना दिया गया और तब से इसका शासन केंद्र सरकार के प्रशासक के माध्यम से चल रहा है। 1973 में लक्का दीव, मिनीकाय और अमीनदीवी द्वीपसमूहों का नाम लक्षद्वीप कर दिया गया। लक्षद्वीप प्रवाल द्वीपों का एक समूह है जिसमें 12 प्रवाल द्वीप, तीन प्रवाल भित्ति और 6 जलमग्न बालू के तट शामिल हैं। यहां के कुल 36 द्वीपों में से केवल 11 में आबादी है। ये द्वीप उत्तर में 8° और 12°3' अक्षांश पर तथा पूर्व में 71° और 74° देशांतर पर केरल तट से लगभग 280 से 480 कि.मी. दूर अरब सागर में फैले हुए हैं।

कृषि

यहां की प्रमुख फसल नारियल है और प्रतिवर्ष 60 मिलियन नारियल का उत्पादन होता है। 2,689 हेक्टेयर भूमि में यहां खेती की जाती है। यहां के नारियल को जैव उत्पाद (आर्गेनिक प्रोडक्ट) के रूप में जाना गया है। भारत में सर्वाधिक नारियल उत्पादन लक्षद्वीप में होता है तथा प्रति हेक्टेयर उपज 20,600 नारियल है और प्रत्येक पेड़ से प्रतिवर्ष औसतन 82 नारियलों का उत्पादन होता है। लक्षद्वीप के नारियलों में विश्व के अन्य नारियलों के मुकाबले सर्वाधिक तेल (82 प्रतिशत) पाया जाता है।

मछली पालन

मछली पकड़ना यहां का अन्य प्रमुख कार्य है। इसके चारों ओर के समुद्र में मछलियां बहुत अधिक हैं। लक्षद्वीप में प्रतिव्यक्ति मछली की उपलब्धता देश में सर्वाधिक है।

उद्योग

नारियल के रेशे और उससे बनने वाली वस्तुओं का उत्पादन यहां का मुख्य उद्योग है। सरकारी क्षेत्र के अधीन नारियल के रेशों की सात फैक्ट्रियां, 5 रेशा उत्पादन एवं प्रदर्शन केंद्र और 7 रेशा बंटने वाली इकाइयां हैं। इन इकाइयों में नारियल रेशों और सुतली के उत्पादन के अतिरिक्त नारियल के रेशे से बनी रस्सियां, कॉरीडोर मैट, चटाइयों और दरियों आदि का भी उत्पादन किया जाता है। विभिन्न द्वीपों में निजी क्षेत्र में भी कई नारियल रेशा इकाइयां काम कर रही हैं।

परिवहन

इस समय मुख्य द्वीपीय क्षेत्र में और अंतःद्वीपीय क्षेत्र एम. वी. कावारत्ती, एम. वी. अरब सागर, एम. वी. टीपू सुल्तान, एम. वी. भारत सीमा, एम. वी. मिनिकॉय, एम. वी. अमनदिवी तथा एम. वी. दीपसेतु संचालित हैं। इसके अतिरिक्त तीन 150 यात्री हाई स्पीड वैसल (उच्च गति जहाज़) (एचएससी पराली, एचएससी वलियापनी और एचएससी चिरयापनी), तीन 50 यात्री वाले उच्च गति जहाज़ (एचएससी स्किप जैक, एचएससी ब्लू मार्लिन) और (एचएससी ब्लेक मार्लिन), एक 15 यात्री उच्च गति जहाज़, एचएसी वीरंजली और दो 100 यात्री फेरी जहाज़ (एमवी खदीजा बीवी और एम.वी. हमीद बी) अंतर द्वीपीय क्षेत्रों में कनेक्टिविटी बनाए रखती हैं। तीन 150 यात्री एचएससी आवश्यकता अनुसार द्वीप और मुख्य क्षेत्र को जोड़ते है। चार कार्गो बार्ज– उबैदुल्ला, थिनाकारा, लाकादिव तथा चेरियम कार्गो सुविधा उपलब्ध कराते हैं। द्वीपों से कावारत्ती तथा मुख्य भूमि तक गंभीर रोगियों को पहुंचाने के लिए प्रशासन चार्टर पर दो पवन हंस हेलीकॉप्टर चलाता है। एयरलाइंस अगाती और कोची को जोड़ने के लिए भी रविवार छोड़कर इंडियन एयरलाइन की वायुयान सेवा उपलब्ध है।

पर्यटन स्थल

एक महत्वपूर्ण उद्योग के रूप में पर्यटन का विकास हो रहा है। अगाती, बंगारम, कलपेनी, कादमत, कावारत्ती तथा मिनीकॉय आदि मुख्य पर्यटन स्थल हैं।

वेबसाइट : www.lakshadweep.gov.in

सरकार

प्रशासक : श्री फारुख खान

उच्च न्यायालय का अधिकार क्षेत्र : लक्षद्वीप केरल उच्च न्यायालय के अधिकार क्षेत्र में आता है।

पुडुचेरी

क्षेत्रफल	: 490 वर्ग किलोमीटर	**जनसंख्या**	:	12,47,953 (जनगणना 2011-अनंतिम)
राजधानी	: पुडुचेरी	**मुख्य भाषाएं**	:	तमिल, तेलुगू, मलयालम, फ्रेंच और अंग्रेजी

इतिहास और भूगोल

केंद्र शासित प्रदेश पुडुचेरी, पूर्व फ्रांसीसी कॉलोनी रही है, जिसमें यहां के चार स्वायत्त क्षेत्र पुडुचेरी, करईकल, माहे और यनम आते हैं। पुडुचेरी इस क्षेत्र की राजधानी है और एक समय यह भारत में फ्रांसीसी सरकार का मुख्यालय हुआ करती थी। फ्रांस सरकार ने इन क्षेत्रों की प्रशासन व्यवस्था 1954 में भारत सरकार को सौंप दी थी। इन सभी क्षेत्रों को केंद्र शासित प्रदेश पुडुचेरी में शामिल कर लिया गया था। पुडुचेरी के पूर्व में बंगाल की खाड़ी और शेष तीन ओर तमिलनाडु के कडलूर और विल्लूपुरम जिले हैं।

कृषि

पोंडल की खेती के अंतर्गत आने वाले क्षेत्र को विस्तार देने और उसकी उत्पादन क्षमता बढ़ाने के लिए किसानों को गोर्ड सब्जियां उगाने के लिए प्रोत्साहित किया जाता है। इसके लिए उन्हें वित्तीय सहयोग दिया जाता है ताकि वह स्थायी पोंडल ढांचों को स्थापित कर सकें। निर्माण की उच्च लागत के कारण किसानों को पोंडल ढांचों के निर्माण में काफी समस्याएं आती हैं। इस संबंध में 50 प्रतिशत छूट से लेकर प्रति एकड़ 1 लाख रुपये की सहायता उपलब्ध कराई जा रही है। सब्जी उत्पादकों के लिए प्रति यूनिट क्षेत्र में पैदावार बढ़ाने और आमदनी में वृद्धि करने के लिए यह बहुत ही उपयुक्त विकल्प है।

उद्योग

पुडुचेरी का कुल क्षेत्र 479 वर्ग कि.मी. है और पिछली जनगणना के अनुसार यहां की कुल आबादी 12.44 लाख है। यहां दक्षिण भारत के चार तटीय क्षेत्र जुड़ते हैं। निवेशोन्मुख होने के कारण पिछले कुछ वर्षों में यहां बड़ी संख्या में निवेश और औद्योगिक विकास देखा गया है। हालांकि, पिछले कुछ वर्षों से अर्थव्यवस्था की सुस्त चाल के कारण औद्योगिक मंदी भी देखने को मिली है, बावजूद इसके विकास जारी है। पुडुचेरी में 77 बड़े, 9,067 लघु, छोटी और मझोली औद्योगिक इकाइयां हैं। इनमें 2,909 करोड़ रुपये का निवेश है और यह इकाइयां क्षेत्र की जीवनधारा हैं और इनमें करीब एक लाख लोग काम करते हैं।

पर्यटन

शहर के पुराने हिस्से को बुलेवार्ड टाउन कहा जाता है। यह चार बुलेवाड्र्स से जुड़ा है जो एक समय शहर की बाहरी सीमा निश्चित करते थे। बुलेवार्ड टाउन में तमिल और फ्रांसीसी अंशों का स्थापत्य झलकता है, जिनके बीच एक नहर बहती है और इन्हें एक आयताकार ग्रिड योजना की मदद से जोड़ा गया है। कुछ ऐतिहासिक इमारतें भी हैं और शहर के स्थापत्य पर तमिल एवं फ्रांसीसी क्षेत्रों में पारंपरिक शैली से बने घरों का गहरा असर पड़ा है। प्रसिद्ध दर्शनीय स्थलों में पुरातात्विक स्थल अरिकनमेडु है जिसकी खोज 200 ईसापूर्व रोमनों ने की थी। इसका खुदाई कार्य अभी चल रहा है। आयी मंडपम का निर्माण नेपोलियन तृतीय के शासनकाल में हुआ था। 1773 में बना आनंद रंगपिल्लई का भवन तथा अपने गॉथिक स्थापत्य के लिए प्रसिद्ध सेक्रेड हार्ट ऑफ जीसस गिरजाघर दर्शनीय स्थल हैं।

बिजली

संघ शासित प्रदेश की मौजूदा बिजली आपूर्ति केंद्र सरकार के सेंट्रल जेनरेटिंग स्टेशंस (सीजीएस) और निकटवर्ती राज्यों के बिजली बोर्डों (टीएएनजीईडीसीओ और केएसईबी) से होती है। पुद्दुचेरी पावर कॉरपोरेशन लि. द्वारा चालित कराईकल क्षेत्र में एक 32.5 मेगावाट गैस आधारित बिजली संयंत्र भी है जो कराईकल क्षेत्र की बिजली जरूरतों को कुछ हद तक पूरा करता है।

वेबसाइट : www.py.gov.in

सरकार

उपराज्यपाल	: डॉ. किरण बेदी, आईपीएस (सेवानिवृत्त)	**मुख्य सचिव**	: श्री मनोज परिदा
मुख्यमंत्री	: श्री वी. नारायणसामी	**उच्च न्यायालय का अधिकार क्षेत्र**	: पुदुचेरी मद्रास उच्च न्यायालय के अधिकार क्षेत्र में आता है।

31 राष्ट्रीय घटनाक्रम

(16 दिसंबर, 2016 से 31 दिसंबर, 2017 तक)

16–31 दिसंबर, 2016

- भारत के राष्ट्रपति श्री प्रणब मुखर्जी ने एसोचैम, श्रेयी फाउंडेशन और टाइम्स समूह द्वारा आयोजित नौवीं वर्ल्ड कॉन्फ्लुएंस ऑफ ह्यूमेनिटी, पावर एंड स्पीरिचुएलिटी के उद्घाटन सत्र को संबोधित किया।
- गांवों में स्वास्थ्य एवं स्वास्थ्य शिक्षा को प्रोत्साहन देने के लिए आयुष मंत्रालय ने 'स्वास्थ्य रक्षा कार्यक्रम' की शुरुआत की।
- भारतीय दिवाला एवं शोधन अक्षमता बोर्ड ने दिवाला एवं शोधन अक्षमता (परिसमापन प्रक्रिया) नियम, 2016 अधिसूचित किए।
- प्रधानमंत्री ने कानपुर में देश के पहले भारतीय कौशल संस्थान का उद्घाटन किया; कौशल प्रदर्शनी में एमएसडीई के प्रमुख कौशल विकास प्रयासों को दर्शाया गया है।
- केंद्रीय मंत्री श्री श्रीपद नायक ने शिलांग में पूर्वोत्तर के आयुर्वेद एवं होम्योपैथी संस्थान का उद्घाटन किया।
- प्रधानमंत्री श्री नरेन्द्र मोदी ने पुणे मेट्रो परियोजना (प्रथम चरण) की नींव रखी।
- प्रधानमंत्री ने पाटलगंगा में राष्ट्रीय प्रतिभूमि बाजार संस्थान का उद्घाटन किया।
- राष्ट्रपति श्री प्रणब मुखर्जी ने भारत स्काउट एंड गाइड्स की 17वीं राष्ट्रीय रैली का उद्घाटन किया।
- स्वास्थ्य एवं परिवार कल्याण मंत्री श्री जे.पी. नड्डा और मानव संसाधन विकास मंत्री श्री प्रकाश जावड़ेकर ने संयुक्त तौर पर गुड गवर्नेंस डे मनाने के लिए 'स्वच्छ स्वस्थ सर्वत्र' पहल की शुरुआत की।

जनवरी–2017

- प्रधानमंत्री ने देश के पहले अंतरराष्ट्रीय स्टॉक एक्सचेंज, इंडिया इंटरनेशनल एक्सचेंज का गांधीनगर में उद्घाटन किया।
- प्रधानमंत्री ने वाइब्रेंट गुजरात ग्लोबल समिट का उद्घाटन किया।
- गाइडेड पिनाका में बदले गए पिनाका रॉकेट का चांदीपुर के आईटीआर लॉन्च कॉम्प्लेक्स तृतीय से सफल परीक्षण किया गया।

- एक जापानी व्यापारी कंपनी की भारतीय सहायक कंपनी के साथ केंद्रीय प्रत्यक्ष कर बोर्ड (सीबीडीटी) ने बाइलेट्रल एडवांस प्राइसिंग एग्रीमेंट (बीएपीए) किया।

फरवरी–2017

- वित्त एवं कॉरपोरेट मामलों के मंत्री श्री अरुण जेटली ने संसद में रेल बजट सहित, स्वतंत्र भारत का पहला संयुक्त बजट प्रस्तुत किया।
- केंद्रीय मंत्रिमंडल ने 'प्रधानमंत्री ग्रामीण डिजिटल साक्षरता अभियान' को मंजूरी दी। इस योजना का लाभ 6 करोड़ ग्रामीण परिवारों तक पहुंचेगा।
- इलेक्ट्रॉनिक्स एवं सूचना प्रौद्योगिकी मंत्रालय (एमईआईटीवाई) ने साइबर स्वच्छता केंद्र- बॉटनेट क्लीनिंग एंड मालवेयर एनालिसिस केंद्र की शुरुआत की।

मार्च–2017

- रसायन एवं उर्वरक और संसदीय मामलों के मंत्री श्री अनंत कुमार ने 2016–17 के पेट्रोकेमिकल्स एंड डाउनस्ट्रीम प्लास्टिक्स प्रोसेसिंग इंडस्ट्री में तकनीकी नवोन्मेष के 7वें राष्ट्रीय पुरस्कार प्रदान किए।
- उत्तर पूर्वी क्षेत्र विकास मंत्रालय के राज्य मंत्री, प्रधानमंत्री कार्यालय, कार्मिक, लोक शिकायत तथा पेंशन्स, परमाणु ऊर्जा और अंतरिक्ष प्रौद्योगिकी विभाग राज्य मंत्री डॉ. जीतेंद्र सिंह ने जम्मू के ऊधमपुर जिले के मल्हार गांव में 10 किलोवाट के एफएम रेडियो स्टेशन की नींव रखी।
- राष्ट्रपति श्री प्रणब मुखर्जी ने अंतरराष्ट्रीय महिला दिवस के अवसर पर नई दिल्ली में एक विशेष समारोह में 2016 के नारी शक्ति पुरस्कार प्रदान किए।
- लोकसभा ने मातृत्व अवकाश (संशोधित) विधेयक 2016 पारित किया जिसमें महिलाओं को 9 मार्च, 2017 को मातृत्व अवकाश कानून 1961 के अंतर्गत मातृत्व अवकाश से जुड़े कई अतिरिक्त लाभ मिलेंगे।
- इसरो ने एक ही बार में 104 सेटेलाइट लॉन्च किए। ये सेटेलाइट श्रीहरिकोटा के सतीश धवन अंतरिक्ष केंद्र से भारत के पोलर सेटेलाइट लॉन्च वेहिकल 'पीएसएलवी–सी37' के जरिए लॉन्च किए गए।
- संस्कृति एवं पर्यटन राज्यमंत्री (स्वतंत्र प्रभार) डॉ. महेश शर्मा ने संस्कृति मंत्रालय के अंतर्गत ललित कला अकादमी द्वारा आयोजित 'नेशनल ट्राइबल एंड नॉर्थ–ईस्ट कॉन्क्लेव–2017' का उद्घाटन किया।
- राष्ट्रपति श्री प्रणब मुखर्जी ने राष्ट्रपति भवन में आयोजित एक नागरिक प्रतिष्ठापन समारोह में पद्म विभूषण, पद्म भूषण और पद्मश्री पुरस्कार प्रदान किए।

अप्रैल–2017

- पेट्रोलियम एवं प्राकृतिक गैस राज्यमंत्री (स्वतंत्र प्रभार) श्री धर्मेंद्र प्रधान ने भुवनेश्वर से देशभर में बीएस–चतुर्थ ग्रेड परिवहन ईंधन भेजे जाने की औपचारिक शुरुआत की।

- प्रधानमंत्री श्री नरेन्द्र मोदी ने जम्मू-कश्मीर में देश की सबसे लंबी राजमार्ग सुरंग— चेनानी-नाशरी राष्ट्र को समर्पित की।
- राष्ट्रपति श्री प्रणब मुखर्जी ने राष्ट्रपति भवन में आयोजित रक्षा प्रतिष्ठापन समारोह में वीरता पुरस्कार और विशिष्ट सेवा पदक प्रदान किए।
- राष्ट्रपति श्री प्रणब मुखर्जी ने नई दिल्ली में पहले 'निमकेयर' विश्व स्वास्थ्य दिवस शिखर सम्मेलन 2017 का उद्‌घाटन किया।
- भारत वर्ल्ड इकोनॉमिक फोरम की यात्रा एवं पर्यटन प्रतिस्पर्धात्मक सूची में 52वें स्थान से 12 पायदान आगे बढ़कर 40वें स्थान पर पहुंचा।
- प्रधानमंत्री श्री नरेन्द्र मोदी ने देश के राष्ट्रीय अभिलेखागार में चंपारण सत्याग्रह की 100वीं वर्षगांठ के अवसर पर 'बापू को कार्यांजलि 'स्वच्छागृह' एक मिशन, एक प्रदर्शनी' का उद्‌घाटन किया।
- 2016-17 के दौरान प्रधानमंत्री मुद्रा योजना (पीएमएमवाई) के अंतर्गत दिया जाने वाला ऋण 1,80,000 करोड़ रुपये के लक्ष्य से पार पहुंचा।
- राष्ट्रपति श्री प्रणब मुखर्जी ने बंगलुरु के डॉ.बी.आर. अंबेडकर स्कूल ऑफ इकोनॉमिक्स का शिलान्यास किया।
- भारत ने एंटीमाइक्रोबियल रेजिस्टेंस से जूझने के लिए राष्ट्रीय कार्ययोजना विकसित की।
- राष्ट्रपति श्री प्रणब मुखर्जी ने सेवा क्षेत्र उद्योग की वैश्विक प्रदर्शनी (जीईएस-2017) के तीसरे संस्करण का उद्‌घाटन किया।

मई-2017

- सड़क यातायात और राजमार्ग मंत्री श्री नितिन गडकरी ने नई दिल्ली में तीन दिवसीय इंडिया इंटिग्रेटेड ट्रांसपोर्ट एंड लॉजिस्टिक्स समिट (आईआईटीएलएस) का उद्‌घाटन किया।
- भारतीय अंतरिक्ष अनुसंधान संगठन (इसरो) ने साउथ एशिया सेटेलाइट-जीसेट-09 को सफलतापूर्वक लॉन्च किया।
- आर्थिक मामलों की कैबिनेट समिति ने असम में भारतीय कृषि अनुसंधान संस्थान (आईएआरआई) की स्थापना को मंजूरी दी।
- ऊर्जा, कोयला, नवीन एवं नवीकरणीय ऊर्जा एवं खान मंत्री श्री पीयूष गोयल ने ऊर्जा क्षेत्र के उपभोक्ताओं के लिए कोल इंडिया लि. (सीआईएल) द्वारा इन-हाउस विकसित सरल ईंधन वितरण एप्लिकेशन (एसईवीए) की शुरुआत की।
- आर्थिक मामलों की कैबिनेट समिति ने 2017-18 के चीनी उत्पाद के लिए गन्ने के उचित एवं लाभकारी मूल्य (एफआरपी) को 255 रुपये प्रति क्विंटल निर्धारित करने को मंजूरी दी।
- तेलुगू के वरिष्ठ फिल्म निर्देशक कासीनादुनी विश्वनाथ को 64वें राष्ट्रीय फिल्म पुरस्कार समारोह में दादासाहेब फाल्के पुरस्कार से सम्मानित किया गया।

जून-2017

- सड़क परिवहन एवं राजमार्ग तथा जहाजरानी मंत्री श्री नितिन गडकरी ने आईएनएएम-प्रो प्लस का लोकार्पण किया। आईएनएएम-प्रो प्लस आईएनएएम-प्रो का उन्नत संस्करण है। यह वेब पोर्टल राष्ट्रीय राजमार्ग और अवसंरचना विकास निगम लिमिटेड (एनएचआईडीसीएल) द्वारा डिजाइन किया गया है।
- भारत के हेवी लिफ्ट लॉन्च वेहिकल जीएसएलवी एमके-तृतीय की पहली डेवलपमेंटल फ्लाइट (जीएसएलवी एमकेतृतीय-डी1) को सफलतापूर्वक संपन्न किया गया।
- उत्तर-पूर्व क्षेत्र विकास राज्य मंत्री (स्वतंत्र प्रभार), प्रधानमंत्री कार्यालय, कार्मिक, लोक शिकायत, पेंशन्स, परमाणु ऊर्जा और अंतरिक्ष प्रौद्योगिकी विभाग राज्य मंत्री डॉ. जीतेंद्र सिंह ने पूर्वोत्तर के लिए इंफाल (मणिपुर) में 'हिल एरिया डेवलपमेंट प्रोग्राम' की शुरुआत की।
- सहकारी संघवाद के एजेंडा को आगे बढ़ाते हुए, नीति आयोग ने राज्य सरकारों के साथ 'सस्टेनेबल एक्शन फॉर ट्रांसफॉर्मिंग कैपिटल' (एसएटीएच) कार्यक्रम की शुरुआत की।
- स्वास्थ्य एवं परिवार कल्याण मंत्रालय ने डायरिया के कारण होने वाली बाल मृत्युदर में कमी लाने के लिए 'इंटेंसिफाइड डायरिया कंट्रोल फोर्टनाइट' (आईडीसीएफ) की शुरुआत की।
- 2016-17 के दौरान, मूल्य एवं मात्रा के अनुसार भारत के मसाला निर्यात दर में रिकॉर्ड 12 प्रतिशत की वृद्धि दर्ज की गई।
- विज्ञान एवं प्रौद्योगिकी मंत्री डॉ. हर्षवर्धन ने विज्ञान एवं प्रौद्योगिकी मंत्रालय के विज्ञान एवं प्रौद्योगिकी विभाग द्वारा 'सेलिब्रेटिंग योगा' नामक मोबाइल एप का लोकार्पण किया।
- श्री रामनाथ कोविंद भारत के 14वें राष्ट्रपति चुने गए।
- श्रीहरिकोटा के सतीश धवन अंतरिक्ष केंद्र से इसरो के ध्रुवीय उपग्रह प्रक्षेपण यान पीएसएलवी-सी38 के जरिए 712 किग्रा वजन के कार्टोसेट-2 सीरीज के सेटेलाइट के साथ-साथ 30 को-पैसेंजर सेटेलाइट भी लॉन्च किए गए।

जुलाई-2017

- गुड्स एंड सर्विसेज टैक्स (जीएसटी) की शुरुआत।
- विद्यार्थी-वैज्ञानिक संपर्क कार्यक्रम 'जिज्ञासा' की शुरुआत।
- केंद्रीय मंत्रिमंडल ने वाराणसी के राष्ट्रीय बीज अनुसंधान एवं प्रशिक्षण केंद्र (एनएसआरटीसी) के कैंपस में अंतरराष्ट्रीय चावल अनुसंधान संस्थान (आईआरआरआई) और दक्षिण एशिया प्रादेशिक केंद्र (आईएसएआरसी) की स्थापना को मंजूरी दी।
- केंद्रीय मंत्रिमंडल ने सेंट्रल गुड्स एंड सर्विसेज टैक्स (जम्मू एवं कश्मीर विस्तारण) अध्यादेश, 2017 को पूर्वव्यापी मंजूरी और अध्यादेश के स्थान पर सेंट्रल गुड्स एंड सर्विसेज टैक्स (संशोधन) विधेयक, 2017 लाने का आदेश दिया।
- आर्थिक मामलों की कैबिनेट समिति ने सामाजिक-आर्थिक एवं जातीय गणना 2011 (एसईसीसी 2011) की लागत में संशोधन के ग्रामीण विकास विभाग के प्रस्ताव को स्वीकृति दी।

अगस्त–2017

- भारत सरकार/गुजरात सरकार एवं एआईआईबी के बीच गुजरात ग्रामीण सड़क परियोजना हेतु एशियन इंफ्रास्ट्रक्चर निवेश बैंक (एआईआईबी) के लिए 329 मिलियन अमरीकी डॉलर्स के ऋण एवं परियोजना समझौतों पर हस्ताक्षर किए गए।
- केंद्रीय मंत्रिमंडल ने माध्यमिक एवं उच्चतर शिक्षा के लिए, सार्वजनिक खातों में रद्द न होने वाले कोष को मंजूरी दी। 'माध्यमिक एवं उच्च शिक्षा उपकर' से संबंधित सभी खर्चे 'माध्यमिक एवं उच्च शिक्षा कोष' (एमयूएसके) में जाएंगे।
- केंद्रीय मंत्रिमंडल ने नई मेट्रो रेल नीति को मंजूरी दी।
- मध्य हिंद महासागर बेसिन (सीआईओबी) में समुद्र तल से पॉलिमेटालिक नोड्यूल्स खोजने के भारत के विशिष्ट अधिकारों में पांच वर्षों की वृद्धि हुई।
- केंद्रीय गृह मंत्री ने क्रिमिनल ट्रेकिंग नेटवर्क एंड सिस्टम्स (सीसीटीएनएस) परियोजना के अंतर्गत डिजिटल पुलिस पोर्टल का लोकार्पण किया।
- आर्थिक मामलों की कैबिनेट समिति ने 2016–20 के लिए एसएएमपीएडीए (स्कीम फॉर एग्रो-मैरीन प्रोसेसिंग एंड डेवलपमेंट ऑफ एग्रो-प्रोसेसिंग क्लस्टर्स) का नाम बदल कर 'प्रधानमंत्री किसान संपदा योजना' (पीएमकेएसवाई) करने को मंजूरी दी।

सितंबर–2017

- भारत के राष्ट्रपति श्री रामनाथ कोविंद ने राजकोट में 'सौराष्ट्र नर्मदा अवतरण इरिगेशन योजना' (एसएयूएनआई) के द्वितीय चरण का शिलान्यास किया।
- केंद्रीय मंत्रिमंडल ने संसद में पेमेंट ऑफ ग्रेच्युटी (संशोधन) विधेयक, 2017 लाने को मंजूरी प्रदान की।
- केंद्रीय मंत्रिमंडल ने डेंटिस्ट्स (संशोधन) विधेयक, 2017 लाने को मंजूरी प्रदान की।
- केंद्रीय मंत्रिमंडल ने 2017–18 से 2019–20 के लिए 'खेलो इंडिया प्रोग्राम' के पुनर्निर्माण हेतु 1,756 करोड़ रुपये की राशि को मंजूरी दी।
- विद्युत सेवा प्राप्ति की इच्छा रखने वाले सभी ग्रामीण एवं शहरी घरों में बिजली पहुंचाने के लिए प्रधानमंत्री श्री नरेन्द्र मोदी ने प्रधानमंत्री सहज बिजली हर घर योजना 'सौभाग्य' की शुरुआत की।
- श्री वैंकेया नायडू ने देश के 13वें उप-राष्ट्रपति के तौर पर शपथ ली।
- प्रधानमंत्री श्री नरेन्द्र मोदी एवं जापान के प्रधानमंत्री शिजों आबे ने मिलकर मुंबई से अहमदाबाद के बीच भारत की पहली हाई-स्पीड रेल परियोजना की आधारशिला रखी।
- 15 सितंबर, 2017 से समूचे देश ने, एक बार फिर 15 दिनों से अधिक की अवधि के लिए स्वच्छता अभियान को अपनाया। इस अभियान ने स्वच्छ भारत अभियान की बतौर जनांदोलन अभूतपूर्व सफलता को फिर से साबित किया।
- केंद्रीय गृह मंत्री श्री राजनाथ सिंह ने बाल श्रम पर राष्ट्रीय सम्मेलन के दौरान प्लेटफॉर्म फॉर इफेक्टिव एन्फोर्समेंट फॉर नो चाइल्ड लेबर (पीईएनसीआईएल) पोर्टल की शुरुआत की।

- नर्मदा महोत्सव के समापन समारोह में प्रधानमंत्री ने सरदार सरोवर डैम राष्ट्र को समर्पित किया; साथ ही साधु सरदार वल्लभ भाई पटेल को समर्पित निर्माणाधीन स्टैचू ऑफ यूनिटी के निर्माण स्थल पर भी गए।
- केंद्रीय मंत्रिमंडल ने 2017-18 से 2019-20 के लिए 'मॉडर्नाइजेशन ऑफ पुलिस फोर्सेज' (एमपीएफ) नामक समग्र योजना को मंजूरी दी।
- श्रीमती निर्मला सीतारमन ने देश के रक्षामंत्री का कार्यभार संभाला। श्रीमति इंदिरा गांधी के बाद वह इस पद को संभालने वाली दूसरी महिला बनीं।

अक्टूबर-2017

- प्रधानमंत्री ने इन्टेंसिफाइड मिशन इंद्रधनुष (आईएमआई) की शुरुआत की।
- केंद्रीय गृह मंत्री श्री राजनाथ सिंह ने पहले चार दिवसीय 'बिम्स्टेक डिजास्टर मैनेजमेंट एक्सरसाइज-2017' (बिम्स्टेक डीएमएक्स-2017) का उद्घाटन किया।
- आर्थिक मामलों की कैबिनेट समिति ने 6,655 करोड़ रुपये की दो नई विश्व बैंक योजनाओं को मंजूरी दी। ये योजनाएं स्किल्स एक्विजिशन एंड नॉलेज अवेयरनेस फॉर लाइवलिहुड प्रोमोशन (संकल्प) और स्किल स्ट्रेंथेनिंग फॉर इंडस्ट्रियल वेल्यु एन्हेंसमेंट (स्ट्राइव) हैं।
- रक्षा मंत्री श्रीमती निर्मला सीतारमन ने प्रोजेक्ट 28 (कमोर्ता क्लास) के अंतर्गत निर्मित आईएनएस किल्तान (पी30), तीसरे एंटी-सबमरीन वारफेयर (एएसडब्ल्यू) स्टेल्थ कोरवेट्स को औपचारिक तौर पर भारतीय नौसेना में शामिल किया।
- केंद्रीय सूची में अन्य पिछड़ा वर्ग के अंतर्गत उप-श्रेणियों की जांच करने के लिए सरकार ने धारा 340 के तहत आयोग गठित किया।
- ऊर्जा और कपड़ा मंत्रालय एक नई पहल 'साथी' एसएएटीएचआई (सस्टेनेबल एंड एक्सिलरेटेड अडॉप्शन ऑफ एफिशियंट टेक्सटाइल टेक्नोलॉजीस टू हेल्प स्माल इंडस्ट्रीज) के अंतर्गत सहयोग करने हेतु साथ आए।
- 'एक भारत, श्रेष्ठ भारत' के विचार को मजबूती प्रदान करने के लिए पर्यटन मंत्रालय और अन्य केंद्रीय मंत्रालयों, राज्य सरकारें एवं अन्य भागीदारों ने 5 से 25 अक्टूबर , 2017 तक 'पर्यटन पर्व' का आयोजन किया।
- भारत ने 2017 की पुरुषों की एशिया कप हॉकी प्रतियोगिता जीती।
- विश्व बैंक ने 2018 की डूइंग बिजनेस (डीबी) रिपोर्ट जारी की। डूइंग बिजनेस टीम द्वारा आकलित 190 देशों की सूची में भारत 2017 की रिपोर्ट के अपने 130वें स्थान से 30 पायदान ऊपर उठकर 100वें स्थान पर पहुंच गया है।

नवंबर 2017

- आर्थिक मामलों की कैबिनेट समिति ने सार्वजनिक क्षेत्र की तेल मार्केटिंग कंपनियों को आपूर्ति के लिए इथेनॉल ब्लेंडेट पेट्रोल (ईबीपी) प्रोग्राम के अंतर्गत इथेनॉल की कीमत में संशोधन को मंजूरी दी।

- रक्षा अनुसंधान एवं विकास संगठन (डीआरडीओ) ने विभिन्न स्थानों पर तैनात की जा सकने वाली, पूर्णतया स्वदेश निर्मित लांग रेंज सब-सोनिक क्रूज मिसाइल 'निर्भय' की टेस्ट उड़ान का सफलतापूर्वक परीक्षण किया।
- हिमाचल प्रदेश में नई विधानसभा के चुनाव के लिए मतदान कराया गया।
- केंद्रीय मंत्रिमंडल ने भारतीय समिति पंजीकरण कानून 1860 के तहत् पंजीकृत समिति के रूप में राष्ट्रीय परीक्षण एजेंसी के गठन को मंजूरी दी। इसे उच्च शिक्षा संस्थानों के लिए प्रवेश परीक्षा आयोजित करने के वास्ते एक स्वायत्त और आत्मनिर्भर अग्रणी परीक्षण संगठन के रूप में मंजूरी दी गई।
- केंद्रीय मंत्रिमंडल ने जीएसटी के तहत राष्ट्रीय मुनाफाखोरी रोधी प्राधिकरण की स्थापना को मंजूरी दी।
- स्वच्छ भारत मिशन ने विश्व शौचालय दिवस मनाया।
- कपड़ा और सूचना एवं प्रसारण मंत्री ने गोवा में 48वें भारतीय अंतरराष्ट्रीय फिल्म समारोह का उद्घाटन किया।
- प्रधानमंत्री ने साइबर स्पेस पर वैश्विक सम्मेलन का उद्घाटन किया।
- वैश्विक उद्यमशीलता शिखर सम्मेलन हैदराबाद में आयोजित किया गया।
- लेखा महानियंत्रक ने केंद्रीय पेंशन लेखा कार्यालय (www.cpao.nic.in) के उन्नत संस्करण की शुरुआत की।

दिसंबर 2017

- केंद्रीय मंत्रिमंडल ने पोषण संबंधी मुद्दों की निगरानी, निरीक्षण और मार्गदर्शन के लिए राष्ट्रीय पोषण मिशन की स्थापना को मंजूरी दी।
- आयुष और स्वास्थ्य पर पहले अंतरराष्ट्रीय सम्मेलन और प्रदर्शनी का आयोजन किया गया।
- गुजरात में नई विधानसभा के चुनाव के लिए मतदान कराया गया।
- 15वें वित्त आयोग की पहली बैठक आयोजित की गई।
- श्री विजय रूपाणी ने गुजरात के 14वें और श्री जयराम ठाकुर ने हिमाचल प्रदेश के 13वें मुख्यमंत्री के रूप में शपथ ली।
- बैंक खाते, बीमा इत्यादि के लिए पैन को आधार नंबर से जोड़ने की समय सीमा 31 मार्च, 2018 तक बढ़ाई गई।

32 सामान्य सूचना

वरीयता तालिका[1]

राष्ट्रपति द्वारा अनुमोदित व्यक्तियों की रैंक और वरीयता क्रम इस प्रकार है:

1. राष्ट्रपति
2. उप-राष्ट्रपति
3. प्रधानमंत्री
4. अपने-अपने राज्यों में राज्यों के राज्यपाल
5. पूर्व राष्ट्रपति

5क. उप-प्रधानमंत्री

6. भारत के प्रधान न्यायाधीश
   लोकसभा अध्यक्ष
7. केंद्र के कैबिनेट मंत्री
   राज्यों के मुख्यमंत्री (अपने राज्य में)
   उपाध्यक्ष, नीति आयोग
   पूर्व प्रधानमंत्री
   राज्यसभा एवं लोकसभा में विपक्ष के नेता

7क. भारत-रत्न से अलंकृत/सम्मानित

8. भारत में मान्यता प्राप्त अन्य देशों के असाधारण (विशेष) तथा पूर्णाधिकारी राजदूत तथा
   राष्ट्रमंडल देशों के उच्चायुक्त
   राज्यों के मुख्यमंत्री (अपने-अपने राज्यों के बाहर)
   राज्यों के राज्यपाल (अपने-अपने राज्यों के बाहर)
9. उच्चतम न्यायालय के न्यायाधीश

9क. संघ लोक सेवा आयोग के अध्यक्ष
   मुख्य निर्वाचन आयुक्त
   भारत के नियंत्रक एवं महालेखा-परीक्षक

10. राज्यसभा के उप-सभापति
   राज्यों के उप-मुख्यमंत्री
   लोकसभा उपाध्यक्ष

---

1. स्रोत: *http://mha.nic.in/sites/upload_files/mha files/table_of_precedence.pdf*

नीति आयोग के सदस्य
केंद्र के राज्यमंत्री (और रक्षा मंत्रालय में रक्षा मामलों के लिए कोई अन्य मंत्री)

11. भारत के महान्यायवादी
मंत्रिमंडल सचिव
अपने-अपने केंद्रशासित प्रदेशों में उप-राज्यपाल

12. पूर्ण जनरल या समकक्ष रैंक के सेनाध्यक्ष

13. भारत में मान्यता प्राप्त विदेश के असाधारण दूत तथा पूर्णाधिकारी मंत्री

14. राज्य विधायिकाओं के सभापति और अध्यक्ष (अपने-अपने राज्यों में)
अपने क्षेत्राधिकार में उच्च न्यायालयों के मुख्य न्यायाधीश

15. अपने-अपने राज्यों के कैबिनेट मंत्री
अपने-अपने केंद्रशासित प्रदेशों में मुख्यमंत्री और दिल्ली के मुख्य कार्यकारी पार्षद,

(क) केंद्र के उपमंत्री

16. लेफ्टिनेंट जनरल या समकक्ष रैंक के स्थापन्न सेनाध्यक्ष

17. केंद्रीय प्रशासनिक अधिकरण के अध्यक्ष
राष्ट्रीय अल्पसंख्यक आयोग के अध्यक्ष
अनुसूचित जाति आयोग के अध्यक्ष
अनुसूचित जनजाति आयोग के अध्यक्ष
अपने-अपने क्षेत्राधिकार के बाहर उच्च न्यायालयों के मुख्य न्यायाधीश
अपने क्षेत्राधिकार में उच्च न्यायालयों के उत्तरवर्ती न्यायाधीश

18. अपने-अपने राज्यों से बाहर राज्यों के कैबिनेट मंत्री
अपने-अपने राज्यों से बाहर राज्य विधानमंडलों के सभापति और अध्यक्ष
एकाधिकार एवं प्रतिबंधक व्यापार कार्यकलाप आयोग के अध्यक्ष
अपने-अपने राज्यों में राज्य विधानमंडलों के उप-सभापति और उपाध्यक्ष
अपने-अपने राज्यों में राज्यों के राज्यमंत्री
अपने-अपने केंद्रशासित प्रदेशों में मंत्री और दिल्ली के कार्यकारी पार्षद,
अपने-अपने केंद्रशासित प्रदेशों की विधानसभाओं के अध्यक्ष तथा दिल्ली महानगर परिषद के अध्यक्ष

19. अपने-अपने केंद्रशासित प्रदेशों में मंत्रिपरिषद रहित केंद्रशासित प्रदेशों के मुख्य आयुक्त
अपने-अपने राज्यों में राज्यों के उपमंत्री
अपने-अपने केंद्रशासित प्रदेशों में वहां की विधानसभाओं के उपाध्यक्ष और दिल्ली महानगर परिषद के उपसभापति

20. अपने-अपने राज्यों से बाहर राज्य विधानमंडलों के उप-सभापति और उपाध्यक्ष
अपने-अपने राज्यों से बाहर राज्यों के राज्यमंत्री
अपने-अपने क्षेत्राधिकार से बाहर उच्च न्यायालयों के उत्तरवर्ती न्यायाधीश

21. संसद सदस्य

22. अपने-अपने राज्यों से बाहर राज्यों के उप-मंत्री

23. सेना कमांडर/थल सेना उपाध्यक्ष या अन्य सेवाओं में समकक्ष पदाधिकारी
अपने-अपने राज्यों में राज्य सरकारों के मुख्य सचिव
भाषाई अल्पसंख्यक आयुक्त
अनुसूचित जाति एवं अनुसूचित जनजाति आयुक्त
अल्पसंख्यक आयोग के सदस्य
राष्ट्रीय अनुसूचित जाति एवं अनुसूचित जनजाति आयोग के सदस्य
पूर्ण जनरल रैंक तथा समकक्ष रैंक के अधिकारी
भारत सरकार के सचिव (इस पद को पदेन रूप में धारण करने वाले अधिकारियों सहित)
अल्पसंख्यक आयोग के सचिव
अनुसूचित जाति और जनजाति आयोग के सचिव
राष्ट्रपति के सचिव
प्रधानमंत्री के सचिव
राज्यसभा/लोकसभा के सचिव
सॉलिसिटर जनरल
केंद्रीय प्रशासनिक अधिकरण के उपाध्यक्ष

24. लेफ्टिनेंट जनरल या समकक्ष रैंक के अधिकारी

25. भारत सरकार के अपर सचिव
अपर सॉलिसिटर जनरल
राज्यों के महाधिवक्ता
प्रशुल्क आयोग (टैरिफ कमीशन) के अध्यक्ष
प्रभारी राजदूत तथा अंतरिम कार्यवाहक उच्चायुक्त
अपने-अपने केंद्रशासित प्रदेशों से बाहर के मुख्यमंत्री और दिल्ली के मुख्य कार्यकारी पार्षद
अपने-अपने राज्य से बाहर राज्यों के मुख्य सचिव
उप-नियंत्रक एवं महालेखा परीक्षक अपने-अपने केंद्रशासित प्रदेशों से बाहर केंद्रशासित प्रदेशों की विधानसभाओं के उपाध्यक्ष तथा दिल्ली महानगर परिषद के उपसभापति
निदेशक, केंद्रीय अन्वेषण ब्यूरो
महानिदेशक, सीमा सुरक्षा बल
महानिदेशक, केंद्रीय रिज़र्व पुलिस बल
निदेशक, गुप्तचर ब्यूरो
अपने-अपने केंद्रशासित प्रदेशों से बाहर उप-राज्यपाल
केंद्रीय प्रशासनिक अधिकरण के सदस्य
एकाधिकार एवं प्रतिबंधित व्यापार कार्यकलाप आयोग के सदस्य
संघ लोकसेवा आयोग के सदस्य
अपने-अपने केंद्रशासित प्रदेशों से बाहर केंद्रशासित प्रदेशों के मंत्री और दिल्ली के कार्यकारी पार्षद
मेजर जनरल तथा समकक्ष रैंक के सशस्त्र बलों के प्रमुख स्टाफ अधिकारी
अपने-अपने केंद्रशासित प्रदेशों से बाहर केंद्रशासित प्रदेशों की विधानसभाओं के सभापति और दिल्ली महानगर परिषद के अध्यक्ष

26. भारत सरकार के संयुक्त सचिव और समकक्ष स्तर के अधिकारी
मेजर जनरल और समकक्ष रैंक के अधिकारी

नोट

नोट-1: वरीयता सूची केवल राजकीय और रस्मी समारोहों के लिए है और इसका दैनिक सरकारी कार्य से कोई संबंध नहीं है।

नोट-2: वरीयता सूची में उल्लिखित व्यक्ति अपने क्रम के अनुसार स्थान ग्रहण करेंगे। एक ही क्रम में वर्णित प्रविष्टियां वर्णमाला क्रम के अनुसार दी गई हैं। एक ही क्रम में जोड़े गए नामों के वरीयता क्रम उसमें की गई प्रविष्टि की तारीख के अनुसार होंगे। यद्यपि एक ही क्रम में शामिल विभिन्न राज्यों और केंद्रशासित प्रदेशों के गणमान्य व्यक्ति, अपने राज्य तथा केंद्रशासित प्रदेशों से बाहर किसी समारोह में उपस्थित हैं तथा उनकी प्रविष्टि की तारीख सुनिश्चित करना कठिन है तो उनको उक्त क्रम में प्रविष्टि की तारीख के अनुसार वरीयता क्रम निर्धारित किए जा चुके व्यक्तियों के बाद संबंधित राज्यों तथा केंद्रशासित प्रदेशों के नामों के वर्णमाला क्रम के अनुसार वरीयता क्रम दिया जा सकता है।

नोट-3: क्रम 7 में पूर्व प्रधानमंत्रियों का वरीयता क्रम केंद्र के कैबिनेट मंत्रियों तथा लोकसभा और राज्यसभा में विरोधी दल के नेताओं से पहले होगा। अपने-अपने राज्यों में राज्यों के मुख्यमंत्रियों का वरीयता क्रम संबंधित राज्यों में आयोजित सरकारी समारोहों में केंद्र के कैबिनेट मंत्रियों से पहले होगा।

नोट-4: क्रम 8 में :

(क) असाधारण राजदूतों और पूर्णाधिकारी राजदूतों तथा भारत में मान्यताप्राप्त राष्ट्रमंडल देशों के उच्चायुक्तों का अग्रता क्रम सामूहिक रूप से अपने-अपने राज्यों के बाहर राज्यों के राज्यपालों से ऊपर होगा।

(ख) अपने-अपने राज्यों से बाहर के राज्यपाल सामूहिक रूप से अग्रता क्रम में अपने-अपने राज्यों से बाहर के मुख्यमंत्रियों से ऊपर होंगे।

नोट-5: विदेश मंत्रालय दूसरे देशों के गणमान्य व्यक्तियों और भारतीय राजदूतों/उच्चायुक्तों तथा पूर्णाधिकारी मंत्रियों की भारत यात्रा के दौरान उन्हें समुचित रैंक प्रदान कर सकता है।

नोट-6: नोट-2 में निर्धारित प्रक्रिया के बावजूद क्रम 10 में वर्णित व्यक्तियों का पारस्परिक अग्रता-क्रम निम्नलिखित होगा:-

(1) उप-सभापति, राज्यसभा

(2) उपाध्यक्ष, लोकसभा

(3) रक्षा मामलों को देखने वाले रक्षा मंत्रालय में केंद्र के राज्य मंत्री तथा कोई अन्य मंत्री

(4) राज्यों के उप-मुख्यमंत्री तथा

(5) नीति आयोग के सदस्य।

यद्यपि अपने-अपने राज्यों से बाहर राज्यों के उप-मुख्यमंत्रियों का अग्रता-क्रम हमेशा इस क्रम में वर्णित अन्य सभी गणमान्य व्यक्तियों के रैंक से नीचे होगा।

नोट-7: एक ही दिन निर्वाचित होने की स्थिति में राज्यों की विधान परिषद के सभापतियों का अग्रता-क्रम विधानसभाओं के अध्यक्षों से ऊपर होगा।

नोट-8: बड़े राजकीय समारोहों में समूह में संसद सदस्यों को आमंत्रित किए जाने की स्थिति में उनके लिए आरक्षित स्थान प्रधान न्यायाधीश, लोकसभा अध्यक्ष तथा राजदूतों के बाद होना चाहिए।

नोट-9: केंद्रशासित प्रदेशों की विधानसभाओं के अध्यक्ष तथा दिल्ली महानगर परिषद के सभापति का अग्रता-क्रम उसी क्रम में शामिल मंत्रियों तथा दिल्ली के कार्यकारी पार्षदों से पहले होगा।

नोट-10: क्रम संख्या 23 में :

(क) विदेश सचिव को छोड़कर विदेश मंत्रालय के सचिवों का पारस्परिक अग्रता-क्रम वही होगा जो भारतीय विदेश सेवा के ग्रेड-I में उनका वरिष्ठतम क्रम है तथा दोनों ही विदेश सचिव के बाद होगा।

(ख) अल्पसंख्यक आयोग और अनुसूचित जाति और अनुसूचित जनजाति आयोग के सदस्यों का अग्रता-क्रम हमेशा इन आयोगों के सचिवों से ऊपर होगा।

(ग) दिल्ली/नई दिल्ली में होने वाले सरकारी समारोहों में, सेना कमांडरों/थल सेना उपाध्यक्षों तथा अन्य सेवाओं में उनके समकक्ष अधिकारियों का अग्रता-क्रम हमेशा भारत सरकार के सचिवों के बाद होगा।

नोट-11: क्रम संख्या 25 में :

(क) विदेश मंत्रालय के अपर सचिवों का पारस्परिक अग्रता-क्रम वही होगा जो भारतीय विदेश सेवा के ग्रेड-II में उनका वरिष्ठतम क्रम है।

(ख) अपर सॉलिसिटर जनरल का अग्रता-क्रम राज्यों के महाधिवक्ताओं से ऊपर होगा।

(ग) उप-राज्यपालों का अग्रता-क्रम मुख्यमंत्रियों और दिल्ली के मुख्य कार्यकारी पार्षद से ऊपर होगा तथा मुख्यमंत्रियों और दिल्ली के मुख्य कार्यकारी पार्षद का अग्रता-क्रम विधानसभाओं के अध्यक्षों तथा दिल्ली महानगर परिषद के अध्यक्ष के पहले होगा।

(घ) केंद्रशासित प्रदेशों की विधानसभाओं के उपाध्यक्षों तथा दिल्ली महानगर परिषद के उप-सभापति का अग्रता-क्रम केंद्रशासित प्रदेशों के मंत्रियों और दिल्ली के कार्यकारी पार्षदों के बाद होगा।

नोट-12: क्रम संख्या 26 के प्रयोजनार्थ भारत सरकार के संयुक्त सचिवों के समकक्ष पदों के अग्रता-क्रम का निर्धारण गृह मंत्रालय द्वारा किया जाएगा।

भारत के राष्ट्रपति[2]

नाम	अवधि
डॉ. राजेंद्र प्रसाद (1884-1963)	26 जनवरी, 1950 — 13 मई, 1962
डॉ. सर्वपल्ली राधाकृष्णन (1888-1975)	13 मई, 1962 — 13 मई, 1967
डॉ. ज़ाकिर हुसैन (1897-1969)	13 मई, 1967 — 03 मई, 1969
वराहगिरि वेंकट गिरि (1894-1980)(कार्यवाहक)	03 मई, 1969 — 20 जुलाई, 1969
न्यायमूर्ति मुहम्मद हिदायतुल्लाह (1905-1992) (कार्यवाहक)	20 जुलाई, 1969 — 24 अगस्त, 1969
वराहगिरि वेंकट गिरि (1894-1980)	24 अगस्त, 1969 — 24 अगस्त, 1974
डॉ. फखरुद्दीन अली अहमद (1905-1977)	24 अगस्त, 1974 — 11 फरवरी, 1977
बी.डी. जत्ती (1912-2002) (कार्यवाहक)	11 फरवरी, 1977 — 25 जुलाई, 1977
नीलम संजीव रेड्डी (1913-1996)	25 जुलाई, 1977 — 25 जुलाई, 1982
ज्ञानी ज़ैल सिंह (1916-1994)	25 जुलाई, 1982 — 25 जुलाई, 1987
आर. वेंकटरामन (1910-2009)	25 जुलाई, 1987 — 25 जुलाई, 1992
डॉ. शंकर दयाल शर्मा (1918-1999)	25 जुलाई, 1992 — 25 जुलाई, 1997
के.आर. नारायणन (1920-2005)	25 जुलाई, 1997 — 25 जुलाई, 2002
डॉ. ए.पी.जे. अब्दुल कलाम (1931-2015)	25 जुलाई, 2002 — 25 जुलाई, 2007
श्रीमती प्रतिभा देवीसिंह पाटिल (जन्म 1934)	25 जुलाई, 2007 — 25 जुलाई, 2012
श्री प्रणब मुखर्जी (जन्म 1935)	25 जुलाई, 2012 — 25 जुलाई, 2017
श्री रामनाथ कोविंद (जन्म 1945)	25 जुलाई, 2017 से अब तक

भारत के उप-राष्ट्रपति[3]

नाम	अवधि
डॉ. सर्वपल्ली राधाकृष्णन (1888-1975)	13, मई, 1952 — 12 मई, 1962
डॉ. ज़ाकिर हुसैन (1897-1969)	13 मई, 1962 — 12 मई, 1967

2. स्रोत : भारत के राष्ट्रपति की वेबसाइट : http://presidentofindia.nic.in

3. स्रोत : भारत के उप-राष्ट्रपति की वेबसाइट : http://vicepresidentofindia.nic.in

वराहगिरि वेंकट गिरि (1894-1980)	13 मई, 1967 — 3 मई, 1969
गोपाल स्वरूप पाठक (1896-1982)	31 अगस्त, 1969 — 30 अगस्त, 1974
बी.डी. जत्ती (1912-2002)	31 अगस्त, 1974 — 30 अगस्त, 1979
न्यायमूर्ति मुहम्मद हिदायतुल्लाह (1905-1992)	31 अगस्त, 1979 — 30 अगस्त, 1984
आर. वेंकटरमन (1910-2009)	31 अगस्त, 1984 — 24 जुलाई, 1987
डॉ. शंकर दयाल शर्मा (1918-1999)	3 सितंबर, 1987 — 24 जुलाई, 1992
के.आर. नारायणन (1920-2005)	21 अगस्त, 1992 — 24 जुलाई, 1997
कृष्णकांत (1927-2002)	21 अगस्त, 1997 — 21 जुलाई, 2002
भैरों सिंह शेखावत (1923-2010)	19 अगस्त, 2002 — 21 जुलाई, 2007
श्री मोहम्मद हामिद अंसारी (जन्म 1937)	11 अगस्त, 2007 — 10 अगस्त, 2017
श्री एम. वेंकैया नायडू (जन्म 1949)	11 अगस्त, 2017 से अब तक

भारत के प्रधानमंत्री[4]

नाम	अवधि
पं. जवाहरलाल नेहरू (1889-1964)	15 अगस्त, 1947 — 27 मई, 1964
गुलज़ारी लाल नंदा (1898-1998) (कार्यवाहक)	27 मई, 1964 — 09 जून, 1964
लाल बहादुर शास्त्री (1904-1966)	9 जून, 1964 — 11 जनवरी, 1966
गुलज़ारी लाल नंदा (1898-1998) (कार्यवाहक)	11 जनवरी, 1966 — 24 जनवरी, 1966
इंदिरा गांधी (1917-1984)	24 जनवरी, 1966 — 24 मार्च, 1977
मोरारजी देसाई (1896-1995)	24 मार्च, 1977 — 28 जुलाई, 1979
चरण सिंह (1902-1987)	28 जुलाई, 1979 — 14 जनवरी, 1980
इंदिरा गांधी (1917-1984)	14 जनवरी, 1980 — 31 अक्टूबर, 1984
राजीव गांधी (1944-1991)	31 अक्तूबर, 1984 — 02 दिसंबर, 1989
विश्वनाथ प्रताप सिंह (1931-2008)	2 दिसंबर, 1989 — 10 नवंबर, 1990
चन्द्रशेखर (1927-2007)	10 नवंबर, 1990 — 21 जून, 1991
पी.वी. नरसिम्हा राव (1921-2004)	21 जून, 1991 — 16 मई, 1996
अटल बिहारी वाजपेयी (जन्म 1924)	16 मई, 1996 — 01 जून, 1996
एच.डी. देवेगौड़ा (जन्म 1933)	01 जून, 1996 — 21 अप्रैल, 1997
इंद्र कुमार गुजराल (जन्म 1919-2012)	21 अप्रैल, 1997 — 19 मार्च, 1998
अटल बिहारी वाजपेयी (जन्म 1924)	19 मार्च, 1998 — 22 मई, 2004
डॉ. मनमोहन सिंह (जन्म 1932)	22 मई, 2004 — 26 मई, 2014
नरेंद्र मोदी (जन्म 1950)	26 मई, 2014 से अब तक

4. स्रोत : प्रधानमंत्री कार्यालय की वेबसाइट : http://pmindia.nic.in

भारत के मुख्य न्यायाधीश[5]

नाम	अवधि
हरिलाल जे. कानिया	26 जनवरी, 1950 — 06 नवंबर, 1951
एम. पतंजलि शास्त्री	07 नवंबर, 1951 — 03 जनवरी, 1954
मेहर चंद महाजन	04 जनवरी, 1954 — 22 दिसंबर, 1954
बी.के. मुखर्जी	23 दिसंबर, 1954 — 31 जनवरी, 1956
एस.आर. दास	01 फरवरी, 1956 — 30 सितंबर, 1959
भुवनेश्वर प्रसाद सिन्हा	01 अक्तूबर, 1959 — 31 जनवरी, 1964
पी.बी. गजेंद्रगडकर	01 फरवरी, 1964 — 15 मार्च, 1966
ए.के. सरकार	16 मार्च, 1966 — 29 जून, 1966
के. सुब्बाराव	30 जून, 1966 — 11 अप्रैल, 1967
के.एन. वांचू	12 अप्रैल, 1967 — 24 फरवरी, 1968
एम. हिदायतुल्लाह	25 फरवरी, 1968 — 16 दिसंबर, 1970
जे.सी. शाह	17 दिसंबर, 1970 — 21 जनवरी, 1971
एस.एम. सीकरी	22 जनवरी, 1971 — 25 अप्रैल, 1973
ए.एन. रे	26 अप्रैल, 1973 — 28 जनवरी, 1977
एम.एच. बेग	29 जनवरी, 1977 — 21 फरवरी, 1978
वाई.वी. चंद्रचूड़	22 फरवरी, 1978 — 11 जुलाई, 1985
पी. एन. भगवती	12 जुलाई, 1985 — 20 दिसंबर, 1986
आर. एस. पाठक	21 दिसंबर, 1986 — 18 जून, 1989
ई.एस. वेंकटरमैया	19 जून, 1989 — 17 दिसंबर, 1989
एस. मुखर्जी	18 दिसंबर, 1989 — 25 सितंबर, 1990
रंगनाथ मिश्र	25 सितंबर, 1990 — 24 नवंबर, 1991
के.एन. सिंह	25 नवंबर, 1991 — 12 दिसंबर, 1991
एम.एच. कानिया	13 दिसंबर, 1991 — 17 नवंबर, 1992
एल.एम. शर्मा	18 नवंबर, 1992 — 11 फरवरी, 1993
एम.एन. वेंकटचलैया	12 फरवरी, 1993 — 24 अक्टूबर, 1994
ए.एम. अहमदी	25 अक्टूबर, 1994 — 24 मार्च, 1997
जे.एस. वर्मा	25 मार्च, 1997 — 17 जनवरी, 1998
एम.एम. पंछी	18 जनवरी, 1998 — 09 अक्टूबर, 1998
ए.एस. आनंद	10 अक्टूबर, 1998 — 31 अक्टूबर, 2001
एस.पी. भरूचा	01 नवंबर, 2001 — 05 मई, 2002
बी.एन. कृपाल	06 मई, 2002 — 07 नवंबर, 2002
जी.बी. पटनायक	08 नवंबर, 2002 — 18 दिसंबर, 2002
वी.एन. खरे	19 दिसंबर, 2002 — 01 मई, 2004

5. स्रोत : भारत के सर्वोच्च न्यायालय की वेबसाइट : http://supremecourtofindia.nic.in

एस. राजेन्द्र बाबू	02 मई, 2004 — 31 मई, 2004
आर.सी. लाहोटी	01 जून, 2004 — 31 अक्टूबर, 2005
वाई.के. सब्बरवाल	01 नवंबर, 2005 — 13 जनवरी, 2007
के.जी. बालाकृष्णनन	14 जनवरी, 2007 — 11 मई, 2010
एस.एच. कपाड़िया	12 मई, 2010 — 28 सितंबर, 2012
अल्तमश कबीर	29 सितंबर, 2012 — 18 जुलाई, 2013
पी. सदाशिवम	19 जुलाई, 2013 — 26 अप्रैल, 2014
आर.एम. लोढ़ा	27 अप्रैल, 2014 — 27 सितंबर, 2014
एच.एल. दत्तू	28 सितंबर, 2014 — 02 दिसंबर, 2015
टी. एस. ठाकुर	03 दिसंबर, 2015 — 03 जनवरी, 2017
जगदीश सिंह खेहर	04 जनवरी, 2017 — 27 अगस्त, 2017
दीपक मिश्रा	28 अगस्त, 2017 से अब तक

भारत के मुख्य निर्वाचन आयुक्त[6]

नाम	अवधि
सुकुमार सेन	21 मार्च, 1950 — 19 दिसंबर, 1958
के.वी.के. सुंदरम	20 दिसंबर, 1958 — 30 सितंबर, 1967
एस.पी. सेन वर्मा	01 अक्टूबर, 1967 — 30 सितंबर, 1972
डॉ. नगेंद्र सिंह	01 अक्टूबर, 1972 — 06 फरवरी, 1973
टी. स्वामीनाथन	07 फरवरी, 1973 — 17 जून, 1977
एस.एल. शकधर	18 जून, 1977 — 17 जून, 1982
आर.के. त्रिवेदी	18 जून, 1982 — 31 दिसंबर, 1985
आर.वी.एस. पेरी सास्त्री	01 जनवरी, 1986 — 25 नवंबर, 1990
श्रीमती वी.एस. रमादेवी	26 नवंबर, 1990 — 11 दिसंबर, 1990
टी.एन. शेषन	12 दिसंबर, 1990 — 11 दिसंबर, 1996
एम.एस. गिल	12 दिसंबर, 1996 — 13 जून, 2001
जे.एम. लिंगदोह	14 जून, 2001 — 07 फरवरी, 2004
टी.एस. कृष्णामूर्ति	08 फरवरी, 2004 — 15 मई, 2005
बी.बी. टंडन	16 मई, 2005 — 29 जून, 2006
एन. गोपालस्वामी	30 जून, 2006 — 20 अप्रैल, 2009
नवीन बी. चावला	21 अप्रैल, 2009 — 29 जुलाई, 2010
एस.वाई. कुरैशी	30 जुलाई, 2010 — 10 जून, 2012
वी.एस. संपत	11 जून, 2012 — 15 जनवरी, 2015
एच.एस. ब्रह्मा	16 जनवरी, 2015 — 18 अप्रैल, 2015
नसीम ज़ैदी	19 अप्रैल, 2015 — 05 जुलाई, 2017
अचल कुमार जोती	06 जुलाई, 2017 से अब तक

6. स्रोत : भारतीय चुनाव आयोग की वेबसाइट : http://eci.nic.in

कैबिनेट सचिव[7]

कैबिनेट सचिव	अवधि		
श्री एन.आर. पिल्लै	06 फरवरी, 1950	—	13 मई, 1953
श्री वाई.एन. सूक्तांकर	14 मई, 1953	—	31 जुलाई, 1957
श्री एम.के. वेल्लोडी	01 अगस्त, 1957	—	04 जून, 1958
श्री विष्णु सहाय	01 जुलाई, 1958	—	10 नवंबर, 1960
श्री बी.एन. झा	10 नवंबर, 1960	—	08 मार्च, 1961
श्री विष्णु सहाय	09 मार्च, 1961	—	15 अप्रैल, 1962
श्री एस.एस. खेड़ा	15 अप्रैल, 1962	—	18 नवंबर, 1964
श्री धर्म वीरा	18 नवंबर, 1964	—	27 जून, 1966
श्री डी.एस. जोशी	27 जून, 1966	—	31 दिसंबर, 1968
श्री बी. सिवरामन	01 जनवरी, 1969	—	30 नवंबर, 1970
श्री टी. स्वामीनाथन	01 दिसंबर, 1970	—	02 नवंबर, 1972
श्री बी.डी. पांडे	02 नवंबर, 1972	—	31 मार्च, 1977
श्री एन.के. मुखर्जी	31 मार्च, 1977	—	31 मार्च, 1980
श्री एस.एस. ग्रेवाल	02 अप्रैल, 1980	—	30 अप्रैल, 1981
श्री सी.आर. कृष्णास्वामी राव	30 अप्रैल, 1981	—	08 फरवरी, 1985
श्री पी.के.कौल	08 फरवरी, 1985	—	22 अगस्त, 1986
श्री बी.जी. देशमुख	23 अगस्त, 1986	—	27 मार्च, 1989
श्री टी.एन. शेषन	27 मार्च, 1989	—	23 दिसंबर, 1989
श्री वी.सी. पांडे	23 दिसंबर, 1989	—	11 दिसंबर, 1990
श्री नरेश चंद्रा	11 दिसंबर, 1990	—	31 जुलाई, 1992
श्री एस. राजगोपाल	01 अगस्त, 1992	—	31 जुलाई, 1993
श्री ज़फर सैफुल्ला	31 जुलाई, 1993	—	31 जुलाई, 1994
श्री सुरेंद्र सिंह	01 अगस्त, 1994	—	31 जुलाई, 1996
श्री टी.एस.आर. सुब्रह्मण्यन	01 अगस्त, 1996	—	31 मार्च, 1998
श्री प्रभात कुमार	01 अप्रैल, 1998	—	31 अक्टूबर, 2000
श्री टी.आर. प्रसाद	01 नवंबर, 2000	—	31 अक्टूबर, 2002
श्री कमल पांडे	01 नवंबर, 2002	—	14 जून, 2004
श्री बी.के. चतुर्वेदी	14 जून, 2004	—	13 जून, 2007
श्री के.एम. चंद्रशेखर	14 जून, 2007	—	13 जून, 2011
श्री अजीत कुमार सेठ	14 जून, 2011	—	13 जून, 2015
श्री प्रदीप कुमार सिन्हा	13 जून, 2015 से अब तक		

7. स्रोत : कैबिनेट सचिवालय की वेबसाइट : http://cabsec.nic.in

संघ लोक सेवा आयोग के अध्यक्ष[8]

नाम	अवधि		
सर रॉस बार्कर	अक्टूबर 1926	—	अगस्त 1932
सर डेविड पेट्री	अगस्त 1932	—	1936
सर आयरे गोर्डन	1937	—	1942
सर एफ.डब्ल्यू. रॉबर्टसन	1942	—	1947
श्री एच.के. कृपलानी	01 अप्रैल, 1947	—	13 जनवरी, 1949
श्री आर.एन. बनर्जी	14 जनवरी, 1949	—	09 मई, 1955
श्री एन. गोविंदराजन	10 मई, 1955	—	09 दिसंबर, 1955
श्री वी.एस. हेजमाड़ी	10 दिसंबर, 1955	—	09 दिसंबर, 1961
श्री बी.एन. झा	11 दिसंबर, 1961	—	22 फरवरी, 1967
श्री के.आर. दामले	18 अप्रैल, 1967	—	02 मार्च, 1971
श्री आर.सी.एस. सरकार	11 मई, 1971	—	01 फरवरी, 1973
डॉ. ए.आर. किदवई	05 फरवरी, 1973	—	04 फरवरी, 1979
डॉ. एम.एल. शहारे	16 फरवरी, 1979	—	16 फरवरी, 1985
श्री एच.के.एल. कपूर	18 फरवरी, 1985	—	05 मार्च, 1990
श्री जे.पी. गुप्ता	05 मार्च, 1990	—	02 जून, 1992
श्रीमती आर.एम. बाथ्यू (खरबुली)	23 सितंबर, 1992	—	23 अगस्त, 1996
श्री एस.जे.एस. छतवाल	23 अगस्त, 1996	—	30 सितंबर, 1996
श्री जे.एम. कुरैशी	30 सितंबर, 1996	—	11 दिसंबर, 1998
लेफ्टिनेंट जनरल सुरिंदर नाथ (सेनानिवृत)	11 दिसंबर, 1998	—	25 जून, 2002
श्री पी.सी. होता	25 जून, 2002	—	08 सितंबर, 2003
श्री माता प्रसाद	08 सितंबर, 2003	—	04 जनवरी, 2005
डॉ. एस.आर. हाशिम	04 जनवरी, 2005	—	01 अप्रैल, 2006
श्री गुरबचन जगत	01 अप्रैल, 2006	—	30 जून, 2007
श्री सुबीर दत्ता	30 जून, 2007	—	16 अगस्त, 2008
प्रो. डी.पी. अग्रवाल	16 अगस्त, 2008	—	16 अगस्त, 2014
श्रीमती रजनी राजदान	16 अगस्त, 2014	—	22 नवंबर, 2014
श्री दीपक गुप्ता	22 नवंबर, 2014	—	20 सितंबर, 2016
श्रीमती अल्का सिरोही	20 सितंबर, 2016	—	03 जनवरी, 2017
प्रो. डेविड आर. सिमलिएह	4 जनवरी, 2017 से अब तक		

8. स्रोत: यूपीएससी की वार्षिक रिपोर्ट 2009-10, परिशिष्ट-44

नागरिक सम्मान

भारत रत्न देश का सबसे बड़ा नागरिक सम्मान है। यह किसी भी क्षेत्र में असाधारण मानवीय सेवा/कार्यों के लिए दिया जाता है। 1954 में इसकी शुरुआत के बाद आज तक भारत रत्न 45 लोगों को दिया जा चुका है। वर्ष 2015 में देश के राष्ट्रपति ने पंडित मदन मोहन मालवीय (मरणोपरांत) और श्री अटल बिहारी वाजपेयी को भारत रत्न से सम्मानित किया गया था।

भारत रत्न से सम्मानित व्यक्ति

क्रम संख्या	नाम	पुरस्कार का वर्ष
1.	श्री चक्रवर्ती राजगोपालाचारी (1878-1972)	1954
2.	डॉ. सर्वपल्ली राधाकृष्णन (1888-1975)	1954
3.	डॉ. चंद्रशेखर वेंकटरमन (1888-1970)	1954
4.	डॉ. भगवान दास (1869-1958)	1955
5.	डॉ. मोक्षागुंडम विस्वेश्वरैया (1861-1962)	1955
6.	पं. जवाहरलाल नेहरू (1889-1964)	1955
7.	पं. गोविंद बल्लभ पंत (1887-1961)	1957
8.	डॉ. धोंडो केशव कर्वे (1858-1962)	1958
9.	डॉ. बिधानचंद्र रॉय (1882-1962)	1961
10.	श्री पुरुषोत्तम दास टंडन (1882-1962)	1961
11.	डॉ. राजेंद्र प्रसाद (1884-1963)	1962
12.	डॉ. ज़ाकिर हुसैन (1897-1969)	1963
13.	डॉ. पांडुरंग वामन काणे (1880-1972)	1963
14.	श्री लाल बहादुर शास्त्री (मरणोपरांत) (1904-1966)	1966
15.	श्रीमती इंदिरा गांधी (1917-1984)	1971
16.	श्री वराहगिरि वेंकट गिरि (1894-1980)	1975
17.	श्री कुमारास्वामी कामराज (मरणोपरांत) (1903-1975)	1976
18.	मदर मेरी टेरेसा बोजाक्सहियू (मदर टेरेसा) (1910-1997)	1980
19.	आचार्य विनोबा भावे (मरणोपरांत) (1895-1982)	1983
20.	खान अब्दुल गफ़्फ़ार खान (1890-1988)	1987
21.	श्री मरुदुर गोपालन रामचंद्रन (मरणोपरांत) (1917-1987)	1988
22.	डॉ. भीमराव रामजी अंबेडकर (मरणोपरांत) (1891-1956)	1990
23.	डॉ. नेल्सन रोलिहलाहला मंडेला (1918-2013)	1990
24.	श्री राजीव गांधी (मरणोपरांत) (1944-1991)	1991
25.	सरदार वल्लभभाई पटेल (मरणोपरांत) (1875-1950)	1991
26.	श्री मोरारजी रणछोड़जी देसाई (1896-1995)	1991

27.	मौलाना अबुल कलाम आज़ाद (मरणोपरांत) (1888-1958)	1992
28.	श्री जहांगीर रतनजी दादाभाई टाटा (1904-1993)	1992
29.	श्री सत्यजित राय (मरणोपरांत) (1921-1992)	1992
30.	श्री गुलजारी लाल नंदा (मरणोपरांत) (1898-1998)	1997
31.	श्रीमती अरुणा आसफ अली (मरणोपरांत) (1909-1996)	1997
32.	डॉ. ए.पी.जे. अब्दुल कलाम (1931-2015)	1997
33.	श्रीमती मदुरई शनमुखवादिवु सुब्बालक्ष्मी (1916-2005)	1998
34.	श्री चिदंबरम सुब्रमण्यम (1910-2000)	1998
35.	लोकनायक जयप्रकाश नारायण (मरणोपरांत) (1902-1979)	1999
36.	प्रोफेसर अमर्त्य सेन (जन्म 1933)	1999
37.	लोकप्रिय गोपीनाथ बारदोलोई (मरणोपरांत) (1890-1950)	1999
38.	पंडित रविशंकर (1920-2012)	1999
39.	सुश्री लता दीनानाथ मंगेशकर (जन्म 1929)	2001
40.	उस्ताद बिस्मिल्लाह खां (1916-2006)	2001
41.	पं. भीमसेन गुरुराज जोशी (1922-2011)	2009
42.	प्रो. सी.एन.आर. राव (जन्म 1934)	2014
43.	श्री सचिन रमेश तेंदुलकर (जन्म 1973)	2014
44.	पं. मदन मोहन मालवीय (मरणोपरांत) (1861-1946)	2015
45.	अटल बिहारी वाजपेयी (जन्म 1924)	2015

गणतंत्र दिवस, 2017 को घोषित पद्म पुरस्कार

पद्म पुरस्कार

पद्म पुरस्कार देश के सबसे बड़े नागरिक पुरस्कारों में से हैं। पद्म पुरस्कारों की तीन श्रेणियां हैं— 'पद्म विभूषण', 'पद्म भूषण' और 'पद्म श्री'। यह पुरस्कार कला, साहित्य एवं शिक्षा, विज्ञान एवं अभियांत्रिकी, खेल, चिकित्सा आदि क्षेत्रों के लिए दिए जाते हैं। प्रति वर्ष गणतंत्र दिवस की पूर्व संध्या पर पद्म पुरस्कारों की घोषणा होती है। वर्ष 2017 में, भारत के राष्ट्रपति ने 88 पद्म पुरस्कार प्रदान किए जिनकी सूची नीचे दी गई है। सूची में 7 पद्म विभूषण, 7 पद्म भूषण और 74 पद्म श्री विजेताओं के नाम हैं। सम्मानितों में 19 महिलाएं हैं और सूची में 10 व्यक्ति विदेशी, प्रवासी भारतीय और मरणोपरांत विजेता भी है।

पद्म विभूषण से सम्मानित

श्री के.जे. येसुदास
सद्गुरु जग्गी वासुदेव
श्री शरद पवार
श्री मुरली मनोहर जोशी
प्रोफेसर उदिपि रामचन्द्र राव
स्व. सुन्दर लाल पटवा (मरणोपरांत)
स्व. पी.ए. संगमा (मरणोपरांत)

पद्म भूषण से सम्मानित

श्री विश्व मोहन भट्ट
प्रो. (डॉ.) देवी प्रसाद द्विवेदी
श्री टेहेमटन उडवाडिया
श्री रत्न सुन्दर महाराज
स्वामी निरंजन नंदा सरस्वती
एच.आर.एच. राजकुमारी महाचकरी सिरिन्धोर्न (विदेशी)
स्व. चो. रामास्वामी (मरणोपरांत)

पद्म श्री से सम्मानित

श्रीमती बसंती बिष्ट
श्री चेमनचेरी कुन्हीरामन नायर
श्रीमती अरुणा मोहंती
श्रीमती भारती विष्णुवर्द्धन
श्री साधु मेहर
श्री टी. के. मूर्ति
श्री लेशराम बीरेंद्र कुमार सिंह
श्री कृष्णा राम चौधरी
श्रीमती बाओआ देवी
श्री तिलक गिताई
डॉ. प्रो. एक्का यादगिरि राव
श्री जीतेंद्र हरिपाल
श्री कैलाश खेर
श्रीमती परस्साला बी. पोन्नामल
श्रीमती सीकरी बोम्मागौड़ा
श्री मुकुन्द नायक
श्री पुरुषोत्तम उपाध्याय
श्रीमती अनुराधा पौडवाल
श्री वरेप्पा नाबा निल
श्री त्रिपुरानेनि हनुमान चौधरी
श्री टी.के. विश्वनाथन
श्री कंवल सिबल
श्री बिरखा बहादुर लिम्बू मुरिंगला
श्रीमती एली अहमद
डॉ. नरेन्द्र कोहली

प्रो. जी. वेंकटासुब्बैया
श्री अक्किधम अच्युतन नम्बूदिरि
श्री काशीनाथ पंडिता
श्री चामू कृष्णा शास्त्री
श्री हरिहर कृपालु त्रिपाठी
श्री मिचेल डानिनो
श्री पूनम सूरी
श्री वी.जी. पटेल
श्रीमती वी. कोटेश्वरम्मा
श्री बलबीर दत्त
श्रीमती भावना सोमाया
श्री विष्णु पांड्या
डॉ. सुब्रोतो दास
डॉ. (श्रीमती) भक्ति यादव
डॉ. मोहम्मद अब्दुल वहीद
डॉ. मदन माधव गोडबोले
डॉ. देवेन्द्र दयाभाई पटेल
प्रो. हरकिशन सिंह
डॉ. मुकुट मिंज
श्री अरुण कुमार शर्मा
श्री संजीव कपूर
श्रीमती मीनाक्षी अम्मा
श्री गेनाभाई दरगाभाई पटेल
श्री चन्द्रकांत पिथावा
प्रो. अजय कुमार रे
श्री चिंताकिंडी मल्लेशम
श्री जीतेन्द्र नाथ गोस्वामी
श्री दरिपल्ली रमैया
श्री गिरिश भारद्वाज
श्री करीमुल हक
श्री बिपिन गनात्रा
श्रीमती निवेदिता रघुनाथ भिडे
श्री अप्पासाहेब धर्माधिकारी
बाबा बलबीर सिंह सीचेवाल
श्री विराट कोहली

श्री शेखर नाईक
श्री विकास गौडा
श्रीमती दीपा मलिक
श्री मरियप्पन थांगावेलु
श्रीमती दीपा कर्माकर
श्री पी.आर. श्रीजेश
श्रीमती साक्षी मलिक
श्री मोहन रेड्डी वेंकटरामा बोडानापु
श्रीमती इमरत खान (एनआरआई/पीआईओ)
श्री अनंत अग्रवाल (एनआरआई/पीआईओ)
श्री एच.आर. शाह (एनआरआई/पीआईओ)
स्व. (श्रीमती) सुनीति सोलोमन (मरणोपरांत)
श्री अशोक कुमार भट्टाचार्य (मरणोपरांत)
डॉ. मापुस्कर (मरणोपरांत)
श्रीमती अनुराधा कोईराला (विदेशी)

जीवन रक्षक पदक पुरस्कारों की श्रेणी

जीवन रक्षा पदक शृंखला पुरस्कार

जीवन रक्षा पदक शृंखला पुरस्कार भारी खतरे की परिस्थितियों में हिम्मत और तत्परता दिखाकर, बचाने वाले द्वारा अपने जीवन या शारीरिक चोट की परवाह न करते हुए मानवीय आधार पर किए गए बचाव कार्यों के लिए दिए जाते हैं। किसी व्यक्ति को डूबने, आग में जलने, खान में फंसने से बचाने आदि जैसे संकटों से बचाने वालों को इन पुरस्कारों से सम्मानित किया जाता है। जीवन रक्षा पदक की तीन श्रेणियां हैं, जिनमें सर्वोत्तम रक्षा पदक, उत्तम जीवन रक्षा पदक और जीवन रक्षा पदक आते हैं। जीवन रक्षा पदकों के लिए राज्य सरकारों/केंद्रशासित प्रदेशों के प्रशासनों एवं केंद्र सरकार के मंत्रालयों/विभागों से संस्तुतियां प्राप्त की जाती हैं। पुरस्कार समिति की सिफारिशों के आधार पर राष्ट्रपति ने 2016 के लिए 5 व्यक्तियों को सर्वोत्तम जीवन रक्षा पदक, 8 व्यक्तियों को उत्तम रक्षा पदक और 23 व्यक्तियों को जीवन रक्षा पदक प्रदान किए।

सर्वोत्तम जीवन रक्षा पदक (5)

1.	श्रीमती रोलुआहपुई (मरणोपरांत)	मिज़ोरम
2.	श्री शिशिर कुमार यादवन्नावर (मरणोपरांत)	कर्नाटक
3.	श्री वेदमित्र चौधरी (मरणोपरांत)	उत्तर प्रदेश
4.	श्री राकेश कुमार सी.एन. (मरणोपरांत)	कर्नाटक
5.	श्री सुरेश एन.बी. (मरणोपरांत)	केरल

स्रोत: वेबसाइट: www.mha.nic.in & padmaawards.gov.in

उत्तम जीवन रक्षा पदक (8)

1.	श्री मृगेश नारायण बरूआ	असम
2.	डॉ. सी. गोपाकुमार (मरणोपरांत)	केरल
3.	श्री गोविंद लक्ष्मण टुपे	महाराष्ट्र
4.	श्री चर्चिल	मिज़ोरम
5.	श्रीमती रोलुआहपुई	मिज़ोरम
6.	श्री बीर बजरंगबली पाण्डे	पश्चिम बंगाल
7.	मास्टर मौरिस येंगखोम	मणिपुर
8.	मास्टर शिवांश सिंह (मरणोपरांत)	उत्तर प्रदेश

जीवन रक्षा पदक (23)

1.	श्री यशवंत कुमार पिस्दा	छत्तीसगढ़
2.	श्री दारा सिंह	हरियाणा
3.	श्री दिनेश कुमार	हिमाचल प्रदेश
4.	श्री रतीशन नाम्बोलन	केरल
5.	मास्टर आनंद कृष्णन ए.	केरल
6.	मास्टर अखिल के. शिबू	केरल
7.	श्री तेजेश बृजलाल सोनवाने	महाराष्ट्र
8.	श्री मनोज सुधाकरराव बरहाटे	महाराष्ट्र
9.	श्री इजाक लालरिंछना	मिज़ोरम
10.	श्री लाल मोहन मोहंता	ओडिशा
11.	कुमारी नाज़िया	उत्तर प्रदेश
12.	श्री पंकज कुमार पांडे	तमिलनाडु
13.	श्री अनूप मिश्रा	उत्तर प्रदेश
14.	श्री कपिल कुमार शिशोदिया	उत्तर प्रदेश
15.	श्री नीलकंठ रमेश हरिकांत्रा	महाराष्ट्र
16.	श्री मनोहर महतो	पश्चिम बंगाल
17.	श्री बालेन राजबोंगशी	पश्चिम बंगाल
18.	श्री धर्मेन्द्र कुमार यादव	पश्चिम बंगाल
19.	मास्टर कमलेश प्रधान	छत्तीसगढ़
20.	कुमारी एंजेलिका टिनसांग	मेघालय
21.	मास्टर साई कृष्णा अखिल किलाम्बी	तेलंगाना
22.	श्री त्सेवाना थिनलय लचुंगपा	सिक्किम
23.	श्री अल्ताफ अहमद खान	जम्मू एवं कश्मीर

साहित्य अकादमी पुरस्कार 2016

भाषा	शीर्षक एवं विधा	लेखक
असमिया	मेघमालार भ्रमण (कविता)	ज्ञान पुजारी
बांग्ला	महाभारतेर अष्टदशल (निबंध)	नृसिंह प्रसाद भादुड़ी
बोडो	अंग मबोरोई डोंग दासोंग (कविता)	अंजु (अंजलि नरजरी)
डोगरी	चेता (लघु कथाएं)	छत्रपाल
अंग्रेजी	एम एंड दि बिग हूम (उपन्यास)	जेरी पिन्टो
गुजराती	अनेकेक (कविता)	कमल वोरा
हिंदी	पारिजात (उपन्यास)	नासिरा शर्मा
कन्नड़	स्वतंत्रयादा ओटा (उपन्यास)	बोलुवारू मोहम्मद कुन्ही
कश्मीरी	आने खाने (समालोचना)	अजीज़ हाजिनी
कोंकणी	काले भांगर (उपन्यास)	एडविन जे.एफ. डिसूजा
मैथिली	बड़की काकी एट हॉटमेल डॉट कॉम (लघु कथाएं)	श्याम दरिहरे
मलयालम	श्यामामाधवम (कविता)	प्रभा वर्मा
मणिपुरी	चेष्थारबा इशिंगपुन (लघु कथाएं)	मोइरंगथेम रोजन
मराठी	आलोक (लघु कथाएं)	आसाराम लोमाटे
नेपाली	जन्मभूमि मेरो स्वदेश (उपन्यास)	गीता उपाध्याय
उड़िया	प्राप्ति (लघु कथाएं)	परमिता सतपथी
पंजाबी	मस्या दी रात (नाटक)	स्वराजबीर
राजस्थानी	मर्दजात अर दुजी कहानियां (लघु कथाएं)	बुलाकी शर्मा
संस्कृत	काव्यनिर्झरी (कविता)	सीतानाथ आचार्य
संताली	नल्हा (कविता)	गोविंद चन्द्र माझी
सिंधी	आखर कथा (कविता)	नंद जावेरी
तमिल	ओरू सिरू इसाई (लघु कथाएं)	वन्नाधासन
तेलुगू	रजनीगंधा (कविता)	पपिनेनी शिवशंकर
उर्दू	मबाद-ए-जदिदियात से नए अहद की तख्लिकीयत तक (समालोचना)	निज़ाम सिद्दिकी

नोबेल पुरस्कार विजेता

कैलाश सत्यार्थी (जन्म 1954): कैलाश सत्यार्थी को बच्चों और युवाओं के दमन के विरुद्ध तथा सभी बच्चों की शिक्षा के अधिकार की लड़ाई के लिए 2014 का नोबल शांति पुरस्कार दिया गया। उनका जन्म मध्य प्रदेश के विदिशा में हुआ। उन्होंने इलेक्ट्रिकल इंजीनियरिंग में डिग्री तथा हाई वोल्टेज इंजीनियरिंग में स्नातकोत्तर डिग्री प्राप्त की। 1980 में इलेक्ट्रिकल इंजीनियरिंग के करियर को तिलांजलि देते हुए उन्होंने 'बचपन बचाओ' आंदोलन की शुरुआत की। उन्होंने बाल श्रम के खिलाफ अंतरराष्ट्रीय

आंदोलन का नेतृत्व भी किया। यह सभी बच्चों के अधिकारों के संरक्षण और प्रोत्साहन के लिए एकजुटता का विश्वस्तरीय अभियान था।

वेंकटरामन रामकृष्णन (जन्म 1952): वेंकटरामन रामकृष्णन को 2009 में रसायन विज्ञान के नोबेल पुरस्कार से सम्मानित किया गया। इन्हें यह पुरस्कार कोशिका के अंदर प्रोटीन का निर्माण करने वाले राइबोसोम की कार्यप्रणाली व संरचना के उत्कृष्ट अध्ययन के लिए दिया गया है। वेंकटरामन तमिलनाडु के चिदंबरम में पैदा हुए थे। उन्होंने 1971 में बड़ौदा के एम.एस. विश्वविद्यालय से भौतिकी में स्नातक तक की पढ़ाई पूरी की। उन्हें ओहायो विश्वविद्यालय से 1971 में पीएचडी की डिग्री प्राप्त हुई। उनका झुकाव भौतिकी से जीव विज्ञान की ओर हुआ और उन्होंने 1976 से 1978 तक कैलिफोर्निया विश्वविद्यालय में जीव विज्ञान स्नातक विद्यार्थी के रूप में रोडोस्पीन नामक अणु का अध्ययन किया।

अमर्त्य सेन (जन्म 1933): प्रोफेसर अमर्त्य सेन को 1998 में अर्थशास्त्र में नोबेल पुरस्कार से सम्मानित किया गया था। वे यह सम्मान प्राप्त करने वाले पहले एशियाई हैं। शांति निकेतन में जन्मे यह अर्थशास्त्री लोक कल्याणकारी अर्थशास्त्र में पारंगत हैं। उन्होंने कल्याण और विकास के पक्षों पर कई पुस्तकें तथा शोध-पत्र लिखे हैं। एक अलग प्रकार के अर्थशास्त्री के रूप में वह मानवतावादी अर्थशास्त्री माने जाते हैं। उन्होंने भुखमरी, गरीबी, लोकतंत्र, लिंग और सामाजिक समस्याओं पर उत्कृष्ट लेखन से अपनी पहचान बनाई। पहले केनेथ ऐरो नाम के अर्थशास्त्री ने असंभाव्यता सिद्धांत का प्रतिपादन किया था और कहा था कि पूर्ण निजी विकल्पों को संपूर्ण समाज के लिए संतोषजनक पसंद बना पाना संभव नहीं है। प्रोफेसर सेन ने दिखाया कि गणितीय आधार पर समाज के कमज़ोर परिणामों को समाप्त करने के उपाय ढूंढ़े जा सकते हैं।

सुब्रह्मण्यन चंद्रशेखर (1910-1995): भारत में जन्मे खगोल भौतिकी विज्ञानी को 1983 में भौतिक शास्त्र के लिए नोबेल पुरस्कार से सम्मानित किया गया। चेन्नई के प्रेसीडेंसी कॉलेज में पढ़े सुब्रह्मण्यन चंद्रशेखर नोबेल पुरस्कार विजेता सर सी.वी. रमन के भतीजे थे। बाद में चंद्रशेखर अमरीका चले गए, जहां उन्होंने खगोल भौतिक शास्त्र तथा सौरमंडल से संबंधित विषयों पर अनेक पुस्तकें लिखीं। उन्होंने व्हाइट ड्वार्फ यानी श्वेत बौने नाम के नक्षत्रों के बारे में सिद्धांत का प्रतिपादन किया। इन नक्षत्रों के लिए उन्होंने जो सीमा निर्धारित की है, उसे चंद्रशेखर सीमा कहा जाता है। उनके सिद्धांत से ब्रह्मांड की उत्पत्ति के बारे में अनेक रहस्यों का पता चला।

मदर टेरेसा (1910-1997): मदर टेरेसा को 1979 में नोबेल शांति पुरस्कार मिला। मदर का जन्म अल्बानिया में स्कोपजे नामक स्थान पर हुआ था, जो अब यूगोस्लाविया में है। उनका बचपन का नाम एगनस गोंक्सहा बोजाक्सिऊ था। सन 1928 में वह डब्लिन में आयरलैंड की संस्था सिस्टर्स ऑफ लोरेटो में शामिल हुईं और मिशनरी बनकर 1929 में कोलकाता आ गईं। उन्होंने बेसहारा और बेघर लोगों के दुख दूर करने का महान व्रत लिया। निर्धनों और बीमारों की सेवा के लिए उन्होंने मिशनरीज ऑफ चैरिटी नाम की संस्था बनाई और भारतीय नागरिक बनकर कुष्ठ रोगियों, नशीले पदार्थों की लत के शिकार लोगों तथा दीन-दुखियों के लिए 'निर्मल हृदय' नाम की संस्था बनाई। यह संस्था उनकी गतिविधियों का केंद्र बनी। उन्होंने पूरी निष्ठा से न सिर्फ बेसहारा लोगों की नि:स्वार्थ सेवा की, बल्कि विश्व शांति के लिए भी प्रयास जारी रखे। उन्हीं की बदौलत भारत शांति के लिए अपने एक नागरिक द्वारा शांति के लिए पहला नोबेल प्राप्त करने का गौरव प्राप्त कर सका है।

हरगोबिंद खुराना (1922-2011): हरगोबिंद खुराना को चिकित्सा के क्षेत्र में अनुसंधान के लिए 1968 में नोबेल पुरस्कार दिया गया। भारतीय मूल के डॉ. खुराना का जन्म पंजाब में रायपुर (जो अब पाकिस्तान में है) में हुआ था। उन्होंने लिवरपूल विश्वविद्यालय से रसायन शास्त्र में डॉक्टरेट की डिग्री ली। सन 1960 में वह विस्कॉन्सिन विश्वविद्यालय में प्राध्यापक बने। उन्होंने अपनी खोज से आनुवांशिक कोड की व्याख्या की और प्रोटीन संश्लेषण में इसकी भूमिका का पता लगाया। इसके लिए उन्हें नोबेल पुरस्कार से सम्मानित किया गया।

चंद्रशेखर वेंकटरमन (1888-1970): भौतिक शास्त्र के लिए नोबेल पुरस्कार प्राप्त करने वाले पहले भारतीय डॉ. चंद्रशेखर वेंकटरमन थे। उन्हें 1930 में यह पुरस्कार प्राप्त हुआ। रमन का जन्म तमिलनाडु में तिरुचिरापल्ली के पास तिरुवाइक्कावल में हुआ था। उन्होंने चेन्नई के प्रेसीडेंसी कॉलेज में शिक्षा प्राप्त की। बाद में वह कोलकाता विश्वविद्यालय में भौतिक शास्त्र के प्रोफेसर बने। चंद्रशेखर वेंकटरमन ने अनेक पुरस्कार और सम्मान प्राप्त किए। उन्हें सर की उपाधि से भी सम्मानित किया गया और प्रकाशिकी के क्षेत्र में महत्वपूर्ण अनुसंधान के लिए नोबेल पुरस्कार मिला। उन्होंने अपने अनुसंधान में इस बात का पता लगाया कि किस तरह अपसरित प्रकाश में अन्य तरंग, लंबाई की किरणें भी मौजूद रहती हैं। उनकी खोज को रमन प्रभाव के नाम से भी जाना जाता है। सन 1928 में की गई इस खोज से पारदर्शी माध्यम से होकर गुज़रने वाली प्रकाश किरणों में आवृत्ति परिवर्तन की व्याख्या की गई है।

रवींद्रनाथ ठाकुर (1861-1941): रवींद्रनाथ ठाकुर, साहित्य के लिए नोबेल पुरस्कार पाने वाले पहले भारतीय थे। गुरुदेव के नाम से प्रसिद्ध रवींद्रनाथ ठाकुर का जन्म 7 मई, 1861 को कोलकाता में हुआ। उन्हें उनकी कविताओं की पुस्तक *गीतांजलि* के लिए 1913 का साहित्य का नोबेल पुरस्कार दिया गया। रवींद्रनाथ ठाकुर ने अनेक प्रेमगीत भी लिखे हैं। *गीतांजलि* और *साधना* उनकी महत्वपूर्ण कृतियां हैं। महान कवि, नाटककार और उपन्यासकार के रूप में प्रसिद्ध गुरुदेव ने भारत के राष्ट्र गान की भी रचना की। सन 1901 में उन्होंने शांति निकेतन की स्थापना की, जो बाद में विश्वभारती विश्वविद्यालय के नाम से प्रसिद्ध हुआ।

कमांडर इन चीफ

नाम	कार्यकाल
जनरल सर रॉब लोकार्ट	15 अगस्त, 1947 - 31 दिसंबर, 1947
जनरल सर रॉय बूचर	01 जनवरी, 1948 - 14 जनवरी, 1949
जनरल (फील्ड मार्शल) के.एम. करियप्पा	15 जनवरी, 1949 - 14 जनवरी, 1953
जनरल महाराज राजेंद्र सिंहजी	15 जनवरी, 1953 - 31 मार्च, 1955

थल सेनाध्यक्ष

नाम	कार्यकाल
जनरल महाराज राजेंद्र सिंहजी	15 जनवरी, 1953 - 14 मई, 1955
जनरल एस.एम. श्रीनागेश	15 मई, 1955 - 07 मई, 1957
जनरल के.एस. तिमैया	08 मई, 1957 - 07 मई, 1961
जनरल पी.एन. थापर	08 मई, 1961 - 19 नवंबर, 1962

जनरल जे.एन. चौधरी	20 नवंबर, 1962 - 07 जून, 1966
जनरल पी.पी. कुमारमंगलम	08 जून, 1966 - 07 जून, 1969
फील्ड मार्शल एस.एच.एफ.जे. मानेकशॉ	08 जून, 1969 - 15 जनवरी, 1973
जनरल जी.जी. बेवूर	16 जनवरी, 1973 - 31 मई, 1975
जनरल टी.एन. रैना	01 जून, 1975 - 31 मई, 1978
जनरल ओ.पी. मल्होत्रा	01 जून, 1978 - 31 मई, 1981
जनरल के.वी. कृष्णा राव	01 जून, 1981 - 31 जुलाई, 1983
जनरल ए.एस. वैद्य	01 अगस्त, 1983 - 31 जनवरी, 1985
जनरल के. सुंदरजी	01 फरवरी, 1985 - 31 मई, 1988
जनरल वी.एन. शर्मा	01 जून, 1988 - 30 जून, 1990
जनरल एस.एफ. रोड्रिग्स	01 जुलाई, 1990 - 30 जून, 1993
जनरल बी.सी. जोशी	01 जुलाई, 1993 - 19 नवंबर, 1994
जनरल एस. रायचौधरी	20 नवंबर, 1994 - 30 सितंबर, 1997
जनरल वी.पी. मलिक	01 अक्टूबर, 1997 - 30 सितंबर, 2000
जनरल एस. पद्मनाभन	01 अक्टूबर, 2000 - 30 सितंबर, 2002
जनरल एन.सी. विज	31 दिसंबर, 2002 - 31 जनवरी, 2005
जनरल जे.जे. सिंह	01 फरवरी, 2005 - 30 सितंबर, 2007
जनरल दीपक कपूर	30 सितंबर, 2007 - 30 मार्च, 2010
जनरल वी.के. सिंह	31 मार्च, 2010 - 31 मई, 2012
जनरल बिक्रम सिंह	01 जून, 2012 - 31 जुलाई, 2014
जनरल दलबीर सिंह	01 अगस्त, 2014 - 31 दिसंबर, 2016
जनरल बिपिन रावत	01 जनवरी, 2017 से अब तक

स्रोतः *www.indianarmy.nic.in*

नौसेना अध्यक्ष

नाम	कार्यकाल
रियर एडमिरल जे.टी.एस. हाल	15 अगस्त, 1947 - 14 अगस्त, 1948
एडमिरल सर एडवर्ड पैरी	14 अगस्त, 1948 - 13 अक्टूबर, 1951
एडमिरल सर मार्क पीजे	13 अक्टूबर, 1951 - 21 जुलाई, 1955
वाइस एडमिरल सर स्टीफन कार्लिल	21 जुलाई, 1955 - 21 अप्रैल, 1958
वाइस एडमिरल आर.डी. कटारी	22 अप्रैल, 1958 - 04 जून, 1962
वाइस एडमिरल बी.एस. सोमन	04 जून, 1962 - 03 मार्च, 1966
एडमिरल ए.के. चटर्जी	03 मार्च, 1966 - 27 फरवरी, 1970
एडमिरल एस.एम. नंदा	28 फरवरी, 1970 - 28 फरवरी, 1973
एडमिरल एस.एन. कोहली	28 फरवरी, 1973 - 28 फरवरी, 1976

एडमिरल जे.एल. करसेटजी	29 फरवरी, 1976 - 28 फरवरी, 1979
एडमिरल आर.एल. परेरा	28 फरवरी, 1979 - 28 फरवरी, 1982
एडमिरल ओ.एस. डॉसन	28 फरवरी, 1982 - 30 नवंबर, 1984
एडमिरल आर.एच. तहिलियानी	30 नवंबर, 1984 - 30 नवंबर, 1987
एडमिरल जे.जी. नादकर्णी	30 नवंबर, 1987 - 30 नवंबर, 1990
एडमिरल एल. रामदास	30 नवंबर, 1990 - 30 सितंबर, 1993
एडमिरल वी.एस. शेखावत	30 सितंबर, 1993 - 30 सितंबर, 1996
एडमिरल विष्णु भागवत	30 सितंबर, 1996 - 30 दिसंबर, 1998
एडमिरल सुशील कुमार	30 दिसंबर, 1998 - 29 दिसंबर, 2001
एडमिरल माधवेंद्र सिंह	29 दिसंबर, 2001 - 31 जुलाई, 2004
एडमिरल अरुण प्रकाश	31 जुलाई, 2004 - 30 अक्टूबर, 2006
एडमिरल सुरीश मेहता	31 अक्टूबर, 2006 - 31 अगस्त, 2009
एडमिरल निर्मल वर्मा	31 अगस्त, 2009 - 31 अगस्त, 2012
एडमिरल डी.के. जोशी	31 अगस्त, 2012 - 16 अप्रैल, 2014
एडमिरल रॉबिन के. धवन	17 अप्रैल, 2014 - 31 मई, 2016
एडमिरल सुनील लांबा	31 मई, 2016 से अब तक

स्रोत: *www.india.gov.in*

वायु सेना अध्यक्ष

नाम	कार्यकाल
एयर मार्शल सर थॉमस डब्ल्यू. एमहर्स्ट	15 अगस्त, 1947 - 21 फरवरी, 1950
एयर मार्शल सर रोनाल्ड आई. चैपमैन	22 फरवरी, 1950 - 09 दिसंबर, 1951
एयर मार्शल सर जेरल्ड ई. गिब्स	10 दिसंबर, 1951 - 31 मार्च, 1954
एयर मार्शल एस. मुखर्जी	01 अप्रैल, 1954 - 08 नवंबर, 1960
एयर मार्शल ए. एम. इंजीनियर	01 दिसंबर, 1960 - 31 जुलाई, 1964
एयर चीफ मार्शल अर्जन सिंह	01 अगस्त, 1964 - 15 जुलाई, 1969
एयर चीफ मार्शल पी.सी. लाल	16 जुलाई, 1969 - 15 जनवरी, 1973
एयर चीफ मार्शल ओ.पी. मेहरा	16 जनवरी, 1973 - 31 जनवरी, 1976
एयर चीफ मार्शल एच. मूलगांवकर	01 फरवरी, 1976 - 31 अगस्त, 1978
एयर चीफ मार्शल आई.एच. लतीफ	01 सितंबर, 1978 - 31 अगस्त, 1981
एयर चीफ मार्शल दिलबाग सिंह	01 सितंबर, 1981 - 3 सितंबर, 1984
एयर चीफ मार्शल एल.एम. कात्रे	04 सितंबर, 1984 - 01 जुलाई, 1985
एयर चीफ मार्शल डी.ए.ला फोंटेन	03 जुलाई, 1985 - 31 जुलाई, 1988
एयर चीफ मार्शल एस.के. मेहरा	01 अगस्त, 1988 - 31 जुलाई, 1991
एयर चीफ मार्शल एन.सी. सूरी	31 जुलाई, 1991 - 31 जुलाई, 1993

एयर चीफ मार्शल एस.के. कौल	01 अगस्त, 1993 - 31 दिसंबर, 1995
एयर चीफ मार्शल एस.के. सरीन	31 दिसंबर, 1995 - 31 दिसंबर, 1998
एयर चीफ मार्शल ए.वाई. टिपणीस	31 दिसंबर, 1998 - 31 दिसंबर, 2001
एयर चीफ मार्शल एस. कृष्णास्वामी	31 दिसंबर, 2001 - 31 दिसंबर, 2004
एयर चीफ मार्शल एस.पी. त्यागी	31 दिसंबर, 2004 - 31 मार्च, 2007
एयर चीफ मार्शल एफ.एच. मेजर	31 मार्च, 2007 - 31 मई, 2009
एयर चीफ मार्शल पी.वी. नाइक	31 मई, 2009 - 31 जुलाई, 2011
एयर चीफ मार्शल एन.ए.के. ब्राउन	31 जुलाई, 2011 - 31 दिसंबर, 2013
एयर चीफ मार्शल अरूप राहा	01 जनवरी, 2014 - 31 दिसंबर, 2016
एयर चीफ मार्शल बी.एस.धनोआ	01 जनवरी, 2017 से अब तक

स्रोत : www.indianairforce.nic.in

परमवीर चक्र विजेता

1. मेजर सोमनाथ शर्मा, कुमाऊं रेजीमेंट (मरणोपरांत), नवंबर 1947 (कश्मीर ऑपरेशन 1947-48)।
2. सेकेंड लेफ्टिनेंट आर.आर. राणे, कॉर्प्स ऑफ इंजीनियर्स, अप्रैल 1948 (कश्मीर ऑपरेशन 1947-48)।
3. कंपनी हवलदार मेजर पीरू सिंह, राजपूताना राइफल्स (मरणोपरांत), जुलाई 1948 (कश्मीर ऑपरेशन 1947-48)।
4. लांस नायक करम सिंह, सिख रेजीमेंट, अक्टूबर 1948 (कश्मीर ऑपरेशन 1947-48)।
5. नायक जदुनाथ सिंह राजपूत रेजीमेंट (मरणोपरांत), फरवरी 1948 (कश्मीर ऑपरेशन 1947-48)।
6. कैप्टन गुरबचन सिंह सलारिया, गोरखा राइफल्स (मरणोपरांत), दिसंबर 1961 (कांगो)।
7. मेजर धन सिंह थापा, गोरखा राइफल्स, अक्टूबर 1962 (लद्दाख)।
8. सूबेदार जोगिंदर सिंह, सिख रेजीमेंट (मरणोपरांत), अक्टूबर 1962 (नेफा)।
9. मेजर शैतान सिंह, कुमाऊं रेजीमेंट (मरणोपरांत), नवंबर 1962 (लद्दाख)।
10. कंपनी क्वार्टर मास्टर हवलदार अब्दुल हमीद, ग्रेनेडियर्स (मरणोपरांत), सितंबर 1965 (पाकिस्तान के खिलाफ ऑपरेशन के दौरान)।
11. लेफ्टिनेंट कर्नल ए.बी. तारापोर, पूना हॉर्स (मरणोपरांत), अक्टूबर 1965 (पाकिस्तान के खिलाफ ऑपरेशन के दौरान)।
12. फ्लांइग ऑफिसर निर्मलजीत सिंह सेखों, फ्लांइग पायलट (मरणोपरांत), दिसंबर 1971 (भारत-पाक युद्ध)।
13. मेजर होशियार सिंह, ग्रेनेडियर्स, दिसंबर 1971 (भारत-पाक युद्ध)।
14. सेकेंड लेफ्टिनेंट अरुण खेतरपाल, 17 पूना हॉर्स (मरणोपरांत), दिसंबर 1971 (भारत-पाक युद्ध)।
15. लांस नायक अल्बर्ट एक्का, ब्रिगेड ऑफ गार्ड्स (मरणोपरांत), दिसंबर 1971 (भारत-पाक युद्ध)।
16. नायब सूबेदार बाना सिंह, जे. एंड. के. लाइट इनफैंटरी, जून 1987 (सियाचीन ग्लेशियर ऑपरेशन)।
17. मेजर रामास्वामी परमेश्वरन, महार रेजीमेंट (मरणोपरांत), नवंबर 1987 (श्रीलंका में आईपीकेएफ ऑपरेशन)।

18. कैप्टन विक्रम बत्रा, 13 जे. एंड. के. राइफल्स (मरणोपरांत), जून 1999 (करगिल में ऑपरेशन विजय)।
19. लेफ्टिनेंट मनोज कुमार पांडेय, 11 गोरखा राइफल्स (मरणोपरांत), जुलाई 1999 (करगिल में ऑपरेशन विजय)।
20. राइफल मैन संजय कुमार, 13 जे. एंड. के. राइफल्स, जुलाई 1999 (करगिल में ऑपरेशन विजय)।
21. कमांडर योगेंद्र सिंह यादव, 18 ग्रेनेडियर्स, जुलाई 1999 (करगिल में ऑपरेशन विजय)।

वीरता पुरस्कार

गणतंत्र दिवस, 2017 के दौरान निम्न शौर्य पुरस्कारों की घोषणा की गई:

पुरस्कार	कुल	मरणोपरांत
कीर्ति चक्र	02	01
शौर्य चक्र	12	03
सेना मेडल/नौसेना मेडल/वायु सेना मेडल (वीरता)	03	–
सेना मेडल/नौसेना मेडल/वायु – सेना मेडल (वीरता)	97	–
विशिष्ट सम्मान		
परम विशिष्ट सेवा मेडल	29	–
उत्तम युद्ध सेवा मेडल	05	–
बार टू अति विशिष्ट सेवा मेडल	02	–
अति विशिष्ट सेवा मेडल	49	–
युद्ध सेवा मेडल	14	–
बार टू सेना मेडल/नौसेना मेडल/वायु सेना मेडल (कर्तव्य के प्रति समर्पण)	04	–
सेना मेडल/नौसेना मेडल/वायु सेना मेडल (कर्तव्य के प्रति समर्पण)	58	–
बार टू विशिष्ट सेवा मेडल	04	–
विशिष्ट सेवा मेडल	119	–

गणतंत्र दिवस, 2017 के अवसर पर निम्न शौर्य पुरस्कारों की घोषणा की गई:

पुरस्कार	कुल	मरणोपरांत
कीर्ति चक्र	05	03
शौर्य चक्र	17	06
सेना मेडल (वीरता)	85	10
नौ सेना मेडल (वीरता)	03	
वायु सेना मेडल (वीरता)	02	

स्रोत: *http//pib.nic.in*

देश के राष्ट्रीय राजमार्गों की राज्यवार सूची

क्र. सं.	राज्य/संघ शासित प्रदेश का नाम	राष्ट्रीय राजमार्ग संख्या	कुल लंबाई किलोमीटर में
1.	आंध्र प्रदेश	16जी.क्यू., 216, 216ए, 716, 26, 326, 326ए, 30, 40, 140, 42, 44एन.एस., 65, 165, 365बी.बी, 565, 67, 69, 71, 75, 340 765, 340सी, 516डी, 544डी, 167, 167बी, 167ए, 516ई, 544डी.डी., 544ई, 65 एवं 5-सभी नया नंबर	6,286
2.	अरुणाचल प्रदेश	13, 15, 115, 215, 315, 415, 515, 315ए, 113, 313, 2,537, 513, 713, 713ए - सभी नया नंबर	2,537
3.	असम	31, 31बी, 31सी, 36, 37, 37ए, 38, 39, 44, 51, 52, 52ए, 52बी, 53, 54, 61, 62, 117ए नया, 127बी नया, 127ई नया, 151, 152, 153, 154, 315ए नया, 127सी नया, 127डी नया, 208ए नया, 329 नया, 329ए नया, 427 नया, 627 नया, 702 नया, 702सी नया, 702डी नया, 715ए नया	3,845
4.	बिहार	2, 2सी, 19, 28, 28ए, 28बी, 30, 30ए, 31, 57, 57ए, 77, 80, 81, 82, 83, 84, 85, 98, 99, 101, 102, 103, 104, 105, 106, 107, 110, 120 नया, 122ए नया, 131ए नया, 133 नया, 133बी नया, 219 नया, 227ए नया, 327ए नया, 327 विस्तार नया, 333 नया, 333ए नया, 333बी नया, 527ए नया, 527सी नया, 727ए नया, 120 नया,	4,839
5.	चंडीगढ़	5 नया	15
6.	छत्तीसगढ़	6, 12ए, 16, 43, 45 विस्तार नया, 78, 111, 130ए नया, 130बी नया, 130सी नया, 130डी नया, 149बी नया, 163ए नया, 200, 202, 216, 217, 221, 343 नया, 930 नया	3,232
7.	दिल्ली	9, 19, 44, 48, 148ए, 248बी.बी - सभी नया नंबर	79
8.	गोवा	786, 66, 366, 566 - सभी नया नंबर	262
9.	गुजरात	एन.ई-1, 53 नया, 48 नया, 47 नया, 41 नया, 27 नया, 147 नया, 151 नया, 51 नया, 68 नया, 56 नया, 64 नया, 58 नया, 848 नया, 848ए नया, 848बी नया, 251 नया, 753बी नया, 341 नया, 351 नया, 953 नया, 927डी नया, 168ए नया, 168 नया	5,017
10.	हरियाणा	1, 2, 8, 10, 11 नया, 21ए, 22, 54 नया, 64, 65, 71, 71ए, 72, 73, 73ए, 71बी, 148बी नया, 236, 248ए नया, 254 नया, 334बी नया, 352ए, 444ए नया, 703 नया, 709 विस्तार नया, 709ए नया, एनई-II	2,641
11.	हिमाचल प्रदेश	1ए, 3 नया, 20, 20ए, 21, 21ए, 22, 70, 72, 72बी, 88, 73ए, 154ए नया, 305 नया, 503 नया, 503ए नया, 503 विस्तार नया, 505 नया, 505ए नया, 705 नया, 907ए नया	2,642
12.	जम्मू-कश्मीर	1ए, 1बी, 1सी, 1डी, 3 नया, 144 नया, 144ए नया, 301 नया, 444 नया, 501 नया, 701 नया, 244 नया	2,601
13.	झारखंड	2, 6, 23, 31, 32, 33, 43 नया, 75, 78, 80, 98, 99, 100, 114ए नया, 133 नया, 133ए नया, 133बी नया, 143ए नया, 220 नया, 333 नया, 333ए नया, 343 नया एवं 419 नया	2,661
14.	कर्नाटक	4, 4ए, 7, 9, 13, 17, 48, 50 नया, 63, 67, 67 नया, 150 नया, 150 विस्तार नया, 150ए नया, 160 नया, 161ए नया, 166ई नया, 167 नया, 169ए नया, 173 नया, 206, 207, 209, 212, 218, 234, 275 नया, 367 नया, 544डी.डी. नया, 544ई नया, 548बी नया, 561ए नया, 752के नया, 766सी नया	6,791
15.	केरल	66, 85, 183, 185, 544, 744, 766, 966, 183ए, 966ए, 966बी - सभी नया नंबर	1,782
16.	मध्य प्रदेश	3, 7, 12, 12ए, 25, 26, 26ए, 26बी, 27, 34 नया, 43 विस्तार नया, 45 विस्तार नया, 56 नया, 59, 59ए, 69, 69ए, 75, 76, 78, 86, 92, 135बी नया, 146बी नया, 161जी नया, 339बी नया, 346 नया, 347ए नया, 347बी नया, 347सी नया, 543 नया, 548सी नया, 552 विस्तार नया, 752बी नया, 752सी नया, 752जी नया, 753एबी नया, 927ए नया, 943 नया	7,854
17.	महाराष्ट्र	3, 4, 6, 7, 8, 9, 13, 16, 17, 26बी, 50, 50 नया, 63 नया, 69, 130डी नया, 150 विस्तार नया, 161 नया, 161ए नया, 161ई नया, 161जी नया, 161एच नया, 204, 211, 222, 247 नया, 848 नया, 160 नया, 166 नया, 166ए नया, 166ई नया, 266 नया, 347ए नया, 347सी नया, 348 नया, 348ए नया, 353बी नया, 353सी नया, 353डी नया, 353ई नया, 353आई नया, 353जे नया, 353के नया, 361 नया, 361बी नया, 361सी नया, 361एच नया, 543 नया, 547ई नया, 548नया, 548ए नया, 548बी नया, 548सी नया, 548सी.सी. नया, 548डी नया, 548ई नया, 561 नया, 561ए नया, 752ई नया, 752जी नया, 752एच नया,	15,436

	752आई नया, 752के नया, 753 नया, 753ए नया, 753बी नया, 753ई नया, 753एफ नया, 753जे नया, 753एल नया, 753एम नया, 848ए नया, 930 नया, 930डी नया, 953 नया, 965 नया, 965सी नया, 965जी नया	
18. मणिपुर्र	39, 53, 102ए नया, 102बी नया, 102सी नया, 129ए नया, 108ए नया, 129 नया, 137 नया, 137ए नया, 150, 155, 702ए नया	1,746
19. मेघालय	40, 44, 217 नया एवं 127बी नया	1,204
20. मिज़ोरम	2, 6, 108, 302, 502ए, 306ए, 102बी, 306, 502 – सभी नया नंबर	1,422
21. नगालैंड	36, 39, 61, 150, 155, 129ए नया, 229 नया, 329ए नया, 702 नया, 702ए नया, 702बी नया, 702डी नया	1,547
22. ओडिशा	5, 5ए, 6, 20 नया, 23, 43, 55 नया, 57 नया, 60, 130सी नया, 153बी नया, 157 नया, 200, 201, 203, 203ए, 215, 217, 220 नया, 326 नया, 326ए नया	4,838
23. पुद्दुचेरी	45ए, 66 – सभी नया नंबर	64
24. पंजाब	1, 1ए, 10, 15, 20, 21, 22, 64, 70, 71, 72, 95, 103ए नया, 154ए नया, 205ए नया, 254 नया, 344ए नया, 344बी नया, 503 विस्तार नया, 503ए नया, 703नया, 703ए नया, 754 नया एवं 148बी नया	2,769
25. राजस्थान	3, 11 नया, 123 नया, 8, 11, 11ए, 11बी, 11सी, 12, 14, 15, 25 विस्तार नया, 54 नया, 65, 458 नया, 71बी, 76, 58 विस्तार नया, 758 नया, 79, 79ए, 89, 90 113, 112, 114, 116, 148बी नया, 148डी नया, 158 नया, 162ए नया, 162 विस्तार नया, 168 नया, 168ए नया, 248ए नया, 325 नया, 709 विस्तार नया, 927ए नया	7,906
26. सिक्किम	10, 310, 310ए, 510, 710, 717ए, 717बी – सभी नया नंबर	463
27. तमिलनाडु	32, 36, 38, 40, 42, 66, 75, 77, 79, 81, 83, 85, 87, 132, 136, 138, 181, 183, 332, 336, 381, 532, 536, 544, 648, 716, 744, 944, 948, 16जी.क्यू., 44एन.एस., 48जी.क्यू., 544एच, 136, 179ए – सभी नया नंबर	5,381
28. तेलंगाना	30, 44, 61, 161, 161बी, 63, 163, 163 विस्तार, 63 विस्तार, 363, 563, 65, 365, 365बी, 365बी.बी, 565, 765, 150, 167, 353सी, 365ए, 167 विस्तार, 353बी, 765डी, 161ए.ए, 161बी.बी., 248बी.बी., – सभी नया नंबर	3,786
29. त्रिपुरा	8, 108, 108ए, 208, 208ए, 108बी – नया नंबर	854
30. उत्तर प्रदेश	2, 2ए, 3, 123नया (3ए पुराना), 7, 11, 12ए, 19, 21 नया, 24, 24ए, 24बी, 25, 25ए, 26, 27, 28, 28बी, 28सी, 29, 56, 56ए, 56बी, 58, 72ए, 73, 74, 75, 76, 86, 87, 91, 91ए, 92, 93, 96, 97, 119, 135बी नया, 219 नया, 227ए नया, 231, 232, 232ए, 233, 235, 330 नया, 330ए नया, 330बी नया, 334बी नया, 334सी नया, 552 विस्तार नया, 709ए नया, 727ए नया, 730 नया, 730ए नया, 731ए नया, 931 नया, 931ए नया एवं एनई।	8,711
31. उत्तराखंड	9 नया, 58, 72, 72ए, 72बी, 73, 74, 87, 94, 107ए नया, 108, 109, 123, 119, 121, 125, 309ए नया, 309बी नया, 334ए, 707ए नया	2,842
32. पश्चिम बंगाल	2, 2बी, 6, 10 नया, 31ए, 31सी, 31डी, 32, 34, 35, 41, 55, 60, 60ए, 80, 81, 114ए नया, 116बी नया, 117, 131ए नया, 133ए नया, 317ए नया, 327, नया, 327बी नया	2,998
33. अंडमान एवं निकोबार द्वीप समूह	4 नया	331
34. दादर और नगर हवेली	848ए नया	31
35. दमन एवं दीव	848बी नया, 251 नया	22
कुल		**115,435**

स्रोतः सड़क, परिवहन एवं राजमार्ग मंत्रालय

संविधान में संशोधन

1. *संविधान (प्रथम संशोधन) अधिनियम,1950*— इस संशोधन में संविधान के अनुच्छेद-19 में वर्णित वाणी की स्वतंत्रता और अभिव्यक्ति की स्वतंत्रता के आधार तथा कोई वृत्ति, उपजीविका,व्यापार या कारोबार करने के अधिकार पर प्रतिबंध लगाने के नए अधिकारों की व्यवस्था है। इन प्रतिबंधों का प्रावधान सार्वजनिक व्यवस्था, विदेशी राज्यों के साथ मैत्रीपूर्ण संबंधों अथवा बोलने की स्वतंत्रता के अधिकार के संदर्भ में अपराध-उद्दीपन और व्यावसायिक या तकनीकी अर्हताएं विहित करने अथवा कोई व्यापार या कारोबार चलाने के अधिकार के संदर्भ में राज्य आदि द्वारा कोई व्यापार, कारोबार, उद्योग अथवा सेवा चलाने के संबंध में किया गया है। इस संशोधन द्वारा दो नए अनुच्छेद-31क और 31ख तथा नौवीं अनुसूची को शामिल किया गया, ताकि भूमि सुधार कानूनों को चुनौती न दी जा सके।

2. *संविधान (द्वितीय संशोधन) अधिनियम, 1952*— इस संशोधन द्वारा लोकसभा चुनाव के लिए प्रतिनिधित्व के अनुपात को पुनः समायोजित किया गया।

3. *संविधान (तृतीय संशोधन) अधिनियम, 1954*— इस संशोधन द्वारा (सातवीं अनुसूची की) सूची 3 (समवर्ती सूची) की प्रविष्टि 33 प्रतिस्थापित की गई है, ताकि वह अनुच्छेद-396 के समरूप हो सके।

4. *संविधान (चतुर्थ संशोधन) अधिनियम, 1955*— निजी संपत्ति को अनिवार्यतः अर्जित या अधिग्रहीत करने की राज्य की शक्तियों की फिर से ठीक-ठीक ढंग से व्याख्या करने और इसे उन मामलों से जहां राज्य की विनियमनकारी और प्रतिषेधात्मक विधियों के प्रवर्तन से किसी व्यक्ति को संपत्ति से वंचित किया गया हो, अलग करने के लिए संविधान के अनुच्छेद-31(2) में संशोधन किया गया। संविधान के अनुच्छेद-31क की परिधि का जमींदारी उन्मूलन जैसे आवश्यक कल्याणकारी कानूनों तक विस्तार करने तथा शहरी एवं ग्रामीण क्षेत्रों के समुचित आयोजन और देश के खनिज तथा तेल स्रोतों पर पूरा नियंत्रण करने के उद्देश्य से इस अनुच्छेद में संशोधन किया गया। नौवीं अनुसूची में छह अधिनियम भी शामिल किए गए। राज्य-एकाधिपत्यों के लिए उपबंध करने वाली विधियों के समर्थन में अनुच्छेद-305 में भी संशोधन किया गया।

5. *संविधान (पांचवां संशोधन) अधिनियम,1955*— इस संशोधन में अनुच्छेद-3 में संशोधन किया गया, जिसमें राष्ट्रपति को यह शक्ति दी गई कि वह राज्य विधान-मंडलों द्वारा अपने-अपने राज्यों के क्षेत्र, सीमाओं आदि पर प्रभाव डालने वाली प्रस्तावित केंद्रीय विधियों के बारे में अपने विचार भेजने के लिए कोई समय-सीमा निर्धारित कर सकते हैं।

6. *संविधान (छठा संशोधन) अधिनियम, 1956*— इस संशोधन द्वारा अंतरराज्यीय व्यापार और वाणिज्य में वस्तुओं के क्रय-विक्रय पर करों के संबंध में अनुच्छेद-269 और 286 में कुछ परिवर्तन किए गए। संविधान की सातवीं अनुसूची की संघ सूची में एक प्रविष्टि 92क शामिल की गई।

7. *संविधान (सातवां संशोधन) अधिनियम, 1956*— राज्य पुनर्गठन आयोग की सिफ़ारिशों को लागू करने और पारिणामिक परिवर्तनों को शामिल करने के उद्देश्य से यह संशोधन किया गया। मोटे तौर पर तत्कालीन राज्यों और राज्य क्षेत्रों का राज्यों और केंद्रशासित प्रदेशों के रूप में वर्गीकरण किया गया। संशोधन में लोकसभा का गठन, प्रत्येक जनगणना के पश्चात पुनः समायोजन, नए उच्च न्यायालयों की स्थापना और उच्च न्यायालय के न्यायाधीशों आदि के बारे में उपबंधों की भी व्यवस्था की गई है।

8. *संविधान (आठवां संशोधन) अधिनियम, 1960*— संसद और राज्य विधानमंडलों में अनुसूचित जातियों तथा अनुसूचित जनजातियों के लिए और नाम निर्देशन द्वारा आंग्ल भारतीय समुदाय के लिए स्थानों के आरक्षण की अवधि 10 वर्ष तक और बढ़ाने के लिए अनुच्छेद-334 में संशोधन किया गया।

9. *संविधान (नौवां संशोधन) अधिनियम, 1960*— भारत और पाकिस्तान की सरकारों के बीच हुए करारों के अनुसरण में पाकिस्तान को कतिपय राज्य क्षेत्रों का हस्तांतरण करने की दृष्टि से यह संशोधन किया गया। यह संशोधन इसलिए आवश्यक हुआ कि बेरुबाड़ी के हस्तांतरण के मामले में उच्चतम न्यायालय ने यह निर्णय दिया था कि किसी राज्य-क्षेत्र को किसी दूसरे देश को देने के करार को अनुच्छेद-3 के अधीन बनाई गई किसी विधि द्वारा क्रियान्वित नहीं किया जा सकता, अपितु इसे संविधान में संशोधन करके ही क्रियान्वित किया जा सकता है।

10. *संविधान (10वां संशोधन) अधिनियम, 1961*— दादरा और नगर हवेली के क्षेत्र को केंद्रशासित प्रदेश के रूप में शामिल करने और राष्ट्रपति की अधिनियम बनाने की शक्तियों के तहत् उसमें प्रशासन की व्यवस्था करने के लिए अनुच्छेद-240 और पहली अनुसूची को संशोधित किया गया।

11. *संविधान (11वां संशोधन) अधिनियम, 1961*— इस संशोधन का उद्देश्य संविधान के अनुच्छेद-66 और 71 का इस दृष्टि से संशोधन करना था, जिसमें उपयुक्त निर्वाचक मंडल में किसी ख़ाली पद के आधार पर राष्ट्रपति और उप-राष्ट्रपति के निर्वाचन को चुनौती न दी जा सके।

12. *संविधान (12वां संशोधन) अधिनियम, 1962*— इस संशोधन के द्वारा गोवा, दमन और दीव को केंद्रशासित प्रदेश के रूप में शामिल किया गया और इस प्रयोजन के लिए अनुच्छेद-240 का संशोधन किया गया।

13. *संविधान (13वां संशोधन) अधिनियम, 1962*— इस संशोधन द्वारा भारत सरकार और नगा पीपुल्स कंवेंशन के बीच हुए एक करार के अनुसरण में नगालैंड राज्य के संबध में विशेष उपबंध करने के लिए एक नया अनुच्छेद-371(ए) जोड़ा गया।

14. *संविधान (14वां संशोधन) अधिनियम, 1962*— इस अधिनियम के द्वारा पुद्दुचेरी केंद्रशासित प्रदेश के रूप में प्रथम अनुसूची में जोड़ा गया और इस अधिनियम द्वारा हिमाचल प्रदेश, मणिपुर, त्रिपुरा, गोवा, दमन और दीव तथा पुद्दुचेरी के केंद्रशासित प्रदेशों के लिए संसदीय विधि द्वारा विधानमंडलों का गठन किया जा सका।

15. *संविधान (15वां संशोधन) अधिनियम, 1963*— इस संशोधन द्वारा उच्च न्यायालय के न्यायाधीशों की सेवानिवृत्ति की आयु बढ़ाने और एक उच्च न्यायालय से दूसरे उच्च न्यायालय में स्थानांतरित किए जाने वाले न्यायाधीशों को प्रतिपूरक भत्ता देने का उपबंध किया गया। इस अधिनियम द्वारा सेवानिवृत्त न्यायाधीशों को उच्च न्यायालय के न्यायाधीशों के स्थान पर नियुक्त किए जाने की भी व्यवस्था की गई है। अनुच्छेद-226 का भी विस्तार किया गया, ताकि उच्च न्यायालयों को यह शक्ति दी जा सके कि वे किसी प्राधिकारी को निर्देश, आदेश या हुक्मनामा (रिट) जारी कर सकें। यदि ऐसी शक्ति के प्रयोग के लिए वाद का कारण उन राज्य क्षेत्रों में उत्पन्न हुआ हो, जिनमें वहां का उच्च न्यायालय क्षेत्राधिकार का प्रयोग करता है, चाहे उस सरकारी अधिकारी का स्थान इन राज्य क्षेत्रों के अंदर नहीं हो। इस अधिनियम द्वारा सेवा आयोगों के अध्यक्ष की अनुपस्थिति में उसकी शक्तियों का प्रयोग किसी एक सदस्य द्वारा किए जाने का भी प्रावधान है।

16. *संविधान (16वां संशोधन) अधिनियम, 1963*— इस अधिनियम द्वारा अनुच्छेद-19 में संशोधन किया गया, जिसमें भारत की प्रभुसत्ता और अखंडता के हित में शांतिपूर्ण और शस्त्रहीन सम्मिलन तथा संस्था बनाने के लिए वाक और अभिव्यक्ति की स्वतंत्रता के अधिकारों पर प्रतिबंध लगाया गया। संसद और राज्य विधानमंडलों के निर्वाचन के लिए उम्मीदवारों द्वारा ली जाने वाली शपथ या अधिनियम का संशोधन करके उसमें यह शर्त भी शामिल की गई कि वे भारत की प्रभुसत्ता और अखंडता को अक्षुण रखेंगे। इन संशोधनों का उद्देश्य राष्ट्रीय एकता को बढ़ावा देना है।

17. *संविधान (17वां संशोधन) अधिनियम,1964*— अनुच्छेद-31क में और आगे संशोधन किया गया, जिसके अनुसार निजी खेती के अधीन भूमि का अधिग्रहण तब तक नहीं किया जा सकता, जब तक कि प्रतिपूर्ति के रूप में उसका बाज़ार मूल्य न दिया जाए। साथ ही, इस संशोधन द्वारा उक्त अनुच्छेद में दी गई 'संपदा' की परिभाषा को पीछे की तारीख से लागू किया गया। नौवीं अनुसूची में भी संशोधन किया गया और उसमें 44 और अधिनियम शामिल किए गए।

18. *संविधान (18वां संशोधन) अधिनियम,1966*— इस अधिनियम द्वारा अनुच्छेद-3 का संशोधन यह स्पष्ट करने के लिए किया गया कि 'राज्य' शब्द में केंद्रशासित प्रदेश भी शामिल होगा और इस अनुच्छेद के तहत् नया राज्य बनाने की शक्ति में किसी राज्य या केंद्रशासित प्रदेश के एक भाग को किसी दूसरे राज्य या केंद्रशासित प्रदेश से मिलाकर एक नया राज्य या केंद्रशासित प्रदेश बनाने की शक्ति को भी शामिल किया गया।

19. *संविधान (19वां संशोधन) अधिनियम, 1966*— निर्वाचन न्यायाधिकरणों को समाप्त करने और उच्च न्यायालय द्वारा चुनाव याचिकाओं की सुनवाई किए जाने के निर्णय के परिणामस्वरूप अनुच्छेद-324 का संशोधन इस पारिणामिक परिवर्तन के लिए किया गया।

20. *संविधान (20वां संशोधन) अधिनियम, 1966*— यह संशोधन चन्द्रमोहन बनाम उत्तर प्रदेश सरकार के मामले में उच्चतम न्यायालय के उस निर्णय के कारण आवश्यक हुआ, जिसमें उच्चतम न्यायालय ने उत्तर प्रदेश राज्य में जिला न्यायाधीशों की कतिपय नियुक्तियों को निरस्त घोषित कर दिया था। एक नया अनुच्छेद-233ए जोड़ा गया और राज्यपाल द्वारा की गई नियुक्तियों को वैध बना दिया गया।

21. *संविधान (21वां संशोधन) अधिनियम, 1967*— इस अधिनियम द्वारा सिंधी भाषा को अष्टम अनुसूची में शामिल किया गया।

22. *संविधान (22वां संशोधन) अधिनियम,1969*— यह अधिनियम असम राज्य में एक नए स्वायत्त राज्य मेघालय का निर्माण करने की दृष्टि से लागू किया गया।

23. *संविधान (23वां संशोधन) अधिनियम,1969*— अनुसूचित जातियों और अनुसूचित जनजातियों तथा आंग्ल भारतीयों के लिए संसद और राज्य विधानमंडलों में स्थानों के आरक्षण की अवधि 10 वर्ष तक और बढ़ाने के लिए अनुच्छेद-334 का संशोधन किया गया।

24. *संविधान (24वां संशोधन) अधिनियम,1971*— यह संशोधन गोलकनाथ के मामले में उच्चतम न्यायालय के निर्णय से उत्पन्न स्थिति के संदर्भ में पारित हुआ। तदनुसार इस अधिनियम द्वारा मूल अधिकारों सहित संविधान में संशोधन करने के संसद के अधिकारों के बारे में सभी प्रकार के संदेहों को दूर करने के लिए अनुच्छेद-13 और अनुच्छेद-368 में संशोधन किया गया।

25. *संविधान (25वां संशोधन) अधिनियम, 1971*— इस संशोधन द्वारा बैंकों के राष्ट्रीयकरण के मामले को देखते हुए अनुच्छेद-31 में संशोधन किया गया। 'मुआवज़ा' शब्द की 'पर्याप्त मुआवज़ा' के रूप में न्यायिक व्याख्या को देखते हुए 'मुआवज़ा' शब्द के स्थान पर 'रकम' शब्द रखा गया।

26. *संविधान (26वां संशोधन) अधिनियम, 1971*— इस संशोधन द्वारा भारतीय रियासतों के शासकों के 'प्रिवी' और विशेषाधिकारों को समाप्त किया गया। यह संशोधन माधवराव के मामले में उच्चतम न्यायालय के निर्णय के परिणामस्वरूप पारित किया गया।

27. *संविधान (27वां संशोधन) अधिनियम, 1971*— यह संशोधन अधिनियम उत्तर-पूर्वी राज्यों के पुनर्गठन के कारण आवश्यक कतिपय बातों की व्यवस्था करने के लिए पारित किया गया। एक नया अनुच्छेद-239ख जोड़ा गया, जिससे कुछ केंद्रशासित प्रदेशों के प्रशासन अध्यादेश जारी करने के लिए समर्थ हो गए।

28. *संविधान (28वां संशोधन) अधिनियम, 1972*— यह संशोधन भारतीय सिविल सेवा के सदस्यों की छुट्टी, पेंशन और अनुशासन के मामलों के संबंध में विशेषाधिकारों को समाप्त करने के लिए पारित किया गया।

29. *संविधान (29वां संशोधन) अधिनियम, 1972*— संविधान की नौंवी अनुसूची का संशोधन करके उसमें भूमि सुधार के बारे में केरल के दो अधिनियम शामिल किए गए।

30. *संविधान (30वां संशोधन) अधिनियम, 1972*— इस संशोधन का उद्देश्य अनुच्छेद-133 का संशोधन करके उसमें निर्धारित 20,000 रुपये की मूल्यांकन परीक्षा समाप्त करना तथा उसके स्थान पर सिविल कार्यवाही में उच्चतम न्यायालय में अपील की व्यवस्था करना है, जो केवल उच्च न्यायालय के इस प्रमाण-पत्र पर ही की जा सकेगी कि उस मामले में सामान्य महत्व की विधि का सारवान प्रश्न शामिल है और उच्च न्यायालय की राय में उस प्रश्न पर उच्चतम न्यायालय द्वारा निर्णय लिए जाने की आवश्यकता है।

31. *संविधान (31वां संशोधन) अधिनियम, 1973*— इस अधिनियम द्वारा अन्य बातों के साथ-साथ लोकसभा में राज्यों के प्रतिनिधित्व की अधिकतम संख्या 500 से बढ़कर 525 तथा केंद्रशासित प्रदेशों के सदस्यों की अधिकतम संख्या को 25 से घटाकर 20 किया गया।

32. *संविधान (32वां संशोधन) अधिनियम, 1973*— इस अधिनियम द्वारा आंध्र प्रदेश राज्य के विभिन्न क्षेत्रों में समान अवसर प्रदान करने वाले उपबंध को लागू करने के लिए आवश्यक संवैधानिक प्राधिकारी की व्यवस्था की गई और लोक सेवाओं से संबंधित शिकायतों की सुनवाई की अधिकारिता का एक प्रशासनिक न्यायाधिकरण गठित किया गया। इसके द्वारा संसद को यह शक्ति भी दी गई कि वह उस राज्य में एक केंद्रीय विश्वविद्यालय की स्थापना के लिए कानून बना सकती है।

33. *संविधान (33वां संशोधन) अधिनियम, 1974*— इस संशोधन द्वारा संसद सदस्यों और राज्य विधानमंडलों से त्यागपत्र दिए जाने की प्रक्रिया को सुचारू बनाने के लिए अनुच्छेद-101 तथा 190 में संशोधन किया गया।

34. *संविधान (34वां संशोधन) अधिनियम, 1974*— इस अधिनियम द्वारा विभिन्न राज्य विधानमंडलों द्वारा बनाए गए 20 और काश्तकारी व भूमि सुधार कानूनों को नौवीं अनुसूची में शामिल किया गया।

35. *संविधान (35वां संशोधन) अधिनियम, 1974*— इस अधिनियम द्वारा एक नया अनुच्छेद-2(क) जोड़ा गया, जिसके द्वारा सिक्किम को भारतीय केंद्र के सह-राज्य का दर्जा दिया गया। अनुच्छेद-80-81 में परिणामिक संशोधन किए गए। एक नई अनुसूची, अर्थात 10वीं अनुसूची जोड़ी गई जिसमें सिक्किम के भारतीय केंद्र में शामिल होने की नियम एवं शर्तें दी गईं हैं।

36. *संविधान (36वां संशोधन) अधिनियम, 1975*— सिक्किम को भारतीय संघ का पूर्ण राज्य बनाने और संविधान की प्रथम अनुसूची में शामिल करने और सिक्किम को राज्यसभा और लोकसभा में एक-एक स्थान देने के लिए यह अधिनियम बनाया गया। संविधान (35वां संशोधन) अधिनियम द्वारा जोड़े गए अनुच्छेद-2(क) और 10वीं अनुसूची को हटाकर अनुच्छेद-80 और 81 में समुचित संशोधन किया गया।

37. *संविधान (37वां संशोधन) अधिनियम, 1975*— इस अधिनियम द्वारा केंद्रशासित प्रदेश अरुणाचल प्रदेश में विधानसभा की व्यवस्था की गई, संविधान के अनुच्छेद-240 का भी संशोधन किया गया और यह उपबंध किया गया कि विधानमंडल वाले अन्य केंद्रशासित प्रदेशों की तरह केंद्रशासित प्रदेश अरुणाचल प्रदेश के लिए विनियम बनाने की राष्ट्रपति की शक्ति का प्रयोग तब किया जा सकेगा, जब विधानसभा या तो भंग हो गई हो या उसके कार्य निलंबित हों।

38. *संविधान (38वां संशोधन) अधिनियम, 1975*— इस अधिनियम द्वारा संविधान के अनुच्छेद-123, 213 और 352 में संशोधन करके यह उपबंध किया गया कि इन अनुच्छेदों में उल्लिखित राष्ट्रपति या राज्यपाल के संवैधानिक निर्णय को किसी न्यायालय में चुनौती दी जा सकेगी।

39. *संविधान (39वां संशोधन) अधिनियम, 1975*— इस अधिनियम द्वारा राष्ट्रपति, उपराष्ट्रपति, प्रधानमंत्री और लोकसभा अध्यक्ष के निर्वाचन संबंधी विवादों पर ऐसे प्राधिकारी द्वारा विचार किया जा सकेगा, जो संसदीय कानून द्वारा नियुक्त किया जाए। इस अधिनियम द्वारा नौवीं अनुसूची में कतिपय केंद्रीय कानूनों को भी शामिल किया गया।

40. *संविधान (40वां संशोधन) अधिनियम, 1976*— इस अधिनियम द्वारा राष्ट्रीय महासागरीय सीमा अथवा महाद्वीपीय जल सीमा अथवा पूरी तरह भारत के आर्थिक क्षेत्र में आने वाली सभी खानों, खनिज पदार्थों और अन्य मूल्यवान वस्तुओं को केंद्र के अधिकार में निहित करने का उपबंध किया गया। इसमें इस बात का भी उपबंध किया गया कि भारत के आर्थिक क्षेत्र के सभी अन्य संसाधन भी पूरी तरह केंद्र के अधिकार में होंगे। इस अधिनियम द्वारा इस बात का भी उपबंध किया गया कि राष्ट्रीय जल सीमा, महाद्वीपीय जल सीमा और भारत की आर्थिक क्षेत्र की सीमाएं तथा समुद्री क्षेत्र पूरी तरह विनिर्दिष्ट होंगी, जो समय-समय पर संसद अथवा संसद द्वारा निर्मित कानून के अधीन निर्धारित की जाएंगी। साथ ही साथ, नौवीं अनुसूची में कुछ और अधिनियम जोड़े गए।

41. *संविधान (41वां संशोधन) अधिनियम, 1976*— इस अधिनियम के द्वारा अनुच्छेद-316 में संशोधन करके राज्य लोक सेवा और संयुक्त लोक सेवा आयोगों के सदस्यों की सेवा-निवृत्ति की आयु को 60 से बढ़ाकर 62 वर्ष कर दिया गया।

42. *संविधान (42वां संशोधन) अधिनियम, 1976*— इस अधिनियम द्वारा संविधान में अनेक महत्वपूर्ण संशोधन किए गए। ये संशोधन मुख्यतः स्वर्णसिंह आयोग की सिफ़ारिशों को लागू करने के लिए थे।

कुछ महत्वपूर्ण संशोधन समाजवाद, धर्मनिरपेक्षता और राष्ट्र की अखंडता के उच्चादर्शों को स्पष्ट रूप से परिभाषित करने, नीति निर्देशक सिद्धांतों को अधिक व्यापक बनाने और उन्हें उन मूल अधिकारों, जिनकी आड़ लेकर सामाजिक-आर्थिक सुधारों को निष्फल बनाया जाता रहा है, पर वरीयता देने के उद्देश्य से किए गए। इस संशोधनकारी अधिनियम द्वारा नागरिकों के मूल कर्त्तव्यों के संबंध में एक नया अध्याय जोड़ा गया और समाज विरोधी गतिविधियों से चाहे वे व्यक्तियों द्वारा हों या संस्थाओं द्वारा, निपटने के लिए विशेष उपबंध किए गए। कानूनों की संवैधानिक वैधता से संबंधित प्रश्नों पर निर्णय लेने के लिए न्यायाधीशों की न्यूनतम संख्या निर्धारित करने तथा किसी कानून को संवैधानिक दृष्टि से अवैध घोषित करने के लिए कम-से-कम दो तिहाई न्यायाधीशों की विशेष बहुमत व्यवस्था करके न्यायापालिका संबंधी उपबंधों में भी संशोधन किया गया।

उच्च न्यायालयों में अनिर्णित मामलों की बढ़ती हुई संख्या को कम करने के लिए और सेवा, राजस्व, सामाजिक-आर्थिक विकास और प्रगति के संदर्भ में कतिपय अन्य मामलों के शीघ्र निपटारे को सुनिश्चित करने के लिए इस संशोधनकारी अधिनियम द्वारा संविधान के अनुच्छेद-136 के अधीन ऐसे मामलों में उच्चतम न्यायालय के अधिकार क्षेत्र को सुरक्षित रखते हुए प्रशासनिक और अन्य न्यायाधिकरणों के गठन के लिए उपबंध किया गया। अनुच्छेद-226 के अधीन उच्च न्यायालयों के रिट अधिकार क्षेत्र में भी कुछ संशोधन किया गया।

43. *संविधान (43वां संशोधन) अधिनियम, 1977*— इस अधिनियम के द्वारा अन्य बातों के साथ-साथ, संविधान (42वां संशोधन) अधिनियम, 1976 के लागू होने से उच्चतम न्यायालय और उच्च न्यायालयों के अधिकार क्षेत्र में जो कटौती हो गई थी, उसे बहाल करने का उपबंध किया गया और तदनुसार उक्त संशोधन द्वारा संविधान में शामिल किए गए अनुच्छेद-32क, 131क, 144क, 226क और 228क को इस अधिनियम द्वारा हटा दिया गया। इस अधिनियम द्वारा अनुच्छेद-31 को भी, जिसके द्वारा राष्ट्र विरोधी गतिविधियों के कतिपय कानून बनाने के लिए संसद को विशेष शक्तियां दी गई थीं, हटा दिया गया।

44. *संविधान (44वां संशोधन) अधिनियम, 1978*— संपत्ति के अधिकार को, जिसके कारण संविधान में कई संशोधन करने पड़े, मूल अधिकार के रूप में हटाकर केवल विधिक अधिकार बना दिया गया। फिर भी यह सुनिश्चित किया गया कि संपत्ति के अधिकार को मूल अधिकारों की सूची से हटाने से अल्पसंख्यकों के अपनी पसंद के शिक्षा संस्थानों की स्थापना करने और संचालन संबंधी अधिकारों पर कोई प्रभाव न पड़े। संविधान के अनुच्छेद-352 का संशोधन करके यह उपबंध किया गया कि आपात स्थिति की घोषणा के लिए एक कारण 'सशस्त्र विद्रोह' होगा। आंतरिक गड़बड़ी, यदि यह सशस्त्र विद्रोह नहीं है तो आपात स्थिति की घोषणा के लिए आधार नहीं होगा। व्यक्तिगत स्वतंत्रता के अधिकार को जैसा कि अनुच्छेद-21 और 22 में दिया गया है, इस उपबंध द्वारा और अधिक शक्तिशाली बनाया गया है जिसके तहत् निवारक नज़रबंदी कानून के अंतर्गत दो महीने से अधिक नज़रबंद नहीं किया जा सकता, जब तक कि सलाहकार बोर्ड यह रिपोर्ट नहीं देता कि ऐसी नज़रबंदी के पर्याप्त कारण हैं। इसके लिए अतिरिक्त संरक्षण की व्यवस्था इस अपेक्षा से की गई कि सलाहकार बोर्ड का अध्यक्ष किसी समुचित उच्च न्यायालय का सेवारत न्यायाधीश होगा और बोर्ड का गठन उस उच्च न्यायालय के मुख्य न्यायाधीश की सिफ़ारिशों के अनुसार किया जाएगा।

विलंब से बचने के लिए अनुच्छेद-132 और 134 में संशोधन किया गया और एक नया अनुच्छेद-134क जोड़ा गया जिसके द्वारा यह उपबंध किया गया कि निर्णय, अंतिम आदेश अथवा सज़ा सुनाए जाने के तत्काल बाद संबंधित पक्ष के मौखिक आवेदन के आधार पर अथवा यदि उच्च न्यायालय उचित समझे तो स्वयं ही उच्चतम न्यायालय में अपील करने के लिए प्रमाण-पत्र मंजूर किए जाने पर विचार करे। इस अधिनियम द्वारा किए गए अन्य संशोधन मुख्य रूप से आंतरिक आपात स्थिति की अवधि के दौरान किए गए संशोधन के कारण संविधान में आई विकृतियों को दूर करने अथवा सुधार करने के लिए हैं।

45. *संविधान (45वां संशोधन) अधिनियम, 1980*— यह अधिनियम संसद तथा राज्य विधान सभाओं में अनुसूचित जातियों, अनुसूचित जनजातियों और आंग्ल भारतीयों के लिए स्थानों के आरक्षण संबंधी व्यवस्था को 10 वर्षों की अवधि के लिए और बढ़ाने के उद्देश्य से पारित किया गया।

46. *संविधान (46वां संशोधन) अधिनियम, 1982*— इसके द्वारा अनुच्छेद-269 में संशोधन किया गया, ताकि अंतरराज्यीय व्यापार और वाणिज्य के दौरान भेजे जाने वाले सामान पर लगाया गया कर राज्यों को सौंप दिया जाए। इस अनुच्छेद का संशोधन इस दृष्टि से भी किया गया, ताकि संसद कानून द्वारा यह निर्धारित कर सके कि किस स्थिति में भेजा जाने वाला माल अंतरराज्यीय व्यापार या वाणिज्य के तहत् भेजा हुआ माना जाएगा। केंद्र सूची में एक नई प्रविष्टि 92 ख भी शामिल की गई, ताकि ऐसी स्थिति में जब माल अंतरराज्यीय व्यापार या वाणिज्य के दौरान भेजा जाए तो उस माल पर कर लगाया जा सके।

अनुच्छेद-286 के खंड 3 का संशोधन किया गया, ताकि संसद कानून द्वारा कार्य-संविदा के निष्पादन के दौरान वस्तुओं के हस्तांतरण में, किराया-ख़रीद अथवा किस्तों में अदायगी के आधार पर माल की सुपुर्दगी पर कर लगाने की प्रणाली, दरों और अन्य बातों के संबंध में प्रतिबंध और शर्तें विनिर्दिष्ट कर सकें।

'माल के क्रय और विक्रय पर कर' की परिभाषा में यह जोड़ने के लिए अनुच्छेद-366 का यथोचित संशोधन किया गया कि उसमें नियंत्रित वस्तुओं के प्रतिफलार्थ अंतरण, कार्य-संविदा के निष्पादन से संबंधित वस्तुओं के रूप में संपत्ति का अंतरण, किराया-खरीद अथवा किस्तों में अदायगी आदि की प्रणाली में माल की सुपुर्दगी को भी शामिल किया जा सके।

47. *संविधान (47वां संशोधन) अधिनियम, 1984*— इस संशोधन का उद्देश्य संविधान की नवम अनुसूची में कतिपय भूमि सुधार अधिनियमों को शामिल करना है, ताकि उन अधिनियमों को लागू किए जाने में रुकावट डालने वाली मुकदमेबाजी को रोका जा सके।

48. *संविधान (48वां संशोधन) अधिनियम, 1984*— संविधान के अनुच्छेद-356 के अधीन पंजाब राज्य के बारे में राष्ट्रपति द्वारा जारी की गई उद्घोषणा तब तक एक वर्ष से अधिक समय तक लागू नहीं रह सकती, जब तक कि उक्त अनुच्छेद-के खंड 5 में उल्लिखित शर्त पूरी नहीं होती। चूंकि यह महसूस किया गया है कि उक्त उद्घोषणा का लागू रहना आवश्यक है, इसलिए यह संशोधन किया गया है, ताकि इस मामले में अनुच्छेद-356 के खंड 5 में उल्लिखित शर्तें लागू न होने पाएं।

49. *संविधान (49वां संशोधन) अधिनियम, 1984*— त्रिपुरा सरकार ने सिफ़ारिश की थी कि संविधान की छठी अनुसूची के उपबंधों को उस राज्य के जनजातीय क्षेत्रों में लागू किया जाए। इस अधिनियम द्वारा

किए गए संशोधन का उद्देश्य राज्य में काम कर रही स्वायत्तशासी जिला परिषद को संवैधानिक सुरक्षा प्रदान करना है।

50. *संविधान (50वां संशोधन) अधिनियम, 1984*— संविधान के अनुच्छेद-33 द्वारा संसद को यह निर्धारित करने के लिए कानून बनाने की शक्ति दी गई है कि संविधान के भाग 3 द्वारा प्रदत्त किसी अधिकारी को सशस्त्र सेनाओं अथवा लोक-व्यवस्था बनाए रखने के लिए ज़िम्मेदार बलों पर लागू करने में किस सीमा तक प्रतिबंधित अथवा निराकृत किया जाए, ताकि उनके द्वारा कर्तव्यों के उचित निर्वहन और उनमें अनुशासन बनाए रखने को सुनिश्चित किया जा सके।

अनुच्छेद-33 की परिधि में निम्नलिखित बातों को लाने के लिए इसका संशोधन प्रस्तावित है:

(1) राज्य की अथवा उसके प्रभार या कब्जे में संपत्ति के संरक्षण के लिए प्रभारित बलों के सदस्य, अथवा

(2) आसूचना अथवा प्रति-आसूचना के प्रयोजन के लिए राज्य द्वारा स्थापित ब्यूरो अथवा अन्य संगठनों में नियुक्त व्यक्ति, अथवा

(3) किसी बल, ब्यूरो अथवा संगठन के प्रयोजन के लिए स्थापित दूरसंचार प्रणालियों में नियुक्त अथवा उनसे संबंधित व्यक्ति।

अनुभव से पता चला है कि इनके द्वारा कर्तव्यों के उचित निर्वहन तथा उनमें अनुशासन बनाए रखने को सुनिश्चित्त करने की आवश्यकता राष्ट्रीय हित में अत्यंत महत्वपूर्ण है।

51. *संविधान (51वां संशोधन) अधिनियम, 1984*— इस अधिनियम द्वारा अनुच्छेद-330 में संशोधन किया गया, ताकि मेघालय, नगालैंड, अरुणाचल प्रदेश और मिज़ोरम की अनुसूचित जनजातियों के लिए संसद में स्थान सुरक्षित किए जा सकें। साथ ही साथ, स्थानीय जनजातियों की आकांक्षाओं को पूरा करने के लिए अनुच्छेद-332 में संशोधन करके नगालैंड और मेघालय की विधानसभाओं में भी इसी तरह का आरक्षण किया गया।

52. *संविधान (52वां संशोधन) अधिनियम,1985*— इस संशोधन द्वारा यह व्यवस्था की गई है कि यदि संसद-सदस्य या विधानसभा-सदस्य दल-बदल करता है या उस दल द्वारा निकाल दिया जाता है, जिसने उसे चुनाव में खड़ा किया था, या कोई निर्दलीय उम्मीदवार जो चुने जाने के छह महीने के बाद किसी राजनीतिक दल का सदस्य बन जाता है, वह सदन का सदस्य होने के अयोग्य करार दिया जाएगा। इस अधिनियम में राजनीतिक दलों के विभाजन तथा विलय के संबंध में समुचित प्रावधान है।

53. *संविधान (53वां संशोधन) अधिनियम,1986*— यह भारत सरकार और मिज़ोरम सरकार द्वारा मिज़ोरम नेशनल फ्रंट के साथ 30 जून, 1986 को हुए मिज़ोरम समझौते को लागू करने के लिए बनाया गया है। इसके लिए नया अनुच्छेद-371-जी संविधान में जोड़ा गया है, जिसमें अन्य बातों के अलावा, मिज़ो लोगों के धार्मिक और सामाजिक रीति-रिवाजों, परंपरागत कानून और विधि के संबंध में संसद द्वारा कानून बनाने की मनाही, दीवानी तथा फ़ौजदारी संबंधी मामलों, जिन पर मिज़ो लोगों के परंपरागत कानून के अनुसार निर्णय लिया जाता है तथा जमीन के स्वामित्व और हस्तांतरण के बारे में भी तब तक संसदीय कानून लागू नहीं होगा जब तक मिज़ोरम की विधानसभा इसे मंजूरी नहीं दे देती। लेकिन यह धारा मिज़ोरम राज्य में संशोधन के जारी होने से पहले से लागू होने वाले केंद्रीय कानूनों पर लागू नहीं होगी। नई धारा में यह भी व्यवस्था है कि मिज़ोरम विधानसभा में कम-से-कम 40 सदस्य होंगे।

54. *संविधान (54वां संशोधन) अधिनियम, 1986*— इस अधिनियम द्वारा उच्चतम न्यायालय एवं उच्च न्यायालयों के न्यायाधीशों के वेतन को निम्न प्रकार से बढ़ाया गया है:

1.	भारत के प्रधान न्यायाधीश	₹ 10,000 प्रतिमाह
2.	उच्चतम न्यायालय के न्यायाधीश	₹ 9,000 प्रतिमाह
3.	उच्च न्यायालयों के मुख्य न्यायाधीश	₹ 9,000 प्रतिमाह
4.	उच्च न्यायालयों के न्यायाधीश	₹ 8,000 प्रतिमाह

इस अधिनियम द्वारा द्वितीय अनुसूची के भाग 'घ' में संशोधन करके वेतन को उपर्युक्त प्रकार से बढ़ाया गया है तथा अनुच्छेद-125 एवं 221 में यह प्रावधान रखा गया है कि संसद कानून बनाकर भविष्य में न्यायाधीशों के वेतन में सुधार कर सकती है।

55. *संविधान (55वां संशोधन) अधिनियम,1986*— इसमें केंद्रशासित प्रदेश अरुणाचल प्रदेश को राज्य का दर्जा दिए जाने के भारत सरकार के प्रस्ताव को लागू किया गया है। इसके लिए संविधान में एक नया अनुच्छेद-371 एच जोड़ा गया है। अन्य बातों के अलावा, इस अनुच्छेद में अरुणाचल प्रदेश के राज्यपाल को प्रदेश की अत्यंत नाजुक स्थिति के कारण कानून और व्यवस्था के क्षेत्र में विशेष ज़िम्मेदारी सौंपी गई है। इसके अनुसार अपने दायित्वों को पूरा करने में राज्यपाल मंत्रिपरिषद में सलाह-मशविरा करके की जाने वाली कार्रवाई के बारे में अपना व्यक्तिगत निर्णय ले सकेंगे। यदि राष्ट्रपति चाहें तो राज्यपाल की यह ज़िम्मेदारी खत्म की जा सकेगी। नए अनुच्छेद के अनुसार यह भी व्यवस्था की गई है कि अरुणाचल प्रदेश राज्य की विधानसभा में 30 से कम सदस्य नहीं होंगे।

56. *संविधान (56वां संशोधन) अधिनियम,1987*— भारत सरकार के केंद्रशासित प्रदेश गोवा, दमन व दीव के गोवा जिले में शामिल क्षेत्र को गोवा राज्य के रूप में तथा उसी केंद्रशासित प्रदेश के दमन व दीव में शामिल क्षेत्र को दमन व दीव नामक एक नए केंद्रशासित प्रदेश के रूप में गठन का प्रस्ताव किया है। इस संदर्भ में यह प्रस्तावित किया गया कि नए राज्य गोवा की विधानसभा में 40 सदस्य होंगे। केंद्रशासित प्रदेश गोवा, दमन व दीव की मौजूदा विधानसभा में 30 निर्वाचित सदस्य हैं तथा तीन मनोनीत सदस्य हैं। ऐसा विचार किया गया कि जब तक मौजूदा विधानसभा की पांच वर्ष की अवधि समाप्त होकर नए निर्वाचन न कर लिए जाएं, तब तक गोवा राज्य के लिए बनी नई विधानसभा में दमन व दीव का प्रतिनिधित्व करने वाले दो सदस्यों को शामिल न किया जाए। अतएव, नए राज्य गोवा को ऐसी विधानसभा देने का निश्चय किया गया, जिसमें 30 से कम सदस्य न हों। इस संशोधन ने उक्त प्रस्ताव को प्रभावी बनाने के लिए अपेक्षित विशेष प्रावधान को प्रभावी बनाया।

57. *संविधान (57वां संशोधन) अधिनियम,1987*— संविधान (51वां संशोधन) अधिनियम, 1984 लोकसभा में नगालैंड, मेघालय, मिज़ोरम और अरुणाचल प्रदेश की अनुसूचित जनजातियों के लिए स्थान आरक्षित करने तथा संविधान के अनुच्छेद-330 व 332 को समुचित प्रकार से संशोधित करके नगालैंड और मेघालय की विधानसभाओं में अनुसूचित जनजातियों के लिए स्थान आरक्षित करने के लिए अधिनियमित किया गया था। यद्यपि ये क्षेत्र जनजाति-बहुल हैं, तथापि इस संशोधन का उद्देश्य यह था कि इस क्षेत्र में रहने वाली जनजातियां अपना न्यूनतम प्रतिनिधित्व तो कर ही सकें, क्योंकि वे विकसित वर्ग के लोगों के साथ चुनाव लड़ने में सक्षम नहीं हैं। यद्यपि संविधान (51वां संशोधन) अधिनियम औपचारिक रूप से प्रभावी था, फिर भी यह पूरी तरह से तब तक लागू नहीं हो सकता था, जब तक यह

निर्धारित न हो जाए कि इन क्षेत्रों में अनुसूचित जनजातियों के लिए किन-किन स्थानों का आरक्षण करना है। किसी भी राज्य में अनुसूचित जाति व जनजातियों के लिए स्थानों का आरक्षण संविधान के अनुच्छेद-332 के अंतर्गत संविधान के अनुच्छेद-332(3) के प्रावधानों को ध्यान में रखकर ही निर्धारित किया जाता है, किंतु उत्तर-पूर्वी राज्यों की ऐतिहासिक पृष्ठभूमि को देखते हुए, इन राज्यों की अनुसूचित जनजातियों के विकास व अन्य संबंधित बातों पर विचार करके यह जरूरी समझा गया कि इन क्षेत्रों में रहने वाली अनुसूचित जनजातियों के आरक्षण के लिए विशेष प्रावधान किए जाएं, ताकि ये लोग भी, जैसा कि संविधान में संकल्पना की गई है, सामान्य जीवन व्यतीत कर सकें। संविधान के अनुच्छेद-332 को अस्थाई प्रावधान बनाने के लिए फिर से संशोधित किया गया, जिससे अनुच्छेद-170 के अंतर्गत वर्ष 2000 के बाद पहली जनगणना के आधार पर अनुसूचित जनजातियों के लिए स्थानों के आरक्षण का पुनः निर्धारण किया जा सके। इस संशोधन में यह इच्छा व्यक्त की गई कि यदि ऐसे राज्यों की विधानसभाओं (जो संशोधित अधिनियम के लागू होने की तिथि पर अस्तित्व में थीं) में सभी स्थान अनुसूचित जनजातियों के सदस्यों द्वारा अधिग्रहीत किए गए हों, तो एक को छोड़कर सभी स्थान अनुसूचित जनजातियों के लिए आरक्षित किए जाएं तथा अन्य किसी मामले में जहां पर स्थानों की संख्या कुल संख्या के बराबर हो, एक ऐसा अनुपात हो जिसमें मौजूदा विधानसभा के सदस्यों की संख्या मौजूदा विधानसभा के कुल सदस्यों की संख्या के बराबर हो। यह अधिनियम इन उद्देश्यों को प्राप्त करता है।

58. *संविधान (58वां संशोधन) अधिनियम,1987*— हिंदी में संविधान के प्राधिकृत पाठ के प्रकाशन की मांग सामान्यतः रही है। विधि प्रक्रिया में संविधान का आसानी से प्रयोग किया जा सके, इसके लिए आवश्यक है कि इसका हिंदी पाठ भी प्राधिकृत हो। संविधान का कोई भी हिंदी संस्करण न केवल संवैधानिक सभा द्वारा प्रकाशित हिंदी अनुवाद के अनुरूप हो, बल्कि हिंदी में केंद्रीय अधिनियमों के प्राधिकृत पाठों की भाषा, शैली व शब्दावली के भी अनुरूप हो। संविधान को संशोधित करके राष्ट्रपति को यह शक्ति प्रदान की गई है कि वह अपने प्राधिकार के तहत् संविधान के हिंदी अनुवाद को, जिस पर संवैधानिक सभा के सदस्यों ने अपने हस्ताक्षर किए हुए हैं तथा जिनमें उन सभी परिवर्तनों को शामिल कर लिया गया है जिससे यह हिंदी भाषा के केंद्रीय अधिनियमों के प्राधिकृत पाठों की भाषा, शैली व शब्दावली के अनुरूप हो, प्रकाशित करा सकें। राष्ट्रपति को यह शक्ति भी प्रदत्त की गई है कि वह संविधान में किए गए प्रत्येक अंग्रेज़ी संशोधन का हिंदी अनुवाद प्रकाशित करवाएं।

59. *संविधान (59वां संशोधन) अधिनियम, 1988*— इस अधिनियम द्वारा संविधान के अनुच्छेद-356 (5) का संशोधन किया गया, जिससे कि अनुच्छेद-356 के खंड (1) के अधीन राष्ट्रपति की उद्घोषणा का एक वर्ष की अवधि से आगे विस्तार किया जा सके और यदि आवश्यक हो तो पंजाब राज्य में अशांति की स्थिति बनी रहने के कारण अनुच्छेद-356 के खंड (4) के अधीन यथा अनुज्ञेय तीन वर्ष की अवधि तक प्रभावी बनाया जा सके। इस अधिनियम द्वारा आपात स्थिति की उद्घोषणा से संबंधित संविधान के अनुच्छेद-352 का, पंजाब राज्य में इसे लागू किए जाने की बाबत संशोधन किया गया है जिसके अनुसार आंतरिक गड़बड़ी को पंजाब में आपातस्थिति की उद्घोषणा हेतु एक आधार बनाया गया है। अनुच्छेद 352 में संशोधन किए जाने के परिणामस्वरूप, पंजाब राज्य के संबंध में अनुच्छेद-358 और 359 के संशोधन की तारीख 30 मार्च, 1988 से जो इस संशोधन के प्रारंभ की तारीख है, दो वर्ष की अवधि के लिए ही प्रवर्तनीय रहेंगे।

60. *संविधान (60वां संशोधन) अधिनियम, 1988*— अधिनियम, संविधान के अनुच्छेद-276 के खंड (2) का इस दृष्टि से संशोधन करता है, जिससे कि व्यवसायों, व्यापारों, आजीविकाओं और नियोजनों पर कर की अधिकतम सीमा को 250 रुपये प्रतिवर्ष से बढ़ाकर 2,500 रुपये प्रतिवर्ष किया जा सके। इस कर में वृद्धि करने से राज्यों को अतिरिक्त स्रोत जुटाने में सहायता मिलेगी। धारा (2) के उपबंध का लोप किया गया है।

61. *संविधान (61वां संशोधन) अधिनियम, 1989*— इस अधिनियम के द्वारा संविधान के अनुच्छेद-326 का संशोधन करके मताधिकार की आयु 21 से घटकर 18 वर्ष कर दी गई, ताकि देश के उस युवा-वर्ग को जिसे अभी तक कोई प्रतिनिधित्व नहीं मिल पाया था, अपनी भावनाएं व्यक्त करने का अवसर मिल सके और वे राजनीतिक प्रक्रिया का अंग बन सकें।

62. *संविधान (62वां संशोधन) अधिनियम, 1989*— संविधान के अनुच्छेद-334 में यह प्रावधान है कि अनुसूचित जातियों तथा अनुसूचित जनजातियों की सीटों के आरक्षण तथा लोकसभा और विधानसभाओं में आंग्ल-भारतीय समुदाय के प्रतिनिधित्व से संबंधित व्यवस्था संविधान में लागू होने के 40 वर्ष बाद समाप्त हो जाएगी। हालांकि अनुसूचित जातियों और जनजातियों ने गत 40 वर्षों में पर्याप्त प्रगति की है, किंतु संविधान सभा के सामने इस तरह की व्यवस्था बनाते समय जो कारण थे, वे अभी बरकरार हैं। इस अधिनियम के द्वारा अनुच्छेद-334 को संशोधित करके यह व्यवस्था की गई कि अनुसूचित जातियों और जनजातियों का आरक्षण और आंग्ल-भारतीय समुदाय का मनोनयन द्वारा प्रतिनिधित्व अगले 10 वर्षों तक जारी रहेगा।

63. *संविधान (63वां संशोधन) अधिनियम, 1989*— संविधान (59वां संशोधन) अधिनियम मार्च 1988 में लागू किया गया, जिससे पंजाब में आपात स्थिति की घोषणा और राज्य में राष्ट्रपति शासन की अवधि के संबंध में कुछ परिवर्तन किए गए थे। इस पर पुनर्विचार करने पर सरकार ने निर्णय किया कि संशोधन में पंजाब में आपात स्थिति की घोषणा के संबंध में जिस विशेष अधिकारों की व्यवस्था की गई थी, उनकी अब जरूरत नहीं रही। तद्नुसार, अनुच्छेद-356 की धारा 5 तथा अनुच्छेद-359(क) को हटा दिया गया है।

64. *संविधान (64वां संशोधन) अधिनियम, 1990*— इस अधिनियम के द्वारा संविधान के अनुच्छेद-356 की धारा 4 व 5 के अंतर्गत संविधान के अनुच्छेद-356 की धारा 1 के तहत् पंजाब के संबंध में 11 मई, 1987 को संशोधित की गई घोषणा की अवधि को साढ़े तीन वर्ष के लिए और बढ़ा दिया गया।

65. *संविधान (65वां संशोधन) अधिनियम, 1990*— संविधान के अनुच्छेद-338 में एक विशेष अधिकारी का प्रावधान है, जो संविधान के तहत् अनुसूचित जातियों और जनजातियों के हितों से संबंधित मामलों की जांच करेगा और इस संबंध में राष्ट्रपति को अपनी रिपोर्ट भेजेगा। यह अनुच्छेद संशोधित कर दिया गया है जिसमें अनुसूचित जातियों और जनजातियों के लिए राष्ट्रीय आयोग के गठन की व्यवस्था की गई है, जिसमें एक अध्यक्ष, एक उपाध्यक्ष तथा पांच अन्य सदस्य होंगे, जिन्हें राष्ट्रपति अपनी मुहर से नियुक्त करेंगे। संशोधित अनुच्छेद में आयोग के कार्यों के बारे में विस्तार से बताया गया है और उसके उन कदमों के बारे में भी बताया गया है, जो उसे केंद्र अथवा राज्य सरकार को कमीशन की रिपोर्ट के प्रभावी कार्यान्वयन के लिए उठाने होंगे। इसमें यह भी व्यवस्था की गई है कि आयोग के पास शिकायत पर की जाने वाली

जांच के दौरान वे सभी अधिकार होंगे, जो कि एक न्यायिक अदालत को होते हैं और आयोग की रिपोर्ट संसद और राज्य विधानसभाओं के समक्ष रखी जाएगी।

66. *संविधान (66वां संशोधन) अधिनियम, 1990*— इस अधिनियम के तहत् भूमि सुधार तथा कृषिभूमि की सीमा से संबंधित राज्य सरकारों के उन 55 नियमों को संविधान की नौवी अनुसूची में शामिल तथा सुरक्षित कर दिया गया है, जिन्हें आंध्र प्रदेश, बिहार, गुजरात, हिमाचल प्रदेश, कर्नाटक, केरल, मध्य प्रदेश, चेन्नई, ओडिशा, राजस्थान, तमिलनाडु, उत्तर प्रदेश, पश्चिम बंगाल और केंद्रशासित प्रदेश पुद्दुचेरी के प्रशासन ने इस आशय से बनाया था कि इन्हें अदालत में चुनौती नहीं दी जा सकेगी।

67. *संविधान (67वां संशोधन) अधिनियम, 1990*— संविधान के 64वें संशोधन के तहत् पंजाब के संबंध में 11 मई, 1987 को की गई तीन वर्ष की अवधि की घोषणा को साढ़े तीन वर्ष किया था। 67वें संशोधन के तहत् अनुच्छेद-356 की धारा 4 को पुनः संशोधित करके इस अवधि को बढ़ाकर चार वर्ष कर दिया गया है।

68. *संविधान (68वां संशोधन) अधिनियम, 1991*— संविधान के 67वें संशोधन के तहत् पंजाब के संबंध में 17 मई, 1987 को की गई घोषणा को बढ़ाकर चार वर्ष किया गया था। 68वें संशोधन के तहत् अनुच्छेद-356 की धारा 4 को संशोधित करके इस अवधि को बढ़ाकर पांच वर्ष कर दिया गया है।

69. *संविधान (69वां संशोधन) अधिनियम, 1991*— भारत सरकार ने 24 दिसंबर, 1987 को दिल्ली के प्रशासन से संबंधित विभिन्न मामलों का अध्ययन करने तथा प्रशासनिक ढांचे को चुस्त बनाने के उपाय सुझाने के लिए एक कमेटी गठित की थी। पूरी जांच-पड़ताल और अध्ययन के बाद इस समिति ने यह सिफ़ारिश की थी कि दिल्ली एक केंद्रशासित प्रदेश बना रहे और इसमें एक विधानसभा तथा एक मंत्रिपरिषद भी हो, जो आम आदमी से संबंधित मामलों के बारे में पूरी तरह से अधिकार संपन्न हो। कमेटी ने सिफ़ारिश की थी कि स्थायित्व और सुदृढ़ता को दृष्टि में रखते हुए ऐसी व्यवस्था की जाए, जिससे राष्ट्रीय राजधानी को अन्य केंद्रशासित प्रदेशों की तुलना में एक विशेष दर्जा प्राप्त हो। यह अधिनियम उपरोक्त सिफ़ारिशों को लागू करने के लिए पारित किया गया।

70. *संविधान (70वां संशोधन) अधिनियम, 1992*— संविधान (69वां संशोधन) विधेयक, 1991 और राष्ट्रीय राजधानी सीमा क्षेत्र सरकार, विधेयक 1991 पर संसद के दोनों सदनों में विचार प्रकट करते समय केंद्रशासित प्रदेशों की विधानसभाओं के निर्वाचित सदस्यों को भी संविधान के अनुच्छेद-54 के अंतर्गत राष्ट्रपति के चुनाव के लिए निर्वाचनमंडल में शामिल करने के पक्ष में विचार प्रकट किए गए।

इस समय राष्ट्रपति के निर्वाचन से संबंधित अनुच्छेद-54 में निर्वाचनमंडल के लिए केवल निर्वाचित संसद सदस्यों और राज्यों के विधानसभा सदस्यों (इसमें केंद्रशासित प्रदेश शामिल नहीं है) को शामिल करने का प्रावधान है। इसी प्रकार अनुच्छेद-55 में इस प्रकार के चुनाव के तरीके के लिए राज्यों की विधानसभाओं की भी बात की गई है।

अनुच्छेद-54 में शामिल की गई एक व्याख्या के अनुसार अनुच्छेद-54 और 55 में राज्य के संदर्भ में इस बात का प्रावधान किया गया कि इसमें राष्ट्रपति के निर्वाचन के लिए निर्वाचनमंडल में राष्ट्रीय राजधानी सीमा क्षेत्र दिल्ली और केंद्रशासित प्रदेश पुद्दुचेरी को भी शामिल किया जाएगा। इससे अनुच्छेद-239ए के प्रावधानों के तहत् केंद्रशासित प्रदेश पुद्दुचेरी के लिए बनाई गई विधानसभा के निर्वाचित सदस्यों और अनुच्छेद-239एए के अंतर्गत राष्ट्रीय राजधानी सीमा क्षेत्र दिल्ली की प्रस्तावित विधानसभाओं के निर्वाचित सदस्यों को भी निर्वाचनमंडल में शामिल किया जा सकेगा।

71. *संविधान (71वां संशोधन) अधिनियम, 1992*— संविधान की आठवीं अनुसूची में कुछ और भाषाएं जोड़ने की मांग चल रही थी। इस अधिनियम से संविधान की आठवीं अनुसूची में संशोधन करके इसमें कोंकणी, मणिपुरी और नेपाली भाषाओं को शामिल किया गया है।

72. *संविधान (72वां संशोधन) अधिनियम, 1992*— त्रिपुरा राज्य में जहां गड़बड़ी का माहौल बना हुआ है, शांति और सद्भाव कायम करने के लिए गत 12 अगस्त, 1988 को भारत सरकार और नेशनल वालेंटियर्स त्रिपुरा के बीच एक समझौते को लागू करने के लिए संविधान (72वां संशोधन) अधिनियम, 1972 के माध्यम से संविधान के अनुच्छेद-332 में संशोधन किया गया है, ताकि त्रिपुरा राज्य विधानसभा में अनुसूचित जनजातियों के लिए सुरक्षित सीटों की संख्या निर्धारित करने के लिए तब तक के लिए अस्थाई व्यवस्था की जा सके, जब तक कि संविधान के 170वें अनुच्छेद के अंतर्गत वर्ष 2000 के बाद प्रथम जनगणना के आधार पर सीटों का तालमेल न हो जाए।

73. *संविधान (73वां संशोधन) अधिनियम, 1993*— संविधान के अनुच्छेद-40 में सुरक्षित किए गए राज्यों के नीति निर्देशक सिद्धांतों में से एक में यह कहा गया है कि राज्यों को ग्राम पंचायतों का गठन करने और उन्हें वे सभी अधिकार प्रदान करने के लिए क़दम उठाने चाहिए, जो उन्हें एक स्वायत्तशासी सरकार की इकाइयों के रूप में काम करने के लिए आवश्यक हैं।

इसके आलोक में पंचायतों से जुड़ा एक नया भाग IX संविधान में जोड़ा गया है। इसका उद्देश्य अन्य चीजों के अलावा, एक गांव में अथवा गांवों के समूह में ग्रामसभा स्थापित करना, गांव के स्तर पर तथा अन्य स्तरों पर पंचायतों का गठन करना, गांव और उसके बीच के स्तर पर पंचायतों की सभी सीटों के लिए सीधे चुनाव करना, ऐसे स्तरों पर पंचायतों के यदि सरपंच हैं तो उनका चुनाव कराना, पंचायतों में सदस्यता के लिए और सभी स्तरों पर पंचायत के पदाधिकारियों के चुनाव के लिए जनसंख्या के आधार पर अनुसूचित जाति और जनजातियों के लिए सीटों का आरक्षण, महिलाओं के लिए कम-से-कम एक-तिहाई सीटों का आरक्षण, पंचायतों के लिए पांच साल की कार्यवधि तय करना और यदि कोई पंचायत भंग हो जाती है तो छह महीने के भीतर उसका चुनाव कराने की व्यवस्था करना है।

74. *संविधान (74वां संशोधन) अधिनियम, 1993*— विभिन्न कारणों से अनेक राज्यों के स्थानीय निकाय कमजोर और बेअसर हो गए हैं। इनमें नियमित चुनाव न होना, लंबे समय तक भंग रहना और कर्त्तव्यों तथा अधिकारों का समुचित हस्तांतरण न होना शामिल हैं। इसके परिणामस्वरूप, शहरी स्थानीय निकाय एक स्वायत्तशासी सरकार की जीवंत लोकतांत्रिक इकाई के रूप में कारगर ढंग से काम नहीं कर पा रहे हैं।

इन खामियों को देखते हुए संविधान में पालिकाओं के संबंध में एक नया भाग 9 ए शामिल किया गया है, ताकि अन्य चीज़ों के अलावा निम्नलिखित प्रावधान किए जा सकें: तीन तरह की पालिकाओं का गठन, जैसे कि ग्रामीण से शहरी क्षेत्र में परिवर्तित हो रहे क्षेत्रों के लिए नगर पंचायतों, छोटे शहरी क्षेत्रों के लिए नगर परिषदें और बड़े शहरी क्षेत्रों के लिए नगर निगम।

75. *संविधान (75वां संशोधन) अधिनियम,1994*— इन दिनों विभिन्न राज्यों में जो किराया नियंत्रण कानून लागू हैं, उनमें कई खामियां हैं, जिनके कारण अनेक अवांछनीय परिणाम हो रहे हैं। किराया नियंत्रण कानूनों के कुछ वैधानिक दुष्परिणाम हैं- लगातार बढ़ती हुई मुकदमेबाजी, न्यायालयों द्वारा समय पर न्याय न दे पाना, किराया नियंत्रण कानूनों से बचने के तरीके निकालना और किराए के लिए मिल सकने वाले मकानों की निरंतर कमी।

उच्चतम न्यायालय ने देश में किराया नियंत्रण कानूनों की अनिश्चित और तर्करहित स्थिति को ध्यान में रखते हुए प्रभाकरण नय्यर और अन्य बनाम तमिलनाडु राज्य (सिविल रिट पेटीशन संख्या 506 ऑफ 1986) तथा अन्य रिट याचिकाओं के संदर्भ में यह विचार प्रकट किया था कि उच्चतम न्यायालय और उच्च न्यायालयों को किराया विवादों के जबर्दस्त भार से मुक्त कर दिया जाना चाहिए। इन मुकदमों में अपील करने के अवसर कम कर दिए जाने चाहिएं। किराया नियंत्रण कानून, सरल, विवेकपूर्ण और स्पष्ट होने चाहिएं। मुकदमेबाजी जल्दी ही अवश्य समाप्त हो जानी चाहिए।

इस कानून द्वारा संविधान के भाग 14(क) के अनुच्छेद-323(ख) में संशोधन किया गया है ताकि किराएदारों और मकान मालिकों को समय पर राहत मिल सके। इस संशोधन में राज्य स्तर पर किराया नियंत्रण न्यायाधिकरण स्थापित करने और अन्य सभी अदालतों में मकान मालिक-किराएदार से संबंधित मुकदमे दायर करने पर रोक लगाने की व्यवस्था है। इस व्यवस्था के कारण से मुकदमों के फैसलों की अपील संविधान के अनुच्छेद-136 के तहत् केवल उच्चतम न्यायालय में की जा सकेगी।

76. *संविधान (76वां संशोधन) अधिनियम, 1994—* पिछड़े वर्गों, अनुसूचित जातियों और जनजातियों के लिए शिक्षा संस्थाओं और सरकारी नौकरियों में स्थान आरक्षित करने की नीति का लंबा इतिहास 1921 में तमिलनाडु से शुरू हुआ था। राज्य सरकार अधिकांश लोगों की आवश्यकता के अनुरूप आरक्षित स्थानों की संख्या समय-समय पर बढ़ती रही। अब आरक्षित स्थानों की संख्या बढ़कर 69 प्रतिशत हो गई है-18 प्रतिशत अनुसूचित जातियां, एक प्रतिशत अनुसूचित जनजातियां और 50 प्रतिशत अन्य पिछड़े वर्ग।

उच्चतम न्यायालय ने इंदिरा साहनी और अन्य बनाम भारत सरकार और अन्य (एआईआर 1993 एससी 477) में 16 नवंबर, 1992 को फैसला दिया कि अनुच्छेद-16(4) के अधीन कुल आरक्षित स्थानों की संख्या 50 प्रतिशत से अधिक नहीं होनी चाहिए।

तमिलनाडु सरकार ने तमिलनाडु पिछड़े वर्गों, अनुसूचित जातियों और जनजातियों (शिक्षा संस्थाओं में स्थान और राज्य के अधीन नौकरियां या पद आरक्षण) विधेयक 1993 पारित कर, इसे संविधान के अनुच्छेद-31सी की व्यवस्थाओं के अनुसार भारत के राष्ट्रपति के विचारार्थ भारत सरकार के पास भेजा। भारत सरकार ने राज्य सरकार के इस कानून की व्यवस्थाओं का अनुमोदन किया और राष्ट्रपति ने तमिलनाडु के इस विधेयक को स्वीकृति दे दी। इस निश्चय के परिणास्वरूप यह जरूरी था कि 1994 के तमिलनाडु कानून, 45 को संविधान की नौवीं अनुसूची की परिधि में लाया जाए, ताकि संविधान के अनुच्छेद-31बी के अधीन न्यायालयों द्वारा विचार न कर सकने के बारे में इस कानून को संरक्षण मिल सके।

77. *संविधान (77वां संशोधन) अधिनियम, 1995—* अनुसूचित जाति और जनजाति वर्ग के लोगों को 1955 से ही पदोन्नतियों में आरक्षण की सुविधा मिल रही है। लेकिन इंदिरा साहनी और अन्य बनाम भारत सरकार और अन्य के मुकदमे में 16 नवंबर, 1992 को उच्चतम न्यायालय ने अपने निर्णय में कहा कि संविधान के अनुच्छेद-16(4) के अंतर्गत नियुक्तियों अथवा पदों का आरक्षण केवल शुरू में की जाने वाली नियुक्ति पर लागू होता है तथा इसे पदोन्नतियों के मामले में आरक्षण पर लागू नहीं किया जा सकता है। उच्चतम न्यायालय के इस फ़ैसले से अनुसूचित जाति और जनजाति के हितों पर विपरीत प्रभाव पड़ेगा। चूंकि अनुसूचित जाति और जनजाति के लोगों का राज्य की नौकरियों में प्रतिनिधित्व अभी उस स्तर तक नहीं पहुंचा है जिस स्तर पर होना चाहिए था, अतः अनुसूचित जाति और जनजाति

के लिए पदोन्नति में आरक्षण प्रदान करने की वर्तमान छूट को जारी रखना आवश्यक है। अनुसूचित जाति और जनजाति के हितों की रक्षा के प्रति सरकार की वचनबद्धता को देखते हुए सरकार ने अनुसूचित जाति और जनजाति के लिए पदोन्नतियों में आरक्षण की वर्तमान नीति को जारी रखने का फैसला किया है। इसके लिए यह आवश्यक था कि संविधान के अनुच्छेद-16 में एक नई धारा (4ए) जोड़कर उसमें संशोधन किया जाए, ताकि अनुसूचित जाति और जनजाति को पदोन्नतियों में आरक्षण प्रदान किया जा सके।

78. *संविधान (78वां संशोधन) अधिनियम,1995—* संविधान का अनुच्छेद-31बी नौवीं अनुसूची में शामिल उन कानूनों को इस आधार पर कानूनी चुनौती देने से संवैधानिक छूट प्रदान करता है कि इससे संविधान के खंड-3 में सुरक्षित मौलिक अधिकारों का उल्लंघन होता है। इस अनुसूची में विभिन्न राज्यों की सरकारों और केंद्रीय सरकार द्वारा बनाए गए कानूनों की सूची है, जो अन्य चीजों के अलावा भूमि-सहित संपत्ति के हितों और अधिकारों को प्रभावित करती है।

पहले जब कभी यह महसूस किया गया कि जिन प्रगतिशील कानूनों की परिकल्पना जनता के हित में गई है, उन्हें मुकदमेबाजी का ख़तरा है तो उसके लिए नौवीं अनुसूची का सहारा लिया गया। तदनुसार, भूमि सुधारों और कृषि योग्य भूमि की हदबंदी से संबंधित विभिन्न राज्यों के कानूनों को पहले ही नौंवीं अनुसूची में शामिल कर लिया गया है। चूंकि सरकार भूमि सुधारों को महत्व देने के प्रति वचनबद्ध है, अतः भूमि सुधार कानूनों को नौंवीं अनुसूची में शामिल करने का फैसला लिया गया, ताकि उन्हें अदालतों में चुनौती न दी जा सके। बिहार, कर्नाटक, केरल, उड़ीसा, राजस्थान, तमिलनाडु और पश्चिम बंगाल की सरकारों ने भूमि से संबंधित अपने कानूनों को नौवीं अनुसूची में शामिल करने का सुझाव दिया है।

चूंकि उन कानूनों में संशोधन को, जो पहले ही नौंवी अनुसूची में शामिल हैं, कानूनी चुनौती से स्वतः छूट नहीं मिली हुई है, अतः नौंवीं अनुसूची में कुछ मूलभूत कानूनों के साथ-साथ अनेक संशोधित कानूनों को भी शामिल किया गया है, ताकि यह सुनिश्चित किया जा सके कि लागू होने पर ये कानून मुकदमेबाजी से प्रभावित नहीं होंगे।

79. *संविधान (79वां संशोधन) अधिनियम,1999—* इस कानून द्वारा सरकार ने अनुसूचित जातियों और जनजातियों तथा एंग्लो इंडियंस के लिए लोकसभा और विधानसभाओं में आरक्षण दस वर्षों के लिए बढ़ा दिया है।

80. *संविधान (80वां संशोधन) अधिनियम, 2000—* दसवें वित्त आयोग की सिफरिशों के आधार पर संविधान (80वां संशोधन) अधिनियम-2000 में केंद्र और राज्यों के बीच करों से एकत्र राजस्व बांटने के बारे में वैकल्पिक योजना पर अमल करने की व्यवस्था की गई है। इस योजना के अनुसार आयकर, उत्पाद शुल्कों, विशेषतः उत्पाद शुल्कों तथा रेल यात्री किरायों पर कर के बदले अनुदानों के लिए अब तक राज्य सरकारों को केंद्रीय करों तथा शुल्कों से एकत्र कुल राजस्व का जितना हिस्सा मिलता था अब उसके स्थान पर 26 प्रतिशत भाग राज्यों को दिया जाएगा।

81. *संविधान (81वां संशोधन) अधिनियम, 2000—* इस संशोधन के द्वारा व्यवस्था की गई है कि संविधान के अनुच्छेद-16 की किसी भी व्यवस्था के अनुसार अनुसूचित जातियों और जनजातियों के लिए आरक्षित, वर्ष में जितने ख़ाली सरकारी पद हैं यदि वे पद उसी वर्ष नहीं भरे जाते हैं तो उन पर आगामी वर्ष में या वर्षों में नियुक्ति की जाएगी जिन्हें नियुक्ति वर्ष के कुल पदों के पचास प्रतिशत आरक्षित पदों की अधिकतम में शामिल नहीं किया जाएगा।

82. *संविधान (82वां संशोधन) अधिनियम, 2000—* इस संशोधन के द्वारा यह व्यवस्था की गई है कि केंद्र या किसी राज्य के मामलों से संबद्ध किसी सेवा के किन्हीं वर्गों या वर्ग अथवा पदों पर पदोन्नति देने के लिए अनुसूचित जातियों और जनजातियों के सदस्यों के पक्ष में किसी परीक्षा के अर्हता अंकों में अथवा मूल्यांकन के स्तरों में नरमी बरतने के लिए की गई किसी व्यवस्था को संविधान के अनुच्छेद-335 का कोई भी प्रावधान राज्य को नहीं रोक सकेगा।

83. *संविधान (83वां संशोधन) अधिनियम, 2000—* इस कानून द्वारा संविधान के अनुच्छेद-243 (एम) में संशोधन कर व्यवस्था की गई है कि जनजातियों से पूरी तरह आबाद अरुणाचल प्रदेश की पंचायतों में अनुसूचित जातियों के लिए किसी प्रकार का आरक्षण करने की आवश्यकता नहीं है।

84. *संविधान (84वां संशोधन) अधिनियम, 2001—* इस कानून द्वारा संविधान के अनुच्छेद-82 और 170(3) की शर्तों में संशोधन किया गया है ताकि वर्ष 1991 की जनगणना के दौरान सुनिश्चित की गयी आबादी के आधार पर प्रत्येक राज्य के लिए आवंटित लोकसभा सीटों और राज्यों की विधानसभा सीटों की संख्या में कोई परिवर्तन किए बगैर राज्यों में निर्वाचन क्षेत्रों को परिवर्तित तथा पुनर्गठित किया जा सके। इसमें अनुसूचित जाति और जनजाति के निर्वाचन क्षेत्र भी शामिल हैं। ऐसा विभिन्न निर्वाचन क्षेत्रों में आबादी-मतदाताओं की संख्या में अनियमित वृद्धि के कारण पैदा हुए असंतुलन को दूर करने के लिए किया गया है। इससे वर्ष 1991 की जनगणना के दौरान सुनिश्चित की गयी आबादी के आधार पर राज्यों की विधानसभाओं और लोकसभा के लिए आरक्षित, अनुसूचित और जनजाति की सीटों की संख्या भी फिर से निर्धारित की जा सकेगी।

85. *संविधान (85वां संशोधन) अधिनियम, 2001—* इस कानून द्वारा संविधान के अनुच्छेद-16 (4ए) में संशोधन किया गया है ताकि अनुसूचित जाति और अनुसूचित जनजाति के सरकारी कर्मचारियों को आरक्षण नियमों के तहत् पदोन्नति के मामले में आनुषंगिक वरीयता प्रदान की जा सके। इसे 17 जून , 1995 से प्रभावी माना गया है।

86. *संविधान (86वां संशोधन) अधिनियम, 2002—* इसका संबंध अनुच्छेद-21 के पश्चात् जोड़े गए नए अनुच्छेद-21 ए से है। नया अनुच्छेद-21ए, शिक्षा के अधिकार से संबंधित है- 'राज्य को छह से 14 साल तक के सभी बच्चों को निशुल्क तथा अनिवार्य शिक्षा उपलब्ध करानी होगी। यह संबंधित राज्य द्वारा निर्धारित कानून के तहत् होगी।'

संविधान के अनुच्छेद-45 को बदलकर नया अनुच्छेद जोड़ा गया है संविधान के अनुच्छेद-45 छह साल से कम उम्र के बच्चों की शुरुआती देखभाल और उनकी शिक्षा की व्यवस्था संबंधी अनुच्छेद बदला जाएगा। अनुच्छेद-45 'राज्य को तब तक सभी बच्चों की शुरुआती देखभाल और शिक्षा की व्यवस्था करने के लिए प्रयास करना होगा जब तक वह छह साल की आयु का नहीं हो जाता है।'

संविधान के अनुच्छेद-51 ए में संशोधन करके (जे) के बाद नया अनुच्छेद-(के) जोड़ा गया है, 'इसमें छह साल से 14 साल तक की आयु के बच्चे के माता-पिता या अभिभावक अथवा संरक्षक को अपने बच्चे को शिक्षा दिलाने के लिए अवसर उपलब्ध कराने का प्रावधान है।'

87. *संविधान (87वां संशोधन) अधिनियम, 2003—* संविधान के अनुच्छेद-81 के खंड (3) के उपबंध में धारा (II) में, '1991' की जगह '2001' लिखा जाए।

संविधान के अनुच्छेद-82 के तीसरे उपबंध की धारा (II) में 1991 की जगह 2001 लिखा जाए।

संविधान के अनुच्छेद-170 व्याख्या में (i) धारा 2 के उपबंध की व्याख्या में 1991 की जगह 2001 लिखा जाए; (ii) धारा 3 के तीसरे उपबंध की व्याख्या में 1991 की जगह 2001 लिखा जाए।

संविधान के अनुच्छेद-330 में व्याख्या में, उपखंड में '1991' की जगह '2001' लिखा जाए।

88. *संविधान (88वां संशोधन) अधिनियम, 2003*— यह संशोधन केंद्र सरकार द्वारा सरकारी बजट में अधिसूचित होने की तारीख से प्रभावी माना जाएगा।

संविधान के अनुच्छेद-268 के बाद निम्नलिखित अनुच्छेद जोड़ा जाए:

'268 ए (1) सेवाओं पर कर भारत सरकार द्वारा लगाया जाएगा और इन करों का संग्रहण और उपयोग भारत सरकार और राज्यों द्वारा धारा (2) में दिए प्रावधानों के अनुसार किया जाएगा।'

(2) किसी भी वित्तीय वर्ष में धारा (1) में दिए गए प्रावधानों के मुताबिक लगाए गए ऐसे किसी भी कर को (क) भारत सरकार और राज्य एकत्रित करेंगे; (ख) भारत सरकार और राज्यों द्वारा इसका उचित इस्तेमाल किया जाएगा और यह संग्रहण और उपयोग उन सिद्धांतों के आधार पर किया जाएगा जैसा कि संसद के कानून के द्वारा निर्धारित किया हो।

संविधान के अनुच्छेद-270 की धारा (1) में 'अधिनियम 268 और 269' के स्थान पर 'अधिनियम, 268, 268ए और 269' लिखा जाए।

संविधान की सातवीं अनुसूची में **सूची I-केंद्रीय सूची** में 92 बी के बाद '92सी-सेवाओं पर कर' को सूचीबद्ध किया जाए।

89. *संविधान (89वां संशोधन) अधिनियम, 2003*— यह संशोधन उस दिन से प्रभावी होगा जिस दिन से केंद्र सरकार इसे अधिसूचना द्वारा सरकारी गजट में शामिल करेगी।

संविधान के अनुच्छेद-338 में :

(ए) उपांतिक (मार्जिनल) शीर्षक की जगह निम्नलिखित उपांतिक शीर्षक लिखा जाए:

'अनुसूचित जातियों के लिए राष्ट्रीय आयोग'

(बी) धारा (1) और (2) के स्थान पर निम्नलिखित धाराएं शामिल की जाएं:

1. अनुसूचित जातियों के लिए एक आयोग होना चाहिए जिसे अनुसूचित जातियों के लिए राष्ट्रीय आयोग के नाम से जाना जाए।
2. संसद द्वारा इस बारे में बनाए गए कानून के प्रावधानों के मुताबिक आयोग में एक अध्यक्ष, उपाध्यक्ष तथा तीन अन्य सदस्य होंगे और नियुक्त किए गए अध्यक्ष, उपाध्यक्ष तथा तीन अन्य सदस्यों की सेवा की शर्तें तथा कार्यकाल राष्ट्रपति द्वारा तय नियमों से निर्धारित होंगे।

(सी) धारा (5), (9) तथा (10) में जहां भी अनुसूचित जनजाति शब्द प्रयुक्त हुआ हो, उसे हटा दिया जाए।

अनुच्छेद-338 के स्थान पर निम्नलिखित अनुच्छेद जोड़ा जाए।

''338ए- (1) अनुसूचित जनजातियों के लिए एक आयोग होना चाहिए जिसे अनुसूचित जनजातियों के लिए राष्ट्रीय आयोग के नाम से जाना जाएगा।

(2) संसद द्वारा इस संदर्भ में पारित किसी कानून के प्रावधानों के मुताबिक, आयोग में एक अध्यक्ष, उपाध्यक्ष तथा तीन अन्य सदस्य होंगे और नियुक्त किए गए अध्यक्ष, उपाध्यक्ष तथा तीन अन्य सदस्यों की सेवा शर्तें तथा कार्यकाल राष्ट्रपति द्वारा तय नियमों से निर्धारित होंगे।

(3) आयोग के अध्यक्ष, उपाध्यक्ष तथा अन्य सदस्यों की नियुक्ति राष्ट्रपति द्वारा अपने हाथ से जारी सीलबंद वारंट द्वारा की जाएगी।

(4) आयोग को अपनी कार्यप्रक्रिया स्वयं निर्धारित करने का अधिकार होगा।

(5) आयोग का यह कर्तव्य होगा कि- (क) संविधान या वर्तमान में लागू अन्य किसी कानून के अंतर्गत या सरकार द्वारा जारी किसी आदेश के तहत् अनुसूचित जातियों को दी गई सुरक्षा से संबंधित सभी मामलों की छानबीन एवं निगरानी तथा इन तय सुरक्षा मानदंडों का मूल्यांकन; (ख) अनुसूचित जनजातियों को उनके अधिकारों तथा सुरक्षा से वंचित करने के संदर्भ में किसी विशेष शिकायत की जांच; (ग) अनुसूचित जनजातियों के सामाजिक-आर्थिक विकास की योजना प्रक्रिया में शामिल होना एवं सलाह देना और केंद्र तथा किसी राज्य के अंतर्गत उनके विकास का मूल्यांकन; (घ) निर्धारित सुरक्षा मानकों के कारगर होने या न होने के बारे में आयोग अपनी रिपोर्ट वार्षिक तथा अन्य किसी ऐसे समय, जब उसे उचित लगे, राष्ट्रपति को सौंपेगा; (ङ) ऐसी रिपोर्ट अथवा सिफ़ारिशें करेगा, उपाय सुझाएगा जो केंद्र या किसी राज्य सरकार द्वारा इन सुरक्षा उपायों को प्रभावी ढंग से लागू करने के लिए किए जाएंगे ताकि अनुसूचित जनजातियों के हितों की रक्षा, उनका कल्याण और आर्थिक-सामाजिक विकास हो सके। (च) अनुसूचित जनजातियों के संरक्षण, कल्याण एवं विकास तथा उनकी प्रगति संबंधी ऐसे अन्य कार्य करेगा जोकि संसद द्वारा बनाए गए किसी कानून के मुताबिक राष्ट्रपति निर्दिष्ट करे।

(6) राष्ट्रपति यह सुनिश्चित करेंगे कि ऐसी सभी रिपोर्ट संसद के प्रत्येक सदन के समक्ष रखी जांए। साथ ही, केंद्र से संबंधित सिफ़ारिशों के संदर्भ में उठाए गए या प्रस्तावित कदमों के बारे में ज्ञापन भी हो जिसमें किसी सिफ़ारिश को अगर स्वीकार नहीं किया गया हो तो उसका कारण भी निर्दिष्ट हो।

(7) जहां ऐसी कोई रिपोर्ट, या उसका कोई हिस्सा, किसी ऐसे मामले से संबंधित हो जोकि किसी राज्य सरकार से संबद्ध हो, ऐसी रिपोर्ट की एक प्रति राज्य के राज्यपाल को भेजी जानी चाहिए जोकि यह सुनिश्चित करे कि वह रिपोर्ट राज्य विधानमंडल के समक्ष राज्य से संबंधित अनुशंसाओं के संदर्भ में 36 (ए) गए या प्रस्तावित कदमों के बारे में ज्ञापन सहित रखी जाए। साथ ही, राज्य से संबद्ध सिफ़ारिश को अगर स्वीकार नहीं किया गया है, तो उसकी अस्वीकृति के कारणों के बारे में भी बताया जाए।

(8) आयोग को धारा 5 की उपधारा (ए) में दिए गए किसी मामले की छानबीन करने या उपधारा (बी) के तहत् किसी शिकायत की जांच करने के लिए वे सभी शक्तियां प्राप्त हैं जो किसी मुकदमें की सुनवाई के दौरान सिविल कोर्ट को प्राप्त होती हैं, विशेषतौर से निम्नलिखित मामलों के संदर्भ में, जो इस प्रकार हैं:

(क) भारत के किसी भी हिस्से से किसी व्यक्ति की उपस्थिति के लिए उसे सम्मन जारी करना तथा उसकी उपस्थिति दर्ज करना और शपथ से उसकी जांच करना; (ख) किसी दस्तावेज की खोज तथा प्रस्तुति की आवश्यकता पड़ने पर; (ग) शपथ-पत्र पर प्रमाण प्राप्त करने पर; (घ) किसी अदालत या कार्यालय से कोई सार्वजनिक रिकार्ड या प्रति प्राप्त करने के लिए प्रार्थना; (ङ) गवाहों तथा दस्तावेज़ों की जांच-परख के लिए कमीशन जारी करना, (च) अन्य कोई मामला जो किसी नियम के मुताबिक राष्ट्रपति सामने रखे।

(9) केंद्र तथा सभी राज्य सरकारें अनुसूचित जनजातियों को प्रभावित करने वाले सभी बड़े नीतिगत मामलों पर आयोग से विचार-विमर्श करेंगी।''

90. *संविधान (90वां संशोधन) अधिनियम, 2003*— संविधान के अनुच्छेद-332 की धारा (6) में निम्नलिखित उपबंध जोड़ा जाए, जो कि इस प्रकार है:

'असम राज्य के लिए विधानसभा चुनावों हेतु बोडोलैंड प्रादेशिक क्षेत्रीय जिला सहित निर्वाचन क्षेत्रों में अनुसूचित जनजातियों तथा गैर-अनुसूचित जनजातियों का प्रतिनिधित्व, जैसा कि अधिसूचित हो, तथा जो वर्तमान में बोडोलैंड क्षेत्रीय जिला गठित होने से पहले हैं, को बरक़रार रखा जाए।'

91. *संविधान (91वां संशोधन) अधिनियम, 2003*— संविधान के अनुच्छेद-75 में धारा (1) के बाद निम्नलिखित धाराएं जोड़ी जाएं, जो कि इस प्रकार हैं:

'(1ए) मंत्रिपरिषद में प्रधानमंत्री सहित मंत्रियों की कुल संख्या सदन के सदस्यों की कुल संख्या के 15 प्रतिशत से अधिक नहीं होनी चाहिए।'

(1बी) संसद के किसी भी सदन का सदस्य जो कि किसी भी राजनीतिक दल से संबद्ध हो तथा उसे दसवीं अनुसूची के पैरा 2 के अंतर्गत उस सदन का सदस्य बनने के अयोग्य घोषित कर दिया हो, वह धारा (1) के तहत् मंत्री के पद पर नियुक्ति के लिए भी अयोग्य माना जाएगा और यह अवधि उसे अयोग्य घोषित किए जाने की तारीख से शुरू होगी और उस तारीख तक लागू रहेगी जिस अवधि तक उसका सदस्य के रूप में कार्यकाल समाप्त नहीं होता या उस अवधि के समाप्त होने से पहले उस तारीख तक, जब वह कहीं से संसद के किसी भी सदन के लिए हुए चुनाव में खड़ा हुआ हो, और उसे निर्वाचित घोषित किया गया हो, जो भी पहले हो।

संविधान के अनुच्छेद-164 में धारा (1) के बाद निम्नलिखित धाराएं जोड़ी जाएं:

'(1ए) राज्य में मंत्रिपरिषद में मुख्यमंत्री सहित मंत्रियों की कुल संख्या राज्य की विधानसभा के सदस्यों की कुल संख्या के 15 प्रतिशत से अधिक नहीं होनी चाहिए:

बशर्ते राज्य में मंत्रियों की कुल संख्या मुख्यमंत्री सहित 12 से कम नहीं हो:

बशर्ते जहां किसी राज्य में मंत्रीपरिषद में मंत्रियों की कुल संख्या मुख्यमंत्री सहित संविधान (91वां संशोधन) अधिनियम, 2003 लागू होने की तारीख को उपरोक्त 15 प्रतिशत या पहले उपखंड में निर्दिष्ट संख्या से ज्यादा हो, जैसा भी मामला हो, तब उस राज्य में मंत्रियों की कुल संख्या को इस धारा के प्रावधानों के मुताबिक निर्धारित करने के लिए राष्ट्रपति द्वारा इस बारे में सार्वजनिक अधिसूचना जारी करने की तारीख के छह महीने के भीतर इस धारा के प्रावधानों का पालन किया जाए।

(1बी) राज्य विधानसभा या राज्य विधानमंडल के किसी भी सदन, जहां विधानपरिषद हो, का सदस्य जो किसी भी राजनीतिक दल से संबद्ध हो तथा जिसे दसवीं अनुसूची के पैरा 2 के तहत् उस सदन का सदस्य बनने के अयोग्य घोषित कर दिया गया हो, धारा (1) के तहत् उसे मंत्री पद पर नियुक्ति के लिए भी अयोग्य माना जाएगा तथा वह अवधि उसे अयोग्य घोषित किए जाने की तारीख से उस तारीख तक जारी रहेगी जब तक उसकी उस सदस्य के रूप में नियुक्ति की अवधि समाप्त नहीं हो जाती या उस अवधि के समाप्त होने से पहले, उस तारीख से, जब वह राज्य विधानसभा या विधानमंडल के किसी भी सदन के लिए चुनाव लड़े, जहां विधानपरिषद हो, जैसा भी मामला हो, उसे निर्वाचित घोषित किया जाए, जो भी पहले हो।

संविधान के अनुच्छेद-361ए के बाद निम्नलिखित अनुच्छेद जोड़ा जाए, जो इस प्रकार है:

'316-बी- किसी भी राजनीतिक दल से संबद्ध सदन का सदस्य जिसे दसवीं अनुसूची के पैरा 2 के अंतर्गत सदन की सदस्यता के अयोग्य घोषित किया गया हो, वह उस अवधि में किसी लाभकारी

राजनीतिक पद के लिए भी अयोग्य माना जाएगा। यह उसे अयोग्य घोषित किए जाने की तारीख से तब तक के लिए होगा, जब तक उसकी सदस्य के रूप में नियुक्ति की अवधि समाप्त नहीं हो जाती या उस तारीख तक, जब वह सदन के लिए कोई चुनाव लड़े और निर्वाचित घोषित किया जाए, जो भी पहले हो।'

व्याख्या इस अनुच्छेद के उद्देश्य से–

(ए) 'सदन' का अर्थ वही समझा जाएगा जो दसवीं अनुसूची के पैरा 1 की धारा (ए) में दिया गया हैं।

(बी) शब्द 'लाभकारी राजनीतिक पद' से तात्पर्य किसी कार्यालय में (I) भारत सरकार या राज्य सरकार के तहत्, जहां ऐसे कार्यालय में वेतन या पारिश्रमिक भारत सरकार या राज्य सरकार के सार्वजनिक राजस्व से दिया जाता हो, जैसा भी मामला हो, या (II) ऐसा संकाय, जो निगमित हो या नहीं, पूरी तरह या आंशिक रूप से भारत सरकार या राज्य सरकार के अधीन हो तथा ऐसे कार्यालय का वेतन या परिश्रमिक ऐसे संकाय द्वारा दिया जाता है, ऐसे मामलों को छोड़कर जहां ऐसा वेतन या पारिश्रमिक प्रतिपूरक के रूप में दिया जाता हो।

संविधान की दसवीं अनुसूची में (ए) पैरा 1 में धारा बी में शब्दों तथा संख्या को 'पैरा 3 या, जैसा भी मामला हो, हटा दिया जाए;' (बी) पैरा 2 के उप–पैरा (1) में शब्दों तथा संख्या 'पैरा 3, 4 तथा 5', के स्थान पर 'पैरा 4 तथा 5' लिखा जाए; (सी) पैरा 3 को हटा दिया जाए।

92. *संविधान (92वां संशोधन) अधिनियम, 2003*— संविधान की आठवीं अनुसूची में:

(क) वर्तमान प्रविष्टि 3 को प्रविष्टि 5 किया जाए तथा प्रविष्टि 5 से पहले निम्नलिखित प्रविष्टि जोड़ी जाएं: '*3 बोडो; 4 डोगरी*'।

(ख) वर्तमान 4 से 7 तक की प्रविष्टि को क्रमश: प्रविष्टि 6 से 9 लिखा जाए;

(ग) वर्तमान प्रविष्टि 8 के स्थान पर प्रविष्टि 11 लिखा जाए तथा प्रविष्टि 11 से पहले निम्नलिखित प्रविष्टि को जोड़ा जाए: '10 मैथिली'

(घ) वर्तमान 9 से 14 तक की प्रविष्टि के स्थान पर क्रमश: 12 से 17 लिखा जाए;

(ङ) वर्तमान प्रविष्टि 15 की जगह प्रविष्टि 19 लिखा जाए और प्रविष्टि 19 से पहले निम्नलिखित प्रविष्टि जोड़ी जाए: '*18 संथाली*'

(च) वर्तमान प्रविष्टि 16 से 18 के स्थान पर क्रमश: प्रविष्टि 20 से 22 लिखा जाए।

93. *संविधान (93वां संशोधन) अधिनियम, 2006*— बड़ी संख्या में अनुसूचित जाति, जनजाति के छात्रों और सामाजिक तथा शिक्षा के स्तर पर पिछड़े हुए अन्य वर्गों के नागरिकों के लिए व्यावसायिक शिक्षा सहित उच्च शिक्षा प्राप्त करना एक महत्वपूर्ण समस्या है। शिक्षा संस्थानों में, अनुसूचित जाति और जनजाति और अन्य पिछड़े वर्गों के नागरिकों के दाखिले के लिए सीटों के आरक्षण की व्यवस्था, संविधान के अनुच्छेद–15 की धारा (4) के प्रावधानों के तहत् की गई है। इस समय सहायता प्राप्त अथवा प्रशासन द्वारा संचालित संस्थानों में विशेष तौर पर व्यावसायिक शिक्षा के लिए जो सीटें उपलब्ध हैं वे गैर–सहायता प्राप्त निजी संस्थानों की तुलना में सीमित हैं।

संविधान के अनुच्छेद–30 की धारा (1) के प्रावधानों के तहत् सभी अल्पसंख्यकों को अपनी इच्छानुसार शिक्षण संस्थान स्थापित करने और उसे संचालित करने का अधिकार है। अल्पसंख्यक वर्गों को संस्थानों की स्थापना और उसके संचालन के बारे में जो अधिकार मिले हुए हैं, उनकी रक्षा करना

आवश्यक है। इसके फलस्वरूप जिन संस्थानों को सरकार ने अनुच्छेद-30 की धारा (1) के तहत् अल्पसंख्यक घोषित कर रखा है, उन्हें इस कानून के दायरे से बाहर रखा गया है।

सामाजिक और शिक्षा के स्तर पर पिछड़े हुए वर्गों के नागरिकों, अर्थात अनुसूचित जाति व जनजाति तथा अन्य पिछड़े वर्गों के छात्रों को, अनुच्छेद-30 की धारा (1) के तहत् आने वाले अल्पसंख्यक शिक्षण संस्थानों को छोड़कर बाकी गैर सहायता प्राप्त शिक्षण संस्थानों में दाखिला देने के मामले में अनुच्छेद-15 के प्रावधानों का विस्तार किया गया है। अनुच्छेद-15 की नयी धारा (5) के तहत् संसद तथा राज्यों की विधायिकाएं ऊपर दिए गए उद्देश्य के लिए समुचित कानून बना सकती हैं।

94. *संविधान (94वां संशोधन) अधिनियम, 2006*— संविधान के अनुच्छेद-164 की धारा (1) के प्रावधान में 'बिहार' शब्द के स्थान पर 'झारखंड, छत्तीसगढ़' शब्द का इस्तेमाल किया जाएगा।

95. *संविधान (95वां संशोधन) अधिनियम, 2009*— लोकसभा और राज्यसभा तथा विधानमंडलों में अनुसूचित जातियों और अनुसूचित जनजातियों के लिए स्थानों के आरक्षण की अवधि 60 से बढ़ाकर 70 वर्ष करने के लिए अनुच्छेद-334 में संशोधन किया गया।

96. *संविधान (96वां संशोधन) अधिनियम, 2011*— संविधान की आठवीं अनुसूची में 'उडिया' के स्थान पर 'ओड़िया' लिखा जाए।

97. *संविधान (97वां संशोधन) अधिनियम, 2011*— अनुच्छेद-19 (i) (ग) में अथवा 'संघों' शब्दों के बाद अथवा 'सहकारी सोसायटी' शब्द जोड़े गए अनुच्छेद-43(ख) यानी सहकारी सोसायटियों के संवर्धन को शामिल किया गया और खंड I...8 यानी सहकारी सोसायटी जोड़ा गया।

98. *संविधान (98वां संशोधन) अधिनियम, 2012*— संविधान में अनुच्छेद-371(जे) जोड़ा गया। इसका उद्देश्य कर्नाटक के राज्यपाल को हैदराबाद-कर्नाटक क्षेत्र के विकास के लिए कदम उठाने के लिए शक्ति प्रदान करना था।

99. *संविधान (99वां संशोधन) अधिनियम, 2014*— नए अनुच्छेद-124क,124ख,124ग को संविधान के अनुच्छेद-124 के बाद शामिल किया गया। यह अधिनियम प्रस्तावित राष्ट्रीय न्यायिक नियुक्ति आयोग के संगठन तथा अधिकार को तैयार करता है।

100. *संविधान (100वां संशोधन) अधिनियम, 2015*— संविधान की पहली अनुसूची को 16 मई, 1974 को हस्ताक्षरित भू-सीमा के सीमांकन से समझौते तथा दिनांक 6 सितंबर , 2011 को हस्ताक्षरित उसके मूल पत्र के अनुसरण में हानिकर आधिपत्य को बनाए रखते हुए तथा विदेशी अंत: क्षेत्र की अदला-बदली के माध्यम से भारत द्वारा राज्य क्षेत्र का हस्तांतरण करने के प्रयोजन को लागू करने के लिए संशोधित किया गया।

101. *संविधान (101वां संशोधन) अधिनियम, 2016*— इस अधिनियम द्वारा ''वस्तु एवं सेवा कर (जीएसटी)'' लागू करने के लिए संविधान की धारराएं 248, 249, 250, 268, 269, 270, 271, 286, 366 एवं 368 में संशोधन किया गया है। अनुच्छेद 268ए को हटाकर नए अनुच्छेद 269ए (अंतरराज्यीय व्यापार अथवा वाणिज्य के दौरान वस्तु एवं संवा कर की लेवी तथा संग्रह) तथा 279ए (वस्तु एवं सेवा कर परिषद) जोड़े गए। इस अधिनियम में वस्तु एवं सेवा कर लागू होने से राज्यों के राजस्व नुकसान की प्रतिपूर्ति का भी प्रावधान है।

स्रोत : www.indiacode.nic.in

परिशिष्ट

भारत सरकार

श्री रामनाथ कोविंद – राष्ट्रपति

श्री एम. वेंकैया नायडू – उपराष्ट्रपति

मंत्रिपरिषद

(31 दिसंबर, 2017 तक)[1]

श्री नरेंद्र मोदी	प्रधान मंत्री; साथ ही निम्न मंत्रालयों का प्रभार है: कार्मिक, लोक शिकायत और पेंशन, परमाणु ऊर्जा विभाग, अंतरिक्ष विभाग एवं अन्य सभी महत्वपूर्ण नीतिगत मामले और अन्य सभी पोर्टफोलियो जो किसी विभाग/अन्य मंत्री को आवंटित नहीं किए गए हैं।

कैबिनेट मंत्री

श्री राजनाथ सिंह	गृह मंत्री
श्रीमती सुषमा स्वराज	विदेश मंत्री
श्री अरुण जेटली	वित्त मंत्री, कॉरपोरेट मामलों के मंत्री
श्री नितिन जयराम गडकरी	सड़क परिवहन तथा राजमार्ग मंत्री और जहाज़रानी मंत्री, जल संसाधन, नदी विकास और गंगा संरक्षण मंत्रालय
श्री सुरेश प्रभु	व्यापार और उद्योग मंत्री
श्री डी.वी. सदानंद गौड़ा	सांख्यिकी एवं कार्यक्रम कार्यान्वयन मंत्री
सुश्री उमा भारती	पेयजल और स्वच्छता मंत्री
श्री रामविलास पासवान	उपभोक्ता मामलों, खाद्य एवं सार्वजनिक वितरण मंत्री
श्रीमती मेनका संजय गांधी	महिला एवं बाल विकास मंत्री
श्री अनंतकुमार	रसायन एवं उर्वरक मंत्री और संसदीय कार्यमंत्री
श्री रवि शंकर प्रसाद	विधि एवं न्याय मंत्री और इलेक्ट्रॉनिक्स एवं सूचना प्रौद्योगिकी मंत्री
श्री जगत प्रकाश नड्डा	स्वास्थ्य एवं परिवार कल्याण मंत्री
श्री अशोक गजपति राजू पशुपति	नागर विमानन मंत्री
श्री अनंत गीते	भारी उद्योग और सार्वजनिक उपक्रम मंत्री

1 स्रोत : कैबिनेट सचिवालय की वेबसाइट : www.cabsec.nic.in/council-ministerofstatephp,

श्रीमति हरसिमरत कौर बादल	खाद्य प्रसंस्करण उद्योग मंत्री
श्री नरेंद्र सिंह तोमर	ग्रामीण विकास मंत्री, पंचायती राज; और खान मंत्री
श्री चौधरी बीरेंद्र सिंह	इस्पात मंत्री
श्री जुअल ओराम	जनजातीय मामलों के मंत्री
श्री राधा मोहन सिंह	कृषि एवं किसान कल्याण मंत्री
श्री थावर चंद गहलोत	सामाजिक न्याय और अधिकारिता मंत्री
श्रीमती स्मृति जुबिन ईरानी	कपड़ा मंत्री और सूचना एवं प्रसारण मंत्री
डॉ. हर्षवर्धन	विज्ञान एवं प्रौद्योगिकी मंत्री, पृथ्वी विज्ञान मंत्री और पर्यावरण एवं जलवायु परिवर्तन मंत्री
श्री प्रकाश जावडेकर	मानव संसाधन विकास मंत्री
श्री धमेंद्र प्रधान	पेट्रोलियम एवं प्राकृतिक गैस और कौशल विकास और उद्यमशीलता मंत्री
श्री पीयूष गोयल	रेलवे और कोयला मंत्री
श्रीमती निर्मला सीतारमन	रक्षा मंत्री
श्री मुख्तार अब्बास नकवी	अल्पसंख्यक मामलों के मंत्री

राज्यमंत्री (स्वतंत्र प्रभार)[2]

राव इंद्रजीत सिंह	योजना राज्यमंत्री (स्वतंत्र प्रभार) रसायन एवं उर्वरक राज्यमंत्री
श्री संतोष कुमार गंगावार	श्रम एवं रोज़गार राज्यमंत्री (स्वतंत्र प्रभार)
श्री श्रीपद येस्सो नाइक	आयुर्वेद, योग एवं प्राकृतिक चिकित्सा, यूनानी, सिद्ध और होम्योपैथी (आयुष) मंत्रालय के राज्यमंत्री (स्वतंत्र प्रभार)
डॉ. जितेंद्र सिंह	पूर्वोत्तर विकास राज्यमंत्री (स्वतंत्र प्रभार); प्रधानमंत्री कार्यालय में राज्यमंत्री; कार्मिक, लोक शिकायत और पेंशन मंत्रालय में राज्यमंत्री; परमाणु ऊर्जा राज्यमंत्री; और अंतरिक्ष विभाग में राज्यमंत्री
डॉ. महेश शर्मा	संस्कृति राज्यमंत्री (स्वतंत्र प्रभार) और पर्यावरण, वन और जलवायु परिवर्तन राज्यमंत्री
श्री गिरिराज सिंह	सूक्ष्म, लघु एवं मध्यम उद्यम राज्यमंत्री (स्वतंत्र प्रभार)
श्री मनोज सिन्हा	संचार राज्यमंत्री (स्वतंत्र प्रभार) और रेल राज्यमंत्री
कर्नल राज्यवर्धन सिंह राठौड़	युवा मामले और खेल राज्यमंत्री (स्वतंत्र प्रभार) सूचना और प्रसारण राज्यमंत्री

2 स्रोत : कैबिनेट सचिवालय की वेबसाइट : www.cabsec.nic.in/council-ministerofstate.php,

श्री राजकुमार सिंह	विद्युत राज्यमंत्री (स्वतंत्र प्रभार) और नवीन एवं नवीकरणीय ऊर्जा राज्यमंत्री (स्वतंत्र प्रभार)
श्री हरदीप सिंह पुरी	आवासीय एवं शहरी मामलों के राज्यमंत्री (स्वतंत्र प्रभार)
श्री अल्फोंस कनन्थमन	पर्यटन राज्यमंत्री (स्वतंत्र प्रभार) और इलेक्ट्रॉनिक एवं सूचना प्रौद्योगिकी

राज्यमंत्री[3]

श्री विजय गोयल	संसदीय मामलों के राज्यमंत्री और सांख्यिकी एवं कार्यक्रम कार्यान्वयन राज्यमंत्री
श्री राधाकृष्णन पी.	वित्त राज्यमंत्री और जहाज़रानी राज्यमंत्री
श्री एस. एस. अहलूवालिया	कृषि एवं किसान कल्याण राज्यमंत्री और संसदीय कार्य राज्यमंत्री
श्री रमेश चंदप्पा जिगजिनेगी	पेयजल और स्वच्छता राज्यमंत्री
श्री रामदास अठावले	सामाजिक न्याय और सशक्तीकरण मंत्रालय में राज्यमंत्री
श्री विष्णु देव साई	इस्पात राज्यमंत्री
श्री राम कृपाल यादव	ग्रामीण विकास राज्यमंत्री
श्री हंसराज गंगाराम अहीर	गृह राज्यमंत्री
श्री हरिभाई पार्थीभाई चौधरी	खान मंत्रालय में राज्यमंत्री और कोयला राज्यमंत्री
श्री राजन गोहेन	रेल राज्यमंत्री
जनरल (सेवानिवृत्त) वी.के. सिंह	विदेश राज्यमंत्री
श्री परषोत्तम रूपाला	कृषि एवं किसान कल्याण राज्यमंत्री और पंचायती राज मंत्रालय में राज्यमंत्री
श्री कृष्ण पाल	सामाजिक न्याय एवं अधिकारिता राज्यमंत्री
श्री जसवंत सुमनभाई भाभीर	जनजातीय मामलों के मंत्रालय में राज्यमंत्री
श्री शिवप्रताप शुक्ला	वित्त राज्यमंत्री
श्री अश्विनी कुमार चौबे	स्वास्थ्य एवं परिवार कल्याण मंत्रालय में राज्यमंत्री
श्री सुदर्शन भगत	जनजातीय मामलों के मंत्रालय में राज्यमंत्री
श्री उपेन्द्र कुशवाहा	मानव संसाधन विकास राज्यमंत्री
श्री किरेन रिजिजू	गृह राज्यमंत्री
डॉ. वीरेंद्र कुमार	महिला एवं बाल विकास राज्यमंत्री और अल्पसंख्यक मामलों के मंत्रालय में राज्यमंत्री

3 स्रोत : कैबिनेट सचिवालय की वेबसाइट : www.cabsec.nic.in/council_ministerofstate.php,

श्री अनंतकुमार हेगड़े	कौशल विकास एवं उद्यमशीलता मंत्रालय में राज्यमंत्री
श्री एम. जे. अकबर	विदेश मंत्रालय में राज्यमंत्री
साध्वी निरंजन ज्योति	खाद्य प्रसंस्करण उद्योग मंत्रालय में राज्यमंत्री
श्री वाई. एस. चौधरी	विज्ञान एवं प्रौद्योगिकी राज्यमंत्री और भूमि विज्ञान राज्यमंत्री
श्री जयंत सिन्हा	नागर विमानन राज्यमंत्री
श्री बाबुल सुप्रियो	भारी उद्योग एवं सार्वजनिक उपक्रम राज्यमंत्री
श्री अर्जुन राम मेघवाल	संसदीय मामलों के राज्यमंत्री और जल संसाधन, नदी विकास एवं गंगा संरक्षण राज्यमंत्री
श्री अजय टम्टा	कपड़ा राज्यमंत्री
श्रीमती कृष्णा राज	कृषि एवं किसान कल्याण मंत्रालय में राज्यमंत्री
श्री मनसुख एल. मंडाविया	सड़क परिवहन एवं राजमार्ग राज्यमंत्री; जहाजरानी राज्यमंत्री; और रसायन एवं उर्वरक राज्यमंत्री
श्रीमती अनुप्रिया पटेल	स्वास्थ्य एवं परिवार कल्याण राज्यमंत्री
श्री सी. आर. चौधरी	उपभोक्ता मामले, खाद्य एवं सार्वजनिक वितरण राज्यमंत्री और वाणिज्य एवं उद्योग राज्यमंत्री
श्री पी. पी. चौधरी	विधि एवं न्याय राज्यमंत्री और कॉरपोरेट मामलों के राज्यमंत्री
डॉ. सुभाष रामराव भामरे	रक्षा राज्यमंत्री
श्री गजेंद्र सिंह शेखावत	कृषि एवं किसान कल्याण राज्यमंत्री
डॉ. सत्यपाल सिंह	मानव संसाधन विकास राज्यमंत्री और जल संसाधन, नदी विकास एवं गंगा संरक्षण राज्यमंत्री

नोट : 12 जुलाई, 2016 तक

राज्यसभा

राज्यसभा सदस्य (राज्यवार सूची 31 दिसंबर, 2017 तक)[4]

सभापति : श्री एम. वेंकैया नायडु
उपसभापति : प्रो. पी.जे. कुरियन

क्र.सं.	नाम	दल/समूह
राज्य		
अरुणाचल प्रदेश (1)		
1.	श्री मुकुट मीथि	भारतीय राष्ट्रीय कांग्रेस

4 स्रोत : http://rajyasabha.nic.in

असम (7)

2.	श्री बिस्वजीत देमेरी	बीपीएफ
3.	श्री भुवनेश्वर कालिता	भारतीय राष्ट्रीय कांग्रेस
4.	डॉ. संजय सिंह	भारतीय राष्ट्रीय कांग्रेस
5.	डॉ. मनमोहन सिंह	भारतीय राष्ट्रीय कांग्रेस
6.	श्री शांतियूस कुजूर	भारतीय राष्ट्रीय कांग्रेस
7.	श्रीमती रानी नरह	भारतीय राष्ट्रीय कांग्रेस
8.	श्री रिपुन बोरा	भारतीय राष्ट्रीय कांग्रेस

आंध्र प्रदेश (11)

9.	श्रीमती रेणुका चौधरी	भारतीय राष्ट्रीय कांग्रेस
10.	डॉ. टी. सुब्बारामी रेड्डी	भारतीय राष्ट्रीय कांग्रेस
11.	डॉ. के. केशव राव	तेलंगाना राष्ट्र समिति
12.	श्री मोहम्मद अली खान	भारतीय राष्ट्रीय कांग्रेस
13.	श्री वाई. एस. चौधरी	तेलुगू देशम पार्टी
14.	डॉ. के. चिरंजीवी	भारतीय राष्ट्रीय कांग्रेस
15.	श्री टी. देवेंदर गौड	तेलुगू देशम पार्टी
16.	श्रीमती थोटा सीतारमण लक्ष्मी	तेलुगू देशम पार्टी
17.	श्री सुरेश प्रभु	भारतीय जनता पार्टी
18.	श्री टी. जी. वेंकटेश	तेलुगू देशम पार्टी
19.	श्री वी. विजयासाई रेड्डी	वाईएसआरसीपी

ओडिशा (10)

20.	श्री दिलीप कुमार तिर्के	बीजू जनता दल
21.	श्री ए.वी. स्वामी	निर्दलीय
22.	श्री ए.यू. सिंहदेव	बीजू जनता दल
23.	श्रीमती सरोजिनी हेम्ब्रम	बीजू जनता दल
24.	श्री रंजीब बिस्वाल	भारतीय राष्ट्रीय कांग्रेस
25.	नरेंद्र कुमार स्वायन	बीजू जनता दल
26.	श्री भास्कर राव नेक्कांति	बीजू जनता दल
27.	श्री प्रसन्ना आचार्य	बीजू जनता दल
28.	श्री प्रताप केसरी देव	बीजू जनता दल
29.	श्री अनुभव मोहंती	बीजू जनता दल

उत्तर प्रदेश (31)

30.	श्री नरेश अग्रवाल	समाजवादी पार्टी
31.	श्री किरणमय नंदा	समाजवादी पार्टी
32.	श्री दर्शन सिंह यादव	समाजवादी पार्टी
33.	चौधरी मुनव्वर सलीम	समाजवादी पार्टी
34.	श्री प्रमोद तिवारी	भारतीय राष्ट्रीय कांग्रेस
35.	श्री आलोक तिवारी	समाजवादी पार्टी
36.	प्रो. राम गोपाल यादव	समाजवादी पार्टी
37.	श्री अमर सिंह	समाजवादी पार्टी
38.	श्री कपिल सिब्बल	भारतीय राष्ट्रीय कांग्रेस
40.	श्री वीर सिंह	बहुजन समाज पार्टी
41.	श्रीमती जया बच्चन	समाजवादी पार्टी
42.	श्री सतीश चंद्र मिश्रा	बहुजन समाज पार्टी
43.	श्री मुन्कद अली	बहुजन समाज पार्टी
44.	श्री विनय कटियार	भारतीय जनता पार्टी
45.	श्री राजाराम	बहुजन समाज पार्टी
46.	श्री विशम्भर प्रसाद निशाद	समाजवादी पार्टी
47.	डॉ. चन्द्रपाल सिंह यादव	समाजवादी पार्टी
48.	श्री जावेद अली खान	समाजवादी पार्टी
49.	डॉ. ताजीन फातिमा	समाजवादी पार्टी
50.	श्री नीरज शेखर	समाजवादी पार्टी
51.	श्री पी.एल. पुनिया	भारतीय राष्ट्रीय कांग्रेस
52.	श्री रवि प्रकाश वर्मा	समाजवादी पार्टी
53.	श्री अशोक सिद्धार्थ	बहुजन समाज पार्टी
54.	श्री बेनी प्रसाद वर्मा	समाजवादी पार्टी
55.	श्री रेवती रमन सिंह	समाजवादी पार्टी
56.	श्री शिव प्रताप शुक्ला	भारतीय जनता पार्टी
57.	श्री संजय सेठ	समाजवादी पार्टी
58.	चौधरी सुखराम सिंह यादव	समाजवादी पार्टी
59.	श्री सुरेंद्र सिंह	समाजवादी पार्टी

उत्तराखंड (3)

60.	श्री प्रदीप टम्टा	भारतीय राष्ट्रीय कांग्रेस
61.	श्री राज बब्बर	भारतीय राष्ट्रीय कांग्रेस
62.	श्री महेंद्र सिंह मेहरा	भारतीय राष्ट्रीय कांग्रेस

कर्नाटक (12)

63.	श्रीमती निर्मला सीतारमण	भारतीय जनता पार्टी
64.	श्री डी. कुपेंद्र रेड्डी	जनता दल (एस)
65.	प्रो. एम.वी. राजीव गौड़ा	भारतीय राष्ट्रीय कांग्रेस
66.	श्री के.सी. राममूर्ति	भारतीय राष्ट्रीय कांग्रेस
67.	श्री बासवाराज पाटिल	भारतीय जनता पार्टी
68.	श्री रामकृष्णा रंगासांईं	भारतीय जनता पार्टी
69.	श्री राजीव चंद्रशेखर	निर्दलीय
70.	श्री जयराम रमेश	भारतीय राष्ट्रीय कांग्रेस
71.	डॉ. प्रभाकर कोरे	भारतीय जनता पार्टी
72.	श्री बी.के. हरिप्रसाद	भारतीय राष्ट्रीय कांग्रेस
73.	श्री ऑस्कर फर्नांडिस	भारतीय राष्ट्रीय कांग्रेस
74.	श्री के. रहमान खान	भारतीय राष्ट्रीय कांग्रेस

केरल (9)

75.	श्री व्यालार रवि	भारतीय राष्ट्रीय कांग्रेस
76.	श्री ए.के. एंटोनी	भारतीय राष्ट्रीय कांग्रेस
77.	श्री अब्दुल वहाब	आईयूएमएल
78.	प्रो.पी.जे. कुरियन	भारतीय राष्ट्रीय कांग्रेस
79.	श्री सी.पी. नारायण	भारतीय कम्युनिस्ट पार्टी (मा.)
80.	श्री जॉय अब्राहम	केरल कांग्रेस (एम)
81.	श्री के.के. रागेश	भारतीय कम्युनिस्ट पार्टी (मा.)
82.	श्री एम.पी. वीरेन्द्र कुमार	जनता दल यूनाइटेड
83.	श्री के. सोमाप्रसाद	भारतीय कम्युनिस्ट पार्टी (मा.)

गोवा (1)

84.	श्री विनय दीनू तेंदुलकर	भारतीय जनता पार्टी

गुजरात (11)

85.	श्री परषोतम रूपाला	भारतीय जनता पार्टी
86.	श्री अरुण जेटली	भारतीय जनता पार्टी
87.	श्री अहमद पटेल	भारतीय राष्ट्रीय कांग्रेस
88.	श्री अमित अनिल चंद्र शाह	भारतीय जनता पार्टी
89.	श्रीमती स्मृति ज़ुबिन ईरानी	भारतीय जनता पार्टी
90.	श्री मनसुख एल. मंडाविया	भारतीय जनता पार्टी
91.	श्री चुन्नीभाई कांजीभाई गोहेल	भारतीय जनता पार्टी
92.	श्री महंत शंभुप्रसाद जी. तुंड्या	भारतीय जनता पार्टी
93.	श्री लाल सिंह वडोडिया	भारतीय जनता पार्टी
94.	श्री मधुसूदन मिस्त्री	भारतीय राष्ट्रीय कांग्रेस
95.	श्री शंकरभाई एन. वेगड	भारतीय जनता पार्टी

छत्तीसगढ़ (5)

96.	श्री मोतीलाल वोरा	भारतीय राष्ट्रीय कांग्रेस
97.	डॉ. भूषन लाल जांगडे	भारतीय जनता पार्टी
98.	श्री रामविचार नेतम	भारतीय जनता पार्टी
99.	श्रीमती छाया वर्मा	भारतीय राष्ट्रीय कांग्रेस
100.	श्री रणविजय सिंह जूदेव	भारतीय जनता पार्टी

जम्मू-कश्मीर (4)

101.	श्री शमशेर सिंह मनहास	भारतीय जनता पार्टी
102.	मीर मुहम्मद फयाज़	जम्मू-कश्मीर पीडीपी
103.	श्री नज़ीर अहमद लावे	जम्मू-कश्मीर पीडीपी
104.	श्री गुलाम नबी आज़ाद	भारतीय राष्ट्रीय कांग्रेस

झारखंड (6)

105.	श्री प्रेमचंद गुप्ता	राष्ट्रीय जनता दल
106.	डॉ. मुख्तार अब्बास नक़वी	भारतीय जनता पार्टी
107.	श्री परिमल नाथवानी	निर्दलीय
108.	श्री प्रदीप कुमार बालमुचू	भारतीय राष्ट्रीय कांग्रेस
109.	श्री संजीव कुमार	झारखंड मुक्ति मोर्चा
110.	श्री महेश पोद्दार	भारतीय जनता पार्टी

पश्चिम बंगाल (16)

111.	श्री विवेक गुप्ता	अखिल भारतीय तृणमूल कांग्रेस
112.	श्री मोहम्मद नदिमुल हक़	अखिल भारतीय तृणमूल कांग्रेस
113.	श्री कुणाल कुमार घोष	अखिल भारतीय तृणमूल कांग्रेस
114.	श्री कंवर दीप सिंह	अखिल भारतीय तृणमूल कांग्रेस
115.	श्री डेरेक ओ. ब्रायन	अखिल भारतीय तृणमूल कांग्रेस
116.	श्री डी. बंद्योपाध्याय	अखिल भारतीय तृणमूल कांग्रेस
117.	श्री पी. भट्टाचार्य	भारतीय राष्ट्रीय कांग्रेस
118.	श्री सुखेंदु शेखर रॉय	अखिल भारतीय तृणमूल कांग्रेस
119.	प्रोफेसर जोगेन चौधरी	अखिल भारतीय तृणमूल कांग्रेस
120.	श्री मिथुन चक्रवर्ती	अखिल भारतीय तृणमूल कांग्रेस
121.	श्री अहमद हसन	अखिल भारतीय तृणमूल कांग्रेस
122.	श्री रीताब्रता बनर्जी	भारतीय कम्युनिस्ट पार्टी (मा.)
123.	श्री तपन कुमार सेन	भारतीय कम्युनिस्ट पार्टी (मा.)
124.	श्री मुकुल रॉय	अखिल भारतीय तृणमूल कांग्रेस
125.	श्री सीताराम येचुरी	भारतीय कम्युनिस्ट पार्टी (मा.)
126.	सुश्री डोला सेन	अखिल भारतीय तृणमूल कांग्रेस

पंजाब (7)

127.	श्री प्रताप सिंह बाजवा	भारतीय राष्ट्रीय कांग्रेस
128.	श्री श्वेत मलिक	भारतीय जनता पार्टी
129.	श्री शमशेर सिंह ढिल्लों	भारतीय राष्ट्रीय कांग्रेस
130.	श्री नरेश गुजराल	शिरोमणि अकाली दल
131.	सरदार बलविन्दर सिंह भुंदड	शिरोमणि अकाली दल
132.	सरदार सुखदेव सिंह ढींढसा	शिरोमणि अकाली दल
133.	श्रीमती अंबिका सोनी	भारतीय राष्ट्रीय कांग्रेस

पुदुचेरी (1)

134.	श्री एन. गोकुलकृष्णन	एआईएडीएमके

बिहार (16)

135.	श्री गोपाल नारायण सिंह	भारतीय जनता पार्टी
136.	श्रीमती मीसा भारती	राष्ट्रीय जनता दल
137.	श्री धर्मेंद्र प्रधान	भारतीय जनता पार्टी

138.	श्री आर. के. सिन्हा	भारतीय जनता पार्टी
139.	श्री रामनाथ ठाकुर	जनता दल यूनाईटेड
140.	श्री हरिवंश	जनता दल यूनाइटेड
141.	श्रीमति कहकशां परवीन	जनता दल यूनाइटेड
142.	श्री रामचंद्र प्रसाद सिंह	जनता दल यूनाइटेड
143.	डॉ. अनिल कुमार साहनी	जनता दल यूनाइटेड
144.	श्री राम जेठमलानी	राष्ट्रीय जनता दल
145.	डॉ. महेन्द्र प्रसाद	जनता दल यूनाइटेड
146.	श्री रवि शंकर प्रसाद	भारतीय जनता पार्टी
147.	श्री वशिष्ठ नारायण सिंह	जनता दल यूनाइटेड
148.	श्री शरद यादव	जनता दल यूनाइटेड
149.	डॉ. सी. पी. ठाकुर	भारतीय जनता पार्टी
150.	श्री अली अनवर अंसारी	जनता दल यूनाइटेड

महाराष्ट्र (19)

151.	श्री अमर शंकर साबले	भारतीय जनता पार्टी
152.	श्री पी. चिदंबरम	भारतीय राष्ट्रीय कांग्रेस
153.	डॉ. विकास महात्मे	भारतीय जनता पार्टी
154.	डॉ. विनय पी. सहस्राबुद्धे	भारतीय जनता पार्टी
155.	श्री रजनी पाटिल	भारतीय राष्ट्रीय कांग्रेस
156.	श्री रामदास अठावले	आरपीआई (ए)
157.	श्री संजय दत्तात्रेय काकडे	भारतीय राष्ट्रीय कांग्रेस
158.	श्री मज़ीद मेमन	राष्ट्रवादी कांग्रेस पार्टी
159.	श्री शरद पवार	राष्ट्रवादी कांग्रेस पार्टी
160.	श्रीमती वंदना चव्हाण	राष्ट्रवादी कांग्रेस पार्टी
161.	श्री डी.पी. त्रिपाठी	राष्ट्रवादी कांग्रेस पार्टी
162.	श्री अनिल देसाई	शिवसेना
163.	श्री अजय संचेती	भारतीय जनता पार्टी
164.	श्री पीयूष गोयल	भारतीय जनता पार्टी
165.	श्री हुसैन दलवायी	भारतीय राष्ट्रीय कांग्रेस
166.	श्री राजकुमार धूत	शिवसेना
167.	श्री संजय राउत	शिवसेना

168.	श्री प्रफुल्ल पटेल	राष्ट्रवादी कांग्रेस पार्टी
169.	श्री राजीव शुक्ला	भारतीय राष्ट्रीय कांग्रेस

मध्य प्रदेश (11)

170.	श्री एम.जे. अकबर	भारतीय जनता पार्टी
171.	श्री विवेक के. तन्खा	भारतीय राष्ट्रीय कांग्रेस
172.	श्री प्रभात झा	भारतीय जनता पार्टी
173.	श्री प्रकाश जावडेकर	भारतीय जनता पार्टी
174.	श्री सत्यव्रत चतुर्वेदी	भारतीय राष्ट्रीय कांग्रेस
175.	श्री मेघराज जैन	भारतीय जनता पार्टी
176.	श्रीमति संपतिया उइके	भारतीय जनता पार्टी
177.	श्री थावर चंद गहलोत	भारतीय जनता पार्टी
178.	डॉ. सत्यनारायण जटिया	भारतीय जनता पार्टी
179.	श्री दिग्विजय सिंह	भारतीय राष्ट्रीय कांग्रेस
180.	श्री ला. गणेशन	भारतीय जनता पार्टी

मणिपुर (1)

181.	श्री के. भाबनंद सिंह	भारतीय जनता पार्टी

मेघालय (1)

182.	श्रीमती वान्सुक सीइयम	भारतीय राष्ट्रीय कांग्रेस

मिज़ोरम (1)

183.	श्री रोनाल्ड सापा तलाऊ	भारतीय राष्ट्रीय कांग्रेस

तमिलनाडु (18)

184.	श्री आर. वैद्यलिंगम	एआईएडीएमके
185.	श्री ए . विजयकुमार	एआईएडीएमके
186.	श्री एस.आर. बालासुब्रह्मण्यन	एआईएडीएमके
187.	श्री टी.के.एस. ईलानगोवन	डीएमके
188.	श्री आर.एस. भारती	डीएमके
189.	श्री ए . नवानीथाकृष्णन	एआईएडीएमके
190.	श्री टी.के. रंगराजन	भारतीय कम्युनिस्ट पार्टी (मा.)
191.	श्रीमती कनिमोज़ी	डीएमके
192.	श्री डी. राजा	भारतीय कम्युनिस्ट पार्टी

193.	डॉ. वी. मैत्रेयान	एआईएडीएमके
194.	श्री तिरुची सिवा	डीएमके
195.	श्री के.आर. अर्जुनन	एआईएडीएमके
196.	डॉ. ए. लक्ष्मणन	एआईएडीएमके
197.	श्री टी. रथीनवल	एआईएडीएमके
198.	श्री ए.के. सेल्वाराज	एआईएडीएमके
199.	श्रीमती शशिकला पुष्पा	एआईएडीएमके
200.	श्रीमती विजिला सत्यानंद	एआईएडीएमके
201.	श्री एम मुत्थूकरुप्पन	एआईएडीएमके

तेलंगाना (7)

202.	श्री आनंद भास्कर रापोलु	भारतीय राष्ट्रीय कांग्रेस
203.	श्री सी.एम. रमेश	तेलुगू देशम पार्टी
204.	डॉ. के.वी.पी. रामचंद्र राव	भारतीय राष्ट्रीय कांग्रेस
205.	श्री गरिकापति मोहन राव	तेलुगू देशम पार्टी
206.	श्री वी. लक्ष्मीकांत राव	टीआरएस
207.	श्री धर्मपुरी श्रीनिवास	टीआरएस
208.	रिक्त	—

त्रिपुरा (1)

209.	श्रीमती झरना दास बैद्या	भारतीय कम्युनिस्ट पार्टी (मा)

नगालैंड (1)

210.	श्री के.जी. केनिए	नगालैंड पीपुल्स फ्रंट

राजस्थान (10)

211.	श्री रामकुमार वर्मा	भारतीय जनता पार्टी
212.	श्री हर्षवर्धन सिंह डूंगरपुर	भारतीय जनता पार्टी
213.	श्री विजय गोयल	भारतीय जनता पार्टी
214.	श्री राम नारायण डूडी	भारतीय जनता पार्टी
215.	श्री नारायण लाल पंचारिया	भारतीय जनता पार्टी
216.	डॉ. अभिषेक मनु सिंघवी	भारतीय राष्ट्रीय कांग्रेस
217.	श्री ओम प्रकाश माथुर	भारतीय जनता पार्टी
218.	श्री भूपेंद्र यादव	भारतीय जनता पार्टी
219.	श्री नरेंद्र बुडानिया	भारतीय राष्ट्रीय कांग्रेस
220.	श्री के.जे. अल्फोंस	भारतीय जनता पार्टी

राष्ट्रीय राजधानी क्षेत्र (3)

221.	श्री परवेज़ हाशमी	भारतीय राष्ट्रीय कांग्रेस
222.	डॉ. कर्णसिंह	भारतीय राष्ट्रीय कांग्रेस
223.	श्री जनार्दन द्विवेदी	भारतीय राष्ट्रीय कांग्रेस

सिक्किम (1)

224.	श्री हिशी लाचुंगपा	एसडीएफ

हिमाचल प्रदेश (3)

225.	श्रीमती विप्लव ठाकुर	भारतीय राष्ट्रीय कांग्रेस
226.	श्री आनंद शर्मा	भारतीय राष्ट्रीय कांग्रेस
227.	श्री जगत प्रकाश नड्डा	भारतीय जनता पार्टी

हरियाणा (5)

228.	कुमारी शैलजा	भारतीय राष्ट्रीय कांग्रेस
229.	श्री राम कुमार कश्यप	इंडियन नेशनल लोकदल
230.	चौधरी बीरेंद्र सिंह	भारतीय जनता पार्टी
231.	श्री शादी लाल बत्तरा	भारतीय राष्ट्रीय कांग्रेस
232.	डॉ. सुभाष चंद्रा	निर्दलीय

नामांकित (12)

233.	श्री के. परासरण	नामांकित
234.	श्री के.टी.एस. तुलसी	नामांकित
235.	डॉ. नरेंद्र जाधव	नामांकित
236.	श्री स्वप्न दासगुप्ता	नामांकित
237.	श्री सुरेश गोपी	भारतीय जनता पार्टी
238.	श्रीमती एम.सी. मैरीकॉम	नामांकित
239.	श्री संभाजी साहू छत्रपति	नामांकित
240.	श्री सचिन रमेश तेंदुलकर	नामांकित
241.	सुश्री अनु आगा	नामांकित
242.	सुश्री रेखा	नामांकित
243.	डॉ. सुब्रह्मणयन स्वामी	भारतीय जनता पार्टी
244.	श्रीमती रूपा गांगुली	भारतीय जनता पार्टी

16वीं: लोकसभा

(राज्यवार सूची 31 दिसंबर, 2017 तक)[5]

अध्यक्ष : श्रीमती सुमित्रा महाजन
उपाध्यक्ष : डॉ. एम. थंबी दुरई

क्र.सं.	निर्वाचन क्षेत्र	सदस्य का नाम	दल
अरुणाचल प्रदेश (2)			
1.	अरुणाचल पूर्व	श्री निनोंग इरिंग	भारतीय राष्ट्रीय कांग्रेस
2.	अरुणाचल पश्चिम	श्री किरन रिजिजू	भारतीय जनता पार्टी
असम (14)			
3.	स्वशासी जिला(अ.जा.)	श्री बिरेनसिंह इंगती	भारतीय राष्ट्रीय कांग्रेस (अ.ज.जा.)
4.	बारपेटा	श्री सिराजुद्दीन अजमल	एआईयूडीएफ
5.	धुबरी	श्री बदरुद्दीन अजमल	एआईयूडीएफ
6.	डिब्रुगढ़	श्री रामेश्वर तेली	भारतीय जनता पार्टी
7.	गुवाहाटी	श्रीमती बिजॉय चक्रवर्ती	भारतीय जनता पार्टी
8.	जोरहाट	श्री कामाख्या प्रसाद तासा	भारतीय जनता पार्टी
9.	कलियाबोर	श्री गौरव गोगोई	भारतीय राष्ट्रीय कांग्रेस
10.	करीमगंज(अ.जा.)	श्री राधेश्याम बिश्वास	एआईयूडीएफ
11.	कोकराझार	श्री नबा (हीरा) कुमार सरनीया	निर्दलीय
12.	मंगलदोई	श्री रमेन डेका	भारतीय जनता पार्टी
13.	नागांव	श्री राजेन गोहेन	भारतीय जनता पार्टी
14.	सिल्चर	कुमारी सुष्मिता देव	भारतीय राष्ट्रीय कांग्रेस
15.	तेजपुर	श्री राम प्रसाद सरमा	भारतीय जनता पार्टी
16.	लखिमपुर	श्री प्रधान बरुआ	भारतीय जनता पार्टी
आंध्र प्रदेश (25)			
17.	अमलापुरम(अ.जा.)	डॉ. रवींद्र बाबू पांडुला	तेलुगू देशम पार्टी
18.	अनकापल्ली	श्री मुत्तमसेट्टी श्रीनिवास राव (अवंती)	तेलुगू देशम पार्टी
19.	अनंतपुर	श्री जे.सी. दिवाकर रेड्डी	तेलुगू देशम पार्टी

5 स्रोत : http://loksabha.nic.in

20.	अराकु(अ.ज.जा.)	श्रीमती गीता कोथापल्ली	वाईएसआर कांग्रेस पार्टी
21.	बापतला(अ.जा.)	श्री श्रीराम मलयाद्रि	तेलुगू देशम पार्टी
22.	चित्तूर(अ.जा.)	डॉ. नारामल्ली शिवप्रसाद	तेलुगू देशम पार्टी
23.	एलूरू	श्री वेंकटेश्वर राव (बाबू) मगंती	तेलुगू देशम पार्टी
24.	गुंटूर	श्री जयदेव गल्ला	तेलुगू देशम पार्टी
25.	हिंदूपुर	श्री क्रिस्टप्पा निम्मला	तेलुगू देशम पार्टी
26.	कडपा	श्री वाई.एस. अविनाश रेड्डी	वाईएसआर कांग्रेस पार्टी
27.	काकीनाडा	श्री नरसिम्हम थोटा	तेलुगू देशम पार्टी
28.	कुरनूल	श्रीमती रेणुका बुत्ता	वाईएसआर कांग्रेस पार्टी
29.	मछलीपट्टनम	श्री कोनाकल्ला नारायण राव	तेलुगू देशम पार्टी
30.	नांदयाल	श्री एस.पी.वाई. रेड्डी	वाईएसआर कांग्रेस पार्टी
31.	नरसारावपेट	श्री रायापति सम्बासिवा राव	तेलुगू देशम पार्टी
32.	नरसापुरम	श्री गोकाराजू गंगा राजू	भारतीय जनता पार्टी
33.	नेल्लौर	श्री मेकापति राजमोहन रेड्डी	वाईएसआर कांग्रेस पार्टी
34.	ओंगोले	श्री येरम वेंकट सुब्बारेड्डी	वाईएसआर कांग्रेस पार्टी
35.	राजामुंदरी	श्री मुरली मोहन मगंती	तेलुगू देशम पार्टी
36.	राजमपेट	श्री मिदून रेड्डी	वाईएसआर कांग्रेस पार्टी
37.	श्रीकाकुलम	श्री किन्जरापु राम मोहन नायडू	तेलुगू देशम पार्टी
38.	तिरुपति(अ.जा.)	डॉ. वाराप्रसाद राव वेलगापल्ली	वाईएसआर कांग्रेस पार्टी
39.	विजयवाड़ा	श्री श्रीनिवास केसिनेनी	तेलुगू देशम पार्टी
40.	विशाखापट्टनम	डॉ. हरि बाबू कंभमपति	भारतीय जनता पार्टी
41.	विजयानगरम	श्री अशोक गजपति राजू	तेलुगू देशम पार्टी

ओडिशा (21)

42.	आस्का	श्री लडू किशोर स्वायन	बीजू जनता दल
43.	बालासोर	श्री रवीन्द्र कुमार जेना	बीजू जनता दल
44.	बारगढ़	डॉ. प्रभास कुमार सिंह	बीजू जनता दल
45.	बरहामपुर	श्री सिद्धांत महापात्रा	बीजू जनता दल
46.	भद्रक(अ.जा.)	श्री अर्जुन चरण सेठी	बीजू जनता दल
47.	भुवनेश्वर	डॉ. प्रो. प्रसन्न कुमार पाटसाणी	बीजू जनता दल
48.	बोलांगीर	श्री कलिकेश नारायण सिंह देव	बीजू जनता दल
49.	कटक	श्री भर्तृहरि महताब	बीजू जनता दल

50.	ढेनकनाल	श्री तथागत सत्पथी	बीजू जनता दल
51.	जगतसिंहपुर(अ.जा.)	डॉ. कुलमणि सामल	बीजू जनता दल
52.	जाजपुर(अ.जा.)	श्रीमती रीता तराई	बीजू जनता दल
53.	कालाहांडी	श्री अर्का केशरी देव	बीजू जनता दल
54.	कंधमाल	श्रीमती प्रत्युषा राजेश्वरी सिंह	बीजू जनता दल
55.	केंद्रपाड़ा	श्री बैजयंत जय पांडा	बीजू जनता दल
56.	क्योंझर(अ.ज.जा.)	श्रीमती शकुंतला लागुरी	बीजू जनता दल
57.	कोरापुट(अ.ज.जा.)	श्री झीना हीकाका	बीजू जनता दल
58.	मयूरभंज(अ.ज.जा.)	श्री रामचन्द्र हंसदा	बीजू जनता दल
59.	नबरंगपुर(अ.ज.जा.)	श्री बलभद्र माझी	बीजू जनता दल
60.	पुरी	श्री पिनाकी मिश्रा	बीजू जनता दल
61.	संबलपुर	श्री नागेन्द्र कुमार प्रधान	बीजू जनता दल
62.	सुंदरगढ़(अ.ज.जा.)	श्री जुआल ओराम	भारतीय जनता पार्टी
उत्तर प्रदेश (80)			
63.	आगरा(अ.जा.)	प्रो. रामशंकर	भारतीय जनता पार्टी
64.	अकबरपुर	श्री देवेन्द्र (उर्फ) भोले सिंह	भारतीय जनता पार्टी
65.	अलीगढ़	श्री सतीश कुमार गौतम	भारतीय जनता पार्टी
66.	इलाहाबाद	श्री श्याम चरण गुप्त	भारतीय जनता पार्टी
67.	अंबेडकर नगर	श्री हरिओम पाण्डेय	भारतीय जनता पार्टी
68.	अमेठी	श्री राहुल गांधी	भारतीय राष्ट्रीय कांग्रेस
69.	अमरोहा	श्री कंवर सिंह तवंर	भारतीय जनता पार्टी
70.	आंवला	श्री धर्मेंद्र कुमार	भारतीय जनता पार्टी
71.	आजमगढ़	श्री मुलायम सिंह यादव	समाजवादी पार्टी
72.	बदायूं	श्री धर्मेंद्र यादव	समाजवादी पार्टी
73.	बागपत	डॉ. सत्यपाल सिंह	भारतीय जनता पार्टी
74.	बहराइच(अ.जा.)	सुश्री सावित्री बाई फूले	भारतीय जनता पार्टी
75.	बलिया	श्री भरत सिंह	भारतीय जनता पार्टी
76.	बांदा	श्री भैरों प्रसाद मिश्र	भारतीय जनता पार्टी
77.	बांसगांव(अ.जा.)	श्री कमलेश पासवान	भारतीय जनता पार्टी
78.	बाराबंकी(अ.जा.)	श्रीमती प्रियंका सिंह रावत	भारतीय जनता पार्टी
79.	बरेली	श्री संतोष कुमार गंगवार	भारतीय जनता पार्टी

80.	बस्ती	श्री हरीश द्विवेदी	भारतीय जनता पार्टी
81.	भदोही	श्री वीरेन्द्र सिंह	भारतीय जनता पार्टी
82.	बिजनौर	कुंवर भारतेन्द्र सिंह	भारतीय जनता पार्टी
83.	बुलंदशहर	श्री भोला सिंह	भारतीय जनता पार्टी
84.	चंदौली	डॉ. महेन्द्र नाथ पाण्डेय	भारतीय जनता पार्टी
85.	देवरिया	श्री कलराज मिश्र	भारतीय जनता पार्टी
86.	धौरहरा	श्रीमती रेखा अरुण वर्मा	भारतीय जनता पार्टी
87.	डुमरियागंज	श्री जगदम्बिका पाल	भारतीय जनता पार्टी
88.	एटा	श्री राजवीर (राजू भैय्या) सिंह	भारतीय जनता पार्टी
89.	इटावा(अ.जा.)	श्री अशोक कुमार दोहरे	भारतीय जनता पार्टी
90.	फैज़ाबाद	श्री लल्लू सिंह	भारतीय जनता पार्टी
93.	फर्रुखाबाद	श्री मुकेश राजपूत	भारतीय जनता पार्टी
92.	फतेहपुर	साध्वी निरंजन ज्योति	भारतीय जनता पार्टी
93.	फतेहपुर सीकरी	श्री बाबूलाल चौधरी	भारतीय जनता पार्टी
94.	फिरोज़ाबाद	श्री अक्षय यादव	समाजवादी पार्टी
95.	गौतमबुद्ध नगर	डॉ. महेश शर्मा	भारतीय जनता पार्टी
96.	गाज़ियाबाद	जन. (सेवानिवृत्त)विजय कुमार सिंह	भारतीय जनता पार्टी
97.	गाजीपुर	श्री मनोज कुमार सिन्हा	भारतीय जनता पार्टी
98.	घोसी	श्री हरिनारायण राजभर	भारतीय जनता पार्टी
99.	गोंडा	श्री कीर्तिवर्धन सिंह	भारतीय जनता पार्टी
100.	हमीरपुर	कुंवर पुष्पेंद्र सिंह चंदेल	भारतीय जनता पार्टी
101.	हरदोई(अ.जा.)	श्री अंशुल वर्मा	भारतीय जनता पार्टी
102.	हाथरस(अ.जा.)	श्री राजेश कुमार दिवाकर	भारतीय जनता पार्टी
103.	जालौन(अ.जा.)	श्री भानु प्रताप सिंह वर्मा	भारतीय जनता पार्टी
104.	जौनपुर	डॉ. कृष्ण प्रताप सिंह	भारतीय जनता पार्टी
105.	झांसी	सुश्री उमा भारती	भारतीय जनता पार्टी
106.	कैराना	श्री हुकुम सिंह	भारतीय जनता पार्टी
107.	कैसरगंज	श्री बृजभूषण शरण सिंह	भारतीय जनता पार्टी
108.	कन्नौज	श्रीमती डिम्पल यादव	समाजवादी पार्टी
109.	कानपुर	डॉ. मुरली मनोहर जोशी	भारतीय जनता पार्टी
110.	कौशांबी(अ.जा.)	श्री विनोद कुमार सोनकर	भारतीय जनता पार्टी

111.	खीरी	श्री अजय (टेनी) मिश्रा	भारतीय जनता पार्टी
112.	कुशीनगर	श्री राजेश पाण्डेय	भारतीय जनता पार्टी
113.	लालगंज(अ.जा.)	श्रीमती नीलम सोनकर	भारतीय जनता पार्टी
114.	लखनऊ	श्री राजनाथ सिंह	भारतीय जनता पार्टी
115.	मछलीशहर	श्री राम चरित्र निषाद	भारतीय जनता पार्टी
116.	महाराजगंज	श्री पंकज चौधरी	भारतीय जनता पार्टी
117.	मैनपुरी	श्री तेज प्रताप सिंह यादव	समाजवादी पार्टी
118.	मथुरा	श्रीमती हेमा मालिनी	भारतीय जनता पार्टी
119.	मेरठ	श्री राजेन्द्र अग्रवाल	भारतीय जनता पार्टी
120.	मिर्जापुर	श्रीमती अनुप्रिया पटेल	अपना दल
121.	मिसरिख(अ.जा.)	श्रीमती अंजु बाला	भारतीय जनता पार्टी
122.	मोहनलालगंज(अ.जा.)	श्री कौशल किशोर	भारतीय जनता पार्टी
123.	मुरादाबाद	श्री कुंवर सर्वेश कुमार	भारतीय जनता पार्टी
124.	मुजफ्फरनगर	डॉ. संजीव कुमार बालियान	भारतीय जनता पार्टी
125.	नगीना(अ.जा.)	डॉ. यशवंत सिंह	भारतीय जनता पार्टी
126.	पीलीभीत	श्रीमती मेनका संजय गांधी	भारतीय जनता पार्टी
127.	प्रतापगढ़	श्री कुंवर हरिवंश सिंह	अपना दल
128.	रायबरेली	श्रीमती सोनिया गांधी	भारतीय राष्ट्रीय कांग्रेस
129.	रामपुर	डॉ. नैपाल सिंह	भारतीय जनता पार्टी
130.	रॉबर्ट्सगंज(अ.जा.)	श्री छोटेलाल	भारतीय जनता पार्टी
131.	सहारनपुर	श्री राघव लखनपाल	भारतीय जनता पार्टी
132.	सलेमपुर	श्री रविंदर कुशवाहा	भारतीय जनता पार्टी
133.	संभल	श्री सत्यपाल सिंह	भारतीय जनता पार्टी
134.	संत कबीर नगर	श्री शरद त्रिपाठी	भारतीय जनता पार्टी
135.	शाहजहांपुर(अ.जा.)	श्रीमती कृष्णा राज	भारतीय जनता पार्टी
136.	श्रावस्ती	श्री दद्दन मिश्रा	भारतीय जनता पार्टी
137.	सीतापुर	श्री राजेश वर्मा	भारतीय जनता पार्टी
138.	सुल्तानपुर	श्री वरुण फिरोज गांधी	भारतीय जनता पार्टी
139.	उन्नाव	डॉ. स्वामी साक्षीजी महाराज	भारतीय जनता पार्टी
140.	वाराणसी	श्री नरेन्द्र मोदी	भारतीय जनता पार्टी
141.	गोरखपुर	रिक्त	—
142.	फूलपुर	रिक्त	—

उत्तराखंड (5)

143.	अल्मोड़ा(अ.जा.)	श्री अजय टम्टा	भारतीय जनता पार्टी
144.	गढ़वाल	मेजर जनरल भुवन चन्द्र खंडूरी एवीएसएम (सेवानिवृत्त)	भारतीय जनता पार्टी
145.	हरिद्वार	डॉ. रमेश पोखरियाल निशंक	भारतीय जनता पार्टी
146.	नैनीताल-ऊधमसिंह नगर	श्री भगत सिंह कोश्यारी	भारतीय जनता पार्टी
147.	टिहरी गढ़वाल	श्रीमती माला राजलक्ष्मी शाह	भारतीय जनता पार्टी

कर्नाटक (28)

148.	बागलकोट	श्री पी.सी. गद्दीगौदर	भारतीय जनता पार्टी
149.	बंगलुरु सेंट्रल	श्री पी.सी. मोहन	भारतीय जनता पार्टी
150.	बंगलुरु उत्तर	श्री डी.वी.सदानंद गौड़ा	भारतीय जनता पार्टी
151.	बंगलुरु ग्रामीण	श्री डी.के. सुरेश	भारतीय राष्ट्रीय कांग्रेस
152.	बंगलुरु दक्षिण	श्री अनंत कुमार	भारतीय जनता पार्टी
153.	बेलगाम	श्री सुरेश चनबसप्पा अंगड़ी	भारतीय जनता पार्टी
154.	बेल्लारी(अ.ज.जा.)	श्री बी. श्रीरामुलु	भारतीय जनता पार्टी
155.	बीदर	श्री भगवंत खुबा	भारतीय जनता पार्टी
156.	बीजापुर(अ.जा.)	श्री रमेश चंदप्पा जिगाजिनागी	भारतीय जनता पार्टी
157.	चामराजनगर	श्री आर. ध्रुवनारायण	भारतीय राष्ट्रीय कांग्रेस
158.	चिकबलपुर	श्री एम. वीरप्पा मोइली	भारतीय राष्ट्रीय कांग्रेस
159.	चिक्कोडी	श्री प्रकाश बबन्ना हुक्केरी	भारतीय राष्ट्रीय कांग्रेस
160.	चित्रदुर्ग(अ.जा.)	श्री बी.एन. चन्द्रप्पा	भारतीय राष्ट्रीय कांग्रेस
161.	दक्षिण कन्नड़	श्री नलिन कुमार कटील	भारतीय जनता पार्टी
162.	दावणगेरे	श्री गौडर मल्लिकार्जुनप्पा सिद्देश्वर	भारतीय जनता पार्टी
163.	धारवाड़	श्री प्रहलाद वेंकटेश जोशी	भारतीय जनता पार्टी
164.	गुलबर्गा(अ.जा.)	श्री मल्लिकार्जुन खड़गे	भारतीय राष्ट्रीय कांग्रेस
165.	हसन	श्री एच.डी. देवगौड़ा	जनता दल
166.	हावेरी	श्री शिवकुमार सी. उदासी	भारतीय जनता पार्टी
167.	कोलार	डॉ. के.एच. मुनियप्पा	भारतीय राष्ट्रीय कांग्रेस
168.	कोप्पल	श्री सनगन्ना अमरप्पा कराड़ी	भारतीय जनता पार्टी
169.	मांडया	श्री सी.एस. पुट्टराजू	जनता दल(से.)
170.	मैसूर	श्री प्रताप सिन्हा	भारतीय जनता पार्टी

171.	रायचूर	श्री बी.वी. नायक	भारतीय राष्ट्रीय कांग्रेस
172.	शिमोगा	श्री बी.एस. येदियुरप्पा	भारतीय जनता पार्टी
173.	तुमकुर	श्री एस.पी. मुदाहनुमेगौड़ा	भारतीय राष्ट्रीय कांग्रेस
174.	उदुपी चिकमंगलूर	कुमारी शोभा कारान्दलाजे	भारतीय जनता पार्टी
175.	उत्तर कन्नड़	श्री अनंत कुमार हेगड़े	भारतीय जनता पार्टी

केरल (20)

176.	अलप्पुजा	श्री के.सी. वेणुगोपाल	भारतीय राष्ट्रीय कांग्रेस
177.	अलथूर	श्री परयमपरम्बिल कुट्टप्पन बीजू	भारतीय कम्युनिस्ट पार्टी (मा.)
178.	अट्टिंगल	डॉ. अनिरुद्धन संपत	भारतीय कम्युनिस्ट पार्टी (मा.)
179.	चालाकुडी	श्री इन्नोसेंट	निर्दलीय
180.	एर्णाकुलम	प्रो. के.वी. थॉमस	भारतीय राष्ट्रीय कांग्रेस
181.	इदुक्की	श्री (एडवोकेट) जॉएस जॉर्ज	निर्दलीय
182.	कन्नूर	श्रीमती पी.के. श्रीमथि टीचर	भारतीय कम्युनिस्ट पार्टी (मा.)
183.	कासरगोड	श्री पी. करुणाकरन	भारतीय कम्युनिस्ट पार्टी (मा.)
184.	कोल्लम	श्री एन.के. प्रेमचन्द्रन	आर.एस.पी.
185.	कोट्टायम	श्री जोज के. मणि	के.सी.(मा.)
186.	कोझीकोड	श्री एम.के. राघवन	भारतीय राष्ट्रीय कांग्रेस
187.	मलप्पुरम	श्री कुन्हलिकुट्टी पी.के.	आई.यू.एम.एल
188.	मवेलीकारा	श्री सुरेश कोडिकुन्निल	भारतीय राष्ट्रीय कांग्रेस
189.	पलक्कड	श्री एम. बी. राजेश	भारतीय कम्युनिस्ट पार्टी (मा.)
190.	पथनमथीट्टा	श्री एंटो एंटोनी	भारतीय राष्ट्रीय कांग्रेस
191.	पोन्नानी	श्री ई.टी. मोहम्मद बशीर	आई.यू.एम.एल
192.	तिरुअनंतपुरम	डॉ. शशि थरूर	भारतीय राष्ट्रीय कांग्रेस
193.	त्रिचूर	श्री सी.एन. जयदेवन	भारतीय कम्युनिस्ट पार्टी
194.	वडकरा	श्री रामचंद्रन मुल्लापल्ली	भारतीय राष्ट्रीय कांग्रेस
195.	वयनाड	श्री एम. आई. शनवास	भारतीय राष्ट्रीय कांग्रेस

गोवा (2)

196.	उत्तर गोवा	श्री श्रीपद येस्सो नाइक	भारतीय जनता पार्टी
197.	दक्षिण गोवा	एडवोकेट नरेंद्र केशव सवईकर	भारतीय जनता पार्टी

गुजरात (26)

198.	अहमदाबाद पूर्व	श्री परेश रावल	भारतीय जनता पार्टी
199.	अहमदाबाद पश्चिम(अ.जा.)	डॉ. (प्रो.) किरिट प्रेमजीभाई सोलंकी	भारतीय जनता पार्टी
200.	अमरेली	श्री नारणभाई भीखाभाई काछड़िया	भारतीय जनता पार्टी
201.	आणंद	श्री दिलीप एम. पटेल	भारतीय जनता पार्टी
202.	बनासकांठा	श्री हरिभाई पार्थीभाई चौधरी	भारतीय जनता पार्टी
203.	बारडोली	श्री प्रभुभाई नागरभाई वासवा	भारतीय जनता पार्टी
204.	भरूच	श्री मनसुखभाई धनजीभाई वासवा	भारतीय जनता पार्टी
205.	भावनगर	डॉ. भारती धीरूभाई शियाल	भारतीय जनता पार्टी
206.	छोटा उदयपुर	श्री रामसिंह पाटालियाभाई राठवा	भारतीय जनता पार्टी
207.	दाहोद	श्री जसवंतसिंह सुमनभाई भाभोर	भारतीय जनता पार्टी
208.	गांधीनगर	श्री लालकृष्ण आडवाणी	भारतीय जनता पार्टी
209.	जामनगर	श्रीमती पूनमबेन हेमंतभाई माडम	भारतीय जनता पार्टी
210.	जूनागढ़	श्री राजेशभाई नारनभाई चुडासमा	भारतीय जनता पार्टी
211.	कच्छ(अ.जा.)	श्री विनोद चावड़ा	भारतीय जनता पार्टी
212.	खेडा	श्री देवुसिंह जयसिंहभाई चौहान	भारतीय जनता पार्टी
213.	मेहसाणा	श्रीमती जयश्रीबेन पटेल	भारतीय जनता पार्टी
214.	नवसारी	श्री सी.आर. पाटिल	भारतीय जनता पार्टी
215.	पंचमहल	श्री प्रभातसिंह प्रतापसिंह चौहान	भारतीय जनता पार्टी
216.	पाटन	श्री लीलाधरभाई खोडाजी वाघेला	भारतीय जनता पार्टी
217.	पोरबंदर	श्री विट्ठलभाई हंसराजभाई रडाडिया	भारतीय जनता पार्टी
218.	राजकोट	श्री मोहनभाई कल्याणजीभाई कुंदरिया	भारतीय जनता पार्टी
219.	साबरकांठा	श्री दीपसिंह शंकरसिंह राठौड़	भारतीय जनता पार्टी
220.	सूरत	श्रीमती दर्शना विक्रम जरदोश	भारतीय जनता पार्टी
221.	सुरेन्द्रनगर	श्री देवजीभाई गोविंदभाई फतेपारा	भारतीय जनता पार्टी
222.	वडोदरा	श्रीमती रंजन (बेन) धनंजय भट्ट	भारतीय जनता पार्टी
223.	वलसाड(अ.ज.जा.)	डॉ. के.सी.पटेल	भारतीय जनता पार्टी

चंडीगढ़ (1)

224.	चंडीगढ़	श्रीमती किरण अनुपम खेर	भारतीय जनता पार्टी

छत्तीसगढ़ (11)

225. बस्तर(अ.ज.जा.) श्री दिनेश कश्यप भारतीय जनता पार्टी
226. बिलासपुर श्री लखन लाल साहू भारतीय जनता पार्टी
227. दुर्ग श्री ताम्रध्वज साहू भारतीय राष्ट्रीय कांग्रेस
228. जांजगीर-चंपा(अ.जा.) श्रीमती कमला देवी पाटले भारतीय जनता पार्टी
229. कांकेर (अ.ज.जा.) श्री विक्रम उसेंडी भारतीय जनता पार्टी
230. कोरबा डॉ. बंशीलाल महतो भारतीय जनता पार्टी
231. महासमुंद श्री चंदुलाल साहू भारतीय जनता पार्टी
232. रायगढ़(अ.ज.जा.) श्री विष्णुदेव साई भारतीय जनता पार्टी
233. रायपुर श्री रमेश बैस भारतीय जनता पार्टी
234. राजनन्दगांव श्री अभिषेक सिंह भारतीय जनता पार्टी
235. सरगुजा(अ.ज.जा.) श्री कमल भान सिंह मराबी भारतीय जनता पार्टी

जम्मू-कश्मीर (6)

236. बारामूला श्री मुजफ्फर हुसैन बेग जम्मू-कश्मीर पीडीपी
237. जम्मू श्री जुगल किशोर शर्मा भारतीय जनता पार्टी
238. लद्दाख श्री ठपस्तान छेवांग भारतीय जनता पार्टी
239. श्रीनगर डॉ. फारुख अब्दुल्ला जम्मू-कश्मीर केएनसी
240. उधमपुर डॉ. जीतेंद्र सिंह भारतीय जनता पार्टी
241. अनंतनाग रिक्त —

झारखंड (14)

242. चतरा श्री सुनील कुमार सिंह भारतीय जनता पार्टी
243. धनबाद श्री पशुपति नाथ सिंह भारतीय जनता पार्टी
244. दुमका(अ.ज.जा.) श्री शिबू सोरेन झारखंड मुक्ति मोर्चा
245. गिरिडीह श्री रवीन्द्र कुमार पाण्डेय भारतीय जनता पार्टी
246. गोड्डा श्री निशिकांत दूबे भारतीय जनता पार्टी
247. हज़ारीबाग श्री जयंत सिन्हा भारतीय जनता पार्टी
248. जमशेदपुर श्री बिद्युत बरन महतो भारतीय जनता पार्टी
249. खूंटी(अ.ज.जा.) श्री करिया मुंडा भारतीय जनता पार्टी
250. कोडरमा डॉ. रवीन्द्र कुमार राय भारतीय जनता पार्टी
251. लोहरदगा(अ.ज.जा.) श्री सुदर्शन भगत भारतीय जनता पार्टी
252. पलामू(अ.जा.) श्री विष्णु दयाल राम भारतीय जनता पार्टी

253.	राजमहल(अ.ज.जा.)	श्री विजय कुमार हंसदा	झारखंड मुक्ति मोर्चा
254.	रांची	श्री रामटहल चौधरी	भारतीय जनता पार्टी
255.	सिंहभूम(अ.ज.जा.)	श्री लक्ष्मण गिलुवा	भारतीय जनता पार्टी

पश्चिम बंगाल (42)

256.	अलीपुरद्वार(अ.ज.जा.)	श्री दशरथ तिर्की	अखिल भारतीय तृणमूल कांग्रेस
257.	आरामबाग(अ.जा.)	श्रीमती अपरूपा पोद्दार	अखिल भारतीय तृणमूल कांग्रेस
258.	आसनसोल	श्री बाबुल सुप्रियो	भारतीय जनता पार्टी
259.	बहरामपुर	श्री अधीर रंजन चौधरी	भारतीय राष्ट्रीय कांग्रेस
260.	बलूरघाट	कुमारी अर्पिता घोष	अखिल भारतीय तृणमूल कांग्रेस
261.	बनगांव(अ.जा.)	श्रीमती ममता ठाकुर	अखिल भारतीय तृणमूल कांग्रेस
262.	बांकुरा	श्रीमती देव वर्मा (मुनमुन सेन)	अखिल भारतीय तृणमूल कांग्रेस
263.	बारासाट	डॉ. (श्रीमती) काकोली घोष दस्तिदार	अखिल भारतीय तृणमूल कांग्रेस
264.	बर्धमान-पूर्व(अ.जा.)	श्री सुनील कुमार मंडल	अखिल भारतीय तृणमूल कांग्रेस
265.	बर्धमान-दुर्गापुर	प्रो. डॉ. ममताज़ संघमिता	अखिल भारतीय तृणमूल कांग्रेस
266.	बैरकपुर	श्री दिनेश त्रिवेदी	अखिल भारतीय तृणमूल कांग्रेस
267.	बसीरहाट	श्री इदरिस अली	अखिल भारतीय तृणमूल कांग्रेस
268.	बीरभूम	श्रीमती शताब्दी रॉय (बनर्जी)	अखिल भारतीय तृणमूल कांग्रेस
269.	बिष्णुपुर(अ.जा.)	श्री सौमित्र खान	अखिल भारतीय तृणमूल कांग्रेस
270.	बोलपुर(अ.जा.)	डॉ. अनुपम हाजरा	अखिल भारतीय तृणमूल कांग्रेस
271.	कूचबिहार	श्री प्रार्था प्रतिम रे	अखिल भारतीय तृणमूल कांग्रेस
272.	दार्जिलिंग	श्री एस.एस. अहलुवालिया	भारतीय जनता पार्टी
273.	डायमंड हार्बर	श्री अभिषेक बनर्जी	अखिल भारतीय तृणमूल कांग्रेस
274.	दमदम	प्रो. सौगत राय	अखिल भारतीय तृणमूल कांग्रेस
275.	घाटल	श्री दीपक (देव) अधिकारी	अखिल भारतीय तृणमूल कांग्रेस
276.	हुगली	डॉ. (श्रीमती) रत्ना डे (नाग)	अखिल भारतीय तृणमूल कांग्रेस
277.	हावड़ा	श्री प्रसून बनर्जी	अखिल भारतीय तृणमूल कांग्रेस
278.	जादवपुर	प्रो. (डॉ.) सुगाता बोस	अखिल भारतीय तृणमूल कांग्रेस
279.	जलपाईगुड़ी(अ.जा.)	श्री बिजय चन्द्र बर्मन	अखिल भारतीय तृणमूल कांग्रेस
280.	जंगीपुर	श्री अभिजीत मुखर्जी	भारतीय राष्ट्रीय कांग्रेस
281.	जयनगर(अ.जा.)	श्रीमती प्रतिमा मंडल	अखिल भारतीय तृणमूल कांग्रेस

282.	झाड़ग्राम(अ.ज.जा.)	डॉ. उमा सरेन	अखिल भारतीय तृणमूल कांग्रेस
283.	कांथी	श्री शिशिर कुमार अधिकारी	अखिल भारतीय तृणमूल कांग्रेस
284.	कोलकाता दक्षिण	श्री सुब्रत बक्शी	अखिल भारतीय तृणमूल कांग्रेस
285.	कोलकाता उत्तर	श्री सुदीप बंदोपाध्याय	अखिल भारतीय तृणमूल कांग्रेस
286.	कृष्णानगर	श्री तापस पॉल	अखिल भारतीय तृणमूल कांग्रेस
287.	मालदाह दक्षिण	श्री अबूहशीम खान चौधरी	भारतीय राष्ट्रीय कांग्रेस
288.	मालदाह उत्तर	श्रीमती मौसम नूर	भारतीय राष्ट्रीय कांग्रेस
289.	मथुरापुर(अ.जा.)	श्री चौधरी मोहन जटुआ	अखिल भारतीय तृणमूल कांग्रेस
290.	मेदिनीपुर	श्रीमती संध्या रॉय	अखिल भारतीय तृणमूल कांग्रेस
291.	मुर्शिदाबाद	मोहम्मद बदरुद्दुज़ा खान	भा.क.पा.(मा.)
292.	पुरुलिया	डॉ. मृगांका महतो	अखिल भारतीय तृणमूल कांग्रेस
293.	रायगंज	मोहम्मद सलीम	भा.क.पा.(मा.)
294.	राणाघाट(अ.जा.)	डॉ. तापस मंडल	अखिल भारतीय तृणमूल कांग्रेस
295.	सेरमपुर	श्री कल्याण बनर्जी	अखिल भारतीय तृणमूल कांग्रेस
296.	तमलुक	श्री दिबेंदु अधिकारी	अखिल भारतीय तृणमूल कांग्रेस
297.	उलूबेरिया	रिक्त	—
पंजाब (13)			
298.	अमृतसर	श्री गुरजीत सिंह ओजला	भारतीय राष्ट्रीय कांग्रेस
299.	आनंदपुर साहिब	श्री प्रेम सिंह चंदूमाजरा	शिरोमणि अकाली दल
300.	भटिंडा	श्रीमती हरसिमरत कौर बादल	शिरोमणि अकाली दल
301.	फरीदकोट(अ.जा.)	प्रो. साधू सिंह	आम आदमी पार्टी
302.	फतेहगढ़ साहिब(अ.जा.)	श्री हरिंदर सिंह खालसा	आम आदमी पार्टी
303.	फिरोजपुर	श्री शेर सिंह गुबाया	शिरोमणि अकाली दल
304.	गुरदासपुर	श्री सुनील कुमार जाखड़	भारतीय राष्ट्रीय कांग्रेस
305.	होशियारपुर(अ.जा.)	श्री विजय सांपला	भारतीय जनता पार्टी
306.	जालंधर	श्री संतोख सिंह चौधरी	भारतीय राष्ट्रीय कांग्रेस
307.	खडूर साहिब	श्री रणजीत सिंह ब्रह्मपुरा	शिरोमणि अकाली दल
308.	लुधियाना	श्री रवनीत सिंह	भारतीय राष्ट्रीय कांग्रेस
309.	पटियाला	डॉ. धर्मवीर गांधी	आम आदमी पार्टी
310.	संगरूर	श्री भगवंत मान	आम आदमी पार्टी

पुदुचेरी (1)

311. पुदुचेरी	श्री आर. राधाकृष्णन	एआईएनआरसी

बिहार (40)

312. आरा	श्री राजकुमार सिंह	भारतीय जनता पार्टी
313. औरंगाबाद	श्री सुशील कुमार सिंह	भारतीय जनता पार्टी
314. बांका	श्री जयप्रकाश नारायण यादव	राष्ट्रीय जनता दल
315. बेगूसराय	श्री भोला सिंह	भारतीय जनता पार्टी
316. भागलपुर	श्री शैलेश कुमार (बुलो मंडल)	राष्ट्रीय जनता दल
317. बक्सर	श्री अश्वनी कुमार चौबे	भारतीय जनता पार्टी
318. दरभंगा	श्री कीर्ति झा आजाद	भारतीय जनता पार्टी
319. गया(अ.जा.)	श्री हरि मांझी	भारतीय जनता पार्टी
320. गोपालगंज(अ.जा.)	श्री जनक राम	भारतीय जनता पार्टी
321. हाजीपुर(अ.जा.)	श्री रामविलास पासवान	लोक जनशक्ति पार्टी
322. जहानाबाद	डॉ. अरुण कुमार	आरएलएसपी
323. जमुई(अ.जा.)	श्री चिराग पासवान	लोक जनशक्ति पार्टी
324. झंझारपुर	श्री बीरेन्द्र कुमार चौधरी	भारतीय जनता पार्टी
325. काराकट	श्री उपेन्द्र कुशवाहा	आरएलएसपी
326. कटिहार	श्री तारिक अनवर	राष्ट्रवादी कांग्रेस पार्टी
327. खगड़िया	चौधरी महबूब अली कैसर	लोक जनशक्ति पार्टी
328. किशनगंज	श्री असरारुल हक मुहम्मद	भारतीय राष्ट्रीय कांग्रेस
329. मधेपुरा	श्री राजेश रंजन (पप्पू यादव)	राष्ट्रीय जनता दल
330. मधुबनी	श्री हुक्मदेव नारायण यादव	भारतीय जनता पार्टी
331. महाराजगंज	श्री जनार्दन सिंह सिगरीवाल	भारतीय जनता पार्टी
332. मुंगेर	श्रीमती वीणा देवी	लोक जनशक्ति पार्टी
333. मुजफ्फरपुर	श्री अजय निषाद	भारतीय जनता पार्टी
334. नालंदा	श्री कौशलेंद्र कुमार	जनता दल यूनाइटेड
335. नवादा	श्री गिरिराज सिंह	भारतीय जनता पार्टी
336. पश्चिम चंपारण	डॉ. संजय जायसवाल	भारतीय जनता पार्टी
337. पाटलिपुत्र	श्री राम कृपाल यादव	भारतीय जनता पार्टी
338. पटना साहिब	श्री शत्रुघ्न प्रसाद सिन्हा	भारतीय जनता पार्टी
339. पूर्णिया	श्री संतोष कुमार	जनता दल यूनाइटेड

340. पूर्वी चंपारण	श्री राधा मोहन सिंह	भारतीय जनता पार्टी
341. समस्तीपुर(अ.जा.)	श्री रामचन्द्र पासवान	लोक जनशक्ति पार्टी
342. सारण	श्री राजीव प्रताप रूडी	भारतीय जनता पार्टी
343. सासाराम(अ.जा.)	श्री छेदी पासवान	भारतीय जनता पार्टी
344. शिवहर	श्रीमती रमा देवी	भारतीय जनता पार्टी
345. सीतामढ़ी	श्री राम कुमार शर्मा	आरएलएसपी
346. सीवान	श्री ओम प्रकाश यादव	भारतीय जनता पार्टी
347. सुपौल	श्रीमती रंजीत रंजन	भारतीय राष्ट्रीय कांग्रेस
348. उजियारपुर	श्री नित्यानन्द राय	भारतीय जनता पार्टी
349. वैशाली	श्री रामकिशोर सिंह	लोक जनशक्ति पार्टी
350. वाल्मीकि नगर	श्री सतीश चंद्र दूबे	भारतीय जनता पार्टी
351. अररिया	रिक्त	—

महाराष्ट्र (48)

352. अहमदनगर	श्री दिलीप कुमार मनसुखलाल गांधी	भारतीय जनता पार्टी
353. अकोला	श्री संजय शामराव धोत्रे	भारतीय जनता पार्टी
354. अमरावती	श्री आनंदराव अडसुल	शिवसेना
355. औरंगाबाद	श्री चन्द्रकांत भाऊराव खैरे	शिवसेना
356. बारामती	श्रीमती सुप्रिया सदानंद सुले	राष्ट्रवादी कांग्रेस पार्टी
357. बीड	डॉ. प्रीतम गोपीनाथ मुंडे	भारतीय जनता पार्टी
358. भंडारा-गोंदिया	श्री नानाभाऊ फाल्गुनराव पटोले	भारतीय जनता पार्टी
359. भिवंडी	श्री कपिल मोरेश्वर पाटिल	भारतीय जनता पार्टी
360. बुलढाना	श्री प्रतापराव जाधव	शिवसेना
361. चन्द्रपुर	श्री हंसराज गंगाराम अहीर	भारतीय जनता पार्टी
362. धुले	डॉ. सुभाष रामराव भामरे	भारतीय जनता पार्टी
363. दिन्डोरी(अ.ज.जा.)	श्री हरिश्चंद्र देवराम चव्हाण	भारतीय जनता पार्टी
364. गढ़चिरोली-चिमूर(अ.ज.जा.)	श्री अशोक महादेवराव नेते	भारतीय जनता पार्टी
365. हातकणंगले	श्री राजू उर्फ देवप्पा अन्ना शेट्टी	एस.डब्ल्यू.पी
366. हिंगोली	श्री राजीव शंकरराव सातव	भारतीय राष्ट्रीय कांग्रेस
367. जलगांव	श्री ए.टी. (नाना) पाटिल	भारतीय जनता पार्टी
368. जालना	श्री रावसाहेब पाटिल दानवे	भारतीय जनता पार्टी

369. कल्याण	डॉ. श्रीकांत एकनाथ शिंदे	शिवसेना
370. कोल्हापुर	श्री धनंजय भीमराव महादिक	राष्ट्रवादी कांग्रेस पार्टी
371. लातूर(अ.जा.)	डॉ. सुनील बलीराम गायकवाड़	भारतीय जनता पार्टी
372. माधा	श्री विजय सिंह मोहिते पाटिल	राष्ट्रवादी कांग्रेस पार्टी
373. मावल	श्री श्रीरंग अप्पा बारणे	शिवसेना
374. मुंबई दक्षिण-मध्य	श्री राहुल रमेश शेवाले	शिवसेना
375. मुंबई-उत्तर	श्री गोपाल चिनैय्या शेट्टी	भारतीय जनता पार्टी
376. मुंबई उत्तर-मध्य	श्रीमती पूनम महाजन	भारतीय जनता पार्टी
377. मुंबई उत्तर-पूर्व	डॉ. किरीट सोमैया	भारतीय जनता पार्टी
378. मुंबई उत्तर-पश्चिम	श्री गजानन चंद्रकांत कीर्तिकर	शिवसेना
379. मुंबई-दक्षिण	श्री अरविंद गणपत सावंत	शिवसेना
380. नागपुर	श्री नितिन जयराम गडकरी	भारतीय जनता पार्टी
381. नांदेड़	श्री अशोक शंकर राव चौहान	भारतीय राष्ट्रीय कांग्रेस
382. नंदुरबार(अ.ज.जा.)	डॉ. हिना विजयकुमार गावीत	भारतीय जनता पार्टी
383. नासिक	श्री हेमंत तुकाराम गोडसे	शिवसेना
384. उस्मानाबाद	प्रो. रवीन्द्र विश्वनाथ गायकवाड़	शिवसेना
385. पालघर (अ.ज.जा.)	श्री चिंतामन नवशा वनागा	भारतीय जनता पार्टी
386. परभनी	श्री संजय हरिभाऊ जाधव	शिवसेना
387. पुणे	श्री अनिल (उर्फ बेडमेकर) गुलाब राव शिरोले	भारतीय जनता पार्टी
388. रायगढ़	श्री अनंत गंगाराम गीते	शिवसेना
389. रामटेक(अ.ज.जा.)	श्री कृपाल बालाजी तुमाने	शिवसेना
390. रत्नागिरि-सिंधुदुर्ग	श्री विनायक भाऊराव राउत	शिवसेना
391. रावेर	श्रीमती रक्षा निखिल खड़से	भारतीय जनता पार्टी
392. सांगली	श्री संजय (काका) रामचंद्र पाटिल	भारतीय जनता पार्टी
393. सतारा	श्री उदयनराजे प्रतापसिंह भोंसले	राष्ट्रवादी कांग्रेस पार्टी
394. शिरडी (अ.जा.)	श्री सदाशिव किसन लोखंडे	शिवसेना
395. शिरूर	श्री शिवाजी अधलराव पाटिल	शिवसेना
396. शोलापुर (अ.जा.)	श्री शरद कुमार मारुति बंसोडे	भारतीय जनता पार्टी
397. ठाणे	श्री रंजन बाबूराव विचारे	शिवसेना
398. वर्धा	श्री रामदास चन्द्रभानजी तडस	भारतीय जनता पार्टी
399. यवतमाल-वाशिम	सुश्री भावना गवली(पाटिल)	शिवसेना

मध्य प्रदेश (29)

400. बालाघाट	श्री बोध सिंह भगत	भारतीय जनता पार्टी
401. बेतूल(अ.ज.जा.)	श्रीमती ज्योति धुर्वे	भारतीय जनता पार्टी
402. भिंड(अ.जा.)	डॉ. भागीरथ प्रसाद	भारतीय जनता पार्टी
403. भोपाल	श्री आलोक संजर	भारतीय जनता पार्टी
404. छिंदवाड़ा	श्री कमल नाथ	भारतीय राष्ट्रीय कांग्रेस
405. दमोह	श्री प्रहलाद सिंह पटेल	भारतीय जनता पार्टी
406. देवास	श्री मनोहर उटवाल	भारतीय जनता पार्टी
407. धार(अ.ज.जा.)	श्रीमती सावित्री ठाकुर	भारतीय जनता पार्टी
408. गुना	श्री ज्योतिरादित्य माधवराव सिंधिया	भारतीय राष्ट्रीय कांग्रेस
409. ग्वालियर	श्री नरेन्द्र सिंह तोमर	भारतीय जनता पार्टी
410. होशंगाबाद	श्री उदय प्रताप सिंह	भारतीय जनता पार्टी
411. इंदौर	श्रीमती सुमित्रा महाजन(ताई)	भारतीय जनता पार्टी
412. जबलपुर	श्री राकेश सिंह	भारतीय जनता पार्टी
413. खजुराहो	श्री नागेन्द्र सिंह	भारतीय जनता पार्टी
414. खंडवा	श्री नन्दकुमार सिंह चौहान	भारतीय जनता पार्टी
415. खरगौन(अ.ज.जा.)	श्री सुभाष पटेल	भारतीय जनता पार्टी
416. मंडला(अ.ज.जा.)	श्री फग्गन सिंह कुलस्ते	भारतीय जनता पार्टी
417. मंदसौर	श्री सुधीर गुप्ता	भारतीय जनता पार्टी
418. मुरैना	श्री अनूप मिश्रा	भारतीय जनता पार्टी
419. राजगढ़	श्री रोदमल नागर	भारतीय जनता पार्टी
420. रतलाम(अ.ज.जा.)	श्री कांतिलाल भूरिया	भारतीय राष्ट्रीय कांग्रेस
421. रीवा	श्री जनार्दन मिश्र	भारतीय जनता पार्टी
422. सागर	श्री लक्ष्मी नारायण यादव	भारतीय जनता पार्टी
423. सतना	श्री गणेश सिंह	भारतीय जनता पार्टी
424. सीधी	श्रीमती रीति पाठक	भारतीय जनता पार्टी
425. टीकमगढ़(अ.जा.)	डॉ. वीरेन्द्र कुमार	भारतीय जनता पार्टी
426. उज्जैन(अ.जा.)	प्रो. चिंतामणि मालवीय	भारतीय जनता पार्टी
427. विदिशा	श्रीमती सुषमा स्वराज	भारतीय जनता पार्टी
428. शहडोल(अ.जा.)	श्री ज्ञान सिंह	भारतीय जनता पार्टी

मणिपुर (2)

429. आंतरिक मणिपुर	डॉ. थोकचोम मेन्या	भारतीय राष्ट्रीय कांग्रेस
430. बाहरी मणिपुर (अ.ज.जा.)	श्री थांगसो बाइटे	भारतीय राष्ट्रीय कांग्रेस

मेघालय (2)

431. शिलांग(अ.ज.जा.)	श्री विनसेंट एच. पाला	भारतीय राष्ट्रीय कांग्रेस
432. तुरा(अ.ज.जा.)	श्री कोनराड कोंग्काल संगमा	एनपीपी

मिज़ोरम (1)

433. मिज़ोरम(अ.ज.जा.)	श्री सी.एल. रुआला	भारतीय राष्ट्रीय कांग्रेस

तमिलनाडु (39)

434. अर्कोनम	श्री जी.हरी	एआईएडीएमके
435. अरानी	श्री एलुमलाई वी.	एआईएडीएमके
436. चेन्नई मध्य	श्री एस.आर. विजय कुमार	एआईएडीएमके
437. चेन्नई उत्तर	श्री टी.जी. वेंकटेश बाबू	एआईएडीएमके
438. चेन्नई दक्षिण	डॉ. जयकुमार जयवर्धन	एआईएडीएमके
439. चिदंबरम(अ.जा.)	श्री एम. चंद्राकाशी	एआईएडीएमके
440. कोयंबटूर	श्री नागराजन पी.	एआईएडीएमके
441. कडलूर	श्री ए. अरुणमोझिथेवन	एआईएडीएमके
442. धर्मपुरी	डॉ. अंबुमनि रामादास	पीएमके
443. डिंडीगुल	श्री एम.उदयकुमार	एआईएडीएमके
444. इरोड	श्री एस. सेल्वाकुमार चिन्नैयन	एआईएडीएमके
445. कल्लाकुरिची	डॉ. के. कामराज	एआईएडीएमके
446. कांचीपुरम(अ.जा.)	श्रीमती के. मरगाथम	एआईएडीएमके
447. कन्याकुमारी	श्री पोन राधाकृष्णन	भारतीय जनता पार्टी
448. करूर	डॉ. एम. थंबिदुरै	एआईएडीएमके
449. कृष्णागिरि	श्री के. अशोक कुमार	एआईएडीएमके
450. मदुरै	श्री आर. गोपालकृष्णन	एआईएडीएमके
451. मयिलादुतुरई	श्री आर.के. भारती मोहन	एआईएडीएमके
452. नागापट्टिनम(अ.जा.)	डॉ. के. गोपाल	एआईएडीएमके
453. नामाक्कल	श्री पी.आर. सुंदरम	एआईएडीएमके
454. नीलगिरि(अ.जा.)	श्री गोपालकृष्णन चिन्नाराज	एआईएडीएमके

455. पैरम्बलूर	श्री आर.पी. मरुदराजा	एआईएडीएमके
456. पोल्लाची	श्री सी. महेंद्रन	एआईएडीएमके
457. रामनाथपुरम	श्री ए. अनवर राजा	एआईएडीएमके
458. सेलम	श्री वी. पन्नीर सेल्वम	एआईएडीएमके
459. शिवगंगा	श्री पी.आर सेनथिलनाथन	एआईएडीएमके
460. श्रीपेंरुम्बुदूर	श्री कृष्णन रामचंद्रन	एआईएडीएमके
461. तेनकासी(अ.जा.)	श्रीमती एम. वसंती	एआईएडीएमके
462. तंजावूर	श्री परसुरमन के.	एआईएडीएमके
463. थेनी	श्री आर. पार्थिपन	एआईएडीएमके
464. थूथुक्कुडी	एडवोकेट जयसिंह त्यागराज नटर्जी	एआईएडीएमके
465. तिरुचिरापल्ली	श्री पी. कुमार	एआईएडीएमके
466. तिरुनेलवेली	श्री के.आर.पी. प्रभाकरन	एआईएडीएमके
467. तिरूप्पुर	श्रीमती वी.सत्यबामा	एआईएडीएमके
468. तिरुवल्लूर(अ.जा.)	डॉ. पोन्नुसामी वेणुगोपाल	एआईएडीएमके
469. तिरुवन्नामलाई	श्रीमती आर. वनरोजा	एआईएडीएमके
470. वेल्लौर	श्री बी. सेनगुट्टवन	एआईएडीएमके
471. विलुपुरम(अ.जा.)	श्री एस. राजेंद्रन	एआईएडीएमके
472. विरुधुनगर	श्री टी. राधाकृष्णन	एआईएडीएमके
तेलंगाना (17)		
473. आदिलाबाद(अ.ज.जा.)	श्री नागेश गोडम	ते.रा.स.
474. भोंगीर	डॉ. बूरा नरसैया गौड	ते.रा.स.
475. चेवेल्ला	श्री कोण्डा विश्वेश्वर रेड्डी	ते.रा.स.
476. हैदराबाद	श्री असदुद्दीन ओवैसी	एआईएमआईएम
477. करीमनगर	श्री विनोद कुमार बोइनापल्ली	ते.रा.स.
478. खम्मम	श्री पोंगुलेटि श्रीनिवास रेड्डी	वाईएसआर कांग्रेस पार्टी
479. महबूबाबाद	डॉ. (प्रो.) अजमीरा सीताराम नाईक	ते.रा.स.
480. महबूबनगर	श्री ए.पी. जितेन्द्र रेड्डी	ते.रा.स.
481. मल्काजगिरि	श्री चा. मल्ला रेड्डी	तेलुगू देशम पार्टी
482. मेडक	श्री कोथा प्रभाकर रेड्डी	ते.रा.स.
483. नगरकुरनूल(अ.जा.)	श्री नन्दी येल्लईया	भारतीय राष्ट्रीय कांग्रेस
484. नालगौंडा	श्री सुकेंद्र रेड्डी गुत्था	भारतीय राष्ट्रीय कांग्रेस

485. निजामाबाद	श्रीमती कविता कल्वकुंतला	ते.रा.स.
486. पेड्डापल्ले(अ.जा.)	श्री बलका सुमन	ते.रा.स.
487. सिकन्दराबाद	श्री बंडारू दत्तात्रेय	भारतीय जनता पार्टी
488. वारंगल	श्री पासुनूरी दयाकर	ते.रा.स.
489. ज़ाहीराबाद	श्री भीमराव बसवंतराव पाटील	ते.रा.स.

त्रिपुरा (2)

490. त्रिपुरा पूर्व(अ.ज.जा.)	श्री जितेन्द्र चौधरी	भारतीय कम्युनिस्ट पार्टी (मा)
491. त्रिपुरा पश्चिम	श्री शंकर प्रसाद दत्ता	भा.क.पा.(मा.)

दादर और नगर हवेली (1)

492. दादर और नागर हवेली(अ.ज.जा.)	श्री नतुभाई गोमनभाई पटेल	भारतीय जनता पार्टी

नगालैंड (1)

493. नगालैंड	श्री नेफिउ रिओ	एन.पी.एफ.

राजस्थान (25)

494. बांसवाड़ा(अ.ज.जा.)	श्री मानशंकर निनामा	भारतीय जनता पार्टी
495. बाड़मेर	कर्नल सोना राम चौधरी वीएसएम (सेवानिवृत्त)	भारतीय जनता पार्टी
496. भरतपुर(अ.जा.)	श्री बहादुर सिंह कोली	भारतीय जनता पार्टी
497. भीलवाड़ा	श्री सुभाष चन्द्र बहेड़िया	भारतीय जनता पार्टी
498. बीकानेर(अ.जा.)	श्री अर्जुन राम मेघवाल	भारतीय जनता पार्टी
499. चित्तौड़गढ़	श्री सी.पी. जोशी	भारतीय जनता पार्टी
500. चुरू	श्री राहुल कस्वां	भारतीय जनता पार्टी
501. दौसा(अ.ज.जा.)	श्री हरीश चन्द्र मीणा	भारतीय जनता पार्टी
502. श्रीगंगानगर(अ.जा.)	श्री निहाल चंद चौहान	भारतीय जनता पार्टी
503. जयपुर	श्री रामचरण बोहरा	भारतीय जनता पार्टी
504. जयपुर ग्रामीण	कर्नल राज्यवर्धन सिंह राठौर	भारतीय जनता पार्टी
505. जालौर	श्री देवजी मानसिंहराम पटेल	भारतीय जनता पार्टी
506. झालावाड़-बारां	श्री दुष्यंत सिंह	भारतीय जनता पार्टी
507. झुंझुनू	श्रीमती संतोष अहलावत	भारतीय जनता पार्टी
508. जोधपुर	श्री गजेन्द्र सिंह शेखावत	भारतीय जनता पार्टी
509. करौली-धौलपुर(अ.जा.)	डॉ. मनोज राजोरिया	भारतीय जनता पार्टी

510. कोटा	श्री ओम बिरला	भारतीय जनता पार्टी
511. नागौर	श्री सी.आर. चौधरी	भारतीय जनता पार्टी
512. पाली	श्री पी.पी. चौधरी	भारतीय जनता पार्टी
513. राजसमंद	श्री हरिओम सिंह राठौड़	भारतीय जनता पार्टी
514. सीकर	श्री सुमेधानंद सरस्वती	भारतीय जनता पार्टी
515. टोंक-सवाई माधोपुर	श्री सुखबीर सिंह जौनपुरिया	भारतीय जनता पार्टी
516. उदयपुर	श्री अर्जुनलाल मीणा	भारतीय जनता पार्टी
517. अजमेर	रिक्त	—
518. अलवर	रिक्त	—

राष्ट्रीय राजधानी क्षेत्र दिल्ली (7)

519. चांदनी चौक	डॉ. हर्षवर्धन	भारतीय जनता पार्टी
520. पूर्वी दिल्ली	श्री महेश गिरी	भारतीय जनता पार्टी
521. नई दिल्ली	श्रीमती मीनाक्षी लेखी	भारतीय जनता पार्टी
522. उत्तर-पूर्व दिल्ली	श्री मनोज कुमार तिवारी	भारतीय जनता पार्टी
523. उत्तर-पश्चिम दिल्ली(अ.जा.)	डॉ. उदित राज	भारतीय जनता पार्टी
524. दक्षिण दिल्ली	श्री रमेश बिधूड़ी	भारतीय जनता पार्टी
525. पश्चिम दिल्ली	श्री प्रवेश साहिब सिंह	भारतीय जनता पार्टी

सिक्किम (1)

526. सिक्किम	श्री प्रेम दास राय	सिक्किम डेमोक्रेटिक फ्रंट

लक्षद्वीप (1)

527. लक्षद्वीप(अ.ज.जा.)	श्री फैजल पी.पी. मोहम्मद	राष्ट्रवादी कांग्रेस पार्टी

हिमाचल प्रदेश (4)

528. हमीरपुर	श्री अनुराग सिंह ठाकुर	भारतीय जनता पार्टी
529. कांगड़ा	श्री शांता कुमार	भारतीय जनता पार्टी
530. मंडी	श्री राम स्वरूप शर्मा	भारतीय जनता पार्टी
531. शिमला(अ.जा.)	श्री वीरेन्द्र कश्यप	भारतीय जनता पार्टी

हरियाणा (10)

533. अंबाला(अ.जा.)	श्री रतन लाल कटारिया	भारतीय जनता पार्टी
533. भिवानी-महेंद्रगढ़	श्री धर्मबीर सिंह	भारतीय जनता पार्टी

534.	फरीदाबाद	श्री कृष्ण पाल गुर्जर	भारतीय जनता पार्टी
535.	गुरुग्राम	श्री राव इंद्रजीत सिंह	भारतीय जनता पार्टी
536.	हिसार	श्री दुष्यंत चौटाला	इंडियन नेशनल लोकदल
537.	करनाल	श्री अश्विनी कुमार	भारतीय जनता पार्टी
538.	कुरुक्षेत्र	श्री राज कुमार सैनी	भारतीय जनता पार्टी
539.	रोहतक	श्री दीपेन्द्रसिंह हुड्डा	भारतीय राष्ट्रीय कांग्रेस
540.	सिरसा(अ.जा.)	श्री चरणजीत सिंह रोड़ी	इंडियन नेशनल लोकदल
541.	सोनीपत	श्री रमेश चन्द्र कौशिक	भारतीय जनता पार्टी

अंडमान और निकोबार द्वीप समूह (1)

542.	अंडमान और निकोबार द्वीपसमूह	श्री बिष्णु पद रे	भारतीय जनता पार्टी

दमन और दीव (1)

543.	दमन और दीव	श्री लालूभाई बाबूभाई पटेल	भारतीय जनता पार्टी

Bharat-07/2018

Bharat-13/2018

Bharat-01(2)/2018